༄། །གངས་ཅན་གཙུག་ལག་རིན་ཆེན་ཕྲེང་བ། །དེབ་བཅུ་དགུ་པ།

༄། །ཁ་རག་གཉོས་ཀྱི་གདུང་རབས་དང་ལྷ་རིགས་སྣངས་ཀྱི་རྣམ་ཐར་བཞུགས། །

XZCB བོད་ལྗོངས་བོད་ཡིག་དཔེ་རྙིང་དཔེ་སྐྲུན་ཁང་།

民族文字出版专项资金资助项目

图书在版编目（CIP）数据

聂、朗氏族起源：藏文/大司徒·绛曲坚赞等著.
--拉萨：西藏人民出版社，2020.12

ISBN 978-7-223-05343-3

Ⅰ.①聂…Ⅱ.①大…Ⅲ.①西藏-地方史-藏语
Ⅳ.①K297.5

中国版本图书馆CIP数据核字（2016）第249811号

西藏经典文化丛书（第十九卷）

聂、朗氏族起源

策 划 人：道帏·才让多杰
著　　者：大司徒·降曲坚赞等
主　　编：道帏·才让多杰　边旦伦珠
责任编辑：卓玛措
封面设计：格桑罗布
出版发行：西藏人民出版社（拉萨市林廓北路20号）
印　　刷：西藏新华印刷厂
开　　本：787×960 1/16
印　　张：26.75
字　　数：245千字
印　　数：01-2,000
版　　次：2020年12月第1版
印　　次：2020年12月第1次印刷
书　　号：ISBN 978-7-223-05343-3
定　　价：48.00元

༄༅། །གངས་ཅན་གཙུག་ལག་རིན་ཆེན་ཕྲེང་བ། །
དེབ་བཅུ་དགུ་པ།

༄༅། །ཁ་རག་གཉོས་ཀྱི་གདུང་རབས་དང་ལྷ་རིགས་རྒྱངས་ཀྱི་རྣམ་ཐར་བཞུགས། །

༄༅། །གངས་ཅན་གཙུག་ལག་རིན་ཆེན་ཕྲེང་བ། །དེབ་ཕྲེང་གི་རྩོམ་སྒྲིག་ཞུ་ཡོན་ལྷན་ཁང་།

སྤྱི་ཁྱབ་རྩོམ་སྒྲིག་པ།
ཀང་བཙུགས།

གཙོ་སྒྲིག་པ།
རྡོ་སྲིད་ཚེ་རིང་རྡོ་རྗེ།
དཔལ་ལྡན་ལྷུན་གྲུབ།

གཙོ་སྒྲིག་གཞོན་པ།
པ་སངས་དབང་ཆེན།

ཁོངས་མི།
སྒྲོལ་མ་འཚོ། མིག་དམར་གཡང་འཛོམས།

དཔེ་སྐྲུན་གསལ་བཤད།

ངེད་དཔེ་སྐྲུན་ཁང་གིས་སྤྱི་ལོ་༢༠༡༨ལོར《ལྷ་རིགས་རླངས་ཀྱི་རྣམ་ཐར》ཞེས་པའི་དཔེ་རྙིང་ལག་བྲིས་མ་ཞིག་གི་གློག་རྡུལ་དཔར་མ་གཞིར་བཟུང་ནས་མ་ཡིག་ཞབ་བཤུས་དང་རྩོམ་སྒྲིག་ཞུས་དག་གིས་དེབ་གཟུགས་སུ་དཔེ་སྐྲུན་འགྲེལ་སྤེལ་ཞུ་འཆར་ཡོད་ཀྱང་ལོ་རྒྱུས་ཡིག་ཆ་བཙལ་འཚོལ་ཞུ་བའི་སྐབས་ཤིག་ལ་སྐྱེས་དབང་གིས《ཁ་རག་གཉོས་ཀྱི་གདུང་རབས་ཁྱད་པར་འཕགས་པ》དང་《རླངས་ཀྱི་གདུང་རྒྱུད་པོ་ཏི་བསེ་རུ་ཞེས་བྱ་བ་བཞུགས》ཞེས་པའི་ལོ་རྒྱུས་ཡིག་ཆ་རྩ་ཆེན་གཉིས་ཀྱི་གློག་རྡུལ་དཔར་མ་ལག་སོན་བྱུང་ཞིང་། ལྷ་རིགས་རླངས་ཀྱི་གདུང་རྒྱུད་སྐོར་གྱི་པར་གཞི་གཉིས་དབར་ཁྱད་པར་ཆེ་ཙམ་འདུག་པས་སླར་ཞབ་བཤུས་དང་ཞུས་དག་ལམ་ནས་ཁ་སྐོང་བརྒྱབ་པ་སོགས་རྒྱ་ཆེའི་ཀློག་པོ་རྣམས་ལ་རྩ་ཆེན་ལོ་རྒྱུས་ཡིག་ཆ་ཁག་གཅིག་སྤྱན་འབུལ་ཞུ་ཕྱིར། དེབ་འདི་པའི་ནང་《ཁ་རག་གཉོས་ཀྱི་གདུང་རབས་ཁྱད་པར་འཕགས་པ་བཞུགས་སོ》དང་། 《རླངས་ཀྱི་གདུང་རྒྱུད་པོ་ཏི་བསེ་རུ་ཞེས་བྱ་བ་བཞུགས》《རླངས་ལྷ་གཟིགས་ཀྱི་གདུང་རབས་དྲི་ལན་ཉེར་གཅིག་པའི་སྐོར》《ཏོར་དུད་ཀྱི་རྗེ་ལུགས་གྲངས་ཚིག་སོགས་ཀྱི་བཤད་པ་ཕྲན་ཚེགས་བཞུགས་སོ》《རླངས་ཀྱི་པུ་ཏི་བསེ་རུ་བཞུགས》《ལྷ་རིགས་རླངས་ཀྱི་རྣམ་ཐར་ཚིག་རྒྱུད》བཅས་པར་གཞི་གཉིས་ལ་ནང་གསེས་དྲུག་དང་། གངས་ཅན་རིག་མཛོད་པར་གཞི་དང་གཤིབ་བསྡུར་བྱས་ཏེ་ཕྱོགས་བསྡུས་སུ་བཀོད་ཡོད།

དེ་ཡང་ཁ་རག་གཉོས་ཀྱི་གདུང་རབས་ནི་མ་ཡིག་ལས“ དང་པོར་བྱ་ཐུལ་དཀར་པོ་བྱ་བ་ལྷ་ལས་ཆད། ཤུན་གྱི་བྲག་རྡེའི་རྩེ་ལ་བབས། མགོ་ནག་གི་རྗེ་ཞུས། རྒྱུ་ལྷམ་དིང་མོ་

བཙུན་ཁབ་ཏུ་བཞེས་པས་སྲས་གཉོས་རྗེ་བཙན་པ་བྱུང་" ཞེས་པ་དང་དེ་རྗེས་གཉོས་རྗེ་བཙན་པས་བཙུན་མོ་རྨ་བཟའ་སྨན་མོ་ཁབ་ཏུ་བཞེས་པས་སྲས་རྣ་མཁར་རྗེ་སོགས་སྲས་བཞི་བྱུང་བ་དང་། ཡང་དེ་ཉིད་ལས" རྣ་རྗེ་འཕན་གདུང་ལ་དར་བཏགས་ནས་ཁམས་སུ་རྒྱའི་སོ་ཁ་བསྲུང་དུ་བཏང་བས་གཉོས་དམག་དཔོན་བྱ་བ་བྱུང་" ཞེས་དང་། རྣ་ཡགས་རྗེ་ལ་འབྲི་དང་གཉན་ཇོ་བསྐུར་ནས་སྟོད་དུ་བཏང་བས་ལ་སྟོད་ཀྱི་གཉོས་རྣམས་བྱུང་བ་དང་། རྣ་མཁར་རྗེས་ཡར་ལུང་གི་གཞུང་རྣམས་བཟུང་བ་སོགས་ཀྱི་གདུང་རབས་ལོ་རྒྱུས་ལ་གཞིགས་ན་གཙོ་བོ་ད་ལྟའི་ཁ་རག་ཁུལ་ནས་གཞི་ཚུགས་ཤིང་། དེ་རྗེས་མཐུ་ནུས་ཆེ་བས་དབང་ཐང་སྟོ་ཁ་དང་། ཆུ་ཤུར། ལ་སྟོད། འཕན་ཡུལ་སོགས་མང་པོར་ཕ་གཞིས་རྒྱ་ཆེ་རུ་ཕྱིན་པ་ཞིག་ཡིན་འདུག་པ་དང་། གདུང་རབས་འདི་པའི་མཇུག་གཏམ་ལས" ཁ་རག་གཉོས་ཀྱི་རྒྱུད་པ་བྱུང་ཚུལ་མདོར་བསྡུས་ནི་གདན་ས་གྱི་རེ་དགོན་པ་བཏབས་ནས་ལོ་ཉིས་བརྒྱ་སོང་བའི་ལྟགས་མོ་ཕག གཞན་འགལ་བྱེད་ཅེས་པའི་ལོ་ཕྱོགས་གཅིག་ཏུ་བསྒྲིགས" ཞེས་པར་བལྟས་ན་གདུང་རབས་འདི་ནི་དུས་རབས་བཅུ་གཅིག་པའི་ནང་དུ་བརྩམས་པར་འདོད་ཅིང་། ད་ལྟའི་ཆུ་ཤུར་རྫོང་གྱི་རེ་གྲོང་ཚོའི་ཁུལ་དུ་གཉོས་ཀྱི་གདན་ས་གཙོ་བོ་ལ། དུས་ནི་རྗེ་བོ་རྗེ་དང་རྣ་ལོའི་སྐབས་ཙམ་དང་། ལྷག་པར་དུས་འཁོར་བསྒྱུར་མཁན་འབྲོ་སེང་གེ་ཤེས་རབ་གྲགས་པ་དང་དུས་མཚུངས་ཡིན་པའི་འདོད་ཚུལ་ལ་ལོ་རྒྱུས་སྨྲ་བ་དག་གིས་དགོངས་འཆར་གནང་རོགས།

ལྡང་ས་ཀྱི་གདུང་རྒྱུད་ནི་མ་ཡིག་ལས་ཨ་མྱེས་བྱང་ཆུབ་འདྲེ་བཀོལ་གྱིས་ཁ་རྒྱུད་དུ་བཤད་པ་ཞེས་སུ་འབྱུང་བ་ལྟར། ཁོང་ནི་སྤྱི་ལོ་༡༨༥ལོར་འཁྲུངས་ཤིང་དགུང་ལོ་བརྒྱ་དང་བརྒྱད་བཞུགས་ནས་སྤྱི་ལོ་༢༠༧༨ལོར་གཤེགས་པར་བཞེད། མ་ཡིག་ཏུ་བོད་མིའུ་གདུང་དྲུག་གི་ཡ་གྱལ་སེ་ཁྱུང་དབྲ་ལས་མཆེད་པའི་ལྡང་ས་ཀྱི་རུས་རྒྱུད་བྱུང་རབས་འཁོད་ཡོད་ལ། དེའི་མི་རྒྱུད་མཆེད་ཁུངས་དང་འཇིག་རྟེན་མི་ཆོས་ཀྱི་གདམས་ངག་ཤིན་ཏུ་སྨན་པ་འདུས

ཡོད། ལོ་རྒྱུས་ཞིབ་ཕྲ་ནི་མཁས་དབང་ཚབ་སྤྲེལ་ཚེ་བརྟན་ཕུན་ཚོགས་ལགས་ཀྱིས་བྲིས་གནང་ཡོད་པས་དེར་གཟིགས་པར་ཞུ།

དེབ་འདི་འཚོལ་བསྡུ་བྱེད་སྐབས་ལྷ་རིགས་ཀླངས་སྐོར་གྱི་དཔེ་རྙིང་གསུམ་ལག་ཏུ་སོན་པ་དང་། དེ་དག་ཀྱང་ཚབ་སྤྲེལ་ཚེ་བརྟན་ཕུན་ཚོགས་ལགས་ཀྱིས་གཙོ་སྒྲིག་གནང་བའི་གངས་ཅན་རིག་མཛོད་ཀྱི་པར་གཞི་དང་དག་བསྡུར་བྱེད་སྐབས། མ་ཡིག་གི་པར་གཞི་མི་འདྲ་བས་ཚིག་གི་གཅོད་མཚམས་དང་དག་ཆ་མི་འདྲ་བའི་གནས་ཚུལ་ཤིན་ཏུ་མང་བ་དང་། སྐབས་འགར་ནང་དོན་ཐད་ནས་ཀྱང་ཁྱད་པར་ཆེ་ཙམ་ཐོན་འདུག་པས་མ་ཡིག་དང་པོར་དག་བཅོས་བརྒྱབ་པ་ལས་ཕྱི་མ་དང་ཟུར་བཀོད《ལྷ་རིགས་ཀླངས་ཀྱི་རྣམ་ཐར་བཞུགས》ཞེས་པ་ཕབ་བཤུས་སུ་བཀོད་ཡོད། དཔེར་ན། མ་ཡིག་ཤོག་ངོས༢༧ནང་དུ། སློབ་དཔོན་རང་ཉིད་མཁས་ཀྱང་ཕ་དའི་ལབ་རིང་ཤོད་ཅེས་པར། རིག་མཛོད་པར་མར། སློབ་དཔོན་རང་ཉིད་མཁས་ཀྱང་**ཁ་ཏའི་ལབ་རྙིང་**ཤོད་ཅེས་སུ་བཀོད་འདུག་པ་ལྟ་བུ་ཡུལ་སྐད་དང་བརྡ་རྙིང་གང་ཡིན་ཆ་མ་མཚལ་བས་བཅོས་མ་ཐུབ་པར་སོར་བཞག་བྱས་ཡོད།

མ་ཡིག་ཤོག་ངོས༢༥༣ནས༢༥༨ནང་དུ། "ཀང་བཞི་ཞོན་པ་ཀུན་གྱི་ཡོང་། ཀླུང་རྟ་ལ་ཞོན་པ་རྣལ་འབྱོར་ལུགས། རྩལ་ནམ་འཕངས་སྤྱོད་པ་རྣལ་འབྱོར་ལུགས། རྩལ་ས་ལ་སྦྱོངས་པ་གཞོན་པའི་ལུགས། རྩལ་ནམ་འཕངས་སྤྱོད་པ་རྣལ་འབྱོར་ལུགས། གོས་ལུས་རྒྱན་དུ་གོན་པ་འཚོར་བའི་ཆས། གཏུམ་མོ་གོས་སུ་གོན་པ་རྣལ་འབྱོར་ལུགས། སེམས་སྤྲས་སྤྲོས་བྱེད་པ་ཀུན་གྱི་ལས། སེམས་མལ་དུ་འདུག་པ་རྣལ་འབྱོར་ལུགས། ལུས་ཅལ་བཅོལ་བྱེད་པ་ཀུན་གྱི་ལས། ལུས་མལ་དུ་འདུག་པ་རྣལ་འབྱོར་ལུགས" ཞེས་དང་། རིག་མཛོད་པར་གཞིའི་ཤོག་ངོས༨༢དུ" ཀང་བཞི་ཞོན་པ་ཀུན་**གྱིས་**ཡོང་། ཀླུང་རྟ་ལ་ཞོན་པ་རྣལ་འབྱོར་ལུགས། རྩལ་ས་ལ་སྦྱོངས་པ་གཞོན་པའི་ལུགས། **རྩལ་ནམ་འཕངས་སྤྱོད་པ་རྣལ་འབྱོར་ལུགས།** གོས་ལུས་རྒྱན་དུ་གོན་པ་**མཆོར་པོའི་**ཆས། གཏུམ་མོ་**ཆས་**སུ་

གོན་པ་རྣལ་འབྱོར་ལུགས། སེམས་སྤྲས་སྤྲོས་བྱེད་པ་ཀུན་གྱི་ལས། སེམས་མལ་དུ་འདུག་པ་རྣལ་འབྱོར་ལུགས། ལུས་**བཅས་བཅོས་**བྱེད་པ་ཀུན་གྱི་ལས། **ལས་བྲལ་དུ་འདུག་པ་རྣལ་འབྱོར་ལུགས།**” ཞེས་པ་ལྟ་བུ་བརྗོད་བྱའི་ཚིག་དང་རྗོད་བྱེད་དོན་གང་ཐད་ལ་ཁྱད་པར་ཆེ་ཙམ་འདུག་ཕྱིར། མ་ཡིག་ཤོག་གྲངས་༡༡༥ནང་དུ“ གཅིག་ཞུས་རིམ་ཕྱི་མ་དག་པས་སླར་ཡང་དཔྱད་པར་བྱའོ”ཞེས་སུ་བཀོད་པ་ལྟར། འདིར་དག་ཆ་མ་སོན་པའི་སྐོར་གསལ་བཤད་ཀྱི་ཚུལ་དུ་མ་ཡིག་དག་བཅོས་ཁ་སྐོང་དུ་བཀོད་པ་དང་། དུང་ཟ་དངུལ་མོ་ལྟ་བུ་ཡིག་ཉིང་དུ་འབྲི་སྲོལ་ཡོད་ཀྱང་དག་ཆ་ལྟར་ན་དུང་བཟའ་ཞེས་འབྲི་དགོས་པའི་རིགས་དག་བཅོས་གཅིག་གིས་འཕྲུས་པར་བྱས་ཤིང་། རྒྱན་སྤྱོད་མིང་ཚིག་དང་ཕྲད་ཀྱི་སྦྱོར་སྟངས་ནི་ཁ་སྐོང་དུ་བཞག་ན་ཡིག་རྫོབ་མང་བར་དོགས་ནས་ཐད་ཀར་བཟོས་པ་དང་། ས་མིང་དང་ཡུལ་མིང་། མིའི་མིང་། གདུང་རྒྱུད་ཀྱི་མིང་སོགས་བརྟར་ཤ་གཅོད་དཀའ་བའི་རིགས་སོར་བཞག་བྱས་ཡོད་ལ། མ་ཡིག་གི་ཡིག་གེ་ཆུང་བ་དག་དེ་ལྟར་ཆུང་དུར་བཏང་ཡོད། ཟུར་བཀོད《བཀའ་ཆེམས་མཐོང་བ་དོན་ལྡན》ནི་དེ་སྔ་དཔེ་སྐྲུན་བྱས་ཟིན་ཡང་། གོང་གི་དཔེ་ཉིང་མཇུག་ཟིན་དུ་ལག་བྲིས་ཤིག་འདུག་པ་པར་གཞི་མི་འདྲ་བ་མ་ཡིག་ཅི་བཞིན་བཀོད་དེ་ལོ་རྒྱུས་དང་པར་གཞི་ཞིབ་འཇུག་པ་རྣམས་ལ་བསྟུར་དཔྱད་རྒྱུ་ཆ་མཁོ་འདོན་ཞུས་པ་ཡིན།

དེ་ཡང་རླངས་ཀྱི་ལོ་རྒྱུས་འཆད་པའི་སྐབས་སུ་རྒྱ་ནག་ནས་དམག་དྲངས་པ་དང་བོད་དམག་རྒྱ་ལ་སོང་བ་སོགས་ནི་བོད་སིལ་བུའི་དུས་ཀྱི་ལོ་རྒྱུས་དངོས་ཀྱི་ཡུལ་དུས་དང་ཧེ་བག་གི་ཆའང་འདུག་སྐམ་པ་སོགས་ནི་གློག་པ་པོ་སོ་སོས་བརྟར་གཅོད་གོ་འཛོལ་མེད་པར་ཡོང་བར་ཞུ་ཞེས་གཙོ་སྒྲིག་པ་རྗེ་སྒྲིས་ཚེ་རིང་རྡོ་རྗེས་སྦྱར་བའོ། །

དཀར་ཆག

ཁ་རག་གཉོས་ཀྱི་གདུང་རབས་ཁྲིད་པར་འཕགས་པ་བཞུགས་སོ། ། .... (1)

རླངས་ཀྱི་གདུང་རྒྱུད་པོ་ཏི་བསེ་རུ་ཞེས་བྱ་བ་བཞུགས། .... (31)

ལྷ་རིགས་རླངས་ཀྱི་སྐྱེ་རྒྱུད། .... (31)

ཆེ་དགེ་ཡིག་ཚང་དང་། མི་རྒྱུད་གྲོལ་ཐབས། .... (51)

རླངས་ལྷ་གཟིགས་ཀྱི་གདུང་རབས་དྲི་ལན་ཉེར་གཅིག་པའི་སྐོར་དང་། ཧོར་དུད་ཀྱི་རྩི་ལུགས་གྲངས་ཚིག་སོགས་ཀྱི་བཤད་པ་ཕྲན་ཚེགས་བཞུགས་སོ། ། .... (108)

རླངས་ཀྱི་པུ་ཏི་བསེ་རུ་བཞུགས། .... (118)

ལྷ་རིགས་རླངས་ཀྱི་རྣམ་ཐར་ཆིག་རྒྱུད། .... (123)

ཟུར་བཀོད།

ལྷ་རིགས་རླངས་ཀྱི་རྣམ་ཐར་བཞུགས། .... (125)

བཀའ་ཆེམས་མཐོང་བ་དོན་ལྡན། .... (201)

༄༅། །ཁ་རག་གཉོས་ཀྱི་གདུང་རབས་ཁྱད་པར་འཕགས་པ་དང་། རླངས་ཀྱི་གདུང་བརྒྱུད་(རྒྱུད)པོ་ཏི་བསེ་རུ་ཞེས་བྱ་བ་བཞུགས། །

༄༅། །ཁ་རག་གཉོས་ཀྱི་གདུང་རབས་ཁྱད་པར་འཕགས་པ་བཞུགས་སོ། །

༄༅། །ཨོཾ་བདེ་ལེགས་སུ་གྱུར་ཅིག །ཆོས་དབྱིངས་མཁའ་ལ་སྒྲིབ་གཉིས་སྤྲིན་བྲལ་ཞིང་། །ཡེ་ཤེས་ཉི་མ་ཐུགས་རྗེའི་ཟེར་ལྡན་གྱིས། །དད་ལྡན་བློའི་པདྨ་རྒྱས་མཛད་པའི། །མཉམ་མེད་བླ་མ་རིན་ཆེན་ཞབས་ལ་འདུད། །དཔལ་ལྡན་ལྷ་པའི་ཆོས་རྒྱུད་གདུང་རྒྱུད་ཀྱི། །ཡོན་ཚུལ་མདོར་བསྡུས་ཙམ་ཞིག་བརྗོད་པར་བྱ། །

དེ་ཡང་། བོད་དབུས་གཙང་ན་མི་ཆེ་བ་བཞིན་གྲགས་པའི་ནང་ནས། ཁ་རག་གཉོས་ཞེས་པ་དེ་དང་པོར་བྱ་ཐུལ་དཀར་པོ་བྱ་བ་ལྷ་ལས་ཆད། ཤུན་གྱི་བྲག་རྗེའི་རྩེ་ལ་བབས། མགོ་ནག་གི་རྗེ་ཞུས། རྨུ་ལྕམ་དིང་མོ་བཙུན་ཁབ་ཏུ་བཞེས་པས། སྲས་གཉོས་རྗེ་བཙན་པ་བྱུང་། དེས་གདོང་ཟ་(བཟའ)དཀར་མོ་ཡགས་ཁབ་ཏུ་བཞེས་པས། སྲས་སེ་རྡི་ཤག་བྱུང་། དེས་རྨུ་ཟ་སྨན་མོ་བཙུན་ཁབ་ཏུ་བཞེས་པས། ཧ་མཁར་རྗེ། ཧ་རྗེ་འཕན། ཧ་ཡགས་རྗེ། ཧ་གུར་རྗེ་སྟེ་བཞི་བྱོན། ཧ་རྗེ་འཕན་གདུང་ལ་དར་བཏགས་ནས། ཁམས་སུ་རྒྱའི་སོ་ཁ་བསྲུང་དུ་བཏང་པས། གཉོས་དམག་དཔོན་བྱ་བ་བྱུང་། ཧ་ཡགས་རྗེ་ལ་འབྲི་

དང་གཞན་ཇོ་སླར་ནས་སྟོད་དུ་བཏང་བས། ལ་སྟོད་ཀྱི་གཉོས་རྣམས་ཡིན། ཧ་གུར་རྗེ་ཡུལ་དུ་བཞག་པས། ལྷ་སའི་དགེ་གཉོས་རྣམས་བྱུང་། ཆེ་ཤོས་ཧ་མཁར་རྗེ་རྗིངས་སུ་བཅས་ནས་ཆབ་ཀྱི་གཞུང་ལ་ཕྱིན། ཡུལ་གྱི་གཞུང་གཅིག་འཚོལ་ཟེར་ནས་གཡོར་པོ་གཞུང་དུ་ཕྱིན། དེ་ལ་སྲས་ཐུག་གེ་དང་། ཞང་གཉིས་ཞང་ངེས་གཡོར་སྟོད་ཞལ་གྱི་སྲིན་མོ་གུང་མཁར་དུ་ཕྱིན། ཁ་རག་དང་འགྲང་སིལ་བཟུང་། དེའི་སྲས་འབྲིང་སྟེ། དེའི་སྲས་འབྲིང་ཆུང་། དེའི་སྲས་དཔལ་ཡོན་ཏན། དེའི་སྲས་སློབ་དཔོན་ཚུལ་ཡོན། དེའི་སྲས་འགུ་ཏུ། དེའི་སྲས་ལྷ་འཕན། དེའི་སྲས་མཐུ་རྒྱལ་ཏེ། སྤང་ལ་མེ་ཤོར་ཞེས་ཀྱང་གྲགས་སོ། །དེ་ལ་སྲས་ལོ་ཙྪ་བ་ཡོན་ཏན་གྲགས། འབྱུང་གནས་ཤེས་རབ། སྨན་པ་ཤེས་རབ། ཤེས་རབ་རྒྱལ་མཚན། འབྱུང་ཇོར། ཤ་པ་རྒྱལ་མཚན་སྟེ་(ཏེ) མཆེད་དྲུག་གོ །འདི་རྣམས་ཀྱི་ཡབ་དང་ཁུ་བོ་ཐུགས་སྙིང་མ་བ་ཡིན་ཞིང་། མཐུ་ཤིན་ཏུ་ཆེ་སྐད། ཁྱད་པར་དུ་ལོ་ཙྪ་བ་འདི་ནི། ཐུགས་སྙིང་མ་བའི་མཁྱེན་རྒྱ་ཤིན་ཏུ་ཆེ་ཞིང་། ནུས་པ་བརྙེས་པར་ཡོད་པ་ལས། ཕྱིས་གསང་ཐུགས་གསར་མ་གསུང་བ་གཅིག་ལ་ཡག་ཉན་མཛད་པས། ཆོས་ངོ་མཚར་ཅན་གཅིག་འདུག །རྒྱ་གར་དུ་ཅེས་(ཅིས) ཀྱང་འཚོལ་དུ་འགྲོ་དགོས་དགོངས་ནས། གསེར་མང་དུ་བསྒྲུབས། གཉོས་དཀྱུང་ལོ་ལྔ་བཅུ་ང་དྲུག་ལོན་པ་གཅིག་གིས་བགྲེས་ཤོས་བྱས། རྗེ་མར་པ་ལོ་བཅུ་བདུན་པ་གཅིག་གིས་གཞོན་པ་བྱས། བོད་ཕྲུག་ཉི་ཤུ་ཙམ་གྱིས་རྒྱ་གར་དུ་ཕྱིན་པར་ཆས། ལ་སྟོད་ཙུང་པ་སར་ཞག་མང་དུ་བཞུགས། དེ་ནས་གུ་ལང་གསེར་ཁར་གསེར་འཚོལ་དུ་ཕྱིན། གཉོས་ཀྱི་གཞི་བསྡུངས། གཞན་རྣམས་ཀྱི་གསེར་བཙལ་བས་མང་དུ་རྙེད་པ་མཉམ་དུ་བགོས། རྟེང་(རྟིང) དུ་གཉོས་ཀྱིས་གད་པའི་ལོགས་གཅིག་ནས་གསེར་རྦལ་(སྦལ) འདྲ་བ་སྦར་ཆས་ཙམ་གཅིག་རྙེད་པས། གཉོས་ཀྱིས། ཁྱེད་རྣམས་ཀྱིས་ཀྱང་གསེར་མང་པོ་རྙེད་བྱུང་བ་ལེགས་པོ་ཡིན། ད་མི་རྐན་གྱི་གསེར་སྐལ་གཅིག་ཀྱང་བགོས་དགོས་གསུང་ནས། མཉམ་དུ་བགོས་པས། སོ་སོ་གཉོས་འདི་བོད་ནའང་མི་ཆེ་པར་གྲགས་ཏེ། མི་ཆེན་པོ་རང་དུ་འདུག །གསེར་འདི་ཙམ་མཉམ་དུ་བགོས་པ་ངོ་མཚར་ཆེ་ཟེར་སྐད། དེ་ནས་གཉོས་དང་མར་པ་

གཉིས་དགོས་སུ་མཐུན་པས། རྒྱ་གར་དུ་བླ་མ་ཁྱད་པར་ཅན་དང་མཇལ་ནའང་སྔོན་པར་བྱས། ན་ཚ་བྱུང་ནའང་སྐྱིད་སྡུག་གཡོག་བྱེད་མཉམ་པོར་ཆད་ནས། རྗེ་མར་པས་རྒྱ་གར་ནུབ་ཏུ་ཕྱིན། གཉོས་ཀྱི་རྒྱ་གར་ཤར་དུ་ཕྱིན་ནས། པཎྜི་ཏ་གང་མཁས། གྲུབ་ཐོབ་དང་ངོ་མཚར་གང་ཆེ་རྟེས་(རྟགས)པས། བ་ལིཾ་ཨཱ་ཙརྻ་ཞེས་བྱ་བ་བཞུགས། གྲུབ་པའང་ཐོབ། ངོ་མཚར་ཡང་ཆེ་ཟེར་སྐད། དེར་མཚན་ཐོས་པ་ཙམ་གྱི་སྐྱ་ལུས་ཀྱི་བ་སྤུ་གཡོས་ཤིང་། སྤྱན་ཆབ་འཁྲུགས། མོས་གུས་ཐུན་མོང་མ་ཡིན་པ་སྐྱེས་ནས། ཁོང་གི་དྲུང་དུ་ཕྱིན། གསེར་སྲང་བདུན་ཙུ་དོན་གཅིག་ཐུམ་པོ་བཀྲོལ་ནས་ཕུལ། ཕྱག་མང་དུ་བཙལ། བླ་མ་བ་ལི་ཏའི་ཞལ་ནས། བོད་པོ་ཧྲི་སདྷ་གསུང་ནས་ཕྱག་གིས་གཉོས་ཀྱི་དབུ་ལ་ཅབ་ཅབ་མཛད། ཤིན་ཏུ་དགེས་(དགྱེས)པར་མཛད་དེ། དེའི་དུས་སུ་བྱིན་བརླབས་ཞུགས་པར་འདུག་པས། ལུས་ལ་ན་ཚ་ཡང་མ་བྱུང་ཞིང་། བསམ་པ་ཐམས་ཅད་ཀྱང་འགྲུབ་པར་བྱུང་གསུང་། བླ་མའི་ཞལ་ནས། ད་ཁྱེད་ཅི་འདོད་གསུང་པ་ལ། གཉོས་ཀྱི་ཞུ་བ་འདི་ལྟར་དུ་མཛད་དོ། །ཆོས་ཁ་ཟིན་ཆེ་བ་ཉམས་སུ་བླང་བདེ་བ་ཅིག་(ཞིག)ཞུ་ཞུས་པས། གསང་བ་འདུས་པ་གནང་། ཆོས་གདམས་ངག་དང་ལས་ཚོགས་མང་བ་ཅིག་(ཞིག)ཞུ་ཞུས་པས། གཤིན་རྗེ་གཤེད་དགྲ་ནག་སོགས་གནང་། ཡུལ་ལ་རྩེ་གཅིག་ན་ཡོད་པས། བསྟན་བསྲུངས་གཅིག་དགོས་ཞུས་པས། འཇིགས་བྱེད་ལ་ཆོས་སྐྱོང་བཏགས་པ་འདི་གནང་། གཞན་ཡང་། ཡི་དམ་གྱི་སྐོར་ཟབ་པ་གཅིག་ཞུ་ཞུས་པས། འཁོར་ལོ་སྡོམ་པ་དང་། ཧེ་བཛྲ་དང་། མ་ཧཱ་མ་ཡ་དང་། མཚན་ཡང་དག་པར་བརྗོད་པ་རྣམས་གནང་། ལོ་བདུན་ཟླ་བ་བདུན། ཞག་བདུན་དུ་བླ་མ་དེ་བསྟེན་ནས་སྒྲོ་འདོགས་ཆོད་པར་མཛད་དོ། །བླ་མའི་ཞལ་ནས། ད་ནི་བོད་དུ་སེམས་ཅན་མང་པོ་ལ་ཕན་ཐོགས་པ་ཡོད་པས་སོང་གསུང་། དེ་ནས་མར་པ་དང་བསྡོངས་ནས་ཕྱིན། སྙན་གྲགས་དང་ཟང་ཟིང་གི་སྐུ་བསོད་ཤིན་ཏུ་ཆེ་བར་བྱུང་ཞིང་། ཁ་རག་པའི་བསུ་བ་རྣམས་ཀྱིས་ཀྱང་། ལ་སྟོད་ཙུང་པ་སར་སླེབས། སྐུ་མཆེད་འཛོམ། སྙན་པས་ཕྱོགས་དང་ཕྱོགས་མཚམས་ཐམས་ཅད་ཁྱབ། དེ་ནས་དཔོན་སློབ་རྣམས་ཀྱིས་ཁ་རག་ཏུ་ཐེབས།

གདུལ་བྱར་གྱུར་པ་རྣམས་ལ། གསང་བ་འདུས་པའི་བཤད་པ་རིན་ཆེན་བཟང་པོའི་འགྱུར་ལ་རྟེན་ནས་མཛད། གཤིན་རྗེ་གཤེད་དང་། གུར་རྟག་གི་འགྱུར་ཁོང་རང་གི་(གིས)མཛད། དེ་ནས་གཉོས་ལོ་ཙྭ་བ་དཔོན་སློབ། རྒྱ་སྟོན་ཨཏྲ་དེ་བ་ཡབ་སྲས་ཀྱིས་རྒྱང་རོའི་ས་ལུ་སྒྲོ་སར་དུ་གདན་དྲངས། གཉོས་ཀྱིས་རྒྱུད་གསུམ་མན་ངག །ཆོས་སྐྱོང་དང་བཅས་པ་ཞུས། ས་ལུ་སྒྲོ་སར་གྱི་(གྱིས)མགོ་བྱས། རྒྱའི་ལམ་བཅས་དང་། ལྷོ་ཁ་བཞིའི་རྒྱ་པ་ལ་གཏོགས་པའི་གནས་གཞི། སེ་དགོན། དབང་རིས་ཐམས་ཅད་ལོ་ཙྭ་བ་ལ་ཕུལ། ཆོས་སྐྱོང་གི་མན་ངག་ཟབ་པ་རྣམས་ཀྱང་། ཅིག་ལ་སྦྱིན་ཟེར་བ་སྲས་རྡོ་རྗེ་བླ་མ་ལ་གནང་། གཉིས་པ་སྒྲོལ་ཟེར་པ་རྒྱ་པ་ལ་གནང་ངོ་། །རྒྱ་གནས་ལྷ་ཁང་ན། གཉོས་ལོ་ཙྭ་བས་དབང་བསྐུར་མཛད་པའི་དཀྱིལ་འཁོར་གྱིས་སྟེགས་ད་ལྟའང་ཡོད་ཅིང་། མཐུ་སྟུ་གྲི་རིག་ཚོད་ཀྱི་སྐོར་རྣམས་དེའི་འོག་ན་གཏེར་དུ་སྦས་ཟེར་བའང་སྣང་ངོ་། །དེ་རེས་ལྷ་རྗེ་ཆོས་བྱང་གིས་ཨེ་མ་རའི་བདུད་འདུལ་ལྷ་ཁང་བཞེངས་ནས། རབ་གནས་ལོ་ཙྭ་བ་ལ་ཞུས། གཞན་ཡང་འགོས་ཡུལ་སྟོད་གསུམ། འབྲི་འཚམས་ཀྱི་གནས་གཞི། ཀྱང་པོ་སོང་ཟེར། ས་ཆ་ཐམས་ཅད་ཀྱང་ལོ་ཙྭ་བ་ལ་ཕུལ་བར་གདའོ། །པཎྜི་ཏ་ག་ཡ་དྷ་ར་བོད་དུ་ལན་གསུམ་བྱོན་པའི་རྟིང་མ། གྱི་ཇོ་ལོ་ཙྭ་བ་ཟླ་བའི་འོད་ཟེར་གྱིས་སྤྱན་དྲངས། ཇི་(གྱི)ཇོའི་སློབ་མ་གཉོས་ལོ་ཙྭ་བས་ཁ་རག་ཏུ་པཎྜི་ཏའི་ཞབས་ནས་བཏེག །ར་ལི་དང་གུར་ཏིག་བཤད་སྒྲོལ་མི་འདྲ་བ་རྣམས་ཕྱིས་གསན་ནས། ཁ་རག་ཐོད་ཕུར་བཞུགས། སྐུ་ཡང་དེར་འདས་ཏེ། འདའ་ཁར་ཐུགས་པ་འཆི་བ་འདི་རྩུག་བྱེད་པ་ཡིན་གསུངས་ནས། སྐྱིལ་ཀྲུངས་མཛད་ནས་འཛུམ་པ་མཛད་པ་ལ། འོད་ཀྱི་གོང་བུ་སྤྱི་བོ་ནས་བཏོན་པ་མཐོང་བ་དང་། པཎྜི་ཏའི་རྡོ་རྗེ་དྲིལ་བུ་ཡང་ཁ་རག་ན་ཡོད་སྐད་དོ། །ཡང་རྗེ་བོ་ཨ་ཏི་ཤའི་ཡང་ལོ་ཙྭ་བག་ཙམ་མཛད་ནས། ཤེས་རབ་ཀྱི་ཕ་རོལ་ཏུ་ཕྱིན་པ་རང་བྱིན་གྱིས་བརླབས་པ་དང་། བདེ་མཆོག་རང་བྱིན་གྱིས་བརླབས་པ་དང་། གཤིན་རྗེ་གཤེད་རང་བྱིན་གྱིས་བརླབས་པ་ལ་སོགས་པ་ཞུས། ཡང་པཎྜི་ཏ་ཁ་ཕྱེ། ཟླ་བ་མགོན་པོ་བོད་དུ་བྱོན་ཏེ། ཁ་རག་གཉོས་ལ་བབས། གཉོས་ཀྱིས་འགྲོལ་ཆེན་དྲི་མེད་འོད་

བསྒྱུར་བ་དང་། གསེར་སྲང་བརྒྱ་རྫོང་པའི་ཚད་བྱས། བར་སྐབས་སུ་པཎྜི་ཏ་ཟླུང་མ་འགུ(མགུ)བར་འཁྲིལ་པ་བྱེད་ལས་མ་བསྒྱུར། འགྱུར་བྱེད་འཕྲོ་བསྣམས་ནས་འཕན་ཡུལ་གྲབ་ཏུ་ཕྱིན། ཞང་པ་ཆུང་པས་བླ་མར་བཟུང་། འགྲོ་ལོ་ཙྪ་བ་ཤེས་རབ་གྲགས་ཀྱིས་ལོ་ཙྪ་མཛད་ནས། འགྲེལ་ཆེན་ཡོངས་སུ་རྫོགས་པར་བསྒྱུར། གཉོས་ཀྱི་ཕུ་ཆུང་པ་ལ་ཁྱོད་ཀྱི་ངའི་པཎྜི་ཏ་ཕྲོགས་པ་ཡིན་པས། ལྷ་བའི་གསེབ་ཏུ་ཤུངས་དཀར་ཚང་བ་གཅིག་བྱེད་དམ་ཞེས་ཕྲིན་སྐུར་བ་སོགས་ཀྱི་ལོ་རྒྱུས་ཀུང་སྣང་ངོ་། །གཞན་ཡང་། པཎྜི་ཏ་ས་མནྟ་ཤྲི་དང་། བཛྲ་པཱ་ཎི་དང་། བོ་དྷི་བཛྲ་སོགས་ཀྱི་སྣ་རྟེན་ཡང་མཛད་ནས་ཆོས་ཀྱི་འཁོར་ལོ་རྒྱ་ཆེན་པོ་བསྐོར། སངས་རྒྱས་ཀྱི་བསྟན་པ་ནམ་ལངས་པ་དང་། ཉི་མ་ཤར་བ་དང་འདྲ་བར་མཛད། མདའ་བུར་བཞུགས། དབུས་གཙང་ཁམས་གསུམ་གྱི་མི་ཆེན་མང་པོ་ཡང་འདུས་ནས། བྱང་ཆུབ་ཀྱི་ཐུགས་འཕེལ་འགྲིབ་ཡོད་ཀྱང་། མཉམ་བཞག་ཐུན་བཞི་མི་འཆག་པའི་ཚུལ་དུ་བཞུགས་ཤིང་། གསང་སྔགས་རྡོ་རྗེ་ཐེག་པའི་རྒྱུད་ཀྱི་བཤད་པས་གཞན་གྱི་རྒྱུད་ཚིམ་པར་མཛད་པ་དང་། ཐུགས་དམ་གྱི་ལྷ་དཔག་ཏུ་མེད་པ་ཞལ་གཟིགས་དུས་གསུམ་མཁྱེན་པའི་མངོན་ཤེས་ཀྱང་མངའ་ཞིང་དེ་གསུང་བ་དང་། རྩུབ་མོ་བྲག་ལ་བཞུགས་པའི་དུས་སུ། མགོན་པོ་དང་ལྷ་མོ་ཞལ་གཟིགས་ཏེ། སྲོག་སྙིང་ཕུལ་བ་དང་། བསྟན་པ་ལ་སྣང་བ་རྣམས་ལ་བཀའ་བསྒོ་བ་ཙམ་གྱིས་བཀའ་ཚད་འབྱུང་བའི་སྟོབས་ཀྱིས་འགྲོ་བ་ཐུལ་པ་དང་། མདོར་ན་སྐུ་གསུང་ཐུགས་ཀྱི་ཡོན་ཏན་བརྗོད་ཀྱི་མི་ལང་ཞིང་། དངོས་དང་རྒྱུད་པས་འགྲོ་བ་དཔག་ཏུ་མེད་པའི་དོན་མཛད་པ་དེ་ཡང་དགུང་ལོ་བརྒྱ་དང་བཞི་བཅུ་ལྷག་བཞུགས་པ་ཡིན་གསུང་ངོ་། །

༧༢། །མཉོས་འབྱུང་གནས་ཤེས་རབ་ནི། འབྲིང་སྟེ(རྟེ)དཀར་བའི་མཁན་བུ་བྱ་རྒྱལ་བ་ཞེས་བྱ་བའི་སྤྱན་སྔར་རབ་ཏུ་བྱུང་ནས་འབྲིང་མཚོའི་མཁན་པོ་མཛད། བྲང་ར་མོ་ཆེའི་གནས་བྱང་མ་བཏབ། གཞན་ཡང་སྐྱུལ་གྱི་ཁེ་ལྷིར། འཁྲོག་ཟད། གཞུང་ཉ་མོ་སྐྱུར། གཟད་སོགས་པ་རི་ལ་སོགས་པ་གནས་གཞི་བཅུ་གསུམ་གྱི་རྨང་བཏིང་། གསས་ཁང་། ཐང་སྐྱ། གནས་སར། རྗེམ་གྱི་གནས་སར་རྣམས་སོགས་པ་རིའི་བུ་བཞིའོ། །མདོར་ན།

འབྲིང་མཚོ་པདྨ་སར་གྲགས་པ་ཐམས་ཅད་ཀྱི་བདག་པོ། གཉིས་འབྱུང་གནས་ཤེས་རབ་ཀྱིས་མཛད་པར་སྣང་ངོ་། །ལོ་ཙཱ་བ་ཡོན་ཏན་གྲགས་པ་ལ་སྲས་གཙང་ཚ་རྡོ་རྗེ་བླ་མ། སྟོ་ཚ་རྡོ་རྗེ་མགོན་པོ། གཟང་ཚ་རྡོ་རྗེ་འབྱུང་གནས་དང་། དཔལ་གྱི་མགོན་པོ་སྟེ་བཞི་བྱུང་ངོ་། །སློབ་དཔོན་རྡོ་རྗེ་བླ་མ་ནི། ལ་སྟོད་ཅུང་པ་སའི་མ་ཛོ་ཞིག་ལ་འཁྲུངས། ཡབ་དང་། པཎྜི་ཏ་རྣམས་ལ། དབང་དང་། གདམས་ངག །རྒྱུད་དང་བཅས་པ་དང་། ཚུར་སྟོན་ལ་མི་ཏྲི་པའི་སྐོར་རྣམས་མ་ལུས་པར་གསན། གཉིས་ཀྱི་རྒྱུད་གསུམ། བདེ་དགྱེས་དང་བཅས་པ་ལ་རྣམ་བཤད་དང་། སྒྲུབ་ཐབས་རྣམས་མཛད། གཟད་ཀྱི་སྤང་པོར་བཞུགས་ནས། སྒྲུབ་པ་འབའ་ཞིག་སྙིང་པོར་མཛད་ཅིང་། གསང་བ་འདུས་པའི་ཕྲ་རགས་ཀྱི་ལྷ་མངོན་དུ་མཛད། ཞལ་གཟིགས་ཤིང་གྲུབ་ཐོབ་ཏུ་གྲགས་པས། དེའི་དུས་ཀྱི་དབུས་གཙང་གི་གཙུག་ལག་ཁང་དང་། རྟེན་ཁྱད་པར་ཅན་བཞེངས་པ་ཐམས་ཅད་ཀྱི་རབ་གནས་ཁོང་ལ་ཞུ་ཞིང་། གཉིས་རྡོ་རྗེ་བླ་མའི་རབ་གནས་བཞུགས་མི་བཞུགས་བརྟེས་བྱེད་པ་བྱུང་ཞིང་། སྐྱེ་བོ་བྱིན་བརླབས་ཞུ་བ་ཐམས་ཅད་ཀྱི་མི་རྒྱུད་འཕེལ་ཞིང་བཀྲ་ཤིས་པ་འབྱུང་། དབུས་གཙང་གི་བོད་མི་ཆེན་བཞིའི་ཡ་གཅིག་ཏུ་གྲགས་པའང་ཁོང་གི་དུས་སུ་བྱུང་ངོ་། །གཙང་གི་རྒྱལ་ཁམས་དང་། གཉལ་པདྨ་ལ་སོགས་པ་ནས་སྤྱན་འདྲེན། དེ་ཐམས་ཅད་དུ་འབྱོན་ཞིང་ཆོས་ཁོ་ན་གསུང་། ཁ་རག་དང་ཀྱི་ཤོད་ཀྱི་འབྲིང་མཚོའི་གནས་ཐམས་ཅད་ཀྱང་ཁོང་ལ་ཕུལ་བ་མངའ་ཆེ། དགུང་ལོ་བདུན་བཅུ་རྩ་བརྒྱད་བཞུགས་ནས་སེམས་ཅན་མང་པོའི་དོན་མཛད་དོ། །སྟོ་ཚ་རྡོ་རྗེ་མགོན་གྱི་ཡུམ་ནི་སྟོ་གྲོ་མོ་བ་ཡིན་ཞིང་། ཆོས་སྐྱོང་ལ་གྲུབ་པ་བརྙེས་པ་ཅིག་(ཞིག)བྱུང་སྣང་ངོ་། །གཟད་ཚ་རྡོ་རྗེ་འབྱུང་གནས་ཀྱི་རྒྱ་གར་དུ་བྱོན། ལོ་ཙཱ་མཁས་པར་མཁྱེན་ནའང་། སྤར་ལོ་ཙཱ་བ་ཆེན་པོས། བླ་མ་བ་ལིཾཨཱ་ཙཆ་འི་རྫོ་མོ་ཤིན་ཏུ་ཐུ་བ་གཅིག་འདུག་པ་མ་བཟོད་ནས། གཤིན་རྗེའི་བསྐྲད་འཁོར་མཛད་པས། ཕྱིའི་རྒྱ་མཚོའི་མཐར་སོང་། བླ་མའི་ཞལ་ནས་དེ་གནོད་སྦྱིན་མོ་ཞིག་ཡིན། ཕྱིས་ཁྱོད་ཀྱི་རྒྱུད་པ་རྒྱ་གར་དུ་འོང་པ་ལ་གནོད་པ་གཅིག་འོང་བར་འདུག་གསུང་པས། དེའི་གནད་ཀྱིས་བལ་བོད་མཚམས་སུ་ཚུར་ལམ་

གྲོངས་ཟེར་རོ། །

༈ དཔལ་གྱི་མགོན་པོའང་འཇིགས་བྱེད་ལ་མངའ་བརྙེས་པ་གཅིག་བྱུང་ངོ་། །དཔལ་སློབ་དཔོན་རྡོ་རྗེ་བླ་མ་ལ་སྲས། དཔལ་ལོ། དཔལ་གྱི་སེང་གེ། དཔལ་གྱི་འབྱུང་གནས། འདི་ལ་བཀྲ་ཤིས་ཀྱང་ཟེར་ཏེ། མཆེད་གསུམ་ན་རིངས་ཀྱི་ནག་མོ་འབར་ཆུང་ལ་འཁྲུངས་སོ། །དཔལ་ཆ་པའི་ཇོ་སྲས་ལིས་(ལས)དབུ་ཚད། མདོན་པ། བྱམས་ཆོས་ལ་སོགས་ལ་ཐུགས་སྦྱོང་མཛད་ཅིང་། ཕ་རྒྱུད་སྐོར་གསུམ། བདེ་མཆོག་སོགས་གཉོས་ལོ་ཙྪ་བའི་ཆོས་སྐོར་རྣམས་ཀྱི་དབང་གདམས་ངག་རྒྱུད་དང་བཅས་པ་མ་ལུས་པ་ཞུས་ཤིང་། སློབ་དཔོན་རྡོ་རྗེ་བླ་མ། དཔལ་ལོ་དང་ཡབ་སྲས་གཉིས་ཀས་སྤྱུ་རངས་ལོ་ཆུང་ལའང་བདེ་མཆོག་གསན། དེ་ལ་སོགས་ཏེ། རྒྱུད་སྡེ་བརྒྱ་རྩ་བརྒྱད་མཁྱེན། བོད་ཀྱི་དགེ་བའི་བཤེས་གཉེན་ལ་མཁྱེན་རྒྱ་ཆེ་བར་གྲགས། བདེ་མཆོག །དགྱེས་རྡོར། ར་ལི། མཚན་བརྗོད་རྣམས་ལ་རྣམ་བཤད་དང་། ས་མ་ཏི་ཀ་དང་། མཆན་རྣམས་མཛད། བསྟན་པ་དང་སེམས་ཅན་གྱི་དོན་དཔག་ཏུ་མེད་པ་མཛད་ཅིང་། བདེ་མཆོག་ལ་མཁས་པའི་སློབ་མ་གཞུའི་ཀ་བ་ནང་གི། ཕྱུག་པ་ཆེན་པོ་ཤེས་རབ་གྲགས། ཕྱུག་པ་འབུམ་སྐྱབས་སོགས་བྱུང་ངོ་། །དཔལ་སེང་གིས་ཡབ་ལ་དབང་རྒྱུད། གདམས་ངག་མ་ལུས་པ་གསན་ཅིང་གྲུབ་པ་བརྙེས་པ་ཞིག་བྱོན་ནོ། །དཔལ་འབྱུང་གིས་གཤིན་རྗེ་གཤེད། ཆོས་སྐྱོང་ལ་མཁས་ཤིང་གྲུབ་པ་ཐོབ་པ་ཞིག་བྱུང་ཞིང་། འདི་ལས་རྒྱུད་པ་ནི་སིལ་མ་བ་རྣམས་ཡིན་ནོ། །དཔལ་སེང་ལ་སྲས། སློབ་དཔོན་གྲགས་པ་དཔལ་དང་། དགེས་སེ་རྗེ་བསོད་གཉིས་ཕུའི་རྗོག་མོ་འོད་སྲས་ལ་འཁྲུངས། སློབ་དཔོན་ཆེན་པོ་བྱིས་པ་ཆུང་ངུའི་དུས་ན། པཎྜི་ཏ་ས་མན་ཏ་ཞེས་པ་དུས་འཁོར་བ་ཆེན་པོ་གཅིག་གིས་རྗེས་མཛད་ནས། མཚན་གྲགས་པ་དཔལ་དུ་བཏགས། དགུང་ལོ་བཅུ་གཅིག་ནས་སྟོད་ལུང་རྒྱ་དམར་གྱི་སར་ལོ་མང་དུ་བཞུགས། དབུ་ཚད་ལ་སོགས་པ་མཚན་ཉིད་ཀྱི་ཆོས་མང་པོ་གསན། སློབ་དཔོན་རྡོ་རྗེ་བླ་མ་དང་། དཔལ་ལོ་དང་། དཔལ་སེང་སྟེ། ཡབ་སྲས་གསུམ་ཀ་ལ། གཉོས་ལོ་ཙྪ་བའི་ཆོས་སྐོར་རྫོགས་པར་གསན། འཛད་(འཛད)དུ་དགོས

སོ་རྟོག་མུ་ནེའི་དྲུང་དུ་ལོ་དྲུག་བཞུགས། འཕགས་སྐོར་གསན། རྫས་མཛོད་སྤྱོད་ཐམས་ཅད་ཀྱི་མཉེས་པར་མཛད། ཐུག་དཀར་པོ་བ་ལ་ཨ་རེ་གསན། འཛིམ་ལོ་ཙཱ་བ་ལ། རྗེ་བཙུན་མ་གེང་རུས་ད་ར་དང་། མགོ་ར་ཀླའི་ཐབས་ལམ་དང་། ཕྱག་རྒྱ་ཆེན་པོ་ཐིམ་པ་གསུམ་ལ་ཐོ་པ་མང་དུ་གསན་ནོ། །དེ་ནས་སྐྱི་ཤོད་དུ་ཕྱིན། སྐེ་ཐང་བུར་གྱི་ཆ་དཀར་དུ་འགྲོ་དོན་མཛད་ཅིང་བཞུགས་སོ། །དེའི་དུས་སུ་ལྷ་ས་སྡེ་བཞིའི་འབྲུག་མོ་ཆེ་ལངས། ལྷ་སའི་སྒོ་འབྱེད་མཁན་མེད་ཅིང་། དཀོན་མཆོག་རྣམས་འོ་རྒྱལ་བར་བཞུགས་པ་ལ། དྭགས་པོ་སྒོམ་བྱུང་གིས་བཙུན་པ་གསུམ་ལ། ལྡེ་མིག་ཕྱག་གང་ལོན་དང་བཅས་པ་སྐུར་བྱུང་བ་ལ། གཉོས་གྲགས་པ་དཔལ་ཕྱིད་འབྲིང་མཚོ་སྟོད་སྨད་ཀྱི་བདག་པོར་འདུག་ཅིང་། ལྷ་ས་སྡེ་བཞི་འདི་གཉོས་ཀྱི་བཟུང་བར་འདུག །དེང་སང་ཕྱིད་མིན་པ་གཞའ་སྤང་ཐུབ་པ་ཡང་མི་འདུག་པས། ལྷ་སའི་འབྲུག་མོ་ཆེ་དེ་ཞི་བ་དང་། ཇོ་བོའི་ཞབས་རྟོག་(ཏོག) ཞིག་གསོལ་སོགས་ཕྱིད་ཀྱིས་ཞལ་ལྷ་དང་བདག་མཛོད་གསུང་པ་བྱུང་པས། དེར་དཔོན་སློབ་རྣམས་ཀྱི་འཕྲུལ་སྣང་དུ་ཕྱིན། དཔྱེར་གཉོས་ཀྱི་གཙོ་བོ་རྣམས་ཕྱོགས་ཕྱོགས་སུ་སོགས། སྟོན་མོ་རྫོས་གདབ་ཐ་དད་དུ་བྱས། གཉོས་སེང་གེ་འོད་ཀྱིས་ཀྱང་ཁོང་རང་གི་ལྷ་སའི་མངའ་རིས་ཅི་ཡིན་ཕུལ། སྡེ་བཞིའི་འབྲུག་པ་ཞི་བར་མཛད། ཞིག་གསོལ་གྱི་མགོ་གཙུགས(བཙུགས)། བཙུན་པ་གསུམ་ལ་ཕྱིད་ཀྱི་དགོངས་པ་རྣམས་རྫོགས་པར་བྱས་ཡོད་ཟེར་བའི་ལན་བསྐུར་ནས། ཇོ་བོའི་ཞབས་རྟོག(ཏོག) ཡུལ་དུ་བྱུང་བ་མཛད་དོ། །དེ་དུས་འཕྲུལ་སྣང་དང་། ར་མོ་ཆེའི་བར་གྱི་ནེ་སེང་(ནེའུ་གསེང) དེར་གསང་འདུས་གིན་བཞུགས་པ་ལ། ཉེན་གཅིག་གསང་ཕུ་བ་རིན་ཆེན་དཔལ་དང་། འཁམས་པ་འཇང་དཔོན་སློབ་གསུམ་གྱིས། ལྷ་སའི་ལྷོ་ན་མཆོད་རྟེན་ཀ་རུ་བྱ་བ། དེ་བཞིན་གཤེགས་པའི་རིང་སྲེལ་(བསྲེལ) བཞུགས་པ་ཞིག་ལ་སྐོར་བ་མཛད་ཀྱིན་ཡོད་པའི་དུས་སུ། རོ་འཛུམ་མུ་ལེ་བ་ཞིག་ཆུས་ཕྱིར་བྱུང་བ་ཐོད་པ་ལེགས་པོ་ཡོད་པར་མཁྱེན་ནས། མགོ་བྲེགས་ཏེ། བྱེ་མའི་འོག་དུ་སྦས། སྤྱོད་ལ་འཕྲུལ་སྣང་གི་སྟེང་དུ་ཕྱིན་པས། དེའི་ཐད་ན་མེ་འབར་འདུག་པ་གཟིགས་པས། དེ་ནུབ་རང་ལ་ཐོད་པ་

རླངས། དེ་ནས་སྟེ་བཞིའི་སྟོན་མོ་དང་། འབུལ་མོ་ཆེ་དཔག་ཏུ་མེད་པ་བྱུང་། འབུམ་ཚར་བཞི་བཅུ་ལྷག་པ་འབུལ་མི་བྱུང་བ། ཚན་གཅིག་ལྷ་ས་རང་དུ་བཞུགས་ཤིང་། ཚན་ཅིག་ཞང་རིན་པོ་ཆེ་ལ་ཕུལ། ཚན་གཅིག་གཏམ་ཆད་ལྷ་ཞིང་གི་ལྷ་ཁང་དུ་བཞུགས་སོ། །གཞན་ཡང་བྲག་ལྷའི་གནས་སྟོན་རྒྱལ་པོའི་ཕོ་བྲང་ཡིན་པ། ཕྱིས་ལྷ་རྗེ་ཟོའུ་ཚང་གིས་བཟུང་བའི་ས་ཞིང་ས་སྐོར་དང་། ཤུན་གྱི་སྨུང་པ་ཆེན་པོ། ཆུ་སྐོར་གནས། ར་མོ་ཆེའི་གནས། རིན་ཆེན་བཤོངས། སྤྱིབ་མ་གནས། ནག་རོང་གཞིས་ཁ། ཐག་མ་ལྷ་ཁང་། མཁར་གསར་པ། རིན་ཆེན་ལྷ་ཁང་། བེའུ་ར། ལ་བ་ནང་། འབྲོག་མོ་གནས་ལ་སོགས་པ་འབུལ་བ་བྱུང་ཞིང་། དགས་པོར་སྒྲོང་། ཀ་འབུམ་མོ་ཆེའི་རབ་གནས་སྐྱུར་མ་ལ་སློབ་དཔོན་ཆེན་པོ་སྤྱན་དྲངས། ཡོན་བདག་དང་བུ་སློབ་དུ་གྱུར། སྐུ་བསོད་ཤིན་ཏུ་ཆེ་བར་བྱུང་ངོ་། །ཐོད་པ་དེའང་ཡིན་བཞིན་གྱི་ནོར་བུ་ལྟ་བུར་བྱུང་སྟེ། གཉོས་ཀྱི་ཐོད་པ་སྐུ་གྲུར་གྲགས་སོ། །སློབ་དཔོན་ཆེན་པོ་འདི་ལ་ཁྱད་པར་དུ་འཕགས་པའི་ཡོན་ཏན་མངའ་སྟེ། ཁྱིམ་ལ་འཁྲིན་པའི་ཉོན་མོངས་པ་སྤྱོངས་བས། མི་ཆེན་མངའ་རིས་སུ་བྱོན་པ་རྣམས་ལ་ཕྲག་དོག་མི་མཛད་ཅིང་། བསོད་ནམས་ཅི་སྐྱིད་མཛད། ཁོན་འཛིན་མི་མཛད་ཅིང་བསྟན་པའི་ཞབས་ཏོག་ཏུ་དགོངས་པ་ལ། དམག་ལ་སོགས་པ་མཛད་ཀྱང་། མི་ཤི་བ་དང་རྗེས་ངན་བྱུང་བ་མེད་གསུང་། བདག་པས་གཞན་གཅེས་པ་དང་། ཆོས་པའི་སྐྱོན་ཞལ་ནས་མི་བརྗོད། དཀོན་མཆོག་གསུམ་ལ་གུས་པས་རབ་ཏུ་བྱུང་བ་བཙུན་ཆུང་ཁྲུ་གང་པ་རེ་ལ་ཡང་ཕྱག་མཛད། མཉམ་པ་ཉིད་རྟོགས་པའི་རྟགས་སུ། ཆོས་པ་གང་དང་འགྲོགས་ཀྱང་དེ་ལྟ་བུའི་སྤྱོད་པ་མཛད་ལ། ཕྱོགས་རིས་མི་མཛད། རྟག་ཏུ་ཐུགས་དམ་ལས་མི་གཡོ་བར་བཞུགས་ཤིང་། རྗེས་སྤྱོད་གྲྭ་པ་དབུས་གཙང་གི་མཁས་བཙུན་མང་པོས་སྐོར་ཞིང་ རྒྱུད་འགྲེལ་མང་པོ་གསུངས་པས་བཤད་རྒྱུད་ཀྱི་བསྟན་པ་རྒྱས་པར་མཛད། རྟགས་དང་མཚན་མ་ངོ་མཚར་བ་དཔག་ཏུ་མེད་པ་མངའ་སྟེ། ཚོམས་བྱོན་པ་ཐམས་ཅད་ཀྱི་ནང་ནས་རིང་བསྲེལ་མང་པོ་བྱོན། ཐབས་ལམ་རླུང་འབྱོངས་པས། རླུང་སྨྱོན་དང་སོར་མོའི་རྩེ་དང་། དམིགས་པ་གང་གཏད

པ་ཐམས་ཅད་དུ་ཐོན། མདོར་ན་སྐྱིད་ཇོགས་ཀྱི་རྟགས་དཔག་ཏུ་མེད་པ་མངའ་བ་ཡིན། བླ་མ་ཐམས་ཅད་ཀྱི་མཚན་བརྗོད་པ་ན་ཡང་། ཕྱག་ཐལ་མོ་སྤྱི་བོར་སྦྱོར་ཞིང་གུས་པ་དང་། བླ་མ་ལ་མོས་པ་བྱས་པས་བཟང་པོའི་འབྲས་བུ་མཐོང་། ཆོས་གཟིགས་པ་མང་པོ་གསུང་ཞིང་། བླ་མ་ཐམས་ཅད་ལ་གུས་ཤིང་མཉེས་པར་མཛད། བླ་མའི་མོས་གུས་ཡོན་ཐུགས་ངེས་པ་ཡིན་གསུང་། དགུང་ལོ་དྲུག་ཅུ་རྩ་གཅིག་གི་བར་དུ་བཞུགས། ཕྲིན་ལས་བཞི་ལྡན་གྱིས་གྲུབ་པས་འགྲོ་དོན་མཛད་ནས། གདུལ་བྱ་མང་པོ་བྱང་ཆུབ་ཏུ་སྨིན་པ་དང་གྲོལ་བར་མཛད། ཞུགས་ཐོ་རྟ་ལོའི་དཔྱིད་ཟླ་ཐ་ཆུང་སྐར་མ་སྨལ་དུའི་ཟླ་བ་ལ་སྐུ་གཤེགས་པ་ཡིན་ནོ། །སློབ་དཔོན་ཆེན་པོ་གྲགས་པ་དཔལ་ཡུམ་མི་གཅིག་པའི་སྲས་བདུན་བྱུང་པ་གཉིས་གྲོངས་པའི་རྗེས་སུ། རྗེ་རིན་པོ་ཆེ། སློབ་དཔོན་རྡོ་རྗེ་གྲགས་པ་འབུམ། སློབ་དཔོན་བྱང་ཆུབ་དཔལ། གཟི་བརྗིད་མགོན་དང་། གཟི་བརྗིད་འོད་གཉིས་ཀྱང་ཆུང་དུ་ལ་གྲོངས་སོང་།

༑ རྗེ་རིན་པོ་ཆེ་ནི་ཡུམ་སེང་མོ་བབ་ཏ་ལི་ཤིང་ཕོ་སྤྲེའུའི་ལོ་དགུན་ཟླ་འབྲིང་པོ་རྒྱལ་གྱི་ཟླ་བའི་ཚེས་བརྒྱད་ཀྱི་ཐོ་རངས་སྐུ་འཁྲུངས། དེའང་མཚན་དཔེ་དང་ལྡན་པ་ཞིག་བྱུང་སྟེ། མཚན་གཟི་བརྗིད་དཔལ་དུ་བཏགས། དགུང་ལོ་ལྔ་ལ་ཆུ་ཤུལ་སྒྲིག་གྲུ་མ་དགོན་ཡང་ཟེར་རོ། །མར་དགེས་སེ་སྤྱུ་རངས་པ་ལ་ཉ་སྟོང་ཆོས་བརྒྱད་ཀྱི་བསླབ་པ་བླངས། གཉོས་ལོ་ཙྪ་བའི་ཆོས་སྐོར་གྱི་དབང་གདམས་ངག་རྒྱུད་དང་བཅས་པ་ཡབ་ལ་ཞུས། དགེསེ(དགེས་སེ)དན་འབག་པ་ལ་སྨྲ་བའི་སེང་གེ་ཟེར་རོ། །དབུ་ཚད་གསན། དཀར་ཆུང་རྒྱ་སྟེ་དུ་དགེས་སེ་གཡེར་གཉན་དཔོན་པོ་ཤེར་འབྱུང་ལ་བྱམས་ཆོས་རྣམས་གསན། རོང་ཀ་རྗེ་འབུམ་ལ་དམར་ཞབས་ཀྱི་ལུགས་ཞུས། དེ་ནས་ཡབ་ཡུམ་གྱིས་ལྷ་ཅིག་བདེ་མཆོག་ལ་བསྙེན་མཛད་ཀྱང་། མ་བཞེད་པར། ཆོས་རྗེ་འབྲི་ཁུང་པ་དང་མཇལ། དེས་ལུང་བསྟན་ནས། ཐོག་མར་སྟོད་ལུང་ཀ་པ་དར་སེང་། ཐག་མ་རྗེར་གཞོན། ཀ་བའི་དྲུང་ན་དགེས་སེ་བཟང་པོ་གཅིག་ཡོད་པ་དང་། དད་པའི་དགེ་འདུན་དང་བཅས་པ་ལ་རབ་ཏུ་བྱུང་བའི་མཚན་ཆོས་ཀྱི་གཟི་བརྗིད་དུ་བཏགས། བསྙེན་རྫོགས་ཀྱང་མཛད། སྐྱུར་མོ་ལུང་པ། དགེས་སེ་སྨྲལ་ཏིལ་འདུལ་བ་གསན།

དེ་ནས་དགུང་ལོ་ཉེ་ཤུ་ལ་ཆོས་རྗེ་འབྲི་ཁུང་ལྕགས་ཕོ་ཁྲི་ལོ་པ་རིན་ཆེན་དཔལ་གྱི་སྤྱན་སྔར་བྱོན། ཕྱག་རྒྱ་ཆེན་པོ་དང་ཆོས་དྲུག་ལ་སོགས་གསན། འབྲི་ཁུང་ཐེལ་དུ་སྒྲུབ་པ་ལོ་བདུན་མཛད། དགུང་ལོ་ཉེ་ཤུ་པ་ལྕགས་ཕོ་ཁྲི་ལོ་རྩ་བདུན་ལ། གཉོས་མགར་ཆོས་གསུམ་གྱི་རྩ་རིའི་གནས་སྒོ་ཕྱེ། རྩ་རི་སྔོན་པོ་མཁར་དུ། འབྲི་ཁུང་ཙན་ཡང་ཟེར། སློབ་དཔོན་ཆེན་པོས་ཡབ་གྲགས་པ་དཔལ། གཙོ་མཛད་པའི་འདུས་པའི་དཀྱིལ་འཁོར་ཞལ་གཟིགས། བུ་རིའི་སྟེང་དུ་བདེ་མཆོག་དྲུག་ཅུ་རྩ་གཉིས་ཞལ་གཟིགས། ཡར་རྩ་རི་ནང་དང་རོང་དུ་སངས་རྒྱས་དང་བྱང་ཆུབ་སེམས་དཔའ་དཔག་ཏུ་མེད་པ་དང་། དཔའ་བོ། མཁའ་འགྲོ། གྲུབ་ཐོབ་ཆེན་པོ་རྣམས་དང་། ཡི་དམ་གྱི་ལྷ་ཚོགས་དཔག་ཏུ་མེད་པ་ཞལ་གཟིགས་སོ། །དེ་ལམ་ཡིག་ན་གསལ་ལོ། །དགུང་ལོ་སུམ་ཅུ་ནས་ས་ཆུ་མོ་གླང་ལོ། རྒྱལ་ཁམས་སུ་འདུམ་བུའི་སྤྱོད་པ་མཛད། ལ་སྟོད་སྨོན་དཀར་བ་ལ་མ་གཅིག་ཞ་མའི་ལམ་འབྲས་ཚར་གཉིས་གསན། ཏི་སེ། ལ་ཕྱི། ཙཱ་ནག །བྲ་མཆུ་འབྲི་མཚམས་མོ་རྣམས་སུ་བཞུགས། སྒྲུབ་པ་མཛད། རྩ་རིར་ལན་ལྔ་བྱོན། སྔོན་པོ་མཁར་དུ། མཁན་པོ་གཟད་པ་དང་། གཙང་པ་རིན་ཆེན་འབུམ་དང་། ལ་སྟོད་པ་ཇོ་ཆོས་ལ་སོགས་པ་སྐལ་ལྡན་གྱི་སློབ་མ་བཅུ་དྲུག་གིས་ཚོགས་པ་སྐྱོང་བར་གསོལ་བ་བཏབ། ཆོས་རྗེས་འབྲི་ཁུང་པ་ཀུན་ཚོགས་པ་སྐྱོང་བའི་བཀའ་ཡང་གནང་པས། སྐྱ་ནམ་ལ་སྟོད་འབྲུག །ལྕམ་འབྲི་འཚམས་ལུང་ཕུག་ཆེན། སྤྲ་གྲོ་གཅལ་ཁ་རྣམས་སུ་དགོན་པ་མཛད། གཅལ་ཁར་བཞུགས་དུས། མཁན་པོ་གཟད་པ་དང་། སློབ་དཔོན་འདུལ་བ་འཛིན་པས་གཙོ་མཛད། དགེ་འདུན་ཕལ་ཆེ་བ་རི་གཞན་དུ་བྱོན། དེ་ལྟག་ཚོགས་པ་སྟོང་བདུན་བརྒྱ་ཉེར་ལྔས་ཚུལ་ཞིང་བཞེས། འདུས་པའི་རྒྱུད། འཇིགས་བྱེད་ཀྱི་རྒྱུད། བདེ་མཆོག་ར་ལི། གཞུང་དྲུག་ལ་སོགས་པ་གསུངས། ཕྱག་རྒྱ་ཆེན་པོ་ལྔ་ལྡན། ན་རོ་ཆོས་དྲུག བཅུ་ཆོས། སུམ་ཆོས། ལམ་འབྲས། རིམ་ལྔ། གྲོལ་ཐིག་སོགས་གདམས་ངག་དཔག་ཏུ་མེད་པ་གསུངས། བཤད་སྒྲུབ་ཀྱི་བསྟན་པ་དར་བར་མཛད། དེ་ནས་དགུང་ལོ་ལྔ་བཅུ་ང་གཉིས་ཤིང་མོ་ཕག་གི་ལོ། ཆོས་རྗེ་འབྲི་ཁུང་པ་ལ། ཆེ་ལྔས་གཙོ་བྱས་པའི་བརྒྱ་འབུལ་བརྒྱ་དང་། བུར་སྟོན་ཆེན་མོ་མཛད། འབྲི་ཁུང་ཐང་ལ་

གདན་ཕྱེད་གནང་། ཆོས་ཀྱི་རྒྱལ་ཚབ་ཏུ་དབང་བསྐུར། ཕྱིར་ཆོས་རྗེ་ཞལ་བཞུགས་དུས།
དགེ་འདུན་ལ་བུར་སྟོན་དང་འབུལ་མོ་ཆེ་ལན་དྲུག་དང་། འདས་པའི་རྗེས་ལ་གཙིག་སྟེ་
བདུན་མཛད། གཙལ་ཁར་སྟར་བཏིང་དུ་ལོ་བཅུ་གཙིག་བཞུགས་ནས་འགྲོ་དོན་དཔག་ཏུ་
མེད་པ་མཛད་དོ། །དེ་ནས་དགུང་ལོ་ལྔ་བཅུ་ང་དྲུག་པ་མོ་ཡོས་བུའི་ལོ་ལ་དབྱུང་ལྷ་ཐོལ་གྱི་
དགོན་པ་མཛད། ལོ་ངོ་དྲུག་ཏུ་བཞུགས། དགེ་འདུན་ཚོགས་པ་ཉིས་སྟོང་བརྒྱད་བརྒྱ་ལ་
ཆོས་ཀྱི་འཁོར་ལོ་རྒྱ་ཆེན་པོ་སྐོར། ཐུགས་ཀྱི་སྲས་མཁན་པོ་གཟད་པ་ལ་སོགས་སྐལ་ལྡན་གྱི་
སློབ་མ་བཅུ་དྲུག །བཀའ་བབས་བརྒྱད། སོ་སོ་བཀྲ་ཤིས་སེང་གེ། བ་རི་སྟག་ཚང་པ་བློ་
གྲོས་སེང་གེ། སྟོ་ཕུག་པ་སངས་རྒྱས་ཕུར་ཆེན། ཀོ་ཐོན་གསེར་ཐོག་པ། དགེ་བྲག་པ་
གཞོན་ནུ་ཚུལ་ཁྲིམས། དུམ་བུ་ཀོ་བྲག་པ། བླམ་དྲོད་ཆུང་པ། དགེ་བཤེས་འགའ་པ། རྗེ་
སྲས་ཀློ་བྲག་པ། རྒྱ་གསལ་བ་སྒང་པ། གཉགས་སྒོམ་ཡེ་ཤེས་རྡོ་རྗེ། ལ་སྟོད་དམ་པ་དམར་
པོ། མགར་དམ་པ། མན་ལུངས་པ། གཉལ་ནས་ཞང་དང་རྒྱལ་བ། དགེ་བཤེས་སྒང་ཆུང་
པ། ཟུར་ཕུག་པ་སོགས་བུ་སློབ་དཔག་ཏུ་མེད་པ་བྱུང་ཞིང་། མདོར་ན། ཕྱུ་རངས་མན་
ཆད། བསིལ་མ་དང་གཞུ་སྐེ་ཡན་ཆད་ན། མན་ལུངས་པ་དང་། བ་རི་བ་དང་། གྲོམ་ཆུང་
པས་དབུ་མཛད། ཚོགས་པ་ལྔ་བརྒྱ་ནས་བཅུའི་བར་སྐྱོང་པ་བདུན་ཅུ་དོན་བརྒྱད་དང་།
བསིལ་མ་མན། མི་ཉག་ཡན་ཆད་ནའང་དཔག་ཏུ་མེད་དོ། །གསུང་ཡི་གེར་བཀོད་པ་
ལའང་། བསླབ་པ་རིན་པོ་ཆེ་གསུམ་གྱི་ཐེམ་སྐས་རིན་ཆེན་བང་མཛོད། གསང་འདུས་རྩ་
རྒྱུད་ཀྱི་ས་བཅད་ཏེ་ཀ་དང་། གཞན་ཡང་། ཡེ་ཤེས་སྣང་བ་ལ་སོགས་བསྟན་བཅོས་མང་དུ་
མཛད་དོ། །དེ་ལྟར་མཛད་པ་ཐམས་ཅད་མཐར་ཕྱིན་ནས། ཤིང་ཕོ་སྤྲེའུའི་ལོ་སྟོན་ཟླ་
འབྲིང་པོའི་ཐ་སྐར་གྱི་ཉ་བའི་ཆོས་བརྒྱད་བརྒྱད་མཆོད་ཐོ་རངས་ཚོད་མེད་པའི་ཐུགས་རྗེ་ཆེན་
པོས་མཚམས་སྦྱར་ཏེ་ཆོས་སྐུའི་ངང་དུ་ཞི་བར་གཤེགས་སོ། །དབྱེ་སྟོན་དཔལ་གྲགས་ཀྱིས་སྒྲུར་
མཆོད་བྱས། གཡས་འཁྱིལ་བདུན་དང་། རིང་བསྲེལ་དཔག་ཏུ་མེད་པ་བྱོན། མེ་ཏོག་གི་
ཆར་དང་། འཇའ་དང་། མཆོད་སྤྲིན་མཛེས་པས་ཉིན་མཚན་མེད་པར་ནམ་མཁའ་གང་བ་

བྱུང་པས་ངོ་མཚར་བར་བྱས། རྗེ་རིན་པོ་ཆེ་མྱ་ངན་ལས་འདས་ནས་ཞག་བཅུ་དྲུག་གི་ཉི་ཤུ་བཞིའི་ཉིན། དཔོན་ཤར་གླིང་པ་རྒྱལ་ཚབ་ཏུ་དབང་བསྐུར། དགེ་འདུན་རྣམས་ཀྱི་མྱ་ངན་གྱི་གདུང་བ་སོས་པར་མཛད་དོ། །རྣམ་པར་ཐར་པ་མདོར་བསྡུས་ཙམ་སྨོས་པ་ཡིན་གྱི། རྒྱས་པར་ནི། སྟོན་འཇམ་མ་དང་། འབར་བ་རྒྱལ་མཚན་ཆེ་ཆུང་གཉིས་དང་། དགེ་བའི་བཤེས་གཉེན་སྐྱགས་ཡེ་ཤེས་རྡོ་རྗེས་མཛད་པ་ཞིག་ཀྱང་ཡོད་པ་དེ་རྣམས་སུ་བལྟ་བར་བྱའོ། །

སློབ་དཔོན་སྟག་ས་འཚང་རྡོ་པོ་གྲགས་པ་འབུམ་ནི། ཡབ་ལ་ཆོས་བསྐོར་རྣམས་རྫོགས་པར་གསན་ཅིང་། ལ་སྟོད་སྟོན་དཀར་བ་ལའང་སྟགས་བཟང་འཕགས་བསྐོར་གྱི་ཐུན་དང་དགྱེས་རྡོར་ལ་སོགས་པ་གསན། གཤིན་རྗེ་དང་ཆོས་སྐྱོང་ལ་མངའ་བརྙེས་པ་གཅིག་བྱོན་ནོ། །བྱང་ཆུབ་དཔལ་གྱི་ཡབ་དང་། རྗེ་རིན་པོ་ཆེ་ལ་ཆོས་མ་ལུས་པ་གསན་ཅིང་། རྗེ་རིན་པོ་ཆེས་རྗེ་བཙུན་གྲགས་པ་རྒྱལ་མཚན་གྱིས་དྲུང་དུ་བཏང་སྟེ། རྒྱུད་གསུམ་མན་ངག་དང་བཅས་པ་གསན། ལམ་འབྲས་ཀྱི་གྲུབ་ཐོབ་ཆེན་པོར་གྲགས་པ་གཅིག་བྱོན་ནོ། །སློབ་དཔོན་གྲགས་པ་འབུམ་ལ་སྲས། ལྷ་རིན་ཆེན་རྒྱལ་པོ། བསྟན་པ་སེང་གེ། སློབ་དཔོན་རིན་དབང་། འདི་ལ་རྡོ་དཔལ་ཡང་ཟེར་ཏེ། གསུམ་རག་མོ་དང་དགེ་བྱ་བ་ལ་འཁྲུངས་སོ། །བླ་མ་རིན་པོ་ཆེ་ལྷ་རིན་ཆེན་རྒྱལ་པོ་ཞེས་མཚན་ཡོངས་སུ་གྲགས་པ་དེ་ནི་ཕྱི་ནང་གི་ཆོས་མ་ལུས་པ་ཐམས་ཅད་མཁྱེན་པ། ཐེག་པ་ཐམས་ཅད་ཀྱི་དོན་ལ་མཁས་པ། སྐྱེ་འགག་མེད་པའི་དོན་ཐུགས་སུ་ཆུད་པ། སེམས་ཅན་ལ་ཕྱོགས་རིས་མེད་པར་མཛད་པ། འགྲོ་བ་འདུལ་བའི་ཐབས་ལ་མཁས་པ། ཡོན་ཏན་གྱི་དགོས་འདོད་ཆར་བཞིན་དུ་འབབ་པ། ནོར་བུ་རིན་པོ་ཆེ་དབང་གི་རྒྱལ་པོ། དུས་གསུམ་སངས་རྒྱས་ཐམས་ཅད་ཀྱི་ངོ་བོ་བླ་མ་རིན་པོ་ཆེ་འདི་ཉིད། སྲས་མྱུ་ཏིག་བཙན་པོའི་སྐྱེ་བ་བཅུ་གཉིས་པའི་ཐ་མ་ཡིན་ཞིང་། དེ་ནས་མི་འཕྲུགས་པའི་ཞིང་དུ་སངས་རྒྱ་བར་ཨོ་རྒྱན་རིན་པོ་ཆེས་ལུང་བསྟན་ཏེ། དེ་ཡང་ལུང་བསྟན་གྱི་དཀར་ཆག་ལས། ལྷ་སྲས་ཁྱོད་ནི་སྐྱེ་བ་བཅུ་གཉིས་ན། །ཚེ་ལོ་ལྔ་བཅུ་ཁ་རལ་དུས་སུ་ནི། །མཁར་དཔེ་

རི་དྭུལ་སོང་ཞིང་དགོན་གནས་སྐྱེ་བོས་སྐྱོང་། །སྐྱེ་བོ་བྱ་བྱེད་བཏོལ་ནས་སོ་ནམ་བརྩོན་པས་བྱེད། །དགེ་སློང་སྤྲེའུ་བསོ་ཞིང་ཐུགས་པ་གྲོང་ཚོག་བྱེད། །སྐྱབས་གནས་བླ་མ་བོར་ནས་བློ་ཕུག་བོན་ལ་གཏོད། །དེ་དུས་ཕོ་བྲང་འདི་ནས་ནུབ་ཀྱི་ཕྱོགས། །གནམ་ལུང་གངས་ཀྱི་ར་བ་ཤིང་ལོའི་ཚལ། །ཡབ་ནི་ཐུགས་འཆང་གྲགས་པ་འབུམ་ཞེས་བྱ། །ཡུམ་ནི་སྒྱུ་འཕྲུལ་མ་ཞེས་བྱ་བའི་སྲས། །རྗེ་རིགས་ནཱ་ཛའི་མཚན་ཅན་བྱ་ལོ་བ། །སྔས་པའི་རྣལ་འབྱོར་སྲས་སུ་སྐྱེ་བ་ལེན། །ཐོག་མར་འདུལ་བ་དེ་ནས་གསང་ཐུགས་ཆོས། །སློབ་འབངས་རྒྱས་འགྱུར་དེ་དུས་ཨུ་རྒྱན་ངའི། །ལས་འབྲེལ་རྟན་（བསྟན）ནས་སྔས་པའི་གཏེར་ལ་སྤྱོད། །དེ་ནས་མི་འཁྲུགས་ཞིང་དུ་སངས་རྒྱས་འགྱུར། །ཞེས་ལུང་བསྟན་པ་ལྟར། ལྕགས་མོ་བྱའི་ལོ་ལ་སྐུ་འཁྲུངས། ཡབ་དང་ཁུ་བོ་ལ་ཆོས་སྐོར་མ་ལུས་པ་རྣམས་གསན་ཅིང་། སྐྱིར་མོ་ལུང་དུ་རབ་ཏུ་བྱུང་ནས། འདུལ་བ་མདོ་ཙ་དང་། ལུང་སྡེ་བཞི་སོགས་ལ་གསན་སྦྱོང་མཛད་ཅིང་མཁས་པར་མཁྱེན། རྗེ་རིན་པོ་ཆེ་ལ་དགས་པོ་བཀའ་བརྒྱུད་པའི་གདམས་བསྐོར་རྣམས་ཀྱང་གསན། བཟང་རབ་གྲོང་བཏབ། དགུང་ལོ་ཉེ་ཤུ་ཙ་བདུན་མེ་མོ་ཕག་གི་ལོ་ལ་ལྷ་རིན་ཆེན་ཐེལ་གྱི་གདན་སར་ཕྱིན། ལོ་ངོ་བཞི་བཞུགས་ནས་ཐེག་པ་གསུམ་གྱི་ཆོས་ཀྱི་གདུལ་བྱ་རྣམས་སྨིན་པ་དང་གྲོལ་བར་མཛད། དེ་ནས་དགུང་ལོ་སོ་གཅིག་པ་ལྕགས་མོ་ཡོས་ཀྱི་ལོ་ལ་གྱེར་དགོན་པ་བཏབ། དགེ་འདུན་འདུས་པ་དུ་མ་ལ་རྗེ་རིན་པོ་ཆེས་མཛད་པའི་རིན་པོ་ཆེ་བང་མཛོད། གསང་འདུས། འཇིགས་བྱེད། བདེ་མཆོག་ལ་སོགས་པ་གསུངས་ཤིང་། གྲོལ་ཐིག །འབྲི་ཁུང་པའི་ཆོས་དྲུག་གསར་རྙིང་། བཅུ་ཆོས། གསུམ་ཆོས། བདུན་ཆོས། ཚིག་བསྡུས། ཚིག་གསུམ། སྙིག་ཆོས། ཙོན་ཧྲ་མ་ཙི་ལ་སོགས་པ་གསུངས་ཤིང་བསྟན་པའི་བྱ་བ་ཕོ་ན་མཛད་དོ། །ལྕགས་ཕག་གི་ལོ་རྟོར་དུ་པེ་ཏ་བླ་དུར་ཟེར་བའི་དམག་བྱུང་ནས། ཕོ་ལ་ངོ་ལྟ་མ་བྱས་པ་རྣམས་གསོད་ཀྱི་ཡོངས་པ། བླ་མ་རིན་པོ་ཆེས་སྟོད་ལུངས་ནས་བསྒྱུ། དབུས་གཙང་ཕལ་ཆེ་བའི་ངོ་ལྟ་བླ་མ་རིན་པོ་ཆེས་མཛད་ནས། མི་མ་གསད་པས། འཇིག་རྟེན་པའི་རྒན་པོ་རྣམས་ཀྱིས་ལོ་རྒྱུས་བྱེད་དུས་སུའང་། སྐེ་ཐོག་ཏུ་མགོ་གནས་པ་བླ་མ་ལྷ་ཡི་སྐུ

ཏྲིན་ཡིན་ཞེས་ཟེར་བ་ཡོད་པར་སྣང་ངོ་། །དེ་ལྟར་མཛད་པ་སྣ་ཚོགས་སྒོ་ནས་སེམས་ཅན་ཐམས་ཅད་མཉམ་པ་ཉིད་དུ་སྨིན་ཅིང་གྲོལ་བར་མཛད། དགོན་པ་བཏབ་ནས་ལོ་བསྐོར་གཅིག་སོང་བའི་ཆུ་མོ་ཡོས་ཀྱི་ལོ་ལ། ཉེ་གནས་འདམ་པ་རི་པ་དང་དཔོན་སློབ་ཀྱིས། གྱི་རེ་ལྷ་ཁང་དང་། ཕག་རི་རིན་ཆེན་སྒང་གི་རྨང་བཏིང་། རིན་ཆེན་སྒང་ལོ་གཉིས་ན་ཞིང་འབྲུག་ལ་ཚར། གྱི་རེ་ལྷ་ཁང་འཚལ་འབྲུག་དང་། ས་ཆའི་འབྲུག་པས་འགྲུངས། དེ་ནས་མེ་ཕོ་བཞི་པ་ཕོ་རྟའི་ལོ་ལ་ཚར་བར་བྱས་ནས། བླ་མ་རིན་པོ་ཆེས་རབ་ཏུ་གནས་པ་མཛད། ས་གནོན་གྱི་ཐུབ་པ། སྐུ་ལྗིར་ཆེན་མོ། ལོགས་བྲིས་རྣམས་ལ་བདེ་བ་ཅན་འདེབས་མཁན་རྒྱ་འཆིང་རྒྱུ་བ་ཡིན་ནམ་ཟེར་རོ། །རྒྱ་ཐམས་ཅད་མཁྱེན་པས་རབ་གནས་མཛད། ཕྱིའི་རབ་གནས་ཅོང་རིན་པོ་འཁྲི་ཁུང་པ་ཆེས་མཛད་ཅིང་། ལོ་འགའ་ན་འཕགས་པས་ཀྱང་མཛད་དོ། །བླ་མ་རིན་པོ་ཆེའི་ཐུགས་དམ་རྟེན། ཐུགས་རྗེ་ཆེན་པོའི་རབ་གནས་འགྲུ(གྲུ)རུ་ཆོས་དབང་གིས་མཛད། ཨུ་རྒྱན་རིན་པོ་ཆེའི་ལུང་བསྟན་ལས། དམག་དཔོན་བསྐོས་པའི་བློན་པོར་འགྱུར་བ་ཡི། །སྤྲེའུ་ལོ་པས་འབྱུང་ཞིང་ཕྲིན་ལས་སྒྲུབ། །ཅེས་གསུངས་པ་ལྟར། ཉེ་གནས་འདམ་པ་རི་པ་སྤྲེ་ལྕགས་ཕོ་ལོ་པས། དབུས་གཙང་གི་སྤྱི་དཔོན་སྤྱུལ་ནས་ཕག་གི་བར་ལོ་བཅུ་དགུ་བྱས། ལོ་དྲུག་བཅུ་རྩ་བཞི་ལ་ཆུ་མོ་ཕག་གྲོངས། མ་མགོན་གཉིས་དང་། མདོ་སྡེ་དྲུག་བཅུ་དུམ་གྱི་པོ་ཏི་བཅུ་དྲུག་མ་གཏོགས་སྡེ་གནས་འབངས་པས་བཞེངས། ཡང་མི་དཔོན་ཇོ་བོ་རྗོ་རྗེ་དཔལ་གྱིས་ཀྱང་ལོ་ཕྱི་དཔོན་བཅོ་ལྔ་བྱས་སོ། །བླ་མ་རིན་པོ་ཆེ་འདི་ཉིད་ཀྱི་ཕྱག་ཏུ་དེ་བཞིན་གཤེགས་པའི་འཕེལ་གདུང་། བསེའི་གའུ་ཟབ་ཆོས་ཀྱི་ཤོག་དྲིལ། ཨུ་རྒྱན་རིན་པོ་ཆེའི་སྐུ་འདྲ་ལྷ་སྲུས་ཀྱིས་བཞེངས་པ། ཨུ་རྒྱན་ཉིད་ཀྱིས་རབ་གནས་མཛད་པ་ལ་སོགས་པ་རྣམས་ཨུ་རྒྱན་གྱི་ལུང་བསྟན་དཀར་ཆག་བཞིན་དུ་གུ་རུ་ཇོ་རྩེས་ཕྱག་གཏེར་ནས་སྟོན་(བཏོན)ནས་ལྕགས་ཕོ་ཁྱི་ལོ་ལ་ཏུ་ཕུལ་བ་དང་། ཡང་སྣག་དཔོན་ལྷ་ཇོ་བོ་དཔག་ཤེས། བླ་མ་འཕགས་པའི་ཕྱག་ཕྱིར་གོང་དུ་ཕྱིན། བླ་མ་ཆེན་པོ་ཆོས་རྒྱལ་འཕགས་པ་ལའང་གསང་འདུས་ཀྱི་དབང་མཛད་དགོས་གསུང་པས་ཕུལ། རྒྱལ་བུ་ཆང་འཕུང་དང་དགོས་སུ་ཡོན་མཆོད་འབྲེལ་པའི་སྐོབས་ཀྱིས། རྫས་ལོངས་སྤྱོད་

དཔག་ཏུ་མེད་པ་བྱུང་པ་བླ་མ་རིན་ཆེན་རྒྱལ་པོ་རིན་པོ་ཆེ་ལ་ཕུལ། ཉ་བྱུས་དང་། མཐོ་ཞིང་གསེར་མ་དང་། ཟ་འུག་མཐོན་ཏི་ལ་སོགས་ཕུལ་བ་ལ་འཕན་ཆེན་མོ་འདི་ཉིད་བཞེངས། གཞན་ཡང་། འགོས་ཡུལ་བ་ཕར་ཕྱིན་དང་གསང་འདུས་ལ་མཁས་པ་བྱུང་དར། བསིལ་མ་བ་ཡོལ་རི་གོང་པ། སངས་རྒྱས་སྟོན་པ། བརྩོན་འགྲུས་སེང་གེ། མན་ལུངས་པ་དྲན་བསོད་ནམས་དཔལ་རྣམས་ཀྱིས་ཀྱང་། བླ་མ་དགེ་འདུན་དང་བཅས་པ་ལ་འབུལ་བ་དཔག་ཏུ་མེད་པ་ཕུལ་ཅིང་། དབང་གཉོས་ཀྱི་ཕ་རྒྱུད་སྐོར་གསུམ་གྱི། རྒྱུད་གདམས་ངག་དང་བཅས་པ་མ་ལུས་པར་གནང་ནས། ཐུགས་ཀྱི་སྲས་དམ་པ་ཡང་ཡིན་ནོ། །དེ་ལྟར་མཛད་པ་ཐམས་ཅད་མཐར་ཕྱིན་ནས། ནམ་ལྣ་ཟད་པའི་འཛའ་ཚོན་ཡལ་བ་བཞིན་དུ། དགུང་ལོ་བདུན་ཅུ་ལྷགས་པོ་ཏའི་ལོའི་སྟོན་ཟླ་ཐ་ཆུང་སྨིན་དྲུག་གི་ཟླ་བ་ཧོར་ཟླ་བཅུ་པའི་ཉི་ཤུ་དགུ་ལ་སྟོན་མཆོད་ཆེན་མོ་གཏོང་དགོས་རྒྱུ་ཡིན་འདུག །རྒྱ་ནག་པ་ཁྲིམས་སྟོད་ཀྱིས་ཉ་བའི་ཉི་ཤུ་དགུའི་ནམ་ཕྱེད་ལ་སྤྲུལ་པའི་སྐུའི་དཀྱིལ་འཁོར་ཆོས་ཀྱི་དབྱིངས་སུ་བསྡུས་སོ། །

གཉིས་བསྟན་པ་སེང་གེས་ཡབ་ལ་ཆོས་རྣམས་གསན་ཅིང་གྲུབ་པ་མཉེས། ༈ འབྲོག་སྣ་དཀར་རྩེ་དང་། གཡོར་པོ་སྟོན། སོགས་པ་རི་སོགས་གནས་མང་དུ་བཟུང་པས། ཁ་རག་པའི་ལྷ་བ་དཀོན་མཆོག །གྲལ་མ་ཐང་པའི་ལྷ་བ་གྲགས་རྒྱལ། ཐང་སྐྱ་བའི་ལྷ་བ་འགྲུ་དུ་མགོན་རྣམས་ཀྱིས། ཕྱག་དོག་གིས་བསྟན་པ་སེང་གེ་གཡེར་པོ་སྟོད་ཀྱི་དྲིལ་སྣད་དུ་བཀྲོངས། ཐང་སྐྱར་དམག་བྱ། བསྒོམ་པ་ཤཱཀ་རིན་གྱིས་ཁོང་གསུམ་གྱིས་ངོ་ལྟ་བླངས་པར་འཚམས་བྱས་ཁོང་རྣམས་ཀྱི་ས་ཆ་ཅི་རིགས་པ་ལྷ་ས་ལ་སྦྲད་འདུག་གོ། །བསྟན་སེང་གི་སྲས་བླ་མ་གྲགས་པ་རྒྱལ་པོ་ཤིང་མོ་སྦྲུལ་ལ་འཁྲུངས། བླ་མ་རིན་པོ་ཆེ་ལ་ཆོས་བསྐོར་རྣམས་མ་ལུས་པར་གསན། བླ་མ་རིན་པོ་ཆེ་གཤེགས་ནས། དགུང་ལོ་ཉི་ཤུ་རྩ་བདུན་ལྷགས་མོ་ལུག་གི་ལོ་ལ། ཀྱི་རེ་དགོན་པའི་ཁྲི་ཐོག་ཏུ་བྱོན་ནས། གདན་ས་ལོ་གཉིས་མཛད། དགུང་ལོ་སུམ་ཅུ་རྩ་གསུམ་མེ་མོ་གླང་ལ་སྐུ་གཤེགས། དེ་ལ་སྲས་རིན་པོ་ཆེ་རིན་སྐྱབས་དང་། དཀོན་མཆོག་རིན་པོ་ཆེ་གཉིས་འཁྲུངས་པའི་དཀོན་མཆོག་རིན་ཆེན་འབྲི་ཁུང་དུ་བྱོན་ནས་

ཐོར་པས་གྲོངས་སོ། །རིན་པོ་ཆེ་རིན་སྐྱབས་མེ་ཕོ་བྱི་བ་ལ་སྐུ་འཁྲུངས། ཡབ་དང་། མཁས་པ་བྱང་ཆུབ་དར་ལ་གཉོས་བསྐོར་གྱི་དབང་གདམས་ངག་རྒྱུད་དང་བཅས་པ་དང་། དྷགས་པོ་བཀའ་རྒྱུད་ཀྱི་ཆོས་སྐོར་རྣམས་མ་ལུས་པར་གསན། གྲུབ་པ་བརྙེས་ཤིང་ཤིན་ཏུ་ནུས་པ་ཆེ་བར་གྲགས་པ་གཅིག་བྱོན་ནས། རིན་པོ་ཆེ་གཟི་བརྗིད་རྒྱལ་པོ་གཤེགས་རྗེས་ས་མོ་སྦྲུལ་ལོ་ཟླ་བ་དགུ་པའི་ཉེར་གསུམ་ལ་བླ་མ་འདི་ཉིད་དགུང་ལོ་ལྔ་བཅུ་རྩ་བཞིའི་སྟེང་དུ་ཁྲི་ཐོག་ཏུ་བྱོན་ནས། ལོ་བཅུའི་བར་དུ་གདན་ས་བསྐྱངས་སོ། །སློབ་དཔོན་རིན་དབང་ལ་སྲས་བླ་མ་རྒྱལ་པོ། སློབ་དཔོན་བསོད་ནམས་དར་གཉིས་འཁྲུངས། བླ་མ་དར་མ་རྒྱལ་པོ་ས་མོ་བྱའི་འཁེལ་གདུང་ཕྱག་ཏུ་བྱུང་བའི་ལོ་སྟོན་མ། ལོ་ལ་སྐུ་འཁྲུངས་ཤིང་། གཉོས་དང་བཀའ་རྒྱུད། ཟླ་རྗོགས་ཐུགས་གསུམ་སོགས་ཟབ་གཏེར་གྱི་ཆོས་སྐོར་རྣམས་བླ་མ་རིན་པོ་ཆེ་ལ་ཞུས། ཕ་རྒྱུད་བསྐོར་གསུམ་བདེ་མཆོག་དང་བཅས་པའི་རྒྱུད་ཀྱི་བཤད་པ་འཁམས་སྟོན་དང་དགོས་བྲག་པ་སོགས་ལ་གསན་ཅིང་མཁས་པར་མཁྱེན། བླ་མ་ཆོས་ཀྱི་རྒྱལ་པོའི་དྲུང་དུའང་ལོ་འགའ་བཞུགས་ནས། ས་སྐྱ་པའི་ཆོས་སྐོར་རྣམས་གསན་ནོ། །བླ་མ་རིན་པོ་ཆེ་གཤེགས་རྗེས། དཔོན་པོ་གྲགས་པ་དང་། དར་མ་གཉིས་ཀྱི་བླ་མའི་ཐུགས་དགོངས་རྫོགས་ཐབས་དང་། ནང་རྟེན་ཆེན་མོ་སོགས་བཞེངས། དེའི་རབ་གནས་འབྲི་ཕྱུག་པ་རིན་ཆེན་བཟང་པོ་དང་། བླ་མ་རི་གོང་པས་མཛད། བླ་མ་གྲགས་པའི་རྗེས་ལ། བླ་མ་དར་མ་རྒྱལ་པོས་དགུང་ལོ་ཉི་ཤུ་རྩ་ལྔ་ཆུ་མོ་བྱའི་ལོ་ལ་ཁྲི་ཐོག་ཏུ་བྱོན་ནས་གདན་ས་ལོ་ངོ་དགུ་མཛད། བཤད་སྒྲུབ་ཀྱི་གདུལ་བྱ་རྣམས་སྨིན་པར་མཛད་ནས། ལྕགས་མོ་སྦྲུལ་གྱི་ལོ་དགུང་ལོ་སུམ་ཅུ་རྩ་གསུམ་ལ་སྐུ་གཤེགས་སོ། །དེ་ནས་ཀྱི་རེར་ལོ་དྲུག་བླ་མ་མཁས་པ་བྱང་དར་གྱིས་བླ་ཆོས་གསུངས། བླ་མ་འདི་ཉིད་འཁྲུངས་ཡུལ་མགོས་ཡུལ་བར་འདུག་ཅིང་། བླ་མ་ལྷ་རིན་ཆེན་རྒྱལ་པོ་དང་། མཁས་པ་དགེ་བྲག་པ་སོགས་ལ་གཉོས་སྐོར་གྱི་བཀའ་རྒྱུད་གདམས་ངག་རྣམས་གསན་ཅིང་། གཉོས་ཀྱི་བདེ་མཆོག་བསྐོར་རྣམས་གཞུའི་ཀ་བ་ཀུན་དགའ་དཔལ་ལ་གསན་ནས་མཁས་པ་ཆེན་པོར་གྲགས་ཤིང་། གསང་འདུས་སོགས་ཀྱི་ཡིག་ཆ་ཐུན་ཡང་མང་དུ་མཛད། བླ་མ་དར་

མ་རྒྱལ་པོའི་ནང་རྟེན་ཆེན་མོའང་འདི་ཉིད་དང་། སློབ་དཔོན་བསོད་ནམས་དར་གྱིས་བཞེངས། རབ་གནས་མཛད་པས་བཀྲ་ཤིས་བདེ་ལེགས་ཡོན་ཏན་ཕུན་སུམ་ཚོགས་པ་དཔག་ཏུ་མེད་པ་བྱུང་ངོ་། །དེ་གོང་དུ་བླ་མ་འདི་ཉིད་ཀྱིས་ཕག་རི་རིན་ཆེན་སྒང་དུ་བཞུགས་ནས་གདན་ས་སྐྱོངས་ཤིང་། ཁང་བུ་སྟག་ལུང་གི་དགོན་པ་བཏབ་ནས། གདུལ་བྱ་རྣམས་སྨིན་གྲོལ་ལ་བཀོད་དོ། །

༈ སློབ་དཔོན་བསོད་ནམས་དར་ལ་སྲས་རིན་པོ་ཆེ་གཟི་བརྗིད་རྒྱལ་པོ། སློབ་དཔོན་བསོད་ནམས་རྒྱལ་པོ། སློབ་དཔོན་ཤེས་རབ་རྒྱལ་པོ་གསུམ་བྱུང་། རིན་པོ་ཆེ་གཟི་བརྗིད་རྒྱལ་པོ་འདི་ནི། སྟོན་ཨ་ཙ་རས་བཏབ་པའི་འཁོལ་མ་ཕུའི་སེ་ཁྲིད་དགོན་པར། མེ་མོ་གླང་གི་ལོ་ལ་དགེ་མཚན་དུ་མ་དང་བཅས་ཏེ་སྐུ་བལྟམས། དགུང་ལོ་བཞི་ལ་བླ་མ་ལྷ་དར་ལ་རྒྱལ་པོའི་དྲུང་དུ་འགྲུ་ཙུ་དང་ཆོས་སྐྱོང་གི་བསྐོར་ཞུས། བསོད་ནམས་རྒྱལ་པོ་དང་སྐུ་མཆེད་གཉིས་ཀས་དགུང་ལོ་དྲུག་བདུན་བཞེས་པ་ལ་འབྲི་ཕྱུག་ཏུ་ཕྱིན། ཕུ་བོ་གཉིས་བླ་མ་རིན་ཆེན་བཟང་པོ་ལ་ཕ་རྒྱུད་བསྐོར་གསུམ་གྱི་དབང་དང་ཆོས་སྐྱོང་གི་སྐོར་རྣམས་ཞུས། དགུང་ལོ་བརྒྱད་ལ་སྐྱུར་མོ་ལུང་དུ་འདུལ་བ་འཛིན་པ་རྣམས་ཀྱི་གཙུག་གི་ནོར་བུ། མཁན་པོ་འབྱུང་རིན་དང་། སློབ་དཔོན་སྟོན་པ་བ་ལ་སློབ་དཔོན་ཞུས་ནས། དད་པའི་དགེ་འདུན་དང་བཅས་པ་ལ་རབ་ཏུ་བྱུང་བའི་མཚན་གཟི་བརྗིད་རྒྱལ་པོར་བཏགས། མཁན་སློབ་དགེ་འདུན་དང་བཅས་པ་འབུལ་སྟོན་གྱི་མཉེས་པར་མཛད། ཕྱིས་དགུང་ལོ་ཉེ་ཤུ་མེ་ཕོ་སྤྲེའུའི་ལོ་ལ་བསྙེན་པར་རྫོགས་པའང་མཁན་སློབ་འདི་ཉིད་དང་། གསང་ཏེ་(སྟེ) མཁན་པོ་དབང་ཤེས་མཛད་དོ། །དགུང་ལོ་བཅུ་གཅིག་མེ་མོ་ཕག་གི་ལོ་ལ་གདན་སར་ཕྱིན། ཚོགས་སུ་རིན་ཆེན་བང་མཛོད་སོགས་གསུངས། མཁས་པ་བྱང་ཆུབ་དར་ལ་གཉིས་བསྐོར་གྱི་དབང་རྣམས་ཞུས་ནས། གསང་འདུས། རྗེ་རིན་པོ་ཆེས་མཛད་པའི་ཊཱི་ཀ་དང་། གཤིན་རྗེ་གཤེད་དགྲ་ནག་གི་རྒྱུད། རྟོག་གསུམ། རྟོག་བདུན། རྟོག་གཅིག་རྣམས་ལ་སློབ་དཔོན་རྡོ་རྗེ་བླ་མས་མཛད་པའི་རྣམ་བཤད་གདོང་དྲུག །བདེ་མཆོག །རལ་ལི་བསྐོར་རྣམས་ལ་གཉིས་ལོ་ཙཱ

བས་རྣམ་བཤད་མཛད་པ་རྣམས་ཀྱི་སྟོང་ནས་མཛད་ཅིང་། རྒྱུད་མན་ངག་ལག་ལེན་དང་བཅས་པ་ལ་གསན་སྦྱོང་ལེགས་པར་མཛད་ཅིང་མཁྱེན། གཞན་ཡང་མཚན་བརྗོད་ཀྱི་བཤད་པ། རྗེ་རིན་པོ་ཆེ་ཁུ་དཔོན་གྱི་བཀའ་འབུམ། དྭགས་པོ་བཀའ་རྒྱུད་ཀྱི་ཆོས་བསྐོར་རྣམས་མ་ལུས་པར་ཞུས་པས། ཤིན་ཏུ་བཀའ་དྲིན་ཆེ་བར་ཡིན་གསུང་། སློབ་དཔོན་བྱང་ཆུབ་རྡོ་རྗེ་ལ་བཤད་རྒྱུད་ཆེན་པོ་བཞི་དང་། འགྲེལ་པ་སྤྱོན་ཤིང་། ཐ་ག་ན། ཛ་ལན་དྷ། ཤན་ཏི་པ་ལ་སོགས་པའི་རྒྱུད་འགྲེལ་རྣམས་གསན། སློབ་དཔོན་ཇོ་སྟོན་ལ་མངོན་པ་ཀུན་ལས་བཏུས་དང་། ཚད་མ་རྣམས་གསན། བླ་མ་ཆོས་ཀྱི་གྲགས་པ་ལ། ར་ལུགས་ཀྱི་ནག་འཇིགས་བསྐོར་རྣམས་མ་ལུས་པར་ཞུས་ཅིང་། རྒྱ་པོ་ཆུ་ཤུལ་གྱི་བ་ལུང་པའི་སློབ་མ་སློབ་དཔོན་རིན་ཆེན་རྡོ་རྗེ་ལ་བདག་མེད་མ་ལྷ་མོ་བཅོ་ལྔའི་བསྐོར་ཞུས། ཕྱིས་གྲུབ་པའང་བརྙེས་གསུང་། བླ་མ་རྡོག་པ་རིན་ཆེན་བཟང་པོ་ལ། གསང་ལྡན་དང་། ན་རོ། མེ་ཏྲིའི་བྱིན་བརླབས། མན་ངག་ཟབ་བསྐོར་རྣམས་ཞུས། ཁོང་གི་གཅེན་པོ་སློབ་དཔོན་སེང་གེ་སྒྲ་ལ། གདན་བཞི་དབང་རྒྱུད། མན་ངག་གི་བསྐོར་འགྲེལ་པ་དང་བཅས་པ་མ་ལུས་པར་ཞུས། བླ་མ་ཨའི་སེང་གེ་ལ་ཤངས་པའི་ཆོས་བསྐོར་རྣམས་རྫོགས་པར་གསན། མཁའ་སྤྱོད་མ་དཀར་མོའི་ཞལ་མཐོང་བ་གཅིག་ཀྱང་བྱུང་གསུང་། དེ་ནས་དགུང་ལོ་བཅུ་གསུམ་ས་མོ་གླང་གི་ལོ་ལ་ས་སྐྱར་བྱོན། བླ་མ་འཇམ་དབྱངས་རིན་ཆེན་རྒྱལ་མཚན་བཞི་ཐོག་ན་བཞུགས་དུས། བླ་མ་དགེ་འདུན་དང་བཅས་པ་ལ། མང་ཇ་འབུལ་སྟོན་རྒྱ་ཆེན་པོ་མཛད། འཇམ་དབྱངས་རིན་རྒྱལ་ལ་དགྱེས་རྡོར། བདག་མེད་མ། སྒྲོལ་མ་རྣམས་ཀྱི་དབང་མན་ངག་དང་བཅས་པ་ཞུས། བླ་མ་ཤར་པ་ཀུན་དགའ་སེང་གེ་ལ་ཡང་། རྟག་གཉིས། བདག་མེད་མའི་བསྐོར། ལམ་འབྲས་རྒྱས་པ་དང་། གཞན་ཡང་དབང་རྒྱུད་གདམས་ངག་ཕལ་ཆེ་བ་གསན། ས་སྐྱར་ལོ་གསུམ་གྱི་བར་དུ་བཞུགས་ནས། ས་སྐྱ་པའི་རྒྱུད་གདམས་སྐོར་དང་བཅས་པ་རྫོགས་པར་མཁྱེན་ནོ། །དེ་ནས་རྗེ་རིན་པོ་ཆེའི་སློབ་མ་སྒོ་ཕུག་པ། སྟེངས་མོ་ཆེ་པ། བ་རི་བ། དོ་རི་བ། གསེར་ཐོག་པ། དགེ་བྲག་པ། ཉོ་འབྲང་པ། གུར་གོང་པ། འདག་པ་ལ་སོགས་པ་རྣམས་ཀྱི་སྤྱན་

དྲངས། ཆོས་ཞུས། འབུལ་བ་རྒྱ་ཆེན་པོ་མཛད་ནས། ཕག་རི་ར་བྱོན། ལྷོ་ཁ་བཞིའི་ཡོན་བདག་བུ་སློབ་རྣམས་ཀྱིས་འབུལ་སྟོན་རྒྱ་ཆེན་པོ་བྱས། ཐེག་པ་གསུམ་གྱི་ཆོས་རྣམས་གསུངས། གདུལ་བྱ་རྣམས་སྨིན་གྲོལ་གྱི་ལམ་ལ་བཀོད་ནས་གྱི་རེར་ཐེབས། རྒྱུད་དང་ཆོས་ཁྲིད་རྒྱུན་མ་ཆད་པར་བསྐྱངས་པས། གནས་ཆེན་ལ་བསྐྱོད་པའི་རི་པ་དང་། དགེ་བཤེས་མང་དུ་ཐོན། ཡང་ལོ་འགའ་ན་ཕག་རིར་བྱོན། བླ་མ་མཁས་པའི་ནང་རྟེན་ཆེན་མོ། གསེར་འབུམ། སྐུ་ལྡིར་རྣམས་བཞེངས། རབ་གནས་མཛད། ལྷོ་ཁ་བཞིའི་བུ་སློབ་རྣམས་ལ་ཐུགས་བསྐྱེད་དང་། གསང་འདུས་ལ་སོགས་པ་གསུངས། ཁྲུང་འདུས་ཀྱིས་བར་ཆད་རྫོམ་དུ་ཡོངས་པ། རིན་ཆེན་སྒང་ལྟུགས་ཀྱི་གོང་བུ་མེ་འབར་བ་གཅིག་ཏུ་སོང་ནས་བར་ཆོད་མ་ནུས་པར་ལོག་སོང་པ་འགའ་ཞིག་གིས་མཐོང་ཟེར་བ་སྣང་ངོ་། །དེ་ནས་ལོ་གཅིག་གཉིས་བཞུགས་ནས་གྱི་རེར་ཐེབས། གསང་བ་འདུས་པ་དང་། རྡོ་རྗེ་འཇིགས་བྱེད་ལ་སོགས་པའི་ཐུན་བཞིའི་རྣལ་འབྱོར་འཆགས་མེད་དུ་མཛད་ཅིང་། ཕ་རྒྱུད་མ་རྒྱུད་ཀྱི་གདམས་ངག་ཟབ་དགུ་རྣམས་གསུངས། དེའི་དུས་སུ་རི་པ་རིན་ཆེན་དགེ་འདུན་གྱིས། ཡི་དམ་གྱི་ལྷ་ཅི་འདྲ་ཞལ་གཟིགས་ཞུས་པས། རིན་ཆེན་སྒང་གི་མཁར་ལ་འཚམས་ (མཚམས) བྱས། ཉིན་གཅིག་དགོང་ཇ་དྲངས་དུས། དཀར་ཡོལ་གྱི་ནང་ན། གསང་བ་འདུས་པ་ལྷ་བཅུ་དགུའི་དཀྱིལ་འཁོར་ལམ་མེ་བ་གཅིག་འདུག་པ། འདི་ཅི་ཡིན་སྙམ་ནམ་མཁའ་ལ་བལྟས་པས་འཇའ་ཚོན་གྱི་གུར་ནང་ན། འདུས་པའི་ལྷ་ཚོགས་ཞལ་འཛུམ་པ་དང་བཅས་པ་མཐོང་། འབྲི་སྨུག་དུའང་ཆོས་སྐྱོང་ལྟམ་དྲལ་གསལ་པོ་མཐོང་བ་ཞིག་བྱུང་། ཁྲིད་ཁང་དུ་དགུན་དཔྱིད་རྡོ་རྗེ་འཇིགས་བྱེད་ཀྱི་བསྙེན་པ་བྱས་པས། འཇམ་དཔལ་ཡེ་ཤེས་སེམས་དཔའ་ཞལ་མཐོང་། དེ་ནས་བཟུང་སྟེ། ང་འབྲལ་མེད་དུ་འདུག་གསུང་། གྱི་རེ་ལྷ་ཁང་དུ་གཤིན་རྗེ་གཤེད་དགྲ་ནག་གི་དཀྱིལ་འཁོར་གྱི་ལྷ་ཚོགས་ཞལ་གསལ་པོ་མཐོང་། དེ་ནས་ནང་གི་སྣ་ཚོགས་རྡོ་རྗེ་ལ་ཐེ་ཚོམ་ཡོད་པའང་གསོལ། འདི་ལ་དུར་ཁྲོད་བརྒྱད་ཀྱང་འདུག །དེ་མིན་ཅི་ཡང་མཐོང་བ་ཙམ་མེད་གསུང་། ལན་གཅིག་སྐུ་ཁམས་སྙུང་བ་ལ། སྐུ་ལ་ཉེ་བ་རྣམས་ཀྱིས།

ལྷ་རྗེ་གཅིག་ལ་བསྟན། གསོལ་སྙན་འདྲ་མཛད་ན་ཞུས་པས། ཉུབ་ཅིག་ང་རང་གི་བླ་མ་གཅིག་ཕྱིན་ནས། ད་ལན་ཁྱོད་ཀྱི་གོ་ངས་བཅད་ནས་ཡོད། ཁྱོད་འགྲོ་དགོས་པ་མེད་གསུང་པ་གཅིག་བྱུང་བས། ད་ལན་འགྲོ་མི་དགོས་པ་ཡིན་པ་འདྲ། ལར་བསོད་ནམས་རྒྱལ་པོ་སྟོ་ན་ཡོད་པ་འཁོད་དུ་བཏང་བ་ཡིན་ནའང་མ་བྱུང་། གདན་ས་འདི་བོ་ལ་གཏད་ནས། ངེད་དཔེན་པ་ཞིག་རྟེན་འཛོད་པ་ཡིན་ཏེ། ཞེས་ཡང་ཡང་གསུང་ངོ་། །དེ་ནས་གདུལ་བྱར་གྱུར་པ་རྣམས་ལ་བཀའ་རྒྱུད་དང་ལོ་ཙྪ་བའི་ཆོས་བསྐོར་མ་ལུས་པར་གནང་ནས། ཡུན་རིང་དུ་ཆོས་ཀྱི་འཁོར་ལོ་རྒྱ་ཆེན་པོ་བསྐོར་རོ། །ཡང་ཚེ་གཅིག་སྐུ་ཁམས་ཅུང་མ་བདེ་བ་ལ། དགེ་འདུན་རྣམས་ཀྱི་སྐུ་རིམ་གསོལ་འདེབས་དཔག་ཏུ་མེད་པ་བྱས། ལྷ་རྗེ་ལྷ་ས་བ་རིན་རྫོར། མཐའ་གཞི་དབང་ཕྱུག་དཔལ། བསྐྱེད་འཕེལ། ཆོས་མཆོག་རྣམས་ཀྱིས་གསོལ་སྙན་ཞུས་པས། ད་ལན་རང་ཅུང་ཐོན་པ་དགའ་གསུང་ནས། མཁན་པོ་ཆོས་གྲགས་དཔལ། སློབ་དཔོན་ཀུན་རིན། སློབ་དཔོན་བཟང་རིན། སློབ་དཔོན་ཤེར་བསོད་རྣམས་ལ། བླ་མ་མཁས་པའི་ཐུགས་དགོངས་རྫོགས་ཐབས་མཛད་ལུགས། རྟེན་བཞེངས་མཛད་པ་རྣམས་ཀྱིས་འཕྲོས་གནང་ནས། ང་ཤི་ན། བླ་མ་འབྲི་ཁུང་པ། བླ་མ་ཤར་པ། ས་སྐྱ་པ། བླ་མ་རྫོག་པ་རྣམས་ལ་འབུལ་བ་ཅི་ཁྱབ་རེ་གྱིས་གསུང་ཞིང་། བཀའ་སྩལ་མང་དུ་གསུངས་སོ། །དེ་ནས་རྗེ་བཙུན་འཛམ་པའི་དབྱངས་དང་ཞལ་མི་གཉིས་པའི་སྐྱེས་བུ་ཆེན་པོ་དེ་ཉིད། ས་མོ་སྦྲུལ་གྱི་ལོ་ཟླ་བ་དང་པོའི་ཆོས་བཅུའི་ནམ་སེང་ཆོས་བཅུ་ཆེན་མོ། དགུང་ལོ་ལྔ་བཅུ་ཙ་གསུམ་ལ། ནམ་མཁའ་འཇའ་འོད་ཀྱི་གང་བ་དང་། མེ་ཏོག་གི་ཆར་ལ་སོགས་པ་ངོ་མཚར་བའི་ལྟས་དུ་མ་དང་བཅས་ཏེ་སྐུ་མྱ་ངན་ལས་འདའ་བའི་ཚུལ་བསྟན་ནོ། །

༈ མཁས་པ་བསོད་ནམས་རྒྱལ་པོ་དེ་ཉིད་ས་ཕོ་སྟག་ལ་འཁྲུངས། གཉོས་སྐོར་དང་བཀའ་རྒྱུད་ཀྱི་ཆོས་རྣམས་མཁས་པ་བྱང་དར་ལ་གསན། ས་སྐྱ་པའི་རྒྱུད་གསུམ་མན་ངག་དང་བཅས་པ་ཡང་ཐུགས་སྒྲོང་ལེགས་པར་མཛད་ཅིང་མཁྱེན། ཕྱིས་མོན་འོན་འདུལ་སྤྱིལ་དཀར་དུ་བཞུགས་ནས་སྐུ་གཤེགས། ཐུགས་དགོངས་རྫོགས་ཐབས་དང་། རྟེན་བཞེངས་

སོགས་འཇམ་དབྱངས་རིན་པོ་ནམ་མཁའ་དཔལ་བཟང་ཆེས་མཛད། ཁོང་ལ་སྲས་བསོད་ནམས་དཔལ་བཟང་ཟེར་བ་གཅིག་བྱུང་པ། སློབ་དཔོན་དཀོན་མཆོག་རིན་ཆེན་ལ་སློབ་གཉེར་ལ་སྦྱད། ཤེས་རབ་ཤིན་ཏུ་ཆེ་བ་གཅིག་བྱུང་ནའང་། ལོ་ལྔ་ལོན་པ་དང་གྲོངས་སོ། །སློབ་དཔོན་ཤེས་རབ་རྒྱལ་པོ་གོང་དུ་ཕྱིན། རྗེར་ཡུལ་དུ། གོང་མ་ཡོན་མཆོད་ཀྱི་དྲུང་དུ་མཇལ་ཞུ་བ་རྣམས་ལེགས་པར་གྲུབ་ནའང་། འབྲུམ་པའི་བསྣུང་གཞིས་དགུང་ལོ་ཉེ་ཤུ་རྩ་དྲུག་ལ་གྲོངས་སོ། །དེ་ལ་སྲས་སློབ་དཔོན་ཤེས་རབ་བསོད་ནམས་དང་། དཔོན་པོ་གཉིས་བྱུང་། སློབ་དཔོན་ཤེས་བསོད་ཀྱིས་གཉོས་དང་བཀའ་རྒྱུད་ཀྱི་ཆོས་རྣམས་འཇམ་དབྱངས་གཟི་བརྗིད་རྒྱལ་པོ་ཟེར། རིན་པོ་ཆེ་ལ་གསན། དགུང་ལོ་བཅུ་གཉིས་པ་ལ། བླ་མ་ས་སྐྱ་པ་ཏི་ཤྲི་ཀུན་དགའ་བློ་གྲོས་རྒྱལ་མཚན་དཔལ་བཟང་པོ་གོང་དུ་འབྱོན་ཁར་མཇལ་ནས། མཁས་བཙུན་ཆེན་པོ་ཡབ་སྲས་ཀྱི་དྲུང་དུ་བཞུགས་སྟག་གཉིས་ལ་ཐུགས་སྦྱོང་མཛད་ནས། ས་སྐྱར་སྤྲེའུ་ལོ་ལ་བཤད་སྟོན་མཛད་དོ། །དེ་ལ་སྲས་རིན་པོ་ཆེ་ནམ་མཁའ་དཔལ་བཟང་། སློབ་དཔོན་བསོད་ནམས་གཟི་བརྗིད། སློབ་དཔོན་ཆོས་རྒྱལ་གསུམ་བྱུང་། རིན་པོ་ཆེ་ནམ་མཁའ་དཔལ་བཟང་པོ་དེ་ཉིད། ཡུམ་སེ་མོ་བཀྲ་ཤིས་དཔལ་གྱི་ལྷུམས་སུ་ཞུགས་ཏེ། དེའི་དུས་སུ་ཡུམ་གྱི་མནལ་ལམ་དུ། རང་ལུས་འཇའ་འོད་དུ་སོང་བ་དང་། ཉི་ཟླ་སྙིང་ཁ་ནས་ཤར་ནས། འཇིག་རྟེན་གྱི་མུན་པ་གསལ་བ་ལ་སོགས་པ་རྨིས་སོ། །དེ་ནས་ས་ཕོ་འབྲུག་གི་ལོ་ཟླ་བ་བཞི་པ། དུས་འཁོར་བ་སྣང་གི་ཁྱིམ། རྒྱ་ནག་པ་རྟའི་ཟླ་བའི་ཡར་ཚེས་ཀྱི་རྫོགས་པ་དང་པོའི་སྐར་མ་རྒྱལ། གཟའ་ལྷག་པ། ཉི་མ་ཏ་ཡོས་བུའི་དུས་སུ། སྐུ་བལྟ་བས་ཚོག་མི་ཤེས་པ་གཅིག་འཁྲུངས་པ། ཡུལ་ཕྱོགས་ཐམས་ཅད་ལོ་ལེགས་པ་དང་། ནད་མེད་པ་སོགས་བཀྲ་ཤིས་པའི་དགེ་མཚན་དུ་མ་བྱུང་ངོ་། །གཉོས་ལོ་ཙཱ་བའི་ཆོས་བསྐོར་རྣམས་ཀྱི་དབང་གདམས་ངག་རྒྱུད། གཉོས་མགོན་དང་བཅས་པ་མ་ལུས་པ། སློབ་དཔོན་དཀོན་རིན་གཞན་སྟོན་ཀུན་རིན་ཟེར་ལ་ཞུས། དེ་ནས་དགུང་ལོ་བཅུ་གཅིག་པ་ས་པོ་སྟག་ལ་སྐྱེར་མོ་ལུང་དུ་མཁན་ཆེན་ཤེས་རབ་རྡོ་རྗེའི་དྲུང་དུ་རབ་ཏུ་བྱུང་བའི། མཚན་ནམ་མཁའ་དཔལ་བཟང་དུ་

བཏགས། ཁྲིམས་བསྙེན་རྫོགས་ཀྱང་འདི་པ་ལ་མཛད་དོ། །དེའི་ལོ་རང་ལ་ཁྲི་ཐོག་ཏུ་ཕེབས། ཚོགས་སུ་བྱིན་ལ་རིན་ཆེན་བང་མཛོད་དང་། དགེ་བའི་བཤེས་གཉེན་རྣམས་ལ་གསང་བ་འདུས་པ་ལ་སོགས་པ་གནང་། དེ་ནས་ཡོལ་བུ་རི་གོང་དུ་འགྱུ་རུ་བསྟན་གཏན་རིན་ཆེན་པའི་དྲུང་དུ་བྱོན་པ། བསྟན་གཏན་པས་ཐུགས་ཀྱིས་མཁྱེན་ཏེ། ནམ་ལངས་མ་ཐོག་ཉེ་གནས་རིན་རྗོར་ལ། ཁྱོད་སོངས། ཕྱག་བདར་དང་བཞུགས་གདན་ལེགས་པོ་གྱིས། ཇ་བཏུངས། སྤོས་ཕོར་ཁྱེར་ལ་གསེར་གླིང་གི་མདུན་མ་གི་ནས་བསུ་བ་གྱིས་དང་། འཇམ་དབྱངས་དངོས་ཤིག་འབྱོན་གྱིན་འདུག་གསུང་། དེ་བཞིན་བྱས་པས། རིན་པོ་ཆེས་བྱོན་བསུས་ནས་སྤྱན་དྲངས། འགྱུ་རུ་བསྟན་གཏན་པས་བཞེངས་ནས་འཇམ་དབྱངས་ཀྱི་བསྟོད་པ་གཅིག་མོས་གུས་ཆེན་པོས་མཛད་ཀྱིན་འདུག་གོ །དེར་འགྱུ་རུ་བསྟན་པ་ལ་ནི་གུ་ཆོས་དྲུག་ཟབ་ཆོས་བཀའ་རྒྱ་མ་རྣམས་དང་། ཚེ་སྒྲུབ་ཕྱི་ནང་གསང་གསུམ། ཡེ་ཤེས་མགོན་པོ། རྒྱུད་སྡེ་ལྔའི་དབང་བསྐུར། སྒྲུབ་ཐབས་རྒྱ་མཚོ་སོགས་ཆོས་བཀའ་མང་དུ་ཞུས། འགྱུ་རུ་བསམ་གཏན་པའི་ཞལ་ནས། ཁྱེད་འཇམ་དབྱངས་དངོས་སུ་འདུག །ང་བྱ་བྲལ་བ་རྒད་པོ་ཞིག་ཆོས་གསན་མི་དགོས་པར་འདུག་སྙེ་གསུང་། དེ་ནས་སྤྱན་སྔ་རྡོ་རྗེ་རྒྱལ་མཚན་དྲུང་དུ་འབྲི་ཁུང་དུ་བྱོན། བླ་མ་དགེ་འདུན་དང་བཅས་པ་ལ་འབུལ་སྟོན་རྒྱ་ཆེན་པོ་མཛད། ཕྱག་ཆེན་དང་ཆོས་དྲུག་སོགས་བཀའ་རྒྱུད་ཀྱི་ཟབ་ཆོས་རྣམས་དང་། ཨུ་རྒྱན་གྱི་ཐུགས་སྒྲུབ་ཕྲ་མོ་བཞི་བཅུ་ཞེ་བརྒྱད་དང་བཅས་པ་ཞུས། ཆོས་འདིའི་བདག་པོ་ཁྱོད་ཡིན་གསུང་། ཨུ་རྒྱན་གྱི་འདི་རྣམས་སུ་ལ་གསན་ཞུས་པས། ངས་སྔགས་པ་གཅིག་ལ་ཞུས་པ་ཡིན་ཏེ། རྒྱུད་པ་གཅིག་ལས་མེད་གསུང་ངོ་། །དེ་ནས་གྱི་རེར་ཕེབས། སྒྲུབ་པ་རྩེ་གཅིག་ཏུ་མཛད། མཆོག་ཐུན་མོང་གི་དངོས་གྲུབ་བརྙེས། རྟོགས་པ་ཁྱད་པར་ཅན་འཁྲུངས་ནས། དགེ་འདུན་རྣམས་ལ་ཆོས་དྲུག་ལ་སོགས་པའི་ཟབ་ཆོས་རྣམས་གསུངས། སྒྲུབ་རྒྱུད་ཀྱི་བསྟན་པ་དར་བར་མཛད་དོ། །ཁྲིམས་མཁན་ཆེན་ཤེས་སྐྱུར་མོ་ལུང་པ་རྡོར་བ་གྱི་རེར་སྤྱན་དྲངས། མདོ་དང་། བསྟན་བཅོས་རྣམས་ཀྱི་ལུང་མང་པོ་གསན། ཡང་སྐྱེས་མཆོག་གསེར་གླིང་པ་དང་། འཛམ་གླིང་

པཎྜི་ཏ་སོགས་ཀུང་ཞབས་ཏོག་གིས་མཉེས་པར་མཛད་ནས། གསང་སྔགས་ཀྱི་དབང་སྨྲུབ་ཐབས། རྒྱུད་ལུང་མན་ངག་དང་བཅས་པ་མང་པོ་གསན། ཡབ་ཆོས་སྡེངས་སུ་ཕྱིན། རྫོགས་ལྡན་རིན་པོ་ཆེ་བསམ་གཏན་དཔལ་ལ་འབུལ་བ་རྒྱ་ཆེན་པོ་མཛད་ནས། ཞི་བྱེད་ཀྱི་སྐོར་ལ་སོགས་དམ་པ་རིན་པོ་ཆེའི་གདམས་ངག་རྣམས་གསན་ནོ། །དེ་ནས་ས་མོ་གླང་གི་ལོ། དགུང་ལོ་ཉེ་ཤུ་རྩ་གཉིས་བཞེས་དུས། དཔོན་ཆེན་དབང་བརྩོན་དང་། ཁྲི་དཔོན་བྱང་རྒྱལ་འབྲུགས། དབུས་གཙང་དུ་དམག་ཡར་འདྲེན་མ(མར)འདྲེན་མང་པོ་བྱུས། སྟག་ལོ་སྟའི་(ཏའི)སི་སྟུ་(ཏུ)བྱང་ཆུབ་རྒྱལ་མཚན་གྱི་རེར་གདན་དྲངས། ཕྱིར་རྒྱལ་ཁམས་བདེ་ལ་འགོད་པ་དང་། ཁྱད་པར་ལྷ་ས་སྡེ་སྲིད་ལ་རྫོགས་(གཏོགས)པ་རྣམས་ཁྱེད་ཀྱི་སྐྱོང་བྲན་མཛད་དགོས་ཞུས་པས། ཞབས་རྟོག་ཏུ་(ཏོག་ཏུ)འགྲོ་བ་བྱེད་གསུངས་ནས། ལྷ་ས་ལ་བརྫོགས་(གཏོགས)པ་རྣམས་བདེ་བར་བཞག །སངས་རྒྱས་དཔལ་རིན་གོང་དཀར་རྫོང་(རྫོང་)དཔོན་གྱི་དོ་དམ་བྱས་ནས་སྐུ་འབུམ་འདི་གཉིས་ཀྱི་ཞིག་གསོས་ཀུང་བྱས་སོ། །ས་ཕོ་ཁྱི་ལོའི་དཔྱིད་དགུང་ལོ་སོ་གཅིག་བཞེས་དུས། གཡག་སྡེ་པཎ་ཆེན། སློབ་དཔོན་བདེ་ལེགས་ཀྱི་སྤྱན་དྲངས། རི་གཤེགས་སུ་བཞུགས། ཆོས་འཁོར་བསྐོར། རིན་པོ་ཆེ་དང་། པཎ་ཆེན་པ་མཇལ། ཆོས་ཀྱི་གསུང་གླེང་མང་པོ་མཛད། རྩེ་རྒྱལ་དུ་གཟིམ་ཁང་བརྩིགས། པཎ་ཆེན་པ་བཞུགས་པར་ཞུས། བསྟན་རྩིས་གཅིག་མཛད་དོ། །དུས་བདེ་དོག་དང་། བསྟན་པ་འཕེལ་འགྲིབ་ཀུང་ཅི་འདྲ་ཡོང་གསུང་པས། ད་ནི་དུས་སྙིགས་མར་སོང་། བསྟན་པ་རྫོགས་ལྡན། གསུམ་ལྡན། གཉིས་ལྡན། བརྩོད་(རྩོད)ལྡན་དང་བཞི་རུ་ཡོད་པ་ལས། གཉིས་ཀྱི་སང་ཕྱེད་ལྷག་ཙམ་སོང་། རྩོད་ལྡན་ལ་ཉེ་བས་མཐའ་དམག་གཡོ། ཆོས་རྒྱལ་གོ་ས་འཕྲོག །ཧོར་རྒྱལ་པོ་ཡུལ་ནས་འདོན། རྒྱལ་ཁྲིམས་བསེལ་(སེལ)བུར་གཏོང་། མི་ཐམས་ཅད་ཀྱི་སྙིང་དུ་བདུད་ཞུགས་ནས། ནང་རྩེ་(དམེ)དང་། སྡེ་འབྲུགས། དཔོན་སློབ། དཔོན་གཡོག །ཕ་བུ། མ་སྨད། དཔུན་(སྤུན)སོགས་ཐམས་ཅད་འཁྲུག་པ་བྱེད། མི་ནད་དང་། ཕྱུགས་ནད། མུ་གེ། སད་སེར་སོགས་མི་དགེ་བ་སྣ་ཚོགས་འབྱུང་། ཁྱད་པར་རིན་པོ་ཆེ་པ་

ད་ལོ་ཁྲི་འབྲུག་བདུན་ཟུར་གཅིག་འདུག་པས། སྟོང་གཞི་གགས་(གེགས)པ་གཅིག་ཡོང་། ཚེ་སྒྲུབ་ཕྱི་ནང་གསང་གསུམ་དང་། བསྐྱེད་རྫོགས་ཟུང་འཇུག་གི་སྒྲུབ་པ་ལ་གཙོ་བོར་མཛད་པ་ཞུ་གསུང་། དེ་ནས་མྱུར་པོར་སྐུ་ཁམས་སྟོང་ནའང་། སྐུ་རིམ་གསོལ་འདེབས་སོགས་བྱས་པས་གདངས། དེ་ནས་ས་ཕོ་སྤྲེའུའི་ལོ། །དགུང་ལོ་བཞི་བཅུ་རྩ་གཅིག་བཞེས་དུས། དཔོན་པོ་སློབ་དཔོན་ནམ་མཁས་བཤད་སྟོན་མཛད། གྲལ་དཔོན་ལ་ཆོས་རྗེ་ཐེལ་སྤྱན་སྔ་བ། བསོད་ནམས་རྒྱལ་མཚན་པ་སྤྱན་དྲངས། ས་སྐྱ་པའི་ཆོས་སྐོར་མང་པོ་ཡང་གསན་ནོ། །མི་མོ་སྦྲུལ་དགུང་ལོ་ཞེ་བཅུ་བཞེས་པའི་དགུན་སྨད་ཞབས་ཙུང་ཞིག་སྙེམ་ནའང་། ཕ་རྒྱུད་མ་རྒྱུད་ཀྱི་གདམས་ངག་དང་རྒྱུད་རྣམས་གསུངས་པས། འཇམ་དབྱངས་ཞལ་གསུམ་ཕྱག་དྲུག་པ་དང་། ཞལ་གཅིག་ཕྱག་གཉིས་པར་མཐོང་བའང་འགའ་རེ་བྱུང་སྣང་ངོ་། །ལྕགས་ཕོ་སྤྲེའུའི་དགུན་སྨད་ནས་ཙུང་ཞིག་སྙེལ་དུ་སོང་བ་གྲ་བུ་སློབ་རྣམས་ཀྱིས། བདེ་བར་གཤེགས་པའི་གསུང་སྒྲོག །ཆོས་སྐྱོང་བསྐང་གསོ། གསོལ་འདེབས་ཆེན་མོའི་རྒྱུན་སོགས་ཟླ་བ་གཉིས་ཀྱི་བར་དུ་མཛད་ཅིང་། དེ་རྣམས་ཀྱི་ཞབས་རྟོགས་(ཏོག)དཔོན་སྐྱ་མེན་བདག་རྣམས་ཀྱིས་བྱས་སོ། །དེ་ནས་སྐུ་བསྐྱེད་བྱུང་། ཆོས་གནང་པར་གསོལ་བ་བཏབ་པས། ད་ཉི་ང་ལོ་བཅུ་གཅིག་ནས་གདན་ས་འདིར་བསྡད། ད་ལོ་ལྔ་བཅུ་རྩ་གསུམ་སོང་། ཆོས་ཐུན་རེ་རེ་གཉིས་གཉིས་ཀྱང་བཤད། ཐོས་པས་མི་ཚོག་སྒོམ་དགོས་པ་ཡིན། ཁྱེད་རྣམས་ཀྱིས་ཀྱང་མི་ཚེ་ཡེངས་མ་ལམ་ལ་ཟད་དུ་མ་འཇུག་པར་ཉམས་ལེན་མཐར་ཕྱིན་པ་རེ་གྱིས་གསུང་ནས། རིན་པོ་ཆེ་པ་ཉིད་ཀྱང་ཐུགས་དམ་ལ་རྩེ་གཅིག་ཏུ་བཞུགས་སོ། །དེ་དུས་སུ། དཔེན་ཤ་ཚུལ་བཟངས་དཔུན་གྱིས་ཞགས་འཕྲང་བཟུང་། ལྕགས་མོ་བྱ་ལོའི་དབྱར་ཕག་གྲུ་བས་མགུ་ལ་བཟུང་། གཟད་པས་མཁར་ནག་བཟུང་། དམག་ཚོམས་དང་། མི་བཟུང་གསད་མང་པོ་བྱུང་། སློབ་དཔོན་ཆོས་རྒྱལ་དང་། དཔོན་སྐྱ་རྣམས་དུམ་བུ་རི་ལ་རྫོང་གཅིག་བརྩིག་པར་ཞལ་འཆམ། རིན་པོ་ཆེ་པ་ལ་ཞུས་པས། སེམས་ཅན་རང་སྡུག་རང་གིས་ཉོམ་པ་མི་མང་བར་འདུག །ཐར་རྫོང་རྩིག་པ་རྣམས་ཀྱི་བདེ་སྡུག་ལ་ལྟོས། རང་ཕྱུང་བའི་མདུན་མ་

ཡང་བྱུང་འདུག །བརྩིགས་པའི་མཐའ་འཇིག །འདུས་པའི་མཐའ་འབྲལ། བསགས་པའི་མཐའ་མཛད། སྐྱེས་པའི་མཐའ་འཆི། ཁ་དྲག་གི་མཐའ་ཁ་ཉོན། རྩབ་རྩུབ་མང་པོས་དགོས་པ་མེད། ཅི་བྱེད། ཟས་ནོར་མ་ཤོང་ན་ཆོས་ཕྱོགས་སུ་ཐོངས། རྒྱུ་འབྲས་ཀྱི་མི་བསླུ་གསུངས་པས། ཕོང་རྣམས་ཅུང་མ་དགྱེས་པ་འདུག་པ་ལ། དགོས་ན་ལྷ་ཁང་བཟུང་། ཁྱེད་རྣམས་ལ་ཅིས་ཀྱང་རྫོང་ཞིག་དགོས་ན། གྱི་རི་ལྷ་ཁང་མ་གི་ཞིག་རལ་ལ་མ་སོང་བ་གཅིག་གྱིས་ལ། རི་རྩེ་དེ་ལ་རྩོན་གྱི་སྐྱོལ་དང་། རྫོང་བཙན་པོ་ཞིག་འོང་པར་འདུག་གི་གསུང་པས། ས་མིན་འདུག །རྫོང་མ་བྱས་སོ། །དེ་ནས་ཆུ་མོ་ཁྱི་ལོའི་ཟླ་བ་གསུམ་པ་ལ། བདག་པོ་བསོད་གྲགས་པ་དཔོན་ཞང་གི་སྡེ་དམག་ཞགས་འཕྲང་དུ་ཕེབས། དུས་མ་བདེ་ཆེན་པོ་བྱུང་པ་ལ། གནམ་ལྡངས། ཆུ་ཤུལ། ཏ་ར་ས་པ་ལ་སོགས་པ་རྣམས་ཀྱིས། དགོན་པར་སྐྱབས་གནས་ཞུས། ཐུགས་རྗེས་སྐྱབས་པས། མི་ཕྱུགས་ཟས་ནོར་ཐམས་ཅད་ལ་གོད་ཟགས་མེད་ཅིང་ཐམས་ཅད་བདེ་བ་ལ་བཀོད་དོ། །དེ་ནས་དགུང་ལོ་ལྔ་བཅུ་རྩ་དྲུག་བཞེས་པའི་ཆུ་མོ་ཕག་གི་ལོ་ཟླ་བ་དགུ་པ་ལ། དཔོན་པོ་རིན་ཆེན་ཀུན་དགའ་རིན་ཆེན་གདན་སར་བཀོས（བསྐོས）། རིན་པོ་ཆེ་པ་ཉིད་རིམ་གཉིས་ཀྱི་རྣལ་འབྱོར་ལ་བཞུགས་སོ། །ཡང་གྲོས་པ་རྣམས་ཀྱིས། བདེ་བ་ཀུན་རིན་ཟེར་བ་འདིས། ན་ཞིང་ནས་རང་རེའི་འབྲོག་པ་རྣམས་ལ་སྟེར་པ་བྱས། སློབ་དཔོན་པ་ཡབ་སྲས་ཀྱིས་དམག་ཀྱང་སུན་རྒྱུ་མེད་པར། དམག་གི་ཡ་མ་ཕེར་བ་དང་། མཐུ་བྱེད་ཟེར་ནས། རྟེན་འབྲེལ་སྔ་ཚོགས་བྱེད་ཀྱིན་འདུག་ཟེར་བ་ཞུས་པས། ཕོ་ལ་མཐུ་མི་ཡོང་། མཐུ་ཡོད་པ་ལ་བསླབ་པ་རིན་པོ་ཆེ་ལ་གཅེས་སྤྲས་སུ་འཛིན། གསང་སྔགས་ཀྱི་དམ་ཚིག་བསྲུང་། ལས་འབྲས་ཁྱད་དུ་མི་གསོད་པ་གཅིག་དགོས་པ་ཡིན། འདུལ་ཁྲིམས་གཡང་ལ་སྐྱུར། དམ་ཚིག་ཆུ་ལ་ཡོ། རྒྱུ་འབྲས་ཁྱད་དུ་བསད། སེམས་བསྐྱེད་ངན་པས་གཞི་གཟུང་། རྟེན་འབྲེལ་རྫས་ངན་གྱི་སྦྱོར་བ་བྱས་པས། ཚེ་འདི་ལ་རང་གི་སྲོག་དང་སྡེ་སྲིད་བརླག །ཕྱི་མ་ངན་སོང་དུ་འགྲོ་བས་རང་རེས་རང་སླུས་པ་ཡིན། སྙིང་མེད་པོ་དེ་སྙིང་རེ་རྗེ་གསུང་། སྤྱན་ཚུམ་མཛད་པས། འགའ་ཞིག་གིས་སྡེ་སྲིད་ཀྱིས་ཆོས་མི་མཛད་པོར་འདུག

ཟེར་བ་སློང་པ་གསན་ནས། ཅི་བྱེད། འཇིག་རྟེན་བྱ་བ་དོན་མེད་ཡིན། །ཚེ་འདིར་ཞེན་པ་མ་ཆེ་ཨང་། །དགྲ་གཉེན་ཐམས་ཅད་མཉམ་པོ་ཡིན། །ཉེ་རིང་ཆགས་སྡང་མ་ཆེ་མཛོད། །གསུང་ངོ་། །དེ་ནས་ཤིང་མོ་གླང་གི་ལོ། ཟླ་བ་དགུ་པའི་ཚེས་གཉིས་སྨིན་སྔ་ནམ་མཁའ་དཔལ་བཟང་གི་ཚེས་གཉིས་མཆོད་པ་ཡིན་ཀྱི་དགོངས། དགུང་ལོ་ལྔ་བཅུ་རྩ་བརྒྱད་བཞེས་པ་ལ་སྐུ་གཤེགས་པ་དང་། ཐམས་ཅད་མཐོང་བར་ཁྲིད་ཁང་སྟེང་དུ་འཇའི་གུར་དང་མེ་ཏོག་གི་ཆར་ལ་སོགས་པ་དཔག་ཏུ་མེད་པ་བབ་ཅིང་། བླ་མ་གསང་ཕུ་བ་དཔལ་རི་བ་སྨིན་དྲངས་ནས། གསོལ་འདེབས། ཐུགས་དགོངས་རྫོགས་ཐབས་མཛད་ཅིང་། དེའི་དུས་སུ་དག་སྣང་ཅན་འགའ་ཞིག་གིས་མདུན་གྱི་ནམ་མཁའ་ལ་རིན་པོ་ཆེ་པ་ཞལ་དངོས་སུ་མཐོང་བའི་སྣང་བ་བྱུང་འདུག་གོ །སློབ་དཔོན་བསོད་ནམས་གཟི་བརྗིད་ནི་སྐུ་ན་གཞོན་པ་ལ་གྲོངས། སློབ་དཔོན་ཆོས་ཀྱི་རྒྱལ་མཚན་ས་མོ་ཡོས་ལ་འཁྲུངས། སྙེ་སྲིད་བཟུང་ནས་དགུང་ལོ་བཞི་བཅུ་ཞེ་དྲུག་ཤིང་ཕོ་བྱི་བ་ལ་གྲོངས་སོ། སློབ་དཔོན་ཆོས་རྒྱལ་ལ་སྲས། སློབ་དཔོན་ནམ་མཁའ། སློབ་དཔོན་གྲགས་ལྷ་ས་དཔོན་གྲགས་ཟེར་པ་བསོད་ནམས། རིན་པོ་ཆེ་ཀུན་རིན་པ། དཔོན་རྣམ་རྒྱལ་རྡོ་རྗེ་སྟེ་སྲས་བཞིའོ། སློབ་དཔོན་ནམ་མཁའ་ས་ཕོ་ཁྱི་ལ་འཁྲུངས། གཉོས་སྐོར་གྱི་དབང་གདམས་ངག་རྣམས་ཁུ་བོ་འཇམ་དབྱངས་ནམ་མཁའ་དཔལ་བཟང་པོ་ལ་ཞུས་ནས། བསྙེན་སྒྲུབ་ལ་གཙོ་བོར་མཛད། ཡི་དམ་ཆོས་སྐྱོང་སོགས་ཀྱི་ཞལ་གཟིགས་པ་གཅིག་ཡོད་པ། དགུང་ལོ་ཉི་ཤུ་རྩ་བདུན་ཤིང་ཕོ་བྱི་བའི་ལོ་ལ་སྐུ་གཤེགས་སོ། སློབ་དཔོན་གྲགས་པ་བསོད་དཔོན་གྲགས་ཀུན་ཟེར་ནམས་ནི་ཆུ་ཕོ་སྟག་ལ་འཁྲུངས། ལྷ་སའི་སྡེ་སྲིད་བཟུང་། དགུང་ལོ་ཉི་ཤུ་རྩ་ལྔ་མེ་ཕོ་སྟག་ལ་གྲོངས་སོ། །རིན་པོ་ཆེ་ཀུན་དགའ་རིན་ཆེན་རྒྱལ་མཚན་དཔལ་བཟང་པོ་དེ་ཉིད། ཡུམ་སྣ་དཀར་རྩེ་པ་དཔོན་ཆེན་བློ་གྲོས་རྒྱལ་མཚན་གྱི་ལྕམ་མོ། མ་ཅིག་ཀུན་དཔལ་བྱ་བའི་སྲས་སུ་ལྕགས་ཕོ་ཁྱི་ལ་སྐུ་འཁྲུངས། དེ་ཡང་སྔར་སྦྱངས་པའི་ལས་འཕྲོ་སད་པའི་སྟོབས་ཀྱིས། ཁྲིས་སློག་(ཀློག) ལ་སོགས་པ་རྣམས་མ་བསླབས་པར་མཁྱེན་ཅིང་། མདོར་ན་ཤེས་བྱའི་ཕྱོགས་མཐའ་དག་ལ་ཕྱོགས་ཙམ་བསྟན་པས་ཆོག་པ་གཅིག་བྱུང་སྣང་ངོ་། དགུང་ལོ་

བཅུ་གཉིས་པའི་སྟེང་དུ་ཉིད་ཀྱི་ཁུ་བོ་འཇམ་དབྱངས་རིན་པོ་ཆེ་ནམ་མཁའ་དཔལ་བཟང་པོའི་དྲུང་དུ། རབ་ཏུ་བྱུང་བར་མཛད་ནས། གཉིས་སྐོར་གྱི་དབང་མན་ངག་རྒྱུད་རྣམས་གསན། ཆུ་མོ་ཕག་གི་ལོ་ཟླ་བ་དགུ་པ་དགུང་ལོ་བཅུ་བཞིའི་སྟེང་དུ་གདན་སར་ཕྱིན། དགེ་བའི་བཤེས་གཉེན་རྣམས་ལ་གསང་བ་འདུས་པ་དང་། སྐྱེ་བོ་འདུས་པ་དུ་མ་དང་བཅས་པ་ལ་རིན་ཆེན་བང་མཛོད་ཐུན་མོང་དུ་ཕྱིན་པའི་སྒོ་ནས་འདུས་པ་དེ་དག་སྨིན་པ་དང་གྲོལ་བར་མཛད་དོ། དགུང་ལོ་བཅུ་དྲུག་པའི་སྟེང་དུ་རིན་པོ་ཆེ་ནམ་མཁའ་དཔལ་བཟང་པོ་གཤེགས་པའི་ཐུགས་དགོངས་རྫོགས་ཐབས་དང་། སྐུ་གདུང་བཞུགས་པའི་གསེར་འབུམ་བཀྲ་ཤིས་སྒོ་མངས། རྗེ་མོའི་གདུགས་ལ་གསང་བ་འདུས་པའི་ལྷ་ཚོགས་བཞུགས་པ། བང་རིམ་རྣམས་ལ་བཀའ་རྒྱུད་དང་། བཤད་རྒྱུད་ཀྱི་བླ་མ། སངས་རྒྱས་བྱང་སེམས་ཀྱི་སྐུ་བསམ་གྱིས་མི་ཁྱབ་པ་བཞུགས་པ་གཅིག་བཞེངས། སློམ་པ་ཆོས་རྒྱལ་གྱི་དགོན་པ་འདི་ཉིད་མེ་ལ་བསྲེགས་རྗེས། ས་ཕོ་འབྲུག་གི་ལོ་ལ། རིན་པོ་ཆེ་པ་བདེ་བར་གཤེགས་པའི་ནང་རྟེན་བཞེངས་ནས་ལྷ་ཁང་དུ་བཞུགས། དེར་རྗེས་གདན་སའི་ཞིག་གསོས་ལ་སོགས་པ་མཛད། ཆོས་རྗེ་ཀུན་བཀྲས་པའི་དྲུང་དུ། བདེ་མཆོག་འཇིགས་བྱེད། མཁའ་སྤྱོད་མ་ལ་སོགས་པའི་དབང་གདམས་ངག་དང་བཅས་པ་གསན། ཐམས་ཅད་མཁྱེན་པ་བློ་བཟང་གྲགས་པའི་དྲུང་དུ། ལམ་རིམ་དང་སྔགས་ཆོས་མང་དུ་ཞུས། སྐྱེས་མཆོག་རིན་བཟང་པ་ལ་ཚེ་ཁྲིད་སོགས་གསན་ཞིང་། གཞན་ཡང་བླ་མ་དཔལ་རི་བ་དང་། བླ་མ་ཤཱ་རིའི་བུ་དང་། བླ་མ་སྨྲ་སེང་རྣམས་ལ་དབང་གདམས་ངག་མང་དུ་གསན། འབྲི་ཁུང་པ་སྤྱན་སྔ་ཆོས་ཀྱི་རྒྱལ་པོའི་དྲུང་དུ་ཕྱག་རྒྱ་ཆེན་པོ་ལྔ་ལྡན་ལ་སོགས་པ་བཀའ་རྒྱུད་པའི་ཆོས་རྣམས་ཞུས། ཕྱིས་འབྲི་ཕྱུག་པ་ཤཱཀྱ་བཟང་པོ་ལའང་། རྡོ་རྗེ་འཇིགས་བྱེད། ཆོས་སྐྱོང་གི་གདམས་བསྐོར་མང་དུ་གསན་ཅིང་། རྒྱ་ལུས་འཕྱོངས་པའི་རྟགས་སུ། ཐུགས་ཉམས་སུ་བཞེས་པས། གྲུབ་ཆེན་ཤ་བ་རི་དབང་ཕྱུག་གི་སྐུ་སྐྱེས་ཡིན་པར་རྗེ་ཙོང་ཁ་པ་(པས)གསུང་ངོ། །གྲུབ་པ་ཐོབ་པའི་གྲགས་པ་དཔག་ཏུ་མེད་ཅིང་ཚོམས་ཕྱིན་པའི་ནང་ནས་རིང་སྲེལ་ཕྱིན་ཅིང་། རྡོ་ལ་ཞབས་རྗེས་ཕྱིན་པས། ཉིད་ཀྱི་ཞལ་ནས། རྗེས་འདི་མེད་

པ་བཀྱེས་(བཀྱིས) གསུང་ནས་སྤྲས་པའི་ལོ་རྒྱུས་ཀྱང་འདུག་གོ། །ལོ་སུམ་ཅུའི་བར་དུ་གདན་སར་བཞུགས་ནས། ཚོགས་པ་བསྐྱངས་ཤིང་། བཤད་སྒྲུབ་གཉིས་ཀྱི་སེམས་ཅན་སྨིན་གྲོལ་གྱི་ལམ་ལ་བཀོད། ཆུ་མོ་སྦྲུལ་གྱི་ལོ་ལ་དཔོན་པོ་རིན་པོ་ཆེ་བསོད་ནམས་དཔལ་བཟང་གདན་སར་བཀོས་(བསྐོས) ནས། རི་གཙོགས་རྩེ་རྒྱལ་དུ་གཟིམ་ཁང་མཛད། གསང་བ་འདུས་པ་དང་། རྡོ་རྗེ་འཇིགས་བྱེད་ལ་སོགས་པའི་བསྙེན་སྒྲུབ་རྒྱུན་མི་འཆད་པར་མཛད་ཅིང་ཐུགས་དམ་ལ་རྩེ་གཅིག་ཏུ་བཞུགས་སོ། །དེ་ནས་ཞིང་ཁམས་གཞན་དུ་འགྲོན་པར་དགོངས་ཏེ། ལྕགས་ཕོ་བྱི་བའི་ལོ་ལ། དེར་བཞུགས་པའི་སྒྲུབ་པ་པོ་རྣམས་དང་ལྷན་གཅིག་ཏུ་ཚོགས་ཀྱི་མཆོད་པ་མཛད་ནས། ཕྱི་ལོ་ངེད་གཞན་གཅིག་ཏུ་འགྲོ་བའི་གཞིར་བཞུགས་པ་རྣམས་ལ་མཆོད་པ་བྱེད་པ་ཡིན་གསུང་ངོ་། །ལྕགས་མོ་གླང་གི་ལོ་ཟླ་བ་གཉིས་པའི་ཉེར་གསུམ་གྱི་ཉིན། ད་ནི་གཡོལ་བྱེད་སྐབས་བདེ་བས་དགོན་པར་འགྲོ་ཞིང་། ད་ལན་མི་རྣམས་དང་ཕྲད་པའང་དོན་ཅན་བྱེད། ཡང་ཡང་འཕྲད་པའང་མི་ཡོང་པས། ལམ་འདི་ཤར་ལུང་ལ་བྱས་ནས་འགྲོ་བ་ཡིན་གསུང་ནས་དགོན་པར་ཐེབས། སྐུ་ཁམས་ཉོག་ཙམ་བྱུང་པ་ལ། སྐུ་ལ་ཉོ་(ཉེ) བ་རྣམས་ཀྱིས་གསོལ་སྨན་དང་། སྐུ་རིམ་སོགས་བྱེད་ཟེར་བ་ཞུས་པས། དེ་ཡང་ཡིན་ཏེ། དེ་ལས་ཀྱང་གཞན་གྱི་གྲབས་འདྲ་འཐད་ཡོང་གསུང་ནས་ཉི་ཤུ་དྲུག་མཆོད། ཉེར་དྲུག་གི་ཉི་ཤར་ལ། བླ་མ་ཡི་དམ་དཀྱིལ་འཁོར་གྱི་ལྷ་ཚོགས། དཔའ་བོ་མཁའ་འགྲོ་དང་། ལྷ་རྣམས་ཀྱིས་མཆོད་པའི་བྱེ་བྲག་བསམ་གྱིས་མི་ཁྱབ་པས་མཆོད་ཅིང་། འཇའི་ཚོགས་འཁྲུགས་པ་དང་བཅས་པས་བསུ་སྟེ།(བསུས་ཏེ) དག་པའི་ཞིང་དུ་གཤེགས་སོ། །དེ་དུས་ལྷ་བཟོ་བ་བགྲེས་པོ་གཅིག་གིས། བླ་མ་ཉིད་འཁོར་མཁའ་འགྲོ་དང་བཅས་པས་བསུས་ནས་ནུབ་ཕྱོགས་ལ་བཞུད་པ་དངོས་སུ་མཐོང་ཞིང་། ཁོང་རང་ཡང་ཉམས་ཀྱི་ཉིན་མཚན་འདས་ནས་འཁྲབ་པ་སོགས་བྱས་པ་བྱུང་སྐད་དོ། །གཞན་ཡང་བཞུགས་གནས་གང་ཡིན་དུ་མར་མི་འཛིན་པ་དང་། འདས་མཆོད་ཀྱི་དུས་སུ་ནམ་མཁའ་གཡའ་དག་པ་དང་། འཇའ་ཚོན་སོགས་ངོ་མཚར་བའི་ལྟས་དུ་མ་བྱུང་ངོ་། །དཔོན་རྣམ་རྒྱལ་རྡོ་རྗེ་ནི། ཤིང་ལོ

ཡོས་ལ་འཁྲུངས། སྔེ་སྲིད་བཟུང་ནས། དགུང་ལོ་སུམ་ཅུ་སོ་དྲུག་ལྕགས་ཕོ་སྟག་ལ་གྲོངས་སོ། །རྗེ་རིན་པོ་ཆེའི་གཙུང་པོ་སློབ་དཔོན་བྱང་ཆུབ་དཔལ་ལ་སྲས་འབྲི་ཁྱུག་པ་སངས་རྒྱས་རིན་ཆེན་བཟང་པོ། སྤྱན་སྔ་རིན་ཆེན་བཟང་པོ་འོད་ཟེར། སློབ་དཔོན་ཇོར་རིན་དང་གཉིས་བྱུང་། སློབ་དཔོན་ཇོར་རིན་ལ་སྲས་སློབ་དཔོན་ཧྣམ་པ་ལ། ལྷ་ནང་པ། འདིས་འབྲི་ཁྱུག་གི་ཁུ་བོའི་གདན་ས་མཛད་དོ། །དེའི་འོག་མ་སློབ་དཔོན་རིན་ཆེན་མགོན་པོ། ཆོས་ཀྱི་འོད་ཟེར། སློབ་དཔོན་བསོད་རིན་སྐྱེ་བཞི་བྱུང་། ཆོས་ཀྱི་འོད་ཟེར་ལ་སྲས། བླ་མ་མཉམ་མེད་པ་དང་། བླ་མ་བསོད་ནམས་འོད་ཟེར་གཉིས་རྣམས་བྱོན་འདུག་གོ། གྲུབ་པ་མཆོག་བརྙེས་ཁ་རག་གཉོས་ཀྱི་རྒྱུད། །རིམ་པར་བྱོན་པའི་རྣམ་ཐར་མདོར་བསྡུས་འདི། །ཕྱོགས་གཅིག་སྒྲིགས་པའི་དགེ་བ་དྲི་མེད་དེས། །བདག་གཞན་བྱང་ཆུབ་ལམ་ལ་འགོད་པར་ཤོག །ཅེས་ཁ་རག་གཉོས་ཀྱི་རྒྱུད་པ་བྱོན་ཚུལ་མདོར་བསྡུས་འདི་ནི། གདན་ས་གྱི་རེ་དགོན་པ་བཏབ་ནས་ལོ། ཉིས་རྒྱ་སོང་བའི་ལྕགས་མོ་ཕག །གཞན་འགལ་བྱེད་ཅེས་པའི་ལོ་ཕྱོགས་གཅིག་ཏུ་བསྒྲིགས་པ་ཡིན་ནོ། །གཅིག་ཞུས།། ||

མ་ཡིག་དང་པོ།

༄༅། །རླངས་ཀྱི་གདུང་རྒྱུད་པོ་ཏི་བསེ་རུ་ཞེས་བྱ་བ་བཞུགས། །

ལྷ་རིགས་རླངས་ཀྱི་སྐྱེ་རྒྱུད།

༄༅། །ན་མོ་གུ་རུ། བླ་མ་དང་དཀོན་མཆོག་གསུམ་ལ་གུས་པར་ཕྱག་འཚལ་ལོ། །ལྷ་རིགས་རླངས་ཀྱི་གདུང་རབས་དང་། སྲིད་ཐབས་ཁྱད་པར་དུ་འཕགས་པའི་ཐང་ཡིད་སྒྲོན་མ། བསྟན་པ་འགྲོགས་པའི་སླང་པོ་གསུམ། དཔལ་བསམ་ཡས་ཀྱི་རབ་གནས་རྒྱས་པའི་ཚོགས་གྲལ་ནས། གཙུག་ལག་ཁང་ཐམས་ཅད་བྱ་བ་ཚར་ཏེ། ལྷ་མི་ཡོངས་ཀྱི་ཐུགས་དགོངས་ནི་གྲུབ། བདེ་སྐྱིད་ཕུན་སུམ་ཚོགས་པའི་ངང་དུ། ཚོགས་གྲལ་ནས་བཀའ་གྲོས་མཛད་པའི་ཐང་ཡིག་སྒྲོན་མའི་སྙིང་པོ། རླངས་ཀྱིས་(ཀྱི)པོ་ཏི་བསེ་རུ་འདི། མདོན་པའི་ངང་དུ་མཉམ་པར་བཞག་ནས་གསུངས་པ། ལྷ་རིགས་རླངས་ཀྱི་མི་རྒྱུད་ཀྱི་ཆེ་བཙུན་རྣམས་ཀྱི་ཐུགས་ལ་འཛིན་ཞིང་། ཐུགས་དམ་དུ་བསྟན་བཅོས་མང་དུ་བསྒྱུར་བ་ལ། ཁྱད་པར་དུ་ཕྱི་སྣོད་ཀྱི་འཇིག་རྟེན་གྱི་ཆགས་ལུགས། ནང་བཅུད་སེམས་ཅན་གྱི་གྲོལ་ལུགས་ཐང་ཡིག་སྒྲོན་མ་བྱ་བ་བསྟན་ནོ། ཡང་རྗེའི་ཞལ་ནས། ཚོགས་པའི་ལྷ་མི་རྣམས་བདག་ལ་སྙན་གསན་དང་། བདག་གིས་ཡིན་ལུགས་ཀྱི་ཞུ་བ་འབུལ་བ་ལ། སྤྱིར་རྒྱལ་པོ་གདན་ལ་བཞུགས་པས་ཡུལ་གྱི་སྲིད་འཚོ། བློན་པོ་གྲལ་དུ་བསྒྲིགས་པས་སྤྱི་སྲིད་ཀྱི་ཁྲིམས་སྡོམ། ཆོས་པ་དགོན་དུ་འདུག་པས་སྒྲུབ་པའི་གནད་འཚོལ། སྔགས་པ་ཕུགས་སུ་ཉལ་བས་དགྲ་སྣང་གི་སྲོག་གཅོད། དཔའ་བོ་གཡུལ་དུ་འཐབ་པས་ཕ་མེས་ཀྱི་རྒྱུད་འཛིན། མོ་བཙུན་བཞི་ལ་འདུག་པས་བུ་ཕྲུའི་

ལས་བྱེད། བྱ་སར་བགྲོན་(མགྲོན)ལ་འགྲོ་བས་ནམ་ཟླའི་ཚོད་འཛིན། འཕྱི་གྲུམ་ཁུང་དུ་ཉལ་དུས་བཟང་ངན་གྱི་ཕྱོགས་བརྟེ། འཛངས་(མཛངས)པ་གློ་རྒྱ་ཅན་གྱི་མི་ཆོས་ཀྱི་ཚོ་འབྲང་ཡིན་པས་ཐུགས་ལ་མངའ་ཞིང་། གཞིག་པ་མཛད་ནས་དུས་ལ་འབྲང་བ་ཡིན་ནོ། །ད་ཕྱི་སྐྱོད་ཀྱི་འཛིག་རྟེན་ཆགས་ལུགས་ནི། དབུས་ཀྱི་རི་བོ་མཆོག་རབ། གསེར་གྱི་རི་བདུན། རོལ་པའི་མཚོ་བདུན། ཐ་མ་ལྕགས་རི་མུ་ཁྱུད་ཀྱིས་བསྐོར་བ། གླིང་བཞི་ཉི་ཟླ་དང་བཅས་པ་དེ་སེམས་ཅན་སྤྱི་མཐུན་གྱི་ལས་ལ་འབྱུང་བ་རྣམས་ལས་གྲུབ་པ་ཡིན། ནང་བཅུད་ཀྱི་སེམས་ཅན་འོད་གསལ་ལྷ་ལས་གྲོལ་ཐབས་ཡོད་དེ། མཐོན་པོར་དགྱུང་ནི་འོད་བཞིན་ཡིབ། །འོད་ནི་ཕ་ལ་འོད་ནི་མ། །ཉི་ཟླ་རྒྱུ་སྐར་ཟེར་དུ་འོད། །ཟེར་ནི་ཕ་ལ་ཐོག་ཐུབ་སྟེ། །འོག་གི་ཀླུ་དང་མཛེ་ཁྲག་ཐུབ། །སྟེ་དང་བྲགས་རྒྱབ་ཤགས་ཀྱིས་རྒྱལ། །འབྱུང་པ་རྣམ་ལྔའི་དགྲ་དང་ཕྱོགས་ཐུབ་པས། །ངེད་རང་ཆེ་བཙུན་ལྷ་རིགས་ལྡངས་ཀྱི་མི་རྒྱུད་ཡིན་པ། ཕྱི་རྒྱ་ཀུན་ལ་ཁྱད་དུ་མ་བཙོལ་གསུང་པའི་ཨ་ཉེ་བྱང་ཆུབ་འདྲེ་བཀོལ་གྱི་བཀའ་དང་གདམས་པ་མཛད་པའོ། །ལྡངས་ཀྱི་གྲུབ་ཐོབ་མང་དུ་བྱོན་པ་ལས། དཔལ་གྱི་སེནྡྷེ་ཧྲ་ཕྱི་གཉིས་བྱོན་པ་ལ། བླམར་སྣང་སུ་གྲ་ཏ་ཀོ་མ་གཉིས་བྱོན་པ་བླམར་སྣང་། བྱང་ཆུབ་ཀྱི་མཚན་ཅན་བཅུ་གསུམ་བྱོན་ནས་སྣང་བ། བླ་མ་དང་སྔགས་པ་བསྲེས་མ་རྒྱུ་ཕྱིན་བྱང་ཆུབ་འདྲེ་ཁོལ་ལ་རྟེ་བར་བརྟད་མོའི་ལྷ་ཁང་ཕྱིར་བཅད། མདོ་ཁམས་ཀྱི་ལྷ་ཁང་བཅོ་བརྒྱད་དབུས་གཙང་ན་མ་སྤྱང་གཡུའི་མཇལ་གྱིས་མགོ་བྱས་སྤྲུབ་གནས་ལྷ་ཁང་ལ་གྲངས་མེད་པ་ཡོད་པས། བཞག་པ་ཆེ་བ་དང་། ལྷ་འདྲེ་མངའ་འོག་ཏུ་འདུམ་ཡོད་པ་སོགས། བྱས་པ་ཆེ་བའི་ཡིག་ཚངས་རྣམས་རྟེང་དུ་གསལ་ལོ། །

༈ ༀ་སྭསྟི། བཀྲ་ཤིས་དང་བདེ་ལེགས་ཡོན་ཏན་ཐམས་ཅད་ཀྱི་འབྱུང་གནས་སུ་གྱུར་ཏེ། ཕུན་སུམ་ཚོགས་པར་གྱུར་ཅིག །སྟོན་དཔལ་བསམ་ཡས་ལྷུན་གྱིས་གྲུབ་པ་བཞེངས་པའི་དུས་སུ། དེའི་རབ་ཏུ་གནས་པ་བྱས་པའི་ཚོགས་གྲལ་ན། གྲུབ་པ་ཐོབ་པའི་སྐྱེས་བུ་པོ་ཧྲི་སཏྭ་དང་། སྔགས་འཆང་པའི་རྒྱལ་པོ་པདྨ་འབྱུང་གནས་དང་། རྒྱལ་བློན་

བྱང་ཆུབ་སེམས་དཔའ་ཀུན་ཚོགས་པ་ལ། རྗེ་མངའ་བདག་རྒྱལ་པོའི་ཞལ་ནས་གཙུག་ལག་ཁང་གི་བྱ་བ་ནི་ཚར། ལྷ་མི་ཡོངས་ཀྱི་ཐུགས་དགོངས་ནི་གྲུབ། དུས་ད་ལྟ་ལས་སྐྱིད་པ་མེད་པས། ཆོས་སམ་བསྟན་བཅོས་གང་ལེགས་པ་གཅིག་གསུང་བར་ཞུ་ཞུས་པས། དེའི་དུས་བཀའ་རྒྱ་མཛད་རྒྱུ་ལ་སོགས་མ་རབས་ཐོས་པ་ཆུང་བ་ཀུན་དགོས་པ་མེད་པས། སྤྲོལ་བར་མི་བྱའོ། །ལྷ་རིགས་རླངས་སུ་སྐྱེ་བ་ལ། སྐྱེ་བ་འདི་ཡི་མངོན་(སྔོན)རོལ་ནས། མི་ལོ་བཅུ་གསུམ་ལྷ་སྒྲུབ་དགོས། འདི་བཤད་ནས་གྲུབ་མཐའ་འཛིན་པ་རྣམས་ཀྱིས། བླ་མ་དཀོན་མཆོག་ལ་མཆོད་པ་འབུལ། ཡི་དམ་གྱི་ལྷ་བསྒོམ། ཏིང་ངེ་འཛིན་གྱི་ངང་ལ་མཉམ་པར་འཇོག །སྔགས་དང་ཕྱག་རྒྱ་གང་གྲུབ་བྱ། ཆོས་སྐྱོང་དང་དམ་ཅན་ལ་གཏོར་མ་བཏང་བས། དངོས་གྲུབ་རྒྱུན་ཆད་མེད་པར་ཡོང་། ལྷ་རིགས་རླངས་ཀྱི་སྐྱེ་བོ་ཐ་མ་ཡིན་ན་ཡང་། གང་ཤེས་ཀྱི་སྐྱབས་འགྲོ་སེམས་བསྐྱེད་དང་། བླ་མ་ལ་མོས་གུས་བྱ། གཞི་བདག་དང་ཡུལ་ལྷ་ཡར་བཅད་ལ། བསངས་མཆོད་བྱས་ནས་སྨོན་ལམ་གདབ། ཡ་རབས་གྲུབ་ཐོབ་ཕྱོན་རབས། རྒྱལ་ཁམས་བརྟུལ་(བཏུལ)བ། ཐན་དུ་བཀོལ་བའི་བསྟན་བཅོས་ཆེན་པོ་འདི་བསྒྲིགས་པས། མི་དང་མི་ཡིན་པ་རྣམས་ཀྱི་གདུག་རྩུབ་མི་ཡོང་ཞིང་། སྔར་གྱི་གྲུབ་ཐོབ་རྣམས་ཀྱི་དམ་ཅན་དང་། ཡུལ་གྱི་གཞི་བདག་རྣམས་ཀྱི་མཐུ་དཔུང་བྱེད་པར་འགྱུར་རོ། །པོ་ཏི་བསེ་རུ་འདི་རླངས་ཀྱི་སྡེ་དཔོན། བླ་མ་ཆེན་པོ་རྣམས་ཀྱི་གཟུང་ནས་ཁྱད་ཆོས་མཛད་ན། རིན་པོ་ཆེའི་རིགས་ཡིན་པས་སྲུང་སྲུམ་ཚོགས་པ་ཡོད། དམག་དཔོན་ཡིན་ན་གཡུལ་ལེགས། ཚོང་དཔོན་ཚོང་ལེགས་ཡུལ་དཔོན་བཀྲ་ཤིས། མོས་གུས་བྱས་ནས་སྨོན་ལམ་བཏབ་ན་གང་ཡང་འགྲུབ་པོ། །སྙིང་གི་གཟའ་དང་ཟེར་ནི་མ། །འབྱུང་བ་རླུང་ནི་དམིགས་སུ་སྲིད། །དམིགས་ནི་ཕ་ལ་དམིགས་ནི་མ། །དེ་ན་བ་མོ་དཀར་ཙམ་སྲིད། །བ་མོ་ཞུ་བ་ཟིལ་པར་སོང་། །ཟིལ་པ་འཁྱིལ་བ་ཆུ་བོར་སོང་། །ཆུ་བོ་ཁ་འོད་སྤྲིན་དུ་ཆགས། །དེ་ལས་ཆེན་ཁེད་ཆགས། །ཆུ་བོའི་དབུ་(ཕྲུ)བ་འཁྲིས་པ་དང་། །ས་ཆེན་སྙིང་པོ་འདྲེས་པ་ལ། །ལྷ་ཡི་ཐུགས་རྗེ་བྱིན་རླབས་ཀྱིས། །སེམས་ཅན་ལ་འགྲོ་བ་རིགས་དྲུག །སྐྱེ་བ་རྣམ་པ་བཞི།

ལམ་རྒྱུད་ལྔ། སེམས་ཅན་གྱི་རྒྱལ་པོ་མའི་སྲིད་ཐབས་ཏེ། རྗེའི་གདུང་རབས་འབངས་ཀྱི་མི་
རབས་གཉིས་ཡོད། རྗེའི་གདུང་རབས་ནི་རྒྱལ་པོ་ཤེད་ཅན་ཤེད་ལས་སྐྱེས་ཏེ། ཤེད་དང་
གནས་ལས་གྲོལ་བའི་རྒྱལ་རབས་ལ། སྐྱིད་པ་ཁྱུག་པ་རྒྱུད་གསུམ་ལས་ཤེས་པར་བྱའོ། །
འབངས་ཀྱི་མི་རབས་ལ། འབྱུང་བ་རྣམ་ལྔའི་སྙིང་པོ་ལ། སྒོང་ང་ཆེན་པོ་ཞིག་ཡོངས་པ།
ཕྱིའི་སྒོང་ཤུན་ལ། ལྷ་རག་དཀར་པོ་ཆགས། ནང་གི་སྒོང་ཆུ་ལ་དུང་མཚོ་དཀར་མོར་
འཁྱིལ། བར་གྱི་སྒོང་ངའི་དར་ཆ་ལ། །རིགས་དྲུག་སེམས་ཅན་ཀུན་ཏུ་གྲོལ། །སྒོང་ང་ཕྲུམ་
གྱི་བཅོ་བརྒྱད་ཆགས། །སྒོང་ང་བཅོ་བརྒྱད་འབྲིང་ང་དེ། །དུང་སྒོང་ཞིག་ཏུ་ཡར་ནས་
བྱུང་། །དེ་ནི་སྨོན་པའི་མི་པོ་ལུམ་ལུམ་ཡིན། །དེ་ལ་རྣམ་ལྔའི་རིག་པ་མེད་པ་ལ། བསམ་
པའི་སེམས་ཡོད་པས། ལྟ་བའི་མིག་དགོས་བསམ་པ་ལ་ཡེ་ཤེས་ཀྱི་སྤྱན་དོད། དྲི་བཟང་རིག་
པའི་ཤངས་དོད། སྒྲ་སྙན་ཚོགས་པའི་སྙན་དོད། དུག་ལྔ་གཅོད་ཚེམས་དོད། རོ་གྱུང་བའི་
ལྡུགས་དོད། ས་གཞི་འཁོད་པའི་ཕྱག་དོད། རྫུ་འཕྲུལ་བཞུད་པའི་ཞབས་དོད་པས་གང་
བསམ་ལམ་ལམ་དོད་བྱུང་བས། ཁོང་རང་གིས་མིང་བཏགས་པ། སྨོན་མི་བསམ་པ། ཀླུམ་
ཀླུམ་ལམ་ལམ་དུ་བཏགས། དེར་ཡེ་ནས་སྨོན་པས་ཡེ་སྨོན་རྒྱལ་པར་བཏགས་སོ། །འབུམ་
འཚོའི་མེས་པོ་ཡིན་པས། སྟོན་པ་འབུམ་མེ་ཡེ་ནས་སངས་ནས་འབུམ་འཚོའི་གཙོ་ལ་
བཞུགས་པས། སངས་པོའི་འབུམ་ཁྲི་ཞེས་སུ་བཏགས་སོ། །དེས་ཡུམ་ཆུ་ལྕུག་རྒྱལ་མོ་ཁབ་
ཏུ་བཞེས་པའི་སྲས་ནི། ལྷ་སྲས་སྤྱི་གཙུག་རྒྱལ་བ་ཞེས་ཀྱང་བྱ། སྲིད་བུ་འདོད་ཅམ་ཞེས་
ཀྱང་བྱ། འཕྲུལ་སྲས་དབང་ལྡན་ཞེས་ཀྱང་བྱ། དེས་དུང་ཟ་ (བཟའ) དངུལ་མོ་ཁབ་ཏུ་
བཞེས་པའི་སྲས་ལ། བཀོ་སྲས་སྐྱེས་ཅིག །དེའི་སྲས། སྒྲ་མི་རབས་མཆེད་གསུམ་ལགས།
དེ་རྣམས་ནི་མི་ལ་སྐར་མིང་བཏགས་པ་ནི། སྲིད་པ་མི་རབས་མཆེད་དགུ་ནི་མུ་ཏིག་དར་ལ་
བརྒྱུས་པ་ལྟ་བུ་ཞིག་ཡིན་པར་འདུག་སྟེ། འདི་རྣམས་ནི་ལྷའི་ཐུགས་ལས་གྲོལ་བའི་སྲས་ཡིན།
མཆེད་གསུམ་གྱི་ཆུང་པ་ཕྱུར་རྗེ་སྟག་ཚ་འལ་འོལ་ཡིན། ལྷ་རབས་སྲིད་པའི་ཐ་ཆུང་དེ། མི་
རབས་སྲིད་པའི་མགོ་པོ་ཡིན། དེས་འཚམས་ཟ་ཁྲིད་ཁྲུད་མ་ཁབ་ཏུ་བཞེས་པའི་སྲས་ནི།

སྲིད་པ་ལྷ་རབས་མཆེད་བཞི་ཞེས་ཀྱང་བྱ། མགོན་གསུམ་ཚ་ཞེས་ཀྱང་བྱ། དེ་ནས་མི་རྒྱུད་དུ་གྲོལ་བ་ནི། སྲས་འོ་དེ་གུང་རྒྱལ། སྐྱས་མཁན་པའི་ཡབ་ལྷག་བཛ་དྲུག །ཁྲི་སྟེ་(ཏེ)གསུམ་པོ། ཚ་གྲང་ཁྲིང་དཀར་པོར་བཞི་ཡིན། ཡབ་ལྷ་བཛ་དྲུག་གི་ལྷ་སྲས་མོ་ཁབ་ཏུ་བཞེས་པའི་སྲས། ལྷ་ཚ་མཆེད་སྲས་དགུ་ཡོད། སྨན་མོ་ཁབ་ཏུ་བཞེས་པ་ལ། སྨན་ཚ་མཆེད་དགུ་ཡོད། སྨྲུ་ཐང་ཞེས་པ་ལ། སྨྲུ་ཚ་ཆེད་དགུ་ཡོད། ལར་སྲས་པོ་སུམ་ཅུ་སོ་ལྔ་ཡོད། དེ་རྣམས་ཀྱི་ཆུང་བ་སྟེ། སྟེ་ཁྲིམ་ལག་ཁྲ་དེས། ལྷ་ལྕམ་དཀར་མོ་བཞེས་པའི་སྲས་ནི་པ་རྒྱལ་པོ། །དེས་ལུང་ཁ་རྟིལ་མོ་ཁབ་ཏུ་བཞེས་པའི་སྲས། རྒྱལ་བུ་མཐིང་གེ་མཐིང་པོ། མཐིང་གཉིས་གསུམ་དུ་ཡོད། རྒྱལ་བུ་མཐིང་གེས། ལྷ་ལྕམ་དཀར་མོ་ཁབ་ཏུ་བཞེས་པའི་སྲས། བོད་སྡོངས་(འབྲོངས)ལ་བྲངས། དམུ་ཟ་མཐིང་སྒྲིལ་མ་ཁབ་ཏུ་བཞེས་པའི་སྲས། རྒྱལ་ཁྲི་ལ་ཞམ། དེའི་སྲས་རྒྱལ་པོ་ཆེ་ཆུང་གསུམ་དང་རྒྱུད་བརྒྱད་དུ་ཡོད། མཐིང་མོ་ཁབ་ཏུ་བཞེས་པ་ལ། མཐིང་ཕྲུག་རྟོར་སྲིད། རྟོར་ལ་ཨོ་བོའི་རྟོར་རབས་མཆེད་གསུམ་གྱེད(གྱེས)། འབྲོང་ལ་བྲམ་གི་(གྱི)སྲས་བོད་རྗེ་ཁྲི་རྗེ། ཁྲི་རྗེ་ཐང་པོ་རྗེ། ཁྲི་རྗེ་ཐང་སྣན། བོད་རྗེ་ཁྲི་རྗེ་གཙོ་འདུས། ཁྲི་རྗེ་ཐང་སྣན་གྱི་སྲས། ཨ་ཉེ་མོ་ཟེ་ཁྲི་ཧོ་ཆེན་པོ་དེས། སྣན་ཟ་ཤ་མིག་མ་ཁབ་ཏུ་བཞེས་པའི་སྲས་གསུམ་འབྲུངས་པ་ལ། ཆེ་བ་སྤྱོས་ཆུ་སྟོང་། དེ་འོག་སེ་ཁྱུང་དབྲ། ཆུང་ང་ཨ་ལུགས་འགྲུ(ལྕུགས་འགྲུ)། དམུ་ཟ་ལྷ་མོ་ཁབ་ཏུ་བཞེས་པའི་སྲས། དམུ་ཚ་དགའ། བྲག་སྲིན་གདོང་དམར་པོ་ཁབ་ཏུ་བཞེས་དགོས་ཐུབ་པའི་སྲས། དཔའ་ཟླ་གཉིས། མི་ཆེན་གོལ་བའི་རྒྱུད་བཞིར་འབྲུངས་སོ། །ཆེ་བ་སྤྱོས་ཆུ་གདོང་(སྟོང)། སྟོང་ལང་ཆེ་བཙོ་བརྒྱད། རུས་ཆེན་བཙོ་བརྒྱད། སྨུག་པོ་སྟོང་གི་ཆེ་དྲུག །བཙུན་དྲུག་ཡོད། དེ་འོག་སེ་ཁྱུང་ཨ་(སྲ)། ཨ་ལ་དཀར་ནག་ཁྲ་གསུམ་ཡོད། ཨ་དང་པོ་བརྟུད་ཀྱི་ཆེ་དགུ་ལྷ་ར་སྨུག་པོ་མཆེད་བཅུ། དགུ་འབུམ་ཨའི་མཆེད་དྲུག་ཡོད། དེ་འོག་ཨ་ལྕུགས་འགྲུ(འབྲུ)། འབྲུ་ལ་བུ་དགུ་བྱུང་། མི་འགྱུར་ཐང་བའི་གནས་བརྒྱད་ཡོད། དེ་འོག་དམུ་ཚ་དགའ་(སྒ)མ་དང་མ་ཆེད་བདུན་ཡོད། དེ་འོག་ས་ལ་གཉིས། ཡུལ་ཆེན་མཚམས་སུ་ཡོད་

པས། བོད་མིའུ་གདོང་དྲུག་གི་འབྱུངས་ལུགས་ཡིན། ད་ལར་གྱིས། བོད་ཀྱི་མིའུ་རུས་དྲུག་ལ། བཤད་ན་མི་ཆེ་བ་དང་། བཟུང་ནས་བོས་ན་མིར་མི་སྣན་པ་མེད་དེ། སྔོས་སྲུང་ལྷ་རིགས་འཕན་པོ་ཆེ་རླངས་ཀྱི་སྐྱེ་རྒྱུད་དང་། གྲོལ་ཐབས་ནི་འདི་ལྟར་ལགས། སྐྱེ་བརྒྱུད་ནས་བཤད་ན་འཕངས་མགོ། གྲོལ་ཐུགས་བཤད་ན་གཏིང་ཟབ། རླངས་དཔལ་གྱི་སེརྡེའི་ཞལ་ནས། ལར་སྐྱེས་པའི་མིས་རང་གི་སྐྱེ་བརྒྱུད་མ་ཤེས་ན། ནགས་ཁྲུང་གི་སྤྲེའུ་དང་འདྲ། མི་རང་གིས་ཚོ་འཕྲེང་（འབྲང་）མ་ཤེས་ན་གཡུ་འབྲུག་ཟོལ་མ་དང་འདྲ། ཡབ་མེས་ཀྱི་ཆེ་དགེ་ཡིག་ཚང་མ་ཤེས་ན་མོན་སྦྲུག་ཡལ་བར་དང་འདྲ་བས། རླངས་ཀྱི་སྦྱུག་གི་ཕུགས་ཨ་ལ་ཐུག་པས། སྟོད་ཀྱི་ཨ་དཀར་མཆེད་དགུ་ལ། བལ་པོ་དང་བལ་ཡོ་བལ་གསུམ། མ་སྟོང་བལ་སྟོང་བོན་སྟོང་དྲུག །མར་པ་དང་། ཞང་ཆུང་སྤྲུ་ར་པ་དགུ། སྟོད་ཀྱི་ཨ་དཀར་མཆེད་དགུ་ཡིན། བར་གྱི་ཨ་དཀར་ཁྲ་བོ་མཆེད་དགུ་ལ་སྤྲ་དུ་ཨའོ་ཨུ་དཀར་ལ། བུ་དང་ཚ་བོ་མ་གཏོགས་པ་ཡང་ཚ་སྟོང་ཚ་ལྔ་བརྒྱ་ཡོད། བུ་སྟག་ལོ་པ་རང་བཅོ་བརྒྱད་ཡོད། སྤྲེལ་ལོ་པ་ལ་བཅུ་ཡོད། བྱི་བ་ལོ་པ་བཅོ་བརྒྱད་ཡོད། ཧ་དང་རྒྱང་དང་རླངས་དང་གསུམ། །ཤུ་གེ་ཀྱི་གེ་ཨེ་གེ་དྲུག །དབུ་དང་རྙོག་དང་གཟི་དང་དགུ། །བར་གྱི་ཁྲ་བོ་མཆེད་དགུ་ཡིན། །སྨད་ཀྱི་ནག་པོ་མཆེད་དགུ་ཡིན། །སོལ་མཚོ་བཞིན་དུ་འཁྱིལ་གིན་ཡོངས། །གྲིབ་སོ་བཞིན་དུ་ཆང་གིན་ཡོངས། །ལྷ་སྤྲིན་བཞིན་དུ་འཐིབ་གིན་ཡོངས། །དཔལ་དང་བཀྲུང་དང་ཀོ་དང་གསུམ། །བྲ་ཐུང་ཉ་ལེ་དགུ་ཟིང་དྲུག །སོ་ཡོ་སོ་སྦྲ་སོ་ཨ་དགུ། །སྨད་ཀྱི་ནག་པོ་བུ་དགུ་ཡིན། །སོ་ཡོ་ལ་ཁྲི་ཚོ་བཅུ་གཉིས་ཡོད་དེ། སོས་སྦྲོ་ལ་འབུམ་ཚོ་བཅོ་བརྒྱད་ཡོད། ཨར་དང་པོ་བརྒྱད་ཀྱི་ཆེ་དགུ་དེ། ཨར་གང་པོ། དང་པོ། སུལ་པོ་གསུམ། བྲ་སྤུད། ལྕུ་གུར་ཡབ་ཚ་དྲུག །བཙད་པོ་བུ་རལ་མཁོན་དར་དགུ། ཡར་དང་པོ་བརྒྱད་ཀྱི་མཆེད་དགུ་ཡིན། །ལྷ་ཡར་སྨུག་པོ་མཆེད་བཅུ་དེ། །ཡ་ལ་ཡ་བཟེད་ཡ་ཚབ་གསུམ། །མ་ལ་མ་ཟེབ་མ་ཚབ་དྲུག །བོད་ལྡོང་ནག་གི་དཀར་ནག་གཉིས་དང་བརྒྱད། ཡང་བརྒྱུད་མང་བརྒྱུད་གཉིས་དང་བཅུ། །སྟོ་ཨར་སྨུག་པོ་མཆེད་དགུ་ཡིན། །དགུ་འབུམ་ཨའི་སྦྱུག་དྲུག་ལ། །འཇང་ཉི་མ

འཕྲུལ་སྣང་གི་བུ་སྲས་དེ། །བྱས་པ་དཀོན་མཆོག་གསུམ་གྱི་ཕྱུག །ཕོ་རེ་ལྷ་ཁང་རེ་རེ་བཞེངས། །ཕོ་རེ་བཀའ་འགྱུར་གསེར་གྱིས་བཞེངས། །ཕོ་རེ་གསེར་འགྱེད་རེ་རེ་བྱེད། །དགུ་འབུམ་ཨུའི་ཕྱུག་གཅིག་ཡིན། །སྤྱི་རྗེ་བྱ་རོག་ནས་ཀྱིས་ཕྱུག །ཕྱ་དྲོ་ནས་འབུན་ཕར་ལ་གཏོང་། །དགོངས་མོ་ནས་འབུན་ཚུར་ལ་བསྡུས། །ཕོ་རེ་ནས་འགྱེད་རེ་རེ་བྱེད། །ཕར་གཏོང་ཚུར་ཡོང་གི་དེབ་གཏེར་རྒྱུན་མི་ཆད། །ཡོན་ཆེན་པོ་ཉེ་ཁྲབ་ཀྱིས་ཕྱུག །ཕྱ་དྲོ་གོ་ཤེར་རེ་རེ་བྱེད། །ཕྱི་དྲོ་གྲ་འབྲུག་ལན་རེ་རེ་བྱེད། །བུ་ཚ་པོ་ལུས་ཅལ་(རྩལ)གང་ཆེ་ལྷ། །རླངས་སྲས་རྐོད་ལྡིང་མི་ཡིས་ཕྱུག །ཕྱ་དྲོ་དཀར་རྒྱུ་རྒྱུ་རེ་ཡོང་། །ཕྱི་དྲོ་དཀར་རྒྱུ་རྒྱུ་རེ་རྫོང་། །ཕོ་རེ་འབུལ་བསྡུད་རེ་རེ་རྫོང་། །ཡར་འབུལ་དང་ཕྱིར་རྫོང་གང་མང་ལྷ། །རེ་བ་དབང་ཕྱུག་དབང་གི་ཕྱུག །ཕྱ་དྲོ་གྲོས་དབང་ཐམས་ཅད་ཚོགས། །ཕྱི་དྲོ་གྲོས་ཐག་རང་གིས་གཅོད། །ཉིན་རེ་གྲོས་གཞི་ལན་རེ་བྱེད། །ཨ་བར་སྤྱི་དཀར་རྟ་ཡིས་ཕྱུག །ཕྱ་དྲོ་རྟ་ཆགས་ལན་རེ་བྱེད། །ཕྱི་དྲོ་ཚང་རག་ལན་རེ་བརྒྱུག །བུ་འཁོར་གཡོག་རྟ་རྩལ་གང་ཆེ་ལྷ། །རྟ་མདོ་ཕྲུག་བང་སྣ་གང་རིང་ལྷ། །རླངས་རྗེ་རྩེ་འཛིན་དེ་ཡུལ་གྱིས་ཕྱུག །ཕྱ་དྲོ་ས་ཡུལ་ལེང་རྩིར་གཅོད། །ཕྱི་དྲོ་ཡུལ་གྱི་མི་རྗེ་བསྐོ། །ཉིན་རེ་བསྐོ་བཞག་རེ་རེ་བྱེད། །དཔའ་མོ་ཨ་མགོན་གཡུ་ཡི་ཕྱུག །ཕྱ་དྲོ་བུ་སྲིང་ཕར་ལ་རྫོང་། །ཕྱི་དྲོ་སྣ་(མནའ)མ་ཚུར་ལ་ལེན། །སྣམ་བུ་སྲིང་གི་རྫོང་ཐང་གང་ཆེ་ལྷ། །ཕོ་རེ་གཡུ་འབུམ་རེ་རེ་བཞེངས། །འདི་དགུ་འབུམ་ཨུའི་ཕྱུག་དྲུག་ཡིན། །ཕྱུག་འདྲ་གཉིས་དང་བརྒྱད་པའོ། །ཨ་དང་པོའི་རྒྱལ་པོ་བཙད་འཁོན། དཀར་པོའི་རྒྱལ་པོ་ཞང་ཞུང་། ཁྲ་བོའི་རྒྱལ་པོ་སྣང་མཆོག །ནག་པོའི་རྒྱལ་པོ་ཁོ་ཡོ་ཁ་སྤྲ་ཡིན། །ཨ་སྐྱེ་མགོ་དེ་འཁོན་ད་རྩད་པོས་མཐོ། །ས་མཁར་ཞང་ཞུང་ཁྲུང་པོས་བཟུང་། །ལྷ་རི་ལྷ་འཁར་ལྷ་རྩེ་གསུམ། །ཁྲུང་པོས་སྐྱིད་ལ་བརྩིགས་པའི་མཁར་གསུམ་ཡིན། །བྱས་པ་དེ་རླངས་ཀྱི་ཆེ། །རླངས་བཙན་ཕྱུག་གི་ཕྱུགས་དེ་ཨ་ལ་ཐུག །སེ་ཁྲུང་ཨས། བཙན་ཟ་གེལ་ལྡན་མ་ཁབ་ཏུ་བཞེས་པའི་སྲས། ཨ་ཁྲའོ། །ཁྲ་པོས་བསྲུན་ཟ་ཁྲ་མོ་ཁབ་ཏུ་བཞེས་པའི་སྲས་བཞི་བྱུང་བ། པ་རོག་པ་སྟོང་པ་སྨུ་པ་ཚ་བམ། པ་ཚས་ཏོར་ཟ་འདུང་མོ་

ཁབ་ཏུ་བཞེས་པའི་སྲས་ཁྲི་ཐུང་ཏུ་དཀར་པོ། དེའི་སྲས་འབུམ་རྗེ་ཤེལ་མིག་དེའི་རྗེས་ཨར་རྗེ་གཙུག་གསུམ། དེའི་སྲས་ལྷ་བརྒྱུད་མང་སྟོམ་སྟག་བཙན། དེ་ལ་ཡབ་ཀྱི་གསུངས་ནས། སྲས། བཙུན་མོ་ཐུགས་ཀྱིས་གང་བཞེད་གསུངས་པ་ལ། སྲས་ཀྱི་ཞལ་ནས་བཙུན་མོ་དང་ཁྱིམ་ལ་ནི་ཡིད་མི་སྨྲོ། ཡིད་བདེ་ཉམས་དགའ་བའི་ཆོས་གཅིག་ཡིད་ལ་ཡོང་བར་འདུག་གསུངས་པས། ཡབ་ཀྱི་གསུང་ནས། ང་ཨུར་རྗེ་རྒྱལ་པོའི་གདུང་རྒྱུད་འདི། ཁྱེད་བུ་སྲས་བུ་མེད་ན་ཕྱ་རྒྱུ་མེད། སྲས་བུ་ཡོད་ནས་རྒྱུད་མ་གཅོད་གསུངས་པ་དང་། སྲས་ཀྱི་གསུང་ནས། ཁྱོད་ཡབ་ཀྱི་ནན་མེད་གསུངས་པ་ལ། །ཕ་ཡབ་ཀྱི་བཀའ་མ་མ་རྩིས་ན། །ང་བུ་ལ་བཀའ་ཚད་ཡོད་པར་སྣང་། །ང་ཁྱེད་ཡབ་ཀྱི་ཐུགས་ལ་གང་མངའ་མཛོད། །ཞུས་པ་དང་། ཡབ་ཀྱི་རོང་མོ་ཁྱི་ལྕམ་མ་ཁབ་ཏུ་བཞེས་སུ་བཙུག་ལ། སྲས་བུ་མེད་ནས་རྒྱལ་པོ་གདུང་བརྒྱུད་འཆད་ལ་ཁད། བསེ་མིག་པོལ་ལ་ཁད་པ་བྱུང་པ་དང་། མང་ལྟོམ་སྟག་བཙན་ཡང་ཐུགས་མ་བདེ་ནས་ཡིད་དང་སྤྲུལ་པས། སྙིང་དག་པ་ལྷ་ཡུལ་དུ་བྱོན། གནམ་ལྷ་མཆེད་བརྒྱད་ཡོད་པའི་ཆེ་བ་བཞི་དང་མཇལ། ཕོང་གི་ཞུས་ནས། བདག་གི་ཁྱིམ་དང་(ཐབ)བཞེས་བྱས་ཀྱང་། །སྲས་དང་བུ་ནི་ཡེ་ནས་མེད། །ཁྱེད་ལྷའི་ཐུགས་ལ་གང་མངའ་ཞུས། །ལྷའི་གསུང་ནས་རང་རེ་ལྷ་སྲས་མཆེད་བརྒྱད་ཀྱི། །ཁྱེད་ནི་མི་ཡི་སྲས་སུ་སྤྲུལ། །བུ་དང་སྲས་མེད་ཐུགས་ཚད་ན། །ཟླ་བ་བཅུ་གསུམ་སྒྲུབ་པ་མཛོད། །ཡི་དམ་སྒོམས་ལ་གསང་སྔགས་བསྒྲིངས། །ལོ་གསར་ཟླ་བ་བཅུ་གསུམ་ལ། །ལྷ་རི་གཉན་པོ་ཅན་དུ་བྱོན། །བསངས་དང་མཆོད་པ་གསོལ་བ་ཐོབ། །ལྷ་ཚངས་སྲས་མོ་གྲུབ་སྐྱེ་ཡོངས། །ལྷ་ཚངས་སྲས་མོ་གྲུབ་པ་ན། །ལྷ་ཡི་སྲས་ལ་མི་ཡི་བརྒྱུད། །རིགས་བརྒྱུད་ཁྱད་དུ་འཕགས་པར་འོང་། །མི་རབས་བདུན་ཙུ་རྩ་གསུམ་པར། །ཟླ་མ་མི་དཔོན་རྒྱུན་མི་ཆད། །སེམས་ཅན་ཀུན་གྱི་བདེན་པ་དང་། །དཔའ་བོ་རྒྱལ་ཁམས་འདུལ་བ་དང་། །གྲགས་པས་ས་སྟེང་ཁེངས་པ་ཡོང་། །བརྒྱུད་པ་གང་གིས་ཐོབ་པ་དང་། །བརྒྱུད་ཀྱི་སྒྲུབ་པ་གང་བྱེད་རྣམས། །འདི་ནས་འཕོས་ན་ཏུ་འཁྲུངས། །གསུངས་པ་དང་། མང་ལྟོམ་སྟག་བཙན་ཡང་ཐུགས་བདེ་ནས་སྤྲུལ་པའི་ཡིད་ཀྱིས་ཡུལ་ལ་བྱོན། ཟླ་

བ་བཅུ་གསུམ་སྒྲུབ་པ་མཛད། །ལོ་གསར་ཟླ་བ་བཅུ་གསུམ་ལ། །ཡུལ་ནི་མྱང་དགུ་ལྷ་ཡུལ་ན། །ཛ་རི་དམུག་(སྨུག) པོ་གཡག་འཁྱིང་བ་འདྲ་བ་གཅིག་གི་རྩར་ཕྱིན། སྐུ་ལ་དར་དཀར་གྱི་ན་བཟའ་གསོལ། །དབུ་ལ་ཤེལ་དཀར་གྱི་ཐོད་ཅིག་བཅིངས། །ཞལ་ནས་གསང་སྔགས་ཆོས་སྒྲ་གསུངས། །བསངས་དང་མཆོད་པ་གསོལ་བ་བཏབ། །ལྷ་རིའི་ཞོལ་དུ་བཞུགས་པ་ལ། །གནམ་ལ་འཇའ་ཚོན་སྣ་ལྔ་བྱུང་། །ས་ལ་ཆ་འཕྲུལ་གཡོས་སུ་བྱུང་། །བར་སྣང་ཁམས་ལ་རོལ་མོའི་སྒྲ། །ཆོ་འཕྲུལ་སྣ་ཚོགས་ཅིར་ཡང་བྱུང་། །ཕོང་གིས་བལྟས་ཤིང་གཟིགས་པ་ན། །ལྷ་རི་གཉན་པོའི་དོས་དེ་ན། །བུ་མོ་དཀར་པོ་བཞིན་བཟང་གཅིག །སྐུ་ལ་དར་དཀར་ན་བཟའ་གསོལ། །དབུ་ལ་རིན་ཆེན་གསེར་གཡུས་བརྒྱན། །ལྷ་མོ་བརྒྱད་ཀྱི་བསྐོར་ནས་བྱུང་། །མང་ཕྱོམ་སྟག་བཙན་མདུན་དུ་ཕྱིན། །མདའ་ཡི་ལྷ་མོའི་ན་བཟའ་བཟུང་། །ལྷ་མོ་བརྒྱད་ཀྱང་གུང་དུ་ཕྱིན། །མང་ཕྱོམ་སྟག་བཙན་གསུངས་པ་ལ། །ཁྱེད་ལྷ་ཡི་ཡུལ་ནས་ཕྱིན་པ་ལ། །ང་མི་ཡི་སུ་(བསུ) བ་བྱས་པ་ཡིན། །ང་མི་ཡི་ཡུལ་དུ་བཞུགས་པ་ལ། །ངེད་ཀྱི་ཆུང་མ་མཛད་དགོས་གསུང་། །ཁྱིམ་དང་ཡུལ་དུ་འཕྱོན་དགོས་གསུངས་པ་ལ། གནམ་སྨན་པའི་ཞལ་ནས། བདག་མཚལ་ཁྱིམ་དུ་འགྲོ་དགོས་ན། །ཚན་དང་ཁྲུས་ཀྱི་བདག་ལ་ཐོབ། །གསུང་པ་དང་། དེ་ནས་ཁྱིམ་དང་ཐུགས་ཀྱི་བཞེད་ནས། རྡོ་རྗེ་རྣམ་འཇོམས་སྙིང་པོ་བཏོན། །ཕྲ་བོ་རྣམས་ཀྱི་ལྷ་ཚོགས་བསྐྱེད། །སྔགས་དང་ཏིང་འཛིན་ཕྱག་རྒྱ་མཛད། །གསང་སྔགས་སྙིང་པོའི་ཁྲུས་ཆུ་དེ། །བཙུན་མོའི་སྐུ་ལ་མཚན་གྱི་བསྐུས། །དེ་ནས་ཡུལ་དང་ཁྱིམ་ལ་ཕྱིན། །དེ་ནས་ཨ་སྟོན་བྱང་ཆུབ་སེང་གེ་གདན་དྲངས་ནས། མཆོད་པ་ཕུལ། འབུལ་བ་བྱས་ནས། ཟླ་མཆོད་ལ་བཏེག །ཨ་སྟོན་བྱང་ཆུབ་སེངྒེས། དཀོན་མཆོག་དང་ཡི་དམ་ལ་མཆོད་པ་ཕུལ། ཆོས་སྐྱོང་དང་གཞི་བདག་ལ་གཏོར་མ་བཏང་། ཞག་བཅུ་གསུམ་བསྙེན་སྒྲུབ་མཛད། བཀྲ་ཤིས་རབ་གནས་སྨོན་ལམ་གྱི་རྒྱས་བཏབ་པ་ལ། ལྷའི་ཆོ་འཕྲུལ་མང་དུ་བྱུང་། རྣལ་ལམ་བཟང་ལ་ཁམས་ཡང་བདེ། །ཉམས་དགའ་བདེ་སྐྱིད་ཕུན་སུམ་ཚོགས། །ཕོང་གི་བཀའ་ནི་འདི་སྐད་གསུངས། །ཁྱེད་ཡོན་བདག་ལྷའི་ཆ་བྱད་

ཅན། །བཙུན་མོ་ཚངས་ལྷའི་ཐུགས་སྲས་མོ། །སྲས་བུ་ཡོང་བ་རིགས་བརྒྱུད་ཅན། །གཞན་ལས་ཁྱད་དུ་འཕགས་པ་འོངས། །གསུངས་པ་དང་། མང་སྟོམ་སྟག་བཙན་ཡང་མཉེས་ནས། འབུལ་བ་མཆོད་པའི་ཡོ་བྱད་བསམ་གྱིས་མི་ཁྱབ་པ་བྱས་ནས། དབུ་སྟོད་བདེ་བའི་གླིང་དུ་ཨ་སྟོན་ཡང་བྱོན་ནོ། །ཕོང་གིས་ཁྱིམ་དང་བཞེད་འཚལ་ཡང་སྲས་དང་བུ་མེད་ནས། ལོ་མང་བ་ལ་ཐུགས་ཆད་མཛད་ནས་བཞུགས་པའི་དུས་སུ། ཟས་ནོར་ཚན་ཆེར་ཡོད། ཁྱད་པར་དུ། སྨན་བཙུན་མ་ལ་ལྷ་ཡུལ་ནས་ང་ཡོངས་སའི་དུང་གི་མཛོ་མོ་ལ། གཡུའི་དྲ་མིག་ཅན་གསེར་གྱི་ཟོ་བ་སྤྲའི་བཅུ་གུས་དཀྲིས་པ་ཞིག་དྲ་ལ་བཀལ་ནས་མོའི་རྗེས་ལ་འབྲེང་བ་གཅིག །དེ་ནས་སྲས་མེད་པའི་ཐུགས་ཆད་ངང་ལ་བཞུགས་པ་ལ། ལྷའི་གསུང་གཅིག་གནམ་ནས་བྱུང་། མང་སྟོམ(སྟོམ)སྟག་བཙན་དམག་ལ་བྱོན། །རྒྱ་དམག་བོད་དུ་ལྷགས་རྡོགས་ཡོད། །རྒྱ་དམག་བོད་དུ་ལྷགས་པ་ན། །ཁྱོད་མིན་གང་གིས་འགྱུར་མི་ཐུབ། །ཁ་བ་ཅན་གྱི་ཞིང་ཁམས་ན། །སྐྱེས་བུ་ཁྱད་འཕགས་ཁྱོད་འདྲ་མེད། །སྲས་བུ་མེད་པས་ཐུགས་ཆད་ན། །ཡིད་དང་སྤྲུལ་པའི་ཕྲུག་མཛོད་ཅིག །གསུངས་པ་དང་། ཕོང་བཞེངས་ནས་ཆིབས་དང་དཀར་གཡུ་གཉོག་ལ་ཆིབས། །ཞལ་དཀར་རྨོག་དེ་དབུ་ལ་གསོལ། །དངུལ་དཀར་གྱི་དུང་ཁྲབ་དེ་སྐུ་ལ་གསོལ། །འོད་འབར་གྱི་མཚོན་དེ་སྐུ་ལ་བཏགས། །སྤྲུལ་པའི་ཡིད་ཀྱི་བྱོན་པ་ལ། །ནམ་མཁའི་ཁམས་ལ་ལྷ་དམག་བྱོན། །ཆུ་བོའི་རྒྱུད་ལ་ཀླུ་དམག་འགྲིམས། །རྒྱ་བོད་ལྷང་ཚའི་མཚམས་ལ་ཐུག །ལྷ་འདྲེའི་དམག་རྣམས་མཐོང་བ་དང་། །རྒྱ་རྣམས་སྐྲག་ནས་ང་ཞིང་བྲོས། །རྒྱ་དམག་གཡུལ་ཉེས་མཐུར་ལ་སོང་། །ལྷ་འདྲེའི་དམག་ཡང་བར་ལ་ཡོངས། །དེའི་མཚམས་སུ་སྨན་བཙུན་མའི་དུང་གིས་མཛོ་མོ་བྲོས། ལྷ་མཚོ་རྒྱལ་ལ་བྲོས། ལྷང་རྒྱང་ཏུ་མཚོ་ལ་བྲོས། སྨན་བཙུན་མ་སྐུ་ལ་དར་དཀར་གྱི་ན་བཟའ་དེ་གསོལ། ཕྲུག་ན་གསེའི་མཁའ་བ་དེ་བཟུང་། མཛོ་མོ་གར་སོང་དགོངས་ནས་གཟིགས་ཀྱི་འདུག་པ་ལ། ཕར་གཟིགས་པའི་ཕར་ཁའི་ངོས་ལ་ལམ་གཅིག་དཀར་རྩེར་རེ་རེ་འདུག་པ་དགོངས་ནས། རྩར་བྱོན་པ་དང་། མཛོ་མོའི་འོ་མ་ཕྱུམས་ཟགས་པ་འདུག །མཛོ་མོ་ལ་

དགུ་ལུང་དགུ་ལ་ཐྲོས། ལ་དགུ་ཕྲུམས་ཀྱི་ཆགས། ལུང་དགུ་མར་ཁུའི་ཆུ་བོར་འཁྱིལ། མཛོ་མོའི་རྗེས་ལ་ཕྲུམས་ཟགས་པ་དཀར་རྩེ་རེ་སོང་པ་གོང་མ་ཤེལ་གྱི་རྒྱུད་དུ་ཆགས། ལ་དགུ་ལུང་དགུ་ནི་མྱང་ཡུལ་གསེར་མོ་ལྗོངས་ལྷང་ཚང་དུ་ཚོའི་ངོས་ལ་མཛོ་མོ་ཐྲོས་ནས་སོང་། ལ་དགུ་ལུང་དགུ་ནི་བཀང་ལ་དགུ་ལུང་དགུ་ཡིན། ཡུལ་དཀར་ནི། ལྷང་རྒྱང་ཤེལ་བྲག་དཀར་པོ་གུང་ལ་རེག་པའི་རྩེ་མོ། ཆུ་མིག་མགོ་མངས་ཀྱི་མགོ་བོ། ཤེལ་གྱི་པ་ཕོང་གུར་འདྲ་ཅན་དུ། དུང་གི་མཛོ་མ་ཐྲོས་པ་མང་ཕྱོམ་སྟག་བཙན་གྱི་ཕུགས་ལ་མངའ་ནས། ཡིད་དང་སྤྲུལ་པས་དེ་ན་ཕྱིན་ནས་མཛོ་མོ་བཀག སྨན་བཙུན་མ་ཡོང་བ་གཟིགས་པ་དང་། ཕོང་ཕ་ཕོང་གུར་འདྲའི་ནང་དུ་ཕྱིན། མཛོ་མོ་མི་འགྲོ་བའི་ཕྱག་རྒྱ་དང་གདམས་པ་མཛད། ཕ་ཕོང་གུར་འདྲའི་སྒོ་གདམས་ནས། སྨན་བཙུན་མ་བཙུག་ཡོད་སྒོ་རྩ་ནས་གཟིགས་པ་དང་། ཉི་མ་ནི་ཤར། སྨན་བཙུན་མ་ཡང་ཐང་ཆད་ནས། སྐྱེལ་པོ་མཛད། མཛོ་མོ་བཞེས། བོད་ཀྱི་དཀོན་མཆོག་དང་། མང་ཕྱོམ་གྱི་སྐྱབས་ལྷ་མཆོད་ཟེར་ནས་ཡར་ཕུལ། དེ་ལྟག་ཆུ་ལ་བླུགས་ནས། ལུང་པ་འདི་དང་ཡུལ་འདི་ལ་ལྷའི་རྒྱུད་པ་རྒྱུན་མི་ཆད། ལྷ་ཆུ་དཀར་པོ་རྒྱུན་མི་ཆད། །མང་ཕྱོང་སྟག་བཙན་དེ་གཉིས་ཀྱི། །མི་རྒྱུད་ལྷ་ལ་སྤྱེལ་བར་ཤོག །རིགས་བརྒྱུད་ཁྱད་འཕགས་ཡོད་པར་ཤོག །ཟེར་ནས་སྨོན་ལམ་བཏབ་པ་དང་། མང་ཕྱོམ་སྟག་བཙན་ཡང་མཉེས་ནས། ཕ་ཕོང་གི་གསང་ལ་སྨན་བཙུན་མ་ལ་གཟིགས་པ་དང་། སྨན་བཙུན་མས་དར་དཀར་གྱི་བཙུག་གུ་རྐེད་ནས་དཀྲིལ(བཀྲིལ)། མཛོ་མོའི་མགོ་ལ་བཏགས། ཤེལ་དཀར་གྱི་གྲི་གུ་དེ་ཕ་ཕོང་གུར་འདྲ་བ་ལ་བཏབ་ནས། མཛོ་མོ་བཏགས། ས་རིབ་དང་། སྨན་བཙུན་མ་གཟིགས་ལ། གནམ་ལ་འབྲུག་སྒྲ་ལྡི་རི་རི། །ཀློག་(གློག) དམར་ནི་སྐྱེམས་སེ་སྐྱེམས། །སེར་བ་ཁུ་འཕང་ནི་ཐོ་རོ་རོ། །གནམ་གྱི་གུང་ནས་སྐད་ཅིག་བྱུང་། །ཤེལ་བྲག་དཀར་པོའི་གུར་ནང་ན། །མེའུ་རིགས་ཆེན་ཡོད་པ་དེ། །སྨན་བཙུན་ཅན་དུ་འགྲོགས་སུ་ཕྱིན། །ལྷ་ན་སྤྲུལ་ལ་ཆགས་སྤྱོད་མཛོད། །སྤྲུལ་པའི་ལྷ་བརྒྱུད་སྤྱེལ་རན་པས། །སང་ཕོད་དུས་ཀྱི་ད་ཙམ་ན། །རིགས་ཀྱི་སྲས་བུ་འཁྲུངས་པར་འགྱུར། །གསུངས་པའི་སྐད་ཐོས་པ་དང་། ང་མི་

བརྒྱད་སྤེལ་བའི་དུས་ལ་བབ་ཟིན། རྫ་འཕྲུལ་སྟེབ་པའི་དུས་ལ་བབ་ཟིན་བསམ་པ་ཐུགས་ལ་དགོངས་ནས། ནམ་གྱི་སྒྲོད་ཆ་ལ་སྨན་བཙུན་མའི་རྩར་ཕྱིན། སྐབས་དང་ལྡན་དུ་གཟིམས་ཡིད་དང་སྤྲུལ་པས་སྟེབས། ནམ་གྱི་ཐོ་རངས་ལ། མང་སྲོམ་སྟག་བཙན་ཡིད་དང་སྤྲུལ་པས་མི་དཀར་ཧ་དཀར་ཅིག་ཏུ་སྤྲུལ་ནས། ནམ་མཁའི་མཐོངས་ལ་ཕྱིན་པའི་ཞལ་ནས། སྨན་བཙུན་མ། ང་གནམ་ལྷ་མཆེད་བརྒྱད་ཀྱི་ཆེ་བ་ལྔའི་ཆུང་བ་ཡིན། ཆུང་བ་བཞིའི་ཆེ་བ་ཡིན། སང་ཕོད་དུས་ཀྱི་ད་ཆོད་ལ། ཁྱོད་ལ་རིགས་ཀྱི་ལྷ་སྲས་འཁྲུངས། དེས་ནི་མི་བརྒྱད་རིགས་བཟང་སྤེལ། རི་འདི་ལ་ལྷ་རི་གྲགས་པོ་དང་། ལྷང་རྒྱང་ཏུ་མཚོན་ཐོག་གསུང་ནས་གནམ་ལྷ་ཆེད་བཙར་(རྩར)ཕྱིན། སྨན་བཙུན་མ་ཐུགས་མ་ཆེས་པར། བདག་གི་མི་དེ་འདྲ་བ་ལ། །གུང་ལ་འགྲོ་བ་ཅི་མ་ཡིན། །བདག་ལ་རྨི་ལམ་ཅི་མ་བྱུང་། །ལྷ་འདྲེས་མགོ་གཡོགས་བྱས་པ་འདྲ། །དགོངས་པ་བྱུང་ནས། མཇེ་མོ་ཁྲིད་ནས་ཁྱིམ་དང་ཡུལ་ཕྱིན། མང་སྲོམ་སྟག་བཙན་གྱི་གནས་ལྷ་མཆེད་བདུན་ལ་གསུངས་པའི་བཀའ་ནི་བསྒྲུབ་ནས་ཡོད། སྲས་ཀྱི་བུ་ནི་ཨེ་འཁྲུངས་ཡིན་ཞུས་པས། ཁྱེད་ཀྱི་ཟླ་བ་བཅུ་གསུམ་བསྒྲུབས། །ངེད་ལྟས་ཡང་ལོ་བཅུ་གསུམ་བྱས། །ཁྱེད་ རིགས་ ཀྱི་ གདུང་ རྒྱུད་ འབྱུང་། །གཅིག་ གིས་ ཟླ་ མའི་ རྒྱུད་ པ་འཛིན། །སེམས་ཅན་ཀུན་གྱི་འདྲེན་པ་བྱེད། །གཅིག་གིས་བོད་ཁམས་དཔོན་དུ་གྱུར། །བོད་ཁམས་ཀུན་གྱི་སྤྱི་རྗེ་བྱེད། །གཅིག་གིས་དཔའ་བོའི་རིགས་སུ་ཡོང་། །སེམས་མི་ལུས་ཐོབ་མི་སྲིད། །སེམས་ཅན་མི་ལུས་ཐོབ་པ་ལ། །ཁྱོད་ཀྱི་རིགས་སུ་སྐྱེ་བ་དགོན། །རིགས་བརྒྱད་ཁྱེད་དུ་འཁྲུངས་འདོད་ན། །ཟླ་བ་བཅུ་གསུམ་ལྷ་བསྒྲུབས་ན། །རིགས་ཀྱི་སྲས་བུའི་བརྒྱད་དུ་འཁྲུངས། །གསུངས་པ་དང་། ཟླ་བ་ཕྱི་མའི་ཡར་ཚེས་པའི་བཅུ་གསུམ་ལ། ཡིད་དང་སྤྲུལ་པས་ཡུལ་ལ་ཕྱིན། ཟླ་བ་བདུན་ཙམ་རེད་པ་ན། མང་སྲོམ་སྟག་བཙན་གྱིས། སྨན་བཙུན་མ་ལ་ཆད་པ། སྨན་བཙུན་སྲས་ནི་སུ་ཡི་ལགས། བདག་གི་སྲས་ནི་མ་ལགས་སོ། །གསུངས་པ། ཕྱི་དེ་ལོ་གྲངས་ཀྱི་ཚེས་གྲངས་ལ། སྨན་བཙུན་ཡི་ཆད་བྱས་ནས། སྟེར་གཟིགས་པའི་སར་ཕྱིན། དེ་ནུབ་ཐུགས་མ་བདེ་ནས། ཤེལ་བྲག་ཅན་དུ་གཟིགས་པ་ལ་རྨི་

ལམ་ན། གསེར་གྱི་མཆོད་རྟེན་རྩེ་མོ་རིན་པོ་ཆེ་སྣ་ཚོགས་པས་སྤྲས་པ། བང་རིམ་གྲངས་མེད་པ། བང་རིམ་གོང་མ་གཅིག་ལ་དགེ་བའི་བཤེས་གཉེན་སྒྲིགས་པ། བང་རིམ་བར་མ་གཅིག་ལ་ལྷའི་བུ་སྒྲིགས་པ་ལ། མཐའ་མ་ལྷ་མོ་རྣམས་ཀྱི་བསྐོར་བ་གཅིག་བང་པས་བཏབ་པ་རྨིས། མནལ་སད་པ་དང་། ཐུགས་བདེ་བ་དང་ཡིད་དགའ་བ་བྱུང་། ཕྱི་ནང་ཉི་མ་ཤར་བ་དང་། སྲས་ཤིག་འཁྲུངས་པ་དེ། མིའི་བུ་མི་འདྲ་ལྷའི་སྲས་འདྲ་བས་སྟར་གཟིམ་མ་དེའི་སར་འཁྲུངས་པ་དེ་པང་གི་བཏབ་ནས། ལྷ་རིའི་རྩེ་ལ་ཕྱིན། གཡའ་མའི་སྒྲོམ་བུ་བྱས། སྲས་བུ་དེའི་ནང་དུ་བཞག་ནས་སྨོད་（དམོད）བཙོལ་བྱས་པ་ལ། མང་ཕྱོམ་སྟག་བཙན་སྲས་ཡིན་ན། །མི་བརྒྱུད་ལྷ་ལས་གྲོལ་བ་ཤོག །རིགས་བརྒྱུད་ཁྱད་དུ་འཕགས་པ་ཤོག །མོང་（མང）ཕྱོམ་སྟག་བཙན་སྲས་མན（མིན）པར། །མགོ་གཡོགས་རྩིག་བུའི་བུ་ཡིན་ན། །འདབ་ཆགས་བྱ་ཡིས་བཏོག་པར་ཤོག །གཅན་གཟན་རྣམས་ཀྱིས་ཟ་བར་ཤོག །ཟེར་བའི་སྨོད་བཙོལ་བྱས་ནས། ལྷ་ཡི་ཡུལ་དུ་འགྲོ་བསམ་པས། མིའི་དྲི་མ་ཐོག་པ་དེས། མ་ཐོན་ཚུར་ལ་ལོག་ནས་ཡོང་། མང་ཕྱོམ་སྟག་བཙན་མདུན་དུ་ཕྱིན་པ་ལ། མང་ཕྱོམ་སྟག་བཙན་ཞལ་ན་རེ། བཙུན་མོ་སྲས་བུ་འཁྲུངས་རན་པ། །ལེགས་དགུ་བསྐྱུང་ཐོགས་བཀོད་རན་མོད། །བཙུན་མོས་གསུངས་པ། ཁྱེད་ཀྱི་སྲས་བུ་མིན་གསུངས་ནས། ལྷ་རི་དྲག་པོའི་རྩེ་མོ་ན། །སྲས་བུ་དེ་ན་བོར་ནས་ཡོད། །མང་ཕྱོམ་སྟག་བཙན་ཞལ་ན་རེ། ཁྱོད་ལྷའི་བུ་མོ་ཡིན་བསམ་པས། །འདྲེ་མོའི་ལས་ལུགས་བྱེད་པར་འདུག །སྲས་བུ་རི་ལ་ཡོད་པ་ན། །ལྷ་རིའི་ངོས་ལ་འགྲོ་དགོས་གསུངས། །དེ་ནས་ཡབ་ཡུམ་འགྲོགས་ནས་ཕྱིན། །སྲས་བུ་ཡོད་པ་མཐོང་བ་དང་། །འདབ་ཆགས་སྣ་ཚོགས་ཐོག་ཏུ་ལྡིང་། །གཅན་གཟན་སྣ་ཚོགས་རི་མགོར་ངན། །རི་དྭགས་སྣ་ཚོགས་ཚོགས་པ་དང་། །རྩེ་ཡིན་བརྒྱུག་པ་མང་དུ་མཐོང་། །རི་བོ་དེའི་མགོ་བོ་ན། །འབྲུག་ལྡིར་སྒྲོག་ཀྱང་སྐྲེམས་སེ་སྐྲེམས། །ཁྱུད་འཕང་སེར་བ་ཐོ་རེ་རེ། །དེར་ཡབ་ཡུམ་གཉིས་ཀྱང་གདུང་པ་སྐྱེས། །རི་དེའི་གཡས་ནས་སྐོར་ནས་གཡོན་ལ་འཛེགས། ལྷ་རིའི་རྩེ་མོར་ཕྱིན་པ་ལ། །འཇའ་ཚོན་སྣ་ལྔའི་གུར་ཅིག་བྱུང་། །འཇའ་ཚོན་སྣ་ལྔའི་གུར་

ནང་ནས། །འབྲུག་ཅིག་གོང་ལ་འཚངས་ནས་སོང་། །རྒོད་ཅིག་བྲག་ལ་འཕུར་ནས་སོང་། །སེངྒེའི་ལ་བཙལ་བ་དང་། །གཅན་གཟན་རྣམས་ཀྱང་ཚོགས་ནས་སོང་། །རི་དྭགས་སྐོར་རྒྱུགས་བྱས་ནས་སོང་། །སྲས་བུ་ཨེ་སྣང་གཟིགས་པ་ལ། །གཡུ་འབྲུག་སྟོན་མོའི་ར་ཆུ་སྣུད། །སེང་གེ་དཀར་མོའི་ནུ་ཞོ་སྣུད། །ཐང་དཀར་རྒོད་ཀྱི་གཤོག་པ་བཀབ། །གཅན་གཟན་འདབ་ཆགས་རི་དྭགས་རྣམས། །ཀུན་དེ་ཚོགས་པའི་ཡོན་ཏན་གྱིས། །ལྷ་སྲས་ཡིན་པའི་ནུས་མཐུ་དང་། །དཀོན་མཆོག་གསུམ་གྱི་བྱིན་རླབས་ས། །ཕྲིའུ་གཡུའི་ཟུར་ཕུད་ཅན། །ལོ་ནི་བཞི་ལྔ་ལོན་པ་ཙམ། །ལུས་པོ་དུང་འདྲ་དཀར་པོར་འདུག །བུ་ཆུང་སྐྱི་པོའི་གཙུག་དེ་ན། །དུང་གི་རླངས་པ་ལྷུག་ཡུ་ཙམ། །དཀར་དང་ཏ་ལེ་ལ་བས་འདུག །གུང་ལ་སླེབས་པས་བྱུང་བ་དང་། །མང་ཕྱོམ་སྟག་བཙན་མཉེས་གྲགས་ནས། །རླངས་སོ་རླང་པོ་ལན་གསུམ་རླངས། །བྱས་པས་ནི། ལྷ་རིགས་རླངས་ཟེར་བའི་གཏན་ཚིགས་དེ་ནས་བཏགས་ནས། མཆོད་པ་རོལ་མོ་ལྷ་ལ་ཕུལ། རླངས་ཡར་སོང་གུང་ལ་སོང་། གུང་ནས་འོང་བྱུང་བ་ནི་ཡབ་ཡུམ་གཉིས་ལ་ཐིམ། དེར་མང་ཕྱོམ་སྟག་བཙན་ལྷར་སྤྲུལ་ནས་ངལ་སོ་(གསོ) མཛད་པའི་སར་བཞེད་འཚོལ་བའི་སྲས་ཕྱི་ལོ་བྱུང་བ་ནི། སྲས་ཀྱི་(ཀྱིས) ང་ཡང་རླངས་ཡིན་ཟེར་བ་ལ། རླངས་ཀྱིས། ཁྱོད་ངན་བསོ་(ངལ་གསོ) བའི་དུས་ཀྱི་བུ་ཡིན་ཟེར་བས། ངལ་དུ་བཏགས་པ་ཡང་རླངས་ཡིན། ངལ་བསོད་(གསོ) བརྒྱུད་ལའང་བརྒྱུད་གསུམ་ལ་ཕྱེད་དོ(ཕྱེས་སོ)། །

༈ དེར་ལྷ་རིགས་འཕན་པོ་ཆེ་རླངས་ཀྱིས། ཕྱོང་ཟ་ཁྲི་སྒྲོན་མ་ཁབ་ཏུ་བཞེས་པའི་སྲས་ཧྲ་ཏོ། དེ་འོག་ཆེ་ཐོས། ཕྱུག་རོ་པ་ལྷ་ནམ་མ་ཁབ་ཏུ་བཞེས་པའི་སྲས། སྟོང་རིན་ཡིན། ཧྲ་ཏོས། ང་ཟ་གནམ་སྨན་ཁབ་ཏུ་བཞེས་པ་ལ། སྟོང་ཐོ། སྟོང་སྲིད། སྟོང་སྲས་གསུམ། སྟོང་ཐོས། ཁ་ཟ་དཔྲ་མོ་ཁབ་ཏུ་བཞེས་པ་ལ། ཆེ་རྗེ། ཆེ་བཙན་གཉིས། ཆེ་རྗེས་ཟ་ཁ་གསེར་མོ་ཁབ་ཏུ་བཞེས་པའི་སྲས། རླངས་རྗེ་རྩེ་འཐོན། དམུ་ཟ་ངང་མོ་ཁབ་ཏུ་བཞེས་པའི་སྲས། རླངས་སྲས་རྒོད་ལྡིང་གིས་ཟེར་ནས། ཁྱོད་རྩེ་མོ་མཐོ་སྟེ། ང་རྒོད་པོ་རྩེ་མོ་མཐོ་

གསར་(སར)ལྷིང་ཟེར་ནས་བྱ་རྒྱལ་བཞིན་ཤེལ་བྲག་གི་རྩེ་མོ་ནས་ཕ་བའི་མགོ་ཐོག་ལ་བྱ་བཞིན་ལྡིང་པས། རྐོད་ལྡིང་ཟེར་བ་ཡང་དེ་བཞིན་ཡིན། ཆེ་བ་རྩེ་ཐོ་ཆེ། བཙན་པ་རྐོད་ལྡིང་བཙན་ནོ། །སྟོང་དགེས་ཁ་ཟ་རྗེ་བཙུན་ཁབ་ཏུ་བཞེས་པའི་སྲས་བཞི་ཡོད་པ། མགོ་དང་སེ་རུ་གཉིས། བསུ་དང་ཚབ་རྒྱུད་གཉིས་ཡིན། སྟོང་ཟས(སྲས)། ཆེབས་ཟ་མོ་ཡག་ཁབ་ཏུ་བཞེས་པའི་སྲས། སྤྲོས་ར་སྤྲོས་སྣ་གཉིས། རྩ་བརྒྱུད་ལྡེན་པ་གཉིས། སྤྲོས་སྣས་མགོ་འོམ་ཟ་ཁབ་ཏུ་བཞེས་པའི་སྲས་བཞི་ཡོད་པ། སྐྱི་བཟངས་འབྲོང་ཟླ་མང་ཚན་ཚབ་ཟླ། ཁྲི་བཟང་མེ་ཚབ། འབྲོང་ཁོང་། ཟླ་ཐོ་དང་བཞི་སྐྱི་བཟང་འབྲོང་ཟླས། ཞང་ཞུང་གི་ཕོ་སྲི་བཏུལ་བའི་ཡོན་དུ། ཞང་ཞུང་ཟ་འཕྲུལ་མོ་ལ་གཡུ་འོད་འབར་བཏགས་ནས་ཕུལ་བ་ཁབ་ཏུ་བཞེས་པའི་སྲས་འཕན་རག་སྣ་ཐོ། འཕན་དགོངས་མོ་ཟླ། བཙན་རག་སྣ་ཐོ་འཕན་གཟིགས། རུ་ཚབ་དང་ཆེད་བཞི། ཆུན་མ་ཧེ་རོམ་འཕན་མོ་ལ་སྲས་གཅིག་ཡོད་པ། རླངས་ཁམས་ཁག །འཕན་རག་སྣ་ཐོས། རླན་ཟ་བཙན་ནེ་མ་ཁབ་ཏུ་བཞེས་པ་ལ། རླང་དཀར་རྒྱང་། སྐུ་ཚབ་རྒྱང་། མགོ་རྒྱང་དང་མཆེད་གསུམ། ཀ་རྒྱངས་ཀྱི་སྲས་ལྡོན་ཆུང་། ལྡོན་ཆུང་གིས་བྲན་ཁོང་ཟབ་དཔལ་འདྲེན་ཁབ་ཏུ་བཞེས་པ་ལ། རླངས་ཐང་ཐོ་དང་། ཆ་སྣ་དང་། མེས་ཚབ་མཆེད་གསུམ། ཚབ་བུང་ཐོའི་སྲས། ཀ་གུང་གསེབ། ཀ་གུང་གསེབ་ཀྱིས། ཆོས་སྤྱོང་ཟ་ལོད་ཆུང་ཁབ་ཏུ་བཞེས་པའི་སྲས། མོད་ཞེར་རིང་པོ། གཡུ་ཞེར་རིང་པོ། རྨ་ཞེར་རིང་པོ། བསེའུ་བཟང་ཞེར་རིང་པོ། ཁྲི་ཞེར་རིང་པོ་སྟོང་བཟང་རིང་པོ། མཆེད་བདུན། བསེའུ་བྱ་བ་ནི།

༈ རྒྱལ་པོ་ཁྲི་འབར་ཀ་ལུང་གསབ་ཀྱི་སྲས་བདུན་ཆོགས་མ་ལ་སྐྱེས་པའི་དུས་ནས། ཞལ་ནས་དུང་སོ་འཁོར་འབར་འགྲིག་ནས་འདུག་པས། བསེའུ་བྱ་བར་ཐོགས་སོ། །བསེའུ་རྒྱལ་པོས་བཙུར་ཟ་འཁྲིལ་སྒྲོམ་མ་ཁབ་ཏུ་བཞེས། སྲས་ཡེ་ཕུད་ཡེ་འཕན་ཡེ་ཁྲི་དང་མཆེད་གསུམ། བུ་མོ་ཡེ་ལྕམ་རོང་པོ་ལ་བྱིན་པས་རོང་པོ་མི་ཁྲི་ཧ་འབུམ་དུ་འཕེལ་ལོ། །ཡེ་ཁྲིས་གྲུ་ཟ་རོང་མོ་ཁབ་ཏུ་བཞེས་པའི་སྲས་རྒྱན་རིངས། ཏང་ཐུང་། སྟོང་དར། སྟོང་སྣན། སྟོང་

སྨན་གྱིས། བ་རི་ཟ་ཨ་མཚོ་ཁབ་ཏུ་བཞེས་པའི་སྲས། མདོ་ཞེར། ཧྲངས་དང་སྲས་བུ་གཉིས་ཡོད། སྟོང་ཟ་གཞུ་མོ་ཁབ་ཏུ་བཞེས་པའི་སྲས་མདོ་བཙན། གུང་ཚང་། སློའུ། ཨ་ཕྱང་། ཕར་ནོད། པད་སྟེ། སླང་གཞོན། གུང་གསུམ་འགྲོན་པོ་དང་མཆེད་ལྔ། གུང་གསུམ་འགྲོན་པོས། བྲའོ་ཟ་འཕན་མོ་ཁབ་ཏུ་བཞེས་པའི་སྲས། པོ་ཆུང་ཡལ་གསུམ། རྩལ་གསུམ། སྟེའུ་ཁྲིང་གི་སྲས། ཨ་ལ་འཕན། མར་ཙ། གཉན་པོ། ཨ་ལ་འཕན་གྱིས། མ་རངས་ཁབ་ཏུ་བཞེས་པའི་སྲས་ལ་སྐྱིད་གསུམ་རྒོད་པོ། ཕྱིབས་ཟ་སྟོ་མོ་ཁབ་ཏུ་བཞེས་པའི་སྲས། སེའུ་རྒོད་པོ་ཚོ་ལྔ་གྲོལ་བ་ནི། གཉལ་ཕྲུག །ཁྲིལ་རྗེ། གསེར་པོ། སྤྱར་རྗེ། ཤ་མོ་ཟ་སྟེ་ཟ་ཁབ་ཏུ་བཞེས་པའི་སྲས། སྟེ་ཚེ་མཆེད་ལྔ་ཡོངས་ཏེ། བསེའུ་རྒན་རིངས་ཀྱི་བརྒྱུད་དོ། །བསེའུ་ཁང་འཕྲང་ལ་སྲས་གསུམ་ཡོད་པ། ཁྲི་སྒྲ། ཁྲི་འབོན། ཁྲི་གཟིགས་མཆེད་གསུམ། ཁྲི་སྒྲས། དར་ཟ་ཉ་མོ་ཁབ་ཏུ་བཞེས་པའི་སྲས། གོལ་སྟེ། གོ་གཤེ་མཆེད་གཉིས། ཁྲི་འབོན་གྱིས་སྟག་ལྕ་ཡག་མོ་ཁབ་ཏུ་བཞེས་པའི་སྲས། པོ་ཉ། ཨ་རྒན། བྱེས་པ་མཆེད་གསུམ་སྟེ། དཔལ་རྗེ་བསེའུའི་བརྒྱུད་དོ། །ཁྲི་རྗེ་རྩེ་འབོན་གྱིས་ཁྲི་གཉན་ལྕ་ཁྲིས་ཅིང་ཟ་ཕར་མོ་ཁབ་ཏུ་བཞེས་པའི་སྲས། རྒྱལ་གཟིགས་ལྷུངས་ལྕ། འཕན་ལྕ་ཁྲ་མགོ། སྟོང་ར་ཤར་རྗོང་དང་མཆེད་གསུམ། རྒྱལ་གཟིགས་ལྷུང་ལྕའི་སྲས། ཆེ་བ་གཡུ་པ་ཁྲི་སྒྲ། སྟག་ཚབ། འབྲིང་པ་ཏུ་དཔོན། སྟག་ར་རྒྱལ་འགོང་ཆུ་བ་གསེར་པ་རྒྱལ་འབྲིང་ཤང་རྗོང་དང་མཆེད་གསུམ། གཡུ་བ་ཁྲི་སྒྲ། སྟག་ཚབ་ཀྱི་བུ། ཆེ་བ་རྒྱལ་གཟིགས་རང་གླུ། འབྲིང་པ་ཨཏྣ་རག་ཤ་ཧྲི་བ། ཆུང་པ་སང་སླེབ། ཏུ་དཔོན་ལ། ཁྲི་གསུམ་རྗེ་དཔལ་ལྷུན། ཏུ་དཔོན་དཔལ་གྱི་སེངྒེ། མཆོག་གི་བླ་མ། སྟག་ཟངས་རྒྱལ་ལྷུན། དེ་ལྟར་གཡུ་བ་ལ། དཔོན་སློབ་གཉིས་ཡོད། ཏུ་དཔོན་དཔལ་གྱི་སེངྒེས། རྒྱ་གར་གྱིས་ཆོས་ལ་གྲུབ་པ་ཐོབ། རྒྱ་དཀར་ནག་བོད་གསུམ་གྱི་ལྔ་སྦྱིན་དང་། རྒྱལ་ཁམས་བཏུལ་བས་བྱེས་པ་ཆེ་བ་དང་། ཡིག་ཚངས་མང་བ་ཡིན་པས། ཏུ་དཔུན་ལ་དཔོན་ཚང་དང་། སྟག་ཚང་གཉིས་ཡོད། གསེར་པ་རྒྱལ་འབྲིང་ཤང་རྗོང་གི་སྲས། ཆེ་བ་རྒྱལ་བཙན་གླུ་བཞེར། འབྲིང་པ་སུ་ག་ཏ་གོ་ཆ། ཆུང་པ་གསེར་བ

བསམ་སྐྱེས། དེའི་སྲས་ནག་ཏིངས། དེའི་སྲས་ཞར་པ། དེའི་སྲས་དཔལ་ཕྱུག །དེའི་སྲས་སེངྒེ་དབང་ཕྱུག །དེའི་སྲས་ཡོན་ཆེན་དཔེན་འབར། དེའི་སྲས་རྩེ་རྒོད་རྒྱལ། དཔེན་རྒྱལ་གཉིས། དེའི་སྲས་བྲག་མགོ་བ་ཡིན་པ། རྩེ་འཛོན་ཆེ་བརྒྱུད་ཡིན། ཡིག་ཚངས་མང་བ་ལགས། རླངས་རྗེ་རྩེ་འཛོན་གྱི་བརྒྱུད་ལགས་སོ། །

༈ རླངས་སྲས་རྒོད་ལྡིང་གི་སྲིད་ཐབས་ནི། རྒོད་ལྡིང་གི་སྲིད་ཐབས་ནི། རྒོད་ལྡིང་གི་(གིས)ཡེ་ཟ་(བཟའ)རྒྱལ་མཚན་མ་ཁབ་ཏུ་བཞེས་པའི་སྲས། སྟོང་དགེ། དེའི་སྲས་སྟོང་ཁྲི་དང་། སྟོང་ཁྲམ་གཉིས། སྟོང་ཁྲིའི་སྲས་གེ་ཚངས། ཕག་ཚངས་ཀྱིས་གེ་ཟ་དབང་ལྡན་ཁབ་ཏུ་བཞེས་པའི་སྲས། དྲ་མ་དང་དྲ་རྡུ་གཉིས། ཟོན་ཁ་ཁེ་དང་། ལྡོང་ཀུན་བཟང་། ལྡོང་ར་དང་མཆེད་ལྔ། ལྡོང་ར་སྲས། མཾ་བཟང་ཟོམ་མགོ་རབས་ཆད། འབྲིང་པ་བཟང་ཡོང་། ཆུང་པ་གཙུག་ཉེན་རྫོང་ཡོང་། དེའི་སྲས་ཆེ་བ་བཙན་པ་ཟླ་ཤོང་། འབྲིང་པ་གཞན་ཁྲི་ཤོང་། ཆུང་པ་ཁྲི་བརྙས་ཁུ་ཚབ། བཙན་པ་ཟླ་ཤོའི་སྲས། སྣང་གཉེན་ཡོང་སླེབས། རྒྱལ་མཚན་དང་མཆེད་གཉིས། སྣང་གཉེན་ཡོང་སླེབས་སྲས། ཆེ་བ་མང་པོ་རྗེ་སྒྲོ་ཁ། འབྲིང་པ་རྒོ་ལ་རྒོ་ཤད། ཆུང་པ་སྐྱིད་གསུམ་དགའ་ལ། མང་པོ་རྗེ་སྒྲོ་ཁ། དེའི་སྲས་སྟག་པོ་ཆེ་དར་དཔལ་ལེ། དེས་མ་སྤང་གཡུའི་མཚོ་འགྲམ་དུ། གསེར་གྱི་ཤཱཀྱ་མུ་ནེ་བཞེངས། གཡུའི་སྣང་བ་འོད་ལྡན་ཡོན་དུ་ཕུལ། བྱུ་རུ་བཀྲ་ཤིས་འོད་འབར་ལ་རྒྱན་འཕྲ་(ཕྲ)བྱས། གྲུབ་ཐོབ་སེངྒེའི་སྤྱན་ལྔན་གདན་དྲངས་ནས་ལྷའི་རབ་གནས་བྱས་པ་ལ། དེ་ཉིན་དགའ་ཟ་ལྷ་མོ་ལ་སྲས་གཅིག་འཁྲུངས་པས། སེངྒེ་སྤྱན་གྱི་གསུངས་ནས། དེ་རིང་སྲས་འཁྲུངས་པ་ལྷའི་སྤྱན་གྱི་ཡང་གཟིགས། མཆོ་བཟང་འདི་ཡང་རིང་། མཆོ་བཟང་ལྷ་གཟིགས་སུ་ཐོགས། གསུང་ནས་སྨོན་ལམ་བཏབ། བསངས་མཆོད་བྱས། འབྲིང་པ་སྐལ་བཟང་ལྷ་སྟོན། ཆུང་པ་དཔལ་བཟང་ལྷ་མཁར་དང་མཆེད་གསུམ། མཆོ་བཟང་ལྷ་གཟིགས་ཀྱིས་སྲས། བྱང་ཆུབ་འདྲེ་བཀོལ། བྱང་ཆུབ་འདྲེ་བཀོལ་གྱི། བཙུན་མོ་དཀར་ལྡན་མ་ཁབ་ཏུ་བཞེས་པའི་སྲས། ཆེ་བཟང་དཔལ་གྱི་སེངྒེ། དེ་འོག་གཞན་ཐོག་ཨ་ཁྲིམ། དེ་འོག་མཆེ་མ། ཆུང་བ

སྐུག་ཚབ་ངར་བ་བརྒྱད་མེད། ཆེ་བཟང་དཔལ་གྱི་སེངྒེའི་སྲས། སྟོན་བརྩོན་ཞྭ་ནག་ཅན། སྟོན་བརྩོན་སྲས། རླངས་ཆེན་པོ་བོ་ཧྲི། དེའི་སྲས་གཞོན་ནུ་སེང་གེ། དེའི་སྲས་འཛམ་དཔལ་འོད་ཟེར། དེའི་སྲས་རྗེ་དཔོན་ཡག་ཚོ། བན་ཚོ། ཏོལ་ཚོ། སྲས་རྣམས་ཡིན། མདོ་པ་ཞྭ་ནག་ཅན་དཔལ་གྱི་བློ་གྲོས་ཀྱི་སྲས། ཡོན་ཏན་གྲགས་དེའི་སྲས་དཔོན་གྲགས། དེའི་སྲས་ཡོ་རྫོར། སྟོན་བརྩུན། བསོད་ནམས་སེངྒེ། ཡེ་རྫོར་སྲས། དཔོན་དབང་ཕྱུག་སེངྒེ། དེའི་སྲས་སྤྱི་དཔོན། མདོ་པ་མཁན་ཆེན། རླངས་གཡུ་སྒྲོན་སྐྱེ་དང་མཆེད་གསུམ། གཡུ་སྒྲོན་སྐྱེའི་སྲས་དཀོར་རྫོར། དེའི་སྲས་རྫོར་བྱུང་། དེའི་སྲས་ལྷ་གཟིགས་སྤྱན་མངའ་བ། སྤྱི་དཔོན་གྱི་སྲས་དཔོན་ཆོས་གྲགས། དེའི་སྲས་དཔོན་མགོན། ཐྲག་མགོ་བ། ཀླུ་རྒྱལ་གྲགས་དང་མཆེད་གསུམ་ལགས་པས་ལྷ་གཟིགས་མདོ་པའི་བརྒྱུད་ལགས།

གཉན་ཐོག་ཨ་ཁྲིམ་སྲས། གཉན་པོ་ཉ་མགོ་ཁྲི། དེའི་སྲས་རླངས་སྟོན་བྱ་ཞུ་ནག་པོ། སེང་གེ་གྲགས་ཀྱང་ཟེར། དེའི་སྲས། ཨ་དགེ་ཨ་སང་གཉིས། ཨ་དགེའི་སྲས་རྗེ་ཧེ་འོད། དེའི་སྲས་གྲགས་དཔེ། དེའི་སྲས་ཆེ་ཕྱུག་དབང་འབར། ཆུན་ཕྱུག་ཨ་མ་ཚ་མཆེད་གསུམ་གྱི་ཆེ་བ་དཔོན་གྲགས་སེང་། དེ་འོག་ཁྲི་མཆོག དེ་འོག་བླ་མ་བ། གྲགས་སེང་གི་སྲས། དཔལ་རྗེ་ཧེ་དཔལ། དབང་འབར་གྱིས་སྲས། ཟ་ཚ་མཆེད་གསུམ་ནི། ཡོན་ཏན་རིན་ཆེ། དེ་འོག་རིན་ཆེན་རྒྱལ་མཚན། ཆུང་ཡེ་ཁོ། རིན་ཆེན་རྒྱན་མཚན་གྱིས་སྲས། མེ་ཏོག་འབར། དེའི་སྲས། གཞོན་ནུ་རྒྱལ་མཚན། ཆུན་མའི་བུ། དཔོན་བྱང་འོད། དེའི་སྲས་དཔོན་གཞོན། དཔོན་ཚུལ་གཉིས་ཡིན། ཨ་སེང་གི་སྲས་ཨ་གསེར། དེའི་སྲས་སྐྱབས་བདུན། དཔལ་དང་བརྒྱད། བརྩོན་དང་དགུ་ལ་ཆེ་བ་ཡོན་ཆེན་རྒྱལ་བ་སྐྱབས། དེ་འོག་བཟུང་སྐྱབས། ཚམ་ཟ་ལ་འབྲུངས་བཟུང་སྐྱབས་སྟོད་ལ་སོང་བས་སྟོད་ཀྱི་ཡུལ་བཟུང་། དེ་འོག་བླ་མ་སྐྱབས། ཀུན་དགའ་སྐྱབས། ཆོས་སྐྱབས་གསུམ། ཡུམ་ཅུར་ཟ་ལ་འབྲུངས། དབང་ཕྱུག་སྐྱབས། དཔལ་སྐྱབས། རིན་ཆེན་དཔལ། བཙན་དགེ་དང་བཞི། ཡེ་ཐོག་ཟ་ལ་འབྲུངས། ཀུན་དགའ་སྐྱབས། ཧ་སྒོག །ཕྲུ་གསུམ་ལྷ་ཁང་དང་། གན་གྱང་དུ་བཀའ་གསར་རྙིང་གི་ཆོས་

ལ། གྲུབ་པ་ཐོབ་ནས་བཞུགས། རིན་ཆེན་དཔལ། གསེར་གཡུའི་ཚ་ནེར་ཡུལ་གྱི་དཔོན་བྱས། ཡོན་ཆེན་རྒྱལ་བ་སྐྱབས་ཀྱི་སྲས། འབྲོ་ལྗོག་ཟ་མཆེད་གསུམ་གྱི་ཆེ་བ། རྗེ་སྤྱན་སྔ་རིན་པོ་ཆེ། དེ་འོག་ཤེས་རབ་རྒྱལ་མཚན་འདི། བླ་སློམ་པའི་ཡབ་ཡིན། དེ་འོག་སངས་རྒྱས་སྐྱབས། སངས་རྒྱས་སྐྱབས་ཀྱི་སྲས། འབྲོག་ལྗོག་ཟ་ཡེ་མཚོ་ཁབ་ཏུ་བཞེས་པའི་སྲས་གསུམ་འཁྲུངས་པ། ཆེ་བ་རྒྱལ་བ་རིན་པོ་ཆེ། དེ་འོག་རིན་པོ་ཆེ་བཙུ་གཉིས་པ། དེ་འོག་སློན་པོ། དགེ་སློང་དང་མཆེད་གསུམ། ཡོན་ཆེན་རྒྱལ་བ་སྐྱབས་ཀྱི། དེ་གུ་ཟའི་སྲས། ཡོན་བདག་མགོན་པོ་རྒྱལ། དེའི་སྲས། དཔོན་ཁྲི་པོ་འཕན་གྱི་བརྒྱུད་དོ། །གསང་སྔགས་རྙིང་མ་ལ་གྲུབ་པ་ཐོབ། བླ་མའི་བརྒྱུད་དང་མི་དཔོན་བརྒྱུད། སྔགས་པའི་བརྒྱུད་དང་ཡོན་བདག་བརྒྱུད། ཁྱད་དུ་འཕགས་པ་མང་དུ་ཡོད། གསུང་བའི་གྲུབ་ཐོབ་ཀྱི་གསུང་ཡང་སྣང་། མཆོམ་ཤེས་རབ་རྒྱལ་མཚན་ཡར་བཅད་སྔགས་བརྒྱུད་དུ་འདུག །དེ་ནས་བརྒྱུད་མེད། གཞན་བཟང་ལྷ་སྟོན་གྱི་སྲས་ཨ་ལྕགས་ཨ་འབར་གཉིས་ཡིན། སྒོ་ལ་སྒོ་ཤོ་ནི། སྒོར་རྫིའི་མེས་པོ་ཡིན། སྐྱིད་གསུམ་དགའ་བའི་སྲས་ཆེ་བ་ཡར་ལ་ཡང་བཟང་། ཆུང་པ་བུམ་ཐོགས། ཡང་ལ་དད་མཆེད་གཉིས། ཡང་ལ་ཡང་བཟང་ལ་སྲས་བཞི་ཡོད་པ། ཆེ་བ་དཔལ་བཟང་ཁྲི་ལེགས། དེ་འོག་དཔལ་བཟང་ཨ་ཡགས། དེ་འོག་དཔལ་གསུམ་ཨ་མཆོད། །ཆུང་པ་མགོ་ཚ་ཡིན། ཆུང་པ་ལ་དཔལ་བཟང་ཁྲི་ལེགས་ཀྱི་སྲས་སྤུན་མ་པ་ཡིན། དཔལ་གསུམ་དཔལ་མཆོད་ལ་བུ་གསུམ་ཡོད་པ། ཆེ་བ་རྒྱལ་དགུ་དབང་ཕྱུག །དེ་འོག་ཡུང་དཔལ་དྲང་སྲོང་། ཆུང་པ་སློན་བུ་དམིག་ཕྱིའུ། རྒྱལ་ལེ་དབང་ཕྱུག་ལ་བུ་གཉིས་ཡོད་པ། ཆེ་བ་རི་མོ། ཆུང་པ་ཁོལ་མོ། ཁྲི་བཟང་བཟོ་མགོ་སྐྱ་དང་། འདམ་མ་འཁྱུགས་པའི་བར་དུ་ཤི་བར་ལ་བུད་མེད་སར་ཕྱིན་པའི་བུ་ནི་བཙན་ཡིན། བཙན་བྱ་བའི་གཏན་ཚིགས་དེ་ཡིན། དེའི་ནག་པོ་མཚོ་གསུམ་དུ་གྲོལ་བ་ཡིན། བཟང་ཁོང་གིས་པ་ཚབ་ཟ་མོ་ནི་ཞེས་པ་ལ་སྲས་བརྒྱད་དོ། །སྟེ་ཕྲོམ། སྟེ་ཉ། ཁོང་ཚེ། སྦལ་ཁྲུལ། མང་ཚ་ལྷ། སློན་ཐབ་རྗེ། བཟོ་སློ་བུ་བཞི། སྤྱི་བླ། སྟོང་བླ། དབལ་ལ་ཁྲི་འབྲུག་གོ། །མང་བཟང་ཚབ། ལྷས་བུ་སྟོད་ཟ་གཡུ་མོ་བཞེས་པའི་བུ་གཉིས་

སོ། །ཁྲི་ཐྣ་དུམ་བུས་ཁབ་ཏུ་དྲུག་གུ་ཟ་ཚུལ་མོ་བཞེས་པ་ལ། ལྷག་པ་ལྷེ་གུ་ཐྣངས་ཁོངས་གསུམ་ཡིན། སྟག་བཙན་ཐོན་ལ་བུ་གཉིས་ཡོད་པ། ཆེ་བ་སྟག་ཤག་ཟུག །ཆུང་པ་ཐྣངས་བཙན་སྣན་མགོ་ལ་ཡིན། དེ་ལ་སྲས་གསུམ་ཡོད་པ། ཆེ་བ་རྒྱལ་གཟིགས། ཀླུ་སྲོང་ཐྣངས་གཅེན་པོ་ཡིན། འབྲིང་པ་རྒྱལ་བཟང་། ཀླུ་ཡག་ཐྣངས་འབྲིང་པོ་ཡིན། ཆུང་པ་རྒྱལ་བཙན་ཀླུ་འདུས་ནི་ཐྣངས་ཆུང་པ་ཡིན། ཀླུ་སྲོང་ལ་བུ་བཞི། ཆེ་བ་ཐྣངས་རྗེ་ཁྲི་གསུམ། དེ་འོག་ལྷ་ཐོག་དཔལ་ཡགས། དེ་འོག་སྣོན་རྗེ་ཁ་བ། ཆུང་པ་དཔོན་དཔལ་བུ་ཡིན། སྟོང་ཁྲིམ་ལ་བུ་གཉིས་ཡོད་པ། ཆེ་བ་ཁྲི་གསུམ་ཡགས་རྨ། ཆུང་པ་བཙན་གསུམ་གོལ་པ་ཡིན། དཔྲ་སྲས་ཐྣངས་ཡིན། ཐྣངས་སྲས་ལྷེ་ཡིན། ལྷེ་སྲས་གྱེན་འབར་ཡིན། དེའི་བུ་རྒྱལ་བཟང་ཡིན། དེ་ལ་བུ་བཅུ་ཡོད་པ་ཆེ་བ་སྐྱིད་ཞེར་སྐྱིད་དཔལ། དེ་འོག་སྣ་ལ་འབྲུག་གི་ཕྱི་བུ། ཐང་ཤང་གསུམ་ལ་བརྒྱུད་མེད། གྲོ་ལུང་ལ་བུ་བཅོ་བརྒྱད་ཡོད་པ་བསེ་རྒྱལ། གཡུལ་རྒྱལ། ཙོང་ཁ་ཞྭ་ནག བཙུན་ཙམ། རྒྱལ་བཙན་མུ་ཏོ། རྒྱལ་ཞེར། གུང་རྨད། རྒྱ་གར་དང་བཙུ། གུན་པ་དང་ར་ལ་བུ་གསུམ་ཡོད་པ་ལ། ཆེ་བ་ཕ་པ། འབྲིང་པ་དཔལ་སྒྲ། ཆུང་པ་ལྡོང་བུ་ཡིན། ར་གདུའི་བུ་ནག །རམ་ནག་རམས་ལ་བུ་གཉིས། ཆེ་བ་སངས་རྒྱས་འབར། ཆུང་བ་ཡུལ་ལྷ་འབར། ཨ་དེ་ལ་བུ་དྲུག་ཡོད་པ། ཆེ་བ་རྒྱལ་མཚན། སྐྱིད་འཁོད། སྒོམ་བཙན་ཞེར། ཡེ་ཤེས་དཔལ། གྲངས་ལྡང་། སངས་རྒྱས་འབར་ལ་བུ་གསུམ་ཡོད་པའི། ཆེ་བ་མཁན་པོ། འབྲིང་པ་བརྟོད་པོ། ཆུང་བ་སྨན་གཏིང་། རྒྱལ་ཞེར། བུ་བཞི་ཡོད་པའི། གཡུར་རྗེ། ཐྣུང་རྗེ། ཁྲི་རྗེ། ཕུར་བུ། ཆུན་ཕྲུག་གཙོང་ཏྲམ། དེ་ལ་རྟོལ་རྗེ། བུ་དྲུག་ཡོད་དོ། །རོང་རྗེ་ལ་བཞི། ཙོ་ཧཾ་དཔལ་བུ་ཚ་བརྒྱད། སྟག་བུ་ལ་ཡོ་རྒྱང་། སྒོ་ཤུད། ལྷེ་ལོད། རིའུ་ལོ། ཐོག་ཕྲུག །བཙན་ཐོག །སངས་རྒྱས་སྐྱབས། འབར་ཚ། ཕུར་རྟོལ་གསུམ་ཡོད། ཐྣངས་སྲས་གྱེན་འབར་གྱི་མི་ཁྱུངས་སོ། །

༈ དེ་ལྟར་ཐྣངས་སྟོང་སྟོའི་བརྒྱུད་ནི། བོད་ཀྱི་གཡས་རུའི་ཐྣངས་སུ་འཕེན། འབྲིང་པ་ཆེ་རྗེའི་ཐྣངས་ནི། བོད་ཀྱི་གཡོན་རུའི་ཐྣངས་སུ་འཕེལ། ཆུང་པ་སྟོང་གླིང་བརྒྱུད

ནི། བོད་ཡུལ་དབུས་ཀྱི་བླངས་སུ་འཕེལ། རྗེ་སྟོང་ཐོག་གི་བརྒྱུད་ནི། གཡར་མོ་ཐང་གི་བླངས་སུ་འཕལ(འཕེལ)། བླངས་རྗེ་སྟོང་སྲས་ཀྱི་བརྒྱུད་ནི། རྩོར་ཁང་བདེ་ཡོངས་ཀྱི་བླངས་སུ་འཕེལ། ཚུང་པ་སྟོང་དགའི་བརྒྱུད་ནི། མདོ་ཁམས་ཀྱི་བླངས་སུ་འཕེལ། དེ་ལྟར་བླངས་རྗེ། འཐོན་རྐོད་ལྡིངས་གཉིས་ལ་འཕེལ་བ་ནི། ཕར་ཀུ་དང་། སྟོས་སེ་དང་། རགས་ཕུ་དང་། རག་དབང་དང་། སྦྲ་སོན་དང་། རྒྱང་རྩེ་དང་། མགོ་ཚགས་དང་། ཞོར་དང་། ཁམས་དང་། འབྲས་དང་། འབྲུག་དང་རྐྱོག་ལ་སོགས་པ་མི་རབས་རྒྱུད་དུ་འཕེལ་བའི་སྲིད་ཐབས་ལགས་སོ། །རུས་ཕྲན་ཕལ་ཆེ་དང་། ཞིབ་ཚགས་འདིར་མ་བྲིས་ལགས་སོ། །ལྷ་རིགས་བླངས་ཀྱི་སྐྱེ་བརྒྱུད(རྒྱུད)རྫོགས་སོ། །

ཆེ་དགེ་ཡིག་ཚང་དང་། མི་རྒྱུད་གྲོལ་ཐབས།

༈ ཨོཾ་སྭསྟི། དེ་ལྟར་ལྷ་རིགས་བླངས་ཀྱི་སྐྱེ་བརྒྱུད། གྲོལ་ཕྱུགས་དེ་ལྟར་ལགས་ནའང་ཨ་ཇེ(མྱེས)བྱང་ཆུབ་འདྲེ་བཀོལ་གྱི་གསུངས་ནས། ལར་གྱི་ངེད་རང་ལྷ་རིགས་བླངས་ཀྱི་མི་བརྒྱུད་རྣམས་ཀྱི་ཡིད་ལ་ཞོག་དང་འཕོ(མཕོ)བར་ཡོད་པ་ཡིན་གསུངས་ནས། ང་སྐྱེས་པའི་མི་ལ་གྲགས་པའི་གཏམ་དགོས། བྱས་པའི་ཆོས་ལ་གྲུབ་པའི་མཐའ་དགོས། ཆེ་བའི་མི་ལ་མཐོ་བའི་རྟགས་དགོས། སྐྱབས་པའི་མཐུ་ལ་གྲུབ་པའི་རྟགས་དགོས། འཐབས་པའི་མི་ལ་དཔའ་བའི་རྟགས་དགོས་གསུངས། ངེད་རང་ལྷག(ལྷ)རིགས་འཕན་པོ་ཆེ་བླངས་ཀྱི་མི་བརྒྱུད་འདི། སྐྱེས་མཐོ་བ་གཡུ་ཁྲུང་སྔོན་མོ་དང་འདྲ་བ་ཅིག(ཞིག)ཡིན། གྲོལ་ཕྱུགས་ཟབ་པ་རྒྱ་མཚོ་ཆེན་པོ་དང་འདྲ་བ་ཞིག་ཡིན། ཐབས་ཀྱི་ཆེ་བ་རི་བོ་ལ་གངས་ཆགས་པ་དང་འདྲ་བ་ཞིག་ཡིན། རུས་ཀྱི་བཙུན་པ་མཚོ་ལ་དར་ཆགས་པ་དང་འདྲ་བ་ཞིག་ཡིན། འཐབས་ན་མི་འགྲུག་པ་རིན་པོ་ཆེའི་རིགས་དང་འདྲ་བ་ཡིན། དཔའ་ལ་བཙན་པ་སེང་སྟག་གྲུས་མ་དང་འདྲ་བ་ཞིག་ཡིན། འཇིགས་ལ་ངར་ཆེ་བ་ནམ་མཁའི་གཡུ་འབྲུག་དང་འདྲ་བ་ཞིག་ཡིན།

གྲངས་ཀྱིས་མི་ལངས་པ་ནམ་མཁའི་སྐར་མ་དང་འདྲ་བ་ཞིག་ཡིན། སྣོད་ཀྱིས་ཕྱུག་པ་ནམ་མཁའི་ལྗོ་སྤྲིན་དང་འདྲ་བ་ཞིག་ཡིན། རིགས་བརྒྱུད་མི་འཆད་པ་རིན་པོ་ཆེ་སྣ་ལྔ་དང་འདྲ་བ་ཞིག་ཡིན། དྭངས་ལ་གསལ་བ་ཤེལ་སྒོང་གཡའ་དག་པ་དང་འདྲ་བ་ཞིག་ཡིན། སྐྱེས་བརྒྱུད་ཀྱི་ཡིན་ལུགས་སྐྱེས་པའི་ཚོ་ཚུལ་ལགས་ཏེ། ལར་ཕྱིས་ཀྱི་གང་གིས་ཀྱང་། ལྷ་གཉིས་པོ་དེ་མ་མཆོད་པར་མི་མགོ། ཆོས་ཟབ་མོ་དེ་མ་བསྒྲུབས་པར་མི་འགྲུབ། མི་ཆེན་པོ་ལ་མ་གུས་ན་མི་སྐྱོབ། མི་ཐྲུན་པོ་ལ་མ་བཤད་པར་མི་གོ། རྟ་མགྱོགས་པོ་ལ་མ་བྲབས་པར་མི་རྒྱུག མཚོན་རྣོན་པོ་དེ་མ་བརྡར་བར་མི་ཆོད། ཆོས་ཟབ་མོ་དེ་མ་ཞུས་པར་མི་གུས། ནོར་བཟང་པོ་དེ་མ་སྦྱིན་པར་མི་དགའ། ལར་ང་ལྷ་རིགས་འཕན་པོ་ཆེ་ཀླངས་ཀྱི་མི་བརྒྱུད་ལ། གོང་ན་ཡོད་པ་བླ་མ་དཀོན་མཆོག །བླ་མཆོད་བདག་གི་འདྲེན་པ་ཡིན། འོག་ན་ཡོད་པ་རྒྱལ་ཁམས་ཀྱིས་(ཀྱི)མི་ཡིན། ལས་ཀྱི་བསྐལ་བ་ཡོད་པ་དམ་པའི་ཆོས་ཡིན། རིགས་བརྒྱུད་ཅན་ཁྱད་དུ་འཕགས་པ་ལྷ་ལས་གྲོལ་བ་ཡིན། ད་ཕྱིས་ཀྱང་། ཀླངས་ཀྱི་མི་བརྒྱུད་རྣམས་ཀྱི་ཐུགས་ལ་ཞོག་ཅིང་ནན་ཆགས་མཛོད།

༈ ཨ་ཉེ་བྱང་ཆུབ་འདྲེ་བཀོལ་གྱིས། ཡིན་ལུགས་བྱེད་ཚུལ་གསུངས་པ་ལ། ཀླངས་ཀྱི་སྐྱེས་བུ་རྣམས་ཡི་རང་དགའ་བར་གྱུར་ཏོ། །ང་ལྷ་རིགས་ཀླངས་ཀྱི་ཆེ་གེ་ཡིག་ཚངས། མི་རབས་དཔའ་རབས་ཟུར་ཙམ་ཞིག་ཞུས་ན་ཡང་། གཞི་ཆེ་བ་མི་ཆོས་དང་། རྒྱུན་དམ་པ་ལྷ་ཆོས་གཉིས་ལས། མི་ཆོས་ཀྱི་རྣམ་བཞག་གསུངས་པ་ནི། ཀླངས་སྟོང་ཕྲོས་མགོ་ནག་ཐམས་ཅད་ཀྱི་དཔོན་བྱས་པས། དཔོན་གྱི་གོང་པ་ཡང་བདག་ཅག་ལྷ་རིགས་ཀླངས་ལ་ཡོད་པ་ཡིན། ཡུལ་འཛིན་སྤྱ་བ་ཡང་། གསེར་པས་གསེར་བཟུང་། གཡུ་པས་གཡུ་རིགས་བཟུང་། ཏུ་དཔོན་གྱིས་སུམ་ཅུ་པ་ཀླངས་ཡུལ་གྱིས་ཤོད་བྲག་ཤེལ་ལེ་རྒྱ་གར་གྱི་ཞོལ་ཏ་ཤོད་ལུང་དམར་བཟུང་། མི་ཆེ་དགུ་ནི་འབངས་སུ་བཀོལ། འབངས་ཤོག་ཏུ་བཞི་བྱ་བ་དང་དེ་ནས་སྲིད་ལྷ་གཟིགས་སྟེ་གསུམ་གྱིས། མདོ་པས་རྒྱ་ཤོག་ཏུ་བརྒྱུད་དང་། དཀར་རེ་གཉིས་ཀྱི་ཡུལ་བདག་བྱས། གཉན་བྱ་ཞུ་ནག་པོའི་བརྒྱུད་པ་དེས། ལྷོ་སྟོད་ཀྱི་ལུང་ཆེན་ཕུ་དྲུག་དང་། སྤྱིའི་རས་

པ་རྫོང(རྫོང)ཐོག་བཟུང་། སྟོན་ཚང་ཛོ་པོ་ཕྱུན་བུ་དེས། ནག་སོག་ཤ་གསུམ་གྱི་སྤྱི་དཔོན་བྱས་པས་ཡུལ་འཛིན་སྤ་བ་དང་། འབངས་བཀོལ་སྤ་བ་ཡང་དེ་ལྟར་ཡིན། རླངས་གསེར་པས་གསེར་རིས་བདག་གཡུ་པས་གཡུ་རིགས་བདག །ཏུ་དཔོན་གྱི་བྲག་ཤེལ་ལེ་རྒྱ་གར་གྱི་ལྷ་ཞལ་བདག །ལྷ་གཟིགས་སྟེ་གསུམ་གྱིས། སྟོ་སྟོད་ཀྱི་ལུང་ཆེན་བཅོ་བརྒྱད་བདག་བྱས་ནས་ཁམས་པའི་སྤྱི་དཔོན་བྱས་པས། འབངས་བཀོལ་མཁས་པ་དང་། ཡུལ་འཛིན་སྤ་བ་ཡང་ལྷ་རིགས་རླངས་ཡིན། དཔའ་རབས་ཟུར་པ་ཞིག་ཞུས་ན། རླངས་པོ་ཧུམ་སེནྡྷེས་རྒྱལ་གྱིས་རྒྱ་བོད་སྐྱང་ཐབས་བྱུང་བའི་དུས་སུ། རྒྱ་ལ་དམག་དྲངས། རྒྱའི་ཆུ་མཁར་ཡང་ལེ་དེ་ཕབ། དེའི་དཔའ་རྟགས་སུ་རྒྱ་ནག་པོའི་ཁྲིམས་ནོར་དེ་ཁྱེར་བས། དེ་བས་ནག་པོའི་རྒྱའི་འདུལ་དཔོན་བྱེད་མི་ཡང་ལྷ་རིགས་རླངས་ཡིན། རླངས་སྟོང་དགེས་ལྷ་ཏུ་གཉན་ཆེན་ཐང་ལྷ་དེ་མཆོད་ནས་བཙན་པོ་དང་འཁྲུགས་པའི་དུས། བཙད་པ་ལ་དམག་བྱས་པས་འགྲོའི་རྒྱལ་ཁམས་དེ་ཆམ་ལ་ཕབ། དེའི་དཔའ་རྟགས་སུ་ལི་ཇེ་ཐོད་དཀར་གྱི་དངུལ་གྱི་ཐོར་ཚུགས་དེ་ཐོབ། འབྲོ་བཙད་མོའི་ཟས་ནོར་ལ་སྐྱུས(སྐྱེས)ཀྱི་ལམ་བྱས། བཙད་པོ་ཕྱུན་བཞི་དེ་བྲན་དུ་བཀོལ། བཙད་པོའི་བུ་མོ་ཤེལ་ཐིག་མ་ལ་ཆུང་མ་བཅོལ། དེ་བས་ཕྱུ་གངས་རི་ཉིལ་བ་སྤྱི་བོས་བསྣེན་ནས། བཙད་པོ་བྲན་དུ་བཀོལ་མི་ཡང་ལྷ་རིགས་རླངས་ཡིན། རླངས་ཇེ་རྗེ་མཐོན་གྱིས་ཤར་དུ་གྲག་བཙུར་སྤྱུལ་གསུམ་དང་འཁྲུགས་པའི་དུས་སུ། སྐྱ་པའི་ཆུ་མཁར་དེ་ཕབ། དེའི་དཔའ་རྟགས་སུ་གྲག་པོ་ཕྱུན་བཞི་དེ་བཟུང་། སྲུ་ཏུ་མི་དྲུག་དེ་བསད། བཙུར་གྱི་སྟེ་གཉིས་དེ་བྲན་དུ་བཀོལ། གྲག་བཙུར་སྲུར་གསུམ་གྱི་ཁྲ་ཁྱུ་དང་སྨྱུག་ཁྱུ་དེ་མན་བསུ་ཐོབ་པས། དེ་བས་ཤར་གྱི་ཁ་ལུད་རྗོག་པས་གནོན་པ་དང་། གྲག་བཙུར་སྲུར་གསུམ་ཆམ་ལ་འབེབས་པ་ཡང་ལྷ་རིགས་རླངས་ཡིན། རླངས་ཇེ་སྟོང་སྲས་ཀྱིས། ལྷ་ཏུ་རྨ་ཇེ་སྤོམ་ར་དེ་མཆོད་ནས་ཤར་དུ་དགའ་དང་། སྐྱུར་ལ་དམག་དྲངས་པས། ལྗན་གྱི་ཡུལ་མཁར་དེ་ཆམ་ལ་ཕབ་དེའི་དཔའ་རྟགས་སུ། ལྗན་གྱི་རླངས་གཡུ་ལྷང་དེ་ཐོགས། དགའ་བ་སེང་བཟང་དེ་འབངས་སུ་བཀོལ། ཀྱུ་ར་མི་དྲུག་དེ་བསད། ཀྱུ་ར་འདུལ་མི་དང་ལྗན་གྱི་ཁྲམ་སྣ་བསྒྱུར་མི་ཡང་ལྷ་

རིགས་རླངས་ཡིན། རླངས་རྗེ་འབྲོང་ལྟས་ཀྱི་ལྷ་རུ་སྟོང་བཟང་རྨི་རི་དེ་མཆོད་ནས། སྟོ་ལ་དམག་དྲངས་པས། སྐྱེ་ཤོད་པ་གཙུག་འཕྲུལ་རྒྱལ་སྐྱབས་ཕོ་པ་ནག་གི་ཀླུ་ལེ་སེང་རྫོང་(རྫོང) དེ་ཕབ། དེའི་དཔའ་རྟགས་སུ་རྔོ་ཁམ་ཤང་དེ་མན་པ་སུ་ཐོབ། དེ་བས་ལྟོ་དོམ་ནག་པོའི་མདོ་འདོན་བྱེད་མི་ཡང་ལྷ་རིགས་རླངས་ཡིན། རླངས་དོ་དེས་ལྷ་རུ་གཡུ་དཀྱུང་པོ་དེ་མཆོད་ནས། ལྡོང་ལ་དམག་བྲུས་པས། ལྡོང་གི་ཐོག་མདའ་ནག་པོ་དེ་བཏགས། ལྡོང་མིག་དུག་ཅན་གྱི་མིག་དེ་ཕྱུང་། དེའི་དཔའ་རྟགས་སུ་ལྡོང་གི་རལ་གྲི་ཇོ་གྲོ་དེ་དང་། འོད་འབར་མ་དེ་ཐོབ་པས། དེ་བས་ནག་པོ་ལྡོག་གི་འདུལ་དཔོན་ཡང་ལྷ་རིགས་རླངས་ཡིན། རླངས་རྒྱལ་ཤང་ལྡོང་གིས་ལྷ་རུ་མོན་སྐྱེས་གསང་ཞུར་དེ་མཆོད་ནས། བཏང་ཕོང་ཙ་སྟག་མོ་སྐྱ་སྟོང་(ཀོ་རྫོང་) དེ་བཟུང་ནས། ཀྱང་མདོག་སྟོང་རི་པར་སྤྱང་བྲན་དུ་བཀོལ་བས་ཁྲལ་ལ་ཁྱུ་འབྲི་དང་། ཁྱུ་ལུག་ཏུ་བསྡུས་ནས། དཔོན་ཟས་ལ་རྟ་ལྡེ་བླངས། དེ་བས་འབངས་ལ་ཕོག་ཆེ་བ་ཕོལ་ཆེ་བ་ཡང་ལྷ་རིགས་རླངས་ཡིན། རླངས་རྗེ་ཁྲི་གསུམ་གྱིས་ལྷ་རུ་རྒྱམ་གྱི་ལྡོང་རི་དེ་མཆོད་ནས། འབེར་རྒྱལ་རི་ཐོ་ལ་དམག་དྲངས་པས། མས་ཀྱི་ཆུ་མཁར་དེ་ཕབ། དེའི་དཔའ་རྟགས་སུ་འབེ་ཁྲབ་གསེར་གཞུང་དེ་ཐོབ། རྨོག་ཐོར་སུམ་རྒྱ་དེ་བྲེགས། འབེ་ཁྲབ་སུམ་རྒྱ་དེ་བཤུས། འབེ་རྣོད་སུམ་རྒྱའི་མིག་ཕྱུང་། འབེ་མོ་སུམ་རྒྱའི་ཁ་སྤྲུལ། འབེ་ཕུག་སུམ་རྒྱ་མན་པ་སུ་ཁྱེར་བས། འེབ་རྒྱལ་རི་ཐོ་ཕྱམ་(ཚམ) ལ་ཕབ་མི་ཡང་ལྷ་རིགས་རླངས་ཡིན། རླངས་རྗེ་མིག་བལྟས་ཀྱི་ལྷ་རུ་པདྨ་འབྱུང་གནས་མཆོད་ནས། སྤྲིན་པོ་ལ་དམག་དྲངས་ནས། སྤྲིན་པོ་ལམ་དཀར་དེ་བསད། དེའི་དཔའ་རྟགས་སུ་སྤྲིན་གྱི་བླ་གཡུ་དེ་ཐོབ། སྤྲིན་གྱི་དཀོར་ནོར་དེ་དྲངས། སྤྲིན་ཟལ་ཀོང་མིག་ལ་ཁྱེར་ནས་ཕོ་པོ་སྨུ་ཧྲ་ལ་ཕྱིན་པས། རླངས་སྤྲིན་ཚ་མཆེད་གསུམ། དཔའ་རྩལ་ནི་ཡོད། གདུག་རྩུབ་ནི་ཆེ་བས་བྱུང་། དེ་བས་ལང་དཀར་སྤྲིན་པོ་འདུལ་མཁན་ཡང་ལྷ་རིགས་རླངས་ཡིན། རླངས་སེངྒེ་འདུལ་གྱི། ལྷ་རུ་མོན་ལྷ་ཡི་སྤྱི་སྒོམ་དེ་མཆོད་ནས། མོན་ལ་དམག་དྲངས་པས། མོན་གྱི་རྒྱལ་ཁམས་དེ་ཕྱམ་(ཚམ) ལ་ཕབ། དེའི་དཔའ་རྟགས་སུ་མོན་གྱི་ཆུ་སྟག་མི་ཟན་དེ་བཟུང་ནས་དཔའ་

བའི་འཇོམ་དྲུག་དེ་བཀོལ་ནས་འཕྲུལ་གཙུགས། མོན་ཁ་བཞི་དེ་འབབས་སུ་བཀོལ་ནས་དེ་བས་དཔའ་བའི་སྟག་འཕྲུ་འཛུགས་མི་དང་། མོན་འབབས་སུ་འཁོར་མི་ཡང་ལྷ་རིགས་ཀླངས་ཡིན། ཀླངས་རྗེ་སྟག་འབར་གྱིས། ལྷ་རུ་ནྲུ་ལེ་ལྷ་བཙན་དེ་མཆོད་ནས། གཙང་ལ་དམག་དྲངས། གཙང་གི་རུས་མཁར་བཅུ་གསུམ་དེ་ཕེབས(ཕབ)། དེའི་དཔའ་རྟགས་སུ་གཙང་རྗེ་ཐོད་དཀར་གྱི་གཡུ་སང་དེ་ཐོབ་ནས། དེ་བས་གཙང་གེའུ་(གེ་འུ)ཡུག་ཡར་བཅད་འདུལ་མི་ཡང་ལྷ་རིགས་ཀླངས་ཡིན། ཀླངས་རྗེ་བརྩལ་གསུམ་གྱི་(གྱིས)ལྷ་རུ་སྐྱོགས་ཆེན་སྟོང་དབྲ་དེ་མཆོད་ནས། ཚིབས་ཡུལ་དུ་དམག་དྲངས་པས། དར་སྤྲང་ཚིབས་གསུམ་དེ་ཆམ་ལ་ཕབ། དེའི་དཔའ་རྟགས་སུ་ཚིབས་པ་བཙན་གྲགས་དེ་བསད། དར་སྤྲང་སྟེ་གཉིས་དེ་ཆམ་ལ་ཕབ་ནས་འབངས་སུ་བཀོལ། ཚིབས་གཡུ་ཐུད་བཀབ་དང་གཡུ་དམར་ཚང་རྗེ་ཐབ(འཐབ)། དེ་བས་དར་སྤྲང་ཚིབས་གསུམ་དེ་འདུལ་མི་ཡང་ལྷ་རིགས་ཀླངས་ཡིན། ཀླངས་མཆོག་དཔལ་གྱི་སེ་རྡེས། མཆོག་གིས་ལྷམ་སྒྲི་བོར་སྙོམས། ལྷ་བུ་ཡར་ལྷ་ཤམ་བུ་མཆོད་ནས། མངའ་རིགས་བྱང་ལ་དམག་དྲངས་པས། མངའ་རིགས་བྱང་ཕྱོགས་དེ་ཆམ་ལ་ཕབ། དེའི་དཔའ་རྟགས་སུ་བྱང་གི་མི་ཆེན་ཨང་ཧུ་དེ་བཟུང་། མངའ་རིགས་རྒྱལ་ཁམས་བྲན་དུ་བཀོལ་ནས། དེ་བས་ལ་སྟོད་མངའ་རིགས་བྱང་འདུལ་མི་ཡང་ལྷ་རིགས་ཀླངས་ཡིན། ཀླངས་རྗེ་བརྟེ་མཐོན་གྱིས། ལྷ་བུ་འོ་དེ་གུང་རྒྱལ་དེ་མཆོད་ནས་དབུས་སུ་དམག་དྲངས་པས། སྟོང་ལྡིང་ཡུལ་མཁར་དེ་ཆམ་ལ་ཕབ། དེའི་དཔའ་རྟགས་སུ་སྟོང་ལྡིང་བརྒྱུད་གཉིས་དེ་བྲན་དུ་བཀོལ། དེའི་དཔའ་རྟགས་སུ། ལྕགས་ཀྱི་བྱ་ཁྲ་མཆེད་གསུམ་དེ་ཐོབ་པས། དབུས་ཀྱི་སྟོང་ལྡིང་འདུལ་བ་དང་བྲན་དུ་བཀོལ་བ་ཡང་ལྷ་རིགས་ཀླངས་ཡིན། ཀླངས་སྲས་རྒོད་ལྡིང་གིས། ལྷ་རུ་ལྷ་རྒོད་མདུང་རྩེ་དེ་མཆོད་ནས། འབྲུ་རྒྱལ་རོང་པོ་ལ་དམག་དྲངས་པས། བང་རིམ་གསུམ་བརྩེགས་དེ་ཆམ་ལ་ཕབ། དེའི་དཔའ་རྟགས་སུ་རོང་པོ་དབང་ལྡན་དེ་བསད། རོང་གི་བླ་གཡུ་དེ་ཐོབ། རལ་གྲི་ཟེ་ཆེན་དེ་ཐོབ་ནས། འབྲུ་རྒྱལ་རོང་པོ་འདུལ་མཁན་ཡང་ལྷ་རིགས་ཀླངས་ཡིན། ཀླངས་དཔའ་རྟགས་ལྷ་གཟིགས་བསེའུ

རྒྱུད་གསུམ་གྱི་ལྷ་ཏུ་མོ་ནམ་མཆེད་བརྒྱུད་དེ་མཆོད་ནས། ཀླངས་ཁམས་པ་ཏུ་གསུམ་བྱུས་ནས། ཁམས་པའི་སྤྱི་དཔོན་བྱུས་ནས། ཁམས་པའི་དཔོན་བརྒྱུད་ཡིན་པ་དང་། ཐམར་བུ་ཚ་བོའི་ཡིག་ཚངས་མང་བ་དང་། སྔར་སྲོལ་བཟང་པོ་ཡོད་པ་དང་། ལྷ་རིགས་ཀླངས་ཡིན། ཀླངས་དབང་རྗེས་བདུད་གཡག་རོག་ཆེན་གྱི་རྣ་ཕོག །ཇ་མ་བྲེགས་ནས་སྒྲོང་ལ་རྟགས་པས། ད་ཕྱིན་སྒྲོང་འདོགས་པ་ཡང་ལྷ་རིགས་ཀླངས་ཡིན། ཀླངས་བསམས་སྐྱེས་ཀྱིས། ལྷ་ཏུ་རྣམ་ཐོས་སྲས་མཆོད་ནས། ཁྲབ་སྲུ་རྩེ་རྒྱས་དང་། གསེར་གྱི་གོང་གོང་དང་། ལྕགས་སུ་མི་འདྲེན་དང་། རྨོག་ཞོལ་ལེ་དོར་ཞུན་དང་། རལ་གྲི་དཀར་ཆེན་དཀར་ཆུང་དང་། མུ་ཏིག་བླ་བྲེས། དངུལ་གྱི་ཕུལ་སྒྲོང་དང་། དངུལ་གྱི་བྱ་ཕོག་དང་། གསེར་གྱི་མཇལ་འདབ་ཆགས་སྨྲ་ཤེས་དང་། ཤེལ་གྱི་ཁྲི་ཆེན་ཁྲི་ཆུང་། དགོར་ནོར་བསམ་གྱིས་མི་ཁྱབ་པ་ཡོད་པས། ཕྱུག་པའི་གོང་ང་འཛིན་མི་ཡང་ལྷ་རིགས་ཀླངས་ཡིན། ཀླངས་རྗེ་སྟག་འབར་གྱིས། བན་ཧྲེ་ཀུན་གྱི་གནས་པོ་བྱུས། རྒྱ་ནོར་བོད་དུ་བླངས། བོད་ནོར་རྒྱ་ལ་བསྒྱུར། དངོས་པོ་གང་ཡོད་དེ་དཀོན་མཆོག་ཕྱོགས་སུ་ཕུལ། མོས་པ་གུས་པས་གསོལ་བ་བཏབ། མོས་གུས་བྱུས་པའི་ཡོན་ཏན་གྱིས། ཡི་དམ་ལྷ་ཡི་ཞལ་མཐོང་པས། ཡོན་བདག་དད་པ་ཆེ་བ་ཡང་ལྷ་རིགས་ཀླངས་ཡིན། ཀླངས་རྗེ་གོད་ལྡིང་གིས། གནམ་ཐོར་གསེར་ཁང་རྩིགས་གསེར་ཁང་ཐོག་ཀྱང་གསེར་དུ་ཕུབ། རྩེ་ལ་གསེར་འཕྲུ་བཙུགས། བཀའ་འགྱུར་གསེར་གྱི་བྲིས། ནང་དུ་གསེར་གྱིས་ཞལ་བ་བྱུས། སྟེང་དུ་མུ་ཏིག་བླ་བྲེ་ཕུབ། ངོས་ལ་ཉ་རྫུས་ཡོལ་བ་ཐེན（འཐེན）། ཡོགས་ལ་སངས་རྒྱས་སྟོང་སྐུ་དཀྲམས（བཀྲམས）། དེའི་གཙོ་བོ་ལ་ལྷ་དང་ཆོས་རྣམས་བཞུགས། གཡུའི་གདུང་མ་ལ་དངུལ་གྱི་ག་བ་བཙུགས། དེ་ལ་གསེར་སྐོར་དངུལ་སྐོར་བཏགས། རྒྱལ་ཁྲིམས་བོད་དུ་མ་དར་བས། མི་ཤེས་པ་ནི་ཡིན་ཟེར། ང་རྒྱལ་ཁྲིམས་བོད་དུ་འགྲིམ་དུས་ན། ང་ཡི་བརྒྱུས་ཀྱིས་འདི་འདྲ་འཛིན། ང་མ་བརྒྱུད་ལྷ་ལས་གྲོལ་བ་ཡིན་གསུངས་པས། བྱུས་པ་ཆེ་བ་དང་ཡོན་བདག་གི་སྟོ་བ་ཡང་ལྷ་རིགས་ཀླངས་ཡིན། ཀླངས་ལྷ་མདོག་གི་མིའི་ལུས་ལ་ལྷའི་མདོག་ཡོད་པས་མཛེས་པའི་གོང་བ་ཅན་འཇུགས་མི་ཡང་ལྷ་

རིགས་རླངས་ཡིན། མཚན་ཡང་ལྷ་མདོག་ཏུ་བཏགས་སོ། །དེ་ལྟ་བུ་མུ་ཏིག་སྦས་ཀྱིས། མ་གོལ་བ་ལྷ་རིགས་རླངས་ཀྱི་བུ། སྟོན་མོ་འབྲས་བུ་ཁྱུངས་བཟང་པས་རླངས་དབང་རྩེས་སྲིན་པོ་ངོ་དམར་བ་ལ་གྲོ་བྱིན་རྫོང་བཏབ་པས་སྲིན་པོས་སྲིན་གྱི་མདོ་ལ་གྱད་ལྡན་དང་། སྲིན་གྱི་རལ་གྲི་དབྱུག་ཆོད་དང་། སྲིན་གྱི་དཀོར་ནོར་ཕུལ་ནས་ཡོན་བྱས་པས། དེ་བས་གཞན་པའི་གོང་པ་འཛུགས་པ་དང་། སྲིན་པོ་ཡོན་བདག་ཏུ་བཀོལ་མི་ཡང་ལྷ་རིགས་རླངས་ཡིན།

༈ འདི་ཡན་ཆད་བྱས་པའི་ཚེ་ལུགས་མི་དཔོན་གྱི་བྱོན་ལུགས། དཔའ་བོའི་སྲིད་ཐབས། རྒྱལ་ཁམས་བཏུལ་ལུགས། ས་ཡི་བཀོད་ལུགས། ཡུལ་གྱི་བཟུང་ལུགས། བྲན་གྱི་བཀུལ་ལུགས། ཚེ་གེ་ཡིག་ཚངས། མི་ཆོས་ཀྱི་རྣམ་བཞག་ཟུར་ཙམ་ལགས་པར་གདའ།

༈ རྒྱན་དམ་པ་ཆོས་ཀྱི་རྣམ་བཞག་གསུངས་པ་ནི། སྟོན་རྒྱལ་པོ་མེ་(མེས)དཔོན་རྣམ་གསུམ་གྱི་རིང་ལ། རླངས་ཁམས་པ་གོ་ཆ་དང་རླངས་ཁམས་པ་བཻ་རོ་ཙ་ན་དང་གཉིས་ཀྱིས། དམ་པའི་ཆོས་བོད་དུ་བསྒྱུར་བས། བོད་མུན་པའི་དམག་(སྨག)ཏུམ་དུ་དམ་པའི་ཆོས་གཡུ་(གཡུང)དྲུང་གི་བོན་གྱི། སྒྲོན་མེ་བཙུགས་པས། བོད་མུན་པའི་གསལ་སྒྲོན་བྱེད་མི་ཡང་ལྷ་རིགས་རླངས་ཡིན། རླངས་ཀྱི་གྲུབ་ཐོབ་ཆེན་པོ་བློ་གྲོས་མི་ཟད་པས། བལ་པོའི་སེམས་ཅན་ལ་དགེ་བ་བཅུའི་ཆོས་ཀྱི་འཁོར་ལོ་བསྐོར་བས་དམ་པའི་ཆོས་དར་ཞིང་རྒྱས་པར་མཛད་མི་ཡང་ལྷ་རིགས་རླངས་ཀྱི་གྲུབ་ཐོབ་ཡིན། རླངས་ཀྱི་གྲུབ་ཐོབ་ཆེན་པོ་དཔལ་གྱི་སེངྒེས། སྟོད་རྒྱ་གར་ཡུལ་དུ་ཡར་བྱོན་ནས། རྒྱ་གར་ཆོས་རྣམས་བོད་དུ་བསྒྱུར། བོད་དམུས་ལོང་ཐམས་ཅད་ཆོས་ལ་བཙུད། བཀའ་དྲིན་ཆེ་བ་ཡང་དེ་ལྟར་ཡིན། རྒྱ་གར་རྡོ་རྗེ་གདན་སྟེངས་ན། །ཤར་ཕྱོགས་དུང་རི་འབར་བ་ན། །དུང་གི་ལྷ་ཁང་རྩི་རྡོ་བླངས། །དུང་གི་ལྷ་ཁང་བརྩིགས་པ་ལ། །དེ་ན་ཐུགས་རྗེ་ཆེན་པོ་བཞུགས། །འཁོར་ནི་རྒྱ་(རྒྱལ)བ་རྒྱ་མཚོས་བསྐོར། །ལྷོ་ཕྱོགས་གསེར་རི་འབར་བ་ན། །གསེར་གྱི་ལྷ་ཁང་རྩི་རྡོ་བླངས། །གསེར་གྱི་ལྷ་ཁང་བརྩིགས་པ་ལ། །དེ་ན་ཤཱཀྱ་ཐུབ་པ་བཞུགས། །འཁོར་ནི་བརྒྱད་ཁྲི་བཞི་སྟོང་བསྐོར། །ནུབ་ཕྱོགས་ཟངས་རི་འབར་བ་ན། །ཟངས་ཀྱི་ལྷ་ཁང་རྩི་རྡོ་བླངས། །ཟངས་ཀྱི་ལྷ་

ཁང་བརྩིགས་པ་ལ། །དེ་ན་བྱམས་པ་མགོན་པོ་བཞུགས། །བྱམས་པའི་ཆོས་ལྔ་དེ་ན་བཞུགས། །བྱང་ཕྱོགས་གཡུ་རི་འབར་བ་ན། །གཡུའི་ལྷ་ཁང་མི་རྗེ་བླངས། །གཡུའི་ལྷ་ཁང་བརྩིགས་པ་ན། །དེ་ན་ཕྱག་ན་རྡོ་རྗེ་བཞུགས། །རྒྱལ་སྲས་ཁྱུང་གི་ཚོགས་ཀྱིས་བསྐོར། །ལྷང་ས་ཆེན་དཔལ་གྱི་སེང་གེ་དེས། །རྒྱ་གར་རྡོ་རྗེ་གདན་སྟེངས་ཀྱི། །ཕྱོགས་བཞི་ལྷ་ཁང་སྡེ་བཞི་བཞེངས། །དེ་ན་ལྷ་ཚོགས་དེ་རྣམས་བཞུགས། །སྒོ་བསྲུངས་རྒྱལ་ཆེན་རིགས་བཞི་བཞེངས། །རྒྱ་གར་རྡོ་རྗེ་གདན་སྟེངས་ན། །རིན་ཆེན་སྣ་ལྔའི་ལྷ་ཁང་བརྩིགས། །གསེར་འཕྲུ་གར་སོང་གུར་དང་མཉམ། །འདབ་མ་གར་སོང་ས་གཞི་ཁེབས། །བྱ་ཁྱུང་ཕར་སོང་བར་སྣང་ཁེབས། །ལྷ་ཁང་དེའི་ནང་དེ་ན། །སངས་རྒྱས་རབས་བདུན་གསེར་སྐུ་དང་། །སངས་རྒྱས་སྟོང་དང་སེམས་དཔའ་གཉིས། །ཉན་ཐོས་ཉེ་བའི་སྲས་བརྒྱད་དང་། །གསང་སྔགས་རྙིང་མའི་ལྷ་ཚོགས་དང་། །བཀའ་བརྒྱུད་བླ་མའི་ཕོ་ཁྲིམ་དང་། །འདི་རྣམས་ལྷ་སྐུ་གསེར་ལས་བཞེངས། །བཀའ་འགྱུར་གསེར་ལས་བཞེངས་པ་དང་། །ལྷ་ཁང་ནང་དུ་བཞུགས་བཅུག །བཀའ་བསྲུངས་མ་མགོན་རྣམས་ལ་བཅོལ། །ལྷང་ས་ཆེན་དཔལ་གྱི་སེངྒེ་དེས། །སྨད་རྒྱའི་དམག་ཟློག་ཕྱོན་པའི་ཚེས། །མདོ་པ་སེང་གེ་ཧ་ལ་ཆིབས། །རྒྱལ་ཆེན་སྡེ་བཞིས་སྲུག་པོ་བཏེགས། །ནམ་མཁའི་ཁམས་ལ་ཕྱོན་པ་ལ། །ཁྲི་པོ་རྣམས་ཀྱིས་མཐའ་ནས་བསྐོར། །མགོན་པོ་ལྷ་མོས་དམག་སྣ་དྲངས། །རྒྱ་དམག་རྒྱ་བོད་མཚམས་ན་སྣང་། །ཁོང་གི་དེ་རུ་ཕྱོན་པ་དང་། །རྒྱ་རྣམས་སྐྲག་ནས་ཐུར་ལ་བྲོས། །མཆིལ་མས་མནངས་ནས་རྒྱལ་ཡིན་ཞིང་། །རྒྱ་ཡི་རྒྱལ་པོའི་ཞལ་ན་རེ། །རང་རེ་མི་རེ་ལག་གཉིས་ལ། །མིན་(མི)་ནི་མི་རེ་ལག་དྲུག་རེ། །ལ་ལ་མི་ནག་ལག་བཞི་རེ། །རང་རེ་མི་ལུས་ཆུང་ལ། །མིའི་མི་ལུས་རི་པོ་ཙམ། །རང་རེ་རྟ་ནི་ཆུང་པ་ལ། །མའི་ཡི་མིའི་རྟ་ནི་ཁ་པོ་ཆེ། །རང་རེས་འཐབ་པས་མི་ཐུབ་པས། །ཕྱི་ལ་སྐྱིད་ནས་གྲོས་(བྲོས)་པ་དྲག །དེ་ནས་རྒྱ་དམག་ཐུར་ལ་བྲོས། །ཁོང་གིས་རྒྱ་དམག་དེད་ནས་ཕྱིན། །རྒྱ་ཡི་ཆུ་མཁར་སྟག་རྫོང་སེབ། །རྒྱ་ཡི་རྒྱལ་པོ་བྲན་དུ་བཀོལ། །རྒྱ་ཡི་སྲས་མོ་ཨང་ཇོ་མ། །ཁྲིད་ནས་ལྷང་ས་སྲས་ཆེན་པོ་ལ་ཕྱིན། །རྒྱ་ཡི་དཀོར་ནོར་ཐམས་

ཅད་གྲངས(དྲངས)། །སྨུ་ཏིག་ཁལ་ལ་འཇལ་ནས་གྲངས། །གོས་དར་དཔང་ལ་འཇལ་གིན་དྲངས། །གསེར་དངུལ་ཤིང་ཏ་བཟུངས་ཡིན་གྲངས། །རྒྱ་ནོར་བོད་དུ་བགྲངས(དྲངས) ནས་ཕྱིན། །བོད་ཀྱི་ཡུལ་དུ་བསླེབས་པ་དང་། །རིན་ཆེན་གསེར་གྱི་ལྷ་ཁང་བཞེངས། །རིན་ཆེན་གསེར་གྱི་ཁྲི་ལ་བཞུགས། །རིན་ཆེན་གསེར་འགྱེད་མང་དུ་ཕྱིན། །རིན་ཆེན་ལམ་ལ་ཕྱིན་པའི་ཚེ། །དམ་ཆོས་རྒྱུན་ཆད་མེད་པར་གསུངས། །ལམ་དུ་ཡོད་པའི་སེམས་ཅན་རྣམས། །ཐམས་ཅད་སྣང་བ་ཆོས་ལ་ཞུགས། །བྱང་གི་གོང་གི་མཚམས་མདོ་ཡངས་པར་ཕྱིན། །རྒྱ་ནག་མཁར་ལ་དཔེ་བླངས་པའི། །དེ་ན་ཧུས་མཁར་དགུ་སྐྲིལ་བརྩིགས། །མཁར་ཡ་ཐོག་གསེར་ལ་མ་ཐོག་གཡུ། །སྒོ་བཞི་འཚོང་(མཚོང) ལ་བར་ཁང་དངུལ། །ཡ་ཐོག་གསེར་གྱི་ཁང་པ་ལ། །སངས་རྒྱས་སྟོང་དང་སེམས་དཔའ་གཉིས། །བཀའ་རྒྱུད་བླ་མའི་ཕོ་བྲམ་བཞེངས། །བར་ཁང་དངུལ་དང་དུང་ཁང་ལ། །རྡོ་རྗེ་སེམས་དཔའ་གཙོ་ལ་བཞུགས། །བཅོམ་ལྡན་ཐུགས་རྗེ་ཆེན་པོ་དང་། །རྒྱལ་བ་རྒྱ་མཚོའི་ཚོགས་དང་བཅས། །ལྷ་དཀར་རྣམས་ནི་དངུལ་སྐུར་བཞེངས། །འོག་ཕྱོགས་གཡུ་ཡི་ཁང་པ་ལ། །གཙོ་བོར་ཕྱག་ན་རྡོ་རྗེ་བཞེངས། །འཇིགས་བྱེད་སྤྲུལ་པའི་ལྷ་ཚོགས་དང་། །བཅོམ་ལྡན་རྡོ་རྗེ་གཞོན་ནུ་ལ། །ཁྲོ་བོའི་ཚོགས་ཀྱི་བསྐོར་བ་ནི། །གཙོ་བོའི་གཡས་དང་གཡོན་བཞེངས། །ཕྱག་བཞི་པ་ལ་སོགས་པ་ཡི། །མ་མགོན་ཆོས་སྐྱོང་བསྲུང་མ་རྣམས། །མདུན་ན་བཞེངས་ནས་སྲུང་མར་བཀོས(བསྐོས)། །སྒོ་བཞིར་རྒྱལ་ཆེན་སྡེ་བཞི་བཞེངས། །དེ་ནས། རྒྱ་གར་ཡུལ་ལ་ཕྱིན་དུས་ན། །སྨུ་ཏིག་གདུགས་དང་བླ་རེས་ཀྱིས། །ལྷ་ཡི་བུ་ལ་ལྷིང་ཁང་ཕུབ། །སྨུ་ཏིག་ཆོས་གོས་སྣམ་སྦྱར་གྱིས། །ལྷ་ཡི་སྐུ་ལ་ན་བཟའ་གསོལ། །གསེར་གྱི་སྐོང་བུ་སྟོང་ཚན་དང་། །མཇལ་ལྫུང་བཟེད་གསེར་ལ་བརྡུངས། །ངོས་ལ་ཟ་འོག་ཡོལ་བ་འཕེན། །ཕྱོགས་ལ་གསེར་འཕེན་ཆེ་བཞི་བརྒྱངས། །གོས་དར་ཕྱེ་ཕུར་རྒྱལ་མཚན་བཟོས། །རིགས་འཛིན་གྲུབ་པ་ཐོབ་པ་དང་། །སློབ་དཔོན་པདྨ་གདན་དྲངས་ནས། །རོལ་མོ་མཆོད་པ་སྣ་ཚོགས་ཕུལ། །སིདྷ་ཆོས་རྫོང་སྦྱོས་རྣམས་བསྒྲིག །གསང་སྔགས་གསལ་

(གསར) རྙིང་ཐ་ལས་གྲོལ། །རྡོ་རྗེ་གཞོན་ནུ་དངོས་དང་མཇལ། །སློབ་དཔོན་པདྨའི་ཞལ་ན་རེ། །ཁྱོད་ལྷ་རིགས་རླངས་ཀྱི་མི་བརྒྱུད་འདི། །མི་བརྒྱུད་ལྷ་ལས་གྲོལ་བ་ཡིན། །ཐེག་པ་ཡར་ལ་འཛེག་(འཛེག)པ་ཡིན། །ཁྱོད་རླངས་ཀྱི་མི་བརྒྱུད་སྐལ་ལྡན་ལ། །ང་ཡི་ཐུགས་རྗེས་ཁྱབ་པ་བྱེད། །ཁྱོད་ནི་སྐྱེས་བུ་སྐལ་ལྡན་ཡིན། །ཁྱོད་ལྷ་རིགས་རླངས་ཀྱི་མི་བརྒྱུད་ལ། །བྱང་དང་ཆུབ་ཞེས་བྱ་བ་ཡིས། །མི་རྒྱུད་ཁྱད་དུ་འཕགས་པ་ཡོང་། །དེ་ནི་ང་ཡི་ཐུགས་ཀྱི་སྲས། །གསུངས་ནས་ནུབ་ཕྱོགས་ཨུ་རྒྱན་ཡུལ་དུ་ཁྲིའུ་ལོ་བརྒྱད་པ་གཅིག་ཏུ་སྤྲུལ་ནས་བྱོན། ཁོང་ཡང་བོད་ཁ་བ་ཅན་ཞིང་ཁམས་སུ་གདུལ་བྱ་མ་སྨིན་པ་རྣམས་སྨིན་གྲོལ་གྱི་ལམ་ལ་འགོད་པ་ལ་བྱོན་པས། དེ་བས་རྒྱ་གར་རྡོ་རྗེ་གདན་དུ་རིན་པོ་ཆེ་སྣ་ཚོགས་ཀྱི་ལྷ་ཁང་བཞེངས། རིན་པོ་ཆེ་སྣ་ཚོགས་ཀྱི་མཆོད་པའི་ཡོ་བྱད་བསམ་གྱིས་མི་ཁྱབ་པ་ཕུལ་བས། གསང་སྔགས་གསར་རྙིང་གི་ཆོས་ལ་གྲུབ་པ་ཐོབ། མགོན་པོ་དང་རྒྱལ་ཆེན་བཞི་བྲན་དུ་བཀོལ་ནས་རྒྱ་དམག་དེ་མཐུར་ལ་སྒྱུར། རྒྱ་ནོར་བོད་དུ་དྲངས། རྒྱ་གར་ཆོས་ཀྱི་ཕོ་བྲང་དུ། རྡོ་རྗེ་གཞོན་ནུ་དངོས་དང་མཇལ། སློབ་དཔོན་པདྨ་འབྱུང་གནས་གསུང་གླིང་བཀའ་ཡིས་གདམས་པ་མཛད། རྒྱ་གར་ཆོས་རྣམས་བོད་དུ་བསྒྱུར། བོད་དབུས་ཡོངས་ཐམས་ཅད་ཆོས་ལ་བཙུད་ནས་བཀའ་དྲིན་ཆེ་བས། བཀའ་དྲིན་ཆེ་བ་གྲུབ་ཐོབ་དཔལ་གྱི་སེང་གེ་དེ་ཡང་། རླངས་ཀྱི་གྲུབ་ཐོབ་ཆེན་པོ་ཡིན། རླངས་ཀྱི་གྲུབ་ཐོབ་ཡེ་ཤེས་འབྱུང་གནས་ཀྱིས། བལ་ཡུལ་འཕགས་པ་ཤིང་ཀུན་དུ་རིན་པོ་ཆེ་གསེར་གྱི་གདུགས་དང་། མཆོད་པ་འབུལ་རྟ་བ་ཡང་རླངས་ཀྱི་གྲུབ་ཐོབ་ཆེན་པོ་ཡིན། རླངས་ཀྱི་གྲུབ་ཐོབ་ཆེན་པོ་རྡོ་རྗེ་དབང་ཕྱུག་གིས། ལྷ་སའི་ཇོ་བོ་ཤཱཀྱ་མུ་ནེ་ལ། རིན་པོ་ཆེ་གསེར་གྱི་གདུགས་མཛྷལ་རྒྱལ་མཚན་གྱི་སྙིང་བུ་ཁྲི་དང་བཅས་པ་ཕུལ། བྱིན་རློབས་(རླབས)ཞུས། གསོལ་བ་བཏབ་པས། ཇོ་བོའི་བྱིན་རློབས་ཀྱིས། གསེར་གྱི་མཆོད་རྟེན་བང་རིམ་གསུམ་པ་ཞིག་ཁོང་གིས་བརྙེད་པས། ཇོ་བོའི་བྱིན་རླབས་ཞལ་དུ་ཕྱིན་པ་དང་། མཆོད་པ་འབུལ་རྟ་བ་རླངས་ཀྱི་གྲུབ་ཐོབ་ཆེན་པོ་ཡིན། རླངས་ཀྱི་གྲུབ་ཐོབ་ཆེན་པོ་ཡེ་ཤེས་རྡོ་རྗེས། ཁྲི་གདུགས་ཀྱི་ཉི་མ་སྟོད་ལ་མནན་ནས།

སེམས་ཅན་ལ་ལ་ཉི་མའི་སྦྱིན་པ་བཏང་བས། ཉི་མ་སྟོད་ལ་མནན་ནས་སྦྱིན་པ་སྟོང་མི་ཡང་རླངས་ཀྱི་གྲུབ་ཐོབ་ཆེན་པོ་ཡིན། རླངས་ཀྱི་གྲུབ་ཐོབ་ཆེན་པོ་ཡེ་ཤེས་སེངྒེས། དཔལ་མོ་ཐང་དུ་ངན་པ་སྲུང་ངས་བཙོས་པ་ལ། ཁོང་ལ་མཆོད་གང་རྒྱབ་ཀྱང་ནི་ཆག །མི་སྡུག་གི་ཤི། རྫས་ལ་འོད་བྱུང་ནོར་ལ་མེ་འབར་བས། ཁོང་ལ་སྲུང་ངན་ཞུས་ནས། ཁང་གི་འབངས་བྱས་ཡང་། རླངས་ཀྱི་གྲུབ་ཐོབ་ཆེན་པོ་དཔལ་གྱི་འབྱུང་གནས་ཀྱིས། བྱང་ཆུབ་ཀུན་དགའི་ར་བ་ན་བོད་ཁམས་ཀྱི་ལྷ་འདྲེ་ཐམས་ཅད་དེར་འདུས་ནས་བར་ཆད་བརྩམས་པ་ལ། ཁོང་གི་ནམ་མཁའ་ལ་བཏག །ས་གཞི་ལ་བརྡབས། ཕྱག་འཛུབ་ལ་ཡེ་ཤེས་ཀྱི་མེ་རིས་བྱས་པས། ལྷ་འདྲེ་ཚིག་ལ་ཁད་པ་དང་། སྲོག་སྙིང་ཕུལ་ནས་དམ་ཅན་བྱས་པས། བོད་ཁམས་ཀྱི་ལྷ་འདྲེ་དམ་ཅན་དུ་བཀོལ་བ་ཡང་གྲུབ་ཐོབ་ཆེན་པོ་ཡིན་པས། དེ་ལ་ལྷ་ཐམས་ཅད་སྒྲུབ་ཐོབ་ཀུན་ནས་སྲིད་པར་གདའ། རླངས་ཀྱི་གྲུབ་ཐོབ་ཆེན་པོ་བྱང་ཆུབ་འབུམ་གྱིས། སྟོང་ཕྲག་རྒྱ་ལ་བློ་བྲིས་བྱས། མ་ཅིག་ཆད་པ་ཀླད་སྐོར་བྱས། མ་ཆད་ཟེར་བ་དེ་ལ་ཟེར་ནས། དེ་ནས་བོད་ཚོས་སྒྲ་སྐེ་གཉིས་ཞལ་འདྲོན་ཐུགས་ལ་ཡོད་པས། ཞལ་ཐོན་བྱེད་པས་ཐུགས་རབ་ཆེ་ནས། ཚོས་གྲ་ཞལ་ཐོན་དུ་འཛུད་མི་ཡང་རླངས་ཀྱི་གྲུབ་ཐོབ་ཆེན་པོ་ཡིན། རླངས་ཀྱི་གྲུབ་ཐོབ་ཆེན་པོ་དར་མ་སེང་གེས། དུར་ཁྲོད་ཆེན་པོ་བསིལ་བ་ཚལ་དུ། དཔལ་ནག་པོ་ཆེན་པོ་བྲན་དུ་བཀོལ་ནས་ཁོང་གིས་བསྐོར་ལ་སུས་འབག་མི་ཐོད་པས། ས་ཡན་གནམ་ཡན་བྱེད་པས། མཐུ་ཆེ་བའི་གྲགས་པ་ཡང་ཐབ་ཆེ་ཕང་རླངས་ཀྱི་གྲུབ་ཐོབ་ཆེན་པོ་ཡིན།

༈ རླངས་ཀྱི་གྲུབ་ཐོབ་ཆེན་པོ་སྐལ་ལྡན་བྱང་ཆུབ་ཀྱིས། སངས་རྒྱས་སྟོང་ཞལ་མཐོང་བས། སངས་མཐོང་པ་ཡང་རླངས་ཀྱི་གྲུབ་ཐོབ་ཆེན་པོ་ཡིན། རླངས་ཀྱི་གྲུབ་ཐོབ་ཆེན་པོ་ཡོན་སེངྒེས། མཆོག་དང་ཐུན་མོང་གི་དངོས་གྲུབ་ཐོབ་པས་མེས་མི་ཚུགས (འཚིག) །མཚོན་གྱི་མི་ཆོད། ཆུ་བོས་མི་གཡེང་བའི་དངོས་གྲུབ་ཐོབ་པས། ནམ་མཁའ་ལ་འཕུར་བ་དང་། ས་གཞི་ལ་འཛུལ་བའི་གྲུབ་པ་ཐོབ་པས། རླངས་ཀྱི་གྲུབ་ཐོབ་ཆེན་པོ་ཡིན། རླངས་ཀྱི་གྲུབ་ཐོབ་ཆེན་པོ་དཔལ་གྱི་རྡོ་རྗེས། ཉི་མའི་སྲས (ཟེར) མདའ་ལ་ཆོས་གོས་སྐལ་

(བཀལ)བས་མར་ལ་མི་ལྷུང་། རླུང་གིས་མི་སྤྱོད་(བསྐྱོད)པ་དང་། ཡར་ཆབ་གཙང་པོ་ལ་གཟིངས་བྱས་ནས་བྱོན་པས། འབྱུང་བ་སྣ་ལྔ་ལ་གྲུབ་པ་ཐོབ་མི་ཡང་རླངས་ཀྱི་གྲུབ་ཐོབ་ཆེན་པོ་ཡིན། རླངས་ཀྱི་གྲུབ་ཐོབ་ཆེན་པོ་ལྷ་གཟིགས་བྱང་ཆུབ་རྡོ་རྗེ། མ་ལ་འཁྲུངས་ནས་ཆོས་ལ་ཞུགས། །དགུང་ལོ་བཞི་ཡི་ལོ་ཐོག་ཏུ། །གསང་སྔགས་སྙིང་མའི་གྲུབ་པ་ཐོབ། །དགུང་ལོ་ལྔ་རུ་བཞེས་པ་ལ། །ནམ་མཁའ་ཡངས་པའི་དབྱིངས་རུ་དུ(སུ་ནི)། །འཛའ་ཚོན་སྣ་ལྔའི་ནང་རུམ་ན། །སེང་གེ་བརྒྱད་སྒོལ་ཁྲི་སྟེངས། །ལོ་གསར་ཟླ་བའི་བཅོ་ལྔ་ལ། །བཅོམ་ལྡན་ཤཱཀྱ་ཐུབ་ཞལ་མཐོང་ནས། །བཀའ་ནི་གསང་སྔགས་ཆོས་རྣམས་ཞུས། །དེ་ཡང་གྲུབ་པ་ཐོབ་པའི་གྲུབ་བཏགས་ཡིན། དགུང་ལོ་བརྒྱད་དུ་བཞེས་པའི་ཚེ། །སློབ་དཔོན་པདྨ་དངོས་སུ་སྤྲུལ། །ནུབ་ཕྱོགས་ཨུ་རྒྱན་གནས་སུ་བྱོན། །དམ་ཅན་ཆོས་སྐྱོང་བསྲུང་མ་སྐོས། །སྲིན་པོ་རྣམས་ཀྱི་འདུལ་དཔོན་མཛད། །དེ་ནས་དཔྱིད་ཟླའི་ཚེས་བཅུ་ལ། །གངས་དཀར་རྒྱལ་པོ་རི་རྩེར་བྱིན(ཕྱིན)། །ཕྱག་ན་རྡོ་རྗེ་དངོས་དང་མཇལ། །གྲུབ་པ་ཐོབ་པའི་གྲུབ་རྟགས་ཡིན། །ཟླ་བ་དེའི་བཅོ་ལྔ་ལ། །རྒྱ་གར་རྡོ་རྗེ་གདན་དུ་བྱོན། །མགོན་པོ་སྤྱན་རས་གཟིགས་དང་མཇལ། །གྲུབ་པ་ཐོབ་པའི་གྲུབ་རྟགས་ཡིན། །དེར་ཁོང་ཕྱིར་བྱོན་ནས་བལ་ཡུལ་འཕགས་པ་ཤིང་ཀུན་དུ། ཕྱི་མའི་ཆོས་བརྒྱད་ལ་བྱོན་ནས་མཆོད་པའི་ཡོ་བྱད་བསམ་གྱིས་མི་ཁྱབ་པ་ཕུལ། གསོལ་བ་བཏབས་ནས། ཏིང་ངེ་འཛིན་གྱི་ངང་ལ་གཟིམས་པ་ལ། ཁོང་གི་སྣལ་(མནལ)ལམ་དུ་སྟེང་ཕྱོགས་ལྷའི་ཡུལ་དུ་བྱོན། བྱམས་པ་མགོན་པོ་ཉིད་དང་མཇལ། མོད་ལ་ལྷའི་བུ་མོས་མཆོད་པ་ཕུལ་བ་རྨིས། མཆེད་ནང་ཉི་མ་ཤར་བ་དང་། ཁོང་མནལ་སད་པ་དང་། བལ་ཡུལ་ནས། གྲུབ་ཐོབ་དེ་འདས་ཟིན་སྔུར་དེ་བཞུ་དགོས་ཟེར་གྱི་འདུག །དེར་ཁོང་བཞེངས་པའི་ཐུགས་ལ་ནི། བྱམས་པའི་ཆོས་ལྔ་གནང་བ་ལ་བལ་ཡུལ་པ་ཆོས་ཆོས་ཞུས་ཟེར་བས། ཁོང་གི་བྱམས་པའི་ཆོས་ལྔའི་ཆོས་གྲྭ་ཆེན་པོ་དེར་བཙུགས་སོ། །དེ་ནས་སྤུ་རངས་ལྷ་བར་དུ་བྱོན་པ་ལ། བོད་ཁམས་ཀྱི་བསྟན་མ་བཅུ་གཉིས་ཀྱི་བསུ་བ་བྱས། གངས་དཀར་མས་ཞུས་ནས། ངེད་བོད་ཁམས་བསྟན་མ་བཅུ་གཉིས་འདི། ཁྱེད་

སློབ་དཔོན་གྱིས་དམ་ཅན་སྟེར་ཀྱང་ཡིན། ངའང་ལས་འཁན་(མཁན)བྱེད་པར་ཞུ། ཟེར་ནས་ཞུས། དེའང་གྲུབ་པ་ཐོབ་པའི་བཏགས་(རྟགས)ཡིན། དེ་ནས་དབུས་ཀྱི་ལྷ་སར་བྱོན་པ་ལ། མ་མཁའ་འགྲོ་མ་རྣམས་ཀྱི་བསུ་བ་བྱས་ནས་བཞུགས་པ་ལ། ཡེ་ཤེས་ཀྱི་མཁའ་འགྲོ་མ་གསུམ་གྱིས་ཁོང་ལ། ཀ་པཱ་ལ་ཁྲི་དཀར་ལ་ནང་དམར་བ་ཞིག་གི་ནང་དུ་དངོས་གྲུབ་དྲངས་པ་ལ། འཕན་ཡུལ་བ་དར་མ་དབང་ཕྱུག་གིས། ཁྱོད་རྣལ་འབྱོར་པ་འབྲང་རྗེག་ཅིག་གདང་། མཛེ་སྤྲང་འདི་ཚོ་བཟའ་མེད་ནས་ལྷ་སའི་རོ་གང་འདུག་བཤས་ནས་བྱས་འདུག་པ། ཐོད་ཐོར་ནང་ཡང་མི་ཁྲག་བཙུས་ནས་དམར་པོར་འདུག །འདི་རྣམས་ཀྱི་འཁོར་ན་མ་འདུག་བྱས་པ་ལ། མཁའ་འགྲོ་མའི་བཀའ་ཆད་བྱུང་ནས། བྱང་ཕྱོགས་དེར་སྣ་ཁྲག་ཟགས་ནས་ཤིའོ། །ཁོང་ཡང་བྱང་ཕྱོགས་ཐང་ལྷའི་མགུལ་དུ། གནམ་མཚོའི་འགྲམ་དུ་བྱོན་པ་ལ། འཛིག་རྟེན་ལྷ་འདྲེ་ཐམས་ཅད་ཚོགས་ནས་ཁོང་ལ་བསུ་བ་བྱས་པས། ཁོང་གིས་དམ་ཅན་དུ་བཀོལ། ཁོང་དམ་ཅན་རྣམས་ཀྱི་བསྐོར་ནས་མདོ་ཁམས་ཡུལ་གྱི་སོག་ཤོད་ལ་བྱོན་ནས་བཞུགས། གསང་སྔགས་གསར་རྙིང་གི་ཆོས་གྲྭ་བཙུགས་པ་ལ། གླུ་རྗེ་རྒྱ་བ་ཐོད་དཀར་གྱིས་ཆོས་ཞུས། དམ་ཅན་བྱེད་པར་ཁས་བླངས། ཁྱེད་རང་མི་བརྒྱུད་ཡིན་ངེས་ལ། བཀའ་བསྲུངས་མེད་པ་གནོད་མི་སྐྱེས་ཟེར། དེ་ནས་རྟ་ཤོད་ཤེ་ལེ་ཕུ་གསུམ་གྱི་ལྷ་ཁང་གི་ཕུ་ན་འབྲུ་བསྙོན་དར་མ་སེ་ཏི་བཞུགས་པའི་སར་བྱོན་ནས། གསང་སྔགས་གསར་རྙིང་གི་ཆོས་རྣམས་ལ་ལུང་དང་བཀའ་བཞིན་བསྟུན་པ་དར་མ་སེ་ཏིས་གསུངས་པ་ལ། ཁྱེད་བཀའ་གསར་རྙིང་ཆོས་ལ་གྲུབ་པ་ཐོབ། སངས་རྒྱས་རྣམས་དང་དངོས་སུ་མཇལ། དཀོན་མཆོག་གསུམ་ལ་མཆོད་པ་ཕུལ། ལྷ་འདྲེ་ཐམས་ཅད་བྲན་དུ་བཀོལ། མཚན་ཡང་བྱང་ཆུབ་འདྲེ་བཀོལ་གྱིས། བོད་ཀྱི་ཡུལ་དུ་གྲགས་པ་ཡི་གྲུབ་པ་ཐོབ་པའི་མཚན་དུ་ཡོངས(ཡོང)། དེ་ནས་ལྷོ་ཕྱོགས་ཀོང་པོའི་ཡུལ་དུ་དགོངས་པ་ལ། མཁའ་འགྲོ་མའི་ལུང་བསྟན་མཛད་ནས། གྲུབ་པ་ཐོབ་པའི་སྐྱེས་བུ་ཁྱོད། །ཁྱོད་ཀྱི་གདུལ་བྱ་ཤར་ན་ཡོད། །ཤར་དུ་བྱོན་དང་དངོས་གྲུབ་ཡོངས། །ཟེར་ནས་ལུང་བསྟན་མཛད། དེ་ནས་ཁོང་གི་ཤར་དུ་བྱོན། གེར་མཚོའི་མགུལ་

དུ་ཕྱིན་པ་ལ། གླིང་རྗེ་གེ་སར་གྱིས། སྤྲིན་གྱི་བེར་ནག་པོ་ཐོག་རྟགས། སྤྲིན་རལ་ཁྲ་བོ། སྤྲིན་ཧ་ནག་པོ་གསུམ་ཕྱུལ་ནས། མི་འཆི་ཚེའི་དབང་ཞིག་ཞུ། །ངས་གདུག་པའི་ལྷ་འདྲེ་འདུལ་བ་ལ། །ཁྱེད་ཀྱི་བདག་གིས་ལུག་བསྐྱབས་མཛོད། །ཟེར་ནས་ཞུས། ཁོང་གི་ཞལ་ནས། ཁྱོད་འཆི་བའི་དུས་ལ་བབ་པ་ལ། །རང་རེས་འབད་ཀྱང་ག་ལ་བསྒེན། །བདུད་ཀྱི་བར་ཆད་མ་བྱུང་བ། །རྣལ་འབྱོར་བདག་གི་བསྲུངས་མ་བྱེད། །ལོ་ནི་བརྒྱད་ཅུ་རྩ་བརྒྱད་བར། །སྐྱེས་བུ་ཁྱོད་ཀྱི་ཚེ་ཚད་ཡིན། །དེར་ཁོང་ལ་སྦྱོམ་རས་མགོ་བྱས་པའི་མདོ་ཁམས་ཀྱིས་ལྷ་འདྲེ་ཐམས་ཅད་ཀྱི་བསུ་བ་བྱས་ནས། རྒྱ་ནག་རི་བོ་རྩེ་ལྔར་ཕྱིན། འཕགས་པ་འཇམ་དཔལ་དང་མཇལ། མ་མཁའ་འགྲོ་མ་ཡི་དངོས་གྲུབ་དྲངས། དེ་ཡང་གྲུབ་པ་ཐོབ་པའི་རྟགས་ཡིན། དེར་ཡང་རྒྱའི་ལི་ཁྲུར་དུ། རྒྱའི་ཐེལ་ཚུ་ཡང་ལེར་ཕྱིན། རྒྱའི་ཕོ་བྲང་ཐམས་ཅད་བཏུལ། གྲུབ་རྟགས་བརྟན་ནས་དེ་ན་བཞུགས། དགོན་པ་མཛད་ནས་སྐྱབས་ལ་བཞུགས། མ་མཁའ་འགྲོ་མ་རྣམས་ཐམས་ཅད་འདུས། དངོས་གྲུབ་ཚད་མེད་པར་ཕུལ། དེ་ནི་སྒོམས་པའི་སྐྱབས་རྟགས་ཡིན། སངས་རྒྱས་ཐམས་ཅད་ཀྱི་སྐུ་ཞལ་མཐོང་ནས་མཉམ་གཞག་ངང་ལ་བཞུགས་པ་ལ། གེ་སར་རྒྱ་ལ་བྱོལ་སྟ་སྐྱུལ་ནས། ཁྱེད་གདན་འདྲེན་པ་ལ་ཡོངས་པས། གྲུབ་པ་ཐོབ་པའི་རྣལ་འབྱོར་པ་བོད་ཀྱི་ཡུལ་དུ་ཕྱིན་པར་ཞུ། བདག་ལ་ཁྲིམས་ཀྱི་དངུལ་མདུང་ཀ་ཏུ་དང་། ཁྲིམས་ཀྱི་ཛ་བོ་ཆེ་ཟེལ་གཙོན་དང་། ཁྲིམས་དར་ནག་པོ་ཟེལ་གཙོན་དང་། རྒྱ་ནོར་བསམ་གྱིས་མི་ཁྱབ་པ་འབུལ་རྒྱུ་ཡོད་ཟེར་ནས་ཞུས། དེར་གྲུབ་ཐོབ་ཆེན་པོ་ལ་མཁའ་འགྲོ་མའི་ལུང་བསྟན་བྱུང་ནས། སྟོད་ནུབ་ཕྱོགས་ཕྱུ་རྒྱན་བྱང་ངོས། སྤྲིན་པོ་ཕོ་མོ་འདུ་བ་དང་། ཐང་ཡིག་རིན་ཆེན་སྒྲོན་མེ་དང་། །བསྟན་པ་འགྱོགས་པའི་གླང་པོ་དང་། །རྣལ་འབྱོར་ཁྱེད་ལ་མགོ་བ་ཡི། །ལྷངས་ཀྱི་སྲུ་ཏི་བསེ་རུ་དང་། །བཀའ་དང་བསྟན་ཆོས་གསེར་དུ་ཡོད། །རྣལ་འབྱོར་བཀའ་དང་གླིང་ཕྲུག་ཐོངས། །གཏེར་ཁ་ཆེན་པོ་ཐོན་པར་ཡོངས། །ཟེར་བ་མཁའ་འགྲོའི་ལུང་བསྟན་བྱུང་ནས། དེ་ནས་ཁོང་གི་(གིས) གླིང་རྗེ་གེ་སར་བཀའ་གནང་ནས་ནུབ་ཕྱོགས་ཕྱུ་རྒྱན་ངོས་ལ། སྤྲིན་པོ་ཕོ་མོ་འདུལ་བ་དང་།

བྱང་ཕྱོགས་གཡའ་ར་དམར་པོའི་ཞོལ་ཕ་ཕྱོང་(ཕྱང)སྔོན་པོ་སྦལ་བ་འདྲ་བ་ཞིག་གི་འོག་ཏུ་གསེར་ཁ་ཆེན་པོ་བཀའི་བསྟན་བཅོས་མང་དུ་ཡོད་པ་ཁྱོད་ཀྱི་ཐོན་(ཀྱིས་བཏོན་)པ་ཡོངས་(ཡོང་)པར་ཡོད་པས། དེ་ཐོན་པ་དང་ང་ཡང་བོད་དུ་ཡོང་གསུངས་པ་དང་། ཁོང་ལ་སློབ་དཔོན་པདྨའི་སྐུ་ཞིག་དང་། སྒྲིབས་ཤིང་བསྒྲུངས་པ་ཞིག་བཏགས་སོ། །དེ་ནས་ཁོང་སོང་ནས་སྲིན་པོ་ཕོ་མོ་བཏུལ། གཏེར་ཁ་ཆེན་པོ་བཏོན། དེར་དཔལ་བཟང་མིག་བམ་འབམ་གྱིས་ཁོང་གི་སྔན་པ་ཆོར་བ་དང་། གདན་འདྲེན་ལ་སོང་ནས་ཁོང་གི་མདུན་དུ་ཕྱིན་པ་དང་ཞུ་བ་བྱས། རང་གི་ཡུལ་དུ་མི་བཞུགས་ན། །མི་ཡི་ཡུལ་དུ་ཅི་ལ་བཞུགས། །ངེད་རང་ཡུལ་དུ་འབྱོན་དགོས་ཟེར། གྲུབ་ཐོབ་ཆེན་པོས་གསུངས་པ། ངེད་རང་ཁུ་མཚན་འཕྲད་པ་ལ། །འགྲོ་འདུག་གང་བྱེད་གྲོས་སུ་བསྟུན། །དོ་ནུབ་སྐྱི་ལམ་ཞིག་ཀྱང་ལྟ། །གསུངས་པ་དང་། དེ་ནུབ་མཁའ་འགྲོ་མས་ལུང་བསྟན་མཛད་ནས། རྣལ་འབྱོར་བྱོན་པའི་དུས་ལ་བབ། །ཁྱོད་ཀྱི་གདུལ་བྱ་སྟོད་དུ་ཡོད། །ཁྱོད་ལ་གདུལ་བྱ་སྟོད་ལ་ཡོང་། །ཁྱེད་ལ་གདུང་བརྒྱུད་གསུམ་དུ་ཡོད། །སྟོད་ཀྱིས་ས་ཡུལ་བདག་པོ་བྱེད། །ཟླ་བ་ཕྱི་མའི་བཅོ་ལྔ་ལ། །རྣལ་འབྱོར་སྟོད་ལ་འབྱོན་པ་འཐད་གསུང་ནས་ལུང་བསྟན་པ་དང་། གྲུབ་ཐོབ་ཀྱིས་གསུང་པ་ཟླ་བ་ཕྱི་མའི་གནམ་གང་ལ། ཁྱོད་ཚ་བོ་གང་ཟེར་ཅན་དུ་ཡོང་། ཚ་བོ་ཁྱོད་རང་མགྱོགས་པར་སོང་གསུངས་པ་ལ། དཔལ་བཟང་གིས་ཞུས་ནས། ཟླ་བ་ཕྱི་མའི་ཉེར་བརྒྱད་ལ་རི་ཤོད་ཡ་རྒྱང་མདོར་ཡོན་བདག་སྤྱང་(སྤང)དང་། ངེད་རང་ལྷ་སྟོན་དཔལ་སྟོམ་རྣམས་ཀྱིས་ཡང་བསུ་བ་བྱེད། དུས་བཟང་ཡང་ཕྱིའི་གནམ་གང་ལ་གོད་ཆེན་ཐང་དུ་བསུ་བ་བྱས། ཆོས་འབྲེལ་ཡོན་བདག་གང་ས་བྱེད་ཟེར་བ་དང་། དེར་འབྱོན་པའི་ཞལ་བླངས་བྱས་ནས་ཁོང་སོང་། ཁོང་ཡང་ཕྱི་མའི་བཅོ་ལྔ་ལ་འབྱོན་ཆོས་(ཆས)མཛད་པ་ལ། རྒྱ་བོད་ཀྱི་ལྷ་འདྲེ་ཐམས་ཅད་འཚོགས་པ་དང་། ཁོང་དམ་ཅན་མ་མགོན་རྣམས་ཀྱིས་བསྐོར་བ་ལ། གྲུབ་ཐོབ་ཀྱི་ཞལ་ནས་ཁྱེད་མགོན་པོ་རྣམས་ཀྱི་མི་ཡང་ཕྱུ། །ལྷ་མོ་རྣམས་ཀྱིས་ཆུ་ཡང་སོང་། །ང་རྣལ་འབྱོར་པ་ཡི་ཤིང་ཡང་འབུལ། །དཀར་ནག་གཉིས་ཀྱི་ཇ་ཆུ་བསྐོར། །བོད་

ཀྱི་ཡུལ་དུ་འགྲོ་རན་ཡོད། །མ་མཁའ་འགྲོ་མའི་བསུ་བ་ཡོད། །རང་རེའི་བསྒྲུབ་གནས་བཟུང་པ་དང་། །སངས་རྒྱས་བསྟན་པ་འཛིན་པ་དང་། །ཚོ་བོ་གཉན་བཟངས་ལྷ་སྟོན་འདི། །ཐེལ་ཚུའི་བླ་མར་འཛོག་པ་ཡིན་གསུང་ནས་གཉན་བཟང་ལ་གསུང་ཕྱིན་པ་ལ། གཉན་བཟང་ལྷ་སྟོན་གྱིས་ཞུས་པ། ཡུལ་འདི་གནས། ལྷ་འདྲེ་འདི་གདུག་པ་ཆེ། ཁྱེད་རང་བླ་ལ་འགྲོ་ཟེར་བ་ལ། ཁོང་གིས་གསུང་པ། མགོན་པོ་ལྷ་མོ་སྲུག་པ་ཡང་། །ཚོ་བོ་ཁྱོད་ལ་འཛོག་པ་ཡིན། །གདམ་ངག་དཔེ་ཡི་པོ་ཏི་ཡང་། །ཚོ་བོ་ཁྱོད་ལ་འཛོག་པ་ཡིན། །ལྷ་ཁང་གསེར་འབྲུ་བཅས་པ་ཡང་། །ཚོ་བོ་ཁྱོད་ལ་འཛོག་པ་ཡིན། །མཁའ་འགྲོ་མ་ཡི་དངོས་གྲུབ་ཡང་། །ཚོ་བོ་ཁྱོད་ལ་འཛོག་པ་ཡིན། །ཐེལ་ཚུའི་ཡོན་བདག་རྒྱ་བོད་རྣམས། །ཚོ་བོ་ཁྱོད་ལ་འཛོག་པ་ཡིན། །རྒྱ་ནག་རི་བོ་རྩེ་ལྔ་ན། །ཡི་དམ་འཕགས་པ་འཇམ་དཔལ་བཞུགས། །ཚོ་བོ་ཁྱོད་ཀྱི་ཡི་དམ་གྱིས། །རྒྱ་བོད་ཐེལ་ཚུའི་ལྷ་འདྲེ་རྣམས། །ཚོ་བོ་ཁྱོད་ཀྱི་ཕོ་ཉར་འཛོག །སློབ་མ་སུམ་བརྒྱ་བདུན་ཅུ་ཡང་། །ཚོ་བོ་ཁྱེད་ཀྱི་གྲྭ་པ་འཛོག །ཡ་རོག་སྟོན་པས་ཕུལ་བ་ཡི། །ཇ་ཆེན་གྲམ་གཞུང་ཁྱོད་ལ་འཛོག །ང་མདོ་བ་ལྷུང་གི་རྟ་ལ་ཞོན། །ང་མགྱོགས་པ་བྱུང་ན་མགྱོགས་པ་འགྲོ་གསུང་ནས། ཇ་གྲམ་པ་གཞུང་རྒྱལ་ལ་ཕྱིབས་ནས་ནམ་མཁའི་ཁམས་ལ་ཕྱིན། མཁའ་འགྲོ་མས་ཡང་བསུ་བ་བྱས་སོ། །གླིང་གི་གླིང་ཡུལ་གོར་མདོར་ཕྱིན་པ་དང་། གླིང་གི་རྒྱལ་པོ་གེ་སར་དེས། ཡོལ་གྱི་ཡོལ་སྟོད་དུ་ཕྱག་ཕེབས་པ་དང་། གླིང་རིངས་ཀྱི་མི་ཚོ་དེར་འབུལ་བ་ཕྱེད་དུ་བྱུང་། ཁོང་གིས་ཐང་ཡིག་རིན་ཆེན་སྒྲོན་མ། བསྟན་པ་འགྱོགས་པའི་སྨྲང་པོ་ལྷངས་ཀྱི་པོ་ཏི་བསེ་ཏྲུ། ཁྲིམས་ཀྱི་ཛ་པོ་ཆེ་ཟེལ་གནོན། ཁྲིམས་ཀྱི་དངུལ་གདུང་ཀེ་ཏྲུ། ཁྲིམས་དར་ནག་པོ་དགྲ་འདུལ། སློབ་དཔོན་པདྨའི་ཆོས་སྐོར། དབུ་ཞྭ། ན་བཟའ། ཆགས་ཚུ་དང་བཅས་པ་རྣམས་དང་ཕྱིབས་པ་ཕ་བོང་ག་པ་རྟ་འདྲ་ཕུལ་བ་ནས། ཞུ་བ་བྱས་པ་ལ། ཁྱོད་གྲུབ་པ་ཐོབ་པའི་རྣལ་འབྱོར་པ། སངས་རྒྱས་ཀྱི་བསྟན་པ་འཛིན་པ་དང་གདུག་པའི་ལྷ་འདྲེ་འདུལ་བ་དང་། གླིང་གི་མི་ནོར་འཕེལ་བ་དང་། །མི་ནད་ཕྱུགས་ནད་གཅོད་པ་དང་། །བོད་ཁམས་བདེ་བ་ཐུགས་ལ་ཐོགས། །གྲུབ་ཐོབ་

བཞུགས་པའི་སྐུ་རིང་ལ། །རྒྱུན་ཆད་མེད་པར་མཇལ་བར་ཞུ། །མི་རྟག་འདའ་བའི་ཚུལ་སྟོན་ན། །བདེ་བའི་གནས་སུ་བདག་ཡང་ཁྲིད། །ད་རེས་འབུལ་བའི་སྤྱ་མར་ཞུ་ཟེར་ནས་ཞུས་སོ། །སེང་རློན་ཁྲ་བོ་གཡང་ལུགས། ཁྲ་ཀན་ཐོག་རྒྱུགས་དཀར་པོ། ཁྲོ་ཐུང་གི་ཤང་མོང་ནག་པོ། ལྷམ་བུའི་དཀར་མོ་རུབ་གདུགས། ཞལ་དཀར་གྱི་གངས་དཀར་ལྷ་རྩེ། བན་སྟེས་གཡུ་དམར་འོད་གསལ། ཤེལ་རིས་གསེར་གྱི་མཚོད་རྟེན་ཕུལ། གླིང་གི་གཙོ་བོ་སུམ་ཅུ། ཐུས་(ཐུལ)པ་སུམ་ཅུ། སྟག་ཤར་སུམ་ཅུ། བླ་མཆོད་སུམ་ཅུ། མོ་བཙུན་སུམ་ཅུ་རྣམས་ཀྱིས་མི་རེས་འབུལ་བ་རེ། ཞུ་བ་རེ་བྱས། གྲུབ་ཐོབ་ཆེན་པོའི་ཞལ་ནས། ཁ་བ་ཅན་དུ་གནོད་པ་འདུལ་དགོས་ཅི་འདྲ་ཡོད། བདག་གིས་བཀའ་དང་དབང་བསྐུར་ན། ཡོན་བདག་ཁྱོད་ཀྱིས་ཐུལ་ནས་ཡོང་། །མི་དགེ་སྤང་དང་དགེ་བ་ཡོད། །སྙིང་རྗེ་བསྒོམས་ན་བྱམས་སེམས་ཡོང་། །བླ་མ་བསྒོམས་ན་བྱིན་རླབས་ཡོང་། །ཡི་དམ་བསྒོམས་ན་དངོས་གྲུབ་ཡོང་། །སྙིང་རྗེ་བསྒོམས་ལ་སྦྱིན་པ་ཐོངས། །སྡིག་པ་སྤངས་ལ་དགེ་བ་གྱིས། །བསོད་ནམས་རྒྱུན་ཆད་མེད་པར་ཡོང་། །དགེ་སྡིག་ཤན་འབྱེད་ཀྱི་ཆོས་སྐོར་འདི། །སྐལ་ལྡན་རྣམས་ཀྱི་ཆོས་སྐལ་ཡིན། །གསུང་པའི་བསྟན་ཆོས་གསུངས། འགྲོ་དགོས་གསུངས་པ་ལ། གླིང་གི་གེ་སར་གྱིས་ཞུས་ནས། ཁ་བ་ཅན་དུ་གནོད་པ་ཡི། །བདག་གིས་ཐུལ་ཡང་མི་ཐུལ་བས། །ཁྱོད་སློབ་དཔོན་བཀའ་ལ་མི་བརྩི་བར། །སེམས་ཅན་ཀུན་གྱིས་སྲོག་བཅད་ནས། །རྒྱལ་ཁམས་རྩམ་ལ་གནོད་པ་ཡི། །ཤར་ན་དྲི་ཟ་རྒྱལ་པོ་ཡོད། །ལྷོ་ན་གཤིན་རྗེ་རྒྱལ་པོ་ཡོད། །ནུབ་ན་སྲིན་པོ་གུར་དུམ་ཡོད། །བྱང་ན་གནོད་སྦྱིན་ཕོ་མོ་ཡོད། །ཕྱོགས་འདི་ཐུལ་ལ་དམ་དུ་ཁོལ། །བོད་ཁམས་བདེ་བ་ཐུགས་ལ་ཐོགས། །གླིང་གི་ཐང་བརྒྱད་ཐང་སྟོང་འདི། །གྲུབ་ཐོབ་ཁྱོད་ཀྱི་དགོན་པར་འབུལ། །གླིང་གི་ས་ཡུལ་གར་བདེ་དེ། །གྲུབ་ཐོབ་བཞུགས་པའི་གནས་སུ་འབུལ། །ཕ་བོང་ག་པ་ཏ་འདྲ་དེ། །ལྷ་འདྲེ་འདུལ་བའི་ཚིབས་པར་འབུལ། །ཟེར་བ་ཞུས་པ་དང་། ཁོང་ཡོན་མཆོད་གཉིས། གླིང་གི་ཡུལ་ཐང་བརྒྱད་ཡོལ་དེ་ཡག་ཐང་དང་ཡུལ་རྣམས་ཀྱི་སྟོད་སྨད་ལ་བྱོན་ནས་ཕ་བོང་ག་པ་ཏ་འདྲའི་རྩར་བཞུགས།

དཀོན་མཆོག་ལ་མཆོད་པ་ཕུལ། ཆོས་སྐྱོང་རྣམས་ལ་གཏོར་མ་སྦྱིན། ལྷ་འདྲེ་རྣམས་ལ་དམ་གཏོར་བཏང་། མཁའ་འགྲོ་མ་ལ་དངོས་གྲུབ་བླངས། ལུང་བསྟན་མཛད་པ་ལ། རྣལ་འབྱོར་རྒྱལ་པོ་ཁྲི་ཐུལ་ཅན། །ཁྱོད་དེ་རུ་མ་བཞུགས་ཤར་ཕྱོགས་ཕྱིན། །ཤར་དྲི་ཟའི་རྒྱལ་པོ་གདུག་རྩུབ་ཆེ། །ཟེར་བས་ལུང་བསྟན་ནོ། །དེ་ནས་ཕ་བོང་ག་པ་ཏ་འདྲ་ལ་ཆིབས་ནས། རྡོ་རྗེ་ཁུ་ཚུར་རྒྱབ་ནས་གོར་བུ་ཏ་བཞི་རུ་འཁོར་བ་ལ། ནམ་མཁའི་དབྱིངས་ནས་བཅོམ་ལྡན་རྒྱལ་བ་ཤཱཀྱ་ཐུབ་པ་བཀའ་བརྒྱུད་བླ་མའི་ཕོ་ཁྲོམ་ཡི་དམ་ཕྱག་ན་རྡོ་རྗེ། དཔལ་ཆེན་རྡོ་རྗེ་གཞོན་ནུ། འཇིགས་བྱེད་ཀྱི་ལྷ་ཚོགས། ཁྲོ་བོ་ཁྲོ་མོ་ཚོགས་རྣམས་མཐོང་། སྟོད་གོ་རྒོད། བར་ཐང་ལྷ། སྨད་སྤོམ་ར། བོད་ཁམས་བསྟན་མ་བཅུ་གཉིས་ལ་སོགས་པ་འཇིག་རྟེན་གྱི་ལྷ་འདྲེ་ཐམས་ཅད་འདུས་ནས་སྨད་སྤོམ་རས་ཞུས་ནས། ཤར་གྱི་ཕོ་ཉ་ལས་མཁན་ངས་བྱེད་ཟེར། དེ་ནས་དྲི་ཟའི་རྒྱལ་པོ་འདུར་（འདུལ）བ་ལ་ཕྱིན། ཁོང་རང་རྡོ་རྗེ་གཞོན་ནུར་སྤྲུལ། །རྡོ་རྗེ་དབྱིངས་ཀྱི་དཀྱིལ་འཁོར་ན། །རྡོ་རྗེ་སེམས་དཔའ་དངོས་དང་མཇལ། །རྡོ་རྗེ་མཁའ་འགྲོས་དངོས་གྲུབ་བླངས། །དྲི་ཟ་ཕོ་མོ་དམ་ལ་བཏགས། །སེམས་ཅན་གནོད་པ་མི་སྐྱེལ་ཞིང་། །རྣལ་འབྱོར་དམ་ཅན་བྱེད་པར་ཆད། །སྲོག་སྙིང་ཕུལ་ནས་ཕོ་ཉར་བསྐོས། །དེ་ནས་གཙང་ཁའི་ཡུལ་ལ་ཕྱིན། །གཙང་ཁའི་ལྷ་སྲིན་ཐམས་ཅད་བཏུལ། །མཚོ་སྨན་རྣམས་ཀྱི་སྐྱེལ་ཐུང་བྱས། །བོད་ཀྱི་ཡུལ་དུ་ཕྱིན་པ་ལ། །ཕ་ཕྱོང་ག་པ་ཏ་འདྲ་ཆིབས། །ནམ་མཁའི་ཁམས་ལ་གསེར་ཛ་བརྡུང་། །བོད་ཀྱི་ཡུལ་ལ་ཆགས་ཕེབས་ནས། །སྨད་（སྨ）ཆེན་སྤོམ་རས་ཞུས་པ། སྟོ་གཤིན་རྗེའི་གནོད་པ་འདུལ་བ་ལ། ཕོ་ཉ་ལས་མཁན་ངས་བྱེད་ཟེར་ནས་ཞུས་པ་ལ། ཁོང་རང་འཇམ་དཔལ་དངོས་སུ་སྐྱེད། །ཕ་ཕྱོང་ག་པ་ཏ་འདྲ་ཆིབས། །རིན་ཆེན་དབྱིངས་ཀྱི་གཞལ་ཡས་སུ། །རིན་ཆེན་འབྱུང་ལྡན་དངོས་དང་མཇལ། །རིན་ཆེན་མཁའ་འགྲོས་དངོས་གྲུབ་བླངས། །གཤིན་རྗེ་ཕོ་མོ་བྲན་དུ་བཀོལ། །སེམས་ཅན་གནོད་པ་མི་སྐྱེལ་བ། །རྣལ་འབྱོར་དམ་ཅན་བྱེད་པ་ཆད། །ཡང་བོད་ཁམས་བསྟན་མ་བཅུ་གཉིས་ཀྱི་ཞུས་པ། རྣལ་འབྱོར་པདྨའི་ཆ་བྱད་ཅན། །ཁྱེད་བུ་རང་གང་དུ

ཕྱིན་པའི་དུས། །ངེད་བཅུ་གཉིས་ཀྱི་དམ་ཅན་བྱས་པ་ལ། །ཁྱེད་ཀྱི་ལས་མཁན་ཅི་མ་བཅོལ། །ལྷ་ཞུབ་མཚམས་ཀྱི་སྲིན་པོ་དེ། །འཇིག་རྟེན་མི་ལ་གནོད་པ་སྐྱེལ། །ཁྱེད་སློབ་དཔོན་གྱིས་འདུལ་བའི་དུས་ལ་བབ། །ངེད་བོད་ཁམས་བསྲུང་མ་བཅུ་གཉིས་ཀྱིས། །ཁྱེད་སློབ་དཔོན་གྱི་དམ་ཅན་བྱེད་པར་ཞུ། །ཟེར་བ་དང་། ཕ་ཤོང་གཡག་པ་ཧ་འདྲ་ཚིབས། །ཁྱེད་སློབ་དཔོན་པདྨ་དངོས་སུ་སྤྲུལ། །ནུབ་ཕྱོགས་ཨོ་རྒྱན་ཡུལ་དུ་ཕྱིན། །བདེ་བ་ཅན་གྱིས་གནས་སུ་ཕྱིན། །གཡུ་ལོ་བཀོད་པའི་ཞིང་དུ་ཕྱིན། །སངས་རྒྱས་རྣམས་དང་དངོས་སུ་མཇལ། །པདྨ་རིགས་ཀྱི་དཀྱིལ་འཁོར་དུ། །སྣང་བ་མཐའ་ཡས་དངོས་སུ་མཇལ། །སྲིན་པོ་ཕོ་མོ་རྩད་ནས་བཅད། །གུར་དུམ་སྲིན་པོ་ཐུལ་བ་དང་། །པདྨ་མཁའ་འགྲོས་དངོས་གྲུབ་བྲངས། །དེ་ནས་བོད་ཀྱི་ཡུལ་དུ་ཕྱིན་པ། །སྨོམ་རས་ཞུས་པ། ཁྱེད་སློབ་དཔོན་པདྨའི་ཐུགས་ཀྱི་སྤྲུལ། །ནུབ་ཕྱོགས་ཨུ་རྒྱན་ཡུལ་དུ་ཕྱིན། །ཁྱེད་གནོད་པའི་ལྷ་སྲིན་བཏུལ་བ་དང་། །བྱང་གནོད་སྦྱིན་ཕོ་མོ་འདུལ་བ་ལ། །ང་ཡིས་ལས་མཁན་བྱེད་པ་ལགས། །ཞུས་པ་དང་། བདག་གིས་དུང་རི་ཁྱེད་ཀྱི་སྒོམ་ཁང་བྱེད་པར་ཞུ། གྲུབ་ཐོབ་བཙུན་མོ་བཞེད་པ་ན། ཕྲུག་མོ་བཞེད་པ་ན། ཕྲུག་མོ་ཡོད་པས་འབུལ་བ་ལགས་ཞུས། དེ་ནས་ཁོང་གིས་ཕ་ཤོང་གཡག་པ་ཧ་འདྲ་ཚིབས། ཕྲུག་ན་རྡོ་རྗེ་དངོས་སུ་སྤྲུལ་ནས་གནོད་སྦྱིན་ཕོ་མོ་དམ་ལ་བཏགས། འབྲས་མོ་གཤོངས་ཀྱི་ལྷ་སྲིན་བཏུལ། །ལས་ཀྱི་དབྱིངས་ཀྱི་གཞལ་ཡས་སུ། །དོན་ཡོད་གྲུབ་པ་དངོས་དང་མཇལ། །ལས་ཀྱི་མཁའ་འགྲོས་དངོས་གྲུབ་བྲངས། །བྱང་རྣམ་ཐོས་རྒྱལ་པོས་ཞུས་པ་ལ། །དེ་རིང་དཀོར་ནོར་འབུལ་བ་དང་། །བརྒྱུད་ཀྱི་བསྲུངས་མ་བྱེད་པ་རྣམས། །ཁྱེད་གྲུབ་ཐོབ་ཐུགས་ལ་གང་མངའ་ཞུས། །ཁོང་གི་ཐུགས་ལ། ང་ལ་ཟས་ནོར་གྱི་ཅི་བྱེད་དགོངས་ནས། བརྒྱུད་ཀྱི་ནོར་སྐྱོང་དུ་བསྐོས། ཕ་ཤོང་ཚིབས་ནས་འབྱོན་གསུངས་པ་ལ། རྣམ་ཐོས་སྲས་ཀྱི་བདག་གི་ཚིབས་རྒྱུའི་ཧ་ཞིག་འབུལ། རྡོ་ལ་ཚིབས་པ་མི་རུང་ཞུས། ཁོང་གིས་དགོངས་ནས་གསུངས་པ་ལ། ཁྱོད་རྒྱལ་པོས་འབུལ་བའི་ཧ་དེ་འདྲ། ངའི་རྡོ་ལའང་ཡོང་གི་ཡོད་གསུངས་ནས། རྡོ་ལ་ཚིབས་ཏེ་རྡོ་རྗེའི་ཁྲ་ཚུར་ཅིག་རྒྱབ་པས། སེང་གེ་

ཞིག་ཏུ་བྱུང་པ་ལ་ཆིབས་ནས་བྱོན། ལྷ་འདྲེ་རྣམས་ཡི་རང་ནས། ནམ་མཁའ་བར་སྣང་། ས་གཞི་རྣམས་འཕོད་པས། ང་ཡང་བརྒྱུད་ཀྱི་བསྒྲུངས་མ་བྱེད་ཟེར་ནས་འཕོད་པ་དང་། ཁོང་གིས་བརྒྱུད་ཀྱི་བསྒྲུངས་མར་བཀོས(བསྐོས)། གྲུབ་ཐོབ་དང་། སྨྱོན་རས་གླིང་གི་ཡུལ་དུ་བྱོན་པ་ལ། སྨྱོན་རས་ཞུས་ནས། ང་ཡི་ཡུལ་དུ་འབྱོན་པར་ཞུ། །དུང་རི་དཀར་པོར་འབྱོན་པར་ཞུ། །བཙུན་མོ་ཐུགས་ཀྱི་བཞེད་དགོངས་ན། ། སྲུག་མོ་ཡོད་པས་འབུལ་བ་ལ། །གཞན་ཡང་སྲས་ལྷམ་མང་དུ་ཡོད། །ཐུགས་ལ་གང་བཞེད་འབུལ་བ་ལགས། །ཟེར་བ་ཞུས་པ་དང་། ཁོང་གི་དགོངས་པ་ལ་སྔར་ཡང་ལྷའི་བརྒྱུད་པ་ཡིན། ང་རང་ཡང་ལྷ་ལས་གྲུབ་པ་ཐོབ། ལྷ་འདྲེའི་བུ་སྲིན་མང་བ་ན། བརྒྱུད་པ་བསྟེན་པ་མི་འཛིན་པར། སེམས་ཅན་ལ་འཚེ་བ་སྟོན་པ་ཡོང་། དགོངས་ནས། ཁོའི་འཁོར་སུམ་བརྒྱ་དྲུག་ཅུ། སྲིན་ལྷམ་བཞི་བཅུ་ཞེ་ལྔ་རྣམས་ལ་གཏོར་མ་སྦྱིན། དམ་ཅན་བསྐོལ་ནས་གསུང་བྱོན་པ་ལ། ཁྱེད་རྣ་ཆེན་སྨྱོན་རའི་འཁོར་བཅས་ལ། །རྣལ་འབྱོར་གཏོར་མ་མྱུས་སུ་འབུལ། །ང་ཡིས་བརྒྱུད་པ་འཛིན་པ་ཡི། །ལས་ཀྱི་བསྒྲུངས་མའི་ལས་མཁན་གྱིས། །གསུངས་ནས། དམ་ཅན་བསྒྲུངས་མ་ལས་མཁན་བྱེད་པར་ཁས་བླངས། དེ་ནས་ཁོང་གིས་གླིང་གི་ཡོན་བདག་ཕོ་མོ་རྣམས་ལ། དངོས་གྲུབ་ཀྱི་གནང་སྦྱིན་བྱས། ཆོས་ཀྱི་དབང་ལུང་མང་དུ་བྱས་ནས་གསུང་བྱོན་ནོ། །ང་རྣལ་འབྱོར་བྱང་ཆུབ་འདྲེ་བཀོལ་ངས། །གུང་ནས་རིག་པ་ཆོས་ལ་སད། །སངས་རྒྱས་བསྟན་པ་དར་བར་བྱས། །གནོད་པའི་ལྷ་སྲིན་བཏུལ་ནས་ཡོད། །གླིང་གི་མི་ནོར་འཕེལ་བར་ཡོད། །ཁྱེད་ཡོན་བདག་ཚེ་སྲོག་བསྟན་པར་ཡོང་། །ང་རྣལ་འབྱོར་པ་ང་རང་བརྒྱུད་སྤེལ་གསུངས་ནས་བྱོན། དེར་གེ་སར་གྱིས་ཁོངས་ལ་ཞུས་ནས། ཁྱེད་གྲུབ་ཐོབ་གར་འབྱོན། ངའི་ཡུལ་དུ་བཞུགས་པར་ཞུ། །དེ་ནས་མི་བཞུགས་འབྱོན་པ་ན། །སྒྲུབ་གནས་གར་ཡོད་གསུང་པར་ཞུ། །འབུལ་བ་ཁྱེར་ནས་མཇལ་དུ་ཡོང་། །དེ་མིན་བདག་ཡང་ཁྲིད་པར་ཞུ། །གྲུབ་ཐོབ་ཀྱི་གསུངས་ནས། ཡོན་བདག་གླིང་རྗེ་དད་པ་ཆེ། །མི་རབས་མང་པོའི་གོང་རོལ་ནས། །ཚེ་རབས་མང་པོའི་སྔོན་རོལ་དུ། །སྨོན་ལམ་བཏབ་པའི་ཡོན་མཆོད་

ཡིན། །ང་ཡི་ཕ་ཡུལ་སྟོད་དུ་ཡོད། །སྟེང་དག་པ་ལྷ་ཡིན་ཕྱིན་ཆད་དང་། །འཇིག་རྟེན་ས་ཡུལ་གར་བདེ་འདི། །རྣལ་འབྱོར་ང་ཡི་ཕ་ཡུལ་ཡིན། །སྐྱབས་གནས་ཁྱད་དུ་འཕགས་པ་དང་། །སངས་རྒྱས་ཞབས་ཀྱིས་བཅགས་པ་རྣམས། །རྣལ་འབྱོར་ང་ཡི་ཕ་ཡུལ་ཡིན། །སྟོད་ཀྱི་རྒྱ་གར་ཕྱིར་བཅད་དང་། །སྨད་ཀྱི་རྒྱ་ནག་ཡར་བཅད་ཡང་། །རྣལ་འབྱོར་ང་ཡི་ཕ་ཡུལ་ཡིན། །ལྷ་ཁང་གསེར་ཁྲུ་གང་ཚར་དང་། །བསྟན་བཅོས་པོ་ཏི་གང་འདུག་རྣམས། །རྣལ་འབྱོར་ང་ཡི་ཡི་དམ་ཡིན། །བྱང་དང་ལ་སྟོད་བལ་ཡུལ་དང་། །མངའ་རིགས་(རིས) དབུས་གཙང་ཞིང་པར་དག །དེ་རྣམས་ང་ཡི་ཕ་ཡུལ་ཡིན། །སྟོ་སྟོད་ལུང་ཆེན་བཅོ་བརྒྱད་ཡང་། །རྣལ་འབྱོར་ང་ཡི་ཕ་ཡུལ་ཡིན། །ཏ་འཛོག་གསེར་རིས་བཅས་པ། །གཡུ་རིས་རེ་གྲོ་བྱས་པ་ཅི་པར་ཆམ་གསུམ་ར་ས་བཅས་པ། སྤུ་ལོ་ཧུ་བཤོད་བཅས་པ། གསེར་འཛིན་གཡུ་གསུམ་ས་ཡུལ་བཅས་པ། བརྒྱད་དངོས་སང་ཟླས་བཅས་པ། ནགས་སོགས་ཤགས་ཀྱི་བཅད་པ། ཐེལ་ཚུ་གླིང་ཡུལ་བཅས་པ་འདི། །རྣལ་འབྱོར་ང་ཡིས་ཕ་ཡུལ་ཡིན། །ཤ་ཀེ་རུ་ཐོགས་དེ་ན་ཡོད། །སྟེར་ཡང་ཕ་ཡུལ་ང་(ད) པོར་འདུག །དའང་ཕ་ཡུལ་བྱེད་པ་ཡིན། །རྣལ་འབྱོར་བྱང་ཆུབ་འདྲེ་བཀོལ་དང་། །སངས་རྒྱས་བརྒྱུད་འཛིན་སྤེལ་བ་ལ། །སྟོ་ཡི་སྟོད་དུ་སྤེལ་བར་བྱ། །རྣལ་འབྱོར་བསྒྲུབས་པའི་གནས་ཁང་དེ། །མ་གསང་གཡུ་མཚོའི་མཇལ། ཚུ་བོ་བཞི་འདུས་པའི་མགོ་བོ། སངས་རྒྱས་ཀྱི་ཞབས་ཀྱིས་བཅགས་པའི་སར། དགོན་པ་དང་བསྒྲུབ་པ་བྱེད་པ་ཡིན། གསུང་ནས་བྱོན། གེ་སར་ཡང་ཡུལ་ལ་བྱོན། དེར་གྲུབ་ཐོབ་ཚ་བའི་ཞོལ་དུ་བྱོན་པ་ལ། རོང་བཙན་ཁ་བ་དཀར་པོ། ཀླུ་བཙན་ཁམས་ཀྱི་བ་དམར་སྣང་ཁྲ་པོ་བྱ་གཉིས་ཀྱིས་གདུག་པ་བྱས་པ་ལ། ཕོང་སྐྲག་པའི་གནང་བ་མ་བྱུང་བས། ཕོང་ཀླུ་བཙན་གྱི་མ་ཤེས་ནས། ས་སྟེང་མི་དམར་པོ་དང་སྤྲུལ་དམར་པོས་བཀབ་པ་ལ། ཕོང་ཕྱག་ན་རྡོ་རྗེ་རྟ་མགྲིན་གཉིས་སུ་སྤྲུལ་ནས། དབུ་སྐྲ་ལ་མེ་འབར་བ་དང་། ཧིང་ངེ་འཛིན་གྱི་ངང་དུ་བཞུགས་ནས། གསེར་གྱི་རྡོ་རྗེ་རྩེ་ལྔ་པ་སོར་ནས་ཆོ་འཕྲུལ་སྣ་ཚོགས་སུ་བསྟན། ཕ་ཕོང་ག་པ་ལ་ཆེབས། འདྲེ་རྣམས་བསྐོར་རོ་བྱུང་པ་ལ་རྒྱབ། འདྲེ་རྣམས་གངས་སྟག་ལ་བྲོས་

པས། གངས་སྟག་ལ་རྒྱབ། ཁོང་གི་ཕྱག་མཛུབ་བཅུ་པོ། ཡེ་ཤེས་ཀྱི་ཁྲི་པོ་བཅུར་སྤྲུལ་ནས་རི་ཤིགས། ཆེ་རིས་གངས་ཞུ་བ་དང་། མི་དམར་ཤ་བ་ལ་ཞོན་པ་གཉིས་བྱུང་ནས། ཞབས་ལ་འཇུས་ནས། ཁྱེད་ཕྱོགས་བཞིའི་ལྷ་སྲིན་བཏུལ་དུས་ན། །འཇིག་རྟེན་གྱི་ལྷ་འདྲེ་ཚོགས་པའི་དུས། །ཁྱེད་རང་གི་དམ་ཅན་བྱས་པ་ཡིན། །ངེད་གཉིས་མེ་ལ་མ་སྲེག་ལགས། །གནས་པའི་རི་ཡང་མ་སྐྱེལ་ལགས་ཞུས་པས། གྲུབ་ཐོབ་ཀྱི་གསུངས་པ། གྲུབ་ཐོབ་ང་ཡི་བརྒྱུད་པ་འདི། །གང་ཟག་ཁྱད་དུ་འཕགས་པ་ཡིས། །བླ་མ་གྲུབ་ཐོབ་རིམ་པ་དང་། །མི་དཔོན་རྒྱུན་མི་ཆད་པ་ཡོང་། །ད་རུང་རླངས་ཀྱི་སྐྱེ་རྒྱུད་ལ། །མཐོ་བ་ནམ་མཁའ་འདྲ་བ་ཡོད། །གསལ་བ་ཉི་ཟླ་འདྲ་བ་ཡོང་། །བཀྲ་བ་སྐར་མ་འདྲ་བ་ཡོང་། །ལྷ་ཆོས་བསྟན་པ་འཛིན་པ་ལ། །བླ་མ་གྲུབ་ཐོབ་རྒྱུན་མི་ཆད། །མི་ཆོས་རྒྱལ་ཁམས་འདུལ་བ་ལ། །མི་དཔོན་རྒྱུན་མི་ཆད་པ་ཡོང་། །ཁྱེད་གཉིས་འདྲ་བས་ཉམས་ཚོད་ན། །ང་འཇིག་རྟེན་ལྷ་འདྲེ་ཇི་ལྟར་འདུལ། །ཁྱེད་གཉིས་ཐལ་བའི་རྡུལ་དུ་རློག །གསུངས་ནས་དམ་ལ་བཏགས་སོ། །དེ་ནས་ཁོང་གིས་གནས་དྲུག་སྤྱིའི་ས་ཆར་ཕྱོན། ཡང་ལེ་ཐེལ་ཆུ་ཡར་བཅད། རྩེ་བར་ཚད་མོའི་ལྷ་ཁང་ཚུར་བཅད། འབྲི་བརྒྱ་ཟླ་སྨུ་གསུམ། ཐུགས་པའི་གཉན་སྟེང་དུ་མཛད་ནས། བླ་མར་བཀོལ། མི་ཆེ་དགུ་ནི་འབངས་སུ་བཀོལ། སྲིད་པ་ཕོ་རྒྱུད་མོ་རྒྱུད་ནི་ཁྲན་དུ་བཀོལ། ཞུས་པ་དང་མཐུ་ཆེ་བར་གྲགས་པས། རླངས་སྟོང་སྲས་ཀྱི་བརྒྱུད་ཀྱིས་གནས་དྲུག །ཟླ་ངོམ་རྣམས་ཀྱི་ས་ཡུལ་ལྷ་ཁང་དང་བསྟན་བཅོས་རྣམས་ཕུལ་ནས་ཁོང་ཡང་མཉེས་པ་དང་། འཛང་དང་དཔལ་སྟོམ་གྱིས་གདན་དྲངས་པས་མ་ཕྱོན་ནས། ཕ་སྤུན་རླངས་གསེར་པ། གཡུ་པ་རུ་དཔོན་རྒྱུད་གསུམ་གྱིས། ཏ་ཤོད་ཕུ་གསུམ་གྱི་ལྷ་ཁང་། གསེར་རིས་ལྷ་ཁང་། གཡུ་རིས་གནས་སར། ཧ་ཤོད་ལྷ་ཁང་ཐང་། གན་རྒྱང་ལྷ་ཁང་ཕུལ་ནས། ཁོང་སྤྱིའི་ཡུལ་ལ་ཕྱོན་ནས། རླངས་བསམ་པར་གྱིས། གྲུབ་ཐོབ་པའི་ཤང་ལེན་དེ། རླངས་ཁམས་པ་ཐམས་ཅད་ཚོགས་ནས་འབུལ། ད་རེས་འབུལ་བའི་སྟ་མ་ལ། །སྤྱི་ཡི་ལུང་པ་ཕུ་དྲུག་དང་། །གཉན་པོ་ར་ཇའི་བྲག་མགོ་དང་། །སྤྱི་བར་ཚམ་གསུམ་པ་ཡུལ་རྣམས། །ལྷ་ཁང་

གསེར་འཕྲུ་གང་འདུག་དང་། །བཀའ་ཡི་བསྟན་བཅོས་གང་སྣང་འབུལ། །རླངས་ཀྱི་བུ་ཆུང་གཡུ་རྣ་གང་འདུག་གི། །ཐུགས་ཀྱིས་གང་བཞེད་སློབ་མར་འབུལ། །ཨ་ཁུ་ཁྱེད་ལ་ཞང་ལེན་བྱེད་ཟེར་ནས་ཞུས་པས་མཉེས་ནས། ཉི་ཤུ་བརྒྱད་ལ་རེ་ཤོད་ཡོ་གྲུང་གསུམ་མདོར་ཕྱིན། ཡོན་བདག་རྫོང་གེས་དཀར་ཤོད་གོང་རྗེ་ཐང་། གཟུ་གོམ་མདའ། བྱ་ཆུ་སྒྲུ་ལ་སྤྱར་རྟུ་རྣམས་ཀྱིས་ལྷ་ཁང་ཕུལ་ནས་བླ་མཆོད་དུ་ཞུས་པས། དཔལ་བཟང་གི་ཆོས་ཀྱི་བཀའ་འགྱུར། ནག་ཤོད་ཀྱི་ས་བཅད་ཕུལ། རྫོམ་རྒྱང་གི་སོག་ཤོད་མཚལ་ཆེན་ལྷ་ཁང་ཐང་ཕུལ། ལྷ་སྟོན་གྱི་ཡོག་ནག་ལྷ་ཁང་གསེར་ཏོག་དང་། རྒྱ་བརྩིགས་མཆོད་རྟེན་ར་བ་དང་། ཚོང་དུས་ཡངས་པའི་གྲུ་བཞི་ཕུལ། སྤར་ཡང་ཁྱིད་རང་ཞབས་ཀྱིས་བཅགས། དའང་སྒྲུབ་ཁང་མཛད་པར་ཞུ་ཞུས། ལར་གྱི་རྒྱ་གར་རྡོ་རྗེ་གདན། མངའ་རིས་སྐོར་བཅད་ཀྱིས་ཡུལ་མ་ཕུལ་བ་མེད། རགས་བཤེས་ཤག་སོགས་ཁལ་ཁབ་ངང་པའི་ལིང་ཚེ་བཅད་ནས་ཕུལ། དེ་ནས་བཙུན་མོ་དཀར་ལྡན་མ་ཁབ་ཏུ་བཞེས་པ་ལ། ཆེ་ཆེ་བ་དཔལ་བཟང་ཡུལ་དུ་འཁྲུངས་པ་ལ། གཟུགས་བཟང་བས་ཆེ་བཟང་དཔལ་གྱི་སེང་གེར་བཏགས། འབྲིང་པ་རུ་ཚོགས་པའི་ནང་དུ་སྐྱེས་པས། ཨ་ཁྲིམ་དུ་བཏགས། དེ་འོག་ཚེ་(མཚེ)མ་འཁྲུངས་ནས། ཕོང་ཡང་མ་ཕམ་གཡུ་མཚོའི་འགྲམ། ཆུ་བོ་བཞི་འདུས་པའི་མགོ་བོ། སངས་རྒྱས་ཀྱི་ཞབས་ཀྱིས་བཅགས་པའི་སར་སྒྲུབ་ཁང་མཛད། མཁའ་འགྲོ་དང་ཡི་དམ་གྱིས། མཆོག་དང་ཐུན་མོང་གི་དངོས་གྲུབ་བྲངས། དགུང་ལོ་བདུན་ཅུ་རྩ་གསུམ་ལོན་པ་ལ། གླིང་རྗེ་གེ་སར་གྱིས་སྤྱར་འབུལ་བ་བྱས་པ་དང་། དེའི་འབུལ་བ་སྐྱེལ་བ་ལ་ཡོང་པས། བདག་ལ་རིགས་ཀྱི་བརྒྱུད་ཡང་མེད། བདག་ཡང་ཁྱེད་ལ་དངོས་གྲུབ་ཞུ། ཟས་འཛད་པ་མེད་པའི་དངོས་གྲུབ་ཞུ། ལུས་ངན་དུ་བ་མེད་པའི་དངོས་གྲུབ་ཞུ། སེམས་མཉམ་གཞག་མི་སྟུག་པའི་དངོས་གྲུབ་ཞུ། ཁ་མི་སྐམ་བདུད་རྩིའི་དངོས་གྲུབ་ཞུ། མཆོན་མི་ཆོད་སྲ་བའི་དངོས་གྲུབ་ཞུ། ཞུས་པས། མཚན་ལྡན་གྱི་ཀ་པྂ་ལ་ལྷག་སྤྱོད་ཟད་མེད། བཅུད་ལེན་གྱི་གདམས་པ། སྐོམ་མེད་ཆུའི་བདུད་རྩིའི་འཆད་མེད། ཆོས་མེད་ལུས་ཀྱི་བསྟན་པ། རྟ་མེད་རླུང་གི་རྩོལ་བ། གདམས་ངག་དང་དངོས་གྲུབ་རྟག

ཅིང་ཡོད་པ་གནང་ནས། གེ་སར་ཡང་སོང་། དེ་ཉིད་བཙུན་མོ་ལ་སྲས་ཤིག་འཁྲུངས་པས། ཁོང་གི་ཚིགས་སུ་སྲས་ལ་མིང་སྟག་ཚབ་ཏུ་བཏགས། དེ་ནས་མ་སྤང་གཡུའི་མཚལ་དུ་བཞུགས་དགོངས་པ་ལ། དགུང་ལོ་བརྒྱད་ཅུ་རྩ་བརྒྱད་ཀྱི་ཐོག་ཏུ། མཁའ་འགྲོ་མས་བསུ་བ་བྱེད་པ་ལ་ཡོང་ནས། རྣལ་འབྱོར་པ་བོད་དུ་མི་བཞུགས་ན། ཨུ་རྒྱན་ཡུལ་དུ་ཨེ་འབྱོན་ཟེར། ཁོང་གི་གསུང་ནས། ང་རྣལ་འབྱོར་པའི་ཕ་ཡུལ་དེ། །མཚོ་མ་སྤང་གཡུ་ཡི་མཚལ་ཡིན། །ཆུ་བོ་བཞི་ཡི་མགོ་བོ་ཡིན། །སངས་རྒྱས་ཞབས་ཀྱིས་བཅགས་པ་ཡིན། །ད་དུང་གདུལ་བྱ་བོད་དུ་ཡོང་། །ང་ལོ་ཚོད་བརྒྱ་དང་བརྒྱད་ཀྱི་བར། །འཇིག་རྟེན་འདི་ཡི་གདུལ་བྱ་སྐྱོང་། །ང་ནི་མི་ལོ་སུམ་ཅུ་ཐེམ་པ་ན། །ཁྱོད་མཁའ་འགྲོ་མས་ཀྱང་བསུ་བ་གྱིས། །ང་རྣལ་འབྱོར་པ་བདེ་བའི་གནས་སུ་འགྲོ། །ཨུ་རྒྱན་ཡུལ་དུ་ལམ་བསྟོད་ནས། །སྒྲུབ་གནས་ཁྱད་དུ་འཕགས་པ་འདི། །ཤ་ཀེ་གྲུབ་ཐོབ་ཇེ་འདུས་འཛོན། །ཁྱོད་མཁའ་འགྲོ་མས་ཀྱང་ལུང་བསྟན་གྱིས། །སྲས་དང་བཙུན་མོ་འཁོར་རྣམས་ལ། །དགོས་དོན་ཚིགས་སུ་ཁ་ཏ་བྱེད། །

དེ་ནས་མཁའ་འགྲོ་མས་ལུང་བསྟན་ནས། ཏ་ཤོད་རྒྱང་གི་བྲག་ཕུག་ན། །ལྷ་ངས་གྲུབ་ཐོབ་གསེར་པའི་དར་བཟང་དེ། །མི་ལོ་སུམ་ཅུ་སྒྲུབ་པ་བྱས། །གསང་སྔགས་རྙིང་མའི་གྲུབ་པ་ཐོབ། །གནམ་ལ་ཕུར་བའི་གྲུབ་བརྟགས་བསྟན། །ངེད་མཁའ་འགྲོ་མས་ཡང་དངོས་གྲུབ་དྲངས། །དེས་ཁྱེད་རྣལ་འབྱོར་གནས་ཡང་ཨེ་མ་ཟེར། །རྒྱ་གར་རྡོ་རྗེ་གདན་ཞོལ་ན། །ལྷ་ངས་ཁ་ཆེ་དགེ་འདུན་བཟང་པོ་དེ། །གྲུབ་བརྟགས་བཅུ་དང་ཞལ་མཐོང་བདུན། །དེ་ཡང་རྣལ་འབྱོར་གནས་འདི་ཟེར། །བོད་ཁ་བ་ཅན་གྱི་ཞིང་ཁམས་ན། །ལྷ་ངས་ཀྱི་གྲུབ་ཐོབ་བཅུ་གཅིག་ཡོད། །ཁྱེད་རྣལ་འབྱོར་བཞིན་ནི་མ་བྱུང་ཡང་། །གནས་མི་སྟོང་བ་ནི་ཡོང་བ་ཡིན། །ཁྱེད་རྣལ་འབྱོར་གྱི་ཐུགས་ལ་གང་མངའ་དེ། །ང་མཁའ་འགྲོ་མས་ཡང་ལུང་བསྟན་བྱེད། །གྲུབ་ཐོབ་ཀྱི་དགོངས་པ་ལ། གསེར་པ་དར་མ་བཟང་པོ་ཤ་ཐག་ཉེ། རྡོ་རྗེ་གཞོན་ནུའི་གྲུབ་ཐོབ་ཀྱི་ཆོས་ཡང་བསྟན། དེ་གྲགས་པས་ལུང་སྟོན་ཟེར་དགོས་དགོངས་ནས། མཁའ་འགྲོ་མ་རྣམས་ལ་གསུངས་པ། གྲུབ་ཐོབ་གསེར་བ་དར་བཟང་དེ། །ལུང་བསྟན་

བགྱིས་དང་གནས་འདིར་འཛོག །ང་རྣལ་འབྱོར་པ་གདུལ་བྱ་སྐྱོང་དུ་འགྲོ། །མདོ་ཁམས་ལྷ་ཡིས་ཡུལ་ན། །རྣལ་འབྱོར་བརྒྱུད་པ་འཛིན་པ་ཡི། །བཙུན་མོ་སྲས་བུ་བཞི་འབྲུངས་ཡོད། །དེ་ལ་བརྒྱུད་པ་ཅི་འཕེལ་ལྟ། །ཚ་བོ་ལྷ་སྟོན་གཞན་བཟང་དེ། །ཐིལ་ཆུའི་བླ་མར་བཞག་པ་དེ། །ཁོ་ཡི་གདུལ་བྱ་ཨེ་ཆེ་ལྟ། །གླིང་གི་ཡོན་བདག་ཕོ་མོ་རྣམས། །བུ་ནོར་དར་རྒྱས་ཨེ་ཆེ་ལྟ། །ཡོན་བདག་གླིང་རྗེ་གེ་སར་ལ། །ཚེ་རིངས་གདུལ་བྱ་ཨེ་ཆེ་ལྟ། །རྫང་དང་དཔལ་སྟོམ་ལྷ་སྟོན་རྣམས། །ཡོན་བདག་འབྲེལ་བ་ཨེ་གསུང་ལྟ། །གསུང་པ་དང་། མཁའ་འགྲོ་མས་ལུང་བསྟན་གསུངས་པ་ལ། རྣལ་འབྱོར་བྱང་ཆུབ་འདྲེ་ཁོལ་(བཀོལ)ཁྱོད། །རྫོང་དཔོན་པདྨའི་སྤྲུལ་པ་ལ། །ལྷ་སྲིན་དམ་ལ་འདོགས་པའི་ཆེད། །མི་རུ་སྤྲུལ་ནས་བསྟན་པ་བསྲུངས། །ཁྱེད་ཀྱི་བརྒྱུད་པ་གསུམ་དུ་ཡོད། །དེས་སངས་རྒྱས་བསྟན་པ་འཛིན་པར་སྣང་། །སྒྲུབ་པའི་རྒྱུན་མཚན་བྱེད་པར་སྣང་། །བོད་ཀྱི་རྒྱལ་ཁམས་བདག་པོ་བྱེད། །ཁྱེད་རྣལ་འབྱོར་གྱི་བཙུན་མོ་དཀར་ལྡན་མ། །མ་ཡེ་ཤེས་ཀྱི་མཁའ་འགྲོ་ཆེན་མོ་ཡིན། །དཔལ་དབང་ཕྱུག་ཕུན་སུམ་ཚོགས་པ་ཡོད། །འཁོར་དང་འདབ་ལག་རྒྱས་པ་ཡོད། །དཀར་གཉིས་ཀྱི་བར་འདི་ལ། །ཁྱེད་ཀྱི་བརྒྱུད་ཀྱི་བོད་ཁམས་འདུལ། །ཟེར་བ་ལུང་བསྟན། དེར་མཁའ་འགྲོ་མ་རྣམས་རོལ་མོའི་སྒྲ་དང་བཅས་ནས་བྱོན་ནོ། །དེར་རླངས་ཀྱི་གྲུབ་ཐོབ་དར་མ་ཁོང་། །ཞག་བཅུ་གསུམ་ནང་དུ་སླེབས་ནས་ཡོང་། །བཀའ་དང་བསྟན་བཅོས་མང་དུ་གསུངས། །ང་འགྲོ་གསུངས་ནས་རྩ་རླུང་དགོངས་པ་མཛད། །ངས་དཀོན་མཆོག་ཞབས་ཏོག་བྱེད་པ་དང་། །སྒྲུབ་པའི་རྒྱུན་མཚན་འཛུགས་པ་དང་། །གནས་འདིར་དར་རྒྱས་མཛོན་པ་དང་། །བཀའ་དང་བསྲུངས་མ་མང་དུ་ཞུ། །བུ་བཞིན་སྐྱོང་བར་ཐུགས་ལ་ཐོགས། །ཞེས་ཞུས་པ་དང་། ཡིད་ཆེས་ལ་གོ་སླ་བའི་གསང་སྔགས་གསར་རྙིང་གི་ཆོས་ཀྱི་སྙིང་པོར་བཀོལ་བའི་ཆོས། མཁའ་འགྲོ་མའི་གསང་བ་ཡང་ཐིག་གི་ཆོས་སྐོར་འཆི་མེད་ལྷུང་མེད། རྩ་རླུང་གི་འཁྲུལ་འཁོར་དང་། མང་དུ་གསུངས་སོ། །དེ་ནས་ཟེར་མ་རླུང་གི་རྟ་ལ་ཆིབས། །ཡུད་ཙམ་ཞིག་ལ་དབུས་སུ་བྱོན། །དབུས་ཀྱི་རྫོ་བོ་ལ་བྱིན་རླབས་ཞུས། །ཉི་མ་

ད་གོང་ལ་སོག་ལ་ཕྱིན། །སོག་པོད་མཚལ་ལོ་གླིང་ལ་ཕྱིན། །བྱང་གི་ཨ་དུ་གོ། ཕྱིའི་པོད་བརྒྱད་གོང་ཆུ་ལ་ཕྱིན། །སྲས་མོ་གསུམ་ལ་ཉམས་ཚོད་བལྟས། །སྤྲུལ་པ་ཅི་ཡང་སྤྲུལ་ཡིན་ཕྱིན། །ཚེ་བཟང་དཔལ་གྱི་སེངྒེ་དེ། །སོག་པོད་མེར་གྱི་ཙན་དུ་སྣང་། །ཕོང་སྟག་ཏུ་སྤྲུལ་ནས་ཕྱིན་པ་ལ། །སྲས་ཀྱི་སེང་གེར་སྤྲུལ་ནས་བྱུང་། །ཕོང་སྤྲུལ་དུ་སྤྲུལ་ནས་བྱུང་པ་ལ། །སྲས་ཀྱི་ཁྱུང་དུ་སྤྲུལ་ནས་བྱུང་། །ཕོང་ཕྱག་ན་རྡོ་རྗེར་སྤྲུལ་པ་དང་། །མོས་གུས་དད་པས་ཕྱག་འཚལ་ནས། །དཔལ་ཕྱག་ན་རྡོ་རྗེ་ཞལ་མཐོང་པ། །ཡབ་གྲུབ་ཐོབ་ཀྱི་ཐུགས་རྗེ་ཡིན་པ་འདྲ། །ཞུས་པ་དང་ཕོང་ཡང་ཐུགས་ལ་མཉེས་པ་བྱུང་ནས། ང་ཡང་རྣལ་འབྱོར་རྒོད་པོ་ཡིན། །ད་རུང་ལྷ་ལ་སྒྲུབ་པ་གྱིས། །གསུངས་པ་དང་། གཉན་པོ་ར་སའི་བྲག་ལ་ཕྱིན། ཨ་ཁྲིམ་བྲག་གི་ཐོག་ན་སྣད་འདུག་པ་དང་། ཕོང་འབྲུག་ཅིག་ཏུ་སྤྲུལ་ནས་བཞུགས་པ་དང་། ཨ་ཁྲིམ་གྱིས་ཞུས་ནས། ང་ཡང་གྲུབ་ཐོབ་ཅིག་གི་སྲས་འབྲིང་ཡིན། །ལྷ་ཞིག་གྲུབ་པའི་གྲུབ་ཐོབ་ཡིན། །འདྲེ་ཞིག་འདུལ་བའི་བརྒྱུད་པ་ཡིན། །འདྲེ་ཁྱོད་འདྲས་ང་ལ་ཉམས་ཚོད་ན། །ང་གཉན་པའི་ར་ས་ཧེ་ལྟར་འཛིན། །ཕ་ཡབ་ཀྱི་དམ་ཙན་ཡིན་པ་འདྲ། །འདྲེ་ཁྱོད་ཀྱི་སྙིང་དུ་ལྷ་སྒོམ། ཡེ་ཤེས་ཁྲོ་བོ་བཙུར་བསྐྱེད་ནས་ཕོང་གི་ཐོག་ཏུ་བཞུགས་པ་ལ་ཕོང་མཉེས་ནས་རྡོ་རྗེ་གཞོན་ནུར་སྤྲུལ་པ་དང་ཁྲོ་བོ་བཙུས་བསྐོར་བར་སོང་པ་འདྲ། ཨ་ཁྲིམ་མཉེས་ནས། ཕྱག་དང་གསོལ་བ་བཏབ་ནས། ཚིགས་བཅད་ཀྱི་ཞུ་བ་འདི་ཞུས་སོ། །ང་ཡང་གྲུབ་ཐོབ་ཀྱི་བརྒྱུད་པ་ལྡན་བཞི་ཡོད། །གཉན་པོ་ར་སའི་བྲག་ཐོག་ནས། །བཀའ་སྙིང་མའི་ཆོས་ལ་གྲུབ་པ་ཐོབ། །ཡང་དག་གསང་འདུས་ཐུགས་ལས་གྲོལ། །ཉམས་ལེན་བྱེད་པའི་ལྷ་འདྲེ་ཐུལ། །དཔལ་རྡོ་རྗེ་གཞོན་ནུ་དངོས་དང་མཇལ། །ཕ་ཡབ་ཀྱི་གྲུབ་མཐའ་འཛིན་པ་ཡིན། །མཁའ་འགྲོ་མ་ལ་དངོས་གྲུབ་ཞུས། །དམ་ཙན་རྣམས་ལ་གཏོར་མ་སྦྱིན། །ཟེར་ནས་ཕོང་མཉེས་ནས། མ་སྤྲུལ་པར་གསུང་ཕྱིན་པ་ལ། བུ་ཁྱོད་སྙིང་མའི་ཆོས་ལ་མངའ་མཉེས་(བརྙེས) ཀྱང་། །ད་དུང་སྒྲུབ་པའི་ཆོས་ལ་འབུངས། །སྒྲུབ་པ་མཐའ་རུ་སྐྱོལ་བ་ན། །ཅི་དགོས་དངོས་གྲུབ་འབྱུང་བ་ཡིན། །འབྲུག་ཏུ་ཉར་བ་རང་རེ་ཡིན། །ཐོག་

ཏུ་སྟེད་པ་སྲས་པོ་ཡིན། །ཕ་ཡབ་ཀྱི་སྐྱན་པ་གང་ཡང་མེད། །བུ་སྲས་ཀྱི་མིང་མཚན་སྡེལ་བ་ལ། །འབྲི་མ་གཉན་ཐོག་ཨ་ཁྲིམ་གྱིས། །ས་ཡུལ་འདི་ལ་ཕ་ཡུལ་གྱིས། །ལོ་གསུམ་སྐྱབ་པ་འདི་ན་གྱིས། །སྐྱབ་པ་མཐར་ཕྱིན་རྫོགས་པ་དང་། །ང་ཡབ་ཀྱི་གདམ་ངག་སྙིང་པོ་རྣམས། །སྲས་བུ་རྣམས་ལ་ངག་ཏུ་བསྟན། །གསུངས་པ་དང་། ཨ་ཁྲིམ་གྱིས་ཕྱག་འཚལ་བཤགས་པ་བྱས། ཞུ་བ་ཕུལ་བ་ལ། རང་རེ་རྒྱལ་འབྱོར་བརྒྱུད་པ་ལ། །ངས་ཀྱང་རྒྱལ་འབྱོར་བརྒྱུད་པ་སྡེལ། །ཚུང་མ་ཁབ་ཏུ་བཞེས་པ་ལ། །བུ་སྲས་ཞིག་འབྱུངས་ནས་ཡོད་པ་དེས། །ཕ་ཡབ་ལ་གཤེགས་པའི་ཡོན་ལ་འབུལ། །མིང་དང་བསྐུངས་ཡང་འདོགས་པར་ཞུ། །ཟེར་བ་ཞུས་པས། ཡབ་ཀྱང་མཉེས་ནས་ཚ་བོ་ལ་གཟིགས་པས་མགོ་ཁྲི་འདྲ་བ་ཞིག་འདུག་པས། རང་རེའི་མི་བརྒྱུད་རྣམས་ལ་བླ་དཔོན་ཁྲི་ཐོག་ན་ཡོད་པ་ཡང་ཡོང་བར་འདུག །གཉན་པོ་སྔགས་པ་མཐུ་ཅན་ཡང་ཡོང་བར་འདུག །བཙན་པོ་གང་གི་གཉའ་ན་ཡོད་པ་ཡང་ཡོང་བར་འདུག །ཚ་བོའི་མིང་དང་མཚན་འདོགས་པ། གཉན་གྱི་ཕོ་ཉ་སློ་ཁྲི་གྱིས་གསུངས་ནས་མཚན་དང་བསྐུངས་བཏགས་ནས། དེ་ནས་བཙུན་མོ་དཀར་ལྷན་དཀར་སྒོ། །གོང་ཆེན་དུ་ཡོད་པ་ཁོང་གིས་ཉམས་ཚད་མཛད་དགོངས་ནས་བྱ་རྒོད་ཅིག་ཏུ་སྤྲུལ་ནས། དེ་ནས་རི་མགོར་ལྡིང་པ་ལ། ཡོན་བདག་འཛིང་གིས། བྱ་རྒོད་ཅིག་སྐད། ཐེད་གཟན་འདྲ་ཡོད་པ་ཨེ་མིན་ཟེར་བ་ལ། བཙུན་མོས་ཁོང་ཤེས་ནས། ཐེད་དུ་ཡོད་པ་དང་ཡིན་ནོ། །བྱ་རྒོད་ང་ལྡིང་པ་ཡིན། ཟེར་ནས་བྱ་རྒོད་ཅན་དུ་སོང་། ཕྱག་འཚལ། རྒྱལ་འབྱོར་གྲུབ་ཐོབ་ཆེན་པོ་པ། །འདབ་ཆགས་སུ་སྤྲུལ་ཡང་བདེ་སྐྱིད་མེད། །རི་སྟོང་གི་བྲག་རི་མི་མགྲིན་(འགྲིམ)ན། །གནས་འདི་བ་གྲུ་བཞིན་ཕྱིན་ཟེར་ནས་ཞུས། ཁོང་མ་སྤྲུལ་བར་གསུང་ཕྱིན་ནས། ངའི་བཙུན་མོ་དཀར་ལྷན་ཁྱོད། །བུ་གསུམ་པོ་སྐྱབ་པ་བྱེད་དུ་ཨེ་བཙུག །སྐྱབ་པའི་སྐྱབ་རྟགས་ཅི་ཐོན། །རྟ་ནོར་གྱི་འཕེལ་ཁ་ཨེ་ཆེ། །འཁོར་གཡོག་ལ་བྱམས་སེམས་ཨེ་ཆེ། །ཡོན་བདག་མི་ཁ་ཨ་གྲོང་། །ཁྱོད་རང་གིས་ལུས་ཚུལ་ཨེ་གསུངས(བསྲུངས)། །བུ་ལ་བཙུན་མོ་ཨེ་བླངས། །དེ་ལ་སྲས་བུ་ཨེ་འབྱུངས། །མིང་བསྐུངས་ལེགས་པ་ཨེ་བཏགས། །གསུངས་པ་

དང་། དཀར་ལྡན་གྱིས་ཞུས་པ། ཁྱེད་རྣལ་འབྱོར་བཀའ་དང་མ་འགལ་བར། །དེ་བཞི་བས་ཀྱང་འབད་པ་སྟོན་ནས་ཡོད། །སྲས་བུ་གཉིས་དང་ཨ་མ་མཇལ། །སྒྲུབ་པ་ཅི་བྱས་དགོངས་ལ་ཆེ། །སྒྲུབ་རྟགས་ཅི་འདུག་ཐུགས་ལ་གསལ། །ང་རང་བབ་པའི་བྱ་བ་ལ། །བུ་ལ་བཙུན་མོ་བླངས་ནས་ཡོད། །ཆགས་སྲིད་བུ་ལ་སྲས་བུ་འཁྲུངས། །སྲས་ཆེ་བ་སྲོག་མཚོའི་འགྲམ་ན་ཡོད། །དེ་འོག་ར་སའི་ཐྲག་ལ་ཡོད། །མཆེ་མ་གཡུ་འཛིན་གྱི་གནས་ལ་ཡོད། །ཆུང་བ་གེར་ཚོག་གི་ཐྲག་ལ་ཡོད། །ཆེ་བ་དཔལ་གྱི་སེང་གེ་ལ། །སྲས་བུ་གཉིས་ཀྱང་འཁྲུངས་ནས་ཡོད། །དེ་ལ་མིང་དང་བསྒྲུངས་འདོགས་མཛོད། །འབྲིང་པ་ཨ་ཁྲིམ་སྲས་ཞིག་ཡོད། །ཁྱེད་གྲུབ་ཐོབ་དྲུང་དུ་མ་ཕུལ་ན། །དེ་ལ་མིང་དང་བསྒྲུངས་འདོགས་མཛོད། །ང་དཀར་ལྡན་ལུས་ཡང་གཙང་བར་ཡོད། །ཁྱེད་རྣལ་འབྱོར་པ་སྟོད་ལ་བྱོན་པ་ཡི། །སྐྱེས་མ་སྤྱིན་རྒྱུ་ཅི་ཙམ་ཡོད། །གྲུབ་པ་ཁྱད་འཕགས་ཅི་ཙམ་མཛད། །གྲུབ་རྟགས་ལྷ་རྣམས་ཞལ་ཨེ་མཐོང་། །ཟེར་ནས་ཞུས་པ་ལ། དེ་ལ་ཁོང་གིས་ཞལ་ཏ་བསླབ་བྱ་མང་དུ་མཛད་ནས། བཟོད་འབྱོན་གསུངས་ནས་ཐེལ་ཆུ་གླིང་ཡུལ་ཕ་སྤུན་ལྷངས་ཀྱི་རྭ་ཚོ་ལ་བདེ་སྐྱིད་ཅི་སྣང་ལྟ་བ་ལ་བྱོན་པས། སྤྲུལ་པ་ལྷུང་གི་རྟ་ལ་ཆིབས། ཐེལ་ཆུའི་གནས་སུ་བྱོན་པ་ལ། ཐེལ་ཆུའི་དར་རྒྱས་ཆེ་ནས་གདའ། དེར་ལོ་གཅིག་སྒྲུབ་པ་མཛད་ནས་བཞུགས། བཀའ་དང་བསྟན་བཅོས་མང་དུ་གསུང་ནས་གླིང་གི་ཡུལ་དུ་བྱོན། ལྷོ་འདུལ་སྲི་སྐྱིའི་ཆོས་མང་དུ་གསུངས་ནས། ཕ་སྤུན་ལྷངས་ཀྱི་རྭ་མཚོ་ལ་བྱོན་ནས། ཆོས་བསྟན་བཅོས་མང་དུ་གསུངས་པ་ལ། ལྷངས་ཀྱི་དཔོན་རྡོ་རྗེ་ཀློ་གྲོས་ཀྱིས་འབུལ་བ་བྱས་ནས་ཞུས་པས། ལྷ་ཆོས་ཀྱི་བཀའ་དང་བསྟན་བཅོས་གནང་བ་འདི་ཐུགས་ལ་རྟགས། མི་ཆོས་ཀྱི་འདུག་ལུགས་ཀྱི་ཞལ་ཏ་ཞིག་ཞུ་བྱས་པ་ལ། གྲུབ་ཐོབ་ཀྱི་གསུང་ནས། ད་རུང་ཡིན་ལུགས་ཀྱི་ཁ་ལྟ་དང་མི་བྱེད། ལོ་བཙུ་སོང་བ་དང་ཤོག །དལ་བའི་ཁ་ཏ་བྱེད། གསུང་བྱོན། དེ་ནས་ཁོང་ཡིད་དང་སྤྲུལ་པས། སྟག་ཚབ་པའི་རྩར་དོམ་དུ་སྤྲུལ་ནས་བྱོན་པ་ལ། སྟག་ཚབ་སྟག་ཏུ་སྤྲུལ་ཡོང་། ཁོང་གི་གཟིག་དང་སེང་གེར་སྤྲུལ་ཡང་། སྲས་སྟག་ཏུ་སྤྲུལ་ནས་ངར་བ་ལ། ཁོང་ཡབ་ཀྱི་གསུངས་

ནས། ཁྱོད་སྟག་གི་ཚབ་ཏུ་སྐྱེས་པ་ལ། ལས་ཀུང་གེར་ཚོགས་ཀྱི་བྲན་ལ་ཡོད་གསུངས་པ་དང་། ཁྱེད་ལ་སྤྲུལ་པ་ཞིག་མིན་པ་སྟོན་རྒྱུ་མི་འདུག་པས། བུ་དང་སྲས་མི་ཡོང་བར་འདུག ཁྱོད་རང་ཡོད་པའི་རིང་གང་ལ། ངར་དང་ངོ་འཛིགས་གཉིས་ཁ་ཆེ། ཕྱི་ནས་སྐྲག་ལ་ལུས་རྩལ་ཆེ་བ་ཞིག་ཡོང་པར་འདུག །དེ་ནས་བུ་སྲས་མིང་དང་མཚན་བཏགས་པ་སྟག་ཚབ་ཏུ་སྐྱེས་པ་ཡིན། ངར་ཆེ་བས་སྟག་ཚབ་ང་པར་བཏགས་སོ། །དེ་ནས་ཛྷང་གི་ཡུལ་ལ་སྲས་ཁྲིད་ནས་བྱོན་ནོ། །ཚ་བོ་ཆེ་བའི་རྩར་བྱོན་པ་དང་། དཀར་ཤོད་དཀར་དུ་ན་གདན་དྲངས་ནས་སྟོན་མོ་དྲངས། མཉེའི་ཞ་གོན་པ་ལ། ཚ་བོའི་སྟོན་མོ་འདི་བཟང་། ཞ་ནག་དེ་གོན་པ་དང་། བཙུན་མོ་ཞིག་ཡོང་པར་འདུག་པས། སྟོན་བཙུན་ཞྭ་ནག་ཅན་དུ་ཐོགས་ཤིག་གསུངས་བྱོན། དེ་ནས་ཚ་བོ་སྟོན་ལ་ཡོང་པས། ནུ་མོ་ལ་ཞྭ་ནག་དེ་བགོན་ནས་བསུ་བ་ལ་སོང་ཟེར་བས། གོ་མདའ་ནས་བསུ་བ་དང་། དེ་ལ་མིང་དང་མཚན་བཏགས་པ། བསུ་བ་པའི་མདོ་མཚམས་སུ་སླེབས་པས། མིང་ཡང་མདོ་པ་ཞྭ་ནག་ཅན་དུ་ཐོགས་གསུང་ནས་བྱོན། དེ་ནས་སྐྱུབ་པ་ལོ་གསུམ་ན་གོང་ཆེན་ཐང་དུ་མཛད། པར་རྟུར་ལོ་གསུམ། བྱ་མཆུ་ན་ལོ་གཅིག །མགོ་ནག་ཏུ་ལོ་གསུམ་བཞུགས་ནས། སྲས་དང་ཚ་བོ་རྣམས་ལ་ཟབ་པའི་ཆོས་བསྐོར་བཅུ་གཉིས་གསུངས་པ་དང་། དཀར་ཤོད་གོང་ཆེན་ཐང་ལ་བྱོན་ནས་བཞུགས་པ་དང་། ཡོན་བདག་གླིང་དང་། ཕ་སྤུན་རླངས་དང་ཚ་བོ་གཞན་བཟང་། ཤ་ཉེ་དར་བཟང་། ཕ་སྤུན་དཔལ་བཟང་། ཡོན་བདག་ཛྷང་（ རྫོང ）དང་ཆོ་ལ། གསང་སྔགས་བསྟན་བཅོས་མང་དུ་གསུངས་པ་དང་། ཐང་ཡིག་སྒྲོལ་མ། བསྟན་པ་འགྲོགས་པས། སློབ་དཔོན་པདྨའི་ཆོས་སྐོར་བསྟན་བཅོས། བཀའ་གསར་སྙིང་མང་དུ་གཟུ་སྤང་མདོའི་ལྷ་ཁང་དུ་བྱོན་ནས་གསུངས་སོ། །ལར་འདོད་ཕྱོགས་གང་ལ་གང་རྩིས་པ། ང་རྣལ་འབྱོར་པ་བསམ་ཚོད་གང་ལ་གང་མཁོ་བ་ཡིན་ལུགས་བསམ་གཞིག་ཉམས་ལེན་གྱི་ཚོགས་བཅད་བྱེད་པ་ཡིན་གསུངས། འདིར་སྔགས་པ་བསྙེན་སྒྲུབ་འབྲས་ཐབས་མེད། ལྷ་ཆོས་བྱེད་པའི་བུ་ཚ་བོ་འབྲལ་མེད་འདི་བདུན་གྱི་མགུར་ལ་འདི། ཆོས་ཉམས་སུ་ལེན་ན་དགོས་པ་ཡིན། ཆོས་ཉམས་སུ་ལེན་པ་

དགོས་པ་ཡིན་པས་ཡིད་ལ་བཟུང་། གསུངས་པ་དང་། ཆེ་བཟང་དཔལ་གྱིས་ཞུས་པ། དེ་རྣམས་ཀྱི་ཆོས་འབྲང་ངེད་རང་རྣམས་ལ་ཡང་དྲུམ་པ་ཡོད། མི་ཆོས་ཀྱི་བསླབ་བྱ་འདི་གསུང་པ་གལ་ཆེ་ཞུས་པས། གྲུབ་ཐོབ་ཀྱིས་གསུངས་པ། བཟང་པོ་མི་ཡི་བྱེད་ཚུལ་སྟོན། མཁས་པ་རང་ཡང་ཨ་ཡིན་འདུན་མ་ཨ་མཁས་སྟོན། སྨྲ་མཁན་རང་ཡང་ཨ་ཡིན་གཏམ་རྟེང་འཁྱོད་མེད་གྱིས། ཕྱུག་པོ་རང་ཡང་ཨ་ཡིན་བསགས་ནས་གཏོང་ཤེས་ཀྱིས། བཙུན་པ་རང་ཡང་ཨ་ཡིན་ནང་ཡོད་ཆེམ་བརྫོད། བསྟན་རྟུས་རང་ཨ་ཡོད། དགྲ་གཉེན་ནོར་གྱིས་ཐུལ། ཕ་སྤུན་རང་ལ་ཨ་ཡོད། ནང་བཟང་དགྲ་ལ་ཐོབ། སྐྱེན་པ་རང་ལ་ཨ་ཡོད་འཕང་ནས་ཨ་འཐོག་སྟོན། །དཔའ་པོ་རང་ལ་ཨ་ཡོད་འཁྲུག་པ་ཨ་མཁས་སྟོན། །འཁོར་གཡོག་རང་ལ་ཨ་ཡོད་སྡེ་དང་འབྲུགས་ལ་སྟོན། །མདུན་མ་སྲུད་(སུ)ལ་མ་གཏོད་མི་ཡི་བསམ་ཚོད་སྟོན། །མཁས་པ་རང་ལ་ཨ་ཡིན་ཐང་ཞལ་ཅི་ཟེར་ཉོན། །ཕྱུག་པོ་རང་ལ་ཨ་ཡིན་དཀོན་མཆོག་ཚོགས་ལ་མཆོད། །རང་ལ་ཡོད་ན་འདི་རྣམས་དགོས། །ཡིད་ལ་བཟུང་དང་མཁོ་བར་ཡོང་། །ང་ནི་གནས་ཁང་སྤོ་བར་བྱ་གསུང་ནས། སག་གི་ཡོག་ནག་ནས་རྒྱལ་ཁམས་ཀུན་ལ་གཟིགས་མོ་ལ་བྱོན། སྦས་འབྲི་རོང་གི་ཆུ་རྒྱུད་དུ་འཛིག་རྟེན་གྱི་མཁའ་འགྲོ་ལ་དམ་གཏོར་བྱིན། ཡེ་ཤེས་མཁའ་འགྲོ། ནོར་སྐྱོང་མཁའ་འགྲོ་བཙུན་མོར་བཞེས་ནས་དངོས་གྲུབ་རྒྱུན་ཆད་མེད་པར་བྲངས། འཛིག་རྟེན་མཁའ་འགྲོ་ལྷ་འདྲེ་རྣམས་ལ་མངའ་གསོལ་མཛད་པས་རྒྱུད་ཀྱི་བསྒྲུངས་མར་ཁེས་བླངས་ནས། ཁོང་ལ་སྡེ་གཉིས་གཏོར་མའི་ཡོན་ལ་ཕུལ་ནས། ཁོང་སྡེ་གཉིས་བཞག་ནས་ཡུལ་ལ་བྱོན། དཀར་ཤོད་དཀར་དུར་བཞུགས་ནས། བུ་ཚ་བོ་རྣམས་ལ་རང་ཉམས་ཞལ་ཏ་མཛད་པ། ཉམས་སུ་ལེན་པ་འདི་འདྲ་གྱིས། ལྷ་ཆོས་པའི་བྱེད་ལུགས་ལ་མཁས་པར་ཞུས། མཉམ་པར་ཞོག །ཏིང་ངེ་འཛིན་སྒོམས། དུ་མ་རོ་གཅིག་ཟོ། ཉམས་ལེན་སྐྱོངས། ནན་ཏན་གྱིས། ཚུལ་ཁྲིམས་བསྲུངས། སྒྲུབ་པ་གྱིས། བསྟན་པ་བསྐྱོང་། དམ་ཚིག་བསྲུངས། ལྷ་ཆོས་རྒྱན་གྱི་ལོ་རྒྱུས་ཡིན། མི་ཆོས་བཞིའི་བྱེད་ཚུལ་ལ། ཆེན་པོ་ཞུས། མཁས་པ་ལ་དྲིས། མི་ལ་སྟོས། ཉེན་པར་གཞིགས། མཚན་ལ་སེམས། ནང་ཡོད་

ཀྱིས་ཐང་ཞལ་ཉོན། གཏན་ཏྲུས་མ་ཉམས་པ་ལ་འབུངས། མི་ཆོས་བཞིའི་བྱེད་ཚུལ་ཡིན། ལར་མཁས་རང་གིས་ཀྱང་གྲོས་ཚོད་ཅན་ལ་དྲིས། སྐེ་དང་ཏྲུས་གཏམ་བྱེད་ན། ཕ་ཁུ་ཅན་ལ་དྲིས། སྐེ་དང་སྲིད་མདུན་བྱེད་ན་བླུན་（བློན）པོ་ཅན་ལ་དྲིས། རང་ཉིད་ཆེ་སར་ཐོན་ཡང་སྐྱུགས་བསྐྱུར（བཀྱུགས་བཀྱུར）གཞན་ལ་གྱིས། རང་ལ་བསྟན་ཏྲུས་ཡོད་ཀྱང་དགྲ་གཉེན་ནོར་གྱིས་ཐུལ། རང་ཉིད་བཙན་པོར་ཡོད་ཀྱང་སྐེ་དང་བསྟན་ཏྲུས་སྐེབས། རང་ཉིད་ཕྱུག་པོར་ཡོད་ཀྱང་ཟས་ནོར་སྦྱིན་ཤེས་ཀྱིས། རང་ཉིད་གཙོ་བོར་ཡོད་ཀྱང་། ཁམས་（ཁ）མཆུ་མཉམ་ཉིད་ཀྱིས། རང་ཉིད་ཡུལ་དཔོན་ཡིན་ན། འཁོར་ལ་བྱང་སེམས་ཀྱིས། རང་ཉིད་སྤྱི་དཔོན་ཡིན་ན། རང་སྐེ་སྲིད་ཏྲུས་སྐྱོངས། རང་ཉིད་སྐྱེན་པོར་ཡོད་ཀྱང་། དཔུང་ཡ་དཔའ་བོས་བསྐོར། རྩལ་གསུམ་རང་ལ་ཡོད་ཀྱང་། སྟོབས་མཁས་འཁྲུགས་པ་སྟོས། སྨྲ་བཤད་རང་ཉིད་མཁས་ཀྱང་ཕ་དའི་（ཁ་ཏའི）ལབ་རིང་ཉོད། དམག་དཔུང་རང་ལ་ཡོད་ཀྱང་། དཔལ་（དཔའ）སྐྱེན་ནོར་གྱིས་སླུས། ཤེས་རིག་རང་ལ་ཡོད་ཀྱང་། གཏམ་དཔེ་ཁ་ཟགས་ཉོན། འཆི་བའི་དུས་ཚོད་བྱུང་ན། བླ་མ་སྤྱི་བོར་སྒོམས། ལུས་ལ་ན་ཚ་བྱུང་ན་མཐོང་སྣང་གཉེན་པོར་བཟུང་། སྲོག་ལ་ཕངས་པོ་ཡོད་ཀྱང་། སྐེ་དང་འཁྲུགས་ཉེན་ཐོབ། ལུས་ལ་རྨ་འགྲམ་བྱུང་ཡང་འཁྱོད་པ་མེད། སྲོག་ལ་འཕངས（ཕངས）སེམས་འདུག་ཀྱང་། འཆི་བདག་བདུད་ཀྱིས་སློབས་དུས་འགྲོ་དགོས་ཡོང་། མི་ཆོས་གཞི་འཛིན་བྱེད་པའི་བུ་དང་ཚ་བོ་ཀུན། ལྷ་ཆོས་བླ་མ་ཡི་དམ་རྣམས། །འབྲལ་མེད་སྤྱི་བོའི་གཙུག་ཏུ་སྒོམ། །དུས་གཏུག་སྟེ་སོང་དུས་མི་ཟིན་པས། །དུས་ད་ལྟ་བདེ་སྐྱིད་ངང་འདི་ལ། །སེམས་ཡེང་ཧིང་འཛིན་གྱི་ངང་ལ་ཞོག །བློ་བླངས་ཀྱི་འགྲོ་དགོས་བྱུང་པ་ན། །མཉམ་གཞག་ངོས་ལ་ཨེ་གནས་སྟོས། །བདུད་འགྲོ་དགོས་ཀྱི་གཟེར་（གཟེར）ཡང་འབྲལ་མེད་ཀྱིས། །རིན་ཆེན་སྣ་ལྔ་ཧ་སྣང་པོ། །རྒྱལ་ཁམས་ཟོག་གིས་ཁེངས་པ་ཡི། །དགའ་བའི་དུས་ཤིག་ཡོང་བ་ཡིན། །འདི་རྣལ་འབྱོར་ང་ཡི་བྱེད་ལུགས་ཡིན། །ད་རྣལ་འབྱོར་ཞིང་ཁམས་སུ་འགྲོ་རན་ཡང་། །ད་རུང་ཚིག་གསུམ་གྱི་བསླབ་བྱ་བྱེད། །བླ་བ་ཕྱི་མའི་ཆོས་བཅུ་ལ། །རྣལ་འབྱོར་

ཨུ་རྒྱན་ཡུལ་དུ་འགྲོ། །ཁྱེད་བུ་ཚ་བོ་རྣམས་ཀྱི་སྐྱུང་ཡར་ཡར། །དེ་སྔའི་རྣམས་ཀྱིས་ཚིག་པ་གདའ། །འཇིག་རྟེན་འདི་ཡི་སྣང་བ་འདི་དག་ལ། །གཏམ་པའི་ཕྱི་ཐག་ཡིན་གསུངས་པ་དང་། །ཆུང་སློབ་གཉེར་གཅིག་བྱས་ན་བདག་ལའང་ཡོད། །སློབ་མ་དགོས་པར་གྲོལ་བ་རྣལ་འབྱོར་ལུགས། །སྒྲུབ་པ་ཡི་དམ་ཞིག་བྱས་ན་རྣལ་འབྱོར་གྱིས་འགྲུབ། །སྒྲུབ་པ་མ་དགོས་ནས་འགྲུབ་པ་རྣལ་འབྱོར་ལུགས། །ཟས་ཞིམ་པོ་ཞིག་ཟོས་ན་ལུས་བཀྲག་ཏུ་འོང་། །ཟས་བཅུད་ལེན་དུ་ཟ་བ་རྣལ་འབྱོར་ལུགས། །རྐང་བཞི་ཞོན་པ་ཀུན་གྱིས་ཡོད། །རླུང་རྟ་ལ་ཞོན་པ་རྣལ་འབྱོར་ལུགས། །རྩལ་ནམ་འཕང་སྐྱོད་པ་རྣལ་འབྱོར་ལུགས། །རྩལ་ས་ལ་སྐྱོངས་པ་གཞན་པའི་ལུགས། །རྩལ་ནམ་འཕང་སྐྱོད་པ་རྣལ་འབྱོར་ལུགས། །གོས་ལུས་རྒྱན་དུ་གོན་པ་འཚོར་བའི་ཚས། །གཏུམ་མོ་གོས་སུ་གོན་པ་རྣལ་འབྱོར་ལུགས། །སེམས་ཐྲས་སྤྲོས་བྱེད་པ་ཀུན་གྱི་ལས། །སེམས་མལ་དུ་འདུག་པ་རྣལ་འབྱོར་ལུགས། །ལུས་ཙལ་བཙོལ་བྱེད་པ་ཀུན་གྱི་ལས། །ལུས་མལ་དུ་འདུག་པ་རྣལ་འབྱོར་ལུགས། །ལུས་བཅས་བཙོས་བྱེད་པ་ཀུན་གྱི་ལས། །ལུས་དྲང་པོར་འདུག་པ་རྣལ་འབྱོར་ལུགས། །མིག་རྣམ་འགྱུར་མང་པོ་ཀུན་གྱིས་བྱེད། །མིག་ཐད་ཀར་བལྟ་བ་རྣལ་འབྱོར་ལུགས། །མཆོད་མདའ་མདུད་བཏགས་པ་དཔའ་བོའི་ལུགས། །མཆོད་རྡོ་རྗེ་རྟེག་(རྡེག) པ་རྣལ་འབྱོར་ལུགས། །གོས་ལྷུགས་ཁྲབ་གོན་པ་ཀུན་གྱི་ལས། །གོས་བདུད་ཀློག་གོན་པ་རྣལ་འབྱོར་ལུགས། །སྒོམ་གོས་ཟས་སུ་གོན་པ་རྣལ་འབྱོར་ལུགས། །བསྒོམ་འབྲས་མེད་དུ་སྒོམ་པ་རྣལ་འབྱོར་ལུགས། །ཆོས་ཤེས་རབ་ཏུ་བྱེད་པ་སྟོན་པའི་ལས། །ཆོས་བཀའ་ལུང་དང་བསྟུན་པ་རྣལ་འབྱོར་ལུགས། །འདྲེ་དྲག་ཐབས་སུ་འདུལ་བ་ཀུན་གྱི་ལས། །འདྲེ་ཞི་ཐབས་སུ་འདུལ་བ་རྣལ་འབྱོར་ལུགས། །བྲན་འཁོར་གཡོག་ཏུ་བསྐོར་བ་ཀུན་གྱི་ལས། །བྲན་མ་སྐོར་བར་འཁོར་བ་རྣལ་འབྱོར་ལུགས། །ལུགས་འདི་རྣམས་དང་ལྡན་པའི་རྣལ་འབྱོར་པ། །མི་རྟག་འཆི་བའི་ཚུལ་གཅིག་སྟོན། །གསུངས་ནས། འགྲོན་རྗེས་མཛད་པ་ལ། ངེད་བུ་ཚ་བོ་རྣམས་ཀྱིས་ཞུས་ནས། ངེད་བུ་ཚ་བོ་རྣམས་ཀྱིས་བསླབ་བྱ་དང་། །སློབ་མ་རྣམས་ཀྱི་སྐྱིང་

ཐན་དང་། །འཇིག་རྟེན་ལྷ་འདྲེ་འདུལ་བ་དང་། །ཡོན་བདག་སྣང་ས་འགྲིག་པ་དང་། ། མ་སྨིན་པ་རྣམས་འབྲིད་(སྨིན) པའི་ཕྱིར། །སེམས་ཅན་དོན་ལ་བཞུགས་པར་ཞུ། །ཞུས་པས། ང་རྣལ་འབྱོར་མི་ལུས་འདི་དག་ལ། །བོད་དུ་འདུག་པ་དེ་ཙམ་ཡིན། །མི་ལོ་བརྒྱ་དང་བརྒྱད་བར་བསྡད། །དེ་ལ་ལྷ་འདྲེ་མ་ཐུལ་ན། །རྒས་ནས་ལྷ་འདྲེ་ངས་མི་ཐུལ། ། བསླབ་བྱ་གདམས་ཀྱི་ཚིག་འདི་རྣམས། །ཉམས་སུ་ལོངས་ལ་མཐུན་པར་གྱིས། །བུ་ཚ་བོའི་སྐྱོང་ཐན་ཡང་དེ་ཙམ་ཡིན། །འཇིག་རྟེན་ལྷ་འདྲེ་བཏུལ་ནས་ཡོད། །ཕྱིར་སངས་རྒྱས་ཀྱི་བསྟན་པ་འཛིན་པའི་གྲུབ་ཐོབ་རྣམས་དང་། སློས་ལྷ་རིགས་རླངས་ཀྱི་དོན་དུ་རྣལ་འབྱོར་ངའི་བརྒྱུད་ཀྱི་བསྲུངས་མ་བྱེད་པར་ཁས་བླངས། དམ་གདམས་ལྷ་ཆོས་བསྟན་པ་འཛིན་པ་ལ་གཏོར་མ་ཟོས་ནས་དམ་ཅན་བྱེད། མི་དཔོན་ཆོས་དཔོན་བྱེད་པ་དང་། །སྐྱེ་བརྒྱུད་རིམ་པ་གང་བྱུང་གིས། །གཏང་རག་གསོལ་མཆོད་གང་བྱས་ཟ། །མདུན་ན་མོས་པ་གང་ནུས་བྱེད། །གྲོགས་དང་མགོན་བྱེད་ཟེར་ནས་སུ། །མི་འགྱུར་བ་ཡི་དམ་གཏོར་བྱེན། །བརྒྱུད་ཀྱི་བན་སྐྱ་གང་བྱེད་ཀྱང་། །བསྲུངས་མ་བྱེད་པར་དམ་བཅས་ཡོད། །སློབ་དཔོན་པདྨའི་མཛད་སྤྱོད་བཞིན། །དམག་གཏོར་ཉི་ཤུ་རྩ་དགུ་འབྱོན། །དཀྱིལ་འཁོར་ཉི་ཤུ་རྩ་དགུ་བཞེངས། །དམ་བགེགས་ཉི་ཤུ་རྩ་དགུ་བྱས། །བརྒྱུད་ཀྱི་བསྲུང་མ་དེ་ཡོང་། །ང་རྣལ་འབྱོར་པདྨའི་ཐུགས་སྤྲུལ་ཡིན། །བཙུན་མོ་ཡེ་ཤེས་མཁའ་འགྲོ་ཡིན། །ཡོན་བདག་གླིང་རྗེ་གེ་སར་འདི། །ཁྲི་སྲོང་ལྡེ་བཙན་གྱིས་སྤྲུལ་པ་ཡིན། །བླ་མ་སུམ་སྟོང་བཞི་བརྒྱ་འདི། ། གསང་སྔགས་ཀྱི་ཆོས་འབྲེལ་ཞུ་མི་ཡིན། །ཡོན་བདག་མང་དུ་ཡོད་པ་རྣམས། །ཁྲི་སྲོང་ལྡེ་བཙན་གྱི་འཁོར་གཡོག་གི། །བདག་ལ་ཆོས་འབྲེལ་ཞུས་པ་ཡིན། །མི་རབས་མང་པོའི་གོང་རོལ་དུ། །ཡོན་བདག་གི་འབྲེལ་ཁ་དེ་ལྟར་ཡིན། །རྣལ་འབྱོར་བསླབ་བྱ་བྱས་པའི་ཚིག །བུ་ཚ་བོ་རྣམས་ཀྱིས་ཉམས་སུ་ལོངས། །ཉམས་སུ་བླངས་ནས་ནང་ཡོད་ན། །ང་རྣལ་འབྱོར་སྤྲུལ་པས་ཁྱབ་པར་བྱེད། །བརྒྱུད་ཀྱི་མི་ལའང་ང་འདྲ་ཡོང་། །རྒྱུན་ཆད་མེད་པར་མཛད་དོ། ། སྣ་དཔོན་ནང་ཡོད་ཤེས་པར་གྱིས། །སྲིད་འབྲེལ་རྒྱུན་ཆད་མེད་པར་གསོལ། །གཙོ་བོ་སྤྱི་

སེམས་སྐྱི་གཏམ་གྱིས། །སྐྱི་དཔོན་རྒྱུན་ཆད་མེད་པར་མཛོད། །སྟག་ཤར་གྱི་འཁྲུགས་པ་ཚོད་ཟིན་གྱིས། །ལུས་རྩལ་རྒྱུན་ཆད་མེད་པར་སྦྱོངས། །མི་དཔོན་གྱིས་སྤྱི་དོན་བཟང་སེམས་ཀྱིས། །འཁོར་གཡོག་རྒྱུན་ཆད་མེད་པར་སྐྱོངས། །ཕ་སྤུན་ནང་ཡོད་ཤེས་པར་གྱིས། །ཉེ་འབྲེལ་རྒྱུན་ཆད་མེད་པར་གསོས། །འཁོར་གཡོག་དཔེ་གྲུས་ལྡན་པར་གྱིས། །དཔོན་ལས་རྒྱུན་ཆད་མེད་པར་སྐྱོངས། །བུ་ཆུང་རིག་པ་གསལ་བར་གྱིས། །རྩོལ་བ་རྒྱུན་ཆད་མེད་པར་གྱིས། །བུ་སྲིང་ནོར་ཡོད་ཕྱུག་ལ་བྱིན། །ཟས་ནོར་རྒྱུན་ཆད་མེད་པར་ཡོང་། །ཕྱུག་པོ་ཟས་ནོར་སྤྱོད་ཤེས་ཀྱིས། །ཉེ་རིང་རྒྱུན་ཆད་མེད་པར་ཡོང་། །གཉེར་པ་ཀུན་དང་མཐུན་པར་གྱིས། །མཛའ་ཤེས་རྒྱུན་ཆད་མེད་པར་ཡོང་། །མ་སྲུ་མ་སྐྱུར་ཆེ་བར་བགྱིས། །བུ་ཚ་པོ་རྒྱུན་ཆད་མེད་པར་སྐྱོངས། །མནའ་མས་ལུས་ཚུལ་གཙང་མར་བསྲུངས། །ནང་མཚམས་རྒྱུན་ཆད་མེད་པར་སྐྱོངས། །ང་རྣལ་འབྱོར་སྤྱོས་འདུག་མ་བསམ་པར། །དགོས་ལུགས་ཡིན་ལུགས་ཀྱི་ཚིགས་བཅད་རྣམས། །ཁྱེད་ཉེ་འབྲེལ་རྣམས་ལ་བཤད་པ་ཡིན། །ཕྲུངས་ཤ་ཉེ་འཁོར་དང་བཅས་པ་ལ། །བསླབ་བྱ་ངལ་དུབ་བཤད་པ་ལགས། །ཕྲུངས་ལྷ་རིགས་རང་རེའི་བརྒྱུད་པ་འདི། །ཕོ་རྒྱུད་མོ་རྒྱུད་ལྷ་ལས་གྲོལ། །རིགས་རྒྱུད་ཁྱད་དུ་འཕགས་པ་ཡིན། །བླ་མ་མི་དཔོན་གང་བྱེད་ཀྱང་། །རིགས་ལ་གང་ཡོངས་པ་ཡིན། །ཕྲུངས་ཀྱི་གང་ཟག་ཁྱད་འཕགས་ལ། །ནམ་མཁའ་རྡོ་རྗེའི་ཟམ་མ་ཆད། །ས་ལ་དཀྱིལ་འཁོར་བྲིས་མ་ཡལ། །བར་དུ་རིགས་འཛིན་མཁས་བཙུན་གྱི་གྲལ་མ་ཞིག་པ་ཡོང་། དེ་དང་མཐུན་པར་ཁྱད་དུ་འཕགས་པའི་སྐྱེས་བུ་གང་ཟག་མཁས་པར་བློ་སྦྱོངས་པ་བར་དུ་བཙུན་པར་མཚུངས་པ། ཐ་མར་གངས་ཏི་རྩེ་(སེ) ཤེལ་གྱི་མཆོད་རྟེན་འདྲ་བ་ཡོང་བ་ཡིན། མི་རབས་དྲུག་ཅུ་རྩ་གཅིག་བར། །བླ་མ་མི་དཔོན་རྒྱུན་མི་ཆད། །ངག་ནུས་ཅན་གྱི་གྲུབ་ཐོབ་ཡོང་། །མི་དཔོན་བྱེད་ན་རིགས་བརྒྱུད་བཟང་། །བོད་ཁམས་འདུལ་བའི་དཔོན་དུ་ཡོང་། །གཙོ་བོ་བྱེད་ན་སྤྱི་དཔོན་བྱེད། །འཁོར་གཡོག་རྒྱས་པའི་དཔོན་དུ་ཡོང་། །ང་དང་རྒྱུད་རིགས་བཅུ་གསུམ་ན། །བོད་ཁམས་འབངས་སུ་འཁོར་བར་ཡོང་གསུང་ནས། བུ་ཚ་བོ་

རྣམས་ལ་གནང་སྦྱིན་གྱི་བསླབ་བྱ་མཛད་པ་འདི་ལྟར་དུ་གསུངས། རླངས་ཕ་སྤུན་བན་བཏུགས་ཀྱི་མི་རྣམས་དང་། གཞན་སྲིད་བྱས་པའི་ཐུགས་སྡེ་རྣམས་དཔལ་བཟང་སྐྱན་བཟང་ཡོན་བདག་གླིང་། ཛང་སྟོམ་རག་ཤི་ཤྲུ་ཀེ་ཨྱ། མ་བསྒྲུངས་འཁོར་གཡོག་ལས་བྱེད་ཚོ་བོ་རྣམས་ལ་བསླབ་བྱ་བྱེད། བསླབ་བྱ་བརྟེན་པོ་ནོར་དུ་བཞིན། །རྣལ་འབྱོར་བྱང་ཆུབ་འདྲེ་བཀོལ་ང་། །ཆུང་ནས་རིག་པ་ཆོས་ལ་སད། །བཀའ་གསར་རྙིང་གི་རྣམས་ཐུགས་ལས་གྲོལ། །ཡིད་ཤེས་རབ་ཆེ་བའི་ཚད་དང་ལྡན། །ཡིད་ཤེས་རབ་ཆེ་བའི་རིགས་བརྒྱུད་འདི། །བུ་ཚ་བོ་རྣམས་ལ་ནོར་དུ་བཞིན། །ངས་གྲུབ་རྟགས་བཞི་བཅུ་རྩ་བདུན། །ལྷ་སྒྲུབ་པ་བྱེད་ན་སྒྲུབ་ཐག་ཉེ། །ལྷ་དབང་སྒྲུབ་པའི་གྲུབ་ཐོབ་འདི། །བུ་ཚ་བོ་རྣམས་ལ་ནོར་དུ་བཞིན། །ངས་གསོལ་བ་བཏབ་པའི་བྱིན་རླབས་ལ། །ལྷ་ཞལ་མཐོང་ཉི་ཤུ་རྩ་བཞི་འབྱུང་། །བྱིན་རླབས་རྒྱུན་ཆད་མེད་པ་དང་། །ཞལ་མཐོང་རྒྱུད་ཆད་མེད་པ་འདི། །བུ་ཚ་བོ་རྣམས་ལ་ནོར་དུ་བཞིན། །མཁའ་འགྲོ་མ་རྣམས་འདུས་པ་དང་། །དངོས་གྲུབ་རྒྱུན་ཆད་མེད་པར་བྲངས། །དངོས་གྲུབ་རྒྱུན་ཆད་མེད་པ་འདི། །བུ་ཚ་བོ་རྣམས་ལ་ནོར་དུ་བཞིན། །འཇིག་རྟེན་ལྷ་འདྲེ་བྲན་དུ་བཀོལ། །བརྒྱུད་ཀྱི་བསྲུངས་མ་བྱེད་པར་ཆད། །ང་ཁབ་ཙན་དུ་གནོད་པ་ཡི། །ལྷ་སྲིན་ཐམས་ཅད་དམ་ལ་བཏགས། །བརྒྱུད་བསྲུངས་ལས་མཁན་བྱེད་པར་ཆད། །འཇིག་རྟེན་ཁམས་ཀྱི་ལྷ་འདྲེ་རྣམས། །བསྲུངས་མ་དམ་ཅན་བྱེད་ཡོང་། །ལྷ་ཆོས་བླམ་ཐུགས་པ་ཡི། །རྒྱུན་ཆད་མེད་པའི་བཀའ་སྲུང་བྱེད། །དེ་ཡང་ལས་བྱེད་ལས་ཚོལ་ཟ་བ་བཞིན། །དམ་གཏོར་རྒྱུན་ཆད་མེད་པར་ཐོངས། །གར་ཐད་ས་ཏུ་འགྲོ་བ་ཡིན། །མི་ཆོས་རྒྱུད་ཀྱི་ལས་བྱེད་ཀྱང་། །བརྒྱུད་ཀྱི་བསྲུངས་མ་བྱེད་པར་ཡོད། །དེ་ཡང་། ཆེན་པོའི་མཚོ་བ་འདྲེན་པ་བཞིན། །གཏང་རག་གསོལ་མཆོད་རྒྱུན་དུ་གྱིས། །གར་དགོས་པ་ལ་མགོན་དུ་ཡོང་། །ངས་ལྷ་འདྲེ་དམ་དུ་བཀོལ་བ་དང་། །བརྒྱུད་ཀྱི་བསྲུངས་མར་བསྒོས་ཡོད་པ། །བུ་ཚ་བོ་རྣམས་ལ་ནོར་དུ་བཞིན། །སྟོད་མཚོ་མ་ཕྱང་གཡུའི་མཛལ་དང་། །སངས་རྒྱས་ཞབས་ཀྱིས་གང་བཅགས་དེ། །རྣལ་འབྱོར་དད་ཀྱི་སྒྲུབ་གནས་ཡིན། །དེ་བུ་ཚ་བོ་

རྣམས་ལ་ནོར་དུ་བཞིན། །ངས་རྒྱལ་ཁམས་ལྷ་འདྲེ་བཏུལ་བ་ལ། །བླ་མ་སུམ་སྟོང་བཞི་བརྒྱ་ལ། །མཁས་པ་བརྒྱ་དང་བདུན་ཅུ་ཡོད། །གྲུབ་ཐོབ་སུམ་བརྒྱ་ཉི་ཤུ་ཡོད། །བསྒོམ་ཆེན་བརྒྱ་དང་ཙ་བརྒྱད་ཡོད། །སྟོན་པ་བརྒྱ་དང་དྲུག་ཅུ་ཡོད། །དགེ་བཤེས་ཉིས་བརྒྱ་དྲུག་ཅུ་ཡོད། །རྟོགས་སྒྲུབ་བརྒྱ་དང་དགུ་བཅུ་ཡོད། །བུ་ཚ་བོ་རྣམས་ལ་ནོར་དུ་བཞིན། །མི་མཁས་ན་རང་གི་བླ་མར་ཞུས། །རང་མཁས་ནམ་ཡང་སློབ་མར་སྐྱོངས། །མཁས་མཉམ་ན་གདམས་ངག་ཞུ་རེས་གྱིས། །ལྷ་ཁང་ཆེ་ཆུང་བཅོ་བརྒྱད་དང་། །བཀའ་འགྱུར་གསེར་གྱི་རྫོགས་པ་འདི། །བསྟན་པ་གང་གི་བྱས་པ་བཞིན། །སྒྲུབ་པ་གང་གི་བྱས་པ་བཞིན། །རྒྱ་དཀར་ནག་བར་དང་རྒྱལ་ཁམས་ལ། །ཡོན་བདག་ཉིས་བརྒྱ་རེ་བདུན་ཡོད། །དད་པ་ཅན་ལ་ཉིས་བརྒྱ་ཡོད། །ཁྱད་དུ་འཕགས་པའི་གླིང་རྗེ་ཡོད། །ཡོན་བདག་དད་པ་མ་ལོག་ན། །འབུལ་བ་རྒྱུན་ཆད་མེད་པར་ཡོང་། །ཡོན་བདག་འབུལ་བ་ཆད་མེད་འདི། །བུ་ཚ་བོ་རྣམས་ལ་ནོར་དུ་བཞིན། །ཕྱིར་དུ་ཡོན་བདག་མང་ཡོད་ཀྱང་། །ས་ཡུལ་ཕུལ་བ་བཅུ་དྲུག་ཡོད། །མ་ཕྱངས་(པང)གཡུའི་མཛལ་དེ། །ཕ་ཡབ་ཀྱི་སྐུའི་འབྲུངས་ཡུལ་ཡིན། །ཡོན་བདག་ས་ཚབ་ས་འདུ་གཉིས། །གཙང་གི་མངའ་རིས་སྐོར་གསུམ་ཕུལ། །འགྲོ་ཡི་ཡུ་རངས་ཆབ་སྒོ་ཕུལ། །བལ་ཡུལ་ལི་ཡུལ་བྱ་བ་སྟོད། །ཡ་ཆོས་རྒྱལ་པོའི་བློན་པོས་ཕུལ། །འཁྲིམ་(འབྲིམ)སྟག་དར་མ་རྒྱལ་པོ་དེ། །དབུས་སུམ་རང་གི་གསེར་ཁང་ཁྲ་མོ་ཕུལ། །ལྡིང་གི་ཡོན་བདག་དབང་དར་གྱིས། །དབུས་དང་གཙང་གི་ས་ཡུལ་ཕུལ། །རྫོལ་གྱི་ལྷ་བྱ་གདོང་ཆུང་ཕུལ། །ཤུ་གེ་བྲག་གི་སོག་མཆོད་ཕུལ། །དཔལ་བཟང་ལྷ་སྟོན་རག་ཤེ་གསུམ། །ནག་སོགས་ཤག་གསུམ་ས་བཅད་ཕུལ། །རྫང་གི་དཀར་ཤོད་དེ་ཡང་ཕུལ། །ཀླངས་གསེར་པས་གསེར་རིས་བརྒྱད་ལྡན་ཕུལ། །གཡུ་པས་གཡུ་རིས་དྲུག་འཁྱོར་ཕུལ། །ཏུ་དཔོན་དབང་ཕྱུག་དར་མ་དེས། །ཧྲ་ཤོད་གྱིམ་ཤོད་འཛའ་ཤོ་གསུམ་ཕུལ། །ཙོང་དེ་རྟེ་རྗེའི་ཁང་དམར་དང་། །མཐར་ཡ་ཐ་མགོ་ལ་མགོ་(མ་ཐ)ཡངས། །བར་མ་མཐོང་པ་ཉམས་དགའ་གསུམ། །འཇོ་རང་ཀེ་དང་གཡུ་དང་གསུམ། །གྲུས་རྩེ་གནོད་རྒྱལ་གྱིས་སྤྱི་གསར་ཚམ་དང་

གསུམ། །སྤྱི་ཡི་ཕྲུག་དྲུག་ར་བ་འདི། །བསམ་སྐྱེས་ཀུན་གྱིས་ཐུལ་བ་ཡིན། །ཐང་བརྒྱད་གེར་མགོ་བཅད་པ་དང་། །ཁམ་གྱིས་(ཁམས་ཀྱི)ས་ཡུལ་གང་སྟེ་དེ། །ཡོན་བདག་གླིང་གི་ཐུལ་བ་ཡིན། །མཐིབ་ཆུ་ཡང་ལེའི་དགོན་པ་དེ། །མ་མཁའ་འགྲོ་མ་ཡི་ཐུལ་བ་ཡིན། །བརྒྱད་དངོས་སང་ལྷས་བཅས་པ་འདི། །འབྲུ་ཡར་བ་མཆོ་བཞིས་ཐུལ་བ་ཡིན། །སྤྲུ་བོ་ཀེ་ཤོད་བཅས་པ་འདི། །གུང་པ་རྒྱ་རས་ཐུལ་བ་ཡིན། །རིང་པོས་བང་རིམ་ཆུ་རྩལ་ཐུལ། །ཚ་བོ་རླངས་སྲས་ཆེན་པོ་དེས། །གནས་དྲུག་སྤྱི་ཡི་ས་ཡུལ་ཐུལ། །འདི་ནོར་ཡོད་པས་སྨོས་པ་མ་ལགས་ཏེ། །ང་རྣལ་འབྱོར་པ་ཡི་ས་ཡུལ་ཡིན། །འཛིན་ཤེས་ན་ཐུལ་བ་འདི་འདྲ་ཡོད། །བུ་ཚ་བོ་རྣམས་ལ་ནོར་དུ་བཞིན། །ད་རྒྱུ་བཟང་ཟིང་གི་དངོས་པོ་བཞིན་པ་དང་། །ས་ཡུལ་གང་འདོད་བསམ་ཚོད་(ཚོད)སྨྲོས། །འདོད་པ་གང་འདོད་སྒྲུབ་པ་ཡིན། །གསུངས་པ་དང་། སློན་བརྩུན་གྱིས་ཞུས་པ། ལར་གྱིས་ཡུལ་ལ་ཁྱེད་རང་གང་གསུངས་སུ་འདུག་སྟེ། ལྷ་ལུང་ཆེན་བཅོ་བརྒྱད་འདི་ཆོས་ལའང་དཀར། ས་ཆ་ཡང་བཟང་། ཆོས་བྱེད་ཁྲིམས་སྐྱོངས་ཅི་བྱེད་ཀྱང་། སའི་མཐིལ་དང་། ཡུལ་གྱི་བཅུད་ཡིན་པས། ཁྱེད་རང་གིས་གནང་བར་ཞུ་ཟེར། ཕོ་ཉ་མགོ་ཁྲིས་ཀྱང་ནར་ཨ་ཉེས་བྱིན་པ་ལྷག་ཆད་མེད། །ཡུལ་གྲུབ་ཐོབ་དགོས་པ་འཁྱོད་པ་མེད། །རྒྱལ་ཕམ་བྱུང་ཡང་སེམས་ཀྱི་ཐེག །ཟེར་བ་ཞུས། མདོ་པ་ཞྭ་ནག་ཅན་གྱིས་ཞུས་པ། ཡུལ་ལ་འཛིན་མི་གང་བྱུང་དེ་ཡུལ་བདག་ཡིན། སྟེ་དཔོན་སྤྱི་ཚོམས་ཆེ་བ་ཡུལ་བདག་ཡིན། ཕྲུག་པོ་སྤྱིན་ལ་གང་དྲག་ཉེ་བ་ཡིན། དཔའ་བོས་བདག་འཛིན་པ་བཙན་པ་ཡིན། མ་སྤྱངས་(པང)གཡུ་ཡི་མཚལ་དང་། །མངའ་རིས་ལ་སློད་ལྷོ་བྱང་དང་། །བལ་ཡུལ་དབུས་གཙང་ཕྱིར་བཅད་དུ། །ས་ཡུལ་འབུལ་མི་གང་བྱུང་ཡང་། །ཐེལ་ཆུ་གླིང་ཡུལ་གྱི་སྒྲུབ་གནས་འདི། །དེ་འཛིན་མི་གང་གི་བྱུང་པ་ཡིན། །ལྷ་ཡི་ལུང་ཆེན་བཅོ་བརྒྱད་འདི། །ངེད་བུ་ཚ་བོ་རྣམས་ཀྱི་འབྲུངས་ས་ཡིན། །གཡར་འགྲིག་(དབྱར་འབྲོག)པ་འགྲིམ་ན་འགྲོགས་(འབྲོག)པ་བཟང་། །སློན་ཡུལ་ཁ་ཞིག་འགྲིགས་ལ་ཞིམ་(ཞིང)ས་བཟང་། །ཡུལ་འདི་ལ་འདིས་བཟུང་ཞལ་ཏ་མཛོད། །དེ་ནས་ཁོང་གིས་ནང་ནོར་སྤྱིན།

ཡུལ་དགོས་（བགོས）མཛད་པ་ལ། སོག་ནག་སོག་དཀར་ཧོད་ནག་དང་། ཡུལ་འཛིན་ཞེས་ན་བཙན་སའི་རྒྱུད། ཡོང་གསུངས་ནས། ལྷ་མོའི་བརྟེན་རྨ་བྱ་བརྒྱ་བྱིན་ཐོད་པ་སྟག་སྒྲོད། བུ་ཆུང་གཡང་གཞི་སྲིན་རལ་ཁྲ་བོ། གངས་དཀར་ལྷ་རྩེ་ཁྲ་བོ་གཡང་ལུགས། ཁྲིམས་ཀྱི་དངུལ་མདུད་ཀེ་ཏུ་རྣམས་དང་། ཟས་ནོར་བསམ་གྱིས་མི་ཁྱབ་པ་སྟོན་བཙུན་ལ་གནང་། ཏ་འཛག་གསེར་གསུམ་ཏེ་ཡང་གསུམ་བརྒྱ་རྫོས་སང་གསུམ། སྤུ་བོ་དངུལ་ཧོད་རྣམས་དང་ཐང་ཡིག་སྒྲོན་མ། རླངས་ཀྱི་པོ་ཏི་བསེ་ཏུ། ཁྲིམས་དར་ནག་པོ་དགྲ་འདུལ། དཀར་པོ་ཐོག་རྡུགས། ཁྲིམས་ཀྱི་ཇ་མོ་ཆེ་ཟིལ་གནོན། རལ་གྲི་འཕར་མ་ཡི་རྒྱུས་ཆོས་རྣམས་དང་། ནོར་བསམ་གྱིས་མི་ཁྱབ་པ། གཡུ་འཛིན་གསེར་གསུམ་གྱི་ཡུལ་མདོ་པ་ཞྭ་ནག་ཅན་ལ་གནང་། ཛ་གྲབ་པ་གཞུང་རྒྱལ་ལ། བེར་ནག་པོ་ཐོག་རྡུགས་དར་ནག་པོ་ཆུང་པ། གྲི་ཤང་ལང་རིང་མོ། དབང་གི་གསེར་བེར། བསྟན་པ་འཁྱོགས་པའི་སླང་པོ། སྤྱི་སར་ཕྱམ་གསུམ། འཛོ་དགེ་གཡུ་གསུམ་ལ་ཙོང་ངེ། རྡོ་རྗེ་མཁར་དམར། མཁར་མཐོ་ཡངས། ཉམས་དགའ་དད་གསུམ། ཕྱིའི་གཉན་པོ་བྲག་ཐོག །ཕོ་ཉ་མགོ་ཁྲི་ལ་གནང་ནས། བུ་གསུམ་ལ་གསུངས་དང་སྣང་（གནང）བ་མཛད་པ་ལ། སྟོད་སྨད་ཀྱི་ས་ཡུལ་གང་བདེ་དང་། སྒྲུབ་གནས་ཁྱད་དུ་འཕགས་པ་འདི། སྲས་བུ་རྣམས་ལ་བཞིན་（སྦྱིན）པ་ཡིན། མཆེ་མ་ལ་གནང་པ་དང་། མཚན་ལྡན་གྱི་ཀ་པླ་ལ། མ་རལ་དབང་ཐོད་ཁ་དབང་བསྡུས། རྣམས་བྱིན། གསེར་གྱི་མཆོད་རྟེན་བང་རིམ་གསུམ་པ། མཚན་ལྡན་ཀ་པླ་ལ། རྣམ་སྲས་སྟག་ཚབ་ལ་གནང་ནས་གསུང་ཅྲོན་པ་ལ། བུ་ཚ་བོ་རྣམས་དང་ཡོན་བདག་རྣམས། །ཕ་སྤུན་རླངས་ལ་འཁོར་གཡོག་ཉེན། །ང་རྣལ་འབྱོར་དཔལ་པའི་ཚིག་གསུམ་གཏམ། །ལར་རླངས་ཀྱི་མི་རྒྱུད་ལྷ་ལས་གྲོལ། །ཁྱད་དུ་འཕགས་པའི་བརྒྱུད་པ་ཡིན། །སྔོས་སུ་རྣལ་འབྱོར་འདྲེ་བཀོལ་ངས། །སྟོད་སྨད་ལྷ་སྲིན་དམ་ལ་བཏགས། །བྱས་པའི་ལག་རིས། སྒྲུབ་པའི་བྱས་ལུགས། ལྷ་ལ་མཇལ་ལུགས། ཡོན་བདག་གི་མང་ལུགས། ས་ཡུལ་གྱི་ཐུལ་ལུགས། དཀོན་མཆོག་ལ་མཆོད་ལུགས། དམ་ཅན་ལ་བཀོལ་ལུགས། ལྷ་གནས་ཀྱི་བཟུང་ལུགས། བུ་སློབ་ཀྱི་བསྐྱང་ལུགས།

མ་(དམ) ཆོས་ཀྱི་བཤད་ལུགས་རྣམས་སྔར་འདས་ཀྱི་ངག་ཏུ་གསལ་བ་ཡིན། དང་(ང) རྣལ་འབྱོར་པ་ལོ་བརྒྱད་ཀྱི་ནང་དུ་འགྲོ། །ཁྱེད་བུ་ཚ་བོ་རྣམས་ཀྱི་བྱ་བ་ལ་ནི། །ཕ་ཡབ་མེད་པདྨའི་ཐུགས་སྲས་ལ། །མ་ཕྱི་མོ་ཡེ་ཤེས་ཀྱི་མཁའ་འགྲོ་ཡིན། །བུ་ཚ་བོ་རྣམས་རིས་རྒྱུད་ཁྱད་དུ་འཕགས། །བླ་མ་བྱས་ན་འགྲོ་དོན་ཡོང་། །སློམ་ཆེན་བྱས་ན་རྟོགས་ལྡན་ཡོང་། །སྟོན་པ་བྱས་ན་ཆོས་མཁས་ཡོང་། །དགེ་བཤེས་བྱས་ན་འདྲེན་པ་ཡོང་། །སློབ་གཉེར་བྱས་ན་ཤེས་རབ་ཡོང་། །བསྟན་པ་འཛིན་པའི་བན་སྐྱོངས་ན། །གཞི་མ་ཚུལ་ཁྲིམས་བསྲུངས་གལ་ཆེ། །སྔགས་བསྒྲུབ་བྱས་ན་ནུས་པ་ཆེ། །སྡེ་དཔོན་བྱས་ན་ཆུན་ཡོད་ཡོང་། །གཙོ་བོ་བྱས་ན་བློ་ཡོད་ཡོང་། །ཡུལ་དཔོན་བྱས་ན་ནོན་ཡོད་ཡོང་། །དམག་དཔོན་བྱས་ན་ཤོམ་ཡོད་ཡོང་། །སྟག་ཤར་བྱས་ན་རྩལ་ཡོད་ཡོང་། །འཕྲུགས་(འཁྲུགས) པ་བྱས་ན་དཔའ་བོ་ཡོང་། །འཁོར་བ་བྱས་ན་རྒྱུད་བཟང་ཡོང་། །ཁྱེད་ཤེས་བྱས་ན་སྐྱ་གཞུང་བཟང་། །བདེན་གཏམ་ལབ་ན་སྨྲ་མཁས་ཡོང་། །ཕྱུག་ནས་སྦྱིན་པ་དགའ་བ་ཡོང་། །བཙན་ནས་ནང་ཡོད་བྱེད་པ་ཡོང་། །དྲག་ནས་རྒྱལ་ཁམས་འདུལ་བ་ཡོང་། །སངས་རྒྱས་བསྟན་པ་འཛིན་པ་ལ། །བླ་མ་མཁས་པས་བསྐྱོར་བ་ཡོང་། །ཆེན་པོས་ཁྲིམས་ལུགས་སྐྱོངས་པ་ལ། །ཤེས་ཡོད་བློན་པོས་བསྐྱོར་ནས་ཡོང་། །རྒྱལ་ཁམས་ཆེན་པོ་འདུལ་བ་ལ། །ཤོམ་ཡོད་དཔའ་བོས་བསྐྱོར་ནས་ཡོང་། །འདི་བུ་ཚ་བོ་རྣམས་ཀྱི་རྒྱུད་པ་ལ། །བཏིང་(རྟེང) དུ་བརྒྱུད་ཀྱི་སྲིད་ཐབས་ཡིན། །ཡོང་པས་མི་ཚིག་བརྗོན་འགྲུས་ཀྱིས་གསུངས། མང་དུ་བྱོན་པ་དང་། ཡར་བུ་ཚ་བོ་ང་ལ་ཟུར་ཙམ་ཉོན། །ནང་ཡོད་རྒྱལ་ཁམས་ཀྱི་མི་ལ་དགོས། །སློས་སུ་བྱུང་ཆུབ་འདྲེ་བཀོལ། །རིགས་དང་རྒྱུད་པ་བཟང་བ་ཡིན། །ནང་ཡོད་གྲོས་ཡོང་བ་གྱིས་ལ། །བཙན་པོ་ཁྲེལ་མེད་གོང་དུ་མ་གཏོད། །ངན་པ་རྒྱུད་མེད་ལང་ལ་མ་གཏོང་། །ཤེས་མེད་བཙོས་པ་གཙོ་བོར་མ་གཏོང་། །ཆོས་མེད་ཚུལ་ཉམས་བླ་མར་མ་གཏོང་། །བློ་མེད་ནང་རྫོང་གྲོས་ལ་མ་གཏོང་། །སྔར་མ་ཐར་མོ་དམག་སྣར་མ་གཏོང་། །གོ་མཆོན་བཟང་པོ་དགྲ་ལ་མ་གཏོང་། །གྲོས་སྙིང་གཏམ་ཁྲིམ་དུ་མ་སྤྲེང་། །བུ་སླེབ་པ་སྡེ་ན་མ་གཏོང་། །མི་རྣས

ནས་ཚོང་ལ་མ་གཏོང་། །ཕྱུགས་པ་ལབ་ལ་མ་གཏོང་། །མི་རྩིང་པོ་གཉེར་ལ་མ་གཏོང་། །
ནོར་བསགས་ནས་ཚུད་ཟོས་མ་གཏོང་། །རྟ་བཟང་པོ་ཏུས་སར་མ་གཏོང་། །འཛང་
(འཛིང)མི་མི་ཁར་མ་གཏོང་། །ནང་མེད་དགྲ་དགའ་མ་བྱེད་པར། །ནང་ཡོད་ཀྱི་འབད་
པ་ཐོན། །ནང་གི་ནོར་ལ་ཡུལ་མ་གཙོད། །ཕྱིའི་ཧུས་དང་སྟེ་བཙད་(སྟེ་བཙན)ན། །
ཟས་དང་ནོར་ཡང་དེ་ནས་ཡོང་། །ནང་མེད་ཆེ་བརྗོད་ཡུལ་བརྩད་ན། །ངན་གྱི་དགྲ་དགའ་
གཏམ་ངན་ཡོང་། །ཉེ་བ་གཡོག་པོས་མི་འདོད་པ། །ནང་ཡོད་ཤེས་ཡོད་གྲོས་བྱས་ན། །
དགྲ་དང་ཕྱི་མི་རྣམས་ཡང་སྐྲོན། །ཉེ་བ་དགའ་ལ་གཡོག་ཀྱང་སྐྱིད། །བཙན་པོ་བཙུན་པོ་གང་
ཡང་། །གང་བསམ་གྲུབ་ནས་གར་རྙེགས་(སྙེགས)ཚོད། །མི་རྒྱུད་རྟེང་དུ་གཏམ་བཟང་
བཞག །ཁྱོད་ཕ་དང་ཕུ་བོ་ནོར་ཡོད་ཀྱང་། །ཤི་ནས་བུ་དང་ཚ་བོ་ཡིན། །གསོན་ཚེ་གྲགས་
པ་ཅི་ཐོབ་ཀྱང་། །ཤི་ནས་ཕ་མེས་བཞག་པ་ཡིན། །དེར་སྟག་ཚབ་ངར་པས་ཞུས་ནས།
ཁྱེད་ཕ་ཡབ་ཀྱི་གསུངས་པ་ནན་ལྟར་(ཏར)མེད། །འཛིག་རྟེན་སྣང་བ་འདུས་པ་ལ། །
སྲས་ཀྱི་བུ་ནི་ང་ལ་མེད། །ཚེ་འདིའི་བདེ་སྐྱིད་ཡོང་པ་དང་། །ཕྱི་མ་བདེ་བའི་ཡུལ་བྱིན་
ན། །བུ་སྟག་ཚབ་དེ་ན་འགྲོ་བ་ཡིན། །གསུངས་བཞིན་ནང་བྱེད་པར་ཞུ། ཡུལ་མཁར་
བཞིས་(གཞིས)རྣམས་ཁོང་ཚོ་ལ་བྱིན། ཟས་ནོར་རྣམས་ང་ལ་བྱིན། གསོལ་བ་འདེབས་
པའི་བླ་མ་དང་། དངོས་གྲུབ་ཞུས་པའི་ཡི་དམ་དང་། བར་ཆད་བདུད་དཔུང་སེལ་བའི་
ཆོས་སྐྱོང་གསུམ་ང་དང་ནང་ཡོད་བྱེད་པར་ཞུ། ཕོ་བོ་གསུམ་དང་ང་མི་འཐབ། །ཚ་བོ་
གསུམ་དང་ང་མི་བརྗོད། །སངས་རྒྱས་བསྟན་ལ་གནོད་པ་ཡི། །དགྲ་དང་ཐུབ་(ཐུག)ན་
སྟག་ཚབ་སྟག་བཞིན་དར། །དེར་ཡང་ནང་ཡོད་ཡོང་བ་ཡིན། །ཚེ་འདིའི་སྣང་བ་ཡུད་ཙམ་
ལ། །གར་སྣད་ཕ་ཡུལ་ས་ཞིང་ཡིན། །ད་རུང་ངེད་རྣམས་སྐྱོང་བྲན་ལ། །མི་ལོ་མང་དུ་
བཞུགས་པར་ཞུ། །དེར་གྲུབ་ཐོབ་ཆེན་པོའི་ཞལ་ནས། དཀར་ཤོད་སྤྲུ་ལ་ཤོད་སྟེང་འདི། །
བུ་གཉན་ཐོག་ཁྱོད་ཀྱི་བསྐྱབ་ཁང་གྱིས། །འཛི་སྦྱོབ་མཁར་གྱི་ཉམས་དགའ་དེ། །བུ་ཆེན་
དཔལ་བཟང་གིས་སྐྱབ་ཁང་གྱིས། །ཡོན་བདག་གླིང་གི་མགོ་བྱས་པའི། །ཡོན་མཆོད་

འབྲེལ་ཁ་སྟོར་བཞིན་བསྒུངས། །ཕ་སྤུན་རླངས་དང་ལྷ་དཔལ་རྣམས། །ནང་ཡོད་གྱིས་ལ་ཤེས་ཡོད་སློས། །དབང་ཡོད་ང་རྒྱལ་མ་བྱེད་པར། །གཞིག་པ་ཐོང་ལ་ལེགས་པར་སློས། །བསྟན་ཧྲུས་བྱ་བ་ལད་པ་བཙོས། །ང་རྣལ་འབྱོར་ནམ་འཆི་མི་ཤེས་པས། །དེ་སྔོན་བྱ་བ་བྱས་ལུགས་དང་། །རྟིང་དུ་དགོས་པའི་བྱེད་ལུགས་དང་། །དགོས་ལུགས་འདྲ་ལུགས་བཞིན་ལུགས་རྣམས། །ཁ་ཆེམས་དལ་དུས་བྲིས་པ་ཡིན། །དལ་དུས་ཡིད་ཚངས་ཚིག་གསུམ་འདི། །ཕྱིར་རྒྱལ་ཁམས་མི་ལ་དགོས་པ་ཡིས། །སློས་ལྷ་རིགས་རླངས་ཀྱི་མི་ལ་དགོས་པ་ཡིན། །སློས་ལྷ་རིགས་རླངས་ཀྱི་ཉམས་ལེན་གྱིས། །བུ་ཚ་བོ་རྣམས་ལ་བཞག་པ་ཡིན། །ཉམས་སུ་བླངས་ན་ང་དང་འདྲ། །མི་ཤེས་པ་ལ་ཅི་མི་རུང་། །ཚིག་མཚམས་ཡིད་ཆེས་གདམས་པ་འདི། །ཁྱེད་འདིར་ཚོགས་ཀྱི་ཡོན་བདག་ཕ་སྤུན་རྣམས། །ཤ་ཐག་ཉེ་བའི་བུ་ཚ་བོ། །འདོད་མོས་གང་ཡོད་ཚིམ་པར་ཤོག །རྣལ་འབྱོར་འཆི་བའི་ཚུལ་སྟོན་པས། །ཁ་ཆེམས་དལ་བའི་ཚིག་གསུམ་འདི། །གཟུ་རླངས་མདོའི་ལྷ་ཁང་དུ། །ཡོན་བདག་ཕ་བུའི་འཁོར་དང་གཡོག །ཤ་ཉེ་བུ་དང་ཚ་བོ་དང་། །སྣང་བ་དུལ་བ་དོན་ཆེད་དང་། །ལེ་ལེན་དགོས་ནས་གསུངས། །བྱ་ལོ་བར་པའི་ཚེས་བརྒྱད་ལ། །འགྲོ་ཀུན་ཐར་པ་ཐོབ་པར་ཤོག །བཙོས་གཏམ་ཚིག་གསུམ་ཡོད་པ་དང་། །བུ་ཚ་བོ་རྣམས་ལ་འགྲོ་ཁར་འཇོག །གང་འདོད་ཀྱི་ཆོས་ལུང་མཛད་ནས་ཐམས་ཅད་དགའ་བ་དང་སོ་སོ་ལ་སོང་ནས་ཁོང་ཡང་ནག་སོག་གསུམ་མདོ་ལ་ལོ་གསུམ་སྒྲུབ། ར་ས་བྲག་འོག་ཏུ་ལོ་གཉིས་བསྒྲུབ། སྲས་དང་ཚ་བོ་རྣམས་ལ་གདམས་ངག །གསང་སྔགས་སྙིང་པོ་བསྟན་ནས། སོག་ཡོག་ནག་ཏུ་ཡིན་ལུགས་གསུངས་པ་ལ། བུ་ཚ་བོ་བདུན་དང་རྣལ་འབྱོར་བརྒྱད། །མ་དཀར་ལྡན་ཡོད་ན་ཉན་པ་ཡིན། །གང་ལ་གང་དགོས་ཚིག་གཅིག་སྨྲ། །བླ་མ་བྱང་སེམས་འབྲལ་ཐབས་མེད། །སློམ་ཆེན་མཉམ་བཞག་འབྲལ་ཐབས་མེད། །སྟོན་པ་བཤད་རྩོམ་འབྲལ་ཐབས་མེད། །དགེ་བཤེས་ལག་ལེན་འབྲལ་ཐབས་མེད། །བན་གསར་བརྩོན་འགྲུས་འབྲལ་ཐབས་མེད། །བཙུན་པ་སྡོམ་པ་འབྲལ་ཐབས་མེད། །ཚོགས་པའི་ཡོན་བདག་ཕ་སྤུན་དང་། །བུ་སྲས་སློབ་

མ་རྣམས་ཀྱང་ལེགས་པར་ཉོན། །ཡར་ལྷ་ཆོས་བྱེད་པའི་ཚུལ་དེ། བླ་མས་འགྲོ་དོན་བྱས་པ་ན། །དད་པ་འབུལ་བ་ཞོར་ལ་ཡོད། །དགེ་བཤེས་ལག་ལེན་ཆོས་མཁས་ན། །འདྲི་དོན་འདྲ་བ་ཞོར་ལ་ཡོང་། །རྟོགས་པ་གྲུབ་པ་མཐར་ཕྱིན་ན། །ནུས་པ་དངོས་གྲུབ་ཞོར་ལ་ཡོང་། །བན་གསར་སློབ་གཉེར་མཐར་ཕྱིན་ན། །ཤེས་པ་མཁས་པ་ཞོར་ལ་ཡོང་། །རྟོགས་པས་སྒྲུབ་པ་བྱས་པ་ན། །དངོས་གྲུབ་ནུས་པ་ཞོར་ལ་ཡང་། །ཞོར་ཡོང་རྣམས་ཀྱི་ཚིགས་བཅད་འདི། །ཕྱིད་རྟོགས་པ་རྣམས་ཀྱི་སེམས་ལ་ཞོག །མི་ཆོས་མགོ་བཞག་ཞུ་བ་ལ། ཆེན་པོ་བཀུར་ཆེ་ན་འཁོར་གཡོག་ཤུགས་ལ་ཡོང་། དབང་ཡོད་སྤྱི་ཆོས་ཆེ་ན་གཙོ་བོ་ཤུགས་ལ་ཡོང་། བཙན་པོས་དམའ་ཤེས་བྱས་ན་མཁས་པ་ཤུགས་ལ་ཡོང་། སྡེ་པ་ནང་ཡོད་བྱས་ན་བསྟན་ཧུས་ཤུགས་ལ་ཡོང་། ཕ་སྤུན་ནང་ཡོད་བྱས་ན་བཙན་པོ་ཤུགས་ལ་ཡོང་། ཕྱུག་པོ་སྦྱིན་ཤེས་བྱས་ན་ཉེ་བ་ཤུགས་ལ་ཡོང་། འཁྲུག་མཁན་ཤུགས་ལ་མཁས་ན་དཔའ་བ་ཤུགས་ལ་ཡོང་། རྣོན་པོ་འདེབས་ཤེས་བྱས་ན་རྣོ་ཁམས་ཤུགས་ལ་ཡོང་། མགྱོགས་པ་རྒྱུག་ཤེས་བྱས་ན་ཐོང་འདེབས་ཤུགས་ལ་ཡོང་། མི་དཔོན་ཟ་འདོད་ཆུང་ན་ཁ་དྲོན་ཤུགས་ལ་ཡོང་། ཕ་ཁྱུ་སྤྱི་ཁྱོངས་(སྐྱོང་)ཆེ་ན་རྒན་ཕངས་ཤུགས་ལ་ཡོང་། རྒན་པོ་བཅས་བཅོས་མང་ན་ཤི་འཆི་ཤུགས་ལ་ཡོང་། སྐྱེན་པོ་འཕེན་ཤེས་བྱས་ན་འཇིགས་སྟོབས་ཤུགས་ལ་ཡོང་། དམག་དཔོན་ཤོམ་ལ་མཁས་ན་སྲིད་པ་ཤུགས་ལ་ཡོང་། སྨན་བཅུད་གཙང་སྦྲ་ཆེ་ན་འཛང་(མཛངས)མ་ཤུགས་ལ་ཡོང་། སྨན་བཅུད་ནང་ལས་བཅོས་ན་མིག་སློབ་ཤུགས་ལ་ཡོང་། བུ་ཆུང་གྲལ་སར་བཞག་ན་གོམ་སྐྱིད་ཞོར་ལ་ཡོང་། ཀུན་ལ་མགོ་བས་ཡིད་ལ་ཞོག །རྣལ་འབྱོར་སྤྱོད་ལུགས་མ་བསམ་པར། །ཡིད་ལ་ཞོག་དང་མགོ་བ་ཡིན། །ད་ཀུན་ལ་མགོ་བའི་ཆོས་འགའ་བཤད། །བླ་མས་འདུལ་ཁྲིམས་མི་བསྲུངས་པ། །འབར་སོགས་རིན་གྱིས་ཉོ་བ་ཡིན། །དགེ་བཤེས་ཚང་འཐུང་གྲོང་འཁྲིམས་པ། །ཁ་སོག་རིན་གྱིས་ཉོ་བ་ཡིན། །རྟོགས་པས་དམ་ཚིག་མི་བསྲུངས་པ། །ནུས་མེད་རིན་གྱིས་ཉོས་བ་ཡིན། །བཙན་པོ་རང་ཚོད་མི་ཟིན་པ། །ཁ་ཉེན་རིན་གྱིས་ཉོ་བ་ཡིན། །ཆེན་པོ་ནང་ཡོད་མི་བྱེད་ན། །ཧུས་མེད་རིམ་གྱིས་ཉོ་བ་

ཡིན། །དབང་ཡོད་ང་རྒྱལ་བྱེད་པ་དེ། །སློ་ནོར་རིམ་གྱིས་ཉོ་བ་ཡིན། །ཕ་སྤུན་ནང་ཡོད་མི་བྱེད་པ། །བླ་ཚོང་རིན་གྱིས་ཉོ་བ་ཡིན། །དཔའ་བོས་འཁྲུག་ཚོད་མ་ཟིན་པ། །ཤི་རྨས་རིན་གྱིས་ཉོ་བ་ཡིན། །མི་དཔོན་སྤྱི་གཏམ་མི་བྱེད་པ། །ཤེས་ཆུང་རིན་གྱིས་ཉོ་བ་ཡིན། །ཏགས་ནས་བཅས་བཅོས་མང་བ་དེ། །བཅོས་པ་རིན་གྱིས་ཉོ་བ་ཡིན། །ཆང་འཐུང་ལབ་ལ་དགའ་བ་ན། །གཟི་བོ་རིན་གྱིས་ཉོ་བ་ཡིན། །དབང་མེད་ལབ་ལ་དགའ་བ་དེ། །ཁ་ཚུམ་རིན་གྱིས་ཉོ་བ་ཡིན། །ཁ་ཉེན་དུ་རུ་ཐུང་པ་དེ། །བརྟུང་ཐག་རིན་གྱིས་ཉོ་བ་ཡིན། །རྩལ་ཆུང་ཐུར་ཧ་རྒྱུག་པ་དེ། །ཆག་གྲུམ་རིན་གྱིས་ཉོ་བ་ཡིན། །ཁ་ཉེན་དཔུང་མེད་འཁྲུག་པ་དེ། །ཤི་བསད་རིན་གྱིས་ཉོ་བ་ཡིན། །ཕྱུག་པོ་སྦྱིན་ལ་མི་དགའ་བ། །ཁྲུ་ཛག་རིན་གྱིས་ཉོ་བ་ཡིན། །དཔོན་ངན་གཡོག་ལ་སྣང་བ་དེ། །འཁོར་མེད་རིན་གྱིས་ཉོ་བ་ཡིན། །མཛངས་མས་ལུས་ཚུལ་མི་བསྲུངས་པ། །ངོ་ཚ་རིན་གྱིས་ཉོ་བ་ཡིན། །བུ་ཆུང་སློབ་བྱ་མི་བྱེད་པ། །ལད་མོ་རིན་གྱིས་ཉོ་བ་ཡིན། །བུ་མོ་དུས་ལ་མི་རྫོངས་པ། །འཁོར་གཡོག་ལག་པར་ཉོ་བ་ཡིན། །གཡོག་པོ་ཁ་ལ་མི་ཉན་པ། །དབྱུག་པ་རིན་གྱིས་ཉོ་བ་ཡིན། །གཟི་བ་གྲོང་གསེབ་འགྲིམས་པ་དེ། །ཁམ་ཆུ་རིན་གྱིས་ཉོ་བ་ཡིན། །རྣལ་འབྱོར་བཅོས་ལུགས་མ་བསམ་པར། །ཉོ་བ་འདི་རྣམས་མ་བྱུང་པ། །གཞན་པ་རྣམས་ཀྱི་ཡིད་ལ་ཞོག །ད་ལྟ་ཆོས་བྱེད་པ་རྣམས་ལ་དགོས་པ་ཡི། །ལྷ་ཆོས་བྱེད་ཚུལ་ཚིག་གཅིག་ཞུས། །བླ་མ་ལ་མོས་གུས་ཚད་མེད་ཀྱིས། །གསོལ་བ་ཐབ་ལ་དད་མོས་མཛོད། །བྱིན་རླབས་རྒྱུན་ཆད་མེད་པར་འབྱུང་། །ཡི་དམ་ལྷ་ལ་སྒྲུབ་པ་ཚད་མེད་ཀྱིས། །ཡི་དམ་སྒོམ་ལ་གསང་སྔིང་བསྒྲོངས(བགྲོངས)། །དངོས་གྲུབ་རྒྱུན་ཆད་མེད་པར་འབྱུང་། །སེམས་ཅན་ལ་སྙིང་རྗེ་ཚད་མེད་ཀྱིས། །སྦྱིན་པ་ཐོངས་ལ་བྱང་སེམས་ཀྱིས། །སེམས་སྐྱོ་བ་རྒྱུན་ཆད་མེད་པ་ཡོང་། །རང་སེམས་ལ་བལྟ་རྟོགས་ལེགས་པར་ཀྱིས། །སེམས་སྡུག་སྦྱོང་ལ་རང་སར་ཞོག །འོད་གསལ་རྒྱུན་ཆད་མེད་པར་ཡོང་། །ཚད་མེད་བཞི་ལྡན་གྱི་དམ་ཆོས་འདི། །རང་རེ་རླངས་ཚོང་(ཚོད)བྱེད་རྣམས་ཀྱི་ཉམས་ལེན་མཛོད། །ད་ཁྱེད་ཡོན་བདག་རྣམས་ལ་འདི་ལ་ཉོན། །ལར་བན་སྡེ་

བའི་ཟས་ནོར་གང་ཡིན་ཡང་། །ནོར་ཡིན་འདུག་བསམ་རྐུ་མ་བྱེད། །ཇོ་ས་བདག་རྒྱལ་པོའི་སྐོར་ནོར་ཡིན། །སྐྱབ་གནས་ནང་གི་རྟགས་པ་ལ། །མཐུ་མེད་བསམ་ནས་འགྲུས་མ་འཚོལ། །ནག་པོ་བདུད་ཀྱི་སྤྲུལ་པ་ཡིན། །ནད་པོ་ཞིག་ན་ན་སྨན་མི་བདེ། །ས་མདོའི་གཙོ་བོ་ཧོང་ངན་ལ། །གོས་དོན་བསམ་ནས་ལྟག་མ་རྡེག །པ་མེད་བཟང་པོའི་རྒྱུད་པ་ཡིན། །ཐུབ་མངས་གཞན་གྱིས་འབར་བ་ཡིན། །ཡུལ་གྱི་ཁྲམ་པ་གཞུང་མེད་ལ། །ཁ་བཟང་བཟང་འདྲ་ཡང་དོན་མ་གཏོང་། །ཧོར་ཐུབ་མེད་ཀྱི་བྱུགས་པ་ཧ་འདེད་ཡིན། །པར་ལ་ཕྱིར་ནས་ཚུར་ལ་ཅི་ཡོང་། །སྨན་གཟུགས་ལེགས་བདག་ཡོད་སྨྲ་མཁས་ཀྱི། །ཁ་འཇུམ་བྱེད་པ་ཡང་མཛའ་མ་འཚོལ། །ནག་པོ་བདུད་ཀྱི་སྤྲུ་བ་ཡིན། །སྟོབས་ཉེས་གཏམ་ངན་ནོར་འཕུང་ཡོང་། །འདི་ཕྱིད་ཡོན་བདག་རྣམས་ཀྱི་སེམས་ལ་ཞོག །ད་ལྷངས་བླ་མ་རྣམས་ཡང་ཆོས་ལ་འབུངས། །བླ་མ་ཆོས་མེད་ཤ་གཟུགས་དར་གཏུམ་(བཏུམ)ཡིན། །ལུས་དར་གྱིས་བཏུམ་ཡང་དད་མི་མེད། །དགེ་བཤེས་ཆོས་མེད་འཚོ་ཁའི་ངང་སེར་འདྲ། །ལུས་སེར་ཡང་འདྲེན་དོན་བྱེད་མི་མེད། །ལ་ཁའི་སྒོམ་ཆེན་ཆོས་མེད་ན། །སྤང་ཕྲུག་གི་འཆི་བ་སྒོམ་ཆེན་འདྲ། །སྤང་ཕྲུག་ཉལ་ཡང་སྒོམ་རྒྱུ་མེད། །བན་གསར་ཆོས་མེད་ཆུ་སྟ་སྟོང་པོ་འདྲ། །ལུས་སེར་སེར་ཡོད་ཀྱང་རྩེ་མི་མེད། །རྟགས་པ་མཐུ་མེད་གོ་ཁའི་ཕྲུགས་ཉར་ཡིན། །ནུས་པ་མེད་ན་རྒྱུ་ཡི་སེར་སྟར་ཡིན། །ནུས་པ་མེད་ན་ཤུག་པ་ལོ་ཚར་ཡིན། །འདི་རྣམས་ཀུན་ཆོས་མེད་པའི་རྩེ་ཚུལ་དེ་ལྟར་ཡོང་། ད་ལྟ་ཆོས་ད་(དང་)མི་ཆོས་ཀྱི་ཡིན་ལུགས་བཤད། མཁས་པ་བཟང་པ་བཙུན་པ་གསུམ། །ལྷངས་བླ་མ་གཅིག་གི་མཛད་ཚུལ་ཡིན། །བྱམས་སྙིང་རྗེ་བྱུང་ན་ངེས་པ་ཡིན། །ལྟ་བ་སྤྱོད་པ་སྒོམ་པ་གསུམ། །སྒོམ་ཆེན་གཅིག་གི་བྱེད་ཚུལ་ཡིན། །སྒོམ་གཞི་ལམ་གཅིག་རྟོགས་ན་ངེས་པ་ཡིན། །འཆད་པ་རྩོད་པ་རྩོམ་པ་གསུམ། །སྟོན་པ་གཅིག་གི་བྱེད་ཚུལ་ཡིན། །སྐྱེ་ཆོས་གྲྭ་གཅིག་ཚུགས་ན་ངེས་པ་ཡིན། །དབྱངས་དང་བཤད་དང་ལག་ལེན་གསུམ། །ལྷངས་དགེ་བཤེས་གཅིག་གི་མཛད་སྤྱོད་ཡིན། །བཙུན་མཁྱེན་རྒྱ་ཞིག་ཆེ་ན་ངེས་པ་ཡིན། །རིག་པ་འཛིན་པ་བརྩོན་འགྲུས་གསུམ། །བན་བཙུན་ཚང་གཅིག་གི་བྱ་རྒྱུ

ཡིན། །ཡིད་ཤེས་རབ་ཅིག་ཆེ་ན་ངེས་པ་ཡིན། །གང་ལྟར་ཡིན་ཡང་ཚུལ་ཁྲིམས་བསྲུང་བ་གལ་ཆེ། བན་ཆུང་རབ་བྱུང་ཀུན་གྱི་གཞི་མ་ཡིན། །སྒྲུབ་པ་ནུས་པ་བསྙེན་པ་གསུམ། །རླངས་ཁམས་པ་རྣམས་ཀྱི་ཐུགས་དམ་ཡིན། །ལྷ་ཞལ་མཐོང་གཅིག་བྱུང་ན་ངེས་པ་ཡིན། །ཤེས་པ་སྨིན་པ་སྒྲ་བ་གསུམ། །རླངས་སྟེ་དཔོན་ཞིག་གི་མཛད་པ་ཡིན། །ཚོད་（ཚང）སྐྱུ་བསོད་ཅིག་བྱུང་ན་ངེས་པ་ཡིན། །སྤྱི་ཆོས་སྤྱི་གཏམ་སྤྱི་དཔོན་གསུམ། །རླངས་གཙོ་བོ་གཅིག་གི་མཛད་རྒྱུ་ཡིན། །ཕྱོགས་རང་འདོད་མེད་ན་ངེས་པ་ཡིན། །དཔའ་བ་སྐྱེན་པ་ལུས་རྩལ་གསུམ། །སྟག་ཤར་པོ་གཅིག་གི་ལག་ལེན་ཡིན། །རྟ་བཞག་པ་གཅིག་བདེ་ན་ངེས་པ་ཡིན། །མཉམ་པ་བདེ་བ་གྲུས་པ་གསུམ། །འཁོར་གཡོག་པོ་རྣམས་ལ་དགོས་པ་ཡིན། །ལས་སྤྱི་ཡོང་བཙོལ་ཡོང་ན་ངེས་པ་ཡིན། །ཞིབ་པ་སྦྱང་པ་མཁས་པ་གསུམ། །སྡེའི་ཆེན་པོའི་གཉེར་ལ་དགོས་པ་ཡིན། །འཁོར་མི་ཁ་གཅིག་གྲོ（དྲོ）ན་ངེས་པ་ཡིན། །འཚོ་ཤེས་སྨིན་ཤེས་འཁོལ་ཤེས་གསུམ། །ནོར་ཕྱུག་པོའི་མི་ལ་དགོས་པ་ཡིན། །ཀུན་དང་མཐུན་ན་ངེས་པ་ཡིན། །ཤེས་གསལ་འོད་བྱུང་འཁོར་བྱམས་གསུམ། །ཡུལ་དཔོན་རྣམས་ལ་དགོས་པ་ཡིན། །ཡོད་ཟས་ནོར་ཡོད་ན་ངེས་པ་ཡིན། །མི་བསྐུར（བཀུར）ལུས་གཙང་རང་འཛང（མཛངས）གསུམ། །སྨན་མོ་བཙུན་དྲག་པའི་བྱེད་ཚུལ་ཡིན། །སྤྱིན་འཁོར་གཡོག་ལ་བཟང་ན་ངེས་པ་ཡིན། །མདངས་དཀར་ངག་ཉུང་ནང་ཚགས་གསུམ། །སྨན་མོ་བཙུན་འབྲིང་གི་བྱེད་ཚུལ་ཡིན། །ཡུལ་མི་དགའ་ན་ངེས་པ་ཡིན། །བྱད་ལེགས་རྒྱན་བཀྲག་བྱེད་བཟང་གསུམ། །བུ་སྲིན་ཞིག་གི་བྱེད་ཚུལ་ཡིན། །རྒྱབ་ཕ་མིང་བཟང་ན་ངེས་པ་ཡིན། །འདི་རྣམས་བྱེད་སྤྱོད་ཀྱི་གནས་ལུགས། །ངེད་རང་རླངས་པ་ཕྱུན་རྣམས་ཀྱི་ཉམས་སུ་ལོང་། །ཡོན་བདག་རྣམས་ཀྱི་དེ་ལྟར་དགོངས། །རྒྱལ་ཁམས་ཀྱི་མི་ལའང་དགོས་པ་ཡིན། །ད་བླ་མ་རྣམས་ཀྱི་འགྲོ་དོན་མཛོད། །བྱམས་སེམས་རྒྱུན་ཆད་མེད་པར་མཛོད། །སྒོམ་ཆེན་རྣམས་ཀྱི་སྒོམ་སྒྲུབས་མཛོད། །མཉམ་གཞག་རྒྱུན་ཆད་མེད་པར་མཛོད། །སྟོན་པ་རྣམས་ཀྱི་ཉན་བཤད་ཀྱིས། །ཆོས་གྲྭ་རྒྱུན་ཆད་མེད་པར་ཚུགས། །བན་གསར་རྣམས་ཀྱི་

སློབ་གཉེར་གྱིས། །ཉམས་ལེན་རྒྱུན་ཆད་མེད་པར་མཛོད། །རྟགས་པ་རྣམས་ཀྱི་ལྷ་སྒྲུབ་ཀྱིས། །རྟགས་ཏིང་འཛིན་རིགས་བཟང་ལ་ཞིམ་པ་དག །(རྟགས་ཏིང་འཛིན་རྒྱུན་ཆད་མེད་པར་མཛོད། །རིགས་རྒྱུད་བཟང་ལ་ཞིང་ས་དག །—རིག་མཛོད་ལས) ང་ཡང་རྒྱུད་འཛིན་རེ་རེ་ཡོང་། །གསུངས་ནས། བཀའ་དང་བསྟན་བཙོས་མང་དུ་གསུངས་པ་ལ། བུ་ཚ་བོ་རྣམས་ཀྱི་ཞུས་པ། སོ་ལ་བཞུགས་པ་མི་ཡོང་ཡང་། །ཟླ་བ་མང་དུ་བཞུགས་པར་ཞུ། །ཞུས་པ་ལ། ང་རྣལ་འབྱོར་ང་ཙམ་ཤི་བ་ལ། །བཙོས་ཟིན་ཟེར་བ་ཡོང་མ་ཡིན། །ཀུས་ནས་རྟོག་པ་འཁྱེར་བ་ལ། །བཙོས་ཟིན་ཟེར་བའི་མི་ཁ་ཡོང་། །མི་ལོ་བརྒྱ་དང་བཅོ་བརྒྱད་པར། །ནག་སོག་གཉིས་ཀྱི་ཁ་བར་ན། །ང་བཞིན་གྲུབ་ཐོབ་ཡོད་པ་ངེས། །ང་འདྲ་ཞབས་ཏོག་ཐུས་ཀྱི་གྱིས། །བླ་མར་ཁུར་ལ་བཀའ་ཆོས་ཞུས། །ང་ནི་ད་དེ་འགྲོ་བར་བྱ། །རྟོགས་པ་ཕྱུལ་དུ་ཕྱིན་པའི་རྣལ་འབྱོར་པ་ཡིན། སྒྲུབ་པ་མཐའ་རུ་ཕྱིན་པའི་རྣལ་འབྱོར་པ་ཡིན། ལྷ་ཞལ་མཐོང་བའི་རྣལ་འབྱོར་པ་ཡིན། ལྷ་སྤྲིན་བྲན་དུ་འཁོལ་བའི་རྣལ་འབྱོར་པ་ཡིན། སྒོམ་པ་ཏིང་ངེ་འཛིན་དུ་འདུག་པའི་རྣལ་འབྱོར་པ་ཡིན། བླ་མ་ཡོན་བདག་མང་བའི་རྣལ་འབྱོར་པ་ཡིན། མི་ཆོས་ལྷ་ཆོས་མཁས་པའི་རྣལ་འབྱོར་པ་ཡིན། འཁོར་བ་རྒྱུད་འཛིན་དུ་ཡོད་པའི་རྣལ་འབྱོར་པ་ཡིན། འབྱུང་བ་ཙ་རླུང་དུ་མངའ་བརྙེས་པའི་རྣལ་འབྱོར་པ་ཡིན། ང་རྣལ་འབྱོར་པ་འཇིག་རྟེན་གྱི་ཡུལ་ལ་ལྟད་མོ་ཞིག་ལྟ། གསུངས་ནས། བྱ་རྒྱལ་ཞིག་ཏུ་སྤྲུལ་ནས་བྱོན། ཞག་གཉིས་རིང་པའི་ནངས་པར་བྱོན་བྱུང་བས། འཇིག་རྟེན་ཁམས་ཀྱི་ལྟད་མོ་ནི་མཐོང་། ཕྱིད་བུ་ཚ་བོ་རྣམས་ལ་ཁ་ཆེམས་ནི་བཞག །མི་ཆོས་ལྷ་ཆོས་ལ་འགྱོད་མེད་ནི་བྱས། ད་སང་དེ་ཉི་ཤར་ངོས་ལ་མི་རྟག་འཆི་བའི་ཚུལ་ཞིག་སྟོན། གསུངས་པ་ལ། ཆེ་བཟང་དཔལ་གྱི་སེང་གེས་ཞུས་ནས། རྣལ་འབྱོར་འདའ་བའི་ཚུལ་སྟོན་ན། །ད་ རུང་ཞལ་ལྟ་འདི་གྱིས་གསུངས། །བུ་ཚ་བོ་རྣམས་ལ་ཐུགས་རྗེས་བཟུངས། །མི་རྒྱུད་རེ་ལ་འབྱོན་པར་ཞུ། །ཞུས་པས། སྟར་གྱི་ཚིག་རྣམས་ཡིད་ལ་བཞག་ན། ཁ་ཏ་དང་སློབ་བྱ་དེ་ཁ་ཡིན། ལར་ལྷ་ཆོས་ནས་བབས་ཕྱིག་ལ་མ་ཞུགས། བན་ས་བབས་ནས་བོན་ལ་མ་ཞུགས། རི་ཁྲིད་

ནས་བབས་ནས་ལུང་ནག་ཏུ་མ་འགྲིམས། བྱ་བ་གང་ཡང་གྲོས་ཀྱིས་བཞག་པ་ཐོངས་དང་ལྟད་དུ་མེད། ཡིན་ལུགས་ཚད་འཛོག་གི་ཚིག་ཅིག་གདའ། བུ་ཚ་བོ་རྣམས་ཉམས་སུ་ལེན་པ་འདི་ལྟར་བྱ། །ཉམས་སུ་བླངས་ན་ང་ལྟར་ཡོང་། །ཉམས་ལེན་གྱིས་ལ་དེ་ལ་ཞོག །ལྷ་ཆོས་ཚད་འཛིག་གི་ཚིག་ཡོད་པ། །ཤོག་དྲིལ་གསེར་ཡིག་ནང་ན་ཡོད། །མི་ཆོས་ཆ་འཛོག་འདི་ལྟར་ཡིན། །གཞིག་པ་སྟོན་ལ་བསྟོད་(གཏད)པས་སྐྱུང་བོའི་ཚད། །ཐལ་ནས་འཁྱོད་པ་སྐྱེས་པ་གླེན་པའི་ཚད། །ཆེ་ནས་མི་བསྒྱུར་(བཀུར)ཆེ་ན་ཆེན་པོའི་ཚད། །མཁས་པས་ཤེས་ལ་འདྲི་བ་མཁས་པའི་ཚད། །ཕྱུག་པ་ཆོས་ལ་གཏོང་བ་ཕྱུག་པའི་ཚད། །སྟེ་དཔོན་ཀུན་དང་མཐུན་པ་དཔོན་རྗེའི་ཚད། །གཙོ་བོ་རང་འདོད་མི་ཆེ་གཙོ་བོའི་ཚད། །བཙན་པོ་བཞིན་ལ་དྲག་པ་བཙན་པོའི་ཚད། །དཔའ་སྐྱེན་འཁྲུག་ཚད་མཁས་ནས་ན་དཔའ་བོའི་ཚད། །རྩལ་བདུན་ལུས་ལ་ཚང་ན་གཞོན་པའི་ཚད། །ཚད་འདི་རྣམས་ལ་ཡོད་པར་གྱིས། ཚད་འདི་རྣམས་ལ་བརྩོན་འགྲུས་སྐྱེད་པ་དང་། སྔར་བཤད་པའི་ཚིག་རྣམས་ཉམས་སུ་བླངས་ན། ང་རྣལ་འབྱོར་པ་བསྟོད་ཀྱང་དེ་ལས་བསླབ་རྒྱུ་མེད། ང་སྔར་འདས་ཚིག་ལ་མ་རྩིས་ན། འདི་རུ་བསྟོད་ཀྱང་སྣང་བ་འཁྲུག་པའི་རྒྱུ། ལར་བྱེད་ཚུལ་མདུན་མ་མི་ལ་སྤྱོད། ནག་མོ་གཡོག་ངན་གྱི་ཕྲ་མ་མ་ཉན་པར། ནང་ཡོད་གྱིས་ལ་བསྟན་ཧུས་བྱ་བར་འབུངས། རྣལ་འབྱོར་འགྲོ་བ་དེ་ཡི་བཟློག་རྒྱུ་མེད། ཚ་བོ་རྣམས་ཀྱི་བརྒྱུད་དུ་རྣལ་འབྱོར་རྟེང་དུ་ཡོངས་ནས་རྒྱལ་ཁམས་སྐྱོང་བ་ཡིན། གསུངས་ནས། མེ་ཕོ་འབྲུག་གི་ལོ་ཟླ་བ་བཅུ་གཅིག་པའི་ཚེས་བཅུ་ལ་འདས་པ་ལ། ནམ་མཁའི་ཁམས་ནས་འཇའ་ཚོན། རོལ་མོའི་སྒྲ་དང་མཁའ་འགྲོའི་བསུ་བ་ཡོང་། ལྷ་འདྲེ་དམ་ཅན་རྣམས་ཀུན་འཁྱོད་པ་དང་དུ་འབོད་བྱེད་ཀྱི་འདུག །དེ་ནས་ཞལ་ཏ་མཛད་ནས་ཆོས་བཅོ་ལྔ་ལ་སྤུར་བཞུ་གསུངས་པ་ལ། སྟེང་ནམ་མཁའི་ཁམས་ལ་གྲུབ་ཐོབ་རྒྱ་མཚོའི་བསྐོར་ནས། སློབ་དཔོན་པདྨ་མཁའ་འགྲོ་མས་བསུས་ནས་དུད་པ་རྣམས་ཡར་སོང་བ་ལ་འཇའ་ཚོན་དུ་སོང་། ཕོང་ནམ་མཁའ་ལ་བཞུད་པ་མངོན་སུམ་དུ་མཐོང་། དེ་ཡང་དཀར་ལྡན་མས་ཡང་མྱ་ངན་དང་སྨྲེ་སྔགས་མང་པོ་བཏབ་པ། སངས་རྒྱས་

བསྟན་པ་མི་འཛིན་པར། རྒྱལ་འབྱོར་པ་ཆེན་པོ་གར་འབྱོན་ནེ། བུ་སློབ་ཆོས་ཀྱི་མི་སྐྱོང་པར། རྒྱལ་འབྱོར་ཆེན་པོ་གར་འབྱོན། འཛིག་རྟེན་ལྷ་སྲིན་མི་འདུལ་བ། རྒྱལ་འབྱོར་པ་ཆེན་པོ་གར་འབྱོན། ཕ་སྤུན་སྤྱི་སེམས་མི་མཛད་པར། རྒྱལ་འབྱོར་པ་ཆེན་པོ་གར་འབྱོན་ན། མཁའ་འགྲོའི་དངོས་གྲུབ་མི་གསོལ་བར། རྒྱལ་འབྱོར་པ་ཆེན་པོ་གར་འབྱོན། འཁོར་གཡོག་ལ་བྱམས་སེམས་མི་མཛད་པར། རྒྱལ་འབྱོར་པ་ཆེན་པོ་གར་འབྱོན་ན། ང་དཀར་ལྡན་ལ་ཞལ་ལྟ་མི་མཛད་པར། རྒྱལ་འབྱོར་ཆེན་པོ་གར་འབྱོན་ན། བུ་ཚ་པོ་རྣམས་ལ་ཞལ་ལྟ་མི་མཛད་པར། རྒྱལ་འབྱོར་ཆེན་པོ་གར་འབྱོན་ན། ང་དཀར་ལྡན་ཡང་མྱུར་དུ་འཆི་བར་འདུག །བུ་ཚ་པོ་རྣམས་ཀྱང་རྒྱལ་འབྱོར་གསུང་བཞིན་བསྒྲུབས། འཁོར་གཡོག་པོ་ལ་སྣ་གཞུང་བྱམས་སེམས་ཀྱིས་ཟིར་ནས། ཁོང་འདས་པའི་ཕྱི་ལོའི་ཟླ་དུས་ཀྱི་ཆོས་སྤྱ་མ་ལ་མི་རྟག་པར་སོང་ནས། མ་མཁའ་འགྲོ་མས་བསུ་བ་བྱས་ནས་སོང་། སྲས་ཚ་པོ་རྣམས་ཀྱིས་ཀྱང་། རྒྱལ་འབྱོར་གྱི་བཀའ་བཞིན་བསྒྲུབས། ནང་བཟང་བྱས་ནས་ཡང་མི་ཆོས་བཞི་དང་། ལྷ་ཆོས་རྒྱན་གཉིས་ཀྱི་བསྟན་པ་བཟུང་ནས། ཁམས་པའི་རྒྱལ་ཁམས་ཡུལ་གང་དྲག་གི་བདག་པོ་བྱས། ལྷ་སྟོད་ལུང་ཆེན་བཅོ་བརྒྱད་སྐོར་སུ་བདག །མི་རིགས་ཆེ་དགུ་ཐམས་ཅད་འབངས་སུ་བཀོལ། སྟོད་སྨད་བསྟན་པ་འཛིན་པ་ཡི། བན་སྔགས་ཀུན་དང་གཉེན་སྲིད་བྱས། ལྷ་ཆོས་སྒྲུབ་པ་བྱས་པས་ལྷའི་ཞལ་མཐོང་། གྲུབ་རྟགས་མང་དུ་མཐོན། ལྷ་སྲིན་བྲན་དུ་བཀོལ། མི་ཆོས་རིགས་རྒྱུད་འཕེལ། བླ་མ་སྔགས་པ་མི་དཔོན་རྣམས། རྒྱུན་ཆད་མེད་པར་རིམ་གྱིས་བྱོན་པས། སློབ་དཔོན་པདྨའི་བྱིན་རླབས་ཀྱིས། ཁྲིམས་གཉིས་བརྒྱུད་བཞིན་སྦྱོངས་(སྐྱོངས) པ་ཡོད་པ་ཡང་རླངས་ཀྱི་གྲུབ་ཐོབ་ཆེན་པོ་ཡིན།

རླངས་ཀྱི་གྲུབ་ཐོབ་ཆེན་པོ་རྡོ་རྗེ་གཞོན་ནུས། ཀཾ་ཀོ་ཏི་ཤེལ་ཕུག་ཏུ་གནོད་སྦྱིན་མི་ཟན་ཆེན་པོ་ཞེས་བྱ་བ། སེམས་ཅན་ཐམས་ཅད་ཀྱི་བདུད་དུ་བབས་པ་ལ། གྲུབ་ཐོབ་སུས་བཏུལ་ཡང་མ་ཐུལ་བ་ལ། ཁོང་གིས་ཡི་དམ་སྒོམས། སྦྱིན་སྲེག་བྱས་པས་འདྲེ་ཚིག །འོད་ནམ་མཁའ་ལ་བྱུང་བས། ཁོང་གི་མཚན་ཡང་རྡོ་རྗེ་འོད་གསལ་དུ་བཏགས། གྲུབ་རྟགས་སུ

ཞལ་གྱི་མཆོད་རྟེན་ཞིག་ལ་མཚོན་གང་ཡོད་པ་ཕྱིན་པས། གཏོད་སྦྱིན་མི་ཟན་ཆེན་པོ་འདུལ་མི་ཡང་རླངས་ཀྱི་གྲུབ་ཐོབ་ཆེན་པོ་ཡིན།

རླངས་ཀྱི་གྲུབ་ཐོབ་ཆེན་པོ་ཆོས་ཀྱི་བློ་གྲོས་ཀྱིས། ཐེག་པ་ཆེན་པོའི་ཆོས་ལ་གྲུབ་པ་ཐོབ་པས། ཕུང་པོ་ལྷག་མེད་དུ་མངོན་པར་རྫོགས་པར་སངས་རྒྱས། ཕུང་པོ་ལྷག་མེད་དུ་སངས་རྒྱས་པ་ཡང་རླངས་ཡིན།

རླངས་ཀྱི་གྲུབ་ཐོབ་ཆེན་པོ་བསོད་ནམས་པ་སེངྒེས། རྒྱ་ནག་རི་བོ་རྩེ་ལྔ་ན་འཕགས་པ་འཇམ་དཔལ་གྱི་ཞལ་གཟིགས་པས། ཡ་མནྟ་ཀས་དངོས་གྲུབ་སྦྱིན་པ། ལས་ཀྱི་གཤིན་རྗེ་བྲན་དུ་བཀོལ་བས། རྔ་བ་བཞི་ནི་ཁྱི་བཞིན་དུ་འཁྱིད་པས། དགྲ་བགེགས་ཆམ་ལ་ཕབས་པས། ཡི་དམ་འཕགས་པ་འཇམ་དཔལ་ལ་གྲུབ་པ་ཐོབ་མི་ཡང་ལྷ་རིགས་རླངས་ཀྱི་གྲུབ་ཐོབ་ཆེན་པོ་ཡིན།

ཡང་རླངས་ཀྱི་གྲུབ་ཐོབ་ཆེན་པོ་དཔལ་གྱི་སེངྒེས། ལྷན་སློང་ཐང་འཇིག་རྟེན་སྒྲོན་མར། འབྱུང་པོ་རྒྱལ་འགོང་སྤྱི་དཀར་གྱིས་ལྷ་ཁང་འགྱེལ་བ་ཁད། ཆོས་གྲྭ་བཤིག་ལ་ཁད་པ་ལ། ཁོང་རང་ཕྱག་ན་རྡོ་རྗེར་སྤྲུལ་ནས། རྒྱལ་པོ་ཁ་ཆེངས་དང་གནན་པ་བྱས། སྲིན་མོ་ལ་ཁ་ཕྱིངས་དང་སྦྱིན་སྲེག་བྱས། འབྱུང་པོ་རྒྱལ་འགོང་སྤྱི་དཀར་དམ་ལ་བཏགས་ནས། ལྷན་སློང་ཐང་བདེ་བ་དར་རྒྱས་བྱེད་མི་ཡང་གྲུབ་ཐོབ་ཆེན་པོ་ཡིན།

རླངས་ཀྱི་གྲུབ་ཐོབ་ཆེན་པོ་ཡེ་ཤེས་རྒྱལ་མཚན་མཉམ་བཞག་ཏུ་བཞུགས་པས། ཏེའི་ཀ་བྲག་ཚོགས་ནས་ཆོས་མཁས་རྣམས་གྲོས་པའི་དུས་སུ། མཚམས་སུ་གཙུག་ལག་ཁང་མ་ཚུགས་པ་ལ། ཨན་སྟོན་འབར་བཟངས་ཀྱི་ལུང་བསྟན་བྱུང་པ་ལ། དགེ་བའི་བཤེས་གཉེན་བླ་མ་མཆོག་གིས་ཁོང་གདན་དྲངས་ནས་ཛ་སྲེག(སེག)རྩེ་མོ་ཧ་འཚལ་ལུ་རལ་པ་ཅན་ཞིག དཏུལ་བྲེ་བཅུ་དང་དེ་རྣམས་ཕུལ་ནས་གཙུག་ལག་ཁང་བཞེངས་པ་དང་། ཁོང་གི་ལྷ་འདྲེ་ཐམས་ཅད་དམ་ལ་བཏགས་ནས། ཏེའི་ཀ་བྲག་ཆོས་འཁོར་འབྱུང་གནས་ཚར་ན། ལྷ་འདྲེ་དམ་ལ་འདོགས་མི་ཡང་རླངས་ཀྱི་གྲུབ་ཐོབ་ཆེན་པོ་ཡིན།

རྙིང་མ་ཡི་གྲུབ་ཐོབ་ཆེན་པོ་ཙ་ཧུ་ལྷའི་རྡོ་རྗེས། ཧ་ཤོད་ལྷ་ཁང་ཐང་དུ་མཐའ་འདུལ་གྱི་གཙུག་ལག་ཁང་བཞེངས། བོད་ལ་མཁས་པའི་ཚོག(རྟེག)མཁན་རྙིང་མ། རྒྱ་ལ་མཁས་པའི་ཤིང་མཁན་རྙིང་མ། མི་ལ་མཁས་པའི་ལུགས་མཁན་རྙིང་མ། ལྷ་སྐུ་སུམ་བརྒྱ་ལྔེ་སྐུར་བཞེངས། རྣམ་པར་སྣང་མཛད་ཁྲུ་སུམ་ཅུ་བཞེངས། བསྐལ་བཟང་གི་བྱང་ཆུབ་སེམས་དཔའ་ཁྲི་བཅུ་དྲུག་བྱས། མཆོད་པའི་ལྷ་མོ་ཁྲི་བརྒྱད་བྱས། གཞན་ཡང་མཆོད་པའི་བྱེ་བྲག་བསམ་གྱིས་མི་ཁྱབ་པས། མཚན་ནི་ཆོས་སྟོན་ནམ་མཁའི་གླིང་དུ་བཏགས། དེ་བས་འདུལ་བྱས་དགེ་བའི་ཐང་རྙབས་ཆེ་བ་བྱེད་མི་ཡང་རྙིང་མ་ཡི་གྲུབ་ཐོབ་ཆེན་པོ་ཡིན།

རྙིང་མ་ཙ་ར་དཔལ་གྱི་བླ་བས། ཧ་རྒྱུད་རལ་གསུམ་དུ་གཙུག་ལག་ཁང་ཆེན་པོ་གསུམ་བཞེངས། ཆོས་སྟོན་ཐུགས་རྗེའི་གླིང་གི་རྣམ་པར་རྒྱལ་བའི་ཁང་བཟང་ལ་དཔེ་བླངས་པའི་རྩེ་མཐོ་ལ་རྒྱ་ཆེ་བ་བཞེངས།

རིམ་ཤོད་ཡོན་ཏན་འབྱུང་གནས་ནས་བསམ་ཡས་ལྷུན་གྱིས་གྲུབ་པ་ནས་དཔེ་བླངས་པས་བཀོད་ལེགས། འཕྲུལ་གྱིས་བཀའི་བཀོད་པ་བཞིན་མཛད་ནས་སྣང་། སྒྲུབ་པའི་གནས་སུ། གནས་བདེ་བ་ཉམས་དགའ་བ་བྱུང་། བཀོད་པ་ཆོས་སྟོན་ཐུགས་རྗེའི་གླིང་གིས་མཛད། རབ་གནས་ཐུགས་རྗེ་བྱང་ཆུབ་རྡོ་རྗེས་མཛད་པ། ཕྱི་མཐོ་ལ་ལེགས། ནང་ལེགས་ལ་ལྷ་མང་བྱོན་ལེགས་ཞུས་པས། འདུས་བྱས་ཀྱི་དགེ་བ་ལ་ཐང་ཆེ་བ་ཡང་རྙིང་མ་ཡི་གྲུབ་ཐོབ་ཆེན་པོ་ཡིན།

རྙིང་མ་ཡི་གྲུབ་ཐོབ་ཆེན་པོ་རྡོ་རྗེ་སྙིང་པོས། ཧ་རྒྱུད་ལ་ཁའི་བྲག་ལ་མགོན་པོ་སྤྱན་རས་གཟིགས་ཀྱི་སྐུ་བྲིས་ནས་སྤྲུབས་པས་ཀུན་གྱི་ཞལ་གཟིགས་པས། ཡང་ཡང་སྐུ་གཟུགས་ལ་ཐོག་ཏུ་བཏགས། མགོན་པོ་སྤྱན་རས་གཟིགས་ལ་གྲུབ་པ་ཐོབ་པ་ཡང་རྙིང་མ་ཡི་གྲུབ་ཐོབ་ཡིན། ཧ་ཤོད་ཚ་རག་ཐང་དུ་གནོད་སྦྱིན་ནི་ཤུ་ཧ་སྒྲོག་བཏུལ་ནས། གནོད་སྦྱིན་གནས་པའི་ཕ་ཕོང་ལ། དཔལ་ཕྱག་ན་རྡོ་རྗེའི་སྐུ་བཞེངས། ཁོང་རང་ཡང་བསྒྲིད་ནས་དྲག་ལས་ཀྱི་བཏུལ་ནས་སུ། ད་ཕྱིན་ཆད་ཚག་རག་ཐང་དུ་སུ་འགྲོ་ཡང་། ལམ་བདེ་གནོད་པ་མི་བྱེད་

ནས་གནོད་སྦྱིན་ནེ་གུ་ཧ་སྒྲོག་འདུལ་མི་ཡང་རླངས་ཀྱི་གྲུབ་ཐོབ་ཆེན་པོ་ཡིན།

རླངས་ཀྱི་གྲུབ་ཐོབ་ཆེན་པོ་དབང་ཕྱུག་རྡོ་རྗེས། གཙང་དུ་གཙང་ཐེའུ་ཐེར་གད་བྱ་བས་མི་ཕྱུགས་ཀུན་ཟོས་ནས་ཞག་ཐག་བཅད། སད་དང་སེར་བ་རྡོ་དང་ཐན་པ་ཕྱུང་ནས་ཡུལ་ཁམས་བརླག་ནས་ཅི་ལའང་ཐུག་པ་ལ། ཁོང་གི་ཡི་དམ་ལྷ་སྐྱེད། སྔགས་དང་ཏིང་ངེ་འཛིན་ནས་བཏུལ་བས་གཙང་གི་རྒྱལ་ཁམས་བདེ། མི་ཕྱུགས་ཐམས་ཅད་དགའ། ལོ་ལེགས། མི་ནད་ཕྱུགས་ནད་ཐམས་ཅད་ཆད་པས། མཚན་ཡང་རྡོ་རྗེ་ཐལ་དུ་བཏགས་པས། གཙང་གི་ཐེའུ་ཐེར་གད་འདུལ་མི་ཡང་གྲུབ་ཐོབ་རླངས་ཡིན།

ཡང་རླངས་ཀྱི་གྲུབ་ཐོབ་ཆེན་པོ་ཙ་ཏྲ་ཏའི་དབང་ཕྱུག་གིས། ཧ་ཤོད་རྩེ་རུ་རྒྱལ་པོ་རྡོ་རྗེ་བཙན་གྲགས་ཀྱིས་རྒྱལ་ཁམས་སྐྱོང་པ་ལ། དེར་ཁོང་གིས་འདུལ་བའི་རྟགས་ཆེན་པོ་བཞིའི་སྟེང་དུ་མཆོད་རྟེན་བརྒྱ་རྩ་བརྒྱད་བཞེངས་ནས། གཏོར་མ་བྱིན། སེམས་ཅན་ལ་གནོད་པ་མི་སྐྱེས་པའི་དམ་ལ་བཏགས་ནས། གད་རྒྱངས་སྟེངས་སུ་དར་སྐུད་ཀྱིས་ཤུལ་མཚན་ནས། བན་སྐྱེ་བོན་གསུམ་གྱིས་ཆས་བྱས་ནས་བསུ་བ་ཁོང་ལ་བྱས་པ་ཡང་། ཁོང་གིས་གཙུག་ལག་ཁང་གི་བསྲུང་མར་བསྐོས། ལྷ་ལ་མཆོད་པ་ཕུལ་བས། ཁོང་གི་མཚན་ཡང་རྡོ་རྗེ་བཙན་གྲགས་སུ་བཏགས་སོ། །རྒྱལ་པོ་རྡོ་རྗེ་བཙན་གྲགས་འདུལ་མི་ཡང་རླངས་ཀྱི་གྲུབ་ཐོབ་ཆེན་པོ་ཡིན། རྒྱང་གི་ལྷ་བསྐོར་གཉན་པ་དེ་ལྟར་ཡིན།

རླངས་ཀྱི་གྲུབ་ཐོབ་ཆེན་པོ་གསེར་པ་སུ་ག་ཏ་གོ་ཆས་བུ་རྟབ་དགོན་མཆོག་འབྱུང་གནས་སུ་ཆོས་གྲྭ་ཆེན་པོ་བཙུགས། སྐྱེ་བོ་མི་ནག་པ་ཐམས་ཅད་ཆོས་ལ་བཙུད་པས་ཡུལ་དེ་དཀར་ལམ་དུ་བཏང་། ཁོང་དགོན་པ་ན་མཉམ་བཞག་མཛད་པའི་དུས་ལ། རི་དྭགས་འདབ་ཆགས། གཅན་གཟན་རྣམས་ཆོས་ཉན། འདུལ་ཁྲིམས་བསྲུང་། བསྐོར་བ་བྱེད་པས་འདབ་ཆགས། གཅན་གཟན་རི་དྭགས་འདུལ་ཁྲིམས་བསྲུངས་ནས། ཆོས་ཉན་པ་ཡང་རླངས་ཀྱི་གྲུབ་ཐོབ་ཆེན་པོ་ཡིན།

རླངས་ཀྱི་གྲུབ་ཐོབ་ཆེན་པོ་རྒྱ་རག་ཤ་ཏིས་སུམ་པ་ཚབ་ཀླུང་སྣང་རིང་མོར་སྟོམ

(སྡོམ) བྱ་ལ་སྦྱིན་པའི་དུས་སུ། རོང་བཙན་ཁ་བ་དཀར་པོའི་ཞོལ་དུ་སྦྱིན་པ་ལ། བཙན་དེ་ཡི་མི་དམར་ཧ་དམར་གྱིས་སྐྱུས་ཤུལ་བཀག་པ་ལ། ཁོང་རང་གིས་ཕྱག་ན་རྡོ་རྗེར་སྤྲུལ་ནས་ལྷུགས་ཀྱི་རྡོ་རྗེ་རྩེ་ལྔ་ལན་གསུམ་གནམ་ལ་གསོར་ནས། ཁ་བ་དཀར་པོའི་བྲག་ལ་རྒྱབ་པ་དང་། ནང་ནས་མི་ལུས་ཤ་བའི་མགོ་ཅན་ཞིག་བྱུང་བས། བདག་གི་རིམ་བསྐྱོལ་དང་། བདག་ཁྱེད་ཀྱི་བཀའ་ཉན་སྙིང་པོ་འབུལ་ཟེར་བ་ལ། ཁྱོད་གང་ཡིན་བྱས་པ་དང་། བཙན་གྱི་རིགས་ཡིན། སེམས་ཅན་ལ་འཚེ་བ་བྱེད་པ་མ་ཡིན། ད་ནས་ཁྱེད་ཀྱི་བཀའ་འབངས་བྱེད་ཟེར། དེ་ལྟར་བཙན་འབངས་སུ་འཁོལ་མི་ཡང་ཧྣངས་ཀྱི་གྲུབ་ཐོབ་ཆེན་པོ་ཡིན།

ཧྣངས་ཀྱི་གྲུབ་ཐོབ་ཆེན་པོ་རྡོ་རྗེ་གླ་གྲོས་ཀྱི་བལ་ཡུལ་ཡང་ལེ་ཤོད་ཀྱི་བྲག་ཕུག་ཏུ། བཅོམ་ལྡན་འདས་རྡོ་རྗེ་གཞོན་ནུ་ལ་གྲུབ་པ་ཐོབ་པས། དམ་ཅན་བདེ་བཞི་དང་། བདུད་དང་བཙན་གསུམ་གང་གི་བྲན་བཞིན་དུ་བཀོལ། དབང་ཕྱུག་མ་ཉི་ཤུ་རྩ་བརྒྱད། བསྟན་མ་བཅུ་གཉིས་འགྱེད། ཁྲ་ལྷ་བྱུར་གཏོང་བས་མི་དང་མི་མ་ཡིན་པ་གནོད་པ་ཅན་ཐམས་ཅད་ཆམ་ལ་འབེབས་པས། ཁོང་གི་མཚན་ཡང་རྡོ་རྗེ་གཞོན་ནུར་ཐོགས་པས། རྡོ་རྗེ་གཞོན་ནུ་ལ་གྲུབ་པ་ཐོབ་མི་ཡང་ཧྣངས་ཀྱི་གྲུབ་ཐོབ་ཆེན་པོ་ཡིན།

ཧྣངས་ཀྱི་གྲུབ་ཐོབ་ཆེན་པོ་སྨན་བཟང་ལྷ་སྟོན་གྱིས། ཆར་རང་གླུ་ལ་སྒྲུབ་པ་ཐོབ་པས། རྒྱ་ཐེལ་ཆུང་ཡང་ཐེལ་ནས་ཁོང་ཡར་བྱོན་པའི་དུས་ཤུལ་དུ། རྒྱའི་ཕོ་སྲི་ཞུགས་ནས་མི་ཕྱུགས་རྣམས་ཕུངས་པ་ལ། ཁོང་ཤུལ་དུ་བཏོད་ནས་དེ་བཏུལ་དམ་ལ་བཏགས་ནས་དེ་ཕྱིར་བཅད་ཤུལ་མ་བདེ་བ་དང་། ཁོང་མཐུ་ཆེ་བའི་སྨན་པ་ཐོབ་པས། རྒྱའི་ཕོ་སྲི་འདུལ་མི་ཡང་ཧྣངས་ཀྱི་གྲུབ་ཐོབ་ཆེན་པོ་ཡིན།

ཧྣངས་ཀྱི་གྲུབ་ཐོབ་ཆེན་པོ་གསེར་པ་སུ་ག་ཏ་གོ་ཆས་དང་པོ་མཁས་པར་བློ་སྦྱངས། བར་དུ་བཙུན་པར་ཚུལ་བསྲུངས། ཐ་མར་སྒྲུབ་གནས་ཆེན་པོ་གངས་ཏི་རྩེ་(སེ) ཤེལ་གྱི་མཆོད་རྟེན་མཆོག་སྤང་གཡུའི་མཚལ། ཆུ་བོ་བཞིའི་མགོ་བོ། སངས་རྒྱས་ཀྱི་ཞབས་ཀྱིས་བཅགས་པ། གྲུབ་ཐོབ་ཀྱི་སྒྲུབ་གནས་ཆེན་པོའི་སར་བཞུགས་ནས་སྒྲུབས་པས་སྒྲུབ་པ་

མཐར་སྐྱོལ། མཆོག་དང་ཐུན་མོང་གི་དངོས་གྲུབ་ཐོབ་ནས་ཁམས་སུ་ཕྱིན་པ་ལ། དྲི་ཟའི་རྒྱལ་པོས་སྐྱེལ་མ་བྱས་ནས་ཚུར་ཕྱིན་དུས། ལམ་དུ། གཙང་ཁ་རག་དཀར་མོས་ལམ་བཀག་པ་ལ། ཕོང་གིས་མ་མཛད་གསུངས་པས། མ་ཉན་པ་ལ། ཕོང་གི་ཏིང་ངེ་འཛིན་གྱི་དགུག་གཞུག་བྱས་ནས། ཁ་རག་གི་བྲག་ཀྱང་དེའུ་བཤིག་བཏང་བ་དང་། བུད་མེད་ཅིག་བྱུང་ནས་བཟོད་པར་གསོལ་བཀའ་ལ་ཉན་ཟེར་བས། ཁ་རག་སླན་བཙུན་མ་དམ་ལ་བཏགས་པས་བསུ་སྐྱེལ་བྱས་ནས་ཐང་ལྷས་བསུས་ནས་ཁམས་སུ་སྐྱེལ་བ་དང་། བཟེ་མ་ཡོ་ག་པ་མོན་གངས་ཞུར་རྡོ་རྗེ་དབང་འབར་སྤུ་གཟེའི་ཡུལ་ལྷ་རྣམས་རླངས་ཀྱི་བསྐྱེད་ལྷ་དང་མགོན་ཡིན་པས་བསུས་ནས། རླངས་ཡུལ་གྱི་གྱིམ་ཤོད་བྲག་ཤོལ་རྒྱ་གར་གྱི་ཞོལ་ཏ་ཤོད་ལུང་དམར་དུ་བསྐྱལ་བ་ལ། རླངས་ཀྱི་བན་སྐྱེ་རྣམས་ཀྱི་མཐོང་སྣང་ལ། ཐུར་ཕྱིན་པ་དང་། ད་འཕྱིན་པའི་གྲུབ་ཐོབ་བརྒྱད་ཅུར་བསྐོར་བ་མཐོང་བ་དང་། མདུན་དུ་ཡོད་པའི་ཉུ་དཔོན་དཔལ་གྱི་སེང་གེ་དང་། གཡུ་པ་ཨ་རྒྱ་རག་ཤ་ཏི་ཕྱིན་ནས། ཕོང་ལ་ཞུ་འབུལ་བྱས་པ་ལ། ཁྱིད་གནས་བདེའི། སྒྲུབ་པ་མཐར་འཁྱོལ་ལམ། སྐུ་ཁམས་བདེའམ། བཤུལ་ལམ་དུ་སྐྱུ་མ་བསྐྱལ་ལམ་ཞུས། སུ་ག་ཏ་གོ་ཆས་ལན་གསུངས་པ། སངས་རྒྱས་ཀྱི་ཞབས་ཀྱིས་ས་དང་། རླངས་གྲུབ་ཐོབ་རྣམས་ཀྱི་སྒྲུབ་གནས་སུ་སྒྲུབ་པ་བྱས་པས། སྒྲུབ་གནས་ལོས་བདེ། གྲུབ་ཐོབ་རྣམས་ཀྱི་བཀའ་སྐྱོལ་གྱིས། བདག་གིས་འཇིག་རྟེན་གྱི་ལྷ་སྲིན་བཏུལ་ནས་སྲོག་སྙིང་ཕུལ་བས་སྒྲུབ་པ་མཐར་ལེགས་པར་འཁྱོལ། བླ་མ་དང་དཀོན་མཆོག་གི་བཀའ་དྲིན་གྱིས་ནི་ཁམས་བདེ། གྲུབ་ཐོབ་ཐུར་ཕྱིན་གྱི་དམ་ཅན་དང་། བོད་ཀྱི་ཡུལ་ལྷ་རྣམས་ཀྱི་བསུ་སྐྱེལ་བྱས་པས་ཐང་ནི་མ་ཆད། ཁྱིད་གཞི་ལ་བཞུགས་པའི་བན་ཧྲི་ཀུན་ལྷ་ཆོས་མ་ཤོར་རམ། བོན་པོ་རྣམས་ཚུལ་ཁྲིམས་མ་ཉམས་སམ། རྟེན་རབ་བྱུང་རྣམས་འདུལ་ཁྲིམས་བསྲོང་ངམ། སྔགས་པ་རྣམས་དམ་ཚིག་གཙང་ངམ། དཀོན་མཆོག་གི་མཆོད་པ་དང་ཆོས་སྐྱོང་གཏོར་མ་རྣམས་མ་སྐྱུང་ངམ། ལྷ་རིགས་རླངས་ཀྱི་གཙོ་བོ་རྣམས་ཀྱིས་མནའ་མ་ཟློས་སམ། ཀླུན་(བློན)པོ་རྣམས་ཀྱིས་སྲིད་མ་བསྟོང་ངམ། སྡིག་ཤར་རྣམས་ཀྱིས་ཐུར་མ་མ་བྱས་སམ། བཙུན་མོ་རྣམས་ཀྱི་ཐ་

སྐད་ཀྱིས་མ་ཐོག་གམ། ཕུ་ན་འབྲོག་ལེགས་སམ། མདའ་ན་ལོ་ལེགས་སམ། བན་རྙིའི་སེ་འཁྲུག་དང་ནང་ངན་མ་བྱུས་སམ། གསུངས་པ་ལ། རྗེ་ལྷའི་ཞལ་ནས། ལགས་ངེད་གཞི་ལ་ཡོད་པ་རྣམས་ཀྱིས་ཀྱང་། དཀོན་མཆོག་གི་དབུ་འཕངས་བསྟོད། སངས་རྒྱས་ཀྱི་བསྟན་པ་དར་ཞིང་རྒྱས་པར་བྱུས། རབ་བྱུང་གི་འདུལ་ཁྲིམས་ནི་མ་ཉོར། སྔགས་པས་དམ་ཚིག་ནི་མ་ཉམས། བོན་པོ་རྣམས་ཚུལ་ཁྲིམས་མ་ཉམས། སྐྱེ་བོས་མི་ཆོས་ལ་དམེ་དང་སྡིག་མ་འདྲེས། གཙོ་བོས་མནའ་མ་ཟོས། རྐན་གྱི་ཁྲོས་མ་ནོར། བློན་གྱི་སྲིད་མ་བཙོང་པས། གཞོན་པའི་གཡུལ་མ་ཉེས། སྟག་ཤར་གྱི་སྟེར་མ་མ་བྱུས། འབངས་ཀྱིས་མཐེབ་མ་དགོས། དགྲ་ལ་ཡུལ་མ་ཉོར། ཟླུན་གྱི་སྲིད་མ་བཙོང་། མོ་བཙུན་གྱིས་རིགས་ངན་དུ་མ་སྤེལ། ཕུ་ན་ཕྱུགས་ལགས། ཡུལ་ན་ལོ་ལེགས། བཟང་ཕྱོགས་སུ་གང་ཡང་འཛོམ་པར་ཡོད་གསུངས་པ་ལ། དེར་ལྷངས་ཀྱི་བློན་པོ་མགོ་ཡགས་ནས། ཁྱེད་གཞིས་བྱེས་(བྱེས)གཉིས་ཀྱི་གསུང་ཡང་ལེགས། ང་ལ་ཡང་ངོམ་རྒྱུ་འདི་རྣམས་ཡོད། གུར་མཆོད་ཐང་ཐོས་སེང་དོ་གསུམ། དེ་ཡང་བདག་ལྷངས་ལ་ཡོད། ལྷངས་སྤྱན་སྤ་ཉེ་ཏ་དྲུག །གུང་དང་བདུན། དེ་ཡང་བདག་ཅག་ལྷངས་ལ་ཡོད། ལྷངས་རྒྱ་ལ་གཟིགས་ཕྱོགས་གསུམ་འབངས་དང་བཞི། དེ་ཡང་ལྷ་རིགས་ལྷངས་ལ་ཡོད། ལྷ་གཟིགས་བན་སྐྱེ་བོན་གསུམ་མཚོ་ལ་དར་ཆགས་པ་དང་འདྲ་བ་དེ་ཡང་ལྷ་རིགས་ལྷངས་ལ་ཡོད། སྡོམ་སྣ་སྡོམ་ཧོ་སྡོམ་ཕྱེ་གསུམ་ཡང་ལྷངས་ལ་ཡོད། གསེར་པ་གཡུ་པ་ཏུ་དཔོན་གསུམ་གསུམ་ཡང་ལྷངས་ལ་ཡོད། སེའུ་མི་ཁྲི་ཧ་འབུམ་དེ་ཡང་ལྷངས་ལ་ཡོད། ཁམས་པ་ཏུ་གསུམ་མཐུ་དང་བཅས་པ་ཡང་ལྷངས་ལ་ཡོད། བླ་ནག་པོ་མཆོ་གསུམ་བྱེད་བཟང་བཞི་ཡང་བདག་ཅག་ལྷ་རིགས་ལྷངས་ལ་ཡོད། ཞུས་པ་དང་། དེ་རྣམས་ཁྱེད་གཞིས་བྱེས་ཀུན་ལ་ངོམ་རྒྱུ་ཡིན་བྱས་པས། གཞིས་བྱེས་ཀུན་མཉེས་པར་གྱུར་ཏོ། །

དེ་ནས་ཁོང་གཞིས་བྱེས་ཀུན་ཚོགས་ནས། མྱང་ཆོས་ཀྱི་ཀ་བ་ཡིན་པས། ཏིང་ངེ་འཛིན་བཟང་པོ་དང་། ནམ་ཆོས་ཀྱི་གདུང་མ་ཡིན་པས་བམ་རྡོ་རྗེ་དབང་ཕྱུག་དང་། ལྷངས་ཆོས་ཀྱི་སྒྲོན་མེ་ཡིན་པས་ལྷངས་དཔལ་གྱི་སེང་གེ་དང་། ལྷ་གཟིགས་མཐུ་ཡི་རྒྱལ་པོ་

ཡིན་པས་ལྷ་གཉན་ཞྭ་ནག་ཅན་མཆེད་གསུམ་རྣམས་བཞུགས་ནས། སྔར་རླངས་ལ་སྐྱེ་རྒྱུད་འཛིན་པའི་སྐྱེས་བུ་ཁྱད་འཕགས་གྲུབ་ཐོབ་ཆེ་བཙུན་དཔའ་བོ་ཅི་བྱོན་ད་ལྟ་ཅི་ཡོད། སྐད་ནས་ཇི་འདྲ་འབྱོན། ཐམས་ཅད་བཀའ་གྲོས་སུ་མཛད་ནས་མི་རེས་གསུང་རེ་བྱོན་ནས། སུ་ཀ་ཏ་གོ་ཆའི་གསུང་ནས། དེ་སྔོན་ཡང་རླངས་ཀྱི་གྲུབ་ཐོབ་བརྒྱད་ཅུ་བྱོན་པ་ལ། མཁས་བཙུན་བཟང་གསུམ་ཐག་ཆོད་ཀྱི་གྲུབ་ཐོབ་ལྔ་བཅུ་རྩ་ལྔ་བྱོན། གྲུབ་ཐོབ་གྲལ་རིམས་འདུག་པ་བཅོ་བརྒྱད་ཡོད། ད་ལྟ་ཡོད་པ་ལང་སྟེ་དེ་ན། ཆོས་གྲྭ་འཛུགས་པ་རེ་ཡོངས་གསུངས་པས། རླངས་ཀྱི་གསེར་པ་སུ་ཀ་ཏ་ཆེན་པོ་ཡང་རླངས་ཀྱི་གྲུབ་ཐོབ་ཆེན་པོ་ཡིན། ཞྭ་ནག་ཅན་མཆེད་གསུམ་གྱི་ཨ་ནེའི་གདུང་ཁང་དུ་གསེར་གྱི་ཤོག་དྲིལ་ཞིག་རྙེད་པའི་ནང་མི་རབས་བཅུ་གསུམ་གྱི་བར་དུ་མི་འོག་ཏུ་མི་ཚུད། དཔལ་སྐད་མི་འཆོར། ང་ནས་མི་རབས་བཅུ་གསུམ་ན། ང་ཡི་རྒྱུད་པ་ང་འདྲ་ཡོད། དེ་ནས་རྒྱལ་ཁམས་ཞབས་སུ་ཚུད་གསུངས་པའི་ཞལ་ཆེམས་ཀྱང་བྱུང་། ཡི་གེ་ཡང་འདུག་པས་རླངས་ཀྱི་གྲུབ་ཐོབ་བྱིན་རླབས་སྔར་ཡང་བྱོན། དེའང་ཡོད། རླངས་ཀྱི་པོ་ཏི་བསེ་རུ་འདི་དང་། སློབ་དཔོན་པདྨའི་བཀའ་བསྟན་བཅོས། དབུ་ཞྭ། ན་བཟའ། ཕྱུགས་ཐམ་རྣམས་ཏ་ཤོད་ལྷ་ཁང་ཆོས་སྡོན་ཐུགས་རྗེའི་གླིང་དུ་དབུས་ཀྱི་ཀ་ཆེན་ལ་ཞོལ་དུ་གྲུབ་ནས། ཡི་དམ་དུ་བཞུགས། མཆོད་པ་ཕུལ་བ་ལ། ལྷོའི་ཡུལ་ཐམས་ཅད་དུ་མི་ནད་ཕྱུགས་ནད་ཐམས་ཅད་ཆད་ནས་བཀྲ་ཤིས་པ་བྱུང་བས། མདོ་པ་ཞྭ་ནག་ཅན་གྱི་གསུངས་ནས། འོ་སྐོལ་རླངས་ཀྱི་ལོ་རྒྱུས་ལ་འདིའི་བྱིན་རླབས་ཀྱིས་མཆོག་གསུང་། རླངས་དཔལ་གྱི་སེངྒེའི་གསུང་ནས། ཁྱད་ཆོས་པོ་ཏི་བསེ་རུ་འདི། །རྒྱལ་ཁམས་ཀུན་ལ་གྲགས་པས་གསུངས། །དད་མོས་བྱིན་རླབས་དེ་ནས་འབྱུང་། །ལྷ་རིགས་རླངས་ཀྱི་མི་རྒྱུད་ཀྱི། །ཆགས་ལུགས་བཤད་ན་འདི་ལྟར་ཡོད། །རླངས་ཡར་སོང་ཡར་གྱི་མགོ་བོ་དེ། རླངས་ཁ་ཆེ་དགེ་འདུན་བཟང་པོ་དེ། །རྒྱ་གར་རྡོ་རྗེ་གདན་སྟེང་གྱི་བོས་བརྟེན་ནས་ཡོང་། མར་སོང་མར་གྱི་ཏུ་སྣ་དེ། །ཚོག་ནི་གོང་སྐྱ་སྟན་བཟང་གསུམ། །རྒྱ་ཡང་ལེ་ཐེལ་ཚུ་ཤར་ཕྱོགས་སྟོང་ཁའི་བདེ་ཡངས། བྱང་ཕྱོགས་སྨམས་ཆུའི་ས་ཕྱོགས་ཡུལ་དུ་བཟུང་ནས་ཡོད་

པས། དེའི་བར་རྒྱ་དཀར་ནག་གི་ཁ་བར་ལ། བླ་མ་སངས་རྒྱས་ཀྱིས་བསྟན་པ་འཛིན་པ། སློམ་ཆེན་རྟོགས་པ་མཉམ་བཞག་ཏུ་བཞུགས། སྔགས་པ་སྟོབས་ཆེན་ངག་ནུས་ཀྱི་མཐུ་རྩལ་འགྲན་པ། སྟེ་དཔོན་སྣན་གྲགས་གྲགས་ལ་རྒྱུན་ཆད་མེད་པ། གཙོ་བོས་དབང་གྲོས་ལ་བབས་ལྷུང་མེད་པས། དཔོན་རྗེ་འཁོར་ལ་བྱམས་པ་ལ་རྒྱུན་ཆད་མེད་པ། ཆེན་པོ་སྐྱ་སྣ་ལ་འཆར་ནུབ་མེད་པ། ཕྱུགས་པོ་ཟས་ནོར་ལ་ཟད་སེམས་མེད་པ། བཙན་པོ་གཉའ་ན་འགྲོ་མི་མེད་པ། ནང་ཡོད་ཕ་ཆོས་ལ་བཙོང་མི་མེད་པ། སྡིག་ཤར་སྤར་ནས་འཐྲིས་མི་མེད་པར། བླ་མ་མི་དཔོན། དཔོན་ཆེན། གཙོ་བོ། མོ་བཙུན། མཁས་པ། དཔའ་བོ། སྙིན་པ། ཕྱུག་པོ་རྣམས་མཚོ་ལ་དར་ཆགས་པ་བཞིན་ཡོད་པས། དེའི་བར་དུ་མི་སོང་མིས་མི་སླེབས། རྟས་སོང་རྟས་མི་སླེབས། འབྲི་སོང་འབྲོང་གིས་མི་སླེབས། ལུག་སོང་སྣན་གྱི་(གཉན་གྱིས)མི་སླེབས། མཚོ་ལ་དར་ཆགས་པ་འདྲ། ལྷང་ས་ཀྱི་མི་རྒྱུད་འདི། གཞན་ལས་ཁྱད་དུ་འཕགས། རིགས་རྒྱུད་བཟང་། བྱས་པ་ཆེ། ཡིག་ཚང་མང་ཆོས་ལ་མཁས། ཁྲིམས་ལུགས་སྐྱོང་། ལྷ་ལས་གྲོལ་ལེགས་ཏེ། ལྷང་ས་ཀྱི་པོ་ཏི་བསེ་རུ་འདི་ནོར་བུ་རིན་པོ་ཆེ་རིགས་ཡིན་པས། ཀུན་ལ་ཆོས་གྲྭ་ཚུགས་ལ་གསུངས་པ་དང་། ལྷང་ས་ཀྱི་མི་བརྒྱུད་རྣམས་བཀྲ་ཤིས་པ་ཡོང་གསུངས་པ་དང་། ལྷང་ས་ཀྱི་བན་སྐྱེ་བོན་གསུམ་རྣམས་ལས་གསུངས་པ་དང་། ཀུན་གྱི་ནང་ནས་ཁྱད་དུ་འཕགས་པ་ངོ་མཚར་ཆེ་བའི་བསྟན་བཅོས་སུ་འདུག་པས། ངེད་ལྷང་ས་ཀྱི་མི་བརྒྱུད་དང་སྐྱེས་བུ་ཡིན་པ། ཕྱི་རྒྱ་ཀུན་ལ་མ་བསྟན། ཆོས་སྟན་(བསྟན)ཐུགས་རྗེའི་སྙིང་དུ་གན་རྒྱང་གི་གནས་སུ་དཀྱིལ་འཁོར་གྱི་ཀ་ཆེན་ལ་ལྷའི་གཞལ་ཡས་སུ་ཞོག་ཞུས་པས། དེར་བཞུགས་པ་ལ་བཀྲ་ཤིས་པ་དང་ཕུན་སུམ་ཚོགས་པ་ཡོང་ངོ་། །

ལྷང་ས་ཀྱི་པོ་ཏི་བསེ་རུ་ཆེ་གེ་ཡིག་ཚང་ས་དང་མི་བརྒྱུད་ལྷང་ས་སྤྱིས་རམ་དཔལ་གསུམ་གྱིས་སྲས་ཀྱི་ཁྱུང་ས་ཐོད་ནས། མཁའ་འགྲོ་མའི་ལུང་བསྟན་དང་། བྱང་ཆུབ་འདྲེ་བཀོལ་གྱི་བཀའ་བྱུང་ནས། ནུབ་ཕྱོགས་གཡག་རི་དམར་པོའི་ཞོལ། ཕ་འོང་(ཕོང་)སྟོན་པོ་སྲས་པ་འདྲ་བ་གཅིག་གི་འོག་ཏུ་ཐང་ཡིག་སྦྲོན་མ་བསྟན་པ་འགྱུགས་པའི་སྣང་པོ་ལྷང་ས་ཀྱི་པོ་ཏི་བསེ

ཏུ། ཀ་ཤགས་ཁྱུག་མའི་སྐོར། རྫེའི་ཀ་ཏ་ཁྲ་འོ་སློབ་དཔོན་པའི་དབུ་ཞྭ་ན་བཟའ། ཕྱགས་གཙུ། ཕྱག་དཔེ་བཀའི་བསྟན་བཅོས་རྣམས་སྟོན་ནས། བརྒྱ་འབུལ་བཅུ་གསུམ་གྱི་མགོ་ལ། པོ་ཏི་བསེ་ཏུ། བྱང་ཆུབ་འདྲེ་བཀོལ་གྱི་མདོ་པ་ཞྭ་ནག་ཅན་ལ་སྟང་(གནང་) བཞིན་མགོ་ལ་བྱིན། མདོ་པ་ཞྭ་ནག་ཅན་གྱིས་ཡོན་ཏན་གྲགས་ལ་གནང་རྒྱངས་ཀྱི་གནས་སུ་བཞག་ནས། ཟོགས་ཀྱི་ཆེ་བ་ལ་ཡི་དམ་གྱི་གསུང་ནས་བྱིན། དེ་ནས་སྲས་དཔོན་གྲགས་ཀྱིས། གན་རྒྱང་གི་སྡེ་དཔོན་ལ་གསེར་གྱི་མཆོད་རྟེན། དངུལ་གྱི་མཛལ། རྟ་སེར་པོ་སྟག་འཐབ་དང་། གཙུ་ཡའི་པེར་ཆེན། སྟག་གཅིག་དང་བྱིན་ཏེ། དཀར་ཤོད་གཟུ་རྫོང་མདོ་ན་གདན་དྲངས་ནས། གནས་ཀྱི་གཏད་གཉེར་གྱི་མགོ་ལ་སྟོན་ཞིང་གཞན་ལ་མི་སྤེལ་ཏེ། ལྷ་གཟིགས་མདོ་པའི་ཁྲིད་ཆོས་བྱས་ནས། པོ་ཏི་བསེ་ཏུ་ཆུང་གསུམ་དུ་བྱས་ཏེ། དཔོན་དབང་ཕྱུག་སེང་གེ་ལ་གཏོད་གཉེར་གྱི་མགོ་ལ་གཏད། དེས་མདོ་པ་མཁན་ཆེན་ལ་ལྷོ་སྟོད་ཀྱི་ལྷ་ཁང་། གནས་གཞི་བན་རྗེ་རྣམས་ཀྱི་དཔོན་མཛད་པ་ལ་གཏད། མཁན་ཆེན་པས་རྫོར་འབྱུང་ལ། ལས་ཁའི་ཞལ་གསོས་ལ་བྱིན། དེས་ལྷ་གཟིགས་སྤྱན་སྔ་བ་ས་སྐྱ་ནས་བྱོན་པའི་ཤང་ལེན་ཚད་ཇ་ལ་ཕུལ། དེ་ནས་མདོ་པ་ཆེ་བརྒྱུད། དེ་ནས་ལྷོ་པ་དགེ་བཤེས། དེ་ནས་ཤེས་རབ་རིན་ཆེན་ལ་བརྒྱུད་པ་ལགས་སོ། །འདིའི་དཔེ་དང་བསྟན་བཅོས་འདི། རིན་པོ་ཆེའི་རིགས་དང་། ཕ་མེས་སྤུར་བྱོན་རྣམས་ཀྱིས་བཞག་པའི་ནང་ནོར་གྱི་བཅུད་ཡིན་པས། ཆེ་བརྩུན་གྱི་བླ་དཔོན། སྡེ་བདག །རླངས་ཀྱི་མི་བརྒྱུད་མིན་པ། གཞན་གྱིས་མིས་ཐེག་པ་མིན་པ། དཔེ་ཁྲིར་དུ་མ་འཇུག །ངེད་རང་རླངས་ཀྱི་མི་རྒྱུད་ཀྱི་ཆེ་བརྩུན་རྣམས་ཀྱིས། དད་མོས་ཀྱིས་ལྷ་ཡི་དམ་གྱིས། བྱིན་རླབས་ཡོང་། གསུངས་པའི་གྲུབ་ཐོབ་གོང་མ་རྣམས་ཀྱིས་བཀའ་རྒྱ་མཛད་པ་ཡིན་པས། ཟབ་ཆོས་བཀའི་གདམས་པ། པོ་ཏི་བསེ་ཏུ་ཞེས་བྱ་བ་རྫོགས་སོ། །ཤུ་བྷཾ།། ||

༄༅། །ཟླ་ངས་ལྷ་གཟིགས་ཀྱི་གདུང་རབས་དྲི་ལན་ཉེར་གཅིག་པའི་བསྐོར་（སྐོར）དང་། ཇོར་དུད་ཀྱི་རྩི་ལུགས་གྲངས་ཚིག་སོགས་ཀྱི་བཤད་པ་འཕྲན་（ཕྲན་）ཚོགས་བཞུགས་སོ། །

༄༅། །ཨོཾ་སྭསྟི། ཀུན་ལས་མངོན་པར་མཐོ་བ་འཆི་མེད་རིགས། །གཞན་དང་མི་མཉམ་གོང་མའི་ལུང་གིས་ཆེ། །གཙུག་ལག་གཉིས་ལྡན་འཁོར་ལོས་བསྒྱུར་བ་ཡི། །ལྷ་གཟིགས་གདུང་རབས་རྣམས་ལ་ཕྱག་འཚལ་ལོ། །

དྲི་བ་དང་པོའི་ལན་དུ། ཟླ་ངས་ཀྱི་པུ་ཏི་བསེ་ཏུ་ཞེས་པ་འདི། །ཆོས་ཀྱི་ལུགས་དང་བོན་ལུགས་འདྲེས་མ་ཡིན། །དེའི་རྒྱུ་མཚན་བཤད་ན་འདི་ལྟར་རོ། །བསམ་ཡས་རྒྱལ་པོ་ཁྲི་སྲོང་ལྡེའུ་བཙན་དུས། །བོད་ན་ཆོས་དང་ཆོས་ཁྲིམས་དར་རྒྱས་ཤིང་། །འདི་ཡི་བསྟན་ཆོས་སྒྲིགས་དང་མཛད་པ་པོ། །ཟླ་ངས་ཆེན་དཔལ་གྱི་སེངྒེ་ཞེས་སུ་གྲགས། །དེར་བསྟན་ཆོས་ལུགས་མཛད་པའང་ཐོར་བུ་ཡོད། །དཔལ་གྱི་སེངྒེ་ཁུ་དབོན་མ་ཐེབས་པའི། །གོང་མའི་ལོ་རྒྱུས་གདུང་རབས་མཛད་པ་སོགས། །བོད་འདིར་ཆོས་ཁྲིམས་མ་དར་བོན་ལུགས་བཤད། །དེ་ཕྱིར་ཆོས་བོན་འདྲེས་པའི་རྒྱུ་མཚན་ཡིན། །འདི་ལ་བོན་དང་ནང་དབྱེ་མ་དགོས། བོན་ནང་དབྱེ་བ་བོན་རང་གི་སོ་སོའི་ལས་བྱེད་ལ་ཡིན། དཔེར་ན་མང་བཀུར་རྒྱལ་རབས་ལ། ཆོས་ལུགས་ནང་ཚན་བྱ་བ་མེད། དྲི་བ་གཉིས་པའི་ལན། པུ་ཏི་བསེ་ཏུ་ཆུང་བ་ནི། །གཉིས་ལས་གསུམ་དུ་བཤད་ན་ཡོད། །ས་ཆེན་ཡིད་སྨོན་རྒྱལ་པོ་དང་། །ཟླ་ངས་ཆེན་དཔལ་སེང་ཡན་ཆད་ལ། །ཆོས་རྒྱུད་བོན་རྒྱུད་འདྲེས་པ་ཡིས། །ཆ་བདེ་ཚངས་གསུང་པ་འདི། པུ་ཏི་

བསེ་ཉུ་ཆེ་བ་ཡིན། དེ་ནས་རླངས་སྟོན་འདྲེ་བཀོལ་གྱིས། །གྲུབ་ཐོབ་ཉིད་ཀྱི་རྣམ་ཐར་དང་། །ཕྱོ་སྟོད་ལྷ་གཟིགས་ཆོམ་པ་གསུམ། །མདོ་སྨད་འབྲི་གླུང་བེལ་ཆུ་ནང་། །འཕན་གཏོགས་རླངས་རྒྱུད་མང་པོ་དང་། །ཚ་ལོ་མཆེད་གསུམ་ཡན་ཆད་ཀྱི། །ལྷ་ཆོས་མི་ཆོས་བྱས་པ་དང་། །སླད་ནས་རླངས་རྒྱུད་གང་བྱོན་ལ། །ལྷ་ཆོས་མི་ཆོས་བསླབ་བྱ་བཤད། །གདུང་རབས་ཡུལ་འཛིན་ལ་སོགས་གསུངས། །པུ་ཏི་བསེ་ཉུ་འབྲིང་པོ་ཡིན། །དེ་ཡི་མདོ་པ་སྣན་ཐོག་རྒྱུད། །ལྷ་གཟིགས་སྟོད་སྨད་བར་གསུམ་པོ། །ཕ་སྤུན་རླངས་ཀྱི་ཡོད་ལུགས་དང་། །ལྷ་ཆོས་མི་ཆོས་བྱས་པ་སོགས། །ཡོན་བདག་སྐྱབས་བདུན་ཡན་ཆད་ཀྱི། །ལོ་རྒྱུས་གདུང་རབས་ཡིག་ཚངས་ལ། །པོ་ཏི་བསེ་ཉུ་ཆུང་བ་ཡིན། །དྲི་བ་གསུམ་པའི་ལན། ལྷ་ཆེན་ཡིད་སྨོན་རྒྱལ་པོ་དེ། །བོད་འདིར་འགྲོ་ཆོས་སྤེལ་ཕྱིར་དུ། །ཡི་དམ་ལྷའི་ཐུགས་རྗེས་བསྐུལ། །ཚངས་པ་ལྷ་ཡི་དུང་སྒོང་དུ། །སྤྲུལ་ནས་ཡིད་སྨོན་རྒྱལ་པོར་སྲིད། །འདི་ནི་སྲིད་པའི་ལྷ་ཉུ་བཞིང་། །ནང་ཚངས་པ་འདོད་ཁམས་ལྷ་ཉུ་བསྟུ། །དྲི་བ་བཞི་པའི་ལན། སྟོན་པ་འབུམ་མེད་ཅེས་པ་ནས། །མི་ཟེ་ཁྲི་ལྡེ་ཆེན་པོའི་བར། །ལྷ་ཡི་ཉུས་ཤིག་ཡོང་ན་ཡ་རབས། །ཉུས་ལ་མིང་གི་སྒྲོ་བཏགས་མེད། །དྲི་བ་ལྔ་པའི་ལན། གདུང་དྲུག་མུ་ཟེ་ཁྲི་སྟེ་ལས། །འབྱུང་ལུགས་པོ་ཏི་བསེ་ཉུ་ན། །བཤད་པ་འདི་ཁ་གཏན་ཚིགས་བཟང་། །གདུང་དྲུག་ཉུས་དང་ཡུལ་ལ་སོགས། །རྩ་བ་ཕལ་ཆེར་ཁམས་ན་འདུག །སྤྲེའུ་བྲག་སྲིན་ལས་ཆད་པའི། །ཉུས་ཆེན་བཞི་ལ་གདུང་དྲུག་དག །བྱུང་བའི་ཡིག་རིགས་གཏན་ཚིགས་རང་། །ཐུབ་པ་ཇེ་ལྟར་ཡོད་མ་ཤེས། །ཡིག་ཆ་ཁུངས་བཙུན་ཚད་འཛིན་པ། །རྒྱལ་རབས་ག་ཁོལ་མ་དང་ནི། །བོད་ཀྱི་ཐང་ཡིག་རྣམས་ལ་མེད། །གཞན་པའི་འཕེན་ཕྱོགས་ཟུར་ཟ་འདྲ། །འདུག་ཀྱང་རང་ཕྱོགས་བསེ་ཉུ་ལ། །ཚད་མར་འཛིན་པ་འདི་ག་བཞིན། །དྲི་བ་དྲུག་པའི་ལན། རླངས་དང་ལྷ་གཟིགས་ཞེས་པ་ཡང་། །དགྲ་ཡི་གདུང་ལ་མཚན་བཏགས་ཡིན། །དགྲ་སྲས་རླངས་ཡིན། རླངས་སྲས་ལ། ལྷ་གཟིགས་དང་ནི་སྣན་ཐོག་དང་། །གསེར་གཡུ་ཉུ་དཔོན་གྲགས་མགོ་བ། །སློབ་སྲས་བསེ་ཉུ་གྱེན་འབར་དང་། །ཚ་ཁྲུང་ལ་སོགས་ཉུས་ཕྲན་ནི། །མིང་

བཏགས་ཤིན་ཏུ་མང་བའི་ཕྱིར། །གདུང་རུས་བྱས་ཀྱང་འགལ་རྒྱུ་མེད། །དྲི་བ་བདུན་པའི་
ལན། དཔལ་ལྡན་ཕག་མོ་གྲུབ་པ་དེ། །གདུང་རུས་དགྲ་དག་ཤིན་ཏུ་འདོད། །དགྲ་ལ་
དཀར་ནག་ཁྲ་གསུམ་ལ། །ནང་ཚན་ཉི་ཤུ་རྩ་བདུན་དང་། །དགྲ་དག་པོ་བརྒྱུད་ཀྱི་ཆེ་དགུ་
དང་། །ལྷས་དགྲ་སླུག་པོ་ཕྱེད་བཅུ་སོགས། །དགྲ་ཡི་བཤད་པ་མང་ཡོད་པའི། །བར་གྱི་ཁྲ་
བོ་མཆེད་དགུར་གཏོགས། །དགྲ་སྲས་རླངས་ཀྱི་བརྒྱུད་པ་ཡིན། །པོ་ཏི་བསེ་རུ་ཆེ་བའི་
ནང་། །ལྷ་གཅིག་ཡང་བསྐོས་སྟག་ཚན་ལ། །གནམ་ལྷ་མཆེད་བདུན་ལུང་བསྟན་པར། །
ཁྱེད་ལ་རིགས་ཀྱི་བརྒྱུད་པ་ཡོད། །མི་རབས་དྲུག་ཅུ་རྩ་གཅིག་བར། །བླ་མ་མི་དཔོན་རྒྱུན་
མི་འཆད། །སེམས་ཅན་ཀུན་གྱི་འདྲེན་པ་བྱེད། །ཅེས་པ་འདི་དཔལ་སེང་ཁྲུ་དཔོན་དང་།
ཕག་གྲུ་སྤྱན་སྔ་རྣམས་ལ་དགོངས། རླངས་རྗེ་མཐོང་གྲོད་ལྷིང་སྟོང་དགེའི་བརྒྱུད། །འདི་
མདོ་ཁམས་ཀྱི་རླངས་སུ་འཕེལ་ཞེས་གྲགས། །དེ་ཚ་སྤྱོས་སྤྲས་ཀྱི་བརྒྱུད་པ་ལ། །སྤྲས་ཀྱི་དུས
མིང་ཐོགས་པ་ཡིན། །དཔེར་ན་གྲུ་ཡི་རུས་པ་ལ། །སྐྱུ་རའི་རུས་མིང་འདོན་དང་
མཚུངས། །སྤྲས་ཀྱི་བརྒྱུད་པ་འདི་ལ་ནི། །འཕན་ལ་གྲུས་མཚན་ཤིན་ཏུ་མང་། །དེ་ཕྱིར་
འཕན་གཏོགས་ཨ་དར་ཀྱང་། །དེའི་བརྒྱུད་རིམ་མིང་ཚན་ཡིན། །པོ་ཏི་བསེ་རུ་འབྲིང་པོའི་
ནང་། །རླངས་སྟོན་བྱང་ཆུབ་འདྲེ་བཀོལ་གྱིས། །རླངས་ཡུལ་གྱིམ་ཤོད་རིམ་ཤོད་དང་། །
འབྲི་ཀླུ་མདོ་སྨད་ཀྱི་ཕྱུག་དྲུག །རླངས་ཕ་སྤྱུན་ཚོགས་པའི་རུ་མཚོ་དང་། །གསེར་འཛིན་
གསུམ་རྫི་ཡུལ་བཅས་དང་། །སྟོ་ཡི་ལུང་ཆེན་བཅོ་བརྒྱད་དང་། །ཐེལ་བཅུ་གླིང་ཡུལ་བཅས
པ་འདི། །ཤ་ཉེས་རུས་ཐོགས་ཀྱི་འདུག་པ་ཡིན། །སྤར་ཡང་ཕ་ཡུལ་ཕོ་ནར་འདུག །ད་ཡང་ཕ་
ཡུལ་བྱེད་པ་ཡིན། །རླངས་ལྷ་གཟིགས་རང་རེའི་བརྒྱུད་པ་འདི། །མི་བརྒྱུད་ལྷ་ལས་གྲོལ་བ་
ཡིན། །རིགས་བརྒྱུད་ཆོས་བརྒྱུད་གཉིས་སུ་འབྱུང་། །གཅིག་ནི་བླ་མའི་རིགས་སུ་འགྱུར། །
སེམས་ཅན་ཀུན་གྱི་འདྲེན་པ་བྱེད། །གཅིག་ནི་དཔོན་གྱི་རིགས་སུ་ཡོང་། །བོད་ཁམས་ཀུན་
གྱི་སྤྱི་རྗེ་བྱེད། །བརྒྱུད་ཀྱི་མིང་ལ་ཡང་ང་འདྲ་ཡོང་། །ང་ནས་བརྒྱུད་རིགས་བཅུ་གཉིས
ནས། །བོད་ཁམས་དབང་དུ་འདུ་བ་ཡོང་། །ཞེས་པ་འདི་ཕག་གྲུ་ཏ་སི་སོགས། །ལྷ་ཆོས་

མི་ཆོས་འདི་དུས་དགོངས། །བོད་ཁམས་དབང་དུ་འདི་ནས་བདག །པོ་ཏི་བསེ་རུ་ཆུང་བའི་ནང་། །ཧླངས་ཀྱི་སློན་པོ་མགོ་ཡགས་ཀྱི། །ཕ་ཆོ་རུས་ཐོག་ངོམ་པ་ལ། །ཧླངས་གསེར་པ་གཡུ་རུ་ཡོད། །བརྒྱ་གཟིགས་ཕྱུགས་གསུམ་ཕང་བཞི་ཡོད། །སྤྱོས་སྤྲས་སྤྱོས་ར་སྤྱོས་ཆེ་ཡོད། །གསེའུ་མི་ཁྲི་ཧ་འབུམ་ཡོད། །ཁམས་པ་རུ་གསུམ་འཕྲུང་བཙས་ཡོད། །ཅེས་སོགས་རྒྱ་མཚན་མང་འདུག་ཀྱང་། །ཡི་གེ་མང་ནས་འདིར་མ་བྲིས། །ཕ་གྲུ་ཡི་རྣམ་ཐར་རིང་མོ་ཡི་ནང་། །སྤྲས་ཀྱི་རྩེ་ཤོད་སྐུ་འཁྲུངས་པ། །སྤྲས་ཞེས་བྱ་བ་རུས་ཀྱི་མིང་། །རྩེ་ཤོད་བྱ་བ་ལུང་པར་གདའ། །སྟག་ངོས་བྱ་བ་གྲོང་པར་འདུག །སབ་ཁང་བྱ་བ་རང་ཁྱིམ་ཡིན། །དེ་ཕྱིར་ཐེ་ཚོམ་བྱ་བ་མ་དགོས། ཕག་གྲུ་རྣམ་ཐར་འགའ་ཞིག་ན། གདུང་རུས་དབས་ཞེས་བརྗོད་པ་ཡང་། དབས་དང་བསེ་རུ་སྤྲས་ལ་སོགས་རུས་ཆེན་ཕན་ཐོགས་གཅིག་པོ་ལ། རུས་ཐུན་མིང་གི་བརྗོད་བྱ་བཙམས། །དཔལ་ལྡན་ཕག་གྲུ་ཕེབས་དུས་སུ། །པོ་ཏི་བསེ་རུ་བོད་མ་སྙིབས། །ཡི་གེ་མི་འདྲ་དེའི་ཡང་ཁྱད། །དཔལ་ལྡན་ཕག་གྲུའི་དྲུང་དུ་ནི། །དམར་དང་ཧླངས་ཆེན་ལ་སོགས་པ། །བོད་ཁམས་སྟོད་སྨད་ཐམས་ཅད་ནས། །མི་ཆེན་བྱེ་རུས་གཅིག་པ་ཡིས། །བུ་སློབ་ཤིན་ཏུ་མང་བ་བྱུང་། །འབྲི་ཀླུ་མདོ་སྨད་ཤར་ཕྱོགས་ནས། །སློབ་དཔོན་ཡུལ་སྐྱོང་རྫམ་ཉབ་དང་། །ཡུལ་སྐྱོང་རྡོ་སྲས་ལ་སོགས་པ། །འཕན་གོག་གཏོགས་ཧླངས་རིགས་ཀྱི་བུ་སློབ་ལ། །ཐམས་ཅད་མཁྱེན་པ་སྤྱན་སྔའི་གསུང་། །ཕ་ཆོས་རྗེ་རིན་པོ་ཆེའི་ཐུགས་ཀྱི་སྲས། །མེས་དཔལ་ལྡན་ཕག་མོ་གྲུ་པའི་དཔོན། །མི་ཁོ་བོའི་སྙིང་ལ་སའི་བུ། །ཞེས་པ་བཀའ་འབུམ་རྣམ་ཐར་གྱིས། །སྤྲིངས་ཡིག་ཆོས་བརྗོད་མང་པོར་འདུག །གཞན་ཡང་གོང་མ་ཏའི་སི་ཏུས་བཀའ་ཚེམས་དེབ་ཐེར་ཆེན་མོ་ཡང་། །ཕག་གྲུ་དུང་ཆོས་གཅིག་པོ་བརྒྱུད། །མདོ་ཁམས་ལུང་པ་ཕྱུག་དྲུག་གི །རུས་ཆེན་ཨ་ཁུ་ཚ་བོ་སོགས། །ཀུན་གྱི་མཆོད་པའི་གནས་ཀྱིས་ནས། །འཕྲིན་ལས་མཁའ་ཁྱབ་བྱུང་ཞེས་གསུང་། །དེར་བསྟན་སྤྱན་སྔ་འབྲི་ཁུང་ཕེབས། །སྐྱོབ་པ་འཇིག་རྟེན་མགོན་པོ་ལ། །གཉོས་མགར་ལ་སོགས་བུ་སློབ་ནི། །མཁས་གྲུབ་སྔ་ཕྱིར་མང་ན་ཡང་། །ཀུན་བཟང་དཔལ་གྱི་ནགས་ཁྲོད་འདིར། །ཕ་

ནོར་བུ་ལ་སྦྱོད་བཞིན་གནང་། །སྤྱན་སྔ་འབྲི་ཁུང་བཞུགས་དུས་སུ། །གོན་གྱི་ནུས་འབུར་ཆེན་པོས་ཀྱང་། །གདུང་ཆེ་ནུས་ལ་བསྒྲགས་ནས་ཕྱིན། །འདི་ཡང་དམར་ཁམས་འཁྱིལ་པ་ཡིན། །དེ་ཕྱོགས་རྒྱ་མཚན་མང་འདུག་སྟེ། །ཡི་གེ་མངས་པའི་འཇིགས་པས་བཞག །དྲི་བ་བརྒྱད་པའི་ལན། ས་སྐྱ་འབྲི་ཁུང་སྟག་ལུང་པ། །མར་པ་ཞང་སོགས་ནུས་ཆེན་ཀྱང་། །ཡིད་སློན་གདུང་བརྒྱུད་ཡིན་པར་འཐད། །དྲི་བ་དགུ་པའི་ལན། སྤྱན་སྔ་གྲགས་པ་འབྱུང་གནས་པའི། །ཁམས་ཀྱི་ཡབ་གཞིས་མདོ་སྟོད་ཀྱིས། །གནས་དྲུག་སྤྱི་གནས་རགས་ནོ་ཡིན། །བྱང་ཆུབ་འདྲེ་བཀོལ་ཡན། རླངས་ཀྱི་གདུང་བརྒྱུད། འབྲི་རླུང་མདོ་སྨད་པ་འདུག བྱང་ཆུབ་འདྲེ་བཀོལ་གྱི། མདོ་སྟོད་གནས་དྲུག་ཏུ་ཕེབས། སྟོད་ཀྱི་རླངས་ལྷ་གཟིགས་སྟེ་གསུམ་གྱི་གདུང་བརྒྱུད། འདི་བྱུང་བ་སོགས་རྗེའི་རྣམ་ཐར་ན་གསལ་འདུག གཉན་སྟོན་ལྷ་བཟང་དཔལ་གྱི་མཆེད་གཉིས་ཀྱི་ལྷ་གཟིགས་བརྒྱུད་མདོ་སྨད་ཤར་ཕྱོགས་ན་ཡོད་འདུག དྲི་བ་བཅུ་པའི་ལན། དབུས་སུ་ཕེབས་པའི་མི་ཆོས་པ། །ཐོག་མར་དཔོན་ཆེན་ཁྲོ་འཕེན་ཡིན། །བཞུགས་གནས་ཚགས་ལྷུང་མགོ །སྤྱན་སྔ་རྗེ་ཡི་སྐུ་ཐོག་ཡིན། །དྲི་བ་བཅུ་གཅིག་པའི་ལན། རྒྱལ་བ་སྐྱབས་སྲས་གྲགས་སྤྱན་སྔ་འབྱུང་དང་། སངས་རྒྱས་དང་ཡུམ་འགྲོ་འོད་གང་བཟའ་ཤེས་རབ་རྒྱལ། མགོན་པོ་འདི་དགུ་བཟའ་རྒྱལ་དང་མཆེད་བཞི་བྱུང་། །ཤེས་རབ་རྒྱལ་སྲས་གྲགས་བསོད་པ། སངས་རྒྱས་སྤྱན་སྔ་སྐྱབས་སྲས་སྤྱན་སྔ་རྒྱལ་བཅུ་གཉིས། གཏེར་རྒྱབ་རྗེ་རིན་གསུམ་འདི་བཟའ་ཡེ་ཤེས་མཚོ་ནི་མཆེད་བཞི་བྱུང་། མགོན་རྒྱལ་སྲས་ཁྲོ་བོ་འཕན། ཁྲོ་འཕན་སྲས་ལ་རིན་ཤེ་དང་། གྲགས་པ་ཡེ་ཤེས་སྤྱན་སྔ་གཉིས་མཆེད་སྤྱན་སྔ་པ། །རིན་ཆེན་སྐྱབས་དང་མཆེད་ལྷ་དགོང་ཤཱཀྱ་སྒྲོན་བཞི་བྱུང་། །རིན་ཆེན་སྐྱབས་སྲས་ཆོས་བཞི་སྤྱན་སྔ་སླིང་། །རྒྱལ་མཚན་དཔལ་དང་གྲགས་པ་བཟང་། །ཞང་ལྷམ་མ། །ཏའི་བསེ་ནུ་བཅུ་གཉིས་གསར་སྤྱན་སྔ་བསོད་ནམས་བཟང་པོ་མཆེད་དྲུག་བྱུང་ཁྲི་སློན་ཡུམ་སྐྱིད། །བསོད་ནམས་བཟང་སྲས་རིན་རྗེ་དང་མ་ཉམ། །འཇམ་དབྱངས་གུ་ཤྲཱི་ཤཱཀྱ་རིན་མཆེད་ཉི་ནུ་མ། །རིན་རྗེ་སྲས་ནི་གྲགས་རིན་དང་། །གྲགས་པ་བྱང་ཆུབ་སྤྱན་སྔ་བསོད་ནམས་སྤྱན་སྔ་གྲགས་མཆད། །ཟིན་བཀྲ

ཞིས་སྐྱིད། ཤཱཀ་རིན་སྲས་ནི་གྲགས་རྒྱན་དང་། །བྱང་རྫོར་བསོད་བཟང་སྤྱན་སྔ་དཔལ་ལྡན་བཟང་སྤྱན་སྔ། །བསོད་རྒྱན་ཆེ་པ་མཆེད་དྲུག་བྱུང་། །ཆེ་སྲས་གྲགས་འབྱུང་ཁྲིད་མོ་ཀུན་འཛམ། །ཀུན་ལེགས་མཆེད་ཁྲིད་མོ་འཛོམ་པ་གྲགས་འབྱུང་སྲས་ནི་གེ་ཟླམ་ཕྲུག་དབང་འཛམ་དབང་། ། དེའི་སྲས་གོང་མ་ཆེན་པོ་ཡིན། །མངའ་རིགས་དོན་གྲུབ་རྒྱལ་མོ། །དྲི་བ་བཅུ་གཉིས་པའི་ལན། དཔལ་ལྡན་ཕག་གྲུ་རྩེ་ཤོད་འཁྲུངས། །རྗེ་དང་རྒྱལ་སོགས་གནས་དྲུག་འཁྲུངས། །གྲགས་ཡེ་སྐུ་མཆེད་ལྷུང་གོང་འཁྲུངས། །ཆོས་གཉིས་སྐུ་མཆེད་ལྡོང་དུ་འཁྲུངས། །ཏ་པའི་སྐུ་མཆེད་བཟང་རིར་འཁྲུངས། །གུ་ཤྲཱི་སྐུ་མཆེད་ཉེ་ཐུར་འཁྲུངས། །གྲགས་བྱུང་སྐུ་མཆེད་དགོན་གསར་འཁྲུངས། །དབང་དྲགས་མཆེད་ཀྱང་དགོན་གསར་འཁྲུངས། །གྲགས་འབྱུང་སྐུ་མཆེད་དགོན་གསར་འཁྲུངས། །ངག་གི་དབང་ཕྱུག་འཕན་ཡུལ་འཁྲུངས། །གོང་ཆེན་དབང་ཡང་འཛང་དུ་འཁྲུངས། །དྲི་བ་བཅུ་གསུམ་པའི་ལན། ཀུན་ཏུ་བཟང་པོ་ཆགས་ཁྲིད་འདིར། །བཀའ་བརྒྱུད་གདན་ས་ལོ་གྲངས་ནི། །དཔལ་ལྡན་ཕག་གྲུ་བཅུ་གསུམ་མཛད། །གྲགས་པ་འབྱུང་གནས་ཉི་ཤུ་བདུན། །རྒྱལ་བས་སུམ་ཅུ་རྩ་གསུམ་བསྐྱངས། ། བཅུ་གཉིས་སླིང་མས་བཅུ་བཞི་མཛད། །གྲགས་པ་ཡེ་ཤེས་ལོ་བརྒྱད་མཛད། །གྲགས་པ་རིན་ཆེན་རྩ་གསུམ་བསྐྱངས། །ཆོས་བཞི་སླིང་མས་ལྔ་བཅུ་གཅིག །བཅུ་གཅིག་གསར་མས་བཅུ་གཅིག་མཛད། །ཆོས་བཞི་གསར་པས་ལོ་ནི་དགུ། །བསོད་ནམས་གྲགས་པས་ཉི་ཤུ་དང་། །དཔལ་ལྡན་བཟང་པོས་ལོ་གཉིས་མཛད། །བསོད་ནམས་བཟང་པོས་ལོ་དགུ་བསྐྱངས། །བསོད་ནམས་རྒྱལ་མཚན་ལོ་བཅོ་བརྒྱད། །དེ་ནས་ཆོས་ལྡེས་ཟླ་དཔོན་སྐྲགས། །ཆོས་གཉིས་ཀྱིས་ནི་སུམ་ཅུ་བརྒྱད། །དེ་ནས་ཞྭ་དམར་ཅོད་པཎ་ཅན། །སྤྱན་སྔ་གྲགས་འབྱུང་ཕྱི་མའོ། །དྲི་བ་བཅུ་བཞི་པའི་ལན། དཔལ་ལྡན་ཕག་གྲུའི་ཁྲི་བསྐོར་འདིའི། །ཁྲི་དཔོན་ཐོག་མ་སྒོམ་བརྩོན་སྒོ་གར་ལུང་ཡིན། །རྡོ་རྗེ་དཔལ་དང་སེ་ཆེན་གཞོན་ནུ་སེ་ཆེན་རྒྱལ། །མཁན་སེ་ཆེན་པོ་རིན་རྒྱན་བྱང་གཞོན་སེ་ཆེན་དང་། གཞོན་སེ་ཆེན་ནུ་ཡོན་ཏན་གཉིས་མཆེད་ཨོལ་ཛ་དུ་པ། །རྒྱལ་མཚན་དཔལ་དང་སློབ་དཔོན་གྲགས། །ཁྲིན་སྐྱབ། རྒྱལ་

མཚན་སྐྱབས་དང་ཏའི་སི་ཏུ། །གུ་ཤྲཱི་ཤཱཀྱ་རིན་རྣམས་ཏོར་གོང་ངན་ལུང་། གྲགས་བྱང་ཏི་ཤྲཱི་དབང་གྲགས་གྲགས་འབྱུང་ཨ་དབང་དང་། །ཀུན་ཆེ་ཏ་ལེགས་ངག་དབང་ཏུ་རྟེ་གོང་ཆེན་རྩེན་དེ་སོགས། །ད་ལྟ་བར་དུ་རྒྱལ་ལུང་ཡིན། །དྲི་བ་བཅོ་ལྔ་པའི་ལན། ཞལ་ངོ་ཁྲི་ཐོག་འདི་པས་མཛད། །གྲགས་པ་རིན་ཆེན་རྒྱལ་མཚན་དཔལ། །ཏའི་སི་ཏུ་དཔོན་གྲགས་བཟང་། །ཤཱཀྱ་རིན་ཆེན་གུ་ཤྲཱི་དང་། །གྲགས་པ་བྱང་ཆུབ་དབང་གྲགས་དང་། །ཆོས་གཉིས་གོང་མ་ཆེན་པོ་རྣམས་ཀྱི་ལོ། །དྲི་བ་བཅུ་དྲུག་པའི་ལན། ཤཱཀ་ཐུབ་བསྟན་པ་བཤད་བསྒྲུབ་ཀྱིས། །འཛིན་ཕྱིར་གོང་མ་ཏའི་སི་ཏུས། །ཆོས་གྲྭ་ཆེན་པོ་རྩེ་ཐང་བཏབ། །གདན་སའི་ཐོག་མ་གུ་ཤྲཱི་ཡིན། །གྲགས་པ་རིན་ཆེན་གྲགས་བྱང་དང་། །བསོད་གྲགས་དབང་གྲགས་བྱང་རྫོར་དང་། །ཆོས་ལྔ་ཆོས་གཉིས་གོང་ཆེན་གྱིས། །རྩེ་ཐེལ་ཐང་གསུམ་བླ་དཔོན་སྒྲིགས། །དྲི་བ་བཅུ་བདུན་པའི་ལན། གོང་མ་ཏ་སི་ཆེན་པོ་དང་། །སྣེ་གདོང་ཁྲི་ཁང་ལན་གསུམ་རྩིགས། །ཐོག་མ་ས་ཕོ་འབྲུག་ལོ་ཡིན། །ཚོང་འདུས་བྲག་ཁ་དེས་མཚུངས། །གོང་དཀར་ལྷུགས་སྟག་རིན་སྤུངས་ཆུ་འབྲུག་གཞིས་ཀ་སྣེའུ་མེ་སྤྲེ། བྲག་དཀར་མེ་བྱ་འོལ་ཁ་ས་ཁྱི་གཞིས་ཀྱི་གུ་ས་ཕག །བསམ་འགྲུབ་ལྷུགས་ཁྱི་རྩེ་དང་བྱ་བཟང་ལྷུགས་བྱི་སོགས། གཞིས་ཀ་ས་གནད་ཆེ་བ་ཡི། །རགས་པ་འདི་རྣམས་རིམ་པས་བཏབ། །གཞིས་ཆུང་མང་བ་ཡིག་ཆར་མེད། །དྲི་བ་བཅོ་བརྒྱད་པའི་ལན། སྣེའུ་གདོང་རྩེ་མ་ཐེབས་གོང་། །ཁྲི་ཐོག་བསྐོ་བཞུགས་འཛང་ཁྲི་ཁང་། །ཏའི་སི་ཏུའི་ལས་ཀ་དེ། །གོང་མ་རྩེ་དབང་ཞེས་པའི་ལུང་། །དྲི་བ་བཅུ་དགུ་པའི་ལན། ཏའི་སིའི་བཀའ་ཆེམས་ཆེ་ཆུང་ནི། །ཆེ་བ་གསོལ་འདེབས་རིན་མོ་ཡན། །ཆུང་བ་བདག་པོ་ཤཱཀ་རྒྱན་དང་། །དཔལ་ཆེན་རྒྱལ་མཚན་བཟང་པོས་གཙོས། །སློབ་ཐུབ་གྲོས་འཛིན་དཔོན་གཡོག་ལ། །ཞལ་ཆེམས་དེབ་ཆུང་བཞག་འདི་ཡིན། །དྲི་བ་ཉི་ཤུའི་ལན། སྲིབ་མགོ་གསུམ་གསང་ཚིག་འདི། །ས་སྐྱ་དཔོན་ཆེན་རྒྱལ་བཟང་གིས། །བརྩོན་དུ་ཕྱིར་དུས་ཉུག་དང་ནི། །ཀོ་ཐྲེལ་གཉིས་ནས་ཡར་གླུང་དུ། །ས་སྐྱ་བརྒྱུད་ནས་གབ་ཚིག་ཏུ། །སྣེ་གདོང་དཔོན་གཡོག་རྣམས་ལ་བསྐུར། །དྲི་བ་ཉེར་གཅིག་པའི་ལན། རྒྱ་ནག་སྟོང་འཁྲུན་རྒྱལ་པོ་ལ། །

མངའ་འབངས་ཞིང་ཆེན་བཅུ་གསུམ་ཡོད། །གོང་མ་ཨོ་གོ་ཏ་ཡི་དུས། །དཔོན་པོ་དོར་ཏས་བོད་དུ་སླེབས། །རྗེ་རྒྱལ་ཕུ་དཔོན་གཉིས་ཀྱི་ཕྱོག །བོད་ཀྱི་ཤིང་གཙུག་དུད་རྩིས། །ཐམས་ཅད་མཁྱེན་པ་སྤྱན་སྔར་ཕུལ། །དེར་རྗེས་གོང་མ་སེ་ཆེན་གྱི། །ས་སྐྱ་བླ་མ་འཕགས་པར་ཕུལ། །ཧོར་དུད་(དོར)ཏ་མགོའི་རྩི་ལུགས་ནི། །ཁང་པ་ཀ་བ་བཞི་ཡི་ཁྱོན། །བཟའ་ཚོ་ཁོལ་པོ་ཁོལ་མོ་དྲུག །སློས་པོང་བཞོན་རེར་ལུག་བརྒྱ། །ས་ཞིང་ཧོར་སོན་སེ་བ་རེ། །དུད་ཆུང་གྲོང་པའི་ཕྲུག་ཚད་དུ་བྱས། །དུད་ཆུང་ལོ་ཁྲལ་སེ་བ་རེ། །དུང་ཆུང་ཉེར་བཞིར་དུད་ཆེན་རེ། །དུད་ཆེན་ལོ་ཁྲལ་གསེར་ཞོ་རེ། །དུད་ཆེན་ཉི་ཤུ་རྩ་ལྔ་ལ། །རྟ་རེ་འཁྲི་བར་རྟ་མགོར་གྲགས། །རྟ་རིན་དམར་ཟམ་ཁྲག་ཆར་གྱི། །གསུམ་ལ་ཞོ་གང་ཚད་དུ་བཞག ། དབུས་གཙང་མངའ་རིས་བཅས་པར་ཁྲི་བསྐོར་བཅུ་གསུམ་བྱུང་། ཁྲི་བསྐོར་བཅུ་ལ་འབུམ་ཚོ་གཅིག །འབུམ་ཚོ་བཅུ་ལ་ས་ཡ་གཅིག །ས་ཡ་བཅུ་ལ་བྱེ་བ་གཅིག །བྱེ་བ་བཅུ་ལ་དུང་ཕྱུར་གཅིག །ཞང་ཞུང་སྒྲིལ་བས་ཞིང་ཆེན་གཅིག་ཏུ་གྲགས། མནྜ་ལཾ། གཅིག་ཞུས་རིམ་ཕྱི་མ་དག་པས་སྣར་ཡང་དཔྱད་པར་བྱའོ།། །།

༄༅། །ན་མོ་གུ་རུ་ཛྙཱ་ཿ སྲིད་གསུམ་འགྲོ་བ་དུ་མའི་དཔལ་མགོན་མཆོག །ས་གསུམ་འདི་ན་འགྲན་ཟླས་དབེན་གྱུར་པ། །དུས་གསུམ་ཉིད་དུ་ཕན་བདེའི་འབྲས་སྟོལ་བའི། །དྲི་མེད་ནོར་བུའི་འཕྲེང་བས་བདེ་ལེགས་སྩོལ། །དེ་ལྟར་ལྷ་རིགས་རླངས་ཀྱི་མི་བརྒྱུད་འདི། སྐྱེ་བརྒྱུད་བཤད་ན་འཕང་མཐོ་དགུང་སྔོན་མཐོན་པ་དང་འདྲ། འཕྲིན་ལས་བཤད་ན་མདངས་གསལ་ཉི་ཟླའི་འོད་ཟེར་དང་འདྲ། མཛད་ཚུལ་བཤད་ན་འཕོ་འགྱུར་མེད་པ་རི་རྒྱལ་ལྷུན་པོ་དང་འདྲ། གྲོལ་ཐུགས་བཤད་ན་གཏིང་ཟབ་རྒྱ་མཚོ་ཆེན་པོ་དང་འདྲ་བ་ཞིག་ཡིན་པར་གདའ་ཞིང་། ཡུལ་ཁམས་སོ་སོའི་འཛིན་ལུགས། བྱས་པའི་ལག་རིས། ཆེ་གེ་ཡིག་ཚང་ལ་སོགས་ཞིབ་རྒྱས་སྨྲོས་པ་ལྟར་ལགས་ཤིང་། དེའི་ནང་ནས་ཀྱང་ལྷ་རིགས་རླངས་ཀྱི་ཕྱུག་ཕྱུགས་ཨུལ་ཐུག་པ། དང་པོར་སེ་ཁྱུང་ཨར་བཙན་པ་གོལ་ལྡན་མ་ཁབ་ཏུ་བཞེས་པའི་སྲས། ཨ་ཁྲའོ། །དེའི་སྲས་ཁྱུང་ཏུ་དཀར་པོ། དེའི་སྲས་འབུམ་རྗེ་ཤེལ་མིག

དེའི་སྲས་ཨུ་རྗེ་གཙུག་གསུམ། དེའི་སྲས་མང་སྲོམ་སྟག་བཙན། དེའི་སྲས་ལྷ་རིགས་འཕན་པོ་ཆེ་ལྡངས། དེའི་སྲས་ཧྲ་རོ། དེའི་སྲས་སྟོང་མདོ། དེའི་སྲས་ལྡངས། སྲས་ཀློད་ལྡིང་། དེའི་སྲས་སྟོང་དགེ། དེའི་སྲས་སྟོང་ཁྲི། དེའི་སྲས་ཕག་ཚངས། དེའི་སྲས་ལྷུང་ར། དེའི་སྲས་གཙུག་གཉེན་ཡོང་རྗོང་། དེའི་སྲས་བཙན་པ་ཟླ་ཤོད། དེའི་སྲས་སྣང་གཉེན་ཡོང་སླེབས། དེའི་སྲས་མང་པོ་ཆེ་སྒྲོ་ཁ། དེའི་སྲས་སྟག་པོ་ཆེ་དར་དཔལ་ལེ། དེའི་སྲས་མཆོ་བཟང་ལྷ་གཟིགས། དེའི་སྲས་འཇིག་རྟེན་གྱི་ལྷ་འདྲེ་ཐམས་ཅད་དམ་ལ་བཏགས། སློབ་དཔོན་ཆེན་པོ་པདྨ་འབྱུང་གནས་དངོས་སུ་གྱུར་པའི་ལྡངས་ཀྱི་གྲུབ་ཐོབ་ཆེན་པོ་འདྲེ་བཀོལ། དེས་བཙུན་མོ་དཀར་ལྡན་མ་ཁབ་ཏུ་བཞེས་པའི་སྲས། གཉན་ཐོག་ཨ་ཀྲོང་། དེའི་སྲས་ཉ་མགོ་ཁྲི། དེའི་སྲས་ལྡངས་སྟོན་བྱ་ཞུ་ནག་པོ། དེའི་སྲས་ཨ་སང་། དེའི་སྲས་ཨ་སར། དེའི་སྲས་ཡོན་ཆེན་རྒྱལ་བ་སྐྱབས། དེའི་སྲས་ཡོན་བདག་མགོན་པོ་སྐྱབས། དེའི་སྲས་དཔོན་ཁྲི་པོ་འཕན། དེའི་སྲས་དཔོན་རིན་ཆེན་སྐྱབས། དེའི་སྲས་དཔོན་བསོད་ནམས་བཟང་པོ། དེའི་སྲས་དཔོན་རིན་ཆེན་རྡོ་རྗེ་དང་། དབྱུང་ཆེན་ཤཱཀྱ་རིན་ཆེན། དེ་གཉིས་ཀྱིས་སྲས་རྣམས་སྨོས་མི་དགོས་པར་གདའ་ལགས་སོ། །དེ་དག་ནི་གཅིག་ནས་གཅིག་ཏུ་བརྒྱུད་པའི་རིམ་པ་མ་ནོར་བར་བཀོད་པས། ཡིད་ཆེས་ཤིང་ཁུངས་བཙུན་པའི་ཕྱིར་སྤྲུར་བའོ། །

༈ གངས་རིའི་ཁྲོད་འདིར་བློ་གྲོས་ལྡན་པའི་མཆོག །ཆོས་དང་ཟང་ཟིང་འབྱོར་པས་སྐྱེ་དགུ་བསྐྱངས། །རིམ་གཉིས་རྡོ་རྗེ་ཐེག་པའི་ངང་ཚུལ་ཅན། །གཟུགས་ཅན་གཟུགས་མེད་དུ་མའི་གཙུག་གི་རྒྱན། །ལྷ་ཡི་དཔལ་དང་ཚུལ་མཚུངས་ཤིང་། །ལྷ་མཆོག་རྣམས་ཀྱི་སྲས་ཀྱི་མཐུ་བོ་པ། །ལྷ་ལས་བབས་ནས་རིམ་པར་བྱོན་པ་ཡི། །ལྷ་རིགས་ལྡངས་ཀྱི་གདུང་རབས་ཞིབ་པར་བསྟུས། །མི་མཆོག་རྣམས་ཀྱི་མངའ་རིས་ཟླ་ལྟར་འཕེལ། །སྨུ་མེད་འགྲོ་ལ་ཕན་བདེའི་ཆར་རྒྱུན་འབེབས། །མེ་ཏོག་མདའ་ཅན་དཔུང་ལས་རྒྱལ་གྱུར་ཅིག །ཚོགས་གཉིས་རྒྱ་མཚོའི་དཔལ་ལས་ལེགས་འཁྲུངས་ཤིང་། །བློ་གྲོས་པདྨོའི་དྲི་བསུང་ཕྱོགས་བཅུར་རྒྱས། །གདུལ་བྱ་བློ་ཡི་བུང་བ་ཚིམ་བྱེད་པའི། །ཡོན་ཏན་བདུད་རྩིའི་ཚོགས་ལ་རོལ་བར་

ཤོག །རྒྱལ་བའི་བསྟན་དང་དེ་འཛིན་གུས་བསྟན་ནས། །དཔག་བསམ་ཤིང་ལྟར་དགོས་འདོད་ཀུན་འབྱུང་ཞིང་། །མི་མཐུན་གནོད་པའི་རྐྱེན་ཚོགས་དང་བྲལ་ནས། །ཕན་བདེའི་དཔལ་ལ་ཀུན་ཀྱང་སྤྱོད་པར་ཤོག །ཅེས་པ་འདི་ཉིད་ལྷ་རིགས་རླངས་ཀྱི་རྣམ་ཐར་ཚིག་བཅུད་མ་ནོར་བར་གྲགས་པ་རྒྱལ་མཚན་དཔལ་བཟང་པོས་སྣེའུ་གདོང་རྩེའི་གཙུག་ལག་ཁང་དུ་བཀོད་པ་དགེ་ལེགས་སུ་གྱུར་ཅིག །སརྦ་མངྒ་ལཾ།། །།

མ་ཡིག་གཉིས་པ།

༄༅། །བཀླངས་(ཀླངས)ཀྱི་ཕྱུ་ཧི་བསེ་རུ་བཞུགས། །

༄༅། །སྭསྟི། ལྷ་རིགས་ཡེ་སྨོན་རྒྱལ་པོ་ལས་བརྒྱུད་ཉེར་གཉིས་པ། །ཀླངས་དང་ལྷ་གཟིགས་ཞེས་སུ་རིམ་བརྒྱུད་དེ། །འབྲུངས་ཡུལ་མདོ་སྟོད་གནས་དྲུག་སྤྱི་པ་ལ། །ཡན་ཚད་རྒྱལ་བ་སྐྱབས་དང་འབྲི་ཤོག་ཟ། །ཁུ་བྱུག་སྨན་ཞེས་ཡབ་ཡུམ་སྲས་སུ་ནི། །ལྷ་གཟིགས་བཀའ་བརྒྱུད་ཐོག་མ་སྤྱན་སྔ་རྗེ། །གྲགས་པ་འབྱུང་གནས་པ་ཞེས་གྲགས་པ་སྟེ། །འབྲི་ཁུང་ཆོས་རྗེ་དགུང་ལོ་སོ་གསུམ་པ། །ཕག་གྲུར་འགྲོ་མགོན་གཤེགས་ནས་ལོ་དྲུག་ལོན། །ཆུ་འབྲུག་ཁྲི་ལོ་འབྲུངས་ནས་ལོ་བཞི་པ། །ཤིང་མོ་ལུག་གི་ལོ་ལ་འབྲུངས་ནས་ནི། །ད་ལྟ་ཤིང་ཕག་ཐམས་ཅད་འདུས་པ་ཡན། །ལོ་གྲངས་ཉིས་བརྒྱ་དགུ་བཅུ་གོ་ལྔ་ལོན། །སྤྱན་སྔ་འབྲུངས་ལོ་འགྲོ་མགོན་གཡུ་བྲག་ཞང་། །དགུང་ལོ་ང་བཞི་བཞེས་པ་མཚལ་ཡང་དགོན། །ཆོས་སྡེར་བཅས་པ་དེ་ནི་ཐེབས་པ་ཡིན། །ལོ་བརྒྱད་བཞེས་པ་ཆུ་ཕོ་སྟག་ལོ་ལ། །ས་སྐྱར་ཆོས་རྗེ་ས་པཎ་འབྲུངས་པ་ཡིན། །ལོ་བཅུ་བཞེས་པ་ཤིང་ཕོ་འབྲུག་ལོ་ལ། །ས་པཎ་གཅུང་པོ་བསོད་ནམས་རྒྱལ་མཚན་འབྲུངས། །བཅུ་གསུམ་བཞེས་པ་མེ་མོ་ལུག་ལོ་ལ། །ལྷ་གཟིགས་སྤྱི་གནས་དབྱུག་གུ་ཞེས་པ་རུ། །མཁན་པོ་རྫོང་ཁ་བ་དང་སློབ་དཔོན་ནི། །སྟོན་པ་བ་ལ་རབ་ཏུ་བྱུང་བ་མཛད། །དེ་ལོ་གུང་ཐང་གཙུག་ལག་ཁང་ཆེན་ཐེབས། །བཅོ་བརྒྱད་བཞེས་པ་ཆུ་ཕོ་བྱི་བ་ལོ། །དབུས་ལ་ཡར་ཐེབས་འབྲི་ཁུང་ཆོས་ཀྱི་རྗེ། །དགུང་ལོ་ལྔ་བཅུ་བཞེས་པ་དེ་དང་མཇལ། །བཅུ་དགུ་བཞེས་པ་ཆུ་མོ་གླང་ལོ་ལ། །མཁན་པོ་སུམ་ཐོག་ཞང་དང་སློབ་དཔོན་ནི། །ལྷ་ཆེན་འབྲི་སྒང་པ་དང་གསང་སྟེ་སྟོན། །འབྲི་ཁུང་ཆོས་རྗེ་རིན་ཆེན་དཔལ་ལ་ཞུས། །དད་པའི་དགེ་འདུན་དབུས་སུ་བསྙེན་རྫོགས་མཛད། །དེ་ལོ་ཀརྨ་དུས་གསུམ་མཁྱེན་པ་ཡིས། །དགུང་ལོ་གྱ་བཞི་ལོན་ཞིང་བླ་མ་ཞང་། །འཚལ་པ་དགུང་ལོ་བདུན་

ཙུ་དོན་གཉིས་པ། །རྣམ་གཉིས་དག་པའི་ཞིང་དུ་བདེ་བར་གཤེགས། །ཉེར་བཞི་བཞེས་པ་ས་ཕོ་རྟ་ལོ་ལ། །ཆག་ལོ་ཆོས་རྗེ་རྒྱལ་བ་ཡང་དགོན་པ། །རྣམ་གཉིས་དགུང་ལོ་མཐུན་པར་འཁྲུངས་པ་ཡིན། །ཉེར་དགུ་བཞེས་པ་ཆུ་མོ་ཕག་ལོ་ལ། །རྗེ་བཙུན་གྲགས་རྒྱལ་གཙུང་པོ་ས་པཎ་ཡབ། །དཔལ་ཆེན་འོད་པ་ང་བཞི་ལོན་པ་གཤེགས། །དཔོན་པོ་རྒྱལ་བ་གྲགས་པ་བརྩོན་འགྲུས་འཁྲུངས། །སུམ་ཅུ་ལོན་པ་ཤིང་བྱི་ལོ་ལ་ནི། །པཎ་ཆེན་ཤཱཀྱ་ཤྲཱིར་དགུང་ལོ་རེ་ལྔ་པ། །ཁྲོ་ལོ་སོ་གསུམ་ལོན་པས་གདན་དྲངས་ནས། །བོད་དུ་ཕེབས་ཤིང་ཀརྨ་དཔའ(པག)ཤི་འཁྲུངས། །སོ་གཅིག་བཞེས་པ་ཤིང་གླང་ལོ་ལ་ནི། །རྒྱ་ནག་རྒྱལ་ཁྲོད་རྗེས་ལ་ཕོ་རྗེ་ཡི། །ལག་ནས་རྒྱ་ནག་རྒྱལ་ས་ཧོར་གྱིས་འཕྲོག །ཧོར་རྒྱལ་སྟོ་བ་ཛིང་ཁྲིམ་(ཛིང་གྱིམ)རྒྱལ་སར་ཕེབས། །སོ་བཞི་བཞེས་པ་ས་ཕོ་འབྲུག་ལོ་ལ། འབྲི་ཁུང་ཆོས་རྗེ་རེ་དྲུག་ལོན་དུས་སུ། །སྤྱན་སྔ་གདན་ས་ཕག་གྲུའི་ཁྲི་ཐོག་ཕེབས། །ཁྲི་ཐོག་ལོ་གྲངས་ཉེར་བདུན་བཞུགས་པའི་རིང་། །ཞེ་གཉིས་བཞེས་པ་མེ་ཕོ་བྱི་བའི་ལོ། །རྗེ་བཙུན་གྲགས་རྒྱལ་བདུན་ཅུ་ལོན་པ་གཤེགས། །ཕག་གྲུའི་ཁྲིར་ཕེབས་ལོ་གྲངས་བཅུ་ལོན་ཞིང་། །ཞེ་གསུམ་བཞེས་པའི་མེ་མོ་གླང་ལོ་ལ། །འབྲི་ཁུང་ཆོས་རྗེ་དོན་ལྔ་ལོན་པ་གཤེགས། །ཞེ་བཞི་བཞེས་པ་ས་ཕོ་སྟག་ལོ་ལ། །དཔོན་པོ་བཅུ་གཉིས་སྙིང་མ་རིན་རྗེར་འཁྲུངས། །ལྔ་བཅུ་རྩ་གཅིག་ལོན་པ་ཤིང་བྱ་ལ། །པཎ་ཆེན་དངོས་སློབ་སྡོམ་བརྒྱུད་འཛིན་པ་ཡི། །མཁན་ཆེན་རྡོ་རྗེ་དཔལ་དང་བྱང་ཆུབ་དཔལ། །རྣམ་པ་གཉིས་ཀྱི་བསྟན་གཅིག་འཛིན་པའི་སྐྱེ། །སོ་སོར་ཚུགས་ནས་དེང་སང་རྗེ་སྟོན་ནི། །ཚོགས་ཆེན་པ་དང་དགེ་འདུན་སྒང་པར་གྲགས། །འདི་ཉིད་སྐྱེ་ཚུགས་ལོ་གྲངས་ཉིས་བརྒྱ་དང་། །སུམ་ཅུ་སོ་བརྒྱད་སྟེང་དུ་སླེབས་པ་ཡིན། །ལྔ་བཅུ་རྩ་གསུམ་བཞེས་པ་མེ་ཕག་ལ། །ཧོར་རྒྱལ་ཐོག་མ་ཛིང་གྱིམ་རྒྱལ་པོ་ཡིས། །རྒྱལ་སར་ལོ་ངོ་ཉི་ཤུ་རྩ་གསུམ་བཞུགས། །ཡོངས་སུ་དགུང་ལོ་རེ་དྲུག་ལོན་པ་གཤེགས། །དེ་སྲས་ཨོ་གོ་ཏ་ཡིས་ལོ་ལ་ཕེབས། །ལྔ་བཅུ་རྩ་དྲུག་བཞེས་པ་ལྕགས་སྟག་ལོ། །གྲུབ་ཆེན་ཨོ་རྒྱན་པ་ཞེས་འཁྲུངས་པ་ཡིན། །སྐར་ཡང་དྲུག་ཅུ་བཞེས་པ་ཤིང་རྟའི་ལོ། །འབྲི་ཁུང་ཁྲིར་ཕེབས་ཉེར་གཉིས

བཞུགས་པའི་རིང་། །རེ་གཅིག་བཞེས་པ་ཤིང་མོ་ལུག་ལོ་ལ། །ཕག་གྲུའི་གདན་སར་ཁྲི་ཐོག་དཔོན་པོ་གཅིག །རྒྱལ་བ་གྲགས་པ་བརྟེན་འགྲུས་དགུང་ལོ་ནི། །སོ་གསུམ་ལོན་པ་བསྐོས་ཤིང་དེ་ཡི་ལོ། །ས་པཎ་གཙུང་པོ་བསོད་ནམས་རྒྱལ་མཚན་སྲས། །ཆོས་རྒྱལ་འཕགས་པར་གྲགས་པ་འབྲུངས་པ་ཡིན། །རེ་བཞི་བཞེས་པ་ས་ཕོ་སྤྲེ་ལོ་ལ། །འཕགས་པའི་སློབ་དཔོན་ཡེ་འབྱུང་འབྲུངས། །རེ་ལྔ་བཞེས་པ་ས་མོ་ཕག་ལོ་ལ། །འཕགས་པའི་ཡབ་ཆེན་བསོད་ནམས་རྒྱལ་མཚན་དང་། །དགུང་ལོ་དྲུག་ཅུ་ལོན་པ་དེ་གཤེགས་ལོ་དང་། །གཙུང་སྲས་སློབ་དཔོན་ཕྱུག་ན་འབྲུངས་ལོ་གཅིག །རྗེ་ཡི་འབྲི་ཁུང་ཁྲིར་ཕེབས་ལོ་བདུན་ལོན། །རྒྱལ་བས་ཕག་གྲུའི་ཁྲིར་ཕེབས་ལོ་དྲུག་པ། །འཇམ་དབྱངས་གྲགས་པ་ཡེ་ཤེས་འབྲུངས་པའི་ལོ། །ལྕགས་ཕོ་བྱི་བའི་ལོ་ལ་ཧོར་རྒྱལ་པོ། །ཨོ་ལོ་ཏ་ཡི་ལུང་གིས་བོད་ཡུལ་དུ། །ཧོར་དམག་ལི་བྱི་ཏ་དང་དོར་རྟ་གཉིས། །སྤྱི་ཕྱི་མངགས་ནས་མི་རྩེ་དུང་གྲངས་རྩིས། །ཧོར་ཁྲིམས་འཛུགས་བཙུགས་གདན་ས་ཕག་གྲུ་དང་། །འབྲི་ཁུང་ཐེལ་གྱི་ཞབས་ཏོག་སྒྲུབ་པར་ཕུལ། །བོད་ཡུལ་དབུས་གཙང་མངའ་རིས་སྐོར་གསུམ་ལ། །རྒྱལ་ཁྲིམས་ཆོས་ཁྲིམས་འཛུགས་པ་རྗེ་ཡི་དྲིན། །དེ་གོང་དབུས་གཙང་མགོ་ལུང་འབྲི་ཁུང་པས། །བྱས་ནས་སྒོམ་པ་ཤཱཀྱ་རིན་སྤྱི་དཔོན་བྱེད། །གཙང་པའི་དཔོན་ལ་རྡོ་རྗེ་དཔལ་བ་པ། །གཡོར་པོ་ཡར་འབྲོག་སྟོ་པ་གཞོན་ནུ་འབུམ། །མངའ་རིས་སྐོར་གསུམ་རྣམ་པ་དཔལ་ཤེ་རྣམས། །སོ་སོར་ཁྲིམས་གཙོད་ལ་ནི་རྗེ་ཡི་བསྐོར། །དེ་ལོ་རྗེ་ཡིས་ཕག་གྲུའི་ཁྲི་དཔོན་ལ། །ལྷན་པ་སྒོམ་བརྟེན་བསྐོས་ནས་ལོ་གྲངས་ནི། །ཉིས་བརྒྱ་དང་ནི་བཅུ་དྲུག་ལོན་པ་ཡིན། །རེ་བརྒྱད་བཞེས་པ་ལྕགས་མོ་གླང་ལོ་ལ། །ཨོ་ལོ་ཏ་ནི་རྒྱལ་སར་བཅུ་གསུམ་ལོན་པ་གཤེགས། །དེ་ལོ་གོ་ཡུག་རྒྱལ་སར་ཕེབས་པ་ཡིན། །གོ་ཡུག་རྒྱལ་པོས་བོད་ཡུལ་དབུས་གཙང་རྣམས། །གཙུང་པོ་གོ་དན་བླ་མཆོད་ལ་ཕྱེ་ནས། །གོ་ཡུག་རིང་ལ་གོ་ལ་ཧོར་མ་འགྲིམས། །རེ་དགུ་བཞེས་པ་ཆུ་མོ་ཡོས་ལོ་ལ། །རྒྱལ་བ་ཡངས་དགོན་པར་གྲགས་གྲུབ་ཐོབ་དེ། །དགུང་ལོ་བཞི་བཅུ་རྩ་དྲུག་ལོན་པ་གཤེགས། །བདུན་ཅུ་བཞེས་པ་ཤིང་ཕོ་འབྲུག་ལོ་ལ། །ཆོས་རྗེ་ས་པཎ་ཁུ་དཔོན་རྣམ་པ་གསུམ། །ཧོར་

ཡུལ་བྱང་ངོས་རྒྱལ་བུ་གོ་དན་གྱིས། །གདན་འདྲེན་བྱུང་པས་འབྲི་ཁུང་ཐེལ་ནས་ནི། །སྤྱན་སྔ་རྗེ་ཡིས་སློམ་པ་ཤཱཀྱ་རིན་བཙངས། །དོན་གཉིས་བཞེས་པ་མེ་ཕོ་རྟ་ལོ་ལ། །གོ་ཡུག་རྒྱལ་སར་ལོ་དྲུག་ལོན་པ་གཤེགས། །དོན་གསུམ་བཞེས་པ་མེ་མོ་ལུག་ལོ་ལ། །མོ་འཁོར་(མོང་གོལ)རྒྱལ་པོ་རྒྱལ་སར་ཐེབས་པ་ཡིན། །ཁྲི་ལོ་ས་ཕོ་སྤྲེའུའི་ལོ་ལ་ནི། །སེ་ཏུ་ཨ་སྐྱིད་ཨ་གོན་ས་ཆར་མངགས། །བོད་ཀྱི་མི་བརྩེ་དུད་གྲངས་སྟོང་ཁྲི་བསྒྲིགས། །གདན་ཁྲི་གཉིས་ཀྱིས་ཞབས་ཏོག་སྒྲུབ་པ་ལ། །རྗེ་དང་རྒྱལ་བ་ཁུ་དཔོན་པ་ཡི་དྲུང་། །མོང་འཁོར་(མོང་གོལ)འཇའ་(མཇལ)པས་དཔྱད་ནས་ཕུལ་བ་ཡིན། །དོན་གྲུབ་བཞེས་པ་ལྕགས་ཕོ་ཁྲི་ཡི་ལོ། །མོང་འཁོར་དྲུག་དང་བོད་ཀྱི་བན་དེ་དང་། །ལོ་ཙཱ་སྡེ་པ་ཚན་པོ་སོ་སོ་རྣམས། །འཐེལ་པོ་ཆེ་ཆུང་སོ་སོས་ཞུས་ངོས་ནས། །རྒྱལ་པོ་སྐུ་མཆེད་རྣམས་ཀྱི་བླ་མཆོད་ལ། །རྒྱལ་བུ་གོ་རིན་ལ་བླངས་བོད་རྣམས་ལ། །བགོས་བཤས་བྱས་པའི་གཏོགས་ལུགས་འདི་ལྟར་ཡིན། །འབྲི་ཁུང་པ་ནི་མོ་འཁོར་རྒྱལ་པོར་གཏོགས། །ས་སྐྱ་པ་ནི་གོ་དན་རང་ལ་གཏོགས། །འཚལ་པ་སེ་ཆེན་གོ་ས་ལ་ལ་གཏོགས། །ཕག་མོ་གྲུ་པ་གཡའ་བཟང་ཐང་པོ་ཆེ། །སྟོད་ཧོར་རྒྱལ་པོ་ཧུ་ལ་ཧུ་ལ་གཏོགས། །རབ་བརྩུན་གྲུ་གུ་སྣང་དང་ཁ་རག་གསུམ། །རྒྱལ་བུ་སྗོ་སྟོག་ཅེས་པ་དེ་ལ་གཏོགས། །ལྷ་ས་འབྲུག་པ་ལ་སྟོད་ཐང་ཚུང་གསུམ། །རྒྱལ་བུ་མོ་ སྒ་ལ་ལ་གཏོགས་པ་བྱས། །རྒྱ་མ་མི་རིགས་མ་གཏོགས་བྱ་ཡུལ་བ། །སེ་ག་གན་ལ་གཏོགས་ཤིང་གི་ཀམ་པ། །ཁྲ་པ་ངབ་པ་གལ་དུ་ལ་ལ་གཏོགས། །མོང་འཁོར་དྲུང་ཞུས་ཡུལ་བསྐྱངས་སོ་སོར་བཞག །ལྔང་བརྒྱུད་ཕག་མོ་གྲུའི་ཞིང་ས་ཡ་གསུམ་ནི། །རྒྱལ་བུ་ཧུ་ལས་མོང་འཁོར་དྲུང་དུ་ཞུས། །འཇའ་སོགས་ཁྱད་ནས་གན་འབྱམས་མེ་ཏོག་དང་། །དུང་དང་རྟ་མོག་གང་ཡང་མི་འབྲི་བར། །གདན་ས་ཕག་གྲུའི་མི་རྟ་ཚུ་གཡོག་ལ། །སྤྱན་སྔ་རྒྱལ་བ་རིན་པོ་ཆེ་ལ་ཕུལ། །དོན་བདུན་བཞེས་པ་ལྕགས་མོ་ཕག་ལོ་ལ། །ཆོས་རྗེ་ས་པཎ་དགུང་ལོ་བདུན་ཅུ་པ། །ཧོར་ཡུལ་བྱང་ངོས་སྤྲུལ་པའི་ལྷ་ཁང་དུ། །ཡ་མཚན་ལྟས་དང་བཅས་ཏེ་བདེ་བར་གཤེགས། །དོན་དགུ་བཞེས་པ་ཆུ་མོ་སྦྲང་ལོ་ལ། །སེ་ཆེན་རྒྱལ་པོ་དགུང་ལོ་སོ་དགུ་ལོན། །བླ་མ་འཕགས་པ་

དགུང་ལོ་བཅུ་དགུ་པ། །འདུ་ཤན་ཞེས་པར་མཇལ་འཕྲང་ཐོག་མ་མཛད། །སེ་ཆེན་རྒྱལ་པོ་མཉེས་ནས་གོ་དན་ཨ་ག་ལ། །ཧོར་གྱི་ཧ་པ་བརྒྱ་དང་རྗེས་ནས་བླངས། །སེ་ཆེན་རྒྱལ་པོའི་བླ་མཆོད་བཅོལ་བར་འདུག །བརྒྱད་ཅུ་བཞེས་པ་ཤིང་ཕོ་སྟག་ལོ་ལ། །ལྷན་མ་བསྒོམ་བརྩོན་བསྐྱོས་ནས་ལོ་བཅོ་ལྔ། །ལོན་ཞིང་མ་ཕྱེར་བར་ནི་ལས་ཁ་བླངས། །གྱ་གཅིག་བཞེས་པ་ཤིང་མོ་ཡོས་ལོ་ལ། །ཇོ་སྟན་དགེ་འདུན་སྒང་པར་གྲགས་པ་ཡི། །མཁན་པོ་ཐོག་མ་བྱུང་ཚུབ་དཔལ་བཟང་པོ། །ཧོར་ཡུལ་འཕགས་པའི་བསྙེན་རྫོགས་མཁན་པོ་ལ། །འཆས་ནས་འཕགས་པས་བསྙེན་རྫོགས་ལོན་ཚར་བྱུང་། །མ་དགོས་དོན་གྱི་ཕྱིར་ལོག་དབེན་པ་བསྟེན། །བཞུགས་ཚེ་རྗེ་ཡི་བཀའ་གནང་ཟུར་ཆོས་ཀྱི། །སྡེ་ཚུགས་བཟུང་ནས་ཆོས་དུད་གཏོང་བཅུག་པས། །ཆོས་ལུང་པ་ཞེས་ཚོགས་པའི་སྡེ་འདི་ཚུགས། །ས་འབྲི་གཉིས་དང་ཚོང་པ་ཆོས་ལུང་པ། །ཉོ་བའི་རྒྱུ་མཚན་རྩ་བ་དེ་ཡིན་ནོ། །དེ་ལོ་ཤིང་ཡོས་ཟླ་བ་བཅུ་གཅིག་པའི། །ཚེས་བརྒྱད་ལ་ནི་ང་མཚར་ལྟས་དང་བཅས། །དག་པའི་ཞིང་དུ་ཐེགས་ནས་ལོ་གྲངས་ནི། །ཚིག་བརྒྱད་དང་ནི་བདུན་ཅུ་རྩ་བདུན་ལོན། །ད་ལྟ་ཆོས་བརྒྱད་པ་ཞེས་གྲགས་པའོ། །དགེའོ། །པོ་ཏི་འདི་གར་བཞུགས་སུ་བཀྲ་ཤིས་པར་གྲགས་སོ།། ༎

ལྷ་རིགས་རླངས་ཀྱི་རྣམ་ཐར་ཆིག་བརྒྱུད།

༄༅། །ན་མ་གུ་རུ་བྷྱ། སྲིད་གསུམ་འགྲོ་བ་དུ་མའི་དཔལ་མགོན་མཆོག ས་གསུམ་འདི་ན་འགྲན་ཟླས་དབེན་གྱུར་པ། །དུས་གསུམ་ཉིད་དུ་ཕན་བདེའི་འབྲས་སྟོལ་བའི། །དྲི་མེད་ནོར་བུའི་ཕྲེང་བས་བདེ་ལེགས་སྩོལ། །དེ་ལྟར་ལྷ་རིགས་རླངས་ཀྱི་མི་བརྒྱུད་འདི། །སྐྱེ་བརྒྱུད་བཤད་ན་འཕང་ས་མཐོ། །དཀུན་སྟོན་མཐོན་པོ་དང་འདྲ། །ཕྲིན་ལས་བཤད་ན་མདངས་གསལ་ཉི་ཟླའི་འོད་ཟེར་དང་འདྲ། །མཛད་ཚུལ་བཤད་ན་འཕོ་འགྱུར་མེད་རི་རྒྱལ་ལྷུན་པོ་དང་འདྲ། །གྲོལ་ཐུགས་བཤད་ན་གཏིང་ཟབ་རྒྱ་མཚོ་ཆེན་པོ་དང་འདྲ་བ་ཞིག་ཡིན་པར་གདའ་ཞིང་། ཡུལ་ཁམས་སོ་སོའི་འཛིན་ལུགས། བྱས་པའི་ལག་རིས། ཆེ་དགེ་ཡིག་ཚངས་ལ་སོགས་ཞིབ་རྒྱས་སྨོས་པ་ལྟར་ལགས་ཤིང་། དེའི་ནང་ནས་ཀྱང་ལྷ་རིགས་རླངས་ཀྱི་ཕྱུག་ཐུགས་དབྲ་ལ་ཐུག་པས། དང་པོ་སེ་ཁྱུང་དབྲས་བཙན་ཟ་གེལ་ལྷན་མ་ཁབ་ཏུ་བཞེས་པའི་སྲས། དབྲ་ཁྲ་བོ། དེའི་སྲས་ཁྱུང་རུ་དཀར་པོ། དེའི་སྲས་འབུམ་རྗེ་ཤེལ་མིག དེའི་སྲས་ཨ་ར་རྗེ་གཙུག་གསུམ། དེའི་སྲས་མང་ལྷོམ་སྟག་བཙན། དེའི་སྲས་ལྷ་རིགས་འཕན་པོ་ཆེ་རླངས། དེའི་སྲས་ཧྲ་དོ། དེའི་སྲས་སྟོང་དོ། དེའི་སྲས་རླངས་སྲས་རྒོད་ལྡིང་། དེའི་སྲས་སྟོང་དགེ། དེའི་སྲས་སྟོང་ཁྲི། དེའི་སྲས་ཕག་ཚང་། དེའི་སྲས་ལྷང་ར། དེའི་སྲས་གཙུག་གཉན་ཡོང་རྫོང་། དེའི་སྲས་བཙན་པོ་ཟླ་ཤོ། དེའི་སྲས་སྣང་གཉན་ཡོང་སློབ། དེའི་སྲས་མང་པོ་ཆེ་སྒྲོ་ཁ། དེའི་སྲས་སྟག་པོ་ཆེ་དར་དཔལ་ལེ། དེའི་སྲས་མཚོ་བཟང་ལྷ་གཟིགས། དེའི་སྲས་འཇིག་རྟེན་གྱི་ལྷ་འདྲེ་ཐམས་ཅད་དམ་ལ་བཏགས་པ། སློབ་དཔོན་ཆེན་པོ་པདྨ་འབྱུང་གནས་དངོས་སུ་གྱུར་པའི་རླངས་ཀྱི་གྲུབ་ཐོབ་ཆེན་པོ་བྱང་ཆུབ་འདྲེ

བཀོལ། དེས་བཙུན་མོ་དཀར་ལྡན་མ་ཁབ་ཏུ་བཞེས་པའི་སྲས། གཉན་ཁྲོག་ཨ་ཀྲོང་། དེའི་སྲས་ཉ་མགོ་ཁྲི། དེའི་སྲས་ཧྣང་ས་སྟོན་བྱ་ཞུ་ནག་པོ། དེའི་སྲས་ཨ་སང་། དེའི་སྲས་ཨ་གསེར། དེའི་སྲས་ཡོན་ཆེན་རྒྱལ་བ་སྐྱབས། དེའི་སྲས་ཡོན་བདག་མགོན་པོ་རྒྱལ། དེའི་སྲས་དཔོན་ཁྲོ་བོ་འཕན། དེའི་སྲས་རིན་ཆེན་སྐྱབས། དེའི་སྲས་བསོད་ནམས་བཟང་པོ། དེའི་སྲས་དཔོན་རིན་ཆེན་རྡོ་རྗེ། དྲུང་ཆེན་ཤཱཀྱ་རིན་ཆེན། དེ་གཉིས་ཀྱི་སྲས་རྣམས་སྨོས་མི་དགོས་པར་ལགས་སོ། དེ་དག་ནི་གཅིག་ནས་གཅིག་ཏུ་རྒྱུད་པའི་རིམ་པ་མ་ནོར་བར་བཀོད་པས། ཡིད་ཆེས་ཤིང་ཁུངས་བཙུན་པའི་ཕྱིར་སྤྲུར་བའོ། །

༈ གངས་རིའི་ཁྲོད་འདིར་བློ་གྲོས་ལྡན་པའི་མཆོག །ཆོས་དང་ཟང་ཟིང་འབྱོར་པས་སྐྱེ་དགུ་བསྐྱངས། །རིམ་གཉིས་རྡོ་རྗེ་ཐེག་པའི་ངང་ཚུལ་ཅན། །གཟུགས་ཅན་གཟུགས་མེད་དུ་མའི་གཙུག་གི་རྒྱན། །ལྷ་ཡི་དབང་པོའི་དཔལ་དང་ཚུལ་མཚུངས་ཤིང་། །ལྷ་མཆོག་རྣམས་ཀྱིས་སྲས་ཀྱི་ཐུ་བོ་པ། །ལྷ་ལས་བབས་དང་རིམ་པར་བྱོན་པ་ཡིས། །ལྷ་ལས་བབས་དང་རིམ་པར་བྱོན་པ་ཡི། །ལྷ་རིགས་ཧྣངས་ཀྱི་གདུང་རབས་ཞིབ་པར་བསྡུས། །མ་ནོར་གསལ་བ་བཀོད་པའི་དགེ་བ་དེས། །མི་མཆོག་རྣམས་ཀྱི་མངའ་རིས་ཟླ་ལྟར་འཕེལ། །སུ་མེད་འགྲོ་ལ་ཕན་པའི་ཆར་རྒྱུན་འབེབས། །མེ་ཏོག་མདའ་ཅན་དཔུང་ལས་རྒྱལ་གྱུར་ཅིག །ཚོགས་གཉིས་རྒྱ་མཚོའི་དཔལ་ལས་ལེགས་འཁྲུངས་ཤིང་། །བློ་གྲོས་པད་མོའི་དྲི་གསུང་ཕྱོགས་བཅུར་རྒྱས། །གདུལ་བྱ་བློ་ཡི་བུང་བ་ཚིམ་བྱེད་པའི། །ཡོན་ཏན་བདུད་རྩིའི་ཚོགས་ལ་རོལ་བར་ཤོག །རྒྱལ་བའི་བསྟན་དང་དེ་འཛིན་གུས་བསྟེན་ནས། །དཔག་བསམ་ཤིང་ལྟར་དགོས་འདོད་ཀུན་འབྱུང་ཞིང་། །མི་མཐུན་གནོད་པའི་རྐྱེན་ཚོགས་དང་བྲལ་ནས། །ཕན་བདེའི་དཔལ་ལ་ཀུན་ཀྱང་སྤྱོད་པར་ཤོག །ཅེས་པ་འདི་ཉིད་ལྷ་རིགས་ཧྣངས་ཀྱི་རྣམ་ཐར་ཆིག་རྒྱུད་མ་ནོར་བར་གྲགས་པ་རྒྱལ་མཚན་དཔལ་བཟང་པོས། སྣེ་གདོང་རྩེའི་གཙུག་ལག་ཁང་དུ་བཀོད་པ་དགེ་ལེགས་སུ་གྱུར་ཅིག

བྱར་བཀོད།

མ་ཡིག་གསུམ་པ།

༄༅། །ལྷ་རིགས་རླངས་ཀྱི་རྣམ་ཐར་བཞུགས།

ན་མོ་གུ་རུ། བླ་མ་དང་དཀོན་མཆོག་གསུམ་ལ་གུས་པའི་ཕྱག་འཚལ་ལོ། །ལྷ་རིགས་རླངས་ཀྱི་གདུང་རབས་དང་། སྲིད་ཐབས་ཁྱད་པར་དུ་འཕགས་པའི་ཐང་ཡིག་སྒྲོན་མ། བསྟན་པ་འགྲོགས་པའི་སླང་པོ་གསུམ། དཔལ་བསམ་ཡས་ཀྱི་རབ་གནས་བྱས་པའི་ཚོས་གྲལ་ནས། གཙུག་ལག་ཁང་གི་བྱ་བ་ཚར་ཏེ། ལྷ་མི་ཡོངས་ཀྱི་ཐུགས་དགོངས་ནི་གྲུབ། བདེ་སྐྱིད་ཕུན་སུམ་ཚོགས་པའི་ངང་དུ། ཚོགས་གྲལ་ནས་བཀའ་གྲོས་མཛད་པའི་ཐང་ཡིག་སྒྲོན་མེའི་སྙིང་པོ། རླངས་ཀྱི་པོ་ཏི་གསེ་（བསེ）རུ་འདི། མངོན་པའི་ངང་དུ་མཉམ་པར་བཞག་ནས་གསུངས་པ། ལྷ་རིགས་རླངས་ཀྱི་མི་རྒྱུད་ཀྱི་ཆེ་བཙུན་རྣམས་ཀྱི་ཐུགས་ལ་འཛིན་ཞིང་། ཐུགས་དམ་དང་། བསྟན་བཙོས་མང་དུ་བསྒྱུར་བ་ལ། ཁྱད་པར་དུ། ཕྱི་སྣོད་ཀྱི་འཇིག་རྟེན་གྱི་ཆགས་ལུགས། ནང་བཅུད་ཀྱི་སེམས་ཅན་གྱི་གྲོལ་ལུགས་ཐང་ཡིག་སྒྲོན་མ་བྱ་བ་བསྟན་ཏོ། །ཡང་རྗེའི་ཞལ་ནས། འཚོགས་པའི་ལྷ་མི་རྣམས་བདག་ལ་སྟན་གསན་དང་། བདག་གིས་ཡིན་ལུགས་ཀྱི་ཞུ་བ་འབུལ་བ་ལ། སྤྱིར་རྒྱལ་པོ་གདན་ལ་བཞུགས་པས་ཡུལ་གྱི་སྲིད་འཚོ། བློན་པོ་གྲལ་དུ་བསྒྲིགས་པས་ཕྱི་སྲིད་ཀྱི་ཁྲིམས་སྡོམ། ཆོས་པ་དགོན་དུ་བཞུགས་པས་སྒྲུབ་པའི་གནད་འཚོལ། སྔགས་པ་ཕུགས་སུ་ཉལ་བས་དགྲ་སྣང་གི་སྲོག་གཅོད། དཔའ་བོ་གཡུལ་དུ་འཐབ་པས་ཕ་མེས་ཀྱི་རྒྱུད་འཛིན། མོ་བཙུན་གཞི་ལ་འདུག་པས་བུ་ཕྲུའི་ལས་བྱེད། བྱ་གསར་འགྲོན་（མགྲོན）ལ་འགྲོ་བས་ནམ་ལྷའི་ཚོད་འཛིན། མཆི་（འཕྱི）གྲུམ་ཁུང་དུ་ཉལ་དུས་བཟང་ངན་གྱི་ཕྱོགས་བརྟེ། འཛངས་（མཛངས）པ་བློ་རྒྱ་ཅན་གྱིས་མི་ཚོས་ཀྱི་ཚོ་འབྲང་ཡིན་པས་ཐུགས་ལ་མངའ་ཞིང་། གཞིག་པ་མཛད་ནས་དུས་ལ་བགྲངས

པ་ཡིན་ནོ། །ཕྱི་སྣོད་ཀྱི་འཇིག་རྟེན་ཆགས་ལུགས་ནི། དབུས་ཀྱི་རི་བོ་མཆོག་རབ། གསེར་གྱི་རི་བདུན། རོལ་པའི་མཚོ་བདུན། ཐ་མ་ལྕགས་རི་མུ་ཁྱུད་ཀྱིས་བསྐོར་བ། གླིང་གཞི་ཉི་ཟླ་དང་བཅས་པ་དེ་སེམས་ཅན་སྤྱི་འཐུན་(མཐུན)གྱི་ལས་ལ་འབྱུང་བ་རྣམས་ལས་གྲུབ་པ་ཡིན། ནང་བཅུད་ཀྱི་སེམས་ཅན་འོད་གསལ་ལྷ་ལས་གྲོལ་ཐབས་ཡོད་དེ། མཐོན་པོར་དགུང་ནི་འོད་བཞིན་ཕུབ། འོད་ནི་ཕ་ལ་འོད་ནི་མ། ཉི་ཟླ་གཟའ་སྐར་ཟེར་དུ་འོང་། ཟེར་ནི་ཡར་ལ་ཐོག་ཐུབ་སྟེ། འོག་གི་ཀླུ་དང་འཛེ་(མཛེ)དྲག་ཐུབ། སྟེ་དང་ཤགས་རྒྱབ་ཤགས་ཀྱིས་རྒྱལ། འབྱུང་བ་རྣམ་ལྔའི་དགྲ་དང་ཕྱོགས་ཐུབ་པས། ངེད་རང་ཆེ་བཙུན་ལྷ་རིགས་ལྡངས་ཀྱི་མི་རྒྱུད་མིན་པ། ཕྱི་རྒྱ་ཀུན་ལ་འཕྲུར་དུ་མ་བཅོལ་གསུངས་པའི། ལ་ཉེ་(ཨ་མྱེས)བྱང་ཆུབ་འདྲེ་བཀོལ་གྱིས་བཀའ་དང་གདམས་པ་མཛད་པའོ། །

ཱཿ ལྡངས་ཀྱི་གྲུབ་ཐོབ་མང་དུ་བྱོན་པ་ལས། དཔལ་གྱི་སེང་གེ་སྤྲ་ཕྱི་གཉིས་བྱོན་པ་ལ། བླ་མར་སྣང་། སུ་ག་ཏ་གོ་ཆ་གཉིས་བྱོན་པ་བླ་མར་སྣང་། བྱང་ཆུབ་ཀྱི་མཚན་ཅན་བཅུ་གསུམ་བྱོན་ནས་སྣང་བ། བླ་མ་དང་། སྔགས་པ་འདྲེས་མར་བྱོན། བྱང་ཆུབ་འདྲེ་བཀོལ་ལ་རྩེ་པར་བརྩད་མོའི་ལྷ་ཁང་ཕྱིར་བཅད། མདོ་ཁམས་ཀྱི་ལྷ་ཁང་བཅོ་བརྒྱད། དབུས་གཙང་ན་མ་ཕམ་གཡུའི་མཚལ་གྱིས་འགོ་བྱས། སྒྲུབ་གནས་ལྷ་ཁང་ལ་གྲངས་མེད་པ་ཡོད་པས། བཞག་པ་ཆེ་བ་དང་། ལྷ་འདྲེ་མངའ་འོག་ཏུ་འདུ་བ་ཡོད་པ་སོགས་བྱས་པ་ཆེ་བའི་ཡིག་ཚང་རྣམས་རྟེང་དུ་གསལ་ལོ། །

༄། ཨོཾ་སྭ་སྟི། བཀྲ་ཤིས་དང་བདེ་ལེགས་ཡོན་ཏན་ཐམས་ཅད་འབྱུང་གནས་སུ་གྱུར་ཏེ། ཕུན་སུམ་ཚོགས་པར་གྱུར་ཅིག སློབ་དཔལ་བསམ་ཡས་ལྷུན་གྱིས་གྲུབ་པ་བཞེངས་པའི་དུས་སུ། དེའི་རབ་ཏུ་གནས་པ་བྱས་པའི་ཚོགས་གྲལ་ན། གྲུབ་པ་ཐོབ་པའི་སྐྱེས་བུ་བོ་ཧི་སཏྭ་དང་། སྔགས་འཆང་བའི་རྒྱལ་པོ་པདྨ་འབྱུང་གནས་དང་། རྒྱལ་བློན་བྱང་ཆུབ་སེམས་དཔའ་ཀུན་འཚོགས་པ་ལ། རྗེ་མངའ་བདག་རྒྱལ་པོའི་ཞལ་ནས། གཙུག་ལག་ཁང་གི་བྱ་བ་ནི་ཚར། ལྷ་མི་ཡོངས་ཀྱི་ཐུགས་དགོངས་ནི་འགྲུབ། དུས་ད་ལྟ་ལས་སྐྱིད་པ་མེད་

པས། ཆོས་སེམས་བསྟན་བཅོས་གང་ལེགས་པ་ཞིག་གསུང་བར་ཞུ་ཞུས་པས། དེའི་དུས་སུ་
བཀའ་རྒྱ་མཛད་རྒྱུ་ལ་སོགས་མ་རབས་ཐོས་པ་ཆུང་བ་ཀུན་ལ་དགོས་པ་མེད་པས་སྤེལ་བར་མི་
བྱའོ། །ལྷ་རིགས་རླངས་སུ་སྐྱེ་བ་ལ། སྐྱེ་བ་འདི་ཡི་སྟོན་རོལ་ནས། མི་ལོ་བཅུ་གསུམ་ལྷ་
སྒྲུབ་དགོས། འདི་བཤད་ནས་གྲུབ་མཐའ་འཛིན་པ་རྣམས་ཀྱིས། བླ་མ་དང་དཀོན་མཆོག་
གསུམ་ལ་མཆོད་པ་འབུལ། ཡི་དམ་གྱི་ལྷ་བསྒོམ། ཉིང་འཛིན་གྱི་ངང་ལ་མཉམ་པར་འཇོག
སྔགས་དང་ཕྱག་རྒྱ་གང་བསྒྲུབ་བྱ། ཆོས་སྐྱོང་དང་དམ་ཅན་ལ་གཏོར་མ་བཏང་བས།
དངོས་གྲུབ་བརྒྱུད་ཆད་མེད་པར་ཡོང་། ལྷ་རིགས་རླངས་ཀྱི་སྐྱེ་བོ་ཐམ་ཡིན་ནའང་། གང་
ཤེས་ཀྱི་སྐྱབས་འགྲོ་སེམས་བསྐྱེད་དང་། བླ་མ་ལ་མོས་གུས་བྱ། གཞི་བདག་དང་ཡུལ་ལྷ་
ཡར་བཅད་ལ་བསངས་མཆོད་བྱས་ནས། སྨོན་ལམ་གདབ། ཡབ་རབས་གྲུབ་ཐོབ་བྱོན་
རབས། རྒྱལ་ཁམས་བཏུལ་བ། བྲན་དུ་བཀོལ་བའི་བསྟན་བཅོས་ཆེན་པོ་འདི་བཀླགས
པས། མི་དང་མི་མ་ཡིན་པ་རྣམ་ཀྱིས་གདུག་རྩུབ་མི་ཡོང་ཞིང་། སྔར་གྱི་གྲུབ་ཐོབ་རྣམས་ཀྱི་
དམ་ཅན་དང་། ཡུལ་གྱི་གཞི་བདག་རྣམས་ཀྱིས་མཐུ་དཔུང་བྱེད་པར་འགྱུར་རོ། །པོ་ཏི་
གསེར་(བསེ)རུ་འདི་རླངས་ཀྱི་སྟེ་དཔོན། བླ་མ་ཆེན་པོ་རྣམས་ཀྱི་བཟུང་ནས་ཁྱད་ཆོས་
མཛད་ན། རིན་པོ་ཆེའི་རིགས་ཡིན་པས་ཕུན་སུམ་ཚོགས་པར་ཡོང་། དམག་དཔོན་ཡིན་ན་
གཡུལ་ལེགས། ཚོང་དཔོན་ཚོང་ལེགས། ཡུལ་དཔོན་བཀྲ་ཤིས། མོས་གུས་བྱས་ནས་སྨོན་
ལམ་བཏབ་ན་གང་ཡང་འགྲུབ་པོ། །སྙིང་གི་གཟའ་དང་ཟེར་ནི་མ། །འབྱུང་བ་རླུང་ནི་
དམིགས་སུ་སྲིད། དམིགས་ནི་ཕ་ལ་དམིགས་ནི་མ། །དེ་ན་བ་མོ་དཀར་ཙམ་སྲིད། །བ་མོ་
ཞུ་བ་ཟིལ་པར་སོང་། །ཟིལ་པ་འཁྱིལ་བ་ཆུ་བོར་སོང་། །ཆུ་བོ་ཁ་འོད་སྤྲིན་དུ་ཆགས། །ཆུ་
བོའི་ཐོག་ཏུ་རྡུལ་དུ་ཆགས། །དེ་ལ་ས་ཆེན་ཁད་དེ་ཆགས། །ཆུ་བོའི་སྦུ་བ་འཁྱིལ་བ་དང་།
ས་ཆེན་སྙིང་པོ་འདྲེས་པ་ལ། ལྷ་ཡི་ཐུགས་རྗེ་བྱིན་བརླབས་ཀྱིས། །སེམས་ཅན་ལ་འགྲོ་བ་
རིགས་དྲུག །སྐྱེ་བ་རྣམ་པ་བཞི། ལམ་རྒྱུད་ལྔ་ལ་སེམས་ཅན་གྱི་རྒྱལ་པོ་མིའི་སྲིད་ཐབས་ཏེ།
རྗེའི་གདུང་རབས། འབངས་ཀྱི་མི་རབས་གཉིས་ཡོད། རྗེའི་གདུང་རབས་ནི། རྒྱལ་པོ་

ཤེས་ཅན་ཤེས་ལས་སྐྱེས་ཏེ། ཤེས་དང་གནས་ལས་གྲོལ་བའི་རྒྱལ་རབས་ལ། རྒྱང་དང་ཁྱུག་པ་རྒྱུད་གསུམ་ལས་ཤེས་པར་བྱའོ། །འབངས་ཀྱི་མི་རབས། འབྱུང་བ་རྣམ་པ་ལྔའི་སྙིང་པོ་ལས། སྟོང་ཆེན་པོ་ཞིག་ཡོད་པ། ཕྱིའི་སྟོང་ཤུན་ལ། ལྷ་རག་དཀར་པོ་ཆགས། ནང་གི་སྟོང་ཆུ་ལ། དུང་མཚོ་དཀར་མོ་འཁྱིལ། བར་གྱི་སྟོང་ངའི་དར་ཆ་ལ། རིགས་དྲུག་སེམས་ཅན་ཀུན་ཏུ་གྲོལ། སྟོང་ཕྲུམ་གྱི་བཅོ་བརྒྱད་ཆགས། སྟོང་བཅོ་བརྒྱད་འབྲིང་བ་དེ། དུང་སྟོང་གཅིག་ཏུ་ཡར་ནས་བྱུང་། དེ་ནི་སྨོན་པའི་མི་པོ་ལུམ་ལུམ་ཡིན། དེ་ནི་རྣམ་ལྔའི་རིག་པ་མེད་པ། བསམ་པའི་སེམས་ཡོད་པས། ལྟ་བའི་མིག་དགོས་བསམ་པ་ལ། ཡེ་ཤེས་ཀྱི་སྤྱན་དོད། དྲི་བཟང་རིག་པའི་ཤངས་དོད། སྒྲ་སྙན་ཚོར་བའི་སྙན་དོད། དུག་ལྔ་གཅོད་པའི་ཚེམ་དོད། ས་གཞི་འཁོད་པའི་ཕྱག་དོད། རྫུ་འཕྲུལ་བཞུད་པའི་ཞབས་དོད་པས། གང་བསམ་བསམ་ལམ་ལམ་དོད་བྱུང་བས། ཁོང་རང་གི་མིང་བཏགས་པ་སྨོན་མ་བསམ་པ་བླུམ་བླུམ་ལམ་ལམ་དུ་བཏགས་སོ། །དེར་ཡེ་ནས་སྨོན་པས་ཡེ་སྨོན་རྒྱལ་པོར་བཏགས་སོ། འབུམ་ཚོའི་མེས་པོ་ཡིན་པས་སྟོན་པ་འབུམ་མེ། ཡེ་ནས་སངས་ནས་འབུམ་ཚོའི་གཙོ་ལ་བཞུགས་པས། སངས་པོའི་འབུམ་ཁྲི་ཞེས་སུ་བཏགས་སོ། །དེས་ཡུམ་ཆུ་ལྕགས་རྒྱལ་མོ་ཁབ་ཏུ་བཞེས་པའི་སྲས་ནི། ལྷ་སྲས་སྤྱི་གཙུག་རྒྱལ་བ་ཞེས་ཀྱང་བྱ། སྲིད་བུ་འདོད་ཙམ་ཞེས་ཀྱང་བྱ། འཕྲུལ་སྲས་དབང་ལྡན་ཞེས་ཀྱང་བྱ། དེས་དུང་བཟའ་དངུལ་མོ་ཁབ་ཏུ་བཞེས་པའི་སྲས་ལ་བགོ་སྲས་སྐྱེས་ཤིག དེའི་སྲས་སྨྲ་མི་རབས་མཆེད་གསུམ་ལགས། དེ་རྣམས་ནི་མི་ལ་ལྷ་མིང་བཏགས་པ་ནི། སྲིད་པ་མི་རབས་མཆེད་དགུ་ནི་མུ་ཏིག་བསྟར་ལ་བརྒྱུས་པ་ལྟ་བུ་ཞིག་ཡིན་པར་འདུག་སྟེ། འདི་རྣམས་ནི་ལྷའི་ཐུགས་ལས་གྲོལ་བའི་སྲས་ཡིན། མཆེད་གསུམ་གྱི་ཆུང་བ་ཕྱར་རྗེ་སྟག་ཚ་འལ་འོལ་ཡིན། ལྷ་རབས་སྲིད་པའི་ཐ་ཆུང་དེ། མི་རབས་སྲིད་པའི་མགོ་པོ་ཡིན། དེ་འཚམས་ཟ་(བཟའ)ཁྲིད་ཁྱུད་མ་ཁབ་ཏུ་བཞེས་པའི་སྲས་ནི། སྲིད་པ་ལྷ་རབས་མཆེད་བཞི་ཞེས་ཀྱང་བྱ། མགོ་གསུམ་ཚ་ཞེས་ཀྱང་བྱ། དེ་ནས་མི་རྒྱུད་དུ་གྲོལ་བ་ནི། སྲས་འོ་དེ་གུང་རྒྱལ། སྐྱས་མཁན་པའི་ཡབ་ལྷག་བརྗ་དྲུག ཁྲི་དེ་གསུམ་པོ།

ཚ་གྲང་ཞིང་དཀར་པོ་བཞི་ཡིན། ཡབ་ལྷ་བཙ་དྲུག་གིས་ལྷ་སྲས་མོ་ཁབ་ཏུ་བཞེས་པའི་སྲས། ལྷ་ཚ་མཆེད་སྲས་དགུ་ཡོད། སྨན་མོ་ཁབ་ཏུ་བཞེས་པ་ལ། སྨན་ཚ་མཆེད་དགུ་ཡོད། སྨུ་ཐང་ཞེས་པ་ལ། སྨུ་བཟའ་མཆེད་དགུ་ཡོད། ལར་སྲས་ཕོ་སུམ་ཅུ་སོ་ལྔ་ཡོད། དེ་རྣམས་ཀྱི་ཆུང་བ་སྟེ་སྟེ་ཁྲིལ་ལག་ཁྲ་དེས། ལྷ་ལྷུམ་དཀར་མོ་བཞེས་པའི་སྲས་ནི་ཕ་རྒྱལ་པོ། དེས་ལུང་ཁ་རྗེལ་མོ་ཁབ་ཏུ་བཞེས་པའི་སྲས། རྒྱལ་བུ་ཐིང་གེ་འཐིང་སོ། མཐིང་གཉིས་གསུམ་དུ་ཡོང་། རྒྱལ་བུ་མཐིང་གེས། ལྷ་ལྷུམ་དཀར་མོ་ཁབ་ཏུ་བཞེས་པའི་སྲས། བོད་འབྲིང་ལ་བྲངས། དམུ་བཟའ་མཐིང་སྒྲིལ་མ་ཁབ་ཏུ་བཞེས་པའི་སྲས། རྒྱལ་ཁྲི་ལ་ཞམ། དེའི་སྲས་རྒྱལ་པོ་ཆེ་ཆུང་གསུམ་དང་རྒྱུད་བརྒྱད་དུ་ཡོང་། མཐིང་མོ་ཁབ་ཏུ་བཞེས་པ་ལ། མཐིང་ཕྱུག་རྟོར་སྲིད། རྟོར་ལ་ཨ་པོའི་རྟོར་རབས་མཆེད་གསུམ་གྱིས། འཕྲོང་ལ་བྲམ་གྱི་སྲས། བོར་རྗེ། ཁྲི་རྗེ། ཁྲི་རྗེ་ཐང་པོ། རྗེ་ཁྲི་རྗེ་ཐང་སྨན། བོར་རྗེ་ཁྲི་རྗེ་གཙོ་འདུས། ཁྲི་རྗེ་ཐང་སྨན་གྱི་སྲས། ཨ་ཉེ་མུ་ཟེ་ཁྲི་ཧོ་ཆེན་པོ་དེས། སྨན་ཟ་ཤ་མིག་མ་ཁབ་ཏུ་བཞེས་པ་ལ་སྲས་གསུམ་འཁྲུངས་པ་ལ། ཆེ་བ་སྤྱོས་ཆུ་སྟོང་། དེ་འོག་སེ་ཁྲུང་། དབྲ་ཆུང་ང་ཨ་ལྷུགས་འགྲུ། དམུ་བཟའ་ལྷ་མོ་ཁབ་ཏུ་བཞེས་པའི་སྲས། དམུ་བཟའ་དགའ། བྲག་སྲིན་གདོང་དམར་མོ་ཁབ་ཏུ་བཞེས་དགོས་ཐུག་པའི་སྲས། དཔའ་ཟླ་གཉིས། མི་ཆེན་གོལ་བའི་རྒྱུད་གཞིར་འཁྲུངས་སོ། །ཆེ་བ་སྤྱོས་ཆུ་སྟོང་སྟོང་ལ་ང་ཆེ་བཙོ་བརྒྱད། ཉུས་ཆེན་བཙོ་བརྒྱད། སྨུག་པོ་སྟོང་གི་ཚེས་དྲུག བཙུན་དྲུག་ཡོད། དེ་འོག་སེ་ཁུང་དབྲ། དབྲ་ལ་དཀར་ནག་ཁྲ་གསུམ་ཡོད། དབྲ་དང་པོ་རྒྱུད་ཀྱི་ཆེ་དགུ། ལྷ་དབྲ་སྨུག་པོ་མཆེད་བཅུ། དགུ་འབུམ་དབྲའི་མཆེད་དྲུག་ཡོད། དེ་འོག་ཨ་ལྷུགས་འགྲུ། འགྲུ་ལ་བུ་དགུ་བྱུང་། མི་འགྱུར་ཐར་པའི་གནས་བརྒྱད་ཡོད། དེ་འོག་དམུ་ཚ་དགའ་ལ་དར་མ་མཆེད་བདུན་ཡོད། དེ་འོག་དཔའ་ཟླ་གཉིས། ཡུལ་ཆེན་མཚམས་སུ་ཡོད་པས། བོད་མིའུ་གདོང་དྲུག་གི་འཁྲུངས་ལུགས། ད་ལར་གྱིས། བོད་མིའུ་རྒྱུས་ལ་བཤད་ན་མི་ཆེ་བ་དང་། བཟུང་ནས་བོས་ན་མིང་མི་སྨན་པ་མེད་དེ། སྔོས་སུང་ལྷ་རིགས་འཕན་པོ་ཆེ་རླངས་ཀྱི་སྐྱེ་རྒྱུད་དང་གྲོལ་ཐབས་ནི་འདི་ལྟར་ལགས། སྐྱེ་རྒྱུད་

ནས་བཤད་ན་འཕངས་མདོ། གྲོལ་ཕྱུགས་ནས་བཤད་ན་གཏིང་ཟབ། རླངས་དཔལ་གྱི་སེང་གེའི་ཞལ་ནས། ལར་སྐྱེས་པའི་མིས་རང་གི་སྐྱེ་རྒྱུད་མ་ཤེས་ན་ནགས་ཁྲུང་གི་སྤྲེའུ་དང་འདྲ། མི་རང་གི་ཚོ་འབྲང་མ་ཤེས་ན་གཡུ་འབྲུག་ཟློལ་མ་འདྲ། ཡབ་མེས་ཀྱི་ཆེ་གོ་(དགེ) ཡིག་ཚང་མ་ཤེས་ན། མོན་སྤྲེལ་ཡལ་བོར་དང་འདྲ་བས། ང་རླངས་ཕྱུག་གི་ཕྱུགས་ཁྲས་ལ་ཐུག་པས། སྟོད་ཀྱི་ཨ་དཀར་མཆེད་དགུ་ལ། །བལ་པོ་དང་བལ་ཡོ་བལ་གཟིགས་གསུམ། །མ་སྟོང་བལ་སྟོང་ཙོན་སྟོང་དྲུག །མར་པ་དང་ཞང་ཆུང་སྤུ་རངས་དགུ། །སྟོད་ཀྱི་ཨ་དཀར་མཆེད་དགུ་ཡིན། །བར་གྱི་ཨ་དཀར་ཁྲ་བོ་མཆེད་དགུ་ལ། །སྤྲ་དུ་ཨ་འོ་ཡུ་དཀར་ལ། །བུ་དང་ཚ་བོ་མ་གཏོགས་པ། ཡང་ཚ་སྟོང་ཚ་ལྔ་བརྒྱ་ཡོད། །བུ་སྟག་ལོ་བ་རང་བཙོ་བརྒྱད་ཡོད། །སྤྲེལ་ལོ་པ་ལ་བཅུ་དགུ་ཡོད། །བྱི་བ་ལོ་པ་བཙོ་བརྒྱད་ཡོད། །ཏ་དང་རྐྱང་དང་རླངས་དང་གསུམ། །ཤུ་གེ་སྐྱི་གེ་ཨེ་གེ་དྲུག །དབུ་དང་རྔོག་དང་གཟི་དང་དགུ། །བར་གྱི་ཁྲ་བོ་མཆེད་དགུ་ཡིན། །སྨད་ཀྱི་ནག་པོ་མཆེད་དགུ་དེ། །སོལ་མཚོ་བཞིན་དུ་འཁྱིལ་གིན་ཡོང་། །གྲིབ་སོ་བཞིན་དུ་ཆད་གིན་ཡོང་། །སྔོ་སྤྲིན་བཞིན་དུ་འཐིབས་གིན་ཡོང་། །དཔལ་དང་བཏུང་དང་ཀོ་དང་གསུམ། །བྲ་ཐུང་ཉག་ལེ་དགུ་ཟེ་དྲུག །ཁོ་ཡོ་ཁོ་སྤྲ་ཁོ་ཨྲ་དགུ། སྨད་ཀྱི་ནག་པོ་བུ་དགུ་ཡིན། །ཁོ་ཡོ་ལ་ཁྲི་ཚོ་བཅུ་གཉིས་ཡོད་དེ། ཁོ་སྤྲ་ལ་འབུམ་ཚོ་བཙོ་བརྒྱད་ཡོད། །ཨ་དང་སོ་རྒྱུད་ཀྱི་ཆེ་དགུ་དེ། །ཨར་གང་པོ་ངང་པོ་ཐུལ་པོ་གསུམ། །བྲ་ཕུད་མོ་ཐུར་ཡབ་ཚ་དྲུག །བཙད་པོ་བུལ་རལ་འཁོན་དང་དགུ། །ཨར་དང་པོ་རྒྱུད་ཀྱི་ཆེ་དགུ་ཡིན། །ལྷ་ཡར་སྨུག་པོ་མཆེད་བཅུ་དེ། །ཡ་ལ་ཡ་ཟེ་ཡ་ཚབ་གསུམ། །མ་ལ་མ་ཟེ་མ་ཚབ་དྲུག །པོད་ལྡང་ནག་གི་དཀར་ནག་གཉིས་དང་བརྒྱད། །ཡང་རྒྱུད་མར་རྒྱུད་གཉིས་དང་བཅུ། །སྔོ་ཨར་སྨུག་པོ་མཆེད་བཅུ་ཡིན། །དགུ་འབུམ་ཨྲའི་ཕྱུག་དྲུག་ལ། །འཛང་ཉི་མ་འཕྲུལ་སྣང་གི་བུ་སྲས་དེ། །བྱས་པ་དཀོན་མཆོག་གསུམ་གྱིས་ཕྱུག །ལོ་རེ་ལྷ་ཁང་རེ་རེ་བཞེངས། །ལོ་རེ་བཀའ་འགྱུར་གསེར་གྱིས་བཞེངས། །ལོ་རེ་གསེར་འགྱེད་རེ་རེ་བྱེད། །དགུ་འབུམ་ཨྲའི་ཕྱུག་ཅིག་ཡིན། །སྤྱི་རྗེ་བྱ་རོག་ནས་ཀྱིས་ཕྱུག །སྤ་དྲོ་ནས་བུན་ཕར་ལ་

གཏོང་། །དགོང་མོ་ནས་འབུན་ཚུར་ལ་སྦུད། །ལོ་རེ་ནས་འགྱེད་རེ་རེ་བྱེད། ཕར་གཏོང་ཚུར་ཡོང་གི་དེབ་གཏེར་རྒྱུན་མི་ཆད། །ཡོན་ཆེན་ཕེ་ཀྲེ་ཁྲབ་ཀྱིས་སྤྱུག །ཕྱ་དྲྭ་གོ་བཤེར་ལན་རེ་བྱེད། །ཕྱི་དྲྭ་དཔྲ་འཕྲུག་ལན་རེ་བྱེད། །བུ་ཚ་བོ་ལུས་རྩལ་གང་ཆེ་ལྷ། །ཀླངས་སྲུས་གྲོད་ལྡིང་མི་ཡིས་སྤྱུག །ཕྱ་དྲྭ་དཀར་རྒྱུ་བརྒྱ་རེ་ཡོང་། ཕྱི་དྲྭ་དཀར་རྒྱུ་བརྒྱ་རེ་སྟོང་། །ལོ་རེ་འབུལ་བསྡུད་རེ་རེ་སྟོང་། ཡར་འབུལ་དང་ཕྱིར་སྟོང་གང་མང་བལྟ། །རེ་བ་དབང་སྤྱུག་དབང་གིས་སྤྱུག །ཕྱ་དྲྭ་གྲོས་དབང་ཐམས་ཅད་འཛོམས། །ཕྱི་དྲྭ་གྲོས་ཐག་རང་གིས་གཅོད། །ཉིན་རེ་གྲོས་གཞི་ལན་རེ་བྱེད། །ཨ་པར་སྤྱི་དཀར་ཧ་ཡིས་སྤྱུག ཕྱ་དྲྭ་ཧ་ཆགས་ལན་རེ་བྱེད། །ཕྱི་དྲྭ་ཚང་རག་ལན་རེ་རྒྱུག །བུ་འཕོར་གཡོག་ཧ་རྩལ་གང་ཆེ་ལྷ། །ཧ་འདོ་སྤྲུག་བང་སྣ་གང་རིང་ལྷ། །ཀླངས་རྗེ་རྩེ་མཐོན་དེ་ཡུལ་གྱིས་སྤྱུག །ཕྱ་དྲྭ་ས་ཡུལ་ལེངས་རྩེར་གཅོད། །ཕྱི་དྲྭ་ཡུལ་གྱི་མི་རྗེ་བསྐོ། །ཉི་རེ་བསྐོ་བཞག་རེ་རེ་བྱེད། །དཔལ་མོ་ཨ་མགོན་གཡུ་ཡིས་སྤྱུག །ཕྱ་དྲྭ་བུ་སྲིང་ཕར་ལ་སྟོང་། །ཕྱི་དྲྭ་མནའ་མ་ཚུར་ལ་ལེན། །སྣ་(མནའ)མ་བུ་སྲིང་གི་སྟོང་ཐང་གང་ཆེ་ལྷ། །ལོ་རེ་གཡུ་འབུམ་རེ་རེ་བཞེངས། །འདི་དགུ་འབུམ་ཨུའི་སྤྱུག་དྲུག་ཡིན། །སྤྱུག་འདྲ་གཉིས་དང་བརྒྱད་པའོ། །ཨར་དང་པོའི་རྒྱལ་པོ་བརྩད་འཁོན། དཀར་པོའི་རྒྱལ་པོ་ཞང་ཞུང་། ཁྲ་བོའི་རྒྱལ་པོ་ཀླངས་མཆོག ནག་པོའི་རྒྱལ་པོ་ཁོ་ཡོ་ཁོ་སྤྲོ་ཡིན། ཡར་སྐྱེས་མགོ་དེ་འཁོན་དང་རྩད་པས་མཐོ། ས་མཁར་ཞང་ཞུང་ཁྱུང་པོས་བཟུང་། ལྷ་རི་ལྷ་མཁར་ལྷ་རྩེ་གསུམ། ཁྱུང་པོས་སྐྱིད་ལ་བརྩིགས་ཀྱི་མཁར་གསུམ་ཡིན། བྱས་པ་དེ་ཀླངས་ཀྱིས་ཆེ། ཀླངས་བཙན་སྤྱུག་གི་སྤྱུག་དེ་ཨྲ་ལ་ཐུག ཨྲས་བཙན་བཟའ་གེལ་ལྡན་མ་ཁབ་ཏུ་བཞེས་པའི་སྲས། ཨྲ་ཁྲ་བོ། ཁྲ་བོས་བསྲུན་བཟའ་ཁྲ་མོ་ཁབ་ཏུ་བཞེས་པའི་སྲས་བཞི་བྱུང་བ། ས་ཏོག་ས་སྟོངས་ས་མུ་ས་ཚ་བམ། ས་ཚས་ཏོར་བཟའ་འདུང་མོ་ཁབ་ཏུ་བཞེས་པའི་སྲས་ཁྱུང་རུ་དཀར་པོ། དེའི་སྲས་འབུམ་རྗེ་ཤེལ་མིག དེའི་རྗེས་ཨྲ་རྗེ་གཙུག་གསུམ། དེའི་སྲས་ལྷ་རྒྱུད་མང་སྟོམ་སྟག་བཙན། དེ་ལ་ཡབ་ཀྱིས་གསུངས་ནས། སྲས་བཙུན་མོ་ཐུགས་ཀྱིས་གང་བཞེད་གསུང་པ་ལ། སྲས་ཀྱི་ཞལ་ནས། བཙུན་མོ་དང་ཁྱིམ་ལ་ཡིད་མི་སྦྲོ།

ཡིད་བདེ་ཉམས་དགའ་བའི་ཆོས་ཤིག་ཡིད་ལ་ཡོང་བར་འདུག་གསུངས་པས། ཡབ་ཀྱི་ཞལ་
ནས། ང་ཨ་ཇི་རྒྱལ་པོའི་གདུང་བརྒྱུད་འདི། །ཁྱོད་བུ་སྲས་པོ་མེད་ན་བྱ་རྒྱུ་མེད། །སྲས་བུ་
ཡོད་ན་རྒྱུད་མ་གཅད་གསུངས་པ་དང་། །སྲས་ཀྱི་གསུངས་ནས། ཁྱེད་ཡབ་ཀྱིས་ནན་ཆེད་
གསུངས་པ་ལ། །ཕ་ཡབ་ཀྱི་བཀའ་ལ་མ་རྩིས་ན། །ང་བུ་ལ་བཀའ་ཆད་ཡོང་བར་སྣང་། །
ཁྱེད་ཡབ་ཀྱི་ཐུགས་ལ་གང་མངའ་མཛོད། །ཞུས་པ་དང་། ཡབ་ཀྱིས་རོང་མོ་ཁྱི་ལྕམ་མ་ཁབ་
ཏུ་བཞེས་སུ་བཙུག་པ་ལ། སྲས་བུ་མེད་ནས། རྒྱལ་པོ་གདུང་རྒྱུད་ཆད་ལ་ཁད། བསེ་མིག་
པོལ་ལ་ཁད་བྱུང་བ་དང་། མང་སློམ་སྟག་བཙན་ཡང་ཐུགས་མ་བདེ་ནས། ཡིད་དང་སྤྲུལ་
པས། སྙིང་དག་པ་ལྷ་ཡུལ་དུ་བྱོན། གནམ་ལྷ་མཆེད་བརྒྱད་ཡོད་པའི་ཆེ་བ་བཞི་དང་
མཇལ། ཁོང་གིས་ཞུས་པས་བདག་གི་ཁྱིམ་དང་བཞེས་བྱས་ཀྱང་། སྲས་དང་བུ་ནི་ཡེ་ནས་
མེད། ཁྱེད་ལྷའི་ཐུགས་ལ་གང་མངའ་ཞུ། ལྷའི་གསུང་ནས། རང་རེ་ལྷ་སྲས་མཆེད་བརྒྱད་
ཀྱི། །ཁྱོད་ནི་མི་ཡི་སྲས་སུ་སྤྲུལ། །བུ་དང་སྲས་མེད་ཐུགས་ཆད་ན། །ཟླ་བ་བཅུ་གསུམ་
བསྒྲུབ་པ་མཛོད། །ཡི་དམ་སྒོམས་ལ་གསང་སྔགས་སྒྲོངས། །ལོ་གསར་ཟླ་བ་བཅུ་གསུམ་
ལ། །ལྷ་གཉན་པོ་ཅན་དུ་བྱོན། །བསང་དང་མཆོད་པ་གསོལ་བ་ཐོབ། །ལྷ་ཚངས་སྲས་མོ་
གྲུབ་སྟེ་ཡོང་། །ལྷ་ཚངས་སྲས་མོ་གྲུབ་པ་ན། །ལྷ་ཡི་སྲས་ལ་མི་ཡི་རྒྱུད། །རིགས་རྒྱུད་ཁྱེད་
དུ་འཕགས་པར་ཡོང་། །མི་རབས་བདུན་ཙུ་ཙ་གསུམ་བར། །ཐྨ་མི་དཔོན་རྒྱུན་མི་ཆད། །
སེམས་ཅན་ཀུན་གྱི་འདྲེན་པ་དང་། །དཔའ་བོ་རྒྱལ་ཁམས་འདུལ་བ་དང་། །གྲགས་པས་ས་
སྟེངས་ཁེངས་པ་ཡོང་། །རྒྱུད་པ་གང་གིས་ཐོབ་པ་དང་། །རྒྱུད་ཀྱི་སྒྲུབ་པ་གང་བྱེད་
རྣམས། །འདི་ནས་འཕོས་ནས་ལྷ་རུ་འཁྲུངས། །གསུང་པ་དང་། མང་སློམ་སྟག་བཙན་
ཡང་ཐུགས་བདེ་ནས་སྤྲུལ་པའི་ཡིད་ཀྱིས་ཡུལ་ལ་བྱོན། །ཟླ་བ་བཅུ་གསུམ་བསྒྲུབ་པ་མཛད།
ལོ་གསར་ཟླ་བ་བཅུ་གསུམ་ལ། ཡུལ་ནི་མྱང་དགུ་ལྷ་ཡུལ་ནས། ཛ་(ཛྷ)རི་སྨུག་པོ་གཡག་
འཁྱིང་པ་འདྲ་བ་ཞིག་གི་རྩར་བྱོན། སྐུ་ལ་དར་དཀར་གྱི་ན་བཟའ་གསོལ། །དབུ་ལ་ཞལ་གྱི་
ལ་ཐོད་ཅིག་བཅིངས། །ཞལ་ནས་གསང་སྔགས་ཆོས་སྒྲ་གསུངས། །བསངས་དང་མཆོད་པ་

གསོལ་བ་ཞིག(བཏབ) །ལྷ་རིའི་ཞོལ་དུ་བཞུགས་པ་ལ། །གནམ་ལ་འཇའ་ཚོན་སྣ་ལྔ་བྱུང་། །ས་ལ་ཆོ་འཕྲུལ་གཡོས་སུ་བྱུང་། །བར་སྣང་ཁམས་ལ་རོལ་མོའི་སྒྲ། །ཆོ་འཕྲུལ་སྣ་ཚོགས་ཅི་ཡང་བྱུང་། །ཁོང་གི་བལྟས་ཤིང་གཟིགས་པ་ན། །ལྷ་རི་གཉན་པོའི་ངོས་དེ་ན། །བུ་མོ་དཀར་མོ་བཞིན་བཟངས་ཞིག །སྐུ་ལ་དར་དཀར་ན་བཟའ་གསོལ། །དབུ་ལ་རིན་ཆེན་གསེར་གཡུས་སྤྲས། །ལྷ་མོ་བརྒྱད་ཀྱིས་བསྐོར་ནས་བྱུང་། །མང་ཕྱོམ་སྟག་བཙན་མདུན་དུ་བྱོན། །མདའ་ཡི་ལྷ་མོའི་ན་བཟའ་བཟུང་། །ལྷ་མོ་བརྒྱད་ཀྱང་དགུང་ལ་བྱོན། །མང་ཕྱོམ་སྟག་བཙན་གསུངས་པ་ལ། །ཁྱོད་ལྷ་ཡི་ཡུལ་ནས་བྱོན་པ་ལ། །ང་མི་ཡིས་བསུ་བ་བྱས་པ་ཡིན། །ད་མི་ཡི་ཡུལ་དུ་བཞུགས་པ་ལ། །ངེད་ཀྱི་ཆུང་མ་མཛད་དགོས་གསུངས། །ཁྱིམ་དང་ཡུལ་དུ་བྱོན་དགོས་གསུང་པ་ལ། གནམ་སྨན་མའི་ཞལ་ནས། བདག་འཚོལ་ཁྱིམ་དུ་འགྲོ་དགོས་ན། ཚན་དང་ཁྲུས་ནི་བདག་ལ་ཐོབ། གསུངས་པ་དང་། དེ་ནས་ཁྱིམ་དང་ཐུགས་ཀྱིས་བཞེད་ནས། རྡོ་རྗེ་རྣམ་འཇོམས་ཀྱི་སྙིང་པོ་བཏོན། །ཁྲི་བོ་རྣམས་ཀྱི་ལྷ་ཚོགས་བསྐྱེད། །སྔགས་དང་ཏིང་འཛིན་ཕྱག་རྒྱ་མཛད། །གསང་སྔགས་སྙིང་པོའི་ཁྲུས་ཆུ་དེ། །བཙུན་མོའི་སྐུ་ལ་ཚན་གྱིས་བཀྲུས། །དེ་ནས་ཁྱིམ་དང་ཡུལ་ལ་བྱོན། །དེ་ནས་ཨ་སྟོན་བྱང་ཆུབ་སེང་གེས་གདན་དྲངས་ནས། མཆོད་པ་ཕུལ། འབུལ་བ་བྱས་ནས་བླ་མཆོད་ལ་བཏེག ཨ་སྟོན་བྱང་ཆུབ་སེང་གེ(གེས) དཀོན་མཆོག་དང་ཡི་དམ་ལ་མཆོད་པ་ཕུལ། ཆོས་སྐྱོང་དང་གཞི་བདག་ལ་གཏོར་མ་ཕུལ། ཞག་བཅུ་གསུམ་བསྙེན་སྒྲུབ་མཛད། བཀྲ་ཤིས་རབ་གནས་སྨོན་ལམ་གྱིས་རྒྱས་བཏབ་པ་ལ། ལྷའི་ཆོ་འཕྲུལ་མང་དུ་བྱུང་། །མནལ་ལམ་བཟང་ལ་ཁམས་ཀྱང་བདེ། །ཉམས་དགའ་བདེ་སྐྱིད་ཕུན་སུམ་ཚོགས། །ཁོང་གི་བཀའ་ནི་འདི་སྐད་གསུངས། །ཁྱེད་ཡོན་བདག་ལྷ་ཡི་ཚ་བྱད་ཅན། །བཙུན་མོ་ལྷའི་ཚངས་སྲས་མོ། །སྲས་བུ་ཡོང་བ་རིགས་རྒྱུད་ཅན། །གཞན་ལས་ཁྱད་དུ་འཕགས་པ་འོང་། །གསུངས་པ་ལ། མང་ཕྱོམ་སྟག་བཙན་ཡང་མཉེས་ནས་འབུལ་བ་མཆོད་པའི་ཡོ་བྱད་བསམ་གྱིས་མི་ཁྱབ་པ་བྱས་ནས། དབུ་སྟོད་བདེ་བའི་གླིང་དུ་ཨ་སྟོན་ཡང་བྱོན་ནོ། ཁོང་གིས་ཁྱིམ་དང་བཞེད་འཚོལ་

ཡང་། སྲས་དང་སྲུ་མེད་ནས་ལ་མང་པོ་ལ། ཐུགས་ཆད་མཛད་ནས་བཞུགས་པའི་དུས་སུ། ཟས་ནོར་ནི་ཚན་ཆེར་ཡོད། ཁྱད་པར་དུ་སྨན་བཙུན་མ་ལ་ལྷ་ཡུལ་ནས་ཡོང་བའི་དུང་གི་མཛོ་མོ་ལ། གཡུའི་དྲ་མིག་ཅན། གསེར་གྱི་ཐོ་བ་སྦྲའི་ལྕུག་གུས་དཀྲིས་པ་གཅིག་རྣ་ལ་བཀལ་ནས་མོའི་རྗེས་ལ་འབྲང་བ་ཞིག་ཡོད། དེ་ནས་སྲས་མེད་པའི་ཐུགས་ཆད་དང་ལ་བཞུགས་པ་ལ། ལྷའི་གསུངས་ཤིག་གནམ་ནས་བྱུང་། མང་ཕྱོམ་སྟག་བཙན་དམག་ལ་བྱོན། །རྒྱ་དམག་བོད་དུ་ལྷག་དགོས་ཡོད། །རྒྱ་དམག་བོད་དུ་ལྷགས་པ་ན། །ཁྱོད་མིན་གང་གིས་འགྱུར་མི་ཐུབ། །ཁ་བ་ཅན་གྱི་ཞིང་ཁམས་ན། །སྐྱེས་བུ་ཁྱད་འཕགས་ཁྱོད་འདྲ་མེད། །སྲས་བུ་མེད་པས་ཐུགས་ཆད་ན། །ཡིད་དང་སྤྲུལ་པའི་ཆགས་མཛད་ཅིག །གསུངས་པ་དང་། ཕོང་བཞེངས་ནས་ཚེབས་པ་དང་དཀར་གཡུ་གཤོག་ལ་ཕྱིབས(ཚེབས)། ཤེལ་དཀར་རྨིག་དེ་དབུ་ལ་གསོལ། །དངུལ་དཀར་གྱི་དུང་ཁྲབ་དེ་སྐུ་ལ་གསོལ། །འོད་འབར་གྱི་མཚོན་དེ་སྐུ་ལ་བཏགས། །སྤྲུལ་པའི་ཡིད་ཀྱིས་བྱོན་པ་ལ། །ནམ་མཁའི་ཁམས་ལ་ལྷ་དམག་བྱོན། །ཆུ་བོའི་རྒྱུད་ལ་ཀླུ་དམག་འགྲིམས། །རྒྱ་བོད་སྤང་ཚའི་མཚམས་ལ་ཐུག །ལྷ་འདྲེའི་དམག་རྣམས་མཐོང་བ་དང་། །རྒྱ་རྣམས་སྐྲག་ནས་ང་ཞིང་བྲོས། །རྒྱ་དམག་གཡུལ་ཉེས་ཐུར་དུ་སོང་། །ལྷ་འདྲེའི་དམག་ཀྱང་ཕར་ལ་ཡོང་། །དེའི་མཚམས་སུ་སྨན་བཙུན་མའི་དུང་གི་མཛོ་མོ་བྲོས། ལྷ་མཚོ་རྒྱལ་ལ་བྲོས། ལྷང་རྒྱང་དུང་མཚོ་ལ་བྲོས། སྨན་བཙུན་མ་སྐུ་ལ་དར་དཀར་གྱི་ན་བཟའ་དེ་གསོལ། ཕྱག་ན་བསེའི་མཁར་བ་དེ་བཟུང་། མཛོ་མོ་གར་སོང་དགོངས་ནས་གཟིགས་ཀྱི་འདུག་པ་ལ། ཕར་གཟིགས་པའི་ཕར་ཁའི་ངོས་ཤིག་ལ་ལམ་ཞིག་དཀར་རྟེ་རེ་འདུག་པ་དགོངས་ནས། རྗར་བྱོན་པ་དང་། མཛོ་མོ་འོ་མ་སྦྲུམས་ཟགས་པ་འདུག མཛོ་མོ་ལ་དགུ་ལུང་དགུ་ལ་བྲོས། ལ་དགུ་སྦྲུམས་ཀྱི་ཆགས། ལུང་དགུ་མར་ཁུའི་ཆུ་བོར་འཁྱིལ། མཛོ་མོའི་རྗེས་ལ་སྦྲུམས་ཟགས་པ་དཀར་རྟེར་སོང་བ་གོར་མ་ཤེལ་གྱི་རྒྱུད་དུ་ཆགས། ལ་དགུ་ལུང་དགུ་ནས་མྱང་ཡུལ་གསེར་མོ་ལྗོངས་ལྷང་ཚབ་ཏུ་ཚའི་ངོས་ལ་མཛོ་མོ་བྲོས་ནས་སོང་། ལ་དགུ་ལུང་དགུ་ནི་བཀང་ལ་དགུ་ལུང་དགུ་ཡིན། ཡུལ་དཀ(དགུ)ནི། ལྷང་དང་ཤེལ་

 བྲག་དཀར་པོ་གུང་ལ་རེག་པའི་རྩེ་མོ། ཆུ་མིག་མགོ་མངས་ཀྱི་མགོ་མོ། ཤེལ་གྱི་ཕ་བོང་གུར་འདྲ་ཅན་དུ། དུང་གི་མཛོ་མོ་དེ་བྲོས་པ་མང་ཕྱོམ་སྟག་བཙན་གྱི་ཐུགས་ལ་མངའ་ནས། ཡིད་སྤྲུལ་པས་དེ་རུ་བྱོན་ནས་མཛོ་མོ་བཀག སྨན་བཙུན་མ་ཡོང་བ་གཟིགས་པ་དང་། ཕོང་ཕ་བོང་གུར་འདྲའི་ནང་དུ་བྱོན། མཛོ་མོ་མི་འགྲོ་བའི་ཕྱག་རྒྱ་དང་གདམས་པ་མཛད། ཕ་བོང་གུར་འདྲའི་སྒོ་བསྡམས་ནས། སྨན་བཙུན་མ་ཡོང་ཙུག་བྱེད་སྒོ་རྩ་ནས་གཟིགས་པ་དང་། ཉི་མ་ནི་ཏགས། སྨན་བཙུན་མ་ཡང་ཐུང་ཆད་པས་མཉེལ་གསོ་མཛད། མཛོ་མོ་བཞེས། ཕུད་ཀྱི་དཀོན་མཆོག་མཆོད། མང་ཕྱོམ་གྱི་སྐྱིབ་ལྷ་མཆོད་ཟེར་ནས་ཡར་ཕུལ། དེ་ལྟག་ཆུ་ལ་ བླུག་ནས། ལུང་པ་འདི་དང་ཡུལ་འདི་ལ་ལྷའི་རྒྱུད་པ་རྒྱུན་མི་ཆད། ལྷ་ཆུ་དཀར་པོ་རྒྱུན་མི་ཆད་མང་ཕྱོམ་སྟག་བཙན་དང་ངེད་གཉིས་ཀྱི་མི་རྒྱུད་ལྷ་ལས་སྤྲེལ་བར་ཤོག རིགས་རྒྱུད་ཁྱད་འཕགས་ཡོང་བར་ཤོག ཟེར་ནས་སྨོན་ལམ་བཏབ་པ་དང་། མང་ཕྱོམ་སྟག་བཙན་ཡང་མཉེས་ནས། ཕ་བོང་གི་གསེང་ལ་སྨན་བཙུན་མ་ལ་གཟིགས་པ་དང་། སྨན་བཙུན་མས་དར་དཀར་གྱི་ལྕུག་གུ་སྙེད་ནས་དཀྲོལ་ནས། མཛོ་མོའི་སྐེ་ལ་བཏགས། ཤེལ་དཀར་གྱི་གྲི་གུ་དེ་ཕ་བོང་གུར་འདྲ་ལ་བཏབ་ནས་མཛོ་མོ་བཏགས་ས་རེབ་པ་དང་། སྨན་བཙུན་གཟིམས་པ་ལ། གནམ་ལ་ནི་འབྲུག་སྒྲ་ལྡི་རི། ཀློག་དམར་ནི་སྙེམས་སེ་སྙེམ། སེར་བ་ཁྲུ་འཕང་ནི་ཐོ་རེ་རེ། གནམ་གྱི་གུང་ནས་སྐད་ཅིག་བྱུང་། ཤེལ་བྲག་དཀར་པོའི་གུར་ནང་ནས་མིའུ་རིགས་ཆེན་ཡོད་པ་དེ། སྨན་བཙུན་ཅན་དུ་མགྱོགས་སུ་བྱོན། །ལྷ་རུ་ལ་ནས་ཆགས་སྲིད་མཛད། །སྤྲུལ་པའི་ལྷ་རྒྱུད་སྤེལ་རན་པས། །སང་བོད་དུས་ཀྱི་ད་ཙམ་ན། །རིགས་ཀྱི་སྲས་བུ་འབྲུངས་པར་འགྱུར། །གསུང་པའི་སྐད་ཐོས་པ་དང་། ང་མི་རྒྱུད་སྤེལ་བའི་དུས་ལ་བབ་ཟེར། །རྫུ་འཕྲུལ་སྟོབ་པའི་དུས་ལ་བབ་ཟེར། །བསམ་པ་ཐུགས་ལ་དགོངས་ནས། ནམ་གྱི་སྟོད་ཀྱི་ཆ་ལ་སྨན་བཙུན་མའི་རྩར་བྱོན། སྟབས་དང་ལྷན་དུ་གཟིམས། ཡིད་དང་སྤྲུལ་པས་སྟེབས། ནམ་གྱི་ཐོ་རངས་ལ། མང་ཕྱོམ་སྟག་བཙན་ཡིད་སྤྲུལ་པས། མི་དཀར་ཧ་དཀར་ཞིག་དུ་སྤྲུལ་ནས་ནམ་མཁའི་མཐོང་ལ་བྱོན་པའི་ཞལ་ནས། སྨན་བཙུན་མ། ང་གནམ་ལྷ་མཆེད་བརྒྱད་

ཀྱི་ཆེ་བ་ལྔའི་（ལྔའི）ཆུང་བ་ཡིན། ཆུང་བ་བཞིའི་ཆེ་བ་ཡིན། སང་ཕོད་དུས་ཀྱི་ད་ཚོད་ལ། ཁྱེད་ལ་རིགས་ཀྱི་ལྷ་སྲས་འཁྲུངས། དེས་ནི་མི་རྒྱུད་རིགས་བཟང་སྤེལ། རེ་འདི་ལ་ལྷ་རི་དྲག་པོ་དང་། །ལྷང་རྒྱང་དུ་མཆོར་ཐོགས་གསུངས་ནས། གནམ་ལྷ་མཆེད་བདུན་རྩར་ཕྱིན། སྨན་བཙུན་མ་ཐུགས་མ་ཆེས་པར། བདག་གི་མི་དེ་འདྲ་བ་ལ། །གུང་ལ་འགྲོ་བ་ཅི་མ་བྱུང་། །བདག་ལ་རྐྱེ་ལམ་ཅི་མ་བྱུང་། །ལྷ་འདྲེས་མགོ་གཡོག་བྱས་པ་འདྲ། །དགོངས་པ་བྱུང་ནས། མཛོ་མོ་ཁྲིད་ནས་ཁྱིམ་དང་ཡུལ་ལ་ཕྱིན། མང་ཞོམ་སྟག་བཙན་གྱིས་གནམ་ལྷ་མཆེད་བདུན་ལ་གསུངས་པའི་བཀའ་ནི་བསྒྲུབས་ནས་ཡོད། སྲས་ཀྱི་བུ་ནི་ཨེ་འཁྲུངས་ཡིན་ཞུས་པས། ཁྱོད་ཀྱི་ཟླ་བ་བཅུ་གསུམ་སྐྱབས། །ངེད་ལྷས་ཀྱང་ལོ་བཅུ་གསུམ་བྱས། །ཁྱོད་ལ་རིགས་ཀྱི་གདུང་རྒྱུད་འབྱུང་། །མི་རྒྱུད་ལྷ་རབས་གསུམ་དུ་འབྱུང་། །གཅིག་གིས་བླ་མའི་རྒྱུད་པ་འཛིན། །སེམས་ཅན་ཀུན་གྱི་འདྲེན་པ་བྱེད། །གཅིག་གིས་བོད་ཁམས་དཔོན་དུ་འགྱུར། བོད་ཁམས་ཀུན་གྱི་སྤྱི་རྗེ་བྱེད། །གཅིག་ནི་དཔའ་བོའི་རིགས་སུ་ཡོང་། །སེམས་ཅན་མི་ལུས་ཐོབ་མི་སྲིད། །སེམས་ཅན་མི་ལུས་ཐོབ་པ་ལ། །ཁྱོད་ཀྱི་རིགས་སུ་སྐྱེ་བ་དཀོན། །རིགས་རྒྱུད་ཁྱད་དུ་འཁྲུངས་འདོད་ན། །ཟླ་བ་བཅུ་གསུམ་ལྷ་བསྐྱབ་ན། །རིགས་ཀྱི་སྲས་པོའི་རྒྱུད་དུ་འཁྲུངས། །གསུངས་པ་དང་། ཟླ་བ་ཕྱི་མའི་ཡར་ཚེས་པའི་བཅུ་གསུམ་ལ། ཡིད་དང་སྦྲུལ་པས་ཡུལ་ལ་ཕྱིན། ཟླ་བ་བདུན་ཙམ་རེད་པ་ན། མང་ཞོམ་སྟག་བཙན་གྱིས། སྨན་བཙུན་མ་ལ་ཉམས་ཚོད་པ། །སྨན་བཙུན་སྲས་ནི་སུ་ཡི་ལགས། །བདག་གི་སྲས་ནི་མ་ལགས་སོ། །གསུངས་པས། །ཕྱི་དེ་ལོ་གྲངས་ཀྱི་ཚེས་གྲངས་ལ། མང་ཞོམ་སྟག་བཙན་གྱིས་མ་ཚོར་བ་ལ། སྨན་བཙུན་ཡིད་ཆད་བྱས་ནས། སྟར་གཟིམས་པའི་སར་ཕྱིན། དེ་ནུབ་ཐུགས་མ་བདེ་ནས་ཞེལ་བྲག་ཅན་དུ་གཟིགས་པ་ལ། མནལ་ལམ་ན། གསེར་གྱི་མཆོད་རྟེན་རྩེ་མོ་རིན་པོ་ཆེ་སྣ་ཚོགས་པས་སྤྲས་པ། བང་རིམ་གྲངས་མེད་པ། བང་རིག་གོང་མ་གཅིག་ལ་དགེ་བའི་བཤེས་གཉེན་བསྒྲིགས་པ། བང་རིམ་བར་མ་གཅིག་ལ་ལྷའི་བུ་སྒྲིགས་པ་ལ། མཐའ་མ་ལྷ་མོ་རྣམས་ཀྱིས་བསྐོར་བ་ཞིག་པང་པས་བཏབ་པ་རྨིས་མནལ་སད་པ་དང་།

ཐུགས་མ་བདེ་བ་མེད་ནས། ཐུགས་བདེ་བ་དང་ཡིད་དགའ་བ་བྱུང་། ཕྱི་ནང་ཉེ་མ་ཤར་བ་དང་། སྲས་ཤིག་འཁྲུངས་པ་དེ། མིའི་བུ་མི་འདྲ་ལྷའི་སྲས་འདྲ་བས། སྤྱར་གཟིམས་པ་དེའི་སར་འཁྲུངས་པ་དེ་པང་གིས་བཏབ། ལྷ་རིའི་རྩེ་ལ་བྱོན། གཡམ་མའི་སྒྲོམ་བུ་བྱས། སྲས་བུ་དེའི་ནང་དུ་བཞག་ནས་ཨད་（དམོད）བཙོལ་བྱས་པ་ལ། མང་ལྡོམ་སྟག་བཙན་སྲས་ཡིན་ན་མི་རྒྱུད་ལྷ་ལས་གྲོལ་བར་ཤོག །རིགས་བརྒྱུད་ཁྱད་དུ་འཕགས་པར་ཤོག །མང་ལྡོམ་སྟག་བཙན་བུ་མིན་པར། །མགོ་གཡོག་བཙོག་པོའི་བུ་ཡིན་ན། །འདབ་ཆགས་བྱ་ཡིས་བཏོག་པར་ཤོག །གཅན་གཟན་རྣམས་ཀྱིས་ཟ་བར་ཤོག །ཟེར་བའི་དམོད་བཙོལ་བྱས་ནས། ལྷ་ཡི་ཡུལ་དུ་འགྲོ་བསམ་པས། མིའི་དྲི་མ་ཐོག་པ་དེས། མ་ཐོན་པར་ཚུར་ལོག་ནས་ཡོང་། མང་ལྡོམ་སྟག་བཙན་མདུན་དུ་བྱོན་པ་ལ། མང་ལྡོམ་སྟག་བཙན་ཞལ་ན་རེ། བཙུན་མོ་སྲས་བུ་འཁྲུངས་རན་པ། ལེགས་དགུ་བསྡུང་ཐོགས་བཀོད་རན་མོད། བཙུན་མོས་གསུང་པ་ཁྱོད་ཀྱི་སྲས་བུ་མིན་གསུངས་ནས། ལྷ་རི་དྲག་པོའི་རྩེ་མོ་ན། །སྲས་བུ་དེ་ན་པོར་ནས་ཡོད། །མང་ལྡོམ་སྟག་བཙན་ཞལ་ན་རེ། ཁྱོད་ལྷ་ཡི་བུ་མོ་ཡིན་བསམ་པས། །འདྲེ་མོའི་ལས་ལུགས་བྱེད་པར་འདུག །སྲས་བུ་རི་ལ་ཡོད་པ་ན། །ལྷ་རིའི་ངོས་ལ་འགྲོ་དགོས་གསུངས། །དེ་ནས་ཡབ་ཡུམ་འགྲོགས་ནས་བྱོན། །སྲས་བུ་ཡོད་ས་མཐོང་བ་དང་། །འདབ་ཆགས་སྣ་ཚོགས་ཐོག་ཏུ་ལྡིང་། གཅན་གཟན་སྣ་ཚོགས་རི་མགོར་ངར། །རི་དྭགས་སྣ་ཚོགས་འཚོགས་པ་དང་། །རྩེ་ཡིན་རྒྱུག་པ་མང་དུ་མཐོང་། །རི་བོ་དེ་ཡི་མགོ་བོ་ན། །འབྲུག་ལྡིར་གློག་ཀྱང་སྐེམས་སེ་སྐེམ། །ཁྱུ་འཕང་སེར་བ་ཐོར་རེ་རེ། །དེར་ཡབ་ཡུམ་གཉིས་ཀྱང་གདུང་བ་སྐྱེས། །རི་དེའི་གཡས་ནས་བསྐོར་ནས་གཡོན་ལ་འཛེགས། །ལྷ་རིའི་རྩེ་མོར་ཕྱིན་པ་ལ། །འཇའ་ཚོན་སྣ་ལྔའི་གུར་ཅིག་བྱུང་། །འཇའ་ཚོན་སྣ་ལྔའི་གུར་ནང་ནས། །འབྲུག་གཅིག་གུང་ལ་འཚངས་ནས་སོང་། །རྐོད་གཅིག་བྲག་ལ་འཕུར་ནས་སོང་། །སེང་གེ་རི་ལ་བཙལ་བ་དང་། །གཅན་གཟན་རྣམས་ཀྱང་འཚངས་ནས་སོང་། །རི་དྭགས་སྐོར་རྒྱུག་བྱས་ནས་སོང་། །སྲས་བུ་ཨེ་སྣང་གཟིགས་པ་ལ། །གཡུ་འབྲུག་སྔོན་མོས་ངར་ཆ་སྒྲུད། །སེང་གེ་དཀར་མོས་ནུ་ཞོ་

སླུད། །ཐང་དཀར་རྐོད་ཀྱི་གཤོག་པས་བཀབ། །གཙན་གཟན་འདབ་ཆགས་རི་དྭགས་རྣམས། །ཀུན་དེར་འཚོགས་པའི་ཡོན་ཏན་གྱིས། །ལྷ་སྲས་ཡིན་པའི་ནུས་མཐུ་དང་། །དཀོན་མཆོག་གསུམ་གྱི་ནུས་མཐུ་ཡིས། །ཁྱིའུ་གཡུའི་ཟུར་ཕུད་ཅན། །ལོ་ནི་བཞི་ལྔ་ལོན་པ་ཙམ། །ལུས་པོ་དུང་འདྲ་དཀར་པོར་འདུག །བུ་ཆུང་སྐྱེ་བོའི་གཙུག་དེ་ན། །དུང་གི་རླངས་པ་ལྷུག་ཡུ་ཙམ། །དཀར་དང་ཏ་ལེ་ལེ་བས་འདུག །གུང་ལ་སླེབས་པས་བྱུང་བ་དང་། །མང་ཕྱོམ་སྟག་བཙན་མཉེས་དྲགས་ནས། །རླངས་སོ་རླངས་སོ་ལན་གསུམ་རླངས། །བྱས་པས་ལྷ་རིགས་ནི་རླངས་ཟེར་བའི་གཏན་ཚིགས་དེ་ནས་བཏགས་ནས། མཆོད་པ་དང་རོལ་མོ་ལྷ་ལ་ཕུལ། རླངས་ཡར་སོང་གུང་ལ་སོང་། གུང་ནས་འོད་བྱུང་བ་ནི་ཡབ་ཡུམ་གཉིས་ལ་ཐིམ། དེར་མང་ཕྱོམ་སྟག་བཙན་ལྷར་སྤྲུལ་ནས་ངལ་གསོ་མཛད་པའི་སར། བཞེད་འཚལ་བའི་སྲས་ཕྱི་ལོ་བྱུང་བ་ནི། སྲས་ཀྱི་ང་ཡང་རླངས་ཡིན་ཟེར་བ་ལ། རླངས་ཀྱིས་ཁྱོད་ངལ་གསོ་བའི་དུས་ཀྱི་བུ་ཡིན་ཟེར་བས། ངལ་དུ་བཏགས་པ་ཡང་རླངས་ཡིན། ངལ་གསོ་རྒྱུད་ལ་ཡང་རྒྱུད་གསུམ་ལས་གྱེས་སོ། །དེར་ལྷ་རིགས་འཕན་པོ་ཆེ་རླངས་ཀྱིས་ལྡོང་བཟའ་ཁྲི་སྒྲོན་མ་ཁབ་ཏུ་བཞེས་པའི་སྲས། ཟླ་ཧོ། དེ་འོག་ཆེ་ཐོས། ལྡོག་རོ་བཟའ་ལྷ་ནམ་མ་ཁབ་ཏུ་བཞེས་པའི་སྲས། སྟོང་རིང་ཡིན། ཟླ་ཧོས། ངག་ཟ་གནམ་སྨན་ཁབ་ཏུ་བཞེས་པ་ལ། སྟོང་ཐོ། སྟོང་སྲིང་། སྟོང་སྲས་གསུམ། སྟོང་ཐོས་ཁ་ཟ་(བཟའ) སྦྲ་མོ་ཁབ་ཏུ་བཞེས་པ་ལ། ཆེ་རྗེ། ཆེ་བཙན་གཉིས། ཆེ་རྗེས་ཟ་ཁ་གསེར་མོ་ཁབ་ཏུ་བཞེས་པའི་སྲས། རླངས་རྗེ་རྫེ་མཐོན། དམུ་ཟ་ངང་མོ་ཁབ་ཏུ་བཞེས་པའི་སྲས། རླངས་སྲས་རྐོད་ལྡིང་གིས་ཟེར་ནས། ཁྱོད་རྫེ་མཐོ་སྟེ། ང་རྐོད་པོ་རྫེ་མོ་མཐོ་སར་ལྡིང་ཟེར་ནས་བྱ་རྒྱལ་བཞིན་ཤེལ་བྲག་གི་རྫེ་མོ་ནས་ཕུ་བོའི་མགོ་ཐོག་ལ་བྱ་བཞིན་ལྡིང་པས། རྐོད་ལྡིང་ཟེར་བ་ཡང་དེ་བཞིན་ཡིན། ཆེ་བ་རྫེ་མཐོ་ཆེ། བཙན་པ་རྐོད་ལྡིང་བཙན་ནོ། །སྟོང་དགེས་ཁ་ཟ་བཙུན་ནེ་ཁབ་ཏུ་བཞེས་པའི་སྲས་བཞི་ཡོད་པ། མགོ་དང་བསེ་རུ་གཉིས། བསུ་དང་ཚབ་རྒྱུད་གཉིས་ཡིན། སྟོང་ཟས་ཀྱིས་ཆེབས་ཟ་མོ་ཡག་ཁབ་ཏུ་བཞེས་པའི་སྲས། སྤྱང་ར་སྤྱོས་སྲག་གཉིས། ཙ་རྒྱུད་ལྷེན་པ་

གཉིས། སྤྱོས་སྤོས་མགོ་འོམ་ཟ་ཁབ་ཏུ་བཞེས་པའི་སྲས་བཞི་ཡོད་པ། སྐྱི་བཟང་འཁྲོང་ཟླ། མང་ཚན་ཚབ་ཟླ། ཁྲི་བཟང་མི་ཚབ། འབྲོ་ཁང་ཟླ་ཟེ་དང་བཞི། སྐྱི་བཟང་འཁྲོང་ཟླས། ཞང་ཞུང་གི་ཕོ་སྲི་བཏུལ་བའི་ཡོན་དུ། ཞང་ཞུང་ཟ་འཕྲུལ་མོ་ལ་གཡུ་འོད་འབར་བཏགས་ནས་ཕུལ་བ་ཁབ་ཏུ་བཞེས་པའི་སྲས། འཕན་རག་སྦྲ་ཟེ། འཕན་དགོང་མོ་ཟླ། བཙན་རག་སྦྲ་ཟེ། འཕན་གཟིགས་ཏུ་ཚབ་དང་མཆེད་བཞི། ཚུན་མ་ཇེ་རོམ་འཕན་མོ་ལ་སྲས་ཞིག་ཡོད་པ། ལྷངས་ཁམ་ནག འཕན་རག་སྦྲ་ཟེས་ལྷན་ཟ་བཙན་ནེ་མ་ཁབ་ཏུ་བཞེས་པ། ལྷངས་དཀར་རྒྱུང་། སྐུ་ཚབ་རྒྱུང་། མགོ་རྒྱུང་དང་མཆེད་གསུམ། དཀར་རྒྱུང་གི་སྲས་རློག་ཆུང་། རློག་ཆུང་གི་བྲན་གོང་ཟ་དཔལ་འདྲེན་ཁབ་ཏུ་བཞེས་པ་ལ། ལྷངས་ཐང་ཐོ་དང་། ཚབ་སྒྲ་དང་། མེས་ཚབ་མཆེད་གསུམ། ཚབ་ཐང་ཐོའི་སྲས། ཀ་གྲུང་བསེབ། ཀ་གྲུང་བསེབ་ཀྱིས་ཚེ་སྤྱོང་ཟ་ལོད་ཆུང་མ་ཁབ་ཏུ་བཞེས་པའི་སྲས། མདོ་ཞེར་རིང་མོ། གཡུ་ཞེར་རིང་པོ། རྨ་ཞེར་རིང་པོ། བསེའུ་བཟང་ཞེར་རིང་པོ། ཁྲི་ཞེར་རིང་པོ། སྟོང་བཟང་རིང་པོ། མཆེད་བདུན་བསེའུ་བྱ་བ་ནི། རྒྱལ་པོ་ཁྲི་འབར་བཀའ་ལུང་གསེབ་ཀྱི་སྲས་བདུན་ཚོགས་མ་ལ་སྐྱེས་པའི་དུས་ན། ཞལ་ན་དུང་སོ་འཁོར་བ་འགྲིག་ནས་འདུག་པས་བསེའུ་བྱ་བར་ཐོགས་སོ། །

བསེའུ་རྒྱལ་པོས་བཙུར་ཟ་འཁྲིལ་སྒྲོམ་མ་ཁབ་ཏུ་བཞེས་པའི་སྲས་ཡེ་ཕུད་ཡེ་འཕན། ཡེ་ཁྲི་དང་མཆེད་གསུམ། བུ་མོ་ཡེ་ལྕམ་རོང་པོ་ལ་བྱིན་པས། རོང་པོ་མི་ཁྲི་ཏ་འབུམ་དུ་འཕེལ་ལོ། །ཡེ་ཁྲིས་གྲུ་ཟ་རོང་མོ་ཁབ་ཏུ་བཞེས་པའི་སྲས། ཏན་རེ། ཏང་ཐུང་། སྟོང་དར། སྟོང་སྣན། སྟོང་སྣན་གྱིས་བ་རི་ཟ་ཨ་ཚོམས་ཁབ་ཏུ་བཞེས་པའི་སྲས། མདོ་ཞེར། ལྷངས་དང་སྲས་བུ་གཉིས་ཡོད། སྟོང་ཟ་གཞུ་མོ་ཁབ་ཏུ་བཞེས་པའི་སྲས་མདོ་བཙན། གུང་ཚ། སློའུ། ཨ་ཐོང་། ཕང་ནོད། པད་སྐེ་སྤང་ཞོན། གུང་གསུམ་འགྲོན་པོ་དང་མཆེད་ལྔ། གུང་གསུམ་འགྲོན་པོས་བྲའོ་ཟ་འཕེན་མོ་ཁབ་ཏུ་བཞེས་པའི་སྲས། ཕོ་ཆུང་། ཡལ་གསུམ། རྩལ་གསུམ། སྐེའུ་ཁྲིམ་གྱི་སྲས། ཨ་ལ་འཕན། མར་རྩ། མཉན་པོ། ཨ་ལ་འཕན་གྱིས་མ་རངས་ཟ་ཁབ་ཏུ་བཞེས་པའི་སྲས་ལ་སྐྱིད་གསུམ་རྐོད་པོ། ཕྱིབས་ཟ་སྟེ་མོ་ཁབ་ཏུ་བཞེས་པའི་

སྲས། སེའུ་རྐོང་པོ་ཚོ་ལྔ་གྲོལ་བ་ནི། གཉན་ཕྱུག་འཁྲིལ་རྗེ། སེར་པོ། སྤྱིར་རྗེ་ཤ་མོ་ཟ་སྟེ་ཟ་ཁབ་ཏུ་བཞེས་པའི་སྲས། ཏེ་ཚ་མཆེད་ལྔ་ཡོངས་ཏེ། བསེའུ་རྐན་རིང་གི་བརྒྱུད་(རྒྱུད)དོ། །བསེའུ་རྐང་ཐུང་ལ་སྲས་གསུམ་ཡོད་པ། ཁྲི་སྒྲ། ཁྲི་མཐོན། ཁྲི་གཟིགས་མཆེད་གསུམ། ཁྲི་སྒྲས། དར་ཟ་ཉ་མོ་ཁབ་ཏུ་བཞེས་པའི་སྲས། གོལ་སྟེ། གོ་ཕྲི་མཆེད་གཉིས། ཁྲི་མཐོན་གྱིས་སྟག་ལྷ་ཡག་མོ་ཁབ་ཏུ་བཞེས་པའི་སྲས། ཝོ་ཉ། ཨ་རྐན། ཁྱེས་པ་མཆེད་གསུམ་སྟེ། དཔལ་སྡེ་བསེའི་རྒྱུད་དོ། །ཁྲི་རྗེ་རྩེ་མཐོན་གྱིས། ཁྲི་གཉན་ལྷ་ཁྲིས་ཅིང་ཟ་ཐར་མོ་ཁབ་ཏུ་བཞེས་པའི་སྲས། རྒྱལ་གཟིགས་ལྡོང་ལྷ། འཕན་ལྷ་ཁྲ་མགོ སྟོང་ར་ཤང་རྫོང་དང་མཆེད་གསུམ། རྒྱལ་གཟིགས་ལྡང་ལྷའི་སྲས། ཆེ་བ་གཡུ་པ་ཁྲི་སྒྲ་སྟག་ཚབ། འབྲིང་བ་ཏུ་དཔོན་སྟག་ར་རྒྱལ་འགོང་། ཆུང་བ་གསེར་པ་རྒྱལ་འབྲིང་ཤད་རྫོང་དང་མཆེད་གསུམ། གཡུ་པ་ཁྲི་སྒྲ་སྟག་ཚབ་ཀྱི་བུ་ཆེ་བ་རྒྱལ་གཟིགས་རང་གླུ། འབྲིང་བ་ཨ་རྒྱ་རག་ཤ་རྟེབ། ཆུང་བ་སང་སློབ། ཏུ་དཔོན་ལ་ཁྲི་གསུམ་རྗེ་དཔལ་ལྡན། ཏུ་དཔོན་དཔལ་གྱི་སེང་གེ མཆོག་གི་གླམ། སྟག་ཟངས་རྒྱལ་ལྡན། དེ་ལྟར་གཡུ་པ་ལ་དཔོན་བློན་གཉིས་ཡོད། ཏུ་དཔོན་གྱི་སེང་ས། རྒྱ་གར་གྱི་ཆོས་ལ་གྲུབ་པ་ཐོབ། རྒྱ་དཀར་ནག་བོད་གསུམ་གྱི་ལྷ་སྲིན་དང་། རྒྱལ་ཁམས་བཏུལ་བས་བྱུས་པ་ཆེ་བ་དང་ཡིག་ཚངས་མང་བ་ཡིན་པས། ཏུ་དཔོན་ལ་དབོན་ཚང་དང་སྟག་ཚང་གཉིས་ཡོད། གསེར་པ་རྒྱལ་འབྲིང་ཤང་རྫོང་གི་སྲས་ཆེ་བ་རྒྱལ་བཙན་གླུ་བཞེར། འབྲིང་བ་སུ་ག་ཏ་གོ་ཆ། ཆུང་བ་གསེར་པ་བསམ་སྐྱེས། དེའི་སྲས་ནག་རིངས། དེའི་སྲས་ཞར་པ། དེའི་སྲས་དཔལ་ཕྱུག། དེའི་སྲས་སེང་གེ་དབང་ཕྱུག དེའི་སྲས་ཡོན་ཆེན་དགེན་འབར། དེའི་སྲས་རྩེ་རྐོང་རྒྱལ། དགེན་རྒྱལ་གཉིས། དེའི་སྲས་བྲག་མགོ་བ་ཡིན་པ། རྩེ་ཐོན་ཆེ་རྒྱུད་ཡིན། ཡིག་ཚངས་མང་པ་ལགས། ཀླུངས་རྗེ་རྩེ་ཐོན་གྱི་བརྒྱུད་ལགས་སོ། །

༈ ཀླུངས་སྲས་རྐོང་ཕྱིང་གི་སྲིད་ཐབས་ནི་རྐོང་ཕྱིང་གིས་ཡེ་ཟ་རྒྱན་ནེ་མ་ཁབ་ཏུ་བཞེས་པའི་སྲས་སྟོང་གེ དེའི་སྲས་སྟོང་ཁྲི་དང་། སྟོང་ཁྲམ་གཉིས། སྟོང་ཁྲིའི་སྲས་གི་

ཚངས། ཕག་ཚངས་མཆེད་གཉིས། ཕག་ཚངས་ཀྱིས་གེ་ཟ་དབང་ལྡན་ཁབ་ཏུ་བཞེས་པའི་སྲས། ཊ་མ་དང་། ཊ་ཏུ་གཉིས། ཟློན་ཁ་ཁི་དང་། ལྡང་ཀུན་བཟང་། ལྡང་ར་དང་མཆེད་ལྔ། ལྡང་ར་སྲས་མམ་བཟང་ཟློམ། མགོ་རབས་ཆད། འབྲིང་པ་བཟང་ཕོང་། ཆུང་བ་གཙུག་གཉེན་རྫོང་ཕོང་། དེའི་སྲས་ཆེ་བ་བཙན་པ་ཟླ་ཤོང་། འབྲིང་པ་གཉེན་ཁྲི་པ་ཤོ། ཆུང་པ་ཁྲི་བ་ཧས་ཞུ་ཚ། བཙན་པ་ཟླ་ཤོའི་སྲས། སྣང་གཉེན་ཕོང་སླེབ། རྒྱལ་མཚན་དང་མཆེད་གཉིས། སྣང་མཉེན་ཕོང་སླེབ་སྲས། ཆེ་བ་མང་པོ་རྗེ་སྒྲོ་ཁ། འབྲིང་པ་སྒོ་ལ་སྒོ་ཤོང་། ཆུང་བ་སྐྱིད་གསུམ་དགའ་ལ། མང་པོ་རྗེ་སྒྲོ་ཁ་དེའི་སྲས་སྟག་པོ་ཆེ་དར་དཔལ་ལེ། དེས་མ་སྤྱངས་གཡུ་མཚོའི་འགྲམ་དུ་གསེར་གྱི་ཤཱཀྱ་མུ་ནེ་བཞེངས། གཡུའི་སྣང་བ་འོད་ལྡན་ཡོན་ཏུ་ཕུལ། བྱུ་རུ་བཀྲ་ཤིས་འོད་འབར་ལ་རྒྱན་ཕྲ་བྱས། གྲུབ་ཐོབ་སེང་གེའི་སྤྱན་ལྡན་གདན་དྲངས་ནས་ལྷའི་རབ་གནས་བྱས་པ་ལ། དེའི་ཉིན་དགའ་ཟ་ལྷ་མོ་ལ་སྲས་ཤིག་འཁྲུངས་པས། སེང་གེ་སྤྱན་གྱི་གསུངས་ལས། དེ་རིང་སྲས་འཁྲུངས་པ་ལྷའི་སྤྱན་གྱིས་ཀྱང་གཟིགས། མཚོ་བཟང་འདི་ཡང་རེད་། མཚོ་བཟངས་ལྷ་གཟིགས་སུ་ཐོགས་གསུངས་ནས་སློན་ལམ་བཏབ་བསངས་མཆོད་བྱས། འབྲིང་པ་གཉེན་བཟང་ལྷ་སྟོན། ཆུང་བ་དཔལ་བཟངས་ལྷ་མཁར་དང་མཆེད་གསུམ། མཚོ་བཟངས་ལྷ་གཟིགས་ཀྱི་སྲས་བྱང་ཆུབ་འདྲེ་བཀོལ། བྱང་ཆུབ་འདྲེ་བཀོལ་གྱིས་བཙུན་མོ་དཀར་ལྡན་མ་ཁབ་ཏུ་བཞེས་པའི་སྲས། ཆེ་བཟང་དཔལ་གྱི་སེང་གེ །དེ་འོག་གཉན་ཐོག་ཨ་ཁྲིམ། དེ་འོག་མཆེ་མ། ཆུང་བ་སྟག་ཚབ་ངར་བ་རྒྱུད་མེད། ཆེ་བཟངས་དཔལ་གྱི་སེང་གེའི་སྲས། སྟོན་བཙུན་ཞྭ་ནག་ཅན། མདོ་པ་ཞྭ་ནག་ཅན། སྟོན་བཙུན་གྱིས་སྲས་རླངས་ཆེན་པོ་བོ་དྷི། དེའི་སྲས་གཞོན་ནུ་སེང་གེ དེའི་སྲས་འཛམ་དཔལ་འོད་ཟེར། དེའི་སྲས་ཇོ་དཔོན་དཔལ་ཡག་ཚ། བན་ཚ། ཧོར་ཚ་སྲས་རྣམས་ཡིན། མདོ་པ་ཞྭ་ནག་ཅན་གྱིས་སྲས་དཔལ་གྱི་བློ་གྲོས་ཀྱི་སྲས་ཡོན་ཏན་གྲགས། དེའི་སྲས་དཔོན་གྲགས། དེའི་སྲས་ཡེ་རྗེར། སྟོན་བཙུན། བསོད་ནམས་སེང་གེ དཔོན་དབང་ཕྱུག་སེང་གེ དེའི་སྲས་སྐྱི་དཔོན། མདོ་བ་མཁན་ཆེན། རླངས་གཡུ་ཕྲིན་སྐྱ་དང་མཆེད་གསུམ། གཡུ་ཕྲིན་

སྐུའི་སྲས་དཀོན་རྡོར། དེའི་སྲས་རྡོར་འབྱུང་། དེའི་སྲས་ལྷ་གཟིགས། སྤྱན་མངའ་བ། སྤྱི་དཔོན་གྱི་སྲས་དཔོན་ཆོས་གྲགས། དེའི་སྲས་དཔོན་མགོན། བྲག་མགོ་བ། ཀླུ་རྒྱལ་གྲགས་དང་མཆེད་གསུམ་ལགས་པས་ལྷ་གཟིགས་མདོ་པའི་རྒྱུད་ལགས།

༈ གཉན་ཐོག་ཨ་ཁྲིམ་སྲས་གཉན་པོ་ཉ་མགོ་ཁྲི། དེའི་སྲས་གཉན་སྟོན་བྱ་ཞུ་ནག་པོ། སེང་གེ་གྲགས་ཡང་ཟེར། དེའི་སྲས་ཨང་གེ་ཨང་སང་གཉིས། ཨང་གེའི་སྲས་རྡོ་རྗེ་འོད། དེའི་སྲས་གྲགས་སེ། དེའི་སྲས་ཚེ་ཕྱུག་དབང་འབར། ཚུན་ཕྱུག་ཨ་མ་ཚོ། མཆེད་གསུམ་གྱི་ཆེ་བ་དཔོན་གྲགས་སེང་། དེའི་འོག་ཁྲི་མཆོག དེའི་འོག་བླ་མ་བ། གྲགས་སེང་གི་སྲས་དཔོན་རྡོ་རྗེ་དཔལ། དབང་འབར་གྱི་སྲས་རྗ་ཚ་མཆེད་གསུམ་ནི། ཡོན་ཏན་རིན་ཆེན་དེ་འོག་རིན་ཆེན་རྒྱལ་མཚན། ཆུང་བ་ཡེ་འགོ། རིན་ཆེན་རྒྱལ་མཚན་གྱི་སྲས། མེ་ཏོག་འབར། དེའི་སྲས་གཞོན་ནུ་རྒྱལ་མཚན། ཚུན་མའི་བུ། དཔོན་བྱང་འོད། དེའི་སྲས་དཔོན་གཞོན། དཔོན་ཚུལ་གཉིས་ཡིན། ཨ་སེང་གི་སྲས་ཨ་གསེར། དེའི་སྲས་སྐྱབས་བདུན་དཔལ་དང་བརྒྱད། བཙན་དང་དགུ་ལ་ཆེ་བ་ཡོན་ཆེན་རྒྱལ་བ་སྐྱབས། དེ་འོག་གཟུང་སྐྱབས། ཆམ་ཟ་ལ་འཁྲུངས། གཟུང་སྐྱབས་སྟོད་ལ་སོང་པས་སྟོད་ཀྱི་ཡུལ་གཟུང་། དེ་འོག་བླ་མ་སྐྱབས། ཀུན་དགའ་སྐྱབས། ཆོས་སྐྱབས་གསུམ་ཡུམ་ཙུར་ཟ་ལ་འཁྲུངས། དབང་ཕྱུག་སྐྱབས། དཔལ་སྐྱབས་རིན་ཆེན་དཔལ། བཙན་དགེ་དང་བཞི། ཡེ་ཐོག་ཟ་ལ་འཁྲུངས། ཀུན་དགའ་སྐྱབས། རྗ་ཤུད་ཕུད་གསུམ་ལྷ་ཁང་དང་གན་གྱང་དུ་བཀའ་གསར་རྙིང་གི་ཆོས་ལ་གྲུབ་པ་ཐོབ་ནས་བཞུགས། རིན་ཆེན་དཔལ་གསེར་གཡུའི་ཚ་ནེར་ཡུལ་གྱི་དཔོན་བྱས། ཡོན་ཆེན་རྒྱལ་བ་སྐྱབས་ཀྱི་སྲས། འབྲོ་ལྡོག་ཟ་མཆེད་གསུམ་གྱི་སྲས་ཆེ་བ་རྗེ་སྤྱན་སྔ་རིན་པོ་ཆེ། དེ་འོག་ཤེས་རབ་རྒྱལ་མཚན་(འདི་ཐྲ་སྒོམ་པའི་ཡབ་ཡིན།) དེ་འོག་སངས་རྒྱས་སྐྱབས། སངས་རྒྱས་སྐྱབས་ཀྱི་སྲས། འབྲོ་ལྡོག་ཟ་ཡ་མཚོ་ཁབ་ཏུ་བཞེས་པའི་སྲས་གསུམ་འཁྲུངས་པ། ཆེ་བ་རྒྱལ་བ་རིན་ཆེན། དེ་འོག་རིན་པོ་ཆེ་བཙུ་གཉིས་པ། དེ་འོག་སློབ་དཔོན་དགེ་སློང་དང་མཆེད་གསུམ། ཡོན་ཆེན་རྒྱལ་བ་སྐྱབས་ཀྱི་དེ་གུ་ཟའི་སྲས།

ཡོན་བདག་མགོན་པོ་རྒྱལ། དེའི་སྲས་དཔོན་ཁྲི་བོ་འཕན། དེའི་སྲས་རིན་ཆེན་ཤེས་རབ། བླ་མ་གྲགས་པ་ཡེ་ཤེས། གྲགས་རིན་པ། ཡོན་བདག་རིན་ཆེན་སྐྱབས་དང་སྐུ་མཆེད་བཞི། རིན་ཆེན་སྐྱབས་ཀྱི་སྲས། སྤྱན་སྔ་གྲགས་པ་རྒྱལ་མཚན། ཏའི་སིང་(སི) ཏུ་ཆེན་པོ། སྤྱན་སྔ་གྲགས་པ་ཤེས་རབ། དཔོན་བསོད་ནམས་བཟང་པོ། དཔོན་རྒྱལ་དཔལ། དཔོན་གྲགས་བཟང་དང་སྐུ་མཆེད་གཉན་ཐོག་གི་རྒྱུད་དོ། །གསང་སྔགས་རྙིང་མ་ལ་གྲུབ་པ་ཐོབ། །བླ་མའི་རྒྱུད་དང་མི་དཔོན་རྒྱུད། །སྔགས་པའི་རྒྱུད། །ཁྱད་དུ་འཕགས་པ་མང་དུ་ཡོང་། །གསུང་པའི་གྲུབ་ཐོབ་ཀྱི་གསུང་ཡང་གནང་། མཆོ་མ་ཤེས་རབ་རྒྱལ་མཚན་ཡར་བཅད་སྔགས་རྒྱུད་དུ་འདུག དེ་ནས་རྒྱུད་མེད། གཉན་བཟངས་ལྷ་སྟོན་གྱི་སྲས་ཨ་ལྷུགས་ཨ་འབར་གཉིས་ཡིན། སྒོ་ལ་སྒོ་ཤོ་ནི་སྒོ་རྩའི་མེས་པོ་ཡིན༑ དགའ་ལའི་སྲས་ཆེ་བ་ཡར་ལ་ཡང་བཟང་། ཆུང་བ་བུམ་ཐོགས་ཡང་ང་མཆེད་གཉིས། ཡར་ལ་ཡང་བཟངས་ལ་སྲས་བཞི་ཡོད་པ། ཆེ་བ་དཔལ་བཟང་ཁྲི་ལེགས། དེ་འོག་དཔལ་བཟངས་ཨ་ཡག དེ་འོག་དཔལ་གསུམ་ལ་མཆོད། ཆུང་བ་མགོ་ཚ་ཡིན། ཆེ་བ་དཔལ་བཟངས་ཁྲི་ལེགས་ཀྱི་སྲས་སྤུན་མདས་ཡིན། དཔལ་གསུམ་དཔལ་གསུམ་མཆེད་ལ་བུ་གསུམ་ཡོད་པ། ཆེ་བ་རྒྱལ་ལེ་དབང་ཕྱུག དེ་འོག་གཡུ་དཔལ་དྲང་སྲོང་། ཆུང་བ་སྨོན་བུ་དམིག་ཐིའུ། རྒྱལ་ལེ་དབང་ཕྱུག་ལ་བུ་གཉིས་ཡོད་པ། ཆེ་བ་རི་མོ། ཆུང་བ་ཕོལ་མོ། ཁྲི་བཟངས་བཟོ་མགོ་སྐྱུ་དང་། འདམ་མ་འབྲུགས་པའི་བར་ཤི། བར་ལ་བུད་མེད་པར་ཕྱིན་པའི་བུ་ནི་བཀྲ་ཡིན། བཀྲ་ཅྷ་བའི་སྟན་(གཏན) ཚོགས་དེ་ཡིན། དེའི་ནག་པོ་མཆོ་གསུམ་དུ་གྲོལ་བ་ཡིན༑ བཟངས་ཕོང་གིས། པ་ཚབ་ཟ་མོ་ནེ་ཞེས་པ་ལ་སྲས་བརྒྱད་ཡོད། སྐྱེ་ཁྲིམ། སྐྱེ་ཀ། ཕོང་ཚ། སྤལ་འབྲུལ། མང་ཚ་ཚབ་ལྷ། སྨན་ཐོག་རྫེ། བཟོ་སྒོ་བུ་བཞི། སྤྱོང་བླ། སྟོང་བླ། དབལ་ལ་ཁྲི་འབྲུག་གོ །མང་ཚ་ཚབ་ལྷས་པ་སྟོང་ཟ་གཡུ་མོ་བཞེས་པའི་བུ་གཉིས་སོ། །ཁྲི་བླ་དུང་བུས་ཁབ་ཏུ་གྲུ་གུ་ཟ་ཚུལ་མོ་བཞེས་པ་ལ། སྟག་པ། ལྡེ་གུ། རླངས་ཕོངས་གསུམ་ཡིན། སྟག་ཚན་འཕེན་ལ་བུ་གཉིས་ཡོད་པ། ཆེ་བ་སྟག་ཤག་ཟུ། ཆུང་བ་རླངས་བཙན་སླལ་མགོ་ལ་ཡིན། དེ་ལ་སྲས་

གསུམ་ཡོད་པ་ཆེ་བ་རྒྱལ་གཟིགས་ཀླུ་སྦྱོང་རླངས་གཅིག་པོ་ཡིན། འབྲིང་པ་རྒྱལ་བཟངས་ཀླུ་ཡག་རླངས་འབྲིང་པོ་ཡིན། ཆུང་པ་རྒྱལ་བཙན་ཀླུ་འདུས་ནི་རླངས་ཆུང་པ་ཡིན། ཀླུ་སྦྱོང་ལ་བུ་བཞི། ཆེ་བ་རླངས་རྗེ་ཁྲི་གསུམ། དེ་འོག་ཏ་མདོག་དཔལ་ཡག དེ་འོག་སྨོན་རྗེ་ཁ་བ། ཆུང་བ་དཔོན་དཔལ་བུ་ཡིན། སྟོང་ཁྲིམ་ལ་བུ་གཉིས་ཡོད་པ་ཆེ་བ་ཁྲི་གསུམ་ཡག་རྒྱ། ཆུང་བ་བཙན་གསུམ་གེལ་པ་ཡིན། དབྲ་སྲས་རླངས་ཡིན། རླངས་སྲས་ཞམ། ཞམ་སྲས་གྱེན་འབར་ཡིན། དེའི་བུ་རྒྱལ་བཟང་ཡིན། དེ་ལ་བུ་བཅུ་ཡོད་པ། ཆེ་བ་སྐྱིད་བཞེར། སྐྱི་སྐྱིད་དཔལ། དེ་འོག་སྣ། ལ་འབྲུག གམ་ཕྱི་ཕྱུ། ཐང་ཁང་གསུམ་ལ་བརྒྱུད་པ་མེད། གྲོ་ལུ་ལ་བུ་བཅུ་ཡོད་པ། བསེ་རྒྱལ། གཡུ་རྒྱལ། རྗོད་ཁ། ཞྭ་ནག བརྩོན་རྩམ། རྒྱལ་མཚན། ཨུ་རྩེ། རྒྱལ་ཞེར། གུང་རྒྱ། རྒྱ་གར་དང་བཅུ། གུན་པོ་དང་ར་ལ་བུ་གསུམ་ཡོད་པ་ལ། ཆེ་བ་ཕ་བ། འབྲིང་པ་དཔལ་སྣ། ཆུང་བ་ཕྱོང་བུ་ཡིན། རག་གདུའི་བུ་ནག རམས་ནག རམས་ལ་བུ་གཉིས། ཆེ་བ་སངས་རྒྱས་འབར། ཆུང་བ་ཡུལ་ལྷ་འབར། ཨ་དེ་ལ་བུ་དྲུག ཡོད་པ། ཆེ་བ་རྒྱལ་མཚན། སྐྱིད་འགོ། སྣ་མོ་བཙན་ཞེར། ཡེ་ཤེས་དཔལ། གྲངས་ལྷུང་། སངས་རྒྱས་འབར་ལ་བུ་གསུམ་ཡོད་པ། ཆེ་བ་མཁན་པོ། འབྲིང་པ་རྗོད་པོ། ཆུང་བ་སྨན་ཉིང་། རྒྱལ་ཞེར་ལ་བུ་བཞི་ཡོད་པའི་གཡུ་རྩེ། རླུང་རྩེ། ཁྲི་རྩེ། ཕྱུར་བུ། ཚན་ཕུག་གཙོང་ཏམ། དེ་ལ་རྟོལ་ཙོ། བུ་དྲུག་ཡོད་དོ། །ཏིང་ཚ་ལ་བཞི། གཙོང་ཏམ་དཔལ་ཚ་བུ་བརྒྱད། སྟག་བུ་ལ་ཡོ་རྒྱང། སྟོ་ཤྲུ། ཕྱེ་སོང་། རེའུ་ལོ། ཐོག་ཕྱུག བཙན་ཐོག སངས་རྒྱས་སྐྱབས། འབར་ཚ། ཕུར་ཏོལ་འབར་གསུམ་ཡོད། རླངས་སྲས་གྱེན་འབར་གྱི་མི་ཁྱུངས་སོ། །

༈ དེ་ལྟར་རླངས་སྟོང་སྟོའི་རྒྱུད་ནི། བོད་ཀྱི་གཡོན་རུའི་རླངས་སུ་འཕེལ། འབྲིང་པོ་ཆེ་རྗེའི་རླངས་ནི། བོད་ཀྱི་གཡོན་རུའི་རླངས་སུ་འཕེལ། ཆུང་པ་སྟོང་གླིང་བརྒྱུད་ནི། བོད་ཡུལ་དབུས་ཀྱི་རླངས་སུ་འཕེལ། རྗེ་སྟོང་ཐོག་གི་རྒྱུད་ནི་གཡར་མོ་ཐང་གི་རླངས་སུ་འཕེལ། རླངས་སྟོང་སྲས་ཀྱི་རྒྱུད་ནི་ཙོང་ཁ་བདེ་ཡངས་ཀྱི་རླངས་སུ་འཕེལ། ཆུང་པ་སྟོང་

དགེའི་རྒྱུད་ནི། མདོ་ཁམས་ཀྱི་ནླངས་སུ་འཕེལ། དེ་ལྟར་ནླངས་རྗེ་འཐོན་རྐོད་ལྡིང་གཉིས་ལ་འཕེལ་བ་ནི། ཕར་ཀུ་དང་། སྦྲོས་སེ་དང་། རགས་ཕུ་དང་། རག་དབང་དང་། སྤྲོ་ལོན་དང་། རྒྱངས་རྗེ་དང་། མགོ་ཚགས་དང་། ཞོར་དང་། ཞམས་དང་། འབྲས་དང་། འབྲུག་དང་། རྫོག་ལ་སོགས་པ་མི་རབས་རྒྱུད་དུ་འཕེལ་བའི་སྲིད་ལགས་སོ། །ཐོས་ཕྲན་ཕལ་ཆེ་བ་དང་། ཞིབ་ཚགས་འདིར་མ་བྲིས་ལགས་སོ། །ལྷ་རིགས་ནླངས་ཀྱི་སྐྱེ་རྒྱུད་རྫོགས་སོ། །

༄༅། །ཨོཾ་སྭ་སྟི། དེ་ལྟར་ལྷ་རིགས་ཀྱི་ནླངས་ཀྱི་སྐྱེ་བརྒྱུད་གྲོལ་ཕུགས་དེ་ལྟར་ལགས་ནའང་། ཨ་ཉེ་བྱང་ཆུབ་འདྲེ་བཀོལ་གྱི་གསུང་ནས། ལར་གྱིས་ངེད་རང་ལྷ་རིགས་ནླངས་ཀྱི་མི་རྒྱུད་རྣམས་ཀྱི་ཡིད་ལ་ཞོག་དང་འཕོ་(མཕོ)བར་ཡོང་པ་ཡིན་གསུང་ནས༔ ང་རེས་སྐྱེས་པའི་མི་ལ་གྲགས་པའི་གཏམ་དགོས། བྱས་པའི་ཆོས་ལ་གྲུབ་པའི་མཐའ་དགོས། ཆེ་བའི་མི་ལ་མཐོ་བའི་རྟགས་དགོས། སྒྲུབ་པའི་མཐུ་ལ་གྲུབ་པའི་རྟགས་དགོས། འཐབ་པའི་མི་ལ་དཔའ་བོའི་རྟགས་དགོས་གསུང་། ང་(ངེད)རང་ལྷ་རིགས་འཕེན་(འཕན)པོ་ཆེ་ནླངས་ཀྱི་མི་རྒྱུད་འདི༔ སྐྱེས་ས་མཐོ་བ་གཡུ་བྲུང་སྔོན་མོ་དང་འདྲ་ཅིག་(ཞིག)ཡིན། གྲོལ་ཕུགས་ཟབ་པ་རྒྱ་མཚོ་ཆེན་པོ་དང་འདྲ་བ་ཞིག་ཡིན། ཐབས་ཀྱིས་ཆེ་བ་རི་བོ་ལ་གངས་ཆགས་པ་དང་འདྲ་བ་ཅིག་(ཞིག)ཡིན། ཇུས་ཀྱིས་བརྩོན་པ་མཚོ་ལ་དར་ཆགས་པ་དང་འདྲ་བ་ཅིག་(ཞིག)ཡིན། འཐབས་ན་མི་འགྱུགས་པ་རིན་པོ་ཆེ་རིགས་དང་འདྲ་བ་ཅིག་(ཞིག)ཡིན། དཔའ་ལ་བརྩོན་པ་སེང་སྟག་གྲུས་མ་དང་འདྲ་བ་ཅིག་(ཞིག)ཡིན། འཇིགས་ལ་ངར་ཆེ་བ་ནམ་མཁའི་གཡུ་འབྲུག་དང་འདྲ་བ་ཅིག་(ཞིག)ཡིན། བགྲངས་ཀྱིས་མི་ལོང་པ་ནམ་མཁའི་སྐར་མ་དང་འདྲ་ཅིག་(ཞིག)ཡིན། སྣད་ཀྱིས་ཕྱུག་པ་ནམ་མཁའི་ལྡོ་སྤྲིན་དང་འདྲ་བ་ཞིག་ཡིན། རིགས་བརྒྱུད་མི་ཆད་པ་རིན་པོ་ཆེ་སྣ་ལྔ་དང་འདྲ་བ་ཅིག་(ཞིག)ཡིན། དྭངས་ལ་གསལ་བ་ཤེལ་སྒོང་གཡའ་དག་པ་དང་འདྲ་བ་ཞིག་ཡིན། སྐྱེ་རྒྱུད་ཀྱི་ཡིན་ཚུལ། སྐྱེས་སའི་མཐོང་ཚུལ་ལགས་ཏེ། ལར་གྱིས་གང་གིས་ཀྱང་ལྷ་གཉན་པོ་དེ་མ་

མཆོད་པར་མི་འགོ། ཆོས་ཟབ་མོ་དེ་མ་སྨྲུབས་པར་མི་གྲུབ། མི་ཆེན་པོ་ལ་མ་གུས་པར་མི་སྐྱོབ། མི་བླུན་པོ་ལ་མ་བཤད་ན་མི་གོ ཧ་མགྱོགས་པ་ལ་མ་བྲབ་པར་མི་རྒྱུག མཆོན་རྣོན་པོ་དེ་མ་བརྡར་བར་མི་ཆོད། ཆོས་ཟབ་མོ་དེ་མ་ཞུས་པར་མི་གུས། ནོར་བཟང་པོ་དེ་མ་བྱིན་པར་མི་དགའ། ལར་ང་ལྷ་རིགས་འཕན་པོ་ཆེ་ཕྲངས་ཀྱི་མི་རྒྱུད་ལ། གོང་ན་ཡོད་པ་བླ་མ་དཀོན་མཆོག བླ་མཆོད་བདག་གི་འདྲེན་པ་ཡིན། འོག་ན་ཡོད་པ་རྒྱལ་ཁམས་ཀྱི་མི་ཡིན། ལས་ཀྱི་སྐལ་བ་ཡོད་པ་དམ་པའི་ཆོས་ཡིན། རིགས་བརྒྱུད་ཀྱི་ཁྱད་དུ་འཕགས་པ་ལྷ་ལས་གྲོལ་བ་ཡིན། ད་ཕྱིས་ཀྱང་། ཕྲངས་ཀྱི་མི་བརྒྱུད་རྣམས་ཀྱི་ཐུགས་ལ་ཞོག་ཅིག་ནན་ཆགས་མཛོད། ཨ་ཧེ་བྱང་ཆུབ་འདྲེ་བཀོལ་གྱིས། ཡིན་ལུགས་དང་བྱེད་ཚུལ་གསུངས་པ་ལ། ཕྲངས་ཀྱི་སྐྱེས་བུ་རྣམས་ཡི་རང་དགའ་བར་གྱུར་ཏོ། །ང་ལྷ་རིགས་ཕྲངས་ཀྱི་ཆེ་དགེ་ཡིག་ཚང་མི་རབས་དཔའ་རབས་ཟུར་ཙམ་ཞིག་ཞུ་ན་ཡང་། གཞི་ཆེ་བ་མི་ཆོས་དང་། རྒྱན་དམ་པ་ལྷ་ཆོས་གཉིས་ལས། མི་ཆོས་ཀྱི་རྣམ་བཞག་གསུངས་པ་ནི། ཕྲངས་སྟོང་ཐོས་མགོ་ནག་ཐམས་ཅད་ཀྱི་དཔོན་བྱས་པས། དཔོན་གྱི་གོ་ས་ཡང་བདག་ཅག་ལྷ་རིགས་ཕྲངས་ལ་ཡོད་པ་ཡིན། ཡུལ་འཛིན་སྡེ་བ་ཡང་གསེར་པས་གསེར་རིས་བཟུང་། གཡུ་པས་གཡུ་རིས་བཟུང་། ཉ་དཔོན་གྱིས་སུམ་ཅུ་པ་ཕྲངས་ཡུལ་གྱིམ་ཤོད་བྲག་ཤེལ་ལེ་རྒྱ་གར་གྱི་ཞོལ་ཏ་ཤོད་ལུང་དམར་བཟུང་། མི་ཆེ་དགུ་ནི་འབངས་སུ་བཀོལ། འབངས་ཤོག་ཉ་བཞི་བྱ་བ་དང་དེ་ནས་སྲིད། ལྷ་གཟིགས་དེ་གསུམ་གྱིས། མདོ་པས་རྒྱ་ཤོད་ཇ་རྒྱུད། དཀར་རེ་གཉིས་ཀྱི་ཡུལ་བདག་བྱས། གཉན་བྱ་ཞུ་ནག་པོའི་རྒྱུད་པ་དེས། ལྷོ་སྟོད་ལུང་ཆེན་ཕུ་དྲུག་དང་། སྤྱིའི་རས་ས་རྫོང་ཐོག་བཟུང་། སྟོན་ཚང་ཇོ་ཇོ་སྤུན་བུ་དེས། ནག་སོག་ཤག་གསུམ་གྱི་སྤྱི་དཔོན་བྱས་པས། ཡུལ་འཛིན་སྡེ་བ་དང་འབངས་བཀོལ་སྡེ་བ་ཡང་དེ་ལྟར་ཡིན། ཕྲངས་གསེར་པས་གསེར་རིས་བདག གཡུ་པས་གཡུ་རིས་བདག ཉ་དཔོན་གྱིས་བྲག་ཤོལ་ལེ་རྒྱ་གར་གྱི་ལྷ་ཞོལ་བདག ལྷ་གཟིགས་དེ་གསུམ་གྱིས། ལྷོ་སྟོད་ཀྱི་ལུང་ཆེན་བཅོ་བརྒྱད་བདག་བྱས་ནས་ཁམས་པའི་སྤྱི་དཔོན་བྱས་པས། འབངས་བཀོལ་མཁས་པ་དང་། ཡུལ་འཛིན་སྡེ་བ་ཡང་ལྷ་རིགས་ཕྲངས

ཡིན། དཔའ་རབས་ཟླུར་པ་ཞིག་ཞུ་ན། ཀླངས་གུ་རུམ་སེང་གེས་རྒྱལ་གྱི་རྒྱ་བོད་སྟངས་ཐབས་བྱུང་བའི་དུས་སུ། རྒྱ་ལ་དམག་དྲངས། རྒྱའི་ཆུ་མཁར་ཡང་ལེ་དེ་ཕབ། དེའི་དཔའ་རྟགས་སུ་རྒྱ་ནག་པོའི་ཁྲིམས་ཉོར་དེ་ཁྱེར་བས། དེ་བས་ནག་པོ་རྒྱའི་འདུལ་དཔོན་བྱེད་མི་ཡང་ལྷ་རིགས་ཀླངས་ཡིན། ཀླངས་སྟོང་དགེས་ལྷ་ཏུ་གཉན་ཆེན་ཐང་ལྷ་དེ་མཆོད་ནས་བཙད་པོ་དང་འབྲུགས་པའི་དུས་སུ། བཙད་པོ་ལ་དམག་བྱས་པས་འབྲོའི་རྒྱལ་ཁམས་དེ་ཆམ་ལ་ཕབ། དེའི་དཔའ་རྟགས་སུ་ལི་ཛེ་ཐོད་དཀར་གྱི་དངུལ་གྱི་ཐོར་ཚུགས་དེ་ཐོབ། འབྲོ་བཙད་པོའི་ཟས་ཉོར་ལ་སྐྱུས་ཀྱི་ལམ་བྱས། བཙད་པོ་སྨུན་བཞི་དེ་བྲན་དུ་བཀོལ། བཙད་པོའི་བུ་མོ་ཤེལ་ཐིག་མ་ལ་ཆུང་མ་བཙོལ། དེ་བས་ཕུ་གངས་རི་ཞེལ་བ་སྦྱི་བོས་བརྟེན་ནས། བཙད་པོ་བྲན་དུ་བཀོལ་མི་ཡང་ལྷ་རིགས་ཀླངས་ཡིན། ཀླངས་ཛེ་རྩེ་འཐོན་གྱིས། ཤར་དུ་བྲག་བཙུར་སྦུར་གསུམ་དང་འབྲུགས་པའི་དུས་སུ། སྐྱ་སའི་ཆུ་མཁར་དེ་ཕབ། དེའི་དཔའ་རྟགས་སུ་བྲག་པོ་སྨུན་བཞི་བཟུང་། སྦུ་ཏུ་མི་དྲུག་དེ་བསད། བཙུར་གྱི་མི་གཉིས་དེ་བྲན་དུ་བཀོལ། གྲགས་བཙུར་སྦུར་གསུམ་གྱི་ཁྲ་ཁྱུ་དང་སྨུག་ཁྱུ་དེ་མནངས་སུ་ཐོབ་པས། དེ་བས་ཤར་གྱི་ཁ་ལུད་དེ་རྗོག་པས་གནོན་པ་དང་། བྲག་བཙུར་སྦུར་གསུམ་ཆམ་ལ་འབེབས་པ་ཡང་ལྷ་རིགས་ཀླངས་ཡིན། ཀླངས་ཛེ་སྟོང་སྲས་ཀྱིས། ལྷ་ཏུ་རྨ་ཛེ་སྤྱོམ་ར་མཆོད་ནས་ཤར་དུ་དགའ་དང་སྐྱུར་ལ་དམག་དྲངས་པས། ལྡན་གྱི་ཡུལ་མཁར་དེ་ཆམ་ལ་ཕབ། དེའི་རྟགས་སུ་ལྡན་གྱི་ཀླངས་གཡུ་ག་ལྡོང་དེ་འཕྲོགས། དགའ་བ་སེང་བཟང་དེ་འབངས་སུ་བཀོལ། སྐྱུར་མི་དྲུག་དེ་བསད། སྐྱུར་འདུལ་མི་དང་ལྡན་གྱི་ཁྲིམ་སྣ་བསྐྱུར་མི་ཡང་ལྷ་རིགས་ཀླངས་ཡིན། ཀླངས་ཛེ་འབྲོང་ལྷས་ཀྱིས། ལྷ་ཏུ་སྟོང་བཟང་རྨི་རི་དེ་མཆོད་ནས། སྟོ་ལ་དམག་དྲངས་པས་སྐེ་ཤོད་པ་གཙུག་འཕྲུལ་རྒྱལ་སྐྱབས་ཁོ་བན་ནག་གི་མུ་ལི་སེང་རྫོང་དེ་ཕབ། དེའི་དཔའ་རྟགས་སུ་རྗེ་ཁམ་ཤང་དེ་མནངས་སུ་ཐོབ། དེ་བས་སྟོ་དོམ་ནག་པོའི་མདོ་འདོན་བྱེད་མི་ཡང་ལྷ་རིགས་ཀླངས་ཡིན། ཀླངས་དོ་དེས་ལྷ་ཏུ་གཡུ་དཀྱུང་པོ་དེ་མཆོད་ནས། ལྡོང་ལ་དམག་བྱས། ལྡོང་གི་ཐོག་མདའ་ནག་པོ་དེ་བཏོགས། ལྡོང་མི་དུག་ཅན་གྱི་མིག་དེ་ཕྱུངས། དེའི་

དཔའ་རྟགས་སུ་ལྷོང་གི་རལ་གྲི་ཇོ་གྲོ་དེ་དང་། འོད་འབར་མ་དེ་ཐོབ་པས། དེ་བས་ནག་པོ་ལྷོང་གི་འདུལ་དཔོན་ཡང་ལྷ་རིགས་ཆླངས་ཡིན། ཆླངས་རྒྱལ་ཤང་ཇོང་གིས་ལྷ་ཏུ་མོན་སྐྱེས་གསང་ཞུར་དེ་མཆོད་ནས། བཏང་ཤོང་ཙ་སྟག་མོ་སྒེ་ཇོང་དེ་བཟུང་ནས། གྲུང་མདོག་སྟོང་རི་ཕར་བཅད་བྲན་དུ་བཀོལ་བས། ཁྲལ་ལ་བྲུ་འབྲི་དང་བྲུ་ལུག་ཏུ་བསྡུས་ནས། དཔོན་ལ་ཟས་ལ་ཏ་ལྔ་བླངས༔ དེ་བས་འབངས་ལ་ཤོལ་ཆེ་བ་ཡང་ལྷ་རིགས་ཆླངས་ཡིན། ཆླངས་རྗེ་ཁྲི་གསུམ་གྱིས་ལྷ་ཏུ་རྒྱམ་གྱི་ལྡིང་ཧི་དེ་མཆོད་ནས། འབེར་རྒྱལ་རི་ཐོ་ལ་དམག་དྲངས་པས། ངམས་ཀྱི་ཆུ་མཁར་དེ་ཕབ། དེའི་དཔའ་རྟགས་སུ་འབེ་ཁྲབ་གསེར་གཞུང་དེ་ཐོབ། རྫོག་ཐོར་སུམ་རྒྱ་དེ་བྲེགས། འབེ་ཁྲབ་སུམ་རྒྱ་དེ་བཤུས། འཐོ་རྐོད་སུམ་རྒྱ་མིག་ཕྱུང་། འབེ་མོ་སུམ་བརྒྱའི་ཁ་དབྲལ། འབེ་ཕྲུག་སུམ་བརྒྱ་མནངས་སུ་ཁྱེར་བས་འབེ་རྒྱལ་རི་ཐོ་ཆམ་ལ་ཕབ་མི་ཡང་ལྷ་རིགས་ཆླངས་ཡིན། ཆླངས་རྗེ་མིག་བལྟས་ཀྱི་ལྷ་ཏུ་པདྨ་འབྱུང་གནས་མཆོད་ནས། སྲིན་པོ་ལ་དམགས་དྲངས་པས། སྲིན་པོ་ལང་ཀ་དེ་བསད། དེའི་དཔའ་རྟགས་སུ་སྲིན་གྱི་བླ་གཡུ་དེ་ཐོབ། སྲིན་གྱི་དགོར་དེ་དྲངས། སྲིན་ཟལ་གོང་མིག་མ་ཁྱེར་ནས་ཕོ་བོ་མུ་ཏྲ་ལ་བྱིན་པས། ཆླངས་སྲིན་ཚ་མཆེད་གསུམ། དཔའ་རྩལ་ནི་ཡོད། གདུག་རྩུབ་ནི་ཆེ་བ་བྱུང་། དེ་བས་ལང་ཀར་སྲིན་པོ་འདུལ་མི་ཡང་ལྷ་རིགས་ཆླངས་ཡིན། ཆླངས་སེང་གེ་འདུལ་གྱིས་ལྷ་ཏུ་མོན་ལྷ་སྤྱི་སྒོམ་དེ་མཆོད་ནས། མོན་ལ་དམག་དྲངས་པས་མོན་གྱི་རྒྱལ་ཁམས་དེ་ཆམ་ལ་ཕབ། དེའི་དཔའ་རྟགས་སུ་མོན་གྱི་ཆུ་སྟག་མི་ཟན་དེ་བཟུང་ནས་དཔའ་བའི་འཛོམ་དྲུག་དེ་བཀོལ་ནས་འཕྲུ་ལ་བཙུགས། མོན་ཁ་བཞི་དེ་འབངས་སུ་བཀོལ་ནས། དེ་བས་དཔའ་བོའི་སྟགས་འཕྲུ་འཛུགས་མི་དང་། མོན་འབངས་སུ་བཀོལ་མི་ཡང་ལྷ་རིགས་ཆླངས་ཡིན། ཆླངས་རྗེ་སྟག་འབར་གྱིས། ལྷ་ཏུ་ཨུ་ནེ་ལྷ་བཙན་དེ་མཆོད་ནས། གཙང་ལ་དམག་དྲངས་པས། གཙང་གི་ཧུས་མཁར་བཅུ་གསུམ་དེ་ཕབ། དེའི་དཔའ་རྟགས་སུ་གཙང་རྗེ་ཐོད་དཀར་གྱི་གཡུ་སེང་ཐོད་དེ་ཐོབ་ནས། དེ་བས་གཙང་གི་ཝ་ཡུག་ཡར་བཅད་འདུལ་མི་ཡང་ལྷ་རིགས་ཆླངས་ཡིན། ཆླངས་རྗེ་རྩལ་གསུམ་གྱིས་ལྷ་ཏུ་སྒྲོགས་ཆེན་ལྡིང་དབྲ་དེ་མཆོད་ནས།

ཚིབས་ཡུལ་དུ་དམག་དྲངས་པས། དར་སྦྲངས་ཚིབས་གསུམ་དེ་ཆམ་ལ་ཕབ། དེའི་དཔའ་རྟགས་སུ་ཚིབས་པ་བཙན་གྲགས་དེ་བསད། དར་སྦྲང་སྤེ་གཉིས་དེ་ཆམ་ལ་ཕབ་ནས་འབངས་སུ་བཀོལ། ཚིབས་གཡུ་ཕུད་བཀབ་དང་གཡུ་དམར་ཆང་རྫེ་དེ་ཐོབ། དེ་བས་དར་སྦྲང་ཚིབས་གསུམ་འདུལ་མི་ཡང་ལྷ་རིགས་རླངས་ཡིན། རླངས་མཆོག་དཔལ་གྱི་སེང་གེས། མཆོག་གི་བླ་མ་སྤྱི་བོར་སྒོམས། ལྷ་རུ་ཡར་ལྷ་ཤམ་བུ་མཆོད་ནས། མངའ་རིས་བྱུང་ལ་དམག་དྲངས་པས། མངའ་རིས་བྱུང་ཕྱོགས་དེ་ཆམ་ལ་ཕབ། དེའི་དཔའ་རྟགས་ས་བྱུང་གི་མི་ཆེན་ཨང་ཧུ་དེ་བཟུང་། མངའ་རིས་རྒྱལ་ཁམས་བྲན་དུ་བཀོལ་ནས། དེ་བས་ལ་སྟོད་མངའ་རིས་བྱུང་འདུལ་མི་ཡང་ལྷ་རིགས་རླངས་ཡིན། རླངས་རྫེ་རྩེ་མཐོན་གྱིས། ལྷ་འོ་དེ་གུང་རྒྱལ་དེ་མཆོད་ནས་དབུས་སུ་དམག་དྲངས་པས། སྟོང་ལྡིང་ཡུལ་མཁར་དེ་ཆམ་ལ་ཕབ། སྟོང་ལྡིང་རྒྱུད་གཉིས་དེ་བྲན་དུ་བཀོལ། དེའི་དཔའ་རྟགས་སུ་ལྕགས་ཀྱི་བྱ་ཁྲ་མཆེད་གསུམ་དེ་ཐོབ་པས་དབུས་ཀྱི་སྟོང་ལྡིང་འདུལ་བ་དང་བྲན་དུ་བཀོལ་བ་ཡང་ལྷ་རིགས་རླངས་ཡིན། རླངས་སྲས་རྒོད་ལྡིང་གེས། ལྷ་རུ་རྒོད་མདུང་རྩེ་མཆོད་ནས། འབྲུ་རྒྱལ་རོང་པོ་ལ་དམག་དྲངས་པས། བང་རིམ་སུམ་བརྩེགས་དེ་ཆམ་ལ་ཕབ། དེའི་དཔའ་རྟགས་སུ། རོང་པོ་དབང་ལྡན་དེ་བསད། རོང་གི་བླ་གཡུ་དེ་ཐོབ། རལ་གྲི་ཟི་ཆེན་དེ་ཐོབ་ནས། འབྲུ་རྒྱལ་རོང་པོ་འདུལ་མི་ཡང་ལྷ་རིགས་རླངས་ཡིན། རླངས་དཔལ་སྟག་ལྷ་གཟིགས་བསེའུ་རྒྱུད་གསུམ་གྱིས་ལྷ་རུ་མོ་ནམ་མཆེད་བརྒྱད་དེ་མཆོད་ནས། རླངས་ཁམས་པ་རུ་གསུམ་བྱས་ནས་ཁམས་པའི་སྤྱི་དཔོན་བྱས་པས། ཁམས་པའི་དཔོན་རྒྱུད་ཡིན་པ་དང་། ཐ་མར་བུ་ཚ་བོ་ཡིག་ཚང་མང་བ་དང་། སྤར་སྤྲུལ་བཟང་པོ་ཡོད་པ་དེ་ཡང་ལྷ་རིགས་རླངས་ཡིན། རླངས་དབང་རྩེས་བདུད་གཡག་རོག་ཆེན་གྱི་རྭ་ཐོག ཟ་མ་བྲེགས་ནས་སྒོ་ལ་བཏགས་པས། ད་ཕྱིན་ཆད་སྒོང་འདོགས་པ་ཡང་ལྷ་རིགས་རླངས་ཡིན། རླངས་བསམ་སྐྱེས་ཀྱིས། ལྷ་རུ་རྣམ་ཐོས་སྲས་མཆོད་ནས། ཁྲབ་སྒྲ་རྩེ་རྒྱལ་དང་། གསེར་གྱི་གོང་གོང་དང་ལྕགས་པུ་མི་འདྲེན་དང་རྫོག་ཞལ་ལེ་དོར་ཞུན་དང་། རལ་གྲི་དཀར་ཆེན་དཀར་ཆུང་དང་། མུ་ཏིག་བླ་རིས། དངུལ་གྱི་

ཡོལ་སྒོང་དང་། དངུལ་གྱི་བྱ་ཐོག་དང་། གསེར་གྱི་མཎྜལ། འདབ་ཆགས་སྨྱི་ཤེས་དང་། ཤེལ་གྱི་ཁྲི་ཆེན་ཁྲི་ཆུང་དང་། དཀོར་ནོར་བསམ་གྱིས་མི་ཁྱབ་པ་ཡོད་པས། ཕྱུག་པོའི་གོང་དང་འཛིན་མི་ཡང་ལྷ་རིགས་ནྲངས་ཡིན། སྣངས་རྗེ་སྟག་འབར་གྱིས། བན་ཧྲི་ཀུན་གྱི་གནས་པོ་བྱས། རྒྱ་ནོར་བོད་དུ་བླངས། བོད་ནོར་རྒྱ་ལ་བསྒྱུར། དངོས་པོ་གང་ཡོད་དེ་དཀོན་མཆོག་ཕྱོགས་སུ་བཏང་བས། མོས་པ་གུས་པས་གསོལ་བ་བཏབ། མོས་གུས་བྱས་པའི་ཡོན་ཏན་གྱིས། ཡི་དམ་ལྷའི་ཞལ་མཐོང་པས། ཡོན་བདག་དད་པ་ཆེ་བ་ཡང་ལྷ་རིགས་ནྲངས་ཡིན། སྣངས་རྗེ་གོད་ལྡིང་གིས། གནམ་ཐོར་གསེར་ཁང་བརྩིགས། གསེང་ཁང་ཐོག་ཡང་གསེར་དུ་བྱས། རྩེ་ལ་གསེར་འཕྲུ་བཙུགས། བཀའ་འགྱུར་གསེར་གྱིས་བྲིས། ནང་དུ་གསེར་གྱི་ཞལ་བ་བྱས། སྟེང་དུ་ཨུ་ཏིག་བླ་རེ་ཕུབ། ངོས་ལ་ཉ་ཕྱིས་ཡོལ་བ་ཐེན་ཐོགས་ལ་སངས་རྒྱས་སྟོང་སྐུ་བཀྲམ། དེའི་གཙོ་བོ་ལ་ལྷ་དང་ཆོས་རྣམས་བཞུགས། གཡུའི་གདུང་ལ་དངུལ་གྱི་ཀ་བ་བཙུགས། དེ་ལ་གསེར་སྒོར་དངུལ་སྒོར་བཏགས། རྒྱལ་ཁྲིམས་བོད་དུ་མ་དར་བས། མི་ཤེས་པ་ནི་ཅི་ཡིན་ཟེར། ང་རྒྱལ་ཁྲིམས་བོད་དུ་འགྲིམས་དུས་ན། ང་ཡི་རྒྱུད་ཀྱིས་འདི་འདྲ་འཛིན། ང་མི་བརྒྱུད་ལྷ་ལས་གྲོལ་བ་ཡིན། གསུངས་པས། བྱས་པ་ཆེ་བ་དང་ཡོན་བདག་གིས་སྤྱ་བ་ཡང་ལྷ་རིགས་ནྲངས་ཡིན། སྣངས་ལྷ་མདོག་གིས་མིའི་ལུས་ལ་ལྷའི་མདོག་ཡོད་པས་མཛེས་པའི་གོང་བ་ཅན་འཇུགས་མི་ཡང་ལྷ་རིགས་ནྲངས་ཡིན། མཚན་ཡང་ལྷ་མདོག་ཏུ་བཏགས་སོ། དེ་ལྟ་བུ་ཨུ་ཏིག་སུས་ཀྱིས་མི་གོལ་བ་ལྷ་རིགས་ནྲངས་ཀྱི་བུ། དཔོན་ཚང་སྐར་མ་བཏབ་པ། རྫོན་མོ་འབྲུའི་ཁྱུང་བཟང་པས་ནྲངས་དབང་རྩེས་སྲིན་པོ་ངོ་དམར་བ་ལ་གྲོ་བྱིན་རྫོངས་བཏབ་པས། སྲིན་པོས་སྲིན་གྱི་མདོ་བ་གྱད་ལྡན་དང་། སྲིན་གྱི་རལ་གྲི་དབྱུག་ཆོད་དང་། སྲིན་གྱི་དཀོར་ནོར་ཕུལ་བས་ཡོན་བདག་བྱས་པས། དེ་བས་གཞན་པའི་གོ་ལ་འཛུགས་པ་དང་། སྲིན་པོ་ཡོན་བདག་ཏུ་བཀོལ་མི་ཡང་ལྷ་རིགས་ནྲངས་ཡིན། འདི་ཡན་ཆད་བྱས་པའི་ཆེ་ལུགས། མི་དཔོན་གྱི་ཕྱོན་ལུགས། དཔའ་བོའི་སྲིད་ཐབས། རྒྱལ་ཁམས་བཏུལ་ལུགས། ས་ཡི་བཀོད་ལུགས། ཡུལ་གྱི་བཟུང་ལུགས།

བྲན་གྱི་བཀོལ་ལུགས། ཆེ་དགེ་ཡིག་ཚངས། མི་ཆོས་ཀྱི་རྣམ་བཞག་བྱུར་ཙམ་ལགས་པར་གདའ།

༈ རྒྱན་དམ་པ་ལྷ་ཆོས་ཀྱི་རྣམ་བཞག་གསུངས་པ་ནི། སྔོན་རྒྱན་པོ་མེས་དཔོན་རྣམ་གསུམ་གྱིས་རིང་ལ། རླངས་ཁམས་པ་གོ་ཆ་དང་། རླངས་ཁམས་པ་བེ་རོ་ཙ་ན་དང་གཉིས་ཀྱིས་དམ་པའི་ཆོས་བོད་དུ་བསྒྱུར་བས། བོད་མུན་པའི་སྨག་རུམ་དུ་དམ་པའི་ཆོས་དང་། གཡུང་དྲུང་བོན་གྱི་སྒྲོན་མེ་བཙུགས་པས་བོད་མུན་པའི་གསལ་སྒྲོན་བྱེད་མི་ཡང་ལྷ་རིགས་རླངས་ཡིན༎ རླངས་ཀྱི་གྲུབ་ཐོབ་ཆེན་པོ་ཀླུ་གྲུས་མི་ཟད་པས། བལ་པོའི་སེམས་ཅན་ལ་དགེ་བ་བཅུའི་ཆོས་ཀྱི་འཁོར་ལོ་བསྐོར་བ། དམ་པའི་ཆོས་དར་ཞིང་རྒྱས་པར་མཛད་མི་ཡང་ལྷ་རིགས་རླངས་ཀྱི་གྲུབ་ཐོབ་ཡིན། རླངས་ཀྱི་གྲུབ་ཐོབ་ཆེན་པོ་དཔལ་གྱི་སེང་གེས། སྔོད་རྒྱ་གར་ཡུལ་དུ་ཡར་ཕྱིན་ནས། རྒྱ་གར་ཆོས་རྣམས་བོད་དུ་བསྒྱུར། བོད་དབུས་ལོང་ཐམས་ཅད་ཆོས་ལ་བཙུད། བཀའ་དྲིན་ཆེ་བ་ཡང་དེ་ལྟར་ཡིན། རྒྱ་གར་རྡོ་རྗེ་གདན་སྟེང་ནས་ཤར་ཕྱོགས་དུང་རི་འབར་བ། དུང་གི་ལྷ་ཁང་རྨང་རྡོ་བླངས། དུང་གི་ལྷ་ཁང་རྩིགས་པ་ལ། དེ་ལ་ཐུགས་རྗེ་ཆེན་པོ་བཞུགས། འཁོར་ནི་རྒྱལ་བ་རྒྱ་མཚོས་བསྐོར༎ ལྷོ་ཕྱོགས་གསེར་གྱི་འབར་བ་ནས། གསེར་གྱི་ལྷ་ཁང་རྨང་རྡོ་བླངས། གསེར་གྱི་ལྷ་ཁང་རྩིགས་པ་ལ། དེ་ན་ཤཱཀྱ་ཐུབ་པ་བཞུགས། འཁོར་ནི་བརྒྱད་ཁྲི་བཞི་སྟོང་བསྐོར། ནུབ་ཕྱོགས་ཟངས་རི་འབར་བ་ནས། ཟངས་ཀྱི་ལྷ་ཁང་རྨང་རྡོ་བླངས། ཟངས་ཀྱི་ལྷ་ཁང་བརྩིགས་པ་ལ། དེ་ན་བྱམས་པ་མགོན་པོ་བཞུགས། བྱམས་པའི་ཆོས་ལྔ་དེ་ན་བཞུགས། བྱང་ཕྱོགས་གཡུ་རི་འབར་བ་ནས། གཡུ་ཡི་ལྷ་ཁང་རྨང་རྡོ་བླངས། གཡུ་ཡི་ལྷ་ཁང་བརྩིགས་པ་ལ། དེ་ན་ཕྱག་ན་རྡོ་རྗེ་བཞུགས། རྒྱལ་སྲས་ཁྱུང་གི་ཚོགས་ཀྱིས་བསྐོར། རླངས་ཆེན་དཔལ་གྱི་སེང་གེ་དེས། རྒྱ་གར་རྡོ་རྗེ་གདན་སྟེང་ན། ཕྱོགས་བཞིར་ལྷ་ཁང་དེ་བཞི་བཞེངས། དེ་ན་ལྷ་ཕྱོགས་དེ་རྣམས་བཞུགས། སྒོ་སྲུང་རྒྱལ་ཆེན་རིགས་བཞི་བཞེངས། རྒྱ་གར་རྡོ་རྗེ་གདན་སྟེང་ན། རིན་ཆེན་སྣ་ལྔའི་ལྷ་ཁང་བཞེངས། གསེར་འཕྲུ་གར་སོང་དགུང་དང་མཉམ། འདབ་མ་གར་སོང་ས

གཞི་ཕེབས། བྱ་ཁྱུང་གར་སོང་བར་སྣང་ཕེབས། ལྷ་ཁང་དེ་ཡི་ནང་དེ་ན། སངས་རྒྱས་རབས་བདུན་གསེར་སྐུ་དང་། སངས་རྒྱས་སྟོང་དང་སེམས་དཔའ་གཉིས། ཉན་ཐོས་ཉེ་བའི་སྲས་བརྒྱད་དང་། གསང་སྔགས་རྙིང་མའི་ལྷ་ཚོགས་དང་། བཀའ་རྒྱུད་བླ་མའི་ཕོ་ཕྲེང་དང་། འདི་རྣམས་ལྷ་སྐུ་གསེར་ལས་བཞེངས། བཀའ་འགྱུར་གསེར་ལས་བཞེངས་པ་དང་། ལྷ་ཁང་ནང་ལ་བཞུགས་སུ་བཅུག བཀའ་བསྒྲུང་མ་མགོན་རྣམས་ལ་བཅོལ། ལྷངས་ཆེན་དཔལ་གྱི་སེང་གེ་དེས། སྨད་རྒྱའི་དམག་ཟློག་བྱོན་པའི་ཚེ། འདོ་བ་སེང་གེ་ཧ་ལ་ཆིབས། རྒྱལ་ཆེན་སྡེ་བཞིས་སྲུག་པ་བཏེག ནམ་མཁའི་ཁམས་ལ་བྱོན་པ་ལ། ཕྲ་བོ་རྣམས་ཀྱིས་མཐའ་ནས་བསྐོར། མགོན་པོ་ལྷ་མོས་དམག་སྣ་དྲངས། རྒྱ་དམག་རྒྱ་བོད་མཚམས་ན་སྣང་། ཧོང་གེས་དེ་རུ་བྱོན་པ་དང་། རྒྱ་རྣམས་སྐྲག་ནས་ཐུར་དུ་བྲོས། མཆིལ་མས་བརྡངས་ནས་བརྒྱལ་གྱིན་ཤི། རྒྱ་ཡི་རྒྱལ་པོའི་ཞལ་ན་རེ། རང་རེ་མི་རེ་ལག་གཉིས་ལ། མི་ཡི་མི་རེ་ལག་དྲུག་རེ། ལ་ལ་མི་ནག་ལག་བཞི་རེ། རང་རེ་མི་ལུས་ཆུང་བ་ལ། མི་ཡི་མི་ལུས་རི་བོ་ཙམ་རང་རེའི་ཧ་ནི་ཆུང་བ་ལ། མི་ཡི་ཧ་ནི་ཁ་བོ་ཆེ། རང་རེས་འཐབས་པས་མི་ཐུབ་པས། ཕྱི་ལ་གྱེད་ནས་བྲོས་པས་དྲག དེ་ནས་རྒྱ་དམག་ཐུར་ལ་བྲོས། ཧོང་གི་རྒྱ་དམག་དེད་ནས་བྱོན། རྒྱ་ཡི་ཆུ་མཁར་སྟག་རྫོང་ཕབ། རྒྱ་ཡི་རྒྱལ་པོ་བྲན་དུ་བཀོལ། རྒྱ་ཡི་སྲས་མོ་ཨང་ཇོ་མོ། ཁྲིད་ནས་ལྷངས་སྲས་ཆེན་པོ་ལ་ཕྱིན། རྒྱ་ཡི་དཀོར་ནོར་ཐམས་ཅད་དྲངས། སྨུ་ཧྲིག་ཁལ་ལ་འཇལ་ནས་དྲངས། གོས་དར་པང་ལ་འཇལ་གྱིན་གྲངས། གསེར་དངུལ་ཤིང་ཧ་བརྫངས་ཀྱིན་དྲངས། རྒྱ་ནོར་བོད་དུ་དྲངས་ནས་བྱོན། བོད་ཀྱི་ཡུལ་དུ་སླེབས་པ་དང་། རིན་ཆེན་གསེར་གྱི་ལྷ་ཁང་བཞེངས། རིན་ཆེན་གསེར་གྱི་ཁྲི་ལ་བཞུགས། རིན་ཆེན་སེར་འགྱེད་མང་དུ་བྱས། རིན་ཆེན་ལམ་ལ་བྱོན་པའི་ཚེ། དམ་ཆོས་རྒྱུན་ཆད་མེད་པར་གསུངས། ལམ་ལ་ཡོད་པའི་སེམས་ཅན་རྣམས། སེམས་ཅན་སྣང་བ་ཆོས་ལ་ཞུགས། བྱང་གི་གོང་གི་མཚམས་མདོ་ཡངས་པོར་བྱོན། རྒྱ་ནག་མཁར་ལ་དཔེ་བླངས་པའི། དེ་ན་ཧུས་མཁར་དགུ་བསྒྲིལ་བརྩིགས། མཁར་ཡ་ཐོག་གསེར་ལ་མ་ཐོག་གཡུ། སྒོ་བཞི་མཆོང་ལ་བར་ཁང་དངུལ། ཡ་

ཐོག་གསེར་གྱི་ཁང་པ་ལ། སངས་རྒྱས་སྟོང་དང་སེམས་དཔའ་གཉིས། བཀའ་བརྒྱུད་བླ་མའི་ཕོ་བྲོམ་བཞེངས༔ བར་ཁང་དཀྱིལ་དང་དུང་ཁང་ལ། རྡོ་རྗེ་སེམས་དཔའ་གཙོ་ལ་བཞུགས། བཅོམ་ལྡན་ཐུགས་རྗེ་ཆེན་པོ་དང་། རྒྱལ་བ་རྒྱ་མཚོའི་ཚོགས་དང་བཅས། ལྷ་དཀར་རྣམས་ནི་དཀྱིལ་ལས་བཞེངས། འོག་ཕྱོགས་གཡུ་ཡི་ཁང་པ་ལ། གཙོ་བོར་ཕྱག་ན་རྡོ་རྗེ་བཞེངས། འཇིགས་བྱེད་སྤྲུལ་པའི་ལྷ་ཕྱོགས་དང་། བཅོམ་ལྡན་རྡོ་རྗེ་གཞོན་ནུ་ལ། ཁྲོ་བོའི་ཚོགས་ཀྱིས་བསྐོར་བ་ནི། གཙོ་བོའི་གཡས་དང་གཡོན་དུ་བཞེངས། ཕྱག་བཞི་པ་ལ་སོགས་པ་ཡི། མ་མགོན་ཆོས་སྐྱོང་སྲུང་མ་རྣམས། མདུན་ན་བཞེངས་ནས་བསྲུངས་མར་བསྐོས། སྒོ་བཞིར་རྒྱལ་ཆེན་སྡེ་བཞི་བཞེངས། དེ་ནས་རྒྱ་གར་ཡུལ་ལ་བྱོན་དུས་ན། ཨུ་ཏྟི་གདུགས་དང་བླ་རེས་ཀྱིས། ལྷ་ཡི་བུ་ལ་ལྷིང་ཁང་ཕུབ། ཨུ་ཏྟི་ཆོས་གོས་སྣམ་སྦྱར་གྱིས། ལྷ་ཡི་སྐུ་ལ་ན་བཟའ་གསོལ། གསེར་གྱི་ཀོང་བུ་སྟོང་ཚན་དང་། མཎྜལ་ལྷུང་བཟེད་གསེར་ལ་བརྟུངས། ངོས་ལ་ཟ་འོག་ཡོལ་བ་འཕྱེན། ཕྱོགས་ལ་གསེར་འཕྱེན་ཆེ་བཞི་བརྐྱངས། གོས་དར་ཕྱེ་ཕུར་རྒྱལ་མཚན་བཟོས། རིག་འཛིན་གྲུབ་པ་ཐོབ་པ་དང་། སློབ་དཔོན་པདྨ་གདན་དྲངས་ནས། རོལ་མོ་མཆོད་པ་སྣ་ཚོགས་ཕུལ། སླཽཀ་ཆོས་ཧྲུང་སྦྱོར་རྣམས་བསྒྲིགས། གསང་སྔགས་གསར་རྙིང་ཐུགས་ལས་གྲོལ། རྡོ་རྗེ་གཞོན་ནུ་དངོས་དང་མཇལ། སློབ་དཔོན་པདྨའི་ཞལ་ན་རེ། ཁྱོད་ལྷ་རིགས་རླངས་ཀྱི་མི་རྒྱུད་འདི། མི་རྒྱུད་ལྷ་ལས་གྲོལ་བ་ཡིན། ཐེག་པ་ཡར་ལ་འཛེག་པ་ཡིན། ཁྱོད་རླངས་ཀྱི་མི་རྒྱུད་སྐལ་ལྡན་ལ། ང་ཡི་ཐུགས་རྗེས་ཁྱབ་པ་བྱེད། ཁྱོད་ནི་སྐྱེས་བུ་སྐལ་ལྡན་ཡིན། ཁྱོད་ལྷ་རིགས་རླངས་ཀྱི་མི་རྒྱུད་ལ། བྱང་དང་ཆུབ་ཞེས་བྱ་བ་ཡི། མི་བུ་ཁྱད་དུ་འཕགས་པ་ཡོང་། དེ་ནི་ང་ཡི་ཐུགས་ཀྱི་སྲས། གསུངས་ནས་ནུབ་ཕྱོགས་ཨོ་རྒྱན་ཡུལ་དུ་ཁྲིའུ་ལོ་བརྒྱད་པ་ཞིག་ཏུ་སྤྲུལ་ནས་བྱོན། ཕྱིང་ཡང་བོད་ཁ་བ་ཅན་གྱི་ཞིང་ཁམས་སུ་གདུལ་བྱ་མ་སྨིན་པ་རྣམས་སྨིན་གྲོལ་གྱི་ལམ་ལ་འགོད་པ་ལ་བྱོན་པས། དེ་ནས་རྒྱ་གར་རྡོ་རྗེ་གདན་དུ་རིན་ཆེན་སྣ་ཚོགས་ཀྱི་ལྷ་ཁང་བཞེངས། རིན་ཆེན་སྣ་ཚོགས་ཀྱི་མཆོད་པའི་ཡོ་བྱད་བསམ་གྱིས་མི་ཁྱབ་པ་ཕུལ་བས།

གསང་སྔགས་གསར་རྙིང་གི་ཆོས་ལ་གྲུབ་པ་ཐོབ། མགོན་པོ་དང་རྒྱལ་ཆེན་སྡེ་བཞི་བྲན་དུ་
བཀོལ་ནས་རྒྱ་དམག་དེ་ཕྱིར་ལ་བསྐྲུར། རྒྱ་ནོར་བོད་དུ་དྲངས། རྒྱ་གར་ཆོས་ཀྱི་ཕོ་བྲང་དུ།
རྡོ་རྗེ་གཞོན་ནུ་དངོས་དང་མཇལ། སློབ་དཔོན་པདྨ་འབྱུང་གནས་དང་། །གསུང་གླིང་
བཀའ༔ཡི་གདམས་པ་མཛད། རྒྱ་གར་ཆོས་རྣམས་བོད་དུ་བསྒྱུར། བོད་དམུས་ལོང་ཐམས་
ཅད་ཆོས་ལ་བཙུད་ནས་བཀའ་དྲིན་ཆེ་བས། བཀའ་དྲིན་ཆེ་བའི་གྲུབ་ཐོབ་དཔལ་གྱི་སེང་གེ་
དེ་ཡང་རླངས་ཀྱི་གྲུབ་ཐོབ་ཆེན་པོ་ཡིན། རླངས་ཀྱི་གྲུབ་ཐོབ་ཡེ་ཤེས་འབྱུང་གནས་ཀྱིས།
བལ་ཡུལ་འཕགས་པའི་ཞིང་ཀུན་དུ། རིན་ཆེན་གསེར་གྱི་གདུགས་དང་མཆོད་པ་འབུལ་སྔ་
བ་ཡང་རླངས་ཀྱི་གྲུབ་ཐོབ་ཆེན་པོ་ཡིན། རླངས་ཀྱི་གྲུབ་ཐོབ་ཆེན་པོ་རྡོ་རྗེ་དབང་ཕྱུག་གིས།
ལྷ་སའི་ཇོ་བོ་ཤཱཀྱ་མུ་ནེ་ལ་རིན་ཆེན་གསེར་གྱི་གདུགས་མཇལ། རྒྱལ་མཚན་གྱི་ཀོང་བུ་ཁྲི་
དང་བཅས་པ་ཕུལ། བྱིན་རླབས་ཞུས་ནས་གསོལ་བ་བཏབ་པས། ཇོ་བོའི་བྱིན་རླབས་ཀྱིས་
གསེར་གྱི་མཆོད་རྟེན་བང་རིམ་གསུམ་པ་གཅིག་ཁོང་གི་རྙེད་པས། ཇོ་བོའི་བྱིན་བརླབས་
ཕུལ་དུ་ཕྱིན་པ་དང་། མཆོད་པ་འབུལ་སྔ་བ་ཡང་རླངས་ཀྱི་གྲུབ་ཐོབ་ཆེན་པོ་ཡིན། རླངས་
ཀྱི་གྲུབ་ཐོབ་ཆེན་པོ་ཡེ་ཤེས་རྡོ་རྗེས། ཁྲི་གདུགས་ཀྱི་ཉི་མ་སྟོང་ལ་མནན་ནས། སེམས་ཅན་
ལ་ཉི་མའི་སྒྲིབ་པ་བཏང་བས་ཉི་མ་སྟོང་ལ་མནན་ནས་སྒྲིབ་པ་བཏང་མི་ཡང་རླངས་ཀྱི་གྲུབ་
ཐོབ་ཆེན་པོ་ཡིན། རླངས་ཀྱི་གྲུབ་ཐོབ་ཆེན་པོ་ཡེ་ཤེས་སེང་གེས། དཔལ་མོ་དཔལ་ཐང་དུ་
ངན་པ་སྦྲང་ངས་བཙོམ་པ་ལ། ཁོང་ལ་མཆོན་གང་རྒྱབ་ཀྱང་ནི་ཆག་མི་སྨུག་ནི་ཤིང་། རྫས་
ལ་འོད་བྱུང་། ནོར་ལ་མི་འབར་བས། ཁོང་ལ་སྦྲང་ངས་ཞུས་ནས། ཁོང་གི་འབངས་བྱས་
པ་ཡང་རླངས་ཀྱི་གྲུབ་ཐོབ་ཆེན་པོ་ཡིན། རླངས་ཀྱི་གྲུབ་ཐོབ་ཆེན་པོ་དཔལ་གྱི་འབྱུང་གནས་
ཀྱིས། བྱང་ཆུབ་ཀུན་དགའི་ར་བ་ན་བོད་ཁམས་ཀྱི་ལྷ་འདྲེ་ཐམས་ཅད་དེར་འདུས་ནས་བར་
ཆད་རྩོམ་པ་ལ། ཁོང་གིས་ནམ་མཁའ་ལ་བཏེགས་གཞི་ལ་བརྡབས། ཕྱག་མཛུབ་ཡེ་ཤེས་ཀྱི་
མེ་རི་བྱས་པས། ལྷ་འདྲེ་ཐམས་ཅད་ཚིག་ལ་ཁད་པ་དང་། སྲོག་སྙིང་ཕུལ་ནས་དམ་ཅན་
བྱས་པས། བོད་ཁམས་ཀྱི་ལྷ་འདྲེ་དམ་ཅན་དུ་བཀོལ་བ་ཡང་རླངས་ཀྱི་གྲུབ་ཐོབ་ཆེན་པ་ཡིན་

པས་དེ་ལ་ལྷ་ཐམས་ཅད་སྒྲུབ་ཐབས་ཀུན་ནས་སྲིད་པར་གདའ། རླངས་ཀྱི་གྲུབ་ཐོབ་ཆེན་པོ་བྱང་ཆུབ་འབུམ་གྱིས། སྟོང་ཕྲག་བརྒྱ་ལ་སློ་འབྲིས་བྱས། མ་གཅིག་ཆད་པས་ཀླད་ཀོར་བྱས། མ་ཆད་ཟེར་བ་དེ་ལ་ཟེར་ནས། དེ་ནས་བོད་ཆོས་གྲྭ་སྟེ་གཉིས་ཞལ་འདོན་ཐུགས་ཡོད་པས། ཞལ་འདོན་བྱས་པས་ཐུགས་རབ་ཆེ་ནས། ཆོས་གྲྭ་ཞལ་འདོན་དུ་འཛུད་མི་ཡང་རླངས་ཀྱི་གྲུབ་ཐོབ་ཆེན་པོ་ཡིན། རླངས་ཀྱི་གྲུབ་ཐོབ་ཆེན་པོ་དར་མ་སེང་གེས། དུར་ཁྲོད་ཆེན་པོ་བསིལ་བ་ཚལ་དུ། དཔལ་ནག་པོ་ཆེན་པོ་བྲན་དུ་བཀོལ་ནས། ཁོང་གི་སྐོར་ལ་སུས་འབབ་མ་ཐོད་པས། ས་ཡན་གནམ་ཡན་བྱེད་པས་མཐུ་ཆེ་བའི་གྲགས་པ་ཐོབ་པ་ཡང་རླངས་ཀྱི་གྲུབ་ཐོབ་ཆེན་པ་ཡིན། རླངས་ཀྱི་གྲུབ་ཐོབ་ཆེན་པོ་སྐལ་ལྡན་བྱང་ཆུབ་ཀྱིས། སངས་རྒྱས་སྟོང་ཞལ་མཐོང་བས། སངས་རྒྱས་མཐོང་བ་ཡང་རླངས་ཀྱི་གྲུབ་ཐོབ་ཆེན་པོ་ཡིན། རླངས་ཀྱི་གྲུབ་ཐོབ་ཆེན་པོ་ཡོན་ཏན་སེང་གེས། མཆོག་དང་ཐུན་མོང་གི་དངོས་གྲུབ་ཐོབ་པས་མེས་མི་ཚུགས། མཚོན་གྱིས་མི་ཆོད། ཆུ་བོས་མི་གཡེང་བའི་དངོས་གྲུབ་ཐོབ་པས། ནམ་མཁའ་ལ་འཕུར་བ་དང་། ས་གཞི་ལ་འཛུལ་བའི་གྲུབ་པ་ཐོབ་པས་རླངས་ཀྱི་གྲུབ་ཐོབ་ཆེན་པོ་ཡིན། རླངས་ཀྱི་གྲུབ་ཐོབ་ཆེན་པོ་དཔལ་གྱི་རྡོ་རྗེས། ཉི་མའི་ཟེར་ལ་ཆོས་གོས་བཀལ་བས་མར་མི་ལྷུང་། རླུང་གིབ་མི་བསྐྱོད་པ་དང་། ཡར་ཆབ་གཙང་པོ་ལ་གཟིངས་བྱས་ནས་བྱོན་པས་འབྱུང་བ་ལྔ་ལ་གྲུབ་པ་ཐོབ་མི་ཡང་རླངས་ཀྱི་གྲུབ་ཐོབ་ཆེན་པོ་ཡིན། རླངས་ཀྱི་གྲུབ་ཐོབ་ཆེན་པོ་ལྷ་གཟིགས་བྱང་ཆུབ་རྡོ་རྗེས། མ་ལ་འཁྲུངས་ནས་ཆོས་ལ་ཞུགས། དགུང་ལོ་བཞི་ཡི་ལོ་ཐོག་ཏུ། གསང་སྔགས་རྙིང་མའི་གྲུབ་པ་ཐོབ། །གུང་ལོ་ལྔ་རུ་བཞེས་པ་ལ། ནམ་མཁའ་ཡངས་པའི་དབྱིངས་རུམ་དུ། འཇའ་ཚོན་སྣ་ལྔའི་ནང་རུམ་ན། སེང་གེ་བརྒྱད་སྣོལ་ཁྲི་སྟེང་ན། ལོ་གསར་ཟླ་བའི་བཙོ་ལྔ་ལ། བཅོམ་ལྡན་ཤཱཀྱ་ཐུབ་ཞལ་མཐོང་ནས། བཀའ་ནི་གསང་སྔགས་ཆོས་རྣམས་ཞུས། དེ་ཡང་གྲུབ་པ་ཐོབ་པའི་གྲུབ་རྟགས་ཡིན༑ དགུང་ལོ་བརྒྱད་དུ་བཞེས་པའི་ཚེ། སློབ་དཔོན་པདྨ་དངོས་སུ་སྤྲུལ། ནུབ་ཕྱོགས་ཨོ་རྒྱན་གནས་སུ་བྱོན། དམ་ཅན་ཆོས་སྐྱོང་བསྲུང་མར་བསྐོས། སྲིན་པོ་རྣམས་ཀྱི་འདུལ་དཔོན་མཛད། དེ་ནས་དཔྱིད་

ཟླའི་ཚེས་བཅུ་ལ། གངས་དཀར་རྒྱལ་པོ་ཏི་སེར་ཕྱིན། ཕྱག་ན་རྡོ་རྗེ་དངོས་དང་མཇལ། གྲུབ་པ་ཐོབ་པའི་གྲུབ་རྟགས་ཡིན། ཟླ་བ་དེའི་བཅོ་ལྔ་ལ། རྒྱ་གར་རྡོ་རྗེ་གདན་དུ་ཕྱིན། མགོན་པོ་སྤྱན་རས་གཟིགས་དང་མཇལ། གྲུབ་པ་ཐོབ་པའི་གྲུབ་རྟགས་ཡིན། དེར་ཕོང་ཕྱིར་ཕྱིན་ནས་བལ་ཡུལ་འཕགས་པ་ཤིང་ཀུན་དུ་ཕྱི་མའི་ཚེས་བརྒྱད་ལ་ཕྱིན་ནས་མཆོད་པའི་ཕོ་བྱད་བསམ་གྱིས་མི་ཁྱབ་པ་ཕུལ། གསོལ་བ་བཏབ་ནས། ཏིང་ངེ་འཛིན་གྱིས་ངང་ལ་གཟིམས་པ་ལ། ཕོང་གི་རྨིལ་(མནལ)ལམ་དུ་སྟེང་ཕྱོགས་ལྷའི་ཡུལ་དུ་ཕྱིན་ནས། བྱམས་མགོན་པོ་ཉིད་དང་མཇལ། མོད་ལ་ལྷའི་བུ་མོས་མཆོད་པ་ཕུལ་བ་རྨིས། ཕྱི་ནང་ཉི་མ་ཤར་བ་དང་། ཕོང་མནལ་སད་པ་དང་། བལ་ཡུལ་གྲུབ་ཐོབ་དེ་འདས་ཟིན་སྔུར་དེ་བཞུ་དགོས་ཟེར་གྱི་འདུག དེར་ཕོང་བཞེངས་པའི་ཐུགས་ལ་ནི། བྱམས་པའི་ཆོས་ལྔ་གནང་བ་ལ་བལ་ཡུལ་བ་ཚོས་ཚོས་ཞུ་ཟེར་བས། ཕོང་གིས་བྱམས་ཆོས་ལྔའི་ཆོས་གྲྭ་ཆེན་པོ་དེར་བཙུགས་སོ། དེ་ནས་སྤུ་རངས་ལྷ་བར་དུ་ཕྱིན་པ་ལ། བོད་ཁམས་ཀྱི་བསྟན་མ་བཅུ་གཉིས་ཀྱིས་བསུ་བ་བྱས། གངས་དཀར་བསྟན་མས་ཞུས་ནས། ངེད་བོད་ཁམས་བསྟན་མ་བཅུ་གཉིས་འདི། ཁྱོད་སློབ་དཔོན་གྱི་དམ་ཅན་སྔར་ཡང་ཡིན། དའང་ལས་མཁན་བྱེད་པར་ཞུ་ཟེར་ནས་ཞུས། དེའང་གྲུབ་པ་ཐོབ་པའི་རྟགས་ཡིན། དེ་ནས་དབུས་ཀྱི་ལྷ་སར་ཕྱིན་པ་ལ། མ་མཁའ་འགྲོ་མ་རྣམས་ཀྱིས་བསུ་བ་བྱས་ནས་བཞུགས་པ་ལ། ཡེ་ཤེས་མཁའ་འགྲོ་གསུམ་གྱིས་ཕོང་ལ་ཀ་པཱ་ལ་ཕྱི་དཀར་ལ་ནང་དམར་བ་ཞིག་གི་ནང་དུ་དངོས་གྲུབ་བླུངས་པ་ལ། འཕན་ཡུལ་བ་དར་མ་དབང་ཕྱུག་གིས། ཁྱོད་རྣལ་འབྱོར་པ་འབྲང་རྩོག་ཅིག་སྣང་། མཛོ་སྤྲང་འདི་ཚོ་ཟས་མེད་ནས་ལྷ་སའི་རོ་གང་འདུག་བཤས་ནས་ཟོས་འདུག་པ། ཐོད་པོར་ནང་མི་ཁྲག་བཙུས་ནས་དམར་པོར་འདུག འདི་རྣམས་འཁོར་ན་མ་འདུག་བྱས་པ་ལ། མཁའ་འགྲོ་མའི་བཀའ་ཆད་བྱུང་ནས་བྱང་ཕྱོགས་དེར་རྣ་ཁྲག་ཟག་ནས་ཤིའོ། ཕོང་ཡང་བྱང་ཕྱོགས་ཐང་ལྷའི་མགུལ་དུ། གནམ་མཚོའི་འགྲམ་དུ་ཕྱིན་པ་ལ། འཇིག་རྟེན་གྱི་ལྷ་འདྲེ་ཐམས་ཅད་འཚོགས་ནས་ཕོང་ལ་བསུ་བ་བྱས་པ་ལ། ཕོང་གིས་དམ་ཅན་དུ་བཀོལ་བ་ལ་ཕོང་དམ་ཅན་རྣམས་ཀྱིས་བསྐོར་ནས་

བོད་ཁམས་ཡུལ་གྱི་སོག་ཤོད་ལ་ཕྱིན་ནས་བཞུགས། གསང་སྔགས་གསར་རྙིང་གི་ཆོས་གྲྭ་བཙུགས་པ་ལ། ཀླུ་ཧེ་རྒྱལ་བ་ཐོད་དཀར་གྱིས་ཆོས་ཞུས། དམ་ཅན་བྱེད་པར་ཁས་བླངས། བྱེད་རང་མི་རྒྱུད་ཡིན་ངེས་ལ་བཀའ་སྲུང་བ་མིན་པ་གནོད་མི་སྐྱེལ་ཟེར། དེ་ནས་ཧ་ཤོད་ཤེ་ལེ་ཕུ་གསུམ་གྱི་ལྷ་ཁང་གི་ཕུ་ན་འབྲུ་སྟོན་དར་མ་སེངྒེ་བཞུགས་པའི་སར་ཕྱིན། གསང་སྔགས་གསར་རྙིང་གི་ཆོས་རྣམས་ལ་ལུང་དང་བཀའ་བཞིན་བསྟུན་པ་དར་མ་སེངྒེས་གསུངས་པ་ལ། ཁྱོད་བཀའ་གསར་རྙིང་ཆོས་ལ་གྲུབ་པ་ཐོབ། སངས་རྒྱས་རྣམས་དང་དངོས་སུ་མཇལ༑ དཀོན་མཆོག་གསུམ་ལ་མཆོད་པ་ཕུལ། ལྷ་འདྲེ་ཐམས་ཅད་བྲན་དུ་བཀོལ། མཚན་ཡང་བྱང་ཆུབ་འདྲེ་བཀོལ་གྱིས། བོད་ཀྱི་ཡུལ་དུ་གྲགས་པ་ཡི། གྲུབ་པ་ཐོབ་པའི་མཚན་དུ་ཡོད། དེ་ནས་སྟོ་ཕྱོགས་ཀོང་པོའི་ཡུལ་དུ་དགོངས་པ་ལ། མཁའ་འགྲོ་མའི་ལུང་བསྟན་མཛད་ནས། གྲུབ་པ་ཐོབ་པའི་སྐྱེས་བུ་ཁྱོད༑ ཁྱེད་ཀྱི་གདུལ་བྱ་ཤར་ན་ཡོད། ཤར་དུ་ཕྱིན་ན་དངོས་གྲུབ་ཡོང་ཞེས་ཟེར་ནས་ལུང་བསྟན་མཛད། དེ་ནས་ཁོང་གིས་ཤར་དུ་ཕྱིན། གེར་འཚོའི་མགུལ་དུ་ཕྱིན་པ་ལ། གླིང་ཧེ་གེར་སར་གྱིས་སྲིན་གྱི་ཕོར་ནག་པོ་ཐོག་གདུགས། སྲིན་རལ་ཁྲའོ། སྲིན་ཧ་ནག་པོ་གསུམ་ཕུལ་ནས་མི་འཆི་ཚེའི་དབང་ཞིག་ཞུ། ངས་གདུགས་པའི་ལྷ་འདྲེ་འདུལ་བ་ལ། ཁྱེད་ཀྱི་བདག་གི་ལུས་སྐྱབས་མཛོད་ཟེར་ནས་ཁོང་གི་ཞལ་ནས། ཁྱོད་འཆི་བའི་དུས་ལ་བབ་པ་ལ། རང་རེས་འབད་ཀྱང་ག་ལ་བརྟེན། བདུད་ཀྱི་བར་ཆད་མ་འབྱུང་བ། རྣལ་འབྱོར་བདག་གིས་བསྲུངས་མ་བྱེད། ལོ་ནི་བརྒྱད་ཅུ་རྩ་བརྒྱད་བར། སྐྱེས་བུ་ཁྱེད་ཀྱི་ཚེ་ཚད་ཡིན། དེར་ཁོང་ལ་སྤྱོམ་རས་མགོ་བྱས་པའི་མདོ་ཁམས་ཀྱི་ལྷ་འདྲེ་ཐམས་ཅད་ཀྱིས་བསུ་བ་བྱས་ནས་རྒྱ་ནག་རི་བོ་རྩེ་ལྔར་ཕྱིན།

༈ འཕགས་པ་འཇམ་དཔལ་དངོས་དང་མཇལ། མ་མཁའ་འགྲོ་མ་ཡི་དངོས་གྲུབ་བྲངས། དེ་ཡང་གྲུབ་པ་ཐོབ་པའི་རྟགས་ཡིན། དེ་ཡང་ཐེ་རྒྱའི་ལེ་ཁྲུར་དུ་རྒྱལ་ཐོལ་ཆུ་ཡང་ཞེར་ཕྱིན། རྒྱའི་ཕོ་བྲང་ཐམས་ཅད་བཏུལ། གྲུབ་རྟགས་བསྟན་ནས་དེ་ན་བཞུགས། དགོན་པ་མཛད་ནས་བསྒྲུབ་ལ་བཞུགས། མ་མཁའ་འགྲོ་མ་རྣམས་ཐམས་ཅད་འདུས༑

དངོས་གྲུབ་རྒྱུན་ཆད་མེད་པར་ཐུལ། ༑ དེ་ནི་བསྒོམས་པའི་གྲུབ་རྟགས་ཡིན། སངས་རྒྱས་ཐམས་ཅད་ཀྱི་སྐུ་ཞལ་མཐོང་ནས། མཉམ་བཞག་ངང་ལ་བཞུགས་པ་ལ། གེ་སར་རྒྱལ་པོ་ཏྲ་བསྐུལ་ནས། ཁྱེད་གདན་འདྲེན་པ་ལ་ཡོང་པས། གྲུབ་པ་ཐོབ་པའི་རྣལ་འབྱོར་པ། བོད་ཀྱི་ཡུལ་དུ་འབྱོན་པར་ཞུ། བདག་ལ་ཁྲིམས་ཀྱི་དངུལ་མདུང་ཀེ་ཏུ་དང་། ཁྲིམས་ཀྱི་རྔ་བོ་ཆེ་ཟིལ་གནོན་དང་། ཁྲིམས་དར་ནག་པོ་ཟིལ་གནོན་དང་། རྒྱ་ནོར་བསམ་གྱིས་མི་ཁྱབ་པ་འབུལ་རྒྱུ་ཡོད་ཟེར་ཞུས། དེར་གྲུབ་ཐོབ་ཆེན་པོ་ལ་མཁའ་འགྲོ་མའི་ལུང་བསྟན་བྱུང་ནས། སྟོད་ནུབ་ཕྱོགས་ཨོ་རྒྱན་བྱང་དངོས། སྲིན་པོ་ཕོ་མོ་འདུ་བ་དང་། ཐང་ཡིག་རིན་ཆེན་སྒྲོན་མེ་དང་། བསྟན་པ་འགྲོགས་པའི་སླང་པོ་དང་། རྣལ་འབྱོར་ཁྱོད་ལ་མགོ་བ་ཡི། གླང་ས་ཀྱི་པོ་ཏི་བསེ་ཏུ་དང་། བཀའ་དང་བསྟན་བཅོས་གཏེར་དུ་ཡོད། རྣལ་འབྱོར་བཀའ་དང་གླིང་ཕྲུག་ཐོངས། གཏེར་ཁ་ཆེན་པོ་ཐོན་པར་ཡོད། ཟེར་བའི་མཁའ་འགྲོའི་ལུང་བསྟན་བྱུང་ནས། དེ་ནས་ཁོང་གིས་གླིང་རྗེ་གེ་སར་ལ་བཀའ་གནང་ནས། ནུབ་ཕྱོགས་ཨོ་རྒྱན་བྱང་ངོས་ནས་སྲིན་པོ་ཕོ་མོ་འདུལ་བ་དང་བྱང་ཕྱོགས་གཡའ་ར་དམར་པོའི་ཞོལ་ཕ་བོང་རྡོན་པོ་སྦལ་པ་འདྲ་བ་ཞིག་གི་འོག་ཏུ་གཏེར་ཁ་ཆེན་པོ་བཀའི་བསྟན་བཅོས་མང་དུ་ཡོད་པ་ཁྱོད་ཀྱིས་ཐོན་པ་ཡོང་བར་ཡོད་པས། དེ་ཐོན་པ་དང་ང་ཡང་བོད་དུ་ཡོང་གསུངས་ནས༔ ཁོང་ལ་སློབ་དཔོན་པདྨའི་སྐུ་གཅིག་དང་། སྒྲིབ་ཤིང་སྦྲུང་བ་གཅིག་བཏགས་སོ། དེ་ནས་ཁོང་སོང་ནས་སྲིན་པོ་ཕོ་མོ་བཏུལ། གཏེར་ཁ་ཆེན་བཏོན། དེར་དཔལ་བཟང་མིག་བམ་འབམ་གྱིས་ཁོང་གི་སྣན་པ་ཚོར་བ་དང་། གདན་འདྲེན་ལ་སོང་ནས་ཁོང་གི་མདུན་དུ་ཕྱིན་པ་དང་ཞུ་བ་བྱས། རང་གི་ཡུལ་དུ་མི་བཞུགས་ན། མི་ཡི་ཡུལ་དུ་ཅི་ལ་བཞུགས། ངེད་རང་ཡུལ་དུ་འབྱོན་དགོས་ཟེར། །གྲུབ་ཐོབ་ཆེན་པོ་གསུངས་པ། ངེད་རང་ཁྲུ་ཚན་འཕྲད་པ་ལ། །འགྲོ་འདུག་གང་བྱེད་གྲོས་སུ་བསྟུན། ངོ་ནུབ་ཀྱི་ལམ་ཞིག་ཀྱང་བལྟ་གསུངས་པ་དང་། །ངོ་ནུབ་མཁའ་འགྲོ་མས་ལུང་བསྟན་མཛད་ནས། རྣལ་འབྱོར་བྱོན་པའི་དུས་ལ་བབ། ཁྱོད་ལ་གདུལ་བྱ་སྟོད་ལ་ཡོང་། ཁྱེད་ལ་གདུང་རྒྱུད་གསུམ་དུ་ཡོད། །སྟོད་ཀྱིས་ས་ཡུལ་བདག་པོ་

བྱེད། །ན྄་བ་ཕྱི་མའི་བཅོ་ལྔ་ལ། །རྣལ་འབྱོར་སྟོད་ལ་འབྱོན་པ་འཐད། གསུང་ནས་ལུང་བསྟན་པ་དང་། གྲུབ་ཐོབ་ཀྱིས་གསུང་པ། ན྄་བ་ཕྱི་མའི་གནམ་གང་ལ༔ །ཁྱོད་ཚ་བོ་གང་ཟེར་ཙན་དུ་ཡོང་། །ཚ་བོ་ཁྱོད་རང་མགྱོགས་པར་སོང་། གསུངས་པ་ལ། །དཔལ་བཟང་གྱིས་ཞུས་ནས། ན྄་བ་ཕྱི་མའི་ཉེར་བརྒྱད་ལ་རི་ཤོད་ཡོ་རྒྱང་མདོར་ཡོན་བདག་རྗོང་དང་། ངེད་རང་ལྷ་སྟོན་དཔལ་སྟོན་རྣམས་ཀྱིས་ཀྱང་བསུ་བ་བྱེད། དུས་བཟང་ཡང་ཕྱིའི་གནམ་གང་ལ་གོང་ཆེན་ཐང་དུ་བསུ་བ་བྱ། ཆོས་འབྲེལ་ཡོན་བདག་གང་སྤྱི་བྱེད་ཟེར་བ་དང་། དེར་འབྱོན་པའི་ཞལ་བླངས་བྱས་ནས་ཕོ་སོང་། ཕོང་ཡང་ཕྱི་མའི་བཅོ་ལྔ་ལ་འབྱོན་ཆོས་(རྗེས)མཛད་པ་ལ། རྒྱ་བོད་ཀྱི་ལྷ་འདྲེ་ཐམས་ཅད་འཚོགས་པ་དང་། ཕོང་དམ་ཅན་མ་མགོན་རྣམས་ཀྱིས་བསྐོར་བ་ལ། གྲུབ་ཐོབ་ཀྱི་ཞལ་ནས་ཁྱེད་མགོན་པོ་རྣམས་ཀྱིས་མེ་ཡང་ཐུ་ལ། །ལྷ་མོ་རྣམས་ཀྱིས་ཆུ་ཡང་ལོངས། །ང་རྣལ་འབྱོར་པ་ཡིས་ཤིང་ཡང་འབུར། །དཀར་ནག་གཉིས་ཀྱི་ཇ་ཆུར་བསྐོར། །བོད་ཀྱི་ཡུལ་དུ་འགྲོ་རན་ཡོད། །མ་མཁའ་འགྲོ་མ་ཡི་བསུ་བ་ཡོད། །རང་རེའི་བསྒྲུབ་གནས་བཟུང་བ་དང་། །སངས་རྒྱས་བསྟན་པ་འཛིན་པ་དང་། ཚ་བོ་གཉན་བཟང་ལྷ་སྟོན་འདི། །ཐེལ་ཆུའི་ན྄་མར་འཛོག་པ་ཡིན། གསུང་ནས་གཉན་བཟང་ལ་གསུང་ཕྲིན་པ་ལ། གཉན་བཟང་ལྷ་སྟོན་གྱིས་ཞུས་པ། ཡུལ་འདི་གཉན་ལྷ་འདྲེ་འདི་གདུག་པ་ཆེ། ཁྱེད་རང་ན྄་ལ་འགྲོ་ཟེར་བ་ལ། ཕོང་གི་གསུང་ནས། མགོན་པོ་ལྷ་མོ་སྲུགས་པ་ཡང་ཚ་བོ་ཁྱོད་ལ་འཛོག་པ་ཡིན། །གདམ་ངག་དཔེ་ཡི་ཕོ་ཏི་ཡང་། །ཚ་བོ་ཁྱོད་ལ་འཛོག་པ་ཡིན། །ལྷ་ཁང་གསེར་འབུམ་བཅས་པ་ཡང་། །ཚ་བོ་ཁྱོད་ལ་འཛོག་པ་ཡིན། །མཁའ་འགྲོ་ཡི་དངོས་གྲུབ་ཀྱང་། །ཚ་བོ་ཁྱོད་ལ་འཛོག་པ་ཡིན། །ཐེལ་ཆུའི་ཡོན་བདག་རྒྱ་བོད་རྣམས། ཚ་བོ་ཁྱོད་ལ་འཛོག་པ་ཡིན། །རྒྱ་ནག་རི་བོ་རྩེ་ལྔ་ན། །ཡི་དམ་འཕགས་པ་འཇམ་དཔལ་བཞུགས། །ཚ་བོ་ཁྱོད་ཀྱི་ཡི་དམ་གྱིས། །རྒྱ་བོད་ཐེལ་ཆུའི་ལྷ་འདྲེ་རྣམས། །ཚ་བོ་ཁྱོད་ཀྱི་ཕོ་ཉར་འཛོག །སློབ་མ་སུམ་རྒྱ་བདུན་ཅུ་ཡང་། ། ཚ་བོ་ཁྱེད་ཀྱི་གྲྭ་པར་འཛོག ཨ་རོག་སྟོན་པས་ཕུལ་བ་ཡི། །ཇ་ཆེན་གྲམ་གཞུང་ཁྱེར་ལ་ཤོག །ང་འདོ་བ་རླུང་གི་རྟ་ལ

ཞོན། །ང་དགོས་པ་བྱུང་ན་འཁྱོགས་པ་འཁྲོ་གསུང་ནས། ཛ་གྲམ་པ་གཞུང་རྒྱལ་ལ་ཕྱིབས་ནས་ནམ་མཁའི་ཁམས་ལ་ཕྱོན། མཁའ་འགྲོ་མས་ཀྱང་བསུ་བ་བྱས་སོ། གླིང་གི་གླིང་ཡུལ་གོ་མདོར་ཕྱིན་པ་དང་། གླིང་གི་རྒྱལ་པོ་གེ་སར་དེས། ཡོལ་གྱི་ཡོལ་སྟོད་དུ་ཕྱག་ཕབ་པ་དང་། གླིང་རིང་གྱི་མི་ཚོ་དེར་འབུལ་བ་བྱེད་དུ་བྱུང་། ཁོང་གིས་ཐང་ཡིག་རིན་པོ་ཆེའི་སྒྲོན་མ། བསྟན་པ་འཁྱོགས་པའི་གླང་པོ། རླངས་ཀྱི་པོ་ཏི་བསེ་རུ། ཁྲིམས་ཀྱི་ཛ་པོ་ཆེ་ཟིལ་གནོན། ཁྲིམས་ཀྱི་དཔྱལ་མདུང་ཀེ་རུ། ཁྲིམས་དར་ནག་པོ་དགྲ་འདུལ། སློབ་དཔོན་པདྨའི་ཆོས་སྐོར། དབུ་ཞྭ། ན་བཟའ། ཆགས་ཞུ་དང་བཅས་པ་རྣམས་དང་ཆིབས་པ་ཕ་བོང་ག་པ་རྟ་འདྲ་ཕུལ་བ་ནས། ཞུ་བ་བྱས་པ་ལ། ཁྱོད་གྲུབ་པ་ཐོབ་པའི་རྣལ་འབྱོར་པ། སངས་རྒྱས་ཀྱི་བསྟན་པ་འཛིན་པ་དང་། གདུག་པའི་ལྷ་འདྲེ་འདུལ་བ་དང་། །གླིང་གི་མི་ནོར་འཕེལ་བ་དང་། །མི་ནད་ཕྱུག་ནད་གཅོད་པ་དང་། །བོད་ཁམས་བདེ་བ་ཐུགས་ལ་ཐོགས། །གྲུབ་ཐོབ་བཞུགས་པའི་སྐུ་རིང་ལ། །རྒྱུན་ཆད་མེད་པར་མཇལ་བར་ཞུ། །མི་རྟག་འདའ་བའི་ཚུལ་སྟོན་ན། །བདེ་བའི་གནས་བདག་ཀྱང་ཁྲིད། །ད་རེས་འབུལ་བའི་སྟེ་མར་ཞུ་ཟེར་ནས་ཞུས་སོ། སེང་བློན་གྱིས་ཁྲ་བོ་གཡང་ལུགས། ཁྲ་རྐན་གྱིས་ཐོག་རྒྱུགས་དཀར་པོ། ཁྲོ་ཐུགས་གིས་ཤང་ལང་ནག་པོ། ཞོམ་བུའི་དཀར་མོ་རུབ་གདུགས། ཞལ་དཀར་གྱིས་གངས་དཀར་ལྷ་རྩེ། བརྩེས་གཡུ་དམར་འོད་གསལ། ཤེལ་རིས་གསེར་གྱི་མཆོད་རྟེན་ཕུལ། གླིང་གི་གཙོ་པོ་སུམ་ཅུ། ཐུལ་པ་སུམ་ཅུ། སྟག་ཤར་སུམ་ཅུ། བླ་མ་སུམ་ཅུ། མོ་བཙུན་སུམ་ཅུ་རྣམས་ཀྱིས་མི་རེས་འབུལ་བ་རེ། ཞུ་བ་རེ་བྱས། གྲུབ་ཐོབ་ཆེན་པོའི་ཞལ་ནས། ཁ་བ་ཅན་ལ་གནོད་པའི་འདུལ་དགོས་ཅི་འདྲ་ཡོད། བདག་གིས་བཀའ་དང་དབང་བསྐུར་ན། །ཡོན་བདག་ཁྱོད་ཀྱིས་ཐུལ་ནས་ཡོང་། །མི་དགེ་སྤྱོངས་དང་དགེ་བ་ཡོང་། །སྙིང་རྗེ་བསྒོམ་ན་བྱམས་སེམས་ཡོང་། །བླ་མ་བསྒོམས་ན་བྱིན་རླབས་ཡོང་། །ཡིད་དམ་བསྒོམས་ན་དངོས་གྲུབ་ཡོང་། །སྙིང་རྗེ་བསྒོམས་ལ་སྦྱིན་པ་ཐོངས། སྡིག་པ་སྤྱངས་ལ་དགེ་བ་གྱིས། །བསོད་ནམས་རྒྱུན་ཆད་མེད་པར་ཡོང་། །དགེ་སྡིག་ཤན་འབྱེད་ཀྱི་ཆོས་སྐོར་འདི། སྐལ་ལྡན་

རྣམས་ཀྱི་ཆོས་སྐལ་ཡིན། གསུང་པའི་བསྟན་ཆོས་གསུངས་ནས། འགྲོ་དགོས་གསུངས་པ་ལ། གླིང་གི་གེ་སར་གྱིས་ཞུས་ནས། ཁ་བ་ཅན་དུ་གནོད་པ་ཡི། །བདག་གིས་ཐུལ་ཡང་མི་ཐུལ་བས། །ཁྱོད་སློབ་དཔོན་བཀའ་ལ་མི་བཟི་བར། །སེམས་ཅན་ཀུན་གྱིས་སྲོག་བཅད་ན། རྒྱལ་ཁམས་ཙམ་ལ་གནོད་པ་ཡིན། ཤར་ན་དྲི་ཟ་རྒྱལ་པོ་ཡོད། །ལྷོ་ན་གཤིན་རྗེ་རྒྱལ་པོ་ཡོད། །ནུབ་ན་སྲིན་པོ་གྲུར་དུམ་ཡོད། །བྱང་ན་གནོད་སྦྱིན་ཕོ་མོ་ཡོད། །ཕྱོགས་འདི་ཐུལ་ལ་དམ་དུ་ཁོལ། །བོད་ཁམས་བདེ་བ་ཐུགས་ལ་ཐོགས། །གླིང་གི་ཐང་བརྒྱད་ཐང་སྟོད་འདི། གྲུབ་ཐོབ་ཁྱོད་ཀྱི་དགོན་པར་འབུལ། །གླིང་གི་ས་ཡུལ་གར་བདེ་དེ། གྲུབ་ཐོབ་བཞུགས་པའི་གནས་སུ་འབུལ། །ཕ་བོང་ག་པ་ཧ་འདྲ་དེ། །ལྷ་འདྲེ་འདུལ་བའི་ཆིབས་པར་འབུལ། །ཟེར་བ་ཞུས་པ་དང་། ཁོང་ཡོན་མཆོད་གཉིས། གླིང་གི་ཡུལ་ཐང་བརྒྱད་ཡོལ་དེ་ཡག་ཐང་དང་ཡུལ་རྣམས་ཀྱི་སྟོད་སྨད་ལ་བྱོན་ནས་ཕ་བོང་ག་པ་ཧ་འདྲའི་རྩར་བཞུགས། དཀོན་མཆོག་ལ་མཆོད་པ་ཕུལ། ཆོས་སྐྱོང་རྣམས་ལ་གཏོར་མ་བྱིན། ལྷ་འདྲེ་རྣམས་ལ་དམ་གཏོར་བཏང་། མཁའ་འགྲོ་མ་ལ་དངོས་གྲུབ་ཞུས་པས། མཁའ་འགྲོ་མས་དངོས་གྲུབ་དྲངས། ལུང་བསྟན་མཛད་པ་ལ། རྣལ་འབྱོར་རྒྱལ་པོ་ཁྱི་ཐུལ་ཅན། །ཁྱོད་དེ་རུ་མ་བཞུགས་ཤར་ཕྱོགས་བྱོན། །ཤར་དྲི་ཟའི་རྒྱལ་པོ་གདུག་རྩུབ་ཆེ། །ཟེར་བས་ལུང་བསྟན་ནོ། དེ་ནས་ཕ་བོང་ག་པ་ཧ་འདྲ་ལ་ཆིབས་ནས། རྡོ་རྗེ་ཁུར་ཚུར་བརྒྱབ་ནས་གོར་བུ་ཧ་བཞི་རུ་འཁོར་བ་ལ། ནམ་མཁའི་དབྱིངས་ནས་བཅོམ་ལྡན་འདས་རྒྱལ་བ་ཤཱཀྱ་ཐུབ་པ་བཀའ་བརྒྱུད་བླ་མའི་ཕོ་བྲོམ། ཡི་དམ་ཕྱག་ན་རྡོ་རྗེ། དཔལ་རྡོ་རྗེ་གཞོན་ནུ། འཇིགས་བྱེད་ཀྱི་ལྷ་ཚོགས། ཁྲོ་བོ་ཁྲོ་མོའི་ཚོགས་རྣམས་མཐོང་། སྟོད་གེ་རྐོད། བར་ཐང་ལྷ། སྨད་སྤོམ་ར། བོད་ཁམས་བསྟན་མ་བཅུ་གཉིས་ལ་སོགས་པ་འཇིག་རྟེན་གྱི་ལྷ་འདྲེ་ཐམས་ཅད་འདུས་ནས། སྨད་སྤོམ་རས་ཞུས་ནས། ཤར་གྱི་ཕོ་ཉ་ལས་མཁན་ངས་བྱེད་ཟེར། དེ་ནས་དྲི་ཟའི་རྒྱལ་པོ་འདུལ་བ་ལ་བྱོན། ཁོང་རང་རྡོ་རྗེ་གཞོན་ནུར་སྤྲུལ། རྡོ་རྗེ་དབྱིངས་ཀྱི་དཀྱིལ་འཁོར་ན། །རྡོ་རྗེ་སེམས་པ་དངོས་དང་མཇལ། །རྡོ་རྗེ་མཁའ་འགྲོས་དངོས་གྲུབ་དྲངས། དྲི་ཟ་ཕོ་མོ་དམ་ལ་བཏགས། །སེམས་ཅན་

གནོད་པ་མི་སྐྱེལ་ཞིང་། །རྣལ་འབྱོར་དམ་ཅན་བྱེད་པར་ཆད། །སྲོག་སྙིང་ཕུལ་ནས་ཕོ་ཉར་བཀོས། །དེ་ནས་ཙོང་ཁའི་ཡུལ་ལ་བྱོན། །ཙོང་ཁའི་ལྷ་སྲིན་ཐམས་ཅད་བཏུལ། །མཚོ་སྨན་རྣམས་ཀྱིས་སྐྱེལ་ཐུང་བྱས། །བོད་ཀྱི་ཡུལ་དུ་བྱོན་པ་ལ། །ཕ་བོང་ག་པ་ཧ་འདྲ་ལ་ཆིབས། །ནམ་མཁའི་ཁམས་ལ་གསེར་ཧ་བརྡུངས། །བོད་ཀྱི་ཡུལ་དུ་ཕྱུགས་ཕེབས་ནས། །རྨ་ཆེན་སྤོམ་རས་ཞུས་པ་ལ། །སྔོ་གཉིན་རྗེའི་གནོད་པ་འདུལ་བ་ལ། །ཕོ་ཉ་ལས་མཁན་ངས་བྱེད་ཟེར་ནས་ཞུས་པ་ལ། ཁོང་རང་འཇམ་དཔལ་དངོས་སུ་བསྐྱེད། ཕ་བོང་ག་པ་ཧ་འདྲ་ཆིབས། རིན་ཆེན་དབྱིངས་ཀྱི་གཞལ་ཡས་སུ། །རིན་ཆེན་འབྱུང་གནས་དངོས་དང་མཇལ། རིན་ཆེན་མཁའ་འགྲོས་དངོས་གྲུབ་དྲངས། །གཉིན་རྗེ་ཕོ་མོ་བྲན་དུ་བཀོལ། །སེམས་ཅན་གནོད་པ་མི་སྐྱེལ་བ། རྣལ་འབྱོར་དམ་ཅན་བྱེད་པར་ཆད། །ཡང་། བོད་ཁམས་བསྐྱོན་མ་བཅུ་གཉིས་ཀྱིས་ཞུས་པ། རྣལ་འབྱོར་པདྨའི་ཆ་བྱས་ཅན། ཁྱོད་བུ་རང་གང་དུ་བྱོན་པའི་དུས། །ངེད་བཅུ་གཉིས་ཀྱི་དམ་ཅན་བྱས་པ་ལ། །ཁྱེད་ཀྱི་ལས་མཁན་ཅི་ལ་བཙོལ། །སྔོ་ཐུབ་མཚམས་ཀྱི་སྲིན་པོ་དེ། །འཇིག་རྟེན་མི་ལ་གནོད་པ་སྐྱེལ། །ཁྱོད་སློབ་དཔོན་གྱིས་འདུལ་བའི་དུས་ལ་བབ། དེ་བོད་ཁམས་བསྐྱོན་མ་བཅུ་གཉིས་ཀྱིས། ཁྱེད་སློབ་དཔོན་གྱི་དམ་ཅན་བྱེད་པར་ཞུ། ཟེར་བ་དང་ཕ་བོང་ག་པ་ཧ་འདྲ་ལ་ཆིབས། སློབ་དཔོན་པདྨ་དངོས་སུ་སྤྲུལ། ནུབ་ཕྱོགས་ཨོ་རྒྱན་ཡུལ་དུ་བྱོན། བདེ་བ་ཅན་གྱི་གནས་སུ་བྱོན། །གཡུ་ལོ་བཀོད་པའི་ཞིང་དུ་བྱོན། སངས་རྒྱས་རྣམས་དང་དངོས་སུ་མཇལ། །པདྨ་རིགས་ཀྱི་དཀྱིལ་འཁོར་དུ། །སྣང་བ་མཐའ་ཡས་དངོས་སུ་མཇལ། །སྲིན་པོ་ཕོ་མོ་རྩད་ནས་བཅད། །གུར་དུམ་སྲིན་པོ་ཐུལ་བ་དང་། པདྨ་མཁའ་འགྲོས་དངོས་གྲུབ་དྲངས། དེ་ནས་བོད་ཀྱི་ཡུལ་དུ་བྱོན་པ་ལ། སྤོམ་རས་ཞུས་པ་ལ་ཁྱེད་སློབ་དཔོན་པདྨའི་ཐུགས་ཀྱི་སྤྲུལ། །ནུབ་ཕྱོགས་ཨོ་རྒྱན་ཡུལ་དུ་བྱོན། །ཁྱོད་གནོད་པའི་ལྷ་སྲིན་བཏུལ་བ་དང་། བྱང་གནོད་སྲིན་ཕོ་མོ་འདུལ་བ་ལ། །ང་ཡིས་ལས་མཁན་བྱེད་པ་ལགས། །ཞུས་པ་དང་། བདག་གི་དུང་རི་ཁྱོད་ཀྱི་སྒོམ་ཁང་བྱེད་པར་ཞུ། གྲུབ་ཐོབ་བཙུན་མོ་བཞེད་པ་ན། །ཕྱུག་མོ་ཡོད་པས་འབུལ་བ་ལགས་

ཞུས། དེ་ནས་ཁོང་གིས་ཕ་བོང་ག་པ་ཧ་འདྲ་ཆིབས། ཕྱག་ན་རྡོ་རྗེ་དངོས་སུ་སྤྲུལ་ནས། གནོད་སྦྱིན་ཕོ་མོ་དམ་ལ་བཏགས། །འབྲས་མོ་གཤོངས་ཀྱི་ལྷ་སྲིན་བཏུལ། །ལས་ཀྱི་དབྱིངས་ཀྱི་གཞལ་ཡས་སུ། །དོན་ཡོད་གྲུབ་པ་དངོས་དང་མཇལ། །ལས་ཀྱི་མཁའ་འགྲོས་དངོས་གྲུབ་དྲངས། བྱང་རྣམ་ཐོས་རྒྱལ་པོས་ཞུས་པ་ལ། དེ་རིང་དཀོར་ནོར་འབུལ་བ་དང་། རྒྱུད་ཀྱི་བསྲུངས་མ་བྱེད་པ་རྣམས། །ཁྱེད་གྲུབ་ཐོབ་ཐུགས་ལ་གང་མངའ་ཞུས། ཁོང་གི་ཐུགས་ལ། ང་ལ་ཟས་ནོར་གྱིས་ཅི་བྱེད་དགོངས་ནས། རྒྱུད་ཀྱི་ནོར་སྐྱོང་དུ་བསྐོས། ཕ་བོང་ཆིབས་ནས་འབྱོན་གསུང་པ་ལ། རྣམ་ཐོས་སྲས་ཀྱི་བདག་གིས་བཅིབ་རྒྱུའི་ཧ་གཅིག་འབུལ། རྡོ་ལ་ཆིབས་པ་མི་རུང་ཞུས། ཁོང་གི་དགོངས་ནས་གསུང་པ་ལ། ཁྱོད་རྒྱལ་པོས་འབུལ་བའི་ཧ་དེ་འདྲ། ངའི་རྡོ་ལའང་ཡོང་གི་ཡོད་གསུང་ནས། རྡོ་ལ་ཆིབས་ཏེ་རྡོ་རྗེའི་ཁྲུ་ཚུར་ཅིག་བརྒྱབ་པས། སེང་གེ་ཞིག་ཏུ་བྱུང་བ་ལ་ཆིབས་ནས་བྱོན་པས། ལྷ་འདྲེ་རྣམས་ཡིད་རངས་ནས་ནམ་མཁའ་བར་སྣང་ས་གཞི་རྣམས་འཐོད་པས། ང་ཡང་རྒྱུད་ཀྱི་སྲུང་མ་བྱེད་ཟེར་ནས་འཐོད་པ་དང་། ཁོང་གི་རྒྱུད་ཀྱི་སྲུང་མར་བསྐོས། གྲུབ་ཐོབ་དང་སྤྲོམ་རས་གླིང་གི་ཡུལ་དུ་བྱོན་པ་ལ། སྤྲོམ་རས་ཞུ་ནས། ང་ཡི་ཡུལ་དུ་འབྱོན་པར་ཞུ། །དུང་རི་དཀར་པོར་འབྱོན་པར་ཞུ། །བཙུན་མོ་ཐུགས་ཀྱི་བཞེད་དགོངས་ན། །ཕྱུག་མ་ཡོད་པས་འབུལ་བ་ལགས། །གཞན་ཡང་སྲས་ལྕམ་མང་དུ་ཡོད། །ཐུགས་ལ་གང་བཞེད་འབུལ་བ་ལགས། །མཆེད་རིགས་སུམ་རྒྱ་དྲུག་ཅུ་ཡོད། །འཁོར་དུ་གང་བཞེད་འབུལ་བ་ལགས། ཟེར་བ་ཞུས་པ་དང་། ཁོང་གི་དགོངས་པ་ལ། ཕར་ཡང་ལྷའི་རྒྱུད་པ་ཡིན། ང་རང་ཡང་ལྷ་ལས་གྲུབ་པ་ཐོབ། ལྷ་འདྲེའི་བུ་སྲིང་མང་བ་ན། རྒྱུད་པ་བསྟན་པ་མི་འཛིན་པར། སེམས་ཅན་འཚེ་བ་སྟོན་པ་ཡོང་དགོངས་ནས། ཁོའི་ཁོར་སུམ་རྒྱ་དྲུག་ཅུ་སྲིང་ལྕམ་བཞི་བཅུ་ཞེ་ལྔ་རྣམས་ལ་གཏོར་མ་བྱིན། དམ་ཅན་བཀོལ་ནས་གསུང་བྱོན་པ་ལ། ཁྱེད་རྩ་ཆེན་སྤྲོམ་རའི་འཁོར་བཅས་ལ། རྣལ་འབྱོར་གཏོར་མ་མྱུལ་སུ་འབུལ། ང་ཡི་རྒྱུད་པ་འཛིན་པ་ཡི། ལས་ཀྱི་སྲུང་མའི་ལས་མཁན་གྱིས། གསུང་ནས་དམ་ཅན་སྲུང་མ་ལས་མཁན་བྱེད་པར་ཁས་བླངས། དེ་

ནས་ཕོང་གིས་གླིང་གི་ཡོན་བདག་ཕོ་མོ་རྣམས་ལ། དངོས་གྲུབ་ཀྱི་གནང་སྦྱིན་བྱས། ཆོས་ཀྱི་དབང་ལུང་མང་དུ་བྱས་ནས་གསུང་ཕྱོན་ནོ། ང་རྣལ་འབྱོར་བྱང་ཆུབ་འདྲེ་བཀོལ་ངས། གྱུང་ནས་རིག་པ་ཆོས་ལ་སད། །སངས་རྒྱས་བསྟན་པ་དར་བར་བྱས། །གདོད་པའི་ལྷ་སྲིན་བཏུལ་ནས་ཡོད༔ །གླིང་གི་མོ་ནོར་འཕེལ་བར་ཡོང་། །ཁྱེད་ཡོན་བདག་ཚེ་སྲོག་བརྟན་པར་ཡོང་། །ད་རྣལ་འབྱོར་ང་རང་རྒྱུད་པ་སྤྱོལ། གསུངས་ནས་ཕྱོན། དེར་གོ་སར་གྱིས་ཕོང་ལ་ཞུས་ནས། །ཁྱེད་གྲུབ་ཐོབ་གར་འབྱོན། །ངའི་ཡུལ་དུ་བཞུགས་པར་ཞུ། དེ་ནས་མི་བཞུགས་འབྱོན་པ་ན། །སྒྲུབ་གནས་གར་ཡོད་གསུང་པར་ཞུ། །འབུལ་བ་ཁྱེར་ནས་མཇལ་དུ་ཡོང་། དེ་མིན་བདག་ཀྱང་ཁྲིད་པར་ཞུ་གྲུབ་ཐོབ་ཀྱི་གསུང་ནས། ཡོན་བདག་གླིང་རྗེ་དད་པ་ཆེ། །མི་རབས་མང་པོའི་གོང་རོལ་ནས། །ཚེ་རབས་མང་པོའི་གོང་རོལ་དུ། སྨོན་ལམ་བཏབ་པའི་ཡོན་མཆོད་ཡིན། །ང་ཡི་ཕ་ཡུལ་སྟོད་དུ་ཡོད། །སྟེང་དག་པ་ལྷ་ཡུལ་ཕྱིན་ཆད་དང་། །འཛིག་རྟེན་ས་ཡུལ་གར་བདེ་འདི། །རྣལ་འབྱོར་ང་ཡི་ཕ་ཡུལ་ཡིན། །སྒྲུབ་གནས་ཁྲིད་དུ་འཕགས་པ་དང་། །སངས་རྒྱས་ཞབས་ཀྱི་བཅགས་པ་རྣམས། །རྣལ་འབྱོར་ང་ཡི་ཕ་ཡུལ་ཡིན། །སྟོད་ཀྱི་རྒྱ་གར་ཕྱིན་ཆད་དང་། །སྨད་ཀྱི་རྒྱ་ནག་ཡར་བཅད་ཡང་། །རྣལ་འབྱོར་ང་ཡི་ཕ་ཡུལ་ཡིན། །ལྷ་ཁང་གསེར་འཕྲུ་གང་མཆར་དང་། བསྟན་བཅོས་པོ་ཏི་གང་འདུག་རྣམས། །རྣལ་འབྱོར་ང་ཡི་ཡི་དམ་ཡིན། །བྱང་དང་ལ་སྟོད་བལ་ཡུལ་དང་། །མངའ་རིས་དབུས་གཙང་ཞིང་ས་དག །དེ་རྣམས་ང་ཡི་ཕ་ཡུལ་ཡིན། ལྷོ་སྟོད་ལུང་ཆེན་བཅོ་བརྒྱད་ཀྱང་། རྣལ་འབྱོར་ང་ཡི་ཕ་ཡུལ་ཡིན། །རྟ་འཛོག་གསེར་རིས་བཅས་པ། གཡུ་རི་རིམ་གྲི་བཅས་པ། །ཅི་པར་ཚེ་གསུམ་ར་ས་བཅས་པ། གསེར་འཛིན་གཡུ་གསུམ་པ་ཡུལ་བཅས་པ། བརྒྱད་དངོས་སང་ཟླས་བཅས་པ། ནག་སོག་ཤག་གི་བཅད་པ། ཐེལ་ཆུ་གླིང་ཡུལ་བཅས་པ་འདི། རྣལ་འབྱོར་ང་ཡི་ཕ་ཡུལ་ཡིན། ཐེལ་ཆུ་གླིང་ཡུལ་བཅས་པ་འདི། །རྣལ་འབྱོར་ང་ཡི་ཕ་ཡུལ་ཡིན། ཤ་ཉེ་རུ་ཐོགས་དེ་ན་ཡོད། །སྤར་ཡང་ཕ་ཡུལ་ཇོ་བོར་འདུག །དཔང་ཕ་ཡུལ་བྱེད་པ་ཡིན༔ །རྣལ་འབྱོར་བྱང་ཆུབ་འདྲེ་བཀོལ་ང་། སངས་རྒྱས་རྒྱུད་

འཛིན་སྤྱིལ་བ་ལ། །སྒོ་ཡི་སྟོད་དུ་སྤྱིལ་བར་བྱ། །རྣལ་འབྱོར་སྒྲུབ་པའི་གནས་ཁང་དེ། །མ་ཕམ་གཡུ་མཚོའི་མཛེས། །ཆུ་བོ་བཞི་འདུས་པའི་མགོ་བོ། །སངས་རྒྱས་ཞབས་ཀྱིས་བཅགས་པའི་སར། དགོན་པ་དང་བསྒྲུབ་པ་བྱེད་པ་ཡིན་གསུང་ནས་བྱོན། གེ་སར་ཡང་ཡུལ་ལ་བྱོན། དེར་གྲུབ་ཐོབ་ཚ་བའི་ཡུལ་དུ་བྱོན་པ་ལ། རོང་བཙན་ཁ་བ་དཀར་པོ། གླུ་བཙན་ཁམས་ཀྱི་བ་དམར་སླང་ཁྲ་བོ་བྱ་པ་གཉིས་ཀྱིས་གདུག་པ་བྱས་པ་ལ། ཁོང་སྐྲག་པའི་སྣང་བ་ཡང་མ་བྱུང་བས། ཁོང་གླུ་བཙན་གྱིས་མ་ཤེས་ནས། ས་སྟེངས་མི་དམར་པོ་དང་སྤྲུལ་དམར་པོས་བཀབ་པ་ལ། ཁོང་ཕྱག་ན་རྡོ་རྗེ། རྟ་མགྲིན་གཉིས་སུ་སྤྲུལ་ནས། དབུ་སྐྲ་ལ་མེ་འབར་བ་དང་། ཉིང་དེ་འཛིན་གྱི་ངང་ལ་བཞུགས་ནས། གསེར་གྱི་རྡོ་རྗེ་རྩེ་ལྔ་པ་བསྐོར་ནས་ཆོ་འཕྲུལ་སྣ་ཚོགས་བསྟན། ཕ་བོང་གྭ་པ་ལ་ཐེབས། འདྲེ་རྣམས་སྐྲག་རེ་རེ་བྱུང་བ་ལ་རྒྱབ། འདྲེ་རྣམས་གངས་རྟག་ལ་བྲོས་པས། གངས་རྟག་ལ་བརྒྱབ། ཁོང་གི་ཕྱག་འཛུབ་བཙུ་བོ། ཡེ་ཤེས་ཀྱི་ཁྲོ་བོ་བཙུར་སྤྲུལ་ནས་རི་བཤིག་མེ་རིས་གངས་བཞུ་བ་དང་། མི་དམར་ཤ་བ་ལ་ཞོན་པ་གཉིས་བྱུང་ནས་ཞབས་འཇུས་ནས། ཁྱོད་ཕྱོགས་བཞིའི་ལྷ་སྲིན་བཏུལ་དུས་ན། འཇིག་རྟེན་ལྷ་འདྲེ་ཚོགས་པའི་དུས། །ཁྱེད་རང་གི་དམ་ཅན་བྱས་པ་ཡིན། ངེད་གཉིས་མི་ལ་མ་བསྙོགས་ལགས། གནས་པའི་རི་ཡང་མ་བསྐྱོལ་ལགས་ཞུས་པས། གྲུབ་ཐོབ་ཀྱིས་གསུངས་པ། གྲུབ་ཐོབ་ང་ཡི་རྒྱུད་པ་འདི། གང་ཟག་ཁྱད་དུ་འཕགས་པ་ཡི། ༈ བླ་མ་གྲུབ་ཐོབ་རིམ་པ་དང་། མི་དཔོན་རྒྱུན་མི་ཆད་པ་ཡོང་། །ད་དུང་རྣྒངས་ཀྱི་སྐྱེ་རྒྱུད་ལ། །མཐོ་བ་ནམ་མཁའ་འདྲ་བ་ཡོང་། །གསལ་བར་ཉི་ཟླ་འདྲ་བ་ཡོང་། །བགྲ་བ་སྐར་མ་འདྲ་བ་ཡོང་། །ལྷ་ཆོས་བསྟན་པ་འཛིན་པ་ལ། །བླ་མ་གྲུབ་ཐོབ་རྒྱུན་མི་ཆད། །མི་ཆོས་རྒྱལ་ཁམས་འདུལ་བ་ལ། །མི་དཔོན་རྒྱུན་མི་ཆད་པ་འོང་། ཁྱོད་གཉིས་འདྲ་བས་ཉམས་ཚོད་ན། ང་འཇིག་རྟེན་ལྷ་འདྲེ་ཇི་ལྟར་འདུལ། །ཁྱོད་གཉིས་ཐལ་བའི་རྡུལ་དུ་རློག །གསུང་ནས་དམ་ལ་བཏགས་སོ། །དེ་ནས་ཁོང་གིས་གནས་དྲུག་སྤྱིའི་ས་ཆར་བྱོན། ཡང་ལེ་ཐེལ་ཆུང་ཡར་བཅད། རྩེ་བར་རྩད་མོའི་ལྷ་ཁང་ཚུར་བཅད། འཕྲི་བརྒྱ་ཟླ་རྒྱ་གསུམ། ཐུགས་པའི་གཉན་

སྲིད་དུ་མཛད་ནས་སློབ་མར་བཀོལ། མི་ཆེ་དགུ་ནི་འབངས་སུ་བཀོལ། སྲིད་པ་ཕོ་རྒྱུད་མོ་རྒྱུད་ནི་ཐབ་ཏུ་བཀོལ། ནུས་པ་དང་མཐུ་ཆེ་བར་གྲགས་པས། ཀླུངས་སྟོང་སྲས་ཀྱི་རྒྱུད་ཀྱིས་གནས་དྲུག་ཟླ་ངོ་རྣམས་ཀྱིས་ཡུལ་ལྷ་ཁང་དང་བསྟན་བཅོས་རྣམས་ཕུལ་ནས་ཁོང་ཡང་མཉེས་པ་དང་། རྫོང་དང་དཔལ་སྟོམ་གྱིས་གདན་དྲངས་པས་མ་བྱོན་ནས། ཕ་སྤུན་ཀླུངས་གསེར་པ་གཡུ་པ་ཏུ་དཔོན་གསུམ་གྱིས། ཏ་ཤོད་ཕུ་གསུམ་གྱི་ལྷ་ཁང་། གསེར་རིས་ལྷ་ཁང་། གཡུ་རིས་གནས་གསར། ཏ་ཤོད་ལྷ་ཁང་ཐང་། གན་རྒྱུད་ལྷ་ཁང་ཕུལ་ནས་ཁོང་སྤྱིའི་ཡུལ་ལ་བྱོན་ནས། ཀླུངས་བསམ་པར་གྱིས་གྲུབ་ཐོབ་བྱོན་པའི་ཤངས་ལེན་དེ། ཀླུངས་ཁམས་པ་ཐམས་ཅད་འཚོགས་ནས་འབུལ། ད་རེས་འབུལ་བའི་ཐོ་མ་ལ། སྤྱི་ཡི་ལུང་པ་ཕུ་དྲུག་དང་། གཉན་པོ་ར་ཛའི་བྲག་མགོ་དང་། སྤྱི་བར་ཚམ་གསུམ་ས་ཡུལ་རྣམས། ལྷ་ཁང་གསེར་འབྲུ་གང་འདུག་དང་། བཀའི་བསྟན་བཅོས་གང་སྣང་འབུལ། ཀླུངས་ཀྱི་བུ་ཚུང་གཡུ་སྣ་གང་འདུག་གི །ཐུགས་ཀྱི་གང་བཞེད་སློབ་མར་འབུལ། ཨ་ཁུ་ཁྱེད་ལ་ཤངས་ལེན་བྱེད་ཟེར་ནས་ཞུས་པས་མཉེས་ནས། ཉི་ཤུ་བརྒྱད་ལ་རེ་ཤོད་ཡོ་ཀྱང་སུམ་མདོར་བྱོན། ཡོན་བདག་རྫོང་གི་དཀར་ཤོད་གོང་རྗེ་ཐང་། གཟུ་གོམ་མདའ། བྱ་མཁྱུ། ཕྱུ་ལི་ཕྱར་ཏུ་རྣམས་ཀྱིས་ལྷ་ཁང་ཕུལ་ནས་བླ་མ་མཆོད་དུ་ཞུས་སོ། དཔལ་བཟང་གིས་ཆོས་ཀྱི་བཀའ་འགྱུར། ནག་ཤོད་ཀྱིས་བཅད་ཕུལ། སྟོམ་རྒྱུད་གིས་སོག་ཤོད་མཚམས་ཆེན་ལྷ་ཁང་ཐང་ཕུལ། ལྷ་སྟོན་གྱིས་ཡོག་ནག་ལྷ་ཁང་གསེར་ཏོག་དང་། རྒྱ་བརྩེགས་མཆོད་རྟེན་ར་བ་དང་། ཚོང་འདུས་ཡངས་པའི་གྲུ་བཞི་ཕུལ། ཐར་ཡང་ཁྱེད་རང་ཞབས་ཀྱིས་བཅགས། དའང་སྒྲུབ་ཁང་མཛད་པར་ཞུ་ཞུས། ལར་གྱིས་རྒྱ་གར་རྡོ་རྗེ་གདན། མངའ་རིས་ཚུར་བཅད་ཀྱི་ས་ཡུལ་མ་ཕུལ་བ་མེད། རག་ཤིས་ཤག་སོག་ཁལ་ཁབ་དང་སའི་ལིང་ཚེ་བཅད་ནས་ཕུལ། དེ་ནས་བཙུན་མོ་དཀར་ལྷན་མ་ཁབ་ཏུ་བཞེས་པ་ལ། ཆེ་བ་དཔལ་བཟང་ཡུལ་དུ་འབྲུངས་པ་ལ། གཟུགས་བཟང་པས་ཆེ་བཟང་དཔལ་གྱི་སེང་གེར་བཏགས། འཁྲིད་ཁྲིམ་དུ་ཚོགས་པའི་ནང་དུ་སྐྱེས་པས། ཨ་ཁྲིམས་དུ་བཏགས། དེ་འོག་མཆེམ་འབྲུངས་ནས། ཁོང་ཡང་མ་ཕམ་གཡུ་མཚོའི་འགྲམ།

ཆུ་བོ་ཞི་འདུས་པའི་མགོ་བོ་སངས་རྒྱས་ཀྱི་ཞབས་ཀྱིས་བཅགས་པའི་སར་སྒྲུབ་ཁང་མཛོད། མཁའ་འགྲོ་དང་ཡི་དམ་གྱིས་མཆོག་དང་ཐུན་མོང་གི་དངོས་གྲུབ་བྲངས། དགུང་ལོ་བདུན་ཅུ་རྩ་གསུམ་ལོན་པ་ལ། གླིང་རྗེ་གེ་སར་གྱིས་སྔར་འབུལ་བ་བྱས་པ་དང་། དའི་འབུལ་བ་སྐྱེལ་བ་ལ་ཡོངས་པས། བདག་ལ་རིགས་ཀྱི་རྒྱུད་ཀྱང་མེད། བདག་ཀྱང་ཁྱེད་ལ་དངོས་གྲུབ་ཞུ། ཟས་འཛད་པ་མེད་པའི་དངོས་གྲུབ་ཞུ། ལུས་ངལ་དུབ་མེད་པའི་དངོས་གྲུབ་ཞུ། སེམས་མཉམ་བཞག་མི་སྟུག་པའི་དངོས་གྲུབ་ཞུ། ཁ་མི་སྐོམས་པའི་བདུད་རྩིའི་དངོས་གྲུབ་ཞུ། མཚོན་མི་ཆོད་པའི་དངོས་གྲུབ་ཞུ་ཞུས་པས། མཚན་ལྡན་གྱི་ཀ་པཱ་ལ་སྟག་སྒྲོད། ཟད་མེད་བཅུད་ལེན་གྱི་གདམས་པ། སྐོམ་མེད་ཆུའི་བདུད་རྩི་ཚད་མེད། ཆོད་མེད་ལུས་ཀྱི་བརྟན་པ། རྟ་མེད་རླུང་གི་རྩོལ་བ་གདམས་ངག་དང་དངོས་གྲུབ་རྟག་ཅི་ཡོད་པ་གནང་ནས་གེ་སར་ཡང་སོང་། དེ་ཉིད་བཙུན་མོ་ལ་སྲས་གཅིག་འཁྲུངས་པས། ཁོང་གི་ཆོས་སུ་སྲས་ལ་མིང་སྟག་ཚབ་ཏུ་བཏགས། དེ་ནས་མ་ཕམ་གཡུའི་མཚལ་དུ་བཞུགས་དགོངས་པ་ལ། དགུང་ལོ་བརྒྱད་ཅུ་རྩ་བརྒྱད་ཀྱི་ཐོག་ཏུ། མཁའ་འགྲོ་མས་བསུ་བ་བྱེད་པར་ཡོང་ནས། རྒྱལ་འཁོར་པ་བོད་དུ་མི་བཞུགས་ན; ཨོ་རྒྱན་ཡུལ་དུ་ཨེ་འབྱོན་ཟེར། ཁོང་གི་གསུང་ནས། ང་རྒྱལ་འཁོར་པའི་ཕ་ཡུལ་དེ། མཚོ་མ་ཕམ་གཡུའི་མཚལ་ཡིན། ཆུ་བོ་བཞིའི་མགོ་བོ་ཡིན། སངས་རྒྱས་ཞབས་ཀྱིས་བཅགས་པ་ཡིན། ད་དུང་གདུལ་བྱ་བོད་དུ་ཡོད། ང་ལོ་ཆོད་བརྒྱ་དང་བརྒྱད་ཀྱི་བར། འཛིག་རྟེན་འདི་ཡི་གདུལ་བྱ་སྐྱོང་། ད་ནི་མི་ལོ་ཉི་ཤུ་ཐམ་པ་ན། ཁྱོད་མཁའ་འགྲོ་མས་ཀྱང་བསུ་བ་གྱིས། ང་རྒྱལ་འཁོར་པ་བདེ་བའི་གནས་སུ་འགྲོ། ཨོ་རྒྱན་ཡུལ་དུ་ལམ་གཏོད་ནས། སྒྲུབ་གནས་ཁྱད་དུ་འཕགས་པ་འདི། ཤ་ཉེ་གྲུབ་ཐོབ་ཇེ་འདྲས་འཛིན། ཁྱོད་མཁའ་འགྲོ་མས་ཀྱང་ལུང་བསྟན་གྱིས། སྲས་དང་བཙུན་མོ་འཁོར་རྣམས་ལ། དགོས་དོན་ཚིག་གསུམ་ཁ་ཏ་བྱེད། དེ་ནས་མཁའ་འགྲོ་མ་ཡི་ལུང་བསྟན་ནས། རྟ་ཤོད་རྒྱང་གི་བྲག་ཕུག་ན། །རླངས་གྲུབ་ཐོབ་གསེར་པའི་དར་བཟང་དེ། །མི་ལོ་སུམ་ཅུ་སྒྲུབ་པ་བྱས། །གསང་སྔགས་སྙིང་མའི་གྲུབ་པ་ཐོབ། །གནམ་ལ་འཕུར་བའི་གྲུབ་རྟགས་བསྟན། །ངེད་

མཁའ་འགྲོ་མས་ཀྱང་དངོས་གྲུབ་བྲངས། དེས་ཁྱོད་རྣལ་འབྱོར་གནས་ཀྱང་ཨེ་མི་ཟིན། རྒྱ་གར་རྡོ་རྗེ་གདན་ཞོལ་ན། །ལྷངས་ཁ་ཆེ་དགེ་མདུན་བཟང་པོ་དེ། །གྲུབ་རྟགས་བཅུ་དང་ཞལ་མཐོང་བདུན། །དེ་ཡང་རྣལ་འབྱོར་གནས་འདི་ཟིན། །བོད་ཁ་བ་ཅན་གྱི་ཞིང་ཁམས་ན། །ལྷངས་ཀྱི་གྲུ་ཐོབ་བཅུ་གཅིག་ཡོད། །ཁྱོད་རྣལ་འབྱོར་བཞིན་ནི་མ་བྱུང་ཡང་། །གནས་མི་སྟོང་པ་ནི་ཡོང་བ་ཡིན། །ཁྱེད་རྣལ་འབྱོར་གྱི་ཐུགས་ལ་གང་མངའ་དེ། །ང་མཁའ་འགྲོ་མས་ཀྱང་ལུང་བསྟན་བྱེད། གྲུབ་ཐོབ་ཀྱི་དགོངས་པ་ལ། གསེར་པ་དར་མ་བཟང་པོ་ཤ་སྟག་ཉེ། རྡོ་རྗེ་གཞོན་ནུའི་སྒྲུབ་ཐབས་ཀྱི་ཆོས་ཀྱང་བསྟན། དེ་གྲགས་པས་ལུང་སྟོན་ཟེར་དགོས་དགོངས་ནས། མཁའ་འགྲོ་མ་རྣམས་ལ་གསུངས་པ། གྲུབ་ཐོབ་གསེར་པ་དར་བཟང་དེ། །ལུང་བསྟན་བགྱིད་དང་གནས་འདིར་འཛོག །ང་རྣལ་འབྱོར་པ་གདུལ་བྱ་སྐྱོང་དུ་འགྲོ། །མདོ་ཁམས་ལྷ་ཡི་ས་ཡུལ་ན། །རྣལ་འབྱོར་རྒྱུད་པ་འཛིན་པ་ཡི། །བཙུན་མོ་སྲས་བུ་བཞི་འབྲུངས་ཡོད། དེ་ལ་རྒྱུད་པ་ཅི་འཕེལ་བལྟ། །ཚ་བོ་ལྷ་སྟོན་སྟན་བཟང་དེ། །ཐེལ་ཚུའི་བླ་མར་བཞག་པ་དེ། །ཕོ་ཡི་གདུལ་བྱ་ཨེ་ཆེ་ལྟ། །གླིང་གི་ཡོན་བདག་ཕོ་མོ་རྣམས། །བུ་ནོར་དར་རྒྱས་ཨེ་ཆེ་ལྟ། །ཡོན་བདག་གླིང་རྗེ་གེ་སར་ལ། །ཚེ་རིང་གདུལ་བྱ་ཨེ་ཆེ་ལྟ། རྫང་དང་དཔལ་སྟོམ་ལྷ་སྟོན་རྣམས། །ཡོན་བདག་འབྲེལ་བ་ཨེ་སྲུང་ལྟ། གསུངས་པ་དང་། མཁའ་འགྲོ་མས་ལུང་བསྟན་གསུངས་པ་ལ། རྣལ་འབྱོར་བྱང་ཆུབ་འདྲེ་བཀོལ་ཁྱོད། །སློབ་དཔོན་པདྨའི་སྤྲུལ་པ་ལགས། །ལྷ་སྲིན་དམ་ལ་འདོགས་པའི་ཚེ། མི་རུ་སྤྲུལ་ནས་བསྟན་པ་བསྲུང་། །ཁྱེད་ཀྱི་བརྒྱུད་པ་གསུམ་དུ་ཡོང་། དེས་སངས་རྒྱས་བསྟན་པ་འཛིན་པར་སྣང་། །སྤྲུལ་པའི་རྒྱལ་མཚན་བྱེད་པར་སྣང་། །བོད་ཀྱི་རྒྱལ་ཁམས་བདག་པོ་བྱེད། །ཁྱེད་རྣལ་འབྱོར་བཙུན་མོ་དཀར་ལྷན་མ། མ་ཡེ་ཤེས་མཁའ་འགྲོ་ཆེན་མོ་ཡིན། དཔལ་ཕྱུག་ཕུན་སུམ་ཚོགས་པ་ཡོང་། །འཁོར་དང་འདབ་ལག་རྒྱས་པ་ཡོང་། །རྒྱ་དཀར་ནག་གཉིས་ཀྱི་བར་འདི་ལ། །ཁྱོད་ཀྱི་རྒྱུད་ཀྱི་བོད་ཁམས་འདུལ། །ཟེར་བ་ལུང་བསྟན། དེར་མཁའ་འགྲོ་མ་རྣམས་རོལ་མོའི་སྒྲ་དང་བཅས་ནས་བྱོན་ནོ། དེར་ལྷངས་ཀྱི་གྲུབ་ཐོབ་དར་མ་ཁོང་། ཞག་བཅུ་

གསུམ་ནང་དུ་སླེབ་ནས་ཡོང་། བཀའ་དང་བསྟན་བཅོས་མང་དུ་གསུངས། ང་འགྲོ་གསུངས་ནས་རྩ་རླུང་དགོངས་པ་མཛད། ངས་དཀོན་ཅིག་ཞབས་ཏོག་བྱེད་པ་དང་། སྒྲུབ་པའི་རྒྱལ་མཚན་འཛུགས་པ་དང་། གནས་འདིར་དར་རྒྱས་འདོན་པ་དང་། བཀའ་དང་སྲུང་མ་མང་དུ་ཞུ། བུ་བཞིན་སྐྱོང་བར་ཐུགས་ལ་ཐོགས། །ཞེས་ཞུས་པ་དང་། ཡིད་ཆེས་ལ་གོ་སླ་བའི་གསང་སྔགས་གསར་སྙིང་གི་ཆོས་ཀྱི་སྙིང་པོ་བཀོལ་བའི་ཆོས། མཁའ་འགྲོ་མའི་གསང་བ་ཡང་ཐིག་གི་སྐོར་འཆི་མེད་ལྷུང་མེད། རྩ་རླུང་གི་འཁྲུལ་འཁོར་མང་དུ་གསུངས་སོ། དེ་ནས་ཟེར་མ་རླུང་གི་ར་ལ་ཆིབས་ནས། ཡུད་ཙམ་ཞིག་ལ་དབུས་སུ་བྱོན། །དབུས་ཀྱི་ཇོ་བོ་ལ་ཕྱིན་རླབས་ཞུས། །ཉི་མ་དགོང་ལ་སོག་ལ་བྱོན། །སོག་ཤོད་མཚལ་མོ་གླིང་ལ་བྱོན། །བྱང་གི་ཡང་དུ་གོ་སྟའི་ཤོད་བརྒྱད་གོང་ཆུ་ལ་བྱོན། སྲས་པོ་གསུམ་ལ་ཉམས་ཆོད་ལྷས། །སྤྲུལ་པ་ཅིར་ཡང་སྤྲུལ་གྱིན་བྱོན། ཆེ་བཟང་དཔལ་གྱི་སེང་གེ་དེ། སོག་ཤོད་མོར་གྱི་ཅན་དུ་སྣང་། །ཁོང་སྟག་ཏུ་སྤྲུལ་ནས་བྱོན་པ་ལ། །སྲས་ཀྱིས་སེང་གེར་སྤྲུལ་ནས་བྱོན། ཁོང་སྤྲུལ་དུ་སྤྲུལ་ནས་བྱུང་བ་ལ། །སྲས་ཀྱིས་ཁྱུང་དུ་སྤྲུལ་ནས་བྱུང་། ཁོང་ཕྱག་ན་རྡོ་རྗེ་སྤྲུལ་པ་དང་། མོས་གུས་དད་པས་ཕྱག་འཚལ་ནས། དཔལ་ཕྱག་ན་རྡོ་རྗེའི་ཞལ་མཐོང་བ། །ཡབ་གྲུབ་ཐོབ་ཀྱི་ཐུགས་རྗེ་ཡིན་པ་འདྲ། ཞུས་པ་དང་། ཁོང་ཡང་ཐུགས་ལ་མཉེས་པ་བྱུང་ནས། ང་ཡང་རྣལ་འབྱོར་རྒོད་པོ་ཡིན། ད་ རུང་ལྷ་ལ་སྒྲུབ་པ་གྱིས་གསུང་པ་དང་། གཉན་པོ་ར་སའི་བྲག་ལ་བྱོན། ཨ་ཁྲིམ་བྲག་གི་ཐོག་ཏུ་བསྟད་འདུག་པ་དང་། ཁོང་འབྲུག་ཅིག་ཏུ་སྤྲུལ་ནས་བཞུགས་པ་དང་། ཨ་ཁྲིམ་གྱིས་ཞུས་ནས། ང་གྲུབ་ཐོབ་ཅིག་གི་སྲས་འབྲིང་ཡིན། །ལྷ་ཅིག་གྲུབ་པའི་གྲུབ་ཐོབ་ཡིན། །འདྲེ་གཅིག་འདུལ་བའི་རྒྱུད་པ་ཡིན། འདྲེ་ཁྱོད་འདྲས་ང་ལ་ཉམས་ཚོད་ན། ངས་གཉན་པའི་ར་ས་ཇི་ལྟར་འཛིན། ཕ་ཡབ་ཀྱི་དམ་ཅན་ཡིན་པ་འདྲ། འདྲེ་ཁྱོད་ཀྱི་སྟེང་དུ་ལྷ་སྒོམ། ཡེ་ཤེས་ཀྱི་ཁྲོ་བོ་བཅུར་བསྐྱེད་ནས་ཁོང་གི་ཐོག་ཏུ་བཞུགས་པ་ལ། ཁོང་མཉེས་ནས་རྡོ་རྗེ་གཞོན་ནུར་སྤྲུལ་པ་དང་། ཁྲོ་བོ་བཅུས་བསྐོར་བར་སོང་པ་དང་། ཨ་ཁྲིམ་མཉེས་ནས། ཕྱག་དང་གསོལ་བ་བཏབ་ནས། ཚིགས་བཅད་ཀྱི་ཞུ་བ་འདི་ཞུས་སོ། །

ཡང་གྲུབ་ཐོབ་ཀྱི་རྒྱུད་པ་སྨིན་བཞི་ཡོད། གཉན་པོ་ར་སའི་བྲག་ཐོག་ན། །བཀའ་སྙིང་མའི་ཆོས་ལ་གྲུབ་པ་ཐོབ། །ཡང་དག་གསང་འདུས་ཐུགས་ལས་གྲོལ། །ཉམས་ལེན་བྱས་པས་ལྷ་འདྲེ་ཐུལ། དཔལ་རྡོ་རྗེ་གཞོན་ནུ་དངོས་དང་མཇལ། །ཕ་ཡབ་ཀྱི་གྲུབ་མཐའ་འཛིན་པ་ཡིན། མཁའ་འགྲོ་མ་ལ་དངོས་གྲུབ་ཞུས། དམ་ཅན་རྣམས་ལ་གཏོར་མ་བྱིན། ཟེར་བ་ན་ཁོང་མཉེས་ནས་མ་སྤྲུལ་པར་གསུང་ཐོན་པ་དང་། བུ་ཁྱོད་སྙིང་མའི་ཆོས་ལ་མངའ་མཉེས་ཀྱང་༑ ད་ཏུང་སྒྲུབ་པའི་ཆོས་ལ་འབྱུངས། བསྒྲུབ་པ་མཐའ་རུ་འཁྱོལ་བ་ན། ཅི་དགོས་དངོས་གྲུབ་འབྱུང་བ་ཡིན། འབྲུག་ཏུ་ཉལ་བ་རང་རེ་ཡིན། །ཐོག་ཏུ་བསྡད་པ་སྲས་པོ་ཡིན། །ཕ་ཡབ་ཀྱི་སྐྱན་པ་གང་ཡང་མེད། །བུ་སྲས་ཀྱི་མིང་མཚན་སྤེལ་བ་ལ། །འཕྲི་མ་གཉན་ཐོག་ཨ་ཁྲིམ་གྱིས༑ །ས་ཡུལ་འདི་ལ་ཕ་ཡུལ་གྱིས། །ལོ་གསུམ་སྒྲུབ་པ་འདི་ན་གྱིས། །སྒྲུབ་པ་མཐར་ཕྱིན་རྫོགས་པ་དང་། །ང་ཡབ་ཀྱི་གདམས་ངག་སྙིང་པོ་རྣམས། སྲས་བུ་རྣམས་ལ་ངག་ཏུ་བསྟན་གསུང་པ་དང་། ཨ་ཁྲིམ་གྱིས་ཕྱག་འཚལ། བཤགས་པ་བྱས། ཞུ་བ་ཕུལ་བ་ལ། རང་རེ་རྣལ་འབྱོར་རྒྱུད་པ་ལ། ངས་ཡང་རྣལ་འབྱོར་རྒྱུད་པ་སྤེལ། ཚུང་མ་ཁབ་ཏུ་བཞེས་པ་ལ། བུ་སྲས་ཤིག་འཁྲུངས་ནས་ཡོད་པ་དེ། ཕ་ཡབ་ལ་བཤགས་པའི་ཡོན་ཏུ་འབུལ། མིང་དང་སྲུང་ཡང་གདགས་པར་ཞུ། ཟེར་བ་ཞུས་པས། ཡབ་ཡང་མཉེས་ནས་ཚ་བོ་ལ་གཟིགས་པས་མགོ་ཁྲི་འདྲ་བ་ཞིག་འདུག་པས། རང་རེའི་མི་རྒྱུད་རྣམས་ལ་བླ་དཔོན་ཁྲི་ཐོག་ཏུ་བསྡད་ཡོད་པ་ཡོང་བར་འདུག གཉན་པོ་སྔགས་པ་མཐུ་ཅན་ཡོང་བར་འདུག བཙན་པོ་གང་གི་གཉའ་ནོན་པ་ཡང་ཡོང་བར་འདུག ཚ་བོའི་མིང་དང་མཚན་འདོགས་པས་གཉན་གྱི་ཕོ་ཉ་སྔགས་ཁྲི་གྱིས་གསུངས་ནས་མཚན་དང་སྲུང་བ་བཏགས་ནས། དེ་ནས་བཙུན་མོ་དཀར་ལྡན་དཀར་ཤོད་གོང་ཆེན་དུ་ཡོད་པ་ཁོང་གི་ཉམས་ཚད་མཛད་དགོངས་ནས་བྱ་རྐྱང་ཅིག་ཏུ་སྤྲུལ་ནས་ཐོན། དེ་ན་རི་མགོར་ལྡིང་པ་ལ། ཡོན་བདག་རྫང་གིས་བྱ་རྐྱང་སྣང་། ཐེད་གཟན་འདྲ་ཡོད་པ་ཨེ་མིན་ཟེར་བ་ལ། བཙུན་མོས་ཁོང་ཤེས་ནས། ཐེད་དུ་ཡོད་པ་ཡིན་ནོ། བྱ་རྐྱང་ང་ལ་ལྡིང་བ་ཡིན་ཟེར་ནས་བྱ་རྐྱང་ཅན་དུ་སོང་། ཕྱག་འཚལ། རྣལ་

འཁྲོར་གྲུབ་ཐོབ་ཆེན་པོ་པ། འདབ་ཆགས་སུ་སྤྲུལ་ཡང་བདེ་སྐྱིད་མེད། རི་སྟོང་གི་བྲག་རི་མི་འགྲིམ་ནས། གནས་བདེ་བ་གྲུ་བཞིར་ཕྱིན་ཟེར་ནས་ཞུས། ཕོང་མ་སྤྲུལ་པར་གསུང་ཕྱིན་པ། ངའི་བཙུན་མོ་དཀར་ལྡན་ཁྱོད། བུ་གསུམ་པོ་སྒྲུབ་པ་བྱེད་དུ་ཨེ་བཏུག སྒྲུབ་པའི་གྲུབ་རྟགས་ཅི་ཐོན། རྟ་ནོར་གྱི་འཕེལ་པ་ཨེ་ཆེ། འཁོར་གཡོག་ལ་བྱང་སེམས་ཨེ་ཆེ། ཡོན་བདག་མི་ཁ་ཨེ་དྲོ། ཁྱོད་རང་གི་ལུས་རྩལ་ཨེ་སྲུང་། བུ་ལ་བཙུན་མོ་ཨེ་བླངས། དེ་ལ་སྲས་བུ་ཨེ་འཁྲུངས། །མི་བསྲུང་ལེགས་པ་ཨེ་བཏགས། གསུང་པ་དང་། དཀར་ལྡན་གྱིས་ཞུས་པ། ཁྱེད་རྣལ་འབྱོར་བཀའ་དང་མི་འགལ་བར། ངེད་གཞིས་པས་ཀྱང་འབད་པ་བརྟོན་ནས་ཡོད། སྲས་བུ་གཉིས་དང་ཨེ་མ་མཇལ། །སྒྲུབ་པ་ཅི་བྱས་དགོངས་ལས་ཆེ། གྲུབ་རྟགས་ཅི་འདུག་ཐུགས་ལ་གསལ། །ང་རང་འབབ་པའི་བྱ་བ་ལ། །བུ་ལ་བཙུན་མོ་བླངས་ནས་ཡོད། །ཆགས་སྡུད་བུ་ལ་སྲས་བུ་འཁྲུངས། །སྲས་ཆེ་བ་སོག་མཚོའི་འགྲམ་ལ་ཡོད། དེ་འོག་ས་བྲའི་བྲག་ལ་ཡོད། མཚོ་མ་གཡུ་འཛིན་གྱི་གནས་ལ་ཡོད། ཆུང་བ་གེར་ཚོགས་ཀྱི་བྲག་ལ་ཡོད། ཆེ་བ་དཔལ་གྱི་སེང་གེ་ལ། སྲས་བུ་གཉིས་ཀྱང་འཁྲུངས་ནས་ཡོད། དེ་ལ་མིང་དང་སྲུང་འདོགས་མཛོད། འབྲིང་བ་ཨ་ཁྲིམ་སྲས་ཤིག་ཡོད། ཁྱེད་གྲུབ་ཐོབ་བྱུང་དུ་མ་ཐུལ་ན། དེ་ལ་མིང་དང་སྲུང་འདོགས་མཛོད། ང་དཀར་ལྡན་ལུས་ཀྱང་གཙང་བར་ཡོད། ཁྱེད་རྣལ་འབྱོར་སྟོད་ལ་ཕྱིན་པ་ཡི། སྐྱོས་མ་སྨིན་རྒྱུ་ཅི་ཙམ་ཡོད། གྲུབ་པ་ཁྱད་འཕགས་ཅི་ཙམ་མཛད། གྲུབ་རྟགས་ལྷ་རྣམས་ཞལ་ཨེ་མཐོང་། ཟེར་ནས་ཞུས་པ་ལ། དེ་ལ་ཕོང་གིས་བསླབ་བྱ་ཞལ་ཏ་མང་དུ་མཛད་ནས། ད་བཟོད་འཁྱོན་གསུངས་ནས་ཐེལ་ཆུ་གླིང་ཡུལ་ཕ་སྤུན་རླངས་ཀྱི་རུ་ཚོ་ལ་བདེ་སྐྱིད་ཅི་སྣང་ལྟ་བ་ལ་ཕྱིན་པས། སྤྲུལ་པ་རླུང་གི་རྟ་ལ་ཆིབས། ཐེལ་ཆུའི་གནས་སུ་ཕྱིན་པ་ལ། ཐེལ་ཆུའི་དར་རྒྱས་ཆེ་ནས་གདའ། དེར་ལོ་གཅིག་སྒྲུབ་པ་མཛད་ནས་བཞུགས། བཀའ་དང་བསྟན་བཅོས་མང་དུ་གསུངས་ནས་གླིང་གི་ཡུལ་ཕྱིན། སློ་འདུལ་སྲེ་སྐྱེའི་ཆོས་མང་དུ་གསུངས་ནས། ཕ་སྤུན་རླངས་ཀྱི་རུ་ཚོ་ལ་ཕྱིན་ནས། ཆོས་བསྟན་བཅོས་མང་དུ་གསུང་པ་ལ། རླངས་ཀྱི་དཔོན་རྗེ་རྗེ་བློ་གྲོས་ཀྱི་འབུལ་བ་བྱས་ནས་ཞུས་

པས། ལྷ་ཆོས་བཀའ་དང་བསྟན་བཅོས་གནང་བ་འདི་ཐུགས་ལ་བཏགས༔ མི་ཆོས་ཀྱི་འདུག་ལུགས་ཀྱི་ཞལ་ཏ་ཞིག་ཞུ་བྱས་པ་ལ། གྲུབ་ཐོབ་ཀྱི་གསུང་ནས་ད་དུང་ཡིན་ལུགས་ཀྱི་ཞལ་ལྟ་དང་མི་བྱེད། ལོ་བཅུ་སོང་པ་དང་ཞག་དལ་བའི་ཁ་ཏ་བྱེད་གསུང་བྱོན། དེ་ནས་ཁོང་ཡིད་དང་སྤྲུལ་པས། སྟག་ཚབ་པའི་རྩར་དོམ་དུ་སྤྲུལ་ནས་བྱོན་པ་ལ། སྟག་ཚབ་སྟག་ཏུ་སྤྲུལ་ཡོངས། ཁོང་གི་གཟིགས་དང་སེང་གེ་སྤྲུལ་ཡོང་། སྲས་སྟག་ཏུ་སྤྲུལ་ནས་ངར་བ་ལ། ཁོང་ཡབ་ཀྱིས་གསུང་ནས། ཁྱོད་སྟག་གི་ཚབ་ཏུ་སྐྱེས་པ་ལ། ལས་ཡང་གེར་ཚོགས་ཀྱི་བྲག་ལ་ཡོད་གསུང་པ་དང་། ཁྱེད་ལ་སྤྲུལ་པ་ཞིག་མེན་པ་སྟོན་རྒྱུ་མི་འདུག་པས༔ བུ་དང་སྲས་མི་ཡོང་བར་འདུག ཁྱེད་རང་ཡོང་བའི་རི་གང་ལ། ངར་དང་ངོ་འཛིགས་གཉིས་ཀ་ཆེ། ཕྱི་ནས་སྐྲག་ལ་ལུས་རྩལ་ཆེ་བ་ཞིག་ཡོང་བར་འདུག དེ་ནས་བུ་སྲས་མིང་དང་མཚན་བཏགས་སོ། སྟག་ཚབ་ཏུ་སྐྱེས་པ་ཡིན། ངར་ཆེ་བས་སྟག་ཚབ་ངར་བ་བཏགས་སོ། དེ་ནས་རྫོང་གི་ཡུལ་ལ་སྲས་ཁྲིད་ནས་བྱོན་ནོ། ཚ་བོ་ཆེ་བའི་རྩར་བྱོན་པ་དང་། དཀར་ཤོད་དཀར་རུ་ནགདན་དྲངས་ནས་སྟོན་མོ་དྲངས། མཉེའི་ཞྭ་གོན་པ་ལ། ཚ་བོའི་སྟོན་ནི་བཟང་། ཞྭ་ནག་དེ་གོན་པ་དང་། བཙུན་མོ་ཞིག་ཡོང་བ་འདུག་པས། སྟོན་བཙུན་ཞྭ་ནག་ཅན་དུ་ཐོག་ཅིག་གསུང་བྱོན། དེ་ནས་ཚ་བོ་སྟོན་ལ་ཡོང་པས། ནུ་བོ་ལ་ཞྭ་ནག་དེ་བཀོན་ནས་བསུ་བ་ལ་བྱོན་ཟེར་བས། ཁོ་མདའ་ནས་བསུ་བ་དང་། དེ་ལ་མིང་དང་མཚན་བཏགས་པ། བསུ་བ་སའི་མདོ་མཚམས་སུ་སླེབས་པས། མིང་ལ་མདོ་པ་ཞྭ་ནག་ཅན་དུ་ཐོགས་གསུང་ནས་བྱོན༔ དེ་ནས་སྐྱབ་པ་ལོ་གསུམ་གོང་ཆེན་ཐང་དུ་མཛད། པར་རྟུར་ལོ་གསུམ། བྱ་མཆུ་རུ་ལོ་གཅིག མགོ་ནག་ཏུ་ལོ་གསུམ་བཞུགས་ནས། སྲས་དང་ཚ་བོ་རྣམས་ལ་ཟབ་པའི་ཆོས་སྐོར་བཅུ་གཉིས་གསུང་ས་དང་། དཀར་ཤོད་གོང་ཆེན་ཐང་ལ་བྱོན་ནས་བཞུགས་པ་དང་། ཡོན་བདག་གླིང་དང་། ཕ་སྤུན་ཀླངས་དང་། ཚ་བོ་གཉན་བཟངས། ཤ་ཉེ་དར་བཟང་། ཕ་སྤུན་དཔལ་བཟང་། ཡོན་བདག་རྫང་དང་ཆོ་ལ༔ གསང་སྔགས་བསྟན་བཅོས་མང་དུ་གསུངས་པ་དང་། ཐང་ཡིག་སྒྲོན་མ། བསྟན་པ་འགྲོགས་པ། སློབ་དཔོན་པདྨའི་ཆོས་སྐོར་

བསྟན་བཅོས། བཀའ་གསར་རྙིང་མང་དུ་གཟུ་ལུང་མདོའི་ལྷ་ཁང་དུ་ཕྱིན་ནས་གསུངས་སོ། ལར་འདོད་ཕྱོགས་གང་ལ་གང་རྒྱ་ཡང་། ང་རྣལ་འབྱོར་པ་བསམ་ཚད་གང་ལ་གང་མགོ་བ་ཡིན་ལུགས་བསམ་གཞིགས་ཉམས་ལེན་གྱི་ཚིགས་བཅད་བྱེད་པ་ཡིན་གསུངས། འདིར་སྤྱགས་པ་བསྙེན་སྒྲུབ་འབྲལ་ཐབས་མེད། ལྷ་ཆོས་བྱེད་པའི་བུ་ཚ་པོ་འབྲལ་མེད་འདི་བདུན་གྱི་མགུར་མ་འདི། ཆོས་ཉམས་སུ་ལེན་ན་དགོས་པ་ཡིན། །ཆོས་ཉམས་སུ་ལེན་དགོས་པ་ཡིན་པས་ཡིད་ལ་ཟུངས། གསུངས་པ་དང་། ཆེ་བཟང་དཔལ་གྱིས་ཞུས་པ། དེ་རྣམས་ཀྱི་ཚོ་འབྲང་ངེད་རང་རྣམས་ལ་ཡང་དུམ་པ་ཡོད༑ མི་ཆོས་ཀྱི་བསླབ་བྱ་འདི་གསུང་པ་གལ་ཆེ་ཞུས་པས། གྲུབ་ཐོབ་ཀྱི་གསུང་པ། བཟང་པོ་མི་ཡི་བྱེད་རྩུལ་སྟོས། །མཁས་པ་རང་ཡང་ཨེ་ཡིན་འདུན་མ་མཁས་སྟོས། སྨྲ་མཁས་རང་ཡང་ཨེ་ཡིན་གཏམ་རྟེང་འཁྱུད་མེད་གྱིས། ཕྱུག་པོ་རང་ཡང་ཨེ་ཡིན་བསགས་ནས་གཏོང་ཤེས་གྱིས། བཙན་པོ་རང་ཡང་ཨེ་ཡིན་ནང་ཡོད་ཆེ་མ་རྗོད། གཏན་རྟུས་རང་ལ་ཨེ་ཡོད་དགྲ་གཉེན་ནོར་གྱིས་ཐུལ། ཕ་སྤུན་རང་ལ་ཨེ་ཡོད་ནང་བཟང་དགྲ་ལ་འཐབས། སྙིང་པོ་རང་ལ་ཨེ་ཡོད་འཕངས་ནས་ཨེ་འཐོག་སྟོས། དཔའ་བོ་རང་ལ་ཨེ་ཡོད་འཁྲུགས་པ་ཨེ་མཁས་སྟོས༑ འཁོར་གཡོག་རང་ལ་ཨེ་ཡོད་སྡེ་དང་འཁྲུགས་ལ་སྟོས། མདུན་མ་ལ་མ་གཏོང་མི་ཡི་བསམ་ཚོད་སྟོས། མཁས་པ་རང་ལ་ཨེ་ཡིན་ཐང་ཞལ་ཅི་ཟེར་ཉོན། ཕྱུག་པོ་རང་ལ་ཨེ་ཡིན་དཀོན་མཆོག་ཚོགས་ལ་མཆོད། རང་ལ་ཡོད་ན་འདི་རྣམས་དགོས༑ ཡིད་ལ་བཟུང་དང་མགོ་བར་ཡོད། ད་ནི་གནས་ཁང་སྤོ་བར་བྱ། གསུང་ནས། སོག་གི་ཡོག་ནས་རྒྱལ་ཁམས་ཀུན་ལ་གཟིགས་མོ་ལ་ཕྱིན། སྟགས་འབྲི་རོང་གི་ཆོས་རྒྱུད་དུ་འཇིག་རྟེན་གྱི་མཁའ་འགྲོ་མ་ལ་དམ་གཏོར་བྱིན། ནོར་སྐྱོང་མཁའ་འགྲོ་བཙུན་མོར་བཞེས་ནས། དངོས་གྲུབ་རྒྱུན་ཆད་མེད་པར་དྲངས། འཇིག་རྟེན་མཁའ་འགྲོ་ལྷ་འདྲེ་རྣམས་ལ་མངའ་གསོལ་མཛད་པས། རྒྱུད་ཀྱི་སྲུང་མར་ཁས་བླངས་ནས། ཕོང་ལ་སྡེ་གཉིས་གཏོར་མའི་ཡོན་ལ་ཕུལ་ནས། ཕོང་སྡེ་གཉིས་བཞག་ནས་ཡུལ་ལ་ཕྱིན། དཀར་ཤོད་དཀར་ངུར་བཞུགས་ནས། བུ་ཚ་པོ་རྣམས་ལ་རང་ཉམས་ཞལ་ཏ་མཛད་པ། ཉམས་སུ་ལེན་པ་འདི

འདྲ་གྱིས། ལྷ་ཆོས་བྱེད་པའི་ལུགས་ལ་མཁས་པར་ཞུས། མཉམ་པར་ཞོག ཏིང་ངེ་འཛིན་བསྒོམས། དུ་མ་རོ་ཞིག་ཟློས། ཉམས་ལེན་སྒྲུངས། ནན་ཏན་གྱིས་ཚུལ་ཁྲིམས་བསྲུང་། སྒྲུབ་པ་གྱིས། བསླེན་པ་བགྱིངས། དམ་ཚིག་སྲུངས། ལྷ་ཆོས་རྒྱུན་གྱི་ལོ་རྒྱུས་ཡིན། མི་ཆོས་གཞིའི་བྱེད་ཚུལ་ལ། ཆེན་པོ་ལ་ཞུས། མཁས་པ་ལ་དྲིས; མི་ལ་ལྟོས། ཉིན་པར་གཞིག མཚན་མོ་སོམས། ནང་ཡོད་གྱིས། ཐང་ཞལ་ཉོན། བསྟན་ཧུས་མ་ཉམས་པ་ལ་འབུང་། མི་ཆོས་གཞིའི་བྱེད་ཚུལ་ཡིན། ལར་མཁས་པ་རང་གི་གིས་ཀྱང་གྲོས་ཆོད་ཐག་ལ་དྲིས། སྡེ་དང་ཧུས་གཏམ་བྱེད་ན་ཕ་ཁུ་ཐག་ལ་དྲིས། སྡེ་དང་སྲིད་འདུན་བྱེད་ན་བློན་པོ་ཐག་ལ་དྲིས། རང་ཉིད་ཆེ་བ་ཐོན་ཡང་འདེགས་བཀུར་གཞན་ལ་གྱིས། རང་ལ་གཏན་ཧུས་ཡོད་ཀྱང་དགྲ་གཉེན་ནོར་གྱིས་ཐུལ། རང་ཉིད་བཙན་པོར་ཡོད་ཀྱང་སྡེ་དང་གཏན་ཧུས་སྡེབས། རང་ཉིད་ཕྱུག་པོར་ཡོད་ཀྱང་ཟས་ནོར་སྦྱིན་ཤེས་གྱིས། རང་ཉིད་གཙོ་བོར་ཡོད་ཀྱང་ཁ་མཆུ་མཉམ་ཉིད་གྱིས། རང་ཉིད་ཡུལ་དཔོན་ཡིན་ན་འཁོར་ལ་བྱམས་སེམས་གྱིས། རང་ཉིད་སྤྱི་དཔོན་ཡིན་ན་རང་སྡེ་སྲིད་ཧུས་སྐྱོངས། རང་ཉིད་སྐྱེན་པོར་ཡོད་ཀྱང་དཔུང་ཡ་དཔའ་བོས་བསྐོར། རྩལ་གསུམ་རང་ལ་ཡོད་ཀྱང་སྟབས་མཁས་འཁྲུགས་པ་ལྟོས། སྨྲ་བཤད་རང་ཉིད་མཁས་ཀྱང་ཁ་ཏའི་ལབ་རྟེང་ཤོད། དམག་དཔུང་རང་ལ་ཡོད་ཀྱང་དཔའ་སྐྱེན་ནོར་གྱིས་སླུས། ཤེས་རིག་རང་ལ་ཡོད་ཀྱང་གཏམ་དཔེ་ཁ་ཟག་ཉོན། འཆི་བའི་དུས་ཚོད་བྱུང་ན་བླ་མ་སྤྱི་བོར་བསྒོམས། ལུས་ལ་ན་ཚ་བྱུང་ན་མཐོང་སྣང་གཉེན་པོར་བཟུང་། སྲོག་ལ་ཕངས་པ་ཡོད་ཀྱང་སྡེ་དང་འཁྲུགས་ཉེན་འཐོབས། ལུས་ལ་སྨྲ་འགྲམ་བྱུང་ཡང་འཁྱོད་པ་སེམས་ལ་མེད། སྲོག་ལ་ཕངས་སེམས་འདུག་ཀྱང་འཆི་བདག་བདུད་ཀྱིས་སླེབ་དུས་འགྲོ་དགོས་ཡོང་། མི་ཆོས་གཞི་འཛིན་བྱེད་པའི་བུ་དང་ཚ་བོ་ཀུན། ལྷ་ཆོས་བླ་མ་ཡི་དམ་རྣམས། འབྲལ་མེད་སྤྱི་བོའི་གཙུག་ཏུ་བསྒོམས། དུས་གཏུགས་ཏེ་སོང་དུས་མི་ཟིན་པས། དུས་ད་ལྟ་བདེ་སྐྱིད་ཀྱི་ངང་འདི་ལ། སེམས་ཡེངས་མེད་ཏིང་ངེ་འཛིན་གྱིས་ངང་ལ་ཞོག སློ་བླངས་ཀྱིས་འགྲོ་དགོས་བྱུང་པ་ན། མཉམ་བཞག་དང་ལ་ཨེ་གནས་ལྟོས། བདུད་

འགྲོ་དགོས་ཀྱིས་གཟིར་ཡང་འབྲལ་མེད་ཀྱིས། རིན་ཆེན་སྣ་ལྔ་ཏ་སླང་པོ། །རྒྱལ་ཁམས་ཟློག་གིས་ཁེངས་པ་ཡི། །དགའ་བའི་དུས་ཤིག་ཡོང་བ་ཡིན། །འདི་རྣལ་འབྱོར་ང་ཡི་བྱེད་ལུགས་ཡིན། ད་རྣལ་འབྱོར་ཞིང་ཁམས་སུ་འགྲོ་རན་ཡང་། ད་དུང་ཚིག་གསུམ་གྱི་བསླབ་བྱ་བྱེད། ཟླ་བ་ཕྱི་མའི་ཚེས་བཅུ་ལ། རྣལ་འབྱོར་ཨོ་རྒྱན་ཡུལ་དུ་འགྲོ། ཁྱེད་བུ་ཚ་པོ་རྣམས་ཀྱི་བསྐྱང་ཡར་ཡང་། དེ་སྔའི་རྣམས་ཀྱིས་ཚོག་པར་གདའ། འཇིག་རྟེན་འདི་ཡི་སྣང་བ་འདི་དག་ལ། གདམས་པའི་ཕྱི་ཐག་ཡིན་གསུངས་པ། ཆུང་སློབ་གཉེར་ཞིག་བྱས་ན་བདག་ལའང་ཡོང་། སློབ་མ་དགོས་པར་གྲོལ་བ་རྣལ་འབྱོར་ལུགས། སྒྲུབ་པ་ཡི་དམ་ཞིག་བྱས་ན་རྣལ་འབྱོར་གྱིས་འགྲུབ། སྒྲུབ་མ་དགོས་ན་གྲུབ་པ་རྣལ་འབྱོར་ལུགས། ཟས་ཞིག་པོ་ཞིག་ཟོས་ན་ལུས་བཀྲག་ཏུ་འོང་། ཟས་བཅུད་ལེན་དུ་ཟ་བ་རྣལ་འབྱོར་ལུགས། ཏང་བཞི་ནོན་པ་ཀུན་གྱིས་ཡོང་། རླུང་ཏ་ལ་ནོན་རྩལ་ས་ལ་སྦྱོངས་པ་གནོན་པའི་ལུགས། པ་རྣལ་འབྱོར་ལུགས། རྩལ་ནམ་འཕངས་གཙོད་པ་རྣལ་འབྱོར་ལུགས། གོས་ལུས་རྒྱན་གོན་པ་འཚོར་པའི་ཚས། གཏུམ་མོ་ཚས་སུ་གོན་པ་རྣལ་འབྱོར་ལུགས། སེམས་སྲུས་སྲུས་བྱེད་པ་ཀུན་གྱི་ལས། སེམས་མལ་དུ་འདུག་པ་རྣལ་འབྱོར་ལུགས། ལས་བཅས་བཅོས་བྱེད་པ་ཀུན་གྱི་ལས། ལས་བྲལ་དུ་འདུག་པ་རྣལ་འབྱོར་ལུགས། ལུས་བཅས་བཅོས་བྱེད་པ་ཀུན་གྱི་ལས། ལུས་དྲངས་པོར་འདུག་པ་རྣལ་འབྱོར་ལུགས། མིག་རྣམ་འགྱུར་མང་པོ་ཀུན་གྱིས་བྱེད། མིག་ཐད་ཀར་ལྟ་བ་རྣལ་འབྱོར་ལུགས། མཚོན་མདའ་མདུང་བརྟེན་པ་དཔའ་བོའི་ལུགས། མཚོན་རྡོ་རྗེ་རྡོག་པ་རྣལ་འབྱོར་ལུགས། གོ་ལྷུགས་ཁྲབ་གོན་པ་ཀུན་གྱིས་ལས། བསྒོམ་གོས་ཟས་སུ་གོན་པ་རྣལ་འབྱོར་ལུགས། སྒོམ་འབྲལ་མེད་དུ་སྒོམ་པ་རྣལ་འབྱོར་ལུགས། ཆོས་ཤེས་རབ་ཏུ་བྱེད་པ་སྟོན་པའི་ལས། ཆོས་བཀའ་ལུང་དང་བསྟུན་པ་རྣལ་འབྱོར་ལུགས། འདྲེ་དྲག་ཐབས་སུ་འདུལ་བ་ཀུན་གྱིས་ལས། འདྲེ་ཞི་ཐབས་སུ་འདུལ་བ་རྣལ་འབྱོར་ལུགས། བྲན་འཁོར་གཡོག་ཏུ་བཀོལ་བ་ཀུན་གྱི་ལས། བྲན་མ་བཀོལ་བ་འཁོར་བ་རྣལ་འབྱོར་ལུགས༔ ལུགས་འདི་རྣམས་དང་ལྡན་པའི་རྣལ་འབྱོར་ང་། མི་རྟག་འཆི་བའི་ཚུལ་ཅིག་སྟོན། གསུང་

ནས་འཁྲོན་ཅིས་མཛད་པ་ལ། ངེད་ཚ་བོ་ཀུན་གྱིས་ཞུས་ནས། ངེད་ཚ་བོ་རྣམས་ལ་བསླབ་
བྱ་དང་། སློབ་མ་རྣམས་ཀྱི་སྐྱོང་ཐབ་དང་། འཇིག་རྟེན་ལྷ་འདྲེ་འདུལ་བ་དང་། ཡོན་
བདག་སྐྱོང་བ་འཁྲིད་པ་དང་། མ་སྨིན་པ་རྣམས་སྨིན་པའི་ཕྱིར། སེམས་ཅན་དོན་ལ་
བཞུགས་པར་ཞུ་ཞུས་པས། ང་རྣལ་འབྱོར་པའི་ལུས་འདི་དག་ལ། །བོད་དུ་འདུག་པ་དེ་
ཙམ་ཡིན། །མི་ལོ་བརྒྱ་དང་བརྒྱད་བར་བསྡད། །དེ་ལ་ལྷ་འདྲེ་མ་ཐུལ་ན། །ཐུས་ནས་ལྷ་
འདྲེ་ངས་མི་ཐུལ། །བསླབ་བྱ་གཏམ་གྱི་ཚིག་འདི་རྣམས། །ཉམས་སུ་ལོང་ལ་མཐུན་པར་
གྱིས། །བུ་ཚ་བོའི་སྐྱོང་ཐབ་ཡང་དེ་ཙམ་ཡིན། འཇིག་རྟེན་ལྷ་འདྲེ་བཏུལ་ནས་ཡོད། །ཕྱིར་
སངས་རྒྱས་ཀྱི་བསྟན་པ་འཛིན་པའི་གྲུབ་ཐོབ་རྣམས་དང་། སྔོས་ལྷ་རིགས་ལྡངས་ཀྱི་དོན་དུ།
རྣལ་འབྱོར་ང་ཡི་རྒྱུད་ཀྱི་བསྲུངས་མར་བྱེད་པར་ཁས་བླངས། དམ་གདམས་ལྷ་ཆོས་བསྟན་
པ་འཛིན་པ་ལ། གཏོར་མ་བཟོས་ན་དམ་ཅན་བྱེད། མི་དཔོན་ཆོས་དཔོན་བྱེད་པ་དང་། སྐྱེ་
རྒྱུད་རིམ་པ་གང་འཁྲོན་གྱིས། གཏང་རག་གསོལ་མཆོད་གང་བྱས་ཟ། མདུན་ན་མོས་པ་གང་
ཐུས་བྱེད། གྲོགས་དང་མགོན་བྱེད་ཟེར་ནས་སུ། མི་འགྱུར་བ་ཡི་དམ་གཏོར་བྱིན། རྒྱུད་ཀྱི་
བན་སྐྱ་གང་བྱེད་ཀྱང་། སྲུང་མར་བྱེད་པར་དམ་བཅས་ཡོད། སློབ་དཔོན་པདྨའི་མཛད་
སྤྱོད་བཞིན། དམ་གཏོར་ཉི་ཤུ་རྩ་དགུ་བྱིན། དཀྱིལ་འཁོར་ཉི་ཤུ་དགུ་བཞེངས། དམ་
བགེགས་ཉི་ཤུ་རྩ་དགུ་བྱས། རྒྱུད་ཀྱི་བསྲུངས་མ་དེ་ཡིས་ཡོང་། །ང་རྣལ་འབྱོར་པདྨའི་
ཐུགས་སྤྲུལ་ཡིན། །བཙུན་མོ་ཡེ་ཤེས་མཁའ་འགྲོ་ཡིན། །ཡོན་བདག་གླིང་རྗེ་གེ་སར་འདི། །
ཁྲི་སྲོང་ལྡེའུ་བཙན་སྤྲུལ་པ་ཡིན། །སློབ་མ་སུམ་སྟོང་བཞི་བརྒྱ་འདི། །གསང་སྔགས་ཀྱི་ཆོས་
འབྲེལ་ཞུ་མི་ཡིན། །ཡོན་བདག་མང་དུ་ཡོད་པ་རྣམས། །ཁྲི་སྲོང་ལྡེ་བཙན་གྱི་འཁོར་གཡོག་
གིས། བདག་ལ་ཆོས་འབྲེལ་ཞུ་བ་ཡིན། མི་རབས་མང་པོའི་གོང་རོལ་དུ། ཡོན་བདག་གི་
འབྲེལ་ཁ་དེ་ལྟར་ཡིན། །རྣལ་འབྱོར་བསླབ་བྱ་བྱས་པའི་ཚིག། བུ་ཚ་བོ་རྣམས་ཀྱིས་ཉམས་
སུ་སོངས། ཉམས་སུ་བླངས་ནས་ནང་ཡོད་ན། །ང་རྣལ་འབྱོར་སྤྲུལ་པས་ཁྱབ་པར་བྱེད།
རྒྱུད་ཀྱི་མི་ལའང་ང་འདྲ་ཡོང་། རྒྱུན་ཆད་མེད་པར་ཉམས་ལེན་མཛོད། །སྡེ་དཔོན་གྱི་ནང་

ཡོད་ཤེས་པར་གྱིས། །སྲིད་འབྲེལ་རྒྱུན་ཆད་མེད་པར་གསོས། །གཙོ་བོ་སྤྱི་སེམས་སྤྱི་གཏམ་གྱིས། །སྤྱི་དཔོན་རྒྱུན་ཆད་མེད་པར་གྱིས། །སྟག་ཤར་གྱི་འབྲུག་པ་ཆོད་ཟིན་གྱིས། །ལུས་རྩལ་རྒྱུན་ཆད་མེད་པར་སྦྱོངས། །མི་དཔོན་གྱི་སྤྱི་དཔོན་སྤྱི་དོན་བཟང་སེམས་གྱིས། །འཁོར་གཡོག་རྒྱུན་ཆད་མེད་པར་སྐྱོངས། །ཕ་སྤུན་ནང་ཡོད་ཤེས་པར་གྱིས། །ཉེ་འབྲེལ་རྒྱུན་ཆད་མེད་པར་གསོས། །འཁོར་གཡོག་བདེ་གུས་ལྡན་པར་གྱིས། །དཔོན་ལས་རྒྱུན་ཆད་མེད་པར་སྐྱོངས། །བུ་ཆུང་རིག་པ་གསལ་བར་གྱིས། །རྩོལ་བ་རྒྱུན་ཆད་མེད་པར་གྱིས། །བུ་སྲིང་ནོར་ཡོད་ཕྱུག་ལ་བྱིན། །ཟས་ནོར་རྒྱུན་ཆད་མེད་པར་ཡོང་། །ཕྱུག་པོ་ཟས་ནོར་སྤྱོད་ཤེས་གྱིས། །ཉེ་རིགས་རྒྱུན་ཆད་མེད་པར་ཡོང་། གཉེར་པ་ཀུན་དང་མཐུན་པར་གྱིས། །མཛའ་ཤེས་རྒྱུན་ཆད་མེད་པར་ཡོང་། མ་སྨུ་མི་བཀུར་ཆེ་བར་གྱིས། བུ་ཚ་བོ་རྒྱུན་ཆད་མེད་པར་སྐྱོང་།

མནའ་མས་ལུས་ལུས་གཙང་མར་བསྲུངས། ནང་མཚམས་རྒྱུན་ཆད་མེད་པར་སྐྱོངས། ང་རྣལ་འབྱོར་བཙོས་འདུག་མ་བསམ་པར། དགོས་ལུགས་ཡིན་ལུགས་ཀྱི་ཚིགས་བཅད་རྣམས། །ཁྱོད་ཉེ་འབྲེལ་རྣམས་ལ་བཤད་པ་ཡིན། །རླངས་ཤ་ཉེ་འཁོར་དང་བཅས་པ་ལ། །བསླབ་བྱ་དལ་དུས་བཤད་པ་ལགས། །རླངས་ལྷ་གཟིགས་རང་རེའི་རྒྱུད་པ་འདི། ཕོ་རྒྱུད་མོ་རྒྱུད་ལྡེ་ལས་གྲོལ། རིགས་རྒྱུད་ཁྱད་དུ་འཕགས་པ་ཡིན། །བླ་མ་མི་དཔོན་གང་བྱེད་ཀྱང་། །རིགས་ལ་གང་བྱེད་འོང་བ་ཡིན། །རླངས་ཀྱིས་གང་ཟག་ཁྱད་འཕགས་ལ། །ནམ་མཁའ་རྡོ་རྗེ་ཟམ་མ་ཆད། །ས་ལ་དཀྱིལ་འཁོར་བྲིས་མ་ཡལ། །བར་དུ་རིག་འཛིན་མཁས་བཙུན་གྱི་གྲལ་མ་ཞིག་པ་ཡོང་། །དེ་དང་མཐུན་པར་ཁྱད་དུ་འཕགས་པའི་སྐྱེས་བུ་གང་ཟག་མཁས་པར་བློ་སྦྱངས་པ། བར་དུ་བཙུན་པར་མཚུངས་པ། ཐམ་གངས་ཏི་སེ་ཤེལ་གྱི་མཆོད་རྟེན་འདྲ་བ་ཡོང་བ་ཡིན། མི་རབས་དྲུག་ཅུ་རྩག་ཅིག་བར། བླ་མ་དཔོན་རྒྱུན་མི་ཆད། ལྷ་གཅིག་བསྒྲུབ་ན་སྒྲུབ་ཐག་ཉེ། ངག་ནུས་ཅན་གྱི་གྲུབ་ཐོབ་ཡོང་། །མི་དཔོན་བྱེད་ན་རིགས་བརྒྱུད་བཟང་༑ བོད་ཁམས་འདུལ་བའི་དཔོན་དུ་ཡོང་། །གཙོ་བོ་བྱེད་ན་སྤྱི་

དཔོན་བྱེད། །འཁོར་གཡོག་རྒྱས་པའི་དཔོན་དུ་ཡོང་། །ང་དང་རྒྱུད་རིགས་བཅུ་གསུམ་ན། བོད་ཁམས་འབངས་སུ་འཁོར་བར་ཡོང་། གསུངས་ནས་བུ་ཚ་བོ་རྣམས་ལ་གནང་སྦྱིན་གྱི་བསླབ་བྱ་མཛད་པ་འདི་ལྟར་དུ་གསུང་། ལྷངས་པ་ཕྱུན་གྱི་བན་ སྡིགས་ཀྱི་མི་རྣམས་དང་། གཉན་སྲིད་བྱས་པའི་སྡིགས་སྡེ་རྣམས། དཔལ་བཟང་སྨན་བཟང་ཡོན་བདག་གླིང་། རྫོང་སྟོམ་རག་ཤེ་ཤུ་ཀེ་ཨ། མ་སྨྲ་འཁོར་གཡོག་ལས་བྱེད་ཚ་བོ་རྣམས་ལ་བསླབ་བྱ་བྱེད། བསླབ་བྱ་རྟེན་སོ་ནོར་བུ་བཞིན། རྣལ་འབྱོར་བྱང་ཆུབ་འདྲེ་བཀོལ་ང་། ཆུང་ནས་རིག་པ་ཆོས་ལ་སད། བཀའ་གསར་རྙིང་གི་ཆོས་རྣམས་ཐུགས་ལས་གྲོལ། ཡིད་ཤེས་རབ་ཆེ་བའི་ཚད་དང་ལྡན། ཡིད་ཤེས་རབ་ཆེ་བའི་རིགས་རྒྱུད་འདི། བུ་ཚ་བོ་རྣམས་ལ་ནོར་བུ་བཞིན། ངས་གྲུབ་རྟག་བཞི་བཅུ་རྩ་བདུན་སྟོན༑ ལྷ་སྒྲུབ་པ་བྱེད་ན་སྒྲུབ་ཐག་ཉེ། ལྷ་དབང་སྒྲུབ་པའི་སྒྲུབ་ཐབས་འདི། བུ་ཚ་བོ་རྣམས་ལ་ནོར་བུ་བཞིན། ངས་གསོལ་བ་བཏབ་པའི་བྱིན་རླབས་ལ། ལྷ་ཞལ་མཐོང་ཉི་ཤུ་རྩ་བཞི་བྱུང་། བྱིན་རླབས་རྒྱུན་ཆད་མེད་པ་དང་། ཞལ་མཐོང་རྒྱུན་ཆད་མེད་པ་འདི། བུ་ཚ་བོ་རྣམས་ལ་ནོར་བུ་བཞིན། མཁའ་འགྲོ་མ་རྣམས་འདུས་པ་དང་། དངོས་གྲུབ་རྒྱུན་ཆད་མེད་པར་དྲངས། དངོས་གྲུབ་རྒྱུན་ཆད་མེད་པ་འདི། བུ་ཚ་བོ་རྣམས་ལ་ནོར་བུ་བཞིན། འཇིག་རྟེན་ལྷ་འདྲེ་ཁྲན་དུ་བཀོལ། རྒྱུད་ཀྱི་སྲུང་མ་བྱེད་པར་ཆད། ངས་ཁ་བ་ཅན་དུ་གནོད་པ་ཡི། ལྷ་སྲིན་ཐམས་ཅད་དམ་ལ་བཏགས། རྒྱུད་སྲུང་ལས་མཁན་བྱེད་པར་ཆད། འཇིག་རྟེན་ཁམས་ཀྱི་ལྷ་འདྲེ་རྣམས། སྲུང་མ་དམ་ཅན་བྱེད་པར་ཡོད། ལྷ་ཆོས་བླ་མ་སྡིགས་པ་ཡི། རྒྱུན་ཆད་མེད་པར་སྲུང་མ་བྱེད། དེ་ཡང་ལས་བྱེད་ལས་ཚོལ་ཟ་བ་བཞིན། དམ་གཏོར་རྒྱུན་ཆད་མེད་པར་ཐོངས། གར་ཐད་ས་རུ་འགྲོ་བ་ཡིན། མི་ཆོས་རྒྱུད་ཀྱི་ལས་བྱེད་ཡང་། བརྒྱུད་ཀྱི་བསྲུང་མ་བྱེད་པར་ཡོད། དེ་ཡང་ཆེན་པོའི་མཆོ་བ་འདྲེན་པ་བཞིན། གཏང་རག་སོལ་མཆོད་རྒྱུན་དུ་གྱིས། གར་དགོས་པ་ལ་མགོན་དུ་ཡང་། ངས་ལྷ་འདྲེ་དམ་དུ་བཀོལ་བ་དང་། རྒྱུད་ཀྱི་སྲུང་མར་བཀོས་ཡོད་པ། ཚ་བོ་རྣམས་ལ་ནོར་བུ་བཞིན། སྟོད་མཚོ་མ་ཕམ་གཡུའི་མཚལ་དང་། སངས་རྒྱས་ཞབས་ཀྱིས་

བཙུགས་དེ། རྣལ་འབྱོར་ངེད་ཀྱི་སྒྲུབ་གནས་ཡིན། དེ་ཚ་བོ་རྣམས་ལ་ནོར་བུ་བཞིན། ངས་རྒྱལ་ཁམས་ལྷ་འདྲེ་བཏུལ་བ་ལ། སློབ་མ་སུམ་སྟོང་བཞི་བརྒྱ་ལ། མཁས་པ་བརྒྱ་དང་བདུན་ཅུ་ཡོད། གྲུབ་ཐོབ་སུམ་རྒྱ་ཉི་ཤུ་ཡོད། སྒོམ་ཆེན་བརྒྱ་དང་རྩ་བརྒྱད་ཡོད༑ སྟོན་པ་བརྒྱ་དང་དྲུག་ཅུ་ཡོད། དགེ་བཤེས་ཉིས་བརྒྱ་དྲུག་ཅུ་ཡོད། སྔགས་སྒྲུབ་བརྒྱ་དང་དགུ་བཅུ་ཡོད། བུ་ཚ་བོ་རྣམས་ལ་ནོར་བུ་བཞིན། མི་མཁས་ན་རང་གིས་བླ་མར་ཁུར། རང་མཁས་ན་མི་ཡང་སློབ་མར་སྐྱོངས། མཁས་མཉམ་ན་གདམས་ངག་ཞུ་རེས་གྱིས། ལྷ་ཁང་ཆེ་ཆུང་བཅོ་བརྒྱད་དང་། བཀའ་འགྱུར་གསེར་གྱི་བརྩེགས་པ་འདི། བསྟན་པ་གང་གིས་འཛིན་པ་དང་། སྒྲུབ་པ་གང་གིས་བྱས་ལ་སྦྱིན། རྒྱ་དཀར་ནག་བར་དང་རྒྱལ་ཁམས་ལ། ཡོན་བདག་ཉིས་བརྒྱ་རེ་བདུན་ཡོད། དད་པ་ཅན་ལ་ཉིས་བརྒྱ་ཡོད། ཁྱད་དུ་འཕགས་པའི་གླིང་རྗེ་ཡོད། ཡོན་བདག་དད་པ་མ་ལོག་ན། འབུལ་བ་རྒྱུན་ཆད་མེད་པར་ཡོང་། ཡོན་བདག་འབུལ་བ་ཆད་མེད་འདི། བུ་ཚ་བོ་རྣམས་ལ་ནོར་བུ་བཞིན། སྤྱིར་དུ་ཡོན་བདག་མང་ཡོད་ཀྱང་། ས་ཡུལ་ཐུལ་བ་བཅུ་དྲུག་ཡོད། མ་ཕམ་གཡུའི་མཚལ་དེ། ཕ་ཡབ་ཀྱི་སྐུའི་འཁྲུངས་ཡུལ་ཡིན། ཡོན་བདག་པ་ཚབ་ས་འདུ་གཉིས། གཙང་གི་མངའ་རིས་སྐོར་གསུམ་ཐུལ། འབྲོ་ཡིས་སྤྲུ་རངས་ཚབ་སྒོ་ཐུལ། བལ་ཡུལ་ལི་ཡུལ་བྱང་ལ་སྟོད། ཡ་ཚེ་རྒྱལ་པོའི་བློན་པོས་ཐུལ། འབྲོམ་སྟགས་དར་མ་རྒྱལ་པོ་དེས། དབུས་སུམ་རང་གི་གསེར་ཁང་ཁྲ་མོ་ཐུལ། ལྡིང་གི་ཡོན་བདག་དབང་དར་གྱིས། དབུས་དང་གཙང་གི་ས་ཡུལ་ཐུལ། སྤོལ་གྱི་ལྷ་བྱ་གང་ཆུང་ཐུལ། ཤུ་ཁེས་བྲན་གྱི་སོག་ཆོད་ཐུལ། དཔལ་བཟང་རག་ཤི་ལྷ་སྲོན་གསུམ། ནག་སོག་ཤན་གསུམ་སབཅད་ཐུལ༑ ཇང་གི་དཀར་ཤོད་རེ་ཡང་ཐུལ། རླངས་གསེར་པས་གསེར་རིས་བརྒྱད་ལྡན་ཐུལ། གཡུ་པས་གཡུ་རིས་དྲུག་འབྱོར་ཐུལ། ཏུ་དཔོན་དབང་ཕྱུག་དར་མ་དེས། ཧ་ཤོད་གྱིམ་ཤོད་འཛའ་ཤོད་གསུམ་ཐུལ། ཙོང་ངེ་རྟེ་རྗེས་ཁང་དམར་དང་། མཁར་ཡ་ཐ་མཐོ་ལ་མ་ཐ་ཡངས། བར་མ་མཐོང་པ་ཉམས་དགའ་གསུམ། འཛི་དང་ཀེ་དང་གཡུ་དང་གསུམ། སྲུས་རྩེ་རྐོད་རྒྱལ་གྱིས་སྦྱི་པར་ཚམ་དང་གསུམ། སྤྱི་ཡི་ཐུ་ཕྲུག་ར་བ་འདི། བསམ་སྐྱེས་ཀུན་

གྱིས་ཕུལ་བ་ཡིན། ཐང་བརྒྱད་གེར་མདོ་བཅས་པ་དང་། ཁམས་ཀྱིས་ས་ཡུལ་གང་བདེ་དེ། ཡོན་བདག་སླིང་གི་ཕུལ་བ་ཡིན། མཐེབ་ཆུ་ཡང་ལེའི་དགོན་པ་དེ། མ་མཁའ་འགྲོ་མ་ཡི་ཕུལ་བ་ཡིན། བརྒྱད་སྟོས་ས་ལྷས་བཅས་པ་འདི། འབྲུ་ཡར་བ་ཆོ་བཞིས་ཕུལ་བ་ཡིན། སྤུ་བོ་ཀོ་ཤོད་བཅས་པ་འདི། གུང་པ་རྒྱ་རས་ཕུལ་བ་ཡིན། རིང་པོས་བང་རིམ་ཆུ་རྩལ་ཕུལ། ཚ་པོ་ཧླངས་སྲུས་ཆེན་པོ་དེས། གནས་དྲུག་སྤྱི་ཡི་ས་ཡུལ་ཕུལ། འདི་ནོར་ཡོད་པས་ཉོས་པ་མ་ལགས་ཏེ། ང་རྣལ་འབྱོར་པ་ཡི་ཡུལ་བ་ཡིན། འཛིན་ཤེས་ན་ཕུལ་བ་འདི་འདྲ་ཡོད། བུ་ཚ་པོ་རྣམས་ལ་ནོར་བུ་བཞིན། ད་ཙུང་ཟང་ཟིང་གི་དངོས་པོ་སྦྱིན་པ་དང་། ས་ཡུལ་གང་འདོད་བསམ་ཚོད་སྨྲོས། འདོད་པ་གང་ཡོད་སྐྱབ་པ་ཡིན། གསུངས་པ་དང་། སྟོན་བཙུན་གྱིས་ཞུས་ནས། ལར་གྱི་ཡུལ་ལ་ཁྱེད་རང་གང་གསུངས་དུ་འདུག་སྟེ༔ ལྷོ་ལུང་ཆེན་བཅོ་བརྒྱད་འདི་ཆོས་ལའང་དཀར། ས་ཆ་ཡང་བཟང་། ཆོས་བྱེད་ཁྲིམས་སྐྱོང་ཅི་བྱེད་ནའང་སའི་མཐིལ་དང་། ཡུལ་གྱིས་བཙུད་ཡིན་པས། ཁྱེད་རང་གི་གནང་བར་ཞུ་ཟེར། ཕོ་ཉ་མགོ་ཁྲིས་ཀྱང་། ནོར་དང་ཉེས་བྱིན་པ་ལྷག་ཚད་མེད། ཡུལ་གྲུབ་ཐོབ་བགོས་པ་འགྱོད་པ་མེད། རྒྱལ་ཕམ་བྱུང་ཡང་སེམས་ཀྱི་ཐོན ཟེར་བ་ཞུས། མདོ་པ་ཞྭ་ནག་ཅན་གྱིས་ཞུས༔ ཡུལ་ལ་འཛིན་མི་གང་བྱུང་དེ་ཡུལ་བདག་ཡིན། སེ་དཔོན་སྤྱི་ཆོས་ཆེ་བ་ཡུལ་བདག་ཡིན། ཕྱུག་པོ་སྦྱིན་ལ་གང་དྲག་དེ་ཉེ་བ་ཡིན༔ དཔའ་བོ་ས་བདག་འཛིན་པ་དེ་བཙན་པ་ཡིན། མ་ཕམ་གཡུའི་མཚལ་དང་། མངའ་རིས་ལ་སྟོད་ལྷོ་བྱང་དང་། བལ་ཡུལ་དབུས་གཙང་ཕྱིར་བཅད་དུ། ས་ཡུལ་འབུལ་མི་གང་བྱུང་ཡང་། ཐོལ་ཆུ་སླིང་ཡུལ་གྱི་སྐྱབ་གནས་འདི། དེ་འཛིན་མི་གང་གིས་བྱུང་བ་ཡིན༔ ལྷོ་ཡི་ལུང་ཆེན་བཅོ་བརྒྱད་འདི། ངེད་བུ་ཚ་པོ་རྣམས་ཀྱི་འཁྲུངས་ས་ཡིན། དགྲ་འཐྲོག་ས་འགྲིམ་ན་འཐྲོག་པར་བཟང་། སྟོན་གཡུལ་ཁ་ཞིག་འགྲིམ་ལ་ཞིང་པ་བཟང་། ཡུལ་འདི་ལ་འདིས་བཟུང་ཞལ་ལྷ་མཛོད། དེ་ནས་ཁོང་གིས་ནང་ནོར་བྱིན་ཡུལ་བགོས་མཛད་པ་ལ། སོག་ནག་སོག་དཀར་ཤོད་ནག་དང་། ཡུལ་འཛིན་ཤེས་ན་བཙན་པོའི་རྒྱུད་ཡོང་གསུངས་ནས། ལྷ་མོའི་རྟེན་ཟླ་བའི་རྒྱལ་མཚན། ཐོད་པ་ལྷག་སྒྲོན།

དབུ་རྒྱ་གཡང་གཞི། སྲིན་རལ་ཁྲ་བོ། གངས་དཀར་ལྷ་རྩེ། ཁྲ་བོ་གཡང་ལུགས་ཁྲིམས་ཀྱི་དངུལ་མདུང་ཀེ་རུ་རྣམས་དང་། ཟས་ནོར་བསམ་གྲིས་མི་ཁྱབ་པ་སྟོན་བཙུན་ལ་གནང་། རྟ་འཛོམ་གསེར་གསུམ་རེ་ཡང་གསུམ། བརྒྱད་དངོས་ས་གསུམ། སྤུ་བོ་དངུལ་ཤོད་རྣམས་དང་། ཐང་ཡིག་སྒྲོན་མ། རླངས་ཀྱི་པོ་ཏི་བསེ་རུ། ཁྲིམས་དར་ནག་པོ་དགྲ་འདུལ། དཀར་པོ་ཐོག་རྒྱུགས། ཁྲིམས་ཀྱི་ཛ་བོ་ཆེ་ཟིལ་གནོན། རལ་གྲི་འཕར་མ་ཡིས་རྒྱུས་ཚོད་རྣམས་དང་། ནོར་བསམ་གྲིས་མི་ཁྱབ་པ། གཡུ་འཛིན་གསེར་གསུམ་གྱི་ཡུལ་མདོ་པལ་གནང་། ཛ་གྲབ་པ་གཡུང་རྒྱལ་ལ༑ བེར་ནག་པོ་ཐོག་རྒྱུགས། དར་ནག་པོ་ཆུང་བ། གྲི་ཤང་ལང་རིང་མོ། དབང་གི་གསེར་བ། བསྟན་པ་འཁྲུགས་པའི་སླང་པོ། སྤྱི་བར་ཆམ་གསུམ། འཛི་དགེ་གཡུར་གསུམ་ལ་ཙོང་ངེ། རྡོ་རྗེ་མཁར་དམར། མཁར་མཐོ་ཡངས་ཉམས་དགའ་དང་གསུམ། ཕྱིའི་གཉན་པོ་བྲག་ཐོན། ཕོ་ཉ་མགོ་ཁྲི་ལ་གནང་ནས། བུ་གསུམ་ལ་གསུངས་དང་གནང་བ་མཛད་པ་ལ། སྟོད་སྨད་ཀྱི་ས་ཡུལ་གང་བདེ་དང་། སྒྲུབ་གནས་ཁྱད་དུ་འཕགས་པ་འདི། སྲས་བུ་རྣམས་ལ་བྱིན་པ་ཡིན། མཆིམ་ལ་གནང་པ་དང་། མཚན་ལྡན་གྱི་ཀ་པླ་ལ། མ་རལ་དབང་ཕོད་ཁ་དབང་བསྡུད་རྣམས་བྱིན། གསེར་གྱི་མཆོད་རྟེན་བང་རིམ་གསུམས། མཚན་ལྡན་ཀ་པླ་ལ་རྣམ་སྲས་སྟག་ཚབ་ལ་གནང་ནས་གསུང་བྱོན་པ་ལ། བུ་ཚ་བོ་རྣམས་དང་ཡོན་བདག་རྣམས། ཕ་སྤུན་རླངས་དང་འཁོར་གཡོག་ཉེན། ང་རྣལ་འབྱོར་དལ་བའི་ཚིག་གསུམ་གཏམ། ལར་རླངས་ཀྱི་མི་རྒྱུད་ལྷ་ལས་གྲོལ། ཁྱད་དུ་འཕགས་པའི་རྒྱུད་པ་ཡིན། སྔོས་སུ་རྣལ་འབྱོར་འདྲེ་བཀོལ་ངས། སྟོད་སྨད་ལྷ་སྲིན་དམ་ལ་བཏགས། བྱས་པའི་ལག་རྗེས། བསྒྲུབ་པའི་བྱས་ལུགས། ལྷ་ལ་མཛལ་ལུགས། ཡོན་བདག་གི་མང་ལུགས། ས་ཡུལ་གྱི་སྦུལ་ལུགས། དཀོན་ཅོག་ལ་མཆོད་ལུགས། དམ་ཅན་ལ་བཀོལ་ལུགས། བུ་སློབ་ཀྱི་བསྐྱངས་ལུགས། དམ་ཆོས་ཀྱི་བཤད་ལུགས། རྣམས་ཐར་འདས་ཀྱི་ངག་ཏུ་གསལ་བ་ཡིན། ང་རྣལ་འབྱོར་པ་ལོ་བརྒྱད་ཀྱི་ནང་དུ་འགྲོ། ཁྱེད་བུ་ཚ་བོ་རྣམས་ཀྱི་བྱ་བ་ལ་ནི། ང་ཡབ་མེས་པདྨའི་ཐུགས་སྲས་ལ། མ་ཕྱི་མོ་ཡེ་ཤེས་ཀྱི་མཁའ་འགྲོ་

ཡིན། བུ་ཚ་བོ་རྣམས་རིགས་རྒྱུད་ཁྱད་དུ་འཕགས། བླ་མ་བྱས་ན་འགྲོ་དོན་ཡོང་། སྒོམ་ཆེན་བྱས་ན་རྟོགས་ལྡན་ཡོང་། སྟོན་པ་བྱས་ན་ཆོས་མཁས་ཡོང་། དགེ་བཤེས་བྱས་ན་འདྲེན་པ་ཡོང་། སློབ་གཉེར་བྱས་ན་ཤེས་རབ་ཡོང་། བསྟན་པ་འཛིན་པའི་བན་སྐྱོང་ན། གཞི་མ་ཚུལ་ཁྲིམས་སྲུང་་གལ་ཆེ། སྔགས་སྒྲུབ་བྱས་ན་ནུས་པ་ཆེ། སྡེ་དཔོན་བྱས་ན་ཆུན་ཡོད་ཡོང་། གཙོ་བོ་བྱས་ན་བློ་ཡོད་ཡོང་། ཡུལ་དཔོན་བྱས་ན་ནན་ཡོད་ཡོང་། དམག་དཔོན་བྱས་ན་ཧམ་ཡོད་ཡོང་། སྟག་ཤར་བྱས་ན་རྩལ་ཡོད་ཡོང་། འབྲུག་པ་བྱས་ན་དཔའ་བོ་ཡོང་༑ འཁོར་བ་བྱས་ན་རྒྱུད་བཟང་ཡོང་། ཁྱིད་ཤེས་བྱས་ན་སྣ་གཞུང་བཟང་། བདེ་གཏམ་བྱས་ན་སྨྲ་མཁས་ཡོང་། ཕྱུག་ནས་སྦྱིན་ལ་དགའ་བ་ཡོང་། བཙན་ནས་ནང་ཡོད་བྱེད་པ་ཡོང་། དྲག་ནས་རྒྱལ་ཁམས་འདུལ་བ་ཡོང་། སངས་རྒྱས་བསྟན་པ་འཛིན་པ་ལ། བླ་མ་མཁས་པས་བསྐོར་བ་ཡོང་། ཆེན་པོས་ཁྲིམས་ལུགས་སྐྱོང་ལ་ལ། ཤེས་ཡོད་བློན་པོས་བསྐོར་ནས་ཡོང་། རྒྱལ་ཁམས་ཆེན་པོས་འདུལ་བ་ལ༑ ཧམ་ཡོད་དཔའ་བོས་བསྐོར་ནས་ཡོང་། འདི་བུ་ཚ་བུ་མོ་རྣམས་ཀྱི་རྒྱུད་པ་ལ། རྟེང་དུ་རྒྱུད་ཀྱི་སྲིད་ཐབས་ཡིན། ཡོང་བའི་མི་ཆེན་བརྩོན་འགྲུས་ཀྱིས། གསུང་པ་མང་དུ་ཕྱིན་པ་དང་། ལར་བུ་ཚ་བོ་ང་ལ་ཟུར་ཙམ་ཉོན། ནང་ཡོད་རྒྱལ་ཁམས་མི་ལ་དགོས། སྒོས་སུ་བྱང་ཆུབ་འདྲེ་བཀོལ་ང་། རིགས་དང་རྒྱུད་པ་བཟང་བ་ཡིན། ནང་ཡོད་དང་གྲོས་ཡོད་པར་ཀྱིས་ལ། བཙན་པོ་ཁྲིལ་མེད་གོང་དུ་མ་གཏོང་། ངན་པ་རྒྱུས་མེད་ལང་ལ་མ་གཏོང་། ཤེས་མེད་བཙོས་པ་གཙོ་བོར་མ་གཏོང་། ཆོས་མེད་ཚུལ་ཉམས་བླ་མར་མ་གཏོང་། བློ་མེད་ནང་རྫོད་གྲོས་ལ་མ་གཏོང་། ཧར་མ་འཐབ་མོའི་དམག་སྣ་མ་གཏོང་། གོ་མཆོན་བཟང་པོ་དགྲ་ལ་མ་གཏོང་། གྲོས་དང་སྙིང་གཏམ་ཁྲིམ་དུ་མ་སྙེང་། བུ་སྙེན་པ་སྡེ་ན་མ་གཏོང་། མི་རྒས་ནས་ཚོང་ལ་མ་གཏོང་། ཀླུགས་པ་ལབ་ལབ་མ་གཏོང་། མི་རྗེང་པོ་གཉེར་ལ་མ་གཏོང་། ནོར་བསགས་ནས་ཆུད་ཟོས་མ་གཏོང་། རྟ་བཟང་པོ་རྒྱུས་པར་གཏོང་། མཛངས་མ་མི་ཁར་མ་གཏོང་། ནང་མེད་དགྲ་དགའ་བྱེད་པར། ནང་ཡོད་ཀྱིས་འཕོད་པ་ཐོན། ནང་གི་ནོར་དང་ཡུལ་མ་རྫོད། ཕྱིའི་

རྫུས་དང་སྔེ་བརྩད་ན། ཟས་དང་ནོར་ཡང་དེ་ནས་ཡོང་། ནང་མེད་ཆེ་རྩོད་ཡུལ་བརྩད་ན། ངན་གྱི་དགྲ་ཁ་གཏམ་ངན་ཡོང་། ཉེ་བ་གཡོག་པོས་མི་འདོད་པ། ནང་ཡོད་ཤེས་ཡོད་གྲོས་བྱས་ན། དགྲ་དང་ཕྱི་མི་རྣམས་ཀྱང་སྨོན། ཉེ་བ་དགའ་ལ་གཡོག་ཡང་སྐྱིད། བཙན་པོ་བཙུན་པོ་གང་ཡང་ཡོང་། གང་བསམ་འགྲུབ་ན་གར་སྐྱེགས་ཆོད། མི་རྒྱུད་རྟེང་དུ་གཏམ་བཟང་བཞག ཁྱེད་ཕ་དང་ཕུ་བོར་ནོར་ཡོད་ཀྱང་། ཤི་ནས་བུ་དང་ཚ་བོ་ཡི། གསོན་ཚེ་གྲགས་པ་ཅི་ཐོབ་ཀྱང་། ཤི་ནས་ཕ་མེས་ཀྱི་བཞག་པ་ཡིན། དེར་སྟག་ཚབ་ངར་པས་ཞུས། ཁྱེད་ཕ་ཡབ་ཀྱི་གསུངས་པ་ནན་ཏར་མད། ང་འཇིག་རྟེན་སྣང་བ་འདུལ་བ་ལ། སྲས་ཀྱི་བུ་ནི་ང་ལ་མེད། ཚེ་འདིའི་བདེ་སྐྱིད་ཡོང་བ་དང་། ཕྱི་མ་བདེ་བའི་ཡུལ་བྱིན་ན། བུ་སྟག་ཚབ་དེ་ན་འགྲོ་བ་ཡིན། གསུང་བཞིན་ནང་ཡོད་བྱེད་པར་ཞུ། ཡུལ་མཁར་གཞིས་རྣམས་ཁོང་ཚོ་ལ་བྱིན། ཟས་ནོར་རྣམས་ང་ལ་བྱིན། གསོལ་བ་འདེབས་པའི་བླ་མ་དང་། དངོས་གྲུབ་ཞུ་བའི་ཡི་དམ་དང་། བར་ཆད་བདུད་དཔུང་སེལ་བའི་ཆོས་སྐྱོང་གསུམ། ང་དང་ནང་ཡོད་བྱེད་པར་ཞུ་ཕུ་བོ་གསུམ་དང་ང་མི་འཐབ། ཚ་བོ་གསུམ་དང་ང་མི་རྩོད། སངས་རྒྱས་བསྟན་ལ་གནོད་པ་ཡི། དགྲ་དང་ཐུག་ན་སྟག་ཚབ་སྟག་བཞིན་ངར། དེར་ཡང་ནང་ཡོད་ཡོང་པར་ཡིན། ཚེ་འདིའི་སྣང་བ་ཡུད་ཙམ་ལ། གར་སྡོད་ཕ་ཡུལ་ས་ཞིང་ཡིན། ད་དུང་ངེད་རྣམས་སྐྱོང་ཐན་ལ། མི་ལོ་མང་དུ་བཞུགས་པར་ཞུ། དེར་གྲུབ་ཐོབ་ཆེན་པོའི་ཞལ་ནས། དཀར་ཤོད་སྤྲུལ་ཤོང་རྟེང་འདི། བུ་གཉེན་ཐོག་ཁྱེད་ཀྱི་བསྐྱབ་ཁང་གྱིས། འཛེ་སྒོམ་མཁར་གྱི་ཉམས་དགའ་དེ། བུ་ཆེན་དཔལ་བཟང་ཀྱི་སྐྱབ་ཁང་གྱིས། ཡོན་བདག་གླིང་གེས་འགོ་བྱས་པའི། ཡོན་མཆོད་འབྲེལ་ཁ་སྔར་བཞིན་སྲུངས། ཕ་སྤུན་རླངས་དང་ལྷ་དཔལ་རྣམས། ནང་ཡོད་གྱིས་ལ་ཤེས་ཡོད་སྨྲོས། དབང་ཡོད་ང་རྒྱལ་མ་བྱེད་པར། གཞིག་པ་ཐོང་ལ་ལེགས་པར་སྨྲོས། བསྟན་རྫུས་བྱ་བ་ལུས་པ་(ལེགས་པར་)བཙོལ། ང་རྣལ་འབྱོར་ནམ་འཆི་མི་ཤེས་པས། དེ་སྔོན་བྱ་བ་བྱས་ལུགས་དང་། རྟེང་དུ་དགོས་པའི་བྱས་ལུགས་དང་། དགོས་ལུགས་འདྲ་ལུགས་བཞིན་ལུགས་རྣམས། ཁ་ཆེམས་དལ་དུས་བྲིས་པ་ཡིན། དལ་

དུས་ཡིག་ཚངས་ཚིག་གསུམ་འདི། སྤྱིར་རྒྱལ་ཁམས་མི་ལ་སྨོས་པ་ཡིན། སྨོས་ལྷ་རིགས་ཀླངས་ཀྱི་མི་ལ་དགོས་པ་ཡིན། དགོས་ལྷ་རིགས་ཀླངས་ཀྱི་ཉམས་ལེན་གྱིས། བུ་ཚ་བོ་རྣམས་ལ་བཞག་པ་ཡིན། ཉམས་སུ་བླངས་ན་ང་དང་འདྲ། མི་ཤེས་པ་ལ་ཅི་མི་ཟུང་། ཚིགས་མཚམས་ཡིད་ཆེས་གདམས་པ་འདི། ཁྱེད་འདིར་ཚོགས་ཀྱི་ཡོན་བདག་ཁ་སྤུན་（ཕ་སྤུན་）དང་། ཤ་ཐག་ཉེ་བའི་བུ་ཚ་བོ། འདོད་མོས་གང་ཡོད་ཚིམ་པར་ཉོག རྣལ་འབྱོར་འཆི་བའི་ཚུལ་སྟོན་པས། ཁ་ཆེམ་དལ་བའི་ཚིག་གསུམ་འདི། གཟྫ་ཀླངས་མདོའི་ལྷ་ཁང་དུ༑ ཡོན་བདག་ཕ་སྤུན་འཁོར་དང་གཡོག ཤ་ཉེ་བུ་དང་ཚ་བོ་དང་། ཉེ་བ་སློབ་མ་ལྷ་འདྲེ་ཚུན། སྣང་བ་འདུས་པ་དོན་ཆེན་དང་། ལེ་ལེན་དགོས་ནས་གསུང་པ་ཡིན། བྱ་ལོ（1069ས་བྱ）བར་པའི་ཆོས་བརྒྱད་ལ། འགྲོ་ཀུན་ཐར་པ་ཐོབ་པར་ཤོག བཅོས་གཏམ་ཚིག་གསུམ་ཡོད་པ་དང་། བུ་ཚ་བོ་རྣམས་ལ་འགྲོ་ཁར་འཇོག གང་འདོད་ཀྱི་ཆོས་ལུང་མཛད་ནས་ཐམས་ཅད་དགའ་བ་དང་། སོ་སོ་ལ་སོང་ནས་ཁོང་ཡང་ནགས་སོ་སུམ་མདོ་ལོ་གསུམ་བསྒྲུབས། ར་ས་བྲག་ཐོག་ཏུ་ལོ་གཉིས་བསྒྲུབས། སྲས་དང་ཚ་བོ་རྣམས་ལ་གདམ་ངག་གསང་སྔགས་སྙིང་པོ་བསྟན་ནས། སོག་ཡོག་ནག་ཏུ་ཡིན་ལུགས་གསུངས་པ་ལ། བུ་ཚ་བོ་བདུན་དང་རྣལ་འབྱོར་བརྒྱད། མ་དཀར་ལྡན་ཡོད་ན་ཉན་པ་ཡིན། གང་ལ་གང་དགོས་ཚིག་ཅིག་སྨྲ། བླ་མ་བྱང་སེམས་འབྲལ་ཐབས་མེད། སྒོམ་ཆེན་མཉམ་བཞག་འབྲལ་ཐབས་མེད། སྟོན་པ་བཤད་རྩོམ་འབྲལ་ཐབས་མེད། དགེ་བཤེས་ལག་ལེན་འབྲལ་ཐབས་མེད། བན་གསར་བརྩོན་འགྲུས་འབྲལ་ཐབས་མེད། བཙུན་པ་སྡོམ་པ་འབྲལ་ཐབས་མེད། འཚོགས་པའི་ཡོན་བདག་ཕ་སྤུན་དང་། བུ་སྲས་སློབ་མ་རྣམས་ཀྱང་ལེགས་པར་ཉོན། ལར་ལྷ་ཆོས་བྱེད་པའི་ཚུལ་ལུགས་དེ། བླ་མས་འགྲོ་དོན་བྱས་པ་ན། དད་པ་འབུལ་བ་ཞོར་ལ་ཡོང་། དགེ་བཤེས་ལག་ལེན་ཆོས་མཁས་ན། འདྲེན་སྟོན་འདྲ་བ་ཞོར་ལ་ཡོང་། སྔགས་པས་སྒྲུབ་པ་མཐར་ཕྱིན་ན། ནུས་པ་དངོས་གྲུབ་ཞོར་ལ་ཡོང་། བན་གསར་སློབ་གཉེར་མཐར་ཕྱིན་ན། ཤེས་པ་མཁས་པ་ཞོར་ལ་ཡོང་། ཞོར་ཡོང་རྣམས་ཀྱི་ཚིགས་བཅད་འདི།

ཁྱོད་སྡུག་པ་རྣམས་ཀྱི་སེམས་ལ་ཞོག མི་ཆོས་མགོ་བཞག་ཞུ་བ་ལ། ཆེན་པོ་བཀུར་ཤེས་ཆེ་ན་འཁོར་གཡོག་ཤུགས་ལ་ཡོང་། དབང་ཡོད་སྤྱི་ཆོས་ཆེ་ན་གཙོ་བོ་ཤུགས་ལ་ཡོང་། བཙན་པོས་དམའ་ཤེས་བྱས་ན་མཁས་པ་ཤུགས་ལ་ཡོང་། སྡེ་པ་ནང་ཡོད་བྱས་ན་གཏན་རྟུས་ཤུགས་ལ་ཡོང་། ཕ་སྤུན་ནང་ཡོད་བྱས་ན་བཙན་པོ་ཤུགས་ལ་ཡོང་། ཕྱུག་པོ་སྦྱིན་ཤེས་བྱས་ན་ཉེ་བ་ཤུགས་ལ་ཡོང་། འཁྲུག་མཁན་ཤུགས་ལ་མཁས་ན་དཔའ་བོ་ཤུགས་ལ་འོང་། རྗོན་པོ་འདེབས་ཤེས་བྱས་ན་རྗོ་ཁམ་ཤུགས་ལ་སོང་། མགྱོགས་པོས་རྒྱུག་ཤེས་བྱས་ན་གོང་འདེབས་ཤུགས་ལ་ཡོང་། མི་དཔོན་ཟ་འདོད་ཆུང་ན་ཁ་དྲོན་ཤུགས་ལ་ཡོང་། ཕ་ཁུ་སྤྱི་སྐྱོངས་ཤེས་ན་རྒན་འཕངས་ཤུགས་ལ་ཡོང་། རྒན་པོ་བཅས་བཅོས་མང་ན་ཤི་མཆིས་ཤུགས་ལ་ཡོང་། སྐྱེན་པོ་འཕེན་ཤེས་བྱས་ན་འཇིགས་སྟོབས་ཤུགས་ལ་ཡོང་། དམག་དཔོན་བསྒོམས་ལ་མཁས་ན་རྡིག་པ་ཤུགས་ལ་ཡོང་། སྨན་བཙུན་གཙང་སྦྲ་ཆེ་ན་མཛངས་མ་ཤུགས་ལ་ཡོང་། སྨན་བཙུན་ནང་ལ་བཅོལ་ན་མིག་སློབས་ཞོར་ལ་ཡོང་། བུ་ཆུང་གྲལ་སར་བཞག་ན་གོམས་སྐྱེད་ཞོར་ལ་ཡོང་། ཀུན་ལ་མགོ་བས་ཡིད་ལ་ཞོག རྣལ་འབྱོར་བཅོས་འདུག་མ་བསམ་པར། ཡིད་ལ་ཞོག་དང་མགོ་བ་ཡིན༑ ད་ཀུན་ལ་མགོ་བའི་ཆོས་འགའ་བཤད། བླ་མས་འདུལ་ཁྲིམས་མ་བསྲུང་པ། འབར་སོག་རིན་གྱིས་ཉོ་བ་ཡིན། དགེ་བཤེས་ཆང་འཐུང་གྲོང་འགྲིམ་པ། ཁ་ལོག་རིན་གྱིས་ཉོ་བ་ཡིན། སྔགས་པས་དམ་ཚིག་མི་བསྲུངས་པ། ཞུས་མེད་རིན་གྱིས་ཉོ་བ་ཡིན། བཙན་པོས་རང་ཚོད་མི་ཟིན་པ། ཁ་ཉེན་རིན་གྱིས་ཉོ་བ་ཡིན། ཆེན་པོ་ནང་ཡོད་མི་བྱེད་པ། རྟུས་མེད་རིན་གྱིས་ཉོ་བ་ཡིན། དབང་ཡོད་ང་རྒྱལ་བྱེད་པ་དེ༑ བློ་ནོར་རིན་གྱིས་ཉོ་བ་ཡིན། ཕ་སྤུན་ནང་ཡོད་མི་བྱེད་པ། བླ་འཚོང་རིན་གྱིས་ཉོ་བ་ཡིན། དཔའ་བོས་འཁྲུག་ཚོད་མི་ཟིན་པ། ཤི་སླས་རིན་གྱིས་ཉོ་བ་ཡིན། མི་དཔོན་སྤྱི་གཏམ་མི་བྱེད་པ། ཤེས་ཆུང་རིན་གྱིས་ཉོ་བ་ཡིན། རྒས་ནས་བཅས་བཅོས་མང་བ་དེ། བཅོས་པ་རིན་གྱིས་ཉོ་བ་ཡིན། ཆང་འཐུང་ལབ་ལ་དགའ་བ་ན། བཟི་བོ་རིན་གྱིས་ཉོ་བ་ཡིན། དབང་མེད་ལབ་ལ་དགའ་བ་དེ། ཁ་ཚུམ་རིན་གྱིས་ཉོ་བ་ཡིན། ཁ་ཉེན་རྒྱུ་རུ་བྱུང་བ་དེ།

བསྲུང་བཏགས་རིན་གྱིས་ཉོ་བ་ཡིན། རྩལ་ཆུང་ཐུར་ཏ་རྒྱུག་པ་དེ། ཆགས་གྲུམ་རིན་གྱིས་ཉོ་བ་ཡིན། ཁ་ཉེན་དཔུང་མེད་འཁྲུགས་པ་དེ། ཤི་བསད་རིན་གྱིས་ཉོ་བ་ཡིན། ཕྲུག་པོ་སྦྱིན་ལ་མི་དགའ་བ། རྐུ་ཇག་རིན་གྱི་ཉོ་བ་ཡིན། དཔོན་ངན་གཡོག་ལ་སྣང་བ་དེ། འཁོར་མེད་རིན་གྱིས་ཉོ་བ་ཡིན། མཛངས་མ་ལུས་ཚུལ་མི་བསྲུངས་པ། ངོ་ཚ་རིན་གྱིས་ཉོ་བ་ཡིན། བུ་ཆུང་བསླབ་བྱ་མི་བྱེད་པ། ལད་མོ་རིན་གྱིས་ཉོ་བ་ཡིན། བུ་མོ་དུས་ལ་མི་བཛོང་པ། འཁོར་གཡོག་མག་པར་ཉོ་བ་ཡིན། གཡོག་པོ་ཁ་ལ་མི་ཉན་པ། དབྱུག་པ་རིན་གྱིས་ཉོ་བ་ཡིན། བཟླི་བོ་གྲོང་བསེབ་འཁྲིམ་པ་དེ། ཁ་ཆུ་རིན་གྱིས་ཉོ་བ་ཡིན། རྣལ་འབྱོར་བཙོས་འདུག་མ་བསམ་པར། ཉོ་བ་འདི་རྣམས་མ་བྱུང་པ། གཞོན་པ་རྣམས་ཀྱིས་ཡིད་ལ་ཞོག ད་ལྷ་ཆོས་བྱེད་རྣམས་ལ་དགོས་པ་ཡི། ལྷ་ཆོས་བྱེད་ཚུལ་ཚིག་ཅིག་ཞུ། བླ་མ་ལ་མོས་གུས་ཚད་མེད་གྱིས། གསོལ་བ་ཐོབ་ལ་དད་མོས་བསྒོམས༔ བྱིན་རླབས་རྒྱུན་ཆད་མེད་པར་འབྱུང་། ཡི་དམ་ལྷ་ལ་སྒྲུབ་པ་ཚད་མེད་གྱིས། ཡི་དམ་བསྒོམ་ལ་གསང་སྙིང་བཀྲོངས། དངོས་གྲུབ་རྒྱུན་ཆད་མེད་པར་འབྱུང་། སེམས་ཅན་ལ་སྙིང་རྗེ་ཚད་མེད་གྱིས། སྦྱིན་པ་ཐོངས་ལ་བྱང་སེམས་གྱིས། སེམས་སྐྱིད་པ་རྒྱུན་ཆད་མེད་པར་ཡོང་༑ རང་སེམས་ལ་ལྟ་རྟོག་ལེགས་པོར་གྱིས། སེམས་སྡུག་སྒྲོངས་ལ་རང་སར་ཞོག འོད་གསལ་རྒྱུན་ཆད་མེད་པར་ཡོང་། ཚད་མེད་བཞི་ལྡན་དམ་ཆོས་འདི། རང་རེ་རླངས་ཆོས་བྱེད་རྣམས་ཀྱི་ཉམས་ལེན་མཛོད། ད་ཁྱེད་ཡོན་བདག་རྣམས་ཀྱང་འདི་ལ་ཉོན། ལར་བན་དེའི་ཟས་ནོར་གར་ཡིན་ཡང་། ནོར་ཡོད་འདུག་བསམ་ནས་རྐུ་མ་བྱེད། རྗེ་ས་བདག་རྒྱལ་པོའི་དགོར་ནོར་ཡིན། སྒྲུབ་གནས་ནང་གི་རྟགས་པ་ལ། མཐུ་མེད་བསམ་ནས་འགྲས་མ་འཚོལ། ནག་པོ་བདུད་ཀྱི་སྤྲུལ་པ་ཡིན། ན་སོ་གཅིག་ན་ཡང་བློ་མི་བདེ། ས་མདོའི་གཙོ་བོ་རེ་རལ་ལ། གོས་ངན་ནོ་བསམ་ནས་ལྷུག་མ་བརྡེག ཕ་མོ་བཟང་པོའི་རྒྱུད་པ་ཡིན། ཐབ་ཡང་གཞན་གྱིས་འབར་བ་ཡིན། ཡུལ་གྱི་ཁྲམ་པ་གཞུང་མེད་ལ། ཁ་བཟང་བཟང་འདྲ་ཡང་དོན་མ་གཏོང་། ཧོར་ཐུབ་མེད་ཀྱི་ཇག་པ་ཏ་འདེད་ཡིན། པར་ལ་ཁྱེར་ནས་ཚུར་ལ་ཅི་མི་ཡོང་། སྨན་གཟུགས་ལེགས་བདག་ཡོད་སྨ

མཁས་ཀྱིས། ཁ་འཛུམ་བྱེད་ཀྱང་། མཛའ་མ་འཚོལ། ནག་པོ་བདུད་ཀྱིས་བསླུ་བ་ཡིན། སྐབས་ཉེས་གཏམ་ངན་ནོར་ཤུང་ཡོང་། འདི་རྣམས་ཁྱེད་ཡོན་བདག་རྣམས་ཀྱི་སེམས་ལ་ཞོག ད་རླངས་ཀྱི་བླ་མ་རྣམས་ཀྱང་ཆོས་ལ་འབུངས། བླ་མ་ཆོས་མེད་ཤ་གཟུགས་དར་གཏུམས་ཡིན། ལུས་དར་གྱི་གཏུམ་ཀྱང་དད་མི་མེད༑ དགེ་བཤེས་ཆོས་མེད་མཆོ་ཁའི་ངང་སེར་འདྲ། ལུས་སེར་ཡང་འདྲེན་སྟོན་བྱེད་མི་མེད། ལ་ཁའི་སྒོམ་ཆེན་ཆོས་མེད་ན། སྤང་གི་འཕྱི་བ་སྒོམས་ཆེན་འདྲ། སྤང་ཕུག་ཉལ་ཡང་སྒོམ་རྒྱུ་མེད། བན་གསར་ཆོས་མེད་ཆུ་རྩ་སྔོང་པོ་འདྲ། ལུས་སེར་པོར་ཡོད་ཀྱང་རྩེ་མི་མེད། སྔགས་པ་མཐུ་མེད་གོད་ཁའི་ཕུག་ཉལ་ཡིན། ནུས་པ་མེད་ནས་རྒྱུ་ཡི་སེར་བཏར་བྱེད། ནུས་པ་མེད་པ་ཤུག་པ་ལོ་འཛད་ཡིན། འདི་རྣམས་ཀུན་ཆོས་མེད་པའི་རྩེ་ཚུལ་དེ་ལྟར་ཡོང་། ད་ལྟ་(ལྷ་)ཆོས་དང་མི་ཆོས་ཀྱི་ཡིན་ལུགས་བཤད། མཁས་པ་བཟང་པོ་བཙུན་པ་གསུམ། རླངས་བླ་མ་ཞིག་གི་མཛད་ཚུལ་ཡིན། བྱམས་སྙིང་རྗེ་བྱུང་ན་ངེས་པར་ཡིན། ལྟ་བ་སྤྱོད་པ་སྒོམ་པ་གསུམ་སྒོམ་ཆེན་ཞིག་གི་བྱེད་ཚུལ་ཡིན། སྒོམ་གཞི་ལམ་ཞིག་རྟོགས་ན་ངེས་པ་ཡིན། འཆད་པ་རྩོད་པ་རྩམ་པ་གསུམ། སྟོན་པ་ཞིག་གི་བྱེད་ཚུལ་ཡིན། སྡེ་ཆོས་གྲྭ་ཞིག་ཚུགས་ན་ངེས་པ་ཡིན། དབྱངས་དང་བཤད་དང་ལག་ལེན་གསུམ། རླངས་དགེ་བཤེས་ཤིག་གི་མཛད་སྤྱོད་ཡིན། བཙུན་མཁྱེན་རྒྱ་ཞིག་ཆེ་ན་ངེས་པ་ཡིན། རིག་པ་འཛིན་པ་བརྩོན་འགྲུས་གསུམ། བན་བཙུན་ཆུང་གི་བྱ་རྒྱུ་ཡིན། ཡིད་ཤེས་རབ་ཅིག་ཆེ་ན་ངེས་པ་ཡིན། གང་ལྟར་ཡིན་ཡང་ཚུལ་ཁྲིམས་སྲུང་བ་གལ་ཆེ། བན་ཆུང་རབ་བྱུང་ཀུན་གྱི་གཞི་མ་ཡིན། བསྒྲུབ་པ་ནུས་པ་བསྙེན་པ་གསུམ། རླངས་ཁམས་པ་རྣམས་ཀྱི་ཐུགས་དམ་ཡིན། ལྷ་ཞལ་མཐོང་ཞིག་བྱུང་ན་ངེས་པར་ཡིན། ཤེས་པ་སྦྱིན་པ་སྒྲུ་བ་གསུམ། རླངས་སྡེ་དཔོན་ཞིག་གིས་མཛད་པ་ཡིན། ཚད་སྐུ་བསོད་ཅིག་བྱུང་ན་ངེས་པ་ཡིན། སྤྱི་ཆོས་སྤྱི་དཔོན་སྤྱི་གཏམ་གསུམ། རླངས་གཙོ་བོ་ཞིག་གི་མཛད་པ་ཡིན། ཕྱུགས་རང་འདོད་མེད་ན་ངེས་པ་ཡིན། དཔའ་བ་སྙིང་པ་ལུས་རྩལ་གསུམ། སྟག་ཤར་པོ་ཞིག་གི་ལག་ལེན་ཡིན། རྟ་ཞགས་པ་ཞིག་བདེ་ན་ངེས་པར་ཡིན༑ མཉེན་པ་བདེ་བ་གུས་པ་གསུམ།

འཁོར་གཡོག་པོ་རྣམས་ལ་དགོས་པ་ཡིན། ལས་ཅི་བཅོལ་ཡོང་ན་ངེས་པ་ཡིན། ཞིབ་པ་སྐྱོང་པ་མཁས་པ་གསུམ། སྤེ་ཆེན་པོའི་གཉེར་ལ་དགོས་པ་ཡིན། འཁོར་མི་ཁ་ཅིག་ཏྲ་ན་ངེས་པ་ཡིན། འཚོ་ཤེས་སྦྱིན་ཤེས་འཁོལ་ཤེས་གསུམ། ནོར་ཕྱུག་པའི་མི་ལ་དགོས་པ་ཡིན། ཀུན་དང་མཐུན་ན་ངེས་པ་ཡིན། ཤེས་གསལ་འོད་བྱུང་འཁོར་བྱམས་གསུམ། ཡུལ་དཔོན་རྣམས་ལ་དགོས་པ་ཡིན། ཡོད་ཟས་ནོར་ཡོད་ན་ངེས་པ་ཡིན། མིས་བསྐུར་ལུས་གཙང་རང་མཛངས་གསུམ༔ སྨན་མོ་བཙུན་དྲག་པའི་བྱེད་ཚུལ་ཡིན། སྦྱིན་འཁོར་གཡོག་ལ་བཟང་ན་ངེས་པ་ཡིན། མདངས་དཀར་ངག་ཉུང་ནང་ཚག་གསུམ༔ སྨན་མོ་བཙུན་འབྲིང་གི་བྱེད་ཚུལ་ཡིན། ཡུལ་མི་དགའ་ན་ངེས་པས་ཡིན། བྱད་ལེགས་བཀྲག་རྒྱན་བྱེད་བཟང་གསུམ། བུ་སྲིང་ཞིག་གི་བྱེད་ཚུལ་ཡིན། རྒྱབ་ཕ་མིང་བཟང་ན་ངེས་པ་ཡིན། འདི་རྣམས་བྱེད་སྤྱོད་ཀྱི་གནས་ལུགས་ཡིན། དེང་རང་ལྷངས་ཕ་སྤུན་རྣམས་ཀྱིས་ཉམས་སུ་ལོངས། ཡོན་བདག་རྣམས་ཀྱིས་དེ་ལྟར་དགོངས། རྒྱལ་ཁམས་མི་ལའང་དགོས་པ་ཡིན། ད། བླ་མ་རྣམས་ཀྱིས་འགྲོ་དོན་མཛོད༔ བྱམས་སེམས་རྒྱུན་ཆད་མེད་པར་མཛོད། སྒོམ་ཆེན་རྣམས་ཀྱིས་སྒོམ་བསྒྲུབ་གྱིས། མཉམ་བཞག་རྒྱུན་ཆད་མེད་པར་མཛོད། སྟོན་པ་རྣམས་ཀྱིས་ཉན་བཤད་གྱིས། ཆོས་གྲྭ་རྒྱུན་ཆད་མེད་པར་ཚུགས། བན་གསར་རྣམས་ཀྱིས་སློབ་གཉེར་གྱིས། ཉམས་ལེན་རྒྱུན་ཆད་མེད་པར་མཛོད། སྔགས་པ་རྣམས་ཀྱིས་ལྷ་སྒྲུབ་གྱིས། སྔགས་ཏིང་འཛིན་རྒྱུན་ཆད་མེད་པར་མཛོད་རིགས་རྒྱུད་བཟང་ལ་ཞིང་ས་དག ང་ཡང་བརྒྱུད་འཛིན་རེ་རེ་ཡོང་། གསུངས་ནས། བཀའ་དང་བསྟན་བཅོས་མང་དུ་གསུངས་པ་ལ། བུ་ཚ་བོ་རྣམས་ཀྱིས་ཞུས་པ་ལ། སོ་ལ་བཞུགས་པ་མི་ཡོང་ཡང་། ཟླ་བ་མང་དུ་བཞུགས་པར་ཞུ་ཞུས་པ་ལ། ད་རྣལ་འབྱོར་ད་ཙམ་ཤི་བ་ལ། བཙོས་ཟེན་ཟེར་བ་ཡོང་བ་ཡིན། ཐན་ནས་ཇོག་པ་འབྱོར་བ་ན། བཙོས་ཟེན་ཟེར་བའི་མི་ཁ་ཡོང་། མི་ལོ་བརྒྱ་དང་ཟླ་བརྒྱད་བར། ནག་སོག་གཉིས་ཀྱི་ཁ་བར་ན། ང་བཞིན་གྲུབ་ཐོབ་ཡོང་བ་དེ། ང་འདྲ་ཞབས་ཏོག་སུས་ཀྱིས་གྱིས། བླ་མར་ཁུར་ལ་བཀའ་ཆོས་ཞུས། ང་ནི་ད་དེ་འགྲོ་བར་བྱ། རྟོགས་པ་ཕྱུལ་དུ་ཕྱིན་པའི་རྣལ་འབྱོར་

པ་ཡིན། སྒྲུབ་པ་མཐའ་རུ་ཕྱིན་པའི་རྣལ་འབྱོར་པ་ཡིན། ལྷ་ཞལ་མཐོང་མང་བའི་རྣལ་འབྱོར་པ་ཡིན། ལྷ་སྲིན་ཐབ་ཏུ་བཀོལ་བའི་རྣལ་འབྱོར་པ་ཡིན། སྒོམ་པ་ཏིང་ངེ་འཛིན་དུ་འདུག་པའི་རྣལ་འབྱོར་པ་ཡིན། སློབ་མ་ཡོན་བདག་མང་བའི་རྣལ་འབྱོར་པ་ཡིན། མི་ཆོས་ལྷ་ཆོས་མཁས་པའི་རྣལ་འབྱོར་པ་ཡིན། འཁོར་བ་རྒྱུད་འཛིན་དུ་ཡོད་པའི་རྣལ་འབྱོར་པ་ཡིན། འབྱུང་བ་རྩ་རླུང་དུ་མངའ་བརྙེས་པའི་རྣལ་འབྱོར་པ་ཡིན། ང་རྣལ་འབྱོར་པ་འཇིག་རྟེན་གྱི་ཡུལ་ལ་ལྟད་མོ་ཞིག་བལྟ། གསུང་ནས། བྱ་རྒྱལ་ཞིག་ཏུ་སྤྲུལ་ནས་ཕྱིན། ཞག་གཉིས་རེད་པའི་ནང་པར་ཕྱིན་བྱུང་བས། འཇིག་རྟེན་གྱི་ཁམས་ལྟད་མོ་ནི་མཐོང་། ཁྱེད་བུ་ཚ་བོ་རྣམས་ལ་ཁ་ཆེམས་ནི་བཞག མི་ཆོས་ལྷ་ཆོས་ལ་འགྱོད་མེད་ནི་བྱས། ད་སོང་དེ་ཉི་མ་ཤར་ཕྱོགས་ལ་མི་རྟག་འཆི་བའི་ཚུལ་ཅིག་སྟོན། གསུངས་པ་ལ། ཆེ་བཟང་དཔལ་གྱི་དཔལ་གྱི་སེང་གེས་ཞུས་ནས། རྣལ་འབྱོར་འདའ་བའི་ཚུལ་སྟོན་ན། ད་རུང་ཞལ་ལྟ་འདི་ཀྱིས་གསུངས། བུ་ཚ་བོ་རྣམས་ལ་ཐུགས་རྗེས་བཟུངས། མི་རྒྱུད་རེ་ལ་འབྱོན་པར་ཞུ་ཞུས་པས། སྔར་གྱི་ཚིག་རྣམས་ཡིད་ལ་བཞག་ན༔ ཁ་ཏ་དང་བསླབ་བྱ་དེ་ཁ་ཡིན། ལར། ལྷ་ཆོས་ནས་བབས་ནས་སྡིག་ལ་མ་ཞུགས། བན་ནས་བབས་ནས་བོན་ལ་མ་ཞུགས། རི་ཁྲོད་ནས་བབས་ནས་ལུང་ནག་ཏུ་མ་འཁྲིམ། བྱ་བ་གང་ལ་ཡང་གྲོས་ཀྱིས་བཞག་པ་ཐོངས་དང་ལྟད་དུ་མེད། ཡིན་ལུགས་ཚད་འཛོག་གི་ཚིག་ཅིག་བཟླ། བུ་ཚ་བོ་རྣམས་ཉམས་སུ་ལེན་པ་འདི་ལྟར་བྱ། ཉམས་སུ་བླངས་ན་ང་ལྟར་ཡོང་། ཉམས་ལེན་གྱིས་ལ་ཡིད་ལ་ཞོག༔ ལྷ་ཆོས་ཚད་འཛོག་གི་ཚིག་ཡོད་པ། ཤོག་གྲིལ་གསེར་ཡིག་ནང་ན་ཡོད། མི་ཆོས་ཚད་འཛོག་འདི་ལྟར་ཡིན། གཞིག་པ་སྟོན་ལ་གཏོང་བ་སྤྱང་པོའི་ཚད། ཐལ་ནས་འགྱོད་པ་སྐྱེས་པ་གླེན་པའི་ཚད། ཆེ་ནས་མི་བཀུར་ཆེན་ཆེན་པོའི་ཚད། མཁས་པས་ཤེས་ལ་འདྲི་བ་མཁས་པའི་ཚད། ཕྱུག་པོ་ཆོས་ལ་གཏོང་བ་ཕྱུག་པོའི་ཚད། སྟེ་དཔོན་ཀུན་དང་མཐུན་པ་དཔོན་རྗེའི་ཚད། གཙོ་བོ་རང་འདོད་མི་ཆེ་གཙོ་བོའི་ཚད། བཙན་པོ་སྤྱིན་ལ་དྲག་པ་བཙན་པོའི་ཚད། དཔའ་སྐྱེན་འཁྲུག་ཚོད་མཁས་ན་དཔའ་བོའི་ཚ། རྩལ་བདུན་ལུས་ལ་ཚང་པ་གཞོན་པའི་ཚད། ཚད་

འདི་རྣམས་རང་ལ་ཡོད་པར་གྱིས། ཚད་འདི་རྣམས་ལ་བརྟེན་འགྲུས་སྐྱེད་པ་དང་། ཐར་པ་ཤད་པའི་ཚིག་རྣམས་ཉམས་བླངས་ན། ང་རྣལ་འབྱོར་པ་བསྟོད་ཀྱང་དེ་ལས་བསླབ་རྒྱུ་མེད། ངས་ཐར་བཟླས་ཚིག་ལ་མ་རྟེས་ན། འདི་ཊ་བསྟོད་ཀྱང་སྣང་བ་འཁྲུག་པའི་རྒྱུ། ལར་བྱེད་ཚུལ་དུ་འདུན་མ་མི་ལ་སྦྱོད། ནག་མོ་གཡོག་ངན་གྱི་ཕྲ་མ་མ་ཉན་པར། ནང་ཡོད་གྱིས་ལ་བསྟན་བྱུས་བྱ་བ་འབུངས། རྣལ་འབྱོར་འགྲོ་བ་དེ་ཡིས་བཟློག་རྒྱུ་མེད། ཚ་བོ་རྣམས་ཀྱིས་རྒྱུད་དུ་རྣལ་འབྱོར་རྗེང་དུ་ཡོངས་ནས་རྒྱལ་ཁམས་སྐྱོངས་བ་ཡིན། གསུངས་ནས། མི་ཕོ་འབྲུག་གི་ཟླ་བ་བཅུ་གཅིག་པའི་ཚེས་བཅུ་ལ་འདས་པ་ལ། ནམ་མཁའི་ཁམས་ནས་འཇའ་ཚོན། རོལ་མོའི་སྒྲ་དང་། མཁའ་འགྲོའི་བསུ་བ་ཡོང་། ལྷ་འདྲེ་དམ་ཅན་རྣམས་ཀྱང་འཁྱོད་པ་དང་། ངུ་འབོད་བྱེད་ཀྱི་འདུག དེ་ནས་ཞལ་ལྟ་མཛད་ནས་ཚེས་བཅོ་ལྔ་ལ་སྤུར་བཞུ་གསུངས་པ་ལ། སྟེང་ནམ་མཁའི་ཁམས་ལ་གྲུབ་ཐོབ་རྒྱ་མཚོས་བསྐོར་ནས། སློབ་དཔོན་པདྨ་མཁའ་འགྲོ་མས་བསུས་ནས་དུད་པ་རྣམས་ཡར་སོང་བ་ལ་འཇའ་ཚོན་དུ་སོང་། ཁོང་ནམ་མཁའ་ལ་བཞུད་པ་མངོན་སུམ་དུ་མཐོང་། དེ་ཡང་དཀར་ལྡན་མས་མྱ་ངན་དང་སྨྲེ་སྔགས་ཀྱང་མང་པོ་བཟླས་པ། སངས་རྒྱས་བསྟན་པ་མི་འཛིན་པར། རྣལ་འབྱོར་པ་ཆེན་པོ་གར་འབྱོན་ན། །བུ་སློབ་ཚོས་ཀྱིས་མི་སྐྱོངས་པར། རྣལ་འབྱོར་པ་ཆེན་པོ་གར་འབྱོན་ན། །འཇིག་རྟེན་ལྷ་སྲིན་མི་འདུལ་བར། །རྣལ་འབྱོར་པ་ཆེན་པོ་གར་འབྱོན་ན། །ཕ་སྤུན་སྤྱི་སེམས་མི་བྱེད་པར། །རྣལ་འབྱོར་པ་ཆེན་པོ་གར་འབྱོན་ན། །མཁའ་འགྲོའི་དངོས་གྲུབ་མི་གསོལ་བར། །རྣལ་འབྱོར་པ་ཆེན་པོ་གར་འབྱོན་ན། །གཡོག་འཁོར་ལ་བྱམས་སེམས་མི་མཛད་པར། །རྣལ་འབྱོར་པ་ཆེན་པོ་གར་འབྱོན་ན། །ང་དཀར་ལྡན་ཞལ་ལྟར་མི་མཛད་པར། །རྣལ་འབྱོར་ཆེན་པོ་གར་འབྱོན་ན། །བུ་ཚ་བོ་རྣམས་ལ་ཞལ་ལྟ་མི་མཛད་པར། །རྣལ་འབྱོར་པ་ཆེན་པོ་གར་འབྱོན་ན། །ང་དཀར་ལྡན་ཡང་མྱུར་དུ་འཆི་བར་འདུག །བུ་ཚ་བོ་རྣམས་ཀྱང་རྣལ་འབྱོར་གསུངས་བཞིན་སྒྲུབས། འཁོར་གཡོག་པོ་ལ་སྣ་གཞུང་བྱམས་སེམས་གྱིས། ཟེར་ནས་ཁོང་འདས་པའི་ཕྱི་ལོའི་ཟླ་དུས་ཀྱིས་ཚེས་ལྔ་ལ་མི་

ཏག་པར་སོང་ནས། མ་མཁའ་འགྲོམས་བསུ་བ་བྱས་ནས་སོང་། སྲས་ཚ་བོ་རྣམས་ཀྱིས་ཀྱང་རྣལ་འབྱོར་གྱི་གསུང་བཞིན་བསྒྲུབས་ནས། ནང་བཟང་བྱས་ནས་ཀྱང་མི་ཆོས་གཞི་དང་། ལྷ་ཆོས་རྒྱུན་གཉིས་ཀྱིས་བསྟན་པ་གཟུང་ནས། ཁམས་པའི་རྒྱལ་ཁམས་ཡུལ་གང་དྲག་གི་བདག་པོ་བྱས། སྟོ་སྟོད་ལུང་ཆེན་བཅོ་བརྒྱད་སྒོས་སུ་བདག མི་རིགས་ཆེ་དགུ་ཐམས་ཅད་འབངས་སུ་བཀོལ། །སྟོད་སྨད་བསྟན་པའི་འཛིན་པ་ཡི། །བན་སྔགས་ཀུན་དང་གཉེན་སྲིད་བྱས། །ལྷ་ཆོས་བསྒྲུབ་པ་བྱས་པས་ལྷ་ཡི་ཞལ་མཐོང་། གྲུབ་རྟགས་མང་དུ་ཐོན། ལྷ་སྲིན་བྲན་དུ་བཀོལ། མི་ཆོས་རིགས་རྒྱུད་འཕེལ། བླ་མ་སྔགས་པ་མི་དཔོན་རྣམས། རྒྱུན་ཆད་མེད་པར་རིམ་གྱིས་བྱོན་པས། སློབ་དཔོན་པདྨའི་བྱིན་རླབས་ཀྱིས། ཁྲིམས་གཉིས་རྒྱུད་བཞིན་སྐྱོངས་པ་ཡོང་པ་རླངས་གྲུབ་ཐོབ་ཆེན་པོ་ཡིན། རླངས་ཀྱི་གྲུབ་ཐོབ་ཆེན་པོ་རྡོ་རྗེ་གཞོན་ནུས། ཀམ་ཀོ་ཏི་ཤེལ་ཕུག་ཏུ་གནོད་སྦྱིན་མི་ཟན་ཆེན་པོ་ཞེས་བྱ་བ་སེམས་ཅན་ཐམས་ཅད་ཀྱིས་བདུད་དུ་བབས་པ་ལ། གྲུབ་ཐོབ་སྲུས་བཏུལ་ཀྱང་མི་ཐུལ་བ་ལ། ཁོང་གིས་ཡི་དམ་བསྒོམས། སྦྱིན་སྲེག་བྱས་པས་འདྲེ་ཚོགས། འོད་ནག་མཁའ་ལ་བྱུང་བས་ཁོང་གི་མཚན་ཡང་རྡོ་རྗེ་འོད་གསལ་དུ་བཏགས། གྲུབ་རྟགས་སུ་ཤེལ་གྱི་མཆོད་རྟེན་ཅིག་ལ་མཆོད་གང་ཡོད་པ་བྱོན་པས། གནོད་སྦྱིན་མི་ཟན་ཆེན་པོ་འདུལ་མི་ཡང་རླངས་ཀྱི་གྲུབ་ཐོབ་ཆེན་པོ་ཡིན། རླངས་ཀྱི་གྲུབ་ཐོབ་ཆེན་པོ་ཆོས་ཀྱི་བློ་གྲོས་ཀྱིས། ཐེག་པ་ཆེན་པོའི་ཆོས་ལ་གྲུབ་པ་ཐོབ་པས། ཕུང་པོ་ལྷག་མེད་དུ་མངོན་པར་རྫོགས་པ་སངས་རྒྱས། ཕུང་པོ་ལྷག་མེད་དུ་སངས་རྒྱས་པ་ཡང་རླངས་ཡིན།

རླངས་ཀྱི་གྲུབ་ཐོབ་ཆེན་པོ་བསོད་ནམས་སེང་གེས། རྒྱ་ནག་རི་བོ་རྩེ་ལྔ་ན། འཕགས་པ་འཇམ་དཔལ་གྱི་ཞལ་གཟིགས་པས། ཡ་མནྟ་ཀས་དངོས་གྲུབ་བྱིན་པ། ལས་ཀྱི་གཤིན་རྗེ་བྲན་དུ་བཀོལ་བས། རྔ་ར་བ་བཞི་ནི་ཁྱི་བཞིན་དུ་འཁྲིད་པས། དགྲ་བགེགས་ཚམ་ལ་ཕེབས་པས། ཡི་དམ་འཕགས་པ་འཇམ་དཔལ་ལ་གྲུབ་ཐོབ་མི་ཡང་ལྷ་རིགས་རླངས་ཀྱི་གྲུབ་ཐོབ་ཆེན་པོ་ཡིན།

ཡང་རླངས་ཀྱི་གྲུབ་ཐོབ་ཆེན་པོ་དཔལ་གྱི་སེང་གེས། ལྷུན་གྲོང་ཐང་འཛིག་རྟེན་སྒྲོལ་མར་འབྱུང་པོ་རྒྱལ་འགོང་དཔེ་ཧར་གྱིས་ལྷ་ཁང་སྐྱེལ་ལ་ཁད༑ ཆོས་གྲྭ་བཤིག་ལ་ཁད་པལ། ཁོང་རང་ཕྱག་ན་རྡོ་རྗེར་སྤྲུལ་ནས། རྒྱལ་པོ་ལ་ཁ་ཆེངས་དང་མནན་པ་བྱས། སྲིན་མོ་ཁ་ཆེངས་དང་སྲིན་སྲེག་བྱས། འབྱུང་པོ་རྒྱལ་འགོང་དཔེ་ཧར་དམ་ལ་བཏགས་ནས། ལྷུན་གྲོང་ཐང་བདེ་བ་དར་རྒྱས་ཆེ་བ་བྱེད་མི་ཡང་གྲུབ་ཐོབ་རླངས་ཡིན༑ རླངས་ཀྱི་གྲུབ་ཐོབ་ཆེན་པོ་ཡེ་ཤེས་རྒྱལ་མཚན་མཉམས་བཞག་ཏུ་བཞུགས་པ། ཧྲེའི་ཀ་བྲག་ཆོག་ནས་ཆོས་མཁན་རྣམས་ཐོས་པའི་དུས་སུ། མཆེས་སུ་གཙུག་ལག་ཁང་ལ་ཚུགས་པ་ལ། ཨན་སྟོན་འབར་བཟངས་ཀྱིས་ལུང་བསྟན་བྱུང་བ་ལ། དགེ་བའི་བཤེས་གཉེན་བླ་མ་མཆོག་གིས། ཁོང་གདན་དྲངས་ནས་ཛ་སིག་རྩེ་མོ་བཙུ ཧ་འཚལ་ལུ་རལ་པ་ཅན་གཅིག དངུལ་བྲེ་བཅུ་དང་དེ་རྣམས་ཕུལ་ནས། གཙུག་ལག་ཁང་བཞེངས་པ་དང་། ཁོང་གི་ལྷ་འདྲེ་ཐམས་ཅད་དམ་ལ་བཏགས་ནས་ཧྲེའི་ཀ་བྲག་ཆོས་འཁོར་འབྱུང་གནས་མཆོད་ནས། ལྷ་འདྲེ་དམ་ལ་འདོགས་མི་ཡང་རླངས་ཀྱི་གྲུབ་ཐོབ་ཆེན་པོ་ཡིན། རླངས་ཀྱི་གྲུབ་པོ་ཆེན་པོ་རྩ་ཧྲུ་ལྷ་ཡི་རྡོ་རྗེས། ཧ་ཤོད་ལྷ་ཁང་ཐང་དུ་མཐའ་འདུལ་གྱི་གཙུག་ལག་ཁང་བཞེངས། བོད་ལ་མཁས་པའི་རྩིག་མཁན་རླངས། རྒྱ་ལ་མཁས་པའི་ཤིང་མཁན་རླངས། ལི་ན་མཁས་པའི་ལུགས་མཁན་རླངས། ལྷ་སྐུ་སུམ་བརྒྱ་ལྔ་གྲུར་བཞེངས། རྣམ་པར་སྣང་མཛད་ཁྲུ་སུམ་ཅུ་བཞེངས། སྐལ་བཟང་གི་བྱང་ཆུབ་སེམས་དཔའ་ཁྲུ་བཅུ་དྲུག་བྱས། མཆོད་པའི་ལྷ་མོ་ཁྲུ་བརྒྱད་བཞེངས། གཞན་ཡང་མཆོད་པའི་བྱེ་བྲག་བསམ་གྱིས་མི་ཁྱབ་པས། མཚན་ནི་ཆོས་སྟོན་ནམ་མཁའི་གླིང་དུ་བཏགས། དེ་བས་གདུལ་བྱས་དགེ་བའི་ཐང་རླངས་ཆེ་བ་བྱེད་མི་ཡང་རླངས་ཀྱི་གྲུབ་ཐོབ་ཆེན་པོ་ཡིན། རླངས་ར་རྩ་དཔལ་གྱི་ཟླ་བས། ཧ་རྒྱང་རལ་གསུམ་དུ་གཙུག་ལག་ཁང་ཆེན་པོ་གསུམ་བཞེངས། ཆོས་སྟོན་ཐུགས་རྗེའི་གླིང་ནི་རྣམ་པར་རྒྱལ་བའི་ཁང་བཟང་ལ་དཔེ་བླངས་པའི་རྩེ་མཐོ་ལ་རྒྱ་ཆེ་བ་བཞེངས། རིམས་ཤོད་ཡོན་ཏན་འབྱུང་གནས་ནི། བསམ་ཡས་ལྷུན་གྱིས་གྲུབ་པ་ནས་དཔེ་བླངས་པ་བཀོད་ལེགས། འཕྲུལ་གྱི

བཀའི་བཀོད་པ་བཞིན་མཛད་ནས་སྣང་། སྒྲུབ་པའི་གནས་སུ་གནས་བདེ་བ་ཉམས་དགའ་བ་བྱུང་། བཀོད་པ་ཆོས་སྟོན་ཐུགས་རྗེའི་གེས་མཛད། རབ་གནས་ཐུགས་རྗེ་བྱང་ཆུབ་རྡོ་རྗེས་མཛད། ཕྱི་མཐོ་ལ་ལེགས། ནང་ལེགས་ལ་ལྷ་མང་བྱོན། ལེགས་བྱས་པས། འདུས་བྱས་ཀྱི་ཆོས་ལ་དགེ་བ་ལ་ཐང་ཆེ་བ་ཡང་རླངས་ཀྱི་གྲུབ་ཐོབ་ཆེན་པོ་རླངས་ཀྱི་གྲུབ་ཐོབ་ཆེན་པོ་རྡོ་རྗེ་སྙིང་པོས་རྟ་རྒྱུད་ལ་ཁའི་བྲག་ལ་མགོན་པོ་སྤྱན་རས་གཟིགས་ཀྱི་སྐུ་བྲིས་ནས་བསྒྲུབས་པས་ཀུན་གྱིས་ཞལ་གཟིགས་པས; མིང་ཡང་སྐུ་གཟུགས་ལ་ཐོག་ཏུ་བཏགས། མགོན་པོ་སྤྱན་རས་གཟིགས་ལ་གྲུབ་པ་ཐོབ་པ་ཡང་རླངས་ཀྱི་གྲུབ་ཐོབ་ཆེན་པོ་ཡིན། རྟ་ཤོད་ཚག་རག་ཐང་དུ་གནོད་སྦྱིན་ནེ་གུ་རྟ་དཀྲིག་བཏུལ་ནས། གནོད་སྦྱིན་གནས་པའི་ཕ་བོང་ལ། དཔལ་ཕྱག་ན་རྡོ་རྗེའི་སྐུ་བཞེངས། ཕོ་རང་ཡང་བསྐྱེད་ནས་དྲག་ལས་ཀྱིས་བཏུལ་ནས། དེང་ཕྱིན་ཚད་ཚག་རག་ཐང་དུ་སུ་འགྲོ་ཡང་། ལམ་བདེ་གནོད་པ་མི་བྱེད་པས་གནོད་སྦྱིན་ནེ་གུ་རྟ་དཀྲིག་འདུལ་མི་ཡང་རླངས་ཀྱི་གྲུབ་ཐོབ་ཆེན་པོ་ཡིན། རླངས་ཀྱི་གྲུབ་ཐོབ་ཆེན་པོ་དབང་ཕྱུག་རྡོ་རྗེས། གཙང་དུ་གཙ་ཐེའུ་ཐེར་གད་བྱ་བས་མི་ཕྱུག་ཀུན་ཟོས་ནས་ཉག་ཐག་བཅད། སད་དང་སེར་བ་བཙས་དང་ཐན་པ་བྱུང་ནས་ཡུལ་ཁམས་བརླགས་ནས་ཅི་དྲག་ལའང་ཐུག་པ་ལ། ཁོང་གིས་ཡི་དམ་ལྷ་སྐྱེད། ཐུགས་དང་ཏིང་ངེ་འཛིན་མཛད་ནས་བཏུལ་བས། གཙང་གི་རྒྱལ་ཁམས་བདེ། མི་ཕྱུགས་ཐམས་ཅད་དགའ། ལོ་ལེགས། མི་ནད་ཕྱུགས་ནད་ཐམས་ཅད་ཆད་པས། མཚན་ཡང་རྡོ་རྗེ་ཐེལ་དུ་བཏགས་པས། གཙང་གི་ཐེར་གད་འདུལ་མི་ཡང་གྲུབ་ཐོབ་རླངས་ཡིན། ཡང་རླངས་ཀྱི་གྲུབ་ཐོབ་ཆེན་པོ་རྩ་ཧུའི་དབང་ཕྱུག་གིས། རྟ་ཤོད་རྩེ་ཏུ་རྒྱལ་པོ་རྡོ་རྗེ་བཙན་གྲགས་ཀྱིས་རྒྱལ་ཁམས་སྐྱོང་བ་ལ། དེར་ཁོང་གིས་འདུལ་བའི་རྟགས་ཆེན་པོ་བཞིའི་སྟེང་དུ་མཆོད་རྟེན་བརྒྱ་རྩ་བརྒྱད་བཞེངས་ནས། གཏོར་མ་བྱིན། སེམས་ཅན་ལ་གནོད་མི་སྐྱེལ་བའི་དམ་ལ་བཏགས་པས། གད་རྒྱང་སྟེང་དུ་དར་སྐུད་ཀྱི་ཤུལ་མཚོན་ནས། བན་སྐྱེ་བོན་གསུམ་གྱིས་ད་བྱས་ནས་བསུ་བ་ཁོང་ལ་བྱས་པ་ཡང་། ཁོང་གིས་གཙུག་ལག་ཁང་གི་སྲུང་མར་བསྐོས། ལྷ་ལ་མཆོད་པ་ཕུལ་བས། ཁོང་གིས་མཚན་ཡང་རྡོ་རྗེ་

བཙན་གྲགས་སུ་བཏགས་སོ། རྒྱལ་པོ་རྡོ་རྗེ་བཙན་གྲགས་འདུལ་མི་ཡང་ཀླངས་ཀྱི་གྲུབ་ཐོབ་ཆེན་པོ་ཡིན། རྒྱང་གི་ལྷ་སྐོར་གཉན་པོ་དེ་ལྟར་ཡིན། ཀླངས་ཀྱི་གྲུབ་ཐོབ་ཆེན་པོ་གསེར་པ་སུ་ག་ཏ་གོ་ཆས། བུ་རྟེབ་དཀོན་མཆོག་འབྱུང་གནས་སུ་ཆོས་གྲྭ་ཆེན་པོ་བཙུགས། སྐྱེ་བོ་མི་ནག་པ་ཐམས་ཅད་ཆོས་ལ་བཙུད་པས་ཡུལ་དེ་ཧར་ལམ་ལ་བཏང་། ཁོང་དགོན་པ་ན་མཉམ་བཞག་མཛད་པའི་དུས་ལ། རི་དྭགས། འདབ་ཆགས། གཅན་གཟན་རྣམས་ཆོས་ཉན། འདུལ་ཁྲིམས་སྲུང་། སྐོར་བ་བྱེད་པས། འདབ་ཆགས། གཅན་ཟན། རི་དྭགས། འདུལ་ཁྲིམས་བསྲུངས་ནས་ཆོས་ཉན་པ་ཡང་ཀླངས་ཀྱི་གྲུབ་ཐོབ་ཆེན་པོ་ཡིན། ཀླངས་ཀྱི་གྲུབ་ཐོབ་ཆེན་པོ་རྒྱ་རག་ཤ་རིས་སུམ་པ་ཚ་བ་ཀླུང་སྣང་རི་མོར་ལྟོམ་བུ་ལ་བྱོན་པའི་དུས་སུ། རོང་བཙན་ཁ་བ་དཀར་པོའི་ཞོལ་དུ་བྱོན་པ་ལ། བཙན་དེ་ཡིས་མི་དམར་རྟ་དམར་གྱིས་སྐྱུས་ཤུལ་བཀག་པ་ལ། ཁོང་རང་གིས་ཕྱག་ན་རྡོ་རྗེར་སྤྲུལ་ནས། ལྕགས་ཀྱི་རྡོ་རྗེ་རྩེ་ལྔ་པ་ལན་གསུམ་གནམ་དུ་གསོར་ནས། ཁ་བ་དཀར་པོའི་བྲག་ལ་བརྒྱབ་པ་དང་། ནང་ནས་མི་ལུས་ཤ་བའི་མགོ་ཅན་ཞིག་བྱུང་བས། བདག་གིས་མ་སྒྲོལ་དང་། བདག་ཁྱེད་ཀྱི་བཀའ་ཉན་སྙིང་པོ་འབུལ་ཟེར་བ་ལ། ཁྱོད་གང་ཡིན་བྱས་པ་དང་། བཙན་གྱི་རིགས་ཡིན། སེམས་ཅན་ལ་འཚེ་བ་བྱེད་པ་ཡིན། ད་ནས་ཁྱེད་ཀྱི་བཀའ་འབངས་བྱེད་ཟེར། དེ་ལྟར་བཙན་འབངས་སུ་འཁོལ་མི་ཡང་ཀླངས་ཀྱི་གྲུབ་ཐོབ་ཆེན་པོ་ཡིན། ཀླངས་ཀྱི་གྲུབ་ཐོབ་ཆེན་པོ་རྡོ་རྗེ་བློ་གྲོས་ཀྱིས། བལ་ཡུལ་ཡང་ལེ་ཤོད་ཀྱི་བྲག་ཕུག་ཏུ། བཅོམ་ལྡན་རྡོ་རྗེ་གཞོན་ནུ་ལ་གྲུབ་པ་ཐོབ་པས༔ དམ་ཅན་སྡེ་བཞི་དང་། བདུད་བཙན་གིང་སྐུ་གསུམ་གི་བྲན་བཞིན་བཀོལ། དབང་ཕྱུག་མ་ཉི་ཤུ་རྩ་བརྒྱད་དང་། བསྟན་མ་བཅུ་གཉིས་འཁྱེད། ཁྲ་ལྷ་བུར་གཏོང་བས། མི་དང་མི་མ་ཡིན་པ་གནོད་པ་ཅན་ཐམས་ཅད་ཚམ་ལ་འབེབས་པས། ཁོང་གི་མཚན་ཡང་རྡོ་རྗེ་གཞོན་ནུར་ཐོགས་པས༔ རྡོ་རྗེ་གཞོན་ནུ་ལ་གྲུབ་པ་ཐོབ་པ་ཡང་ཀླངས་ཀྱི་གྲུབ་ཐོབ་ཆེན་པོ་ཡིན། ཀླངས་ཀྱི་གྲུབ་ཐོབ་ཆེན་པོ་སྟན་བཟང་ལྷ་སྟོན་གྱིས། ཆར་དང་ཀླུ་ལ་གྲུབ་པ་ཐོབ་པས། རྒྱ་ཐེལ་ཆུ་ཡང་ཐེལ་ནས་ཁོང་ཡར་བྱོན་པའི་དུས་ཤུལ་དུ། རྒྱའི་ཕོ་སྲི་ཞུགས་ནས་མི་

ཕྱུགས་རྣམས་ཕྱུང་བ་ལ། ཁོང་ཞུལ་དུ་བསྡད་ནས་དེ་བཏུལ། དམ་ལ་བཏགས་ནས། ད་ཕྱིན་ཆད་ཞུལ་མ་བདེ་བ་དང་། ཁོང་མཐུ་ཆེ་བའི་སྔན་པ་ཐོབ་པས། རྒྱའི་ཕོ་སྲི་འདུལ་མི་ཡང་རླངས་ཀྱི་གྲུབ་ཐོབ་ཆེན་པོ་ཡིན། རླངས་ཀྱི་གྲུབ་ཐོབ་ཆེན་པོ་གསེར་པ་སུ་ག་ཏ་གོ་ཆས། དང་པོ་མཁས་པ་བློ་སྦྱངས། བར་དུ་བཙུན་པར་ཚུལ་བསྲུངས། ཐ་མར་སྒྲུབ་གནས་ཆེན་པོ་གངས་ཏི་སེ་ཤེལ་གྱི་མཆོད་རྟེན། མཚོ་མ་ཕམ་གཡུའི་མཎྜལ་ཆུ་བོ་བཞི་ཡི་འགོ་བོ། སངས་རྒྱས་ཀྱི་ཞབས་ཀྱིས་བཅགས་པ། གྲུབ་ཐོབ་ཀྱི་སྒྲུབ་གནས་ཆེན་པོའི་སར་བཞུགས་ནས་བསྒྲུབས། སྒྲུབ་པ་མཐར་སྐྱོལ། མཆོག་དང་ཐུན་མོང་གི་དངོས་གྲུབ་ཐོབ་ནས། ཁམས་སུ་ཕྱིན་པ་ལ། དྲི་ཟའི་རྒྱལ་པོས་སྐྱེལ་མ་བྱས་ནས་ཚུར་ཕྱིན་དུས། ལམ་དུ། གཙང་ཁ་རག་དཀར་མོས་ལམ་བཀག་པ་ལ། ཁོང་གིས་མ་མཛད་གསུངས་པས་མ་ཉན་པ་ལ། ཁོང་གིས་ཏིང་ངེ་འཛིན་གྱི་དགུག་གཞུག་བྱས་ནས། ཁ་རག་གི་བྲག་བཟང་དེ་ཙུ་བཤིག་བཏང་པ་དང་། བུད་མེད་ཅིག་བྱུང་ནས་བཟོད་པར་གསོལ། བཀའ་ལ་ཉན་ཟེར་ནས། ཁ་རག་སྨན་བཙུན་མ་དམ་ལ་བཏགས་པས་བསུ་སྐྱེལ་བྱས་ནས། ཐང་ལྷས་བསུས་ནས་ཁམས་སུ་བསྐྱལ་བ་དང་། བཟེ་མ་ཡོ་ག་པ་མོན་གངས་ཞུར་རྡོ་རྗེ་དབང་འབར་རྡོ་རྗེ་གཟེའི་ཡུལ་ལྷ་རྣམས་རླངས་ཀྱི་སྐྱེས་ལྷ་དང་། མགོན་ཡིན་པས་བསུས་ནས། རླངས་ཡུལ་གྱི་གྲིམ་ཤོད་བྲག་ཤོལ་རྒྱ་གར་གྱི་ཞོལ། རྟ་ཤོད་ལུང་དམར་དུ་བསྐྱལ་བ་ལ། རླངས་ཀྱི་བན་སྐྱེ་རྣམས་ཀྱི་མཐོང་སྣང་ལ། སྔར་ཕྱིན་པ་དང་། ད་འཕྱིན་པའི་གྲུབ་ཐོབ་བརྒྱུད་ཅུས་བསྐོར་བར་མཐོང་བ་དང་། མདུན་དུ་ཡོད་པའི་རུ་དཔོན་དཔལ་གྱི་སེང་གེ་དང་། གཡུ་བ་ཨ་རྒྱ་རག་ཏི་ཕྱིན་ནས། ཁོང་ལ་ཞུ་འབུལ་བྱས་པ་ལ། ཕྱིད་གནས་བདེའམ། སྒྲུབ་པ་མཐར་བསྐྱལ་ལམ། སྐུ་ཁམས་བདེའམ། བཤུལ་ལམ་དུ་སྐུ་མ་མཉེལ་ལམ་ཞུས་པས། སུ་ག་ཏ་གོ་ཆས་ལན་གསུངས་པ། སངས་རྒྱས་ཀྱི་ཞབས་ཀྱིས་བཅགས་པའི་ས་དང་། རླངས་གྲུབ་ཐོབ་རྣམས་ཀྱིས་སྒྲུབ་གནས་སུ་བསྒྲུབ་པ་བྱས་པས། བསྒྲུབ་གནས་ཡོས་བདེ། གྲུབ་ཐོབ་རྣམས་ཀྱི་བཀའ་སྲོལ་གྱིས། བདག་གིས་འཇིག་རྟེན་གྱི་ལྷ་སྲིན་བཏུལ་ནས། ལྷ་སྲིན་སྲོག་སྙིང་ཕུལ་བས་བསྒྲུབ་པ་མཐར་

ཕྱིན་ལེགས་པར་འགྱོལ། བླ་མ་དཀོན་ཅོག་བཀའ་དྲིན་གྱིས་ནི་ཁམས་བདེ། གྲུབ་ཐོབ་སྟར་ཐྱོན་གྱི་དམ་ཅན་དང་། བོད་ཀྱི་ཡུལ་ལྷ་རྣམས་ཀྱིས་བསྲུ་སྐྱོལ་བྱས་པས་ཐང་ནི་མ་ཆད། ཁྱེད་གཞིས་ལ་བཞུགས་པའི་བན་དེ་ཀུན། ལྷ་ཆོས་མ་ཤོར་རམ། བོན་པ་རྣམས་ཚུལ་ཁྲིམས་མ་ཉམས་སམ། རྟེན་རབ་བྱུང་རྣམས་འདུལ་ཁྲིམས་གཙང་ངམ། སྔགས་པ་རྣམས་དམ་ཚིག་གཙང་ངམ། དཀོན་མཆོག་གི་མཆོད་པ་དང་། ཆོས་སྐྱོང་གཏོར་མ་རྣམས་མ་སྐྱུངས་སམ་རམ། ལྷ་རིགས་ཆུང་ས་ཀྱི་གཙོ་བོ་རྣམས་ཀྱིས་མནའ་མ་ཟོས་སམ། བློན་པོ་རྣམས་ཀྱིས་སྲིད་མ་བཙོངས་སམ། སྟག་ཤར་རྣམས་ཀྱིས་སྟར་མ་མ་བྱས་སམ། མོ་བཙུན་རྣམས་ལ་ཐ་སྙད་ཀྱིས་མ་ཐོག་གམ། ཕུ་ནུ་འཐྲོག་ལེགས་སམ། མདའ་ན་ལོ་ལེགས་སམ། བན་དེས་སྡེ་འཁྲུགས་དང་ནང་ངན་མ་བྱས་སམ། གསུངས་པ་ལ། རྗེ་རྗེའི་ཞལ་ནས། ལགས། ངེད་གཞིས་ལ་ཡོད་པ་རྣམས་ཀྱིས་ཀྱང་། དཀོན་མཆོག་གི་དབུ་འཕངས་ནི་བསྟོད། སངས་རྒྱས་བསྟན་པ་དར་ཞིང་རྒྱས་པར་བྱས། རབ་བྱུང་གི་འདུལ་ཁྲིམས་ནི་མ་ཤོར། སྔགས་པས་དམ་ཚིག་ནི་མ་ཉམས། བོན་པོས་ཚུལ་ཁྲིམས་མ་ཉམས། སྐྱེ་བོ་རྣམས་མི་ཆོ་ལ་དམེ་དང་སྡིག་མ་འདྲེས། གཙོ་བོའི་མནའ་མ་ཟོས། ཀན་གྱིས་གྲོས་མ་ནོར་བློན་གྱིས་སྲིད་མ་བཙོངས། གཞོན་པའི་གཡུལ་མ་ཉེས། སྟག་ཤར་གྱིས་སྟར་མ་མ་བྱས། འབངས་ཀྱི་འཐེབ་མ་བགོས། དགྲ་ལ་ཡུལ་མ་ཤོར། ཟྭན་གྱིས་སྲིད་མ་བཙོངས། མོ་བཙུན་གྱིས་རིགས་ངན་མ་སྤེལ། ཕུ་ན་ཕྱུགས་ལེགས། ཡུལ་ན་ལོ་ལེགས། བཟང་ཕྱོགས་སུ་གང་ཡང་འཛོམ་པར་ཡོད་གསུངས་པ་ལ། དེར་ཆུང་ས་ཀྱི་བློན་པོ་མགོ་ཡག་ནས། ཁྱེད་གཞིས་བྱེས་གཉིས་ཀྱི་གསུང་གང་ཡང་ལེགས། ང་ལའང་ངོམ་རྒྱུ་འདི་རྣམས་ཡོད། གུར་མཆེད་ཐང་ཐོས་སེང་དོ་གསུམ། དེ་ཡང་བདག་ཆུང་ས་ལ་ཡོད། ཆུང་ས་སྐྱུན་མངའ་ཉེ་ཙ་དྲུག གུང་དང་བདུན། དེ་ཡང་བདག་ཅག་ཆུང་ས་ལ་ཡོད། ཆུང་ས་རྒྱལ་གཟིགས་ཕྱོགས་གསུམ་འབངས་དང་བཞི། དེ་ཡང་ལྷ་རིགས་ཆུང་ས་ལ་ཡོད། ལྷ་གཟིགས་བན་སྐྱེ་བོན་གསུམ་མཆོ་ལ་དར་ཆགས་པ་འདྲ་བ་དེ་ཡང་ལྷ་རིགས་ཆུང་ས་ལ་ཡོད། སྤོས་ཐ་སྤོས་རི་སྤོས་ཆེ་གསུམ་ཡང་ཆུང་ས་ལ་ཡོད། གསེར་པ་གཡུ་

པ་ཏུ་དཔོན་གསུམ། ཡང་ལྷ་རིགས་རླངས་ལ་ཡོད། སེའུ་མི་ཁྲི་ཧ་འབུམ་དེ་རླངས་ལ་ཡོད། ཁམས་པ་ཏུ་གསུམ་མཐུ་དང་བཅས་པ་ཡང་རླངས་ལ་ཡོད། སླ་ནག་པོ་མཆོ་གསུམ་བྱེད་བཟང་བཞི་ཡང་བདག་ཅག་ལྷ་རིགས་རླངས་ལ་ཡོད། སླ་ནག་པོ་མཆོ་གསུམ་བྱེད་བཟངས་བཞི་ཡང་བདག་ཅག་ལྷ་རིགས་རླངས་ལ་ཡོད། ཞུས་པ་དང་། དེ་རྣམས་གཞིས་བྱེས་ཀུན་ལ་ངོམ་རྒྱུ་ཡིན་བྱས་པས། གཞིས་བྱེས་ཀུན་མཉེས་པར་གྱུར་ཏོ། དེ་ནས་ཕོང་གཞིས་བྱེད་ཀུན་འཚོགས་ནས་སྨྱུང་ཆོས་ཀྱི་ཀ་བ་ཡིན་པས་ཧིང་འཛིན་བཟང་པོ་དང་། བམ་ཆོས་ཀྱི་གདུང་མ་ཡིན་པས་བམ་རྡོ་རྗེ་དབང་ཕྱུག་དང་། རླངས་ཆོས་ཀྱི་སྒྲོན་མེ་ཡིན་པས་རླངས་དཔལ་གྱི་སེང་གེ་དང་། ལྷ་གཟིགས་མཐུ་ཡི་རྒྱལ་པོ་ཡིན་པས་ལྷ་གཉན་ཞྭ་ནག་ཅན་མཆེད་གསུམ་རྣམས་བཞུགས་ནས། སྔར་རླངས་ལ་སྐྱེ་རྒྱུད་འཛིན་པའི་སྐྱེས་བུ་ཁྱད་འཕགས་གྲུབ་ཐོབ་ཆེ་བཙུན། དཔའ་བོ་ཅི་བྱོན། ད་ལྟ་ཅི་བྱོན་ཡོད། སླད་ནས་ཅི་འདྲ་འབྱོན། ཐམས་ཅད་བཀའ་གྲོས་མཛད་ནས་མི་རེས་གསུངས་རེ་བྱོན་ནས། སུ་ག་ཏ་གོ་ཆའི་གསུང་ནས། དེ་སྔོན་ཡང་རླངས་ཀྱི་གྲུབ་ཐོབ་བརྒྱད་ཅུ་བྱོན་པ་ལ། མཁས་བཙུན་བཟང་གསུམ་ཐག་ཆོད་ཀྱི་གྲུབ་ཐོབ་ལྔ་བཅུ་རྩ་ལྔ་བྱོན། གྲུབ་ཐོབ་གྲལ་རིམས་འདུག་པ་བཅོ་བརྒྱད་ཡོད། ད་ལྟ་ཡོད་པ་ལའང་སྟེ་རེ་ན། ཆོས་གྲྭ་འཛུགས་པ་རེ་ཡོང་། གསུངས་པས། རླངས་ཀྱི་གསེར་པ་སུ་ག་ཏ་ཆེན་པོ་ཡང་རླངས་ཀྱི་གྲུབ་ཐོབ་ཆེན་པོ་ཡིན། ཞྭ་ནག་ཅན་མཆེད་གསུམ་གྱིས་ཨ་ཉེའི་གདུང་ཁང་དུ་གསེར་གྱི་ཏོག་དྲིལ་ཞིག་རྙེད་པའི་ནང་དུ་མི་རབས་བཅུ་གསུམ་གྱི་བར་དུ་མི་འོག་ཏུ་མི་ཚུད། དཔའ་སྐད་མི་འཚེར། ང་ནས་མི་རབས་བཅུ་གསུམ་ན། ང་ཡི་རྒྱུད་པ་ང་འདྲ་ཡོང་། དེས་ནི་རྒྱལ་ཁམས་ཞབས་སུ་འཛུད། གསུང་པའི་ཞལ་ཆེམས་ཀྱང་བྱུང་། ཡི་གེ་ཡང་འདུག་པས། རླངས་ཀྱི་གྲུབ་ཐོབ་བྱིན་རླབས་ཅན་སྔར་ཡང་བྱོན། དའང་རླངས་ཀྱི་པོ་ཏི་བསེ་རུ་འདི་དང་། སློབ་དཔོན་པདྨའི་བཀའ་བསྟན་བཅོས། དབུ་ཞྭ། ན་བཟའ། ཕྱག་གཏུ་རྣམས་ཧ་ཤོད་ལྷ་ཁང་། ཆོས་སྡོན་ཐུགས་རྗེའི་གླིང་དུ་དབུས་ཀྱི་ཀ་ཆེན་ལ་ཕོལ་དུ་བཅུག་ནས། ཡི་དམ་དུ་བཞུགས། མཆོད་པ་ཕུལ་བ་ལ༔ སྐྱོའི་ཡུལ་བ་ལ། སྐྱོའི་ཡུལ་ཐམས་ཅད་དུ་མི་ནད་

ཕྱུགས་ནད་ཐམས་ཅད་ཆད་ནས་བཀྲ་ཤིས་པར་བྱུང་བས། མདོ་བ་ཞྭ་ནག་ཅན་གྱིས་གསུང་ནས། འོ་སྐོལ་རླངས་ཀྱི་མི་རྒྱུད་ལ་འདིའི་བྱིན་རླབས་ཀྱིས་ཆོག་གསུངས། རླངས་དཔལ་གྱི་སེང་གེའི་གསུང་ནས། ཁྱད་ཆོས་པོ་ཏི་བསེ་རུ་འདི། རྒྱལ་ཁམས་ཀུན་ལ་གྲགས་པ་གསུང་། དད་མོས་བྱིན་རླབས་དེ་ནས་འབྱུང་། །ལྷ་རིགས་རླངས་ཀྱིས་མི་རྒྱུད་ཀྱི། །ཆ་ལུགས་བཤད་ན་འདི་ལྟར་ཡོད། །རླངས་ཡར་སོང་ཡར་གྱི་མགོ་བོ་དེ། །རླངས་ཁ་ཆེ་དགེ་འདུན་བཟང་པོ་དེ། །རྒྱ་གར་རྡོ་རྗེ་གདན་སྟེང་སྤྲི་བོས་བརྟེན་ནས་ཡོད། །མར་སོང་མར་གྱི་རྟ་སྣ་དེ། །ཚིག་ནི་གོང་སྐྱ་སྟན་བཟང་གསུམ། །རྒྱ་ཡང་ལེ་ཐེལ་ཆུང་ཤར་ཕྱོགས་ཙོང་ཁའི་བདེ་ཡངས་བྱང་ཕྱོགས་སྐམ་ཆུའི་ས་ཕྱོགས་ཡུལ་དུ་བཟུང་ནས་ཡོད་པས། དེའི་བར་དུ་རྒྱ་དཀར་ནག་གི་ཁ་བར་ལ། བླ་མ་སངས་རྒྱས་ཀྱི་བསྟན་པ་འཛིན་པ། སྒོམ་ཆེན་རྟོགས་པ་མཉམ་བཞག་ཏུ་བཞུགས་པ། སྔགས་པ་སྟོབས་ཆེན་ངག་ནུས་ཀྱི་མཐུ་རྩལ་འདྲེན་པ། སྡེ་དཔོན་སྙན་གྲགས་ལ་རྒྱུན་ཆད་མེད་པ། གཙོ་བོ་དབང་ཁྲོས་ལ་བབས་ལྷུང་མེད་པ། དཔོན་རྗེ་འཁོར་ལ་བྱམས་པ་རྒྱུན་ཆད་མེད་པ། ཆེན་པོ་སྐུ་སྣ་ལ་འཆར་ཤུབ་མེད་པ། ཕྱུག་པོ་ཟས་ནོར་ལ་ཟད་སེམས་མེད་པ། བཙན་པོ་གཉའ་ན་འགྲོ་མི་མེད་པ། ནང་ཡོད་ཕ་བྱིས་ལ་འཚོང་མི་མེད་པ། སྟག་ཤར་སྟར་ནས་འབྲོས་མི་མེད་པ། བླ་མ། མི་དཔོན། དཔོན་ཆེན། གཙོ་བོ། མོ་བཙུན། མཁས་པ། དཔའ་བོ། སྐྱེན་པ། ཕྱུག་པོ་རྣམས། མཚོ་ལ་དར་ཆགས་པ་བཞིན་ཡོད་པས། དེའི་བར་དུ་མི་སོང་མིས་སོང་ལྷས་མི་སླེབ་རྟས་སོང་རྐྱང་གིས་མི་སླེབ། འབྲིས་སོང་འབྲོང་གིས་མི་སླེབ། ལུག་སོང་གཉན་གྱིས་མི་སླེབ་པས། མཚོ་ལ་དར་ཆགས་པ་འདྲ། རླངས་ཀྱི་མི་རྒྱུད་འདི། གཞན་བས་ཁྱད་དུ་འཕགས། རིགས་རྒྱུད་བཟང་། བྱས་པ་ཆེ། ཡིག་ཚང་མང་། ཆོས་ལ་མཁས། ཁྲིམས་ལུགས་སྐྱོང་། ལྷ་ལས་གྲོལ་ལེགས་ཏེ། རླངས་ཀྱི་པོ་ཏི་བསེ་རུ་འདི། ནོར་བུ་རིན་པོ་ཆེའི་རིགས་ཡིན་པས། ཀུན་ལ་ཆོས་གྲྭ་ཚུགས་ལ་གསུངས་པ་དང་། རླངས་ཀྱི་མི་རྒྱུད་རྣམས་བཀྲ་ཤིས་པར་ཡོང་གསུངས་པ་དང་། རླངས་ཀྱི་བན་སྐྱ་བོན་གསུམ་རྣམས་ལ་གསུངས་པ་དང་། ཀུན་གྱི་ཁྱད་དུ་འཕགས་པ་མཚར་ཆེ་བའི་བསྟན་བཅོས་སུ་

འདུག་པས། ངེད་རང་རླངས་ཀྱི་མི་རྒྱུད་སྐྱེས་བུ་མེད་པ། ཕྱི་རྒྱ་ཀུན་ལ་མ་སྟོན། ཆོས་སྟོན་ཐུགས་རྗེའི་སྙིང་དུ་གན་རྒྱང་གི་གནས་སུ་དཀྱིལ་འཁོར་གྱི་ཀ་ཆེན་ལ་ལྷའི་གཞལ་ཡས་སུ་ཞོག་ཞུས་པས། དེར་བཞུགས་པ་ལ་བཀྲ་ཤིས་པ་དང་ཕུན་སུམ་ཚོགས་པ་ཡོང་ངོ་། རླངས་ཀྱི་པོ་ཏི་བསེ་རུ་ཆེ་དགེ་ཡིག་ཚངས་དང་མི་རྒྱུད་གྲོལ་ཐབས་དང་བཅས་པ་རྫོགས་སོ། འདིའི་གཏེར་འདོན་ནི། རླངས་སློབ་རམ་དཔལ་གསུམ་གྱིས་སྲས་ཀྱིས་ཁྱུངས་ཐོད་ནས། མཁའ་འགྲོ་མའི་ལུང་བསྟན་དང་། བྱང་ཆུབ་འདྲེ་བཀོལ་གྱི་བཀའ་བྱུང་ནས། ནུབ་ཕྱོགས་གཡག་རི་དམར་པོའི་ཞོལ། ཕ་བོང་སྟོན་པོ་སྤྲུལ་པ་འདྲ་བ་ཞིག་གི་འོག་ཏུ་ཐང་ཡིག་སྒྲོན་མ། བསྟན་པ་འགྲོགས་པའི་སྨང་པོ། རླངས་ཀྱི་པོ་ཏི་བསེ་རུ། ཀ་ཤགས་ཞུག་མའི་སྐོར། རྗེའི་ཀ་ཏ་ཁྲ་པོ། སློབ་དཔོན་པདྨའི་དབུ་ཞྭ། ན་བཟའ། ཕྱག་གཙུ། ཕྱག་དཔེ་བཀའི་བསྟན་བཅོས་རྣམས་བཏོན་ནས་བརྒྱ་འབུལ་བཅུ་གསུམ་གྱི་མགོ་ལ་པོ་ཏི་བསེ་རུ་བྱང་ཆུབ་འདྲེ་བཀོལ་གྱིས། མདོ་པ་ཞྭ་ནག་ཅན་ལ་གནང་བ་བཞིན་གྱིས་མགོ་ལ་བྱིན། མདོ་པ་ཞྭ་ནག་ཅན་གྱིས། ཡོན་ཏན་གྲགས་ལ་གན་རྒྱང་གི་གནས་སུ་བཞག་ནས། ཐོགས་ཀྱི་ཆེ་བ་ལ་ཡི་དམ་གྱིས་གསུང་ནས་བྱིན། དེ་ནས་སྲས་དཔོན་གྲགས་ཀྱིས། གན་རྒྱང་གི་རྗེ་དཔོན་ལ་གསེར་གྱི་མཆོད་རྟེན། དངུལ་གྱི་མཛལ། རྟ་སེར་པོ་སྟག་འཐབ་དང་། གུར་ཡའི་པེར་ཆེན། སྟག་ཅིག་དང་བྱིན་ཏེ། དཀར་ཤོད་གཟུ་རྫང་མདོ་ན་གདན་དྲངས་ནས། གནས་ཀྱི་གཏོད་གཉེར་གྱི་མགོ་ལ་སྟོན་ཅིང་གཞན་ལ་མི་སྤྲེལ་ཏེ། ལྷ་གཟིགས་མེད་པའི་ཁྲིད་ཆོས་བྱས་ནས། པོ་ཏི་བསེ་རུ་ཆེ་ཆུང་གསུམ་དུ་བྱས་ཏེ། དཔོན་དབང་ཕྱུག་སེང་གེ་ལ་གཏད། གཉེར་གྱི་མགོ་ལ་གཏད། དེས་མདོ་པ་མཁན་ཆེན་ལ་ལྷོ་སྟོད་ཀྱི་ལྷ་ཁང་གནས་གཞི་བན་དེ་རྣམས་ཀྱི་དཔོན་མཛད་པ་ལ་གཏད། མཁན་ཆེན་པས་རྗེར་འབྱུང་ལ། ལས་ཀའི་ཞལ་གསོལ་ལ་བྱིན། དེས་ལྷ་གཟིགས་སྤྱན་སྔ་བ་ས་སྐྱ་ནས་བྱོན་པའི་ཤང་ལེན་ཆད་ཇ་ལ་ཕུལ། དེ་ནས་མདོ་བ་ཆེ་རྒྱུད། དེ་ནས་སྟོ་པ་དགེ་བཤེས། དེ་ནས་ཤེས་རབ་རིན་ཆེན་ལས་བརྒྱུད་པ་ལགས་སོ༔ འདིའི་དཔེ་དང་བསྟན་བཅོས་འདི། རིན་པོ་ཆེའི་རིགས་དང་། ཕ་མེས་སྔར་བྱོན་རྣམས

གྱིས་བཞག་པའི་ནང་དོན་གྱི་བཅུད་ཡིན་པས། ཆེ་བཙུན་བླ་དཔོན། སྡེ་བདག རླངས་ཀྱི་མི་རྒྱུད་མིན་པ། གཞན་གྱིས་ཐེག་པ་མ་ཡིན་པས། དཔེ་འགྱུར་དུ་མ་འཇུག ངེད་རླངས་ཀྱི་མི་རྒྱུད་ཆེ་བཙུན་རྣམས་ཀྱིས་དད་མོས་གྱིས་ལ་ཡི་དམ་གྱིས། བྱིན་རླབས་ཡོང་གསུང་པའི་གྲུབ་ཐོབ་གོང་མ་རྣམས་ཀྱིས་བཀའ་རྒྱ་མཛད་པ་ཡིན་པས། ཟབ་ཆོས་བཀའི་གདམས་པ་པོ་ཏི་གསེར་(པོ་ཏི་བསེ་)ཙུ་ཞེས་བྱ་བ་རྫོགས་སོ། བཀའ་དང་བཀྲ་ཤིས་བདེ་ལེགས་ཆེན་པོས་ཕྱོགས་དུས་ཀུན་དུ་ཁྱབ་པར་གྱུར་ཅིག །

བཀའ་ཆོས་(ཆེམས)མཐོང་ན་དོན་ལྡན།

༄ དཔལ་ཧེ་རུ་ཀ་ཁྲག་འཐུང་གི་རྒྱལ་པོ་ཡི་དམ་དཀྱིལ་འཁོར་གྱི་ལྷ་ཚོགས། དཔའ་བོ་མཁའ་འགྲོ་བཀའ་སྲུང་གཉན་པོ་རྣམས་ལ་གུས་པས་ཕྱག་འཚལ་ཞིང་། སྐྱབས་སུ་མཆིའོ། མཆོག་དང་ཐུན་མོང་གི་དངོས་གྲུབ་སྩོལ་དུ་གསོལ། ལེགས་པ་ལ་གཏང་རག་དང་མགོན་སྐྱབས་མཛོད། ཉེས་པ་ལ་རྩ་ར་དང་ཆད་པ་བཅད་དུ་གསོལ། དཔལ་ཕག་མོ་གྲུབ་པ་དུས་གསུམ་གྱི་སངས་རྒྱས་དེས། ཀུན་ཏུ་བཟང་པོའི་ནགས་ཁྲོད་ཆེན་པོ་འདིར་ཕེབས་ནས། སྟག་ལོ་གཅིག་ནས། སྟག་ལོ་གཅིག་གི་བར་འགྲོ་དོན་སྐྱོངས་འདུག གྲྭ་པ་བརྒྱད་བརྒྱ་ལ་གདུགས་ཐོག་པའི་དགེ་བཤེས་ལྔ་བརྒྱ་ཙམ་བྱོན། དེ་རྣམས་ཀྱིས་ནང་ནས། ཐུགས་ཀྱི་སྲས་བརྒྱད། ཉེ་བའི་སྲས་བཞི། འགྲན་ཟླ་དང་བྲལ་བའི་འབྲི་སྟག་རྣམ་གཉིས་བྱོན་ཞིང་། བུ་ཆེན་ཆོས་བརྒྱུད་འཛིན་པ་རྣམས་ཀྱི་རྒྱ་མཚན་ཟུར་ཙམ་སྨྲོས་ན། བདེ་བར་གཤེགས་པ་རིན་པོ་ཆེ་དེ་ཉིད། མཁས་པ་དང་གྲུབ་པ་ཐོབ་པའི་ས་བཅུའི་མགོན་པོ་ཡིན་པའི་དོན་གྱིས། སློབ་མ་སྤྱི་ཚར་བ་དཔལ་སྟག་ལུང་ཐང་པ་ཆེན་པོ་བྱོན་འདུག་པས། དེའི་ཆོས་བརྒྱུད་འཛིན་པ་རྣམས་དང་། ཁྲི་ཐུ་ནས་རྒྱལ་ཚབ་རིན་ཆེན་མགོན་བྱ་བ་དང་། ཁོང་གི་དཔོན་པོ་ཆོས་རྗེ་ཀུན་ལྡན་རས་པ་ཁོང་ཁུ་དཔོན་གཉིས་པོ་དང་། ཁྲི་ཐུ་བ་མ་བརྒྱ་བུ་སྟོང་གིས་གདན་ས་འདིར་མོས་གུས་བསྙོམ་བར་འདུག ཆོས་རྗེ་སྣ་ཐུ་ཆེན་པོ་དེ་ཉིད་རྟོགས་པའི་མཐར་ཐུགས་ཆེན་པོར་འདུག་པས། ད་ལྟ་འབྲུག་པའི་ཆོས་བརྒྱུད་འཛིན་པ་རྒོད་ཀྱི་ཉེན་ལམ་བཅོ་བརྒྱད་ཡོད་བྱ་བ་ཡང་། རང་རེའི་བུ་སློབ་དམ་ཆོག་པར་འདུག ཆོས་རྗེ་འབྲི་ཁུང་པ་ཆེན་པོ་འཕགས་པ་ཀླུ་སྒྲུབ་ཀྱི་སྐུའི་སྤྲུལ་པ་དེ་ཉིད། བདེ་བར་གཤེགས་པའི་དྲུང་དུ་བྱོན་པའི་སློབ་མ་

ཕྱི་ཚར་བར་འདུག མཚན་དགེ་བསྙེན་གྲོ་མོ་ལོད་ཟེར་བར་འདུག ཆོས་ཁྲིད་རྫོགས་པར་ཞུས་འདུག རྟེང་ལ་བདེ་བར་གཤེགས་པ་ཞི་བར་གཤེགས་ནས། གཡེ་ཆུང་དགོན་ཕུག་ཏུ་མཛོ་འཚམས་བཅད་ནས་སྒྲུབ་པ་མཛད་པའི་དུས་སུ། ཡོན་བདག་གིས་ཕྱི་ཕུད་མར་ཕུད་དང་། འཚོ་བ་སྦྱར་ནའང་། ཐུགས་དམ་གྱི་བོགས་ཀྱང་ཆེ་རྒྱུ་མ་བྱུང་། སྐྱུང་གཞི་ཡང་གཏུང་པོར་འཁྱོལ་བས། ཡོན་བདག་ལ་གསུང་ཕྱིན་ནས། ཁོ་བོ་རྟེན་འབྲེལ་ལ་མངའ་བརྟེན་པས། རྟེན་འབྲེལ་ཅིག་བརྟག་པ་ཡིན། ཁྱོད་ཀྱི་ཕྱི་ཕུད་མར་ཕུད་དང་། མདའ་རྐོང་སྒྲོ་མ་ཅིག ཟབ་ཆེན་ཁ་གང་ཚོལ་གསུངས་པས། ཡོན་བདག་གིས་མདའ་དེ་བཞེད་པ་བཞིན་བྱུང་། ཟབ་ཆེན་འོགས་སེབ་ཅིག་དང་། ཕྱི་ཕུད་མར་ཕུད་བསྐྱལ་བས། ད་རང་ཁོ་བོའི་ཁམས་འདི་མི་འཚོ་བར་འདུག་དགོངས་ནས༔ ཐུགས་འབྱུང་ཆེན་པོ་སྐྱེས། འཕོ་བ་མཛད་ནས་སྐུ་ཚེའི་འདུ་བྱེད་གཏོང་དགོས་པར་འདུག་སྙམ་དུ་དགོངས་པའི་སྐབས་སུ། སྲིད་ཁམས་གསུམ་གྱི་འགྲོ་བ་རིགས་དྲུག་གི་སེམས་ཅན་འདི་རྣམས་ཀྱིས། བདག་གི་ཕ་དང་མ་མ་བྱས་པ་མེད། དེའི་ནང་ནས་ཀྱང་། བདག་ལ་གནོད་པའི་ས་བདག་འདི་རྣམས་ཀྱིས། བདག་གི་ཕ་མ་མ་བྱས་པ་མེད་པས་སྙིང་རྗེ་དགོངས་པའི་སྙིང་རྗེ་དྲག་པོ་ཐུན་མོང་མ་ཡིན་པ་སྐྱེས། སྤྱན་ཆབ་མང་པོ་ཤོར་བ་དང་། སྐུ་ལུས་ལས། ས་བདག གླུ་གཉན། སྡིག་པ། སྡོམ། ཧ་བླ། སྦྲ་སྦྱོང་ལ་སོགས་པའི་སྲོག་ཆགས་ཚན་པོ་ཆེ་ཐོན། དེའི་ནང་ནས་ཀྱང་། ཤང་དུག་གཉིས་ནས་སྦྲུལ་ཆེན་པོ་གཉིས་ཐོན་ནས། སྣོད་དཀར་ཅིག་ཡོད་པ་སོང་བ་ལྷ་སྟོངས་ཀྱི་གཟིགས༔ དེ་དང་ཉི་མ་ཤར་བ་ལྟན་དུ་བྱུང་། སྐུ་ལུས་འཐུག་པ་དང་། ལྡེ་བ་དང་། མི་བདེ་བའི་རྣམ་པ་དེ་མེད་པར། སྐུ་ལུས་ཡང་བ་དང་༔ བདེ་བ་བྱུང་བས། བཞེངས་ནས་སྐར་ཁུང་ལ་གཟིགས་པས། སྦྲུལ་དེ་གཉིས་ཁ་ནང་ལྷ་ཕྱི་ལྷ་ཕྱེད་ཀྱིན་འདུག་པ་གཟིགས་པས། ད་བཟོད་ཁོ་བོའི་བརྒྱུད་པ་འདི་ལ་ས་བདག་གི་གནོད་པ་བྱུང་ཉེས་འདུག་གསུང་པ་ཡིན་པར་འདུག དེ་ནས་ཐུགས་རྗེ་ཆེན་པོ་དང་། སྒྲོལ་མ་བདུན་ཚར་གཟིགས་པ་དང་། གྲུབ་པ་མཉེས། ས་བདག་གི་སྐྱུང་གཞི་ཐོན། འཇོ་ཞུར་འདེད་ཆེན་མོ་མཛད་འདུག༔ དེ་རྟིང་སེ་

བསེབ་ཏུ་ཞང་སུམ་ཐོག་པའི་དྲུང་དུ་རབ་ཏུ་བྱུང་བར་མཛད་ནས། ཀམ་པོ་ཡར་བཅད། ཟངས་རི་མར་བཅད་ལ་ཐུགས་དམ་མཛད་ཀྱིན་བཞུགས་འདུག འབྲི་ཁུང་པའི་ཆོས་བརྒྱུད་འདི་འང་། རང་རེའི་བུ་སློབ་དམ་ཚིག་ཅིག་པར་འདུག་པ་ཀུན་ལ་གསལ། ཤེས་རབ་མཐར་ཕྱིན་པར་བུ་བར་གྲགས་པ་དེ་འང་། རང་རེའི་བུ་ཆེན་དུ་འདུག ཟ་རིའི་སྐལ་ལྡན་ཡེ་ཤེས་སེང་གེ་ཡོད། དཔལ་ཕག་མོ་གྲུ་པའི་བུ་ཆེན་དུ་འདུག ད་ལྟ་གཡམ་བཟངས་པའི་ཆོས་བརྒྱུད་འདི་འང་། རང་རེའི་བུ་སློབ་དུ་འདུག མཁན་པོ་ཞང་སུམ་ཐོག་པ་དེ། ས་སྐྱ་བླ་མ་ས་ཆེན་གྱིས་དྲུང་དུ་མཆེད་གྲོགས་སུ་འདུག རྟེང་ལ་བུ་ཆེན་དུ་གྱུར་འདུག གཉེན་དགོན་དཀར་པ་དེ་པ་ཡང་བུ་ཆེན་དུ་འདུག རྟོགས་ལྡན་མི་ཉག་སྒོམ་རིན་གྱིས་འབྲི་ཁུང་ཐེལ་བཏབ་འདུག་ཅིང་། དེའི་ཆོས་བརྒྱུད་འཛིན་པ་ཆེར་མ་བྱུང་བ་འདུག སྙིང་ཕུ་ཤྲུ་གསེབ་པའི་གེར་བསྒོམ་ཆེན་པོ་ཡང་། བདེ་བར་གཤེགས་པའི་བུ་ཆེན་དུ་འདུག རྒྱ་བསྒོམ་གླིང་རས་ཀྱི་བརྒྱུད་པ། རྒྱལ་མཚན་བུ་བར་གྲགས་པ་བསམ་ཡས་མཆིམ་ཕུར་བྱུང་འདུག་པས། མགོན་པོའི་གྲུབ་ཐོབ་ཏུ་ཡོད་པར་འདུག་པ་དེ་འང་། བདེ་བར་གཤེགས་པའི་བུ་ཆེན་དུ་འདུག གྲུབ་ཐོབ་ཉང་རལ་སེ་བོ་ཡང་འདི་པའི་བུ་ཆེན་དུ་འདུག རྟེང་ལ་མདོ་ཁམས་སུ་གདུལ་བྱ་ཆེན་པོར་གྱུར་འདུག་ཅིང་། དེའི་ཆོས་བརྒྱུད་འཛིན་པ་ཚོ་ཡང་། རང་རེའི་བུ་སློབ་དུ་འདུག ཆོས་རྗེ་དམར་པ་དེ་ཡང་རང་རེའི་བུ་ཆེན་དུ་འདུག ཤར་དགོན་ཙམ་རང་རེའི་ཆོས་བརྒྱུད་དུ་འདུག ནགས་ཤོད་མཁན་ཆེན་པ་ཡར་བཅད་ནས། དཔལ་ཕག་མོ་གྲུ་པ་ལ་སློབ་པའི་བུ་སློབ། མདོ་ཁམས་པ་ཧྣ་ནའང་། རང་རེའི་འདི་སའི་བུ་སློབ་ཏུ་མ་གྱུར་པ་མེད། མདོར་ན་གངས་ཅན་གྱི་རྒྱུད་འདི་ན། རང་རེའི་བུ་སློབ་དང་དགོན་པར་མ་གྱུར་པ་ཆེར་མེད་ཅིང་། བཙུན་པ་སུམ་གཉིས་ཙམ་རང་རེའི་ཆོས་བརྒྱུད་འཛིན་པ་འདུག་པས། གདན་ས་འདི་ཡང་བླ་མ་གང་གིས་མཛད་པ་དེ། མཁས་བཙུན་བཟང་གསུམ་གྱི་ཁུར་ཁུར་ནས། ཆོས་ཁོ་ནའི་དོན་དུ་གཉེར་བ། དེའི་ཉེ་གནས་འཁོར་རྣམས་ཀྱང་རབ་ཏུ་བྱུང་པ། སྒོམ་ཚུགས་བཟང་པ། ཆང་ནག་དང་མགོ་ཡང་གི་སྤྱོད་པ་མི་བྱེད་པ། ཆོས་ཁོ་ནའི་དོན་དུ་གཉེར་བར་

བྱེད་དགོས། བདེ་བར་གཤེགས་པ་རིན་པོ་ཆེ་གཤེགས་པའི་རྗེས་ལ། མཁན་པོ་ཞང་སུམ་ཐོག་པ་གདན་ས་ལོ་གསུམ་མཛད་འདུག དེར་རྗེང་གདན་ས་ལོ་གཉིས་གསུམ་སྟོང་པ་བྱུང་འདུག དེར་རྗེང་འཇིག་རྟེན་མགོན་པོ་ཆོས་རྗེ་གདན་ས་ལོ་ཅིག་གཉིས་སུ་བསྐྱངས་འདུག་ནའང་། གདུལ་བྱ་ཆེར་མ་བྱུང་འདུག་ཅིང་། ཉིན་ཅིག་ཡོན་བདག་ཅིག་གིས་ཇ་སྨུམ་ཅིག་ཕུལ་འདུག་པ་ལ། དགེ་འདུན་རྣམས་ཀྱིས་བླ་མ་རིན་པོ་ཆེ་ཇ་འཁྱེད་ནམ་མཛད་དམ་ཞུས་འདུག་པས། ཐུགས་ཆད་ནས་པོ་པོས་འདི་རྣམས་ཀྱིས་བླ་མ་མི་ཡོང་བར་འདུག་དགོངས་པ་བྱུང་འདུག ནུབ་ཅིག་ཐོ་རངས་ཀྱི་ཆ་ལ་ཟིན་ཙམ་ན། བདེ་བར་གཤེགས་པའི་གསུངས་གིས། བུ་ཁྱོད་ཀྱི་གདུལ་བྱ་འདི་ན་མེད། བྱང་ཕྱོགས་ན་ཡོད་གསུང་པའི་ལུང་བསྟན་བྱུང་འདུག་པ་རྟེན་ནས། བསམ་ཡས་སྲིན་པོ་རི་བསྐོར་སྐྱི་ཤོད་ལ་བྱས་ནས་ཕྱིན། རྟོགས་ལྡན་མི་ཉག་སྒོམ་རིན་གཤེགས་པའི་ཞལ་ཆེམས་ལ། ད་སྔེ་ཉིན་ཞག་སྦྲེལ་བ་ན། སྐྱུ་ར་སྦྲ་བཅད་པ་བྱ་བ་ཡོང་བར་ཡོད་པས། ངའི་གདན་ས་འདི་དེ་ལ་གཏོད་ཅིག་གསུངས་པས། ཉེ་གནས་རྣམས་ཀྱི་གདན་ས་ཕོང་ལ་ཕུལ། དེ་ནས་བྱང་ནམ་ནག་ཤོད། རྒྱ་མཚོ་བར་པ་ཞང་དྲུང་གི་ས་ཆ་རྣམས་ཡོན་བདག་ཏུ་ཆོད་པ་ལ་རྟེན་ནས། གདུལ་བྱ་ཆེན་པོར་གྱུར་པའི་སྐན་པས་ཕྱོགས་བཅུར་ཁྱབ། སྨུག་པ་ཁྱུ་ཁྲ་ཁྱུ་གཉིས་ཕྱག་ཏུ་བྱུང་པ་ལ། གདན་ས་འདིར་ནོར་ཕུད་ལ་སྨུག་ཁྱུ་འདི་ཕུལ། འབྲི་ཁུང་གི་ས་ཕུད་རྗེ་ཕུད་ལ་འབྲི་ཁུང་སྤྱིལ་མོ་ཆེ་བརྩིགས་ནས་གདན་ས་འདིར་ཕུལ། འབྲི་ཁུང་དུ་མང་ཇ་བྱུང་ཚད་ཀྱི་སྟེང་ལ། ཇ་ཁ་ཆེ་རེ་ཕུལ་བས། གདན་ས་འདིའི་དབྱར་གྱི་ཇ་ཚུལ་དེས་ཐོང་པར་ཡིན་པར་འདུག ཇ་ཚའི་རྒྱུ་ལ་ཚྭ་ཁལ་བརྒྱ་རེ་བཞིན་སྟག་ལུང་པས་འབུལ་བ་ཡིན་པར་འདུག ཡུལ་ཕུད་ལ། རྨི་ཏི་ལྷའི་ལུང་མོ་ཕུལ་ནས། མར་མི་སྦྲ་དང་། སྨུག་ཁྱུ་གཉིས་བྱང་ནས་མར་ཕྱིན། རྒྱ་མཚོ་བར་ས་དང་རྩྭ་མཉམ་ཟ་བྱས་ནས། གདན་ས་འདིར་དགུན་སྟོད་མར་མཐུད་སྐྱེལ་པ་སྟོང་ལྷག་དང་། རྟ་ཕྱུག་ཚན་ཆེན་པོ་འདི་བབས་ཡོད་པར་འདུག ཐམས་ཅད་མཁྱེན་པ་སྤྱན་སྔ་རིན་པོ་ཆེས། དགུང་ལོ་བཅོ་བརྒྱད་ལོན་པ་ཅིག འཇིག་རྟེན་མགོན་པོ་ཆོས་རྗེའི་དྲུང་དུ་ཕྱིན། ལོ་བཅོ་བརྒྱད་ཀྱི་

བར་དུ་བཞུགས། དེ་ནས་ཁྲི་བཤམས་པའི་སྟེང་དུ་དར་འཕོལ་བཅུ་དགུ་བརྩེགས་པའི་སྟེངས་སུ། སྤྱན་སྔ་རིན་པོ་ཆེ་བཞུགས་སུ་བཅུག་ནས། དེ་ནས་ཆོས་རྗེའི་གསུང་གིས། ཁར་སང་ཕར་བཅད། ཁྱོད་ང་ཡི་བུ་ཡིན། དེ་རིང་ནས་ངའི་བླ་མ་ཡིན། ཟེ་ཡིན་གསུངས་ནས། ཆོས་རྗེ་ཉིད་ཀྱི་ཕྱག་ཕྱུལ། དཔལ་ཕག་མོ་གྲུ་པའི་རྒྱལ་ཚབ་དུ་དབང་བསྒྱུར། མཚམས་བཅད་བརྒྱ་རྩ་བརྒྱད་དང་བཅས་པ་རྫང་ནས། གདན་ས་འདིར་ཚོགས་པ་ལོ་ཉི་ཤུ་རྩ་དྲུག་གི་བར་དུ་བསྐྱངས་འདུག་པ། དེ་ནས་དགུང་ལོ་དྲུག་བཅུ་རྩ་གཅིག་སྐག་ཐོག་ཏུ། བླ་མ་དཔོན་རིན་པོ་ཆེ་གཤེགས་པའི་ མྱང་སོང་ལ་ཕྱོན། ཡང་འབྲི་ཁུང་དུ་བླ་མ་ཐམས་ཅད་ཀྱི་ཞུ་བ་ཕུལ་ནས༑ འབྲི་ཁུང་དུ་བླ་མ་ལོ་ཉི་ཤུ་རྩ་གཅིག་མཛད་འདུག་ཅིང་། རྒྱལ་སྲས་ཐོག་ཁལ་པ་དེ་བ་ལ། ཆོས་ཁྲིད་ཡོངས་སུ་རྫོགས་པ་གནང་ནས། ཅུང་རིན་པོ་ཆེས་འབྲི་ཁུང་གི་གདན་ས་མཛད་དུས། སྔ་ར་ཡོན་ཏན་སྟེངས་མཆོར་ཁར་བཞུགས། རྒྱས་སྲས་ཐོག་ཁ་ནས། ཐོག་ཁར་གཟིམས་ཁང་ཉ་ར་མཛད་ཀྱི་བཞུགས། སྟེང་ལ་ཅུང་རིན་པོ་ཆེ་ཞི་བར་གཤེགས་ནས། རྒྱལ་སྲས་ཐོག་ཁ་པས་གདན་སར་བཞུགས་པས། རྒྱལ་སྲས་ཐོག་ཁ་བ་གྲགས་པའི་དོན་དེར་འདུག དེ་ནས་དེའི་སློབ་མ་རིན་པོ་ཆེ་རྗོར་རིན། དེའི་སློབ་མ་རིན་པོ་ཆེ་རྗོར་རྒྱལ། དེའི་སློབ་མ་རིན་པོ་ཆེ་ཆོས་རྒྱལ་དུ་འདུག ཐམས་ཅད་མཁྱེན་པ་སྤྱན་སྔ་རིན་པོ་ཆེ་ཡོངས་སུ་དགུང་ལོ་བརྒྱད་བཅུ་རྩ་གཉིས་ཀྱི་བར་དུ་འགྲོ་དོན་བསྐྱངས་པ་འདུག ཁུ་དཔོན་གཉིས་ཀྱིས་རིང་ལ་བོད་དུ་ཧོར་ཁྲིམས་བྱུང་འདུག ཧོར་དོར་ཏ་ནག་པོས་དམག་དཔོན་བྱས་ནས། བྱང་ར་སྒྲེང་དུ། དགེ་འདུན་ལྔ་བརྒྱའི་དབུ་ཕོག བོད་ཐམས་ཅད་འདར་ལ་སོང་། དེར་ཧེང་དཔོན་པོ་དོར་ནས་ར་སོགས་འཇའ་མོ་བཅས། སྤྱན་སྔ་རིན་པོ་ཆེ་ལ་དུན་ཐང་ལ་ཕྱོན་དུས། དཔོན་པོ་དོར་ནས་སྒོམ་པ་ཤག་རིན་གཟུང་ནས་གསོད་གྲབས་བྱས་པ་ལ། སྒྲོལ་མ་ལ་གསོལ་བ་བཏབ་པས། ནམ་མཁའ་ནས་རྡོའི་ཆར་པ་བབ་པས། དཔོན་པོ་དོར་ནས་གསུངས་གིས། ང་ཡོན་ཁྱོད་བཟང་པོ་ཅིག་འདུག་གསུང་ནས། སྤྱན་སྔ་རིན་པོ་ཆེ་ལ་ཕྱག་འཚལ། ཞབས་སྤྱི་བོར་བླངས། སྒོམ་པའི་སྲོག་ཕུལ། བོད་ཤིང་སྒོ་བཙུགས་པ་ཐམས་ཅད་

ཀྱི་དུད་རྩིས་དེར་ཕུལ། བབས་བླངས། ངོར་ལྷ་བྱས། ཤར་ཕྱོགས་སྐྱོང་བོའི་ཡུལ་ཡར་བཅད་ནས། སྟོ་བྲག་ཤར་ནུབ། གཉལ། ལོ་རོ། བྱར་པོ། མོན། དཔའ་གྲོ། སྟོ་མོན། བལ་པོའི་མཚམས་ཚུར་བཅད་ཀྱི་མཁར་བཙན་པོ་རྣམས་བསྐྱིལ། ཁྲིམས་འཛུགས་སུ་བཙུག་ནས། རྒྱལ་ཁྲིམས། ཆོས་ཁྲིམས་ནམ་ཡོང་པ་ལ་ཉི་མ་ཤར་བ་ལྟ་བུ། བོད་སྐད་རིགས་གཅིག་པའི་ཁུལ་འདིར་བྱུང་འདུག སྤྱན་སྔ་རིན་པོ་ཆེ་བོད་ཁམས་རྩམ་ལ་བཀའ་དྲིན་ཆེ་བའི་དོན་དེ་ཡིན། དོར་ཧ་ནག་པོས་བོད་ཕྱོགས་ལ་ཡོངས་པའི་དུས་དེར། ཧེ་གེང་རྒྱལ་པོའི་སྲས། ཡོ་གོ་ཏའི་དུས་ཡིན་ཚོད་འདུག ཡོ་གོ་ཏ་དང་། གུ་ཡུག་རྒྱལ་པོས་གནམ་ལ་གཤེགས་པའི་དུས་སུ། རྒྱལ་བརྒྱུད་ཕུ་བོ་ནུ་བོ་རྣམས་ཚོགས་ནས༏ རྒྱལ་ས་ཆེ་བ་ལ་སུ་བཞུགས་གྲོས་བྱས་པས། མོ་འགོར་རྒྱལ་པོ་ལ་འོས་ཟེར་བར་ཁ་འཆམ་ནས། མོ་འགོར་རྒྱལ་པོ་རྒྱལ་སར་བཏོན་འདུག་ཅིང་། དེ་དུས་བོད་ཕྱོགས་འདིར། རྒྱལ་བུ་གོ་དན་བྱུང་དགོས་ས་བདག་པར་འདུག་པ་ལ། གོ་དན་ཡ་ག་ལ་བླ་མཆོད་བླངས་པས། འབྲི་ཁུང་པ་མོ་འགོར་རྒྱལ་པོར་ཞེས། མཚལ་པ་སེ་ཆེན་རྒྱལ་པོར་ཞེས། ཕག་མོ་གྲུ་པ་རྒྱལ་བུ་ཧུ་ལ་ཧུ་ཞེས། སྟག་ལུང་པས་ཡ་རི་བོ་ཁ་ཞེས་པར་འདུག་ཅིང་། རྒྱལ་བརྒྱུད་བཞི་པོས། ཁྲི་བསྐོར་སོ་སོར་དགོས་བདག་བྱས་པར་འདུག དེར་རྗེང་མོ་འགོར་རྒྱལ་པོ་གནམ་ལ་གཤེགས་དུས། སེ་ཆེན་རྒྱལ་པོ་རྒྱལ་སར་བཞུགས་དུས། བོད་ཀྱི་ཡུལ་བསྡུངས་ཐམས་ཅད་ཕྱིར་བསྡུས་པ་ལ། སེ་ཆེན་རྒྱལ་པོ་དང་ཧུ་ལ་ཧུ་སྐུ་མཆེད་དགོས་མཐུན་དུ་འདུག་པས། རང་རེའི་ཡུལ་བསྡུངས་ཚང་འདི་བཞག་པ་ཡིན་པར་འདུག རྒྱལ་བུ་ཧུ་ལ་ཧུ་ལ་གཏོགས་པ། མོན་ལུག་མགོ་སྟེངས་ཚུར་བཅད། གཉལ་སྟོད་སྨད། གྲུ་ཤུལ། ལོ་རོ་དཀར་ནག བྱར་སོ། གཡེ་ཆེ་བའི་ནང་ནས། གཙང་པ། ད་ལྟ་ཡང་སྐྱ་འཛའི་ནང་ན་ཡོད། གཡེ་ཆུང་རྣམས་རང་རེ་བདག་པར་འདུག ཡར་འབྲོག་སྣང་གསུམ་ལ། ཡར་ལྷ་ཤམ་པོ་ལ་བསྐོར་བའི་ར་བ། ཁྲ་མོ་གངས་ལེབ་ལ་བསྐོར་བའི་ར་བ་དང་། མཆོད་རྟེན་གླིང་། སྟོད་ཚན། ལྷུགས་རྩེ། གྲི་གུའི་སྐོར་རྣམས། ས་རྡོ་རྗེ་དཔལ་གྱི་སྡིག་སྦྱོངས་ལ། ཐེལ་དུ་གདུང་ཁང་བཀྲ་ཤིས་འོད་འབར་གྱི་དྲུང་དུ་མར་མེ་ལ་ཕུལ་

བར་འདུག་པ། ད་ལྷ་ཡར་འབྲོག་པ་རྣམས་མོ་ལ་གཏོང་དུས། མར་མེ་ཀྲས་པ་མི་སྟེར་སོང་ཟེར་བའི་དོན་དེ་ཡིན། ཐང་པོ་ཆེ་དང་། འགྱོང་རྒྱས། འགྱོས། མོན་འགར་ཕྱིན། མར་སྨུག དོ་པོ་སྲེགས་ཏེ༑ འོན་རྣ་ནམ་ཞ་ལྷུ། བསམ་ཡས་ཤར་སྒོ་གདོང་མར་བཅད་དང་། ལྷོ་བྲག་ཤར་ནས་ཤང་སྐྱེ། བ་ཤི་བོད་འབྲོག་གཉིས། མངའ་རིས་བསྐོར་ནས་སྐོ་རོན་མདོ་ཡར་བཅད། སྤོ་རིག་ལ་རྩ་མར་བཅད་རྣམས། ཧུ་ལ་ཧུལ་གཏོགས་པར་འདུག སྤྱན་སྔ་རིན་པོ་ཆེའི་དཔོན་པ་རྒྱལ་བ་རིན་པོ་ཆོས་གདན་ས་འདི་བླ་མ། དགུང་ལོ་སུམ་བཅུ་སོ་བཞིར་སློམས་པ་ཅིག་མཛད་འདུག དེའི་གཅུང་པོ་བླ་མ་བཅུ་གཉིས་རིན་པོ་ཆེ་གདན་ས་ལོ་བཅུ་བཞིར་སློམས་པ་ཅིག་མཛད་འདུག་པ། སྐུ་མཆེད་དེ་གཉིས་ཀྱིས། སྤྱན་སྔ་རིན་པོ་ཆེ་ལ་ཆོས་ཁྲིད་རྫོགས་པར་ཞུས་འདུག༑ ངེད་ཀྱི་ཁུ་བོ་རིན་པོ་ཆེ་གྲགས་པ་ཡེ་ཤེས་ཀྱིས། གདན་ས་ལོ་དགུ་མཛད་ལ། རྒྱལ་བ་རིན་པོ་ལ་ཆོས་ཁྲིད་རྫོགས་པར་ཞུས་འདུག དེའི་གཅུང་པོ་ཆེ་གྲགས་པ་རིན་ཆེན་པས། ལོ་ཉི་ཤུ་རྩ་གཉིས་གདན་ས་མཛད་འདུག་པ། བཅུ་གཉིས་རིན་པོ་ཆེ་ལ་ཆོས་ཁྲིད་རྫོགས་པར་ཞུས་འདུག སྤྱན་སྔ་བདེ་བར་གཤེགས་པས་གདན་ས་ལོ་ལྔ་བཅུ་ང་གཅིག་མཛད་པ། རིན་པོ་ཆེ་གྲགས་པ་རིན་ཆེན་པ་ལ་ཆོས་ཁྲིད་རྫོགས་པར་ཞུས་འདུག དཔལ་ཕག་མོ་གྲུ་པ་ནས། སྤྱན་སྔ་རིན་པོ་ཆེ་ཡར་བཅད་ལ། བསོད་སྙོམས་ལ་བརྟེན་པའི་རིན་པོ་ཆེ་མ་གཏོགས། ས་ཆ་དབང་རིས་ཅན་འདི་ཡིན་ཟེར་བ་མ་བྱུང་བ་འདུག བླ་མ་རྒྱལ་བ་རིན་པོ་ཆེས་གདན་ས་འདིའི་བླ་མ་མཛད། སྤྱན་སྔ་རིན་པོ་ཆེ་འབྲི་ཁུང་གི་བླ་མ་མཛད་པའི་དུས་སུ། ཧོར་ཁྲིམས་ཆགས་ནས༑ ཕག་མོ་གྲུ་ཁྲི་བསྐོར། ཧུ་ལ་ཧུ་ལ་གཏོགས་པར་གྱིས། སྤྱི་དཔོན་མ་ཕེར་བའི་དོན་ལ། ཐང་པོ་ཆེ་དང་འགྱོང་རྒྱས་མ་འཆུན་པར༑ སློམ་པ་ཤག་རིན་དམག་ལ་འཁྱོན་པའི་ཞུ་རྟེན་ལ། སྣ་ནམ་བརྒྱ་བསྐོར་ལ་གཏོགས་པའི་དཀར་པོ་ས་ཕུལ་འདུག ཡང་སློམ་པའི་གསུང་གིས། འོ་ཁལ་འདི། མཐའ་ཕྱོགས་གདན་ས་འདིའི་ཞབས་ཏོག་ཏུ་འགྱུར་བར་འདུག་པས། ཁྱེད་ར་ཟུང་གསུངས་འདུག་པ་ལ། ཕྱག་བཙལ་ནས། སློམ་པ་རིན་པོ་ཆེ། ང་རང་གི་མི་སྡེ་མ་འཁྱོབས་པའི། འོལ་ཁ་ཉ་ར་གྱིས་

གསུང་པའི་གསུང་དེ་མི་འགྲོན་བར་ཞུ་ཞུས་འདུག༔ ལར་སྒོམ་བརྩོན་གྱིས་སྤྱི་དཔོན་མ་ཕེར། ས་རས་མཆོད་པར། ལས་ཁ་གཏད་པའི་དུས་སུ། དཔོན་རྡོ་རྗེ་དཔལ། སྤྱན་སྔ་རིན་པོ་ཆེའི་གསོལ་ཆུ་བར་འདུག་པ། སྤྱན་སྔར་རིན་པོ་ཆེ་མྱ་ངན་ལས་འདས་རྗེང་། འབྲི་ཁུང་དུ་བུ་སློབ་དད་པ་ཅན་རྣམས་ཀྱིས་ཕུལ་བའི་ཕྱག་རྫས་རྣམས་ཚན་པ་གསུམ་དུ་བགོས་ནས། སུམ་ཆ་ཅིག་གིས་སྒོམ་མངས་བཞེངས་པར་འདུག སུམ་ཆ་གཅིག་གིས་དུས་མཆོད་དང་། ཇ་མཆོད་གཟུང་། སུམ་ཆ་གཅིག་གིས་དཔོན་ཡ་བོ་དང་། དཔོན་གཞོན་ཚུལ་ལ་བསྐུར་ནས། གོང་དུ། ཁྲི་བསྐོར་འདིའི་ལག་རྟགས་བརྗོད་པ་གཏང་འདུག དེ་རྗེས་དཔོན་རྡོ་རྗེ་དཔལ་སྒོམ་མངས་དང་། རྐང་བཞིའི་དཔོན་བྱེད་ཀྱི་ཡོད་འདུག་པ་ལ། བླ་མ་རྒྱལ་བ་རིན་པོ་ཆེས། སློབ་དཔོན་སྒོམ་རིན་སྒང་པ་ལ། ལྷུན་མ་བསྒོམ་བརྩོན་གྱི་ཚབ་ཏུ་བསྐོས་ཤིང་། ལོ་བཅོ་ལྔ་བཅུ་དྲུག་ཙམ་གྱི་བར་དུ། ཕག་མོ་གྲུ་པའི་ཁྲི་དཔོན་བྱས། གོང་དུའང་ལན་གསུམ་བྱོན། ཕོ་བྲང་སྒང་དང་། ཚོངས་འདུས་བྲག་ཁ། སྣེ་གདོང་། སྣ་མོ། ཏ་ལ་སྒང་། ཐང་པོ་ཆེ་གླིང་སྨད། འགྲོས། གཞིས་ཁ། མོན། འགར་བཀྲ་ཤིས་གདོང་། རྒྱ་ཐང་། ལྷུགས་རྩེ་གྲི་གུ། མཆོད་རྟེན་གླིང་། འཆད་དཀར་ལ་སོགས་གཞིས་ཁ་ཚན་ཆེར་རྩིགས། ཚ་སྐད་གཏོང་བའི་གཞིས་ཁ་བཅུ་གཉིས་ཙམ་བརྩིགས་འདུག དཔོན་དེ་རྗེ་དཔལ་གྱི་དུས་སུ། ཕག་མོ་གྲུ་པ་མངའ་ཐང་གྲ་རྒྱས་པའི་དོན་གྱིས། སྤྱན་སྔ་རིན་པོ་ཆེའི་ཉེ་གནས། དགེ་བཤེས་ཚན་ཆེས་པསས་འཛའ་ལི་འཛུགས་པའི་མི། དཔོན་རྡོ་རྗེ་དཔལ་གྱི་མགོར་སྡོད་པ་བཅུ། ཤོང་རང་དང་ཤོང་གི་འོག་ཏུ་བསྡོད་པ་གཉིས་དང་བཅུ་གསུམ་ཡོད་བྱ་བ་འདུག ཕོ་མཉམས་འདྲ་མ་མང་པའི་དོན་ལ། གཡེ་གཉལ་དང་། ཡར་འབྲོག་དང་། ཐང་པོ་ཆེ། འཕྱོངས་རྒྱས། སྲིགས་པ་དང་༔ ལྷོ་ར་ལ་སོགས་མཐའ་རས་རྣམས་མི་ལ་ཕོར། ལག་འོག་ཏུ་ཆུད་པ་རྣམས་རི་ཏུལ་དུ་བཏང་པས། ཁྲི་སྐོར་མེད་བཏགས་ཀྱང་། སྟོང་སྐོར་བྱེད་ཀྱང་མི་འདུག་པ་འདི་ཡིན། ཐེལ་ཕོད་ཀྱི་གྲོས་པར་བྱས་པ་རྣམས་ཀྱང་། མཐོང་ཁམས་དང་། སློ་རལ་ཆུང་། མིག་ཐག་ཐུངས། འདོད་ཐག་ཉེས༔ མིག་འོག་དང་། ཁ་འོག་ཏུ་ཆུད་པ་རྣམས་ཐེལ་ཕོད་

བར་གསུམ་ནས་ལུང་སྟོངས་མངས། མཐའ་རྒྱ་གཅོད་པ་སུ་གུ་ཐུངས་ནས་མ་ནུས་པར༑ མངའ་རིས་ཀྱིས་ཀོ་རོན་མདོ་ཡར་བཅད། སྤོ་རིག་ལ་རྩ་མར་བཅད་ཟེར་བ། མོང་འགོར་རྒྱལ་པོའི་འཇའ་པའི་ནང་དུ་ཆུད་པ། གནམ་ས་དཔའ་ཤི་དཔོན་ལ་བསྐོས་ནས། རང་རེ་བདག་པ། བླ་མ་འཕགས་པ་བོད་དུ་ཕྱིན་པའི་དུས་སུ། དཔོན་ཆེན་ཀུན་དགའ་བཟང་པོ་དང་དཔོན་གྱིས་སྐུ་གཤེགས་གོང་མ་ས་སྐྱུན་བཞུགས་པ་ལ། ཕྱིད་ཤེས་པའི་མི་སྡེ་མངའ་རིས་ན་ཡོད་པ་དང་། ཡར་འབྲོག་སྣ་དཀར་ཙེ་བརྗེ་དགོངས་གསུངས་འདུག་པས། ངེད་ཀྱི་ཐག་མི་ཆོད་ཅིང་། མར་ཞུ་བ་བཏོང་ཞུས་ནས། བླ་མ་རྒྱལ་བ་རིན་པོ་ཆེ་དང་། དཔོན་རྡོ་རྗེ་དཔལ་ཞུ་བ་བཏང་པས། སྣ་དཀར་རྩེ་ཁྲི་སྐོར་འབྲི་ཁུང་པའི་ཡིན་ལ། ས་སྐྱ་པས་བླངས་པར་སོང་པས། འབྲི་ཁུང་ལ་མི་དགར་ཡོང་། མངའ་རིས་སྐོར་ས་རང་རེའི་མི་སྡེ་ཡིན་བྱས་ཀྱང་བུ་སློབ་ཡོན་མཆོད་ཡིན་པས་བློས་མི་ཐོངས། མི་བརྗེ་གསུང་པའི་ལེན་སྐྱུར་ནས་མ་བརྗེས་པའི་དོན་ལ། དོན་ཆེན་ཀུན་དགའ་བཟང་པོས། གནམ་ས་དཔའ་ཤིའི་གཉེར་པ། འདམ་པ་རིན་ཚུལ་བཟང་ཟེར་བ་མི་ཆོས་འདམ་པ་ཡིན་པ་བན་དེ་བཙོ་བརྒྱད་པ་ཡིན་པ་ཅིག་ཡོད་པར་འདུག་པ་ལ། དུག་བཏོང་དུ་བཅུགས་ནས། གནམ་ས་དཔའ་ཤི་བསད་འདུག དེའི་ཇན་པ་ལ་མལ་གྲོ་དཔེ་ཚལ་བྱིན་པར་འདུག ཞི་བར་གཤེགས་པས། བླ་དཔོན་སྤྲུགས་པའི་དུས་སུ། ཕོང་དུ་སྨད་དང་བཅས་པ་དཔེ་ཚལ་ན་འདུག་པ། ཞི་བར་གཤེགས་པའི་ཆགས་ཕྱི་བ་སྲིས་པ་རྣམས་ཀྱི་མཐོང་འདུག གནམ་ས་དཔའ་ཤི་འདས་རྗེང་། མངའ་རིས་ཁྲི་སྐོར་ས་སྐྱ་པས་བདག་བྱས་ནས། ད་ལྟ་བར་དུ་ཁ་མ་ཆུགས་པ་འདི་ཡིན། དེ་ལྟར་ཡིན་ནའང་། དཔོན་རྡོ་རྗེ་དཔལ་ཕོང་རང་གི་མི་ཡ་རབས་ཀྱི་རྣམ་ཐར་འཛིན་པ། མགོ་ལ་སྐོམ་ཞྭ། ལུས་ལ་ཆོས་གོས་རྣམ་གསུམ་གོན་པ། ཚང་ནག་གི་སྐྱོན་མེད་པ། མདོ་བསྡོ་བ། ཆོས་ཕྱུད་ཀྱིས་རྒྱན་པ། ངང་ཚུགས་བཟང་པོ་བཟུང་ཞིང་། ཕྱུག་ཆེ་བ་རྣམས་ཀྱང་། ཚང་ནག་གི་སྐྱོན་མེད་པ་བསླབ་ཚུགས་བཟུང་བ་རྒྱང་གིས་བསྐོར་བ་དང་། དཔོན་སྐུ་ཡང་འབར་པོ་ཡེ་གཞོན་གྱིས་མགོ་བྱས། བླ་མ་རྒྱལ་བ་རིན་པོ་ཆེའི་སྐུ་ལ་ཉེ་བར་སྟོད་པའི་ངང་ཚུགས་དང་

ལྷན་པ་རྣམས་ཀྱིས་བསྐོར་བའི་དོན་ལ། གཞིས་ཁ་དང་མི་སྡེའི་གཉེར་དང་། དཔོན་ལ་བསྐོས་པ་རྣམས་ཀྱང་ཆང་ནག་གི་སྐྱོན་མེད་པ་བྱས། དངོས་པོ་བྲུར་བསགས་མ་བྱས། གཞིས་ཁ་དེ་ཁ་དང་། ཐེལ་ཤོད་ནང་པོར་བསགས། ལྷག་ཆད་ནང་དུ་རྩིས་པའི་དོན་ལ། དཔོན་སྐྱ་ཇི་ལྟར་ཆེ་ཡང་། རྟ་བཟང་པོ་ཅིག རལ་གྲི་གཅིག པེར་ཅིག་རྣམས་ལས་འཛིན་པའི་ཐོབ་ཐང་མེད་པར་འདུག དེ་ནས་དེ་ལས་མ་གཟུང་བ་དེ་དཔོན་སྐྱའི་རབ་ཏུ་འདུག དེ་དུས་དཔོན་རྡོ་རྗེ་དཔལ་གྱིས། ཐེལ་ཁང་བསར་གྱི་ཐབས་འཛིན་ཐེལ་ཁྲུང་བྱེད་པ་ཡིན་པ་འདུག་པ། ཐེལ་དུ་འབྱོན་པ་དང་། དཔོན་པས་རྟ་གཅིག་མཐའ་ལུང་བར་དུ་ཕྱིབས། དེ་ནས་རྟ་བབས་ནས་གླིང་གསེབ་ཏུ་ཞབས་ཐང་ལ་བྱོན། སྒོ་པོད་སྣ་སླེ་ནག་ཁྲ་རེ་འགེབ་ཟེར། དཔོན་སྐྱ་ཀན་པ་ཅིག་གིས་ཕྱག་འཚལ་གོང་མའི་བར་དུ་རྟ་གཅིག་ཞོན། དེ་ནས་ཕྱིར་ཟློག དེ་འོག་གཉིས་གསུམ་གཅིག་གིས་ཕྱག་འཚལ་འོག་མའི་བར་དུ་རྟ་ཞོན། དེ་ནས་ཕྱིར་ཟློག ཕྱག་ཕྱི་བ་ཕྱིན་པ་ཐར་མ་ནས་རྐང་ཐང་ལ་ཡོང་བ་ཡིན་པར་འདུག དཔོན་རྡོ་རྗེ་དཔལ་གྱི་མདུན་ནས། ཕྱི་ནང་གང་དུའང་ཕྱགས་ཕྱི་བ་བསྐྲེས་གཞོན་རྣམས་ཀྱིས་ཀུ་རེ་རྩེ་མོ་བཞིན་གད་ཁ་ཀན་བག་ཡངས་ཀྱི་སྤྱོད་པ། རྐང་ལག་རྒྱང་བ། ལུད་པ་སྐྱུར་བ། ཤབ་ཤིབ་ཀྱི་གཏམ་ལ་སོགས་ལབ་མི་ནུས་ཟེར། གཡའ་ཕག་གཉིས་ཀྱང་རིམ་པར་མ་འཇག་པའི་དོན། སྟེར་རྒྱལ་བུ་རུ་ལ་རུའི་དུས་སུ་གཡའ་བཟངས་འདི། རང་རེའི་སྟོང་སྐོར་ཅིག་ཏུ་འདུག་པ། དཔོན་ཀན་ཡ་པོ་དང་། དཔོན་གཞོན་ཚུལ་གྱི་མགོ་བྱས། དམག་རྣམས་ཀྱིས་མོན་ལུག་མགོ་སྙིང་ཚུར་བཅད་ཀྱི་འཇག་གཞི་བྱས། གཉལ་སྨད་ལྷེ་རའི་འབྲུམས་སུ་སྤྱུག་ལུག་སྟོང་ཕྲག་བགྲངས་པ་མང་པོ་བསད། ཆོས་རྗེ་ཕྱག་ལོ་ཙྪ་བས། དཔལ་ཕག་མོ་གྲུ་པ་ཚུ་མིག་བརྒྱ་རྩའི་མགོ་པོ་ཡིན། དྭགས་པོ་བཀའ་བརྒྱུད་ཀྱི་ཕྱི་མོ་ཡིན། ཁོ་བོ་ཡང་བབས་ལ་འགྲོ་དགོས་གསུང་ནས། གསེར་ཆོས་སྡེར་མ་གང་དང་། ལྷེ་མིག་ཁྲེར་ནས་བབས་ལ་བྱོན་པས། གསོད་གཅོད་རྣམས་གཟིགས་པས། གཤིན་རྗེའི་དེད་དཔོན་ཚོའི་གསེབ་ཏུ། ཁོ་བོ་བསྡོད་མི་ནུས་གསུང་ནས། ས་སྐྱར་བྱོན། གོང་དུ་ཞུ་བ་བཏང་པས། དངུལ་ཡིག་དང་། འཇའ་ས་བྱིན་ནས།

གཉལ་སྨད་སྡིང་བཞིའི་ས་ཆ། རང་རེའི་ཁྲི་སྐོར་ནས་ཕར་བཅད་འདུག དེ་རྗེས་གཉལ་ཆ་བར་ཡར་བཅད་རང་རེས་ཤེས་པ་འདུག་ནའང་། རྒྱལ་བུ་རུ་ལ་རུས་མངག་པའི་ཡུལ་བསྒྲུངས། དཔོན་པོ་གོ་གོ་ཆེའི་བརྒྱུད་པ་མཁར་པ་འདི་པ། རྒྱུས་པ་ཧྲི་རན། རྒྱལ་བུའི་རེས་ཚན་བཞིའི་ཚོ་གཅིག་གི་ཐན་པར་འདུག རང་རེ་ལ་ཡུལ་བསྒྲུངས་དགོས་པར་འདུག་པས། རྒྱལ་པོའི་དྲུང་དུ་གསེར་ཡིག་པ་སུ་བྱུང་ཀྱང་། དཔུས་མོ་མི་འཛུགས་ཤིང་། གྲལ་མགོར་སྡོད་པའི་ཡུལ་བསྒྲུངས་ཤིག་ཞུ་བྱས་པས། གོ་གོ་ཆེ་འགྲོར་ཆུག་གསུང་པའི་ལུང་བྱུང་འདུག་པ་གྲགས་ཅན་བཅུ་གཉིས་དང་བཅས་པ་བཙྫངས། དེ་སེ་ཆེན་རྒྱལ་པོས་གསན་པས། གོ་གོ་ཆེ་ཐོག་པའི་ས་ཆ་ཡོད་དམ་གསུང་བྱ་བ་བྱུང་འདུག གཡམ་བཟང་པའི་ཡུལ་བསྒྲུངས་འདི་རྣམས། དཔོན་པོ་གོ་གོ་ཆེས་ལོ་ཙྪ་བར་འདུག་ཅིང་། གཡམ་བཟང་པའི་ཕོག་ཏུ་ལོ་རྒྱུག་བཤུད་པ་དང་། ཁྲིམས་གཙོད་ལ་གཏང་འདུག་པ། གཡམ་བཟང་པས་མགོ་བསྐོར་ནས། ཡོན་སྣམ་རྩ་ས་ཚུལ་འབར་འོད་དང་། འབུམ་ཁྲི་འོད་ཁུ་མཚན་དང་། ཕོང་རྣམས་གྲོས་བྱས་ནས། གོང་དུ་ཞུ་བ་ཕོག་པར་བཏང་། སེ་ཆེན་རྒྱལ་པོའི་འཛས་སུས། གཡམ་བཟང་པ་ཟུར་དུ་ཕྱེ་འདུག ཧེང་ལ་རང་རེས་ཞུ་བ་བཏང་པས། སེ་ཆེན་རྒྱལ་པོའི་འཛའ་སུས། སྤྲེའུ་ལ་ཚུར་བཅད་རང་རེ་བདག་ཏུ་ཆུག་ལ། གཡམ་བཟང་དགོན་པ་ཕར་སྐྱེས་གསུང་པ་བྱུང་། ལུང་དེ་ཁའི་ཐོག་ཏུ་བསྟད་ན། དུས་ཕྱིས་གཡའ་ཕག་འབྲུགས་པ་འདི་མི་དགོས་པ་ཡོད་ཤིང་འཛུགས་ཐུབ་པ་ཡོད་པར་འདུག་ནའང་། ཧེང་ལ། འཛའ་སུ་ལ། བོད་གཟུ་བྱས་པས། རྒྱ་བུ་ཡ་རོག་ཆེ་དང་། སློབ་དཔོན་རིན་ཆེན་གྱིས་འཚམས་པ་བྱས། ར་མོ་གཙང་ཞལ་གཡམ་བཟངས་པ་ཤེས་པ། གཉལ་ཆ་བར་རང་རེ་ཕག་གྲུ་པར་ཤེས་པ་གྱིས་ལ། ཆོས་ཀྱི་ལུགས་ལ་དཔོན་སློབ། ཁྲིམས་ཀྱི་ལུགས་ལ་རུ་ལ་རུ་བདག་པོ་གཅིག་ལས་འཐུན་པར་འགྲོགས་ཟེར་བ་བྱས་འདུག་པས། ལེ་སྤྲེལ་དུ་འཛུགས་པ་བྱུང་ནའང་། རང་རེ་ཚང་ཡང་། རེས་བན་དེ་ནང་གི་ཕྲུ་རྟོལ་ཆགས་སྣང་བྱས་ནས་ནང་མ་འཆམ། རེས་བླ་དཔོན་མ་འཆམ་ནས་ནང་ཞིག་པའི་དོན་ལ༑ གཡམ་བཟངས་པས་སླགས་ཆེ་བྱས་ནས། ཡར་སྟོད་དུད་

བརྙིང་པའི་སྙིང་ནས། དུད་ཉིས་བརྒྱ་གཡམ་བཟངས་པ་ཤེས་སུ་ཆུག་གསུང་པའི། འཇས་སྭོ་བླངས་འདུག་པས། གྲི་ཚོས་ཕར་ཤོར་འདུག་ཅིང་། ད་ལྟ་ཡར་བཅད་དུ་གཡམ་བཟངས་པ་དང་འབྲུག་རྫོད་དགོས་པའི་དོན་འདིར་འདུག ཧིང་ལ། དཔོན་ཇོ་རྗེ་དཔལ་དེ་ལོ་བཅུ་ཙམ་གྱིས་སྐུ་ཚེ་རིང་ནས། སྔེ་འདི་ལ་གཏན་འཇགས་ཅིག་ཡོང་བར་འདུག་ནའང་བསོད་ནམས་ལ་མ་ཤོང་པར་གཤེགས་འདུག གོང་དུ་ཞུས་ནས། ཁྲི་དཔོན་ལ་བསྐོས་འདུག་ནའང་། བླ་མ་རྒྱལ་བ་རིན་པོ་ཆེ་ལྟ་བུའི་འཛུན་མི་མེད། བླ་མ་བཅུ་གཉིས་པ་རིན་པོ་ཆེ། ཇོ་བོ་བཟང་པས་ཞེ་བརྙས་བྱུས། བཙོ་བརྒྱད་པ་ཁོང་གི་མཆེད་གྲོགས་ཡིན་པའི་ཤེད་ཁུར། ཆང་དང་ནག་མོ་ལ་ཤོར། མགོ་ལ་རྨུག་ཞྭ། ལུས་ལ་ཧོར་ལྷམ། ལག་ཆ་མདའ་གཞུ། མཚན་མོ་གླུ་བརྒྱ་བྲོ་བརྡུངས། ཉིན་མོ་ཉི་མ་ཕྱེད་ཕྱེད་པར་དུ་ཉལ་ནས། བག་ཡངས་ཀྱི་སྤྱོད་པ་བསྐྱངས་པའི་དོན་ལ། ཡར་འོན་གྱི་ས་ཆར། མི་དབང་ཆེ་བ་རྣམས་ཀྱིས་གཞི་བཙུགས། གཉན་ནོར་ལྟག་འཛུན་བྱེད་པའི་མི། དཔོན་སྐྱ་ཆེན་པོ་རྣམས་གཉའ་ལྟག་ཏུ་ཤོར། ཕྱི་མི་རྣམས་ནམ་དུ་འཚངས། ནང་མི་རྣམས་ཕྱིར་བུད། སྐྱེ་ཤིང་འཛུགས་མི་མེད། སྤར་ཡོད་རྣམས་བཅད། ཁང་ཤིང་རྣམས་མེར་བུས། ལུང་པ་རུམ་དུ་གཏང་ཞིང་། དེ་ནས་ཆང་ནག་ལ་སོགས་པ་མ་ལེགས་པའི་མགོ་ཚུགས། དེ་ཧིང་གཞོན་ནུ་རྒྱལ་མཚན་འདས་པའི་རྗེས་ལ། གཞོན་ནུ་རྒྱལ་མཚན་དཔོན་བརྒྱུད་མིན་པའི་རྒྱུ་མཚན། དཔོན་གཞོན་ནུ་འབུམ། བླ་མ་བཅུ་གཉིས་རིན་པོ་ཆེའི་ཉེ་གནས་ལ་ཡོད་པ། ༔ ན་སོ་ཚད་ལོངས་དང་། གཞོན་ནུ་ཡོན་ཏན་གྱི་པ། དཔོན་དབང་ཕྱུག་གྲགས་མི་ཚད་ལོངས་ཡོད་བཞིན། ཞི་བར་གཤེགས་པ་གོང་མས། རྩ་བ་ལྡན་མ་ཡིན་པ། སྔོ་བྲག་ན་ཤོད་སྡེའི་མཁན་པོ་བྱེད་ཀྱི་ཡོད་པ་བོས་ནས། གོང་དུ་ཞུ་བ་བཏོང་ཞིང་། སེ་ཆེན་རྒྱལ་པོའི་འཇས་སྭས་ཁྲི་དཔོན་ལ་བསྐོས་ནའང་། ལོ་གཉིས་ལས་མ་བྱུས་པར་གཏད་འདུག དེའི་རྗེས་ལ་ཡར་འབྲོག་ཚུ་རྒྱུད་མཁར་པའི་བྱང་གཞོན། རིན་པོ་ཆེའི་གསོལ་ཇ་བ་ཡིན་པ། གོང་དུ་འཇལ་འཕྲད་ལ་གཏང་ནས། སེ་ཆེན་རྒྱལ་པོའི་འཇས་སྭས། འདིའི་ཁྲི་དཔོན་ལ་བསྐོས་འདུག་ནའང་། ཆང་ནག་གི་སྤྱོལ་གཏོད།

སྐེ་གདོང་ཞོལ་དུ་བཅོ་བརྒྱད་ཁང་སར། ཁྲི་ཆུང་པ་གྲགས་པ་འོད་ཟེར་ནུ་བོ་བྱང་གཞོན་གྱི་གཟིམས་གཡོག་པ་བྱེད་པ་ཅིག་གི་ནག་མོ། སྲུས་མོ་སྒྲོལ་མ་ཟེར་བ་ཅིག་གི་ཐད་དུ་ཕྱིན་པས། གྲགས་པ་འོད་ཟེར་གྱི་ནུ་བོས་མགོ་ལ་རལ་གྲི་རྒྱབ་ནས་བསད། ལག་དམར་བ་བྲོས་ཤོར་འདུག དེའི་རྗེས་དཔོན་རྗོ་རྗེ་དཔལ་གྱི་ཚ་བོ་ཡིན་ཟེར་ནས། གཞོན་ནུ་ཡོན་གྱིས་ཁྲི་དཔོན་ལོ་དྲུག་བྱས་འདུག་པ་དེ། ཆང་ནག་གིས་དབང་དུ་སོང་ནས་མ་ཕེར། གདན་ས་འདིའི་དགྲ་བྱས། ཐར་མའི་གསོལ་ཞིབ་ཞིང་ལ་རྟ་རྨིག་པ། གསོལ་ཞོ་རུ་བ་འཆགས་པ། གདན་ས་ཐེལ་དུ། རྒྱལ་བུ་ཐི་མུར་ཁོའི་ཁའི་རྟ་གསེན་གཏང་བས་ལས་སོང་། དྲན་པ་ལ་ལྷག་མ་བཞག་པའི་དོན་ལ། ཡོལ་ཛ་དུ་རྒྱལ་པོ་དང་། བླ་མ་གྲགས་པ་འོད་ཟེར་གྱི་དུས་སུ། འདིར་རྒྱལ་བུ་ཐི་མུར་བོ་ག་དང་། དཔོན་ཆེན་ལེགས་པ་དཔལ་གྱི་དྲུང་དུ། ཕག་ལོ་ལ་རྒྱ་མ་དང་། འཕན་ཡུལ་སྣང་ཐང་དུ་གཤེགས་པས་ཐུགས་ཤེར་མཛད་ནས། གཞོན་ནུ་ཡོན་ཏན་གྱི་ཁྲི་དཔོན་གྱི་ལས་ཀ་ལས་ཕབ་ཅིང་། ལག་རྟགས་བླངས། གོང་དུ་ཞུ་བ་ལ་སློབ་དཔོན་ཚུལ་མགོན་བཏང་ནས། གོང་མ་ཡོན་མཆོད་ཀྱིས་འཛའ་ས་བཀའ་ཤོག་ཐར་རྒྱ་ལ་བརྟགས་ནས་བླ་དཔོན་ལོ་བཅུ་གཉིས་མཛད༑ དེ་རྗོན་གཞོན་རྒྱལ་འོད་དུ་དཔེན་ཤའི་ལག་ཏུ་ཤོར་བ་བསླུས། རྒྱལ་ཐང་དཔོན་ཆེན་ལེགས་པ་དཔལ་ལ་ཤོར་བ་བསླུས། སྨོན་མཁར་དང་། ས་མཐོན་སློབ་དཔོན་ཡ་ཙ་ར་ལ་ཤོར་བ་བསླུས། བྱེ་ཆུང་དཔོན་ཆེན་ཡ་ཀློན་ལ་ཤོར་བ་བསླུས། ཟ་ར་ཟོ་ཐང་ལྡིང་གསུམ་གཡུ་སྲིད་འཁྱོས། མོན་འགར། སྐ་ཞལ་གྱི་ཕོག་རྣམས་སུ་མི་སྡེའི་ས་རས། གན་མི་ཏོག་གི་ཕྱོགས་དང་། ཁྲལ་ཆུ་རྣམས་ལ་ས་སྐྱ་པའི་ལག་ཏུ་ཤོར་བ་རྣམས་ཐམས་ཅད། ཞི་བར་གཤེགས་པས་ཕྱག་རྫས་བཏོན་ནས་བླུས། མི་སྡེའི་དུད་དང་། བཅུ་བྲང་བཅུ་སྐོར་བསྡེབས་ཤིང་། གན་འཛམས། མི་ཏོག་ལས་སོགས་ཁྲིམས་ཁྲལ་བསྒྲུབ་དགོས་རྣམས་གྲུབ་ཙམ་འདི༑ ཞི་བར་གཤེགས་པའི་སྐུ་དྲིན་དུ་འདུག སྐེ་གདོང་གི་ཐན་མགོ་འཛིན་པའི་གཞིས་ཁ་མིང་ཅན་འདི་རྣམས། ཞི་བར་གཤེགས་པའི་ཕྱག་རྫས་ཀྱིས་བསླུས་པའི་གཞིས་རྐྱང་ཡིན་ཞིང་། སྐུ་དྲིན་ཆེ་བའི་དོན་གྱིས། ད་ལྟའི་ཉེ་ཤུ་གཉིས་མཆོད་

འདི་རང་རེའི་ནང་སོ་དང་། གཟའ་པ་མི་སྐྱེ་དང་བཅས་པས་བདག་རྐྱེན་བྱེད་དགོས་པའི་དོན་དེ་ཡིན། ཞི་བར་གཤེགས་པའི་རྗེས་ལ། སློབ་དཔོན་རྒྱལ་མཚན་དཔལ་བཟང་པོས། གོང་དུ་འཁྱོན་ལུང་ལག་རྟགས་དང་སྤྲེལ་ནས། ཁྲི་དཔོན་ལོ་ངོ་བདུན་ཙམ་བྱས་འདུག་ནའང་། ཆབ་ནག་གི་དབང་དུ་སོང་ནས༑ དཔོན་ཆེན་འོད་ཟེར་སེང་གེ་ལ་ཕུལ་འཛོང་བྱས། སློབ་དཔོན་གྲགས་པ་བཟང་པོས་ཟླ་བ་བཅུའི་བར་དུ་ཁྲི་དཔོན་བྱས་འདུག་ནའང་། མིང་གཟུགས་གང་ཀྱང་མ་དོད། དཔོན་ཆེན་ཡོན་བཙུན་ནང་སོའི་གཉེར་ཆེན་བྱེད། བསམ་ཡས་བདུན་བཅུ་ཐུག་གསུམ་ཁོང་གིས་གཉེར་བྱེད་པས། ས་ཡོན་བཙུན། གནམ་ཡོན་བཙུན་ཟེར་ནས། དབུས་ལ་འགྲིམ་པའི་དུས་སུ། དབུས་པའི་ཕ་བཟངས་ཀྱི་བུ་མང་པོ་ཅིག་ཁང་ལ་ཕུལ་འདུག་ཅིང་། སྤྱན་སྔ་ཞི་བར་གཤེགས་པ་ལ། བླ་མ་སངས་རྒྱས་དཔལ་ཏི་ཤྲཱི་ཡུ་དཔོན་གྱིས་བྱང་དུ། ཁྱེད་ཕག་མོ་གྲུ་པའི་དཔོན་པ་ཅིག་འབུལ་དགོས་ཟེར་ནས། དཔོན་བློ་གྲོས་རིན་ཆེན་དང་། འབྲི་འཚམས་པ་དཔོན་སེང་། ཉེ་གནས་འབུམ་སྐྱབས་དང་གསུམ་ལ་བརྒྱུད་པ་བཙུགས་འདུག་པས། ཞི་བར་གཤེགས་པས་ཀྱང་། ངེད་འབུལ་བར་ཞལ་གྱིས་བཞེས་འདུག་ནའང་། གཞོན་ནུ་དཔོན་ཡོན་ཏན་གྱིས་བསམ་ཡས་སུ། རྒྱལ་མཚན་སྐྱབས་ཕུལ་འདུག་པ་ལ། བཙུན་ཆུང་གྲལ་ལ་བཞག་འདུག ངེད་ལོ་བརྒྱད་ལོན་དུས། ཞི་བར་གཤེགས་པས་ཐོག་གསུང་ནས། འཕོད་དུ་བཏོང་བྱུང་པ། བྱེ་ཆུང་དང་། རྒྱལ་ཐང་དུ་ཕྱུག་ཕྱི་ལ་ཕྱིན་པས། ངེད་ཅིག་པར་ཤུ་བ་ན་བ་དང་། གཉིས་པ་ན་སོ་གཞོན་པ་མ་སླད་མཛད་ནས། རྒྱལ་མཚན་སྐྱབས་བཙུན་ཆུང་གྲལ་ལ་བཞག་མཛད་པའི་དོན་གྱིས་ཀོ་ལོང་ནས། ངེད་འབུལ་མ་ཉན། དེ་རྗེས་ངེད་ཀྱིས་ས་སྐྱར་ཕྱིན་པ་ཟུར་ཙམ་བརྗོད་ན། ངེད་ཀྱིས་ལོ་ངོ་བཅུ་གཅིག་ལོན་པའི། ཤིང་མོ་ཡོས་ལོ་ཟླ་བ་གསུམ་པའི་ཚེས་བཅུ་བདུན་ལ་ཟངས་རི་མཁར་དུ་ནས། སྤྱན་སྔ་ནས། ས་དང་། སློབ་དཔོན་རྒྱལ་མཚན་དཔལ་སྐྱ་མཆེད་གྲོས་བྱས་ནས། ས་སྐྱར་བཟུངས་པ་ལ། ཐོང་རིང་འགའ་ཏང་སྟོང་སྐྱའི་གསོ་མ་ཅན་ཅིག་དང་། ཆོས་གོས་གི་ཛིའི་རྒྱན་ཅན་རྣམ་ལྔ་བྱས་པའི་ཆ་ཆུང་ཅིག རས་ཕྱམ་ཅིག རིང་

འགག་ཅིག སྟན་ཆེང་ཆ་ཅིག གསེར་སྲང་གསུམ། རྟ་དམར་ཞོ་ཉི་ཤུ་ཙམ་རེ་བསྟེག ཡར་ཀྱི་ལམ་ཆས་ལ་གསེར་སྲང་ཕྱེད། ཛ་སྟུམ་ཅིག་རྣམས་གནང་། བོང་བུ་བརྒྱ་བསྐོར་ལ་བཀལ་ནས་བརྒྱུད་བསྐྱར། གྲ་ནས་ཡར་ལམ་ཉོས་པའི་ཅིག་དང་དགུ་ཡོད། སྐྱིལ་མ་ལ་དཔའ་ཤི་གཞོན་ནུ་དཔལ། རྟ་ཐེ་སངས་རྒྱས་སྐྱབས་རྟ་འཛིན་ལ་བཏང་། བུ་ཐེ་ལ་དགེ་བཤེས་ཆོས་ཤེ་སྨད་མེད་ཚང་ནག་གིས་ཆོས་པ་དེ་དང་། རྒྱབ་སྐོལ་ལ་འཇུ་པ་ས་སོ་རྗེ་རྗེ་དཔལ་ཟེར་བ་བཏང་། འཕེལ་ནི་དཔོན་པོ་དེ་གཙང་པ་རིན་ཆེན་སེང་གེ་ཆོས་ཤེས་ཁྲིད་ཡར་ལམ་དེས་འདོད་བཙོལ། དཔའ་ཤི་གཞོན་ནུ་དཔལ་གྱི་བུ་ཚ་ཅིག་དང་། སྣེ་གདོང་ནས། ཀང་ཐང་གཉིས་བཏང་པ་དང་། ཚོན་དུ་དཔོན་གཡོག་དགུ་ལ་རྟ་པ་བཞི་ཡོད། ང་ལ་ཐེལ་པས་བསླངས་པའི་རྟ་དམར་ཆུང་ལ་ཁལ་བྱས་པ་དང་། དཔའ་ཤིང་གཞོན་ནུ་དཔལ་གྱི་རྐོད་ཆུང་མ་གཅིག་ལ་ཁལ་བྱས་པ་ཡོད། ཐེལ་གྱི་ནང་ཆུང་ཆོས་སྟན་ཕྱིང་ཟུང་རེའི་རྫོང་བྱས། ཡ་མ་ཞང་ལྕམ་མས་ཞྭ་དཀར་ཅིག་འཕྲ་ཕྲུག་བུབས་ཅིག གོས་མ་ཅིག ཁྲིམ་སོ་བ་ཡ་རྩེ་ཁམས་སྐྱིད་ཀྱི་འཕྲུལ་ཐང་ཅིག་ཕྱིན། མཁན་པོར་ཤཱཀྱ་རྒྱལ་མཚན་འདི་ལོ་བཅུ་གཅིག་འགྲོ་བ་ཅིག་ཡོད་པས། ཐེར་དཀར་གཉིས་མདོ་མཁར་འོག་ཏུ་ཕྱིན། རྗེ་བོ་མགོན་པོས་འཕྲུལ་ཐང་ཀྱི་ཆོས་གོས་གི་ཤན་མ་ཅིག་ཕྱིན། དཔའ་ཤི་གྲགས་རྡོར་གྱིས་འཕྲུལ་ཐང་གཉིས་ཕྱིན། བླ་མཆོད་དཀོན་མཆོག་སྐྱབས་སྣེ་གདོང་གི་གཉེར་པ་བྱེད་པས་འཕྲུལ་ཐང་ཅིག་ཕྱིན། དཔོན་པོ་འབུམ་པ་རག་གིས་ཇ་པ་གདོང་དུ་སྐྱེལ། ཐེར་ཅིག་ཕྱིན། སྣེ་གདོང་ནས་ཟླ་བ་བཞི་པའི་ཟླ་སྟོད་ལ་ཐེགས་ནས། ཀླུར་ཞག་ཅིག་བསྡད་པ་ལ། གཞོན་ནུ་དཔལ་དང་། ཆོས་ཤེས་ཁྲིམས་མེད་བྱས་ནས། ངེད་མི་དགུ་ལ་ཟ་ཆས་ཚང་། གནས་ཚ། ཐུས་ཞུ་སོགས་ལ་སྣད་བྱས་ནས་ཚང་བརྒྱུད་བླངས་འདུག ར་ལུག་ཀྱང་གཉིས་གསུམ་བླངས་འདུག ཁོང་ཆོས་ཀླུར་ཞག་གསུམ་སྡོད་འདོད་འདུག་པ་ལ། ང་ཁོང་ཚོའི་སྤྱོད་པ་དེ་མ་མགུ་བས། སངས་རྒྱས་སྐྱབས་ལ་བླམ་བདག་ཆེན་པའི་དྲུང་དུ་འབུལ་རྒྱུའི་རྟ་ཁྲ་བོ་གཅིག་ཡོད་པ་ལ་སྨ་གཏོད་བྱས། ཅི་མཛད་ཟེར་བ་དེ་ཆགས་ལྷ་བ་ཡིན་བྱས་ནས་ཞོན་ཕྱིན། རི་ཁ་ནས་སྐད་བཏང་། ཀླུ་པ་ཚོ

ལ་ཆང་ངེད་ཀྱིས་མ་འཐུང་བར་ཡོད། ཤོང་ཅིག་བྱས་ནས་ཡར་ཕྱིན། ཁྱོད་ཚོ་དེར་བསྡད་བྱས། ང་སོང་བས་ཁོང་ཚོས་སྡོད་མ་ནུས་པར་ཕྱིར་བྱུང་། དེར་དགོངས་མོན་དཀར་དུ་བསྡད། ཡོན་བདག་མོ་རྒྱན་ནེས་ཐེར་དཀར་ཅིག་གིས་ཇོང་བར་བྱས། དེ་མ་གཏོགས་ཕག་མོ་གྲུ་པའི་ཁྱུལ་ནས་ཇོང་བྱེད་མི་མེད། དེ་ནས་གྲུའི་གྲོ་མོ་ཞག་ཅིག འགར་ཚ་དོ་ལ་མར་མ། བྱེ་ཞིང་རྣམས་སུ་ཞག་རེ་བྱས། དེ་སྐབས་སུའང་། ཁོང་བུའི་ཐེ་དང་ཕྱི་ལ་ཡོད་པ་ཀུན་ཆང་འཐུང་དགོས་ཟེར་ནའང་། ས་སྐྱུར་སླེབ་ནས་མཆོད་པ་ལ་དུམ་པ་མཐུང་དགོས་བྱུང་ན་མིན་པ། གཞན་ཆང་མི་འཐུང་བྱས། གྲོ་ཆགས་ཡང་ཉི་མ་འགའ་རེ་བྱུང་སྐྱེ་མ་ཟོས། དེ་ནས་ཡར་ལམ་གོང་དཀར་བས། འཕེན་ནི་དཔོན་པོ་གཟུང་། བོང་བུ་གཉིས་ཕྲོགས་པ། ཁོང་ཀན་པ་གཉིས་པོས་འགྲོ་མ་ནུས་པར། ང་རང་གིས་གོང་དཀར་སྣ་མདུན་དུ་ཕྱིན། དཔོན་ཆེན་བཅའ་འོད་ཟེར་སེང་གེའི་བཅའ་ཏུ་བསྟན། ཁྱེད་རྣམས་ལ། ངའི་འགྲོས་ཁག་ཡོད། ང་འདི་ནས་མར་ཟློག་པ་ཡིན་བྱས་པས། འཕེལ་ནི་དཔོན་པོ་གཟུང་ནས་སྐྱིད་པ་དང་། བོང་བུ་གཉིས་པོ་གཏད། ཕྲུག་དཀར་ཆུང་མ་གཅིག་གིས་ཡུས་བྱས། ཆང་ཕོར་ཅིག་འཛིན་གྱི་འདུག་པ་བླངས། དེར་དགོངས་སྐྱི་ནག་ཕྲུག་གི་འབུམ་མོ་ཆེའི་གྲུང་རར་ཞག་ཅིག་བསྡདད། དེ་ནས་གནས་ཕུར་ཆོས་བཅུ་བདུན་གྱི་དགོས་མོ་སླེབས། གྲོག་ནང་ཅིག་ན་སྣམ་དོས་བརྒྱད་ཀྱི་སྟེང་ན་ང་ཉལ་ཡོད་པ་དང་། གཉིས་ཟམ་ཟིམ་སོང་ཙ་ན། ལྷུང་གོང་གི་རྒྱལ་པོ་དེས། བླ་བ་རྟེར་ཤར་བ་དེའི་འོད་ལ་ཐྲེའུ་ཆེན་པོ་ཅིག་ཏུ། སླུས་ནས་ཞོན་བྱུང་བས། ང་གནན། དེ་ནས་རང་རེས་ཡི་དམ་ལྷའི་བསྐྱེད་རིམས་བསྒོམས་ནས། ཐྲེའུ་དེ་ལག་པ་གཉིས་ཀྱི་འོག་ཏུ་མནན་ནས། ཧཱུྃ་ཟེར་བ་བྱས་པས། ང་སྣམ་དོས་དེའི་སྟེང་ནས་ལྷུང་བ། ཚོས་ཤིའི་སྟེངས་སུ་ལྷུང་བ་དང་གཉིས་སད། ཅི་བྱུང་ཟེར། འདི་བཞིན་བྱུང་བ་ཡིན་བྱས། དེ་ནས་བསླེན་པ་འཕྲེང་བསྐོར་གཉིས་ཙམ་བཏང་། ནམ་ཕྱེད་ཡོལ་བར་དུ་གཉིད་མ་བྱུང་། དེ་ནས་གཉིད་བྱུང་། གནངས་ནས་ཡར་སྲིབས་དུ་བྱས། ཡར་སྲིབས་ན་རིང་མར་སྲིབས་སུ་བསྡད་པས། དེ་ཡང་གྲོ་ཆགས་ཅིག་བྱུང་། ཀོ་ལོང་མ་བསྡམས། དེ་ནས་མནར་མདའི་ཤར་

ཀྱི་གྲོང་རྡུལ་ཅིག་ཏུ་བསྡད་པ་ལ། སོང་ཚ་བ་བཏེགས་ཕྱིན་པས་གྲོ་ཡོལ་ནས། ཁ་སང་གྲོ་མེད་པའི་སྟེང་སུ། དེ་ཉིན་ཚ་བ་དང་གྲོ་གཉིས་ཀ་མེད་པས། ང་ཡང་ཆོག་པ་ཟོས་སྡུག་ཐུགས་པས། ཟུར་རྡོའི་སྣ་ལ་རྡོ་བཏགས་ནས་བོང་བུ་འདེད་མི་ཚོ་བརྡུངས། དཔའ་ཤེ་གཞོན་ནུ་དཔལ་ཡང་བརྡུངས། ཆོས་ཤེས་གྲོད་པ་ལྟོག་པ་ཤེས་ནས། ཡོལ་ཏ་ཐང་ཁྱུག་གང་དང་། ཐུད་འདེད་ཅིག་ཁྱེར་བྱུང་བ་མ་ཟོས་པ། ཆོས་ཤེ་ཡང་རྡོ་དེད་བྱས། དེར་དགོངས་ཡི་དམ་ལའི་ཞོལ་གྱི་སྟེར་དགོན་ཅིག་ཏུ་བསྡད་པས། དེ་ནས་ད་ང་ས་སྐྱར་མི་འགྲོ་མར་ལྟོག་པ་ཡིན་བྱས་པས། ཕོང་ཆོས་ཕྱག་བཙལ། ཟ་ཆུ་དུས་ལ་སྟེར། གོང་གསུང་བསླུབ་ཟེར་བའི་དམ་བཅས། དེ་ནས་ས་སྐྱ་བར་དུ་ཕ་ལེ་ཟ་ཆུ་ཚོ་ཕྱིན་ནའང་། འཇུ་ས་རྡོ་རྗེ་དཔལ་གྱི་ང་ལ་ཁ་གྱོང་བྱས། ཟ་ཆུ་ཡང་དུས་རང་ལ་མ་བྱུང་པས། སེམས་གནད་ནས་ཚོད་དུས་འགྱུར་སོར། ཏ་ལྷུག་ཅིག་ཉོས་ནས། རྡོ་རྗེ་དཔལ་ཡོས་ཤིག་རྫོད་ཀྱི་འདུག་པའི་ས་ན་ཕར། ཕར་ལྷམ་ཚུམ་ལྷམ་བྱས་ནས། ཏ་ལྷུག་འདི་སུ་ལ་ཁ་སྲོ་བྱས་པས། ཞལ་བཅོས་འདུག སོང་ཏ་ལ་ཁ་སྲོ་བ་ཡིན་མོད་ཟེར། དེ་ལ་ཀོ་ལོང་བྱས་ནས། རྡོ་རྗེ་དཔལ་ལྷུག་དེས་བརྡུངས། ངུ་བཅུག། ཕོས་ཁ་གྱོང་དང་ཟ་ཆུ་དུས་ལ་མ་ཕྱིན་པའི་སླིང་ནད་དེར་བླངས། དེ་ནས་ས་སྐྱ་བར་དུ་བསླད་མ་ཐོག་རྩམ་བྱས། ས་སྐྱར་སླེབ་པ་དང་། དཔོན་ཆེན་འོད་ཟེར་སེང་གེ་གསར་བདག་བྱས་ནས། བླ་མ་བདག་ཆེན་པོའི་དྲུང་དུ་ཕྱུལ། འདི་ནས་ཡང་སློབ་གཉེར་བྱུང་ན་རབ་ཡིན། མ་བྱུང་ནའང་། གཞི་ཐོག་གི་དྲུང་སྐོར་ལས་ཚན་ཅིག་རང་ལ་ཞུ་ཟེར་བས། ལས་ཚན་ཞུས་པས་དམ་གཉེར་ལ་བསྐོས་ནའང་། བླ་མ་བདག་ཆེན་ཐུགས་གཏུམ་པོ་དེས་གཟིམས་གཡོག་པ་དང་། དམ་གཉེར་བ་ཚོ་ལ་བཀའ་སྐྱོན་ཡོ་འཕྱིན་གྱིན་འདུག་པས་ཞེད་ནས། དམ་གཉེར་ལ་སྟོད་མ་ནུས་པར། རང་བཞིན་ལས་ཚན་མེད་པར་བསྡད། མི་བོ་འབྲུག་སོའི་དགུ་ཆོས་ཐོན་ནས། དཔྱི་ཆོས་ལ་ཆུ་མིག་ཏུ་ཕྱིན། ཕྱགས་ཕྱིའི་མཚན་ཉིད་ཀྱི་ཀུན་པ་ལ་བླ་མ་འཇམ་པ། སྔགས་ཀྱི་དགེ་བཤེས་ཀྱི་ཀུན་པ་ལ། བླ་མ་ཀུན་དབང་པ་ཁུ་དབོན་ཉེ་གནས་ཆེན་པོ་ལ་རིན་ཆེན་སྒང་གི་སྟོན་པ་ཤེས་རེད། དེའི་ཚོད་འཛིན་ཉེ་གནས

འབུམ་སྐྱབས། ཡིག་མཁན་ཐོང་ཧི་བློ་བཟངས་འདུག དཀོན་གཉེར་བ་སློབ་དཔོན་རིན་གྲུབ་དང་། དགེ་བཤེས་ཤེས་རབ་རྒྱལ་མཚན། གསེར་སྐམ་འཁྱུར་ལ་དཔོན་པོ་ཆོས་རྒྱལ་གྱི་འགྲོན་ཚང་ཚོ་འདུག། མཛོད་ཕྱུག་རྟེན་ལ། དོན་རྒྱལ་དུ་དབེན་ཤ་དང་། དཔོན་ཆེན་དབང་ཕྱུག་དཔལ་ཀུན་འདུན། གསོལ་ཇ་བ་ཟླ་བ་འོད་ཟེར་དང་། རྗེ་བཙུན་རྒྱལ་མཚན་ཡོད། དཔོན་པོ་ཚོའི་ནང་ནས་ཕག་གྲུ་དབེན་པོ། སང་ཡེ་དཔོན་པོ། བ་དེ་ལུང་པ། སྟག་ལུང་དཔོན་པོ་ཟེར་ནས། ངེད་དཔོན་པོ་ཚོའི་འབུལ་ཡིག་གི་མགོ་ན་ཡོད། ས་སྐྱ་ནས་ཆག་ཆག་ལ་ལ་ཕྱིན་པས། སྣར་ཐང་པ་དང་། ཚུ་ཞལ་གྱི་མཁན་སློབ་ཚོ་བླ་མའི་བསུ་བ་ལ་ཕྱིན་པ། ལ་ཐོག་ཏུ་ཕེབས་ནས་མཇལ། མཁན་སློབ་ཚོ་ལ་ཕྱག་ལན་མཛད་པ་ལ། བླ་མའི་དྲུང་ནས་ཕྱིབས་གཞོལ་བས། ངའི་བུ་ཚ་ཚོ་རྟ་སྟོན་ལ་སོང་བས་རྟ་འཛིན་མེད་པས། བླ་མ་ཕྱིབས་ཐོག་ཏུ་ཕྱིན་པ་དང་། ངས་ཡང་རྟ་ཞོན་པས་ཐོགས་རི་པ་ཀྱི་སྐྱུད་རིགས་སྣའི་ཕྱི་རུའི་གྱ་མེད་ལ་འཐོགས་ནས་མ་ཁེལ་བ་དང་། ཞོན་པ་རྐྱང་ཆུང་མས་ཡོད་པས། དེས་ཁྱེར་ནས། རྒྱལ་ཚ་རིན་དབང་རྟ་ཞོན་གྱི་འདུག་པའི་མདུན་ན་ཕར་ཁྱེར་ནས། ཁོ་རྟ་ཞོན་རྗེ་བབས་ནས། ཁོང་དཔོན་གཡོག་ཉི་ཤུ་ཙམ་གྱིས་གྲོས་བྱས་པ་རྒྱལ་ཚས་རྟའི་ཁ་དུར་ནས་ཟིན་པས། ད་བཟོད་རྟ་ཐོག་ནས་ཕབ། སྣ་གློ་བསྡམས། དེ་རྟིང་ལེགས་པོ་བསྐྱོན།། ཁོ་དེ་ལྟར་བྱེད་པའི་རྒྱུ་མཚན། བན་དེ་བཙུ་གཉིས་པར་འདུག་པ་དང་། ཡུལ་ཡར་ལུང་པར་འདུག་པའི་ཞན་པ་འདུག ང་རྟ་ཐོག་ནས་མ་ལ་ལྷུང་པ་སྣང་ཡར་མེད་པ་དེ་ཁོའི་དྲིན་ཡིན། དེ་ནས་བརྒྱད་ཆུབ་བསོད་ནམས་དཔལ་གྱི་ཡུལ་དེར་ཞག་གཉིས་བཞུགས། ཚུ་མིག་ཏུ་ཕེབས་དུས། ང་གཞན་དང་མི་འདྲ་གསུང་ནས། ཕོགས་དང་འཆོར་གཟབས། སྟོད་ས་ཡང་དཔོན་པོ་ཐམས་ཅད་ཀྱི་མགོ་བཞུགས། བཞུགས་གདན་གྱི་ཟུར་རང་ལ་ཡོད་པ་ཡིན་པ་ལ། དགེ་བཤེས་བློ་རིན་དབུས་སུ་ཕྱིན་པས། ཐེལ་ཤོང་དུ་མ་གཟབས་པ་ཡིན་ཟེར་ན་ཀོ་ལོང་བྱས་པས། ཕག་གྲུ་དཔོན་པོའི་གྲལ་པོ་མཐོང་། འབུལ་ཡིག་གི་མགོར་བ་དེ་ལུང་པ་ཡང་རྒྱུ་ཡིན། དབུས་ལྷ་སྡེ་ཚོའི་རྐན་པ་ཡིན། དཀར་ཤཱཀྱ་གྲགས་ཀྱི་གདན་ས་ཡིན་ཟེར་བ་བྱས་ནས། ང་

དང་བདེ་ལུང་པའི་འབྲུལ་ཡིག་གི་མིང་གོང་འོག་བརྗེས་པ་ནས། བཞུགས་ཁྲིའི་ཟུར་གྱི་ང་སྟོད་ས་དེར། བ་དེ་ལུང་པ་འཚངས་པས། ངས་བ་དེ་ལུང་པ་དེ་འཛོག་གི་བརྟུངས་པས། ཁོས་སྐད་ངན་བཏོན་པས། བླ་མའི་གསུང་གིས་རྩེད་མོ་མ་བྱེད་གསུང་ནས་གསོལ་རས་གནང་བས། ཉེ་གནས་ཆེན་པོ་འཇམ་རྒྱལ་དང་། དེར་ཡོད་བགྲེས་པ་ཀུན་གྱིས། མི་བརྟུང་གི་འདུག་པ་ལ། བཀའ་སྐྱོན་མ་མཛད་པར་གསོལ་རས་གནང་ནས་རྩེད་མོ་བྱེད་གསུང་ནས། བུ་ཚོ་ལང་ལ་གཏོང་བར་འདུག་ཟེར། བླ་མ་བདག་ཆེན་པའི་དྲུང་ནས་མཉེས་པའི་དོན་ལ། རང་རེས་དཔོན་པོ་ཟླ་བོ་བརྟུངས་པ་དང་། ཅི་བྱས་ཀྱང་བཀའ་སྐྱོན་འགྱོན་མ་མྱུང་། ཤ་མགོ་འཛིང་འབྱུར་བ་གཉིས་གསུམ་དང་། མར་ཐུད་རེ་ཙམ་ཐེབས་གཉིས་གསུམ་གནང་། གན་དར་ཡུག་རེ་ཙམ་དང་། ཀ་ངན་རེ་ཙམ་སྐད་ཆུང་ངེ་བ་ལ་ཁྱོད་རང་འདི་ཁྱེར་གསུང་ནས་གནང་ཞིང་ས་སྐྱར་ཕེབས་དུས། རང་རེ་མཆོད་གྲོགས་ཀུན་གྱིས་བརྟུང་བ་དམ་སེ་རེ་རྩམ་གྱི་ཐོན་ཆང་བྱས། རང་རེས་ཡང་ཤ་སྦྲིལ་པ་ཡོད་པས། ཁྱོད་མ་ལ་གྲོ་མཆོད་གྲངས། བྲན་ཁང་ཤར་ན་གཟི་ཡོད་པ་ལ། དྲུང་སྐོར་བཏུད་མ་བཏུད་མར་གཏོང་ནས་ཤོག་གསུང་བ་བྱུང་བས་ཕྱིན་ཙ་ན་སྒོམ་ཆེན་པས་མཆོད་པ་གྲངས་གསུངས་ནས། མཉེས་མཉེས་མཛད། གཟི་ནས་གམ་པ་འཁྱེར་གྱིན་ཡོད་ནའང་། སླེང་རུས་བྱས་ནས་མཆོད་པ་ཞུས་པས། གསོལ་རས་གསེར་གྱི་ཐེབ་ཚེའི་ནང་དུ་གནང་། ཚས་མི་དགོས་ལག་པ་རྗེན་པས་བཟུང་གསུང་ནས། ཐར་རྒྱ་ལ་བརྟགས༔ དེའི་ལན་ཅན་ལ། གསོལ་ཇ་བས་གསེར་གྱི་འཛིལ་མའི་ནང་དུ། བལ་པོའི་འཛོ་བུ་བུག་ནས་བྱིན་པ། འདི་བཏང་ན་ང་འཆི་བྱས། སྔ་བ་ནས་བཙུས་ལ་ལྷུད་གསུང་། གསོར་ཇ་བ་གཉིས་སྔ་བ་ནས་གཟུང་པས། ཐང་ལ་སྦྲོགས་བསྡོད་པས་སྔ་མཆོག་ཤོར། འོ་ན་མ་ལྷུང་གསུང་། དེ་རྗེང་། བླ་མའི་ཞལ་ཏས། ཁྱོད་རིན་པོ་ཆེ་བྱེད་དམ། ཁྲི་དཔོན་བྱེད་གསུང་། རིན་པོ་ཆེ་བྱེད་ཞུས་པས། རིན་པོ་ཆེ་མི་ཡོང་པས། གཡུལ་རྒྱལ་སློབས་གསུང་། ན་ནིང་ཕྱིས་བསམ་བློ་བཏང་ཙ་ན་བླ་མ་རྗེ་རྗེ་འཆང་དངོས་སུ་འདུག་མངོན་པར་ཤེས་པ་མངའ་བ་ཡིན་པར་འདུག་བསམ་ནས། མོས་གུས་ཐུན་མོང་ང་ཡིན་པ་

སྐྱེས། ལར་ཡང་། བླ་མ་བདག་ཆེན་པའི་བྱུང་ནས་ཐར་རྒྱ་ལ་དེས་མེད་བཏགས་པ་དེ། ངའི་བསོད་ནམས་ཆེན་པོ་ཡོང་བ་འདི་མཁྱེན་པར་འདུག་སྙམས་པའི་དགའ་སྣང་བྱུང་། མོས་གུས་བསམ་གྱིས་མི་ཁྱབ་པ་ཡོད། དེའི་སྟོན། གོང་མའི་ལུང་གིས། བླ་མ་ལེགས་འབྱུང་བ་གདན་འདྲེན་པ་ལ། དེ་དཔོན་ཆེན་དོན་ཡོད་དཔལ་དང་། མི་ཆེན་གྱ་བ་ཇུ་ཇུ་དང་གསུམ་བྱུང་ནས། ཟླ་བ་བརྒྱད་པའི་ཚེས་མགོ་ལ་ཐེགས། ཟླ་བ་དགུ་པ་ལ་བླ་མ་བདག་ཆེན་པ་བླ་མ་མཉམ་མེད་པ་ལ་ང་ཐྲད་ཧ་གཉིས་སློབས་གསུངས། ངེད་དཔོན་སློབ་ཀྱིས་ཁའུ་སྤང་བཟང་སུ་ཆོས་བར་ལ་བྱོན། བླ་མ་མཉམ་མེད་པས་ང་གཙུན་པའི་ཚེད་དུ། དཔོན་པོ་ཐམས་ཅད་གཡོག་མ་འཁྲི། ཇོ་ཆུ་སྐོལ་བ་དང་། མེ་ཤིང་སྒྲུབ་པ། ཆུ་ལེན་པ་ཐམས་ཅད་ངོ་པོ་ཚོས་བྱེད་དགོས། རང་རང་གི་གཙི་ཤིང་སྒྲུག་པ་ཡར་བཅད་ཞལ་ཏ་ལས་མ་འགལ། དེ་སྐབས་སུ་སློབ་དཔོན་ནམ་སློ་དེ། ཕ་སྟོན་པ་དུ་དབེན་ཤའི་ང་རྒྱལ་དང་། ནོར་ཡོད་པའི་སྙམ་གྱིས། ངེད་རང་གཉིས་དགོས་འཐུན་ཡིན་འདང་། ཁོང་གིས་ང་ལ་ཁོ་དེ་ཟེར་བས། ངས་མོ་དེ་བྱས་པས། ཁོང་གིས་ང་བརྡས་པས། གྲོགས་པོ་ཕར་ཁ་ཅིག་ཏུ་བྲོས་ནས། ཁྱོད་དེ་ཙམ་ང་རྒྱལ་ཆེ་ན། ཁྱེད་རང་གི་ཕའི་སྟག་མགོ་བཟུང་། ངས་སྨོམ་ཞྭ་དང་སྨོམ་ཆེན་པའི་ཆས་བྱས་ལ། ཡར་ལས་སྟོང་སྣང་ཀར། མར་སོག་གཡག་ལ་སེ་པོ་བརྒྱལ་འགྲོ་དང་། ངེད་རང་གཉིས་སུ་ཕྲིན་དང་། སུ་ལ་མཐོ་ཆེ་ལྟ་ཟེར་བ་བྱས། དེ་འཚར་གཏབ་དུ་བྱས་ལབས་པས། བླ་མ་པས་གསན་ནས་ངེད་རང་འཛོམ་པར། བླ་མའི་གསུང་གིས་དེ་ཡེ་བདེན་གསུང་། བདེན་ཟེར་བ་ཞུས་པས། བླ་མའི་ཞལ་ལྟ་ལ། དེ་ཕག་གྲུ་དཔོན་པོ་བདེན། ཁྱོད་ཚོང་དཔོན་ཆེན་དཔོན་པོ་དང་། དུ་དབེན་ཤའི་བུ་ཚ་བོ་ཡིན་ཡང་། ཀླུང་གིས་བརྡས་པའི་བྱ་རི་ཡིན། ཁོང་ཚོ་སྲིད་པས་བསྒྲོས་པའི་གངས་རི་ཡིན་པའི་ཞལ་ལྟ་བྱོན་པས། དེ་རྗེང་སློབ་དཔོན་དཔོན་པོ་ཡར་བྱོན་ཡར་བཞུགས་ཟེར་ནས། ཀུན་གྱི་མ་རྣས་པ་བྱུང་། དེ་ནས་ཟླ་བ་གཅིག་ཙམ་ན་ས་སྐྱར་ཡ་ཆེ་བའི་གསེར་དངུལ་གྱི་འགྱེད་ཚན་ཅན་ཡོད་པ་ཡིན་ཟེར་བས། དཔོན་པོ་ཚོ་དང་། གྲྭ་པ་ཐམས་ཅད་ས་སྐྱར། འགྱེད་ལེན་པ་ལ་སོང་། ང་ལ་ཡེ་འགྲོ་གསུང་། མི་འགྲོ་ཞུས་པས།

དེ་ལ་མཉེས། ངེད་དཔོན་སློབ་གཉིས་པོས། ཁའུ་སྤང་བཟང་སུ་བཞུགས་པ་ལ། གྲ་པ་དགེ་བཤེས་ཚོའི་གོས་བསྣན་དང་། རྒྱུག་ཐམས་ཅད་དེར་བརྩིགས་པས། མི་ཕྱུག་པོ་ཞིག་གིས་བྲང་ཁང་པས་ཕྱུག་པར་འདུག ཀྲོ་ཐོན་རྟེང་བསམ་བློ་བཏང་པས༔ ངེད་དཔོན་སློབ་གཉིས་ལས་མི་འདུག ཡར་བ་བྱུང་ན་མི་གཉིས་ཀྱི་མི་ཐུབ་པར་འདུག འདི་ན་མི་རྒད་པ་ལོ་བརྒྱད་བཅུ་རྩ་བཞི་འགྲོ་བ་ཅིག་དང་། བདུན་བཅུ་རྩ་ལྔ་འགྲོ་བ་ཞིག་འདུག་སྟེ། འདི་གཉིས་ནི་རོ་དང་འདྲ་བསམ་ནས་བློ་མ་བདེ། བླ་མའི་དྲུང་དུ་ཞུས་པས་དེ་བདེན་གསུང་། དེ་ནས་ངས། རེས་ཕྱུག་ཕྱམ་སྐྱེར་དམར་གཉིས་རེ་གོན། རེས་དམར་པོ་གསར་རྙིང་གཉིས་རེ་གོན། རེས་ཕྱིང་པ་མི་འདྲ་བ་གཉིས་གསུམ་རེ་གོན་ནས། རེས་སྟེང་དུ་ཕྱིན། རེས་ཕྱིར་ཕྱིན། དཔོན་སློབ་ཁ་ཅིག་ཡོད་པའི་རྣམ་འགྱུར་བྱས། དགོང་མོ་མཐོ་བཞི་ལྔ་བརྩིགས། ཞྭ་རེ་དང་། ཕྱམ། རྩེ་རེ་བསྒོན། དེ་ཚོ་ལ་དཔེས་པའི་གཞུང་གཤོར་ལུགས་རེ་བྱས། རེས་གཏམ་ལབ་པ་བཞིན་བྱས་ནས། ནམ་ཕྱེད་བར་དུ་ཕྱིར་བསྡད། དེ་ནས་གྲངས་དྲགས་པས། ནང་དུ་ཕྱིན། གཉིད་ཐུན་ཞིག་ལོག་ཙམ་ན་ནམ་ལངས་བྱུང་། དེ་ནས་ཉི་མ་མ་ཤར་དུ། དཔོན་སློབ་གཉིས་ཁས་དཔེ་བལྟས། ཉི་མ་ཤར་བ་དང་བླ་མ་པ་ལ་ང་ལ་སྤྱན་ཅེར་མཛད་ཀྱི་འདུག ཚ་བ་བསྐོལ་རན་འདུག་བསམ་ནས་ཚ་བ་བསྐོལ་ཕྱིན་པས། དུད་ཆེས་མེ་མ་ཕེར་བས། བླ་མ་པ་བཞེངས་ནས་བྱུང་བས། ངས་མེ་འབུད་པ་བསླབ་ཀྱིས་གསུང་ནས། གཅེ་བ་རྒོད་པ་ཡིན་པས་ཟུར་ལ་ཕྱུ། ཤག་པ་དཔའ་བོ་ཡིན་པས་བསྐོལ་གྱི་ཕྱུ། སོག་མ་ངན་ཤིང་ཡིན་པས་བརྟག་ནས་འབར་བ་ཡི་གསུང་། མེ་འབུད་མ་ཤེས་ཀྱང་ཨའུ་རྩེ། ང་དཔོན་བྱེད་པ་ཡིན་ཞུས་པས། ཉིད་དཔོན་བྱེད་དམ་གསུམ། དཔོན་བྱེད་ཞུས་པས། དཔོན་རབ་ཅིག་བྱེད་ན་གཡག་རབ་ཅིག་ཤེས་དགོས། དཔོན་འབྲིང་ཞིག་བྱེད་ན་གཡོག་འབྲིང་ཞིག་ཤེས་དགོས། དཔོན་ཐ་མ་ཞིག་བྱེད་ན་གཡོག་ཐ་མ་ཅིག་ཤེས་དགོས༔ གཡོག་ལ་སློབ་མ་ཤེས་ན་དཔོན་པོ་མི་ཡོང་གསུང་། བློ་སྐྱིད་ཅིག་དེར་བྱུང་། ད་ལྟ་ཡན་ཆོད་དུ། བསམ་ཅན་ཤིན་ཏུ་འཐད་པ་འདུག མེ་ཕོ་འབྲུག་ལོའི་སྟོན་བཞུག སློབ་དཔོན་གྲགས་པ་བཟང་པོ། ཁྲི་དཔོན་

ལ་ཁྱོད་སྒོམ་བྱས་པའི་ཇ་བསྐོལ་བ་ལ་ས་སྐྱུར་བྱུང་། ཁོང་ཕྱག་མཇལ་གྱི་ཇ་དང་། ངའི་བཤད་གསར་གྱི་ཇ་སྟབས་སུ་བསྐོལ། འབུལ་བ་ཕྱི་ལ་གཏང་། མོ་ཀླུ་ངས་གཏང་མོ་ཀླུ་མགོ་ཐོན། བསུ་རྟ་སྐྱུར་བར་བྱས་པ་མ་བྱུང་། མི་སྨྱུལ་དེའི་དཔྱིད་ཀ་བཙད་བསྐོར་ན་ཕར་དེད་དཔོན་སློན་ཕྱིན་པས། ས་སྐྱ་ཆུ་ངན་པས་ཧང་པ་སྐྲངས་ནས། བསམ་ཐང་བསམ་གྲོང་དུ་ཞག་ཅིག་བསྡད། སོང་སྤྱི་མོར་དགུར་འགྲོས་བྱས་ཕྱིན་པས་ལ་ཁ་སླེབ། ལ་ཁ་ནས་ལུང་པའི་གསོ་ལ་འཁྲུག་པ་འདུག་པ་ལ། འཁྲུག་རྟ་བརྒྱུགས་ཕྱིན་པས། ལུང་པའི་མདོར་སླེབ། སྣད་ཡར་མེད་ཙམ་བྱུང་། དེ་ནས་བླ་མ་པ་བཞུགས་པར་སླེབ་ཙ་ན། ཧང་པ་སྐྲངས་ནས། ལྷམ་ནང་ནས་མ་ཐོན་པས། ས་ཕག་གིས་སྲུས་ནས་འདོན་དགོས་པ་བྱུང་། དེ་ནས་གྲངས་སུམ་བཅུ་སོ་བརྒྱད་པས་གྲལ་བཤམས་ནས། ཚ་བ་བསྐོལ་རེས་བྱས་པས། ཞག་སུམ་བཅུ་སོ་བརྒྱད་སོང་ཙ་ན། ང་ལ་ཚ་བ་བསྐོལ་རེས་བབས་པས་ཚ་བ་བསྐོལ་བ་ལ། མི་ཁ་ན་ཕར་ཕྱིན་པས། མི་ཁང་ན་སློན་དེར་བ་ཡེ་ཤེས་སེང་གེ་དང་། གུ་རུ་རྡོ་རྗེ་དཔལ་ཉལ་འདུག་པས། ཅི་བྱེད་ཟེར། ཚ་བ་བསྐོལ་བ་ཡིན་བྱས་པས། ངེད་གཉིས་ཡོངས། ཚ་བ་བསྐོལ་ཟེར་ནས། ཁོང་གཉིས་གཅིག་གིས་ཆུ་བླངས། གཅིག་གིས་མེ་གཏང་ནས། ཚ་བ་བསྐོལ་གྲོགས་བྱས་པས། གཡའ་བཟང་ཁྲི་དཔོན་གྱིས་མཐོང་། ཚ་བ་ཁོལ་བ་དང་། ངས་སྔེང་དུ། བླ་མ་པ་ཚ་བ་ལ་གདན་འདྲེན་ཕྱིན་ནས་གྲལ་ལ་བཞུགས་པ་དང་། ཐུག་པ་གྲངས་པས། ཚ་བ་བསྐོལ་བའི་གགས་པོ་མི་འདུག་གམ་གསུམ། མི་གདའ་ལགས་ཞུས། གཡའ་བཟངས་ཁྲི་དཔོན་ན་རེ་ཅིའི་དོན་ལ། གགས་པ་ཡིན། ཚ་བ་ནི་ཁམས་པ་གཉིས་ཀྱིས་སྐོལ་ཟེར། བླ་མ་པ་ཐུག་ལོག་ནས། ཁམས་པ་གཉིས་ལ་ཞོག་གསུངས། ཁྱོད་གཉིས་ཚ་བ་བསྐོལ་བ་ཅི་ཡིན་གསུང་། ངེད་གཉིས་བླ་མའི་དཔོན་པོ་ཚ་བ་སྐོལ་བཅུག་ནས། ངེད་གཉིས་ཉལ་བ་མི་རུང་བས་གྲོགས་བྱས་པ་ལགས་ཟེར། སྒོམ་ཆེན་པ་རོ་ཆེན་པ་བུ་སློབ་ཀྱི་མོས་ཁུང་ལ་གསུང་། ཁོང་གཉིས་ཀྱི་བརྒྱན་དུ་སོང་། ངའི་ཡང་མགོ་འདོན་དུ་སོང་། ཡང་བཙད་སྐོར་དུ། ཕྱུག་པོ་གཅིག་གིས་ཤི་གསོན་གང་སྟོན་མོ་གང་ཡིན་ནི་མ་ཤེས། སྟོན་མོ་ལ་བླ་མ་ས་གདན་འདྲེན་པ་མི་སྲིད་བས

པས། གྲ་པ་ཚོ་ལ་མགོ་བསྐུད་བསྐོས་ནས། སྟོན་མོ་ལ་འགྲོན་པར་ཞུ་ཟེར་བའི་ཞུ་བ་ཕྱུང་བས། བླ་མའི་གསུང་། ད་ཁྱོད་ཀྱིས་མགོ་བསྐུས་ལ་སོང་གསུང་། ང་འགྲོ་ན་ངའི་ཁ་ལ་གྲ་པ་ཚོས་ཉན་པའི་ཁ་ལྷ་ཞུ་ཞུས། གྲ་པ་ཚོ་ལ། ང་གང་ཟེར་ལ་ཉན་གསུང་ནས་ཞལ་ལྷ་མཛད། ངེད་རྣམས་ཀྱིས་ཕྱིན་པས། སྟོན་མོའི་གྲལ་གྱི་གཡས་ལ་བཞུགས། ལག་བདེ་གཉིས་བསྐོས། གཞན་རྣམས་ཀྱིས་གྲལ་ལ་བསྡད། སྟོན་མོ་འཁྱེད་དང་བཅས་པ་བླངས། ཁམ་མཆུ་མེད་པར་བྱས་ཚུར་ཡོང་། བཞུགས་སར་མ་སླེབ་པའི་རི་ཟུར་ཅིག་ན་རྫིང་ཞིག་འདུག་པའི་ཁར། གྲ་པ་ཟླ་འོ་ཀུན་ན་རེ། དེ་རིང་རང་རེའི་ཚོའི་སློབ་གཉེར་ནི་ཆགས། རྡོ་སྐོར་ཅིག་བརྩེས་པ་དྲག་ཟེར་བས། མི་འཐད་ལ་ཆེ་ཟེར། ཅིས་ཀྱང་འཐད་ཟེར། འོ་ན་ཁྱོད་རང་ཚོ་བརྩེས་བྱས། ངས་ཁོང་ཚོའི་ཞྭ་གོས་ཀྱི་རྩར་བསྡད། ཁོང་ཚོས་རྡོ་སྐོར་རྩེས་ཙ་ན། རི་ཟུར་དེ་ན་ཕར་བཙུན་པ་སེར་པོ་གཅིག་རིབ་སོང་། ཁོང་ཚོ་ན་རེ། བླ་མ་པ་ཡིན་པ་འདྲ། ཁྱོད་སྔོན་ལ་ཕྱིན་ལ་ཞུ་བ་གྱིས་ཟེར། ངས་སྔོན་ཕྱིན་ཙ་ན། བླ་མ་པ་གཟིམས་ཁང་སྟེང་གིས་གཡས་འོག་ན་བཞུགས་འདུག ངས་སྒོ་མདུན་ཕྱིན་ཙ་ན་བཞད་ཀྱི་འདུག སྟོན་མོ་བཟའ་ཆེའམ་གསུང་། བཟའ་ཆེན་པོ་བྱུང་པས། རྫིང་ཁ་ན་རྡོ་སྐོར་རྩེ་བ་དེ་ཁྱོད་ཚོ་ཨེ་ཡིན་གསུང་། ཡིན་ལགས་ཞུས། གོས་གསེབ་ན་བསྡད་པ་དེ་སུ་ཡིན་གསུང་། ང་ཡིན་ཞུས་པས། ཁྱོད་ཀྱིས་མིའི་དཔོན་ཡོང་བར་འདུག་གསུང་མཉེས་འདུག བཀའ་སྐྱོན་མ་བྱུང་། དེ་ནས་བླ་མ་པ་ས་སྐྱར་སྟོན་ལ་བཞུགས། ཁྱོད་ཀྱི་གྲྭ་པ་ཚོའི་མགོ་བསྐུད་ཡོད་པར་འདུག་པས་རྟིང་ལ་ཤོག་གསུང་། ཁྱོད་ཐམས་ཅད་ཀྱིས་ང་གང་ཟེར་ལ་ཉན་དགོས་སོ་བྱས། དེ་ནས་ངེད་ཚོས་རྟིང་ལ་ཡོངས་ཁབས་སོ། གཞུང་དུ་ཕྲོ་བྱས། ངས་བསྟན་མར་དང་། སློལ་ཁྲ་བརྟེང་ནས་གུང་ལ་བསྡད། གཡའ་བཟངས་དཔོན་ཚང་དང་གཞན་རྣམས་ཟུར་ལ་བཞག་ནས། མགོ་མེད་དང་སྐྲག་སྐྲོག་མ་བྱས་པར། གྲོང་པ་དེ་པ་ལ་ཛ་བསྐོལ་བའི་ཁོག་མ་གཡར། མི་ཤིང་བླངས། གཞན་འདོད་མཆུ་མ་བྱས་པས་གྲོང་པ་དེ་ཀུན་དད་ནས། དཔོན་སློབ་གཞོན་ནུ་མ་གཅིག་འདུག་པ་ལ། གྲྭ་པ་འཛུན་ཆེ། ཡ་མཚན་ཆེ་ཟེར་ནས་མར་གོང་དང་། ཞོ་འབུལ་མི་བྱུང་བས། དེ་

ཞིབ་ཀྱི་སྟགས་དེས་ལྷག་མེད་པར་བྱུང་། དེ་ནས་ས་སྐྱར་སླེབས་ཁམ་མཆུ་དང་འཐབ་མོ་མེད་པ་བྱུང་། ས་ཚོ་ཏ་ལོའི་ལོ་གསར་ལ། རིན་ཆེན་སྒང་དུ་ལོ་གསར་བྱེད་ཀྱི་འདུག་པའི་སར་མཇལ་དུ་ཕྱིན་པས་འབྲུམ་པ་ཕོག་ནས། ཟླ་བ་གཉིས་པའི་ཟླ་སྨད་བར་དུ་ས་སྐྱར་ལུས། དེ་ནས་འཇང་ཆུ་བཛྲ་བ་དང་། བུ་སློབ་སྐོར་བ་ལ་ཕྱིན་པས། འཇང་ཚོས་སྡིངས་པ་དང་། ཁྱུང་དཀར་བས་ཞབས་ཏོག་མཐིལ་བྱས། ཏ་ནག་ཡན་གྱི་རང་རེའི་སྒོམ་ཆེན་བུ་སློབ་ཀུན་གྱིས་ཤ་མར། ཙམ་ནས་ཕུལ་བས། འཇང་དུ་ཟླ་བ་ཕྱེད་གསུམ་བསྡད། ནན་ལྟར་སྐྱིད། ས་སྐྱར་ཡང་ཟ་ལྷག་ཐོང་རྒྱབ་དགུ་ཙམ་ཐོན། བུ་སློབ་ལ་བདེ་ཚོད་དེའི་དབྱར། བླ་མ་མཉམ་མེད་ཆེན་པོ་བྲང་ཁང་ཤར་དུ་ཕྱོན། ང་རང་གི་བུ་ཚ་ཚོ་ཡང་ཚོགས་སུ་བཏང་ནས། བླ་མ་པའི་དྲུང་དུ་ཚབ་ཞུས་ནས། བླ་མའི་དྲུང་ནས་ཀྱང་ཞལ་ལྟ་དཔེ་དོན་མང་པོ་གསུངས། རང་རེས་ཡང་ལེགས་པའི་དེས། ཞེས་སྐྱོན་མང་པོ་ཞུས། བླ་མའི་གསུང་གིས། ལེགས་པའི་ཚོ་ཉིད་རང་ཡང་བྲན་པས་ཟུང་། བཟང་པོ་ཡོང་བ་ཡིན། ངན་པ་ཚོ་སྤྱོངས་དང་། མནོར་བ་ཡིན། ལེགས་པའི་དཔེ་རྣམས་ཁོང་ཚོ་ལ། སེ་ཆེན་རྒྱལ་པོའི་འཇའ་ས་བླ་མ་འཕགས་པའི་བཀའ་ཤོག་གིས་སྨྱུད་ནས་བྱིན་པ་མིན་གསུང་། བླ་མའི་ཞལ་ལྟ་དཔེ་དོན་ཅན་བཟང་པོ་ཀུན་དྲན་པས་གཟུང་བས། ད་ལྟ་ཡར་བཅད་དུ་བྱ་བ་ཀུན་འཇོལ་བ་དང་། བཟང་དུ་སོང་བ་འདི། བླ་མ་མཉམ་མེད་ཆེན་པོའི་སྐུ་དྲིན་ཡིན། དེ་རྗེང་འདི་ནས་བསུ་ཏ་ཝེ་མ་བྱུང་། ཏ་འདྲ་ཉོས་ནས་ཕྱིར་ཡོང་བའི་གྲབས་བྱས། བླ་མ་བདག་ཆེན་པའི་དྲུང་དུ་ཕྱི་ཕྱག་གི་ཇ་ཞུས་པའི་དུས་སུ། བླ་མ་མཁས་བཙུན་པ་གཟིམས་ཁང་དུ་ཕར་འབྱོན་གྱི་འདུག་པ་ལ། ནམ་མཁའ་ལེགས་པ་ཚུར་ལོག་གསུང་ནས། ངའི་ལག་པ་ནས་བཟུང་ནས་བླ་མ་མཁའ་བཙུན་པའི་ཕྱག་དང་སྤྲེལ་ནས། གྲུབ་ཐོབ་ཁམས་པ་རྗོར་རྒྱལ་དེ། བླ་མ་ས་ཆེན་པའི་སློབ་མ་དམ་ཚིག་པ་ཡིན་པས། ཁྱོད་ནམ་མཁའ་ལེགས་པའི་ཞབས་ཏོག་ཏུ་འགྱུར་བ་ཀྱིས་གསུང་། དེའི་དོན་ལ། སྤྱི་གདུང་བརྒྱུད་ལ་མོས་གུས་ཆེ། དགོས་སུ་བླ་མཁས་བཙུན་པ་ལ་མོས་གུས་ཞེན་ཆེ་བས། དེ་ཡིན་ཕྱིར་ཡོང་དུས། བླ་མ་བདག་ཆེན་པའི་བཀའ་ཤོག་ནང་ན། རིན་པོ་ཆེའི་

འོག་ནས། མཁན་སློབ་ཀྱིས་མགོ་བྱས་ཐམས་ཅད་ཀྱིས། རིན་པོ་ཆེ་དང་འདྲ་བར་ཁུར་གསུང་པ་དང་། རྟེན་པོ་ལ། རྒྱལ་ཐང་། བྱེ་ཚང་། ས་མཐོན། ཚང་འདུས་ཡོངས་པ་ཅན། བཀྲ་ཤིས་ལྡིངས། རྗེ་ཐམས་ཅད་འབག་དང་བཅས་པ་ཐེལ་ནས་སྤྱིལ་པོ་ནང་སྤྱོད་དང་པ། སྦྲ་ཁ་ཅིག་བྱིན་གསུང་པའི་བཀའ་ཤོག་དང་༑ རྒྱལ་བུ་ཆོས་དཔལ་སྟོད་ཧོར་གྱི་ཁ་གཏོན་ལ། ས་སྐྱ་ཐོན་པ་ལ་ཞུས་པའི་ལེང་ཛི་ཡོད་ནའང་། དེ་དུས་རྒྱལ་མཚན་སྐྱབས་ཁྲི་དཔོན་བྱེད་པས། ཐམས་ཅད་སྡེའུ་རྒྱལ་ཕྱིར་འབྲངས་པའི་དོན་ལ། གཞིས་ཆོས་མ་ལོན། ཁོ་ལ་སུལ་བསྐུར་ནས། གཞིས་འདི་ཚོའི་ནང་ནས་དཀའ་བ་གཉིས་ངའི་རྟེན་པ་ལ་བྱིན། དེ་རྟེང་ང་ལ་འཛའ་ས་དགོས་སྐྱེལ་བྱུང་ཡང་ཁྲི་དཔོན་མི་རྩོད། ངས་མ་རྩད་ནས་རྩོད་མི་མེད་ཟེར་བ་བསྐུར་བས། སློབ་དཔོན་ཚུལ་མགོན་དང་། མཁན་པོ་རྗེར་རྒྱལ་ལ་ཉི་མ་ཉྫ་སར་དགུག་ཟེར་འདི་ཚིག་ནང་བསྐུར་བྱུང་བས། ཚེ་དེ་ལ་འཛུ་བའི་དོན་ལ། རྟེང་ལ་ཁྲི་དཔོན་གྱི་ལ་ཁ་ལ་འཛུས་པའི་དོན་དེ་ཡིན། སློབ་དཔོན་སངས་ཡེ་ཤེས་ཀྱིས་གོང་དུ་ཞུས་ནས༑ རྒྱལ་མཚན་སྐྱབས་ཁྲི་དཔོན་ལ་བསྐོས་ཤིང་། ས་ཕོ་རྟ་ལོ་ཟླ་བ་བཞི་ནང་ནས། ཆུ་ཕོ་བྱི་ལོ་ཟླ་བ་བརྒྱད་པའི་བར་དུ་ལོ་ངོ་ལྔ་བྱས་འདུག་ནའང་། ང་གཞོན་ནུ་ཡོན་ཏན་གྱིས་སྤྲོལ་བཞིན་ཆང་ནག་མོའི་དབང་དུ་སོང་། ཕག་མོ་གྲུ་པའི་སྡེ་འདིའི་ནང་དུ། སྒོང་སྡེའུ་གང་གི་བཏུན་བུ་བྱས་ནས། རིན་པོ་ཆེའི་དཀར་ཐོག་མེ་ཏོག་ཡང་སྒོ་རྣམས་བཅད། བན་དེ་རྣམས་ཁྲལ་རྒྱུག་ཁུར་བཙུག གདན་ས་འདི་བྲུག་མི་བྲུག་ཐུག༑ ཕོ་རང་གི་ཕ་བས་ལྷག་པའི་མི། རྒྱལ་དཔལ་ཟེར་བ། གོང་མའི་གསེར་ཞལ་གསུམ་མཐོང་བ། ཕོ་རང་གྱི་ལས་ཁ་ལེན་མི་ཡིན་པ། བྱི་ལོ་ཟླ་༧ ལོ་གསར་གྱི་ཉིན། རྒྱལ་དཔལ་ནག་མོ་སྤྲོལ་མ་སྐྱིད་འཁྲུག་འདོད་པའི་ཆེད་དུ་བསད། དེའི་དོན་ལ་རྒྱལ་འབུམ་གྱིས་མགོ་བྱས། ཉེ་བ་རྣམས་ཀྱིས། བླ་མ་ཆེན་པོ་ཀུན་སློ། གོང་ནས་ས་སྐྱར་བསྐྱེན་རྫོགས་ལ་བྱོན་དུས། སི་ཏུ་རིན་ཆེན་གྲགས་དང་དཔལ་ལྡན་ཧུ་དབེན། ཏུན་དབེན་གྱི་དམ་ཁ། ཁྲིམས་ར་དང་བཅས་པ་བྱོན་པའི་དུས་སུ། ཐར་རྒྱ་ཤོར་བྱས་ནས། རྒྱལ་མཚན་སྐྱབས་ལས་ཁ་ལས་ཕབ༑ བླ་མ་ཆེན་པོ་དང་། མི་དཔོན་

རྣམ་གཉིས་ཀྱིས། སྤྱན་སྔ་བདེ་གཤེགས་པ་གསུང་ཕྱིན་ནས། ཁྱེད་རང་རིན་པོ་ཆེ་ཁུ་བོའི་ལུགས་བཞིན༏ བླ་དཔོན་སློབ་དགོས་གསུང་པའི་གསུང་ཕྱིན་འདུག་ནའང་། ངེད་ཀྱི་ནུ་བོ། བྱང་ཆུབ་རྒྱལ་མཚན་ཟེར་བ། ས་སྐྱའི་དགེ་བཤེས་ཅིག་ཡོད་པ་དེ་བསྐོ་བར་ཞུ་ཞུས་པའི་དོན་ལ། བླ་མའི་བཀའ་ཤོག་དང་། ཏུན་དབེན་ཤའི་བཅའ་ཏུ་གནང་། བཀའ་ཤོག་བཅའ་ཏུ་སྒྲོག་པའི་གསེར་ཡིག་པ། ཉེ་གནས་བསོད་ནམས་བཀྲ་ཤིས་དང་། བཀྲ་ཤིས་ཏུ་དབེན་ཤའི་མི། ཚའོ། ཏའོ་བཀྲ་ཤིས་བརྟན་དང་། སྐྱ་རྒྱལ་ཡོངས་ནས། ཆུ་ཕོ་ཁྱི་ལོ་ཟླ་བ་བདུན་ཚེ་དགུ ཉིན་བཀའ་ཤོག་བཅའ་ཏུ་རྣམས་སྒྲོགས། ཚེས་བཅུ་བཞི་ཉིན་སྣེ་གདོང་བླངས། སྣེ་གདོང་ནང་སོ་ན་ཏ་ཤ་ཀང་པ་ཅིག་དུམ་བུར་བཏོང་ནས་བཙོས་པ་དང་། ཆུ་བསྐོལ་ནས་ཡོས་སྒྲོ་བ་གང་། གྲོ་བྲོ་བཙོ་ལྷ། ཆང་སྦ་ཏུ་སྤྱིད། སྣོད་སྤྱད་ལ་ལུང་རྫོལ་ཅིག ཁྲི་འཐིལ་རྫོལ་ཅིག ཟངས་ཀྱི་རྫོལ་པོ་ཅིག དཀར་ཡོལ་སོ་སྨུག་བཞི། གདན་ཆ་ལ་བལ་འབོལ་མཐིལ་རྫོལ་ཅིག བྲུམ་ཟེ་རྫོལ་པོ་བཞི། བྲུམ་ཡུག་ཟད་པོ་འདོམ་གང་པ་ཅིག རྟེན་མཆེད་ལ་གདུང་ཁང་ཆུང་གསུམ། ཁྲ་འབྲུག་པའི་ཡིན་པའི་གསེར་འབུམ་ཟད་པོ་འདི་མ་གཏོགས། རྟེན་ཆ། མཆོད་ཆ། ཐབ་ཆ། གདན་ཆ་གང་ཡང་མེད་ཅིང་། རྒྱལ་མཚན་སྐྱབས་ཀྱི་བུ་ཚ་རྣམས་ཀྱིས་འཁྱེར་འོས་རྣམས་འཁྱེར། གཞན་རྣམས་བཅག་འདུག སྒོ་རྣམས་ལའང་བསྒོར་ལུགས་མེད་ཅིང་། སྒོ་ཕལ་ཆེར་ཆགས་པོ་དང་གས་པ། ཁྱིས་ཟ་འཁྲོམ་གཏོགས་པ་མེད། ཁང་པ་ཤར་ནུབ་གཉིས་པོ་འབྱམས་ནས། ལོ་རེ་བཞིན། ཁང་པ་ཆེ་ཆུང་ལྕགས་རི་དང་བཅས་པ་འཚོས་དགོས་པ་བྱུང་བ་དེ་ཡིན། ངེད་སྣེ་གདོང་དུ་བསྡད་དགོས་གསུང་དུས། ངེད་ཀྱི་གཉེར་ལས་ལ། བན་ཚུལ་འཛིན་པའི་མི་གཞོན་ནུ་དཔལ་དང་། གཞོན་ནུ་མགོན་གང་འཐད་ཅིག་དགོས་ཞུས་ནའང་། ངེད་རང་ཐེལ་དགོས་པ་ཡོད་གསུང་ནས་མ་གནང་། འཛི་རི་ན་ཁར་ངེད་ལ་ཞུ་འབུལ་བྱས་པའི་དུས་སུ། སྤྱན་སྔ་ནས་ངེད་ལ་ཚུར་རྩིས་ཁ་བསྐམས་པ་ལ། ཞིང་པ་ཡ་གསུམ་འདི་ལ། ངེད་རང་དང་གྲོས་མེད་པར་ཁྱེད་ཀྱིས་ཁ་མ་འཇུག འཕྲེང་ཡར་བཅད་ཀྱི་ལྷ་སྡེ་མི་སྡེ་རྣམས་ལ། ངས་ཁ་སྐྱམ་མི་འཇུག༏ ཡར་བོན་

དང་། ཞགས་སྤུའི་ཞིང་འཁྱར། སྤར་བརྩོན་འགྲུབ་དཔལ་གྱིས་དུས་ནས་ཁྲིགས་བྱས་པ་དང་། བརྒྱུས་སྐོར་རྣམས་ལ་མེ་ཏོག་བཅག་མ་འདི་བྱེད། ཟ་ར་ཁང་གསར་འཛིན་མི། འཛིན་བསམས་ནས་བྱེད། བཀྲ་ཤིས་སྤྱོངས་འདི་ཁྱོད་ཀྱི་ངེད་ལ་གློད། གཞན་བརྒྱུས་སྐོར་ཁྱུལ་དུ་ཁང་པ་མིག་རྩེ་ཅིག་གམ། ས་ཞིང་ལྷུ་ཅིག་ལའང་སྐྱ་ཁབས་དགོས་བདག་མི་བྱེད་པ་ཡིན་གསུང་། ཐེལ་ཤོད་ཀྱི་དཔོན་སྐྱ་ཉེ་གནས་གཟའ་པ་ཆ་པ་རང་རེ་ལ་དགའ་བ་རྣམས། ཕར་ལ་འདི་ཙོཁ་ཞུ་རྒྱུ་ཡོད་ན། ད་ལྟ་ཞུས་པ་འཐད་ཟེར་ནའང་། རྩེ་ཁ་དང་འདོད་ཞུས་ནའང་། ཐོག་ཏུ་མི་ཡོང་བར་གོ་ནས། དེ་ཉེ་ཁར་མེད་བྱས་ཤིང་། རེ་ཤི་རྒྱལ་མཚན་སྐྱབས་ཀྱི་ཁ་ཡ་འདི་བཅར་ནས། གློ་ཕུགས་ཆོས་ཅིག་ལ་གཏད་པའི་དོན་གྱིས། འདོད་རྩེ་ཁ་གང་ཡང་མ་ཞུས། དེ་དུས་སྤྱན་སྔ་ནས། ངེད་ལ་གུང་ཏུའི་ཡིན་པའི་རྟ་རག་སྨོན་ཟེར་བ་ཅིག་དང་རྟ་བཅུ་གནང་བྱུང་བ་ལ། འཇེ་རི་ན་ཁ་ནས། དེས་སྔོན་དུ་ཡོངས་པའི་ལམ་དུ་རྟ་བཞི་ཆད། གཉིས་འོན་དུ་ལུས། དེ་སྔོན་དུ་གྲོ་ཆུང་ཅིག་དང་བཞིའི་ཕན་ཐོགས། གྲོ་ཆུང་དེ་གཞོན་ནུ་བཟང་པོའི་ཞོན་པ་བྱས། ནས་ཁལ་སུམ་བརྒྱ་གནང་བ། ཚུར་དར་བཤར་བས་བརྒྱ་ཉེ་ཤུ་ལས་བྱུང་། དཀོན་གཉེར་བ། སྤྱིལ་གསར་བ། དབྱར་མཆོད་པ། གསེར་ཐོགས་པ་རྣམས་ཀྱིས་རྟ་བཟང་བ་རེ་བྱིན། ཇ་མཆོད་པ་མ་ནུས་ཟེར་ནས་མཛོ་ཅིག་བྱུང་། སློབ་དཔོན་རྒྱལ་མཚན་དཔལ་གྱིས་རྟ་སྐྱེ་ལེགས་ཟེར་བའི་ཟག་མདོངས་ཅིག་དང་། རལ་གྲི་པག་ཤུད་མ་ཅིག དངུལ་དམ་སྲོ་བཅུ་གསུམ་ཡོད་པའི་རྗོལ་པོ་ཆུང་ཆུང་སྨན་ཚོའི་ཡིན་པ། མེ་ཏོག་དང་ཤིང་ལོའི་རི་མོ་ཡོད་པ་ཅིག་དང་། ཅན་ནི་མེ་ཏོག་རི་མོ་ཡོད་པའི་སྲབ་པོ་ཕུས་བཏབ་ཀྱང་འཕུར་འགྲོ་བའི་སྟེག་པ་དང་བཅས་པ་ཅིག་སྦྱིན། ཅན་སྟེགས་དེ་ཐེལ་གྱི་སྤྱིལ་པོ་ན་ད་ལྟའང་ཡོད། ཅན་ནི་དེ་སྐབས་ཅིག་རྩེས་ཐང་པ་ཀུན་གཞན་གྱི་ཁང་པ་ནའང་འདུག་པ་མཐོང་། རང་རེས་སྐྱབས་པའི་མཛོ་ཤེལ་ཟལ་ཟེར་བ་ཅིག་གིས་མགོ་བྱས་ལྔ། མིས་གཏེར་བ་བྱུང་བ་གཉིས་དང་བདུན། རྟ་བཅུ་གཅིག གསེར་སྐྱ་ཁྲི་རྒྱབ་དང་བཅས་པ་ཆུང་ཆུང་གཅིག། ངེད་རང་ལ་ཡོལ་བ་བླ་རེ་ཆ་ཅིག བསྟོད་འབོལ་གོས་འབོལ་ཆ་གཅིག སྟེས་

འབོལ་དང་བཅས་པ་ཡོད་པ་དང་། ཐེལ་པས་གོས་འབོལ་འཐུག་པོ་ཅིག་དང་། སྲབ་པ་ཅིག ཆ་རྩེ་ལྔ། གདན་ཡུག་གཉིས། ཡོལ་བ་ལྷ་རེས་ཆ་ཅིག ནང་སོ་ཆོས་འབོལ་བྲུམ་ཆ་རེ་དང་། དཀར་སྟེར་ཆ་རེ་ཕྱིན། ཇོ་བོས་ཧ་དམར་པོ་སྣང་མས་གོས་པའི་ཆད་པོ་ཆོན་པོ་ཅིག་ཕྱིན། ཡར་མདའ་གཡུ་སྲིད་ཀྱིས་ཧ་རེ། སྣ་ཞལ་གྱིས་ཧ་རེ། སྣ་ནམ་པའི་གཟའ་པས་ཇ་གཅིག ལྷ་སྟེས་མཛོ་ཅིག་ཕྱིན་པ་མ་གཏོགས་སུས་ཀྱང་མཐོང་ཆོད། མཐོང་ཆོར་མེད། མི་སྟེ་ཡང་། འཁྲུས། མོན་འགར། རྒྱལ་མཚན་སྐྱབས་ཀྱིས་ཤེ་མང་གིས་བཟུང་། གྲི་ཆོས་སྟོངས། འབྲས་མོ་དང་བཅས་པ། གཡའ་བཟངས་པས་གཟུང་། འཇུ་ཐང་ཐང་པོ་ཆེ་པས་གཟུང་། བཙན་ཐང་། ལྷ་རང་། ཁྲ་འབྲུག བཟང་མོ། ལྷག་ཏུས་མགོ་བྱས་ཤར་པས་གཟུང་། སྨོན་མཁར་བྱེ་མ་ལྷ་ཁང་གིས་གཙོ་བྱས། དགེ་བཤེས་ཏུ་དབེན་ཤས་གཟུང་། ཟ་ར་སྟོད་སྨད་ལུས་ཞིང་། དགོན་ཐུང་། ཀུན་དགའ་ར། སེ་གསེབ་ལྷ་ཁང་གི་བསྐོར་རྣམས་ཁང་གསར་བ་དང་། དཔོན་ཆེན་ཡོན་བརྩོན་གྱིས་གཟུང་། རྩེ་ཐམ་འབབ་རྡོ་རྗེ་མགོན་པོ་ཏུ་དབེན་ཤས་བཟུང་བ། དཔོན་ཆེན་འོད་ཟེར་སེང་གེ་ཐོན་དུས། འདམ་ཏུ་རྡོ་རྗེ་མགོན་པོ་ཏུ་དབེན་ཤ་ལ་ཞུས་ནས་བླངས། ཐེལ་པ་ལ་སྤྲུར། དཔོན་ཆེན་ཡོན་བརྩོན་གཤེགས་པ་དང་། སེ་གསེབ་ལྷ་ཁང་སྐོར་རྣམས་ཐེལ་པ་ལ་དགོས་གསུང་ནས། བཀའ་ཤོག་ཡིག་རིགས་ལ་རྟེན་ནས་བླངས། ནང་སྤྱད་ལ། གསོལ་སྐྱིན་རག་ཤན་ཁྲ་མོ་བྱས་པའི་འཛག་པོ་ཅིག་དང་། རྒྱུག་སྐྱིན་ལྕགས་སྐྱིན་གོག་པོ་ཅིག ཕོག་སྟེར་མི་ཉི་ཤུ་སུམ་བཅུ་ཙམ་ཁེམ་པ་ཡོད། གཞིས་ཕྱིས་ཀྱི་གསོལ་སྤྱད་ཅི་ཡོད། གཞོན་ནུ་བཟང་པོ་གསོལ་ཇ་བ་ཡིན་པས་ཁོ་ལ་གསལ་སྣང་གྱི་སྒོམ་བརྩོན་པ་དང་། དཔོན་རྡོ་རྗེ་དཔལ། མཁན་པོ་རིན་རྒྱལ་གསུམ་པོ་དེ། བན་དེ་གཙང་མར་འདུག དེ་ཚུན་ཆད་ནས་ཆང་ནག་གི་དབང་དུ་སོང་། མི་གཟུང་གང་ལ་ཡང་མ་དོད། རང་སྟུག་པ། མིས་འཆའ་ཞིང་། དབང་ཆུང་། ཀུན་གྱིས་བརྙས་ཁ་ཉན། སྟེའི་མགོ་རྫོད་ཏུ་སོང་འདུག་པའི་དོན་གྱིས། སྐྱོན་རྣམས་གོ་ནས། འཇག་ཅིག་མ་བྱུང་བར་དུ། ཁྲི་དཔོན་གྱི་གོ་ས་འདིར་བསྡོད་ཅིང་། བློ་ཐུགས་ཆོས་ལ་གཏད་ནས། འདིའི་བུ་ལས་བྱེད་

པའི་རིགས་ལ། ཚང་དང་ནག་མོའི་སྐྱོན་མེད་པ་ཅིག་བྱ་དགོས་བསམ་པའི་སེམས་ལ་ཞུགས་ཁྱུར་ལོ་ཉི་ཤུ་ལོན་པའི་དུས་སུ་གོ་ས་འདིར་བསྡད། གཉེར་པ་ལ་སྟོན་པ་གཞོན་ནུ་འོད། བན་དེ་བཅུ་གཉིས་པར་འདུག ལོ་དྲུག་ཅུ་སླེབས། ཐེལ་དང་གདན་ས་འདི་ལ་ཞེན་ཆེ་བའི། ང་ལའང་སེམས། ཟས་ནོར་ཡང་བཟང་པོར་འདུག་པས། ཁོ་ལ་གཉེར་པ་བསྐོས་ནས། གཉེར་ལོ་བརྒྱད་བྱས་པ། སྔར་ནས་ཐེལ་གྱི་སྤྱན་སྔའི་ཉེ་གནས་ཆེན་པ་དང་། བོད་ཀྱིའང་གཉེར་པ། ཁྲི་ཆུང་། བྱ་ལས་དབང་འཛིན་གང་ལའང་གཟའ་པ་གྲངས་ཅན། སྐྱོ་འོ་ཧ་རྗེ་ཡར་བཅད་ཀྱིས་ཕྱག་འཚལ་བ་དང་། གསོལ་ཞིབ་ཟ་བའི་སྲོལ་མི་འདུག སྟོན་པ་གཞོན་ནུ་འོད་ཐེལ་གྱི་ནས་གཉེར་ཡིན་པའི་དོན་ལ། རང་རེའི་གཟའ་པ་ཆེན་གཞོན་རྣམས་ཀྱིས་ཅུང་བརྙས་ཀྱིས་འདུག་པས། གཉེར་པ་གཞོན་ནུ་འོད་ངའི་ཕ་དྲོད་ཡིན་པས། ཁྱོད་སུ་གང་གིས་ཀྱང་མ་བརྙས་ཟེར་བའི་ཚིག་རིམ་པར་གོ་བཅུག་པས། ཀུན་གྱིས་ཀྱང་སྟོན་པ་ལ་མི་བརྙས་པར། ཚིག་ལ་ཉན་ཞིང་འཁྱུར་བར་ཡོད་པ་ཡིན་ནའང་། ཁོས་ཀྱང་རེ་བ་བཞིན་མ་བྱུང་། རྒྱལ་ཐང་དང་ས་འཕྲོན་བྲེ་ཆུང་རྣམས་ཁོའི་འབྲུན་གཏོར་གཟུང་ནས། ནང་སོར་བྲན་མ་གྲོ་ནས་ཀྱི་འབྲུན་བྲེའི་ཁ་བཞར་སྐྱེ་བཞར་བྱས་ནས་བྲེ་མིག་དེ་ཁོངས་ཙམ་བཏོང་ཞིང་། ཚུར་ལ་ལེན་པའི་དུས་སུ་ཤེས་ཐོག་གི་བྲེ་ཆེན་ལ་ཁ་བསྒྱུར་བས། ནང་སོ་ལ་འདབ་ཀྱི་གྲོང་པ་ཅིག་ལས་མ་བྱས། ནས་འགའ་ཞན་གྱི་རྗེས་བཏང་ན། སུམ་འདབ་ཀྱི་གྲངས་བྱུང་། དངོས་པོ་རྣམས་ཀྱང་ཟུར། སོག་བྱས། ནང་སོར་ཡང་སྣོའི་བསྡུད་བགོ་རྣམས་ཀྱང་། བཙན་ཐང་པ་གྲགས་པ་འོད་ཟེར་ལ་སོགས། དགོས་གཡོག་ཆང་འདྲེན་པ་འགའ་ཡར་བྱས་ནས། ཀླུ་བྱར་མོན་འགར་གྱི་བོགས་ཡོང་སྣོ་རྣམས། བྱ་པ་འགགས་ནས་མ་ཚང་ཞིང་། ས་པར་དམིགས་ཐིམ་ནས། ནང་སོ་མ་སླེབས། འཕྱོས། ཡར་སྟོད་ལ་སོགས་ཀྱི་བོགས་ཡོང་རྒྱུ་རྣམས། མཁར་ཐོག་དང་རྒྱལ་ཐང་ནས་དམིགས་ཐིམ་ནས། ནང་སོ་མ་སླེབ། ཕར་མདའ་གཡུ་སྲིད་ཀྱི་ཡོང་རྒྱུ་རྣམས་ཀྱང་། ས་པར་དམིགས་ཐིམ་ནས། ནང་སོར་ཡོང་སྣོ་མ་བྱུང་བའི་དོན་ལ། ཐབ་མི་ཐེན་ཅིང་། རང་གི་གོས་ལྷམ་མི་ཁྱེད་པ་ལ་ཐར་རྒྱུ། གཞོན་ནུ་འོད་ཀྱིས་གཉེར་ལོ་

བརྒྱད་པོའི་རིང་ལ། གཟའ་པ་དྲག་པ་རྣམས་མཐོང་ཆུང་བས། ཕྱག་འཚལ་མི་ཡང་མེད། གཉེར་པས་གསོལ་ཞིབ་ཟ་བའི་སྲོལ་མི་འདུག་པས། གསོལ་ཞིབ་ཡང་མ་ཟོས། ནང་ཅིག་ཇ་མ་ནག་རང་པ་ལ། སྟོན་པ་རང་གིས་ད་ནང་ང་ལའང་ཙམ་པ་ཞིབ་པོ་ཅིག་བྱིན་དང་བྱས་འདུག་པས། ངས་གཏེར་བའི་ཐག་མི་ཆོད་བྱས་ནས། ཕྱིར་བྲོས་འདུག་ཅིང་། ཉིན་ཅིག་གཟའ་པ་ཀན་གཞོན་བརྒྱ་བཅུ་ཀན་པ་ཀན་པ་ཐམས་ཅད། ཀ་དྲུག་མའི་སྟེང་དུ་བསགས། གྲོ་ཀ་ངན་ནེ་བ་ཅིག་དྲངས། སྤྲ་ཕྱིའི་སྐྱོན་ཡོན་རྒྱ་མཚན་རྣམས་ཞིབ་ལ་རྒྱས་པར་སླེངས། ལོ་དང་པོ་འཁྲུགས་པ་ཁའི་མེ་འབུད་ཡིན། གཉིས་པ་སོ་མ་ཡིན། གསུམ་པ་ལ་ཐབ་ཟིན་རྒྱུ་ཡིན་པ་ལ། གཙང་བའི་བག་མ་ལྷར་ཇི་མ་ལེགས་ལ་སོང་། ང་དང་མི་སྡེའི་བར་འདི་ན། ཀུན་མ་དང་བྱག་པ་འགའ་ཞིག་ཆུག་འདུག མི་སྡེ་ཚོ་ནི། ཁྲལ་ནན་ཏར་ཆེ་བ་ཡིན་ཟེར་གྱི་ཡོད་པར་འདུག ཁྲལ་ཆེན་ནང་འཛོམ་དགོས་པ་ཡིན། ནམ་མ་འཛོམ་ན་མི་སྡེ་ལ་ཁྲལ་མེད་དགོས་ཏེ། ནང་སོ་ཡང་མ་འཛོམ། མི་སྡེ་ལའང་ཁྲལ་ཆེན་པོ་ཡོང་འདུག་པས། ཀུན་བྱག་འདི་རྣམས་སྒོ་མོ་འདི་ཡར་བཅད། ནང་འདི་ན་འཛོམ་འདུག སྔར་བྱས་པ་རྣམས་ཀྱང་བཟོད་པར་སྨོམ། ད་ཕྱིས་ཁྱོད་ཚོས་ཀྱང་ཐ་ཐད་ནས་ཀུན་བྱག་ངོས་ཟིན་པ་གྱིས་ལ། ཕོ་སྐྱིད་འདོན་དགོས་བྱས་དུས། སྟོན་པ་གཞོན་ནུ་འོད་དང་། དཔོན་རིན་ཆེན། སློབ་དཔོན་ཚུལ་དར་རྣམས་ཀྱིས་མགོ་བྱས། དཔོན་སྐུ་ཚེ་ཆེ་ཕར་གཏོར་ཚུར་གཏོར་བྱས་པའི་སོ་སོར་མ་ལེན་པ་དང་མ་ཉེས། ཕྱི་པོའི་འགྲུལ་བརྫལ་དང་འཚོག་འདུས་ལན་པ་ཅིག་ལས་ལབ་མ་ཉན། དེ་རྗེང་། སློབ་དཔོན་ཚུལ་མགོན་གྱིས། ས་སྐྱ་དགེ་བཤེས་ཀྱི་ཚོག་རྣམས་ལ་གོ་རྒྱུ་ཡོད། བདེན། ཡང་ན་ནང་འཛོམ་དགོས། ཡང་ན་མི་སྡེ་ལ་ཡོད་དགོས། ཁྱེད་རང་རྣམས་གོ་བ་ལོངས་ཟེར་ནས་ཕྱིར་བུད་སོང་། དེ་རྗེང་སྐྱིད་འདོན་པའི་རྣམ་འགྱུར་མི་འདུག་པས། ཐེལ་ལ་ཕྱིན་ནས། སྤྱན་སྔར། གྲགས་པ་སེང་གེ་འདི། ཡང་ན་ངད་ཀྱི་བྱེད་གཉེར་དང་། གསོལ་ཇ་གཟིམས་གཡོག་སྒྲུབས་པ་ལ་ཐུགས་ལ་འདོགས་པར་ཞུ། གཞོན་ནུ་བཟང་པོ་འདི་གཞིའི་ཞིབ་ཚགས་ལ་འཛོག་དགོས་པར་གདའ། ཡང་ན་སྡེ་གཙང་དུ་གཞིའི་ཞིབ་ཚགས་ལ་

ཐུགས་ལ་འཇོགས་པར་ཞུ་ཞུས་ནའང་། གྲགས་པ་སེང་གེ་ངེད་རང་ལ་ཐེལ་དུ་དགོས་པར་ཡོད་གསུང་ནས་གནང་མ་ཉན་པའི་དོན་ལ། གཞོན་ནུ་བཟང་པོ་བྱེས་ལ་ནན་ཏར་མགོ་བ་ཡོད་ནའང་། གཞིའི་གཉེར་ཆུང་ལ་བསྐོས་ནས། ཞིབ་ཚགས་ལ་ཡེ་ཕན་བསམ་ནས། སྟོན་པ་གཞོན་ནུ་འོད་གློས་བཏང་ནས་ཡོང་དུ་བཏང་བྱུང་བའི་དོན་ལ། རང་རེ་ཡང་ཡིད་ཆད་ནས། བྱང་ནས་འཁོར་བ་ཅིག་ལ་ལྟུང་ར་གྲུ་བཞིར། གུར་ཆ་ཐེར་ཕྱུག་ནས། ༼ླ་བ་ཕྱེད་བསྡད། སྣེ་གདོང་དུ་མ་ཡོངས་པས། གཟའ་པ་རྣན་པ་རྣམས་ཀྱིས་ཞུ་བ་བྱས་ཀྱང་སྣེ་གདོང་དུ་མ་ཕྱིན། དེ་རྗེང་། སྟོན་པས་ཀྱང་། སྟོན་དར་གྱི་སར། སྣེ་གདོང་ཞོལ་གྱི་རི་ཐང་གི་མཚམས་སུ་ཁོ་རང་གཉིས་འཛོམ་ཆེམ་བརྟོན་བྱུང་པ་འདི་པ་དང་འཁོན་མི་རུང་། ད་གཉེར་འདིར་གཏོད་བསམ་པ་ཡོད་པ་ལ། ལྟེ་མིག་འདི་ཕྱུལ་ནས་རྩིས་མི་བྱེད་པ་ཅིག་བྱུང་ན་ཟེར་བའི་ཞུ་བ་བསྐུར་བྱུང་། བར་ཐང་གི་ཐོག་ལོ་བདུན མོན་འགར་གྱི་ལོ་ལྔ། ནང་སོར་མ་བྱུང་། མིག་ནག་བྱས་ཟེར་བའི་གཏམ་ཅིག་ཐོག་དགོས་པའི་རྩིས་མི་དགོས། ང་སྐྱེས་པའི་དུས་ནའང་། མའི་ཁང་པ་ནས་གཅེར་བུ་ཡོངས། འཆི་བའི་དུས་སུའང་ལུས་དང་ལོངས་སྤྱོད་ཐམས་ཅད་སྐྱུར་ནས། རྣམ་པར་ཤེས་པ་བུད་འགྲོ་བ་ཡིན་པས། ང་སྤྱན་སྔ་རིན་པོ་ཆེའི་དབོན་རྒྱུད་དུ་སྐྱེས་ནས། ལས་དང་བསྐལ་བར་ཡོད་ན་སྟོགས་རེལ་མི་འཆི་བྱས་ནས་ལྟེ་མིག་བླངས་པ་མ་གཏོགས། གསེར་ཞོ་གང་དང་སྣམ་བུ་ལ་བ་གཅིག་ཏུ་ལོངས་པ་རྩིས་མ་བླངས་པའི་སྟེངས་དུ། འཇམས། གན། མེ་ཏོག ཛ་ཏ་རིན། འབྲེལ་ཆགས་ལ་གསེར་སྲང་སྟོང་ཕྲག་ལྔག་པ་འདུག་པ། ལོ་ལྔའི་བར་དུ་འཇལ་དགོས་པར་བྱུང་སྟེ། གཞོན་ནུ་འོད་ལ་གསེར་ཞོ་གང་གིའང་ཁ་སྤྲད་མ་གཏང་། ཁོ་རང་གི་གཡོགས་པོ་རྡོ་རྗེ་རྒྱལ་མཚན་གྱིས་སྲང་ལྔ་བརྒྱ་སྐོར་བ་ཅིག་ཁྱེར་ནས་གཡའ་བཟང་གིས་ཁོག་དུ་ཐོས། བྱ་གཞོན་གྱིས་ཞོ་ཕྱེད་དང་། ཉིས་སྟོང་ཡོད་ཟེར་བ་ཅིག་ཁྱེར་ནས་ཐོས། ཞོ་སྟོང་ལྔག་ཅིག་གཉེར་པ་ཁོ་རང་བསྡོད་པའི་དུས་སུ་མཁར་ལ་འཇོག མི་བསྡོད་པའི་དུས་སུ། གཉེར་མཛོད་དུ་འཚོལ་བ་ཡིན་པར་འདུག་པ་ལ། སྟོན་པ་ཤི་བའི་དུས་སུ་ཐོར་ནའང་། ཕྱིས་དམིགས་ནི་བྱུང་། དོར་

བཙང་མ་ཆོད་མ་བཅད་བླ་བྲང་གི་མཛོད་ཅིག་ཏུ། སྤྱོད་པ་འཚོལ་འདུག་ནའང་། སེ་འགྱུར་རྣམས་དགེ་སྦྱོགས་སུ་སོང་འདུག་པས། ཤོར་འདབ་དང་། བརྟའ་དེད་མ་བྱས་པ་དེ་ཡིན། ས་ཕོ་འབྲུག་ལོ་ལ་ཡ་རུ་ལ་ཐོང་ཆེན་ཡར་ལྕུངས་སུ། བླ་མ་ཀུན་སྤྲངས་པ་ལ་སོགས་ཀྱིས། ས་སྐྱ་ནས་སྤྲས་ནས། སྟག་ལུང་པའི་ཞེ་ནས་དོན་རྒྱལ། སྟོན་པ་རིན་ཆེན་འོད་དང་བཅས་པ། རྒྱལ་མཚན་སྐྱབས་ཀྱི་ཁ་མཆུ་བརྗོད་པ་ལ་བྱུང་། རྒྱལ་མཚན་སྐྱབས་ལ་གྱོད་བཏོང་བ་དང་། ཁ་མཆུ་བྱེད་པའི་ངན་ཕྱུགས་ཐང་པོ་ཆེ་པ་རིན་ཆེན་དཔལ་ཡིན་ནའང་། རང་རེའི་དོན་འགྲུབ་པས། རང་རེའི་མིག་ཏུ་མཛུག་གུ་རྒྱབ་པ་མེད། ང་རང་གི་ངན་བསམ་པ་མེད་པས་མནའ་ཐོན་པ་དེ་ཡིན། ཡ་རུ་ལ་ཐང་ཆེམ་གྱིས་བཞུགས་པ། རྗེའི་གཟིམས་ཁང་དུ་བྱས། གཡོག་ལ་བུ་གཉེན་པ་གཉིས་དགོས་ཟེར་བས། བསམ་འགྲུབ་ལོ་བཅུ་དྲུག་ལོན་པ་ཅིག་དང་། ཤེས་རབ་སེང་གེ་ལོ་བཅོ་བརྒྱད་ལོན་པ་ཅིག་བཞག་ཅིང་། བུ་ཚ་གཉེན་པ་དགོས་ཟེར་བའི་དོན་ཁོང་གིས་དགོངས་པ་ལ། བཅོ་བྲུས་ནས་ནང་གི་སྐྱོན་ཡོན་ཐམས་ཅད་འདྲི་དགོས་བསམ་པའི་དགོངས་པ་འདུག་པ་གོ་རྟིང་ལ་གནས་འགྲོན་འཕྲོད་པར་བྱུང་བ་དང་། ཁོང་གིས་ཀྱང་དོན་དེ་ཡིན་གསུང་པས་ཕྱིས་ཕྱི་སོའི་འགྲུལ་པ་ཐུ་པོ་བྱུང་བའི་སྐྲ། བུ་ཚ་གཉེན་ནུ་མ་སྐྱོན་མི་ཤེས་པ་དེ་འདྲས། ནང་མཚང་ཁ་འཆལ་བཤད་དགོས་པའི་ཟོན་བྱེད་དགོས་དེར་འདུག སྤྱན་སྔའི་ཕྱག་ཕྱི་ལ། སློབ་དཔོན་དཀོན་གཉེར་བ། བསོད་རྗེར་དང་བཅས་པ་བྱོན། རྒྱན་མཚན་སྐྱབས་ཀྱིས་ཁ་མཆུའི་ཆ་ལ། སྤྱན་སྔ་ནས་གསུང་ཞིབ་དྲགས་པས། ཆགས་ཐོགས་པ་དང་། རིན་པོ་ཆེ་དྲུང་པོ་ཅིག་འདུག ཆོས་པའི་ཚིག་ཡིན་པ་ལ། སྤྱི་མིའི་ཚིག་གཏོང་ལུགས་ཅིག་དགོས་པ་ཡིན་འདང་། ཁོང་གིས་ཚིག་ཚི་གསལ་དྲགས་པས་ཁོག་ཆེན་པོའི་མི་ཡོང་གསུང་། དཀོན་གཉེར་བ་དེ་ཁྱེད་ཀྱི་མི་དྲག་པོ་ཡེ་ཡིན་གསུང་། མི་དྲག་པོར་བྱེད་ཞུས་པས། མི་དེ་མགོ་ཁྲེལ་དྲགས་པ་དང་། ཉིན་རེ་བཞིན་ངོ་འགྱུར་ལྟོག་མང་པོ་ཡོང་བ་ཅིག་འདུག མི་བློ་གཏན་མི་ཡོང་ཞིང་། སྣ་པ་ཆེན་པོའི་གྲོས་པ་ཡོང་བའི་མི་རིགས་མིན་གསུང་། ཇོ་བོ་མགོན་པོ་བྱུང་བ་དང་། ཇོ་བོ་འདི་པ་དང་མི་འདྲ་བ། རྟོག་པའི་རྟོག་ལུགས་

དང་། ཕྱིར་འགྲོ་ལུགས་འགྲོ་འགྲོ་འདྲ་བ་རེ་བྱས་ཀྱི་ནང་དུ་ཛོག བློ་རྣ་མང་པོ་འདུག མི་རྐང་བཟང་པོ་མི་ཡོང་གསུང་། ཁྱོད་ཀྱི་གཉེར་པ་དེ་ངས་ལྷ་དགོས་ཟེར་བས། སྨོན་པ་གཞོན་ནུ་འོད་གཉེར་ལ་ཡོད་པས་འགྲོ་མ་ནུས། རང་རེའི་དཔོན་རིན་ལ། ཁྱོད་ཀྱི་ཁྲི་ཆུང་འདི་མི་དྲུང་པོར་ཡེ་བྱེད་གསུང་། དྲུང་པོར་བྱེད་ཞུས་པས། ཡའི་འདི་གླེན་པ་ཆེན་པོར་འདུག ཁྱོད་འདི་ལ་བློ་མ་གཏོད་གསུང་། དེ་ཙི་ལགས་ཞུས་པས། ཁྱོད་ལ་འཇའ་སྭ་ཁྱེར་ཡོངས་བའི་ཐུག་ཤེར་བྱེད་པའི་སྲས་མོ་དཀར་མོ་ཟེར་བ་འདི། ཁོའི་ཡ་ཅེར་འདུག་པ། མོ་ལ་ཁོ་མིན་པའི་མོང་པོ་མེད་མོད་ཟེར། དེ་མེད་ཞུས། ཁོང་གཉིས་མིང་གཅིག་སྲིང་གཅིག་ཏུ་འདུག ཁོས་ཁྱོད་ཀྱིས་མི་ཐན་པ་བྱེད་ཀྱི་འདུག་པ་ལ། ཁོའི་ཡ་ཅེས། འཇའ་སྭ་སྲུང་གིས་བཏབ་ནས། ཁྱོད་ལ་ཐུག་ཤེར་བྱེད་ཀྱི་འདུག ཡང་མོ་ལ་བུ་ཡོད་ནས། བུ་ཁྲི་དཔོན་ཐོབ་རྒྱུ་ཅིག་ཡིན་ན་ཡིན་མོད། མོ་ལ་བུ་ནི་མི་འདུག ཁོ་མིང་པོའི་ཡ་ལྡེ་ལ་གྲོས་བཏབ་ནས། འཇའ་སྭ་དེ་ཁྱོད་ལ་ཕུལ་ན། ཁྱེད་ཀྱི་སྙིངས་སུ། ས་སྐྱའི་པའི་ཁ་མཆུ་འདི་ཚོ་ཡང་དོན་ཅི་ཡོད། མོང་པོ་མ་གྲུང་པའི་དོན་དེ་ཡིན། མི་གླེན་པ་ཆེན་པོ་ཅིག་འདུག ད་ཕྱིན་བློ་ཐུབ་འཚོལ་གསུང་། རྟིང་བསམ་ཙ་ན་ཁོང་གིས་བདེན་པར་འདུག དེ་ལྟར་ཡིན་འང་། གཉེར་པ་རྡོ་རྗེ་རྒྱལ་མཚན་དེ། སྤྱན་སྔ་ཞི་བར་གཤེགས་པའི་ཞབས་ལ་གཏུགས། དར་རྐོང་ཡར་བཅད་དུ་ཕྱུགས་ཕྱི་ལ་འབྲིངས། ཡུལ་གཞིས་ཟས་ནོར་ཐམས་ཅད་བློས་བཏང་། ཕྱོགས་ཐུབ་པ་མི་རྐང་བཟང་བ། ཁྲིད་འཕགས་ཅིག་ཡིན་པས། དེ་ཁོ་ན་ལ་བསམ་ནས། དཔོན་རིགས་ཀྱི་ཤེས་མ་ཤེས་དང་། ནོར་འཛོལ་ཕྱི་མ་ནང་ཅི་བྱུང་ནའང་བརྗེས།

༈ སྤྱན་སྔ་བདེ་བར་གཤེགས་པ་དང་། ངེད་སྐུ་མཆེད་ཀྱི་བར་དུའང་ཁ་ལྡེ་གཉིས་གཉིས་བྱས་པ་དང་། གཞན་ཡང་སྐྱོན་སྤྱི་རིགས་སུ་ཡོད་ནའང་། རང་རེས་མགོ་བའི་ཁོང་སུ་རྒྱབ་པ་དེ་ཡིན། ཡ་རུ་ལ་ཐོང་ཚན་གྱིས; ང་ཉིན་ཅིག་ཏ་རར་ཁྲིད། ཏ་བྲེས་ཀྱི་ཁ་ཤིང་ཅིག་གོག་ལ་ཁད་འདུག་པ་དེ་བསྟན་ནས། ཁྲི་དཔོན་ཁྱོད་བློ་ཞིབ་དགོས་པ་ཡིན། འདི་ལ་འཛེམ་ས་སེལ་པོ་དོ་འདམ། སྤྲའུ་གསུམ་བཞག་ནས་འདི་འགྲིག་པར་འདུག འདི་འགྲིག་ཙ་

ན། རྟ་ལ་གནད་ཡར་མི་ཡོང་བར་ཡིན། རྟ་བཟང་ཤོས་ལ་དངུལ་བྲེ་རེ། དངུལ་བྲེ་དོ། གསེར་སྲང་བརྒྱད་བརྒྱད་རེ་ཡིན། དོན་མེད་ལ་དེ་ཙམ་ཆུད་ཟོས་ལ་གཏང་བ་ལ་ཡོན་ཏན་མེད། ལར་དཔོན་བྱེད་པ་ལ་གཡོག་ལ་སློབ་ཤེས་དགོས་པ་ཡིན། དེར་དགོངས་ངའི་སར་ཇ་དང་བུ་རམ་ཁྱེར་ལ་ཤོག ང་ཁྱོད་ལ་ལབ་རྒྱུ་ཡོད་གསུང་ནས། དེའི་དགོངས་བུ་རམ་ལེ་བ་གསུམ་དང་། ཇ་ཇའོ་དེ་ཁྱེར་ནས་གཟིམས་ཁང་དུ་ཕྱིན་དུས། ཁོང་གི་གསུང་གིས། ང་ཁྱོད་ལ་ཞེན་ཆགས་ཆེན་པོ་ཡོད་པའི་དོན། ཁྱེད་ཀྱི་ཀུ་བོ་རིན་པོ་ཆེ་དེ་བཞུགས་པའི་དུས་ན། དུམ་ཏ་ཕེང་འཛང་གི་ཕྱུགས་ཕྱིར། ངེད་ཀྱི་ཕ་དང་། ངེད་ཀྱིས་ཡར་ལུངས་སུ་ཡོངས༑ དེ་དུས་རིན་པོ་ཆེ་པས། ངའི་ཕ་ལོ་བེར་བཟང་པོ་ཅིག་དང་། གསེར་སྲང་ལྔ། ང་ལ་རྟ་གཅིག་དང་གཡོན་སློལ་ཅིག་གནང་། ངའི་ཕ་ལ། དཔོན་པོའི་བུ་འདི་ང་ལ་ཕུལ་གསུང་བས། རིན་པོ་ཆེ་ལ་ཕུལ། ང་ལ་གནང་རྟ་དེ་ལ། རིན་པོ་ཆེའི་གསུང་གིས། རྟ་འདི་ལ་ད་བཟོད་བུ་ཆུང་གི་ཞོན་པ་ཕེར་བ་ཡོང་བ་ཡོད་པས། མི་ལ་མ་གཏང་བར་གསོགས་གྱིས་གསུང་། རྗེང་ལ་རྟ་དེ་གཙང་ལ་ཁྱེར་བས། གཙང་དུ། ངའི་རྟ་དེ་བས་བཟང་བ་མ་བྱུང་། ཁྱེད་ཀྱི་ཁུ་བོ་རིན་པོ་ཆེ་དེས། དེ་བཞིན་ཐུགས་ལ་བཏགས་པའི་ཕྱིར་དོན་ལ༑ ང་ཁྱེད་ལ་ཚོ་ཆེ་བའི་དོན་དེ་ཡིན། སྐྱེ་ཤིང་ཚུགས། ཁང་པའི་ཚོལ་ལའང་། ཞིག་བསོས་ལེགས་པོ་གྱིས། ཞིག་བསོས་དུམ་པར་བྱེད་བསམ་ནའང་། འགྲུལ་པ་མངས་པས། ཞིག་གསོས་དང་། བཙོས་ཀ་བྱས་ཀྱང་། ཆུད་ཟོས་ལ་འགྲོ་བར་གདའ་ལགས་ཞུས། དེའི་ཚིག་དེ་ཁྱོད་མི་བདེན། འགྲུལ་པ་ཡོད་བྱས་ཀྱང་། ལོ་ཅིག་ལ་ཟླ་བ་བཅུ་གཉིས་ཡིན། ཟླ་བ་གསུམ་འགྲུལ་པ་སྡོད་ཀྱང་། ཟླ་བ་དགུ་རང་རེས་བེད་ཆོད་པ་ཡིན་མོད། དེ་བཞིན་ཟླས་གཏང་རྒྱུ་ག་ན་ཡིན། ཁང་པ་རྣམས་ལ་ཞིག་གསོས་གྱིས། སྐྱེ་ཤིང་ཚུགས། ཟློ་ཞིབ་མོ་གྱིས་གསུང་། ཨ་ཏུ་ལའི་གསུང་བཟང་པོ་དེ་ལ་བརྟེན་ནས། རྗེའི་ཁང་པ་ཚ་གསོ་བ་དང་། རྣལ་རྒྱལ་གྱི་ཁང་འགྲུང་བཞི་ནས་གསོགས་པའི་དོན་དེ་ཡིན། མི་རྣམས་དུས་མེད་ངན་པ་ཁག་འགེལ་བར་འདུག་སྟེ། དུས་ཚོད་ཀྱིས་ལན་པ་ག་ན་ཡིན། སྔར་བཀའ་བསྟམས་པ་དང་། འབྲི་ཁུང་པ་དུས་ཚོད་བཟང་།

ད་ར་རྒྱས་ཡོད་པར་འདུག ད་ལྟ་དཔལ་ས་སྐྱ་པ་དང་། མཚལ་པ་མངའ་ཐང་གྲ་རྒྱས་ཕུན་སུམ་ཚོགས་འདུག་པ། འོ་ན་འབྲི་ཁུང་པ་དང་། བཀའ་བསྒོམས་པའི་དུས་ཚོད། ས་སྐྱ་པ་དང་། མཚལ་པ་ལ་བཙོངས་པ་ཨེ་ཡིན། བར་མི་སུ་ཡིན། ཚོང་ཐག་སུས་བཅད། དུས་ཚོད་ཀྱི་ལན་པ་ག་ན་ཡིན། རང་རེ་མི་འདི་ངན་པས་ལན་པ་ཡིན། སྔར་ཡོད་པའི་གནམ་ལ་ཉི་ཟླ་ཡང་འཆར་གྱིས་འདུག ཆར་ཆུ་ཡང་འབབ་ཀྱིས་འདུག ས་ལ་སྐྱེ་བའི་ལོ་ཏོག་འབྲས་བུ་ཀུན་ཡང་སྐྱེ་བར་འདུག། རང་རེ་མིས་བཟང་པོ་བྱས་ན་དུས་ཚོད་ཡང་བཟང་པོར་ཡོང་། ལར། སེམས་ཅན་གྱི་བསམ་རྒྱུད་བཟང་ངན་ལ་བྱུང་བ་ཡིན་པར་འདུག ཁྱོད་རང་ཡང་སྤྱོད་པ་བཟང་པོ་གྱིས། སྔར་གྱི་མི་བཟང་པོ་ཚོའི་སྤྱོད་པ་རྣམ་ཐར་བཟང་པོ་གྱིས་དང་། དུས་ཚོད་བཟང་པོ་ཡོང་བ་ཡིན། ཁང་པ་འཛོམ་མ་འཛོམ་དང་། ཟིན་མ་ཟིན་གོང་ལ་དང་སྒོ་ཕྱི་རྣམས་ལ་ཤེས། ཁང་པ་མ་ཟིན་ན། གོང་ལ་ཚོ་མོར་རལ་སོང་བ། སྒོ་ཕྱི་ཚོ་ཡང་འབྲང་མི་གཙང་བ་ཅིག་ཡོང་བ་ཡིན་པས། དོན་འདི་གོ་དགོས་གསུང་། ཕོང་གིས་གསུང་བཟང་པོ་དེ་རྣམས་སེམས་ལ་བཞག་ཅིང་ཡི་དམ་དུ་བྱས་པ་ལ་རྟེན་ནས། ད་ལྟ་དབུས་གཙང་ལ་སོགས་ཁམས་གསུམ་ཐམས་ཅད་དུས་ཚོད་ངན་ཀྱང་། རང་རེ་སྐོར་ལ་སྐོར་བཏགས་ཙམ་ལ། ད་ལྟ་བས་དུས་ཚོད་བཟང་པ། མངའ་ཐང་གྲ་རྒྱས་ཆེ་བ་མ་བྱུང་པ་འདི་ཡིན། ས་མོ་སྦྲུལ་ལོ་ཟླ་བ་ཏུ་ཚེས་ནས། བསྟུད་ཚུ་རྣམས་ཀྱིས་རྩིས་ངེད་རང་གིས་བླངས། ཟླ་བ་བརྒྱད་པ་ནས་ལྷེ་མིག་བླངས་ནས། སྦྲུལ་ལོའི་ངོ་གང་ལ། བརྒྱ་སྐོར་ཤོག་གིས་བོགས་ཞིང་རིན་ཡོང་སྒོ་ཐམས་ཅད། ངེད་རང་ལུས་པོས་ཕྱིན་ནས་རྩིས་བསྡམས། དེ་རྗེང་། གཞོན་ནུ་བཟང་པོ་ལ་གཉེར་པའི་ཁག་ཁུར་གྱིས་ཟེར་བའི་ཁ་ཏ་བྱས་པའི་དུས་སུ། ང་ལ་གྲལ་མགོ་སྡོད་པའི་རྒན་པ་ཅིག་དགོས་ཟེར་བས། གཉེར་པ་ཆེ་བ་ང་ཡིན། ཁྱོད་ངའི་ཁ་ཏ་གང་བྱས་ལས་མི་འགལ་བ་དངོས་པོ་སེ་བ་ཅིག་ཀྱང་ཟུར་སོག་མ་བྱེད། ང་དང་ཁྱོད་རྒྱུགས་ཁ་ཅིག་བྱེད་པ་ཡིན་པས། དེ་གོ་དགོས་བྱས་ནས་ཁ་ཏ་ཞིབ་ལ་རྒྱས་པར་བྱས། སྐབས་རེ་ཉིན་རེ་ཞིང་བརྟུངས་ཐག་གཏོང་དགོས་པའང་། སྐབས་རེ་ཉི་མ་གསུམ་བཞིན་བརྟུངས་དགོས་པའང་བྱུང་། ཕོ་ཡང་

ང་ལ་སྐྲག་པ་དང་འཇིགས་པ། ཞེན་ཆེ་བ། གུས་པ་ཡོད། ལོ་གསུམ་བཞི་ནས་ནང་པོའི་
མདོག་ཐོན། དང་པོའི་བུ་ལོན་རྣམས་ཀྱང་དགའ་རབ་སོང་། ཡོང་སྒོ་རྣམས་ཀྱང་རྩིས་
ཆུར་བར་བྱུང་ཞིང་། ཡར་སྟོད་སྟོང་བསྐོར་ས་གནད་ཆེ་བས། རང་རེ་གཞིས་ཁ་དགོས་པ་
གོ་ནས། དཔོན་རྡོ་རྗེ་དཔལ་གྱིས་སྨད་དུ་ཏ་ལ་སྣང་བརྩིགས། སྟོད་དུ་སྣ་མོ། གྲི་གུ། ཐེལ་
ཤོད་ཀྱི་གཟའ་དམག་གིས་གཡའ་ཕག་འཁྲུགས་ནས་བླངས། སྣ་མོ་བཞི་གདུངས་སུ་མཁར་
ལས་བྱས། དཔོན་དབང་ཟེར་བ་སྣ་མོའི་མཁར་ལས་ཀྱིས་ཁ་ཏ་དང་། ཏ་ལ་སྣང་གི་གཉེར་
ལ་བསྐོས། ཏེང་ལ་དཔོན་དབང་ཤི་ནས། དཔོན་པོ་བསོད་རྒྱལ་མི་ཆོས་གྲ་ཕྱི་བ་ཡིན་པ།
སློབ་དཔོན་གཞོན་ནུ་མགོན་གྱིས་ཚ་བོར་འདུག་པ། ཐེལ་གྱི་ཀ་བཞིའི་བསེ་གཏུབ་པ་བྱས་པ།
ཞི་བར་གཤེགས་པ་གོང་མའི་ཞལ་སློབ་ཡིན་པ་ཅིག་གིས་སྣ་མོའི་དཔོན་བྱས་འདུག ཏེང་ལ་
སྤྱུ་རྫོལ་ཆགས་སྡང་བྱས་ནས། སྣ་མོ་གཡའ་བཟང་པ་བརྩོངས། རྩེ་པས་སྐྱོ་ལོག་བྱུང་བ་སྐད་
བྱས། ཕོ་མི་ཐེ་བ་སྐད་བྱས་ཤིང་། ཏེང་ལ། ཐེལ་དུའང་ཐེབས་ཅིག་ཡོངས་འདུག དེ་
ནས་གཡའ་བཟངས་སུ་ཕྱིན་ནས་མཆོས་སྣ་དང་། ཨ་པོ་མདོའི་གཉེར་པ་བྱས། ད་ལྟ་གཡའ་
བཟངས་པའི་སྒོམ་བརྩོན་ཟེར་བ་འདི་ཕོའི་བུ་ཡིན། ཞི་བར་གཤེགས་པས་བླ་དཔོན་སྐྱགས་
པའི་དུས་སུ། ཏ་ལ་སྣང་བྱང་སྲིད་བཅས་པ། དཔོན་ཕག་མོ་གྲུ་པས། འཇའ་སྦྱ་བཅད་
ནས། དངུལ་ཡིག་དང་བཅས་ཏེ། བརྒྱ་དཔོན་དགོས་བདག་བྱས་འདུག གོ་མལ་པ་གནད་
ཆེ་བར་དགོངས་ནས། འབྲས་རྗེ་སྲུས་ཤི་བའི་དུས་སུ། ཕྱག་རྫས་མང་པོ་བཏོན་ནས། རང་
རེ་ནང་ནས་བདག་བྱས་འདུག དེའི་གཉེར་ལ་སློབ་དཔོན་དཀར་ཡོལ་བ་བསྐོས་པ། ཕོ་
སྐྱིད་པ་རྩིངས་པ་དང་། ལམ་འགྲུལ་བ་ལ་གནོད་པ་ཆེས་པའི་དོན་ལ། དཔོན་ཆེན་འོད་
ཟེར་སེང་གེའི་དུས་སུ། ཐུག་ཤེར་བྱས་ནས་ཕོ་གཉེར་ལས་འབུད་དགོས་པ་བྱུང་འདུག
ཏེང་ལ། དེའི་བར་ལ་སྐྱ་ཞུགས་སུ་སོང་ནས། གོ་མལ་དུ་བསྡོད་པ་རྣམས་ཀྱིས་ཀྱང་། ལམ་
ལ་གནོད་པ་ཆེན་པོ་བྱུང་འདུག་པ། རྒྱལ་མཚན་སྐྱབས་ཀྱིས་དུས་སུ། གཡའ་བཟངས་པས་
བཀྱེས་པ་བྱས་ནས་གདོམ་མལ་བསྐྱིལ་འདུག སློབ་དཔོན་རིན་ཆེན་སེང་གེ་ཡར་སྟོད་སྟོང་

སྐོར་གྱིས་དཔོན་ལ་བསྐོས་ཡོད་པ། ཁོ་རང་གི་ཕ་སྤུན་དཔོན་བསོད་ཟེར་བ་ཅིག རྒྱལ་མཚན་སྐྱབས་ཀྱི་བསྐོས་འཛའི་བླ་ལ། རྒྱལ་བུ་ཆོས་དཔལ་གྱི་ལིང་ཇེ། སྭོན་ཆེང་དབེན་པོའི་བཅའ་ཧུ། ཡར་སྟོད་སྟོང་སྐོར་ཞེས་སུ་བཙུག་འདུག་པའི་དོན་ལ། རྒྱལ་མཚན་སྐྱབས་ཀྱིས། སློབ་དཔོན་རིན་ཆེན་སེང་གེ་ལ་ཆེང་སྒྲིལ་བྱས། འབྲས་མོ་དཔོན་བསོད་དང་། ཤག་འཕེལ་སྤུན་གྱིས་རྒྱ་ཐབས་སུ་ཕྱོགས་འདུག་པ་ལ། དཔལ་རིན་གྱི་ཡ་མི་སྣ་ཧོག་གོ་ཆོད་པས། དབུ་རྗེ་ལ། འཁྲས་ནས་བསྒྲུངས་པས། ཁང་པ་ཆེ་བ་མི་ཤོར་ནའང་། དབུ་རྗེ་ནས་རྗེས་བརྟངས་པས། ཁང་པ་ཆེ་བའི་ནང་དུ་ཚུད་པའི་མི་རྣམས་ཀྱང་ཕྱིར་དོན་དགོས་པར་བྱུང་འདུག་པས། འབྲས་མོ་མ་ཤོར་འདུག ཧིང་ལ། སློབ་དཔོན་རིན་ཆེན་སེང་གེ་ཡང་ཡིད་ཆད་པས། གཡའ་བཟངས་པ་ལ་འབྱེར་འདུག གཡའ་བཟངས་པས་དཔོན་ཆེན་དོན་ཡོད་དཔལ་ལ་སྨྲད་ནས། འབྲས་མོ་ལ་ས་སྐྱ་པས་ཀྱང་། སྙད་འཚོལ་མང་པོ་བྱུང་ཞིང་། ཧིང་ལ། བླ་མ་འཕགས་པ་ཀུན་བློའི་བཀའ་ཤོག་དང་རྒྱལ་བུ་ལིང་ཇེ། དབེན་གྱི་བཅའ་ཧུ། ས་སྐྱ་བཀའ་གྲོས་པའི་བཅའ་རྗེ་བླངས་ནས། རང་རེས་རྗེ་ལག་ཕྲལ། རིན་ཆེན་སེང་གེའི་བུ་རྒྱལ་ཚ་བདག་གིན་ཡོད་པ། དཔོན་ཆེན་རྒྱལ་བཟང་པོ་དང་། གཡའ་བཟངས་པ་གྲོས་བྱས་ནས། སེ་ཆེན་རྒྱལ་པོའི་ལུང་གིས་བརྟེགས་པའི་འབྲས་མོ་བསྐྱིལ་བའི་དོན་ལ། ར་རེས་ཀྱང་། དགོན་པའི་དཔོན་ཁང་བཞིག་ནས། འབྲས་མོ་གཞིས་གདུངས་སུ་རྩིགས་པ་འདི་ཡིན། ལྐུགས་རྗེ་གྲི་གྲུ།

༈ སེ་ཆེན་རྒྱལ་པོའི་ལུང་གིས་བརྟེགས་པའི་ཁང་པ། ལྷོ་བརྒྱུད་ཀྱི་པོ་ལོག་གཉན་པ་ལ་བརྟེགས་པ། དཔོན་ཆེན་རྒྱལ་བཟང་ལ། ཡར་འབྲོག་པ་གཡའ་བཟངས་པས་ངན་ཞུས་ནས་བཤིག་འདུག འདི་ཡང་རང་རེའི་རྩིག་རྒྱུ་ཡིན༑ མཁར་སྟག་དོ་པོ་འདི་མཐའ་ཕྱུགས་སུ། གཡེ་བུ་དལ། འཕྲོས། དབའ་ཚང་ཚུར་བཅད། གཙུང་པ་གྲབ་ལྷབས། གོང་པོ་སྟོད་སྨད། ཟིམ་ཤི་ཚན་བཞི། དབྱར་གོང་མོ་རྣམས་ཀྱི་པོགས་ཡོང་སྒོ་རྣམས་མཁར་སྟག་དུ་སླུག་ནས། སྣེ་གདོང་དུ་ཡོང་རྒྱུ་ཡིན། ངོས་ལོ་ཉི་ཤུ་ལ་སྣེ་གདོང་དུ་ཡོངས། བླ་ཆེན་ཀུན་བློ་པ་

དང་། ཏུན་དཔེན་གྱི་བཀའ་ཤོག་བཅོ་ཏུའི་ནང་ནས། གྲི་གྲི་ཤུགས་ཆུ་སྲིད་དང་བཅས་པ། ཆོས་སྐྱོང་གསེར་ཁ། སྣ་མོ། འབྲས་མོ། རང་རེ་ཤེས་སུ་ཆུག་གསུང་བ་ཡོད་ཀྱང་། འབྲས་མོ་གཡའ་བཟངས་པས་སྐོད་དུ་མ་ཉན། གྲི་གྲི་ཤུགས་ཆུ་སྲིད་དང་བཅས་པའང་། དེ་དང་མཚུངས། ཆོས་སྐྱོང་ལ་གཞོན་ནུ་རྒྱལ་མཚན་བསྐོས། སྣ་མོ་ལ་རྒྱལ་འབུམ་བསྐོས། གསེར་ཁང་ལ་གཞོན་ནུ་རྒྱལ་མཚན་དང་། གཡའ་བཟངས་པ། ཆོས་བསམ་འོད་གཉིས་ཕྱེད་མར་བདག་པ་བྱས; གཞན་སྐྱིན་དང་། མ་བརྟགས་པའི་དོན་གྱིས། རང་རེས་འཁྱུས་གཞིས་ཁ་ལ་དམག་བྱེད་པ་དྲན། དམག་གི་ཞག་བཅུ་དགུ་བསྐོར་ནའང་། གཡོག་པོ་རྣམས་ཀྱིས་ཀྱང་མི་ཕྱེད་གཞན་གྱི་མིར་སོང་ནས། གཞིས་ཁ་མ་ལོན། ལོ་ཉི་ཤུ་རྩ་གཅིག་སྟེངས་སུ་ཟླ་བ་གཅིག་དང་ཞག་ཉེར་གཅིག་བསྐོར་ནའང་། གཡོག་པོས་གཉིས་འཛིན་བྱས། བློ་མ་ཐུབ་པའི་དོན་གྱིས། གཞིས་ཁ་མ་ལོན། འཁྱུས་ལུང་པ་ཀླག་རྩམ་བྱུང་། མེ་ཕོ་བྱི་བ་ལོའི་སྟོན། གཞོན་ནུ་ཡོན་ཏན་དང་། མགོན་པོ་རྒྱལ་མཚན་གྱིས། རང་རེའི་བསྐོས་འཇའ་དང་། བླ་ཆེན་ཀུན་བློའི་བཀའ་ཤོག རྒྱལ་བུ་ཆོས་དཔལ་གྱིས་ལིང་ཇི་གདན་དྲངས་ནས་སླེབས། མེ་མོ་སླང་ལོ་ལ་དཔོན་ཆེན་འོད་ཟེར་སེང་གེའི་དྲུང་དུ། རང་རེ་དང་གཡའ་བཟངས་པ་གཏུགས་གཤེར་བྱས། གྲི་ཆོས་བཅད་པས། གྲི་ཆོས་གཉིས་ཁ་མ་ལོན། གང་ཏུང་ཅིག་གདོམས་དུ་བྱུང་བས། གྲི་པ་འདི་མི་རགས་པ་དང་། གྲི་པ་གར་ཡོད་དུ་དམག་རྒྱལ་བ་ཡིན་པས། གྲི་པ་གདོམས། གྲི་པའི་མི་ཕྱེད་གཡའ་བཟངས་པའི་བན་དེ་དང་། རྟོར་འདྲར་འདུག་པ་དང་། ཡར་སྟོད་པའི་བློ་ཐུབ་པ་རྣམས་གོང་མལ་གྱིས་མཁར་ལེན་བྱེད་དགོས་ཟེར། གོ་མལ་བརྩིགས་ཇོ་བོ། ཡར་སྟོད་ཕྱིན་རྣམས་སྤྲར་དཀར་ཡོལ་བའི་ཞི་ངན་དེ་དྲན་པས། བརྩིགས་པ་ལ་མ་དམ་དང་མ་དོས་པའི་གཡའ་བཟངས་པ་ལ་སྙིག་ཚིག་བརྩུག་པས་གཡའ་བཟངས་པའི་དམག་བྱུང་། རང་རེ་ཚོ་ཙུར་བས། གོ་མལ་གྱི་མཁར་ལེན་བརྩིགས་འཁྲོ་བཤིགས། ཡང་། གྲི་གྲི་མཁར་དང་བཅས་པ་གཡའ་བཟངས་པ་ལ་ཤོར། རྟེང་ལ། དཔོན་ཆེན་འོད་ཟེར་སེང་གེའི་དྲུང་དུ་ཤོག་ཟེར་ནས; འཕེན་ཡུལ་མཐོང་སྨོན་དུ་ཕྱིན། གཡའ་

བཟངས་པ་དང་གཏུགས་གཤེར་བྱས། གཏུགས་ཤེར་རང་རེ་རྒྱལ། རང་རེ་ལ་གདན་ཁ་ཡོད་ནའང་། གཡའ་བཟངས་པས་མི་རབས་མི་རབས་ནས་བསགས་པའི་ནོར་མ་ཐུབ་པ་དང་། མཚལ་པས་རྒྱབ་བྱས། དཔོན་ཆེན་པ་ལ་གཡའ་བཟངས་པའི་ནུ་བོ་ཕུལ་ནས། དགོས་བདག་བྱས་པ་དང་། མི་སྡེའང་ཁོང་གིས་གཟུང་པ་ཡུན་རིངས་པས། གྲི་ཆོས་གསེར་ཁ་བཅས་པ་གཡའ་བཟངས་པ་ཤོར། འབྲས་མོ་པང་ལག་ཏུ་བྱས། སྣ་མོ་རྒྱལ་འབུམ་ལ་གཉེར་པའི་མལ་དུ་བྱས་ནའང་། ང་བདག་པོ་ནང་དུ་འགྲོ་བ་མ་བྱུང་བས་ཕྱི་བོར་པ། དཔང་ལག་ཏུ་ཤོར་བ་དང་འདྲ་བར་བྱུང་། གཡའ་བཟངས་པ་རྒྱབ་བཟངས་པས། ཡི་མུག་གི་ཟན་ལེབ་ཟ་དགོས་པའང་བྱུང་། འཕྱུས་ཀྱི་དམག་སྟར་རྟེང་། ཡར་སྟོད་ཀྱི་དམག་སྟ་རྟེང་གི་གྲོས་སྣ་འདོན་མེད། རང་རེའི་དཔོན་སྐུ་ཆན་གྲལ་ན་ཡོད་དེ། དེ་རྣམས་ལ། ང་དཔོན་པ་ནས་ལེ་ལན་དང་། སྐྱིད་བཙལ་ན། དེ་དུས་ཁྲིམས་ཁ་ཚས་པའི་དོན་གྱིས། ཁོང་རྣམས་ཀྱི་སྲོག་མིག་ལ་འབབས་པར་འདུག་པས། ང་རང་གིས་ལན། གཡོག་ལ་གྲོས་མི་འདྲི། ཁོང་ཚོ་ལ་དབང་མེད་བྱས་ནས། ང་རང་གིས་ཡན་ལྷུགས་འཁྱེར་དགོས་པ་བྱུང་། རང་རེས་གཡོག་སྐྱོད་པ་རྒས་པོ་རྣམས་ཀྱིས་ཟུར་དུ་ལབས་དུས། ང་རྒྱལ་ཆེས་པས་ལན་སྐད་བསྐུལ་ཞུས་མེད་པས་ལེན་ཟེར་ནས༑ སྐྱིན་གཏམ་བརྗོད་པའང་བྱས རྟེང་ལ། ཁོང་ཚོས་ལན་པ་མི་དམངས་ཀྱིས་གོ་བ་དེ་ཡིན། ས་མོ་ཡོས་ལོ་ལ། སི་ཏུ་དར་མ་རྒྱལ་མཚན་གྱིས་གུང་ཐང་དུ་ཁྲིམས་ར་བཙུགས་པའི་དུས་སུ། ཁྱོད་བློ་ཆེན་ཀུན་བློའི་དགོས་ཀྱི་མི་ཡིན། བླ་མ་བདག་ཉིད་ཆེན་པོའི་དྲུང་དུ་རང་རེ་གྲོགས་མཆེད་ཡིན། འཛའ་སྤྱིའི་ནང་དུ་ཡོད་པའི་མི་སྡེ་གཡའ་བཟངས་པས་མ་གཏད་པར་འདུག་པར་ལུང་དང་མི་མཐུན། ཁྱོད་ཚུགས་ངེད་ཀྱིས་གཡའ་བཟངས་པ་བཟུང་ནས། མི་སྡེ་ཁྱེད་རང་ལ་གཏོད་པ་ཡིན། གསུང་པའི་དོན་ལ། དཔོན་ཆེན་འོད་ཟེར་སེང་གེའི་དྲུང་དུ་ཞུས་པས༑ སྒོམ་པ་ཡེ་ཤེས་དཔལ་དང་། དཔོན་ཀུན་དགའ་རྡོ་རྗེ་ལ། ཕག་མོ་གྲུ་པ་བདེན་པར་མོད་པས་འཚམ་ཁྲིགས་ཀྱིས། གསུང་ནའང་སྒོམ་པ་ལེ་ལོ་ཆེ། མཚལ་པས་སྐྱོག་བྱས་ནས་འཚམ་པར་མ་བྱས་པར། ཡུལ་གཉིས་པོ་གཡའ་

བཟང་པར་ཟར་བཙུག དེ་རྗེང་། དཔོན་ཆེན་འོད་ཟེར་སེང་གེ་སྐུ་གཤེགས་པས་བྱ་ཐབས་མ་བྱུང་། ཡང་ལྷགས་མོ་སྦྲུལ་ལོ་ལ། དབང་ཕྱུས་ཕྱིན་པའི་དུས་སུ། དབུས་པ་རྣམས་འཚོགས་ནས། ཟླ་བ་བཅུ་གཅིག་ཚེས་དུས་སུ། དབང་གཡའ་བཟངས་པའི་ས་བཞུགས། ཕྱུས་མོ་སྣེ་གདོང་དུ་བཞུགས། ཟླ་བ་ཕྱེད་དང་གཉིས་ཀྱི་བར་དུ་དབང་ཕྱུས་སྐོར་ནས་འཚམ་པ་བྱས། སྣ་མོ། འབྲས་མོ། ཚེས་སྤོང་། གསེར་ཁང་དང་བཅས་པ་རང་རེ་ལ་འཛགས་པ། གྲི་གྲི་ཤུབས། ཆུ་སྲིད་དང་བཅས་པ་གཡའ་བཟངས་པ་ལ་འཛགས་པ་བྱས། ཡར་ལུང་ས་སུ། ཆུ་ཕོ་རྟ་ལོའི་ལོ་གསར། དབང་ཕྱུས་ཀྱིས་དབུ་མཛད། དབུས་པ་ཕྱིན་གྱིས་བྱས་ནས། ཟླ་དང་པོ་དང་། གཉིས་པའི་ཟླ་སྨད་བར་དུ་སྐོར། གཡའ་བཟངས་ཕག་ཐང་གསུམ་གྱིས་སྟེངས་སུ་ལྡིད་ལྷུང་། དགོས་སུ། རང་རེ་གནས་པོ་བབ་པས་སྦྲང་ལམ་ལ་ཕུད་ཅི་སྡུག་ཁུར། བྱེས་པ་ཚོ་མཉེས་པས༑ ༑ རང་རེ་ལ་ཁག་མ་ལྷུང་ཙམ་བྱུང་། དེའི་རྗེང་། ཆུ་ཕོ་རྟ་ལོ་ཟླ་བ་བཞི་ཚེས་བཅུ་གསུམ་ལ། རྣམ་རྒྱལ་གྱི་རྩིག་རྨང་བཏིང་༑ ཟླ་བ་བརྒྱད་ནང་དུ་ཚོམས་མིན་པ་ཐམས་ཅད་ལ་ཉིས་ཐོག་ཁེལ། འགྲུལ་པ་བསྟད་ཐུབ་པ་བྱུང་བ་ནས་བཟུངས་སྟེ། ཤིང་ཕོ་སྤྲེལ་ལོ་ཚུན་བཅད་ལ། དཔོན་གཡོག་མགོ་ལུས་མཚུངས། མི་སྨྱོན་ཞིང་། རང་སྐྱིད་པ། གཡོག་རྣམས་ཀྱང་། དཔོན་ལ་སྐྲག དཔོན་ཡང་གཡོག་ལ་ཞན་ཚེས་ཆེ་བ། ཟླ་བ་རེའི་ནང་དུ་ཡར་སྐྱིད་ཐོན་པ་ཡོད་པ་ཡིན་ནའང་། བླ་མ་ཀུན་དགའ་རྒྱལ་མཚན་གོང་དུ་ཕྱིན། སྤྱན་ཟུ་ནས་པ་དང་། ངེད་དཔོན་སློབ་ཀྱིས་ཇོང་བ་ལ་གུང་ཐང་དུ་ཕྱིན་དུས། བླ་མ་རྒྱལ་མཚན་སྐྱབས་ཚང་གི་ཁ་གཟུང་ནས། འཁྱུས། མདོ་འགར། ངེད་ལ་སྟོད་ནས་ཇོང་བ་གཞིས། མི་གཏོད་ན་མི་གཞིས་གསུང་པས། གུང་ཐང་ནས་བྲིས་དགོས་པ་ཐུག རྒྱལ་མཚན་སྐྱབས་ཀྱི་ཁ་འཛིན་པའི་དོན། རྒྱལ་མཚན་སྐྱབས། ཡོན་བཙུན་གྱི་མི་ཡིན་པས། ཡོན་བཙུན་གྱི་ཤུལ་མོ་ཚོ། ལྷ་ཁང་བླ་རང་པ་ལ། ཡུལ་གྱི་ཕྱུགས་ནས། དགོས་ཀྱི་སྟོས་པ་ཡིན་པའི་དོན་ལ། བླ་མ་ཆེན་པོ་ཀུན་དགའ་རྒྱལ་མཚན་གྱིས། ཁོའི་བདག་བྱས་ཡབ། བླ་མ་བདག་ཉིད་ཆེན་པོ་ལ་སྟོས་པའི། རང་རེ་ཚང་མཐར་དེད། མ་སྐྱོང་པས་ཡིད་

ཚད་པའི་དོན་དེ་ཡིན། དེ་དུས། བདེ་རྒྱལ་འོད་དུ་དཔེན་ཤ། སྟར་རྒྱལ་བུ་ཆོས་དཔལ། བོད་ཕྱོགས་སུ་ཕྱིན་པའི་ཕྱག་ཕྱི་ལ། བྱུང་བ་རང་རེ་དང་ཟབ་ཅིང་། དཔོན་ཆེན་ཡོན་བརྩོན་གྱིས་བཅུ་ཁ་བྱས་པའི་དུས་སུ། བཅུ་ཁ་ལ་བྱུང་བ། དུས་སུའང་འདྲིས་ཟབ། རྟིང་ལ། ཁོང་དཔུས་གཙང་དུ་སྔོན་ལྷིས་ལ་ཕྱིན་པ། བྱུང་ཡར་འདམ་དུ་དགྲ་ཕོག་བྱུང་ནས། ལུས་ཀྱི་གོས་སྨྱུད་ཡན་ཤོར་འདུག་ཅིང་། རང་རེས་ཀྱང་ཞབས་རྟོགས་ཤང་ལེན་གཟབས། ཁོང་གིས་ཀྱང་། དཔུས་པའི་ཁྲི་དཔོན་རྣམས་ཀྱིས་ནང་ནས། གཞན་རྣམས་ལས་མཐོང་དང་བཟོས་ཆེ་བ་བྱས། གོང་གི་གསེར་ཡིག་པ། དམགས་འབྱམས་ལ་སོགས་ཀྱི་བར། དཔུས་པའི་མི་རྣམས་ཀྱིས་ནང་ནས་འདི་ལས་བཟང་བ་མེད་ཟེར་བ་དང་། རང་རེ་ལ་སྟོད་སྨྲ་བཏང་བས།

༈ གོང་གིས་གསེར་ཡིག་པ་ལ་སོགས་ཐམས་ཅད་རང་རེ་ལ་མཐོང་ཆེ་བ་དང་། བྱུང་གི་དམག་འབྱམས་རྣམས་ཀྱང་རང་རེ་ལ་མཐོང་ཆེ་ཞིང་། ཕྱོགས་དག་པའི་དོན་དེ་ཡིན། དེ་དུས་སློབ་དཔོན་ཆེན་པོ་དཔལ་ལྡན་དབང་ཚང་སྐྱོ་ནས། དཔུས་གཙང་གི་སྔོན་ལྷིས་རྣམས་ཀྱི་ཡིག་པོ་ར་རོ་རྣམས་བསྡུས་ནས། དཔུས་པའི་སྟེང་དུ་གཟན་ཆེན་བཏོང་། འདོམ་དུ་འཚོགས་འདུག་པ་ཅིག་ལ། བོད་རྒྱལ་འོད་ཀྱིས་ཐུགས་བྱས་བསླབས་ནས། དབང་གི་དྲུང་ནས། དཔུས་སུ་ལོ་བཞི་བཞུགས། དཔུས་པ་རྣམས་ཀྱིས་ཞབས་རྟོགས་བྱས་འདུག དཔུས་གཙང་དུ་ལོ་བཞི། མངའ་རི་ལ་ལོ་བཞི་བཞུགས་པར་ཞུ། ལོ་བཅུ་གཉིས་འགྲོ་བར་འདུག དེ་རྟིང་མདོ་ཁམས་ལོ་བཅུ་གཉིས། མདོ་ལོ་བཅུ་གཉིས། ཡང་དེ་རྟིང་། ངེད་རང་དཔུས་པས་ཞབས་ཏོག་ཞུས་ཟེར་བས། མཚལ་པ་ངེད་པ་ཆའི་ཐེལ་ལྷུང་ནད་མ་ཐེག་པས། ཞུ་མ་ནུས་ཟེར། འབྲི་ཁུང་པ། སྟར་ནས། ས་སྐྱ་པ་དང་འཁོན་འགྲས་ཡོད་པར་སོང་པས། ལབ་སྟ་ནས་བྱས་པ་རྣམ་རྟོག་ཡང་པས་ཁྱོད། ས་སྐྱ་པའི་བུ་ཀན་ཡིན་པས་དང་། ཁྱོད་ཀྱིས་ལབས་ན་འཐད་ཟེར། རང་རེས་ཡང་ནས་གཞན་པ་དང་། དབང་གི་མཆོད་རྟེན་གླིང་ཡང་རྗེས་མེད་དུ་བཏང་བ་དང་། ཡར་ལུངས་སུ་དབང་སྲས་གཉིས་ཁས་བསྟད། དཔུས་པའི་མི་

ཐམས་ཅད་འཚོགས། བཟན་ཆ་ཆེར་གཏང་། བཞུགས་ཡུན་རིང་པས། རང་རེའི་ཕྱི་ནོར། ནང་ནས་རྫས་ཡོད་ཚད་མེད་བརླགས་ལ་སོང་བས། སྙིང་ན་བས། བདེ་རྒྱལ་འོད་དུ་དབེན་ཤས་བསླབས་པ་བཞིན་ཚིག་འདོན་སྤྱ་བས་དེ་རང་རེས་བྱས་པས། ད་ངེད་གཙང་ལ་འགྲོ། ལམ་ཁྱེད་དབུས་པ་ལ་གཡར་བ་ལ། མི་སྡེའི་གཞུང་ལ་མི་འགྲོ་བས། ལྷུང་ཤོད་ནས་འཕོལ་ལ་བྱས་ནས། ཡར་ལུངས་ལ་ཞུགས་བྱས། འབྲོག་ལ་འདོན་པོ་འདི་བྱུང་ན་རབ་ཡིན། འཕྲིང་འཕེན་ཡུལ་ལ་བྱས། ལྷ་ས་གུང་ཐང་ལ་བྱས། ཀྱི་ལ་འབུད་པ། ཐ་མ་ཡང་གནམ་ལ་བྱས་ནས། སྟོད་ལུང་ནས་སྐྱིད་ཤོད་གཙང་ལ་ཡར་རྫོགས་པ་བྱས་ནས། སེལ་མ་ལ་འགྲོ་བར་བྱེད་པས། དོན་སྣ་གསུམ་པོ་འདི་གང་རུང་ཅིག་གིས་བཀོད་པ་བྱེད་དགོས་ཟེར་བའི་སྨུལ་བཏང་བྱུང་། ད་སྤྱ་ལོ་བཞིའི་ཞབས་རྫོགས་བྱས་པས་ཁྱོད་ཐུགས་མ་ཚིམ་ན། ད་དབུས་པ་ཡང་ས་ཟད་གྲམ་པ་ལ་ཐུག་མ་ནུས་པ་ཡོད་པས། དེ་ལྟར་ཡིན་ན། ངེད་རང་དབུས་པའི་མི་དཔོན་རྣམས་ཀྱིས་ཀྱང་ཁྱེད་རང་གི་ཕྱགས་ཕྱི་བྱེད། ཡི་གེ་ཤེས་པ་རྣམས་ཀྱིས་ཡིག་མཁན་བྱེད། གསོལ་ཇ་བ་ནི་ནམ་ཡང་མི་འཚོལ་ཙ་ན། ལས་པ་མངག་བཞུགས་པ་ལ་སོགས་གང་ལ་གང་འོས་ཀྱིས་ལས་ཁ་འཚོལ་བར་ཞུ། ངེད་རང་ཚོའི་བུ་རྟ་གང་ཡོད་དང་བཅས་པ་ཕྱག་ཕྱི་བྱེད་པས། དེའི་ཞལ་ལྟ་ཐུགས་ལ་འདོགས་པར་ཞུ། དེ་ཐུགས་ལ་མི་འདོགས་ན། ངེད་ཚོའི། སེ་ཆེན་རྒྱལ་པོ་ཚུན་ནས་གནང་བའི་ལག་རྟགས་འདི་རྣམས་ཀྱང་རྒྱལ་པོའི་མི་སྡེའི་ཉ་ར་བྱེད་པ་དང་། བསྲུངས་བ་ལ་གནང་བ་ཡིན་པས། ང་མི་སྡེ་རྣམས་ཀྱང་ནན་ལྟར་མ་ནུས་ཡོད་པས། ལམ་འདོན་པའི་གསུང་མི་འཁྱོན་པར་ཞུ། དེའི་ཞུ་ཕྲོགས། གང་མ་གསེར་ཡིག་པ། མགོན་པོ་ཚེ་ཆེང་པ་དང་། སྨོན་ཕྱིས་སེའི་མི་དཔོན། བདེ་རྒྱལ་འོད་དུ་དབེན་ཤས་ཀྱང་མཛད་པར་ཞུ། རྒྱལ་པའི་མི་སྡེའི་གསེབ་ཏུ་ལྗང་ཀྱི་ཤོར་ན་བསྲུངས་པ། རྒྱལ་པོའི་གསེར་ཡིག་པ་དང་། སྨོན་ཕྱིས་སེ་པ་ལ་འབབ་ཟེར་བ་ཞུས། ལར། ན་ཚིག་སྲ་མོ་ལབས་པས། ལམ་འགེགས་པ་མི་འཐད་མེད་ཟེར་ཏའི་ཏུ་ཡར་བཅད་ནས། དཔལ་ལྡན་ས་སྐྱ་མན་བཅད་ཀྱི་འགྲིམས་ལམ་འབྲུམས་ལམ་འདི་ལགས་མོད། འཇམ་ལམ་ལ་འགྲིམས་པ་ལུགས

ཅན་ལགས། སྐད་མེད་པར་མི་སྡེ་མ་ནུས་པའི་སྙིང་ས་སུ་འགྲིམ་པ་འདི་ལུགས་མེད་ཡིན་པས། དེ་ལྟར་ཡིན་ན་ངེད་རང་རྣམས་ཀྱིས་ལག་རྟག་ཁྱོད་ལ་གཏོད། ཐུལ་འཛོངས་བྱེད་ཞུས་པས། རྗེང་ལ། འཇམས་ལམ་འགྲིམ་དགོས་བྱུང་བས། དབང་རང་རེ་ལ་མ་ཉེས་ནའང་། དབུས་པ་ཕྱིན་ལ་ཕན་པ་བྱུང་བ་དེ་ཡིན། ཡང་བླ་མ་ཆེན་པོ། གོང་དུ་འབྱོན་དུས། རྒྱལ་མཚན་སྐྱབས་ཀྱི་གཏིང་མནན་ནས། འཕྱུས་མོན་འགར་གཏད་ནས། ལྷ་ཁང་བླ་བྲང་ལས་སྒྲུར་དགོས་ཟེར་ནས་ཚན་ཆུང་ཡོང་བར་བྱུང་བས། རང་རེ་གུང་ཐང་ནས་གཟུར་དགོས་བྱུང་། བདེ་རྒྱལ་འོད་ཀྱིས་རང་རེ་ལ་དྲན་བསྐུལ་པ་ལ། བླ་མ་ཆེན་པོ་དང་། མཚལ་པ། གཡའ་བཟངས་པ་གསུམ་པོ་གྲོས་བྱས་ནས། ཁྱོད་ལ་བཟང་པོ་མི་སེམ་པར་འདུག གཡའ་ཕག་འབྲུག་པ་བྱུང་ཡང་རེ་ཤིག་མགོ་ཁོབ། ཌང་པ་སྐྱུམ། ཡ་བོ་མ་བྱེད། ཁྱོད་ཀྱི་མི་བརྒྱ་ཤི་ཡང་ཅི་སྐྱོན། བླ་མ་ཆེན་པོས་ངན་ཅི་བྱེད་ཐབས་མེད། ཁྱོད་ཀྱི་གཡའ་བཟངས་པའི་མི་གཉིས་བསད་པར་སོང་ན། མི་གཉིས་པོའི་མགོ་དེ། གོང་དུ། བླ་མ་ཆེན་པོའི་ལ་བསྐུར་ནས། བྱང་རྒྱལ་ཇོ་ལོག་ནག་པོ་ཡིས། རྒྱལ་པོའི་ཁྲིམས་ལས་བསླུབ་པའི་མི་སྡེ་ཉེས་མེད་བསད། ཙ་ར་ཞུ་ཞུས་ན། རྒྱབ་པོ་གསུང་པའི་ལུང་འབུད་པས། ཁྱོད་ཉེས་འགྲོ་བ་ཡིན་གསུངས་པས། ཁོང་གི་དྲན་བསྐུལ་བཟང་པོ་བྱས་པ་རྣམས་ལ། རང་རེས་ཉན་པས། ད་ལྟ་བར་དུ་ཐུས་ལེགས་པ་འདི་ཡིན། དེ་དུས་མདོ་གསུམ་རྩིགས་པ་འཐད་ཟེར་བའང་རང་རེའི་ཁྱུལ་ནས་བྱུང་། རྩིགས་པ་མི་འཐད་ཟེར་བའང་རང་ཕྱོགས་ནས་བྱུང་། གཡའ་བཟངས་པའི་དམག་པོས་པས་ཁུགས། སྟོན་པ་གཞོན་ནུ་འོད་ཚེ་ཟད་པས། ངས་བསླབས་པའི་ཁ་ལ་མ་ཉན། རྒྱ་དཔོན་བསོད་ཀྱི་ཁ་ལ་ཉན་པས་བར་ཐང་དམག་ཉེས་དེ་ཁྱུར། པོ་རང་དང་ཚུལ་དར་གྱི་མགོ་བྱས། མི་བཅུ་གསུམ་བསད། ངས་མགོ་བྱས་གཞོན་ནུ་བཟང་པོ་དང་མི་བཅོ་ལྔ་མེད་པ། དཔོན་སྐྱ། གཟའ་པ། གྲོང་གསེབ་པ་དང་བཅས་པ་ཐམས་ཅད་ཀྱིས། ངེད་ཚོ་སྐྱུར་ནས་བྲོས། ནང་གི་སྐྱ་བོ་ཏ་ཐེ་རྣམས་ཀྱང་། རང་རང་གིས་ལག་ཐོགས་ཁྱེར་ནས་བྲོས། འབྲས་མོ་ཤོར། གྲི། ཚེ་སྤྱོང་། ཤམ་སོ་ཟམ་ཁ་ཡར་བཅད་ཁོང་གི་གཟུང་། དེ་ལའང་ཚོད་

མ་གཟུང་པར་ངར་པ་ཕྱོགས་དར་ཅིག་བཙུགས། བྱང་སྲིད་གཡའ་བཟངས་པས་བདག་བྱས། འདི་རྣམས་ཀྱི་ཕྱུགས་ན། བླམ་ཀུན་སྤྱངས་པ་དང་། འཚོལ་པ་ཡོད་པའི་དོན་ལ། ཁྲིམས་ལས་ཤེས་པ་ཚོའང་ཁོང་རྣམས་ཀྱིས་དབང་དུ་སོང་། གོང་ཞུས་མ་གྲུབ། བདེན་པས་ལམ་མ་ཐོགས་པ་དེ་ཡིན། དེ་ལ་རྟེན་ནས། ང་ཡང་གཟའ་པ་ལྷ་སྡེ་མི་སྡེ་བུ་ཧ་རྣམས་ལ་ཡིད་ཆད། ལོ་ཅིག་གཉིས་ཀུན་གྱིས་བརྙས་པ་དང་། ཁ་ཉེན་འཁྲུར་དགོས་པ་བྱུང་། ད་ནས་ཤིང་མོ་བྱ་ལོའི་དགུན་སྐོད་ ༣ དཔོན་ཆེན་དབང་ཕྱུག་དཔལ་བས་ཕེབས། འདོམ་དུ་འཚོགས་འདུ་བྱས་ནའང་། གཡའ་བཟངས་མ་འཛོམ། དེ་རྗེང་། གནམ་རྩེན་ཐང་དུ་འཚོགས་འདུ་བྱས། རང་རེ་དང་གཡའ་བཟངས་པ་གཏུགས་ཤོར་རྒྱབ། གཏུགས་ཤེར་རང་རེ་རྒྱལ། ཨན་ཞག་བཅུ་བདུན་ཁྱེར། དཔལ་རིན་ཡིག་ཆུང་འབྲི་བཅུག་ནས། དཔོན་ཆེན་པ་དང་རང་ཕྱོགས་པ་རྣམས་ལ། ཡན་འགོ་ནས་ཐོ་རྩེ་དང་། ཉེན་ཉུབ་ཞུ་བ་བསྐུར་བས། གྲི་གྲི་ཤུབས། ཆུ་སྲིད་དང་བཅས་པ་གཡའ་བཟངས་པ་འཇགས། སྣ་མོ། འབྲས་མོ། གསེར་ཁ་དང་བཅས་པ་རང་རེ་ལ་འཇགས། སྟག་ཐང་བུད་ཕྱིན་ནས། མི་སྡེ་ལ་མི་གནོད་པའི་ས་ཆ་གང་འཐད་དུ་གཞིས་ཁ་རྩིགས་དབང་ཡོད་པ་འཚམ་ཡིག་ན་ཤར་ཡོད་ནའང་། དཔོན་ཀུན་རྫོར་གྱིས་གཡའ་བཟངས་པའི་ཁག་ཁུར། སློམ་པ་ཡེ་ཤེས་དཔལ་དེད་ཀྱི་ཁག་ཁུར་ཡིན་པ་ལ། དཔོན་ཀུན་རྫོར་གྱིས་སྐྱོག་ནས། སློམ་པ་ལ་རང་རེ་གཉིས་འཚམ་ཡིག་མི་ལེན། ཁོང་རང་ཞབས་འཇུག་པས་ལེན་ཡོང་བྱས་པས། སློམ་པས་དེ་ཁ་དྲག་བྱས་ནས། དཔོན་ཆེན་པའི་ཕྱག་ནས་འཚམ་ཡིག་མ་བླངས་པས། དཔའ་ཤེ་གཞོན་ནུ་མགོན་གྱིས་གཡའ་བཟངས་པའི་ཕྱོགས་བྱས་ནས། གཙང་གི་སྐྱི་ཚ་འགྲོན་ཁང་"ཏུ། སྐོད་དབུས་ཐོག་ལ་བྱས་ནས། སྨད་གཙང་ཐོག་ལ་བྱས་པ། སྣ་མོ། འབྲས་མོ། གསེར་ཁ་རྣམས་དཔོན་ཆེན་པོའི་དབང་ལག་ཏུ་བཞག གཞིས་ཁ་ཅིག་དབང་མེད་པའི་འཚམ་བྱས་བྱུང་། ལོ་ཅིག་སོང་བ་དང་། དཔང་ལག་གི་མིང་ནས༑ དཔོན་ཆེན་པས་རང་རེ་ལ་གཏད་རྒྱུ་ཡིན་ནའང་། གསེར་ཁའི་ཡོང་སྒོ་ལ་མིག་ནག་བྱས་ནས་གཏོད་མ་ཉན། རྗེང་ལ་དཔོན་ཆེན་གཏོད་པའི་འཚམས་སུ། གཡའ་

བཟངས་པས་ལ་གསེར་སྲང་བརྒྱ་བཅུ་ལ་གསེར་ཁ་གཏད་བྱུང་། སྣ་མོ་རྒྱལ་འབུམ་ལ་གཏད། འབྲས་མོ་རྩ་བདག་ལ་གཏད་པའི་ལུགས་སུ་བྱས་བྱུང་། རྗེད་ལ། དཔོན་ཆེན་དབང་ཕྱུག་དཔལ་ལ། བཟད་གནས་གསར་དུ་མཇལ་དུ་ཕྱིན། གསེར་སྲང་བརྒྱ་བཅུ་འདབ་སུ་སྤར་ནས་སྤྲོད་དགོས་ནའང་། ངེད་ཀྱིས་ཐུལ་བས་ཆོག་པ་ཡིན་པ། གསེར་ཁང་ངེད་ལ་ཐུགས་ལ་མི་འདོགས་པ་མི་མད་ཟེར་བ་ཞུས་དུས། བདེན་པ་ཉིད་བདེན་ཏེ། ཀུན་སྤྱངས་པས་མ་བྱུང་། རྗེད་ལ། སེམས་མ་ནན་པས།

༐ གོང་དུ་ཞུ་བ་རིགས་རིམ་པར་བཏང་པས། རྒྱལ་བུའི་ལིང་ཛེ་དང་། དཔེན་པའི་བཙྷ་ཧུ་མང་རབ་ཡོན་ནའང་། གཡའ་བཟངས་པ་ལ་ཛོ་ཡོག་དཔུང་ཡོད་པ་དང་། འཚལ་པ་རྒྱབ་བྱས་པས་གསེར་ཁ་མ་ཡོན། རང་རེའི་རྒྱབ་ཧུ་འབྲི་ཁུང་པ་ཡོད་པར་རྩི་ནའང་། ཁྲིམས་བརྟར་ཆེས་པས། དོན་དམ་པའི་རྒྱབ་ནོན་མ་ཉེན། རང་རེའི་བུ་རྣས་ཀྱང་ཞོར་མ་ཐེགས། ཐན་པ་རྣམས་འཁྲུགས་པའི་དཔའ་རྩལ་མེད། གཞོན་པ་རྣམས་ཀྱང་ལུས་སྟོབས་དང་རྩལ་མ་རྫོགས་བར་ཤར་བ་རྣམས་ཚང་ནག་གི་དབང་དུ་སོང་། སྟར་རྟུས་ཉེས་མང་པས་འཁྲུག་པའི་སྐད་ཤོར། སྐད་ཆག གཡའ་བཟངས་པའི་ཐོག་གོ་མཚོན་བཟུང་ནས་འཁྲུགས་པ་ལས་ཀྱང་། ཉང་པོའི་གྲུ་ཁའི་གཙང་པོ་ལ་གཙོད་ལ་འདམ་པར་སོང་ནས། མོ་སྲིལ་དུ་བརྗོད་ཐབས་བྱུང་བའི་དོན་དེ་ཡིན། དེ་རྗེད་ལ་བླ་མ་ཀུན་དགའ་རྒྱལ་མཚན་པས། དཔོན་ཆུང་གྲགས་རྒྱལ་གྱི་བུ། བསོད་ནམས་རྒྱལ་མཚན། དཔོན་པོ་འབུམ་པ་རག་དང་། ཉང་གྲོང་ཉག་མོའི་ཆུ་ལེན་དང་ཐལ་འཆག་བྱས་པ། རྗེད་ལ། གྲ་ཕྱི་བྱ་རིགས་པའི་ར་ཛེ་བྱས་ཅན་པ་ཅིག ལྷ་བཙུན་དྲངས་གིས། སློབ་དཔོན་རིན་ཆེན་དཔལ་གྱི་ཐུགས་ཅེས་བྱས་དུས། ས་སྐྱར་རྟ་འཛིན་རྐང་ཐང་ལ་ཁྲིད་ནས། ལྷ་ཁང་བླ་བྲང་དུ་སྡོད། བླ་མ་གོང་དུ་འབྱོན་དུས། འདྲེན་པ་མ་རྣམས་ཀྱིས་འགབ་གཡོག་ལ་ཁྲིད་ནས། གོང་དུ་ཛྷན་ཞུས་བྱས་ནས། རྒྱལ་མཚན་སྐྱབས་ཀྱི་ཚ་བོ་ཡིན་ཟེར་བ་བྱས་ནས། ཕག་མོ་གྲུ་པའི་ཁྲི་དཔོན་ཞུས་འདུག་པ་ལ། དཔོན་ཆེན་དབང་ཕྱུག་དཔལ་སློན་ཆེང་དཔོན་གྱིས་དཔོན་ཆེན་བྱེད།

དཔོན་ཆེན་དབང་བརྩོན་ཁོང་གིས་དཔོན་འགོ་མ་བྱེད་དུས་དཔོན་ཆེན་དབང་བརྩོན་གྱིས། རང་རེ་དང་ཕྱོགས་མཐུན་བྱས་ནས། བསོད་ནམས་རྒྱལ་མཚན་གྱི་ལས་ཁ་འགོགས་ཁྲིག་བྱས་འདུག དཔོན་ཆེན་དབང་ཕྱུག་དཔལ་དབུས་གཙང་གི་དཔོན་ཆེན་ལ་ཐེགས་རྗེང་། དཔོན་དབང་བརྩོན་གྱིས་སྐྱོན་ཆེང་དཔོན་གྱི་དཔོན་ཆེན་བྱ་དུས། བླ་མ་ཆེན་པའི་ངོ་བསྲུངས་བྱས་ནས། བསོད་ནམས་རྒྱལ་མཚན་གྱིས་བསྐྱོས་འཇའ་བསྒྲུབ་པའི་དང་ངོས་བྱས་འདུག རང་རེའི་མགོན་པོ་རྒྱལ་མཚན་ལ་སོགས། རང་ཕྱོགས་ཀྱི་མི་རྣམས། དཔོན་ཆེན་དབང་བརྩོན། གེབ་ཅག་ཏའི་ཕིང་འཇང་དང་གདོངས་ནས། ཕྱི་གསལ་དང་བཙུ་ཁ་འདོན་པ་ལ་ཡོངས་དུས། ཕྱི་ལ་ཁྲིད་ནས་ཐུགས་ལ་འདོགས་པ་སྐད་བྱས་འདུག འདིར་སླེབས་པ་དང་། ཕིང་འཇད་དང་། ཨོ་རོལ་ཏ་གིང་ལི། དབུས་གཙང་གི་འཇག་དང་ཕྱི་གསལ་རྣམས་ཚར་ནས། ཏུན་དཔེན་གྱིས་དམ་ཁ་ཁྱེར། ཕྱིར་གོང་ལ་ཐེགས༔ མདོ་ཁམས་སྒྲལ་རྗེང་། བླ་མའི་ངོ་བསྲུངས་བྱས། དོག་ལུམ་པར། རང་རེ་ལ་འཚར་དགའ་གཏོར་བྱེར་ནས། སྟོན་མོ་ལ་བོས་ནས་དཀར་གོང་ཁར་དཔུས་མོ་འཇུགས་སུ་བཙུག་ཅིང་། སྟག་མགོ་ཁྲིར་ལ་ཤོག་བྱེར་ནས། ཚན་འཁྱིན་དང་འཇུར་སྟག་རིགས་དང་མི་འདྲ་བ་ཅིའང་བྱས་ཏེ། སྟག་མགོ་མ་ལ་གཏད། རྗེང་ལ། གུང་ཐང་དུ་ཞག་བདུན་གསུམ་བརྩོན་ལ་བཟུང་། སྟག་མགོ་ཁྲིར་ལ་ཤོག་བྱེར་ནའང་མ་གཏད། ལས་ཀ་མི་གཏོད་པའི་སྐད་ཅི་ཡིན་འདྲིར་བྱུང་བའི་དུས་སུ། ཁོ་བསོད་ནམས་རྒྱལ་མཚན་བརྒྱུད་པ་ཅན་ཞིག་ཡིན་ནས། ན་སོ་གཞོན་པའི་བར་དུ། ངར་ཆེ་བ་དང་། མི་ངོས་ཕེར་བའི་དོན་ལ། རེ་ཞིག་སྐྱོས་ནས། ཁོ་ཚར་ནས་ལེན་པ་ཡིན་ན་གཏོད་པར་འོས། ཡང་ངེད་གཉིས་ཕ་སྤུན་འདྲ་འདྲ། ལགས་གཡས་གཡོན་འདྲ་བ་ཅིག་ཡིན་ན་གཏོད་པར་འོས། ཡང་ནང་རྒས། མ་ནུས། མ་ཕེར་བར། ཁོས་བྱ་བ་(351) བྱས་ན། ཁྲིམས་ལས་འགྲུབ་པ་དང་། མི་སྡེའི་ཉ་ར་ཡོང་བ་ཅིག་ཡིན་ན་གཏོད་པར་འོས། ཡང་ན་ཁོས།

༈ གོང་མ་ལ་ཞེ་མོ་འདབས་ས་ཅིག་ཡིན་ནས། རང་ལུགས་གི་ཁྲིམས་དཔོན་ཞེས་སུ་

བརྟུག་པ་ཅིག་ཡིན་ན་གཏོད་པར་འོས་བྱས། རྒྱལ་པོའི་ལུང་བྱུང་ན། ལུང་ཤེས་མོད་ཟེར།

༈ གོང་མའི་ལུང་ལའང་ལུང་ཡོད། འོ་ན་རྐང་པ་བྲེགས་ལ་མགོ་བོའི་ཞུལ་དུ་ཞོག་ལ། མགོ་ལ་བབ་པའི་བྱ་བ་གྱིས། མགོ་བྲེགས་ལ་རྐང་པའི་ཞུལ་དུ་ཞོག རྐང་པ་ལ་བབ་པའི་བྱ་བ་གྱིས། བྱས་ན་ཡེ་ཉན་བྱས་ནས་ལས་ཁ་མ་གཏད་པ་ལ། དཔོན་བརྩོན་གྱིས་དེ་རྣམ་གྱི་བརྡུང་རྟག་བཏང་པ་ལ། ཉེ་བའི་འབྲི་ཁུང་པས་ཚིག་བྱས་ནའང་འགྲོ་བར་འདུག་ཏེ། ཕན་མ་བརྟགས། གཟུགས་པོའི་སྦྱོངས་སྦྱོད། དངོས་པོའི་འཛད་ལུགས་ཚན་ཆེ་ཞིང་། དགོ་ལུམ་པ་ནས་གྲུང་ཐང་དུ། ངེད་བརྩོན་ལ་འགྲོ་དུས་མགོན་པོ་རྒྱལ་མཚན་དང་། ཤཱཀྱ་འབུམ་ལ། སྣེ་གདོང་དུ། གཞོན་ནུ་བཟང་པོ་ལ་སོན་བཏང་པ་ལ། ལས་འདི་ཐོག་ཏུ་བཀལ་རྟེང་། ལས་ཁ་གཏོད་པ་མི་སྲིད་པས། ང་གཅེར་དཀྲིགས་བྱས་ནས་སྣེ་གདོང་དུ་ཕྱིར་བྱུང་ཡང་། སྣེ་གདོང་མ་གཏོད། སྣེ་གདོང་མ་གཏད་ན། ཕོག་མོ་གྲུ་པའི་བསྟན་པ་ཡང་ཡོད། ང་ཡང་ཡོད། ཁྱེད་རང་ཚོ་ཡང་ཡོད། ཡར་ལུངས་ཡང་ཡོད། ང་ལ་ཕོངས་བྱས་ནས་སྣེ་གདོང་གཏད་ན་ང་ཡང་མེད། ཕག་མོ་གྲུའི་སྡེ་ཡང་མེད། ཁྱེད་རང་ཚོ་ཡང་མེད། ཡར་ལུངས་ཡང་མེད། ང་བསད་ན་ལྷགས་ཤུ་ཡིན་འདུག་ཀྱང་། སྣེ་གདོང་མ་གཏད་ཟེར་བ་སྐུར་བ་ཁྱེད་རང་རྣམས་ལ་གསལ། དཔོན་བརྩོན་གྱི་ཚིག་ལ། བླ་མ་ཆེན་པོའི་གསུངས་མ་ཚོག་པས། ད་ལན་ལས་ཁ་འདི་གཏོད། དེ་རྟེང་མགྱོགས་ན་ལོ་ཅིག འབྲིང་ན་ལོ་གཉིས། གུལ་ན་ལོ་གསུམ་ལ་ལས་ཁ་འདི་ཁྱེད་རང་ལ་ཡོད་པར་བྱེད། ངས་མནལ་དགོས་ནའང་སྐྱེལ་ཟེར།

༈ རྒྱལ་པོས་ཀྱང་འདི་འདྲའི་ལུང་འབྱོན་མི། ཁྱེད་རྒྱལ་པོ་བས་མི་ལྷག ངེད་རང་བསོད་ནམས་རྒྱལ་མཚན་རང་རྟ་དང་། རང་མཛེ་གྱིས་ལ། གོང་དུ་ཞུ་བ་ལ་ཕྱོང་། སྔོན་ཆེང་དབེན་དུ་ཞུས་ནས། ལས་ཁ་གཏོད་འོས་མི་འོས། གོང་དུ་སྨྱུར་ཡིན། ཟེར་བ་ཞུང་ཀྱང་། གོང་དུའང་ཞུ་བ་ལ་གཏོང་མ་ཉན་པས། དཔང་བརྩོན་དང་ཞི་འགྲུས་པའི་རྩ་བ་འདི་ཡིན། དེ་རྟེང་དཔོན་ཆེན་བསོད་ནམས་དཔལ་གྱིས་ས་མོ་གླང་ལོའི་སྐད་ལ། གོང་ན

ཕེབས། དཔོན་ཆེན་དབང་ཕྱུག་དཔལ་གྱིས་ལག་ནས་ལས་ཁ་བླངས། གཙང་ལ་ཡར་གཏོང་དཔོན་ཆེན་དབང་ཕྱུག་དཔལ་གྱིས།

༈ ས་སྐྱ་གྲོས་པ་ཞུས་མོས་ནོས་བྱས་ནས་བཟུང་། དེ་ཧྲིང་དཔོན་ཆེན་བསོད་ནམས་དཔལ་ལ་ཕྱིའུ་བཙོལ་ནས། རང་རེ་ལ་གནོད་པ་སྐྱེལ་བ་ལ། མཚལ་པ་ཐང་པོ་ཆེ་པ་སློབ་དཔོན་རིན་ཆེན་དཔལ། གཡའ་བཟངས་པ་རྣམས་གྲོས་གཅིག་ཏུ་བྱ་ནས། དཔོན་ཆེན་དབང་བརྩོན་གྱིས་ངན་ཕུག་བྱས་ནས། ངན་ཤམ་པའི་རྩོམ་གཞི་དང་། གྲབས་བྱས་བྱུང་། སྐབས་སུ། རྡོར་སྐྱབས་དུ་དཔོན་ཤཱ། དཔོན་ཆེན་བསོད་ནམས་དཔལ་གྱིས་དཔོན་འགོ་མ་དང་དབང་འཛིན་ལ་འདུག་པ། ཚོང་འདུས་འགུར་མོ་ནས་ཡི་གེ་སྐྱུར་བྱུང་ནས། ཁྱེད་རང་དཔོན་ཆེན་པ་དང་གཏུན་ན་མི་ནོར་ཟེར་བ་བྱུང་། དེ་ལྟར་ཡིན་ན་དཔོན་ཆེན་པ། དཔོན་ཆེན་དབང་བརྩོན་དང་མ་གདོང་པར། སྔོན་ལ་ཡར་ལུངས་སུ་འབྱོན་པར་ཞུ། འཇའ་སྭ་ཉན། ཞབས་ཏོག་སྒྲུབ་ཟེར་བ་བཏང་བས། ཁོང་ཡང་སྔོན་ལ་བྱོན།

༈ འཇའ་སྭ་ཉན། ཞབས་ཏོག་སྒྲུབས། དེ་ཧྲིང་དཔོན་ཆེན་དབང་བརྩོན་སྣ་དཀར་རྩེ་ལ་ཡོངས་ནས། ཡར་འབྲོག་པ་དང་། གཡའ་བཟངས་པ་གསུམ་གདོང་ནས། མཆོད་རྟེན་གླིང་འཇམས་ཁང་ཁྱད་འཕགས་དུད་འཐུལ་བརྒྱད་བརྒྱ་ཙམ་དང་བཅས་པ་མེར་ཐུལ་ནས་སྟོངས་སུ་བཙུག་པ་འདི་ཡིན། དེ་ནས་མཆོད་རྟེན་གླིང་གི་རྟ་མགོ་ལྷ་འཛིན་པའི་འབྱམ་མོ་ཆང་། དེ་ནས་གཡའ་བཟངས་པ་ལ་དམག་དཔུང་བཙོམ་ནས། དཔོན་ཆེན་ཚེས་སྤྱོང་ལ་བཙུག་བྱོན་བྱུང་པ་ལ། རང་རེས་ཀྱང་གཟའ་དམག་དེ་རྣམས། སྣེ་གདོང་དུ་བསགས། རྣམ་རྒྱལ་དུ་འགྲུལ་པའི་གདོང་ལེན་ཐབ་འཛིན་བྱས། འཐབ་ལུགས་དང་། འཁྲུགས་ལུགས་གཉིས་ཁའི་གྲབས་བྱས་པས། རང་རེའི། སྤྱན་སྔར་བདེ་བར་གཤེགས་པ་བྱོན། དཔོན་ཆེན་བསོད་ནམས་དཔལ་བ་དང་། དགུས་པའི་མི་དཔོན་རྣམས་ཀྱིས་མཇོས་བཙལ་ནས། དཔོན་ཆེན་དབང་བརྩོན་པ་ཡར་ལུངས་སུ་བྱོན། མཇལ་འཕྲད་བྱས། དེ་སྔོན་དུ་བཞུགས། རང་རེའི་ནུ་བོ་བསོད་ནམས་བཟང་པོ་ལ། ཁྲི་དཔོན་ཁྱེན་བསྐོས་བྱས

ནས། དཔོན་ཆེན་དབང་བརྩོན་འོད་ཕུ་ལ་ཐེགས། དཔོན་ཆེན་བསོད་ནམས་དཔལ་ངམས་ཤོད་ལ་བྱས་ནས་གཙང་ལ་ཡར་རྫོགས་ཐེགས་ཤིང་། དཔོན་ཆེན་བསོད་ནམས་དཔལ་གྱིས་ལོ་ངོ་དྲུག་གམ། བདུན་འདྲ་བ་ཅིག་དཔོན་ཆེན་བྱས་ནས་འདང་། དབུས་གཙང་ཐམས་ཅད་ཀྱིས་འཁོས་ཆུང་དང་བརྙས་པའི་གནས་བྱས་སྟེ། རང་རེས་ས་སྐྱ་དཔོན་ཆེན་ཡིན། ས་སྐྱ་པ་ཐམས་ཅད་ཀྱིས་བསྐུར་བའི་གནས་དང་བདག་པོ་ཡིན་བསམ་པ་བྱས་ནས། ཐོབ་ཐང་ལུགས་ཅན་གྱི་ཞབས་རྫོགས་བྱས། དེ་རྗེས་ང་། ལས་ཁ་གཏད་ནས། ཡར་ལུངས་སུ་གདན་དྲངས། ཞབས་རྟོག་བསྙེན་བསྐུར་འབུལ་མཉེས་ཐུབ་པར་བྱས། དཔོན་ཆེན་བསོད་ནམས་དཔལ་གྱིས་ཀྱང་གོང་དུ་རང་རེ་ངོ་ལོག་པ་མི་བདེན་ཟེར་བ་ཞུས་འདུག་པས་ཕན་ཐོག་པ་དེ་ཡིན། དེ་རྗེས་ང་། ཁྲི་དཔོན་འབུམ་དཔལ་འོད་འདས་ནས། ཚུལ་འབུམ་འོད་ས་སྐྱ་གྲོས་པ་དང་། སོན་ཕ་སི་པས། ཁྲི་དཔོན་ལ་ཁྱོན་བསྐོས་བྱས་དུས། གཡའ་བཟངས་པའི་གྲོས་པ་རྣམས་ཀྱིས། སློན་པ་དགེ་འདུན་རྒྱལ་མཚན། རང་རེས་པར་བཏང་བྱུང་ནས། ད་ཙ་ན་ཁྱོད་ཀྱི་ཕ་དོད་དགོས། ཚུལ་འབུམ་འོད་ཀྱིས་བུ་དོད་བྱེད་དགོས། ད་འཚམས་པ་བྱེད་དགོས་ཟེར་བྱུང་བ་ལ། དེ་ལྟར་ཡིན་ན་གསེར་ཁང་འདི་ངེད་ལ་གཏོད་དགོས། གསེར་ཁ་གཏད་ན་ངས་ཕ་དོད་བྱེད། ཚུལ་འབུམ་འོད་ཀྱིས་བུ་དོད་གྱིས། རང་རེ་འགྲིགས་བཟང་བྱེད་ཟེར་བའི་ལན་བསྐུར། གསེར་ཁ་གཏོད་མ་ཉན། མི་མོ་བྱ་ལོ་ལ། སིད་ཏུ་དར་མ་རྒྱལ་མཚན། རྡོ་རྗེ་ཝེམ་ཧུ་ཤྲི་ཨ་སྦྱན་སྒྲོ་ཁ་ཚེ་དཔོན་རྣམས་ཁྲིམས་ར་དང་བཅས་པ། ཤབ་འབྲུམ་མོ་འཛུགས་པ་དང་། མངའ་རིས་ཕྱིན་གྱིས་འཛག་བྱེད་པ། བོད་ཆོལ་ཁ་གསུམ་གྱིས་ཕྱི་གསལ་བྱེད་པ་ལ་བྱོན་དུས། འདམ་དུ་གཏུགས་ཤེར་བྱེད་ཚེས་བྱས་པ་ལ། དབུས་པའི་རྟ་རོ་དམར་པོའི་ཁ་འཕྱེད་པ་མི་འཐད་ཟེར། གཙང་འཁོར་བ་དང་འཐད་ཟེར་ནས། དབུས་པ་རྣམས་ཀྱི་དབང་མ་བྱུང་། དེ་རྗེས་ང་། ཚོང་དུས་འགུར་མོར་གཏུགས་ཤེར་བྱེད་ཚེས་བྱས་པས། གཙང་དུ་དབུས་པའི་རླ་འཚོགས་དོན་མེད་ཟེར། མངའ་རིས་འཁོར་བ་དང་འཐད་ཟེར། ཡང་དབུས་པ་རྣམས་ཀྱིས་དབང་མ་བྱུང་། དེ་ནས་སིད་ཏུ་མངའ་རིས་འཁོར་བ

དང་། ཡར་ལུང་ས་སུ་གདན་དྲངས། རྣམ་རྒྱལ་དུ་སིད་ཏུ་བའི་དྲུང་དུ། སེ་ཆེན་རྒྱལ་པོའི་འཇའ་སྤྲི་ལ་མས་མགོ་བྱས། འཇའ་ས། ལིང་ཛི། བཀའ་ཤོག བཙོད་ཏུ་ཡིག་རིགས་གཏན་འབྲི་ཅན་གཟིགས་སུ་ཕུལ་ནས་གཏུགས་པ། སི་ཏུའི་པའི་ལང་ཟོན་ཤི་ཧྲ། ཡིག་ཤི་རི་རྣམས་ཧ་ལས་ནས་འདི་འདྲའམ།

༈ འཇའ་ས། ཡིག་རིགས་བཟང་པོ་འདུག་ལ་རྩོད་རྒྱུ་ཅི་ཡོད། སྤྲི་ལ་ཚུན་གཏོད་རྒྱུ་ཡིན་ཟེར་ནའང་། དབུས་པ་རྣམས་ཀྱིས་གྲོས་བཏབ་ནས། ར་མོ་གཙང་། ཞལ་ཤུབས། ཚ་སྲིད་དང་བཅས་པ་གཡའ་བཟངས་པ་ལ་འཇགས། གྲི་ཆོས་སྐྱོང་གསེར་ཁ་དང་བཅས་ཁ། སྣ་མོ། འབྲས་མོ་རང་རེ་ལ་འཇགས་པའི། དཔེན་གྱི་བཅ་ཧུ། དབུས་པའི་མི་དཔོན་རྣམས་ཀྱིས་འཚམ་ཡིག་བྱས་ནས། རྩོད་པ་ཅན་གྱི་མི་སྣེ་རྣམས། ད་ཕྱིན་བཅད་མི་རྩོད་པ་འཚམ་ཡིག་འདིའི་སྟེངས་སུ་མ་བཞག་ན། གསེར་བྲེ་ལྔ། དངུལ་བྲེ་བཅུ། འཇམས་ལ་ཕན་པའི་ཧ་བརྒྱ་ལ་སོགས་པ་འབབ་འགལ་དམ་པོ་ཡོད་ནའང་། རྟེང་ལ། སིང་ཏུའི་སོག་རྒྱབ་དང་། གཡའ་བཟངས་པས་མི་སྡེ་རྣམས་རྣམས་ལེན་པ་ཡིན་ཟེར་ནས། ཚུལ་འབུམ་འོད་དང་། མ་དགའ་དགྲ་དགའ་དཔོན་གཡོག་གིས་གཡེ་གཉལ་དང་། ངོ་ལོག་གི་དམག་ཚན་ཆེར་བསགས་མ་དགའ་དགྲ་དགའི། ལྷ་སའི་ཁྲོམ་དུ་ཁ་པོ་སྟོན། སྐད་རིང་བཏང་ནས། སྣེ་གདོང་དུ་དགུན་ས་བྱེད། ཡར་འབྲོག་ལ་དབྱར་ས་བྱེད་ཟེར་བ་བྱས་འདུག ས་ཕོ་ཁྱི་ལོ་ཟླ་བ་བརྒྱད་ཚེས་བརྒྱད་ལ། གཡེ་ཉལ་གྱི་དམག་རྣམས་ཚུལ་སླེབས། ཚེས་བཅུ་གཅིག་ཉིན༔ རྫོག་པོ་རྒྱུད་ཀྱི་ཁྲོད་དུ་འཁྲུགས་འདུག་པ་ལ། ཁྲིམས་ཀྱི་གདེན་ཆ་ཡོད་པ་དང་། དཀོན་མཆོག་མཁའ་འགྲོས་དཀར་ནག་ཤན་ཕྱེ་ནས། རང་རེ་རྫུས་ལེགས། མ་དགའ་དགྲ་དགས་མགོ་བྱས། མི་ཉི་ཤུ་རྩ་གསུམ་བསད་འདུག་ནའང་། རྒྱལ་ཚོད་བཟང་ནས་འདེད་ཐག་ཐུངས། རང་རེས། རྐང་དམག་རྣམས་ཀྱང་སྟོན་བསྡུད་རིངས་པས། ཕྱིར་ཞུར་འདུག ཡང་། གཡར་བཟངས་པས་སྟར་གྱི་ངན་རྟོགས་དང་། སླགས་ཆེ་བྱས་ནས། གཞོན་ནུ་བཟང་པོའི་མགོ་བྱས་རྣམས། འབྲས་མོའི་ནང་དུ་བཙུར་ནས་བསྐོར།

བྱུང་བཞག་པ་དང་། ལྷ་བ་སྣ་ཚོམས་བུའི་བསྐོར་ལ་དམག་གཞི་གཏབ་འདུག་པ། དེ་ལ་ངེད་རང་གི་མགོ་བྱས་གཞི་ལ་ཡོད་པའི་གཟའ་པ་མི་སྡེའི་དམག་གང་ཡོད་བསྡུས་ནས་ཕྱིན༑ བར་ཐང་དུ་སླེབས་པ་དང་། གཡའ་བཟངས་པའི་དམག་དེའི་མཚན་ལ་འུར་འདུག་ནའང་། སྟག་མོ་བུད་པར་དུ་ཕྱིན། སྟག་མོ་བུད་ཀྱིས་གཞིས་ཁ་སྐྱེལ། བཀྲ་ཤིས་སྒང་དང་། ལྷུན་པོ་རྩེ། འབུམ་དཔལ་འོད། ས་སྐྱར་ཚོས་ཉེན་པའི་མཆེད་གྲོགས་ཡིན་པའི་དོན་ལ། ཡུག་ས་མོ་འདུག་པ་ལ། སྙིང་རྗེ་བྱས་ན་གཞག གཡའ་བཟངས་དགོན་པའི་བབས་བླངས། རྗེ་བོ་བུག་པ་ཅན་པའི་བུ༑ རྗེ་སེང་གེས་མགོ་བྱས་བུ་སྟེར་བླངས་ནས། འཇམ་འཇགས་བྱས། དེ་སྐབས་སུ་གཡའ་བཟངས་པས་གང་ཐང་དུ། སིད་ཏུ་སློན་ལམ་པ་ལ་ཞུ་བ་གཏང་། གང་ཐང་པས། དཔོན་ཆེན་རྒྱལ་བཟངས་པ་ལ་ཞུ་བ་བཏང་། དཔོན་ཆེན་པ་མངའ་རི་ན་ཡོད་པ་ལ་ཞུ་བ་སླེབ། བླ་མ་ཀུན་སྤངས་པ་བཟང་ལྡན་ན་ཡོད་པའི་སར། དཔོན་ཆེན་རྒྱལ་བ་བཟང་པོ་བྱོན། དེར་གྲོས་ཐག་བཅད། བླ་མ་ཀུན་སྤངས་པ་བཟང་ལྡན་ནས་སྐྱར་བྱོན། བཀའ་གྲོས་པ་རྣམས་དང་། བཀའ་གྲོས་བྱས་པས། གཡའ་ཕག་གི་བར་ལ། བླ་མ་མཉམ་མེད་པ་དང་། ནང་སོ་བསོད་སེང་པས་དབུ་མཛད་འགྲོན་པར་འདུག་ཟེར་བ་ཐོབ། དེ་ཐོས་པ་དང་བླ་མ་མཉམ་མེད་པའི་སར། བོང་ཆེན་མགྱོགས་པར་རྒྱུག་དུ་བཅུག་ནས། འབུམ་པ་དཔལ་འོད་ཡོད་པ་ཡིན་ན། རང་རེའི་སྤྱི་མིའང་བཏུབ། བར་ཡང་ཡོང་བ་ཡིན་ཏེ། ད་འབུམ་དཔལ་འོད་མེད་རྩ་ན། གཡའ་བཟངས་པ་དང་། ངེད་གཉིས་ཀྱི་བར་ལ་རང་རེས་མི་དགོས་མི་ཡང་། མི་འགྲོན་པར་ཞུ་ཟེར་བའི་ཞུ་བཏང་ནའང་། མི་མཐུན་ཕྱོགས་པ་རྣམས་ཀྱིས་གཡའ་ཕག་གི་དོན་ལ། བླ་མ་འགྲོན་པར་འཐད་ཟེར་བ་ཞུས་པའི་དོན་ལ། བར་མཛད་པ་ཡིན་གསུང་ནས་བྱོན། ཡར་སྲིབས་སུ་ཕེབས་པ་དང་། ཇ་འདྲེན་བཏང་། ཞུ་བ་བསྐུར་བ་ལ། ཁ་ཅིང་ནས་ཞུ་བ་བསྐུར་བ་བཞིན། འགྲོན་རྒྱུ་མིན་ནའང་བྱོན་ཚར་འདུག དབུ་བསྟུང་པོ་ཡོང་དགོས་ཡོད། ཟེར་བ་བཏང་། དེའི་རྗེང་གྲ་ཐང་དུ་ཕེབས༑ རང་རེས་བསུ་བ་ལ་ཕྱིན། གྲ་ཐང་གནས་སུ་མཇལ། ཕྱུགས་ཕྱི་ལ་ཞིས་ཐོག་པ་དང་། རྟོགས་ལྡན་རིན་

འབུམ། རབ་བརྩན་པ་སློབ་དཔོན་སངས་རྒྱས་འབུམ་རྣམས་འདུག་པ་ལ། ད་ལན་བླ་
མའཁྲོན་རྒྱ་མིནའང་ཁྲོན་འདུག གཡའ་བཟངས་པ་ལ་དབེན་པའི་དཔུས་ནི་ཅིག་ཀྱང་མེད།
གཡའ་བཟངས་པ་ནི་ལེགས། ངེད་ཉེས་པ་ཡིན་ཟེར་བ་ཞུས། དེ་རྗེང་། ཡར་ལུངས་སུ་
ཕེབས་དུས། རྣམ་རྒྱལ་ཀ་ལྷ་མའི་སྟེངས་སུ་རྩམ་ཐུད་ཀྱི་གྲོ་བར་ཅིག་བྲངས། ནང་པ་བསོད་
སེང་དང་། ཕྱུགས་ཕྱི་ལ་ཡོད་པའི་དགེ་བཤེས་རྐན་པ་རྣམས་དང་བཅས་པ་འཛོམ་པར། ད་
རང་རེས་བར་མཛད་ན། གཡའ་བཟངས་པ་རྒྱལ་ཚམ། ང་ཕམ་ཚམ་གཅིག་མཛད་པར་ཞུ་
ཞུས། བླ་མ་མ་ཡང་མཉེས། དེ་ནས་གཡའ་བཟངས་སུ་ཁྲོན་པས། གཡའ་བཟངས་པ་
གདོང་སྔོན་མ་ཤན་པར། བླ་མ་དཔོན་སློབ་རྣམས་སྔོང་ལོག་བྱས་ནས་ཚུར་ཁྲོན། ད་རང་རེ་
བླ་མ་ལའང་སྐྱི་མི་འཚོལ་བ་མིན་པ་འདྲ། ད་ཡང་ཡར་འཁྲོན་པ་འཐད་དམ་ཟེར་བ་ཞུས་
དུས། ཕྱུགས་ཐམས་ཅད་ས་སྐྱ་ན་ཡོད་པས་དེར་འདྲི་མི་གཏོང་། ངེད་བློ་བ་གཅིག་དང་
སྲིང་པ་ཡིན་གསུང་ནས། ས་སྐྱར་ལོན་འདྲིར་བཏང་པས་ཁྱེད་དེར་བཞུགས་པ་ལོས་ཀྱང་
འཐད་ཟེར་བ་བྱུང་། དཔོན་ཆེན་གྱིས་ཀྱང་དེའི་ལོན་བྱུང་། དེ་ནས་རང་རེ་མིད་པའི་
གྲབས་བྱས་བྱུང་། སྐྱོན་ཡོན་རྣམས་གོ་ནས། བླ་མའི་དྲུང་དུ། ཇ་གསོལ་བའི་ཞོལ་ལ། བླ་
མ་ཆོས་ལ་མཁས་པ་མིན་པ། འཇིག་རྟེན་གྱི་བྱ་བ་མི་མཁྱེན་ཟེར་བ་ཞུས། རྗེང་ལ་དེ་དཔོན་
གྱིས་བཟུང་དུས་ཁྲི་བྱུང་ཁྲི་བྱུང་། ཁྱོད་ཀྱི་འདི་བྱས། འཇིག་རྟེན་གྱི་བྱ་བ་ཤེས་པའི་ཁ་
མཚུལ་ལམ་གསུང་ནས་ཐུགས་ཁྲེལ་མཛད་འདུག བླ་མ་ཀུན་སྤངས་པ་དང་། དཔོན་ཆེན་
རྒྱལ་བཟང་པས་གྲོས་ཐག་བཅད་པ་ལ། ང་གསོད། སྣེ་གདོང་། ཕག་མོ་གྲུ་ཁྲི་བསྐོར་
བླངས་ནས། གཡའ་ཕག་ཐང་གསུམ་ལ། དཔོན་ཆེན་རྒྱལ་བཟངས་ཀྱི་དགོས་ལུང་བྱེད་པ།
མཚལ་པ་དང་ཕྱོགས་མཐུན་བྱེད། དབུས་མདུན་བཤིག འབྲི་ཁུང་པ་ཁ་ས་སྔོན་ལ་ཚར་
གྱིས་གཏོང་བའི་ཇོ་བཞག་བྱས་འདུག དེ་རྣམས་ཀྱི་སྐྱོན་ཡོན་གོ་ནས། བསམ་བློ་ལེགས་
པར་བཏང་བའི་དུས་སུ། སྣེ་གདོང་པ་དང་ས་བརྩན་གྱིས་གཞིས་ཁ་རྣམས་ལེགས་པར་
བཟུང་། བུ་ཏ་རྣམས་བསྡུས་ནས་ཡ་བསྲུང་ན། གཙང་ལ་ཡར་གཏོགས་ཕྱིན། གྲལ་དོལ་

གཞུང་གསུམ། ཡར་འབྲོག་སྣང་གསུམ་དང་བཅས་པ་འདིར་བརླགས་ཐུབ་པར་འདུག དེ་ལྟར་བྱས་ན། ཕག་མོ་གྲུའི་སྡེ་འདི་ལ་གནོད་པར་འདུག་ཅིང་། མི་རབས་རིམ་པར་ངོ་ལོག་ནག་པོའི་མིང་ཡོང་བར་འདུག མི་རབས་སུ་མིང་ངན་པ། དག་མི་ཐུབ་པར་འདུག་པ་དང་། རང་རེའི་ཆོས་བརྒྱུད་འདི་མི་རབས་མི་རབས་སུ་ས་སྐྱ་པ་དང་དཔོན་སློབ་ཏུ་འབྲེལ་འདུག་ཅིང་། དམ་ཚིག་གཙང་། ས་སྐྱ་པའི་གདུང་བརྒྱུད་རིན་པོ་ཆེ་དང་འབྲལ་སྐྱགས་མེད་པར་གོ། ས་སྐྱའི་དཔོན་ཆེན་རིམས་པར་བྱོན་པ་རྣམས་ཐུགས་ལ་མ་བཏགས་པའི་ཁ་ལེ་ཡང་མི་འདུག དཔོན་ཆེན་རྒྱལ་བ་བཟང་པོ། དགེ་བཤེས་རིན་ཆེན་བརྩོན་གྱིས་བརྒྱུད་པ།

༈ ས་སྐྱའི་གདུང་བརྒྱུད་རིམས་པའི་ཞབས་ལ་གཏུགས་པའི་མི་བརྒྱུད་པ་ཅན་ཏུ་འདུག་པས། མི་གཞན་དང་མི་འདྲ། ངེད་རང་ཡང་། ༢ བླམ་བདག་ཉིད་ཆེན་པོའི་དྲུང་དུ། ས་སྐྱའི་ཆོས་ཁྲི་ཐང་དུ། ཏ་གཉིས་ཚར་བརྒྱུད་ཞན་པའི་མཆེད་གྲོགས་ཡང་དག་པར་ཡིན་པའི་དོན་གྱིས། དཔོན་ཆེན་པ་ལ་ཞུ་བ་རིམ་པར་བཏོང་། ཉ་སྟོད་དུ་གསེར་བྲེ་གཅིག་དང་། དངུལ་བྲེ་གཅིག་སྐུར་ནས། སྐྱིད་ན་སྡུག་ན་ཁྱེད་རང་ཤེས། ཨ་པོ་ཁྱེད་རང་ཤེས་ཟེར་བའི་ཞུ་བ་བཏོང་། ཡར་ལུང་ས་སུ་ཕེབས་པར་ཞུས་ནས། བདེན་ཐོག་ནས་གང་གསུང་པ་ལེན་ཉེན་ཞུས་ཀྱང་། མི་མཐུན་ཕྱོགས་ཚོའི་བསླེན་པ་འཐེན་པ་ལ་རྟེན་ནས། བཟང་པོ་མི་བྱེད་པར་གོ་ནའང་། གྲ་ཐང་དུ་བསུ་བ་ལ་བྱོན། དཔོན་ཆེན་པའི་ཕྱག་ཕྱི་བ། སྔར་ཕྱག་མི་འཚལ་བ་ཆོས་ཕྱག་བཙལ། ཞྭ་མ་འབུད་པ་རྣམས་ཞྭ་འབུད་ཀྱིས་འདུག་པ་ལ། འདིར་རང་རེ་ལ་མགོ་སྐོར་ཅིག་བྱེད་པར་འདུག་ཟེར་བ་དེ་དུས་ལབས། རྟིང་ལ་ཡར་ལུངས་སུ་གདན་དྲངས་དུས། རྣམ་རྒྱལ་ག་ལྷའི་སྟེངས་སུ་ང་རང་གྱིས། དཔོན་ཆེན་པའི་དྲུང་དུ་ཡང་ཡང་ཞུས་པ་ལ། ད་དྲུང་ནས་ཐུགས་རྒྱ་མ་འགྲུལ་བ་མཛད་པར་ཞུ། ས་སྐྱའི་བླ་མ་རྣམས་ཀྱིས་མཛད་སྤྱོད་འདི་ལྟར་ཡོང་། དཔོན་ཆེན་གྱི་ནོན་མ་བྱུང་ན་ཁྲིམས་མི་ཡོང་བར་འདུག་པས། ངས་ཁྱེད་ཀྱི་དབུ་འདོན་དུ་འགྲོ་བ་བྱེད། ཡན་ཟླ་བ་ཕྱེད་འཁྱུར། ཐུགས་འཇའ་ས་ཡིག་རིགས་ཀྱི་སྟེངས་ནས་བདེན་ཐོག་ཏུ་གཏོང་བར་ཞུ་ཞུས། དེ་ནས་ཕྱིར་འགྲོ་

བར་ལངས་ནས་ཕྱིན་ཡང་དེ་ནས་གོམ་པ་དོ་གསུམ་ཕྱིན་པ་ཙམ་ལོག་ནས་ཞུས་པ་ལ། ཁྱེད་ལའང་སྐབས་སྐབས་ཀྱི་སྐྱོན་ཅིག་འདུག་པས་ང་ལའང་ཞང་མཁན་པོའི་གཡང་རྩེ་མ། མ་བྱུང་བ་གཅིག་ཞུ་ཞུས་ཤིང་། གལ་ཏེ་ཁྱེད་ཀྱི་ང་བསད་ན། ངའི་རོ་རྡོག་པོ་ཆེ་བས། མདོ་སྟོད་སྨད། ཤར་མི་ཉག་རི་མོ་ཡར་བཅད་ནས། མངའ་རིས་ཕྱིན། སྟོ་བྱང་ཤར་ནུབ་ཀུན་དུ། ངའི་རོ་བདག་མང་པོ་ཡོང་བས། དབུས་གཙང་འདི་མི་བདེ་བའི་རྒྱུན་རིང་པོར་ཡོང་ཞིང་། སྙེ་གདོང་འདི་ཡང་མ་སྐྱེས་ན་དགའ། གལ་ཏེ་བསྐོར་ནས། ངས་དྲིན་གྱིས་བསྐྱངས་པའི་གཡོག་པོ་མ་ཐ་ཡང་བརྒྱ་བརྒྱ་ཐམ་པ་ཡོད་མེད། བརྒྱ་པོ་དེས་གཡོག་པོ་བཅུ་བཅུའི་ཁྲབ་ཅན་བརྩེད་ཙ་ན། སྟོང་ཕྲག་ཅིག་ཡོང་། འདིས་ངོམ་ཤོད་མཐིལ་འདི་མི་བདེ་བ་ཆེན་པོ་ཡོང་བས། དམག་འདི་མི་མཛད་པར་ཞུ་ཞུས་ནའང་། མ་གསན་པར་མི་མཐུན་ཕྱོགས་པ་རྣམས་ཀྱི་ཁ་ལ་ཉན་ནས་བྱུང་ལུགས་རྣམས་ཀུན་ལ་གསལ། སོང་འཛིན་པའི་དོ་ནུབ་དེ། མགོན་པོ་དཔལ་དུ་དབེན་ཤ་ཆེ་བཞི་ལ་བཞུག་ནས། གཞོན་བཟང་པ་དང་། མགོན་པོ་རྒྱལ་མཚན། ཤཱཀྱ་འབུམ། མགོན་རིན། བསམ་འགྲུབ། ཀུན་དགའ་གྲགས་ལ་སོགས་རྒན་པ་རྣམས་ལ། ཀ་བཞིའི་ཐོག་ཏུ་ཚོག་ལབས་པ་ལ། སང་དང་ང་གཡའ་བཟངས་ཁྲི་དཔོན་ལ་ལན་རྒྱབ་ནས། གཏུག་ཤེར་བྱས་པར་ཡོད་ཅིང་། ཕྱུགས་བདེན་ཐོག་ཏུ་གཏོང་བའི་ཆད་དོན་ནི་ཡོད། ཡིན་ནའང་། དཔོན་ཆེན་འདི་ཚོག་མི་བརྟན་པ་དང་། ཕྱོགས་སྐོར་མོ་ནས་དམག་གི་གྲབས་བྱ་བ་བྱས། མཚལ་པའི་གོ་ཆ་རྣམས་ཆུ་གཞུང་ལ་ཡོང་གི་འདུག་ཟེར། གལ་ཏེ་མགོ་གཡོག་བྱུང་ན། རང་རེས་འཐབས་པས་ཐུབ་ནའང་། ཁྲིམས་ལ་མི་ཤོང་པས། འཕམ་ལེན། སྤུར་དགེ་ལུམ་པ་ནས། ང་བརྩོན་བཟང་དུས། མགོན་པོ་རྒྱལ་མཚན་དང་། ཤཱཀྱ་འབུམ་ལ་ལོན་ཇི་ལྟར་བསྒྱུར་བའི་ལུགས་བཞིན་གོ་བར་གྱིས་ཟེར་བ་ལབས། དེའི་སོང་ཐོ་རོག་ཐང་ཕེབས་པ་ལ། རྣམ་རྒྱལ་ཚོམས་སུ་གཡའ་བཟངས་པ་དང་འཛོམ་ནས། གཏུག་ཤེར་ཐོར་བ་བྱས་པ་དང་། དཔོན་ཆེན་བྲེལ་གྱི་འདུག་ཅིང་རྣམ་འགྱུར་དེ་ངན་གྱིས་འདུག་པས། རྩེ་ན་ཡོད་པ་ཚོས་མ་ཚོར་རམ་བསམ་ནས། ད་དུང་ཡིག་རིགས་འདྲ་ལེན་དགོས་པར་

འདུག་བྱས་ནས། དཔལ་རིན་བཏོང་པས་ཁོང་རྣམས་ཀྱི་ལམ་ཁ་ནས་བཟུང་ནས་གཏོང་མ་
ཉེན། དེ་རྗེས། གཡའ་བཟངས་པ་དང་ང་གཉིས་བཟུང་ནས། གཡའ་བཟངས་པ་ཀ་ལྷ་མ་
ཕྱོགས་ལ་ཁྲིད། ང་དཔོན་ཆེན་པ་རང་གི་བཞུགས་ས། ཀ་དྲུག་མ་ཕྱོགས་ལ་ཁྲིད། ཡོལ་བ་
ཆེན་པོ་ཅིག་བཏོང་ནས། ང་ལ་གོས་འཕོལ་ཆེན་པོ་གཉིས་བརྩེགས་པའི་སྟེངས་སུ་སྡོད་ཟེར་
ཞིང་། རང་རེའི་མི་རྣམས་འཛིན་གྱི་འདུག དཔལ་རིན་གྱིས་འང་སྟོང་གོས་རྣམས་བཤུས་
ནས་ཆིག་རིང་དུ་བཟུང་། དེ་རྗེས། ཟླ་མ་བདེ་ནས་ང་ནོར་བ་ཨེ་ཡིན་བསམ། བསམ་བློ་
བཏང་དུས། ང་ལ་ནོར་ཁོང་རང་རྣམས་ནོར་བ་ཡིན་འདུག དེ་རྗེས། ཕྱོགས་ཀྱི་དམག་
རྣམས་སླེབ་ནས། ལུང་པ་ཐམས་ཅད་ཀུ་དིར་སོང་བྱུང་བ་དང་། ཁྲིམས་ཇ་ཅིག་བརྡུང་གི་
འདུག ཨ་སན་གཡན་དུ་དབེན་ཤ་པ། འདོན་དུ་སླེབ་ནས། ཚུར་ཡོང་གི་འདུག་ཟེར་བ།
སྐེ་གདོང་རྩེ་ལ་བཞུངས་པ་བྱེད་དགོས་ཟེར་ནས། དཔོན་ཆེན་པས་གསུང་ཡང་ངང་བྱོན་
པས། དེ་བཞིན་ཞུ་བྱས་ནས། རྒྱལ་མཚན་བཟང་པོ་ལགས་བདེ་ཁང་པ་ན་བཟུང་འདུག་པ་
པོས་ནས། ཟླ་མ་མཉམ་མེད་ལ་གནས་པོ་ཚོལ་ལ། དུ་དབེན་ཤའི་བཞུགས་པ་རྩེ་ལ་གྱིས་ལ་
ཞབས་རྟོག་གྱིས་བྱས་ནས་ཡར་ལ་བཏོང་བས། རྒྱལ་མཚན་བཟང་པོ་རྩེ་ལ་ཐར་ཞིང་། སྔར་
ཁ་ཏ་བྱས་པ་རྣམས་ཁང་རྩེ་ན་ཡོད་པ་རྣམས་ཀྱི་གོ། དྲན་པས་ཟིན་ནས། དུ་དབེན་ཤ་ནང་
དུ་མ་བཏང་འདུག་པས། དུ་དབེན་ཤའི་འཚོར་རྣམས་རྒྱལ་ལྷུང་ཁར་བྱས། ད་འདིའི། ང་
ལ་དབང་མེད་ཀྱི་ཡི་གེ་མང་པོ་ལེན་ངེས་བསམ་ནས། གྲིབ་ཡིན་ནམ་ཅི་ཡིན་མ་ཤེས། ང་
གཟུགས་པོ་ཐམས་ཅད་ཟེ་ཐོམ་བྱེད་ཀྱི་འདུག་པས། གུ་གུལ་ཅིག་དང་། འཛའ་ཧི་གཅིག
སྲེག་དགོས་པར་འདུག མེ་ཁྲིར་ལ་ཤོག་བྱས། གསོལ་ཇ་ཁང་པ་ནས་སྐྱོགས་ནང་གཅིག་ཏུ་
མེ་ཁྲིར་བྱུང་བ་དང་། མགོ་ཐུམ་སྐྲུར་ནས་ཐེལ་རྩེ་སྲེགས་པ་དང་། ཙན་ལྡན་དཀར་པོའི་དྲི་
ཞིམ་པོ་བྱུང་བས། བརྩོན་ཇེ་རྣམས་ན་རེ། འདི་འདྲའི་དྲི་ཞིམ་པ་ཅི་ཡིན་ཟེར། ཐེལ་རྩེ་
སྲེག་པ་ཡིན་བྱས། དེ་འདྲ་མཛད་ཤགས་རྫོད་ཟེར། ཐེལ་རྩེ་འདིས་སྣུག་ཏུ་བཙུག་བྱས།
ཐེལ་རྩེ་སྲེགས་ཚར་རྩམ་ལ། ཞོ་དང་བ་དཔའ་ཤི་ནམ་མཁའ་དཔལ་དང་། དཔོན་ཆེན་ཡེ་

ཤེས་སེང་གེའི་ཡིག་མཁན་སྔོན་པ་རྡོ་རྗེ་དཔལ། དཔའ་ཤི་རྡོ་རྗེ་རྒྱལ་མཚན་གྱི་བུ་གྲུ་བཞི་རྡོ་རྗེ་དཔལ་འདི་ཡིག་ཆུང་པ་ལ་ཡོད་པ། བུ་ཚ་སྤྲུན་ནི་ཅིག་ཡོད་པ་དང་། ཁོང་རྣམས་ཀྱིས་ཡི་གེ་ལེན་རྒྱུ་ཚན་ཁྲིར་ནས། ཐེལ་རྩེ་ལེན་དུ་བྱུང་བ་ལ། ཐེལ་རྩེ་མི་ལ་སྲིགས་ཚར་བས། ཐེལ་རྩེ་གཏེར་མ་དགོས། དེ་ནས་དེའི་ཕྱིན་ཉིན། གཡའ་བཟངས་པ་དང་ཐགས་རྒྱ་ཤོར་བྱེད་རྒྱུ་ལ་བྱེད་མ་དགོས། ཐང་པོ་ཆེ་པ་རིན་ཆེན་དཔལ་དང་གཏུགས་ཤེར་བྱས་ནའང་། ཁེ་ལ་བདེན་གཏམ་མེད་པས་གཏམ་རྒྱུ་མ་བྱུང་། དཔོན་ཆེན་པ་རང་གིས་ཁྲི་སྐྱུད་པ་བཞིན་བྱས་ནས། ཁོང་ཁུ་མཚན་བཟུང་དུས་ཀྱིས། འཇལ་ས་ཡིག་རིགས་འགའ་རེ་ཡོད་པ། འབྲི་ཁུང་པའི་བླ་མ་ཀུན་དགའ་རྒྱལ་གྱིས་བརྒྱུད་ནས། དགུང་དཀར་བའི་ད་ཏ་ཁ་མཆེའི་ལག་ན་ཡོད་པ་གཏོད་ཟེར་བའི་ཡི་གེ། ལས་ཆེན་མགོན་པོ་དཔལ་ལ་གཏོང་དགོས་བྱུང་ཞིང་། དེའི་བླ་ལ་རྫོར་རིན་ཡང་། སྐྱུས་ཆས་སུ་ཞུགས་ནས་ཆུ་བྱུང་ལ་སྐྲོལ་ཐུབ་ནའང་། ཐེལ། སྣ་ཞལ། ཞིང་པ། འཆད་དཀར་བ། གང་གི་ཁུལ་ནས་ཀྱང་། སྣེ་གདོང་ནང་དུ། དམག་གྲོགས་འཛུག་པ་དང་། དཔའ་སྐྱེད་གྲོགས་གང་ལགས། དགྲ་རྣམས་བྱུང་ན་བློ་རྣམས་གཏོར། འདུ་ཤེས་རྒྱལ་པོ་སྤྲ་ཏ་ཡ། ཟེར་བའི་ཚུལ་དུ་བྱུང་འདུག་པ་དེ་ཡིན། དེའི་ཕྱི་ཉིན་ནས། ཉི་མ་གསུམ་གྱི་བར་དུ། གཡའ་བཟངས་པ་དང་། ཐང་པོ་ཆེ་པ། བྱ་ཡུལ་སྟོང་དཔོན་ཚུལ་ཁྲིམས་གྲགས་པ་དང་བཅས་པའི་རྒྱབ་ཕྱུགས། དཔོན་ཆེན་པ་དང་། མཚལ་པས་བྱས་ནས། གཏུགས་ཤེར་བྱེད་དགོས་བྱུང་ཞིང་དབང་མེད་པའི་ཡི་གེ་སྣ་ཚོགས་ལེན་པ་དང་། ཅུད་ཤན་ཀོ་ཤག་གིས་བརྟུང་པ་ལ་སོགས་སྡུག་གཅིག་པའི་རྣམ་མང་དུ་བྱས་པ་དང་། སྙིང་ཁྲག་ཏུ་སོང་ཞིང་། ད་ཤི་ཡང་འགྱོད་པའི་ལས་མ་བྱས། ཐེལ་རྩེ་ནི་སྲིགས་ཚར། ཡ་པོ་ཁྱོད་ཤེས་ནམ་ཡང་མི་ཞུ། བྱས་པའི་སྐབས། དཔལ་རིན་ལ་ལྷུགས་དང་ཀ་བརྗོས་ལ་སོགས་དམ་ཚད་བྱེད་ཀྱི་འདུག་པ་དང་། ང་ནམ་ཡང་པོ་ཚོའི་ལག་ཏུ་ཆུག་པས། གྲོས་ཀྱང་མི་ཐར། བསད་ཀྱང་སྐྱོན་མེད། དཔལ་རིན་གྱི་སྲོག་འདི་ཐར་བ་ཅིག་བྱ་དགོས་བསམ་ནས། དེའི་ཐབས་རྩམ་པའི་ཞོར་ལ་ཡིག་མཁན་རྒྱལ་མཚན་འདི་རྩེ་ལ་ཐར་བ་བྱུང་ན། ཁྱེད་རང་ཚོ་སྟར་ཁ་ཏ

ཇོ་ལྷར་བྱས་པའི་སྟེངས་སུ་ཞོག་ལ། ད་ཕྱིས་ངའི་ཚིག་ཅི་འདྲ་བྱུང་ཡང་ཡིད་ཆེས་མ་བྱེད་ཟེར་བའི་ཚིག་སྐྱར་དགོས་བསམ་ནས། ཞོགས་པའི་ཚ་བ་ཐོན་རྗེང་ལ། ང་མགོ་དང་རོ་སྟོད་ཐམས་ཅད་ནི། རྒྱལ་མཚན་ལ་བསྐོམས་བྱས་ནས། ཁོས་རོ་སྟོད་ཐད་བསྣམས་ནས་ཡོད་དུས། ཁྱེད་རྩེ་ལའི་ཐར་བར་བྱུང་ན། གཞོན་ནུ་བཟང་པོས་མགོ་བྱས་རྣམས་ལ་སྐར་ཁ་ཏ་བྱས་པ་རྣམས་དྲན་པས་བཟུང་ལ་མ་འགལ། ད་ཕྱིན་ནས་ངའི་ཚིག་ཅི་བྱུང་ཡང་བདེན་པ་མ་ཡིན་པས། ཡིད་ཆེས་མ་བྱེད་ཀྱིས་བྱས་ནས། ད་ཁྱོད་ཀྱི་རྣམ་པར་ཤེ་ལེན་བྱས་པས་ལོན་ཟེར། འོ་ན་སྐྱོར་དང་བྱས་པས། ངས་ལབ་པའི་ཚིག་རྣམས་མ་བོར་བ་སྐྱོར་བྱུང་། ད་ཡོང་བར་འདུག་བསམ་ནས་ཁོ་བར་བཏང་། བཙོན་ཇི་རྣམས་ཐག་ཉེ་མོ་ན་ཡོད་ཀྱང་མ་རིགས་འདུག དེ་ནས་གྲོ་དུས་སུ། ཁྱེད་བཙན་ཇི་རྣམས་ལོ་བརྒྱ། འོ་རྒྱལ་ཆང་རིན་སྲང་ལྔ་གཏེར་བ་ཡིན་པ། མི་མི་ཐེངས་པ་འདྲ་བྱས་པ་དང་། མི་མི་ཐེངས་པ་འདྲ་བྱས་པ་དང་། མི་ཐེབས་བྱུང་ན་ཅིས་ཀྱང་གནང་བར་ཞུ་ཟེར། དེ་ནས་རིན་ནམ་མཁའ་དཔལ་ལ་ཞུ་བ་ཡང་ཡང་བསྐྱར་ནས། དམག་འདི་ཡེ་མི་མཛད་པར་ཞུ། གཞོན་ནུ་བཟང་པོས་མགོ་བྱས་རྣམས་ལ་ཐོབས་ཟེར་བའི་ལེན་གཏོང་ཟེར་བའི་ཞུ་བ་བསྐྱར་བས། དགོང་མོ་ལོན་མ་བྱུང་། སང་ནམ་སང་སང་ལ་དཔོན་ཆེན་པོ་རང་ཀ་དྲུག་མའི་མཐོངས་ཁར་བྱོན་ནས། ཁོ་ཅི་ཟེར་སྣེ་གདོང་པ་རྣམས་ལ་ཐོབས་ཟེར་བའི་ལན་གཏོང་བ་ཨེ་ཡིན། ཁོ་རང་གི་ཨན་དང་བུ་ཆུང་ཁྲོལ་ལ། མཐོངས་ཁའི་ཐེལ་འདིར་ཡོད་དུ་ཆུག་ཟེར། སྐུ་བོ་ཆོས་ཨན་དང་བུ་ཆུང་དཀྲོལ་ནས། མཐོངས་ཁའི་མཐིལ་དུ་ཁྲིད། དེ་དུས་རང་རེས་ཀྱང་། མི་སྐྲག་ཀྱང་སྐྲག་པའི་ཚུལ་དུ་བྱས། མི་འདར་ཡང་འདར་བའི་ཚུལ་དུ་བྱས། ཕྱག་བཙལ་དཔུས་མོ་བཙུགས། དཔོན་ཆེན་བྱང་ཆུབ་སེང་གེའི་དགོངས་ནམ་མཁའ་དང་འདྲ་བར་ལགས་པས། གཞོན་ནུ་བཟང་པོ་མགོ་བྱས། སྣེ་གདོང་དཔོན་ཡོད་པ་རྣམས་བབས་སུ་འཇུག་པར་ཞུ་ཞིང་། ཁོང་རྣམས་ལ་ཉེས་པ་འདུག་ང་རང་གི་ལུས་པོའི་སྟེངས་ནས་མཛད་པར་ཞུ། ཁོང་རྣམས་ངའི་གཡོག་པོ་འདི་ཟེ་འདི་ཀྱིས་ཡིན་པས་དབང་མེད་ལགས། བབས་བརྟན་པ་ཅིག་ཐུགས་ལ་འདོགས་པར་ཞུ་

ཞིང་། ཚོག་འདི་རྣམས་བསྒྱུར་བ་ལ་དཔོན་བླ་བཏོང་བར་ཞུ་ཞུས་པས། དེ་ཉེན་འབབས་ལུགས་ཅི་འདྲ་བྱེད་ཟེར། གཞོན་ནུ་བཟང་པོ་མཚལ་པ་ལ་འབབས་སུ་འཇུག ཤཱཀྱ་འབུམ་ཡར་འབྲོག་པ་འབབས་སུ་འཇུག ཀུན་དགའ་གྲགས་གཡའ་བཟངས་པ་ལ་འབབས་སུ་འཇུག གཞན་ཡང་ཁོང་རྣམས་གང་མོས་ལ་འབབས་སུ་འཇུག་པར་ཞུ། དཔྱད་པ་དངོས་པོ་གང་ཡོད་མཛོད་ཐ་ཐང་དུ་ཆུག་ལ། སྔོ་ལྟགས་རྒྱབ་ལ་ཏུང་ལ་གྱིས་ཤིང་། ལྡེ་མིག་དཔོན་ཆེན་པའི་དྲུང་དུ་ཕུལ་ཟེར་བ་བྱེད་ལགས་བྱས་པས། དེ་ཉན་གསུང་། དེ་ནས་ཡང་གསར་དུ་དྲན་པ་སྐད་བྱས་ནས། ཚོག་བསྒྱུར་བ་ལ་གཏོང་བ་དེ། དཔོན་བླ་བ་ལས་ཀྱང་། དཔལ་རིན་བཏང་ན། ནང་ན་ཡོད་པ་རྣམས་ཡིད་ཆེས་པ་དང་དྲག་ལ་ཆེ་ཞུས་པས། དེ་ཉན་གསུང་། དེ་ནས་ཡང་ཚོག་རྣམས་ཀྱི་དཔང་པོ་དང་ཡིད་ཆེས་གྲོགས་ལ་ཡིག་མཁན་བུ་ཚ་འདི་བཏང་ན་ཨེ་ཉེན་ཞུས་པས། དེ་ཡང་ཉན་གསུང་། ད་ཕྱིད་དཔོན་གཡོག་རྣམས་ཁ་ཁ་བསྡོད་ལ། བར་དུ་ཡོལ་མཐོང་ལ། ཁ་ལབ་འཕྲལ་དུ་མ་འཇུག་ཟེར། དེ་ནས་ཚ་པོ་ཐོན་པ་དང་། ཀུན་དགའ་རྡོ་རྗེ་དུ་དཔེན་ཤྭ། དགེ་སློང་བྱང་རྒྱལ། ནམ་མཁའ་དཔལ་དང་། ད་ཏུ་ཁ་ཆེ། ཉེ་གནས་མགོ་ནེ། ནང་པ་སེང་གེ་དཔལ། དཔལ་འབུམ་ཆ་པོ། ཏའི་ལ་སོགས། དཔོན་ཆེན་པ་རང་གི་ལས་ཚན་ཆན་པ་རྣམས་དང་བཅས་པ། ཁོང་རྣམས་གཡས་གཡོན་ནས་གྲལ་བསྒྲིགས༏ དཔལ་རིན་དང་། ཡིག་མཁན།...... རྒྱལ་མཚན་ཡར་རྒྱུད་དེ་ལ་བཞག་ནས། དཔོན་ཆེན་ལ་ཇི་ལྟར་ཞུས་པ་བཞིན་གཞོན་ནུ་བཟང་པོས་མགོས་བྱས་རྗེ་ལ་ཡོད་པ་རྣམས་ལ། དེ་བས་ལྷག་པ་མནན་ནས་ལེན་བསྒྱུར། ཁོང་རྣམས་ལ་ཡིད་ཆེས་པའི་དོན་དུ་སྣ་སྐྱོར་བྱས། དཔལ་རིན་ཐར་དུ་རེ་བའི་ཆད་ཡིན། དཔལ་རིན་དང་། རྒྱལ་མཚན་གཉིས་ཀྱིས་རྗེར་ཕྱིན། ལོན་བསྒྱུར་འདུག སྤྱན་གྱི་བརྡའ་འདྲ་བ་ང་། ཞལ་ཏ་གཞན་མེད་དམ་བྱས་འདུག སྤྱན་གྱི་བརྡའ་དང་གསུང་གླིང་གཞན་མེད་ཅིང་། དཔོན་གཡོག་མཉམ་དུ་བཞུགས་ཐབས་མེད། བར་དུ་ཁོང་གི་མི་རེ་བརྟགས་པར་བསྡད་ནས་ཐབས་མེད་བྱས་འདུག དེ་ནས་རྒྱལ་མཚན་གྱིས༏ དེ་རིང་ནས་ཞལ་ཏ་དེ་ཁ་ལས་མེད། ཁས་སོང་ནང་མོ། ཕྱིད་རྗེ་

ལ་ཐར་བ་བྱུང་ན། གཞོན་ནུ་བཟང་པོས་མགོ་བྱས་རྣམས་ལ། སྟར་ཁ་ཏ་གང་བྱས་པ་རྣམས་དྲུན་པས་ཟིན་པར་གྱིས་ལ། དེ་ཁའི་སྟེངས་སུ་གནས་པར་གྱིས། ད་ངའི་ཚིག་ཅི་བྱུང་ན་ཡང་བདེན་པ་མ་ཡིན་ནོ་གསུང་ནས༔ དེ་ལ་ནན་ཆགས་པ་དང་བཅས་པ་གསུང་བྱས་འདུག ངོ་ན་དེ་ཁ་ཡིན། མོ་ཅིག་གྱིས་ཟེར་ནས་མོ་བྱས་འདུག་པ་དང་། སྟར་གྱི་ཁ་ཏའི་སྟེངས་སུ་བཞག་ནས། མོ་བབས་ན་བཟང་བའི་མོ་བབས་འདུག་ཅིང་། རྟེང་མའི་སྟེངས་སུ་བཞག་ན་མི་བཟང་བ་བབས་འདུག དེའི་ངང་སྲིད་ལ་འབྲི་ཁུང་རིན་པོ་ཆེ་དང་། སྟག་ལུང་རིན་པོ་ཆེ། མཚལ་པའི་སིད་ཏུ་སློན་ལམ་པ་དང་། གསུམ་པ་གདན་འདྲེན་པར་གཏོང་བར་ཞུ། དེ་རྣམས་ལ་བབས་རྗེ་བྱས་ནས་འབབས་ཟེར་བསྐུར་ནས། དཔལ་རིན་པ་གཉིས་སློག་བྱུང་། གྲ་ཐོན་རྟེང་དེ་ལ། དཔལ་རིན་ནང་དེར་བྱུང་། མི་ཚེ་ཟད་པ་དེ་འདི་འདྲ་ཅིག་ཡིན་ཟེར། དགྲ་བོ་གཤེད་ལ་འཁོར་བ་ཟེར་བ་སྐྱོན་ཆེ་བསམ་ནན་ལྷར་ཡི་མུག་པར་བྱུང་། དེ་ནས་དཔལ་རིན་ལ་ཅི་ཡིན༔ ཁོང་ཚོ་མི་འབབས་ཟེར་བ་ཨེ་ཡིན། ངའི་ཁ་ཏ་ལ་མི་ཉན་ཟེར་བ་ཨེ་ཡིན་བྱས། འབྲི་ཁུང་རིན་པོ་ཆེ་པས་དབུ་མཛད་བབས་རྗེ་རྣམས་བྱོན་པ་དང་། འབབས་ལགས་ཟེར། ད་ལྷ་སོང་ལ། འདི་ཁ་བཞིན་བབས་གྱིས། ངའི་ཁ་ལ་མི་ཉན་ཟེར་བ་ཨེ་ཡིན་བྱས་ནས་ཕོ་སློག་བཏང་། དེའི་དགོངས་ནང་པ་སེང་གེ་དཔལ་བའི་སར་བསྡད་འདུག སོང་དཔོན་ཆེན་པ་དང་། ཕོང་ཐམས་ཅད་ཀྱིས་ལོན་བསྐུར་ནས་རྗེ་ལ་བཏང་འདུག གཞོན་ནུ་བཟང་པོས་མགོ་བྱས་རྣམས་ལ་ལེན་བསྐྱུར་འདུག་པ་དང་། ཁྱེད་ཕ་དར་ཞབས་ཏོག་ལ་ཨེ་ཕན་པར་འདུག་བྱས་འདུག ཞབས་ཏོག་ལ་མི་ཕན་པར་འདུག་བྱས་པས། ངོ་ན་ཁྱོད་རང་ཕྱིན་མ་ཕྱིན་མེད། འདིར་བསྡད་པས་དྲག་བྱས་འདུག དེ་ནས་དཔལ་རིན་གྱིས་རྗེ་ལ་བསྡད་པ་དང་། གྲ་པོ་དུས་དཔོན་ཆེན་གྱིས། རྒྱལ་མཚན་པོས་ཀོ་ཤག་རྒྱབ། ཚན་འཁྱིན་ཅི་ཡང་བྱས། གྲ་ཐོན་རྟེང་། ང་རང་ལ་ཀོ་ཤག་བདུན་ཙུ་ཙམ་རྒྱབ། ཚན་འཁྱིན་ཅི་ཡང་བྱས་ཤིང་། བརྒྱལ་ནས་དབུགས་ཆད་པ་ཡང་ལན་གསུམ་ཙམ་བྱུང་ནའང་། ད་དཔལ་རིན་ཐར་བ་དེ་ལེགས་བསམ་ནས་བློ་བདེ། གཟུགས་པོའི་ན་ཚ་ལའང་བསྟུག་བསྡལ་དེ་ཙམ་

མ་བྱུང་། དེའི་སང་ཉིན་ཛ་ཡུལ་སྟོང་དཔོན་དང་། འཕོན་ཆབ་ཐང་དྲུག་ཚོའི་རྩ་བ་ལ་ཚན་འཕྲིན་ཅི་ཡང་བྱུས། ཀོ་ཤག་ཚན་ཆེར་རྒྱབ། ཕོན་དུ་ཀོ་ཤག་ཡང་བརྒྱ་དང་སུམ་བཅུ་སོ་ལྔ་ཙམ་རྒྱབ། རོ་སྟོད་ལྷགས་པ་ལེན་གསུམ་རྩབ་བརྫེས། ཟླ་བ་ཅིག་ལྷག་ཙམ་དུ་ཁ་ནུབ་མོར་ཉལ་བ་མིན་པ་མ་ཤེས། གཞོན་ནུ་ཡོན་ཏན་རང་རེ་རྩ་བའི་མི་བན་དེ་ཡོན་བདག་ཕྱུག་གུ་ཡིན་པར། ཆོས་དམ་ཚིག་ལ་བསམ་པར། དཔོན་ཆེན་པ་ལ་འདི་བསད་ན་གསེར་གྱི་བཀའ་འགྱུར་བཞེངས་པ་ལས་དགེ་བ་ཆེ་ཟེར་བ་ཞུས་ཡིན་འདུག ཁྱོད་ཀྱིས་ཐེལ་དུ་བཙུན་པ་ཨེ་བྱུས་བྲིས་པས་བྱུས་ཟེར། སློབ་དཔོན་རྒྱལ་མཚན་དཔལ་གྱིས་གཡོག་ཨེ་བྱུས་ཟེར། བྱུས་ལས་དེ་བྱུས་ཟེར། ངའི་གཡོག་ཨེ་བྱུས། བྱུས་པས་བྱུས་ཟེར། ཨའི། དཔོན་ཆེན་པ། འདི་འདྲ་དང་གཏུགས་ཤེར་བྱེད་འཇུག་པ་ཨེ་འཐད། འདི་འདྲ་མཛད་ན། རང་རེ་རིགས་ཚོའི་ཧུས་ལ་མི་གནོད་དམ་ཞུས་པས། དཔོན་ཆེན་པ་ཡང་སྐྱེངས་ནས། སྤྱན་ལྷ་མི་ཕོད་པར་འདུག སློབ་མས་བླམ་ལ་བརྗོད་པ་དང་།

༈ གཡོག་གིས་དཔོན་ལ་བརྗོད་པའི་ཉེས་པ་ཡོད་པའི་དོན་ལ། ཉེས་པའི་ལམ་ལ་གཏོད་དགོས་བྱུང་བའི་དོན་དེ་ཡིན། དེ་ནས་ཞག་གཉིས་གསུམ་སོང་བ་དང་། སློབ་དཔོན་ཆེན་པོ་བསོད་བློ་བ་ཆུ་བྱང་དུ་ཕེབས་ཡོད་ཚོད་འདུག་པས། ས་སྲུས་པ་དང་། ཉེ་གནས་བཙུན་པ། ཛ་བྱའོ་གང་དང་བུ་རམ་རྗོག་པོ་མགའ་ཁྱེར་ནས་བྱུང་བ་དྲངས། ཁ་ཡག་དང་སེམས་གསོ་འགའ་བྱུས། དེ་ནས་བཙོན་རྫེ་རྣམས་བྲེལ་བའི་རྣམ་པ་བྱུས། འགའ་རེས་རལ་གྲི་བཏགས་བྱུང་། དང་གཤིག་ཏུ་ཁྱེར་བར་འདུག་བསམ། རྩར་ཡོད་པའི་གཡོག་པོ་རྣམས་ཕྱུགས་དེར་བཙུག ང་རང་གཅིག་པོ་ཀ་དྲུག་མར་བཞག དེ་ནས་ཀ་ངན་བཤགས་པའི་དུམ་བུ་ཁྱེར་བྱུང་ནས། ཧིག་ཧིག་བྱུས། ཁ་ལ་ཕོ་དོ་བཙུག དར་ཁ་གཅིག་གིས་བསྡམས་ནས་རྒྱབ་ཏུ་འདུད། དེ་ནས་རྣམ་རྒྱལ་ནུབ་མོ་སྒོ་ལ་ཁྲིད། ནུབ་སྒོའི་གདོང་དུ། ཞྭ་ཛ་མ་ཙན་ཅིག་མགོ་ལ་བསྐོན་པ། མགོ་ཕྲུགས་པས་ཡུར་ཁ་དེར་སྐྱུར། ཡང་གྲོང་སྟོད་གདོང་དེར་ཞྭ་ཛ་མ་ཙན་ཅིག་བཀོན་བྱུང་བ། གད་པ་སྟེང་གི་གདོང་དེར་མགོ་ཕྲུགས་པས་སྐྱུར། ཡང་བྱུང་

གདོང་དུ་ཞྭ་ཇ་མ་ཅན་ཅིག་བཀོན་པ་དེ་ཁོང་ཆོས་ཨོག་སྒྲོག་དམ་པོ་བྱས་ནས་བྱེ་ཞིང་བར་གོན་དགོས་པར་བྱུང་༑ ཡང་ཁར་ནམ་ལངས། ཊོལ་མར་གྲོ་བྱས། དེ་ནས་བྱེ་ཞིང་བསྡད། སྐྱིད་ནག་བར་དུ་མཚོལ་པའི་དམག་གིས་བསྐྱལ་བས་ཁ་ངན་དྲག་འདོད་བྱས་པས་སྨྱུང་ཚད་བྱུང་། དེ་རྗེང་། མཚོལ་པ་རྣམས་ཕྱིར་ལོག་ནས། དཔོན་ཆེན་པའི་མི་རྣམས་ཀྱིས་བྱམས་པོ་བྱས་ཤིང་། རབ་བརྩུན་དུ་ཚ་བ་གྲོ་སྦྲགས་པ་ཅིག་བྱས་ནས་ཐང་སྐྱའི་གྲུ་ལ་ཕྱིན། ཉང་ཁོལ་མ་རྩའི་སྐྱ་ཞང་པའི་གཞིས་ཡིན་ཟེར་བ་དེར་བསྡད། དེར་ཀུན་དགའ་གྲགས་ཀྱི་བུ་ཚ་ཡིན་ཟེར་བ་ཅིག་གིས། སྟེ་གདོང་མི་ཕེབས་པར་ཡོད་ཟེར་བའི་གཏམ་སྙན་བསྐྱལ་བས། དེའི་དགོངས་བློ་བདེ། དེ་ནས་སང་སྤྲ་མོ་ཕྱིན། ཡུལ་ཆོས་གཉའ་བར་དུ་ཧ་ཝོན། དེ་ནས་རྐང་ཐང་ལ་ཕྱིན་པས། དེ་དགོངས་ཐོན་ལུག་ར་ཁར་ཉི་མ་དགོངས་ཇ་ལ་སླེབ། དེ་ནས་ཐོན་མདར་གྲོ་བྱས། རྣམ་རྒྱལ་དུ་ཞག་བྱས། དེ་ནས་སྒྲོ་ཡེར་གྲོ་བྱས། སྐྱབས་སུ་ཞག་བྱས། དེ་འབྲས་ཡུལ་དང་། ནུབས་མདར་ཞག་རར་བྱས། ནུབ་ནས་ནམ་ཞབས་བྲགས་ནས་ཕྱིན་པས། དེ་ནས་སྟག་ཚང་དུ་ཚ་བ་དང་གྲོ་བྱས། གྱི་རི་ནས་ཉི་མ་རྩེ་ཤར་ལ་ཉུགས་ལྷ་ཁང་གི་འོག་གི་གྲོང་ཅིག་ཏུ་གྲོ་བར་ལ་སླེབས། དེ་ཉིན་དེར་བསྡད། དེ་ནུབ་ཏ་འཕྱེར་བྱུང་ནས། ཉུག་ཆོས་རྫོང་དུ་ཕྱིར། དེར་ཟླ་བ་ཕྱེད་གཉིས་བསྡད། དེ་ནས་ཡང་འདུག་སྡོ་བ་ལ། བླ་མ་བཟང་ལུང་པ་གནས་པ་ཡིན་པས། ཁོང་ལ་ལེན་བྱུང་བས། རི་ཝོན་ན་ཧ་ཕྱེར་ཡོད་པས། འགྲོན་པོ་དེ་པ་ཁྲིད་བྱུང་ཕྱོན་ཟེར་བ་བྱུང་འདུག དེ་དུས་དགེ་སྦྱོར་བཟང་པོ་ཡོད་པའི་ནུས་པར་འདུག་པས། རྨིས་ལྟས་དང་ལྟས་ཐམས་ཅད་ལོག་བྱུང་། བླ་མ་བཟང་ལུང་པ་ལ། ང་གསོད་པ་ལ་འཁྱེར་བ་ཡིན་ན་འགྲོ། གཞན་འདུག་པ་སྡོ་བ་ཡིན་ན་འགྲོ་སྐབ་པར་མེད་བྱས་པས༑ དེ་འདྲ་མིན། འདུག་ས་སྡོ་བར་འདུག་ཟེར། འོ་ན་མི་འགྲོ་བྱས། བཙོན་ཇེ་གཉིས་པོ་སོང་བ་དང་། དེར་དགོངས་སེར་ཚོལ་ཆེན་པོ་བབ་པས། སློ་བུར་དུ་ཤུ་འོད་ཆེན་པོ་བྱུང་། ཉུག་གི་ཟམ་པ་ཡང་ལྷ་ཙམ་དང་། མི་ཕྱུག་མང་པོ་ཆུས་ཁྱེར་འདུག བརྩོན་ཇེ་གཉིས་པོ་དེ་ནུབ་མཚན་རིང་གང་ལ། བྲག་ཕུག་གི་ཤིང་ཕུང་རེ་ལ་འཆངས་ནས་བསྡོད་པ་མིན་པ་ཐབས་

མ་བྱུང་འདུག ཤངས་ཀྱི་ཆུ་ཡང་ཆེན་པོ་སྐྱེས་འདུག་པ་དང་། དེ་ནུབ་ཕྱིན་ན་ཆུས་ཁྱེར་ནས་འཆི་རྒྱུར་འདུག་ནའང་། དཀོན་མཆོག་མཁའ་འགྲོའི་སྐྱབས་ནས་མ་ཕྱིན། དེ་ནས་ཡང་ཞག་གསུམ་བཞི་ནང་ཧ་ཁྱེར་བསུམ་བྱུང་བས། ད་ཕྱིན་པས་ཆོག་པར་ཡོད་བྱས་ནས། ཀླུང་ལྟས་ཡང་རང་པོར་འདུག་པས་ཕྱིན། དེ་དགོངས་མཚན་བརྒྱད་ནས་ཕྱིན། ཤངས་ཀྱི་ནུབ་ཕྱོགས་ཀྱི་ལུང་པ་ཅིག་ཏུ་ཉིན་ཡོལ་བྱས། ས་སྲོས་པ་དང་མཚན་བརྒྱད་པས། ཀོ་སྦྲེལ་དུ་སྐྱ་རིངས་དང་པོ་ལ་སླེབས། ཀོ་སྦྲེལ་དུ་ཟླ་བ་ཅིག་བསྡད། ཞུགས་དང་ཀོ་སྦྲེལ་གཉིས་ཀ་ནས་བཏང་ས་ཆོག་གི་ཡི་གེ་རེ་ས་སྐྱར་ཐེང་།

༈ ས་སྐྱ་ནས་ཡར་ལུངས་སུ་ཐེང་འདུག ངེད་བསོད་ཚར་བྱས་ནས། དཔའ་འབུམ་ཚོས། ཏའོ་བཏང་ནས། རང་རེའི་རིན་པོ་ཆེ་དང་། གྲགས་པ་ཤེས་རབ། འབྲི་ཁུང་སྒོམ་པ་གསུམ་ལོན་བཏོང་ནས། རི་མོ་སྒོར་མོ་ཅིག་བསྐུར། ཕྱེད་ལ་བྱང་རྒྱལ་བསོད་ཚར་བས་ལབ་རྒྱུ་མེད། དེ་ཕྱེད་པོ་འདི་ལ། ཁྱོད་རིན་པོ་ཆེ་མགོ་བྱེད་རྣམས་འདུན་མ་ཅི་འདྲ་བྱེད་ལོན་བསྐུར་བྱ་བ་བཏོང་འདུག བྱང་རྒྱལ་བསོད་ཚར་ན། རིན་པོ་ཆེས་ཆོས་གོས་སྐྱུར་ནས་དེའི་ལུགས་བྱེད་པ་ལས་མེད་ཤེས། འདུན་མ་བྱ་རྒྱུ་མེད་ཟེར་བའི་ལན་ཀྱོང་པོ་བཏང་འདུག་པ་དང་། འཚལ་པས་གསེར་བྲིལ་ལྷ་བསྟོན་ནས། གསེར་བྲེ་གསུམ་དཔོན་ཆེན་ལ་བྱིན། གཉིས་ཨ་སྲུན་ག་ཡན་དུ་དབེན་ཤ་ལ་བྱིན་ནས༑ ང་མ་ཁྱེར་གོང་དུ་གསོད་ཟེར་བ་བྱས་འདུག་པ་ལ། ཨ་སྲུན་ག་ཡན་བཅའ་ཆོ་ལ། ཝེ་ཤན་རྗེག་མ་ཉན་པ་དང་། སྡེ་གདོང་མ་ཤོར་བ་དང་། གསུམ་པོ་འདིས་སྲོག་ལ་བབས་པའི་དོན་དེར་འདུག འདི་ནས་མགོན་པོ་རྒྱལ་མཚན་དང་། དཔལ་རིན་གྱིས་བསུ་བ་ལ་གོས་ཟས་དང་དྲིལ་ཁ་ཁྱེར་ནས་འདུག་ཅིང་། བླམ་འཚམ་ཁྲིག་དང་། བར་ལ་གདན་འདྲེན་པར་འདུག་ཟེར་བ་ཐོས་ནས་དུས་ད་མདུན་མ་ཕོང་རང་རྣམས་གང་གསུང་ཡིན། རང་རེ་བླ་མའི་ཐུགས་ཕྱི་ལ་ཁྲིད་ན་མདུན་མ་ཕོང་རང་རྣམས་གང་གཞེད་སྒྲུབ་པ་ལས་འོས་མེད་བསམ་ནའང་། ངེད་མ་ཁྲིད་པར། བླམ་རང་བྱིན། དབུས་སུ་ཁུ་དཔོན་ཐམས་ཅད་འཚོགས་འདུག་ནའང་། གང་གི་

འང་བཞག་སོ་མེད་པར། ངེད་སྤྱངས་ཆུང་དུ་ཐོན་པ་ཙམ་བྱུང་། དེ་ནས་དཔོན་ཆེན་རྒྱལ་བཟང་པ་སྟག་ཏུ་ཕེབས། དཔོན་ཆེན་ཡིག་མགོན་པོ་རྒྱལ་མཚན་དང་། རང་རེའི་མགོན་པོ་རྒྱལ་མཚན། དཔལ་རིན། ཚུལ་ཁྲིམས་སེང་གེ་རྣམས་བྱུང་ནས་རྟག་ཏུ་འགྲོ། རྨི་ལམ་བརྟགས་པས་དབུས་ལ་མི་འགྲོ་བར་མཐོང་། དེ་ནས་དཔལ་རིན་ངའི་གཡོག་ལ་ཁྲིད་ནས། སྟག་ཚ་རྡོར་རྒྱལ་དང་གདོང་ནས་ཡར་ལ་ཕྱིན། རི་བོ་ཆེའི་ནུབ་ཀྱི་ཐང་ག་ཅིག་ཏུ་གྲོ་བྱས་དུས་སྟག་ཚང་རྡོར་རྒྱལ་ན་རེ། ད་མུན་མ་ཅི་འདྲ་ཅིག་འོང་ཟེར་ནས་སྦྱོ་འདྲི་ཡི་འདུག་པས། ཁ་སང་། བླ་མའི་ཕྱུགས་ཕྱི་ལ་ཁྲིད་ན་ཕོང་དགྲ་ཕྱོགས་པ་རྣམས་ཀྱིས་མདུན་མ་རབ་ཀྱི་རབ་མཆོག ངེད་ཀྱི་མདུན་མ་ཐ་མའི་ཐ་མ་ཡིན། ཁ་སང་སྟག་ནས་བཏང་ན། དགྲ་ཕྱོགས་པ་རྣམས་ཀྱི་མདུན་མ་འབྲིང་གི་རབ་མཆོག་ཡིན། ངེད་ཀྱི་མདུན་མ་འབྲིང་གི་འབྲིང་སྨད་ཡིན། ད་ངེད་ཀྱི་མདུན་མ་རབ་ཀྱི་རབ་མཆོག་ཡིན། ཕོང་རྣམས་ཀྱིས་མདུན་མ་ལ་གཟི་རྒྱུ་མེད་བྱས། དེའི་ཚིག་དེ་ལབས་དུས། དཔང་པོ་ལ་ད་ལྷའི་བྲག་དཔོན་འདི་ཡོད། དེ་ནས་སྐྱེ་གསེབ་པའི་ལག་ཏུ་དཔང་ཆུང་གི་མལ་དུ་ཟླ་བ་མང་རབ་བསྡད། དེ་རྗེང་། དཔོན་ཆེན་དབང་བརྩོན་འདོམ་དུ་སླེབ། དཔོན་ཆེན་རྒྱལ་བཟང་པ་དང་གཏོད་ལེན་ཚར་ནས། མཐོང་སྨོན་དུ་སླེབ་འདུག་ཟེར་བདང་། རང་རེ་ཡང་བརྩོན་ཡུན་རིངས་པས་རང་ཕྱོགས་པ་རྣམས་ལ་ཡི་ཆད། དཔུང་ཆུང་དུ་མིང་བཏགས་ཀྱང་། རང་རེ་དང་སེམས་མཐུན་པའི་མི་རེ་འཕྲད་པ་ཡང་མེད་པས། ཡིག་གེ་རེའང་བརྒྱུད་པ་མེད། ཇ་འདྲེན་རེ་ཙམ་བྱུང་ཡང་འཕྲད་པ་མི་འདུག འཕྲལ་ཟ་ཆུ་དང་གོས་སྐྱིད་པ་ཙམ་མི་མང་། ཡོན་ཏན་གང་ཡང་མ་ཚང་ཞིང་། ད་ང་ཡང་འཆི་བ་མིན་པ་མ་ཚང་བ་ཡིན་པས། ང་དཔོན་ཆེན་ལ་གཏོད། ཕོའི་འདུན་དུ་འཕོ་བ་ཅིག་འདེབས། ནོ་དེ་ཕོ་ལ་གཏེར། ང་རང་གི་རིན་པོ་ཆེས་མགོ་བྱས་ཉེ་བ་གཡོག་འཁོར་རྣམས་ལའང་འདི་མིན་པས་མ་ཚངས་བྱས། དེ་ནས་དཔོན་རྡོར་གྱིས་ཕྱིར་པོ་ནས་བྲག་དཔོན་ལ་ལེན་བསྐུར་བྱུང་ནས། འདི་བྱས་ན་ཐལ་ཨེ་འགྲོ་ཡིན་ཟེར། ཐལ་མ་དྲགས་བྱས་པས། དེ་ནས་དཔོན་རྡོར་རྒྱལ་གྱིས་མཐོང་སྨོན་དུ་ཕྱིན་ནས་དགོངས་ཁ་སླེབ་བྱུང་དུས།

དཔོན་ཆེན་པའི་གསུང་གིས། བླ་མས་གསུང་ཧུར་པ་བྱུང་ན། རང་རེ་བྱེད་བདེ་བར་ཡོད་ནའང་། བླ་མ་ཡང་འཁྲིད་འགེལ་གྱི་གསུང་རེ་ལས་བྱུང་ནའང་། བྱེད་བཀའ་བར་བྱུང་། ད་ཡིན་ན། མ་གཅིག་པ་དང་། བླ་མ་མཉམ་མེད་པའི་ཁག་ཁྱེར་གྱི་ཕྱག་རྟགས་རེ་བྱུང་ན། པོ་དོང་དུ་དཔུང་ལག་ལ་བཏང་བས་ཚོག་བྱ་བ་བྱུང་། དེ་ནས་རྟ་པ་ཅིག་མགྱོགས་པར་རྒྱུག་ཏུ་བཙུག་པས། ཁག་ཁྱེར་གྱི་ཕྱག་རྟགས་སོན་བྱུང་བ་དང་། མི་མོ་ཕག་གི་ལོའི་ཟླ་བ་བཅུ་གཅིག་ཚེས་བཅོ་ལྔ་ལ་སྔར་ཐང་དུ་ཐོན། ཚེས་བུ་དྲུག་ལ་པོ་དོང་དུ་སླེབ། བླ་མའི་དྲུང་ནས་ཡང་། དཔུས་ནས་ཡར་ཕེབས་ཀྱི་ཡོད་ཟེར་བས། དཔལ་རིན་ཤངས་སུ་ཇ་འདྲེན་ལ་བཏང་། རང་རེས་ཡང་རྟ་ནག་ཏུ་ཇ་འདྲེན་ལ་ཕྱིན། རྟ་ནག་རི་གསེབ་ཏུ་འཛམ། དེ་ནས་པོ་ད་དོང་ཕྱུགས་ཕྱི་ལ་ཕྱིན། པོ་དོང་ཨེར་མ་ཕེབས་པའི་བར་ཞག་གཅིག་གིས་དགོངས་མོ། བླ་མ་རྒྱལ་འབྱུང་། ཆེན་པོ་དཔལ་རྒྱལ། སྟག་ཚང་རྡོར་རྒྱལ། དཔོན་མགོན་པོ་རྒྱལ་མཚན་དང་། ངེད་རྣམས་འཛོམས་ནས། བླ་མས་ཡང་། ངེད་ལ་ཞལ་ལྟ་མང་པོ་གསུངས། དོན་གྱི་ཚོད་འཛིན་དགོས། ཆོས་གྱིས་སུ་འདུག ངས་ཞུས་པ་ལ། ཆོས་ཀྱི་ཕྱོགས་ལ་བླ་མ་དམ་པ་ལ་སྐྱབས་སུ་མཆིའ། འཇིག་རྟེན་གྱི་བྱ་བ་ལ། དྲུང་པ་ལ་བཅོལ་རྟོགས་མེད་ན་ལུང་། འདི་ལ་འཆི་ལུགས་ཅིག་འཚལ། ང་མི་དཀར་པོ་འདི་ལ། ཞྭ་ནག་པོ་གཡོགས་པ་འདི་ལ། ཁ་རོག་བསྡོད་ཐབས་མེད་པས། དཀར་ནག་གི་ཤན་འབྱེད་ཞུས་པས། དྲུང་ནས་ནི་ཚུང་མ་མཉེས་འདུག དེ་རྟིང་། པོ་དོང་ནས་རྫོང་བ་བཏབ་ནས་ཕྱིར་འོང་དུས་ཕྱག་བཙལ་ནས་ཞུ་བ་ཕྲུས་པ་ལ། ད་བར་འདི། དྲུང་ནས་ཡེ་མི་མཛད་པར་ཞུ། བླ་མ་ཀུན་སྤངས་པ་དང་། ལྷ་ཁང་པའི་ཕྱོགས་ནས། དཔོན་ཆེན་པ་དང་བཅས་པས། ང་ནམ་དགོས་ཟེར་དུས། ང་ས་སྐྱུ་ལ་ཡོང་། ས་སྐྱུ་ཚོགས་སུ་མོ་ལ་ཚོག་གསུམ་གཏོང་བར་ཞུ། འདི་ལ་བར་དང་འདུན་མ་དགོས་པ་དེ་མིན་ཞུས་ནས། པོ་དོང་ཨེ་ནས་ཞག་བཅུ་གཅིག་ལ་སིལ་མར་སླེབ། དེ་ཡན་ལ་རང་ཕྱོགས་ས་དཀར་བ་རྣམས་ཀྱིས། ཇ་འདྲེན་ཆེ་མར་གཟབ་ནའང་། བླ་མ་ཀུན་སྤྱངས་པ་དང་། ལྷ་ཁང་པ། ཤར་པ། ཁང་གསར་བ་རྣམས་ཀྱིས་ཕྱོགས་ནས། ཞ་ཡུག་གཅིག་གི་

འང་ལམ་ལ་ནོར། དཔོན་ཆེན་རྒྱལ་བཟངས་པས་ཀྱང་། གོས་ཟས་ལུས་གང་དང་། རྟ་སྒ་དང་བཅས་པ་ཅིག་སྟེར་བའི་ཁ་ལྟས་ཡོད་དེ་མ་བྱུང་། ལར་ན་དེ་རྣམས་ཀྱི་མིའི་ཕོག་མཐོང་ཞིང་ཞེས་ཁྲིལ། སིལ་མར་ས་ཕོ་བྱི་བ་ལོའི། ལོ་གསར་ལ་སླེབ། གྲུ་གུ་སྒང་དུ། སློབ་དཔོན་ཆེན་པོའི་དྲུང་དང་མཇལ་དུ་ཕྱིན། ལྷ་ས་པ་དང་། ཟོལ་ཟུ་པ་ལ་སོགས་འབྲེལ་ཡོད་རྣམས་ཀྱི་ཇ་འདྲེན་ལུགས་མཐུན་བྱས། དེ་ནས་མར་འོང་ཡོངས་ནས་འབུམ་ཐང་དུ་ཕེབས། དཔོན་ཆེན་དབང་བརྩོན་གྱིས་ཤེད་ཁུར་ནས། སྤར་ཕྱག་འཚལ་བ་རྣམས་ཀྱང་། ཕྱག་མི་འཚལ་བར་འདུག ཟག་པ་མང་པོ་སོག་གི་འདུག་པས། བུ་ཚ་རྣམས་ལ་ཁ་ཏ་བྱ་ནས་ཤམ་པ་རེད་བརྟུང་དུ་བཅུག དེ་ནས་གྲོ་བྱས། རྟ་ཐོག་ཏུ་ཐོན་ཡོང་པའི་གྲབས་བྱས་ཙ་ན། ནཁོང་ཚོ་དབེན་གྱི་གྲོང་། ཧོར་ཧོ་ཆ་དཔའ་ཤི་སྐྱ་བཅུ་བྱུང་པ་དང་ཕྲད། དར་ཁ་རྗེས། དེ་ནས་ཕོ་བྲང་གདོང་དུ། ནོར་འབུམ་གྱིས་དམ་སེ་གང་ཁྱེར་ནས། ང་ལ་གོས་མ་ཅིག་བྱིན་གསེར་ཡིག་པ་ལ་ཐེར་མ་ཅིག་བྱིན། ནོར་འབུམ་ཡང་སྤར་ཕྱག་འཚལ་བ་ལ། དེ་ཉིན་ཕྱག་མི་འཚལ་བར་ཞྭ་ཕུད་ནས་འདྲི་མེད་བྱེད་ཀྱི་འདུག དཔོན་ཆེན་དབང་བརྩོན་ལ། དབང་ཡོད་དུས་ཚོད་ཟུང་གྱིས་ཨ། བྱས། བཀའ་སྐྱོན་མི་འགྱོད་པར་ཞུ་ཟེར། དེ་ནས་མཁར་ཆུ་དང་། སྒྲུགས་སུ་ཞག་རེ་བསྡད། སྒྲུགས་སུ་རང་རེའི་བསུ་བ་རྣམས་ཀྱི་སླེབ། བསམ་ཡས་ནས་ཐམས་ཅད་ཀྱི་བསུ་བ་ཇ་འདྲེན་གཟབས་པ། དེ་ནས་ཟ་ར་གླིང་ཁ་རུ་ཤན་ཐེན་ནས་སྒྲོལ་དངུལ། ཚེ་ལུང་གདོང་དུ་འོན་པའི་ཕོ་མོ་ཀུན་དང་། སྐྱ་སེར་ཐམས་ཅད་ཀྱིས་བསུ་བ་བྱས། ཕྱག་བཙལ་སྐོར་ར་བྱས། དགའ་དུ་བྱས་པས། ཧོར་རྣམས་མཚར་ནས། དཔོན་ཆེན་དབང་བརྩོན། འདི་མི་ངན་གཅིག་ཡིན་ཟེར། མི་བདེན་པ་འདུག མི་འདི་ཙམ་གྱི་མིག་ནས་ཆེ་མ་ཡོང་གི་འདུག་པ་འདི་བཀའ་མོའི་བྱ་བ་ཡིན་ཟེར་བ། འབུམ་པ་རག་ཤས་ཐོས་འདུག་པ། ཕོའི་ཚིག་ཡན། ཡར་ལུངས་སུའང་དེ་འདྲ་དང་འདྲ། སྣེ་གདོང་གི་མཛམས་སུ་ཆད་ཇ་དྲངས། དེ་ནས་གསོལ་ཇ་ཁང་པའི་སྟེང་དུ་དགོངས་ཇ་བྱས། དེའི་ཐོག་ཏུ། སྟག་ཚང་རྗེར་རྒྱལ་དཔོན་གཡོག་རྣམས་དང་། གཞོན་ནུ་བཟང་པོ། རང་རེའི་

དཔོན་སྐྱ་ཀན་པ་སྣ་ཚང་དང་བཅས་པ་འཛོམ་ནས་སའི་དུས་སུ། ཁར་སང་དཔལ་རིན་སྐྱི་གསེབ་ཏུ་ངའི་གཡོག་ལ་གཏད་བྱུང་བའི་དུས་སུ། ཁོ་ན་རེ། དཔོན་གཡོག་འདི་ནས་གྲོལ་རྒྱུ་ཅིག་བྱུང་ན། ཆོས་ཅིག་མཛད་པ་དྲག་ཟེར། དེ་ནས་ངས་བསམ་པས། ད་འདིའི་ཚིག་འདིས། སྔ་གདོང་ན་ཡོད་པའི་ཀན་པ་རྣམས་ལབ་ཀྱི་ཡོད་བསམ་པ་བྱུང་ཞིང་། ད་ཆོས་བྱེད་པའི་ལུགས་ལ༑ ཁྱེད་ཆོས་གཉེན། ཉེ་ཡ། ཉེ་བ། གྲོགས་དགོས་མཛའ། ས་ཞིང་ནོར་དང་བཅས་པ་རྣམས་བློའི་གཏོད་ཨེ་ནུས། དེ་ནུས་ན་ངས་ཀྱང་དེ་རྣམས་བློས་བཏང་ནུས་པས། རང་རེ་དཔོན་གཡོག་གིས། ཆོས་ཡོད་པ་ཡིན་ཞིང་། ཆོས་བྱེད་བྱས་དུས། གཞོན་ནུ་བཟང་པོ་ན་རེ། ལོ་གསུམ་དགྲ་ལ་ལན་ལེན། དེ་ནས་ཆོས་བྱེད་ཟེར་ཞིང་། ལོ་གསུམ་སོང་ནས་དེ་ནས་ཚོད་མི་ཟིན་བྱས། ཁ་མཆུ་འདི་མཐར་མ་ཐོན་གྱི་བར་དུ། ཁྱེད་དཔོན་སྐྱ་གཟའ་པ་གང་གིས་ཀྱང་། ཆོས་བྱེད་པ་སྐད་དང་ཉེན་སྐད་མ་འདོན་ཅིག་བྱས་ནས་ཐག་བཅད། དེ་ནས་ཐེལ་ལ་གདན་འདྲེན་བྱུང་ནས་ཕྱིན། ཐེལ་དང་འབངས་བསྡིགས་སུ་ཕྱིན་ནས། རོང་དང་ཞིང་པ་ཡ་གསུམ་གྱི་ཁོག་ནས་བྱུང་བའི་ཕྱམས་རྣམས། དངོས་པོ་གང་བྱུང་ཐེལ་ནགས་ལ་གྲུབ་སོབ་ལ་ཕུལ། ཚོངས་འདུས་ཡན་ནས༑ ཡར་འོན་གྱི་ས་ཆར་འབུལ་བ་ཕྱུག་རྟེན་བྱུང་ཚད་ཁྲེལ་པོ་བྱས་ནས། ད་དང་སྤྲང་ལག་ཏུ་ཡོད་པས། ས་སྐྱ་ནས་འབོད་མི་ནམ་བྱུང་དུས་སུ་འགྲོ་བ་ཡིན་ཞིང་། དེའི་ཆས་བྱེད་བྱས་ནས། འགྲོ་བའི་ཆས་ཁལ་མ་དང་བཅས་པ་རྫོགས་ཚར། རང་ཕྱོགས་ཀྱི་ཤ་ཚ་བ་ཐམས་ཅད། ད་ས་སྐྱ་ནས་འབོད་མི་བྱུང་ཡང་། མི་འགྲོན་པ་འཐད་པས། མི་འགྲོན་པར་ཞུ་ཟེར་བ་ལ། བླ་མ་དམ་པ་བར་ན་བཞུགས་ཡོད་པས་ཅིས་ཀྱང་འགྲོ། ས་སྐྱར་ཤན་འབྱེད་བྱས་ནའང་། བླ་མ་ཁུ་དཔོན་པ་དང་། ཁོང་རང་དགྲ་ཕྱོགས་པ་ཆོས་གྲོས་མགོ་ཐོན་པར། ང་ས་སྐྱར་འབོད་མི་བྱུང་བར། འདི་ན་མར་ཀླུན་ཀ་སྐྱོ་མི་རིམ་པར་བཏང་བྱུང་། རང་རེའི་ནམ་མཚམས་ཕྱི་ཟ་རིངས་འཐུང་རིངས་རྣམས། ད་ལྟའི་ལས་ཀ་འདི་གཏད་ནས། དཔོན་པ། གཉེར་པ༑ གཡོག་པོ་ཐམས་ཅད། ངས་འདི་བྱེད་ངས་འདི་བྱས་བསམ་པའི་སྙོམ་དང་། ཕྱི་པོ་དགྲ་ཕྱོགས་པ་རྣམས

ཀྱང་། ཁྲི་དཔོན་བྱང་རྒྱལ་གྱི་ལས་ཀ་འདི་གཏད་ནས། གཞན་སུས་ལས་ཁ་བྱས་ཀྱང་སླ། མུར་བས་ཚོག་བསམ་པ་བྱས། ལས་ཁ་མི་བྱེད་ལ་རེ་བའི་ཆེད་དུ། ཁྲི་དཔོན་བྱང་རྒྱལ་ལ་ཕོ་ཚོད་ཡོད་ན། ད་ཆོས་བྱེད་རན་ཟེར་བའི་གཏམས་ཆལ་སྙྲོགས་རྣམས་བྱས་བྱུང་བས། རང་རེ་ནང་མཚམས་སུའང་འཁྲུལ་པའི་སྐྱོན་ཡོད། བླ་མ་རིན་པོ་ཆེ་པ་དང་། ངེད་དཔོན་སློབ་ཀྱི་བར་དུ། མི་ངན་པ་འགའ་རེ་ཞུགས་ནས། མི་རིགས་པའི་བྱ་བ་དང་། དཀྲུགས་སྒྱུར་ཡང་མང་། རང་རེ་ཐེལ་ཤོད་བསམ་པ་ཡོད་པ་སྙམ་པ་རྣམས་དང་། ཐམས་ཅད་ཀྱི་བསམ་པ་ལ། ང་ད་དུང་སྣེ་གདོང་གི་སྐྱིད་དང་ཟ་ཁ་མཐུང་ཁ་འདི་མ་སྤྱོངས་པ་འདུག་བསམ་པ་དེ་ཀུན་ལ་འདུག་ཅིང་། སྣེ་གདོང་གི་ཟ་ཁ་མཐུང་ཁ་ཅི་ཡོད། ཁྱོད་རང་གཉེར་པ་དང་། བྱ་ལས་པ་སྟུད་མངག་བཞུགས་བྱེད་པ་རྣམས་ལ་ཡོད་པ་མིན་པ། ང་དཔོན་པོ་ཡོད་པལ། རྒྱ་རི་ཉིས་ཡར་ལས་མ་ཟ། ཁྱེད་གཉེར་པ་བྱ་ལས་རྣམས་ཀྱིས་བསླེན་བསྐུར་བྱེད་པ་སྙོམས་པས་རྒྱ་རི་ལྔ་ཡར་ཙམ་ཟ། ངས་ཟ་མ་བསུས་པར་ཤོང་ཚད་ཟ་བ་ནི་དང་ཁར་མི་ཡོང་། གོས་ཡང་ལུས་གང་པོ་དེ་ལས་ནི་མི་གོན། གཉའ་བར་ཐེག་ཚད་ཁུར་ནས་ནི་མི་འགྲོ། ཇ་ནི་འགྲོན་པོ་དང་། ཁྱེད་རང་གཟའ་པ་རྒན་གཞོན་རྣམས་འཛོམ་ནས་མཉམ་མཐུང་བྱས་པ་མིན་པ། ངས་གཞོན་ཆུང་འགའ་རེ་དང་གདོང་ནས། ཆེ་འགྲོན་གཟའ་པ་རྒྱན་པ་ཀུན་མ་ཐོས་པར། གསོལ་ཇ་ཁང་པ་དང་གཟིམས་ཆུང་དུ་སྙིག་འཐུང་བྱས་པ་ནི་མེད། ང་ཟུར་དུ་ཆོས་བྱས་ནས་བསྡོད་ན། ཞོ་བརྒྱུས་མ་ཚོགས་པ་ཅི་ཡོད། ཆོས་ཡང་དག་པར་བྱེད་ན། ཀང་པས་ས་ཐག་རིངས་སུ་བགྲོད་ཐུབ་པ། སྐེ་འདི་རྣམས་ཟ་བས་མ་ཐོས་པ་ཅིག་ཏུ་འགྲོ་དགོས་པར་གདའ་སྟེ། དེ་ནི་ང་ཡི་གཟུགས་པོས་མ་ནུས་སྐེ་འདིའི་ཁྲིད་དུ་བསྡོད་པ་ལ། སྐྱིད་ཀྱི་ཕུན་སུམ་ཚོགས་པར་བྱུང་ན། ཁྱེད་རང་རྣམས་ཀྱི་རང་སྒོ་ལས་བྱུང་། ངའི་དྲིན་མེད་སྡུག་ཅིང་། ཀྱམ་ཉེས་པ་མི་ཤི་ལ་སོགས་བྱུང་ན། ངའི་སྣ་བ་གཞི་བྱེས་མེད་པར་རྟེར་གིན་ཡོད་པ་འདི་ཡིན། སྡུག་བསྔལ་གྱི་ཁྲིལ་པོ། དཀའ་ཐུབ་ཨན་ལྔགས། གཏུགས་ཤེར་སྦྱོང་བྱེད་དེ་ཙམ་ཅིག་ཁུར་ནས། སྐེ་འདིའི་མགོ་པོ་བརྟོན་པ་ཡིན་ཏེ། ང་དྲིན་ཆེ་བར་སུས

ཀུང་མ་གོ། ངའི་ཕ་རྒོད་ཐལ་བར་ཅི། ཕག་མོ་གྲུ་པའི་བུ་སློབ་རྒྱ་ཆེ། ཐེ་མིང་ཆེ་བར་འདུག་ནའང་། ཡར་འོན་ཁ་སྦྲོད་དུ་མིང་བཏགས་ཀྱང་། འོན་ལུང་པའི་ཕྱེད། ཡར་ལུངས་ལུང་པའི་ཕྱེད་ལས་ཁ་འཇུག་རྒྱུ་མི་འདུག རང་རེས་ཆང་ནག་གི་སྐྱོན་མེད་པར་བྱས། བརྩོན་ཚུགས་བཟུང་། ཡར་ལུངས་པའི་དགེ་བཤེས་རྣམས་གྲལ་མགོ་ལ་མ་འཚམས་པས། ཤི་གསོན་གང་གི་འང་གྲལ་མགོ་ལ། རང་རེས་ཕྱིན་ནས། འབུལ་བ་ཕྱག་རྟེན་གང་བྱུང་གིས་རང་རེའི་ཐབ་འདི་གཟུང་ཞིང་། ངས་མགོ་ཡང་མ་བྱས་པར་བརྟེན་ནས་ཐབས་ཟིན་པ་དང་ཚུལ་ལེ་བྱུང་བ་དེ་ཡིན། ངས་མགོ་ཡང་བྱས་ནས་ནག་མོ་ཅིག་བླངས་ན། དེ་རྟིང་གསུམ་མི་ཡོང་བའི་ཐབ་མེད། གྲོགས་མོ་དང་བྱས་ན་མཐའ་ཡས་མཆོག་འདིའི་གཉེར་པ། དཔོན་སྐྱུ་ཆེ་ཆུང་། གསོལ་ཇ་གཟིམས་གཡོག་ནང་མི་རྣམས་ཀྱིས་ཀྱང་། ནག་མོ་གཉིས་རེ་གསུམ་རེ་གསོ་བསྐྱངས་བྱས་པས། གཞིས་བྱེས་ཀྱི་ཐབས་འཛིན་མི་དགོས། སྣེ་གདོང་ལ་འབྱམས་ཁང་གོག་པོ་འདྲ་བ་ཅིག་ཡོང་བ་དེ་ཡིན། ངས་གཞི་འདི་ལ་སྡོད་པའི་དུས་སུ། ཁོང་གཉེར་པའི་ཀན་པ། ཐིག་ཚགས་པ་བྱས། གསེར་ཡིག་པ་རེ་བརྒྱ་རེ་དང་། ཉིས་བརྒྱ་རེ་ཙམ་བྱུང་དུས། རྟ་སྦྲོད་པ་དང་། འཇམ་མེ་སྐྱིལ་བསུ་དང་། ཆང་འདྲེན། ཇ་འདྲེན། སྐྱེ་ལ་འཐག་པ་བཀོན་པ་ཁུར། ཕྱམ་རྩེ་བཞུས་པ་བཞུར་བཅུག མགོ་བོའི་ཞྭ་བཞུས་པ་བཞུར་བཅུག། ཝུད་གཏང་དུས་ཝུད་ཁུར། སྟུག་དང་ཁ་ཉེན་ཁུར་བས་སྙིང་ཕྱི་ལ་འཕྲིངས་བྱུང་། ཁ་ཉེན་ཁུར་བས་དབང་པོ་ཆེ་བྱུང་བ་འདི་ཡིན། ཐེལ་ཤོད་དཔོན་སློབ་ནང་དུ་མི་མཛེས་པ་བྱུང་དུས། ཉེ་བར་བྱས་པའི་དཔོན་སློབ་ཆེན་པོ་བསོད་བློ་བ་དང་། སློམ་པ་ཀུན་རིན་གྱིས་བར་མ་ཤེས་པས སྣེན་ཐང་དུ་ཕོས་ནས་ཕྱི་བར་གྱི་ཐུས་པ་བཅོས་ནའང་། དེ་རྟིང་། བླ་མ་དམ་པ་ཆོས་ཀྱི་རྗེ་པའི་དྲུང་ནས། ཞལ་ཏ་མཛད་པ་ལ་བརྟེན་ནས། བླ་མ་རིན་པོ་ཆེ་ས་དང་། ངེད་དཔོན་སློབ་རང་ངོ་རང་གིས་ཤེས་པར་བྱས་པ་དེ་ཡིན། སྤྱན་སྔའི་ཉེ་གནས་མཁའ་རེ་ས་མི་རིགས་པའི་སྤྱོད་པ། ཁ་ལག་སྤྱོད་གསུམ་གྱིས་སློབ་པ་བྱ་ནའང་། དེ་རྣམས་ལ་རྩ་ར་བྱེད་ཐབས་མ་ཐུབ་པའང་མ་ཡིན། ཐེལ་ནས་ཉེ་གནས་རྣམས་ཀྱིས་རྩ་ར་མཛད་དགོས་ཟེར་བ་

བྱུང་སྟེ། མིག་བརྩུམ། རྣ་བ་བཀབ། རྗོ་ངར་གཟིངས་གསུམ་དེ་དགྲ་ཕྱོགས་སུ་བྱས། ནང་མཚམས་བལ་བས་འཇམ་པ་བྱས་ནས་བསྐུར་ཞིང་བསྐྱེད་པས། ད་ལྟ་ནང་མ་རལ་བ་དང་། ནང་མ་ཞིག་པའི་ཡོན་ཏན་དེ་ཡིན།

༈ གོང་ནས་འཁྲུར་བར་འོས་པའི་གསེར་ཡིག་པ་དང་། ས་སྐྱའི་བླ་མ་བཀའ་གྲོས་པ་དང་། ཁྲིམས་པ་རྣམས་དང་། སྡེ་ཕར་ཚུར་མཉམ་པོར་འགྲོགས་པར་པ་རྣམས་ལའང་། བཀུར་ཤེས་བཀུར་ཤེས་བྱས། རང་ལ་རྟོགས་པའི་སྡེ་སྲིད་རྣམས་ལའང་སྐྱོང་ཤེས་བྱས་ནས་མི་འགྲོད་པར་བཅུ་གསུམ་ལ་བསྐྱལ། ཁྱད་པར་དཔོན་ཆེན་དབང་བརྩོན་ཉེ་གནས། དབང་བརྩོན་དང་གི་དུས་ན་འགྲོགས་བཟང་། ཕོང་སྡུག་པའི་དུས་ན་ཕན་རིམ་པར་བཏགས། བཀུར་ཆ་བྱས་ཤིང་། བོད་དབུས་གང་ན། ཁྲི་དཔོན་བྱུང་རྒྱལ་བས་བཟང་བ་མི་མེད་ཟེར་བ་ཡང་བྱས། དགེ་ལུམ་པར་ལྷ་ཁང་བཞེངས་པའི་དུས་སུ། ནས་ཁལ་སྟོང་ཕྲག་ཏུ་བགྲངས་ནས་ཕན་བཏགས། དཔོན་ཆེན་དབང་བརྩོན་གྱི་ཁྲི་གཅིག་བྱུང་ཡང་། ལྷ་མཐོང་བཞིན་བྱས། རྟིང་ལ་བཟང་ལེན་ངན་གྱིས་འཇལ་ནས། གོང་དུའང་། གནོད་པ་ཕྱོགས་ཚད་སྐྱལ་འདུག་ཅིང་། ཕོང་གིའང་དོན་གོ་ནས། དཔོན་ཆེན་དབང་བརྩོན་གྱིས། ས་སྐྱ་དཔོན་ཆེན་བྱེད་དུས། རང་རེ་ཕག་མོ་གྲུ་པའི་དཔོན་ཆེན་གནམ་སྟོངས་པ་ཡིན་ཟེར་བ་ལབས་དུས། རང་རེའི་མི་ཤ་ཚ་བར་སྨོམ་པ། དཔོན་ཆེན་གནམ་སྟོངས་པ་མི་ཉན་དུ་མི་འདོད། འདི་འདྲའི་གསུང་མ་ཐོན་ན་དགའ་བ་ལ་ཟེར། གོང་དུ་དཔོན་ཆེན་དབང་བརྩོན་ལ། ཐབས་པས། ཐན་བྱས་པའི་དུས་སུ། ས་སྐྱ་ནས་ཞོན་བྱུང་ནས། དགོ་ལུམ་པ་བསྐྱིལ་བ་དྲག་ཟེར་དུ་བྱུང་༎ དཔོན་ཆེན་དབང་བརྩོན་ཉམས་ཐག་པའི་དུས་སུ། དེ་འདྲ་བྱེད་པ་ངོ་ཚ། ད་བཟོད་དཔོན་ཆེན་བྱས་ནས་འདིར་བྱུང་དུས་དུས། བསྐྱིལ་བ་ཡིན་བྱས། ཡང་རང་རེའི་མི་རྣམས། ད་བཟོད་བསྐྱིལ་བ་ཁོ་ཁོ་ཉེན་དུ་མི་འདོད་ཟེར་དུ་བྱུང་། ཡར་ཡོང་དུས་མདོ་སྨད་དུ། བླ་མ་བྲ་ཏི་པས། འགོ་ཏ་བསྐྱོན། གོས་བསྙོན། ཁལ་མ། ཁྲོ་ཙམ་ཡར་བཅད་བསྐུར་ནས། ཕག་མོ་གྲུབ་པའི་རིན་པོ་ཆེ་སྐུ་མཆེད་ལ་ཐུགས་ལ་འདོགས་དགོས་བྱས་

འདུག་པ་ལ། དེ་ལྟར་ཁས་བླངས་འདུག་ནའང་། འདམ་དུ་སླེབ་ནས་ངོ་བསྒྱུར་། དཔའ་ཤི་
མགོན་པོ་རྒྱལ་མཚན་དང་། གྲགས་དབང་། བརྒྱུས་བསྐོར་གྱི་བརྒྱ་དཔོན་བཅུ་དཔོན་
རྣམས་ཀྱིས་ཕྱིན་ནས། དཔོན་ཆེན་ལ་ཞུ་བ་བྱས་པས། བཅུ་དཔོན་དེང་དཔལ་ལ་ཀོ་ཤག་
ཀྲུབ། མདའ་ཤན། ཞུར་ཤན་བྱས། ང་བྱང་རྒྱལ་ངན་པའི་ངན་རབས་དང་། ཡོད་རབས་
མང་དུ་བྱས་འདུག་ཅིང་། དེ་རྗེང་། ང་པོ་དོང་ནས་ཐོན་ནས་ནད་བྱུང་། ས་སྐྱུར་སླེབ་ནས་
ཀྱང་མདུན་མ་བྱེད་མ་ཉན་པར། གནོད་པ་སྐྱེལ་བའི་ཕྲོས་གཞི་མང་དུ་བརྩམས། གོང་
དུའང་ཞུ་ཡིག་མང་དུ་གཏོང་། དབུས་གཙང་མངའ་རིས་རིས་སྐོར་གསུམ་ལྷོ་བྱང་ཏོར་པོད་
ཀྱི་ཁྲིམས་དམག་ཐམས་ཅད་བསྡུས་ནས་དགོ་ལུམ་སར་སླེབས། ཤོམ་ར་ཆེས་པའི་དོན་ལ་
རང་རེས་ཀྱང་། ད་ལས་འདི་ལ་ཐུགས་པའི་ལུགས་ལ་མདུན་མ་བརྩམས་མེད་བསམ་ནས།
མོན། མགར། བཀྲ་ཤིས་གདོང་གི་མཁར་ལས་དང་། ཆུ་འབོས་འབྲུ་བ་སོགས་དགྲ་གཟོ་
རྣམས་པོས་ཁ་བྱས་པས་བརྟེན་སྡུབ་ཚར། དེ་ནས་ས་ཕོ་བྱི་བ་ལོ་ཟླ་བ་བརྒྱད་ཚེས་གཅིག་
ཉིན་མོན་འགར་དུ། དཔོན་བརྩོན་གྱི་དམག་རྣམས་ཀྱིས་སླེབ་ཅིང་དང་། ལྷ་བཙུན་ཁྲིམ་པོ་
བ་དང་། རོང་དམག་རྣམས་ལ། ཁྱེད་རྣམས་ཀྱིས་ཡང་ན་འཕྱོས་གཞིས་ཁ་བསྒྱུངས་བའི་
ཁག་ཁྱེར། ཡང་ན་ཕག་པ་རྣའི་འགག་འདི་བསྒྱུངས་པའི་ཁག་ཁྱེར་བྱས་པས། ཕག་པ་རྣའི་
འགག་བསྒྱུང་བའི་ཁག་འཁྱེར་ཟེར། དེ་ནས་སང་སྔ་ཆར་ཐེར་འདེབས་པའི། དེ་རིང་འདྲ་
བ་དེ་སྐར་གཏོན་ལ། ཁྲིམ་པོ་ལྷ་བཙུན་དཔོན་གཡོག་རྐྱ་རྐང་བརྒྱ་ཙམ་དང་། རང་རེས་
ནང་སྐོར་ནས། གཞོན་ནུ་སེང་གེ་དང་། དཔལ་བཟང་གྱི་འགྲོན་ཚན་སྐྱ་མི་བཅུ་གཉིས་ཙམ་
བཏང་། ཚང་བན་ཉི་པུ་ཙམ་དང་། ཤ་བཅུ་ཙམ་གྱིས་ཟ་ཆས་བསྐུར་ནས་བཏོང་། ཕོང་
རྣམས་ཕག་པ་སྣ་ཡོད་དུས་དབང་བརྩོན་གྱི་དམག་བྱུང་། ཨོ་དཀར་རྫོང་ཕོང་གིས་གཟུང་
ཟེར་ནས། བྱིང་མོན་འགར་པའི་རམ་ཟླ་སྒྲོན་མི་བྱུང་འདུག དེ་རྗེང་ཕོང་རྣམས་ཡར་འགྲོ་
བ་དང་། འདིར་ཁྲབ་ལེན་མི་གཏོང་བ་གཉམ་པོར་བྱས་འདུག དེ་ནས་ཁྲབ་ཀྱིས་བྱིང་གི་
ནང་དུ་སླེབ་འདུག ཁྲབ་གོན་ནས་ཡར་ཕྱིན་པ། དབང་བརྩོན་དམག་དང་བྱིང་གིས་ལ་

ཁར་ཐུགས་འདུག་པ་ལ། ཁོང་གི་དམག་ཚན་ཆེན་པོ་དེ། རང་རེའི་ཞུང་ཞུང་དེས་དེད་འདུག་ཅིང་། འཚོལ་བའི་མི་འགའ་ཞིག་བསད། གཉིས་ཙམ་བཟུང་འདུག དེའི་སྲོད་གཞོན་ནུ་སེང་གེ་དང་། དཔལ་བཟང་སྟན་སྐྱིལ་བར་སླེབ། ང་སླ་བར་འདུག་ཟེར། དེ་འགྲོགས་ལ་རང་རེའི་ཉེ་སློས་ཀྱི་དམག་རྣམས་བསྡུས། སང་ཚ་བ་ནམ་འོག་ཏུ་ཐོན་པར་བྱས། གཞོན་ནུ་བཟང་པོས་མགོ་བྱས་པའི་རྐྱ་རྐང་ལྔ་བརྒྱ་ཙམ་ཅིག་བཏང་པ། ལྷུམ་སྡིངས་སུ་ཕྲོ་ལ་སླེབས། དེ་ནས་ཕྲོ་བྱས། རྟ་རྣམས་སྨུག་ཁ་བླངས། ལྷ་བསངས་བྱས། མི་ཟིན་པ་རྣམས་ཐུགས་མཆོད་ཅིང་། རྗེས་པ་དང་བཏུན་ནས། དགོང་ཇ་མཆི་འགོར་ལ་རྟ་ཐོག་ཏུ་བུད་ཕྱིན་འདུག་པ་དང་། དཔོན་ཆེན་གྱིས་ཁྲིམས་དམག་རྣམས་མོན་འགར་མདའ་ན་ཏུ་དགོས་འདུག་པའི་སྟེངས་སུ། རང་རེའི་རྟ་པས་གཡས་ཏུ་ལ་འཐབས། རྐང་དམག་གི་གཡོན་ཏུ་ལ་འཐབས་པས། རང་རེ་རྒྱལ་ནས། དཔོན་པོ་དངོས་གྲུབ་རྒྱལ་མཚན་གྱིས་མགོ་བྱས་མི་གཅེས་པ་མང་རབ་བསད་འདུག་ཅིང་། དཔོན་ཆེན་རང་འཛིན་རྒྱུ་ཡིན་པ་ལ། ས་སྐྱ་དཔོན་ཆེན་ཡིན་པའི་དོན་གྱིས་བཏང་འདུག་པ་དང་། ཡང་གྲའི་ཕུལ་ལ་བྱས་ནས། ཐང་པོ་ཆེར་ཆོས་བརྒྱད་ལ་སླེབ་ཅིང་། འཚལ་བ། ཡར་འབྲོག་པ། གཡར་བཟངས་པ་རྣམས་ཀྱིས་དམག་གི་དཔུང་བྱས་གཞི་བྱས་བྱུང་བ་ལ། དཀོན་མཆོག་མཁའ་འགྲོའི་བྱིན་རླབས་ལ་བརྟེན་ནས། ཡང་རང་རེའི་བུ་རྟ་རྣམས་ཀྱིས་ཁྲིམས་དམག་བཟློག་ཐུབ། དཔོན་ཆེན་གྱི་ཇ་ཐུག་ཐོབ། བུ་རྟ་མང་པོ་བསད་བཟུང་ཐུབ། ཡར་འབྲོག་ཀུན་དགའ་རྡོ་རྗེ་བཟུང་། ཆོས་བརྒྱད་དགུ་བཅུ་རྣམས་ལ་ཐང་པོ་ཆེར་བསྡད། བཅུ་གཅིག་ལ་འཕྱོང་རྒྱས་ལ་བཏེགས་ནས། འཕྱོང་རྒྱས་པའི་བབ་བླངས། འཛགས་གཞི་བྱས། རྒྱལ་ཆེན་ཁ་བཟུང་། བསོད་ནམས་རྒྱལ་མཚན་གྱིས་མགོ་བྱས། ཟུག་པ་བརྒྱ་བཞག འཕྱོང་རྒྱས་གཞིས་ཁ་བཤུས། ཤིང་རྣམས་མར་དྲངས། ཆོས་བཅུ་བཞི་ལ་འདི་ནས་གྲ་ཕྱི་ལ་བཏེགས་པ་ལ། ཕྱིང་ལ་བྱས་ནས་ལྷུམས་སྡིངས་སུ་ཞག་གཅིག་སང་བའི་ཉིན། ཁྲིམ་སོ་ལྷ་བཙུན་དང་། ཤཱཀྱ་འབུམ་སླེབ་བྱུང་ཁོང་གཉིས་ལ་གཞོན་ནུ་བཟང་པོས་མགོ་བྱས། གཞི་ལ་ཡོད་པ་རྣམས་ཀྱིས་ཞུ་བ་སྐྱུར་ནས། ད་

ཞིན་རང་རེ་རྒྱལ་ཐོག་ཏུ་བཞུགས་ན་འཐད་ལགས་སམ། འཚོལ་པའི་ཡང་ད་ཞིན་མནའ་སྐོར་ནས། ཤི་སྤུ་གཟིང་པར་ཡོད་འདུག་བྱ་བ་བསྐུར་བྱུང་བ་ལ། དཔལ་རིན་ལ། ང་སྐྱིའི་གསེབ་ན་ཡོད་དུས་ཅི་ཟེར་བྱས་པས། གྲ་དོལ་གཞུང་གསུམ་ཞིན་གསུངས་པ་དེ་ཨེ་ལགས་ཟེར། དེ་ཁ་ཡིན་བྱས་ཤིང་། ང་བཙོན་ལ་ཡོད་དུས། དེའི་ཤོམ་ར་བྱས་པ་ལ། ད་རང་རེ་དཔོན་གཡོག་མགོ་རྐང་འགྲིགས་ན། གྲ་ཕྱི་ཞིན་རྒྱུ་ཡོས་ཡིན། ད་ལྷ་འདེབས་པ་ཡིན་བྱས་པས། ཡར་སྟོད་པ་དང་། དམག་ཐག་རིང་བ་རྣམས་ད་དུང་སླེབ་མ་བྱུང་འདུག་པས། དེ་རིང་འདིར་ཐོན་ནས། སང་ནམ་ཕྱེད་ལ་བཏེགས་ན་ཇི་ལྟར་དགོངས་ཟེར། དེ་ཉིན་བྱས། དེར་དགོངས་དེར་བསྡད། སང་ནམ་ཕྱེད་ལ་བཏེགས་ནའང་། གྲོགས་པོ་མང་བ་དང་། ས་རང་མ་བདེ་བས། ཁལ་མ་མཛོ་རྟ་རྣམས་ལམ་ལ་མ་ཐར་བར། སང་ནམ་ལོངས་པ་ལས་ལུང་པའི་མཐིལ་ལ་མ་སླེབས། ཉི་མ་ཤར་བ་ལ་གྲ་ཕྱི་ལ་ཁ་སླེབས་ནས། དེ་ནས་གྲ་ཕྱི་འཇུའི་ནང་ལ་བྱས། ཁང་པ་བཙན་པ་བཞི་ཙམ་རིམ་པས་ཕབ་པ་དང་། འཚམ་པའི་གཟའ་པ་དམག་རག་རྣམས། མེ་ལོང་སྣང་གི་འཁྲིས་དེ་ལ་བྱས་ཕལ་ནས་སོ་མཚམས་སུ་འཚངས་བར་འདུག རང་རེའི་དམག་རྣམས་ཀྱང་ཅིག་སླེབ་གཉེར་སླེབ་རིམ་པས་ཕེབ་ནས། རྒྱལ་མཚན་བཟང་པོས་སྔོན་ལ་སླེབ་པས། ཁོ་དང་ཐུག ཁེ་སླས་ནའང་མ་སྐྱོན། དེ་དེ་ནས་འཚོལ་པའི་དམག་རྣམས་འདེད་ཐུབ་པས། རང་རེས་དམག་རྣམས་བཤར་ཐག་རིངས། ཚ་བ་དང་གྲོ་གཉིས་མ་མྱོང་བས་ལྟོགས་ཆད་འཛམ་པས། འདེད་ཐག་ཐུངས་ནས། འཚོལ་པའི་དཔོན་སྐྱ་གཟའ་པ་མི་རགས་དེ་བྲོས་ཤོར་ཞིང་། གོ་མཚོན་སུམ་ཆ་ཞིན་སྦྲེལ་པ་བསད་བཟུང་ཐུབ། དེ་ནས་སོ་མཚམས་བསྐོར་བས། དགོངས་ཇ་མཆི་མགོ་ལ་ཕེབས། དེ་རྟིང་རང་རེའི་དམག་འཁོར་མེ་ལོང་སྒང་མནན་ལ་བཏབ་ནས་སྡད། སང་གྲ་ཕྱི་མདའ་ཕྱིན། གྲ་ཕྱི་ན་བཞུགས་པའི་དམག་འདུག་པ། གནོད་སྦྱིན་གྱིས་མགོ་བྱས། སླས་འགྲམ་མེད་པར་བཏོན། གོ་མཚོན་ཞིག་བྱས་པས་བཞག་ནའང་། དཔོན་ཐང་གིས་ཁྲབ་བཟང་པ་དྲུག་ཙམ་དང་། རྟ་བཟང་པ་དྲུག་ཙམ་དང་བཅས་བསྐུངས་པ་ཚོར། ཞེས་ཁྲིལ་ནའང་རྫུས། དེ་ནས་ཡང་ཁ་

ཕྱིན། ཡང་ཁ་སློབ་དཔོན་ཨ་ཀྲ་ཕྱིན། སློབ་དཔོན་ཆེན་པོ་བསོད་བློ་བ་ལའང་། འཚལ་པས་གསེར་དངུལ་གྱི་ཕྱག་རྟེན་ཚན་ཆེར་བཏང་། ཉེ་གནས་དྲུང་སྐོར་བ་རྣམས་ལའང་། གང་ལ་གོང་འོས་ཀྱི་ཕྱག་རྟེན་བཏང་ནས་བསྐྱལ་བས། སྒྲུགས་མདའ་ཕྱགས་ཕེབས། ཕོང་རྣམས་པས་བར་བྱས། གྲ་དོལ་གཞུང་གསུམ་གྱིས་བབས་བླང་། གྲ་ཕྱི། འཕྱོང་རྒྱས། ང་བསོད་པར་བྱས་པའི་ཁྲག་ཞི་ཁྲག་སྟན་ལ་ལ་ཕྱིན་ནའི་མི་རྫོད་པར་བྱས། དཔོན་ཆེན་གྱིས་བཟུང་དུས་ཕྲོག་པའི། སེ་ཆེན་རྒྱལ་པོའི་འཇའ་སས་ཐོག་དྲངས། རང་རེའི་བསྐོས་འཇའ་དང་ཡིག་རིགས་གཏན་ཁྲ་ཅན་འབྱར་སྐོམ་གསུམ་ཡིག་མཁན་གྱིས་འཛིན་པའི་ཀོ་སྒྲོ་མགོ་སྒྲིལ་དང་བཅས་པ། ས་ཕྱི་ཟླ་བ་བཅུ་ཚེས་བཅོ་ལྔ་ཕོངས་སུ་སྤྲོད། གལ་ཏེ་དུས་ལ་མ་འཕྲད་ན། གྲ་དོལ་གཞུང་གསུམ་ལ་མིག་མི་ལྟའ་བར་བྱས་པའི་ཡི་གེ་བཙུག གྲ་སློབ་དཔོན་ཆེན་པོ་པ་དང་། སློབ་དཔོན་ཨ་ཀྲའི་དཔུང་ལགས་ལ་བཞུག་ནས། དམག་བྱེད་པ་རྣམས་ཡང་ཁ་ནས་ཕྱིར་ལོག དར་རྟེང་། དཔོན་ཆེན་དབང་བརྩོན་གྱིས། འཕན་ཡུལ་མཐོང་དང་སྣོན་དུ་དམག་བསགས། རང་རེ་ལ་བརྟེགས་པའི་རྩམ་གཞི་བྱས་པ་ལ། བླ་མ་དམ་པས་ཞལ་ཏ་ཕྱིན་ནས། དམག་བྱེད་པ་མི་འཐད་པས། ཇ་བརྒྱ། ཏ་བརྒྱ། གསེར་སྲང་བརྒྱའི་མདུང་བསྐུར་བྱེད་དུ་འཇུག་གསུང་ནས༑ ནམ་བཟའ་གནང་འདུག་པ་ལ། ནམ་བཟའ་བླངས། དངོས་པོ་རྣམས་མི་ལེན་ཟེར་ནས་ཐུབ་སྒྲུག ཕྱག་མ་འཚལ་བ་སོང་འདུག༑ མཚལ་པའི་དཔོན་རྗོར་བ་དཔོན་གཡོག་ལའང་།

༈ བླ་མ་ཞལ་ཏ་ཕྱིན་ནས། དམག་གཅོག་གྲོགས་ཀྱིས་གསུངས་འདུག་ནའང་། གཅིག་གྲོགས་མ་བྱས་པར་དམག་བྱེད་པའི་ཞེད་སྐྱེད་གྲོགས་བྱས་འདུག བླ་མ་ཡང་གོང་དུ་འབྱོན་ཆོས་ཡིན་པ་ལ། རྗོང་བ། བྱང་ཆས། ཁལ་རྟ་ལ་སོགས་གིའང་བཀྲལ་བརྫའ་དོ་ད་མ་གང་ཡང་མ་པས། བླག་མ་ཡང་ཐུགས་ལོག

༈ གོང་ནས་གདན་འདྲེན་གྱི་གསེར་ཡིག་པ། ནོར་ཁ་ཚོ་དབེན་འདམ་ན་ཁམས་མ་བདེ་ཡོད་པ་གཟིགས་པ་ལ་ཕྱིན་འདུག་ནའང་། ཚེ་དབེན་འདས་འདུག་པ་དང་། དེའི་ཚེ་

ག་མཛད་ནས་ཚོ་ག་ཚར་བ་དང་། རྣགས་སྐོང་ལ་བྱོན། དཔོན་ཆེན་གྱིས་བླ་མ་གདན་འདྲེན་པའི་དོ་དམ་བྱས་པས། བླ་མ་གོང་དུ་འབྱོན་ན་པར་རྒྱུགས་ཤིང་།

༈ གོང་མའི་ལུང་ཡང་མོར་བཏང་བའི་ཉེས་པ་ཡང་དཔོན་ཆེན་ལ་ཡོད། དེ་རྗེང་། དཔོན་ཆེན་གྱིས་འབྲི་ཁུང་རིན་པོ་ཆེའི་སར་ཕྱིན་འདུག དཔོན་ཆེན་ལ་འབྲི་ཁུང་རིན་པོ་ཆེས་ཁྲིད་དམག་ཉེས་པ་ཡིན་པ་ལ། ད་དུང་ཁྲི་དམག་ཅིག་གཟབས་མི་བྱེད་ཐབས་མེད་ཅིང་། དམག་བྱས་དུས། ཤོང་གདན་ས་བ། ངེད་རམ་ཟླ་སྦྲོན་དུས་ཡོད། དེ་དུས་ངེད་ཀྱི་བར་བྱེད་གསུངས་འདུག དེ་ནས་རིན་པོ་ཆེ་པས། སྒོམ་པོ་ལ་དེའི་གསུང་བྱོན་གསུང་བྱོན་འདུག་པས། སྒོམ་པོ་ཡང་བྲོས་ནས། ཕྱིས་རང་རེ་ལ་ཤ་ཚ་བའི་སྐྱོན་མང་། དེ་རྗེང་། ས་ཕྱི་ཟླ་བ་བཅུ་གཅིག་པ་མོན་འགར་དུ་དམག་སླེབ། བཀྲ་ཤིས་གདོང་ལ་བསྐོར་ནའང་། སངས་རྒྱས་གཞོན་ནུ་བློ་གཏན་ཞིང་མི་བཟང་པས། མགོ་འགར་བ་རྣམས་དང་། ལོ་འཕྲེན་པ༑ རང་རེ་ནང་གི་གཟས་པ་སྤྲེལ་པོ་དང་། ཡར་སྟོད་པའི་མི་བཅུ་གསུམ་དང་བཅས་པ་བསྟན་པས། བཀྲ་ཤིས་གདོང་དགྲ་ལག་ཏུ་མ་ཤོར༑ འབྱུས་གཞིས་ཁ་བ་གོ་མ་ཆོད་པས་དགྲ་ལག་ཏུ་ཤོར། དེ་ནས་སྨོན་མཁར་དུ་དམག་སྣ་ཐུགས་པ་ལ། ལྷ་བཙུན་ཁྲིམ་པོ་བ་དང་། ཀུན་དགའ་གྲགས་ཀྱིས་མགོ་བྱས་བའི་བརྒྱ་བཞག བར་སྐབས་སུ་དྲུག་བརྒྱ། རྗེང་ལ་བརྒྱད་བརྒྱས་བསྲུངས་དགོས་པ་བྱུང་ཞིང་། དེ་དུས་ད་ལྟའི་བརྩན་བཙོས་འདི་མེད་ནའང་། ལྷུང་མ་རྣམས་བྲིགས་ནས། མཐའ་མ་བསྐོར་བ་དང་༑ ནང་གི་རྣམས་དཔའ་བའི་དོན་གྱིས་མི་ལག་མ་ཤོར། མཁར་ཐོག་ཏུ་མགོན་རིན་དང་། བསམ་གྲུབ་ཀྱིས་མགོ་བྱས་བཞག་པས། རང་བསྲུངས་ཐུབ་པ་བྱུང་ནའང་། དཔོན་ཆེན་དང་། འཚོལ་པ། གཡའ་བཟངས་པ་རྣམས་གྲོས་བྱས་ནས། ལུང་པ་རྣམས་མི་མཚོད་བྱས། གཞིས་ཁ། སྟེ། ལྷ་ཁང་དྲངས་མེད་པ་བསྲེགས། མི་སྟེའི་ཁང་པ་ཐམས་ཅད་བསྲེགས་སྒྲོལ་བྱས་པའི་དོན་ལ། སྙིང་ན་ནས། དཔོན་ཆེན་ཕ་བུ་ལག་ཏུ་ཨེ་ཚུད་ལྟ་བའི་ཐབས་བྱེད་ཀྱི་ཡོད་པ་ལ། ཆེན་པོ་ཤག་གློ། དཔོན་ཆེན་པ་དང་མཛའ་བར་འདུག་པ་དང་། ཛོར་སྐྱབས་དུ་དབེན་ཤོ། ནང་པ་སེང་གེ་དཔལ།

ལྷ་ས་བྱང་སེང་རྣམས་ཕར་བརྒྱུད་ཚུར་བརྒྱུད་བྱས་ནས། སློབ་དཔོན་ཆེན་པོ་བསོད་བློ་བ་ལ། བསམ་ཡས་སུ་ཞུ་བ་ལན་གསུམ་བཏང་ནས། བར་ལ་མི་འབྱོན་པར་ཞུས་ནའང་། མ་གསན་པར། སློབ་དཔོན་ཆེན་པོ་བསོད་བློ་བ་འོན་དུ་ཕེབས་ཤིང་། ལ་སྟོད་བྱང་པ་གནས་གསར་ན་ཡོད་པ་ལ། གྲོ་ཁ་ཉིན་བརྡུང་བྱས་ནས། དགོངས་ཛ་སྟར་ཕྱོགས་ལ་ཕེབས་པ་ལ། དཔོན་ཆེན་ཕ་བུས་མགོ་བྱས། ཁྲི་དམག་ཕྱིན་པོ་རྒྱལ་ཐང་ན་ཡོད་ཀྱང་། རམ་ཟླ་མ་ནུས་པ་དེ་ཡིན། དམག་ཐམས་ཅད་ཚན་པོ་གཉིས་སུ་བགོས་ནས། རང་ཕྱོགས་དམག་བཏགས་གིན་ཡོད་པའི་སྐབས་སུ། སློབ་དཔོན་ཆུ་བསྐྱལ་ནས་ཁྲ་འབྲུག་ཏུ་བཞུགས། དཔོན་ཆེན་ཕ་བུས་མགོ་བྱས་ཐམས་ཅད་ཕྱག་ཏུ་སྤྲོད་དགོས་པ་བྱུང་། དེ་དུས་སུ་བླ་མ་འཕགས་པའི་དཔོན་པོ་གདུང་བརྒྱུད་རྩོད་མེད་དེ་ཁྱོད་ཡིན་ཞིང་། ད་ཁྱོད་ཀྱི་སློབ་མ་སྟར་ཤོས་ཡིན་ཟེར་ནས་ཁ་སྐྱུང་ཅི་ཡང་བཏང་འདུག ཧིང་ལ་དམག་གྱིས་ནས་སྐན་ཐང་དུ་དིག་ཆུང་བསོད་བློ་ཇོ་སོག་དང་ཅིག་ཡིན་ཟེར་ནས་ཁ་ཅི་ཡང་བཏང་འདུག་ཅིང་། ད་ཧིང་། དཔོན་ཆེན་དང་། མཚལ་པ། གཡའ་བཟངས་པས་དང་དེས་བྱས། ཅ་ཁ་རྒྱས་པ་དང་། ཅ་ཁ་རྒྱས་པ་དང་། དམག་བྱེད་པར་འདུག་བྱས་པས། ད་ལག་གང་ཕྱ་ཡིན་བསམ་ནས༑ ས་སླང་ཟླ་བ་བཞི་ཚེས་གཅིག་སྣམ་ཐོན་པ་དང་། གྲི་གླངས། ལྷུན་པོ་རྩེ་ཕབ། བཀྲ་ཤིས་སྒང་བསྐྱིལ། གཡའ་བཟངས་དགོན་པ་དང་། གྲ་ལ་སྦྲིལ་ལམ་ཚུན་གྱིས་བབས་གླངས། འཇགས་གཞི་བྱས་ནས། འཁྱོངས་རྒྱས་སུ་ཡོངས། རྒྱལ་ཆེན་ཕབ་ནས་བབས་གླངས། འཇགས་གཞི་བྱས། དམག་ཕྱིང་པོ་ཟླ་བ་ལྔ་ཆོས་བཞི་ལ་སྡེ་གདོང་དུ་སླེབ། ཡང་འཚལ་པས་སློབ་དཔོན་ཆེན་པོ་བསོད་བློ་བ་ལ། གསེར་དངུལ་རྟེན་མང་པོ་བཏང་ནས། གྲ་བྱེད་པང་དཔང་ལག་ཏུ་ལེན་པ་ཡིན་ཟེར་ནས་མཚངས་པས་གྲ་བྱེ་མི་འབྱོན་པར་ཞུས། གྲོ་མར་བཞུགས་ནས་ཡར་ཕུལ་མར་ཕུལ་བྱས། རྗོར་སྐྱབས་དུ་ཆ་དཔེན་ཤྭ་བྱུང་ནས། རྩེའི་ག་བཞིའི་སྟེངས་སུ་གདན་གཤིབས་ནས་བསྡད་ཡོད་པ་ལ། ད་མདུན་མ་ངེད་པར་མཛད་ན་རེན། ཡེ་མི་མཛད་ན་ཞལ་གསལ་བ་ཅིག་བསྡད་ཞུ་ཟེར་ནས་ཁ་ཞུལ་གྱིས་འདུག་པ་དེ་ལ། རང་རེས་ཁོང་ལ། དཔེ་

ངན་པས། དོན་བཟང་པོ་རྙེད་པ་ཡིན། ནག་ཆང་སྐྱེས་པ་འཚོལ་བ་དེ། ཧོར་འདྲ་དང་། ཕོ་ཁྲིམ་འཚོགས་པའི་བཙོགས་ན་མར། བན་སྟོང་ངམ། སླེལ་སྟོང་ཁྱེར་ནས། ཨ་ལེ་མ་ལེན་གྱིས་ཕྱིན་པས། ཧོར་འདྲས་བཟུང་ནས་ཕོང་སར་ཁྱེར་བས། མི་དགའ་བ་སྐད་བྱེད་དེ། དོན་གྱི་དོན་གྲུབ་པ་དེ་ཡིན་མེད། ང་ཡང་ཧ་ཐུག་བཟུང་ནས། གྲུ་དོལ་གཞུང་གསུམ་ལ་ཞུག་ཞུག་བྱེད་པ་དེ། མདུན་མ་ཡོང་རེ་བ་ཡིན་མོད། སྔོ་གདོང་དུ་ཛ་ཅམ་འགམ་གྱི་བསྡད་པས༔ ལོ་ཟླར་མདུན་མ་ག་ན་ཡོང་། ངས་དཔེ་འདི་བཤད་པས། ཁྱེད་ཀྱི་དགོངས་པ་ལ། ང་ནག་མོ་དང་འདྲིས་ཡོད་པ་ཨེ་ཡིན༔ དགོངས་ཡོང་པ་སྲིད་དེ། ངས་ཆུང་མ་ལ་སྐྱེས་ནས་ད་ལྟ་བར་དུ། ནག་མོ་དང་འདྲིས་པར་ཡོད་ན། དཀོན་མཆོག་མཁའ་འགྲོ་དཔུང་དུ་བྱས་ནས་མནའ་བསྐྱལ། ཁྱེད་མཚམས་པ་མདུན་མ་བྱེད་ན་གྲ་བྱི་འཕྱོང་རྒྱུས། ཀུལ་འཕྱིང་རུ་དང་བཅས་པ་འདི། ངའི་ཁྲག་གཞི་ཁྲག་སྨན་དང་། ཁྲི་སྐོར་ལ་ཆེ་མཆོད་བྱས་པ་ཡིན་གྱིས་ཚབ་ལ་རྫ་བ་ནས་གློས་ཐེངས་དགོས། བུ་ཅིག་བུ་གཏེར་བཏོང་དགོས། ངའི་སེམས་གནད་པ་ལ་གསོ་དགོས། ང་མ་སྐྱིད་ན། ཁྱོད་འཚལ་པས་སྐྱིད་པོ་རེས་མ་རེས་མེད་བྱས་པས། རྗོར་སྐྱབས་དུ་དཔེན་ཤྭ་ན་རེ། གྲ་བྱི་འཕྱོང་རྒྱུས།

༈ སེ་ཆེན་རྒྱལ་པོའི་འཇའ་སས། ཁྲི་སྐོར་ལ་སྤྱོད་པའི་མི་སྡེ་ཡིན་པས་དེ་དུམ་བུར་གཏོང་མི་ནུས། ཐོག་ཆ་རྐྱེན་གྱི་བཞེད་པ་གང་འདུག་འཚལ་པས་ཀྱང་མི་སྐྱབ་ཁ་མེད་ཡིན་ཟེར། ད་ཁྱོད་འཚལ་པས༔

༈ སེ་ཆེན་རྒྱལ་པོའི་ལུང་ལ་ལོག་པར་བྱས་ནས།

༈ སེ་ཆེན་རྒྱལ་པོའི་འཇའ་ས་སྤྲེ་ལ་མས་མགོ་བྱས། ཕྲེང་པ་ཁྲི་སྐོར་བཞིགས་པ། ང་ལུང་དང་འབྲེལ་བའི་མི་དཔོན་གསོད་པ། གསེར་བྲེ་བཅུ་གཅིག་བཏོན་ནས། དཔོན་ཀུན་རྫོར་གྱིས་དང་དོས་ཅི་མ་བྱས། འདི་སྨོན་ལམ་དང་ཕོང་ཡབ་སྲས་ཀྱི་ལག་ཅི་མ་ཡིན། དེ་ཙམ་སྙིང་ནད་བྱེད་པ། ངས་འཚལ་པ་དགའ་བདེ་ཉི་མ་བསད། ཕོང་ཕ་བུས་ནག་མོ་ཉེ་མ་ཞོན། རུ་ལ་རུ་ལ་གཏོགས་པའི་གཡའ་བཟངས་པ་དང་། ཐམ་པོ་ཆེ་པའི་རྒྱབ་ཅིའི་དོན་

ལ་བྱེད༔ ཁྱེད་མཚལ་པས་མི་བྲོ་བ་བསྒམས། ཇོ་བཙུན་བའི་བར་དུ་ལག་པ་བཙུག་པས། ཁྱེད་རང་གིས་ཉེས་པའི་བྱ་བ་ཡིན། གྲ་བྱི་འཁྱོང་རྒྱུས་ང་ལ་བློས་མི་ཐོངས་ན། མདུན་མ་བྱེད་རི་ས་སྟེངས་གནམ་འོག་གི་དཀོན་མཆོག་མཁའ་འགྲོ་སྤྱང་བྱས་ནས་མནའ་བསྐྱལ༔ ཡང་དོན་གཅིག་ན། ཁྱེད་མཚལ་པ་སྐྱིད་པ་འདོད་ན། ད་སྐྱིད་དགོས། ཁྱེད་བདེ་བར་འདོད་ན། ངའི་སེམས་བདེ་བར་དགོས་པས། ངའི་སེམས་གནད་ལ་གསོ་དགོས། བུ་གཅིག་པོ་བུ་གཏེར་གཏོང་དགོས། ངའི་འདོད་པ་གྲུབ་པ་མ་བྱས་པའི་མདུན་མ་བྱ་ཐབས་མེད། ཁྱོད་མཚལ་པ་མི་མཚུང་ཅན་ཡིན། ང་མི་ཡུས་ཅན་ཡིན། ཁྱེད་ལུག་བལ་ཅན་ཡིན ང་ཉ་སྤུ་མེད་ཡིན། ཁྱེད་རང་མཚལ་པས། ཁ་སོ་བཏོན་པའི་ཚེ་ན་ཡང་། ཁྲི་དཔོན་བྱང་རྒྱལ་ལ་ནོར་བྱས་ཀྱང་། སོའི་གསེར་ཞོ་གང་བཏོན་པའི་སར། ངེད་མཚལ་པས་གསེར་བྲེ་འདོན། ངེད་ཀྱི་དཔོན་སྐྱུལ་དངུལ་དམ་དྲུག་ཅུ་བདུན་ཅུ་ཐོན་པའི་པར། སོའི་དཔོན་སྐྱུས་ཛ་དམ་ཡང་མི་ཐོན་པ་ལ་སོགས། ལར་མཉམ་པོར་མིན་པའི་ཁ་སོ་བཏོན་ནས་ངའི་སྙིང་ལ་རྒྱབ་པས། བུ་གཅིག་པོ་བུ་གཏེར་ལེན་པའི་རྒྱུ་མཚན་དེ་ཡིན་བྱས་པས། དུ་དཔེན་ཤུས་ཡང་དོན་ལེགས་པར་རྟོགས་ནས་མཚལ་པའི་གྲོས་དཔང་རྣམས་ལ། ཚིག་དོན་རྣམས་བསྒྱུར་བས་མདུན་མ་ལ་གཏན་འཛགས་བྱུང་བའི་དོན་དེ་ཡིན་ཞིང་། གྲ་བྱི་འཁྱོང་རྒྱུས་བསྐྱལ་དང་བཅས་པ་འདི། ང་ཡི་སྒྲོག་རིན་ཡིན་པས་ཡར་ལྷ་ཤམས་པོའི་གངས་མ་ཞུ་བར་དང་། གཙང་ཆབ་སྔོན་མོ་མ་སྐམ་བར་དུ་སུ་ལའང་གཏད་རྒྱུ་མིན་ཞིང་། བརྒྱུད་ནས་བརྒྱུད་དུ་འཛིན་རྒྱུ་ཡིན་པས་གོ་དགོས། གྲ་དོལ་གཞུང་གསུམ་ལ་དེའི་རེས་དམག་ལམ་མི་ཐོག་པ་བྱས། དེ་ནས་འོན་དུ་ཕྱིན་ནས། ནང་འཚམས་ཀྱི་འཛགས་གཞི་བྱས་ནས། ས་སྣང་བླ་བ་དྲུག་ཚེས་བརྒྱད་མོ་གཙང་ཞལ་གྱིས་འཛགས་གཞི་བྱས། དེ་ནས་གྲ་ལ་ལ་བྱས། ཆུ་མདོའི་པོགས་དང་ཡང་སྒོའི་ཁྲིགས་བྱས། དེ་ནས་ཨའི་མདོ་མཐོང་མཐོང་བར་དུ་ཕྱིན། ས་ཚ་རྣམས་རྟོག་པས་བཅགས་ནས་ཚུར་ལོག དཔོན་ཆེན་དབང་བརྩོན་གྱིས་ཡར་ལུངས་དུ་དམག་བྱས་པའི་ལན་ལ། སྟར་ཁ་པོ་བཏོན་པ་བཞིན། དཔོན་ཆེན་ལ་ལས་ཀ་ཡོད་ཅིང་། རབ་གྲོང་ན་ཡོད་པའི་

སྐྱིངས་སུ། དགོ་ལུམ་པ་ལ་དམག་ཁྲིར། ལུམ་པ་ཕབ། སློབ་དཔོན་ཆེན་མོ་གེ་རེ་ན་ཅན་ཁ་ན་སྐར་བྱས་ནས་བཞུགས་ཡོད་འདུག་པས། སློབ་དཔོན་འཛམ་སྡོན་བར་ལ་བཏང་བྱུང་ནས། ལུམ་ས་ལྷ་ཁང་ནང་སྤྱོད་དང་བཅས་པ་སློབ་དཔོན་ཆེན་པོ་པ་ལ་ཕུལ། དཔོན་ཆེན་ཐུགས་ཚོད་བཟུང་ནས་ད་རང་མདུན་མ་བྱེད་མོད་བསམ་ནའང་། ད་རུང་བསམ་ངན་ཆེར་བཏང་ནས་མདུན་མ་བྱེད་མ་ཉེན། རྟིང་ལ་ལུམ་པ་ལ་སོགས་རྫོང་མང་པོ་བརྩིགས་པའི་ཤམས་ར་ཆེས་པས། ལྷུགས་ཟོ་སྟེག་ལོ་ཟླ་བ་གཉིས་པ་ལ་གང་དཀར་བླངས། རབ་བརྟུན་བར་དུ་ཕྱིན་དེར་མདོ་ཁམས་པ་ནང་གྲགས་པ་དཔལ་དང་། ཡ་རྩེ་བའི་གསེར་ཡིག་པས་བར་བྱས། དགོས་པའི་བཅའ་རུ་དམ་ཁམ་བྱིན། དམག་རྣམས་ཕྱིར་ལྡོག ཟླ་བ་བཞི་ཚེས་བཅོ་ལྔ་ཁོངས་སུ། བླམ་ཀུན་སྤངས་པས་དབུ་མཛད། ༢ ས་སྐྱ་གྲོས་པ་རྣམས། དཔོན་ཆེན་པས་གདན་དྲངས་འབྱོན་པར་བྱས་ནའང་། ཟླ་བ་གསུམ་པ་ནང་དུ་ནང་སོ་གྲགས་དབང་གིས་མགོ་བྱས། དཔོན་ཆེན་གྱིས་བུ་ཏྲ་རྣམས་ཀྱི་གོང་དཀར་ལ་དམག་བྱས་པས། གཉེར་པ་དཔོན་ཤག་གིས་མགོ་བྱས་མང་རབ་བསད། མང་ཚོད་ཆུ་ལ་ལྕེབས་ནས་ཤི། པད་མ་རྒྱལ་པོས་མགོ་བྱས་མང་དུ་བཟུང་། དེ་རྟིང་། དཔོན་ཆེན་ཁོང་རང་གིས་འཚམས་པ་ལས་འགལ་བའི་དོན་ལ་རབ་གྲོངས་བླངས། ནང་པ་གྲགས་དབང་གིས་མགོ་བྱས། དཔོན་ཆེན་གྱི་བུ་ཏྲ་རྣམས་གཙང་ལ་ཡར་གཏོགས་ནས་བཏོན། ཁ་རག་ཕྱིན། གཙང་ལ་ཡར་གཏོགས། ལྷ་འབྲོག་རྣམས་ཏྲ་སྨིག་འགོ་ནས་བླངས། དེ་ནས་ཡར་གུང་ཐང་ཕྱོགས་ལ་ཕྱིན། མཚལ་པའི་བབས་བླངས། བུ་གཅིག་པོ་བུ་རྟེ་ལ་བླངས། གསེར་སྲུང་སྟོང་ར་ཅན་གཏེར་ཟེར་ནའང་མ་ཉན་པར་བུ་ཅིག་པོ་བླངས། དེ་ནས་རྒྱ་མ་མ་ལམ་བཏོན་ཡོངས། སྒོམ་པོ་ཀུན་རིན་རྣམ་རྒྱལ་དཀར་པོ་ན་འདུག་པ་དང་མྲད། ཁོང་ཡང་སྟར་གྱི་སྤྱོད་པ་ལས་འགྱུར་ནས་སོབ་བྱེད་འདུག ཡིན་ནའང་ཆན་གཞོན་ཡོད་པས། ཆན་པ་རྣམས་རྩར་ཡོད་དུ་བཙུག་ནས་དྲན་བསྐུལ་བྱས། ང་འདི་མི་བྱེད་དུ་ཤ་བ་ཉལ་དུ་ར་མ་བདེ། ཁོང་རྣམས་ཀྱིས་ང་བསྡོད་དུ་མ་བཙུག དཔོན་ཆེན་དཔོན་བརྩོན་གྱིས། དཀར་གོང་ཁར་དཔུས་མོ་འཛུགས་སུ་བཙུག

དཔོན་ཆེན་རྒྱལ་བཟངས་ཀྱིས་ཀོ་ཤག་བརྒྱ་དང་། སོ་ལྔ་རྒྱབ། ཨན་བརྒྱ་མ་བརྒྱད་བཅུ་མ་རྒྱབ་ཁར་ཕོ་ད་བཅུག སྤྱ་ཐག་ཕྱི་ཐག་བྱས། ཕོང་དཔོན་ཆེན་གཉིས་ཀྱིས། ངའི་ལྷ་སྐྱེ། མི་སྐྱེ་ལ་དམག་དང་འཛོམས་ལུགས་དེ་བྱས། ང་གསོད་པའི་གྲབས་ཡང་ཡང་བྱས། ང་མདུན་མ་འཚོལ་བས་འདི་དགོས་བྱུང་བ་ཡིན། ཁྱེད་ཀྱི་འདི་བྱས་ན། ཁྱེད་ཀྱི་འབྲི་ཁུང་པ་ལ་སྟར་གྱི་དྲི་མ་ངན་པ་ཡོད་པ་དེས། ཁྲིམས་དམག་ཡོང་དགོས་ཡོད་དོ་བྱས། ཧོར་ཁྲིམས་ལ་ཏིག་ཏིག་ཨཙུ་ཡོད་ཟེར། ཧོར་ཁྲིམས་ལ་ཏིག་ཏིག་མེད་ན་ཁྱོད་ལྷན་མ་དང་། ང་གནས་དྲུག་པ་གཉིད་ལ་ཅི་དོན། ཧོར་ཁྲིམས་ལ་ཏིག་ཏིག་ཡོད་པ་ཨེ་མ་དགའ། མོང་འགོར་རྒྱལ་པོའི་དྲིན་དང་ཁྲིམས་ལ། ཁྱེད་འབྲི་ཁུང་པའི་མིང་དང་བསྟན་པ་བྱུང་བ་ཡིན།

༈ སེ་ཆེན་རྒྱལ་པོའི་དྲིན་དང་ཁྲིམས་ལ། ས་སྐྱ་པ་དང་། མཚལ་པའི་མངའ་ཐང་བསྟན་པ་བྱུང་འདུག ཧུ་ལ་ཧུའི་དྲིན་ལ་ཕག་མོ་གྲུའི་བསྟེ་དང་ཚུགས་བྱུང་འདུག་བྱས་པས། ཕ་ཏ་ཚུ་ཏ་དགའ་བ་ཡིན་ཟེར་ནས་མགོ་སྒྲུག་གི་འདུག ང་ངོ་མ་ལོག་པ་ལ་ངོ་ལོག་ཟེར་ནས།

༈ གོང་དུ་བརྫུན་ཡིག་མང་པོ་སོང་ཡོད་འདུག་པས། གོང་ནས་བདེན་སྨྲུན་ལྷ་མི་བྱུང་ན། འདམ་ཧག་ལུང་ཚར་སྤྱད་ཀྱི་མི་སྡེ་འདི། ཁྲིམས་བསྐོམས་སྐྱིད་དུ་བཅུག་ནས༑

༈ རྒྱལ་པོ་ལ་ངོ་ལྷ་བའི་ཕྱག་རྟེན་བྱེད་པ་ཡིན། ཁྱེད་འབྲི་ཁུང་པ་ལ་སྐྱིད་འཕྲུལ་མཛོ་ཧ་ཉིས་བརྒྱ་ཙམ་དྲིས་ན། དེ་རིང་བཏང་བའི་སང་ཉིན་སྔོ་ཞལ་བས་སླེབ་ཡོང་བས། ང་རྒྱལ་པོ་ལ་ངོ་བལྟའ་བྱའི་ཕྱག་རྟེན་གྱི་མི་སྡེ་འཕྲོག་པ་ཁྱེད་ཤེས་བྱས་པས། ད་ཧུང་ལུང་པ་ཕ་ཏ་ཚུ་ཏ་བྱེད་པ་ཡིན་ཟེར་ནས་སྙོམ་པ་ཀུན་རིན་ངོ་བསྐྱུར་གྱིས་འདུག དེ་ནས་མཚལ་པའི་བུ་གཅིག་པོ་ང་ལ་བུ་གཏེར་ལ་བཏང་ཡོད་པས༑ མཚལ་པའི་ས་ཆ་མར་བཅད་ནས། རྗོ་ར། རྫེ་ཁ་ནས། ཞང་པོ། དག་པོ། འོན། འོལ་ཁ་རྣམས་དང་དབང་ངོ་བྱས་པས། མཛོད་མཛོད་ཟེར། ང་དེར་ཡོང་བའི་དོན་ཆེ། མྱུན་པ་སངས་ནས་ལམ་ངོ་ཤེས། ཕོ་ཐག་ཆོད་ན་དོན་ཆེན་འགྲུབ་བྱ་བ་ཡིན་བྱས། མིག་ནས་མཆི་མ་ཅིག་ཀྱང་ཤོར། ང་མ་ཐམ། གཞོན་ནུ་སེང་གེ་འདས་པའི་ཞུལ་གྱི་བུ་ཚ་པོ་རྣམས་ང་ལ། བློ་གཏད་ཅིང་སྐྱོང་དགོས་སུ་ཡོད། ཁྲི་

དཔོན་པོ་རང་ཡོད་དུས་ནའང་། འཁྲུགས་བཟངས་པ་དང་། རྒྱ་འདི་པོ་ཡོད་དུས་སུ་རྟེན་པོ་ལ༔ རྒྱ་མི་སྟེ་དགོན་གྲོས་དབང་རྣམས་དང་། སྨོན་ལྷེ་པེ་པས་བྱིན་འདུག་ཅིང་། པོ་འདས་རྗེང་ཁྲག་གཞི་ཁྲག་སྟན་ལ་བྱིན་འདུག་པས་འདི་ལ་བསླད་མེད་པར་ཁྲི་དཔོན་གྱི་ཤུལ་མ་རྣམས་ཟར་འཇུག་པ་ཁྱོད་ཤེས་བྱས། རྒྱལ་ལྷ་ཁང་པས་ལྷུན་མ་ཞང་ལྷ་ཡིས་བརྩིགས་པས་ངེད་དབང་ཟེར། དེ་བཞིན་ཡིན་ན། འབྲི་ཁུང་ཐེལ། རྟོག་ལྷུན་མི་ཉག་སྒོམ་རིན་གྱིས་བརྩིགས་པས་མི་ཉག་པ་ལ་གཏོད་དམ། རང་རེ་ཕན་ཚུན་ཁུལ་ནའང་། བཀའ་བསྡམས་པས་བརྩིགས་པའི་དགོན་སྡེ། ལྷ་ཁང་། གཞིས་ཁ་མང་། དེ་རྣམས་ཀྱང་བཀའ་བསྡམས་པ་ལ་གཏོད་དམ། མིའི་ཤག་རང་གིས་ཁར་མ་འདོན་བྱས་ཀྱང་མ་ཉན། དེས་ཀྱང་ཡི་ཆད། དེ་རྗེང་། ཚུར་རྒྱ་མ་ལ་ཡོངས། དེ་ནས་རང་རེའི་རྐན་པ་གྲོས་དབང་རྣམས་འཛོམ་པར། འབྲི་ཁུང་སྒོམ་པའི་ཐུགས་ནས་བསམ་ངན་ངས་མི་འདུག་བྱས་དུས། གདན་པ་ཕན་ཚུན་ལ་འཁོན་ཐབས་དང་འབྲེལ་ཐབས་མེད་ཟེར། རྗེང་ལ་གསལ་དུ་འགྲོ་ཞིང་གོ་ནས་ཡོང་བྱས། ཕྱུགས་སྟག་གི་ལོ་དེའི་དཔྱུན་སྟོད་ས་སྐྱའི་བླ་མ་ཤར་ཆེན་པས། ཀུན་སྤངས་པ་དང་། ཁང་གསར་བ། མཁན་ཆེན་སྟར་ཐང་པ། མཁན་ཆེན་སྟར་ཐང་པ། མཁན་ཆེན་བསོད་ནམས་བཟང་པོ་དང་། མཁན་ཆེན་བུ་སྟོན་པ། ནང་པ་བསོད་སེང་། དཔོན་འཕགས་ལ་སོགས་བར་པ་གྲོས་འདེབས་ལ་ཕྱོན་ཞུ་བ་བྱས་པ་ལ། ངེད་ཕག་མོ་གྲུ་པ་དང་། ས་སྐྱ་འཁོན་གྱི་གདུང་བརྒྱུད་མཇལ་སྟེ་བ། འཁོན་ཀླུའི་དབང་པོ་བསྲུང་བ་དང་། དགེ་བཤེས་ཀླུང་ཁམས་པ་གོ་ཆ་མཇལ་ནས་དཔོན་སློབ་དུ་འགྲེལ་འདུག བར་དུ་འབྲེལ་ཟབ་པ། ༢ བླ་མ་ས་སྐྱ་པ་ཆེན་པོ་དང་། དཔལ་ཕག་མོ་གྲུ་པ་མཇལ་འདུག་ཅིང་། བརྒྱུད་གསུམ་གདམ་ངག་དང་བཅས་པ་གནང་འདུག ཐ་མ་མི་འབྲེལ་བའི་སྨོན་ལམ་ཐེབས་པ་ཆོས་རྗེ་པཎྜི་ཏ་ཁུ་དབོན། ཐམས་ཅད་མཁྱེན་པ། ༈ སྤྱན་སྔ་རིན་པོ་ཆེ་ཁུ་དབོན་མཇལ། ཆོས་དམ་ཚིག་ཟབ་མོ་མང་པོས་སྤྲེལ་ནས། ས་སྐྱའི་གདུང་བརྒྱུད་རིམ་པར་བྱོན་པ་རྣམས་ཀྱིས་ཞབས་ལ། དིང་སང་རིན་པོ་ཆེ་དང་། ང་བྱང་ཆུབ་རྒྱལ་མཚན་ཡར་བཅད་ཀྱིས་གཏུགས་ནས། དམ་ཚིག

གཅང་། དགོས་ཀྱིས་བླ་མ་བདག་ཉིད་ཆེན་པོའི་ཞབས་ལའང་། ང་བྱང་ཆུབ་རྒྱལ་མཚན་གྱིས་གཏུགས་ནས་ཐུགས་རྗེས་བསྐྱངས། ཕྱིར་འོང་བའི་དུས་སུ། བླ་མ་བདག་ཉིད་ཆེན་པོས། ངའི་ལག་པ་ནས་བཟུང་། བླ་མ་མཁས་བཙུན་པ་ཆེན་པོའི་ཕྱག་ཏུ་ཕུལ། ཁྱོད་རིན་པོ་ཆེ་དཔོན་གྱིས་ཀྱང་། ནམ་མཁའ་ལེགས་པའི་ཞབས་ཏོག་ཏུ་འགྱུར་བར་གྱིས། ཁྱོད་ནམ་མཁའི་ལེགས་པས་ཀྱང་། བླ་མ་ས་སྐྱ་ཆེན་པོའི་ཞབས་ལ། རྗེ་ཁམས་རྗོར་རྒྱལ་གྱིས་གཏུགས་པས་ནས་བཟུང་སྟེ། རིན་པོ་ཆེ་སྐུ་མཆེད་འདི་པ། གཞན་དང་མི་འདྲ་བ་ཡིན་པས། འདི་པའི་བདག་གཉེར་དང་། ཆོས་སུ་འགྱུར་བ་གྱིས་གསུང་པའི་ཞལ་ཏ་གནང་། གོང་དུ། བླ་ཆེན་ཀུན་སློའི་དྲུང་དུའང་། དེ་དང་འདྲ་བའི་ཞལ་ཏ་ནན་ཆགས་ཉེ་གནས་ནམ་རིན་ལ་བསྐུར་བའི་དོན་གྱིས་ད་ལྟ་བླ་མ་བསོད་ནམས་རྒྱལ་མཚན་བཞུགས་པ་ཡར་བཅད་དུ་དཔོན་སློབ་ཟབ་པའི་རྒྱུ་མཚན་དེ་ཡིན་ཞུས། རང་རེ་གདན་ས་འབྲི་ཁུང་གཉིས་པོའི་ཕྱོགས་ལ། བདེ་བར་གཤེགས་པ་དཔལ་ཞག་མོ་གྲུ་པ་དེ་ཉིད་དང་། འཇིག་རྟེན་གསུམ་གྱིས་མགོན་པོ་ཆོས་རྗེ་རིན་པོ་ཆེ་དང་། ཐམས་ཅད་མཁྱེན་པ་སྤྱན་སྔ་རིན་པོ་ཆེ། དཔོན་སློབ་གསུམ་པ་དེ། ཆོས་དང་དམ་ཚིག་དང་རྟེན་འབྲེལ་ཁྱིམ་ཅིག་པའི་དོན་ལ། སྤྱན་སྔར་རིན་པོ་ཆེའི་དཔོན་བརྒྱུད༑ རྒྱལ་བར་རིན་པོ་ཆེའི་སྐུ་མཆེད་ཀྱིས། གདན་ས་འདིར་ཆོས་བརྒྱུད་སྤེལ། རྒྱལ་སྲས་ཐོག་ཁ་བས། སྤྱན་སྔ་རིན་པོ་ཆེའི་ཞབས་ལ་གཏུགས་ནས། འབྲི་ཁུང་དུ་ཆོས་བརྒྱུད་སྤེལ། སྤྱན་སྔར་ཞི་བར་གཤེགས་པ་སྐུ་མཆེད། ད་ལྟའི་འབྲི་ཁུང་གི་བླ་མ་རིན་པོ་ཆེ་ཆོས་རྒྱལ་གྱིས་ཐོག་བྱས་རྣམས་ཀྱང་ཆོས། ......དམ་ཚིག་འབྲེལ་བས། ཕན་ཚུན་གཉིས་པོ་མིག་གཡས་གཡོན། ལག་པ་གཡས་གཡོན། མགོ་དང་ལུས་པོ་འདྲ་བ་ཅིག་འདུག་ནའང་། འབྲི་ཁུང་དུ་གཉིས་བརྒྱུད་ཀྱི་ཆགས་སྣང་དུ་མིང་རྟགས་པ་བྱུང་། འདིར་སྤྱུ་བརྗོལ་གྱི་ཆགས་སྣང་དུ་མིང་བཏགས་པ་བྱུང་འདུག་པས། ཕན་ཚུན་གྱི་སྟོབས་དང་ནུས་པ་ཉམས་པའི་དོན་དེར་འདུག ཧྲིང་སོར་འབྲི་ཁུང་གི་སྤྱན་སྔ་ཞི་བར་གཤེགས་པ་ཕྱི་མ་དང་། རང་རེའི་སྤྱན་སྔ་ཞལ་བཞུགས་པ་གཉིས། ཕན་ཚུན་གྱི་བན་བ་དེ་རེ་རེ་གཉིས་གཉིས་ཀྱི་བྱེད་པ་ལ་བརྟེན་

ནས། ཐུགས་རྗེ་མ་མཐུན་པའི་དོན་ལ། ཕྲིན་ལས་པ་ལ་སོགས་ལ་གནད་པ་ཆེན་པོ་བྱུང་བ་ལ། སློབ་དཔོན་ཡེ་ཤེས་དཔལ་དང་། ངེད་གཉིས་ཀྱི། ཐུགས་རྗེ་མཐུན་པའི་རྟེན་འབྲེལ་སྒྲིགས། དེ་རྗེས་སློབ་དཔོན་ཡེ་ཤེས་དཔལ་སྐུ་གཤེགས་པའི་དུས་སུ་རང་རེའི་སྤྱན་སྔ་ནས། ངེད་ལ་ཞལ་ལྷ་ཕྱོན་ནས། སྔར་འབྲི་ཁུང་གི་སྒོམ་པ་འདས་པ་ཀུན་གྱི་འཕྲད་མོ་ལ། རང་རེ་མི་ངོས་ཕྱིན་པའི་སྲོལ་མི་འདུག་ནའང་། སློབ་དཔོན་ཡེ་ཤེས་དཔལ་བ་དེ། རང་རེ་དང་ཁྱད་མེད་ཡིན་ཞིང་། གཞན་དང་མི་འདྲ་བས། ཁྱོད་འགྲོ་བ་བྱེད་དགོས་གསུང་། ངས་ཀྱང་དེ་ལྟར་བྱེད་པར་ཞུས་ནས། འབྲི་ཁུང་དུ་ཕྲད་མོ་ལ་ཕྱིན་དུས། བཀྲ་ཤིས་ལྡོངས་སུ་དགོངས་ཇ་ལ། རིན་པོ་ཆེའི་དྲུང་དུ་མཇལ་བ་ལ་ཕྱིན། ཇ་བུར་དཀྲུན་འབྲུམ་ལ་སོགས་གཟབས། རིན་པོ་ཆེའི་གསུང་གིས། ད་ལེན་ཁྱེད་སློབ་དཔོན་བྱང་རྒྱལ་བ་ལྷ་མ་བཏར་བར་ཐེབས། འཕྱོན་འོས་ཕྱོན། ད་ཙ་ན་འདིའི་སྒོམ་པ་ཆེ་ཆུང་བསྒོ་བཞག་གང་བྱེད། ཁྱེད་སློབ་དཔོན་བྱང་རྒྱལ་བས་དྲན་བསྐུལ་གང་བྱེད་གང་བྱས་ཉན་གསུང་། དེ་དུས་ངེད་ཀྱིས་ཞུས་པ་ལ། ཀུན་རིན་ལ། སྤྱན་སྔ་ནས་ཐུགས་ཚ་མཛད་ན། ཀུན་རིན་སྒོམ་པོ་ཆུང་བ་ལ་བསྒོས། རིན་རྡོར་ཆེ་བ་ལ་བསྒོས་ན། ཀུན་རིན་དེ་ལྟར་མཐོང་གོམས་ཡོང་། རིན་རྡོར་སྔར་སྒོམ་པ་སྐུ་གཤེགས་ཀྱི་ལྟུགས་ལ་བཏར། མཐོང་གོམས་ཡོད་ཙིང་། སྒོམ་པ་སྐུ་གཤེགས་ཀྱིའང་ཐུགས་དགོངས་དང་བཞེད་དུ་འདུག ཞུས་པས། དེ་ལྟར་འཐད་བྱེད་གསུངས་ནས། སང་ཉིན་ཁང་མོ་ཆེར་རིན་པ་ཆེ་པ་དང་ངེད་གཞི་འགྲོན་རྣམས་གདན་དྲངས་རིན་རྡོར་གྱིས་སྒོམ་པའི་གཏད་གཉེར་བྱས། དེ་ཉིན་བཀྲ་ཤིས་ལྡོངས་སུ་གྲོ་ལ། ངེད་བྱས་པ་དང་། སྒོམ་པ་རིན་རྡོར། ཀུན་རིན་གྱིས་མགོ་བྱས་པོས་ནས། སྒོམ་པ་ཆེ་བའི་གོ་སར་རིན་རྡོར་བསྒོས། སྒོམ་ཆུང་ལ་ཀུན་རིན་བསྒོས། ངེད་བཞི་འགྲོན་ལ་གནང་སྦྱིན་མཛད་ནས། ཞལ་ལྷ་ཕྱོན་པས། འབྲི་ཁུང་པའི་ཡང་ནང་མ་ཞིག་ཙམ་དང་། བླ་དཔོན་ཐུགས་རྗེ་འཐུན་པས་གཟིངས་སུ་མ་སོང་"་པ་འདི་ངས་བྱས་སམ་བསམ་པ་ཡོད། ད་ལྟའི་ཁོང་འབྲི་ཁུང་སྒོམ་པའི་སྐོར་རྣམས་ལབ་དུས། སློབ་དཔོན་ཡེ་ཤེས་དཔལ་བ་དེ་ངེད་ལ་དྲིན་ཆེ་བ་ཡིན་ཟེར་ནས་ལབ་པར་

ཡོད་འདུག་སྟེ། སློབ་དཔོན་ཡེས་ཡེས་དཔལ་གྱིས། ང་ལས་ཀ་མེད་པ་ལ། ལས་ཁ་དང་ཐྲད་པའང་མེད། གོས་ཟས་དབང་བྱུས་གང་གིས་ཀྱང་སྐྱོང་དགོས་པ་མེད་ཅིང་། ཁོང་གིས་བཟང་ཁ། ངས་ངོ་ངན་བྱས་ནས། རང་རེ་ཕར། ཚུར་གྱི་སྡེ་ལ་ཕན་བཏགས་པ་དང་། འབྲི་ཁུང་གི་བྱང་བོད་གང་ལའང་ཕན་བཏགས་པ་ཡོད། དངོས་པོའི་གང་དགོས་སྐྱི་འཕྲུལ་བཏང་ནས། སྐྱིན་པ་མི་འཇལ་བ་དེ་ཁོང་གིས་ཆོས་ཉིད་ཡིན། ཡང་ཁོང་གིས་བཟང་ཆར་བྱས་ནས། ཁོང་གི་ས་ཁོག་ཏུ་རྩམ་དོས་ཉི་ཤུ་སུམ་བཅུ་རེ་ཙམ་དང་། ཏ་འུ་ལག་རེ་རེ་གཉིས་གཉིས་ཙམ། དེ་རིང་རང་དུ་བཏང་པའི། རང་རེའི་ཐེལ་རྩེ་བཏང་པ་ལ། ཁོང་གིས་མི་འགགས་པ་ཙམ་ཅིག་ཡོད་ཅིང་། ངད་རང་དཔོན་གཉིས་པོ་སེམས་འཐུན་པས། བུ་ཏ་རྣམས་ཀྱང་། ང་དང་ཁྲོད་མེད་པའི་དོན་གྱིས་ཕན་ཚུན་གྱི་དཔོན་སྐུ་གཟའ་པ། ལྷ་སྡེ། མི་སྡེ་ཀུན་གྱིས། སློབ་དཔོན་ཡེ་ཤེས་དཔལ་བའི་སྐུ་ཚེ་གང་པོ་དེ་ལ་སྐྱིད་བྱས་པ་དེ་ཡིན། དེ་རྗེས་སྒོམ་པ་རིན་རྡོར་འདས་ནས་སྒོམ་པ་ཀུན་རིན་ལ། གོང་ནས་ལུང་ནི་མེད། དབུང་གཙང་གི་སྡོན་ཞི་སི་པ་རྣམས་ཀྱིས་ཁྲོན་སྐོས་བྱས་ནས། འབྲི་ཁུང་ཁྲི་དཔོན་ལ་བསྐོས། དེ་སྐབས་སུའང་། རང་རེས་ཡང་མགོ་འདོན་བྱས། ལོ་གཉིས་གསུམ་དུ། རང་རེས་གང་བྱས་ལ་ཉན་པ་དང་། ཤིས་པར་བྱུང་། ཁོང་གི་སར། རང་རེ་དུ་ཡོད་པ་ཡིན་འདང་། ཕྱིས་རྗེང་རང་རེ་དཔོན་ཆེན་རྒྱལ་བཟང་གྱིས་བཙོན་བཟུང་བ་ཕྱིར་བཅད་ནས། མ་ཐོན་གྱི་བར་དུ། ཤ་ལ་བབ་ན་རུས་ལ་ན་བའི་ཚུལ་དུ་བྱས་ནས། སེམས་ཁུར་མ་ཁུར་བ། རང་རེ་ཐེལ་ཤོད་རྣམས་ལ་གསལ། རང་རེ་བཙོན་ཐོན་ཕྱིན་ནས། དབང་བཙོན་གྱི་དཔོན་ཆེན་གླངས་བྱུང་བ་དང་། དབང་བཙོན་སྐོར་བཅས། འབྲི་ཁུང་པའི་མི་སྡེ་ཡིན་པས་ཆོད་བྱས་ནས། དབང་བཙོན་གྱིས་འུར་འུར་ཅི་བྱས་ནའང་། སྒོམ་པ་ཀུན་རིན་གྱིས་འཛིང་པ་གཙུ་བོ་རེ་བྱས་པ་དང་། དབང་བཙོན་གྱིས་འདར་འདར་ཚུབས་ཚུབས་བྱས། ཧོར་དང་། ས་སྐྱ་པའི་དོར་ཤོར། སོན་ཞི་སི་ས་རྣམས་ཀྱིས་ཀྱང་། འབྲི་ཁུང་པ་ལ་ཨ་པོ་ཁྲིད་ཤེས་བྱས་པ་ལ་ཐུག་པས། དབུས་པའི་སྡེ་པ། དགོན་པ། ཁྲིམ་མཛོས་ཐམས་ཅད་ཀྱི་སྟེང་དུ། སེང་གི་འཁྱུ་འཁྱུ་བྱས

པས་སྨྲོན་པ་རེད་སདེ་ཡིན། ཧྲིང་ལ། རྒྱལ་དབེན། ༈ གོང་མའི་ལུང་གིས། བོད་འཚོས་པ་ལ་མངགས་དུས་སུ། རྒྱལ་བ་ནི་མདོ་ཁམས་སུ་ཕྱི་ཐེན་བྱས་ནས་མ་བྱུང་། དབེན་ཇན་འདིར་སླེབ་པ་དང་། འབྲི་ཁྲུང་པས་ཡང་། བཀའ་བསྒོམས་ཡ་གཉིས་ཀྱི་ཁྲུལ་དུ་རེད་རྒྱུད་བྱས་པ་ངེས་གནང་ནས། ས་འདར་རྗོ་འདར་ལ་ཡོད་པའི་སྐབས་སུ། དབེན་ཇན་གྱིས་པོ་ཚོད་བསྐྱལ་ནས། བླ་མ་དམ་པ་ཀུན་དགའ་གྲགས་པའི་ཉེ་གནས་སྨྲོས་བྱས་ནས། དབེན་ཇན་དང་། སྨོམ་པ་གཅིག་བྱས། ཕའུ་བྱས། སྣ་སྐྱལ་བྱུང་བ་དང་༑ ཕོ་འགྲངས་ནས། རང་རེ་འདོམ་དུ་འབོད་པ་ལ་སྨོམ་པ་ཀུན་རིན་འདམ་ནས་ཧ་ཝུ་ལག་བྱས་ནས། གཞོན་རྒྱལ་དུ་དབེན་ཤྭ་དང་ལྷན་དུ་འདིར་བྱུང་། རང་རེ་ངོ་ལྷ་བའི་ཁག་ཁྲུར་སྨོམ་པས་བྱས་འདུག དེ་ལ་སྟེར། མངའ་རིས་སུ་ཞང་མཁན་པོས་ངོ་ལྐོས་བབས་བྱས་པས་བསད། གོང་དུ་ཞུ་ཡོག་བཏོང་བ་རྣམས་རྒྱུས་ཡོད་པས། ང་ཡར་ཆབ་གཙང་པོ་ཕྱིར་མི་རྒྱལ་ཞིང་། སྣེ་གདོང་གོང་དཀར་གྱི་ཐེམ་པ་ཕྱིར་མི་བརྒྱལ་བར་བྱས། རང་རེའི་ཕྱོགས་རྣམས་ཚོག་ཐག་བཅད་ཚར་ཡོད་པ་ལ། གཞོན་རྒྱལ་དུ་དབེན་ཤས། རང་རེའི་རྒན་པ་རྣམས་བསགས་ནས། ང་དང་འབྲི་ཁྲུང་སྨོམ་པས། ཁྱེད་ཀྱི་ཁག་ཐེག་མི་ཉེས་པར་ཡོད། མས་དུ་ལ་དུག་ཆུ་མི་ལྷུང་གསུང་ནས། ཐང་ཝུར་པ་གསུམ་བརྟུངས། དེས་རང་རེའི་རྒན་པ་རྣམས་འཁྲུལ་ནས། ད་རང་འཁྱོན་རྒྱུ་ཡིན་པ་འདྲ། གཞོན་རྒྱལ་དུ་དབེན་ཤྭ་དང་། སྨོམ་པས་ཁག་ཐེག་པར་འདུག་ཟེར། དེ་ལ་རང་རེ་ཡིད་ཆད་པར་བྱུང་ནས། རྩེའི་གསོལ་ཇ་ཁང་པའི་སྟེང་དུ། གྲགས་པ་ཤེས་རབ་དང་། གཞོན་ནུ་བཟང་པོ། དཔོན་ཆེན་ཟླ་བ། མགོན་པོ་རྒྱལ་མཚན་མགོན་རིན། གྲགས་དཔང་། ཀུན་དགའ་གྲགས་པ་སོགས་འཛོམ་པར། མི་ང་མ་བརྒྱ་དང་། སྟོང་ལ་སྐྱེས་པ་ཅིག་མིན་ཏེ། ཁྱེད་ཚོ་དེ་ལས་མི་གོ་བའི་ལུགས་ལ། དེ་རིང་ནས་ལྷེ་དེ་གཞོན་ནུ་བཟང་པོའི་གྲགས་པ་ཤེས་རབ་ལ་གཏོད། གྲགས་པ་ཤེས་རབ་ནས་དཔོན་དང་གཉེར་པ་གྱིས། གཞོན་ནུ་བཟང་པོས་ཕྱི་པའི་དམག་དཔོན་གྱིས། སྣ་མོ། སྨོན་མཁར། མོན་འགར། བཀྲ་ཤིས་གདོང་། ཚོང་འདུ། བྲག་ཁ་རྣམས་ལ། ཁྱེད་རང་དཔོན་སྐྱ་ཚོས། ངས་འདི་

བསྒྱུངས་པ་འདི་བསྒྱུངས་ཁག་ཁུར་དང་བླངས་གྱིས། གོང་དཀར་ཁོ་རང་དཔལ་རིན་གྱིས་སྐོར་ལ་ཁག་ཡོད་ཅིང་། ངའི་དཔོན་འགོ་ལ་དཔོན་ཟླ་བ་འགྲོ། གཞན་བྱིས་པ་བཅུ་ཙམ་གྱིས་ཚོག་པས། ངེས་རྣམས་འགྲོ། བསད་ཀྱང་མི་འཁྱོད་བྱས་པ་དང་། ཐམས་ཅད་ངོ་ཐང་ལ་ལྡང་། ད་ཅི་འདྲ་གམ་ཟེར། ང་མི་འགྲོ་བའི་ལུགས་མནའ་ལ་བསྟུས་པས། མནའ་རྗེས་ལ་མི་འཆམ་པར། དེ་ནས་འགེས་ཐབས་ཡོད་བྱས། དེ་ནས་དེ་ཁ་འཐད་ཟེར། གཞོན་རྒྱལ་དུ་དབེན་ཤྭ་དང་། སྨོམ་པ་ཀུན་རིན་གྱིས་མནའ་སྐྱེལ་བའི་རྗེས་ལ། ཁྱེད་ཕག་མོ་གྲུ་པའི་ཕྱི་ནང་བར་གསུམ་དུ་གཟིགས་དང་༎ དཀྲུག་ཐུར་བྱེད་རེ། ཁྱེད་སློབ་དཔོན་བྱང་ཆུབ་རྒྱལ་མཚན་པ། ད་ལན་ཤྭའི་དྲུང་དུ་མཇལ་དུ་འབྱོན་པ་ལ་ཕར་ཚུར་ཉེས་ཁྱོད་མེད་པ་བྱས་ནས། སྒོ་གདོང་དུ་ཁམས་བཟང་པོར་མི་སྡོད་རེ་ཟེར་བའི་སྨ་རྗེས་བྱས་ནས། ངའི་སར་བྱུང་། འདིའི་ཕྱི་ལ་ཟེར་ས་སྐྱ་པ་དང་མཚལ་པ་ལ་ཟེར། ནང་གི་འདི། བླ་མ་རིན་པོ་ཆེ་པ་དང་། ངེད་དཔོན་སློབ་ནང་འཚམས་ཀྱི་འདི་ལ་ཟེར་བ་ཡིན། ཁྱེད་སྨོམ་པས་ཀྱང་དེ་གོ་དོས་ཤིང་། བླ་མ་རིན་པོ་ཆེ་པ་དང་། ངེད་དཔོན་སློབ་ལའང་ཉེ་རིང་མི་སྟོན་བྱས་པས། སྨོམ་པ་ན་རེ། ཕྱི་ནང་མང་པོའི་ཁ་མེད། གང་ལྟར་ནའང་། ད་ལེན་གྱི་འགྲོས་འདི་ལ་ཉེས་ཁྱོད་མི་ཡོང་བའི་ཁག་ཁུར་ཟེར་བའི་མནའ་སྐྱེལ་ཟེར། དེ་ནས་ངེད་ཀྱིས་མནའ་ཡིག་དེ་ལྟས་ནས། ཐོའི། ཁྱོད་སྨོམས་པ་དང་། བླ་མ་རིན་པོ་ཆེ་པ་དང་། ངེད་དཔོན་སློབ་བར་དུ་དཀྲུག་པ་ངོ་མི་ཚ་བ་ཨེ་ཡིན། ཁྱེད་ལ་ངའི་ལ་ཡོགས་མ་བྱུང་བ་གྱིས་བྱས་ནས་ཐུ་བ་སྒྲུགས་ནས་ལངས་ཕྱིན་པ་དང་། གཞོན་རྒྱལ་དུ་དབེན་ཤྭ་དང་། བསོད་ནམས་གཞོན་ནུ་དུ་དབེན་ཤྭ། མགོན་པོ་སྐྱབས། ད་རུ་ཁ་ཆེ། དབེན་པའི་ཟོན་ཁྲི་ཅིག་རྣམས་ཀྱིས་འཇུས་ནའང་། ང་རྒྱལ་དང་ཞེ་སྡང་སྐྱེས་དྲགས་པས། སྙིང་ཕྱི་ནང་ལོག་པ་བཞིན་བྱས་ནས། བོད་ཡངས་འཚམ་སུ་ཛ་སྦྱོར་ཐེབས་ཅིག་ཙམ་གྱིས་བར་གྱི་ང་རྒྱལ་ནས་དྲན་པ་མེད། རྒྱལ་མཚན་བཟང་པོ་དང་། གཞོན་ནུ་སེང་གེས་བསྙོམས་ནའང་། ཞེ་སྡང་སྐྱེས་པས་མ་ཕན་པར། ཁྱོགས་བྱས་ནས་སྒོ་སྦྱོར་ཉལ་དུ་ཕྱིན། སང་ཉི་མ་ཤར་རྗེང་། བོད་ཡངས་མཛོད་ཀྱི་སྟེངས་སུ། སློབ་དཔོན་གྲགས་པ་

ཤེས་རབ་དང་། གཞོན་ནུ་བཟང་པོས་མགོ་བྱས་རྣམས་ཤོག་ཟེར་ནས། ང་ཀུན་དགའ་རིན་ཆེན་གྱིས། སྔར་གདན་ས་བའི་རིན་པོ་ཆེ་སྐུ་མཆེད་པར་དུ། ངན་དང་དཀྲུག་ཤིང་བྱས་པ་མེད། ད་ནི་མི་ཤེས། སྔར་ངན་དང་དཀྲུག་ཤིང་བྱས་པ་ཡོད་ན་གདན་པ་ཕན་ཚུན་གྱི་ཆོས་སྐྱོང་བསྲུངས་མ་དང་། འབྲི་ཁུང་པའི་ཨ་ཕྱིས་ལྷག་ཆོག་ལ། ང་ས་ཐོག་ཏུ་མེད་དུ་ཆུག ངས་དེ་ལྟར་མ་བྱས་པར་བྱས་ཟེར་བའི་མི་དེ་ས་ཐོག་ཏུ་མེད་དུ་ཆུག་ཟེར། ཞེས་ཟེར་བའི་མནའ་སྐྱེལ་འདུག དེ་ནས་རང་རེའི་རྒན་པ་རྣམས་ངོ་ནག་ཧྲིལ་ལེ་བྱས་ནས། ངའི་སར་བྱུང་། སྒོམ་པ་ཟེར་བའི་ཚིག་རྣམས་སྐྱོར་གྱི་འདུག། ངས་ཡང་ཐལ་མོ་སྦྱར་ནས། སྒོམ་པ་ཀུན་རིན་ཇི་ལྟར་ཟེར་བ་བཞིན། ཆད་པ་ཆོད་ཅིག་བྱས་ནས་སྨོན་ལམ་བཏབ། དེ་ནས་སྒོམ་པ་ཀུན་རིན་དེའི་ཕྱི་གྲོ་འོན་དུ་ཐེགས། སང་ཐེལ་པས་ཐར་མོ་ལྷུང་གསེབ་ཏུ་པོས། གསེར་སྲང་དགུ་ཚན་དང་། དངུལ་བྲེས་མགོ་བྱས་འབུལ་བ་མང་པོ་བྱས། རིན་ཆེན་དཔལ་གྱིས་གོ་ཆ་དཀར་ལྷེམས་ཅིག་ཕུལ། ང་ཤེས་ཕྱིད་ཤེས་བྱས་འདུག། དེས་སེམས་ཆེན་པོར་སོང་འདུག་ཅིང་། རྗེང་ལ། དཔོན་པ་གུང་ཐང་དུ་ཕེབས་དུས། དེར་དུས་དཔོན་ཤཱ་དང་། སྒོམ་པ་གཉིས་མཇལ་རྒྱུ་མཚན་རྣམས་ཞུས་ནས། སྒོམ་པ་བྱང་ལ་རྒྱལ་བུ་སྐུ་མཆེད་ཀྱི་བསུ་བ་ལ་ཐེགས། དུ་དཔོན་ཤཱས་དཔོན་པའི་མགོ་ལུང་བྱས་ནས་ཚུར་བྱུང་། རང་རེས་ཡང་། བསམ་ཡས་ཟུང་དཀར་དུ་བསུ་བ་ལ་ཕྱིན། དཔོན་པ་ཚུར་གདན་དྲངས། ཡང་རྒྱལ་བུ་རྡོ་རྗེ་དཔལ་ཟླ་མ་དང་། ཞང་པོ་ནམ་མཁའ་དཔལ་མངགས་ནས། དཔོན་པ་ལ་དོ་མ་ལྷ་ཟེར་བའི་སྤྲེལ་ཁ་ཅིག་ཟུར་དུ་བསྐུར་བྱུང་ནའང་འཇའ་སུས་ཧུན་དཔོན་གྱི་དམ་ཁ་ཁྲིམས་ར་དང་བཅས་པ་འདུག་པས། འཇའ་སས་ཉན། དཔོན་པ་ལ་དེ་ལྟ་བྱས་ནས། གོང་དུ། གོང་མ་ལ་མཇལ་བ་ལ། ཁྱེད་རང་འགྲོ་བ་མ་བྱུང་ན། མི་ངོ་འམ་གཞན་དྲག་པ་ཅིག་ཐོང་། གང་ཞུས་འགྲུབ་ཟེར་ནས། གཞོན་རྒྱལ་དུ་དཔོན་ཤཱས་སུལ་རྒྱུད་བྱས་བྱུང་། དུ་དཔོན་ཤཱ་ན་རེ། མགོན་པོ་རྒྱལ་མཚན་འདྲ་གཏོང་རྒྱུ་ཡིན་ནའང་། ཡང་ཡང་དུ་ཕྱིན་པས། ངས་ད་སོང་ཟེར་བ་མི་ཐོད། ཁྱེད་ཀྱིས་གྲོས་བཏབ་ནས་ཨེ་འགྲོ་ཡིན་བྱས། དུ་དཔོན་ཤཱས་དཔའ་ཤི་ལ་གྲོས

བཏབ་པས། དཔའ་ཤིའི་གཡེ་པའི་གཏམ་དེས་ཚོ་ཚོ་བྱས། ཞབས་རྗོག་འདི་ཁན་བྱེད་ཟེར་ནས་འཁོར་མ་ཉན། དེ་ནས་ཤཱཀྱ་འབུམ་དང་། རྗོར་རིན། བསམ་འགྲུབ་ལ་སོགས་རང་རེའི་དཔོན་སྐྱ་སུ་ལ་འགྲོ་དགོས་བྱས་ནའང་། ནད་གཞི་རེ་དང་། སྐད་རེ་མེད་པ་སུ་མ་བྱུང་། ཀུན་དགའ་གྲགས་ལ་འགྲོ་དགོས་བྱས་པས། སོགས་པོ་གྲོང་ཁོ་ལ་དགོས། ཁོ་གོང་ནས་ཡར་མི་ལོག་ཟེར། དོན་གྱི་མི་འགྲོ་བ་དེ་ཡིན་པར་འདུག རྒྱལ་མཚན་བཟང་པོ་ལ་ཨེ་འགྲོ་བྱས་པས། ཐོར་པ་མ་ཐར་སོང་གསུང་ན་འགྲོ་བར་ཞུ་ཟེར་ཁོ་ཐོར་པ་མ་ཐར་བས་མ་བཏང་། དེ་ནས་གསོལ་ཇ་ཁང་བར་མའི་སྟེངས་སུ། དབང་ཕྱུག་ངའི་རྐང་པ་ལ་ཕྱུག་པ་དེ་བྱེད་ཀྱི་ཡོད་པ་ལ་དབང་ཕྱུག་ན་རེ། དཔོན་རྣམ་པ་མི་འབྱོན་ན་ཐེ་ཚོམ་ཞིབ་པར་མཛད་ནས་བསྐུར། ངའི་གྲལ་མགོར་བསྡེ་པའི་མི་གཅིག་དགོས། ངས་ཕྱིན་པས་ཚོག་ལགས་ཟེར། དེའི་སང་དཔོན་སྐྱ་རྣམས་འཛོམ་པ་ལ། ཁྱིས་རྣམས་མི་འགྲོ་ན། ཁམས་ཆུང་དབང་ཕྱུག་འགྲོ་བར་འདུག ཁང་པོ་སླེབ་དུས། ཁྱེད་ཚོས་གྲལ་མགོར་ཨེ་འཛོག་ཟེར་བ་ལབ། ཐམས་ཅད་གྲལ་མགོར་འཛོག་པར་ཞུ་ཟེར༑ ཡིན་ནོ་ཨ། དེ་ནས་ཤེས་རབ་རྡོ་རྗེ་ལ། དབང་ཕྱུག་གི་ཟླ་ལ་འགྲོ་དགོས་ཟེར་བ་བྱས། ཤེས་རབ་རྡོ་རྗེ་ཡང་འགྲོ་བ་ཁས་བླངས་ནས། ཤེས་རབ་རྡོ་རྗེ་དང་། དབང་ཕྱུག་གིས་མགོ་བྱས། གོང་དུ་བརྫོངས། དེའི་ཟླ་ལ་དཔེན་པའི་མི་ཡུམ་འཛང་དར་ཁ་ཚེ། ཨེལ་ཛ་ཐེ་མུ་ཤེས་བཞིན་བཏོང་། དེ་དུས། དུས་མ་བདེ་བས། གུང་ཐང་སློལ་ནས། ལམ་རྡོག་སྣ་ནས་ཟད། དཀར་ལ་དཔག་ཏུ་མེད་ནའང་། ཕོངས་རྣམས་ཀྱིས་དགའ་བ་དང་དུ་བླངས། ཐེག་པ་ཁྱུར་དུ་ཁྱུར། ལུས་སྲོག་འབེན་དུ་བཙུགས། ང་དཔོན་དང་། སྟེ་ལ་བསམ་ནས་ཕྱིན། ཞུ་རྒྱུ་ལ། ཏའི་སི་ཏུའི་མིང་དང་། དམ་ཁ་ཞུས། ཁྲི་སྐོར་ལ་དགོས་པའི་དངུལ་གྱི་དམ་ཁ་སྐོར་མོ། ཁྲི་སྐོར་གྱིས་དུད་ཕྱེད་འཆག་མི་མ་པོས་བར་གྱི་དར་ཐན་རྣམས་ཞུས་བྱས། གཞོན་རྒྱལ་དུ་དཔེན་ཤྭ་ན་རེ། སི་ཏུའི་དམ་ཁ་དང་། ཁྲི་སྐོར་གྱི་གཉིས་ཀ་མི་འགྲུབ། གང་རུང་ཅིག་འགྲུབ་ཟེར། འོ་ན་ཁྲི་སྐོར་གྱིས་ཞུས་བྱས་ནས་བརྫོངས། ལམ་ལ་དཀའ་ལས་སྦྱངས་སྤྱོད་རྒྱུ་གལ་ཆེ་ཡང་བྱུང་འདུག འདི་ནས་ཡང་

དངོས་པོ་ལམ་ཆས་ཆ་རྐྱེན་ཕངས་མེད་པས་བཟོངས། མདོ་སྨད་རྗེ་འབྱམས་སུ་སླེབས་པ་དང་། དཔའ་ཞིང་དཀོན་མཆོག་དང་། བླ་མའི་གསེར་ཡིག་ལ། གསེར་ཡིག་སྐོར་མོ་ཐུ་ཤུ་སྤྲེལ་ཁ་ལ་ཐེབས་ནས། ཡ་རྩེ་ལ་བཏང་འདུག་པ་དང་ཕྲད་འདུག དཀོན་མཆོག་གིས་ཀྱང་། སྔར་གྱི་འབྲེལ་ཚུལ་དང་། ཕོ་པོ་དཔའ་ཤི་ཚུལ་བཟུང་རང་རེའི་ས་ནས་ཡོད་པའི་ཞེན་པ་བྱས་ནས། ཕོང་ཚོའི་གྲོགས་ལ་ཕྱིན། གོང་དུ་ལོག་ནས། སློན་ཆེང་དབེན་གྱིས་ཁས་དབེན་གྱིས་སྟོན་མོའི་ཐོག་ཏུ་སྐྱེབ་འདུག་པ། མི་དཔོན་རྣམས་ཀྱིས་ཆེང་སང་ལ་ཞུས། ཆེང་སང་གིས། གོང་མའི་དྲུང་དུ་ཞུས་ནས་སླེབ་པའི་སང་། གོང་མའི་དྲུང་དུ་མཇལ་ནས། མཇལ་འཕྲད་ལེགས། ཆེང་ཚོའི་ལུགས་བཞིན་བྱ་བ་རྣམས་སྐྱབ་གསུང་པའི། ལུང་བུད་ནས། ཁྲིམས་སྐོར་ལ་དགོས་པའི་དངུལ་གྱི་དམ་ཁ་སྐོར་མོ་གཉིས། ཁྲིམས་སྐོར་གྱི་མི་སྣེ་མཇལ་དུས་ཀྱི་འཛོམས་མ་གཏོགས་པའི་ཁྲལ་ཆུ་ཅི་ཕྱིན་གྱི་ཕྱེད་འཆག་ཏུ་ཆུག་གསུང་པའི་སློན་ཆེང་དབེན་གྱི་བཙུའ་གནང་སྤྲིན་ཆེ་བ། གསེར་གྱི་སྐ་རགས་དང་། དབང་རྒྱལ་བུ་རང་ཏ་ལ་ཐོག་གསུང་པ་དང་། དབེན་པ་འཇམས་མོ་འཚོས་ཀྱི་ཐོག་གསུང་པའི་ལུང་བུད་པས། མདོ་ཁམས་ཡར་བཅད་ཐམས་ཅད་ལ། རྒྱལ་དབེན་གྱིས་གནོད་པ་མེད་པས། དབུས་གཙང་ནས་ཤི་ཕྱིན་པ་ལ། ཕོང་རྣམས་ལ་ན་ཆེ་བར་མ་བྱུང་པས་ཐམས་ཅད་ཀྱིས་ཀྱང་བཟང་ལེན་བྱེད་རྒྱུར་ཡོད་ནའང་། རང་རེའི་མི་དོར་མ་སོང་བས། ཐམས་ཅད་ཀྱིས་མཐོང་ཚོར་མ་བྱས། རང་རེའི་དཔའ་ཤི་ཕྱིན་པ་ལའང་། ཕོང་ཚོས་ལས་དྲིན་དང་ངེས་སོ་ཆེ་བ་མ་བྱུང་བ་དེ་ཡིན་པས། ཤེས་རབ་རྡོ་རྗེ་དང་དབང་ཕྱུག དཀོན་མཆོག་སྐྱབས་གསུམ་པ་བརྒྱུད་པ་དང་བཅས་པ་ལ་ཐམས་ཅད་ཀྱི་མཐོང་བཟོས་དང་། རང་རེའི་བརྒྱུད་པ་དང་། དཔོན་སར་བསྐོང་པ་རྣམས་ཀྱིས་སྐྱོངས་ཐྲན་དགོས་པར་ཡོང་ཡོད་པ་ཡིན། དབེན་ཏན་གྱིས་མཚལ་པའི་བདག་བྱས་ནས། གྲབ་བྱེ་འཁྱོང་རྒྱུས་ཅིས་ཀྱང་གཏོད་དགོས་ཟེར་ནའང་། གྲབ་བྱེ་འཁྱོང་རྒྱུས་མི་གཏོང་པའི་གཏན་ཚིགས། མཚལ་པ་དང་དོས་བྱས་ནས། ངེད་ཀྱི་ལག་ནས། སེ་ཆེན་རྒྱལ་པོའི་འཇའ་ས་མགོ་བྱས་ཕྲོགས། གསེར་བྲ་དངུལ་བྲེ་མང་པོ་བཏོན་ནས། ང་གསོད་པར་

བྱས། ང་ཤེས་པའི་ལྷ་སྡེ། མི་སྡེ་མང་པོ་རྒྱུབ་ནས་བཙོམ་རླག་ལ་བཏང་པས། ཁྲབ་བྱི་འཕྱོང་རྒྱུས་ངའི་སྲོག་ཚབ་ལ་བླངས་པ་ཡིན། འཇའ་ས་ཕྲོགས་པའི་ཡུས་ནི། ངའི་ལྷ་སྡེ། མི་སྡེ་ཚོམ་སོས་ཀྱི་བར་ལ། དེའི་ཚབ་ཡིན་པས་མི་གཏོད་བྱས། རང་རེའི་ཚེ་ཟེར་དུས། ཕྱི་ལྟར་དུ་གཏོད་པ། ནང་ལྟར་དུ་མི་གཏོད་པ་བྱས་ན་ཟེར་བའི་དོན་ལ། མཚལ་སར་རང་ལའང་ཡོབ་བཏང་ནས། ཟླ་བ་གཅིག་གི་བར་དུ་འཚལ་པ་ལ་གཏོད་པའི་སྨུ་རུ་བྱས། ནང་ལྟར་དུ། ཕོ་རང་མཚལ་པས་མནའ་སྐྱལ། ཡི་གེ་བཙུག་ནས་མི་རྩོད་པར་བྱས་པའི་སྟེངས་སུ་བཞག་ནས། ཕྱི་ལྟར་དུ་དཔོན་བྱང་ལ་གཏད་ཅིང་། མཚལ་པའི་རིན་པོ་ཆེ་རྣམས་དང་། ཆེན་པོ་སི་ཏུ་སྐྱ་མཆེད་ཡབ་སྲས། གྲོས་དབང་དང་བཅས་པ་ལ་ཡི་གེ་དམ་པོར་བླངས་པས། དུས་ཕྱིས་ཁྲབ་བྱི་འཕྱོངས་རྒྱུས་ལ་འབབ་འགལ་དམ་པོར་བཙུག མི་རྩོད་པར་བྱས། སྔར་ཧུ་ལ་ཧུ་ལ་གཏོགས་ཚུན་རྣམས་ཞུས། སེ་ཆེན་རྒྱལ་པོའི་འཇའ་སེས་མགོ་བྱས། འཇའ་སེས། ཡིག་རིགས། གཏན་འཁྲ་རྣམས་བསྟན་པས། བདེན་པར་འདུག་ཟེར། ཐང་པོ་ཆེ་འཇུ་ཤར་ནུབ་གཉིས་རང་རེ་ལ་འཇགས། འཁོན་ཆབ་ཐང་དང་། དྲུག་ཚ་བ་རྣམས་རང་རེ་ལ་འཇགས། སྟག་བཞེར་སྟོང་སྡེ་རྣམས་རང་རེ་བདག་རྒྱུར། ཐེལ་པས་ད་སྟོང་སྡེ་པ་ལ་སྐབས་པས། འབྲི་ཁུང་པས་རླགས་ཆེ་བྱས་ནས། ལྷས་ལྡང་དུ། གོ་ཏ་ལི་དང་། རང་རེས་བཞག་པ་ཀུན་འབྲི་ཁུང་པས་བཏོན། གོང་དཀར་དཔོན་པས་གཏད་དགོས་གསུང་ནའང་། མི་གཏོད་པ་ཐག་ཆོད། དཔོན་པས་ཡར་འབྲོག་དགའ་འདྲ་ལ་ཐེགས་ཏེང་། རྒྱལ་བུ་སྐྱ་མཆེད་ཀྱི་སློན་པོ་སློམ་པས་མགོ་བྱས་ནས་གུང་ཐང་དུ་སློབ༏ རང་རེ་ལ་ངོ་ལྟ་བ་ལ་ཡང་ཤོག་ཟེར་བ་ལ། སྔར་ཡང་ངོ་ལོག་པ་མེད་ནའང་། ལུང་བྱོན་པས། ངོ་ལྟ་ཐེབས་ཅིག་དབེན་པ་ལ་བྱས། ད་ཡང་ཡང་ངོ་ལྟ་དགོས་པའི་ལས་མ་བྱས་ཟེར་བ་བྱས་ནས་མ་ཕྱིན་ཞིང་། སློམ་པས།

༈ རྒྱལ་བུ་ལ་ཞུས་ནས་གོང་དཀར་འདི་ངེད་འབྲི་ཁུང་པས་བརྩིགས་པ་ཡིན། བླངས་ནས་ངེད་ལ་གཏོད་པར་ཞུ་ཞུས་འདུག སྔོ་ལེན་བྱས་ནས་གཏོད་པ་ཡིན་གསུང་འདུག༏ རྒྱལ་བུའི་རེས་པ་དང་། བཟའ་དམག་འབྲི་ཁུང་པས་བྱས་ནས། གཙང་ལ་ཡར་

གཏོགས་པ་ཁང་པ་ཉི་ཤུ་རྩ་བརྒྱད་ཙམ་མེས་བསྲེགས༔ རི་ཀླུང་ཐམས་ཅད་དུ་རྐུན་བྱས་ནས། མིང་ཕྱུག་མང་པོ་ལ་གནོད་པ་བསྐྱལ། དེ་རྗེང་དབེན་པ་ཡར་འབྲོག་ནས་རབ་བརྟན་དུ་སླེབས། རྒྱལ་བུ་ཡང་ཐང་སྐྱ་ནས་ཡོལ་གཟིམས་ཁང་དུ་ཐོན། དེའི་བར་དུ་སྲུལ་བརྒྱུད་མི་ཆེན་དེང་རྫུ་དང་། གཞོན་རྒྱལ་དུ་དབེན་ཤྭ། སྔོམ་པས་བྱས་ནས། རྒྱལ་བུ་སྐྱ་མཆེད། དེང་རྫུ། སྔོམ་པའི་ནང་གྲོས་ལ། དབེན་ཀན་གྱི་ལག་ནས་དབེན་གྱི་དམ་ཁ་དང་། འཇའ་ས་ཆེན་མོ་འཕྲོག གཟུང་དཔལ་དབང་ཧུ་ཕྱུན་བསད་ནས། ཧོར་དུ་དབེན་ཤྭའི་དམ་སྟག དེང་རྫུ་ལ་ཕྱིན་ནས། ཧོར་གྱི་དུ་དབེན་ཤྭ་ལ་བསྐོ༔ དཔོན་ཆེན་དབང་ཕྱུག་དཔལ་ཐབ་ནས། དཔོན་ཆེན་གྱི་དམ་སྟག དཔོན་ཆེན་རྒྱལ་བཟངས་ལ་གཏད་འདུག་ནས། དེ་ནས་གོང་དཀར་ལ་དམག་བྱེད། གྲ་དོལ་གཞུང་གསུམ་ལ་དམག་གཞི་འབེབས་ཟེར་བའི་རྩམ་གཞི་བྱས་འདུག་པ་ཐོས་ནས། དབེན་པ་ལ་ཆུ་བྱུང་འཁྱོན་མི་ཉེན་པར་འདུག གྲོས་གཞི་འདི་འདྲ་བྱས་འདུག་ནའང་མ་ཉེན་པར་ཆུ་བྱུང་ལ་འགྲོ་བ་ཡིན། སྐུ་བསྲུངས་པ་དགོས་ཟེར་ནས་ཤཱཀྱ་འབུམ་དང་། ཀུན་དགའ་གྲགས་ཀྱིས་མགོ་བྱས། རྐྱ་རྐང་སུམ་བརྒྱ་གོང་དཀར་ཏ་ནས་བཏོང་བས། ངའི་སྐུ་བསྲུངས་པ་ལ་ཀུན་དགའ་གྲགས་དང་། ཚུལ་བཟངས་ཀྱིས་མགོ་བྱས། སུམ་བཅུའི་ཚོག་ཟེར་ནས་བཀག་ཀྱང་མ་ཐོགས་པར། ཆུ་བྱུང་ལ་བསྒྲལ་འདུག་པའི་ཁྲབ་ཅན་བཅུ་གཉིས། ཀོ་བ་བསྲུངས་བ་ལ་ཆུ་སླེབ་ལ་བཞག་འདུག ཀུནའ་གྲགས་པ་དང་། ཚུལ་བཟང་ཀྱིས་མགོ་བྱས་ཁྲབ་ཅན་བཅོ་བརྒྱད། ཐང་སྐྱའི་ཁྲིམས་སུ། དབེན་པའི་སྐུ་བསྲུངས་ལ་སྣབས་འདུག སོང་། རྒྱལ་བུས་དབེན་པའི་སྟེངས་སུ་དམག་བྱས། བཟུང་དཔལ་དབང་ཧུ་བཟུང་འདུག རྡོ་རྗེ་དཔལ་ཟེ་མ་ཐར་འདུག དེ་འཕྲོག་ལ་ཁྲབ་ཅན་བཅོ་བརྒྱད་པས་ཐོལ་བས། བཟང་དཔལ་དབང་ཧུ་ཚུར་ལོན༔ རྒྱལ་བུའི་རེས་ལྟ་ཙམ་བསད། རྨས་པ་མང་རབ་ཐོངས་འདུག ར་ཁྲི་ཐར་བཟུང་ས། ཡོལ་གཟིམས་ཁང་བར་དུ་ཁྲིར་བ་ལ། རང་རེས་མི་རྣམས་ཀྱི་ར་ཁྲི་ཐར་གཏོད་ན་གཏོད། མི་གཏོང་ན་ཡོལ་གཟིམས་ཁང་ལ་རྫིག་པ་ཡིན་བྱས་འདུག་པས། ར་ཁྲི་ཐར་གཏད་ནས་དམག་འཁྱོད་ཤེས་བྱས་འདུག དེ་ནས་རྒྱལ་བུའི་

ཡོལ་གཟིམས་ཁང་ནས་བྲོས་འདུག་པས། སྟོད་ལུངས་ཕུ་ལ་ཞུགས་འབྲོས་ཆོས་བྱས་འདུག་པ་ལ། གཞོན་རྒྱལ་དུ་དཔེན་ཤུས། སྟོད་ལུངས་ཕུ་ལ་ཕངས་སེམས་བྱས་ནས། ཏོར་ལས་བྱས་པས་ལྷ་སར་བྱོན་འདུག དེ་ནས་རང་རང་རེས་གོང་དཀར་དུ་ཕྱིན་ནས། དཔེན་པ་དང་མཇལ། ལྟག་ཆག་པའི་སྐབས། འདིར་འདེད་རྒྱུ་ཡིན་བྱས་ནའང་། དཔེན་པ་བཙར་གྲགས་པས་མ་ནུས་པར། ནར་རེ་ནུར་རེ་བྱས་འདོད་མ་ནུས་པས། རབ་ཏུ་ང་དཔེན་པའི་སྐུ་བསྲུངས་ལ་དགོས། དེ་མིན་གཞོན་ནུ་བཟང་པོས་མགོ་བྱས། ཁྲབ་ཅན་སུམ་བརྒྱ། སུམ་བརྒྱ་གཏོང་དགོས་ཟེར་བས། ཁས་ལེན་དགོས་པ་བྱུང་། ཁོའི་ཕྱི་ལ་ཀུན་དགའ་གྲགས་དང་༑ ཚུལ་བཟངས་གཏོང་དགོས་ཟེར་བས། གོང་དཀར་བའི་གཟའ་པ་རྣམས་དང་བཅས་པ་བཏོང་དུས། དཔེན་པས་ཟུར་ཕུར་སླེབ་པ་དང་རྒྱལ་བུས་ལྷ་སར་བསྡོད་མ་ནུས་པར། སྒོ་ལ་བྲོས། འཕན་ཡུལ་དུའང་བསྡོད་མ་ནུས་པར། དང་ལ་ལ་བྱོན་བྱས་པས་འགྲོ་ཆེས་སུ་འདུག་པ་ལ། གཞོན་རྒྱལ་དུ་དཔེན་ཤུས་བཀག་ནས། དཔེན་པ་དང་མདུན་མ་བྱེད་དགོས་བྱས་པའི་སྐབས་སུ། རྒྱལ་བུ་དང་། འབྲི་ཁུང་པ་གཉེན་བྱས་པས། རྒྱལ་བུ་ཤེད་སྐྱེས་ནས་འཕན་ཡུལ་མདའ་ཕྱིར་ལོག་འདུག་ཅིང་། འབྲི་ཁུང་པས་དམག་གྲོགས་བྱས་ནས། ལྷ་ཕྱུག་དགོན་པ་རྒྱལ་བུས་འཆོར་བྱས། བ་ལམ་སེང་གེ་སྒང་དུ་སྒོམ་པས་བསྡད་ནས། ལོ་ཕྲེང་ཡན། འབྲོམ་མར་བཅད། ལོ་བྱུང་ཇེ། བ་ལམ་རྣམས་བཙོལ་བརླག་ལ་བཏང་། རང་རེའི་གཞོན་ནུ་བཟང་པོས་མགོ་བྱས། དཔེན་པའི་སྐུ་བསྲུངས་པ་བཏོང་པ་རྣམས། གུང་ཐང་ན་ཡོད་པའི་སྐབས་སུ་འབྲི་ཁུང་པའི་རྟ་པ་ཐམས་ཅད་ཁ་ཡན་ལ་བཏང་བྱུང་ནས། ཐྲག་དང་སྒྲོ་ང་ཐུགས་ན་ཇི་འདྲ་ཡོང་། ནས་བྲེ་གང་དང་ཁལ་གཅིག་གང་མང་། སྦོ་གཞན་ལ་བྱེད་བྱེད་ཟླ་ལ་མི་ཡོང་། མི་གཞན་ལ་བྱེད་བྱེད་དེ་ངེད་ལ་མི་ཡོང་། ཕག་གྲུ་པ་ངེད་ཀྱིས་ཁག་འཁུར་བ་ཡིན་ཟེར་ནས་ཁ་པོ་བཏོན། ཆགས་གདང་བྱས་ཞེ་སྲེགས་འདུག་པས། གཞོན་ནུ་བཟང་པོས་མགོ་བྱས་རྣམས། གུང་ཐང་ནས་འདིར་འཁོར་དུས༑ འབྲི་ཁུང་པ་འདི་དང་བརྗེག་རེས་མ་བྱས་ན། ཙམ་པ་ལ་སོ་མི་རྟོག་ཟེར། གདན་ས་ཕན་ཚུན་ལ་འཁོན་ཐབས་མེད་

འབྲལ་ཐབས་མེད་བྱུས། ཐུང་ནས་མ་དགོངས་པ་ཡིན། འདི་པ་ཚོད་འཛིན་པར་འདུག་པ་མིན་ཟེར། ངས་གོ་ནས་ཀུང་ལོ་གསུམ་ཙམ་སོང་། ད་ལེན་ཁྱོད་རང་རྣམས་ཀྱིས་ཀུང་གོ་འདུག་པ་བྱུས། དེ་ནས་འབྲི་ཁུང་པའི་ཡང་། འོན། འོལ་ཁ། རྫོ་ར། རྗེ་ཁ་ཡན་བཅས་ཐམས་ཅད་སྤྱོད་པ་འགྱུར། རང་རེའི་མི་བྱུང་དུས་ངོ་སྒྱུར། བཀའ་བསྒོམས་ཡ་གཉིས་སྟག་ལུང་པ། མཚལ་པ་ལ་སོགས་ཆེ་ཆེའི་འདུན་དུ་ཁ་འཚོར་བརྟོན་དྲགས་པས། ཞེ་སྐྲངས་ཁྱད་པར་རྫོ་ར་འབྲི་ཁུང་པས། དཔོན་ཆེན་དབང་བརྩོན་ལ་རྫ་བ་ནས་བྱིན་འདུག་པ། དབང་བརྩོན་རང་རེས་སྐོར་བརྟོན་དུས་ཡང་འབྲི་ཁུང་པས་རྫོ་ར་བཙད་པས། ད་ནང་འཚམས་ཡིན་པས། སྐྱོད་པ་ཡིན་མོད་བྱུས་ནས། རྫོ་ར་འབྲི་ཁུང་ལ་གཏད། རྗེ་ཁ་བསྡམས་པ་ལ། གོང་དཀར་ནས་དཔལ་རིན་གྱི་ཐེལ་རྗེ་བྱུང་ན། ཁ་ལ་ཉན་པར་བྱུས་པ་ཡིན་པར་ལ། གོང་དཀར་ནས་དཔལ་རིན་གྱི་ཐེལ་རྗེ་ལེན་དུ་མ་བཏུབ་པའི་སྟེངས་སུ། གོང་དཀར་ནས་བྱུང་ཚད་ཀྱི་མི་ལ་ཁ་ལག་གིས་སླེབ་པར་བྱུས་འདུག་པའི་དོན་དཔལ་རིན་ལ་ཡི་གེ་བསྒྲུར་ནས། ཁྱོད་གོང་དཀར་ན་བཟའ་པ་བྱེད་དང་སུམ་བརྒྱ་ཙམ་བྱུས་ནས། རྫོ་ར་བས་རང་རེའི་མི་བརྡུངས་ཁྱི་བརྡུངས་ལམ་འགགས་བཅད། སྐྱི་ལ་མོའི་ཆེད་བཟུང་ནས་རྫོངས་བྱུས། སྐད་རིང་དང་འབོད་རྒྱངས་གཏོང་པ་ལ་སོགས། ལུགས་དང་མི་མཐུན་པ་བྱེད་པ་འདི། ཁྱེད་རྣམས་སྙིང་རུལ་ཨེ་ཡིན། ཟེར་བ་བཏོང་བས། གོང་དཀར་ནས་རྒྱ་རྐང་བྱེད་ཉིས་བརྒྱ་ཙམ་ཕྱིན་ནས། སྐྱི་ལ་མོ་ཐབ༏ མི་བཟུང་ནས་འདུག་པའི་སྐབས་སུ། རྒྱལ་བུ་སྐྱོར་མོ་ལུང་ན་ཡོད། སྒོམ་པ་རྗེ་ཁ་ན་ཡོད། རྒྱལ་བུས་སྐྱོར་མོ་ལུང་དུ་སྡོད་མ་ནུས་པར། མཚུར་མདར་སྦྲས་འདུག་ཅིང་། དེའི་རང་རེའི་ཀུང་། གོང་དཀར་དུ་ཕྱིན་ནས། རྫོར་རིན། བསམ་འགྲུབ། ཀུན་དགའ་གྲགས། ཚུལ་བཟང་རྣམས་ཀྱིས་མགོ་བྱུས། རྒྱ་རྐང་སྟོང་ཙམ་བཏོང་ནས་རྫོ་ར་བླངས། ཁྱེད་འབྲི་ཁུང་པ་བྲག་ཡིན། ངེད་སྒོང་ཡིན། ད་ཤོག་བྱུས། དེ་ནས་སློབ་དཔོན་ཆེན་པོ་བསོད་བློ་པ་དང་། དཔོན་ཆེན་དབང་ཕྱུག་དཔལ་སློབ་སྐྱོར་མོ་ལུང་ན་ཡོད། རྗེ་ཁར་ཕྱིན་ནས༏ འབྲི་ཁུང་སྒོམ་པ་ལ་ན་བཟའ་དང་། གསེར་སྐུ། གསེར་སྐུ།

གླེགས་བམ། ཕྱིབས་པ། ཐ། དངུལ་དྲིས་མགོ་བྱས། དགུ་ཚན་གཞང་ནས་ད་ཕྱོད་གདན་ས་ཕན་ཚུན་གཉིས་ལ་འཁོན་ཐབས་མེད། དམག་འདི་མི་མཛད་པར་འཐད་གསུངས་པས། དང་པོ་ཞག་གསུམ་གྱིས་སློད་ཆ་བྱས། དེ་རྗེང་ཞག་ལྔའི་སློད་ཆ་བྱས། བྱས་པས། ཁྱེད་ཡང་དམག་ཟང་ཟིང་མ་བྱེད་ཟེར་ནས། རང་རའི་སར་ཀུན་མཁྱེན་བསྟགས་ནས། སློབ་དཔོན་ཆེན་པོ་བསོད་བློ་བས་གཞོན་བཟང་པོ་ལ་བཀའ་ཤོག་ཕབ། འབྲི་ཁུང་པ་ལ་གནང་བའི་དངུལ་བྲེ་དང་ཕྱིབས་པས་མགོ་བྱས་རྣམས་མཛོད་ནས་ཐོན་ལ། སློབ་དཔོན་བྱང་རྒྱལ་བ་ཐོངས་ཟེར་ནས། སློབ་དཔོན་བསོད་བློ་བས་ཀྱང་མཉམ་བཅོས་དེ་འདྲ་མཛད་བྱུང་། དེའི་སྐབས་སུ། འབྲི་ཁུང་པའི་མལ་གྲོའི་དམག་སྟོང་ལྷག་ཙམ་གཅིག་ཡོངས་ནས། འོན་པུའི་ནག་རྣམས་ལ་མེ་རྒྱབ་བྱུང་། དེ་འདེད་པ་ལ་རང་རེའི་དམག་གིས་བྲ་མ་ཐང་བར་དུ་ཕྱིན་ནས་དར་ལྟོག་བཙུགས། བྲ་མ་ཐང་གི་ནང་སྤྱོད་ཐམས་ཅད་མཛོད་ཅིག་ཏུ་བསྡུས་ནས་བླ་མ་སྐུ་ལུང་པ་དང་། དཀར་པོ་བའི་བཅུ་དྲུག་པོའི་ཐེལ་རྩེས་མནན། དེ་རྗེང་ཕྱིར་ལོག་ནས། ཚོངས་འདུས་བྲག་ཁ་ན་ཡོད་པའི་སྐབས་སུ། འབྲི་ཁུང་མཁན་པོའི་ཉེ་གནས་རིན་ཆེན་དཔལ་གྱིས་མགྲོན་ཚན་བྱུང་ནས། རྗེ་ར་ཁྱེད་ཀྱིས་ཕྲོགས་དུས་ཇམས་ཆེའི་བྱས། ད་འོན་གྱི་བྲ་མ་ཐང་ལ་དར་ཅོག་བཙུགས་པས། སྒོམ་པ་ནན་ལྟར་ཐུགས་ལོག་ནས། ད་ངེད་ཀྱིས་འབྲི་ཁུང་ཐེལ་པ་མ་གཏོགས་པའི་སྐྱ་སེར་ཐམས་ཅད། ས་རྗེ་རི་བྲག་བཞིན་དུ་འགུལ་གྱིན་ཡོད་པས། རང་རེ་ཕར་ཕྱོགས་སུ་ཕྱིན་ནས། སྒོམ་པ་ལ་ཡུས་དང་། བཟོད་གསོལ་འདོད་རྩེ་གང་འདུག་འཁྱུར་བ་འཐད་ཟེར་ནས་བྱུང་བ་ལ། དེའི་ལེན་ལ། མཁན་པོའི་མགོ་བྱས། འབྲི་ཁུང་པའི་གྲོས་དབང་རྣམས་ལ་ཡི་གེ་བསྐུར་བའི་ནང་དུ། དཔལ་ཕག་མོ་པའི་སློབ་མ་འབྲི་ཁུང་ཆོས་རྗེ་ཡིན་པ་དེ་ཁྱེད་འབྲི་ཁུང་པས་བརྗེད་འདུག། ཆོས་རྗེའི་སློབ་མ་སྤྱན་སྔ་རིན་པོ་ཆེ་ཡིན་པ་དེ་དྲན་འདུག སྤྱན་སྔ་རིན་པོ་ཆེའི་སློབ་མ་རྒྱལ་སྲས་ཐོག་ཁ་བ་ཡིན་པ་དེ་མ་ངེས་འདུག དེའི་སློབ་མ་སུ་ཡིན། དེའི་སློབ་མ་སུ་ཡིན། དེའི་སློབ་མ་སུ་ཡིན་ཟེར་བ་བསྐུར་ཞིང་། གསུམ་པོ་ནི་སྤྱན་སྔ་ཞི་བར་གཤེགས་པ་སྐུ་མཆེད་གཉིས་དང་། ད་ལྟའི་སྤྱན་

སྔ་ཆོས་རྒྱལ་ཞལ་བཞུགས་པ་ཡར་བཅད་ཆོས་བརྒྱུད་ཅིག ཁྱེད་ཀྱི་སློམ་པ་ཀུན་རིན་ལ་ཁྱེད་རང་འབྲི་ཁུང་པའི་བོད་ཀྱི་མི་སྡེ་ཉར་ར་གྱིས་ལ་རང་སར་བསྡོད། ང་མིས་སྡོད་དུ་མ་བཙུག་པའི་འདི་བྱེད་དགོས་བྱུང་བ་ཡིན། འབྲུགས་པ་ངེད་ཀྱིས་རྒྱབ་དཔའ་སྐད་འབྲི་ཁུང་པས་བཏོན། ཆུ་ངེད་ཀྱིས་བཅད་ནས། ཉ་ཁྱེད་ཀྱིས་སྒྲུགས། ཁྱོད་སེ་ཆེན་རྒྱལ་པོ་ལ་དོང་པ་ཁ་འབྱེད། ངེད་སེ་ཆེན་རྒྱལ་པོ་ལ། དོང་པ་ཁ་འབྱེད་པ་རྫོག་པ་བྱེད། ངེད་ས་སྐྱ་པ་ལ་བླམ་འཁུར། ཁྱེད་འབྲི་ཁུང་པས་དགྲ་བྱེད་པས། ངེད་དང་ཆོས་ལུགས་མི་འདྲ་བྱས་ཀྱང་མ་ཉེན་པ་དང་། སྡུག་ལུང་པ་དང་། བྱང་གི་དམག་འབྱམས། འཕན་ཡུལ་ལ་སོགས་མི་བདེ་བཙུག ངེད་ལ་གཏོགས་ལྟས་སྐྱུང་དང་། བྱང་གྲགས་ཕྱོགས། ངེད་ལ་བློ་གཏད་པའི་གཞོན་ནུ་སེང་གེའི་བུ་ཚ་བོ་རྣམས་མདོར་བཏོན་དམག་འབྱམས་ཀྱི་ཚོང་པ་རྣམས་ཀྱིས་ལམ་བཅད། ཞོགས་པས་ལྷགས་རྫོ་ཀོ་བ་བཅའ་བཙུ་རེ་ཉོ་ས་ཡོད་པའང་བཀག གཉེར་པ་ཚུལ་ཁྲིམས་ཀྱིས་ཉམ་པོར་ཕྱིན་ནས། ཉང་པོ་དང་། དགས་པོའི་དམག་རྣམས་ཡར་འཛུག འོལ་ཁ་ནས་ཞིང་པ་ཡ་གསུམ་ལ་ཡར་འཛུག གཞན་འབྲི་ཁུང་པའི་བྱང་བོད་ཀྱི་དམག་རྣམས་འོན་ཕུ་ལ་འཛུག ཤཱཀྱ་བཟང་པོ་སློམ་ཆུང་གི་དམག་དཔོན་བྱས་ནས། རྫོ་ར་ལ་བྱས་ནས། གོང་དཀར་འཐབ་ཟེར་བ་ལ་སོགས། ཨོམ་ར་གནམ་ས་འགྱུལ་བ་རྩམ་གྱིས་འུད་གཏང་པའི་དོན་ལ། སྤྱན་སྔ་ནས་ཐུགས་ཀྱི་མ་བཟོད་ནས་ཐེལ་ནས་མ་ཆུན་ཆོས་དཔལ་དང་། དཔའ་སྟོང་པ་དམག་མི་བྱེད་པའི་ཞུ་བ་གཏོང་པས། འབྲི་ཁུང་རིན་པོ་ཆེ་ལ་ནི་མཇལ་བ་མ་བྱུང་འདུག། སློམ་པས་མཐོ་ལྡིང་དུ་དམག་བསགས་ནས། རྒྱ་མ་ལ་ཐེགས་འདུག་པས། རྒྱ་མར་ཕྱིན་ནས་ཞུ་འབུལ་བྱས་ཀྱང་། ཞུ་འབུལ་ལེན་མ་ཉན་པར། འབྲི་ཁུང་པའི་དམག་དང་ཉེ་མ་སྔ་ཕྱི་བྱས་ནས་འོན་དུ་སླེབ། འབྲི་ཁུང་གསེར་ཐོག་པ་དང་། ཇ་ཡུན་བའི་ཉེ་གནས་ལྷོགས་རྣམས་བྱུང་བ་ལ། སྔར་བསྐུར་བའི་ཡོན་རྣམས་བསྐུར་ནས་བཏོང་། ཁྱེད་འབྲི་ཁུང་པའི་དམག་ལ་ཕ་ཏ་ན་ཡོད་ན། ཚུ་ཏ་ན་སླེབ་པའི་ལུགས་ལ་མདུན་མ་དང་། བར་གྱི་ལུགས་མེད་མདུན་མ་བྱེད་རྒྱུ་མེད་ཅེང་། ཁྱེད་ཀྱི་དམག་གདོང་དུ་བབས་གཏོང་བ་མི་སྲིད་པས། ཁྱེད་རང་སློམ་

པ་ཀུན་རིན་གྱིས་ལབ་པའི་ཚིག་ལ། རང་རེ་ཕན་ཚུན་ལ་དཔོན་གཉིས་མི་དགོས། ང་འབྲུག་པ་རྒྱལ་ན། ཁྱེད་ཕག་མོ་གྲུ་པ་ངའི་འོག་ཏུ་ཞུགས་དགོས། ཁྱེད་ཕག་གྲུ་པ་རྒྱལ་ན། ང་འབྲི་ཁུང་པ་ཁྱེད་ཀྱི་འོག་ཏུ་ཞུགས་དགོས་ཟེར་བའི་ཚིག་ལབས་འདུག་པའི་ལུགས་བཞིན། བླ་མ་རྣམ་གསུམ་གྱིས་ནམ་མཁའ་ནས་སྲུང་པོ་མཛད་ནས། ཐྲང་སྦྲིད་པ་ལས་འོས་མི་ཤེས་ཟེར་བའི་ལེན་བསྐུར་བས། འབྲི་ཁུང་པའི་དམག་སྣ་འོན་ཕུལ་བཅུག་ནས་བྱུང་པ། ཐྲ་གོར་དུ་ལག་ཐུགས་པས་རང་རེ་རྒྱལ། གཉེར་པ་ཚུལ་རིན་གྱིས་མགོ་བྱས་མང་དུ་བསད་བཟུང་བྱས། སྒོམ་པ་ཀུན་རིན་ཁོ་རང་ཡང་བསད་བཟུང་གང་བྱེད་བྱས་པས་ཆོག་པར་བྱུང་སྟེ། ཕར་ལ་བཏོང་། ལུང་པ་བཙན་པའི་དོན་གྱིས། འབྲི་ཁུང་མཁན་པོས་མགོས་བྱས་དམགས་ཐམས་ཅད་བསུམ་པས་ཆོག་པར་བྱུང་ནའང་། འབྲེལ་པ་ལ་བསམ་ནས་བཏོང་། དེ་རྟེང་། རྗེ་ཁ་ཏུ་ཤཱཀྱ་བཟང་པོས་བསྣད་ནས། འཕན་ཡུལ་བ་དང་། རྗེ་ཁ་བའི་དམག་བསགས་ནས། ཛོར་ཛོར་བྱས་པས། དཔལ་རིན་གྱིས་མགོ་བྱས་རྣམས་བཏང་ནས། རྗེ་ཁ་ཕབ་ནས་བཙོན་མང་དུ་བཟུང་། ཐར་རྟེང་དྲིལ་བས་བརྩོན་སུམ་བརྒྱ་དང་། དྲུག་བཅུ་རྩ་གསུམ་བཟུང་ནས་ཡོད་སྐབས་སུ། འབྲི་ཁུང་རིན་པོ་ཆེའི་ཉེ་གནས་དང་། བཀྲ་ཤིས་སྡོང་ས་པའི་སློབ་དཔོན་ཚུལ་སེང་། མཁན་པོའི་ཉེ་གནས། སློབ་དཔོན་རིན་པོ་ཆེ་དཔལ་རྣམས་བྱུང་ནས། བཟུང་བའི་བཙོན་རྣམས་གཏོང་བར་ཞུ། ཡང་མདུན་མ་ཞུ་ཟེར་ནས་ཞུ་བ་བྱས། མདུན་མ་ཞུ་ན་ནག་ཤོད་པའི་མི་དཔོན། དཔོན་རིན་ཆེན་འོད་སྒོམ་པའི་མི་ཡིན་པས། ཁོ་ཡང་དགོས་བྱས་པས། རིན་ཆེན་འོད་བྱུང་། ཁོང་རྣམས་ཀྱིས་ལག་ཏུ། གནས་བརྟན་ཤེས་རབ་དཔལ་དང་། ཐོག་ལོག་རྗེ་ར་བ་ཚུལ་རྒྱལ་རྣམས་ཀྱི་མགོ་བྱས། རྗེ་ཁ་ནས་ཟིན་པ་རྣམས་དང་། འདིར་ཡོད་ཀྱི་གཞོན་ནུ་རིན་ཆེན་དང་། ཛ་ཡ་བ་སྣ་མེད། རིན་ཆེན་རྒྱལ་པོས་མགོ་བྱས་བརྩོན་གཅེས་པ་ཐམས་ཅད་ལ་ཏ་གོས་བཀོན་ནས་བཏོང་། ཡིག་གེ་འབའ་འགལ་དང་བཅས་པ་བཅུག་པའི་རྟེང་དུ། སྒོམ་པ་ཀུན་རིན་འདས། ཤཱཀྱ་བཟང་པོ་སྒོམ་པར་བསྐོ་ཟེར་བ་ལ། ཆོན་ནས་འདི་འབྲི་ཁུང་པ་འདི། སྒོམ་པ་ཤག་རིན་ཚུན་བཅད་ལ། ནག་མོ་ཅན་

གྱིས་སྒོམ་པ་བྱས་པའི་དཔེ་མེད་པས་མི་འཐད། ཐུས་ནི་ནག་མོ་བསྙེན་ན། ཉང་པོ་རྒྱ་མདར་སོང་ལ། ནག་མོ་བཙུའི་བདག་པོ་གྱིས། སྒོམ་པ་ནག་མོ་མེད་པ་ཅིག་འདོན་པ་འཐད་བྱས་པས། ཁོ་ཀོ་ལོང་བ་ཡིན་ཟེར་ནས། ཁོ་རང་འབྲི་ཁུང་པས། ཤཱཀྱ་བཟང་པོ་སྒོམ་པར་བཏོན་བྱུང་ཞིང་། འདི་ནས་ཕར་ལོག་པའི་བསྟོན་རྣམས་དང་། ཕར་ཕྱོགས་ན་ཡོད་པའི་བྱང་པོད་ཀྱིས་དཔོན་སྐུ་ཐམས་ཅད་མདུན་མ་བྱས་ནས། ཚར་ཚུར་གྱིས་བསམ་ཤེས་ཀུན་གྱིས་མདུན་མ་འཐད་ཟེར་བས། རང་རེས་མདུན་མ་བྱེད་པ་ལ་འོལ་ཁ་ལ་ཕྱིན། འོལ་ཁ་དཔོན་མགོན་དང་། དཔོན་རིན་ཆེན་འོད་ཟ་འདྲེན་ལ་བྱུང་། འོལ་ཁལ་ཐུ་ཞུགས་ལ་བྱས་ནས། མལ་གྲོ་ལ་ཕྱིན། འབྲི་ཁུང་པ་ལ་གཏོགས་པ་རྣམས་ཐོ་དང་བཟན་ཆག་གང་ཡང་མ་གཏང་པར། རྒྱ་མ་བར་དུ་ཡོངས་ནའང་། གཙོང་ལ་ཡར་ཕྱིན། རྒྱལ་བུ་དང་དཔོན་ཆེན་བྱང་པ་སྒོམ་ཤག་དང་གསུམ་པོ་གུ་སྟོན་དུ་མནའ་མཐོ་བྱས་ནས། རྒྱལ་བུ་དང་བྱང་པ་གཡའ་བཟངས་པ་དང་བཅས། ཡར་འབྲོག་ལ་བཙུག་ནས་རང་རེ་ལ་དམག་བྱེད། སྒོམ་ཤག་གིས། འབྲི་ཁུང་པའི་བྱང་པོད་ཀྱི་དམག ཉང་དྭགས་དང་བཅས་པ་བསྡུས་ནས། འོན་ལ་འཇུག་པར་ཐག་བཅད་འདུག དེ་རྗེང་། དཔེན་པའི་ཁྲིམས་རར་བྱང་དུ་རྒྱབ་ནས། གཟུང་དཔལ་དབང་ཏུ་ལྡན་བསད། དཔེན་པ་བཟད་བསྟོན་ལ་ཨུ་ཡུག་བར་དུ་ཁྱེར་བའི་སྐབས་སུ། རྒྱ་ཡུལ་གྱི་ཁྲིམས་གོ་བ་རྣམས་ཀྱིས་ནོར་པ་ཐམས་ཅད་ཐལ་བར་གླེངས་པས་སྐྲག་ནས། དཔོན་ཆེན་བྱང་པས་ཡང་ཐུལ་སྐྱོངས་བྱས་ནས། དཔོན་ཆེན་རྒྱལ་བ་བཟངས་པ་ལ་ལས་ཁ་གཏད། དཔོན་ཆེན་གྱིས་རྒྱལ་བུའི་མགོ་ལུང་བྱས་ནས། ཉང་སྟོད་ལ་ཡོང་བར་བྱས་འདུག རྒྱལ་བུ། དཔོན་ཆེན་དེར་ཡོད་རྣམས་གྲོས་བྱས་ནས། གཡའ་བཟངས་པའི་ཐོག་ཏུ། རྒྱལ་བུའི་རེས་ས་བརྒྱ་ཙམ་གྱི་ལམ་སྣ་ཚུལ་བཀྲས་ཀྱིས་བྱས་ནས། སྣ་དཀར་རྩེ་ནས་སྣ་འདྲ་ལ། བྱས་ནས་ཡོང་བར་འདུག་ཟེར་བ་ཐོས་པས་ཡར་འབྲོག་དགེས་ཏུ་མི་སྡེ་དང་བཅས་པ་ལ་ལོན་བཏང་ནས། འདི་བཞིན་ཡོང་གི་ཡོད་འདུག་པས། ཟིན་ན་བཟུང་། སོད་ན་སོད་བྱས་པས། དགེས་ཏུ་མི་སྡེས་ལམ་དུ་རྒྱབ་ནས། རེས་པ་ལྔ་ཙམ་བསད། ལྔ་ཙམ་བཟུང་། ཚུལ་

བཀྲས་ཀྱིས་མགོ་ལག་ཁྱེར་བྱུང་ཞིང་"དེའི་དོན་གྱིས་ཡོང་མ་ནུས་པའི་སྐབས་སུ། འབྲི་ཁུང་པས་དམག་བསགས་ནས། མར་སྐྱི་ཤོད་ལ་འཇུག་ཟེར་བས། མཚལ་པ་ལ་བབས་མ་གཏང་བྱས་ནའང་། མཚལ་པའི་མཁན་པོ་དང་། རྫོར་སྐྱབས་དུ་དཔོན་ཤཱ། ལྷུན་གྲུབ་དང་བཅས་པས། རྒྱལ་སར་སྐད་དུ་ཕྱིན་ནས་བབས་བྱས་པས། ཁྱེད་མཚལ་པ་ལ་དེ་ཁེབས་སུ་ཆེ་ན་དེ་ག་ཡིན་བྱས་ནས། རང་རེའི་དམག་འབྲི་ཁུང་པའི་གདོང་ལེན་ལ། ཕ་དར་འགྲོ་བར་ཆས་པས། ཨ་བོ་མདོ་འབེབས་པ་ལ་ཁྱེར་བས། ང་ཊུ་ཤམས་པ་དང་། ཁ་ཏ་ལ་རི་མགོ་ཅིག་ལ་ཕྱིན་པའི་སྐབས་སུ། ང་ལ་གྲོས་མེད་པར། ཁྱེད་དཔོན་སྐུ་རྣམས་ཀྱིས་གཡའ་བཟངས་པའི་སྟོའི་ཊུ་བ་བྲོས་པ་མཐོང་ནས། སྟོན་ལ་ཊུ་བ་ཕ་གི་བླངས། ཕྱུག་ལུག་དམག་རྒྱུག་བྱེད། འབྲོག་པ་རལ་པ་ཅན་རྣམས་བཟུངས་ནས། ཕྱི་ནས་འབོད་པ་གཏོང་དུ་འཇུག་པ་དང་། སྐྱོགས་ཡོལ་བྱས་ན་དེ་ནོན་ཆེ་བ་ཡིན་ཟེར་ནས། ངའི་རྩེར་ཤཱཀྱ་འབུམ་མིན་པ། དཔོན་སྐུ་དང་། རང་རེའི་དམག་རྣམས་སྟོའི་ཊུའི་སྟེངས་ནས་སུ་ཕྱིན་པས། ཐེ་སེ་དང་ཐུགས་རྒྱུས་རྟུས་ཉེས་དེ་ཁུར་བ་ཡིན། དེ་ཡང་ངའི་ཁ་ལ་མ་ཉན་པ་དང་། ང་ལ་མ་བྲིས་པའི་ཉེས་པ་ཡིན་མིན་ཁྱེད་རང་ཚོ་ལ་གསལ། རང་རེའི་ཉེས་འདུག་ཟེར་བ་འབྲི་ཁུང་པས་ཐོས་པས། འབྲི་ཁུང་པ་ཤེད་སྐྲུས་ནས། སྐྱོར་མོ་ལུང་ལ་རྫོག་པ་ལ་བྱུང་། བསྒྱུང་བ་དང་དཔའ་ཤེ་ཚུལ་བཟངས་ཀྱིས་མགོ་བྱས་གཏང་བ་ཡིན་ནའང་། ཁང་བཅས་ངན་པས་མ་ཐུབ་པར། དཔའ་ཤེ་ཚུལ་གྱིས་མགོ་བྱས་སྙིང་ཡོད་པ་རྣམས་ཐོལ་བས་ཐར་འདུག ཆོས་དཔལ་ལ་སོགས་བབས་པ་བབས་པ་རྣམས་བཟུང་བསད་བྱས། དེ་ནས་སྐྱི་ཤོད་པ་རྣམས་ཀྱིས་འབྲི་ཁུང་པ་གང་ཟེར་གྱི་བབས་དང་འདོད་ཞེན་བསྒྲུབས། ཇ་ཚུལ། ཟན་ཚུལ། བླ་མ་གོང་མ་རྣམས་ཀྱིས་དུས་མཆོད་ཐམས་ཅད་རྩ་བ་ནས་བཏོན་ནས་གཏོད་དགོས་པ་བྱུང་འདུག་པས། ད་ལྟའི་སྐྱི་ཤོད་ཀྱི་དགོན་སྡེ་ཐམས་ཅད་བཏགས་པའི་རྩ་བ་འདི་ཡིན། དེ་རྗེས་ཆུ་མོ་སྦྲུལ་ལོ་ཟླ་བ་བདུན་པ་ལ། བླ་མ་ཀུན་སྤངས་པས་ཞལ་ལྟ་བྱོན་ནས། འབྲི་ཁུང་པའི་ཐོག་ཏུ་ནང་གྲགས་བཏང་། འབྲི་ཁུང་པ་ཤེད་བསྐྱེད་ནས། འབྲི་ཁུང་པ། ནང་གྲགས། གཡའ་བཟངས་པ་གསུམ་གྲོས

བྱས་ནས། གཡའ་བཟངས་པ་ཡར་སྟོད་ལ་བཙུག་ནས་དམག་བྱས། ནང་གྲགས་བསམ་ཡས་ཕུ་ལ་བྱས། འབྲི་ཁུང་པ་རྗེ་ཕུལ་བྱས་ནས་འོན་དུ་སླེབ་པའི་དུས་སུ། ནམ་ཟླ་སྟོན་ཁྲིད་དུ་སོང་བས། རང་རེ་ཆབ་སྲིད་བརྟན་པར་བྱེད་བྱས་ནས། གཞོན་ནུ་བཟང་པོས་མགོ་བྱས། ཡར་སྟོད་པའི་དམག་རགས་དེ་འབྲས་མོ་བསྲུངས་བ་ལ་བཞག ངེད་རང་གིས་མགོ་བྱས་བཟའ་དམག་དང་། ཡར་མདའ་གཡུ་སྲིད་ཁྲིམ་ཕོ་མོ་འཕྲུལ་རྣམས་ཀྱིས་ཚོང་འདུས་བྲག་ཁའི་རྩེ་ཞོལ་བསྲུངས། སྣ་ཞལ་འོན་ཕྱོགས་རྣམས་རི་མགོ་རྣམས་བསྲུངས་དུ་བཙུག་པ་ལ། འབྲི་ཁུང་པས་འཛི་རིགས་དམག་སྐར་བྱས། རང་རེའི་སྡེངས་སུ་ཚུལ་དམག་འདྲེན་ཐེབས་གསུམ་བྱས་པ་ལ། ཚུར་ནྷགས་མ་ཆེ་བར། ཕར་ཤི་སླས་མང་པས་མི་ཐུབ་པར་ཤེས་པ་དང་། གཡའ་བཟངས་པ་ཀྱང་། འབྲས་མོ་བསྲུང་མི་རྣམས་མི་ཐུབ་པར། དམག་བསྡུད་དགོས་བྱུང་འདུག་པས། འབྲི་ཁུང་པ་ལ་ཡང་འགྲོ་དགོས་པར་ཤེས་ནས། ངང་རྒྱལ་ལྷ་ཁང་གིས་མགོ་བྱས། ཁང་པ་ལ་མེ་མཆོད་བྱས་ནས། ལྷ་སྡེ། མི་སྡེའི་ཁང་པ་སྣ་བུག་ཙམ་ཡང་མ་ལུས་པར་བསྲེགས་པའི་དོན་ལ། རང་རེས་སྐད་རིང་བཏང་ནས། འོན་ལུང་པ་མི་རྒྱབ་པ་འདི། ཁྱེད་རང་གི་བོད་པ་ཡ་བཞི་ལ་མི་རྒྱབ་ཡིན་ནོ། འོན། འོལ་ཁ། རྗེ་ར་རྩེ་ཁ་ལ་མིག་མ་ལྟ། དེ་རྣམས་ལ་འདི་ཡི་ཆབ་བྱེད་པ་ཡིན་བྱས་ཤིང་། དེ་ནས་ཁོང་ཞག་གཉིས་བསྡད་ནས། སྐར་དེ་གསུམ་ཐུབ་པར་ཡོད་པ་ཡིན་ནའང་། དེ་ནས་ཁོང་ཐོ་རངས་བྲོས། དེ་རྗེས་རྗེ་དང་བསམ་ཡས་ལ་མེ་མཆེད་བྱས་ནས་འདུག་པ་ལ། བོད་ཀྱི་རྒྱལ་པོའི་གཙུག་ལག་ཁང་ཡིན་པ་དང་། བསྟན་བསྲུངས་གཉེན་པོ་ཡོད་ཅིང་། ས་སྐྱ་པས་དགོས་བདག་བྱེད་པ་ཡིན་ཀྱང་། འབྲི་ནང་གཉིས་ཀྱིས་མ་འཇོམས་ཤིང་། ལས་ཐབས་དེ་བཏང་ཡང་། ས་སྐྱ་པས་ཀོ་ལོང་བསྐམ་རྒྱུ་མ་བྱུང་བ་དེ་ཡིན། འོལ་ཁ་འདི་འབྲི་ཁང་པ་ལ་གཏོང་རྒྱུ་མིན་པའི་རྩ་བ། ཉང་པོ་དང་། དགས་པོ་ལ་སོགས་གཡེ་གཉལ་ངོ་ལོག་དང་གྲོས་ཅིག་བྱས་ནས། མི་འཁྱོངས་ཆུ་འཁྱོངས་བྱས་བྱུང་ན། དཀའ་ངོ་ལ་ཨེ་འཐུག་སེམས། འོན་དཀར་ཆོས་གཏད་ན། ཉང་པོ་གྱུ་འདི་དང་བཅས་པས་ཨེ་ཉེན་སེམས། ངོ་ར་གཏད་ཀྱང་། ཁོང་གི་མི་ཟིན་པས། དེར་

དབང་བསྟོན་དང་གྲགས་དབང་བསྐོར་གྱིས་ཚང་བཅས་ན། ཕོང་དཀར་དང་། གཙང་ལ་ཡར་གཏོགས་ལ་ཕྱུག་ངན་པར་གོ། འོན། འོལ་ཁ་ལ་འཁྲི་ཁྲུང་པ་དང་གཉིས་འཛིན་བྱས་ན། སྟག་རྩེའི་ཐབ་ཨེ་ཟིན་ཁྱོད་རང་གྲགས་པ་བཟང་པོ་དང་། སྟག་རྩེར་བསྡོད་པའི་མིས་སེམས། མདུན་མ་ཕྱུགས་རེ་རྩེ་བ་རྣམས་ཟུར་དུ་གྲོས་ལ། ཁྲིམ་བཤད་མ་བྱེད། དེ་རྗེང་གྲགས་དབང་ལྷ་གུང་ཐང་དུ་གཞི་ཕབ་ནས། གྲོན་པ་རི་དང་། ལྕགས་རི་ཁ་འཛིན་པར་འདུག ཟེར་བས། ལྕགས་ཁ་རི་རང་རེས་བཟུང་བ་དེ་ཡིན། དེ་རྗེང་། མཚལ་པ་དང་ནང་གྲོས་བྱས་ནས། གྲོན་པ་རི་བཟུང་། དེ་རྗེས་ཡང་མཚལ་པ་དང་ནང་གྲགས་གྲོས་བྱས་ནས་གཡུ་རྩེ་བྲག་བཟུང་ཞིང་། རྫོང་དེ་གཉིས་རང་རེའི་ཁ་གཉེན་ལ་བརྩིགས་པས། དེ་གཉིས་ཀྱི་འོག་ཏུ་འཚལ་པ་རང་བརླགས་པ་དེ་ཀུན་ལ་གསལ། གཡུ་རྩེ་བྲག་ནས་ཟོལ་ཕྱུ་ཡར་བཅད། བཟང་ཆུ་ཤུལ་རྣམས་ལ་རྐུ་བྱུག་བྱས་ནས་ཡང་ཡང་བྱུང་བའི་དོན་ལ༑ རང་རེའི་ཡར་མར་གྱིས་གཟའ་དམག་རྣམས་བསྡུས་ནས། གཡུ་རྩེ་བྲག་འབེབས་ལ་ཕྱིན་དུས་མོ་མ་རྣམས་ཀྱིས་གཡེ་བསེད་ཅིང་རིགས་པ་བྱས་པའི་དོན་ལ། ཚུལ་བསྡུས་དགོས་བྱུང་བ་ཡིན། དེ་ཉིན་བསྐོར་ནས། ནང་ན་ཡོད་པ་རྣམས་སྐྲགས་ སྤངས་ཅི་ཡང་བྱུང་ཡོད་འདུག་པས་འབྲོས་པར་ཡོད་འདུག་ནའང་། ཚུལ་སྡུས་ནས་ལྕགས་ཁ་རི་ལ་ཡོད་པ་རྣམས་ལ་ཁ་ཏ་བྱས་ནས། གསང་མདའ་ལ་ཕྱིར་འོང་ནས། ས྄་ས྄་རྣམས་བྱ་པ་རྒྱལ་ལ་སླེབ་པའི་དུས་སུ། འབུམ་གྲགས་འོད་ཀྱིས་མགོ་བྱས་གཉལ་དམག་རྣམས་ལྷུན་པོ་རྩེ་ལ་སླེབ་ཟེར་བ་བྱུང༌༑ དེར་འཁྲུག་ལ་ཡར་བཅས་ནས་ཕྱིན་པ། ལྷུན་པོ་རྩེའི་ཞོལ་དུ་འཁྲུགས་པས། རང་རེ་རྒྱལ། ཤི་སྨས་མང་དུ་ཐེངས། འབུམ་གྲགས་འོད་ཀྱིས་མགོ་བྱས། གཉལ་དམག་ཕྱེད་དང་དགུ་བརྒྱ་ལྷུན་པོ་རྩེའི་ནང་དུ་ཚུད། དེའི་ཕྱི་ཉིན་ཡང་གཉལ་དམག་མང་དུ་བྱུང་བ་དང་། ཡང་ཡང་ལག་ཐུག་བྱས་པས་མི་མང་དུ་བསད། གོ་མཚོན་ཐམས་ཅད་ཐོབ། མི་གཅེས་མང་དུ་ཟིན་ཅིང་། འབུམ་གྲགས་འོད་ཀྱིས་མགོ་བྱས་ནང་ནས་ཡོད་པ་རྣམས་ཀྱང་ཐམས་ཅད་བབས། དེ་རྗེང་། གཉལ་པའི་ལྷ་སྡེའི་མཁན་སློབ་ཀན་ཆེན་ཐམས་ཅད་བབས་དང་ཞུ་བ་ལ་བྱུང་། ཨ་པོ་མདོ་

དང་། ཞིལ་མཁར་ལ་སོགས་གཞིས་ཁ་རྣམས་ཀྱིས་གཏོད་ལེན་བྱས། ཞིལ་མཁར་དུ་དཔའ་ཤི་དབང་ཕྱུག་གིས་མགོ་བྱས་བསྐོས་ནས་བཏང་། ཨ་པོ་མདོར་འཁྱུས་པ་གྲགས་པ་བཟང་པོས་མགོ་བྱས་བསྐོས་ནས་བཏང་བའི་སྐབས་སུ། བླམ་དམ་པས་ཞལ་ལྟ་མཛད་ནས། དཔོན་ཆེན་རྒྱལ་བ་བཟང་པོ་དང་། ངེད་གཉིས་བར་ན་ླུམས་མཛད་པ་ཡིན་གསུང་། ཞལ་ལྟ་བཀའ་ཤོག་བྱུང་བས། རང་རེའི་འདོད་རྩེ་ཁའི་ཡིག་གེ་བསྒྱུར་ནས། ཡིག་གེ་འདི་ལ་ནི་ཤན་བྱུང་ན་མདུན་མ་བྱེད། འདི་ལ་ནི་ཤན་མ་བྱུང་ན་མི་བྱེད་བྱས་པས། འདོད་རྩེ་ཁའི་ཡིག་གེ་ལ་ནི་ཤན་བྱུང་ཞིང་། བླམའི་ཐུགས་ཕྱི་ལ་དཔོན་ཆེན་མར་ཁྲིད་ནས་བྱོན་པ་ཡོད་བྱ་བ་བྱུང་བས། རང་རེའི་ཡང་གོང་དཀར་དུ་ཕྱིན་པའི་སྐབས་སུ། མཉལ་པ་ངོ་ལོག་བྱས་ནས་ཤེས་མཁར་བསྐོར་ཟེར་བ་བྱུང་བས། དེའི་རམ་ླ་ལ་ཕྱིར་ཡོང་དགོས་ཀྱུར་ནས་དཔོན་ཆེན་དང་མ་མཇལ། དེ་ནས་ཆེན་པོ་རིན་བཟང་པས། རང་རེའི་ཚབ་ཏུ་དཔོན་ཆེན་པ་ལ་ཛ་འདྲེན་དུ་བཏང་ནས། དཔོན་ཆེན་བཟད་ཕུ་ལ་བྱོན། བླ་མ་བོན་ཕྱུག་དགོན་པར་བཞུགས། སོགས་ཞབས་རྟོག་རང་རེའི་བྱེད་ཟེར་བར་ཞུས། དཔོན་ཆེན་གྱིས་འདམས་ནས་སྡིགས། རང་རེས་འདི་ནས་སྡིགས་ན། ནང་པས་བཟུང་བའི་རྫོང་གཉིས་པོ་རང་དོན་ལ་འགྲོ་བ་ཡོད་ཡིན་ནའང་། བླ་དཔོན་གཉིས་ཀ་བསྒྲིལ་ནས་གསོལ་ལ་བྱོན༎ མདུན་མ་དཀར་འཛམ་བྱེད་པ་ཡིན་གསུངས་པས། ནང་བྲགས་ཀྱི་དཔུ་བསྐོར་ནས། རྫོང་གཉིས་པོ་འཁྲིགས་སུ་སོང་། དེ་རིང་བླམ་དཔོན་ཆེན་གཉིས་ཀ་ཉན་པོ་བར་དུ་བྱོན་ནས་བཞུགས་པའི་སྐབས་སུ། དཔོན་པོ་དཀོན་མཆོག་རིན་ཆེན་དང་། གཞོན་རྒྱལ་དུ་དཔེན་ཤྭ་ལ་ཟྲིན་དུ་དཔེན་ཤའི་སྟག་མགོ་དམ་ཁ་དང་བཅས་པ་སླེབ། དཔོན་པོ་དཀོན་མཆོག་རིན་ཆེན་གྱིས་ཏུ་ཕྲི་དུ་དཔེན་ཤྭ་བླངས་ནས་སླེབ། སི་ཏུའི་དམ་ཁའི་ཐུད་དང་། ཏུ་དཔེན་ཤྭའི་ཐུད་ཉེན་པོ་དགོན་པར་ཐུལ་ནས། དཔོན་ཆེན་པ་དང་། གཞོན་རྒྱལ་དུ་དཔེན་ཤྭས། བཀའ་ཆག་གི་ཆེ་གསལ་བྱས་རྒྱུག་པ་ལྷ་ཁང་བར་དུ་ཕྱིན་ལོ་གསར་དེར་བྱས། བླ་མ་ཆོས་རྗེ་པས་ཀྱང་། འབྲི་ཁུང་པའི་མཁར་པ་རང་ལ་རབ་གནས་བྱོན། དེ་ནས་ཕྱིར་བྱོན་སྐྱེ་ཐང་དུ་བཞུགས། དཔོན་ཆེན་པ་ཡང་ལྷ་སར་

ཕྱིན། བླ་མའི་དྲུང་དུ་སླེབ་ཐང་ཕྱིན་ནས། སློབ་དཔོན་བྱང་རྒྱལ་བ་དང་། ངེད་གཉིས་
འཛོམ་འཕྲད་དེ་ཅི་ནས་ཀྱང་ཞུ། དེ་བྱས་ན་ཡིད་ཆེས་པར་འདུག་ཟེར་བ་ཞུས་འདུག་པས།
བླ་མ་དམ་པའི་བཀའ་ཤོག་མཛད་ནས། འཛོམ་འཕྲོད་བྱེད་དགོས་གསུང་པས། རང་རེས་
གོང་དཀར་དུ་ཡོངས། བླ་མ་དཔོན་ཆེན་གདན་འདྲེན་པ་ལ། ཆེན་པོ་རིན་བཟང་པ་དང་།
དཔའ་ཤི་ཚུལ་བཟངས་བཏང་པས། བླ་མ་དམ་པ་དཔོན་སློབ་བཅུ་གསུམ་ཀོ་བ་ལ་བྱས་ནས
གོང་དཀར་བར་དུ་ཕྱིན། དཔོན་ཆེན་པ་དང་། ཆེན་པོ་ཤག་སྒོ། གཞོན་རྒྱལ་དུ་དབེན་ཤྭ་
སྐོར་རྣམས་དྲིལ་བས་ལྔ་བརྒྱ་ཙམ་བྱས་བྱུང་པ། རྗེ་རར་ཞག་ཅིག་བྱས། དཔོན་ཆེན་པས་
གསུང་པ་ལ། དཔལ་རིན་དང་། རྒྱལ་མཚན་བཟང་པོ་ཆུ་ཕ་གར་བཏང་ཚོས་རྗེ་པའི་གསུང་
གིས་ད་ལན་འཛོམ་འཕྲོད་བྱེད་པ་ལ། ཁྱེད་རྣམ་གཉིས་ཕྱག་བརྗེ་བ་ཙམ་འཐད་གསུང་།
ཕྱག་ལས་ཞྭ་ཡང་མི་འབུད། ཕྱག་འཚལ་བ་དེ་མི་གསུང་བར་ཞུ། ཁོང་གིས་ང་ལ་ཨན་དང་།
བུ་ཆུང་། ཀོ་ཤག་དང་བརྟུངས་བརྟག་དེ་བཏང་པ་ལ༏ དེའི་སྙིང་ནད་ལས་ཕྱག་མི་འཚལ་
བ་འདི་ལ་བྱེད་ཞུས། འོ་ན་དེ་ཁ་ལགས་གསུངས། སློབ་དཔོན་སངས་རྒྱས་རྒྱལ་མཚན་ན་རེ་
དབུ་ཞྭ་འབུད་པ་ཙམ་མཛེས་ཟེར། ཁོང་ལ་མཛེས་ཏེ། ང་ལ་མི་མཛེས་བྱས། དེ་ནས་ཆུ་
ཁར་བསུ་ལ་ཕྱིན། ཆེན་པོ་རིན་བཟང་པ་དང་། སློབ་དཔོན་གཉིས་ཁ་ན་རེ། རི་ཐང་
མཚམས་ན་མར། དབུ་ཞྭ་འབུད་པ་དེ་ཅིས་ཀྱང་འཐད་ཟེར་ནས། ནན་ཅན་བྱེད་ཀྱིས་
འདུག་པས། ཞྭ་འབུད་པར་བྱས། ཞྭ་འབུད་དགོས་བྱུང་དགོས་པས། ཐང་ཐོབ་དེ་མ་གོན་
པར། དར་ཞྭ་དེ་གོན་ཕྱིན༏ དཔོན་ཆེན་པ་ཤན་ནང་ནས་ཚུར་ཕྱིན་པ་དང་། གན་དར་
དཀར་པོ་ཁ་གང་གཏང་། ཁོང་གིས་དར་ཁ་དེ་དང་འདྲ་བ་ཅིག་གཏོང་བྱུང་། ཞྭ་དེ་ཕུད་
ནས་ཁམས་འདྲི་མགྱོགས་པར་བྱས་ནས། དེ་འགྲོགས་ལ་མགྱོགས་པར་གོན་རི་ལོགས་དང་
ཆུ་ཁ་ཐམས་ཅད་ལ། གཞིས་བྱེད་ཀྱི་མི་ཚན་ཆེན་པོ་ཡོད་པ་རྣམས་ཀྱིས་ཞྭ་ཕུད་པར་མ་ངེས་
འདུག་དེ་ནས་ནང་དུ་གདན་དྲངས། གྲོ་གྲོ་བར་དྲངས། འགྲོན་ཆས། ཕོགས་གཟབས།
ཞོན་གྱི། ཞོལ་གྱི་ཧ་རའི་ཟུར་ལྡོག་ལ་བཞུགས་པ་བྱས། དེ་ནུབ་ཁོང་བྱེས་པས་གོ་མ་ཆེད་

པར། རྟ་ཀོ་བ་ལ་བཏགས་ནས་འདྲོགས་ནས། ནམ་ཕྱེད་ལ་དཔོན་ཆེན་པ་དང་བྱེས་པ་ཐམས་ཅད་ལ་བྲེགས་སྤྲངས་ཆེན་པོར་བྱུང་འདུག སོང་བླ་མ་ཆོས་རྗེ་པས་གཙོ་མཛད་རྣམས་དང་། ཚོམས་སུ་ཚ་བ་དང་གྲོ། དགོངས་ཇ། དགོངས་མོའི་མཆོད་པ་ཡར་བཅད་བྲངས་ནས། སང་དཔོན་ཆེན་པ་དང་། ངེད་གཉིས་པོ་དགོས་ཀྱི་གསུང་གླེངས་མཐད་ཟེར་ནས། གཞིས་བྱེས་ཐམས་ཅད་ཁ་བཅམས་པང་ཚ་བ་ལ་དཔོན་ཆེན་པ་དང་ངེད་རང་གཉིས་གཟིམས་ཁང་སྣ་ཕུག་ཏུ་ཚ་བ་བྱས། ཆོས་རྗེ་པའི་དྲུང་དུ་འཚོང་ཚེར་ཚ་བ་འདྲངས། དཔོན་ཆེན་པའི་དྲུང་སྐོར་རྣམས་ལ། དཔལ་རིན་གྱིས་ཚོམས་སུ་དྲངས། དཔོན་ཆེན་པས་གསུང་སྙན་སྙན་མང་པོ་གྱོན། སྤར་རང་རེས་ནོར་འཛོལ་བ་ཉིད་ཅག་མད། མཐོལ་ལོ་བཤགས་སོ་གསུང་གིན་ཐོལ་མོར་སྨྲར་ནས། དབུ་ཁྲུགས་མང་པོ་མཛད་ཀྱིས་འདུག རང་རེས་ཞུས་པ་ལ་ངེད་ཕག་མོ་གྲུ་པ་འདི། བླ་མ་ས་ཆེན་ནས། གདུང་བརྒྱུད་རིམ་པར་བྱོན། བྱོན་པ་རྣམས་ཀྱི་ཞབས་ལ་ངེད་མི་བརྒྱུད་ཀྱིས་རིམ་པར་བཏུགས་པའི་བུ་སློབ་བརྒྱུད་བཅས་ཡིན། རང་རེ་ཡང་དགེ་བཤེས་རིན་ཆེན་བརྩོན་དང་། དཔོན་བན་ཀན་ཚུན་ནས་བླ་མ་ཆོས་རྗེ་ཁུ་དཔོན་ནས་ཀྱི་ཉེ་གནས་བརྒྱུད་པ་ཅན་དུ་འདུག དགོས་ཀྱི་རང་རེ། དཔོན་ཆེན་ཤཱཀྱ་བཟང་པོ་མ་གཏོགས། གཞན་དཔོན་ཆེན་རྣམས་ཀྱི་ནང་ནས་འདྲེན་གྱི་དོ་མེད་འདུག ཁྱོད་དཔོན་ཆེན་པོ་བན་ཀན་པས། བླ་མ་བདག་ཆེན་པའི་དྲུང་དུ་འབུལ་དུས། ང་དང་དཔོན་འོད་ཟེར། དཔོན་འོད་ཟེར་སེང་གེའི་ཅུང་པོ། དཔོན་ཐར་པ་གཉིས། བཞུགས་ཁྲི་པདྨ་ཅན་གྱི་ཤར་ཟུར་དེ་ན་ཡོད། རང་རེའི་སྐྱ་བོའི་མཚན་རྣམ་རྒྱལ་ཟེར་གྱི་གདའ་བ། དེ་རྟིང་། བླ་མ་བདག་ཆེན་པས། བླ་མ་མཁས་བཙུན་པའི་ཡིག་མཁན་ཀན་པ་ལ་གནོད་གསུངས་ནས། རབ་ཏུ་བྱུང་བའི་མཚན་རྒྱལ་བ་བཟང་པོར་བཏགས་པ་དེ་ལགས་སོད། ཆོས་ཁྲི་ཐང་དུ་སྟག་གཉིས་ཚར་དེ་ཙམ་ཅིག་ཉིན་པའི་རྡོ་རྗེའི་ཕྲུན་ཡིན། རྟིང་ལ། གོང་དུ་འབྱོན་དུས། བླ་མ་ཀུན་བློའི་ཡིག་མཁན་མཛད་དུས་ཀྱང་། གུང་ཐང་དུ། ངེད་ཀྱི་འབུལ་བ་འདེབས་པའི་དང་དོས་མཛད། གོང་དུ། དཔོན་ཆེན་ཐོབ་པའི་སྐད་ཐོས་དུས་སུའང་དགའ་བ་བསྒོམས།

ཧིང་ལ་དཔོན་ཆེན་མཛད་ནས་འབྱོན་གྱི་ཡོད་གསུངས་པ་ལའང་དཀའ་ཆོར་བྱས་ནའང་། འདོམ་དུ་ཡང་དེ་ལ་མི་མི་རེད་པའི་བཀའ་སྐྱོན་མཛད། ཧིང་ལ། དཔོན་ཆེན་མཛད་པའི་དུས་སུའང་། རང་རེ་ཁམས་བདེ་མོ་མེད་ནའང་། སྐོང་ཐང་བསུ་བ་ལ་ཡོངས། དྲན་བསྐུལ་གང་འདུག་གིས་གསུང་བ་ལ། རང་རེས་སྙན་སྐུལ་ཞིབས་པར་ཞུས། ལོ་དེ་ཙམ་ཞིག་ཏུ་ཁྱེད་རང་གང་གསུངས་སྒྲུབས། གཞིས་བྱེས་ལམ་གསུམ་གང་དུའང་རྒྱུ་ཟས་ནོར། ལུས་ངག་ཡིད་གསུམ། ཁྲིམས་དང་། ཕྱོད་ཀྱི་ཕྱོགས་སུ་འབུངས་པ་ཡིན་པ་ལ། ཡར་ལུངས་སུ་སྣེ་གདོང་ལ་ཤིང་ཐགས་བྱེད་པ། ང་རང་ལ་ཀོ་ཤག་གྲངས་མེད་བརྗེགས་པ་ཨན་བརྒྱ་མ་བརྒྱད་བཅུ་ལ་བུ་ཚུང་དང་བཅས་པ་རྗེག་པ། དེ་འདྲ་ཕོད་པར་གདའ་བ་ཟེར་བ་ཞུས་པས། ཉིད་བདེན་སོད། དེ་མི་བྱེད་དུས་མཚལ་པ་ལ་སོགས་ཀྱིས་དབང་མ་བྱུང་། ཉི་ཐུ་དྲག་པས། ཨན་དང་ཀོ་ཤག་མ་རྒྱབ། དྲག་གཙུབ་མ་བྱས་ན། ཉིད་རང་ངར་འཆགས་པས་གཏོད་ལེན་མི་ཡོང་ཟེར་བས་ལན་པ་ཡིན། ད་བཟོད་པར་གསོལ་ལོ་གསུངས། ཡང་རང་རེས་ཞུས་པ་ལ། ཁྱེད་ཀྱིས་དེ་འདྲ་ཅིག་བྱས་པ་ལ། སྙིང་ནད་ལེན་རྒྱུ་ཡོད་ན། བླ་མ་དམ་པ་བར་ན་བཞུགས་པས། ཤངས་ལའང་གནོད་པ་མ་བྱས། ཁྱེད་ཀྱི་མི་གཅིག་ལའང་གཟུངས་བཏགས་དང་བསྐྱིགས་བརྡུངས་ཙ་ར་མ་བྱས། ཞོ་གང་དམ་སྲང་གང་གི་དངོས་པོ་ལ་ཁྱེར་འཕྲོགས་དང་། པོ་སྐྱིལ་མ་བྱས་པ་དེ་ཡིན། ད་ཁྱེད་ལ་ཕྱག་མི་འཚལ་ཞྭ་མི་འབུད་འདི། ང་བླ་མ་བདག་ཉིད་ཆེན་པ་ལ་སློབ་པའི་བུ་རྐན། གཞོན་ནུ་ནས་རབ་ཏུ་བྱུང་། བསླབ་པ་ལ་གཅེས་སྤྲས་བྱས་པའི་བན་ཡིན་པས། ཁྱེད་ལ་ཕྱག་མ་འཚལ་ཞྭ་མ་འབུད་པས། ད་བཟོད་དཔོན་ཆེན་བསོད་ནམས་དཔལ་ལ་སོགས་བྱུང་ཡང་། ཕྱག་འཚལ་མི་དགོས། ཞྭ་འབུད་མི་དགོས། ཁྱེད་ལ་ཕྱག་འཚལ་ཞྭ་ཕུད་ན། ད་བཟོད་དཔོན་ཆེན་བསོད་ནམས་དཔལ་ལ་སོགས་བྱུང་ནས་ཕྱག་མ་བཙལ་ཞྭ་མ་ཕུད་ནས། དཔོན་ཆེན་བསོད་ནམས་དཔལ་འཁོས་ཁ་ཚུང་བ་དང་། ཚོད་ལོངས་བརྙེས་པ་བྱས་པར་འགྲོ་བ་འདུག་པས། ཁྱེད་ལ་ཕྱག་མི་འཚལ། ཞྭ་མི་འབུད་པའི་དོན་དེ་ཡིན་པས། མི་མཉེས་པ་མི་མཛད་པར་ཞུ་བྱས། དེ་འདྲ་གནང་ཡོད་གསུང་། དེ་

ཛེས་ལ་དཔོན་ཆེན་པས་ཀྱང་། རང་རེ་ལ་ཆེ་གཏོར་ཅིག་བྱས་ནས། གཞན་རྣམས་དེ་ཀ་ལགས། ང་གོང་དཀར་གྱི་འདི་ལ་ཐོག་ཕུད་དུ་བྱས་པའི་ཉིད་ཀྱི་སྐུ་རིམ་དུའང་འགྲོ་བས། ས་སྐྱ་ཚོགས་སུ་ལོ་རེ་བཞིན་མང་ཇ་རེ་མཛད་ན་གསུང་། བླ་མ་དཔོན་ཆེན་དེ་ཙམ་གསུང་ནན་ཆེ་ན། ཇ་སིག་བཅོ་ལྔ་དུས་སྐད་ལ་སྤྲོད། ཁྱེད་རང་ཇ་བཅོ་ལྔ་དུས་སྐད་དུ་སྐོལ་ལམ། ཟླ་ཕྱེད་སྐོལ་ལམ་གང་མ་མཉེས་མཛད་པར་ཞུ་ཞུས། གོ་ལགས་ས་སྐྱ་པ་ལ་ཐོག་ཕུད་བྱས་པ་དེ་མི་བཞེད་པར་གདའ་བ་གསུང་། གོང་དཀར་ལ་ཉིད་ཅག་དགོས་གཞིས་མཛད་གཟུང་པར་གདའ་བ་གསུང་། དེ་ཀ་ལགས། གོང་དཀར་འདི་ཡར་འཁྱོག་པས། ཡར་ལུངས་ལ་དམག་བྱས། ངེད་ཀྱི་སྟེངས་སུ་རིམ་པར་སླེབ་པ་བྱས་པའི་ཚབ་ལ། གོང་དཀར་དང་། འོལ་མདོ། སྟག་རྩེ། ཀྱང་གསར་སྟོད་ཚན་དང་བཅས་པ་བླངས་པ་ཡིན་པས། ད་འདི་ལ་གཏོད་ལེན་དང་། ཐོག་ཕུད་ཡོང་བ་དེ་མིན་ཞུས། དེ་ཁ་ལགས། དེ་གོ་བར་འདུག་ལགས་གསུང་། ས་སྐྱ་པ་དང་། རྗེ་ལག་ཕྲལ་ནས། གོང་དཀར། སྟག་རྩེ། ཀྱང་གསར་དང་བཅས་པ། རང་རེའི་གཞིས་བློ་རྗེ་ཅན། མི་རབས་ནས་མི་རབས་སུ་འཛིན་པ་ཡིན་པའི་དོན་དེ་ཡིན། དེ་རྟེང་། བླ་མ་དཔོན་ཆེན་ཡར་སྐྱི་ཤོད་ལ་ཕྱིན། དེ་ཛེས་འཚལ་པའི་ཚོགས་ལ། རང་རེས་ལྷུགས་ཁ་རི་གཏད་ན། ནང་པས་རྫོང་གཉིད་གཏོད་པ་ཡོད་བྱ་བ་བྱུང་། རང་རེས་ལུགས་ལྷུགས་ཁ་རི་གཏད་པས་རྫོང་གཉིས་པོ་འཁྲིགས་སུ་སོང་། འཚལ་པས་ཅི་བྱ་ཚང་བླག་པས། གྲོན་པ་རི་ནས་ཆོས་བཅུ་ལ་ཡོངས་པའི་མི་འགའ་བཟུང་འདུག་པ་ལ། གྲོན་པ་རི་པ་ཚོས་བ་ལམ་ཧྲག་པོ་དང་བཅས་པའི་ཕྱུགས་ལུག་རྣམས་ནང་དུ་བསྡུས་ནས་རྫོང་གཟུང་། འཚལ་པས་གྲོན་པ་རི་ལ་བསྐོར་བ་འདུག་པས་མ་ཐེབས་པར། རང་རེ་ལ་འདིར་རམ་ཟླ་སྒྲོན་པ་ལ་བྱུང་བས་འདི་ནས་དམག་རིམ་པར་གཏང་། ངེད་རང་ཡང་ཡོང་དགོས་བྱ་བ། དཔོན་ཆེན་པའི་ལེན་བྱུང་བས་འགྲོ་ཆོས་བྱས་ནའང་། ཁམས་མ་བདེ་བས་མ་ཐོན་པར་ལུས་ནས། ཆེན་པོ་རིན་བཟང་པོས་དང་བླངས་བྱས་ནས་ཕྱིན་པ་དང་། ཆེན་པོ་སི་ཏུ་བས། ངེད་འདོད་པ་ལ་ཡོངས་པ། བ་ལམ་དུ་མཇལ་འདུག དེ་ནས་འདི་སི་ཏུ་པ་ཆེན་པོ་ཕྱིན་ནའང་།

ང་ན་གྲགས་པས་མགུལ་མ་ཐུབ་ཅིང་། ཆེན་པོ་སི་ཏུ་བས་ན་རྫུན་ཡིན་དགོངས་ཡོད་འདུག་ནའང་། འདིར་ཕེབས་དང་ཐུགས་ཆེས་ནས་ཕྱིར་ཫོན། དེ་ནས་ཆེན་པོ་རིན་བཟངས་ཀྱི་མགོ་བྱས་རྣམས་ཀྱི་ཟླ་བ་གཅིག་དང་; ཞག་ཉི་ཤུ་ལྷག་གིས་བར་བསྐོར་བས། གྲོན་པ་རི་ཕེབས་ནས་འབྲམ་ན། བླ་མ་དཔོན་ཆེན་ཡོད་པ་ལ་ངོ་ལྟ་བྱས་ནས། གྲོན་པ་རི་བསྐྱིལ། གཡུ་རྩེ་བྲག་མདུན་ཁོག་ནས་བཤིགས། སྐྱིད་ཤོད་ཡང་བཙུང་བདེར་སོང་། གྲོན་པ་རིའི་དམག་གྱིས་ཁར། ནང་པ་ཀུན་དགའ་འབུམ་གྱིས་མགོ་བྱས་སླེབ། ནང་གྲགས་ཀྱིས་ཤངས་མཐོང་སྨོན་ལ་རྒྱབ། དཔོན་པོ་སྲུན་གྲུལ་མ་ཐུབ་པས; དམག་བབ་སླེད་བུད་ཆེས་པའི་དོན་ལ། དཔོན་ཆེན་པ་ཡང་ཐུགས་འཁྲུར་ནས་འདི་བྱ་མ་བྱུང་བའི་སྐབས་སུ། རང་རེའི་ཆེན་པོ་བས་དབུ་མཛད་དམག་རྣམས་ཀྱིས། ད་འདི་ལ་ཇི་ལྟར་བྱ་རྒྱུ་ཡིན་ཞུས་འདུག་པས། ཤངས་པའི་ཁ་མཚོལ་ནི་འདིར་སོང་། ཁྱོད་ཚང་གིས་ཁྲིམས་གྲོགས་བྱས་ན། ངེད་ཀྱི་འང་སློང་གིས་ནུས། རང་རེས་གྲོགས་མ་བྱས་ན་མི་ནུས་གསུངས་འདུག་པས། དེ་ནས། རང་རེ་ལ་དམག་དཔོན་རྣམས་ཀྱི་ཞུ་བ་བྱུང་ནས། དཔོན་ཆེན་པ་འདི་གསུང་། ད་ཇི་ལྟར་བྱེད། ཞལ་ལྟ་ཞུ་ཟེར་བ་བྱུང་བས། ཁྲིམས་གྲོགས་བྱེད་པ་ལས་འོས་མེད་པས། དེ་ཞུས་ལ་ཐག་ཆོད་ཟེར་བ་སྐུར། རྗེང་ལ་ཆེན་པོ་བས་བུ་མཛད་ཡར་ལུངས་སུ་སླེབ་པ་དང་། ནང་པ་འདྲེད་པ་དང་ཁྲིམས་གྲོགས་ལ། ཆེན་པོ་བས་དབུ་མཛད་འགྲོ་དགོས་བྱས་པས། དམག་བཅས་དམག་བཏེགས་ནས། རང་རེས་ཡང་བྱུང་ཐང་བར་དུ་དམག་གིས་སྐྱིལ་ཐུང་དང་། ཁ་ཏ་བྱེད་པ་ལ་ཕྱིན་པའི་བར། ཡང་དཔོན་ཆེན་པ་དང་། ཤངས་པའི་སློང་གིས་མ་ནུས་པར། བྲག་དཔོན་བཏོང་བྱུང་ནས། ད་ལེན་དམག་དེ་མ་བྱས་ན་འཐད་པས་བཤོལ་ན་ཟེར་བ་བསྐུལ་ནས་བྱུང་། ད་བཅས་ནས་འདིར་སླེབ་ཚར་རྗེང་། དམག་བཤོལ་བ་མི་འཐད་པས། དམག་འགྲོ་བ་ཐག་བཅད། བྲག་དཔོན་ལ་དེའི་ལོན་བསྐུར་ནས། ཡར་ལ་འགྲོགས་པར་རྒྱུག་དུ་བཙུག རང་རེས་རྗོར་རིན་གྱིས་མགོ་བྱས། དཔོན་སྐྱ་གཟའ་པ་རྒན་གཞོན་རྣམས་ལ། ད་ཕྱིན་ཆད་ཁྱོད་རྣམས་ཀྱིས་ཀྱང་། ཆེན་པོ་པ་ལ་ཕྱག་ཚོལ། ང་དང་འདྲ་བའི་བཀུར་ཆ་གྱིས

ལ། ཡོང་གང་གསུང་ལ་ཉོན། དམག་རྣམས་ཡར་ལ་གཉིགས་ཕྱིན་པས། ཡང་དཔོན་ཆེན་པས། དཔའ་ཤི་དཀོན་མཆོག་ལ་ཞལ་ལྟ་བསྒྱུར་བྱུང་ནས། ད་ལྟ་རང་ཡར་སླེབ་དགོས་ཟེར་བ་བྱུང་འདུག་པས༔ བཤར་ནས་ཕྱིན་པས། དཔོན་ཆེན་པ་དང་སྟག་ཏུ་འཛོམ། རང་རེའི་ཆེན་པོ་བས། གཙོ་མཛད་དཔོན་སྐྱ་དྲག་པ་རྣམས་ལ་ཇ་ཕོར་གནང་། མཉེས་མཉེས་གསུང་བཟང་ཅི་ཡང་ཕྱོན། འདི་འདྲིའི་དམག་རགས་པ་མ་མཐོང་ཟེར་ནས། མཉེས་མཉེས་ཅི་ཡང་མཛད་འདུག དེ་ནས་རང་རེའི་དམག་རྣམས་ལྷན་དུ་སླེབས། ལྷུན་ཕུར་དམག་སྐར་བྱས་ནས་བསྡད་པ་དང་། དམར་གནས་གསར་ནས་དཔོན་ཆེན་ཡབ་སྲས་ཀྱིས། ཀོ་ཏ་ལི་ཉུལ་པོ་ལ་སྐྱ་བདུན་བྱས་ནས་བཏང་འདུག་པ། རྟ་རྣམས་སྤང་ཁང་ཅིག་ཏུ་བཞག་ནས། ཕོང་རང་གཅིག་པོས་སྐར་ལ་ཉེ་མོར་ཡོངས་ནས་ལྟས་འདུག་པས། རང་རེའི་དཔོན་སྐྱ་ནང་བསྐོར་རྣམས་ངོ་ཤེས་པས། ཕྱིར་ལོག་ནས་གནས་གསར་དུ་དཔོན་ཆེན་ཡབ་སྲས་ལ། ད་ཕོང་གིསས་གཟའ་དམག་རགས་པ་དས་སླེབ་འདུག་པས། འདི་པ་ཚང་ཤར་གཅིག་མར་སོང་བས། ཉུང་ཡང་སུས་ཀྱང་གདོང་མི་བཟློག་པས། ད་ཁང་པ་ལ་བརྟན་ཡང་ཐུབ་པ་མི་སྲིད་པས། ཡར་བྲོས་པ་དྲག་བྱས་འདུག་པས་ཡར་བྲོས་འདུག མ་བྲོས་པར་གནས་གསར་དུ་བསྡད་ན། དཔོན་ཆེན་ཡབ་སྲས་ཀྱིས་མགོ་བྱས་རྣམས་ལོན་པ་ཡོད་ནའང་། ཀོ་ཏ་མིས་ཁྲོས་སྨ་བཏོན་པས་བྲོས་ནས་མར་ཆུར། དཔོན་ཆེན་པོ་བས་མགོ་བྱས་ཀྱིས་ད་ལྟ་ཁ་མ་དེད་པ་དྲག་བྱས་འདུག་ནའང་། དཔོན་ཆེན་གྱིས་བརྗེད་དེ་རྗེད་དེ་བྱས་ནས། ཡར་མ་དེད་འདུག དེ་རྗེང་ཡར་བརྟོག་ནས་ཞ་ཕུག་ཏུ་སླེབ་པའི་སྐབས་སུ། དཔོན་ཆེན་པས་དམག་ཁ་གློང་ནས་ཕྱུགས་ལུག་རྣམ་ཕྱོགས་བྱས་འདུག་པས། དམག་རྣམས་ཁ་འཐོར་ནས། དཔོན་སྐྱ། དམག་དཔོན་རྣམས་དམག་བསྡུད་པ་ལ་རྟ་རྒྱུག་གི་དམག་བསྡུད་དགོས་བྱུང་བས། དམག་དཔོན་ཚོའི་རྟ་རྣམས་ཆད། ཆུ་དམག་རྣམས་ཆུ་མིག་ཏུ་ནམ་ཕྱེད་ལས་མ་འདུས་འདུག དེ་ནས་དཔོན་ཆེན་ཡབ་སྲས་རྣམས་སྟག་ལ་ལ་རྒྱབ་ན་འདུག་ཟེར་བས། ཡར་དེད་འདུག་ནའང་། དར་གླུངས་ན་སྐར་བསྡུད་པ། གླང་ལ་ལ་ཐོག་ནས་ནོན་འདུག་པས། ཏོར་

དམག་དང་ཤངས་པ་རྣམས་ར་ཆེ་བར་བྱས་ནས༏ ཤངས་ཆུའི་སྨད་ལ་བསྒྲལ་ནས། ཆུ་ནུབ་ལ་འཁྱེར་བཅུག་ཅིང་། རང་རེའི་དམག་རགས་དེ་དང་། དཔོན་ཆེན་པ་ཁོང་རང་ཟམ་པ་རིང་མོ་ལ་གཏོང་ནས་ཕྱིན་འདུག་པ་ལ། ནང་པ་སྐོར་གྱིས་ཟམ་པ་སྒྱུར་ནས་འདུག་པ། རང་རེའི་སྐྱ་ཀང་རྣམས་ཀྱིས་ཆུ་ལ་ཐོམ་རབ་བྱས་འདུག་པས། ཆུ་ཕ་ཁར་སྐྱ་ཀང་ཉི་ཤུ་རྩ་ཐོན་འདུག་པས། ནང་པ་སྐོར་འཁྲུགས་པས་གོ་ཏ་གསོད་ཐུབ། ནང་པ་འདེད་ཐུབ་ནའང་། ཧོར་དམག་དང་ཤངས་པ་རྣམས་ཀྱིས། ཡར་ལ་རྒྱུག་མ་ནུས་པའི་དོན་གྱིས། ཕྱིན་སོ་གྲོ་ཤོར་འདུག་ཅིང་། དཔོན་ཆེན་པའི་སྐོར་ནས་ཀྱང་། རབས་སོ་འདི་འདྲ་བ་ཡོད་ཟེར་བ་དང་། ས་སྣ་ལམ་རྒྱུས་བྱས་ནས་བློ་སྣ་འདོན་མི་མ་བྱུང་བ་མིན་པ། ས་ཆ་དེ་ནང་པ་སྐོར་ཐམས་ཅད་བསྒྲུམ་ཐུབ་པར་ཡོད་འདུག་ནའང་། ཤངས་པས་ཕོ་མ་བྱས། དེ་རྗེས་ས་སྐྱར་གཏུགས་ནས་འདེད་པ་ལ། གྲོས་ཐག་བཅད་འདུག་ནའང་། བླམ་མཉམ་མེད་པ་དང་། ཞང་ཇ་དཔེ་བ། ནང་པ་བསོད་སེང་ལ་སོགས་ཡོངས་ནས། དཔོན་ཆེན་ལ་ཞུ་མཁས་བྱས་འདུག་ཅིང་། ནང་པ་ཡབ་སྲས་རྣམས་ཀྱང་བློ་འགྱུར་ནས་ཅི་བྱ་ཚང་བརླག་ཡོད་འདུག་པ་ལ། ཆེན་པོ་པས་གཙོ་མཛད་རྣམས་ཀྱིས་གྲོས་སྣ་བཏོན་ནས། དམག་གཞི་ས་སྐྱར་ཕབ་ནས། ནང་པ་ཡབ་སྲས་བཅུར་བ་དྲག་བྱས་འདུག་ནའང་། ས་སྐྱ་ནས་དཔོན་ཆེན་པ་རང་ལའང་མི་སྙོན་པར་འདུག་ཟེར་བ་དང་། མགོ་སྐོར་གྱི་དབང་དུ་སོང་ནས། གདར་ནས། དཔོན་ཆེན་པ་རང་ཡང་འགྱུར༏ ཡར་སྟོད་པ་རྣམས་ཀྱིས། དཔོན་ཆེན་པ་འདི་སྟར་གྲུ་ཁའི་དཔོན་ཆེན་པ་དེར་མི་འདུག འདི་མི་སྐྱག་ཆེན་པོར་འདུག་ཟེར་བ་ལབ་འདུག དེ་ནས་དཔོན་ཆེན་གྱིས། ནང་པའི་བབས་སངས་སྤུངས་ཅིག་བླངས་ནས། སྔོན་ལ་མར་བཏེག་འདུག རང་རེའི་དམག་དང་ཞ དཔོན་འཕགས་པའི་དམག དཔའ་ཤི་སངས་རྒྱས་སྐྱབས་ཀྱིས་དམག་མགོ་བྱས་རྣམས་ཀྱིས། ཞག་གསུམ་ཐོན་ནས། གོ་རེ་དགེན་ཆེན་གྱིས་མགོ་བྱས་སུམ་བརྒྱ་བསྐོར་ཅིག་གི་བབས་བླངས་ཕྱི་ལ་ཁྲིད་བྱུང་ཞིང་། ཆུ་མིག་ཏུ་དཔོན་ཆེན་པས། ཆེན་པོ་པ་ལ་ནམ་བཟའ་ཅིག་དང་། རྟ་གཅིག་གནང་། གཞན་དམག་རྣམས་ལ་གསེར་སྲང་རེ་དང་། གོས་

ཡུག་རེ་གནང་འདུག ཅེས་གནས་གསར། ཉང་སྟོད། རྒྱ་ཞལ་མགུར་གསུམ། དཔའ་བསྐམས་ཁྱུང་གསུམ། ཚ་སྒོ་སྤུངས། ལྷན་ཉ་མོ་རྣམས་ཀྱིས་ཁྱུལ་ནས། དཔོན་ཆེན་ཡབ་སྲས་ཀྱིས་བཏབ་པའི་ཞིང་། ནས་ཁལ་ཁྲི་ཚོ་གསུམ་ཙམ་ཐོན་པ་ཡོད་ནའང་། ཆེན་པོ་པས་སློབ་དཔོན་ཆེན་པ་པ་དང་། རིན་ཆེན་སྣང་པའི་ཕྱོགས་གནས་ནས། ནང་ཐམས་ཅད་སློབ་དཔོན་ཆེན་པོ་པ་དང་། རིན་ཆེན་སྣང་པའི་སྐོར་རྣམས་འདྲེན་དུ་བཅུག་ནས་འདུག་ནའང་། རྫོང་ཁར་ནས་ཁལ་ལྔ་བརྒྱ་ཙམ་ལས་མ་སླེབས་པར། དྲུང་སྐོར་རྣམས་ཀྱིས་ཕྱུག་ཕྱུག་ཞལ་ཞལ་བྱས་འདུག་། དེའི་སྐབས་སུ། དཔལ་འབུམ་ད་ཏུ་ཁ་ཆེས་འདམ་དུ་སླེབ། བླ་མའི་དྲུང་ནས། བསམ་ཡས་ན་བཞུགས་པ་ལ། གསོལ་རས་གནང་། སྨྲིན་འབུལ་བ་དང་། བླ་མ་དམ་པ་བཞི་ཐོག་ཏུ་བཞུགས་པའི་ལུང་གདན་དྲངས་བྱུང་། རང་རེས་འཇམ་ཁྲིགས་བྱས། བསམ་ཡས་རྒྱལ་པོའི་འོག་ཏུ། རང་རེ་ལ་ངན་བྱེད་མི་མིན་པའི་མནའ་སྐྱེལ་འཚར་དགའ་བྱིན། རང་རེས་ཡང་ཡར་ལུངས་སུ་པོས་ནས་ཤང་ལེན་གཟབས། གྲ་དོལ་ལ་བྱས་ནས་གཙང་ལ་ཡར་སོང་། གཞི་ལའང་མཁར་ལེན་བྱེད་དུ་བཅུག་པ་དེ་ཡིན། དཔོན་ཆེན་རྒྱལ་བཟངས་པའང་གཙང་ལ་བཞུགས་ཅིང་། ས་སྐྱར་ཕྱིན་པ། བླ་མ་ཏི་ཤྲིའི་བུ་གཉིས་པོས་གཟུང་། དགེ་བཤེས་གྲགས་པ་སེང་གེ་རང་རེ་ལ་རམ་ཟླ་སྦྲོན་པ་ལ་བྱུང་བས། རམ་ཟླ་བྱེད་པ་ལ་འགྲོ་ནུས་མི་ནུས། རང་རེའི་གྲོས་དཔང་རྣམས་དང་གླེངས་པས། འགྲོ་མི་ནུས་པ་ཁ་འཆམ་བསམ་གློ་བཏང་དུས། དཔོན་ཆེན་མེད་པར་བཏང་། དམ་སྟག་དེ་མི་མཐུན་ཕྱོགས་སུ་ཤོར་ན། བདག་གཞན་མང་པོ་ཅིག་ཕུང་རྩ་རྒྱས་ཉེས་ཆེན་པོ་ཁྱེར་བར་འདུག་ཅིང་། རིན་ཆེན་སྣང་པ་དང་། དུས་མཆོད་པ། བླ་མ་མཁས་བཙུན་པའི་ཤུལ་མ་ཐམས་ཅད་དམིགས་མི་ཡོང་བར་གོ་བས་གཞོན་རྒྱལ་དུ་དཔེན་ཤ། སྔོན་ཕྱི་སི་པའི་ཟམ་དུ་དཔེན་སྔ་ཡིན་པ་དང་། དམ་སྟག་ཡོད་པས། དབུས་པའི་ཁྲི་སྟོང་དམག་དང་། བྱང་གི་དམག་འབུམས་ཀྱི་མགོ་བསྐུས་ནས་བྱང་བརྒྱུད་ལ་འགྲོ་བ། དཔོན་ཆེན་གྱི་བུ་དམ་སྟག་དང་བཅས་པ་གོང་དཀར་དུ་བྱུང་ན། རང་རེ་ཡང་འགྲོ་ནུས་པས། དམག་དང་བཅས་ནས་ཚུ་སྒོ་ལ་འགྲོ་བ་ལ་

ཐག་བཅད་ནས་དམག་བཏེག གོང་དཀར་དུ་སླེབ་པའི་སྐབས་སུ། སློབ་དཔོན་ཆེན་པོ་བསོད་བློ་བ་བར་ཞུགས་ནས། དཔོན་ཆེན་གྱི་བུ་དམ་སྟག་དང་བཅས་པ་རྫོང་ཁར་སླེབ་ཡོད་པས། ཁྱེད་དམག་སྔེ་དང་བཅས་པ་མགྱོགས་པར་ཤོག་ཟེར་བའི་ཤོན་བྱུང་། དེ་ལ་རང་རེ་ཡང་ཁམས་འདུག དཔོན་ཆེན་གྱི་བུ་དམ་སྟག་དང་བཅས་པ་ཁྱེད་ཀྱིས་སར་བྱུང་འདུག་པ། ཁྱེད་ཀྱི་ཐོང་ཧི་དང་། ཆེན་པོ་དཔལ་རྒྱལ་གྱིས་མགོ་བསྐུས་ལ། དཔོན་ཆེན་གྱི་རམ་ཟླ་གྱིས། ངེད་མི་ཡོང་ཟེར་བ་བཏང་། དེ་ནས་དཔོན་ཆེན་གྱི་བུ་དམ་སྟག་དང་བཅས་པ་རིན་སྤུངས་སུ་སླེབ་པར་བྱེད། ངེད་རིན་སྤུས་སུ་ཡོང་དགོས་བྱ་བ་བྱུང་། དེ་ནས་དགེ་བཤེས་གྲགས་པ་སེང་གེ་ཡར་ལུངས་སུ་བྱུང་། ངེད་དཔོན་ཆེན་གྱི་རམ་ཟླ་ལ་ཡོང་བ་ལ། རྒྱལ་པོའི་ཁྲིམས་གཟུང་ནས་ཡོད་པས། དཔོན་ཆེན་ཤོན་ཡང་། དཔོན་ཆེན་དཔོན་པོ་སྤྱན་དང་། ནང་པ་ཚོས་མགོ་བྱས། ཁྱེད་དཔོན་སྐྱུ། བུ་ཧ་རྣམས་ཀྱིས་ཁྲིམས་མེད་དང་བཙོམ་ཕྲོག་མ་བྱུང་པ་བྱེད་དགོས་ཟེར་བ་ལབ་ཤོན་ཡང་རིམ་པར་བསྐུར་ནའང་། དཔོན་ཆེན་དཔོན་པོ་རྣམས་ཀྱིས་བུ་ཧ་བསྐུས་ནས། སྔེ་འོམ། ཞུ་འབྲོག་ལྷ་ཁང་། གྲང་པོ་ལུང་། སྤྱན་གསུམ། ཟླ་བ་རི། ཁྲི་ལུ། ཤབ་ཆུ་བརྒྱུད་རྣམས་གཏན་བཀླག་ལ་བཏང་། གཞན་ཡང་ཆུ་ཞལ་གྱི་ཁྲུལ་རྣམས་ཁྲིམས་མེད་བྱག་ཚོམས་བཏབ་ཁྱེར་ཚན་ཆེར་བྱས་འདུག དེའི་དོན་གྱིས་དཔོན་ཆེན་མ་ཐོན་ན་དགའ་བ་ཡིན་འདུག དེའི་དོན་རྟགས་དུས། ལྷ་ཁང་གློ་བྲང་པ་དང་། བྱང་པས་ཤོན་བསྐུར་ནས། ཁྱེད་རང་དཔོན་པོ་རྣམས་རང་སར་བསྡོད། ལྷ་ཤངས་ཙུ་ཡུག ཐི་རི་ཟེ། གསར་རྙིང་། སྤྲ་མོ་ཆེ་དང་བཅས་པ་ཁྱེད་རང་རྣམས་ལ་གཏེར། ཁྱོད་དཀོན་མཆོག་འོད་ཟེར། དགོས་ཀྱི་ལྷ་ཁང་བླ་བྲང་པའི་ཉེ་གནས་ཡིན་པས། ཉེ་གནས་ཆེན་པོ་ལ་བསྐོ་ཟེར་བ་ལ་སོགས་བྲོད་བཏིང་པས། དཔོན་ཆེན་མ་ཐོན་ན་དགའ་བའི་དོན་དེར་འདུག ཀུན་གྱིས་ཀྱང་དེ་ལབས། དེ་ནས་རང་རེས་སྤྲུ་སུ་ཕྱིན་པའི་དུས་སུ། ཤངས་པའི་ཇ་འདྲེན་ལ། དཔོན་བཙུན་པས་རོང་རམ་སར་སླེབ། དཔོན་ཆེན་གྱི་བུ་དམ་སྟག་དང་བཅས་པའང་རིན་དཔུངས་སུ་སླེབ། དེའི་ཕྱི་ཉིན། གཞོན་རྒྱལ་དུ་དབེན་ཤ་དམག་འཛམས་ཀྱི་ཐན་པ་

དང་བཅས་པས་ཡང་སླེབ་པ་ལ། སྐུ་ཞང་དབེན་ཤྭ་དང་ཁྱེད་རང་སློན་སི་པ་ཐམས་ཅད་ཞུ་འགྲོག་དུ་སླེབ་པར་གྱིས། དེར་རང་གྲོས་བྱེད་ཟེར་བ་ལབས། བླ་མ་ཀུན་སྤངས་པ་ཞང་དཔོན་གྱིས་ཚོད་ལྷ་རྗེ་ཞུལ་ཇ་འདྲེན་དཔོན་འཕགས་པས་བྱེད་པ་འདུག ལྷ་ཁང་བླ་བྲང་པ་དང་། བྱང་པའི་ཚོད་ལྷ་རྗེ་ཞུལ་ཇ་འདྲེན་ཤངས་པ་རང་དང་། རྫོ་སྐྱབས་དུ་དབེན་ཤྭས་བྱེད་པར་འདུག་པར་གོ་བས། རི་སྤུངས་ཁང་སྙིང་སྟེངས་ཀྱིས་རྩེ་མོའི་གཡབས་ཁ་ཤར་ལྷ་དེར་སྟེངས་སུ། རྫོར་སྐྱབས་དུ་དབེན་ཤྭ་དང་དཔོན་འཕགས་པོས་ནས་ཞུང་ཇ་ཅིག་འཐུངས། བླ་མ་ཀུན་སྤངས་ཞང་དབེན་གྱིས་ཕོ་ཚོད་དང་། བསོད་ནམས་ཆེ་ན། དཔོན་ཆེན་རྒྱལ་བཟངས་རང་རེ་ལ་གཙང་མར་སྲིད་ན། ཕོང་ཞང་དཔོན་གྱི་ངོས་ངན་དང་། སྤྲེའུ་རང་རེ་ལ་འབབས་པས། ཕོང་ཞང་དབེན་གྱི་མདུན་མ་རབ་ཡིན། ལྷ་ཁང་པ་དང་དཔོན་ཆེན་བྱང་པ་ཕོ་ཚོད་ཆེ། བསོད་ནམས་ཆེ་ན། བླ་མ་ལྷ་ཁང་པ་ཆང་གུང་གུའི་དམ་ཁ་དང་བཅས་པ་ཞུངས་རགས་ཅིག་ཆུ་མིག་ཏུ་རང་རེའི་གདོང་ཊ་བྱོན། དེའི་ཉེ་གནས་ཆོས་རིན་གྱིས་བྱས་ནས། བླ་མ་དམ་པའི་དྲུང་དུ་དབུས་སུ་བྱོན། དཔོན་ཆེན་བྱང་པའི་སྲས་པོ་སི་ཏུའི་དམ་ཁ་དང་བཅས་པ། ཤངས་རྒྱལ་ཁང་དུ་བཏང་། དཔོན་ཆེན་བྱང་པ་ཁང་རང་དཔོན་གཡོག་རང་རེའི་དམག་གསེབ་ཏུ་འདྲེས་ནས། ལྷ་རྩེ་ལ་སྐོར་ནས་ལྷ་རྩེ་ཕེབས་པས། ལྷ་ཁང་པ་དང་། བྱང་པའི་ཁ་འཁྲམ་གྱི་ཚེར་མ། མགོ་ཐོག་གི་གཡམ་པ་མེད་པ་བྱར་བཏུབ་པར་འདུག་པས། ལྷ་ཁང་པ་དང་བྱང་བའི་མདུན་མ་རབ་ཡིན་བྱས་ནས། ཕོང་གཉིས་ལ་སོ་སོར་ལོན་གཏོང་དུ་བཅུག དཔོན་འཕགས་པ་ལ་ཀུན་སྤངས་པས་ལེན་བསྐུར་ནས། དཔོན་ཆེན་གྱི་དམ་སྟག་ཁྱེད་ཀྱི་ལག་ཏུ་བྱུང་བའི་ལུགས་ལ། དཔོན་ཆེན་ཁྱེད་རང་གིས་ཀྱིས་འདིར་ཡང་ལས་ཀ་འགྲིམ་དུ་འཇུག གོང་དུ་དེའི་ཞུ་བ་གཏོང་། དཔོན་ཆེན་འདིར་རང་མ་ཐོན་ན་ཀུན་ལ་ཕན་ཟེར་བ་བྱུང་བས། ང་ས་སྐྱའི་དཔོན་ཆེན་ལ་དགའ་ཚོལ་མེད། དེ་འདྲ་རྣམ་པ་ཐམས་ཅད་དུ་མི་ཏུང་བྱས་ནས་ཚིག་ཐག་བཅད། ཀུན་སྤངས་པ་ཞང་དཔོན་གྱི་བཟང་ཆ་ངན་དག་འདུག་པ། དཔོན་འཕགས་ཀྱིས་ཁྱེར་ནས། དགའ་བ་གདོང་དུ་སླེབས་པར་བྱས།

ལྷ་ཁང་པ་དང་། བྱང་གི་ལོན་ཡང་དེར་སླེབ་པར་བྱས་ནས་ཐག་བཅད། སློབ་དཔོན་གྲགས་པ་རྒྱལ་མཚན་གྱིས་ཕྱག་བཙལ་བ་ལ། ཕོང་ས་སྐྱ་པའི་དགེ་བཤེས་ཡིན་པ་དང་།

༈ མགོ་འདྲེན་སེམས་གསོལ་ལ་རང་རེས་ཕྱག་ལེན་བྱས། དགེ་བཤེས་གྲགས་པ་སེང་གེ་དང་། དཔོན་གྲུབ་ཀྱིས་མགོ་བྱས་ཤངས་པའི་དཔོན་སྐྱ་རྣམས་ཀྱིས། རང་རེའི་དཔོན་སྐྱ་དང་འདྲ་བའི་ཕྱག་དང་བཀུར་ཆ་བྱེད་ཀྱི་འདུག གཞན་རྒྱལ་དུ་དཔེན་ཤྭ་ལ། རང་རེས་འགྲོན་བསྐུར་བྱས་དང་། ལུགས་ཙན་བྱས་ནས་འབོལ་ཉིས་བརྩེགས། གཡས་ལ་བཞག ཇ་སྣ་གཏང་། ཕོང་ཁ་བཟང་ཙམ་ཡང་མི་བྱེད་པ་ཇ་སྣ་ལེན་གྱི་འདུག ཞོ་ང་བ་ནམ་མཁའ་དཔལ་ལ། ཆེན་པོ་དགེ་སློང་དང་། ཆེན་པོ་བཀྲ་ཤིས་རྒྱལ་བ་འཛོམ། ངེད་ལ་ལེན་བསྐུར་ནས་བྱུང་། ད་ངེད་དྲུང་དུ་ཕྱག་ཡང་འཚལ། དཔོན་ཆེན་པོ་དང་འདྲ་བའི་བཀུར་ཆ་བྱེད་ཟེར་བ་བྱས་འདུག ཆེན་པོ་བཀྲས་རྒྱལ་གྱིས་ཁྱེད་རང་ཕྱག་འཚལ་ན་ཚོལ། ང་ཕྱག་མི་འཚལ་ཟེར་བ་བྱས་པ་ཡིན། ཡིན་པར་འདུག ཆེན་པོ་དགེ་སློང་གིས་ཕྱག་འཚལ་ན་དོན་གྱིས་ཆེན་པོ་བཀྲ་རྒྱལ་བ་ཡང་ཕྱག་བཙལ་བ་ཡིན་པར་འདུག དེ་ལ་རང་རེས་ལེན་བསྐུར་ནས། ང་ལན་ལ། ཕོང་གཉིས་ཀྱི་ཕྱག་འཚལ་བ་དང་ཞྭ་འབུད་པ་མི་དགོས་ཟེར་བ་བྱས། ཇོར་སྐྱབས་དུ་དཔེན་ཤྭ་ན་རེ། ཕྱག་ལན་པ་ལོས་འཐད་ཟེར། དེ་མི་འཐད་ཅེའི་ཕྱིར་ན། རིན་ཆེན་སྒང་པའི་དཔོན་སྐྱ། ཉེ་གནས། ཕོང་གཉིས་ཟུར་གྲལ་ལ་བསྡོད་པ་རྣམས། ཞྭ་ཡི་དབུད་པ་ཡང་མི་ཤེས། ད་བཟོད་རེ་འཁང་གི་རྒྱུ་འགྲོ་བྱས། དེ་ནས་དཔོན་ཆེན་གྱིས་དམ་སྔག་རིན་སྤུངས་སུ་སྦས། སློབ་དཔོན་གྲགས་པ་རྒྱལ་མཚན་རང་རེའི་བླ་ལ་ཁྲིད་ནས་ཡར་བཏེག དེ་སྐབས་གཙང་པ་རྣམས་དམག་ལ་སྐྲག་ནས་འཁྲོས་ཀྱི་ཡོད་འདུག་པ་ལ། ཇོ་བཀྲས་དུ་དཔེན་ཤྭ་བ་རོག་ཚང་གི་སྟོང་དཔོན་ལ་ཡོད་པ། ལྷ་སྡེ། མི་སྡེ་ཐམས་ཅད་སར་བསྡོད་ལ་མ་འཁྲོས། སོ་ནམ་གྱིས་ཟེར་བའི་ལེན་བསྐུར། བོང་ཡིག་རིམ་པར་བསྐུར་ནའང་། མི་སྡེ་རྣམས་བསྡོད་མ་ཟུག་པར་འཁྲོས་ཀྱི་འདུག་ཟེར་བས། དེ་ན་ཁྱེད་རང་གི་བུ་ཚ་རྣམས་ཀྱིས་ཞིང་སྨོ་བའི་ཐོ་མཁན་གྱིས། ཕྱུག་ལུག་རྣམས་དམག་འགྲིམ་པའི་ལམ་ལ་

འཚོས། ཁོང་རང་གཙང་པ་རྣམས་སུལ་ནས་ལྷར་ཆུག་ཟེར་བ་ལབས། དེ་ལྟར་བྱས་པས་དམག་འཁྲིམ་པ་རྣམས་ཀྱིས། ཕྱུགས་ལུག་སྨོན་པ་གང་ལའང་གནོད་པ་མ་བྱས། དེ་རྗེང་གཙང་པ་རྣམས་ཡིད་ཆེས་ནས་ཕྲོས་པ་རྣམས་ཁྱུགས། སོ་ནམ་ལག་མ་ཆག་པའི་དོན་དེ་ཡིན། ཞུ་འཕྲོག་ཏུ་སླེབ་པའི་ཉིན། སྣར་ཐང་པའི་ཉེ་གནས་ཆུང་པ་ཇ་འདྲེན་ལ་བྱུང་། སློབ་དཔོན་དར་རིན་དང་། དོན་རྒྱལ་དུ་དབེན་ཤྭ་བ་ཡང་སླེབ། ཆེན་པོ་དགེ་སློང་པ་གཉིས་ཡང་དེར་སླེབ་བྱུང་བ། རང་རེ་ལ་ཞྭ་འབུད་པའི་བཀུར་ཆ་ཙམ་བྱེད་ཀྱི་འདུག སྐུ་ཞང་དུ་དབེན་ཤྭ་དང་། གཞོན་རྒྱལ་དུ་དབེན་ཤྭ་ལ་སོགས། སྟོན་ལྷེ་པའི་མི་དཔོན་ཆེ་གཉེན་ཐམས་ཅད་དེར་འཛོམ། དེ་སྐབས་སུ་སློབ་དཔོན་ཆེན་པོ་བསོད་བློ་བ་ཡང་། སྟག་ཚང་ནས་སྐུ་འཁོར་བརྒྱ་ལྷག་ཙམ་གཅིག་བྱས་ནས་ཕེབས། རང་རེ་ལ་བུར་བཏང་ཅིག་གི་ཇ་བུར་དང་། ཀ་དན་ཅིག་གི་ཇ་འདྲེན་གནང་། དེ་ནུབ་ཞུ་འཕྲོག་སྟེང་གི་དབུ་རྩེར་དགོངས་ཇ་དྲངས། དཔོན་ཐང་ཌེ་བ་དང་། སློབ་དཔོན་རིན་བཟངས་ལ་སོགས་ཉེ་གནས་སྒྲིས་གཞོན་རྣམས་ཀྱང་ཕྱིར་བཞུགས། སུའང་མེད་པར། རང་རེ་དཔོན་སློབ་གཉིས་པོ་གསུང་གླིངས་ཞིབ་ཚད་ཅིག་མཛད་དགོས་པ་འདུག་པ་ལ། རྗོར་སྐྱབས་དུ་དབེན་ཤྭ་ལ་བཞུགས་བྱས། ཁོང་གིས་དགོངས་པ་ལ་དུ་དབེན་ཤྭ་བ་ཡང་མེད་ན་དགོངས་འདུག་ནའང་། གཏམ་ལ་དཔང་པོ་དགོས་པར་ཤེས་ནས་དུ་དབེན་ཤྭ་བཞུགས་སུ་བཅུག དེ་སྐབས་སུ་ཡ་ད་ནས་གསུང་པ་ལ། ད་ལན་དཔོན་ཆེན་རྒྱལ་བ་བཟང་པོ་པ་བྱེད་དགོས། ཀུན་སྤངས་པ་ཞང་དབོན་ལ་རྩ་ར་དང་། ལྷ་རྩེ་ལེན་དགོས། ལྷ་ཁང་པ་དང་། བྱང་པ་ཁོང་རང་རྣམ་པ་དགྲིག དགྲིག་ཡིན་པའི་ཕྱོགས་མཐུན་གྱི་གསུང་འཇོན་གྱིས་འདུག རང་རེས་ཞུས་པ་ལ། སྟག་ཚང་རྫོང་ཁར་རྫོང་བྱེད་པ་འདི་ཡང་ནོར། ཆོས་རྫོང་བྱེད་ན་རྫོང་ཁའི་མིང་འདི་སྤྱོས་མཛོད། ན་ནིང་དབུས་ནས་ས་སྐྱར་འབྱོན་དུས། ལྷ་ཁང་པ་དང་། བཞི་ཐོག་པ་ལ་གྲལ་མ་སྟོད། ཞབས་ཐང་མཛད་ནས་ཆོས་མཐུན་གྱི་འབྱོན་ལུགས་མཛད་ན་འཐད་དེ། ཞབས་ཐང་བྱེད་པས་ཞབས་སྨལ་ཆུངས་པས་བྱེད་ཐབས་མི་འདུག ཡིན་ནའང་། ཧ་པ་བཙོ་ལྔ་ཉི་ཤུ་ཙམ་གཅིག་

མཛད་ནས། དེ་མིན་པ་རྣམས་ཀང་ཐང་བྱས། མཛོ་ལྔ་བཅུ། དྲུག་བཅུ་ཙིག་ལ་ཁལ་གྱིས་ལ་ཕྱིན་མཛོད་དང་། འདི་མཛེས་ལ། བསྟན་པའི་བདག་པོར་འགྱུར་ངེས་ཟེར་བ་ཞུས་ནའང་། ཆེན་པོ་རིན་བཟང་པ་ལ་བཀའ་སྐྱོན་ཕྱིན་ནས། ཁྱོད་དཔོན་གཡོག་ལ་མར་ཁ་ཏ་བྱས་པ་མི་ལེན་པར། ཡར་ཁ་ཏ་མི་དགོས་གསུངས་འདུག དེའི་ཆེ་བཞི་ལ་ཁང་གསར་པའི་དགེ་བཤེས་ཆོས་གྲགས་དང་། རང་རེས་དགེ་བཤེས་རྒྱན་པ་རྣམས་ཡོད་པར་འདུག དེ་རྗེང་། ཁྱེད་རང་གི་དགོངས་པ་བཞིན་བྱས་པ་ལེགས༔ ཞེས་འོ་རྒྱལ་ཙི་བྱུང་། དེ་རྗེང་། དབུས་པའི་ཆོས་དཔོན་རྣམས་ས་སྐྱར་མདུན་མ་ཞུ་བ་ལ་འགྲོ་ཡི་འདུག་པ་ལ། ལམ་ཆས་ལ་སོགས་བསྐུར་ནས་རྫོངས། མདུན་མའི་དགུགས་བྱེད་པ་དང་། རང་རེའི་མི་ཐམས་ཙད་ཤངས་པ་ལ་སླེང་ན་བས་རོང་སྟང་མདའ་ལེན་པ་དང་། ཤངས་པ་ལ་དམག་བྱེད་པར་ཡོངས་པས། བླ་མ་ཆོས་རྗེ་པ་དགས་པོ་ན་བཞུགས། བཀའ་ཤོག་བསྐུར་བྱུང་ནས། ཤངས་པ་ལ་དམག་བྱས་ན། དཔོན་ཆེན་རྒྱལ་བཟངས་དང་། ཉིད་ཀྱི་བར་ན། འམ་ཆག་སྟག་ཚད་རྗོར་རྒྱལ་གཉིས་བདོག་པས་ཡེ་མི་ཉེན་གསུང་པའི་དོན་ལ།

༔ རང་སྟ་མདའ་ནས་དམག་བཟློག་དགོས་པར་བྱུང་། དེ་སྐབས་སུ། རང་རེའི་ཞལ་ལྔ་བསྐུར་བྱུང་ནས༔ སྟར་མདའི་སྟོང་དཔོན་ལ། ངེད་ཀྱི་དཔོན་ལྔ་མོ་བསྐོ་བ་དགོས། ཁྱོད་ཀྱི་མི་འཛོག་མི་ཉན་གསུང་པ་ལ།

༔ གོང་ན་བླ་མ་ཀུན་དགའ་རྒྱལ་མཚན་ཏི་ཤྲི་བཞུགས། འདི་ན་ཏི་ཤྲིའི་སྲས་པོ་གཉིས་དང་། བླ་མ་ཀུན་སྤངས་པ་ཞང་དཔོན་པོ་སྟག་འཇོམ་པའི་སྐབས་སུ། ངེད། བླ་མ་ཆེན་པོ་ཞང་དཔོན་གྱིས་སྟུག་པོ་བཏང་བའི་སླེང་ནང་ལེན་པ་ཡིན། དཔུང་གི་ཀྱང་ཐབ། གྲོད་པོ་ཆེ་ཟ་བ་ཞིམ་ཞིམ་འདྲ། གྲོད་ཆུང་པོས་ཟོས་དྲགས་ན་རྫེམས་འདྲ་བ་ཡིན་ཞུས། སྟར་མདའི་སྟོང་དཔོན་ལ་ཀུན་དགའ་གྲགས་བཞག་ན་བསྡོད་པར་འདུག་ནའང་། བྱིས་ལ་དམག་ལས་དང་འཁོབ་ཡོད་པས་མ་བཞག གོ་ཏ་ལི་བསྡོད་པར་འདུག་ནའང་། གནོད་པ་ཆེས་འགྲོ་བ་འདུག་པས་མ་བཞག དེ་ནས་བུ་རྗེ་བླངས་ནས་ཕྱིར་ལོག་སྒོ་མོ་རབ་ཀྱི་ཀུན་

སྤྱངས་པའི་གཞིས་ཁ་ཁྲ་མོ་དེ་ན། ནས་ཁལ་སྟོང་ཕྲག་བཞི་ལྔ་ཙམ་འདུག་ནའང་། ཀུན་སྤྱངས་པ་ལ་མདུན་མ་ཞུས་བ་ལ་ཁོང་གི་ཐུགས་གནད་དུ་བཙུག་ན་མི་ཉེན་བྱས་ནས། ཡུལ་བསྐྱུང་གཞན་གནོད་མེད་པར་བྱས་པ་ཡིན་པ་ལ། རང་རེའི་གཞིས་མ་རྣམས་ཀྱིས་ནས་ཐམས་ཅད་ཐར་ཐོར་བཏང་འདུག། སྐྱིལ་དང་སྣོ་མོ་རབ་ཕོ་བྲང་པས། དེའི་ལེན་ལ། ལྷ་རྗེ་ཐོ་ཕྱིའི་གཞིས་མ་རྣམས་ཕྱོགས། མ་ཏ་ལས་བརྒྱ་འགྱུར་གྱིས་གནོད་པ་ཆེ་བ་བསྐྱལ་མ་བྱུང་ལགས་སམ་ཞུས་པས། ཐུགས་ལ་ཕོག་ནས། གདུང་འཚམས་ལ་སྤྱན་ཁྲུལ་ཁྲུལ་བྱེད་ཀྱི་འདུག བསམ་ཡས་རྒྱལ་འགོང་གིས་སླེབ་པ་འདྲ་སྣམ་ནས། རང་རེས་ཡང་གདན་ཐོག་ནས་མདུན་དུ་འཕགས་ནས་ཞུ་ཐོད་ཆེར་བཏང་། ཁྱེད་ཀྱི་ཐུགས་དགོངས་ལ། ང་ཐམས་ཅད་ཀྱི་བདག་པོ་ཡིན་པ་དགོངས་པ་ཅི་འདུག བདག་པོ་ལུས་ཀྱང་ཡིན། བདག་པོ་བྱེད་པ་ལ་དེའི་ཁུར་འཁུར་དགོས་མོད། ཏ་དང་ཁྱི་དུད་འགྲོ་རྣམས་ལའང་། བདག་པོས་གསོས་བཟང་པོ་མ་བྱས་ན་ཕན་མི་ཐོགས་པར་གདའ་བ། རང་རེའི་བྱིངས་འདིར་དང་ཡོང་བར་འདུག ངེད་སྒོམ་ཆེན་པའི་བླ་མ་མཛད་ན། རང་རེའི་བྱིངས་འདི་ལ་ཆོས། རང་རེས་མཁྱེན་པ་འདིའི་ཕྱེད་ཀྱི་ཆོག་པ་ཡིན་ཏེ། རང་རེ་ས་སྐྱ་པའི་བླ་མ་དང་། ཐམས་ཅད་ཀྱི་བདག་པོ་མཛད་ན། ཆོས་ཀྱི་མཁྱེན་རྒྱ་ཐུགས་ཁུར་ནི་ཆུང་། དོ་ཁག་རྒྱལ་པོའི་གདན་འདྲེན་བྱུང་ན། ད་བཟོད་ཆོས་བཀའ་དང་དབང་བཀའ་ཞུ་དགོས་ཡོད་གསུང་ནས། གསེར་ཡིག་པ་དང་མ་ང་པོ་ཡུན་རིངས་བསྒོར་ན། དབུས་གཙང་གིས་ལྷ་སྡེ། མི་སྡེ་མང་པོ་བརླག་པའི་ཁག་ལེན་པ་མི་འཐད་པས། ད་དང་ཆོས་ཁོ་ནར་དོན་དུ་གཉེར་བ་དང་། དབང་གདམས་པ། ལུང་མན་ངག། ཡོན་ཏན་གྱི་ཆ་རྣམས་འདོད་འདུན་ཐུགས་ཁུར་བསྒོམས་པར་ཞུ། ད་ལྟའི་འདིས་མ་མཆི། བླ་མ་ཆོས་རྗེ་པ་བྱ་བྲལ་མཛད། ཐམས་ཅད་ལ་ཟོལ་པོ་ཡིད་མ་མགུས་དགོས་པ་མཛད། བྱིངས་ཆུངས། རང་རེའི་འདི་བྱིངས་ཆེས། ཁུ་དཔོན་ཅིག་གི་ཅིག་སྤུན་འཁྱིན་པ་འདི་མི་འཐད་ཟེར་བ་དང་། ཁྱོད་ད་ལྟའི་གསེར་མདོག་ནི་མི་དགའ་བར། བླ་མ་ཏི་ཤྲིའི་བུ་གཉིས་པོའི་ལད་མོ་མཛད་ནས། ངོ་ལ་ཐལ་བ་འབྱུག་གི་འདུག་སྟེ། འདི་མི་

དགའ་ཞུས། ཞུ་བ་ཤ་ཚ་གྲགས་པ་སྨྲ་ཕྱི་མངས་བས། ད་ལྷ་ཡར་བཅད་པའི་ཐུགས་གནག་པའི་དོན་འདི་ཡིན༑ འདི་རྣམས་ཞུས་པའི་དཔུང་ལ་རྟོར་སྐྱབས་དུ་དབེན་ཤྭོད་ལྷ་ཡང་ཡོད། དེ་ནས་ཞུ་འཐྲོག་ཁྲམས་སུ། གུང་ལ་རྟེན་མཆོད་དང་། སློབ་དཔོན་ཆེན་པོའི་བཞུགས་ཁྲི་བཞུགས་གདན་བྱས། ཀ་གདོང་གཡས་ཀྱི་ཡར་རྒྱུ་ལ་རང་རེའི་གདན་བྱས། གཡོན་ཕྱོགས་ལ་གཞོན་རྒྱལ་དུ་དབེན་ཤྭོ་དང་། སྟོན་ལྷི་པི་པ་རྣམས་དང་། གཡས་ཕྱོགས་ཀྱི་རྩིག་འཁྲིས་ལ། སློབ་དཔོན་དར་རིན་དང་། ས་སྐྱ་པའི་ཉེ་གནས་རྐན་པ་དེར་ཡོད་རྣམས་བྱས། གྲོ་གཟབས་པ་ཅིག་དྲངས། རང་རེས་ལབས་པ་ལ། དཔོན་ཆེན་རྒྱལ་བ་བཟངས་པོ་ཐེང་གཅིག་པའི་མི་དཔོན། དཔོན་ཆེན་ཤཱཀྱ་བཟང་པོའི་གོ་ས་ན་ཡོད་པ། བླ་མ་ཏི་ཤྲིའི་སྲས་པོ་གཉིས་པོས་བརྩོན་ལ་བཟུང་འདུག དེ་ལ་ཐམས་ཅད་ཀྱིས་ངེད་ལ་རམ་ཟླ་ལ་ཡོད་དགོས་ཟེར་ཡོངས་པ་དེ་ཡིན། ད་རྟོར་གྱི་དུ་དབེན་ཤྭོ་ནི་མི་འདུག བྱེད་གཞོན་རྒྱལ་དུ་དབེན་ཤྭོ་ལ་སྟག་མགོ་ནོར་བུ་གསུམ་པ། དམ་ཁ་གླིང་དྲུག་མ། དཔོན་ཆེན་གྱི་དམ་ཁ་དང་འདྲ་བར་ཡོད་པས། ཁྱེད་ཀྱི་ཕྱི་ལ་སྟོན་ལྷི་པི་པ། དམག་འབྱམས། དབུས་པ་རྣམས་ཀྱིས་ལ་དཀྱིལ་ཏུ་གྱིས། འབྲུག་པ་བྱུང་ན་འཐིལ་ངེད་ཀྱི་བུ་ཧ་རྣམས་ཀྱིས་བྱེད་དགོས་པས་གཡས་ཏུ་གྱིས། ཁྱེད་རང་ཤངས་པས་གཡོན་ཏུ་གྱིས། ཐང་འབྲུག མཁར་གའབེབས་གང་དགོས་ནའང་། ངའི་དཔོན་སྐྱ་གཟའ་པ་འབྲུག་ཡོད་རྣམས་ཡར་བཏང་ནས་ཁག་འཁུར། ང་དཔོན་གཡོག་བརྒྱ་བཤར་ཅིག་བྱས་ནས་རིན་སྤུངས་སུ་འགྲོ། དེ་སྐད་དགུག་མདུན་མ་ལེགས་ཉེས་ཀྱི་ཁག་སྟོན་ལྷི་པི་པ་དང་། དམག་དཔོན་གྲོས་དབང་རྣམས་ཀྱིས་ཁུར་བྱས་དུས། གཞོན་རྒྱལ་དུ་དབེན་ཤྭའི་ཚིག་ལའང་། ཁྱེད་མེད་ན་མི་ཡོང་ཟེར། གཞན་ཡང་དེར་འཚོགས་པའི་ཚེ་གཉན་ཐམས་ཅད་ན་རེ། འབབ་བརྒྱ་དང་སེང་གེ་གཅིག་ཟེར་བའི་ཚུར་ཡིན། ཁྱེད་མ་བྱོན་ན་དཔོན་ཆེན་མི་འབྱོན། སྐྲག་པ་དང་འཇིགས་ཚད་ཁྱེད་ལ་འཇིགས་པ་ཡིན། གཞན་འདི་རྣམས་ཁོང་རྣམས་ཀྱིས་གློ་ལ་ཐོན་པས། འདིར་བྱུང་བ་ཡིན། ཁྱེད་འབྱོན་དགོས་ཟེར། ང་འགྲོ་ན་ཇ་ཐུགས་གཟུང་ནས་དཀྱིལ་ཏུ་བྱེད་དགོས་ཅ་ན། ཁྱེད་རྣམས་ངའི་གྲལ་འགོ་ཏུ

བསྐོད་དགོས་ཏེ། དེ་ངོ་ཨེ་ཚ་བྱས། ངོ་མི་ཚ་གྲལ་འགོ་རུ་བསྐོད་ཟེར། དེ་ནས་དཔོན་ཆེན་མ་ཕྱིན་བར་དུ། ཐམས་ཅད་ཀྱི་ངའི་གྲལ་འགོ་སྐོད་པར་བྱས་ཤིང་། ངའི་ངག་ལས་མི་འགལ་བར་བྱས། རང་རེ་དཔུས་པ་རྣམས་ཀྱིས་དཀྱིལ་དུ་བྱེད་ཤངས་པས་རང་རེའི་ཕྱི་ལ་འཁྲིམ། གཞོན་རྒྱལ་དུ་དབེན་ཤུས་མགོ་བྱས། ཏོར་དམག་གིས་གཡས་རུ་བྱེད་པ། སྐུ་ཞང་པ་དང་། དཔོན་འཕགས་སྐོར་གྱིས་གཡོན་དུ་བྱེད་པ། དེའི་ཁར་རང་རེའི་དམག་གཡོན་དུ་བསྐོན་པར་བྱས་ནས་བཙའ་ཚེ་བླངས། དེ་སྐབས་སུ། གཞོན་རྒྱལ་དུ་དབེན་ཤུས་བཟང་ཚ་བྱས་ནས། ངེད་ལ་དམ་ཁ་ཡོད་པས། ཁྱེད་ཚང་ལ་ཟའུ་ཁྲིན། ཞུ་ལག་གང་དགོས་ཀྱི་ཡི་གེ་དམ་ཁམ་གཉེར་ཟེར་བ་ལ། ང་དཔོན་གཡོག་གཡོན་དུ་དང་བཅས་པ་ལ་ཟའུ་ཁྲིན། སུ་ལག་གད་འདེད་ཡང་༑ ང་རང་ཐེལ་རྩེ་ནག་པོས་ཆོག ཁྱེད་རང་གཡས་རུ་རྣམས་ལ་གང་དགོས་བཀོད་པ་མཛད་པར་ཞུ་ཞུས། དེ་ནས་རང་རེའི་མི་ཆོས་བྱས་ནས། གཞོན་རྒྱལ་དུ་དབེན་ཤུའི་སྐྱིལ་ཐུང་ལ། ཞུ་འབྲོག་མདའ་བར་དུ་སྐྱ་སུམ་བཅུ་ཙམ་ཕྱིན། དེར་རྟ་བབས། ཁམས་འདྲི་བྱས་པ་ལ། ཕོང་གི་ཡང་རྟ་བབས། ཁམས་འདྲིའི་ལན་བྱས། དེ་ནས་རྟ་གམ་པ་གསུམ་མར་ཁྲིད་པར། རྩ་དེ་ཁ་ནས་རྟ་ཞོན་སོང་། དེ་ལ་རང་རེ་ཁམས་འདུས། ད་ཅི་ཐམས་ཅད་ཁ་འཚམ་ནས། རང་རེ་ལ་གནན་པ་བཙོལ་བ་ཡིན་པ་ལ། ད་ཡང་འདི་འདྲའི་བརྙེས་པ་བྱེད་པ་འདུག ཁ་ལ་གནན་པ་འཚོལ་ཟེར་ཡང་། དོན་ལ་བརྙེས་པ་འདུག་བསམ་པ་བྱུང་། ཞུ་འབྲོག་ཏུ་ཞག་ལྔ་བསྡོད་ནས། དགའ་བ་གདོང་གིས་མར་སྣའི་རི་རུལ་གསེབ། དེར་ཞག་གསུམ་སྡོད་པའི་ཁར། བླ་མ་ཀུན་སྤངས་པས་ས་སྐྱར་སྐྱ་རིམ་སྤང་ཕྱོག་བྱས་པ། དེའི་རྣམ་བཞག་བསྐལ་བ་ཡིན་ཟེར་ནས། དཀར་ཡོལ་འབྲུག་རྒྱབ་དཏུལ་ཡུ་མ་ཅིག་དང་། ཁ་ཐིག་དམར་ཁྲ་རྨ་བྱའི་རི་མོ་ཡོད་པ་ཁྱད་འཕགས་ཡུག་ཅིག་སྐྱུར་ནས། ཁྲི་བཙུན་བཏང་བྱུང་། ཁྲི་བཙུན་གྱིས་ཕྱག་ནི་མ་བཙལ། བུར་བཏང་གཅིག་གི་ཇ་བུར་དྲངས། དོན་གྱི་ཚོད་ལྟར་འདུག་པས། དཔོན་འཕགས་དབང་པོར་བཞག་ནས། རྒྱལ་པོའི་ཁྲིམས་དང་། ས་སྐྱའི་བསྟན་བྱུས་ཆེན་པོ་གཤགས་ནས། ཞིབ་པར་རྒྱས་པར་གོར་བཙུག ཁྲི་བཙུན་ལ་ཞུ་

ལག་ཏྲ་གསུམ་སྐྱིན་ནས་ཡར་བཏང་། དེ་ནས་སྣར་ཐང་མཁན་པོའི་དབུ་མཛད། གཙང་གིས་སྟོང་བསྐོར་རྣམས་ཀྱིས་མཁན་སློབ་པར་ཆེར་དེར་ཕྱིན། སྣ་ཐང་མཁན་ཆེན་པས་དབུ་ཞྭ་ཕུད་པའི་འདྲི་མེད་མཛད། སློབ་དཔོན་བསྟན་གྲགས་ཀྱིས་དྲུག་ཕྱག་བཙལ། རང་རེས་ཡང་ཕྱག་ལེན་བཙོལ། དགའ་བ་གདོང་ནས་དཔོན་པོ་དཔོན་མཆོག་རིན་ཆེན་དཔུན་རྣམས་ཡར་སྡོན་ལ་སོང་བས། རང་རེས་ཁྲིམས་བསྲུམས་བཞིན་བརྟེས་པ་བྱས་ནས། ཚོང་འདུ་པའི་བསླང་ར་ཕྱུགས་རྣམས་ཕྱུགས་ནས་བསད། སྐྱུར་མ་སྤྲེ་ཚབ་ལ་རྒྱལ་འདུག་ཅིང་། རང་རེ་ཡང་སོར་བཏང་བས། དེ་ཀུང་རང་རེ་སླེང་ནན་ལྷུར་ན། དེ་ནས་ཚོང་འདུས་པའི་འབྲུམས་ཁང་གི་གྱུང་ར་སྟོང་པ་དེར་ཞག་གསུམ་བསྡད། སྐུ་ཞང་པས་ཞྭ་ལུར་པོས༔ སྟོན་མོ་འབུལ་བ་གཟབས། མཁན་ཆེན་རིན་པོ་ཆེ་པ་དང་ཡང་མཇལ། གནང་སྦྱིན་གཟབས་ནས་དཔོན་ཆེན་ཅིག་ཀུང་ཡོན་པ་ཅིག་འཚལ་ལོ་གསུང་པའི་གསུང་ཕྱིན། ཞྭ་ལུ་པ་ལ་དམག་རྒྱུགས་ཐོགས་ཅིག་བླངས། དེ་ནས་ཞྭ་ལུག་ཏུ་ཞག་གཉིས་བསྡད་དུས། བླ་མ་རྒྱལ་འབྱུང་བ་དང་། ཆེན་པོ་དཔལ་རྒྱལ་བ། རིན་ཆེན་སྣང་པའི་ཇ་འདྲེན་ལ་སླེབ། ཇོར་སྐྱབས་དུ་དབེན་ཤྭ་དང་། ངེད་གཉིས་པོ་སླེབ་མོའི་ཆ་ཐེར་ཅིག་ན་ཇ་མཐུང་གི་ཡོད་པ་ལ། ཕྱིར་ཤོག་ཟེར་བ་བྱུང་བས། དུ་དབེན་ཤྭ་ལངས་ནས་སོང་བ་ལ། ཡང་ཁྱོད་ཀྱིས་མི་ཚོས་དང་བཀུར་ཆ་འདི་འདྲ་འཐད་ཟེར་བ་མ་བྱེད་ཅིག ཁོང་རང་གང་དགའ་བྱེད་དུ་ཆུག་བྱས། དེ་ནས་ངས་ཡང་ཚོམས་སུ་ཕྱིན་ཙ་ན། ཆེན་པོ་དཔལ་རྒྱལ་ཞྭ་ཐང་ཐེབ་དེ་འཐོག་ཅིག་དང་། སྤྲགས་ནས་ཚ་ཅིག་འཛིན་དུ་བཅུག མགོ་རླིན་པ་བྱས་ནས་བྱུང་། ཁམས་འདྲི་བྱེད་ཀྱི་འདུག རིན་ཆེན་སྣང་པ་ལ་གཏོགས་པ་རྣམས་ལ་གནོད་པ་མེད་པ་དགོས་ཟེར་ནས། ཡི་གེ་ཆག་པ་གང་ཕྱིར་འདུག་པ། ཡི་གེ་རྣམས་བྱིན། དེ་རྟིང་། ཆུ་མིག་ཏུ་སླེབ་པ་དང་། ཞག་གཉིས་སོང་དུས། བླ་མ་ཤར་ཆེན་པ་དང་། བླ་མ་མཉམ་མེད་ཆེན་པོ་དང་། ས་སྐྱ་བཀའ་གྲོས་པས་དེད་ལ་ཇ་འདྲེན་ལ་བཏོང་བྱུང་། རང་རེས་ཡང་སྒོ་མདུན་དུ་བསུམ་ཕྱིན། བླ་མ་ཤར་ཆེན་པ་ཆེན་པོ་ལ་ཕྱག་བཙལ་བས་ཕྱག་ལེན་བྱེད་མི་ཉན། དབུ་ཞྭ་ཕུད། རང་རེའི་

ཡང་ཕྱག་ཅིག་ཕྱུལ་ནས་འཁྲོ་བཅད། ཕྱག་ལེན་མ་བྱས་པ་ལ་ཀོ་ལོང་བྱས་ནས། དང་པོ་ནང་ན་བླ་མ་ཤར་ཆེན་པ་ལ་འཐོལ་གཉིས། བླ་མ་མཉམ་མེད་པ་ལ་འཐོལ་གཅིག་བྱས་ཡོད་པ། མི་རྒྱུག་ཏུ་བཙུག་ནས། བླ་མ་མཉམ་མེད་པ་དེ་ལའང་། འཐོལ་ཅིག་བརྩིགས་ལ་གདན་མཉམ་པོར་གྱིས་བྱས། ནང་དུ་སླེབ་པ་དང་། ས་སྐྱའི་ཇ་འདྲེན་བུ་རམ་དགའ་ན་ཧོ་བ་ཅིག་དང་། སྟེལ་པོ་ཅིག་མཛད་ཀྱི་འདུག དེའི་སྟེང་སུ་བླ་མ་ཤར་ཆེན་པས་གསུང་སྒྲོན་པ་ལ། ཉིད་ཅག་དམག་སྣེ་དང་བཅས་པ་འདི་ཕྱོགས་སུ་འབྱོན་གྱི་འདུག་ཟེར་བས། ས་སྐྱའི་བཀའ་གྲོས་པས།

༈ བླ་མ་མཉམ་མེད་པ་དང་། འམ་ཅག་གཉིས་ཇ་འདྲེན་ལ་བཏང་བ་ཡིན། དམག་སྣེ་འདི་ནས་བཟློག་པ་འཐད། གདན་ས་ཆེན་པོ་ཡང་ཡུལ་གཉེན། བླ་མའི་གདན་ས་ཡིན། འམ་ཅག་ཤར་པ་སྐད་པ་འདི་ཡང་། ད་ལྟ་མི་གཟུགས་མི་གདའ། དང་པོ་༈ རྒྱལ་པོའི་བླ་མ་རི་ཁྲི་ཡང་བྱས། བཞི་ཐོག་གི་གདན་སའང་བྱས། ས་སྐྱའི་བདག་བྱས་དུས། གདན་ས་ཆེན་པོའི་མཛད། བོད་ཁམས་ཐམས་ཅད་བདེ་ཞིང་སྐྱིད་པའང་བྱས། རྒྱལ་བུ་རིན་པོ་ཆེ་དང་། སློམ་པ་དཔོན་པ་ལ་སོགས་པ། སྟོད་ཧོར་ནག་པོ་བཟློགས། གདན་ས་ཆེན་པོ་ལ་པོ་རལ་འཁྲུམས་གསུམ་མེད་པར་བཀྱིས་གདའ། ད་ལྟ་འམ་ཅག་ཤར་པ་ལ། ཁྲི་སོ་མེད་ཀྱི་རྒྱུག་པ། གཡག་ཨ་ཡུ་པོའི་བརྟུང་པ། ཁ་ཉེན། དབང་ཆུང་གིས་མིར་འདུག་ནའང་། སྟོད་པའི་སྟབས་ཀྱིས་མི་ཚ་ཟེར་བའི་ཚུལ་དུ། ཁོ་སའི་སྟབས་ཀྱིས་འམ་ཅག་ཡང་ཡོང་དགོས་པར་བྱུང་། བླ་མ་དམ་པ་ཆོས་རྗེ་པ་ནི་དྭགས་རྐང་ལ་བཞུགས། གདུང་བརྒྱུད་བདག་པོ་གཞན་རྣམས་ནི་སྐྱུ་ནས་གཞོན་པས། གཞན་དབང་དུ་སོང་ནས། རང་དབང་མ་ཐོབ་པ་ཡིན་མཆི། ཡིན་ནའང་རིམ་གྱིས་ཞུས་པས་དཔོན་ཆེན་ཐོན་མཆི་གསུང་། དེ་ལ་ངེད་ཀྱིས་ལེན་ཞུས་པ་ལ། པེ་ཆེན་རྒྱལ་པོ་དང་། ༈ བླ་མ་འཕགས་པ་ཡོན་མཆོད་དུ་འབྲེལ་ནས། ས་སྐྱ་པ་འཛམ་གླིང་གི་བདག་པོ་ཡིན་བྱས་ཁྱབ་མ་ཆེས། དེའི་ནང་ནས་བོད་ཆོལ་ཁ་གསུམ་པོ་འདི། ས་སྐྱའི་བདག་པོར་འདུག དེའི་ནང་ནས་དབུས་གཙང་ཁམས་གསུམ་པོ་

འདི། ས་སྐྱ་པའི་སྤྱོད་ཡུལ་དུ་འདུག་པ་ལ། དཔོན་ཆེན་ཤཱཀྱ་བཟང་པོ།

༈ ས་སྐྱ་པའི་བསྟན་པ་བསྲུངས། བླ་མའི་གཟིམས་ཁང་བརྩིགས། ས་སྐྱའི་མངའ་ཐང་རྒྱ་སྐྱེད་ནས༔ གདན་ས་ཆེན་པོའི་བླ་མ་བཞི་ཐོག་ཏུ་བཞུགས་པ་དེ་དང་། ཞལ་ངོ་མཉམ་པར་ཀུན་གྱིས་འཁུར་དགོས་ཤིང་༔ བོད་ཀྱི་རྒྱལ་པོ་ལྟར་བུར་ཡོད་འདུག་པ་དེ་ལགས། བླ་མ་ཆོས་རྒྱལ་འཕགས་པ་ས་སྐྱར་བཞུགས་དུས། དཔོན་ཆེན་ཀུན་དགའ་བཟང་པོ་མ་བཟོད་པར། བླ་མའི་སྐུ་གསུང་ཐུགས་ལ་འཐོག་པ་ཇི་སྙེད་ཅིག་བྱས་འདུག་ནའང་། བཀའ་སྐྱོན་རིང་མོ་སྐད་ཀྱི་བཀའ་ཤོག་ཅིག་མཛད་འདུག་པ་མིན་པ། དཔོན་ཆེན་ལ་རྩ་ར་བྱས་པའི་སྐད་ཡང་མ་ཐོས། ཁྲིམས་རྒྱལ་བུ་ཆེན་པོ་ཧེ་ཏོང་གིང་གྱིས་གསན་ནས།

༈ གོང་མའི་དྲུང་དུ་ཞུས་པས། མི་ཆེན་ཟམ་ཁ། བྱང་རིན། ནམ་མཁའ་ཏ་ལ་སོགས་པའི་ཁྲིམས་དམག་ཡོང་ནས༔

༈ གོང་མའི་ལུང་དང་ཁྲིམས་དམག་གིས་བྱ་རོག་ཚང་ཕབ། དཔོན་ཆེན་ཀུན་དགའ་བཟང་པོ་བསད་འདུག དཔོན་ཆེན་ཀུན་དགའ་བཟང་པོས་བྱས་པའི་ཉེས་པ་དེ། དཔོན་ཆེན་རྒྱལ་བཟང་ལ་མེད།

༈ བླ་མ་འཕགས་པའི་གོ་ས་ནས། ཏི་ཤྲིའི་བུ་གཉིས་པོ་མེད། དཔོན་ཆེན་ཀུན་དགའ་བཟང་པོ་བས་ཀྱང་། དཔོན་ཆེན་རྒྱལ་བཟང་པོ་ལས་ཁ་ཆེ། ཕིང་ཅིག་པ་ལ་སླེབ་པའི་མི་དཔོན། གཡུང་ལོ་ཏའི་ཧུའི་ཟླུམ་མགོན་ཡོད་པ་ཡིན། ལས་ཁ་འབེབས་ན། བསོད་ནམ།

༈ རྒྱལ་པོས་ཤེས་སོང་། ཁྱེད་རྣམས་ལ་ཆོས་བྱེད་པ་མ་གནོགས། འདི་འདྲའི་བྱ་བ་དོན་ཅི་ཡོད། བླ་མ་མཁའ་བཙུན་ཆེན་པོ་ལ། ཁྱོད་ས་སྐྱ་པ་བྱིན་གྱིས་ཡོ་ལོག་བཏང་པས། ས་སྐྱ་པའི་བསྟན་པ་ཉམས། ད་དཔོན་ཆེན་ལ་ཡོད་མེད་བྱུང་ན། ས་སྐྱའི་བསྟན་པ་རྗེས་མེད་ལ་འགྲོ་བས། དཔོན་ཆེན་ཁམས་བཟང་པོར་ངེད་ཀྱི་ལག་ཏུ་སྤྲོད་དགོས། འདིར་སྤྲོད་ན་མདུན་མ་ཡོད། གཞན་མདུན་མ་མེད། འདང་ཞག ས་སྐྱ་ནས། ལོན་བྱུང་བ་ལ།

དཔོན་ཆེན་རྒྱལ་བ་བཟང་པོས། ཁྱོད་ལ་ངན་དེ་ཙམ་བྱས་པ་ལ། ད་སོའི་རམ་ཟླ་ལ་ཡོང་ཞན་ཟེར་བ་བྱུང་། དཔོན་ཆེན་རྒྱལ་བ་བཟང་པོ་དང་། དཔོན་ཆེན་དབང་བརྩོན་གྱིས་ང་ལ། དགྲ་དང་གནོད་པ་བྱས་ཏེ། ཁོང་གཉིས་བཟུང་ནའང་ཟེན། བསད་ནའང་སོད་པ་བྱུང་། ངས།

༈ རྒྱལ་པོའི་ཁྲིམས་དང་། ས་སྐྱའི་བསྟན་པ་ལ་བསམ་ནམས་རེག་པ་ཡིན། ཁྱེད་བླ་མའི་དཔོན་པོའི། མི་ངན་པའི་ཁ་ལ་ཉན་ནས། ཕིང་གཅིག་པར་སླེབ་པའི་མི་དཔོན་འཛིན་པ་མི་རིགས། ང་དང་། དཔོན་ཆེན་རྒྱལ་བ་བཟང་པོ་འཆམ་པ་འཐད་པ་ཟེར་ནས། བླ་མ་ཆོས་རྗེ་བསོད་ནམས་རྒྱལ་མཚན་པས། ཁྱེད་རང་ས་སྐྱ་ན་བཞུགས་པའི་བླ་མ་དགེ་བའི་བཤེས་གཉེན། ཐུགས་དགོངས་པ་ཅན་ཐམས་ཅད་ཀྱིས་འཆམ་པ་འཐད་ཟེར་བ་ལེན་བྱུང་། ནོར་ན་ཁྱེད་རང་ཚོ་ནོར་མེད། ང་དཔོན་ཆེན་ལ་བབས་བྱས་པ་མིན། དཔོན་ཆེན་གྱི་ང་ལ་བབས་དང་མདུན་མ་བྱས་ནས་ལོག་པར་བྱས་པ་མེད། ང་འདིར་ཡོངས་པས༑ སློན་ལྷི་པི་པ་རྣམས་དང་། ཁྱེད་རང་ས་སྐྱ་ནས་ཀྱང་བསམ་པ་གནས་པ་རྣམས་དང་། གཞན་ཡང་དབུས་གཙང་ན་བསམས་པ་ལ་གནས་པ་ཐམས་ཅད་ཀྱིས། དཔོན་ཆེན་གྱིས་རམ་ཟླ་ལ་ཡོང་དགོས་ཟེར་བའི་ཡི་གེ་རིམ་པར་བྱུང་བས་ཡོངས་པ་ཡིན། ངེད་ཆུ་མིག་དཔལ་གྱི་སྡེ་ཆེན་དུ་ཡོངས་པའི་དོན། ཁྱོད་ས་སྐྱ་པ་ལ་འབུལ་བ་སྐྱེལ་དུ་ཡོངས་པ་མིན། སྐྱ་ཁབ་ཞུར་ཡོངས་པ་མིན། བསྙེན་བསྐུར་འདྲེན་དུ་ཡོངས་པ་མིན། ཁྱོད་ས་སྐྱའི་བླ་མ་ཚོ་ཡང་། ངས་ཕྱག་འཚལ་བ་མ་རེ། བླ་མའི་བུ་གཉིས་པོ་ཟེན་ན་འཛིན་ལག་ཏུ་ཆུད་ན་གསོད། དཔོན་ཆེན་འདམ་པ་དང་། ཁྲིམས་གྲོགས་ལ་ཡོངས་པ་ཡིན། གེབ་ཛ་ཧྲའི་ཕིང་འཛང་དང་། དར་མ་རྒྱལ་མཚན་ཏའི་སི་ཏུས་གནང་དྲངས་པའི། འཇའ་སའི་ནང་ན། ཁྲིམས་དང་འགལ་བ་བྱེད་པའི་གྲུང་པོ་ཇོ་ལོག་རྣམས་ལ་ཇེག་གེན་ཆོས་གསོད་གེན་ཆོས་ལ། རྗེང་ལ་ངེད་ལ་ཞུ་མཐོང་གསུང་པ་ཡོད། དེའི་ཞལ་བཤུས་ཡང་རང་རེ་ཐམས་ཅད་ལ་ཡོད་པ་དེ་ཡིན། དེའི་ལུགས་བཞིན༑ ཇོ་ལོག་གྲུང་པོ་རྣམས་བསོད་ཀྱིན་མ་འཆོས། ཇེག་གེན་འཆོས་རྗེང་ལ།

གོང་དུ་ཞུ་བ་གཏོང་ཟེར་བའི་ཚིག་གྱང་པོ་སྲ་མོ་ལབས་པའི་དོན་ལ། བླ་མ་ཤར་པས། ས་སྐྱར་ཕེབས། ལྷ་ཁང་ཆེན་མོར། བླ་མ་ཀུན་སྤང་པ་དང་། བླ་མ་ཧེ་ཤྲིའི་སྲས་གཉིས་དང་། ས་སྐྱའི་བཀའ་གྲོས་པ་རྣམས་འཛོམ་པར། ངེད་ཀྱི་ལབ་པའི་ཚིག་རྣམས་བསྒྱུར། འོ་ཅག་གིས་ཀྱང་ཁོང་ལ་ཕྱག་ལེན་ཅིག་དགོས་པར་ཡིན་པ་གདའ་སྟེ། འམ་ཅག་གིས་ཀྱང་ཕྱག་ལེན་ཅིག་མ་བགྱིས། ཞ་ལྟུད་ཙམ་བགྱིས་པ་ལགས་ཏེ། ཁོང་པས་ཀྱང་ཕྱག་གཅིག་ཙམ་ནས་འཁྲོ་བཅད་ཐལ། དེས་ན་ད་ཅི་གོང་དུ་སློས་པ་བཞིན། བཀའ་སྐྱོན་དེ་རྣམས་བྱུང་བ་ལགས། ཕྱག་ལེན་ཅིག་ཙམ་བྱ་རྒྱུར་གདའ་སྟེ། ཕྱག་ལེན་བྱས་པར་སོང་ན། འམ་ཅག ས་སྐྱ་པ་འདི་ཚོས། ངེད་ས་སྐད་ཀྱིས་སླད་པ་སྐྱལ་ཟེར་དུ་བྱུང་གིས་དགོས་པས་མ་བགྱིས་པ་ལགས་གསུང་འདུག དེ་སྐབས་སུ། རིན་སྤུངས་སུ་ཕྱོགས་གཉིས་པོར་ལབས་པའི་ཚིག་དེ། ཀུན་སྤངས་པས་དགོངས་ནས། བླ་མ་ལྷ་ཁང་པའི་སར་ཕྱིན་ནས༔ ཉིད་ཅག་དཔོན་ཆེན་བྱང་པས། ཆུ་མིག་ཏུ་ཐུ་ཏེ་ལ་གཏོང་བ་ཡོད་འདུག་བྱ་བ་སླེང་གིན་གདའ་བ་བདེན་ལགས་སམ་ཟེར་བ་ཞུས་འདུག༔ དེ་ཧྲིང་། དཔོན་ཆེན་བྱང་པས་ལྷ་ཁང་པའི་སར་ཕྱིན་ནས། བྱུང་པ་ཆུ་མིག་བར་དུ་ཕྱིན་ན། རང་རེ་དང་མདུན་མ་ཡོང་བར་ཡོད་འདུག་ཟེར་བ་ཞུས་པས། ལྷ་ཁང་པ། ཀུན་སྤངས་པས་སྐྱོག་བྱས་པས་འཁྲུལ་ནས། དཔོན་ཆེན་བྱང་པ་ལ་བཀའ་སྐྱོན་ནས། ཁྱོད་ཚོས་ང་འཚོང་བ་དེ་མི་ཡོང་གསུང་པས། དཔོན་ཆེན་བྱང་པའི་ཞུ་བ་མ་ཚུད་པས། ལྷ་ཁང་པ་དང་། བྱང་པའི་མདུན་མ་གང་ལའང་གཏད་སོ་པོ་མ་བྱུང་བ་དེ་ཡིན། དེ་ནས་ཀུན་སྤངས་པས་སྐྱོག་བྱས་གཡོ་བསྒྱུལ་ནས་ཤར་པ་དང་། བཀག་གྲོས་པ་རྣམ་ལ། ངེད་འགྲོ་བ་འཐད་ཟེར་བ། སྐུ་མཆེད་པ་ལ་ཞུས་བྱས་འདུག་ཅིང་། དེ་ནས་ཚིག་གྱོང་པ་དང་ལྟེ་བའི་དོན་ལ། བཀའ་གྲོས་པ་རྣམས་ཀྱིས། བླ་མ་ཀུན་སྤངས་པ་འབྱོན་པ་འཐད་ཟེར་ནས། ཁོང་འབྱོན་པར་བྱས། ཁོང་གིས་ཐག་གང་བཅད་པ་ལ་ཉན་པར་བྱས། མི་འགལ་བའི་ཡིག་ཁྲིགས་བྱས། སྐུ་མཆེད་པས་ཡང་ཕྱག་སྟག་གནང་ནས་ཐག་བཅད་འདུག ཧྲིང་བླ་མ་ཀུན་སྤངས་པ་འབྱོན་པ་ཡིན་པས། དཔོན་འཕགས་པ་དང་། རང་རེའི་མི་བསུ་བ་ལ་ཐད་ཟེར་

བ་བྱུང་བས། དཔོན་འཕགས་པ་དང་། རང་རའི་མི་ཁང་རང་གིས་དམིགས་བཏུལ་བ་རྣམས་ལ་གོར་བསུ་བ་ལ་བཏང་། ཀུན་སྤངས་པས། དཔོན་འཕགས་ལ་མོན་བསྐུར་ནས། ཕྱག་ལེན་དང་བསྐུར་ཚ་ཆེན་པོ་བྱེད་ཟེར་བ་བྱུང་བས་ལ། ཕྱག་ལེན་ཡང་མི་ཞུ། ཕྱག་ཡང་མི་འཚལ་བྱས་ནས་ཉིན་གཅིག་གཉིས་འཐེན། གཞོན་རྒྱལ་དུ་དཔེན་ཤྭས་ཡང་གཡས་རུ་བྱང་ཕྱོགས་ལ་ཁམ་ཕྱིན་པར། དབུས་པ་རྣམས་དང་། ཧོར་དམག་ཆན་པ་རྣམས་ཁྲིད་ནས་བྱུང་བ། ཚ་མིག་ཏུ་ཐོག་སྒྲི་དགོས་ཀུན་ལ་གཟབ་ཁོང་གིས་བྱང་ལ་ཡོད་པའི་གཞིས་མ་རྣམས་ལ་ཟ་མ་དགོས་ཟེར་བས། རང་རེ་ལ་ཤངས་པས་འདབ་དགོས་ཀྱི་སྙེང་ནས། ཐོག་གཏོར་རེས་པར་བྱུང་། དེ་ནས་ཀུན་སྤངས་པ་ཕྱིན་པ་ལ། གཞོན་རྒྱལ་དུ་དཔེན་ཤྭ་ན་རེ། ཀུན་སྤངས་པའི་བསུ་བ་ལ་རང་རེ་ཡང་ཕྱིན་པས་དྲག་ཟེར། ཁོང་ཆོས་འཆོས་པ་ལ། བསུ་བ་ལ་འགྲོ་བ་མི་ཡོང་བྱས་ནས་ཐག་རིང་པོར་མ་ཕྱིན། དེ་ནས་སྒོ་མདུན་དུ་ཕྱིན་པ་ལ། ཀུན་སྤངས་པས་བཞུགས་གདན་པ་ལ། བསྟན་དམར་པོ་དེ་ཐེང་གསུང་ནས། དབུ་ཞྭ་ནམ་བཟའ་ཕུད་བྱུང་བས། རང་རེས་ཕྱག་འཚལ་དགོས་པར་བྱུང་། དེ་ལ་བླམ་ཀུན་སྤངས་པས་རང་རེ་ལ་ཕྱག་བཙལ་ཟེར་བའི་གཏམ་ཡང་གྲགས་པ་བྱུང་བའི་དོན་དེ་ཡིན། རང་རེ་ཕྱག་བཙལ་ཕྱིན་རློབས་ཞུས། ཁོང་གིས་ཡང་ཕྱག་མཉམས་བཙལ་བྱས། དེ་ནས་ནང་དུ་གདན་དྲངས། ཇ་བུར་དང་བསྟན་བསྐུར་འབུལ་བ་གཟབས། ཕྱགས་ཕྱི་ལ་དཔོན་ཆེན་དབང་ཕྱུག་དཔལ་ཡང་འདུག དེ་ནས་སྣར་ཐང་པའི་གཞིས་བུད་ཁར་བཞུགས་པ་བྱས། དེར་བཞུགས་པའི་ཕོགས་གཟབས། དེ་ནས་ཟླ་བ་ཕྱེད་སོང་བ་དང་། ཀུན་སྤངས་པ་སོས་དལ་དུ་སོང་ནས་དཔོན་ཆེན་འདོན་པའི་རྣམ་འགྱུར་མི་འདུག དེ་ཙིས་ལེན་བསམ་ཙ་ན། དཔོན་ཆེན་གྱི་དཔོན་པོ་རྣམས་ཀྱིས་ཁྲིམས་མེད་བྱས་ནས། གར་ཕྱིན་ཕྱིན་དུ་བཙོམ་ཕྲོགས་རྒྱང་བྱས་པ་དང་། རང་རེས་ཡང་མི་ཆོས་ཀྱང་བྱས་ནས། ས་སྐྱའི་ཉེ་གནས་བགྲེས་གཞོན་རྣམས་ལ་ལྷ་བ་དང་ཐྲོལ་ཐྲོལ་བྱས་པས། རང་ཕྱོགས་སུ་བསྒོམ་པའི་ཐེམ་པ་ཁ་པ་ཆོས་ཙུང་བརྟས་པས་ལེན་འདུག ནང་པ་ཀུན་དགའ་འབུམ་གྱིས་ཕྱག་འཚལ་བས་ཕྱག་ལེན་དགོས་ཟེར་དུ་

བྱུང་བས། ཁྱེད་རང་ཕྱག་མི་འཚལ་ཡང་ཕྱག་ལེན་མི་བྱེད་བྱས་པས། སྤར་ཇོར་སྐྱབས་དུ་དབེན་ཤྭ་ཡང་། རང་རེ་དང་གྲོགས་བཟང་ཡིན་པ་དང་། ཆེ་གཉེན་ཐམས་ཅད་ཀྱི་ཕྱག་འཚལ་སྤྱི་ཤོས་བྱས་མི་རྒན་ཡིན་པས། མགོ་འདོན་བྱས་ཕྱག་ལེན་རེ་བྱས་ནའང་། ད་ནི་ཁྱོད་ལའང་ཕྱག་ལན་མི་བྱེད་དོ་བྱས། དེ་ཁའི་ཉིན་དཔོན་ཆེན་གྱིས་དཔོན་པོ་རྣམས་བཟུང་ནས་རིན་སྤུངས་སུ་བསྐུར། དེའི་སོང་དཔོན་པོ་གྲགས་པ་རྒྱལ་མཚན་གྱིས་མགོ་བྱས་ཤངས་པ་རྣམས་དང་། ཆེན་པོ་དགེ་སློང་། ཆེན་པོ་བཀྲས་རྒྱལ་རྣམས་བཤད་ནས། ང་རང་ལ་འབོལ་གཉིས་བརྩིགས་ནས། ཚུ་མིག་གི་ཚོམས་ཀྱི་གྲུང་ལ་བྱས། ཁོང་རྣམས་བྱུར་གྲལ་ལ། གདན་བཞི་བརྟེ་འབོལ་ཐོབ་ཐང་བྱས་ནས་བཞག ང་ཡོངས་ལུགས་ཞུ་འཕྲོག་ཏུ་བཙའ་ཆེ་བླངས་ལུགས། ངས་ཁྱོད་ཚོ་ལ་བསྐུར་ཆ་དང་ལྷང་ལྷང་ཟོལ་ཟོལ་བྱེད་པ་ངའི་ལུགས་ཡིན་མེད། ཁྱོད་ཚོས་ཡང་ང་ལ་མཐོང་དང་བསྐུར་ཆ་འདི་བས་དྲག་པ་བྱར་རྒྱུ་ཡིན་པ་ལ། རང་རེ་ཚོའི་འདི་ཇ་པ་འགྲོན་པོའི་ཚོང་དཔོན་འཚོགས་པ་འདྲ་བ་ཅིག་ལས་མ་བྱུང་། དཔོན་ཆེན་ཡོངས་ད་བར་མ་ཐོན་པ; ཁྱོད་ཚོས་ང་ལ་བརྙས་པས་ལེན། ཁྱེད་ཚོའི་བྱེད་ལུགས་འདི་ཁ་ཡིན་ན། ང་གཏམ་ངན་དང་ཁག་ལེན་བྱེད་དོན་མེད་པས། ང་རང་མ་འགྲོ། ཡང་ཁྱོད་ཚོས་ཡང་བཟློས་ཅིག་ཐོན། ང་ལ་བརྙས་པ་མ་བྱེད་བྱས། དེ་རྗེང་། གོད་གསུང་བསྒྲུབ་ལ་མི་འགལ་ཟེར། དེའི་ཡི་གེ་བླངས། སོང་བླ་མ་ཀུན་སྤངས་པ་གྲོ་ལ་གདན་དྲངས། སྐྱོན་ཡོན་རྣམས་ཞིབ་ལ་རྒྱས་པར་དགོངས་སུ་བཙུག་དུས། སློབ་དཔོན་གྲགས་པ་རྒྱལ་མཚན་ཡར་ལྷ་རྩེ་ལ་བཏང་། ཡབ་དང་རྗེ་བ་བྱས་ན་འཐད་པོ་ཡོང་གསུང་། དེ་ནས་བླ་མ་ཀུན་སྤངས་པ་སྤྱིལ་ལ་བཞུགས་བཙུག ངས་ཚོམས་སུ་ཡོངས་ནས། སློབ་དཔོན་གྲགས་པ་རྒྱལ་མཚན་པས་མགོ་བྱས། ཤངས་པའི་གྲོས་དབང་རྣམས་བཤད། ཇོར་སྐྱབས་དུ་དབེན་ཤྭ་ཡང་ཡོད་དུ་བཙུག་ནས། ཀུན་སྤངས་པའི་གསུང་གིས། སློབ་དཔོན་གྲགས་པ་རྒྱལ་མཚན་ཡར་བཏང་ནས། ཡབ་དང་རྗེ་བ་བྱས་ན་གསུང་། དེ་ཁྱོད་རྣམས་ཀྱི་བློས་ཨེ་ལོངས་བྱས་དུས་ཐམས་ཅད་ན་རེ། བློས་མི་ལོངས། ཡབ་མ་ལེན་པའི་ཁར་སྲས་ཀྱང་སྐྱོལ་བའི་དཔེ་ཡོད

ཟེར། དེ་ལ་ཐག་ཆོད་དམ་བྱས་པས། ཐག་ཆོད་ཟེར། འོ་ན་ལེགས། ང་ལ་དེའི་ཚིག་གཏོང་ལུགས་བྱས་ནས། དཔོན་འཕགས་པ་པོས། སློབ་དཔོན་གྲགས་པ་རྒྱལ་མཚན། སྔར་དཔོན་ཆེན་རྒྱལ་བཟངས་ཀྱི་བུ་ཡིན། ད་ང་ལ་མགོ་འབུལ་ལུས་འབུལ་བྱས་པ་ཡིན། ང་ཡི་བུ་ཡིན། ང་དཔོན་ཆེན་རྒྱལ་བ་བཟང་པོ་འདོན་པ་ལ་ཡོངས་པ་ཡིན། ད་ངས་བུ་རྗེ་གཏོང་བ་མི་ཡོང་པས་དཔོན་ཆེན་རྒྱལ་བ་བཟང་པོ་གཏོད་གྱིས། དེའི་ཁག་ཁུར་བའི་ཕྱག་སྣབས་ཞུས། ཁྲིམས་དཔང་པོ་བཞག་པའི་ཞབས་ཏོག་ཏུ་གར་འགྲོ་བྱས། མི་ཐེག་གྱིས། ཁྱོད་རང་ཡར་ཕྱོན། ངེད་དམག་སྡེ་དང་བཅས་པ་ཡོང་བ་ཡིན་པས། དེའི་གྲབས་ཀྱིས་ཟེར་བ་བསྒྱུར་བས། ད་སོང་གསུང་གླིང་བྱེད་གསུང་། དེར་དགོངས་འཚེར་ལ་བཞུགས། སང་དཔོན་འཕགས་པར་དུ་རྒྱུད་ནས་གླིངས་པས་ངེད་ཡར་ཕྱིན་ན། དཔོན་ཆེན་ཐོན་པ་མགོགས་པ་ཅིག་ཡོང་བས། མ་ཕྱིན་པར་མི་བཏང་ན། དཔོན་ཆེན་ཐོན་པ་གྲུལ་བ་ཅིག་ཡོང་བས། གང་བྱེད་ཟེར་བ་བྱུང་། གང་དྲག་གམ་བསམ་སྲུས། དཔོན་ཆེན་མ་ཐོན་པའི། ཀུན་སྤངས་པ་བཞུགས་ཡུན་རིངས་ཀྱང་། ཐོ་ཚོད་སྐྱེལ་བར་གོ། ཁོང་ཕྱོན་པས་དཔོན་ཆེན་ཐོན་པ་མགོགས་ན་ལེགས་པ་དེ་ཁ་ཡིན། ཁོང་ཡར་ཕྱོན་ནས། དཔོན་ཆེན་མ་ཕྱོན་ན། དཀར་ནག་ཤན་ཕྱེད་པ་དང་། ཁོང་རང་ལྷ་ཁང་པ་དང་ཡང་ནང་ཞིག ས་སྐྱ་པ་དང་། གཙང་ཕྱོགས་པ་ཕྱིན་པོ་རང་རེ་ལ་དཀར་བས་བཏུང་ན་ཐུབ་པར་གོ། ཀུན་སྤངས་པ་ཆུ་མིག་ཏུ་ཕྱོན་དུས། ས་སྐྱ་ནས་ཡང་ཀུན་སྤངས་པ་བཟུང་ན། དཔོན་ཆེན་འཕྱོན་ཟེར་བའི་རྒྱབ་ཡིག་བྱུང་། ཁོང་རང་ཤངས་པ་ཡང་ཀུན་སྤངས་བཟང་ན་ཟེར། དེ་འདྲ་རང་རེའི་ལུགས་ལ་མེད། དཔོན་ཆེན་ལབས་ཁོག་ནས་བྱུང་ན་ཀུན་ལ་ལེགས། མ་བྱུང་ན་ཡང་དཔོན་ཆེན་ལེན་པ་བྱས་ནས། ཁྱེད་རྣམས་ལ་འཁྲིད་པར་བྱེད་ཟེར་བ་ལབས་དུས། ཀུན་སྤངས་པས་གསེར་དྲིལ་རྒྱབ་བདུན་ཁྱེར་ནས་ཕུལ་ཟེར་བ་བདེན་འདྲ། ཀུན་སྤངས་པ་བྱུང་ན་འཛུམ་ཡང་ཆེར་སོང་། སོས་ཡང་དལ་དུ་སོང་འདུག ད་རང་རེས་དཔོན་ཆེན་མི་ཐོན་ཨེ་ཡིན་ཟེར་བ་སྐོག་ཏུ་ལབས་འདུག དེ་ལ་ཇོར་སྐབས་དུ་དབེན་ཤུས་འདི་དངོས་པོ་ཟ་བ་མི་སྲིད། དེ་ལ་ཡིད་

ཆེས། ཐེ་ཙོམ་མི་དགོས། ངེད་འཚལ་པས་ཡང་བུ་རྟེ་མི་བཏོང་བའི་ཇན་པ་གསེར་སྲང་སྟོང་ར་ཅན་དང་། གཞན་ཡང་གང་གཞེད་པའི་དངོས་པོ་འབུལ་བྱས་ནའང་། མ་ཉན་པར་བུ་གཅིག་པོ་བླངས་པ་ཡིན་ཟེར་བ་ལ་སོགས་ལབས། སེམས་གསོས་འདུག དེ་སྐབས་ཀུན་སྤྱངས་པ་ཡར་ཕྱིན་བཙུག་པས། ད་དངོས་པོའི་ཕྱོགས་སུ་སོང་བར་ངེས་ཟེར་ནས། དགེ་བཤེས་གྲགས་པ་སེང་གེ་དང་། དཔོན་གྲུབ་ལ་སོགས་པ་ཚོ། གདོང་མིག་ཆུ་དང་མ་བྲལ་བ་བྱས་འདུག དེ་ལ་རང་རེས་སློབ་དཔོན་གྲགས་པ་རྒྱལ་མཚན་དང་། ཁོང་རང་རྣམས་པོས་ནས་མནའ་སྐྱལ། ཡིད་ཆེས་སུ་བཙུག དེ་ལ་དཔོན་འཕགས་པ་སྐུར་བའི་ཡིག་གེ། ཀུན་སྤྱངས་པའི་ཕྱག་རྟག་ཞུ་རྒྱུ་དེ་ལ་བཅོས་བྱས་ནས་ཕྱག་རྟབས་རྒྱབ་འདུག ཀུན་སྤྱངས་པས་དེར་དགོངས་འདུལ་གྲར་བཞུགས། དཔོན་འཕགས་པ་ཡང་སྐྱེལ་ཐུང་ལ་ཕྱིན་ནས། ཕྱིར་དགོངས་ཇ་མཆི་ཕྱུགས་ལ་སླེབས། རང་རེའི་སར་ཡིག་གེ་དེ་དག་ཁྱེར་ནས་ཉི་མ་ཤས་ཙམ་ལ་སླེབ་བྱུང་། ཡིག་གེ་དེ་གཏོད་ཀྱི་འདུག བལྟས་དུས་ སྔར་བསྐུར་བའི་ཚ་རྟུན་དེ་ལ་བཅོས་བྱས་འདུག རང་རེ་ཡང་ཁམས་འདུས། ཕྱག་རྟགས་ཡོད་པའི་ཡིག་གེ་ཀློག ཚ་རྟུན་དེ་སྐུར་ནས། འདི་ལ་ཕྱག་རྟགས་ཡོང་གྱིས། ད་ལྟ་ཕྱག་རྟགས་ལེན་དུ་ཐོང་། མི་ཡོངས་གྱིས། ཁྱེད་རང་དཔོན་འཕགས་པ་ཡང་བུ་རྟ་ཐམས་ཅད་རང་རེའི་མག་གསེབ་ནས་དོན་ལ། ཡར་འདྲེས་ལ་འཐབ་པའི་གྲབ་གྱིས། འདི་བཞིན་མགོ་སྐོར་བྱེད་ན་ཁ་མི་གཏམ་བྱས་པས། དཔོན་འཕགས་ཀྱི་ཚིག་རྣམས་མ་བཟོད་པས། དེ་འགྲོགས་ལ་རྟ་བཟང་ཐག་ཚོད་གཉིས་བསྐྱོན་ནས་ཕྱི་དེད་ལ་བཏང་པས། ལུང་ནག་གི་སྟོད་གྱི་གདོང་དུ། བླ་མ་ཀུན་སྤྱངས་པའི་རྗེས་ཟིན་ནས། དེར་རང་རེས་བསྐུར་བའི་ཡི་གེ་དེ་ཁ་ལ་ཕྱགས་རྟབས་རྒྱབ། གསུང་ཡིག་འདུས་པ་བྱས་ནས། འམ་ཅག་གིས་དཔོན་ཆེན་མགྱོགས་པར་གདན་དྲངས་ནས་ཡོང་བས། མིའི་གཡེང་བཟེད་ལ་མི་གསན་པར་ཞུ་ཟེར་བ་བྱུང་༑ དེ་ནས་རང་རེ་ཡང་བློ་བདེ། དེ་ནས་ཡང་ཞག་བར་འགྱངས་པའི་སྐབས་སུ། ས་སྐྱ་ནས་ལོན་བྱུང་། ཁྱེད་དམག་སྡེ་དང་བཅས་པ་ཆུ་མིག་ནས་ཡར་དུམ་པར་མ་འཕགས་ན། དཔོན་ཆེན་ཡོང་བར་མི་འདྲ་ཟེར་བ་བྱུང་། དེ་

ནས་བཏེག་ནས་སྙིང་ཚའི་ཐང་དེ་ལ་ཞག་ལྔ་དྲུག་སོང་། ཁྲི་ཕུ་བ་དེ་དཔལ་ཕག་མོ་གྲུ་པའི་བུ་ཆེན་གྱིས་གདན་ས་ཡིན། ཆོས་བརྒྱུད་འཛིན་པའི་སྡེ་ཡིན་པ་ལ། དཔོན་ཆེན་དཔོན་པོ་རྣམས་ཀྱིས་བཙོམ་རྒྱབ་ལ་བཏང་ཡོད་འདུག་པས། མར་མེ་འབུལ་བ་དང་། མང་ཇ་བསྐོལ་བ་ལ་སོགས་ཕན་ཆ་བྱེད་དགོས་བསམ་ནས་ལྷར་ཕྱིན་པའི་སྐབས་སུ། ཁྲི་ཕུའི་གཞི་བདག་དེ་དགའ་བའི་ཡུས་ཡིན་ནམ། རྟེན་གསུམ་རྣམས་ལ་པོ་སྐྱིལ་བཏང་འདུག་པས་ཉམས་གྲིབ་ཡིན་ནམ། གྲོ་ཐོན་བཟོད་དུ་མེད་པའི་ན་ཟུག་ཞག་གསུམ་བྱུང་། དེ་ནས་དཔའ་ཤི་ཚུལ་བཟུང་ས་ཀྱིས་མགོ་བྱས། ཤངས་པ་རྣམས་དང་བཅས་པས། དཔོན་ཆེན་བསུ་བ་ལ་མགྱོགས་ཏུ་ཕེབས་ཕྱིན། ཡང་ང་ལ་ཁ་ནས་བླ་མ་ཀུན་སྤངས་པ་དང་། དཔོན་ཆེན་པ་བསུས། ཤབ་སྨད་དུ་ཕེབས་པ་དང་། སང་སྔ་བར་རང་རེ་ཡང་ཚ་བ་བྱས། ཁྲབ་ཅན་སུམ་སྟོང་ལ་ཉེ་བར་ཙམ་བྱས་ནས། རྟ་ཐོག་ལ་བུད་བསུ་བ་རུ་ཕྱིན། སྔར་སྐུ་ཞང་པའང་རང་རེ་ལ་རྟ་བབས་ནས་ཁམས་བདེ་བྱེད། ངས་རྟ་ཐོག་ནས་ཡོབ་རྒྱངས་སོངས་པ་པའི་ཁམས་བདེ་འདྲིའི་ལན་བྱེད། རང་རེའི་བུ་རྟ་ཐོན་པོས་སྐུ་ཞང་ལ་རྟ་བབས་ནས་འཚལ་གྱི་ཡོད་པ་ཡིན་ནའང་དེ་ཉིན་གཡོན་རྒྱལ་དུ་དབེན་ཤཱས། རང་རེ་ལ་ལག་པ་ཅིག་གིས་རྟ་ཐོག་ནས་ཁམས་འདྲི་བྱེད་ཀྱི་འདུག སྐུ་ཞང་ཡང་རྟ་ཐོག་ནས་ཐལ་མོ་སྦྱར་བའི་ཁམས་འདྲི་བྱེད་ཀྱི་འདུག་པ། རང་རེས་ཁམས་འདུག རང་རེའི་བུ་རྟ་ཚོས་ཡང་། ཕོང་གཉིས་ལ་རྟ་བབས་པ་དང་། ཕྱག་བསྐུར་གང་ཡང་མ་བྱས། དེ་ནས་ཡར་ཕྱིན། འདུལ་གྲྭ་བས་དཔོན་ཆེན་ལ་བསུ་བ་སེར་ཕྲེང་། ཇ་འདྲེན་བྱེད་གྲབས་ཅིག་བྱས་འདུག; རེད་རེད། རང་རེས་འདུལ་གྲྭ་བའི་ལམ་སྣ་དེར། རྟ་བབས་གསོལ་ཇའི་ཐབ་བཙུགས་དེར་བསྡད། དེ་ནས་བླ་མ་དཔོན་ཆེན་ཕེབས་ཕྱག་ཕྱིས་ཐེས། ཁམས་འདྲི་བྱས་ནས། བླ་མ་ཀུན་སྤངས་པའི་གདན་དམར་དེ་གུང་ལ་བཏིང་། དེའི་གཡོན་གྱི་ཟླ་ཁམས་ལ་དཔོན་དཔོན་ཆེན་གྱིས་གདན་དམར་འདིངས་ཀྱི་འདུག གཡས་གཡོན་ཆོད་ལ་དགེ་བཤེས། ཉེ་གནས་དྲུང་བསྐོར་ཚོ་བསྡད་ངས་ཡར་ཏུའི་དཀྱིལ་དེར་གདན་དམར་དེ་བཏིང་ནས་བསྡད། གཞོན་རྒྱལ་དུ་དབེན་ཤཱའི་སྐྱ་པོ་དེས། ངའི་

གཡས་དེར་དྲེད་གདན་དེ་མགོ་ང་ལ་བསྟན་པ་ཅིག་བཏིང་བྱུང་བ་ལ། གཞོན་རྒྱལ་རང་གིས་མགོ་ཐབས་སྒྱུར་ནས། ང་ལ་དྲེད་བསྟན་གྱི་བཤམ་དེ་བསྟན། གཡས་ཀྱི་མགོ་དེར་ཁོང་རང་བསྡད། དེའི་བཞོགས་དེར་སྐུ་ཞང་བསྡད་པས། ང་ཁོང་གཉིས་ཀྱི་གྲལ་བཞུགས་བསྡད་པ་ཅིག་བྱས་བྱུང་། དེར་རང་རེ་ཡང་ཞབས་འདུས། ཞེ་སྡང་སྐྱེས། དེ་ནས་དཔོན་ཆེན་པ་བཞེངས་ནས་རང་རེ་ལ་ཇ་ཕོར་བྱས། དངུལ་གྱི་ཕོན་སྟེར་ཆེན་པོ་གཅིག་གིས་ནང་དུ། བུར་དཀར་ཕྱུར་བ་ཅིག་བླུགས་པའི་རྩེ་མོར་ཀ་ར་རྡོག་པོ་བདུན་བཞག་པ་ཅིག་དང་། ཀ་དན་ཅིག་གིས་ཇ་འདྲེན་བྱེད་ཀྱི་འདུག རང་རེ་ཡང་ལོངས་ནས་དེ་བླངས། ལུགས་ཅན་ཡིན་ན། ངས་སྟེར་མ་ཁྱེར་ནས། བླ་མ་དཔོན་ཆེན་ལ་རྡོག་པོ་རེ་འདྲེན༔ དེ་ནས་ང་རང་གིས་རྡོག་པོ་གཉིས་གསུམ་བཟུང་ནས། དེར་ཡོད་ཐམས་ཅད་ལ་རྡོག་པོ་རེ་འགྱེད་རྒྱུ་ཡིན་པ་ལ། ཁམས་འདུས་པས་གསོལ་ཇ་བ་ལ་གཏད་ནས། དེའི་མི་ཆོས་མ་བྱས། དེའི་ནུབ་ཕྱོགས་ལ་ཆེན་པོ་དཔལ་རྒྱལ་དང་། ནང་པ་བསོད་སེང་། ཤར་ཕྱོགས་ན་སློབ་དཔོན་དར་རྣ། དོན་རྒྱལ་དུ་དབེན་ཤཱ་ལ་སོགས་ཡོད། ལར་ན་ས་སྐྱ་ཕྱིན་གྱི་ཆེ་གཉེན་བཙུན་གསུམ་འཛོམ་ཡོད་པས་ཐམས་ཅད་ཀྱིས་གྲལ་གྱི་ལུགས་དེ་མཐོང་། དེ་ཇ་གསོལ་རིང་ལ་ངས་བསམ་བློ་གཏང་པས། དཔྱས་ནས་ཡར་བཏེག་ནས། རྩམ་ནས་ཁྲི་ཚོ་ལྷག ཇ་བརྒྱ་ཙམ། ཚག་ལུག་སྟོང་ཁ་བུད། མར་འཕྲུད་ལ་གྲངས་མེད། གསེར་སྲང་ལྔ་བརྒྱ་ཙམ། དངུལ་སྲོ་བཅོ་ལྔ་ཙམ། ཕྲུམས་སྣམ་ལ་གྲངས་ཅིག་ཁྱེར། ཁར་སོང་ཞུ་འབྲོག་ཏུ། ཁོང་རང་རྣམས་ལ་དཔོན་གྱིས་བྱས་དུས༔ དཔོན་མ་ཕེབས་བར། ང་ལ་དཔོན་གྱིས་ཟེར་ནས་བཅའ་ཚེ་དེ་བླངས། ང་གྲལ་མགོ་བཏོན། ཇོ་ཚན་དེ་དུས་ཚ་མོད་（ད་ལྟ་བ་དེ་ཙམ་གྱི་བར་དུ）རང་རེས་སྡུག་བསྔལ་གྱི་ཁྲིམས་པོ་ཁྱེར། རྒྱུ་ཀྱང་ཚིག་གསུམ་དེ་བཏོན། ད་དཔོན་ཆེན་ལེན་པ་དང་། ཚུ་སྒྲོལ་ལ་ཁད་ཀྱི་ཟམ་པ་སྐྱུར་བའི་ཚུལ་འདི་བྱེད། མདོ་སྨད་པའི་མི་ངན་ཕོ་ཕེ་འདི་བྱེད་བསམ་པ་བྱུང་ཞིང་། སྐུ་ཞང་གཞོན་པས་གཞོན་རྒྱལ་གྱིས་སྐབས་སུ་སོང་བས། སྐྱིད་གཞོན་རྒྱལ་ལ་ན། དེ་ནས་ཕྱིར་ཕྱོན་པ་དང་། བླ་མ་དཔོན་ཆེན་འདུལ་གྲྭ་བས་ཇ་འདྲེན་བྱེད་པར་འདུག་པའི་སར་བཞུགས།

རང་རེས་བཤར་བས་ཡོངས། ཐང་སྟོང་དེར་རྟ་བབས་ནས་ངལ་དུབ་པར་གསོས། དེ་ནས་སྐར་ལ་ཡོངས། ཁོང་གཉིས་ལ་ལེན་པའི་ཡི་གེ་རྩམ། དེ་ནས་བླ་མ་དཔོན་ཆེན་ཕེབས་པའི་བསུ་བ་བྱས། གྱང་ར་གྲུ་བཞིའི་སྟོད་ལ་ཕྱི་ཐོར་ཕྱུབ་ནས། བླ་མ་དཔོན་ཆེན་གྱི་བཞུགས་གདན་གྱང་ལ་བྱས། གྱང་གཡས་གཡོན་ཟུར་ལ་དགེ་བཤེས་རྒན་པ་རྣམས་བྱས། གཡས་གཡོན་ལ་སྟོན་ཤི་པི་པ་དང་། ཉེ་གནས་དྲུང་སྐོར་རྣམས་བྱས། ང་རང་ཡང་ཊུ་ལ་བྱས་ནས་ཁྲི་གཟབས་པ་ཅིག་དྲངས། ཁྲི་ཐོན་པ་དང་། དཔོན་ཆེན་པ་རང་རང་གིས་སྐར་དུ་བཞུགས་པར་བྱས། བླ་མ་ཀུན་སྤངས་པ་སྐར་མདོ་བར་དུ། ང་རང་གི་མི་གཉིས་ཀྱིས་བསྟན་ནས་བསྐྱིལ་ཐུང་བྱས། ཚུར་སླེབ་པ་དང་། སློ་མོའི་ཕྱི་ཐེར་ནང་དུ་ཕྱིན་ནས། རྟོར་སྐྱབས་དུ་དཔེན་ཤྭ་དང་། དཔོན་འཕགས་རྟོར་རིན། དབང་ཕྱུག་བཞི་པོ་ལ་ཞོག་བྱས་ནས། ལེན་རྒྱུའི་ཡི་གེ་འདི་ལ་ཐེལ་རྩེ་ལོང་། ཡི་གེ་ཐེལ་རྩེ་མི་རྟོག་ན། ང་རང་ཁྲོགས་ཀྱིས་ལ་ཕྱིར་ཁྱེར། སྦྱོ་འཇའ་ལ་བཙུགས་ནས་དྲི་རྒྱུ་ཡོད། ཁོང་རྣམས་ཀུང་ང་ལ་བོད་ལུགས་བྱེད་པར་འདུག་པས། ང་ཡང་ཁོང་རྣམས་ལ་བོད་ལུགས་ཀྱི་དྲི་བ་བྱེད་བྱས་པས་ན། རྟོར་སྐྱབས་དུ་དཔེན་ཤྭ་ན་རེ། ཨ་པ་ཨ་དེ་མི་གསུང་པ་ཞུ་ཟེར། དེ་ལ་རྟོར་སྐྱབས་དུ་དཔེན་ཤྭ་ལའང་འཐབས། ཞེ་སྡང་སྐྱེས། དཔོན་འཕགས་དྲུང་པས་ཐེལ་རྩེ་ལོན་པར་ཞུ་ཟེར། ཐེལ་རྩེ་རྟོག་མ་ཉན་ན་བཟུང་བྱས་ནས། རང་རེའི་གཟིམས་གཡོག་པ་དང་། སྐྱ་བོ་རྟ་སླེ། བཟའ་པ་ཉིས་བརྒྱ་ཙམ་ལ་ཁ་ཏ་བྱས་ན་བརྒྱ་ཐམ་པ་ནང་དུ་བསྡོད་ལ། དུ་དཔེན་ཤྭ་གཉིས་པོ་མི་ཞོར་བ་གྱིས། བརྒྱ་ཐམ་པ་ཕྱིར་བསྡོད་ལ་ཕྱིན་ནས་བསུངས། ཕྱིར་བྱུང་ན་བཟུང་བྱས་ནས། དེ་ནས་ཁོང་བཞི་པོ་ཡིག་གེ་ཁྱེར་ནས་ཕྱིར་སོང་། དཔོན་འཕགས་པ། བླ་མ་ཀུན་སྤངས་པས་སྐར་མཐའ་ཞོག་གསུང་བྱུང་བ་འདུག་པས། ཞལ་ཏ་ཉན་པ་ལ་ཕྱིན་འདུག་པ། ཚུར་སླེབ་པ་དང་། ཁོང་རྣམས་ཀྱི་ཡིག་གེ་ཁྱེར་ནས། འདི་ལ་ཐེལ་རྩེ་འདོགས་པར་འདུག་བྱས་པས། གཞོན་རྒྱལ་དུ་དཔེན་ཤྭས་ཐེལ་རྩེ་སྡེག་མ་ཉན་འདུག ཁྱོད་ཐེལ་རྩེ་མི་སྡེག་ན་ལག་འཇུ་པར་འདུག་ཀོ་ཟེར་བ་དབང་ཕྱུག་གིས་ལབས་པས་ཐེལ་རྩེ་རྒྱབ་འདུག དེ་རྗེང་དུ་དཔེན་ཤྭ་གཉིས་སོ་

སོའི་སྐར་ལ་སོང་། བླ་མ་ཀུན་སྤངས་པས། དཔོན་འཕགས་པ་ལ། དེ་རིང་དུ་དབེན་ཤ་གཉིས་པོས་ཡིག་གེ་ལེན་པའི་དོན་གང་ཡིན་གསུངས་འདུག་པས། དེ་རིང་གྲལ་གྱི་དོན་ལ་བཀའ་སྐྱོན་གནང་བར་གདའ་ཞུས་འདུག་པས། གྲལ་དེ་ནོར་བསམ་པ་འམ་བུའི་སེམས་ལའང་བྱུང་། དེ་ཁོང་ས་བདེན་གསུང་པ་ཡིན་པར་འདུག སོང་ཚ་ཐོག་ཏུ་དཔོན་ཆེན་པས། གཞོན་རྒྱལ་དུ་དབེན་ཤོ་ལ། ཧོར་སྐད་དུ། ཁས་སོང་གི་ཀུ་ཙོ་དེ་ཅི་ཡིན་གསུངས་འདུག་པས། དེ་ངེད་གཉིས་ཀྱིས་ཁོང་གྲལ་མགོར་འཚང་ཟེར་བར་འདུག་ཟེར་བ་ལབས་འདུག་པས། དེ་ཁོང་བདེན། གྲལ་ནོར་གསུང་ནས༔ དཔོན་ཆེན་པས་མདང་ཤག་ཕྱེ་འདུག དེ་ནས་སོང་གྲོ་ལ་ཆུ་མིག་ཏུ། བླ་མ་དཔོན་ཆེན་ལ་ཐུས་ཞུ་འཇོན་པའི་གྲབས་ལ་སྔོན་ལ་ཕྱིན། གྲོ་ཐོག་ཏུ་བླ་མ་དཔོན་ཆེན། སྟོན་ལྷེ་པེ་པ། ཉེ་གནས་ཆེན་པོ་རྣམས་དང་། ཐམས་ཅད་ཆུ་མིག་ཏུ་ཕེབས། གྲོ་གཟབས་པ་ཅིག་བྲངས། དཔོན་ཆེན་རྒྱལ་བཟངས་པ་ལ། ཤང་ལེན་ཕྱེད་མར་གཟབས་ནས་བསྐྱུབས། དེ་ནས་བླ་མ་དཔོན་ཆེན་གཉིས་དང་དཔོན་ཆེན་དབང་ཕྱུག་དཔལ་བ་ཐམས་ཅད་བཞེངས་ནས། ངེད་ལ་ཇ་ཕོར་བྱས། དུ་དབེན་ཤ་གཉིས་པོས་མ་ཤེས་བྱུང་འདུག་ནའང་། ངེད་ཚོའི་ངོ་ལ་ཐུགས་ལོག་བཀའ་སྐྱོན་མེད་པ་ཅིག་ཞུ་གསུང་། གཞོན་རྒྱལ་དུ་དབེན་ཤ་དང་། སྐུ་ཞང་ཡང་རང་རེ་ལ་ཕྱག་བཙལ། མགོ་བོ་ལ་བཏུགས་བཏུགས་བྱེད་ཀྱི་འདུག དེ་སྐབས་སུ། རང་རེས་ཞུས་པ་ལ། ད་ལན།

༈ རྒྱལ་པོའི་ཁྲིམས་ཆེན་པོའི་གྲོགས། ས་སྐྱ་པའི་ཞབས་ཏོག་ལ་འདི་ཕྱོགས་ལ་ཡོངས་དུས། ཁྱེད་ཚོའི་སྐྱོན་ཡོན་ཞེ་ནས། ཞུ་འབྲོག་ཏུ་ཁྱེད་རང་གཞོན་རྒྱལ་དུ་དབེན་ཤ་དང་། སྟོན་ལྷེ་པེ་པས་དཀྱིལ་ཏུ་གྱིས་ལ། འབྲུག་པ་འབྲུག་དགོས་པ་བྱུང་ན། ངའི་བུ་རྣས་ཁག་འཁུར་འཇུག༔ ང་རིན་སྤུངས་སུ་བརྒྱ་བསྐོར་ཅིག་འགྲོ་བྱས་དུས། ངེད་མ་ཕྱིན་ན་མི་ཡོང་བས། ཁྱེད་ཀྱི་དཀྱིལ་ཏུ་བྱས་ནས། ངེད་ཚོའི་རྒྱན་པ་བྱེད་དགོས་ཟེར། བཙའ་ཚེ་བླངས། ངོ་ཚ་ན་དེ་དུས་ཚ་མོད། ད་དཔོན་ཆེན་པ་གདན་བྲངས། དོན་བཟང་པོ་གྲུབ་པ་དང་། ཁྱེད་གཉིས་ཀྱིས་ང་ལ་བརྣས་པ་བྱས་ནས། གྲལ་མགོར་བསྡད། དམའ་བབ་དེ་

བཀུར་བས། ང་ཞི་སྟང་སྐྱེས། ཁྱེད་གཉིས་ཀྱི་དམ་སྟག་བསྟུས༔ ཏུང་ལ་བྱུས།

༈ གོང་དུ་ཞུ་བ་བཏང་ནས། རྒྱལ་པོའི་ལྷ་སྲེ་དང་། མི་སྲེ་ལ་གནོད་པར་འདུག་པས་ཕྱིར་བསྟུད་པར་ཞུ་ཟེར་བ་བཏོང་ཚོས་ཡིན་ནའང་། བླ་མ་དཔོན་ཆེན་གྱིས་གཙོ་མཛད། ཐམས་ཅད་གསུང་འགྲོན་གྱིས་འདུག་པས། ཡིན་པ་ནི་མིན་ཏེ། ཞལ་ལྟ་བཞིན་བྱེད་པ་ཞུ་ཞུས། དེ་རྗེང་། བླ་མ་ཀུན་སྤངས་པས་དཔེལ་ལ་གྲོན། ངེད་ལ་ཡང་དག་པའི་ཐུགས་ཕབས་ནས་གསུང་འགྲོན་པ་ལ། ཉིད་གཅིག་གིས་རིན་ཆེན་སྒང་པའི་ཕྱོགས་སུ་ཞེན་པ་ཕོ་ཉུས་བྱེད་པ་འདིའི་ཕྱིད། འམ་ཅག་ལྷ་ཁང་པའི་ཕྱོགས་སུ་བྱས་ནས༔ ཉིད་ལ་དཔོན་ཆེན་ཡིན་ན་ཡང་། འམ་ཅག་གིས།

༈ གོང་དུ་ཞུས་པས་ཚོགས་ཅིག་བདོག་གསུངས་དུས། རིན་ཆེན་སྒང་པ་ལ་ཕན་འདོགས་པའི་ཤེ་མོང་མི་འདུག་ནའང་། གནོད་པ་མ་བསྐྱལ། ཁྱོད་ལྷ་ཁང་པས་ང་སྲེ་སྲིད་ཀྱི་སྟེང་དུ་གནོད་པ་བདེ་དོག་དེ་ཙམ་ཅིག་བསྐྱལ་ང་དཔོན་ཆེན་ལས་དང་། ང་རང་གིས་ད་ལྟའི་ཁྲི་དཔོན་འདི་ཁ་དགའ། དཔོན་ཆེན་ལ་སྨོན་ན་བྱས་ནས་མནའ་སྐྱལ། སྟར་དཔོན་སློབ་ཚོས་འབྲེལ་ཡོད་པའི་དེ་ཁའི་དཔོན་སློབ་ཡིན་པ་མ་གཏོགས། ཁྱོད་ཡང་དོན་དམ་པའི་སློབ་མར་མི་རྫེ། ང་ཡང་དོན་དམ་པའི་བླ་མར་མི་འགྱུར་དེ་ཡིན། ང་ལན་ཁྱེད་ཀྱིས་དོན་དམ་མཛད་ནས། དཔོན་ཆེན་གཙང་མར་ངའི་ལག་ཏུ་གཏད་པས་སྐུ་དྲིན་ཡང་ཆེ། ད་རྩ་བའི་བླ་མ་ཡང་འགྱུར། ཁྲིམས་དང་མི་འགལ་བའི་ཞབས་ཏོག་ཡང་སྒྲུབ། བླ་མ་ཆོས་རྗེ་བསོད་ནམས་རྒྱལ་མཚན་དཔལ་བཟང་པོ་པ་དང་། བླ་མ་མཉམ་མེད་ཆེན་པོ་གཞན་དང་མི་འདྲ། འགྲན་གྱི་ཟླ་མེད་ཡིན། དེ་རྗེང་། ངེད་རང་གི་ཕོ་བོ་བླ་མ་རིན་པོ་ཆེ་དང་། ཁྱེད་གཉིས་ལ་མོས་པ་བསྒོམ་ཞུས་པས་ཡིད་ཆེས། སློབ་དཔོན་ཆེན་པོ་བློ་གྲོས་རྒྱལ་མཚན་པ་དང་། ཉིད་ཅག་ཐུགས་དགོངས་གཅིག་བྱེད་དགོས་གསུང་།

༈ ཆོས་རྗེ་བསོད་ནམས་རྒྱལ་མཚན་དཔལ་བཟང་པོ་པ་དང་། སློབ་དཔོན་ཆེན་པོ་ཀུན་རིན་པ། ཁོང་རང་ཁུ་དཔོན་རྣམ་པ་གསུམ་ཐུགས་དགོངས་གཅིག་བྱེད་པའི་ལུགས་ལ།

རང་རེས་ཡང་དེའི་རྗེས་སུ་འབྲངས་ནས་ཞབས་ཏོག་ཏུ་གང་འགྱུར་བྱེད་ཞུས། དེ་རྗེང་། དཔོན་འཕགས་པ་དཔང་པོར་བཞག སྨུའང་མེད་པར་བྱས། ཞུས་པ་ལ། ད་དབུས་གཙང་གིས་བདེ་དོག་འདི་ཙམ་ཅིག་བྱུང་འདུག་པ་ལ། ཐམས་ཅད་ཀྱི་ཁག་རང་རེ་ལ་འཐོགས་འདུག ས་སྐྱ་པའི་རྣམས་ཡང་ཁ་དཀར་རྒྱུ་མེད་འདུག ད་ཁག་ངན་ལེན་མེད་པས་དབུས་སུ་སྐུ་འཁོར་ཉུང་རགས་མཛད་ནས་བྱོན། འཚལ་པས་ལོ་གཅིག་ཞབས་ཏོག་བྱས། ངེད་ཀྱིས་ལོ་ཅིག དེ་རྗེང་། དཔོན་འཕགས་པས་ལོ་གཅིག་ཞབས་ཏོག་བྱས་ནས་སྐུ་སྲོག་ཀྱང་དེ་བརྟན། ལོ་གསུམ་སོང་རྗེང་། ས་སྐྱའི་ཡང་ཟང་ཟིང་རྣམས་དངས་སྙིངས་ཕྱེད་ཡོང་ཟེར་བ་ཞུས་པས། ས་སྐྱར་ལོན་ཆ་འདྲ་ལེན་དུ་སོང་ཡོད་པས་དཔེས་ནས་བྱེད་གསུང་། ཞལ་གྱིས་བཞེས་མ་ཉན། དེ་ཞུས་པའི་དཔང་པོ་ལ་ད་ལྟའི་ཆེན་པོ་འཕགས་པ་དཔལ་ཡོད། དེ་ནས་བཞེངས་ནས་ཉང་སྟོད་ལ་འབྱོན་དུས་སུའང་།

༈ ཀས་ཧུས་སྐྱེང་ནས། སློབ་དཔོན་ཆེན་པོ་བློ་གྲོས་རྒྱ་མཚོའི་པ་དང་། ཉིད་ཐུགས་རྒྱ་དགོངས་གཅིག་མཛད་དགོས་སོ་གསུང་། དེ་བཞིན་ཞུ་ཞུས། དེའི་རྟང་། ཆེན་པོ་བློ་གྲོས་རྒྱལ་མཚན་པ་སྐུ་འཁོར་ཉུང་རགས་ཅིག་མཛད་ནས་ཆུ་མིག་ཏུ་བྱོན་ནས། རང་རེ་དང་གསུང་གླིང་ཡང་དག་པར་བྱས། བླ་དམ་ས་བསོད་ནམས་རྒྱལ་མཚན་པ། ས་སྐྱར་གདན་དྲངས་བཞི་ཐོག་བླ་རང་ཏུ་བཞུགས། བཞུགས་ནས་བསྟན་པའི་བྱ་བ་མཛད་པ། དབུས་གཙང་ཐམས་ཅད་དུ་ཁྲིམས་སྟམས་པ། སློབ་དཔོན་ཆེན་པོ་ཞལ་རྣམས་པས་ཡང་། ཁྲིམས་གིས་དང་མི་འགལ་བའི་བཅའ་ཚེ་བསླང་ནས། བླ་མ་ཉང་སྟོད་ལ་བཞུགས། དེ་ནས་དཔོན་ཆེན་རྒྱལ་བ་བཟངས་ཡབ་སྲས་དང་། ངེད་རང་གསུམ་པོ་ཆུ་མིག་སྤྱིལ་དུ་ཚ་བ་ཐོན་ནས། གྲོ་བར་གྱིས་བར་དུ་གསུང་གླིངས་ཞིབ་པར་བྱས་པ་ལ། ད་ཁྱེད་སྐུ་ཁམས་བཟང་པོར་གདན་འགྲོངས་པ་བློ་བདེ། བླ་མ་ཁང་གསར་བ་ཁུ་དབེན་གཉིས། བྱང་པ་དང་ཁྱེད་གཉིས་གྲོས་བྱས་ནས་བཟུང་འདུག་པ་ཁམ་ཆེ། ངེད་ལ་སྒྲོད་དག་དགོས་བྱས། ཁོང་ཆུ་ལ་ཕྲོར་ནས་ཡི་མེད་གསུང་༈ སང་དཔོན་ཆེན་པས་རང་རེ་ལ་སྟོན་མོ་བྱེད་པ་ཡོད་པས། བླ་མ་ཁང་

གསར་བ་ཁུ་དཔོན་འདོན་རྒྱུ་མེད་ན། ངེད་ཁྱེད་ཀྱི་སྟོན་མོ་མི་ཟ་བྱས་ནས་དགེན་པས། བླ་མ་ཁང་གསར་བའི་འདི་ལ་ངས་ལེན་པ་མེད། འདི་ལ་ས་སྐྱའི་བླ་མ་རྣམས་པའང་ཐེ། རྒྱལ་བུ་དབེན་པའང་ཐེ༔ ༈ གོང་དུ་ཞུ་བ་སོང་བདོག་པས། ནོར་ན།

༈ གོང་ནས་རྩ་ར་ཡོང་བས། ང་ལ་བླ་མ་ཁང་གསར་བ་འདོན་རྒྱུ་མེད་གསུང་ནས་དབུ་སྒྲིལ་གྱི་འདུག དེ་དུས་ཁོང་ལ་ངོ་མ་བསྒྲུངས་པར་ཚིག་ལབས་པ་ལ། ཁྲི་དཔོན་གཞོན་ནུ་སེང་གེ། རྒྱལ་པོའི་ལུང་དང་འབྲེལ་བའི་མི་བསད། བླ་བྲང་ནག་པོའི་རྒྱབ་བྱས་ནས། ཁྱེད་ཁྲིམས་པས་རྩ་ར་མ་བྱས་པས་བྱ་བ་འཛོལ། དེ་རྟེང་མི་ངན་པའི་སྐབས་སུ་བཏོང་ནས། ཁྱེད་རང་གི་རྒྱ་མ་རིན་པོ་ཆེ་ཁུངས་མེད་ལ་བཏང་ཙ་ནས། དེ་ནོར་པོ་ཆེས་བྱས། བླ་མ་ཁང་གསར་བ་བཟུང་བྱུང་། ད་འདི་ཁུངས་མེད་ལ་བཏོང་ན་ཁྱེད་རང་ས་སྐྱའི་བླ་མ་དཔོན་ཆེན་ལའང་། འདིའི་གཡས་རྗེ་བྱུང་དོག་ཡོད། གཡང་རྗེ་ངན་དཔེ་སྲོལ་ངན་གཞན་ཡང་སྡེ་བདག་རྣམས་ལ། འདིའི་གཡང་རྗེ་བྱུང་ན་ཉེན་ཡོད་པས། ཁྱེད་བླ་མ་ཁང་གསར་བ་མི་འདོན་ན། ང་ཁྱེད་ཀྱི་སྟོན་མོ་མི་ཟ་བྱས། དེ་ནས་འདོན་རྒྱུ་ནི་མེད་ཅེ་དྲག་གམ་གསུང་། ཁོང་པ་ཡབ་སྲས་འཚེར་ལ་བཞུགས། རང་རེ་ཡང་སྤྱིལ་གྱི་སྟེངས་སུ་ཕྱིན་ནས་སྲུལ་བཙུག་པས། བླ་མ་ཁང་གསར་བ་འདོན་པའི་ཡིག་གེ་བཙུག དེའི་སེང་ཆུ་མིག་ཁྲིམས་སྟོན་ཆེན་བཤམས། གུང་གི་སྣོའི་གཡས་ཕྱོགས་ལ། ང་ལ་འཐོལ་གཉིས་བརྩེགས། གཡོན་ལ་དཔོན་ཆེན་དབང་ཕྱུག་དཔལ་བ་འཐོལ་གཉིས་བརྩེགས་འདུག་ནའང་དཔོན་ཆེན་དབང་དཔལ་མ་ཕྱིན། དཔོན་ཆེན་ཁོང་རང་ཡར་དུ་ལ་འཐོལ་གཉིས་བརྩེགས། དཔོན་ཆེན་པ་རང་གི་སྣེར། དཔོན་ངོབ་གསུམ་བཟུང་ནས་མེད། སློབ་དཔོན་གྲགས་པ་རྒྱལ་མཚན་གྱི་མགོ་བྱས། ནང་པ་རྣམས་དང་། དཔོན་སྐྱ། གཟའ་པ། བུ་ཏྲ་རྣམས་ཚང་དང་། རང་རེའི་རྫོར་སྐྱབས་དུ་དབེན་ཤཱ་དང་། སློབ་དཔོན་བརྩོན་འགྲུས་དཔལ་གྱི་མགོ་བྱས། དཔོན་འཕགས་པ་དང་། དཔོན་སྐྱ། གཟའ་པ་ཀུན་ཚང་གཞི་པའི་ཆེན་པོ་དགེ་སློང་དང་། ཆེན་པོ་བཀྲས་རྒྱལ་གྱིས་མགོ་བྱས། ཆུ་ཞལ་འགྱུར་གསུམ་གྱི་སྦྱི་པོ་རྣམ་ཚད་ཚོགས། ས་སྐྱ་ནས་ཡང་། ཆེན་པོ་

དཔལ་རྒྱལ་བ་དང་། བླ་བྲང་གི་མི་སྣ་ཚང་། དབུས་ཀྱི་འཚལ་པ་ལ་སོགས་མི་རྣམས་ཚང་བར་དཔོན་ཆེན་པ་རང་གིས་བཞེངས་ནས། ཇ་ཞལ། ཚང་ཞལ་བཟུངས། འབུལ་བ་བཏོང་ནས། ཕོང་རང་གིས་སོ་ལ་བཏོང་པ་ལ། ངེད་ཀྱི་མིང་པོ། དགེ་བཤེས་སེ་རིན་ཆེན་བརྩོན་དེ། བླ་མ་ཆོས་རྗེ་པ་དང་།

༈ བླ་མ་ཆོས་རྒྱལ་འཕགས་པ་རིན་པོ་ཆེ། འགྲོ་ཕྱུག་ན་སྐུ་མཆེད་ཁུ་དཔོན་གྱི་ཞབས་ཀྱི་པད་མོ་བཏུགས་ནས། རྒྱ་བོད་ཀྱི་ལུས་སྲོག་གི་སྙིངས་སུ་སྡུག་བསྔལ་ཞུགས། སེ་ཆེན་རྒྱལ་པོ་ཡོན་མཆེད་ལ་ཤེ་མོང་འདབས་འདུག དཔོན་བན་ཀན་པ་དང་། ང་རྒྱལ་བ་བཟང་པོས་ཡང་། ས་སྐྱའི་གདུང་བརྒྱུད་རིམ་པར་བྱོན་པ་རྣམས་ཀྱི་ཞབས་ལ་བཏུགས་ནས། ཞབས་ཏོག་ཤེ་མོང་རིམ་པར་འདབས་ནའང་། དུས་ད་ལོ། བླ་མའི་སྲས་པོ་གཉིས་ཀྱིས། མི་ངན་པའི་སྐབས་སུ་བཏང་ནས༑ ང་བཟུང་ཁུངས་མེད་ལ་འགྲོ་བར་བྱུང་ནའང་། ཁྱེད་སློབ་དཔོན་བྱང་ཆུབ་རྒྱལ་མཚན་དམག་སྡེ་དང་བཅས་པ། རྒྱལ་པོའི་ཁྲིམས་དང་༑ ས་སྐྱའི་པའི་བསྟན་རྩིས་ལ་དགོངས་ནས། ང་རྒྱལ་བཟང་པོའི་སྲོག་ཆུ་ནས་བཏོན། སྲོག་ཏ་ཇ་ཙམ་དེ་མ་ཆད་པ། མི་ཁྱོད་ཀྱི་དྲིན་ཡིན། ཉིན་མ་དེ་རིང་ཕྱིན་ཆད་ནས་དགེ་བཤེས་རིན་ཆེན་བརྩོན། དཔོན་བན་ཀན་པ། ང་རྒྱལ་བ་བཟང་པོ་དབེན་ཤྲི་ཡར་བཅད་དུ། ཤ་ལ་བཅད་པའི་བུ་ཚ་པོ། བསགས་པའི་ནོར། བརྩིགས་པའི་མཁར། བསྐྱོང་བའི་བུ་རྟ། ལྷ་ཤངས་ཨུ་ཡུག བེ་རི་ཟིང་གསར་རྙིང་། སྲུ་མོ་ཆེ་དང་བཅས་པ། ང་རྒྱལ་བ་བཟང་པོ་ཙི་ཤེས། ཁྱེད་སློབ་དཔོན་བྱང་ཆུབ་རྒྱལ་མཚན་པ་ཤེས་པ་ཡིན་གསུང་ནས། སློབ་དཔོན་གྲགས་པ་རྒྱལ་མཚན་གྱིས་ལག་པ་ནས་བཟུང་ང་ལ་ཕུལ། ཀང་པ་ལ་འཇུར་བཙུག དཔོན་སྐྱ་གཟའ་པ། བུ་རྟ་ཐམས་ཅད་ཀྱིས་ཕྱག་བསྐོར་བྱས། དེའི་དཔང་པོ་ལ་དེར་འཚོགས་པའི་ཆེ་གཉེན་ཐམས་ཅད་ཡོད༑ ཞ་རྒྱལ་བ་བཟང་པོ་བདེན་ཤྲིས་ཕུལ་བའི་བུ། སློབ་དཔོན་གྲགས་པ་རྒྱལ་མཚན་སྡེ་སྲིད་འཁོར་དང་བཅས་པ། རང་རེས་སྐྱོང་དགོས་པའི་དོན་དེ་ཡིན། དེ་ཧྲིང་། དཔོན་ཆེན་དམ་སྟག་རིན་སྤུངས་ནས་བླངས་ཕྱག་ཏུ་ཕྲད། ཆུ་མིག་ཏུ་བསྡད་རིང་ལ། ཉ་

ཕྲིས། ཁ་ཐེ། བསེ་ཁྲིམ། ཟ་འོག་ལ་སོགས་གང་བྱུང་བ་ལ་འབོལ་བསྟན་བཅོས། ཐབ་ཚ། གདན་ཚ་གང་བྱུང་བསགས། ཟ་རིའི་ལྷག་གི་ལུག་སྟོང་ཕྲག་བདུན། ཆེ་ཕྱུག་བདུན་བརྒྱ། མཛོ་མོ་ཉི་ཤུ་རྩ་གཉིས། བེའུ་བརྒྱ་དང་བདུན་བཅུ། གླང་བརྒྱ་བཅུ། བོང་བུ་བརྒྱ་ཉི་ཤུ། རྣམ་བུ་གོས་མ། ཁྲལ་གསུམ་དངུལ་དམ་གསུམ། པེམ་རི་ཅིག གསེར་གྱི་གོ་ཅན་ཅིག སྒོར་མོ་སྟེགས་དང་བཅས་པ་ཅིག དངུལ་གྱི་ཅན་ནེ་ལུང་ཡོད་སྟེགས་ཅན་སྒོར་མོ་ཚ་མང་། ཕུད་ཕོར་བཅུ་ཙམ། རྒྱུག་སྟེར་གཉིས་བརྒྱ། ཕྲུག་ཆེ་ཆུང་ཁྲིས་བཞི། གཙང་པོའི་ཕྲུག་སྐྱོར་དམར་ཚོན་ཆེ་ཁ་ཡུག་སུམ་བརྒྱ་ཙམ། སླི་མོ་ཆེ་ཆུང་ལ་གྲངས་མེད། སྟག་གཟིགས་གང་བྱུང་དང་། བྱེས་ཐོག་ཏུ་བྱུང་བའི་ངེད་རང་གསོལ་སྤྱད་ཚང་བ་ཅིག དངུལ་བྲེ་གཉིས། ཕྱེད་བྲེ་ཅིག བཞི་བྲེ་ཅིག གོས་ཕྱི་ནང་ཚ་ཉི་ཤུ་ཙམ། ཀ་དན ཀ་ཕྱི། ཕྱང་ཁེབས། སྐ་རག ཡོལ་བ། ལྷ་རིས་རྣམས་གྲངས་མེད། ཕྱིར་ཡོངས་དུས་སྣོད་སྟོང་མིན་པ། ཡར་ཁྱེར་བའི་སྤྱད་པ་ལྷག གཙང་དུ་བྱུང་བ་ཐམས་ཅད་ཚུ་མིག་ཏུ་བཞག་ནས། རྡོ་རྗེ་རྒྱལ་མཚན་ལ་ཟླ་བ་ཕྱེད། ཞག་ཉི་ཤུ་ཙམ་གྱི་བར་དུ་ཁ་ཏའི་རིམ་པ་བྱས་ནས། ཚང་ནག་མོའི་སྐྱོན་མེད་པ་དགོས༔ དངོས་པོ་ཟུར་སོག་མི་ཚོག་མི་ཉན། ཐོ་གཙང་མ་གྱིས། དེབ་གཏེར་སྒྲིགས། བྱུང་སོང་གིས་རྩིས་ཐམས་ཅད་ཕྱུར་བར་གྱིས། ཚུ་མིག་གིས་ལྷ་སྟེ་མི་སྟེ་འདི་རྣམས། སློབ་དཔོན་ཆེན་པོ་ཀུན་རིན་པའི་ཡབ་ཐོགས་ཡིན་པས། རང་རེའི་ཡར་མདའ་གཡུ་སྲིད་ལས་ཤ་ཚ་བ་གྱིས། རིན་ཆེན་སྣང་པའི་སྐོར། དུས་མཆོད་པའི་བསྐོར། ཟླ་མ་མཉམ་མེད་པའི་སྐོར། དཔོན་ཆེན་དབང་ཕྱུག་དཔལ་བའི་སྐོར། དོན་རྒྱལ་དུ་དབེན་ཤ། ཤངས་པ། ཞ་ལུ་བ། སློབ་དཔོན་དར་རིན་གྱི་སྐོར་རྣམས་ལ་ཐོག་ཐུགས་མེད་པར་བྱེད་དགོས་ཟེར་བ་ནན་ཅན་ལབས། བཟའ་པ་བློ་ཐུབ་གྲགས་ཅན་ལྔ་བརྒྱ་བཞག ཁོང་རང་རྣམས་ཀྱིས་དགོས་འཐུན་བྱས་ནས། བཟའ་པའི་སྐྱ་ཕྱི་བ་དང་། མི་སྡེའི་བསེབ་ནས་ཕྱུས་བསྡོམས་བྱས། བྱས་པ་དང་བཅས་པས། མི་བརྒྱད་བརྒྱ་ཙམ་ཚུ་མིག་ཏུ་ལུས་འདུག སྣར་ཐང་མཁན་ཆེན་པས་གཙོ་མཛད། གཙང་གི་ཆེ་གཉེན་རྣམས་དང་གསུང་གླིངས་བྱུང་འདུག་དུས་ཡང་། རྡོ་རྗེ་

རྒྱལ་མཚན་འདི། རང་རེའི་རྩའི་མི། ཚང་ནག་གིས་སྐྱོན་མེད་པ། དངོས་པོ་ལ་ཟུར་སོག་མི་བྱེད། བློ་གཙང་མ། མི་སྤུས་དགའ་བ་ཡོད། སྐྱོན་དུ་བྱས་ན་ན་སོ་གཞོན་པ་དང་། ང་དང་འབྲལ་བ་ལོ་གསུམ་གྱིས་ཐལ་པ་ཙམ་གྱིས་སྐྱོན་ཅིག་ཡོད་ཟེར་བ་ལབས་ནས། རྒྱ་མིག་ཏུ་བསྐོས་དུས། རྒྱ་མིག་གི་ཚོགས་ཀྱི་གུང་ལ། བླ་མ་ཁུ་དཔོན་གྱི་བཞུགས་གདན་ཡིན་བྱས། ཐེར་འབོལ་ཅིག ཁ་ཐེའི་འབོལ་གཉིས་དང་གསུམ་བརྩེགས་གདན་བཞི་བསྟན་འབོལ་དང་བཅས་པ་བཏིང་། རས་འབོལ་ཅི་གཡོགས། ཡར་ཧུའི་ཀ་གདོང་ལ། ང་ལ་ཐེར་འབོལ། ཟླུམ་ཟེ་གདན་དམར་གདན་གཞི་དང་བཅས་པ་ལ་རས་འབོལ་གཡོགས་པ་བཏིང་། ང་རྒྱ་མིག་གི་དཔོན་ཉེ་གནས་ཆེན་པོ་ཡིན་པས་འདི་ང་ཡི་གདན་ཡིན་པས༑ ཁྱེད་ཡར་ཧུ་ལ་འབོལ་ཅིག་ཐིང་ལ་བསྡོད། ཆེན་པོ་རྣམ་གཉིས་དང་། གཞན་ཡང་ས་སྐྱའི་ཉེ་གནས་ཆེན་པོ་ཡིན། གཉེན་སུ་བྱུང་ཡང་བསྐུར་ཆ་སྐྱེལ་བསུ་ལེགས་པོ་སྟེར་དང་འདྲ་བ་གྱིས་བྱས་བཞག དེ་ནས་རང་རེའི་ཕྱིར་བཏེག་ནས་ཡོངས། ཟམ་པ་རིང་མོ་དཔོན་ཆེན་པའི་སྐོར་རྣམས་ལ། རང་རེས་སྟོན་ལན་གྱིས་གཏེར་སྦྱིན་དང་། སྟོན་མོ་བསྟན་བསྐུར་བྱས། དེའི་དགོངས་རྒྱ་ཆེན་པོ་སྐྱེས་འདུག་པས། ཁལ་མ་རྣམས་ཀོ་བ་ལ་བསྒྲལ། རྟ་པ་རྣམས་རབ་ལ་བསྒྲལ་ནས། རྒྱ་སྒྲོལ་བདེ་བར་བསྒྲད། སློབ་དཔོན་ཆེན་པོ་བསོང་བློ་བ། དགའ་བའི་གདོང་གི་ན་ཁ་དེ་ན་སྐར་བྱས་འདུག དེར་དཔོན་ཆེན་པ་དང་། ངེད་གཞི་འཁྲོན་ཐམས་ཅད་པོས། སྟོན་མོ་གནང་སྦྱིན་གཟབས༑ བྱིན་པ་གྱིས་པའི་སྐབས་སུ། དཔོན་པོ་དཀོན་མཆོག་རིན་ཆེན་ལ་ཧུ་ཤྲི་དུ་དབེན་ཤྭའི་སྟག་མགོ་དེ་གཏད་པ་ཙམ་མིན་པ། འཛའ་ས་མ་བསྒྲགས། ལི་ཤང་མ་བྱས། དེའི་དོན་དཔོན་ཆེན་ལས་ཁ་འཛིན་གྱི་ཡོད་པས། ཁྲིམས་ར་གཅིག་ཏུ། སྤུན་ཁུ་མཚན། ཉེ་བའི་རིགས་ཀྱིས་ནི་ཤན་རྩོག་པ་དང་། ལས་ཁ་འཛིན་པ་ཁྲིམས་ལུགས་ལ་མེད་ཟེར་ནས། ལི་ཤང་མ་བྱས་པ་འདུག དེ་དུས་མགོན་པོ་དཔལ་དུ་དབེན་ཤྭ་འདམ་དུ་སླེབ་པས། སྟག་མགོ་འདི་ཁྱེད་དཔོན་ཆེན་པས། མགོན་པོ་དཔལ་དུ་དབེན་ཤྭ་ལ་གཏོད་པ་མཛོད། ཐར་དཔོན་པོའི་དཀོན་མཆོག་འོད་ཟེར་ལ། དཔོན་ཆེན་པ་རང་གིས་གཏད་པའི་

བྱུང་བ་རི་གསར་རྙིང་ཤེས་པའི་གསེར་ཡིག་འདུག་པ། སློབ་དཔོན་གྲགས་པ་རྒྱལ་མཚན་ལ་གཏད་ནས། འདི་ཁྱེད་ཀྱི་ཉ་ར་གྱིས།

༈ སེ་ཆེན་རྒྱལ་པོས་གནང་བའི་ལག་རྟགས་ཡིན། ཁྲི་སྐོར་ཅི་རིགས་པའི་རྟག་མགོ་ལས་དཀའ་ཟེར་བ་བྱས་པའི་དཔང་པོ་ལ། སློབ་དཔོན་ཆེན་པོ་པ་དཔོན་སློབ་ཆེན་པོ་དཔལ་རྒྱལ་བ་དང་བཅས་པ་ཡོད་པའི་དོན་གྱིས། དཔོན་ཆེན་པའི་ཤུལ་མ་རྣམས་ལ། རྟག་ཚང་རྫོང་ནས་གནོད་པ་མཛད་མི་རིགས་པར་ཡོད། དེ་ནས་དཔོན་ཆེན་པ་ཕྱིར་གྲོལ་བ་དང་། སློབ་དཔོན་ཆེན་པོ་སྤར་དང་། ཅུང་མི་འདྲ་ཡི་འདུག་པས། ཐུགས་རྟོགས་ཅིག་འདུག་བསམ་ནས་ཟུར་དུ་ཐབས་ཀྱིས་ཞུས་དུས། ད་ལེན་ཆུ་མིག་གི་འཚོག་འདུ་དེ་ལ། ཁྱེད་ཀྱིས་ངེད་ལ་སྐད་གཏོང་བར་ཡང་ཆད། དེའི་བཟང་ཁ་དེ་ངེད་ལ་ཐེ་བ་བྱུང་ན། ཡོན་ཏན་གྱི་ཆ་མང་དུ་ཡོང་བར་ལ་གསུང་པ་ལ། དེ་དེ་ལྟར་ཡིན་པ་ལ། རང་རེ་སྐུ་འཁོར་སུམ་བརྒྱ། བཞི་བརྒྱ་ཙམ་ཕྱིན་ན། རང་རེའི་ཐབ་ཁར་ཞབས་ཏོག་བྱས་པས་ཆོག་པ་ལ། རང་རེ་སྐུ་འཁོར་ལྔ་བརྒྱ་དྲུག་བརྒྱ་ཙམ་བྱས་ནས་འབྱོན་པས། དེ་ནས་ངེད་ཀྱིས་དབུས་ནས་སྤྱིད་འདྲེན་དགོས་ཙ་ན་དེ་ཙམ་མི་སོས། གཞི་འགྲོན་གཉིས་ཀ་ལ་གཏམ་ངན་འཐོག་ཟེར་བ་ཞུས། དེ་ཧྲེང་། ཆུ་མིག་རིན་སྤུངས་གཉིས་པོ་ལྷན་དུ་དྲིལ་ནས། རྡོ་རྗེ་རྒྱལ་མཚན་གྱིས་གཉེར་བྱས། དེའི་ལྷག་ཆད་རྫོང་ཁར་རྩེ་དགོས་གསུང་། ཆུ་མིག་ཁྲི་སྐོར། བླ་མ་མཁས་བཙུན་ཆེན་པོའི་ཡབ་ཞོག་ཡིན་པ། སློབ་དཔོན་ཆེན་པོ་ཀུན་དགའ་རིན་ཆེན་པའི་སྐལ་བ་ལ་བཅའ་ཚོན་ཚུད་པ་བཞིན། ཁོང་གི་ཕྱག་ཏུ་མ་འཁྱོད་པར། རྡོ་རྗེ་རྒྱལ་མཚན་བཞག་པ་ཡིན། ཁྱེད་རང་སྐུ་མཆེད་ཞལ་མཇལ་བ་དང་གསུང་གླིང་མཛད་པར་ཞུ་ཞུས། རང་རིན་སྤུངས་རྟགས་འབྱམས་དང་བཅས་པ་འདི། རེ་ཤིག་ངེད་ཀྱིས་ཉ་ར་བྱས་ནས་གཙང་ཕྱོགས་ཀྱི་འཛུགས་གཞི་མ་གྲུབ་བར་དུ་ཉ་ར་བྱེད་པ་ལགས། ལར་ན་ཁ་སང་ཞུ་འགྲིག་ཏུ་ཞུས་པ་ལ་ཚངས་ཞུས། འོ་ན་བྱ་རོག་ཚང་སྟོང་སྐོར་འདི། རྫོང་ཁ་ལ་སྦྱར་ན་གསུང་། འདི་ཡང་བླ་མ་མཁས་བཙུན་ཆེན་པོ་ལ་དགོས་ལྟོས་བྱས་པ་འདུག་པས། ཁ་སང་ནས་རྩ་བདག་གིས་དེའི་རྒྱུ་མཚན་ཞུ་ཡི་

འདུག སྟག་འབྲུམ་མོ་དང་འབྲེལ་བས་འབྲུམ་མོའི་ཁག་འཐོགས་ཡོང་བར་བས། འདི་རིགས་མི་དགོངས་པར་སྐྱིའི་བདག་པོ་མཛོད་པར་ཞུ་ཞུས། དེ་རྣམས་ཐུགས་ལ་མ་འཁྲིད་པ་དེར་འདུག དེ་ཧྲིང་དཔོན་ཆེན་པ་རྗེ་དཔལ་ནུར་རེ་འབྱོན་པ་ལ། མགོ་ལུང་ཞབས་རྗོགས། དཔའ་ཤི་ཚུལ་བཟངས་ལ་བཙོལ། ངེད་རང་སྔོན་ལ་བཏེག་རིན་སྤུངས་སུ་མཁར་ལེན་གྱིས་ཁ་ཏ་རྣམས་བྱས། དེ་ནས་ཆུ་ཚན་བཀྲ་ཤིས་སྒང་གི་མཁར་ལན་ཁ་ཏ་བྱས། གོང་དཀར་དུ་དཔོན་ཆེན་པ་དགུགས། དཔོན་ཆེན་པ་རི་སྤུངས་སུ་ཕེབས་ནས། ལུང་པ་ཆུ་ང་འདི་ལ་མཁར་ལན་འདི་ཙམ་བྱས་ནས་ཅི་བྱེད་པ་ཡིན་སློབ་དཔོན་པའི་དགོངས་པ་ཅིར་གདའ་གསུངས་པ། དཔའ་ཤི་ཚུལ་བཟང་ལ་བྲིས་དུས། དེ་ནི་མ་ཤེས་ལགས་ཟེར་བ་ཞུས་འདུག དེ་ཧྲིང་གོང་དཀར་དུ་ཕེབས་དུས་དཔའ་ཤི་ཚུལ་བཟངས་ཀྱིས་དེའི་རྒྱུ་མཚན་ལབས་ཀྱིས་འདུག་པ་ལ། ཆུ་ཞལ་མགུར་གསུམ། ལ་སྟོད་ལྷོ་བྱང་བྱིན་གྱིས་རྐང་པ་ལ་འཛུ་བར་གདའ་ཞུ་བ་ཡིན་མོ་བྱས། དེའི་སང་དཔོན་ཆེན་པ་རང་ལ་དེ་ཞུས། དེ་ཁར་གདའ་གསུང་དེ་ནས་ཡར་ལུངས་སུ་གདན་དྲངས། བླ་མ་ཁུ་དཔོན་བསམ་ཡས་མེ་ཡར་གདོང་གི་ཆུ་ཁར་བྱོན། དེར་དཔོན་ཆེན་པ་དང་མཇལ་ནས་ཡར་ལུངས་སུ་བྱོན། རང་རེས་སྔོན་མོ་ཤངས་ལེན་གཟབས། དེ་ཧྲིང་། དཔོན་ཆེན་པ། དཔོན་པོ་གསུམ་པོ་དང་ཅིས་ཀྱང་འཕྲད་པར་ཡོད་པ་ཅིག་ཞུ་གསུང་། གཙང་པ་བྱིན་དང་། དགོས་ཀྱིས་ཤངས་པ་རྣམས་དཔོན་པོ་གསུམ་པོ་མེད་པ་ཅིག་དགོས་ཞུ་ཟེར་བ་བྱུང་། དཔོན་ཆེན་པ་སྨྱུན་ཆབ་འདོན་གྱིས་འདུག་པ་དང་། མེད་པ་བྱས་ན་མི་ཕོད་པར་འདུག་པས། བླ་མ་དམ་པ་གསུང་ཡང་འབྱོན་གྱི་གདའ་བས། བསམ་ཡས་སུ་བླ་དཔོན་འཛོམ་པ་ལ། དཔོན་པོ་གསུམ་པོ་ཁྱེར་ཡོང་བར་ཞུ་ཞུས། དེ་ནས་བསམ་ཡས་སུ་དཔོན་ཆེན་པའི་ཕྱག་ཏུ་སྤྲད། དཔོན་ཆེན་པས་ཡང་དཔོན་པོ་ཡང་། དཔོན་གསུམ་པོའི་ལག་པ་ནས་བཟུངས་ང་ལ་ཕུལ། དེ་ཉིན་ནས་དཀོན་མཆོག་རིན་ཆེན་གྱིས་ཡང་། ང་ལ་ཕྱག་བཙལ། བྱིན་རླབས་ཞུས། དཔོན་ཆེན་པའི་གསུང་གིས་དཀོན་མཆོག་རིན་ཆེན་འདི་གཏོང་པའང་ཆུང་། ཆུང་པ་ནས་ང་རང་གིས་སར་བསྟད་བསྐྱངས་པ་ཡིན་པས། ད་

ཧུང་ང་རང་གི་ཕྱི་ལ་གཏོང་པར་ཞུ། གཞན་གཉིས་པོ། ཁྱེད་རང་གི་ཕྱུགས་ཕྱི་ལ་ཁྲིད་ནས་ཞལ་ལྟ་ཁྱེར་ཁྲིད་མཛད་པར་ཞུ། ཆུང་བ་འདི་རྣམས་འགྲོལ་ཅིག་ཡོབས་པ་ཅིག་བྱུང་ན་ཁྱེད་ཆེ་གསུང་། རྐོང་པོ་ལ་ཐེལ་དུ་བཙན་དེ་བྱས་ནས། རྗེས་ཐང་དུ་རྣམ་འགྲེལ་སློབ་དགོས་བྱས་པས། གཅིག་ཟེར་ནས་རྣམ་འགྲེལ་སློབ་དུ་མ་ཉན། ཐེལ་དུ་བཙན་དེ་ནི་བྱས། དཔོན་པོ་གསུམ་པོ་དཔོན་ཆེན་པས་རང་རེ་ལ་ཕུལ་ནས་རང་རེ་བདག་ཅིང་དེ་དོན་གྱིས། ཟེར་ནས་བདག་པོ་ང་ཡིན་ཟེར་ས་མེད་པའི་དོན་དེ་ཡིན། དེ་ནས་དཔོན་ཆེན་པ་ཀུང་ཐང་པས་གདན་དྲངས། འདམ་ཚུན་དམག་འབྱམས། ལྷ་ས་ཀུང་ཐང་ཕྱིན་གྱི་འཛགས་གཞི་བྱེད་པ་ལ་ཕྱོན། འདམ་དང་ཀུང་ཐང་ལྷ་ས་ལ་སོགས་པར་གར་ཕྱོན་ཡང་རྒྱ་མིག་ཏུ་གསུང་ཕྱོན་པ་དེ་ཁ་སྐྱོར་གྱིན། ང་ལ་སློབ་དཔོན་བྱ་རྒྱལ་བས་དྲིན་ཆེ་བ་མང་། གྲགས་པ་རྒྱལ་མཚན་གྱིས་མགོ་བྱས། བུ་ཚ་པོ་བུ་ཧ་གཞིས་དགེས་རྒྱུ་ཐམས་ཅད་ཁོང་ལ་ཕུལ་བ་ཡིན། ང་ཅི་ཤེས། ཁོང་ཤེས་པ་ཡིན་གསུངས་ནས། ད་ལྟ་ཡར་བཅད་དུ། དམག་འབྱམས་ཏོར་བོད་རྣམས་ལ་རྒྱུས་ཡོད་ཅིང་ལབ་ཀྱི་ཡོད་པ་དེ་ཡིན། དེ་སྐབས་སུ་རྡོ་རྗེ་རྒྱལ་མཚན་རྒྱ་མིག་པས། ཤངས་པ་ལ་གནོད་པ་ཆེན་པོ་སྐྱེལ་འདུག་པས། ཞུ་བས་སླེབ། ལྷ་ས་དཔོན་ཆེན་པ་དང་དཔའ་ཤི་ཚུལ་བཟང་དང་། གཞོན་ནུ་སེང་གེའི་མདུན་དུ། སློབ་དཔོན་སྐུ་དྲིན་ཆེ་གྲགས་པ་ཡིན་པ། རྒྱ་མིག་པའི་འདི་འདྲ་གསུང་ནས། ཐུགས་ཆད་ཐམས་ཅད་མཛད་འདུག གཞན་ཡང་གཙང་གི་ཕྱོགས་ཐམས་ཅད་ནས། ཚོང་ཚེ་རིམ་པར་བྱུང་། དེའི་དོན་གྱིས་ཁྲིམས་འགལ་བྱེད་པ་རྣམས་ལ་རྩ་ར་བྱེད་པ་ལ་དཔའ་ཤི་དབང་ཕྱུག་དཔལ་བཏང་། ཡར་ཁ་ཏ་བསྐྱུར་བས། མར་བཀའ་སྐྱོན་བྱུང་། བླ་མ་ཁུ་དཔོན་དཔོན་ཆེན་དང་བཅས་པ་བསམ་ཡས་སུ་འཛོམ་པ་ཁུ་ཐག་པ་བཞིན། དཔོན་ཆེན་བྱུང་པའི་སྟེང་ནས་བླ་མ་ཁང་གསར་བ་ཁུ་དཔོན་འཚོལ་དགོས་པ་འདུག་པའི་དོན་ལ། དབང་ཕྱུག་རྒྱ་མིག་ན་ཡོད་པ་ཕྱིར་མ་ཡོང་ཟེར་བའི་ལོན་བཏང་ཞིང་། ཁྲི་དཔོན་དཀོན་མཆོག་འབུམ། དཔོན་ཆེན་པའི་ཕྱུགས་ཕྱི་ལ་འདུག་པ། ཡར་ལུངས་སུ་ཁྲིད་ནས། ཆེན་པོ་འཕགས་པ་དཔལ་ཆེ་བཞིར་བཙུག ཁ་ཏ་ཞིབ་ལ་རྒྱུས་པར་

བྱས། ཁྲི་བཙུན་གྱི་ཞུ་གྱི་ཞུ་བ་ཡའང་དོན་འགྲུབ་པར་བྱེད། རྒྱུ་འདི་ནས་བྱེད་དགོས་ཟེར་ཀྱི་འདུག དེ་ལྟར་བྱེད་པར་ཐག་བཅད་ནས་ཡར་རྫོངས། རྟེང་ལ་དོན་གྲུབ་ཟེར་བའི་ཟོན་བྱུང་བ་དང་བསྟུན་ནས་ཆེན་པོ་འཕོགས་པ་དཔལ་སྐོར་དང་། རང་རེའི་དབང་ཕྱུག་ཚུ་མིག་ན་ཡོད་པ་དང་། ཚུ་མིག་པ། རིན་སྤུངས་ལ་སོགས་པ། རང་རེའི་གཙང་ལ་ཡོད་པའི་བུ་རྟ་རྣམས་དང་བཅས་ནས། བྱུང་པའི་ཐོག་ཏུ་བརྟོང་པས། དགྲ་ཐུབ། སྣང་ཚོད་དམག་རྟུས་ལེགས་པའི་དཔེ་ཐུབ་པར་བྱུང་འདུག་ནའང་། ཚུ་མིག རི་སྤུངས་ཀྱི་དཔོན་གཉིས་པོ། ན་སོ་གཞོན་སྐྱོན་དང་། ང་རྒྱལ་ཆེ་སྐྱོན་བྱུང་འདུག་པ་དང་། རྩའི་མི་ངན་པ་ཚོའི་བྱེད་པ་ལ་བརྟེན་པའི་སྐྱོན་བག་ཙམ་བྱུང་འདུག་ནའང་། སབ་སུབས་བྱས་པས་སྟོན་སླུ་མི་འཆར་ཙམ་བྱུང་འདུག་ཅིང་། དེ་རེས་པོ་དོང་ནས་དམག་དེར་ར་པ་ཁལ་སྣང་ལ་འགྲིམ་རྒྱུ་མིན་ནའང་། མི་འགའ་རེའི་ཆེ་འཆེར་ལ་བརྟེན་པས། དགོས་པའི་ལྷན་དཀར་རྫོང་དེ་མ་བླངས། མི་དགོས་པའི་ར་ས་ཁལ་སྣང་ལ་ཕྱིན། རྗེ་མོ་ནང་དང་དོན་མེད་དཔོན་སྡེ་རྣམས་བཙོམ་བརླག་ལ་བཏང་པས། གཏམ་ངན་བྱུང་པ་དེ་ཡིན། ངའི་ཡི་གེ་བསྐུར་བ་ན། དམག་ཤུལ་ལོག་ཟེར་བ་ཡོད་ནའང་། ཚིག་ལ་མ་ཉན་པའི་སྐྱོན་ཡོས་པས། དེ་དུས་ཕྱིན་པ་རྣམས་ཀྱིས་གོ་དགོས། དེ་རྟེང་། དཔོན་ཆེན་པ་ལྷ་ས་གུང་ཐང་དུ་བཞུགས་དུས། ཆེན་པོ་ཤག་ཀློ་བ་དང་། གཞོན་རྒྱལ་དུ་དབེན་ཤྭ་ལ་སོགས་ཀྱིས་ཀྱང་། དཔོན་ཆེན་པ་ལ་ཉེན་མང་པོ་བསྟན། ཐུགས་འཁྲུག་ཏུ་བཅུག དེའི་དོན། ཆེན་པོ་ཤག་ཀློ་སྒོམ་པའི་སྲིད་མོས་འཁོར་བའི་སྐྱོན་འདུག འབྲི་ཁུང་པས་བཀའ་གདམས་ཡ་གཉིས། སྟག་ལུང་པ། འདམ་དམག་འབྱམས་དང་བཅས་པའི་སྟེང་དུ། སེང་གེ་འཚམ་འཚམ་བྱས་པ། རྒྱ་མ་འཛོག་ཆོས་བྱེད་པ་ལ་སོགས་ཁ་ཤེད་ཆེས་པས། དཔོན་ཆེན་པ་ཡང་། ཡང་མོར་བཏང་། དབྱར་དཔོན་ཆེན་པས་ཡེར་པ་གསོ་བ་ལ་སོགས་མཛད། ལྷ་ས་གུང་ཐང་དུ་གཞི་ཕབ། དེའི་སྟོན་བཞུགས། སློབ་དཔོན་ཆེན་པོ་བློ་གྲོས་རྒྱལ་མཚན་པ་དཔོན་སློབ། བླ་མ་དམ་པ་ལ་མཇལ་བ་ལ། དཔོན་འཕགས་པ་དཔལ་གྱིས་ཞབས་ཏོག་བྱས། ཉང་སྟོད་ནས་སྣ་དཀར་རྩེ་ལ་བྱས་ཕྱིན། རང་རེས་ཀྱང་

བསུ་བ་ལ་གནངས་འཕྲེད་མཇུག་བར་དུ་ཕྱིན། རབ་བརྩུན་དུ་བཅག་མལ་མཛད། གོང་དཀར་དུ་གྲོ་གྲོ་བར་དྲངས། དེ་ནུབ་བྱེ་ཞིང་དུ་བཞུགས། རང་རེས་ཡང་བྱེ་ཞིང་དུ་མ་མཇལ་བར། སྔོན་ལ་སྣེ་གདོང་དུ་ཡོངས། བུད་སྣ་འོག་ཏུ་བསུ་བ་ཕྱིན་སྐར་བྱས་ནས་བླ་མ་དམ་པ་ཡང་དེར་ཕྱིན། ཁུ་དབེན་དེར་མཇལ། དེ་ནས། ༣ བླ་མ་དམ་པ་བསམ་ཡས་སུ་ཕྱིན། གཞི་ཐོག་པ་སྣེ་གདོང་ལ་ཕྱིན། ཐེལ་ལའང་གདན་དྲངས། ཐེལ་ཤེད་དུ་འབུལ་བ་ཞབས་ཏོག་གཟབས་ནས། བསམ་ཡས་སུ་ཕྱིན། རང་རེས་ཡང་བསམ་ཡས་སུ་ཕྱིན། སློབ་དཔོན་ཆེན་པོའི་བསུ་བ་ལ། དཔོན་ཆེན་རྒྱལ་བཟངས་པ་དང་། ཆེན་པོ་ཤག་གླེ། གཞོན་རྒྱལ་དུ་དབེན་ཤཱ་རྣམས་བསམ་ཡས་སུ་ཕྱིན་རྗོར་སྐྱབས་དུ་དབེན་ཤཱ་ཡང་འཛོམ། དེ་དུས། བླ་མ་དམ་པ་ཆོས་རྗེ་པ་དང་། སློབ་དཔོན་ཆེན་པོ་བློ་གྲོས་རྒྱལ་མཚན་པ་དང་། སློབ་དཔོན་ཆེན་པོ་ཀུན་དགའ་རིན་ཆེན་ཁུ་དབོན་གསུམ་པོ་དབྱེར་མེད་གཅིག་བྱེད་པའི་བཅའ་ཚོ་བྱས། ཁུ་དབོན་པའི་ཕྱག་རྟགས་འབྱར། དཔོན་ཆེན་པ་དང་། དེར་འཛོམ་པ་ཐམས་ཅད་ཀྱི་ཐེལ་རྩེས་མནན། སྔ་ཁང་ཐོག་གི་གཟིམས་ཁང་དེར། ཀུང་པ་བླ་མ་ཆོས་རྗེ་པ་དང་། སློབ་དཔོན་ཆེན་པོ་བློ་གྲོས་རྒྱལ་མཚན་པ། སློབ་དཔོན་ཆེན་པོ་ཀུན་རིན་པ་དང་ཁུ་དབོན་གསུམ། དཔོན་ཆེན་པ་དང་ངེད་གཉིས་ཡར་རུའི་དཀྱིལ་དེར་བྱས་ནས་བསྡད། དཔོན་ཆེན་པའི་གཡས་ཕྱོགས་ལ་ཆེན་པོ་ཤག་གླེ་དང་། གཞོན་རྒྱལ་དུ་དབེན་ཤཱས་བྱས། ངའི་གཡོན་ཕྱོགས་སུ་རྗོར་སྐྱབས་དབེན་དུ་དབེན་ཤཱ་དང་། དཔོན་འཕགས་བསྡད། ཁུ་དབོན་པའི་གཡོན་ལ། མཁན་པོ་རྩོད་རིགས་པ་དང་། མཁན་པོ་བསོད་ནམས་དང་དཔལ་བས་དབུ་མཛད། དགེ་བའི་བཤེས་གཉེན་རྣམས་བཞུགས་ཡོད། སྐུ་འཁོར་སྣ་ཚང་ས་ལ། ཚྭ་བ་དང་གྲོ་བར་གནང་། སྐུ་འཁོར་ཕྱིན་པོ་གྲལ་གྲོལ་ཡོད་པའི་སྐབས་སུ། བླ་མ་ཆོས་རྗེ་པའི་གསུང་གིས། གཞན་རྣམས་དེ་ཁ་ལགས། ང་བླ་མ་ཁང་གསར་བ་ཁུ་དབོན་གྱི་འདི་ཇམས་ཆེ་པས། འདི་ལ་འདུན་མ་ཁྲིགས་ཡོད་ཅིག་འཐད་གསུང་། དེ་འགྲིགས་ལ་དཔོན་ཆེན་པ་བཞེངས་ནས། བླ་མའི་སྐུ་མདུན་དུ་ངའི་གདན་དམར། ཁོང་རང་གི་གདན་དམར། གཞན་རྣམས་ལའང་ཆ་

ཚེ་རེ་ཐེང་གསུམ་ནས་ཡར་ཕྱིན། ཡང་དེ་རིང་འདིས་ཏ་ལ་ཞགས་ཅིག་བྱེད་པར་འདུག དེ་ལ་ལེན་བྱས་པ་ན། རང་རེའི་དྲིན་ཡོད་པས་ཡུས་ཆེ་བྱས་པར་འགྲོ་བས། ཕྱིར་འགྲོ་དགོས་བསམ་པས། དཔོན་ཆེན་པ་ན་རེ། སློབ་དཔོན་པ་ཡང་བཞུགས་གསུང་། དེར་ཐམས་ཅད་བསྟུད་པས་དེ་ལ། དཔོན་ཆེན་པས་ཞུ་བ་བྱས་པ་ལ། དྲུང་པ་མི་མད། བླ་མ་ཁང་གསར་བ་བྱ་བ་ལགས། ཕྱི་ཐོ་གཉའ་སྐྱུར་བ་བྱ་བ་ལགས། བྱག་པ་བདེ་ལེགས་རྒྱལ་མཚན་བྱ་བ་ལགས། བླ་མའི་ནོར་ཅི་བདོག འཁམས་འདྲ། ཁམས། བྱག་པ། ངོ་ལོག་ཚོ་ལ་ཚོད་རྩེ་བྱུང་བ་ཡང་དཔང་པ་གང་ཙམ་འམ་བུའི་ལག་ན་བདོག འདི་ལ་རྒྱལ་བུ་དབེན་པ་མང་དུ་ཚོགས་ནས་བཅའ་ཚེ་བསླང་། ཕྱུག་པོ་སྒོ་དམར་བ་ལ།

༈ གོང་དུ་ཞུ་བ་སོང་བདོག འདི་ལ་རྩ་ར་ཡོད་ན་ཕྱུག་པོ་སྒོ་དམར་བས་མཆིས། འདྲི་མི་དང་རྩད་བཙོད་ཡོད་ན། གོང་ནས་ཡང་མཆི། ང་རྒྱལ་བ་བཟང་པོ་ས་ལ་མི་འཛུལ། གནམ་ལ་མི་འབྲོས་ལགས། འམ་བུས་མཐེ་བོང་གང་ཙམ་ཅིག་ནས། གོང་མའི་གསེར་གྱི་ཐེམ་པ་བརྫིས། གོང་མའི་གསེར་ཞལ་མཐོང་། ཕེང་གཅིག་པའི་ཁྲིམས་རར་སླེབ། ལག་རྟགས་རྒྱབ། ཁྲིམས་འདི་འམ་བུས་ཤེས་ལགས། འདི་ན་ཁྱེད་རྣམས་པ་དབང་ཙན་མངས་ནས༑ ཁྲིམས་འགྲིམ་པ་མི་དགའ་བ་གསུང་། དཔོན་ཆེན་པའི་ཞུ་བ་རྫོགས་སམ་ཞུས། རྫོགས་གསུང་། དེ་རྗེས་རང་རེས་ཞུས་པ་ལ༑ ཁྱེད་དཔོན་ཆེན་རྒྱལ་བ་བཟང་པོས་ཁྲིམས་མི་ཤེས་ཟེར་བ་སུ་ཡང་མེད། ཁྲིམས་ལ་ལོག་འཛུད་མཛད་ཀྱི་གདའ་བ། བཀའ་གདམ་པའི་ལོག་འཛུད་ཡིན་ན། ཤ་དང་མར་ཚུད་ཆེན་པོ་ཡོང་བས་གཟའ་ཆེན་བ་ཡིན་ཏེ། རང་རེའི་ཁྲིམས་ལ་ལོག་ཚུད་འདི་མི་མཐད། ད་རང་གི་སྣ་ལ་འཛུབ་མོ་བཙུགས་ནས། བྱང་རྒྱལ་པོ་སྐྱེས་པ། ཡར་ལུངས་སུ་ཁྱེད་ཀྱི་བཟུང་པ་བྲོས་ནས་ཟིན་པ་ཡང་མ་ཡིན། འཐབས་ནས་མ་ཐུབ་པ་ཟིན་པར་ཡང་མ་ཡིན། ཁྱེད་ས་སྐྱ་དཔོན་ཆེན་ཤཱཀྱ་བཟང་པོའི་གོ་ས་ན་ཡོད་པ་ཡིན་པས་བསམ་པ་བྱས་ནས། ཨ་པོ་ཁྱོད་ཤེས་བྱས། ཀང་པ་ལ་འཇུས་པ་ཡིན་པ་མིན། འཛིན་ལུགས་དེ་འདྲ་བྱས་ལས་དེ་འདྲ་བཏང་། ངས་ཡི་གེ་ལན་པར་ཤེས་ནས། ཁྱེད་རང་གི་

གསོལ་ཇ་ཁང་པ་ནས། སྐོགས་གཅིག་གི་ནང་དུ་མེ་བླངས་ནས་ཐེལ་རྗེ་བསྲེག བསྲེག་ཚར་བ་དང་། ཁྱོད་ཀྱིས་ཡིག་གེ་སྤྱང་པ་གང་ལེན་པ་ལ་སྐུར་བྱུང་ནས། ངས་ཐེལ་རྗེ་བསྲེག་ཚར། ཐེལ་རྗེ་རྒྱབ་ཟེར། ཐེལ་རྗེ་བསྲེག་ནས་མེད། ང་རང་གི་ལུས་པོ་སྣང་པོ་བརྒྱབ་བྱས་པས། བྱ་རྒྱུ་མེད་རྙེད་པ་དེ་ཡིན། བླ་མ་ཁང་གསར་བ་ལ། ངའི་ཐབས་དང་ཤེས་རབ་ནི་མེད། ཡིག་གེ་སྙིང་ལ་དྲན་ཚད་བྲིས་ནས་ཐེལ་རྗེ་བླངས། དེ་རྗེང་། ཁུངས་མེད་ལ་བཏང་པས་ཚོགས་པ་ལ་བྱས་པས། ཡིག་གེ་ལན་གྲངས་དང་བྱས་པ་ཡིན། ཡིན་ཏེ། ཟེར་བ་ཅིག་ལས་མ་བྱུང་། དར་མ་རྒྱལ་མཚན་སི་ཏུ་རྡོ་རྗེ་ལྷམ་ཏུ་ཕྲི་ཨ་སྦྱན་པོ་པ་ཚེ་དབེན་གྱིས་གནད་དྲངས་པའི། འཇའ་སའི་ནང་ན། མངའ་རིས་ཀྱི་མངའ་བདག་དང་། ཞང་མཁན་པོའི་མགོ་བྱས་རྣམས། ཞག་བཞི་བཅུའི་ནང་དུ་ངོ་བལྟས་ན་ཉེས་པ་ལས་ཐར་དུ་ཆུག་ལ། མིང་དང་ལས་ཀ་གང་འོས་བྱིན་གསུང་པ་ཡོད་པ་ཡིན་པ་ལ། ཞག ཞབས་ཁ་འཇམ་མོར། འཇའ་ས་བསྒྲགས། འཇའ་ས་སྒྲགས་ནས་ཞག་བཅོ་བརྒྱད་སོང་བ་དང་། ཞང་མཁན་པོ་ཕ་བུས་ཁྱོད་དཔོན་ཆེན་ལ་བབས་རྗེ་བཅོལ་ནས་བབས་འདུག་པ། ཞག་གསུམ་སོང་བ་དང་བསད། གསལ་ལོ་རྫོང་བསྐྱིལ་ནས། གོང་དུ་ཞུ་བ་བཏང་པ་ལ། གསལ་ལེ་རྫོང་ཕབ། ཞང་མཁན་པོ་མགོ་བྱས་རྣམས་བསད་ཡོད་པས། སི་ཏུ་དར་མ་རྒྱལ་མཚན་ལ་གནང་སྦྱིན་དང་མིང་ལས་ཁ་སྤྲོར་བ། དཔོན་ཆེན་རྒྱལ་བཟངས་ཀྱིས་ཡང་། གོང་མའི་ཕྱོགས་སུ་བསམས་ནས། དམག་ལེགས་པོ་འཐབས་ཡོད་པས། གནང་སྦྱིན་དང་ལས་ཁ་སྤྲོར་བ་ཞུ་ཟེར་བའི་བའ་བཏང་བ་དེ་ཡིན། འཇའ་སྦྱའི་ལུགས་བཞིན་ངོ་ལྟ་བྱས་པའི་མི་བསད་ནས།

༈ རྒྱལ་པོའི་ལུང་ལོག་པར་བཏང་དམ་མ་བཏང་། ཁྲིམས་ལ་ཁོག་འཛུད་བྱས་སམ་མ་བྱས། ད་སྔེ་གདོང་། ༢ གོང་དཀར་ནས་རྒྱལ་བརྒྱུད། མི་དཔོན་གསེར་ཡིག་པ་སུ་བྱུང་ཡང་། བསུ་སྐྱེལ་ལ་ཐག་རིང་པོར་མི་འགྲོ་བར། ཐེམ་པ་མ་རྫོགས་པ་གཏོད་པའི་དོན་དེ་ཡིན། ངས་རྒྱལ་ཁྲིམས་བཟུང་༑ གན་མེ་ཏོག་གིས་མགོ་བྱས། བསྟུད་ཆེ་ཆུང་། ཁྲིམས་ལས་ཀྱི་བྱ་བ་དྲང་པོར་བསྒྲུབས་པའི་མི་དཀར་པོར་ལ་ཞྭ་ནག་པོ་གཡོགས་སམ་མ་གཡོག

གོང་དུ་ངོ་ལོག་ཟེར་བའི་ཞུ་བ་བཏང་དམ་མ་བཏང་། ཉིད་ཅག་མི་དགོས་གོང་ནའང་རྒྱལ་པོའི་ཁོང་གིས་སྲུས། བཙུན་མོ་ལ་ལུས་ལ་ཡོད་པ་ཉ་ར་མ་ཐུབ་པར་བསད་པ་དང་། ཨ་ཐི་ཟུར་ཐས་ཕྲིས། དྲིན་ཅན་གྱི་བུ་ཚ་རྒྱུད་དང་བཅས་པ་ཐམས་ཅད་རྩ་བ་བཅད། ཐོག་ཏ་ཐ་ཕྲི་སློན་པོ་རིན་པོ་ཆེ་ལྷ་བུ། གདམ་ཞར་བས་སྐྱོག་བྱས་ནས་སྐྲོངས། ཏའི་རུར་ཡང་། ཁྲིམས་ལ་ཁོག་འཛུད་བྱས་པས་མ་སྐྱིད་པ་འདི་ཡིན། བླ་མ་ཁང་གསར་བས། ངས་སྣེ་གདོང་ནས་བླ་མ་བཟོས་ནས་སྐྱུལ་བ་མིན། རྒྱལ་པོ་རིམ་པ་བཞིའི་འཇའ་སས། བླ་ཆེན་ཀུན་བློའི་བཀའ་ཤོག་བྱུང་། གྲགས་ཆེན་ཁུ་དཔོན་གྱི་བརྒྱུད་པ་ཡིན་ཟེར་ནས༑ ཁང་གསར་ཆེན་མོར་བསྐོས། ས་སྐྱའི་ཁྲི་ཐོག་ཏུ་བླ་མ་རྣམས་པའི་གྲལ་ལ་བསྒྲིགས། ཁྱེད་རང་དཔོན་ཆེན་རྣམས་པས་ཕྱག་བཙལ། ཕྱིན་ལྷབས་ཞུས་གདའ་བ། དེའི་དོན་ལ། ངས་ཀྱང་ཕྱག་བཙལ། ཕྱིན་ལྷབས་ཞུས་པ་དེ་ཡིན། ད་མང་པོ་ཉུང་བ། རྒྱུ་མེད། བླ་མ་ཁང་གསར་བ་ཡོད་གྱིས་ངོ་པོར་ཐོན། གྲོངས་ཀྱིས་རོ་སྟོན། གསང་གྱིས་མགོ་ལག་ཁྱེར་ལ་ཤོག གསོན་པོར་ཡོད་པའི་ངོ་པོ་སྟོན་རྒྱུ་མེད། ཤི་བའི་རོ་མེད། གསད་པའི་མགོ་ལག་སྟོན་རྒྱུ་མེད་པའི་འདི་འོལ་དུ་མི་འགྲོ་བྱས་པས། ཆོས་རྗེ་པ་ཡང་འདི་བདེན། དེ་དེར་འགྲོ་གསུང་། ཁྱེད་རང་དཔོན་ཆེན་པ། བྱང་པ་སི་ཏུ་དང་སྐྱིད་སྡུག་ཕྱོགས་གཅིག་པ་ཡིན་གྱིས། བྱང་པ་འདྲེས་རྩ་ཁུར་ལ་ཟོར་བ་མི་ལྟེ་མཉམ་པོར་བཏུངས། མི་གྱིས་བྱང་པ་བཏུང་། རྒྱ་བཏུངས་པས་བོད་སྐད་ཡང་མཆིས་བྱས་ནས། ཆོས་རྗེ་པའི་དྲུང་དུ་ཕྱག་བཙལ་ནས་ཕྱིར་ལངས་ཕྱིན་པས། ལྷ་ཁང་གི་ཟུར་ན་པར་ཕྱིན་དུས། རྫོར་སྐབས་དུ་དབེན་ཤ་ངའི་ཕྱི་ལ་བྱུང་བས། དཔོན་ཆེན་པའི་གསུང་དེ་འདྲ་འོལ་དུ་མི་འགྲོ། ངད་གཉིས་པོ་སུ་བདེན་བྱས་པས། གཉིས་ག་བདེན། བྱང་པ་ཡང་ཡིད་མ་བཅད། ཁང་གསར་བའི་སྐོར་རྣམས་ཀྱང་ཡིད་མ་བཅད་ཟེར་གྱི་འདུག དེ་ནས་དཔོན་ཆེན་པས་ཡིག་ཐོ་གཅིག་སྐུར་བྱུང་ནས། ད་ཅི་ཟ་ཟའི་རྣམས་པ་བྱུང་འདུག་པས། ཐུགས་མི་འཁྲུག་པར་ཞུ། ད་ཞལ་ལྟ་ཅི་གདའ་ཟེར་བྱུང་། བླ་མ་དམ་པས་གཙོ་མཛད། དཔོན་སློབ་གཞི་བྱེས་ཐམས་ཅད་ངེད་ཀྱི་མཆོར་ལ་དགེ་རྒྱུས་སུ་གྱོ་ལ་འབྱོན་པར་ཞུ་ཟེར་བ

སྐུར་ནས། བླ་དམ་པ་ཁུ་དཔོན་པས་གཙོ་མཛད། དཔོན་ཆེན་ལ་སོགས་ཆེ་གཉེན་ཐམས་
ཅད་གྲོལ་ལ་གདན་དྲངས། སྨྲ་མོ་ཆེར་གྲོ་གཟབས་པ་ཅིག་ཞུས། དེའི་སྐབས་སུ་རྒྱ་མའི་ཁྲི་
དཔོན་དཀོན་མཆོག་བཟང་པོས་སྟག་མགོ་དཔོན་ཆེན་ལ་གཏད་ནས། ལས་ཁ་མི་ནུས་པའི་
རྒྱུ་མཚན་མང་པོ་ཞུ་ཡིན་འདུག༑ དེ་ལ། བླ་དཔོན་ཆེན་གྱིས་ལས་ཁ་ཁྱེད་རང་གིས་གྱིས་
གསུང་བ་ཡང་མི་འདུག ཁྱེད་བདེན་ཡང་མི་གསུང་། འབྲི་ཁུང་པ་ལ་རྩ་ར་བྱེད། པང་མི་
གསུང་བར་ཐམས་ཅད་ཆུ་སྐྱེགས་ཀྱིས་ལེན་པ་འདྲ་བ་བྱུས་ནས་གྲལ་འགྲོལ་གྱིས་འདུག་འདུག
དེ་ལ་རང་རེས། ཡང་ན་ཁྱེད་བླ་མ་དཔོན་གྱིས་འབྲི་ཁུང་པ་ལ་རྩ་ར་ཞལ་ལྟ་མཛོད་ལ། རྒྱ་
མ་པས་ཁྲིམས་ལས་བསླུབ་པ་ཡོད་པ་མཛོད། ཡང་ན། ཁྱེད་དཔོན་ཆེན་པས་རྒྱ་མ་སྡེ་དགོན་
ཉ་ར་མོད། འབྲི་ཁུང་པའི་ཁ་འཛུག་མེད་པར་མཛོད། དེ་ལྟར་མི་བྱེད་ན། རྒྱ་མ་སྡེ་དགོན་
དེ་ངེད་ལ་གཏོད། འབྲི་ཁུང་པའི་ཁ་ཡ་བྱེད་པ་ལ་ཐུག་ཟེར་བ་ཁར་བཏོན། དེ་ནས་བླ་མ་ཁུ་
དཔོན་པ་ཕར་ལ་བཞུད། དཔོན་ཆེན་པས་གཙོ་མཛད་རྣམས་ཀུ་ཁམས་གསེངས་རྟེང་།
ཚུར་ཕྱིན་ནས་སླེངས་པས། འབྲི་ཁུང་ལ་གྲོས་འདེབས་ཆེན་པོ་ཤོག་ལྷོ་བ། གཞོན་རྒྱལ་དུ་
དཔེན་ཤྭ། ནང་པ་རིན་རྒྱལ་རྣམས་བཏང་། ཟ སློབ་དཔོན་ཆེན་པོ་བློ་གྲོས་རྒྱལ་མཚན་པ་
ཡང་། བསམ་ཡས་ཕུ་ལ་བྱུས་གྱང་ཐང་ལ་བྱུས་ནས་ལྷ་ས་རིགས་གྲ་མཛད། དེ་སྐབས་སུ།
རང་རེ་ཡང་སྣེའུར་ཕྱིན། སློབ་དཔོན་ཆེན་པོ་པ་དཔོན་སློབ་ཤུང་རག་སྣེའུར་གདན་དྲངས།
དེ་རྗེས་དཔོན་ཆེན་ཡང་ཕྱིན། དཔོན་ཆེན་པའི་ཕྱག་ཏུ། སྨོམ་པ་ཤཱཀྱ་བཟང་པོས་ཆིང་ཚེ་
ཅིག་བསྐུར་ནས། ཕག་མོ་གྲུ་པས་རང་མི་བདག་པའི་འཚོལ་པའི་གྲྭ་བྱེ་འཕྱུང་རྒྱུས། ངེད་
འབྲི་ཁུང་པའི་འོན། དཀར་ཚེས། འོལ་ཁ། རྗེ་ར། རྩེ་ཁ། གཞན་ཡང་ཡར་འབྲོག་པ་
དང་༑ གཡའ་བཟངས་པ་ལ་སོགས་ཀྱི་མི་སྡེ་ཚན་ཆེར་རང་སེམས་ཀྱིས་བཟུང་བ་འདི་ལ་རྩ་
ར་མཛད་པར་ཞུ་ཟེར་བ་ཅིག་བྱུང་འདུག དེ་ལ་རང་རེས་མང་པོ་མི་དགོས། ང་ཡང་ཆིང་
ཚེ་ཅིག་བྱེད་བྱུས་ནས། ང་དང་འབྲི་ཁུང་པ་གཉིས། འབྲི་ཁུང་བདེན་གྱིས། སྟོན་ལྷེ་པེ་པ་
རྣམས་ཀྱིས་འབྲི་ཁུང་པའི་རྒྱབ་གྱིས་ལ། ཧོར་བོད་ཀྱི་དམག་རྣམས་བསྡུས་ལ་ང་ཆམ། ང་

བདེན་གྱིས། ཁྱེད་རང་སློན་ཤེ་པེ་པ་རྣམས་དང་། དབུས་པའི་ཁྲི་སྟོང་དམག་འབྱམས་དང་
བཅས་པ་རྣམས་ཀྱིས་ངེད་ཀྱི་གྲོགས་གྱིས། འབྲི་ཁུང་པ་འཚོལ། གང་བྱེད་ཀྱི་ལན་བསྐུར་
བྱས་ནས། ལྷ་ས་ཆེང་རྫེ་དེ་བསྐུར་བཏང་པས། ཆེན་པོ་ཤག་བློ་དང་། གཞོན་རྒྱལ་དུ་
དབེན་ཤྭ་ལ་སོགས་ཐམས་ཅད་འཛམ་པར་ཆེང་རྫེ་དེ་སླེབས་འདུག གཞོན་རྒྱལ་དུ་དབེན་
ཤོས། སྐང་བུ་དེའི། ཆེང་རྫེའི་ལན་ལ་འདི་འགོ། སྲིན་ཐན་དེའི་འདི་བྱེད། ད་ཅི་བྱེད།
ད་ཅི་བྱེད། ཟེར་བ་ལབས་འདུག དེའི་དཔོན་ཆེན་པ་དང་ངེད་རང་བཀའ་གྲོས་ཡང་དག་
བྱས་པ་ལ། འབྲི་ཁུང་པ་འདི་མ་བཅོས་ན། བཀའ་གདམས་ཡ་གཉིས། འཚལ་པ། སྟག་
ལུང་པ། བྱང་གི་དམག་འབྱམས་དང་བཅས་པ་ཟུག་ཆགས་མི་ཡང་པར་འདུག་པས། འབྲི་
ཁུང་པ་འཚོས་པ་ལ། ཚོས་ཡོད་དུ་འཚོགས་པ། དཔོན་ཆེན་རྒྱ་མར་བཞུགས་པ། རང་རེ་
མལ་གྲོར་བསྡད་ནས་འཕྲུས་ཕྱོགས་བྱེད་པ་ལ་ཐག་བཅད་པས། དཔོན་ཆེན་པ་ཆེན་པོ་ཤག་
བློ་བ་དང་། གཞོན་རྒྱལ་དུ་དབེན་ཤྭས་སྐྱུར་ནས། དེ་སྙིང་གི་ཁམས་ཀྱི་མ་ནུས་པར།
འཕན་ཡུལ་དང་། ལྷ་ས་གུང་ཐང་དུ་ཁམས་འདུས་ལུང་པ་བསྐྱོད་བྱས་ནས་ཕར་འཆམ་ཚུར་
འཁྲམ་མཛད། དེའི་སྐབས་སུ། ཡིད་ལའོ་དབེན་དཔོན་གྱི་ཡོད་འབྱོན་གྱི་ཡོད་ཟེར་བ་བྱུང་
ནས། དཔོན་ཆེན་པ་འདམ་ལ་བསུ་བ་ལ་བཞུད་འདུག རང་རེ་ལའང་བསུ་བ་ལ་ཤོག་ཟེར་
བ་བྱུང་༑ མི་མོ་བྱ་ལོའི་ལོ་གསར་རང་རེས། བླ་མ་མཉམ་མེད་པ་ལ་གཙོ་བོ་བཅོལ་ནས།
གོང་དཀར་དུ་ལོ་གསར་བྱས། ལོ་གསར་ཐོན་པ་དང་། སྣེའུ་བསུ་མ་ལ་ཕྱིན། ཡིད་ལའོ་
དབེན་དཔོན་གྱིས་ཀྱང་གུང་ཐང་དུ་ལོ་གསར་བྱས་འདུག སྣེའུ་ནས་དཔའ་ཤེ་ཚུལ་བཟངས་
བསུ་མ་བཏང་། རང་རེ་ཡང་ལྷུ་བ་གདོང་དུ་བསུ་བ་ལ་ཕྱིན། མི་ཚོས་བྱས་ནས་ཆུ་ཁག་རྟ་
བབས་ནས་ཕྱིན་ནས། ཡི་ལའོ་རྟ་ཞོན་ནས་ཆུའི་དཀྱིལ་ན་ཚུར་བྱུང་བ་ལ། རྟ་ཐོག་ནས་
ཡོབ་རྒྱངས་ཏེ་ལངས་ནས། སི་ཏུ་བ་བཞུགས་འོ་རྒྱལ་ཟེར། ཆུ་ཐོན་པ་དང་རྟ་བབས།
དར་ཁ་རྫེས། རྫོང་ལུགས་ཀྱི་བྲང་སྤྲོད་བྱས། ཁྱོད་ལ་གོང་མའི་ལུང་གིས་ཏའི་སི་ཏུའི་མིང་
ཆེན་པོ་དང་། དམ་ཁ་གནང་ཡོད་པ་རྒྱལ་རིན་དབེན་པོས་ཁྱེར་ཡོད། ངེད་དང་ལྷན་དུ་

སླེབས་རྒྱུ་ཡིན་ནའང་། སློབ་དཔོན་ཆེན་པོ་བསོད་བློ་བ་གདན་འདྲེན་པའི་གསེར་ཡིག་པ། ཀླུ་རྒྱལ་ཏུ་ཕྲིམགོན་དང་། ཕོང་གཉིསཡུལ་དུ་ལུསཔ་ཡིན་ཟེར་ནས། རང་རེ་ལ། ཏའི་སི་ཏུའི་མིང་དང་། དམ་ཁ་ཡོད་པའི་ལུང་བསྐུལ། དེར་ཕོང་ལ་སྟོན་མོ་ཤངས་ལན་གཟབས་པར་བྱས་ནས། དཔེན་དཔོན་ལྷ་སར་བཞུགས། དཔོན་ཆེན་པ་དང་གདོངས་ནས་ས་སྐྱ་སློབ་དཔོན་ཆེན་པོ་ལྷ་ཁང་པ་གདན་འདྲེན་པ་ལ་ཐེག རང་རེ་བླ་མ་དམ་པས་བསམ་ཡས་སུ་རབས་གནས་རྒྱས་པར་མཛད་པ་ལ་ཞོག་གསུང་ནས་ཕྱིན། རབ་གནས་ཚར་བ་དང་།

༈ གོང་མའི་ལུང་གིས་གོང་དུ་གདན་འདྲེན་གྱི་ཐུགས་བསྐྱར་མི་བྱེད་པས། གདན་ས་ཆེན་པོར།

༈ བླ་མ་འཕགས་པའི་གོང་ལ་བཞུགས་གསུང་པའི་ལུང་བྱོན་པ་བཞིན། ཐར་ཁུ་དཔོན་མདུན། ཐར་ཞུ་འབུལ་རིམ་པར་བྱས་པ་ལྟར། ས་སྐྱར་འབྱོན་གྲབས་མཛད། ཐར་གོང་དུ་བླ་མ་དཔོན་ཆེན་གྱིས། ངེད་གདན་ས་པན་ཚུན་གྱི་བར་མཛད་པ་འཐད་ཟེར་བ་ཀུན་གྱིས་ཞུས། དེའི་ལུགས་བཞིན་བར་མཛད་གསུང་པ་ལས། བར་མཛད་ཡང་། འོན། འོལ་ཁ་ལ་གཏོད་ལན་ཡོང་བ་མི་སྲིད། དེའི་རྒྱུ་མཚན་པས་འབྲི་ཁུང་པས། ཚོལ་ཁ་ལ། ཞུང་པོ། རྒྱ་མཚོ་ཡ་གསུམ། དྲགས་སྐོར་ཕར་བཅད་ཀྱི་དམག་བསྡུས་ནས། ཞིང་ཡ་གསུམ་ལ་དམག་གཞི་བྱེད་ཟེར་བ། གདན་ས་ཐེལ་འཁྲུགས། ང་བྱང་རྒྱལ་མི་བརྒྱུད་དང་བཅས་པ་བཙབས་བཅད་ནས། སྣེ་གདོང་ཕོང་གི་འཛིན་ཟེར་བ་དང་། ཐར་ཕོང་གིས་བཙམ་གཞི་ཡིག་བརྒྱུད་བྱས་པའི་ཡིག་གེ་རང་རེ་ལ་ཡོད་པས། འོལ་ཁ་གཏད་ན་འབྲི་ཁུང་པ་དང་། གཡེ་གཉལ་ལ་སོགས་དེ་ལོག་དང་གཅིག་བྱས་ནས། རང་རེ་ས་སྐྱ་པས་ཁ་ཕྱུག་པ་དང་། རྒྱལ་པོའི་ཁྲིམས་འཁྲུར་བ་མི་སྲིད་པས། འདི་མི་གཏད་པའི་དོན་དེ་ཡིན། འོན་འདི་གཏད་ན། ཉང་པོ་གྲུ་པོ་ལ་ཐུགས་གིས་སོང་། ཡུལ་འདོར་འཛོག་ལ་ཐུག་པས། འོན་གཏོད་པ་མི་སྲིད་པས། བར་ན་མི་ཤ་དང་འགྲམས་འདི་ཙམ་ལ་སོང་། བློ་མི་བདེ་མི་ཁེལ། འོན། འོལ་ཁ་ལ་གཏོད་ལེན་ཡོང་པ་མི་སྲིད། རྩེ་ཁ་མི་རྩེད། རྡོ་ར་བགོས་ཁྲིགས་ཅིག་བྱེད་ཟེར་བ་ཞུས་པས། རྩེ་ཁ

འབྲི་ཁོང་རང་འབྲིང་ཁྲུང་པའི་ལག་ན་ཡོད་པ་ལ་འདི་འདྲའི་ཁ་འཚོར་བྱེད་པ་འདུག དོན་
གྱིས་མདུན་མ་མི་བྱེད་དུ་འདུག་དགོངས་ནས། མདུན་ཁྲིགས་མ་མཛད། དེ་ཧྲེང་། རྗེ་ཁ་
ལེན་པ་ལ། བླ་མ་ཆོས་རྗེ་པ་བཞུགས་རིང་ལ། དམག་བྱས་ན་མི་ཡོང་བར་འདུག་པས་བླ་མ་
ཆོས་རྗེ་པ་ས་སྐྱར་མ་ཐེགས་བར་དུ་དམག་མ་བྱས། དེ་ནས་བླ་མ་ཆོས་རྗེ་པ་ས་སྐྱར་འབྱོན་པ་
ལ། རང་རེས་ཡང་ཐང་སྐྱ་བར་དུ་སྐྱེལ་ཐུང་བྱས། དཔའ་ཤི་ཚུལ་བཟངས་ཚ་བྲག་ཕུ་བར་
དུ་ཐབ་འཛིན་བཏང་ནས། བླ་མ་ཆོས་རྗེ་ཏུ་མཚམས་སུ་ཕེབས་པ་དང་། གོང་དཀར་དུ་
དཔལ་རིན་ལ་མནའ་བཀག་ནས། དཔའ་ཤི་ཚུལ་བཟངས་འཐོད་མི་མགྱོགས་པར་ཐོང་།
ད་རྗེ་ཁ་ལེན་པ་ཡིན་པས། ཆུ་མ་རྒྱས་བར་དུ་གཙང་ལ་དམག་འགྲོ་བ་ཡིན་གྱིས་དམག་
སོགས་གྱིས། རྗོར་རིན་གྱིས་མགོ་བྱས་རྣམས་ལ་མགྱོགས་པར་ཤོག་བྱས་ནས། རང་རེས་
མར་ཕྱིན་པ་དང་། སྣ་པོ་ལ་འཕྲད་པས་དང་། ད་རྗེ་ཁ་ལེན་པ་ཡིན་པས། གསལ་རྒྱལ་སློང་
ཕབ་རྗེ་ཁ་ལེན་པ་གྱིས། གོང་དཀར་གྱི་ཆུ་མ་རྒྱབ་བར་དུ་གཙང་ལ་འགྲོ་བ་ཡིན་གྱིས་ལ།
རང་རེ་ཡར་ལུངས་ནས་ཡོངས་པ་ཆོས་ཡང་མ་འགྲིགས་པ་གྱིས་བྱས་ནས། རང་རེས་ཡར་
ལུངས་སུ་སླེབས་པ་དང་། འོལ་ཁ་དང་འོན་ཕུར་དམག་སོགས་བྱས། དེའི་སྐབས་སུ་ཁོང་
རྣམས་གོ་ཆོད་པས། གསལ་རྒྱལ་རྫོང་ཕབ། རྗེ་ཁ་ལོན་པའི་གཏམ་སྙེན་སྙན་སླེབ། དེའི་
སྐབས་སུ་འབྲི་ཁྲུང་པས་རྒྱ་མ་ལ་རླུགས་ཆེ་བྱས་འདུག་པས། རང་རེས་ཡང་སློབ་དཔོན་རྫོང་
རྗེ་བ་དང་། མི་གཉེན་དགོས་མ་མནན་པས་རྒྱ་མ་གནས་མ་ཤོར། དེ་ཧྲེང་རྒྱ་མ་རིན་པོ་ཆེ་
དང་། ཁྲི་དཔོན་དཀོན་མཆོག་བཟང་པོ། རྒྱ་མའི་གྲོས་པ་ཐམས་ཅད་དམག་ཧུས་ལེགས་
པའི་ཧ་འདྲེན་བྱེད་པ་ཡིན་ཟེར་ནས། སྔེ་གདོང་དུ་བྱུང་བ་ལ་རང་རེས་རྒྱ་མ་སྡེ་དགོན་དང་
བཅས་པ། ད་ལྟའི་འཛིན་ལུགས་འདིས་མི་ཡོང་བར་འདུག་པས། ཡང་ན། ས་སྐྱ་པ་ཀུན་
གྱི་བདག་པོ་ཡིན་པས། ས་སྐྱ་པ་ལ་གཏོང་ཡར་འཇུག་ལ། ས་སྐྱ་ནས་བདག་བྱེད་དུ་ཆུག
ཡང་ན་འབྲི་ཁྲུང་པ་ཁ་དུགས་ཚ་བར་འདུག་པས་འབྲི་ཁྲུང་པ་རང་ལ་གཏོད་ལ། ཨ་པོ་ཁྱེད་
ཤེས་བྱིས། དེ་ལ་ངེད་ཀྱི་ཀོ་ལོང་མི་བྱེད། ཡང་ན་རྒྱ་མ་སྡེ་དགོན་སྟག་མགོ་དང་བཅས་པ་

ངེད་ལ་གཏོད། ངེད་ཀྱི་ཞ་ར་བྱེད་པས། རིན་པོ་ཆེའི་མགོ་བྱས་རྣམས་རང་རེའི་ཞ་ར་མཛད་པར་ཞུ། ཐུགས་ལ་སྟག་ཟེར། ཁྲི་དཔོན་དཀོན་མཆོག་བཟང་པོ་ཚུང་མ་ངམས་པར། གང་ལྟར་ནའང་ཕ་དར་གྲོས་བྱས་ནས་ཞུ་བ་བྱེད་ཟེར་ནས་རྒྱ་མར་སོང་། ཇ་ཡུལ་བའི་དཔོན་གྱིས། འབྲི་ཁུང་པ་ལ་འཇུས་པས་ནོར་ཁྲལ་པས་ནོར་ཁྲལ་དང་། ས་སྐྱ་པའི་ཁྲལ་ཆེ་ཆུང་འཇལ་མ་དགོས། མི་དཔོན་གསེར་ཡིག་པ་སུ་བྱུང་ཡང་སྐྱེལ་བསུ་ཞབས་ཏོག་བྱེད་མ་དགོས། ཟ་རྒྱུ་རྣམས་ཟོས་ཆོག་བྱུང་པས། ཁྲི་དཔོན་དཀོན་མཆོག་བཟང་པོས་ཡང་དེ་འདྲ་ཅིག་སྨོན་ནས། སྨུར་དཀར་བའི་མག་པ་བྱས། འབྲི་ཁུང་པ་དང་ལབ་ཤེས་ཙམ་བྱས་ནས་ཕྲིན་པར་ཉེ་མ་དགུགས། འབྲི་ཁུང་པས་ཡང་རང་རེ་ལ་བློ་གཏད་དགོས་པས། ཁྱེད་རྒྱལ་མ་བ་ཡར་ལུངས་སུ་འཇུས་ནས། ཁྱེད་རྒྱ་མ་བ་ཉེས་ཟེར་བ་ལ་སོགས་ཀྱི་ཉེན་བསྟན་པས་དཀོན་མཆོག་བཟང་པོ་འཁྲུལ་ནས། རང་རེ་ལ་བློ་གཏད་མ་ཉེན། དེ་དུས་རྒྱ་མ་བ་རང་རེ་ལ་གཏད་ནས། ཇ་སིག་སུམ་བཅུ་དང་། ནས་ཁལ་སྟོང་ཕྲག་གསུམ། བཤས་ལུག་ལྔ་བརྒྱ་ཙམ། མར་ཐུད་དང་བཅས་པ་ཁྱེར་ནས་རང་རེས་འགྲོ་བའི་གྲབས་བྱས། དེ་རེས་རྒྱ་མ་ཕྱིན་ནམ་ཟླ་ངན་པ་དང་། འབྲི་ཁུང་པའི་ཏ་དཔུང་ངན་པས། མདུན་མ་གང་ཟེར་བསྒྲུབ་པར་ཡོད་པ་ལ། དཀོན་མཆོག་བཟང་པོའི་ཕྱིར་ཐེན་གྱིས་ལེན། འབྲི་ཁུང་པས་ཡང་། རྩ་ཁ་རྒྱས་པ་དང་དམག་བྱེད། རྩ་ཁའི་སྙིང་ནད་ལེན་ཟེར་བའི་ཇོ་བཞག་ཚར་བས། ཡུལ་མོ་རྫོང་རང་རེས་བཟུང་། དེ་སྐབས་གཙང་ནས། དཔོན་ཆེན་པས་ལོན་བྱུང་ནས། སློབ་དཔོན་ཆེན་པོ་འབྱོན་པའི་དབུས་ཕྱོགས་ཀྱི་ཞལ་ལྟ་ཟའུ་ཕྲིན། རྫོང་བའི་བྱང་ཆས་རྣམས། འོད་ཟེར་རྒྱལ་མཚན་དུ་དབེན་ཤུས་མགོ་བྱས། དབུས་པའི་ཁྲི་སྟོང་རྣམས་ལ་འཁྱེར་ཤེས་ཀྱི་བཀོད་པ། ཁྱོད་སློབ་དཔོན་སི་ཏུ་པས་མཛོད་གསུང་པ་བྱུང་བས་བཀོད་པ་བྱས། དེ་རྗེང་། སློབ་དཔོན་ཆེན་པོ་པ་དང་། དཔོན་ཆེན་པ་རྒྱང་ཐང་དུ་ཕེབས། དེར་རང་རེས། སློབ་དཔོན་ཆེན་པོ་པ་དང་། དབེན་པོའི་གྱིས་མཛད། གོང་དུ་འབྱོན་པ་རྣམས་ལ་རྫོང་བ་བྱུང་ཆས་ཞལ་ཏ་ཟའུ་ཕྲིན་གང་ཡང་གཟབས་ནས་ཁག་མ་འཐོགས་པར་སྲིད། ལྷུ་བ་གདོང་དུ

རང་རེའི་སྐད་ལ། སློབ་དཔོན་ཆེན་པོ་པ་དང་། རང་རེ་ལ་གསུང་གླིངས་བྱེད་རྒྱུ་ཡོད་གསུང་པས། སློབ་དཔོན་ཆེན་པོ་པ་དཔོན་སློབ། དཔོན་ཆེན་པ་དང་བཅས་པ་ཚོ་བ་ལ་གདན་དྲངས། དྲུང་སྐོར་བྱིན་མོ་ལ་ཐེར་ཆེན་མོ་ཚ་བ་དྲོངས། ཀུར་དུ་སློབ་དཔོན་ཆེན་པོ་པ་དང་། དཔོན་ཆེན་པ་ངེད་རང་གསུམ་པོས་ཚ་བ་བྱས། གསོལ་ཇ་བ་རྒྱལ་ཆེན་གྱིས་ཇ་འདྲེན་གྱི་ཡོད་པའི་སྐབས་སུ། རང་རེས་སྟན་སྐྱིལ་ཞུས་པ་ལ་ས་སྐྱའི་གདུང་བརྒྱུད་རིན་པོ་ཆེ་འདི། ཀུན་གྱི་བདག་པོ་ཡིན། ཧོར་རྒྱལ་པོ་ཡང་སྟ་གཞུང་ཆེ། ཏའི་སི་ཏུར་ཕེབས་ནས་ལོ་གསུམ་གྱི་བར་དུ། ཆང་དང་། ནག་མོའི་སྐྱོན་མེད་པ་མཁས་བཙུན་བཟང་གསུམ་གྱི་ཁྱེར་འཁྱེར་བ་ཞུ། ལོ་གསུམ་སོང་རྗེང་གང་མཛད་ཀྱང་བླ་མ་བ་ལགས་ཞུས། དེ་བཞིན་བྱེད་གསུང་། ད་ལན་འགྲོགས་པར། འབྱོན་པ་ཐུགས་ལ་རྟགས་ཞུས། དེ་ཉིད་མི་མཉེས་ཀྱང་། འམ་ཅག་ལྷ་ཁང་བླ་རང་པའི་ཡོང་སྒོ་ཟ་རྒྱུ་རྣམས། རང་རེས་ཕྱོགས་ནས་ཟ་རྒྱུ་མེད་པས་མགྱོགས་པར་ཡོང་དགོས་བྱུང་གསུང་། དེ་དགོངས་པ་ཐུགས་ལ་རྟགས་ཞུས། བླ་ཆེན་པ་དང་། ཀུན་སྤངས་པ། ཁྱེད་རང་ཞང་དཔོན་རྣམས་ཀྱིས་ངའི་ཕ་འཚོར་འཁྲུག་པ་དང་། ལུས་སྲོག་ལ་རྩེད་མོ་ཡང་ཡང་རྩེར་བཙུག་པས། ངའི་སྙིང་ནད་བླངས་པ་ལགས༔ ཏའི་སི་ཏུར་ཕེབས་པ་དང་། བླ་ཆེན་པའི་དྲུང་དུ་ཡང་དེ་ཞུ་བར་ཞུ། ད་རུང་ཡང་། ཁྱུ་དཔོན་གྱིས་གནོད་པ་སྐྱལ་ན་ང་དེའི་ལན་འདི་བྱེད། ཐུགས་ལ་བཏགས་ནའང་། དེའི་ཞབས་ཏོག་འདི་ནས་བྱེད་པ་ལགས་ཞུས་པས། དཔོན་ཆེན་སྤྱན་ཆུ་པཱ་འདུག༔ དེ་ནས་ཁོང་གིས་ཡང་། རང་རེ་ལ་ཕྱི་ཕྱག་འཚལ་བ་གཟབས། རང་རེས་ཡང་ རྫོང་བ་གཟབས་ནས་སྐྱབས། ག་བག་ལ་སོགས་སྐྱིད་པ་གཏད་ནས་རྩམ་པའི་དཔུས་འདོད་བྱུང་བའང་བསྐྱབས། གཞན་ཡང་ཉེ་གནས་དགེ་བཤེས། དྲུང་སྐོར་རྣམས་ཀྱིས་རྩམ་ནས་ཀྱིས་དཔུས་འདོད་བྱུང་བ་རྣམས་ཀྱང་ཐམས་ཅད་མཉེས་ཐུབ་པ་བསྐྱབས། དེ་ནས་དཔོན་ཆེན་པ་དང་མཇལ་ནས། ཞག་ལྷའམ་བདུན་ལ་འདི་པ་ཐོགས་པ་མཛད་དགོས། དེ་མ་མཛད་པ་བཞུགས་ན། སློབ་དཔོན་ཆེན་པོ་པས་བར་ཡང་བསམ་ནས། འཕྲི་ཁྱུང་པ་དམག་འཆའ་ཡི་ཡོད་པར་འདུག༔ སློབ་དཔོན་

ཆེན་པོ་པས་ནི་བར་མི་ཡོང་པས། ད་འགྲོགས་པར་འགྲོན་དགོས་བྱས་ནའང་། དཔལ་འབུམ་ཉེ་གནས་ཆེན་པོ་ལ་ཡོད་པ་དང་། འཚོལ་པས་ཀྱང་རྒྱལ་འགྲོར་མ་ཅིག་སློབ་དཔོན་ཆེན་པོ་ལ་སྲིད་འདུག་པས། ཟླ་བ་ཅིག་འཁོགས། དེའི་བར་དུ་འབྲི་ཁུང་པས་དམག་བཅའ་ཡོང་བྱུང་ནས། ཞོགས་མདའ་དམག་སྐར་བྱས་འདུག སླང་ཐང་བསྲུང་པ་ལ་དོན་རྒྱལ་གྱིས་མགོ་བྱས་དང་། གོང་དཀར་སྣེའུ་ནས་གཟའ་རགས་ཅིག་བཏང་པ་ཡིན་ནའང་། དགེ་བཤེས་གཞོན་བཀྲས་ཀྱིས་སླང་ཐང་ངེད་རང་གིས་ཐུབ་པར་ཡོད་པས། ཁྱེད་རྣམས་མི་དགོས། གོང་དཀར་སྣེའུ་ནས་བཀུར་བའི་བཟའ་པའི་ཟ་ཆས་ཡོད་པ་རྣམས་ཀྱི་སྟེང་ནས། སླང་ཐང་པ་རྣམས་ལ་ཟར་རྒྱུ་དགོས་ཟེར་བ་བྱས་འདུག དེ་རྟིང་། དོན་རྒྱལ་གྱིས་མགོ་བྱས་རྣམས་ཀྱིས་ཡུལ་མོ་རྫོང་བསྲུངས། གན་པ་དཔལ་འབྱོར་དང་། ལུག་དར་གྱིས་མགོ་བྱས་ཐོགས་ཅིག རང་རྒྱུགས་བཟུང་ནས། སླང་ཐང་བསྲུང་བ་ལ་བསྡད་པས། སླང་ཐང་གི་ལྷུགས་རི་ངན་པ་དང་། དགྲ་བཟློ་མ་ཤེས་ཅིང་། འོད་ཟེར་བཟང་པོས་ངན་རྒྱུས་བྱས་ནས། འབྲི་ཁུང་པའི་དམག་གིས་བསྐོར་བས་སླང་ཐང་ཕབས་འདུག་པའི་འདི། དགེ་བཤེས་གཞོན་བཀྲས་མི་འཕྲས་པ་དང་ངར་རྒྱུས་ཆེས་པས་ལེན་པས། དེར་ཕྱིན་པའི་བཟའ་པ་རྣམས་ལ་གསལ། ཡུལ་མོ་རྫོང་དུ་དོན་རྒྱལ་གྱི་ཟླ་ལ་ཡར་ལུངས་ནས་བདུན་ཅུ་ཐམ་པ་བཏང་པའི་འཐབ་ཉུས་དྲུག་བཅུ་ཐམ་པ་བྱུང་འདུག་པ་དང་། གོང་དཀར་སྣེའུ་ནས་སུམ་བཅུ་ཐམ་པ། དོན་རྒྱལ་རང་གི་བུ་ཚ་དང་བཅས་པས་བསྲུངས་པས། འབྲི་ཁུང་པས་ཟླ་བ་ཕྱེད་གཉིས་བསྐོར་ནའང་མ་ཐེབས་པར། ནང་པ་ཁ་བ་ཟས་ཙམ་བྱུང་འདུག དེ་སྐབས་སུ། རང་རེས་རྒྱ་མར་གཡས་སྒོག་ལ་དམག་བཏང་པས་རྒྱ་མ་གནས་བསྲུངས། སླང་དུ་གད་པ་དང་། དོམ་བུ་རིན་ཕྱིན་གྱིས་ཁང་པ་རྣམས་བཤུས་ནས། རྒྱ་མར་གནས་ལ་དགྲ་བཟློ་བཙོན་ཚ་རྣམས་བཟོས་འདུག དཀོན་མཆོག་སྐྱབས་ཀྱི་མགོ་བྱས་རྣམས་རྒྱ་མར་སོང་བའི་ལམ་ཞོར་ལ། བྲག་དཀར་པོ་ལ་སླགས་ཆེན་དུམ་པ་བཙལ་འདུག་ནའང་། དེ་རེས་མ་ཐོབ་འདུག རྟིང་ལ། ཡུལ་མོ་རྫོང་གི་དམག་རྣམས་འགྲོས་ཤེས་བྱས། རྒྱ་མའི་དམག་རྣམས་ཀྱང་འགྲོས་ཤེས་བྱས་

པའི་རྗེང་ལ། འབྲི་ཁུང་པས་ཁོང་རང་གི་གཟའ་དམག་བྱུང་བོད་ཀྱི་འགྲུལ་ཐུབ་ཚད། དམག་འཆར་ཡི་འདུག་པ་རང་རེས་ཚོར། རྒྱ་མར་བ་མགོ་འཁོར་ནས་སྒྲུགས་དཀར་བ་ལ་བརྒྱུད་ནས་བབས་བཏོང་ཚོས་བྱེད་ཀྱི་འདུག་ཟེར་བ་ཚོར་བས། རང་རེའི་དམག་སུམ་བརྒྱ་བཏང་བ་རྒྱ་མ་གནས་ནང་ཚུད་འདུག དེ་རྗེང་ཆེན་པོ་རིན་བཟངས་པ་འབྱོན་དགོས་བྱུས་དུས། མདུན་མ་རབ་འབྲིང་ཐ་གསུམ་གྱི་རྫ་བཞག་ཞུ་གསུང་། འདིའི་རིགས་ལ་རྫ་བཞག་ཡོང་བ་དེ་མིན། བྱིས་པའི་གོས་དང་འདྲ། འཕྲུལ་ལ་ཚད་ཀྱི་འདྲ་དགོས་པ་དེ་ཡིན། འབྲི་ཁུང་པས། རང་རེ་ཐུབ་པར་ཤེས་ན། སངས་རྒྱས་བཅོམ་ལྡན་འདས་དཔལ་ཕག་མོ་གྲུ་པ། འཇིག་རྟེན་གསུམ་གྱི་མགོན་པོ་ཆོས་རྗེ་འབྱོན་ཡང་། འབྲི་ཁུང་པ་ཉན་དུ་མི་འདོད། མི་ཐུབ་པར་ཤེས་ན་ཁོང་གི་ཁྲུལ་ནས་བར་མི་ཡང་ཟེར་བ་ལབས་པ། ཁྱེད་རང་རྣན་པ་རྣམས་ལ་གསལ། དེ་རྗེང་། དཔའ་ཤི་ཚུལ་བཟངས་ཀྱིས་མགོ་བྱས། གོང་དཀར་བའི་བཟའ་དམག་རྣམས་རྩེ་ཁའི་སྟོན་བསྟུད་ཀྱི་རྒྱབ་ལ་སྐད་གྱིས་ལ་རྒྱ་མར་ཤོག དེ་ནས་ཞོར་ལ་ཡར་ལམ་བྲག་དཀར་པོ་ཕོབ་ཟེར་བ་བཏང་པས་ཡར་ལམ་བྲག་དཀར་པོ་ཕབ་ནས། སློབ་དཔོན་ལྷུན་པོ་བས་མགོ་བྱས་ཐོག་ཅིག་སྟོན་བསྟུད་ལ་བྲག་དཀར་པོ་བཞག དཔའ་ཤི་ཚུལ་བཟངས་ཀྱིས་མགོ་བྱས་གཟའ་རག་དེ་རྒྱ་མར་སླེབས། ཆེན་པོ་པས་དབུ་མཛད་ཐམས་ཅད་ཀྱིས། དམག་འཆའ་ལུགས་དང་རྩམས་གཞི་ཤོམ་ར་ལེགས་འདུག་པའི་དོན་ལ། འབྲི་ཁུང་པས་བླ་མ་ལ་མོ་བ་བར་ལ་བཙུག་ནས། སློབ་དཔོན་རྫོར་སང་། གཉེར་པ་དཔོན་མགོན། གཉེར་པ་བསོད་རྫོར་རྣམས་བར་ལ་ཁྲིམ་ཆུང་སྐད་དུ་འཚོགས། ལབ་ཤེར་བྱས་དུས། ཁོང་གི་ཚིག་གི་མགོ་ལ་རྩེ་ཁ་ནམ་ཡང་ཐུགས་ལ་འདོགས་དགོས་ཤིང་། རྫོ་ར་དང་། འོན། འོལ་ཁ་ཡང་ཐུགས་ལ་འདོགས་དགོས། ད་ལེན་ཞབས་ལ་འཇུ། ང་ཤེས་ཁྱེད་ཤེས་བྱེད་ཟེར་བ་བྱུང་བ་ལ། རང་རེའི་མི་རྣམས། འབྲི་ཁུང་པའི་ཚིག་དེ་ལ་མགུ་ནས། འབྲི་ཁུང་པ་དང་འཆམ་དགོས་པར་འདུག་ཟེར་བ་ལབས། རྩེ་ཁ་གཏོད་པ་ཁས་བླངས། འོན། འོལ་ཁ་ཕ་དར་ཞུས་ནས་བྱེད་ཟེར་བ་བྱས་འདུག་པ། འོན། འོལ་ཁ་དང་། རྫོ་ར་མི་གཏོད་ན། སྨོམ་པ་མི་མཇལ་བ་

མཚམས་བཟླ། རིན་པོ་ཆེ་དབུ་མཛད་རྣམས་འོན་དུ་ཕྱིན་ནས་ལབ་པར་བྱས་འདུག་པ། རིན་པོ་ཆེ་དབུ་མཛད་རྣམས་འོན་དུ་ཕྱིན་ནས་ལུང་པ་གསུམ་པོ་ལ་ལབ་ཞེར་བྱས་པས། ང་རང་ལུང་པ་གསུམ་ལ་ཕྱིན་པས། ད་ལྟ་བར་དུ་འཛག་ས་འདི་ཡིན། ཁྱེད་རང་རྒན་པ་མགའ་རེ་ལུང་པ་གསུམ་པོ་ལ་བཟོ་མ་རེ་བྱས་ན་ཟེར། འོལ་ཁ་ལ་བཟོ་བྱེད་ན་སྟག་རྩེ་བསྐྱིལ་དགོས་པར་འདུག་སྟེ། ང་བློས་ཨེ་ཐོང་། འོན་ལ་བཟོ་རྒྱུ་མེད། རྗོ་ར་ལ་བཟོ་བྱེད་ན། གོང་དཀར་གྱི་ཁ་རྩ་ནས་ཁམ་མཆུ་ཆེར་འགྲོ་བྱས་པ་དེ་ཡིན། ལུང་པ་གསུམ་པོ་འདི་རང་རེའི་མི་བརྒྱུད་དཔོན་གཡོག་དང་བཅས་པས་སུ་ལའང་གཏོད་རྒྱུ་མ་ཡིན་པས་གོ་དགོས། ལྷ་ཁང་པ་འདམ་ནས་འདེགས་དུས། ཨེ་སང་གཞོན་རྒྱལ་ལ་སོགས་ཐུག་སྐྱིལ་བའི་ཁག་ཁུར་བཅོལ་དཔོན་ཆེན་པ་འདྲེ་འགྲོགས་བྱས་ནས་བྱང་བརྒྱུད་ལ། བཞུད་འདུག་པས། འུ་ཡུག་ཏུ་ཐེབས་པའི་དུས་སུ། བྱང་པ་དཔོན་ཆེན་གྱིས་ལྷ་ཁང་ཆེན་མོ་ཉ་ར་མི་ཐུབ་པར། རང་རེ་ལ་ཨ་ཙོ་ཁྱེད་ཞེས་བྱེད་པ་ལ། ཆུ་མིག་པ་བརྒྱུད་ནས། ཁོང་རང་ཆུ་མིག་ཏུ་ཐེབས། ལྷ་ཁང་ཆེན་མོ་ཆུ་མིག་ཏུ་གཏོད། ཆུ་མིག་པས་ཀྱང་། དེའི་མར་ཞུ་བ་གཏོང་། དེའི་ལན་མ་སླེབས་པར་དུ། ཆུ་མིག་ཏུ་ཐོགས་འདེབས༔ བཞུགས་མ་བྱས་པར་སྲི་ཏུའི་དམ་ཁ་དཔོན་ནམ་མཁའ་དང་བཅས་པ། སློབ་དཔོན་ཆེན་པོ་ཀུན་རིན་པ་ལ་ཕུལ། ཆུ་མིག་ཏུ་བཞག ཁོ་རང་སློབ་དཔོན་འཛམ་པས་མགོ་ལུང་བྱས་ནས། ཡར་ལུངས་སུ་སྤང་བབས་ལ་ཕྱིན། དེའི་སྐབས་སུ་བླ་མ་ཀུན་སྤངས་པ། ས་སྐྱར་བཀྲོངས་པའི་གཏམ་ངན་བྱུང་བས། བྱང་པ་དཔོན་ཆེན་ལ། ཁྱེད་འདི་ལ་ཐེ་ན་མི་འཕྲད་བྱས་པས། མི་ཐེ་མཛལ་ནས་གཏན་ཚིག་ཞུ་རྒྱུ་ཡོད་ཟེར། དེས་མི་ཡོང་། མི་ཐེ་ན་ཡིག་གེ་འཇུག་དགོས་བྱས་ནས། ཡིག་གེ་འབའ་འགལ་དང་བཅས་པ་བླངས་ནས་འཕྲད། དེའི་རྗེང་། སློབ་དཔོན་ཆེན་པོ་བློ་གྲོས་རྒྱལ་མཚན་པས། རིན་ཆེན་བཏང་ནས། དཔོན་ཆེན་བྱང་པ་དེར་སོང་ཡོད་པས། ཕུང་རྩ་ཡིན་པས། ཁྱེད་ལ་གསེར་སྲང་ལྔ་བརྒྱ་འབུལ། དཔོན་ཆེན་གྱིས་མགོ་ལག་ཡར་བསྐྱུར་ཟེར་བ་བྱུང་། ད་སྟེ་གཏོང་གི་སྒོའི་རྩར་སླེབས་ནས་འདི་འདྲ་མི་དགོས་མི་ཐོད། ཁོང་ཐེ་བ་རྟག་ཙན་ཡིན་ན།

ཁོང་གི་མིད་ལག་དམར་པོ་ཅིག་མགོ་བསྐོར་ནས། ཞོ་བརྒྱ་ཐམ་པ་གཏང་ན་ཟིན་ཡོང་བས། མི་ཟིན་ན་ཁྲིམས་ཀྱི་འདེད་པས་གར་ཡང་མི་འཚོར་ཟེར་བའི་ཞུ་བ་བསྐུར་ནས་བཏང་པས། དེ་རྗེང་། རང་རེ་ཁམ་མཆུ་འདི་ཚོའི་འཇུགས་བྱེད་པ་ལ་ཆུ་མིག་བར་དུ་ཡང་དགོས་ཟེར། དཔོན་ཆེན་པའི་ཡང་ལན་བྱུང་བས། འགྲོ་ཚོས་བྱེད་ཀྱི་ཡོད་པའི་སྐབས་སུ། བླ་མ་དམ་པ་ཆོས་རྗེ་པས་གཙོ་མཛད། ས་སྐྱའི་བཀའ་གྲོས་པ་རྣམས་ཀྱིས་བཅའ་ཚོ་བྱས་ནས། ཁྱེད་ས་སྐྱ་པའི་བླ་མ་བདག་ཉིད་ཆེན་པོ་ལ་སླེབ་པའི་ས་སྐྱ་པའི་བུ་རྒན་ཡིན་ཞིང་། ཁྱེད་ལ་སྟོབས་དང་ནུས་པ་དཔུང་ཤེད་མོང་ཡོད་པས། རྒྱལ་པོའི་ཁྲིམས་དང་། ས་སྐྱ་པའི་བསྟན་རྩུས་ལ་བསམ་ནས་འཇུགས་གཞི་བྱེད་པ་ཅིས་ཀྱང་ཡོང་དགོས་ཟེར་བ་བྱུང་བས། རང་རེས་ཡང་བརྟེག་ཕྱིན་ནས་རོང་དུ་སླེབས་པ་དང་། དཔོན་ཆེན་པ་ལ་མོན་བཏང་ནས། ངེད་ཡང་རོང་དུ་སླེབ་ཡོད་པས། ཁྱེད་ཡང་ཚོང་འདུས་སུ་འབྱོན་པར་ཞུ་ཟེར་བ་བཏང་བའི་སྐབས་སུ། དཔོན་ཆེན་པ་ལྷ་རྗེ་བཀའ་གྲོས་ལ་གདན་དྲངས་ནས། དཔོན་ཆེན་དབང་བརྩོན་ཡབ་སྲས་དང་། མཁན་པོ་ནམ་ཡེའི་སྐྱོན་ཡིན་ནམ་ཟེར་བ་ལ། ཨ་རག་གི་གསོལ་མངས་པས་ལེན་ཟེར་ནས། གྲོངས་འདུག རིན་སྤུངས་སུ་སླེབ་པ་དང་། སློབ་དཔོན་གྲགས་པ་རྒྱལ་མཚན་གྱིས་མགོ་བྱས་ཤངས་པའི་དཔོན་སྐྱ་རྣམས་སླེབས་པ། དཔོན་ཆེན་པ་གཤེགས་པའི་མྱུ་ངན་གྱིས་མནགས་འདུག་པས། དེའི་མི་ཕན། ད་ཁྲེལ་ཡོད་ཀྱི་མྱ་ངན་འཐད་པས། གཤེགས་རྫོངས་ཀྱི་རིམ་པ་ལ་འབད་དགོས་བྱས་ནས། རང་རེ་ཁྱེར་ཡོད་པའི་པེ་འཁྱར་དང་དངོས་པོའི་སྐྱིད་འཕྲུལ་བཏང་ས་སྐྱར་གཤེགས་རྫོངས་བྱེད་གྲོགས་ལ། ཆེན་པོ་རིན་བཟངས་པ་བཏང་ནས་གཤེགས་རྫོངས་ལེགས་པར་གྲུབ་ནས། ཕྱི་འཁོར་བ་དང་།། རང་རེས་ཆུ་མིག་ཏུ་སླེབ་པ་སྟབས་སུ་བྱུང་། རང་རེ་ལའང་གཤེགས་རྫོངས་གྲུབ་པའི་འབུལ་བསྐལ་གཟབས། དེ་རྗེང་། ཆུ་མིག་ཏུ། བླ་མ་དམ་པས་གཙོ་མཛད་ས་སྐྱའི་བཀའ་གྲོས་པ་ཐམས་ཅད་འབྱོན་ཞུས་ནས། ཆུ་མིག་ཏུ་དབུས་གཙང་གིས་ཆེ་གཉེན་བཙུན་གསུམ་ཐམས་ཅད་འཛོམ་པའི་སྐབས་སུ། སློབ་དཔོན་ཆེན་པོ་བསོད་བློ་བ་གདན་འདྲེན་པའི་གསེར་ཡིག་པ། ཟླུ་རྒྱལ་ཏུ་ཕྲི

མགོན་དང་། རྒྱལ་རིན་དཔོན་པོས་རང་རེ་ལ་ཏའི་སི་ཏུའི་དམ་ཁ་ཁྱེར་ནས་ཡོང་གི་ཡོད་ཟེར་བ་བྱུང་བས། རང་རེས་ཡང་སྒྲོལ་མདའ་བར་དུ་བསུ་བ་ཕྱིན། ས་ཐོ་ཁྲི་ལོའི་ལོ་གསར་སྟེང་དུ་དམ་ཁ་སྤྲོད། ལི་ཤང་བྱས། དམ་ཁ་ཕྱི། ཆོས་རྗེ་པའི་དྲུང་དུ། བཞི་ཐོག་པས་སྤྲོད་དགོས་ཀྱི་ཤེལ་དམ་པོ་དོང་པས་སྤྲོ་དགོས་རྣམས་ཀྱང་དེར་འཛོམ་ནས། ས་སྐྱར་མར་བཅད་དུ་ཡོད་པའི་ཆེ་གཉེན་བཙུན་གསུམ་ཐམས་ཅད་ཞལ་འཚམ། སྤྱི་དགོས་ཀུན་ལ་ཁེབས་སུ་ཆེ་བ་ཀུན་གྱིས་མཐུན་སྣང་དུ་གྲུབ་པའི་བཅའ་ཚིག་ཆེན་མོ་དེ་དེ་བླང་རྗེས། དེ་རྗེས། སློབ་དཔོན་ཆེན་པོའི་ཞུ་འབུལ་དང་། བཅའ་ཚིའི་གཞུག་ཚགས་སྡོམ་པ། ཁ་མཆུ་རྣམས་ཀྱི་འཇགས་བྱེད་པ་ལ། ཆོས་རྗེ་པས་གཙོ་མཛད།

༈ གོང་གི་གསེར་ཡིག་པ། དེར་འཛོམ་པའི་ཆེ་གཉེན་ཐམས་ཅད་ཀྱིས། རང་རེ་ས་སྐྱ་འགྲོ་བ་འཐད་གསུང་པས། ས་སྐྱ་ཕྱིན་ཞིང་སློབ་དཔོན་ཆེན་པོ་ཀུན་རིན་པ་དང་། སློབ་དཔོན་ཆེན་པོ་ཁང་གསར་བ། གསེར་ཡིག་པ། ཆེན་པོ་པས་གཙོ་མཛད་གཞིས་མ་བྱིན་བསྐྱོ་ལ་བཏང་༑ རང་རེ་རགས་མ་དེ། ཆོས་རྗེ་པའི་གསུང་གིས། པོ་དོང་དུ་ཅིས་ཀྱང་འོང་དགོས་གསུང་པས། པོ་དོང་དུ་ཕྱིན། ཐོགས་བསྙེན་བསྐྱར་གནང་སྤྱིན་གཟབས། ཆོས་རྗེ་པ་ཉི་མ་ཅིག་གིས་རྟེང་ལ་བཞུགས་པར་བྱས། རང་རེས་སློབ་དཔོན་ཆེན་པོ་བསོད་བློ་བའི་ཐུགས་ཕྱི་བྱས་ནས། ས་སྐྱ་དགོན་གཉེར་བའི་གཞིས་བྱེ་མ་ལུང་དུ་ཞག་གཅིག་བྱས་ནས། སོང་ནམ་འོག་ཏུ་བཏེགས་ནས་ཕྱིན་པས། སྒྲུག་རྭ་ནམ་མ་ལངས། དེ་ནས་ཡང་ངའི་ལ་རྩར་ཚ་བ་བྱས། དེར་ནས་བླ་མ་མཉམ་མེད་ཆེན་པོ་པ་བྱོན། ཚ་བ་སྐབས་སུ་གྲངས། དེ་ནས་ལ་ཐོག་ཏུ་པོས་ལ་བྱོན་པའི། སློབ་དཔོན་ཆེན་པོ་ཀུན་རིན་པས་གཙོ་མཛད་རྣམས་ཀྱང་དུ་མཚུངས་སུ་ཕེབས་པ་ལ། ས་སྐྱ་པའི་བླ་མ་རྣམས་དང་། ཆེ་གཉེན་བསུ་བ་ལ་འབྱོན་པར་འོས་པ་རྣམས་དེར་བྱོན། ཛ་བུར་ཅིག་བྲངས། ཛ་འདྲེན་བྱས་ནས་ཕར་བྱོན་པས་ཆོས་ཁྲི་དཀར་ཆུང་གཉའ་བར། བླ་མ་མདོན་དགའ་བ་ཡང་བྱོན། དེ་ནས་ས་སྐྱ་པ་རྣམས་ཀྱིས་གུར་རའི་གཉའ་ནས་བསུ་བ་སེར་འཕྲེང་གཟབས་ནས་བྱས། ས་སྐྱ་དམ་པ་རྣམས་ཀྱིས་ཀྱང་རང་

རེ་ལ་བསམ་ནས་བསྒུ་བ་གཟབས། ཁྲིམ་དང་ནམ་མཁའ་འཛམ། དེ་ནས་རང་རེའི་མཆོར་ཤར་ལྷ་ཁང་བླ་བྲང་དུ་བྱས། དེར་གསེར་ཡིག་པ་དང་། གཞི་འགྲོན་ཀུན་ལ་གྲོ་གཟབས་པ་ཅིག་དྲངས༑ དེ་རྗེང་པ་པའི་མཆོར་ལ་བཞུགས། སློབ་དཔོན་ཆེན་པོ་ཀུན་རིན་པས་སྐྱིའི་གཟིམས་ཁང་དངོས་གཞི་དེར་བཞུགས། རང་རེས་བྱང་གི་གཟིམས་ཁང་ཐེག་གཅིག་ཏུ་བསྙོད་པར་བྱས། ཆོས་རྗེ་པ་ཡང་དེའི་ཕྱི་ཉིན་མཚན་ལ་རིན་ཆེན་སྒང་དུ་ཕེབས་འདུག གནང་ས་ཉིན་ཆོས་རྗེ་པ་དཀར་ཕུབས་སུ་བྱོན། གྲོ་ལ་རང་རེ། པོས་ན་ཕོགས་བྱས། ཆོས་རྗེ་པ་ཡང་གཞི་ཐོག་ཏུ་བཞུགས་པའི་ཞུ་འབུལ་དང་། སློབ་དཔོན་ཆེན་པོ་བསོད་བློ་བ་ལའང་། གོང་དུ་འབྱོན་པའི་ཞུ་འབུལ། དངུལ་བྲིལ་མགོ་བྱས། ཛོན་དཔོན་ཆེན་པ་དང་། བླ་བྲང་རྣམས་ཀྱིས་བྱེད་པའི་སྲོལ་ཇི་ལྟར་ཡོད་པ་བཞིན། རང་རེས་རྒྱུ་བཏོན་ནས་བྱས། དེ་རྗེང་།

༈ གོང་དུ་འབྱོན་པའི་ཞལ་བཞེས་མཛད། གསེར་ཡིག་པ་དང་། ཡིག་བསྒོས་ཚར། བླ་མ་ཁང་གསར་བའི་ཁ་མཆུ། བླ་མ་ཀུན་སྤྱངས་པས་ཐོག་དྲངས་པའི་ས་སྐྱ་པའི་ཁ་མཆུ་ཆེ་ཆུང་རྣམས་ལ་རང་རེ་སོ་སོའི་ཞལ་འདོད་ངོ་བཞིན་བྱས་ན། འཛུགས་དང་ཆ་ཆོད་ཡང་གར་ཡོང་༑ ཡིན་ནའང་། འདོད་མེད་སྤྱིའི་བསམ་པ་དང་བསྟུན་ནས། ཡིག་ཁྲིགས།

༈ གོང་དུ་ཞུ་བ་བཏང་ནས། དེའི་ལེན་དགུགས་པ་ལ་སོགས་ཀྱིས་འཛུགས་གཞི་ཆེན་པོ་རྣམ་རྣམས་གྲུབ་པ་ཡིན་ནའང་། སློབ་དཔོན་ཆེན་པོ་བློ་གྲོས་རྒྱལ་མཚན་པ། བྱང་པ་དཔོན་ཆེན་གྱིས་མགོ་ལག་དགོས་གསུང་བ་མ་བྱས་པས་མ་མཉེས། བྱང་པ་དཔོན་ཆེན་དང་། སློབ་དཔོན་ཆེན་པོ་བློ་གྲོས་རྒྱལ་མཚན་པ། གདུང་བརྒྱུད་མིན་པའི་བཙུན་ཚེ་བསླང་དགོས་གསུང་པ་དེ་མ་བྱས་པས་མ་མཉེས། སློབ་དཔོན་ཆེན་པོ་བསོད་བློ་བ། སློབ་དཔོན་ཆེན་པོ་བློ་གྲོས་རྒྱལ་མཚན་པ་དང་། སློབ་དཔོན་ཆེན་པོ་ཀུན་རིན་པ་དང་། རང་རེ་གསུམ་ཕྱོགས་ཅིག་ཏུ་འགྲོ་བར་འདུག་བསམ་ནས་མ་མཉེས་པས། གཙང་མདུན་གྱི་མགོ་མ་དྲན། དེ་ཚོར་བས། དེ་ལྟར་བྱས་ན། ཁྱེད་རང་རྣམས་ལ་སྐྱོན་ཡོན་འདྲ་ཡོད་དོ་ཟེར་བ་ལབས

པས། དེ་གྲིས་སུ་གོ། ལྷ་ཁང་ཆེན་མོར་ཡང་། ཉི་མ་གསུམ་བཞིའི་བར་གྲོ་གྲོ་བར་ཇ་ཞུར་ཡར་བཅད་དྲངས་ནས། བཅའ་ཚོ་ཆེན་པོའི་སྟེང་ནས་འབྲུ་གཉེན་བྱས། སྐྱིན་ཡོན་བརྒྱུད་འབྱུང་རྣམས་དགོངས་སུ་བཙུག་ཅིང་། ཛོ་མ་བསྒྲུངས་ཁྲིགས་ཐོག་འདིར་མ་བཞག་ན། གེབ་ཛག་ཏའི་ཕིང་ཚང་དང་། སི་ཏུ་དར་མ་རྒྱལ་མཚན་སོགས་བསྒྲལ་བ་དང་། ཁྱེད་རང་རྣམས་པས་རང་དྲན་བྱས་པས་ཚིག་པ་བྱུང་བ་དེ་དང་མི་འདྲ། ང་སྣེ་གདོང་རྗེ་མཁར་སྟོན་པོར་བཞུགས་བསྡད་ཀྱང་། བུ་ཏྲ་རྣམས་བཏང་ནས། ཁྱེད་རྣམ་པ་ཚོངས་བརྟུང་ཐུབ་པས། ང་བཅའ་ཚོའི་གཉེར་མནན་ངེད་པས་གདའ་དེད་མ་དགོས་པ་ཅིག་མཛད་པར་ཞུ། ཡང་དོན་ཅིག་ལ། ཆུ་མིག་ཁྲི་བསྐོར་འདི། བླ་མ་མཁས་བཙུན་ཆེན་པོ་པ་དགོས་ཀྱིས་བདག་པ། འཇའ་སའི་ནང་ན་གདའ་བ། སློབ་དཔོན་ཆེན་པོ་ཀུན་རིན་པའི་གསོལ་རྒྱུགས་ལ་ཕན་པ་བཅའ་ཚོ་ན་ཤར། བྱ་རོག་ཚང་བསྐོར་འདི། སྟག་འཇམས་དང་སྦྲེལ་ནས་ང་འཛིན་རྒྱུར་འདུག་པས་དགོངས། དཔོན་ཆེན་རྒྱལ་བ་བཟང་པོའི་ཞལ་གྱི་སློབ་དཔོན་ཆེན་པོ་གྲགས་པ་རྒྱལ་མཚན་གྱིས་མགོ་བྱས། བུ་ཚ་པོ། བུ་ཏྲ། ལྷ་ཤངས། ཞུ་ཡུག ཕེ་རི་གསར་རྙིང་། ཁྱུང་ཚང་། སྦྲ་མོ་ཆེ་དང་བཅས་པ་རྣམས། ངེད་དཔོན་ཆེན་པས་མགོ་འབུལ་ལུས་འབུལ་བྱས་པ་ཡིན་པས། སྣན་ཡོད་ཞུ་ཞིང་། བླ་མ་འཕགས་པ་ཀུན་བློ་འདི། ཀུན་ལ་བཀའ་དྲིན་ཆེ་ཞིང་། ངེད་ཀྱིའང་རྩའི་བླ་མ་ཡིན་པས། འདིའི་དུས་མཆོད་ལ་གཏོགས་པ་རྣམས་ལ། ས་སྐྱ་པའི་སྤྱི་མི་འདོད་མེད་ཅིག་གཉེར་ལ་བསྐོས་ནས། བླ་བྲང་དབང་ཅན་གྱིས་དྲག་བཅད་མི་ཉན། ངེད་རང་རིན་སྤུངས་སུ། ང་རང་གི་རྩ་བའི་གཟིམས་ཁང་གཟབས་པ་ཅིག་བརྩིགས་པ་འདི་རོང་ལ་མིག་བལྟས་པ་ཡིན། གོང་དཀར་གྱི་མཁར་ལེན་ཁྱེད་འཕགས་བྱས་པ་འདི་གཙང་ལ་ཡར་གཏོགས་ལྷ་འབྲུག་དང་བཅས་པ་ལ་མིག་བལྟས་པ་ཡིན་པས། འདི་རྣམས་ལ། ཁྱེད་ས་སྐྱའི་བླ་མ་བཀའ་གྲོས་པ་རྣམས་ཀྱིས།

༈ གོང་དུ་ཞུས་ནས། འཇའ་ས་མི་རྒྱབ་ཅིག་བྱུང་ནའང་། གཏོང་ལེན་ཡོང་བ་མི་སྲིད། འབབ་ངེས་ཀྱི་ཁྲིམས་ཁྲལ་གྲང་པོར་བསྒྲུབ་པ་ཡིན་པས། ཐུགས་ལ་བཞག་དགོས་

ཟེར་བ་ཞུས་པའི་དཔང་པོ་ལ། བླ་མ་མཉམ་མེད་པ། བླ་མ་མངོན་དགའ་བ། དཔོན་ཆེན་དབང་ཕྱུག་དཔལ། ཆེན་པོ་དཔལ་རྒྱས། རྗེ་བོ་དོན་གྲུབ་ལ་སོགས་ས་སྐྱ་པའི་ཆེན་པོ་ཐམས་ཅད་བཞུགས། དེ་སྐབས་སུའང་། བླ་མ་ཀུན་སྤངས་པ་ལ་ཞེན་ཆེ་བའི་དགེ་བཤེས་གཉིས་ཀྱིས། ཤིང་ཁང་དུ༑ ཆོས་རྗེ་པའི་དྲུང་དུ། ད་ལྟ་སློབ་དཔོན་སི་ཏུ་པ་སྐུ་དབང་ཆེས་པས། དྲུང་ཁྱུ་དཔོན་རྣམས་ཀྱིས་ཕྱག་སྟགས་མི་སྟེག་ཀ་མེད་ལགས་མོད། ཁོང་མར་བཞུད་པ་དང་ཟེང་པ་ཅིག་ཡོང་ཟེར་བ་ལ་ས་སྐྱ་པ་རྣམས་ཁ་འཆམ་གདའ་ཞུས་འདུག་པས། ང་ཡང་དེ་བསམ་གསུངས་འདུག ཚོམས་སུ་ཆོས་ཉན་དྲུག་བཅུ་བདུན་བཅུ་ཅིག་ལ་ཛ་གནང་བའི་ཞོར་ལ། ཁོང་པ་མར་ཐེགས་པ་དང་ཟེང་པ་ཅིག་ཡོང་བར་བྱེད་དོ་གསུངས་འདུག་པས། དེ་རང་རེ་ལ་དཀར་བ་རྣམས་ཀྱིས་སྣ་བར་སྐྱུལ་བྱུང་བས། དེ་འདྲ་གསུང་ཤགས་རྩོད། འཕོངས་ལ་ཞོ་བྱུགས་ནས་ཁྱི་འཐོད་པར་གདའ་བས། དེའི་འདྲའི་གསུང་མི་འགྱོན་པར་ཞུ་ཟེར་བའི་ཞུ་ལ། ཆེན་པོ་རིན་བཟངས་པ་དང་། དཔའ་ཤི་དབང་ཕྱུག་བཀྲང་པས། དྲུང་ནས་ཐུགས་ཧུར་མཛད་ནས་འམ་བུས་དང་ཁ་རོག་བསྡད་པས་ཚོག་སྟེ། དེ་སྐད་ཟེར་བ་ལ་ཀུན་ཁ་འཆམ་གདའ་བས། ཁོང་རྣམས་ཁྱེད་ཚང་ལ་སྤྱི་དཔོན་མི་འཚོལ་ཟེར་བ་གདའ་བ། ང་སློབ་དཔོན་སྭི་ཏུ་པ་ཡོང་། སྐུ་ནས་བྱོན་འདུག་པ་ཚོད་བཟུང་ནས། སྣེ་གདོང་དུ་ཛ་གསོལ་གྱི་སྐྱིད་བྱས་ན་ཡང་གསུང་འདུག་པས༑ དབང་ཕྱུག་ཡིད་ཆད་ནས་ཆེན་པོ་པ་དང་གཉིས་སླེབ་བྱུང་། ད་མ་ལེགས། གསུང་དེ་འགྱོན་པའི་ལུགས་ལ་འདི་ཆོས་ཆོད་མི་འཛིན། ད་འཁྲུགས་པ་འོང་ངེས་པས། ང་རང་སྡོད། ཁྱེད་རང་བྱིན་པ་མར་ལ་སོང་ལ་སུམ་ཆ་འདིར་སྡུང་པ་ལ་བསྡོད། སུམ་སྐོར་གྱིས་རྗེ་བ་གྱིས་བྱས་པས། དྲུང་ནས་སྐུ་ཅིས་པ་མར་ལ་འབྱིན་པ་འཐད། ད་ལན་རྗེ་བས་མགོ་བྱས་རྣམས་བཞག་ནས། ད་བཟོད་སུས་ཁག་བླངས་ནས་འཁྲུག་པ་གཟིངས་རྩེ་བྱས་ཀྱང་། ཆེན་པོ་པས་དམག་དཔོན་མཛད། དེའི་ཕྱུགས་ཕྱི་ངེད་ཐམས་ཅད་ཀྱིས་བྱས་ནས། དམག་བཅས་བརྟུང་པ་ལས་འོས་མེད་ཟེར་བ་ལ་སོགས་ཡི་ལུགས། ཁྱེད་རང་ཏན་པ་རྣམས་ལ་གསལ། ལྷ་ཁང་ཆེན་པོར་བླ་མ་དམ་པས་གཙོ་མཛད་སློབ་དཔོན་ཆེན་པོ་ཞལ་རྣམ་

པ། གོང་གི་གསེར་ཡིག་པ། བཀའ་གྲོས་ལ་དབང་བ། ཆེ་གཉེན་ཐམས་ཅད་འཛོམ་པར་དཔོན་ཆེན་གྱི་དམ་སྟག སློབ་དཔོན་གྲགས་པ་རྒྱལ་མཚན་གྱིས་མགོ་བྱས། ཞངས་པ་རྣམས་ཀྱིས་ཁྲིར་ནས་ཐམས་ཅད་འཛོམ་པ་ལ་སྒྲད། དེ་ལ་དམ་སྟག་བླ་མ་དམ་པ་ནི་བྱ་བྲལ་བ་མཛད་པས་མི་ཡོང་། གཞན་སུས་ཉ་ར་བྱས་ཡང་མི་ཡོང་བས། རང་རེས་ཉ་ར་བྱས་ན་འཐད་དམ་ཟེར་བ་ཀུན་གྱིས་ལབས་པར་འདུག དམ་སྟག་བྱུང་བ་དང་། འདི་ས་སྐྱའི་བླ་རྗེ་ཡིན། རྫམ་ཆེ་གསུང་ནས། བླ་མ་རིན་ཆེན་སྒང་དུ་ཁྲིར་བཞུད། སྤྱི་མི་འདོད་བྱེན་ཏེ། དམ་སྟག་རང་རེས་ཉ་ར་བྱེད་པ་འཐད་ཟེར། བླ་མ་དམ་པས་ཚགས་གྱིས་གསུང་ན་བྱེད། གཞན་མི་བྱེད་བྱས་པས། དེ་གཞན་ཕྱོགས་ཆོས་ཐོས་ནས། དམ་སྟག་སློབ་དཔོན་སྤྱི་ཏུ་བ་ལ་བཅོལ་ན། ས་སྐྱ་པའི་བླ་གཙོངས་པ་ལགས་སོ་ཟེར་བ། ཆོས་རྗེ་པའི་དྲུང་དུ་ཞུས་འདུག་པས། དཀར་ནག་གི་ཟིན་པ་དེར་འདུག ལྷ་ཁང་ཆེན་མོ་ཡང་། ཆོས་རྗེ་པའི་ཕྱག་ཏུ་སྦྲིད་ཆོས་ཡིན་པ་ལ། ས་སྐྱ་པ་ཐམས་ཅད་ཁ་འཆམ་ནས། ཆོས་རྗེ་པས་ལྷ་ཁང་ཆེན་མོ་ཉ་ར་མི་ཡོད། འདི་ཁྲིད་ཀྱིས་ཉ་ར་བྱེད་དགོས་ཟེར་ནས། ཡིག་སྐུར་བརྒྱ་ཙམ་བྱུང་།

༈ གུར་མགོན་དང་། པུ་ཏྲ་ལ་རམ་ཟླ་སྦྲོན་པ་ཡར་བཅད། སློ་ཐུགས་མོངས་པས། ཇོ་བ་དང་། རིན་པོ་ཆེ་འོད་ལ་ཐན་པ་བཅོལ་ནས། བཟའ་པའི་ཟླུག་པ་བརྒྱ་སུམ་བཅུ་ཙམ། དགོས་གཡོག་དང་བཅས་པས་ཉིས་བརྒྱ་ཙམ་བཞག མདོར་ན། ས་སྐྱའི་ཚོགས་སུ་འབུལ་འབྱེད། བླ་མ་ཆོས་རྗེ་པ་གཞི་ཐོག་ཏུ་བཞུགས་པའི་ཐོགས་ཐབ་ཚ། གདན་ཆ་ཡར་བཅད་ཀྱི་ཞབས་ཏོག རང་རེས་འབབ་རྣམས་ལེགས་པར་གྲུབ་ནས། ལ་གོར་ཡོང་པའི་ཉིན། ཡ་མའི་ནང་གཞི་དེ་ལངས་ནས་ན། ཆེན་པོ་པ་ཡང་ཐོར་བ་བྱུང་ནས་སྟོང་། ཆུ་མིག་ཏུ་སླེབ་ཙང་། རྡོ་རྗེ་རྒྱལ་མཚན་ལའང་གཏམ་མི་ཁ་ལོག་འདུག་པ་དང་། ཐ་ཁ་ཏ་བྱས་པ་རྣམས་ལོག་པར་བྱས་འདུག་པའི་དོན་ལ། རྡོ་རྗེ་རྒྱལ་མཚན་གྱི་ལག་ནས་ཆུ་མིག་གིས་རྩིས་རྣམས་བླངས་ནས། ཆེན་པོ་བཀྲས་རྒྱལ་བ་ལ་ཆུ་མིག་གཏད། རྩིས་ལེན་གྲགས་དབང་ལ་བཅོལ། རྟིང་ལ་ཡར་ལུངས་སུ་སླེབ་ཏིང་བཟུང་ནས་རྩ་ར་བྱེད་དགོས་བྱུང་ཞིང་། གཙང་ཕྱོགས་མ

འཇགས་པས་དེ་ཁོས་ལེན་པ་ཀུན་ལ་གསལ། ཆེན་པོ་ཆུ་མིག་ཏུ་ལུས། ངེད་ཡང་ན་བ་དེ་ཁ་ལ་ཆུ་མིག་ནས་ཚོང་འདུས་སུ་ཡོངས། དེར་མཁན་ཆེན་རིན་པོ་ཆེ་པ་ལ་ཆོས་ཅིག་ཞུས་པའི་སྐབས་སུ་མཁན་ཆེན་རིན་པོ་ཆེ་པའི་གསུང་གིས། ད་དབུས་གཙང་ལ་བསོད་ནམས་ཡོད་ན། ལོ་གཅིག་གཉིས་ཉིད་ཙག་སྐུ་ཁམས་བཟང་དགོས་པར་གདའ་འོ་གསུང་༑ གསུང་འདི་ཆོས་རྗེ་པས་འགྲོན་རྒྱུ་ཡིན་པ་ལ་བསམ། ང་རང་མིག་ཆུ་ཁེངས། དེ་ནས་རིན་སྤུངས་སུ་འོངས། རིན་སྤུངས་སུ་སླེབ་པ་དང་༑ བྱིན་པོ་མར་བཏང་། ང་རང་ཞུང་རགས་ཅིག་ཁམས་འཚོས་པ་དང་། ཆེན་པོ་པ་དགུགས་པ་ལ་སྙོད་བྱུས་པས། དེ་མི་འཐད།

༈ གོང་དཀར་དུ་སྐུ་ཁམས་བཅོས་པ་ལ་འཐད་ཟེར་བས། ཕྱིར་ཡོངས་ནས་གོང་དཀར་དུ་སླེབ། བྱིན་པོ་ཡར་ལུངས་ལ་བཏང་། ཆེན་པོ་པ་ཡང་སྐུ་ཁམས་དྭངས་ནས་རི་སྤུངས་ལ་ནུར་རེ་འགྲོན་གྱི་ཡོད་ཟེར་བས། ངེད་རང་ཡང་ཡར་ལུངས་ལ་ནུར་རེ་ཡོངས། དེ་རྗེང་། ཆེན་པོ་པ་ཡང་། ཡར་ལུངས་སུ་ཕེབས་པའི་སྐབས་སུ། འོན་ཕུར་འབྲི་ཁུང་སྒོམ་པ་དང་འཕྲད་དགོས་ཟེར་བས། འོན་ཕུར་འཕྲད་པར་བྱུས། ཁོང་གིས་ཞུ་བ་བསྐུར་བ་ལ། འོན། འོལ་ཁ། ཇོ་ར་རྣམས་གཏོད་ན། ངས་ཕྱག་བརྒྱ་རྩ་ཙམ་འཚལ་དགོས་ནའང་འཚལ། ལུང་པ་གསུམ་པོ་མི་གཏད་ན་ཕྱག་འཚལ་དུས་དབུ་ཞྭ་འབུད་པ་ཙམ་གྱི་བཀུར་ཆ་དགོས་ཟེར་བ་བྱུང་། ལུང་པ་གསུམ་པོ་མི་གཏོད་པའི་དོན་དུ་སྒོམ་པས་ཕྱག་བཙལ་དུས། དབུ་ཞྭ་འབུད་པ་ཙམ་གྱིས་བཀུར་ཆ་བྱུས། ལ་ཕར་རྒྱབ་ནས་ནི་ཞྭ་འབུད་པ་མ་རེད་ཟེར་བ་ལབས་ནས། ཁོང་དཔོན་གཡོག་འཁོར་བཅས་ཀྱིས་ཀྱང་འབུལ་བ་ཕྱག་རྟེན། སྟོན་མོ་བསླེན་བསྐུར་གཟབས། རང་རེས་ཀྱང་སྟོན་མོ་ཤང་ལེན་སྟེར་བྱིན་གཟབས། སྒོམ་པ་ན་རེ། ད་ལྟ་ས་སྐྱ་པས་བྱེད་པ་འདི་སྟོན་ངེད་འབྲི་ཁུང་པས་བྱེད་པ་ཡིན་པར་སྣང་ཟེར། དེ་འདྲ་མ་ཟེར། དེ་དུས་ཀྱི་བླ་མ་དེ་སྤྱན་སྔ་རིན་པོ་ཆེ་ཡིན། སྒོམ་པ་ཤག་རིན་ཡིན་ཏེ། དམ་ཁ་འཛིན་ཆེན་ཙམ་ཡང་བྱེད་བླ་དཔོན་ལ་མེད།

༈ རྒྱལ་པོའི་བླ་མ་ཏི་ཤྲི་ཡང་མ་བྱུས། ལ་སྟོད་སྨད་ཁར་ཕྱིན། ལྷ་ལུང་ཆེན་བཙོ

བརྒྱུད་ཡན་འདི་ལ། ཡར་འཕེལ་ལོ་ལྔ། གཏན་འཇགས་ལོ་བརྒྱད། མ་འགྲིབ་ལོ་གཉིས། ཕོན་དུ་ལོ་བཅོ་ལྔ་ལས་མ་བྱུང་།

༈ ས་སྐྱ་པས།

༈ རྒྱལ་པོའི་བླ་མ་འཛམ་བུ་གླིང་གི་བདག་བྱས་ནས་ལོ་བརྒྱ་ལྷག་ཙམ་སོང་འདུག

༈ རྒྱལ་པོས་ལུང་གར་ཐེངས་སུ་ས་སྐྱ་པས་ཀྱང་ཐེངས། རྒྱ་མཚོའི་མཐར་ཐུག་གི་བར་དུ། སེ་ལྷ་ཁང་བྱ་ལས་བསྐོས་ཁ་ལ་འཚམ་པ་ཙེ་སྤྱོད། གཞན་གྱི་མདུན་དུ་འདི་རིགས་ལབ་མི་ཉན། དེ་དུས་ཁྱིད་མངའ་ཐང་ཆེ་བྱས་ཀྱང་། ངེད་ཀྱི་དབང་འདི་ཁ་ཙམ་ཡིན་ཚོད་འདུག ཟེར་བ་ལབས། དེའི་རྗེང་། བྱང་པའི་རམ་ཟླ་སྒྲོན་མིས་རིམ་པར་སླེབ། ཁང་གསར་རོང་པོ་གྲགས་རྒྱལ་དང་བཅས་པ་ལྷ་རྩེ་བ་ལ་འདྲེས། ནང་གྲགས་དང་བཅས་པས། དམ་རིངས་ལ་རྫིག་པར་ཡོད། ཟང་ཟང་མར་བཅད་ཐམས་ཅད་རྗེས་མེད་ལ་བཏང་། ད་ཡོད་ད་མེད་ལ་ཐུག་ཟེར་བས། དཔའ་ཤི་ཚུལ་བཟངས་ཀྱིས་མགོ་བྱས། གོང་དཀར་བའི་གཟའ་རག་དེ་སྟོན་ལ་བཏང་། གཞོན་ནུ་རིན་ཆེན་གྱི་སྐོར། འཇང་ནས་ཡོད་པ་རྣམས་ཀྱིས་ཀྱང་ཕྱིན་འདུག དེ་རྗེང་ཡར་ཕྱོགས་ནས་སློབ་དཔོན་ཆེན་པོ་དང་། ཚབ་གཏོར་གྱི་ལུགས་དེ་བྱས་ནས། དཔོང་རན་ཟེར་བའི་ལོན་རིམ་པར་བསྐུར་བྱུང་བས། ཆེན་པོ་པས་མགོ་བྱས་རྣམས་བཏེགས་ནས། བཙའ་ཆེ་དཔང་པོར་བཞག་ནས། ལྷ་རྩེ་མི་བདེན་ན་ལྷ་རྩེ་བ་ལ་རྩ་ར་བྱེད། བྱང་པ་མི་བདེན་ན་བྱང་པ་ལ་རྩ་ར་བྱེད་བྱས་ནས་བཏང་། ཆེན་པོ་པ་མགོ་བྱས་རྣམས་སྙིང་ཚར་སླེབ་དུས། ལྷ་རྩེ་ནས་དཔོན་དབང་བརྩོན་ཡབ་སྲས་ཀྱིས་མགོ་བྱས། དམག་རྣམས་ཀྱིས་ལྷ་ཁང་ཆེན་མོ་བསྐོར། རམ་ཟླ་དགོས་ཟེར་བ་སླེབ་ནས། དམག་ར་པ་ཁལ་སྣང་ལ་འགྲིམ་རྒྱུ་ཡིན་པ། ས་སྐྱ་ལ་བསྐུར་བས། དཀོན་མཆོག་མཁའ་འགྲོའི་བྱིན་བརླབས་ལ། ༢ ས་སྐྱའི་དམག་ཧུས་ལེགས། དཔོན་ཆེན་དབང་བརྩོན་བཟུང་། མི་ནག་ཆེ་བ་ཆེ་བ་ཚན་ཆེར་བསད། བཞི་བརྒྱ་དྲུག་བཅུ་ཙམ་གྱི་མིག་བཏོན། དེ་རྗེང་། ས་སྐྱ་པ་ཕྱིན་གྱིས་ལྷ་རྩེ་འགྲོ་དགོས། ལྷ་རྩེ་ལེན་དགོས་ཟེར་བ་བྱུང་འདུག་པས། ལྷ་རྩེ་ལ་ཕྱིན་ནས

བསྐོར། དེར་བྱུང་པས་ཀྱང་སླེབ་འདུག ཡང་བྱུང་པས་ནང་པ་དང་གྲོས་བྱས་ནས། རང་རེའི་དམག་ལ་ངན་བྱེད་ཆོས་བྱས་འདུག་པའང་སྐྱུགས་མ་ཆེ་བར་འདུག དཔའ་ཤི་ཚུལ་བཟངས་ཀྱིས་མགོ་བྱས་ནང་བསྐོར་བཟའ་རགས་དེ་ལ་རྨུས་པ་མང་རབ་བྱུང་འདུག་པ་མིན་པ། ལྷ་རྗེ་སྐད་ཅིག་ལ་ཕེབས་པར་བྱུང་འདུག་ནའང་། རྗེང་ལ་མདུན་མ་ལ་བསྟུས། བླ་མ་དམ་པས་ཞལ་ལྟ་བྱོན་པས། དམག་འཁྱེས་ཤེས་བྱས་འདུག དེ་ནས། བླ་མ་དམ་པ་བྱོན་ནས། སློབ་དཔོན་ཆེན་པོ་ལྷ་རྗེ་བ་ཡང་། རིན་སྤུངས་སུ་བྱོན་པ། རང་རེ་ཡང་རིན་སྤུངས་སུ་བྱོན་ནས་ཁྲིགས་ནས་བྱེད་པ་འདུག དེ་རྗེང་། ཆོས་རྗེ་པའི་ཐུགས་ཁྱི་ལ། ཆེན་པོ་བློ་གྲོས་རྒྱལ་མཚན་པ་བྱོན། སློབ་དཔོན་ཆེན་པོ་བསོད་བློ་བ་ཡང་ལྷེ་མཁར་དུ་བྱོན་ནས། ཁུ་དབོན་ཐམས་ཅད་ཞལ་འཛོམ་གཙང་མདུན་བྱས། ཡིག་དགོས་ཐུག་སྟུགས་མ་རྣམས་མཛད་འདུག དེ་ནས་ཁུ་དབོན་ཐམས་ཅད་རིན་སྤུངས་སུ་རང་རེས་ཐོག་ཞབས་ཏོག་གཟབས། ཡང་བཙའ་ཚེ་ཡིག་བགོས་ཐུག་རྟགས་འབྱུར་བར་བྱས་ནས། ལྷ་རྗེ། བླ་མ་དམ་པ་དང་། མཁན་ཆེན་བུ་སྟོན་པའི་དཔང་ལག་ཏུ་བཞག་ནས། སློབ་དཔོན་ཆེན་པོ་བཞི་ཐོག་པ། ལྷ་ཁང་བླ་བྲང་དུ་བཞུགས་ནས་ཆོས་གསུང་པ། བྱག་པ་དང་ཡར་བ་མི་བརྟེན་པ། སློབ་དཔོན་ཆེན་པོ་བསོད་བློ་བ།

༈ གོང་མའི་གནང་མའི་གནང་སྦྱིན་ཐུག་ཏུ་ཕུལ། ཞུ་བ་འབུལ་བ་སྐྱུར་མ་བྱས། ཐྲ་བཞི་ལ་བཏེགས་ནས། གོང་དུ་འབྱོན་པའི་ཡིག་ཁྲིགས་བྱས། ཀུན་ལ་ཕན་པའི་འཛུགས་གཞི་ཚར་ནས། རང་རེས་ཡར་ལུངས་སུ་སླེབ། དེ་རྗེང་། ཏཱམ་གི་རྗེ་དཔོན་ཤྲཱི། བླ་མ་དམ་པ་གདན་འདྲེན་པ་ལ། ཁལ་ཇ་མོང་མང་པོ་ལ་བྱས་ནས་འདམ་དུ་སླེབ་ཟེར་ནས། སྟར་འཕར་ལ་སློབ་དཔོན་ཚུལ་གྲགས་དང་། ཧོར་ཅིག་ཡར་ལུངས་སུ་སླེབས། རང་རེ་ལ། གོང་མའི་རང་ལུང་གིས། བླ་མ་གདན་འདྲེན་པའི་དོ་དམ་གྱིས་ལུང་། གནང་སྦྱིན་ཡོད་ཟེར་བ་བྱུང་། རང་རེས་ཡང་ཇ་འདྲེན་པ་བཏང་། ངེད་ཡང་ལྷ་སར་ཡོངས་ནས། བཀའ་གྲོས་བྱེད་ཟེར་བ་བཏོང་། གཞོན་རྒྱལ་དུ་དབེན་ཤ་དང་། སྟོན་ཕྱི་པི་པ་རྣམས་ཀྱིས་ཞུས་ནས།

དཔོན་ཁྲི་ཡར་ཐེགས་འདུག་པ་དང་། རང་རེས་ཡང་གོང་དཀར་དུ། ས་མོ་ཕག་ལོའི་ལོ་གསར་བྱས། ཞག་གཅིག་བསྡད་ནས་རིན་སྤུངས་སུ་ཕྱིན། ཡར་སྲིབས་སུ་སླེབས་དུས་སློབ་དཔོན་ཆེན་པོ་གྲགས་པ་རྒྱལ་མཚན་པ་དང་། བྱམས་ཆེན་པ་སྐུ་མཆེད། མཁན་ཆེན་རྡོར་རྒྱལ་བ་དང་བཅས་པ་སྐུ་འཁོར་ཚན་ཆེར་སྣ་དཀར་རྩེར་ཕེབས་འདུག་པ། སྣ་དཀར་རྩེ་པས་ཀྱང་ཕོགས་ཞབས་ཏོག་གཟབས་ཟེར་བ་དང་། གོང་དཀར་ནས་ཀྱང་དཔལ་རིན་ཇོ་བོ་ཤོག་ལ་ཕོག་ཞབས་ཏོག་གཟབས་ཟེར་བའི་ལོན་བཏང་ནས། ཡར་བཏེག་ནས་རིན་སྤུངས་སུ་ཚེས་ལྔ་ལ་སླེབ། བཞི་ལ་དཔོན་པས་སྟག་ཏུ་སླེབ་འདུག དྲུག་ལ་རང་རེ་ཡང་སྟག་ཏུ་སླེབ། དཔེན་པ་དང་མཇལ་ནས་རང་རའི་མཆེར་ལ་གྲོ་ཛྲོངས། ཤང་ལེན་མཚོན་པར་བྱས། རང་རེ་ལ་ལུང་གནང་སྨིན་སྤྲད། དེར་གྲོ་བྱས་ནས། སློབ་དཔོན་བློ་གྲོས་གྲགས་ཀྱི་ཞབས་ཏོག་གཞོན་རྒྱལ་དུ་དཔེན་ཤུས་བྱས་ནས། ཚེས་བདུན་ལ༔ ས་སྐྱར་བླ་མ་དམ་པའི་དྲུང་དུ། ལུང་སྐྱེལ་བ་ལ་བཏང་། ཚེས་བརྒྱད་ལ། དཔེན་པས་གཙོ་མཛད་གསེར་ཡིག་པ་ཐེགས། སློབ་དཔོན་ཆེན་པོ་བློ་གྲོས་རྒྱལ་མཚན་པ་སྐུ་འཁོར་ཞུང་རགས་ཅིག་ཞུ་ལུང་དུ་བྱོན་ནས། ངེད་ལ་གསུང་གླིངས་ཡོད་པས་དེར་ཤོག་གསུང་བྱོན་པས། དེར་ཕྱིན་སྐྱི་འཕྲུལ་དགོས་གསུང་པས། སྐྱིད་འཕྲུལ་ལ་གསེར་བྲི་བཏང་། དབུས་སུ་མ་བྱོན་པའི་ཤང་ལེན་ལ་གསེར་སྲང་སུམ་བཅུ་དང་། དངུལ་བྲེ་ཕྱིབས་ཕྱིབས་འདྲ་རོལ་དང་བཅས་པའི་དགུ་ཚན་དགུའི་འབུལ་བ་དེར་ཡོད་ཀྱི་དྲུང་བསྐོར་རྣམས་ལའང་འབུལ་སྟེར་གཟབས། གཞིས་མ་རྣམས་ལ་དཔལ་རིན་གྱིས་འབུལ་བ་ཤང་ལེན་གཟབས་དུ་བཅུག སྟེར་བླ་མ་ཀུན་སྤངས་པ་དང་ཚད་ཡོད་པ་བཞིན། སྟ་ཕྱི་ཐོག་དྲུང་ད་ལྟ་ཡར་བཅད་དུ། རང་རེ་ངན་མི་བྱེད་པའི་དོན། ཆོག་ཅིག་ཆོག་མིན་ན་ཆོག་མིན་ཟེར་བའི་ཚུལ་བྱས། བཟང་པོའི་གཞུང་ཐེན་པ་པ་འདི་ཡིན། དེ་ཧྲེང་། དཔེན་པ་དང་། རང་རེ་ཞུ་འཁྲིག་ནས། ཚོང་འདུས་ལ་བཏེགས། སློབ་དཔོན་ཆེན་པོ་བློ་གྲོས་རྒྱལ་མཚན་པ་བསྫུ་ལ་བྱས་ནས་ལྷ་རྩེར་བཞུད། རང་རེའི་རིན་ཆེན་དཔལ་ཁོང་གི་གྲོགས་ལ་དགོས་ཟེར་ནས་བླ་ཆེན་པའི་བསངས་བཏོལ་དང་། ཚ་ག་སྔོང་པ་དང་།

གདུང་འབུལ་བ་བཏང་། ཚོང་འདུས་ནས། བླ་མ་ཕྱོགས་མཐའ་དག་ལ་རྩད་གཅོད་པ་ལ་བཏང་ཡང་མ་རྙེད། ཏཱམྲ་གིརྟི་དཔོན་ཤྲཱི་ས་སྐྱར་ལུང་གནང་སྤྱིན་རྣམས་གདན་དྲངས་ནས་བཞུད། དེའི་ཕྱུགས་ཕྱི་ལ། གཞོན་རྒྱལ་དུ་དཔེན་ཤྭ་དང་། རྗེང་ལ་བཀྲ་ཤིས་རྒྱལ་མཚན་སླེབ་པའང་ས་སྐྱར་སོང་། རང་རེ། པན་དང་ཟླ་བ་རི་ནས་སྤུན་གསུམ་ལ་སྐད་དགུག་གྱི་བསྟོད་པའི་སྐབས་སུ། བླ་མ་རྒྱལ་འབྱུང་པ་དང་། ཆེན་པོ་དཔལ་རྒྱལ། དཔོན་བསོད་ནམས་དཔལ་ལྡན་རྣམས་བྱུང་བ་ལ། བླ་མ་པའི་དམིགས་ཡོད་ན། ཁྱེད་ཆེན་པོ་དཔལ་རྒྱལ་བ་དང་མཇལ། དམིགས་མེད་ན་མི་མཇལ་ཟེར་བའི་ལེན་བསྐུར་བས། དམིགས་མེད་ཟེར། འོ་ན་མི་འཇལ་བྱས་པས༑ བླ་མ་རྒྱལ་འབྱུང་བ་དང་། དཔོན་བསོད་ནམས་དཔལ་ལྡན་ལ་ཛ་བུར་ཅིག་དང་། བླ་མ་འཕགས་པའི་ན་བཟའ་ཁའུ་ཀུན་རིན་ལ་གནང་བ་ཡིན་ཟེར། ཞེས་ཟེར་བའི་བེར་ཐུལ་ཏ་ཏུན་ཅིག་བསྐུར་བྱུང་། དེ་རྗེང་བླ་མ་དཔོན་སློབ་ལ་ཉེན་སྐྱངས་པ་ཅིག་སྟ་ཕྱི་ཐོག་དྲུ་གི་རྒྱུ་མཚན། སྤྱིར་ས་སྐྱ་པ་སྤྱིའི་ཞབས་ཏོག་བྱས་ལུགས། དགོས་ཀྱི་རིན་ཆེན་སྒང་པ་དང་། དུས་མཆོད་པ་ཁུ་དཔོན་གྱིས་ཞབས་ཏོག་བྱས་ལུགས་ཞེན་པ་སོས་ཀུས། ཕོ་རུས་བྱས་ལུགས། རིན་ཆེན་སྒང་པ་ལ་གཏོགས་པའི་གཞིས། བུ་སློབ། དགེས་རུ་དང་བཅས་ཁྲ་ལེམ་ཡོད་པ་འདི། ངེད་ཀྱིས་དགྲ་ཐམས་ཅད་བཏུངས། གནོད་པ་བྱེད་མི་བསྲུངས་ཡོན་ཏན་ནམ་མིན། ལར་ན། ངས་རིན་ཆེན་སྒང་པའི་ཕྱོགས་སུ་རྒྱུ་གྲུང་ཚོགས་གསུམ་འདི་ཙམ་ཅིག་ཞབས་ཏོག་བྱས་པ་ལ། ཁྱོད་ཚང་གིས་ང་ལ་འདི་ཕོད་པར་འདུག་པ། སློབ་དཔོན་ཆེན་པོ་བསོད་སློ་བ་ཡང་། ངེད་ལ་དགྲ་བྱེད་པ་རྣམས་ཀྱི་གྲོས་བསེབ་ན་ཡོད་པར་འདུག་པས། དེ་ཁ་ཡིན། འབུངས་ཀྱིས་ཟེར་བ་བསྐུར་ནས་བཏང་། སྤུན་གསུམ་དུ་སློབ་དཔོན་ཆེན་པོ་བཞི་ཐོག་པས། རིན་ཆེན་ཚོད་བལྟའ་ལ་བཏང་བྱུང་། ཆུ་མིག་བར་དུ་གོ་བྱས་ནས་ཁྲིད། སློབ་དཔོན་ཆེན་པོ་པ་ཁོང་རང་ཆུ་མིག་བར་དུ་འབྱོན་པས། དར་ལུངས་སུ་རང་རེའི་བསུ་བ་ཐོང་གསུང་པས། བསུ་བ་བཏང་པས་སློབ་དཔོན་ཆེན་པོ་པ་མ་བྱོན། མཁན་ཆེན་བསོད་ནམས་དཔལ་བ་དང་། དཔོན་གྲགས་ཆུ་མིག་ཏུ་བྱུང་བ། མཁན་ཆེན་

བསོད་ནམས་དཔལ། དཔོན་གྲགས། དཔའ་ཤི་རིན་ཆེན་དང་བཅས་པ། རང་རེའི་ཟླ་ལ་ཡར་ལུངས་སུ་ཡོངས། མཁན་ཆེན་པ་སྟེ་གདོང་སྒོ་སྤྱིལ་དུ་བཞུགས་སུ་བཅུག དཔོན་གྲགས་ཇོ་བའི་སར་བཞག རིན་ཆེན་མཁར་རྟག་ཏུ་མི་སྐྱོང་བ་བྱས་ནས་བཞག མཁན་ཆེན་པ་དང་ཁོང་རང་དཔོན་སློབ་འཛོམས་པ་ལ། སློབ་དཔོན་ཆེན་པོ་པའི་བཟང་ཐམས་ཅད། ཁྱེད་མཁན་ཆེན་པ་ལ་ཡོད། ངན་ཐམས་ཅད་ཁྱོད་རིན་ཆེན་ལ་ཡོད་པས་བསྐྱིལ་པའི་དོན་དེ་ཡིན། ཁྱོད་དཔོན་སློབ་མི་བསླུན། སློབ་དཔོན་ཆེན་པོ་པས་ཀྱང་། སྤར་གྱི་མདུན་མ་ཚད་ཁྲིགས་བྱས་པའི་སྟེངས་སུ་འཛོག་དགོས་མཆི་བྱས། ཡར་ལའང་དེའི་ལོན་བཏང་། རང་རེས་ཆུ་མིག་ཏུ་དཔའ་ཤི་ཤེས་རྫོར་པ་སྐྱུར་བཏང་པ། དེ་ཕྱིར་འཁོར་བྱུང་བ་ལ། ལྷ་ཁང་ཆེན་མོར་བསྡོད་དགོས་ཟེར་བ་བྱས་པས། ཤེས་རྫོར་ངོ་བསྒྱུར་ནས་ཚོག་ལེན་མ་ཉན་པ་ལ། ཆེན་པོ་རིན་བཟང་པས་མི་ཡོད་མཛད་ནས། དཔོན་གཡོག་གཉིས་ཀ་ལ་དྲན་བསྐུལ་བས། དཔའ་ཤེས་ས་སྐྱུར་བསྡོད་པ་ཁས་བླངས་དུས། ངེད་དཔོན་གཡོག་གཉིས་ཀ་ལ། ཆེན་པོ་རིན་བཟངས་པ། དྲིན་ཆེ་བའི་དོན་དེ་ཡིན། དེ་ནས། ཆུ་མིག་ཏུ་ཆེན་པོ་བཀྲས་རྒྱལ་བས་ལས་ཁ་གཏད། སྤར་གསེར་སྒང་རེ་ཡོད་པའི་ས་ན། ཟངས་སྒང་རེའང་མེད་པར་བྱས། མཛོད་ཐམས་ཅད་སྟོངས་སུ་བཅུག སློབ་དཔོན་ཆེན་པོ་པའི་ནམ་བཟའ་ཡར་བཅད་ཀྱིས་ཐུངས་པ་ལས་མི་འདུག་པ་ལ། ཀུན་དགའ་རིན་ཆེན་མཛོད་པ་ལ་བསྐོས། རང་རེའི་ཡང་བཞག་རྒྱུ་གང་འདུག་བཞག་ནས་ཕྱིར་ཡོངས། བླ་མ་དམ་པ་དགས་པོར་བཞུགས་ཟེར་བའི་གཏམ་བསྙན་སླེབ། དཔོན་ཤེ་སྨྱིང་སྟོད་ན། ཆོས་རྗེ་རྩད་གཅོད་ཀྱི་ཡོད་པ་ལ། ཕོས་ནས། དྭགས་པོར་ཆོས་རྗེ་པའི་དྲུང་དུ་མནའ་བསྐྱལ་ནས། ཞུ་བ་རྣམས་ཕུབས་པར་བསྒྱུར་བས། ངེད་དཔོན་སློབ་མ་རི་ལ་ཡུས་ཆེ། བུ་སླུས་སུ་ཡུས་ཆེ་བ་དེ་བྱུང་འདུག ཧྲེང་ལ། ཆོས་རྗེ་པའི་བཀའ་ཡིག ཞལ་ལྷ་བཟང་པོ་རྣམས་ཕེབས་པས། རང་རེ་ཡང་སེམས་སོས། ཧྣམ་གིཧྟེ་བ་ཡང་། ས་སྐྱུར་བཞུགས་རིང་ལ། སློབ་དཔོན་ཆེན་པོ་རྣམ་པས། ལ་ལས་ནོར་གྱི་སྲུས། ལ་ལས་ཚོག་གིས་སྲོ་སྨྱུགས། བདག་མོ་ནེ་མཚན་ལ་སོགས་ཀྱིས་མཉེས་ཐུབ་པ་བྱས་པ་

དང་། རྣམ་ཀིརྟི་ཡང་། རང་རེ་ལ་ལྟ་བ་ལོག་པའི་རྣམ་འགྱུར་མགའ་རེ། ལྷ་ས་གུང་ཐང་ན་འདུག་ཟེར་བ་ཐོས་ནའང་། རང་རེས་ལུང་ངག་ཡིད་གསུམ། རྒྱལ་པོའི་ཕྱོགས་སུ་གཏད་པས། རྟོག་པ་མ་བཟུང་། སློབ་དཔོན་ཆེན་པོ་བསོད་བློ་བ། རིན་ཆེན་སྣང་པའི་སྐོར་བཅས་ནས། སྐུ་འཁོར་བརྒྱད་བརྒྱ་ཙམ་བྱས་ནས། གནམ་ནས་སྟོད་ལུངས་ལ་འབྱོན་གྱི་འདུག་ཟེར་བས། བསུ་བ་ཇ་འདྲེན་པ་བཏང་། དམག་ཡིན་ན་མི་ཉུང་། བཀའ་གྲོས་ལ་འབྱོན་པ་ཡིན་ན་མངས་ཟེར་བ་བསྐུར། རང་རེ་ཡང་ལྷ་སར་བསུ་བ་ལ་ཡོང་རེ་བ་ཡིན་པ་འདྲ་ནའང་། རང་རེ་ཡང་བྱེད་པ་རྣམས་གོ་བས་བསུ་བ་ལ་མ་ཕྱིན། མཚལ་པ་ཡི་ཡང་དཔོན་གཉེར་ཐམས་ཅད་ནང་འཚམས་ཀྱི་བྱེད་པ་ལ་བརྟེན་པས། ལབ་ཟླ་ལ་ཚུར་དར་བྱུང་བས། ཕར་མགྱོགས་པར་སོང་བྱས་ནས་བཏང་བ་ཡིན་ནའང་། སློབ་དཔོན་ཆེན་པོ་ལྷ་སར་ཞག་མངས་མ་བཞུགས་པར། ཡར་བྱོན་པ་དང་ལམ་མཇལ་ཅིག་བྱས་འདུག༔ དེ་རྗེང་། འཕེན་ཡུལ་ཟུར་ཆུ་གཙང་ཐོག་ཏུ་འབྲི་ཁུང་པ་སྒོམ་པ་དང་མཇལ། ཕར་ནམ་བཟའ་དངུལ་བྲིས་མགོ་བྱས་གནང་གྲོས་ངན་གྱི་བཙའ་ཚེ་ལ་སྒོམ་པས་ཐེལ་རྩེ་ཨེ་རྫིག་བལྟས་འདུག་ནའང་། སྒོམ་པས་ཀྱང་ཐེལ་རྩེ་མ་རྒྱབ་པར། སློབ་དཔོན་སྲི་ཏུ་པ་དང་ཁྲིད་དཔོན་སློབ་མི་འཚམ་པ་མི་འཐད་བྱས་འདུག་ཅིང་། སྣན་སྐུལ་བཟང་པོ་བྱས་འདུག་པས། སྒོམ་པའི་ཚིག་དེ་རང་རེས་ཐོས་པས། སྒོམ་པའི་དེ་འོར་ཆེ་བྱས། དེ་ནས་སློབ་དཔོན་ཆེན་པོ་དང་། དཔོན་ཤྲི་པ། རྒྱ་མ་ཐུ་ལ་བྱས་ནས་བསམ་ཡས་སུ་བྱོན། དེ་གོང་དུ།༔ སློབ་དཔོན་ཆེན་པོ་པ་དང་། དཔེན་ཤྲིས། ཆོས་རྗེ་པའི་རུང་དུ་ཞུ་བ་བཏང་འདུག་ནའང་། བསམ་ཡས་སུ་ལེན་གང་ཡང་མ་བྱུང་། ཆོས་རྗེས་བཞུགས་ས་སྒོ་ཆེ་བྱས་འདུག དེ་རྗེང་། རང་རེ་ལ་བསམ་ཡས་སུ་ཐོག་གསུང་བྱུང་བས། བསམ་ཡས་སུ་ཕྱིན། ཆོས་རྗེ་པའི་དྲུང་དུ། སློབ་དཔོན་ཆེན་པོ་པ་དང་། དཔེན་ཤྲི ངེད་གསུམ་གྱིས་ཞུ་བ་ཡིག་གེ་བྱས། དཔོན་ཤེ་ཞུ་བ་ལ་བཏང་བས་མ་བཟུང་བར་བཞུགས། ཡར་ཁོལ་ཁར་མི་འབྱོན་པར་གོ སློབ་དཔོན་ཆེན་པོ་པ་དང་། དཔེན་ཤྲི ཡར་ལུངས་སུ་གདན་དྲངས། འབུལ་བ་ཤང་ལེན་ཕྱག་བསྐོར་དང་བཅས་པ་གཟབས་ནས

སྐྱབས། རང་རེས་ཕྱུགས་ཕྱི་བྱས་ནས་ཐེལ་ལ་གདན་དྲངས། ཐེལ་ནས་འོལ་ཁལ་ལ་ཕྱིན། འོལ་ཁར་ཕེབས་པ་དང་། དགེ་སློང་དར་མ་རྒྱལ་མཚན་དང་། དཔོན་བསོད་དབང་། ཆོས་རྗེ་པའི་དྲུང་ནས་ཇ་འདྲེན་ལ་བཏང་བས་བྱུང་བ་ལ། ཞལ་ལྟ་ཞིབ་མོར་བསྐུར་ནས། ཆོས་རྗེ་པ་རྣ་དེ་ཡུལ་དུ་འབྱོན། དེར་མཇལ་འཛོམ་བྱེད་གསུང་པ་བྱུང་བས། སློབ་དཔོན་ཆེན་པོ་པ་དང་། དབེན་ཕྲིའི་ཞབས་རྟོག་གྲགས་པ་བཟང་པོས་བྱས་ནས་བཏང་། རང་རེ་ཡང་ཡར་ལུངས་སུ་ཡོངས། བྲག་དཀར་པོར་ཞལ་ལྟ་རྟེན་རྫོངས་མ་རྣམས་ཕྱིར་ནས་ཕྱིན། དབུས་པ་རྣམས་བསགས། སྲོན་ཕྱི་པི་པ་དང་འཛོམ་པར། ཉི་མ་གསུམ་དུ་ལབ་ཤེར་བྱས་ནས། གཞིམས་ཆེ་བར་རང་རེས་སྐྱོང་ཁྲུར། འབྲི་ཁུང་པའི་མ་རྟོགས་དབུས་པའི་ཁལ་རྟ་རྣམས་འཛོམ། དམེ་ལ་དཔའ་ཤི་ཚུལ་བཟངས་ལ་བཅོལ་སོང་སློབ་དཔོན་ཆེན་པོ་གྲལ་དབུ་ལ་གདན་དྲངས། དབེན་ཕྲིས་དབུ་མཛད། གསེར་ཡིག་པ་ལ་རྫོང་བ་བྱུང་ཆས། ཁལ་རྟ་སྲིད་ཆོས་ཡིན་པ་ལ། སློབ་དཔོན་ཆེན་པོ་པ་སྐར་འཕན་ཡུལ་མདར་སྲོས་ནས་འགྲུང་ཆེར་བཏང་འདུག དེ་ལ་རང་རེ་ཡང་ཆོག་པ་ལོག་ཡིན་ནའང་ཆེན་པོ་དཔལ་རྒྱལ་དང་། རིན་ཆེན་སྒང་པའི་ཉེ་གནས་ཀུན་པ་རྣམས་འཛོམ་བྱུང་བས། དབེན་ཕྲིས་དབུ་མཛད། གསེར་ཡིག་པ་ལ་རྫོངས་བ་བྱུང་ཆས། ཁལ་རྟེན་རྫོངས་དང་བཅས་པ་གཟབས་པར་སྤྲད། རང་རེའི་མི་གཏོང་དགོས་གསུང་པས། ཤེས་རབ་བཀྲ་ཤིས་ཀྱི་མགོ་བྱས་རྫོང་། གོང་མ་ཡབ་སྲས་ཀྱི་དྲུང་དུ་ཞུས་ནས། ཐུགས་འདོགས་ཇམས་ཅན་མཛད་འདུག་ནའང་། མི་གཞི་དེ་ཡང་མོས་འདུག་པས་རི་ནི་ཆེ། ཀླུ་རྒྱལ་ཕྲི་མགོན་དེ་མི་བཟང་པོ་འདུག་པས་ཕན་ཐོགས་བསམ་ནའང་། དེ་རྗེང་། སློབ་དཔོན་ཆེན་པོ་དང་ཅིས་ཀྱང་མཇལ་ནས་སླེང་སླེངས་ཡོད་གསུང་པས། མ་ཊི་ཀོ་པར་ཚུ་རིར་ཆ་ཐེར་ཕུབ་ནས་གདན་དྲངས། གྲོས་དབང་ཐམས་ཅད་འཛོམ། དཔོན་གྲགས་པ་བཟང་པོ་ཀོ་བ་ལ་ཉེན་པོ་བྱུང་བ་དེ། ཕྱིས་གནད་ཡར་ཚབས་ཆེན་པོ་བྱུང་བ་དེ་ལ་བལྟ་ཆོད་འདུག དེ་ནས་རང་རེས་ཡང་། ངོ་མ་བསྒྱུངས་པར། སྔོན་ནོར་བ་འདི། ད་མཇད་རྒྱུ་འདི། མ་འོངས་སུ་འོང་རྒྱུ་འདི། ལར་རང་རེ་ལ་ཕྱག་ལེན་ལ་མི་ཐེབས་པའི་

ཞལ་ཛྭན་འདི་ཙམ། སྟར་ནི་མེད། སུས་བསླབས་པ་ལགས་ཞུས། ཕོང་རང་བྱེས་པ་རྣམས་མཉེས་འདུག ། དེ་རྗེང་། ད་ཁྱེད་ངས་ཞུས་པའི་སྙན་སྐུལ་ལ་གསན་ན། སྐུ་འཁོར་སུམ་བཅུ་མཛད་ནས། སློང་ཁར་སློབ་གཉེར་གཟིགས་རྟོག་མཛད་དགོས་ཤིང་། སྟོད་སྨད་ཀྱི་སྐྱིད་བསེབ་དུའང་མི་འགྲོ་བ་མཛད། མངའ་རིས་ཀྱིའང་མངའ་བདག་བུ་ཆུང་རང་རེའི་ས་ན་ཡོད། བླ་མ་དམ་པ་དང་། ངེད་དཔོན་སློབ་ཀྱིས་འཚམ་པ་བྱས་པའི་ཞབས་མཇུག་བྱེད་འཇུག་པས། མངའ་རིས་ལའང་དམག་མཛད་མི་ཉན། བྱང་པ་དང་། ལྷ་རྩེ་བའི་འདི་གཉིས་ཀྱིས་བཅའ་ཚོ་ལས་འགལ་ན། གོང་གིས་འགལ་བ་དེ་ལ་རྩ་ར་བྱེད་པས། ཁྱེད་པར་དང་གསེང་དུ་མ་འདྲེས་པ་མཛད་དགོས༔ འདིའི་ཁག་ཁུར་སློབ་དཔོན་རིན་བཟངས་པ་དང་། ཆེན་པོ་དཔལ་རྒྱལ་ལ་ཁག་ཡོད་བྱས། ཆ་དོན་ཡིག་ཁྲིགས་བྱས་ནས། རང་རེ་ཚུར་ཡོངས། ཡར་ལུངས་སུ་སླེབ་ནས། དམག་བཅས་གཙང་ཕྱོགས་ནས་ཀྱང་དམག་མགྱོགས་པར་ཡོང་དགོས་ཟེར་བ་བྱུང་ནས། ཆེན་པོ་རིན་བཟངས་པས་དབུ་མཛད། དམག་རྣམས་ཡར་མགྱོགས་པར་བཏང་། སློབ་དཔོན་ཆེན་པོ་བསོད་བློ་བས་ཀྱང་། དམག་བཅས་ནས་གཡས་རུ་བྱང་ལ་བྱས། མདང་དུ་ཕེབས་འདུག ཆེན་པོ་དཔལ་རྒྱལ་པ་ཀྱོན་པ་འདི་འདྲ་མཛད་ཤག་ཡར་གཙོད་ཟེར་ནས་ཞུ་ཕོད་དྲག་པོ་བྱས་ཟེར། གཅིག་ཡང་ཐོས། ཡར་ཕྱོགས་གཙང་འདུན་ངན་གྲོས་བྱས་པ་རྣམས། རང་རེའི་དམག་དཔོན་ཚོས་ཡང་གོ་ནས་ཞ་ལུ་བ་དང་། ཤངས་པ་རང་ཕྱོགས་སུ་ཐོན་ནས། ཁྱི་མགོ་ཁྲག་བསྒྲེངས་བྱས། རིན་ཆེན་སྒང་པ་རང་སོར་བཞག ས་སྐྱར་དཀར་ནག་ཤན་ཕྱེ་བའི་རྩིས་མ་བྱས། ལྷ་ཁང་ཆེན་པོར། དཔའ་ཤི་ཤེས་རྗེར་སྟོད་དུ་བཙུག དམག་ཕྱིན་པོ་ཁབ་པོ་ལ་བཏེག ལྷ་རྩེ་ལ་ཕྱིན་དུས༔ ལྷ་རྩེ་ནས་ཀྱང་ཇ་འདྲེན་བཏང་། ཁྲི་བཙུན་ཡོངས་ངོ་ལྐུས་འདུག ཆོས་རིན་དང་། རིན་ཆེན་སྤྱི་པ་ཆོས། བྱང་པ་ལ་འདྲེས་ནས་འདུག་པས༔ རིན་ཆེན་སྤྱི་ལ་དམག་ཁྱེར། རིན་ཆེན་སྤྱི་ཕབ། བཙོན་ཕོ་མོ་གཅིས་པ་ཚོ་ཁྱེར་ནས་ཕྱིར་ཡོངས་མང་དཀར་དུ་སླེབ་པའི་སྐབས་སུ། སློབ་དཔོན་ཆེན་པོ་བསོད་བློ་བ་བྱང་པའི་ན་ཚ་མ་བཟོད་པར། བར་ལ་མ་འགྱོན་བྱས་ཀྱང་མ་

གསན་པར་དེར་ཕྱིན། རང་རེའི་དམག་ལ་མགོ་སྐོར་བྱས་འདུག་པས། དམག་དཔོན་རྣམས་མ་ཉན་པར། བྱང་པའི་དཔོན་ཆུང་ནམ་མཁའ། སློབ་དཔོན་ཆེན་པོའི་ཕྱོགས་ཕྱི་ལ་ཡོང་འདུག་པ་བླངས་ནས་སྣར་དུ་བསྐྱིལ། སློབ་དཔོན་ཆེན་པོ་ལ་ཞུ་ཡོད་རྣམས་བྱས། ཞལ་བཞུགས་བཙུག་པ་དེ་ཡིན། བྱང་པས་མཐད་བླངས་ནས། འགར་པ་ལ་རྒྱབ་པའི་དོན་ལ། ཆེན་པོ་པས་དབུ་མཛད་དམག་རགས་དེ་ཡོག་ནས་མཐད་ལ་རྒྱབ་པས། བྱང་པས་ཀྱང་འགར་བའི་བཙོམ་ཕྲོགས་བྱས་པ་རྣམས་གཏོད་པ་དང་། མཐད་ལ་མི་རྩོད་པའི་ཡིག་གེ་བཙུག་ནའང་། ཚད་ཐོག་མ་སླེབ་པའི་འབའ་འགལ་འདེད་དགོས། དེ་རྗེང་། ཆེན་པོ་པས་དབུ་མཛད། དམག་རྣམས་ཡར་ལུངས་སུ་སླེབ། ས་སྐྱ་པ་ཕྱི་ནང་དང་། གཙང་ཕྱོགས་པ་ཐམས་ཅད་ཀྱི་མངོན་རྟོགས་ཡོངས་འདུག དེ་རྗེང་། བླ་མ་དམ་པ་ཆོས་རྗེ་པའི་དྲུང་དུ། དྭགས་པོར་ཞུ་བ་བཏང་ནས། དཔོན་ཆེན་གྱི་དམ་སྟག་ཁོང་རང་སློབ་དཔོན་ནང་ཆེན་པ་ལ་གཏོད་དགོས་ཟེར་བ་བཏང་པས། དམ་སྟག་སློབ་དཔོན་ནང་ཆེན་པ་ལ་གཏོད་གསུང་པའི་བཀའ་ཤོག་དང་། ཡང་སྟེར་ནང་ཆེན་པས། བླ་མའི་ཕྱག་ཏུ་འབྲོད་པའི་ཡབ་ཏ། སློབ་དཔོན་ནང་ཆེན་པའི་ལག་ན་ཡོད་པ་ཚུར་ལོང་གསུང་པ་བཅས་ནས་བྱུང་བ། ཡར་སླེབས་པ་དང་སྐྱེལ་དུ་བཏང་ནས། དམ་སྟག་ས་སྐྱ་ནས་མགྱོགས་པར་ལེན་དུ་ཐོང་བྱས་ནའང་། ཤངས་པས་ལེ་ལོ་བྱས་ནས་མ་བཏང་འདུག ཉིང་ལ། ཧྨཚ་གིཏྟེ་དབེན་ཁྲི་རྫོང་དུས་སུ། ཐུག་དཀར་པོར། ཤངས་པས་ཞོང་པ་ནམ་མཁའ་དཔལ་ཞུ་དོན་ལ་བཏོང་བྱུང་བ་ལ། དམ་སྟག་ནི། ཁྱེད་རུ་རིང་བྱས་ནས་མི་ལེན་པར་འདུག དམ་སྟག་གཞན་ཕྱོགས་ལ་ཤོར་ན། ཁྱེད་ཤངས་པ་ལྷུང་ལ་བསྐུར་ངེས། ཁྱོད་དམ་སྟག་མི་ལེན་ན། ད་ཕྱིན་ཆད་ཤངས་པ་ལ་ལེགས་ཉེས་ཅི་བྱུང་ནའང་རང་རེ་ཕྱོགས་མི་གཅིག དོན་མེད། ཁ་ཁ་བྱེད་པའི་ཡིག་བགོས་བྱེད་ཟེར་བའི་ལེན་སྐུར། ནམ་མཁའ་དཔལ་གྱིས་ཀྱང་། དོན་གོ་ནས་ནང་ཆེན་པ་ལ་བསྒྱུར་བས། རྗེང་ལ་ནང་ཆེན་པས་དམ་སྟག་ལེན་དུ་བཏང་འདུག་པས། དམ་སྟག་ལོན། ཡང་མི་ངན་ཆོས། ནང་ཆེན་པ་བསྒྱུར་ནས་དམ་སྟག་མར་ལ་བསྐུར་ན་ཡེ་མི་ཉན། དེ་བྱས་ན་ཉེས།

རང་རེས་ཞུ་ར་བྱས་པ་དྲག་ཟེར་བ་བྱས་པས། ནད་ཆེན་པ་ཡང་འཁྲུལ་ནས་དམ་སྡིག་མར་བསྒྱུར་མ་ཉན། ནད་མཁའ་དཔལ་གྱི་དམ་སྡིག་བསྒྱུར་བ་འཐད་བྱས་པས། འདིས་ནད་ཆེན་པ་འཁྲུལ་འཇུག་པར་འདུག་བསམ་ནས་ནམ་མཁའ་དཔལ་དཔོན་པོ་སྤྱན་གྱི་བསད་འདུག དེའི་གཏམ་ཐོས་པས་ནད་ཆེན་པ་རང་ལ་སྐྱོད་ཡོང་བར་ཤེས་ནས། དམ་སྡིག་དཔོན་རྒྱ་གར་དང་བཅས་པ་མར་སྒྱུར་ཟེར་བའི་ཚིག་ནད་དང་བཅས་པ་སྒྱུར་ནས། དཔའ་ཤིང་དཀོན་མཆོག་ལེན་དུ་བཏང་པས་དཔོན་ཆུད་རྒྱ་གར་གཏོང་མ་ཉན་དམ་སྡིག་དཔའ་ཤི་ཚ་དྲག་པས་ཕ་ལེ་སྒྱུར་བྱུང་བ་གཞོན་རྒྱལ་དུ་དབེན་ཤྭ་སྣེ་གདོང་དུ་ཡོད་པ་དང་དུས་མཚུངས་སུ་འཕྲོད། དམ་སྡིག་མར་བསྒྱུར་བ་མ་ཚོར། སློབ་དཔོན་ཆེན་པོ་ཡར་མར་བྱུང་བ་དང་བཅས་པས། དཔོན་པོ་སྤྱན་གྱིས་རྒྱབ་བྱས་ནས། སློབ་དཔོན་ནད་ཆེན་པ་སྐུ་མཆེད་མེད་པར་གཏོང་། དམ་སྡིག་འཕྲོག ལྷ་ཤངས། འུ་ཡུག བྱང་པི་རི་གསར་རྙིང་། སྦྲ་མོ་ཆེ་དང་བཅས་པ་དཔོན་པོ་སྤྱན་ལ་སྟེར། ཁོང་རང་རྣམས་མདུན་གྲོས་ཕྱོགས་ཅིག་བྱེད་པའི་འཚོགས་པ་ལ། སློབ་དཔོན་ཆེན་པོ་བསོད་བློ་བ་ཡར་ཕྱིན་པས། དཔའ་ཤི་དཀོན་མཆོག་གིས་མགོ་བྱས། བསམ་གྲུབ་རྩེ་ལ་ཡོད་པ་རྣམས་ཀྱིས་ལམ་ཆོད་བྱས་འདུག་པས། སློབ་དཔོན་ཆེན་པོ་ཁོང་རང་འཁྱོན་དུ་བཙུག ཇ་མོང་ཁལ་ཧྲ་སྦྲེལ་པོ་ཐོབ། མི་ཡང་མགའ་རེ་ཤི་རྨས་ཐུབ་འདུག ཇ་མོང་ཁལ་ནས་ཡིག་རིགས་སྐྱོན་ཅན་རྣམས་དང་། མཐུ་གཏད་མནན་གསུམ་གྱིས་ཕྱག་ཆ་མང་དུ་བྱུང་བས། རང་རེའི་བུ་ཧྲ་རྣམས་སླེང་ན་ནས། རྫོང་ཁ་འབེབས་དགོས་པར་པར་འདུག་ཟེར་བ་བྱུང་། ཡིག་གི་རྣམས་མཐོང་བས་རང་རེའང་ཚིག་པ་ཟ་ནས་རྫོང་ཁ་བསྐོར་དགོས་པ་ཡིན་ཟེར་བ་ཙམ་བྱས། སློབ་དཔོན་ཆེན་པོ་པ་སྐུ་མཆེད་བཞུགས་པའི་གནད་ཀྱིས་རྫོང་ཕེབས་ན་དགའ་བ་ཡང་མ་བྱས། དེ་སྐབས་སུ་སྟར་ཐང་མཁན་ཆེན་པ་དང་། མཁན་བུ་སྟོན་པ་དང་། རང་རེའི་འདི་ནས་ཆེན་པོ་རིན་བཟངས་པས་འཁྱོན་བཙུག་ནས། མདུན་མ་ལ་བསྡུས༔ དམག་འབྱེད་ཤེས་བྱས། སློབ་དཔོན་ཆེན་པོ་ཁོང་རང་སྐུ་འཁོར་ཉུང་ཉུང་མཛད་པ། རྫོང་ཁའི་སྟག་ལེབ། དགྲ་བཟོ་བཙན་ཆས་རྣམས་བཀྱིལ་ནས།

ཚོས་སྐེ་འཛུགས་པ། བྱུག་པ་སྐྱོང་མི་རྣམས་མི་བརྟེན་པར་བྱས་འདུག་ཅིང་། ཡང་ཛ་མོང་ན་བཟའི་བསྐོར། རང་རེ་ལ་སྣང་ཕུད་ལ་བྱུང་བ་རྣམས་ཕྱིར་སློག དེ་རྗེང་། འབྲི་ཁྲུང་པའི་ཡབ་སྲས་ཀུན་གྱིས་ཞུ་བ་བྱུང་ནས་ངེད་བྲག་དཀར་པོར་ཡང་དགོས། དཔོན་ཆེན་དབང་བརྩོན་ཡབ་ཀྱིས་ཞུ་བ་ངོ་ཆེན། ངེད་ལ་ངོ་ཚ་ལྷུང་ཟེར་བ་བྱུང་བས། བྲག་དཀར་པོར་ཕྱིན། འབྲི་ཁྲུང་པའི་བླ་དཔོན་ནང་གྲགས་དང་བཅས་པ་འཛོམ། ནང་གྲགས་ཀྱིས་གུས་པས་བརྒྱུད། ད་ཕྱིས་ངན་དང་བློ་ལོག་བསམ་ངན་མི་འཛིན། གང་གསུང་བསྒྲུབ་པའི་མནའ་དམ་བཞག མནའ་པ་དགུ་སྐོར་བྱས། ཡིག་གེ་བཙུག་ཁག་ཁུར་འབྲི་ཁྲུང་པའི་རིན་པོ་ཆེ་དང་སློམ་པས་བྱས་ནས། དཔོན་ཆེན་བགྲེས་པོ་ཡང་། ཁོང་བླ་དཔོན་གྱི་ཕྱག་ཏུ་དབང་ལག་ཏུ། དཔོན་པོ་ཡོན་ཏན། བཀྲ་ཤིས་དཔལ། གཉེར་པ་ཚུལ་རྒྱལ་རྣམས་ལེན་དུ་བྱུང་བས། འབུལ་བ་ཞབས་ཏོག་གཟབས་ནས་འོན་ཕུ་ལ་འབྱོན་དུ་བཙུག ད་ནང་པ་གྲགས་དབང་གིས་ཀྱང་སྡོད་ཤེས་བྱས་ནས། རང་རེས་སྐྱོང་ཤེས་དགོས་པ་དེ་ཡིན། ལྷ་ཁང་ཆེན་མོར་རང་རེས་བཟུང་ཡང་། བླ་མ་དམ་པ་ནི་ས་སྐྱར་མི་འབྱོན་པར་འདུག ས་སྐྱ་བཤིག་པའི་ཁག་ངན་ལེན་དོན་མི་འདུག་པས། གཏོད་རྒྱུ་བྱུང་པ་དཔོན་ལ་ཡིན་ནའང་། ཁོང་གིས་ཀྱང་ཞ་ར་མི་ཡོང་བར་གོ་ནས། སློབ་དཔོན་ཆེན་པོ་བློ་གྲོས་རྒྱལ་མཚན་དཔལ་དང་། དཔོན་ཆེན་བྱང་པ་ཁ་འཆམ་ནས། ཕྱག་སྣག་གཉིས་འབྱུར་བྱས་པའི་ལྷ་ཁང་ཆེན་མོ་ལ་འདི་ལྟར་མཛོད་ཟེར་བ་ཅིག་དགོས་ཟེར་བ་བྱས་པས། ཁོང་རང་རྣམས་པ་གཉིས་ཁའི་ཕྱག་རྟགས་ཉིས་འབྱུར་བྱས་པས། ས་སྐྱ་པའི་སྤྱི་མི་ཁག་ཐེག་རྣམས་ལ་དབང་ལག་ཏུ་གཏད་ནས། ཁག་མཁན་པོ་བསོད་ནམས་དཔལ་དང་། དཔོན་འཕགས་ཀྱིས་ཁུར་ནས། གཞན་ཕྱོགས་སུ་མི་འཆོར་བ་དང་། བྱག་ཚང་མི་བྱེད་པར་བྱས། དཔོན་འཕགས་ལྷ་ཁང་བླ་བྲང་ས་གི་ཉེ་གནས་ཆེན་པོ་ལ་བསྐོས། སློབ་དཔོན་ཆེན་པོ་བློ་གྲོས་རྒྱལ་མཚན་པ་རང་གིས་ཀྱང་བསྐོས་བཞག་མཛད་འདུག རང་རེས་ཀྱང་། གོང་དཀར་དུ་བྱུང་བ་ཉེ་གནས་ཆེན་པོ་ལ་བསྐོ་བཞག་བྱས་ནས། རིན་ཆེན་དཔལ། དཔའ་ཤི་ཤེས་རྗེར་གྱིས་སྟེངས་སུ་བཏང་། ལྷ་ཁང་ཆེན་མོ་དང་། ལྷ་ཁང་བླ་བྲང་

གི་གཏོང་ལེན་བྱེད་པ། རང་རེའི་ཉོར་འདྲ་རྣམས་ས་སྐྱུར་ཅིག་ཀྱང་མ་ལུས་པར་ཕྱིར་འོང་བའི་དོ་དམ་དྲན་བསྐུལ་ལ་བཏོང་ནས་ཡོད་པས། ཆེན་པོ་འཕགས་པ་དཔལ་ཡར་མགྱོགས་པར་ཕྱོན་ནས་བརྫངས། ཆེན་པོ་འཕགས་པ་དཔལ་ཡར་སླེབ་པ་དང་། གཏོང་ལེན་བྱས་ནས། དཔའ་ཤི་ཤེས་རྫོར་བ་རྣམས་ཡར་ལུངས་སུ་སླེབས། ཕོང་ཆོས་ཀྱང་འཚར་ཁ་ཕྱུག་བསྐོར་གཟབས། རང་རེས་ཀྱང་ཁ་ཏ་དང་གཏེར་སྦྱིན་མཆོན་པར་བྱས། དེ་ནས།

༈ གོང་མ་མིའི་རྒྱལ་པོ་ཆེན་པོས༔ ཤེལ་གྱི་དམ་ཁ་གནང་བ་དང་། གཞན་ཡང་ལུང་གནང་སྦྱིན་བཟང་པོ་ཐུགས་ལ་བཏགས་པ། ལོ་རེ་ལོ་རེ་བཞིན་སླེབ་པས

༈ གོང་མ་ཡབ་སྲས་ཀྱི་སྐུའི་དྲིན་རིམ་གྲོ་ལ། ལྷ་སར།

༈ ཇོ་བོ་རིན་པོ་ཆེའི་དྲུང་དུ། ནང་ནས་ཀྱང་མར་མེ་གསེར་ཆབ་གཟབས་ནས་ཕུལ་བ་དང་བཟའ་པ་ཤུ་ཧ་ཅིན་ལའང་མར་མེ་གསེར་ཆབ་ཀྱི་ཚོགས་སོགས་བསྐུལ་ནས། འགྲོ་བར་ཆས་པའི་སྐབས་སུ། ཨལ་བུ་དཔེན་ཤྲི་བས་དབུ་མཛད། གདན་འདྲེན་གྱི་གསེར་ཡིག་པ་རྣམས། ཨ་ཧ་ཊ་མོང་དང་བཅས་པ་ཚན་ཆེ་བ་འདམ་དུ་སླེབ་པའི་ སྤྱ་འཕར་བ་བྱུང་། ཛ་འདྲེན་ལ་ཞང་པོ་སྐྱབས་བཏོང་བས། དགོན་གསར་དུ་སླེབ་འདུག དེ་ནས་དཔེན་པས་བཙ་ཧུ་མཛད། སང་ས྄ྒ་ཤྲི་དུ་དཔེན་ཤ་བཏང་བྱུང་པ། སྟག་ཏུ་རང་རེ་མགྱོགས་པར་ཤོག་ཟེར་བ་བྱུང་པས། སང་ས྄ྒ་ཤྲི་དུ་དཔེན་ཤ་བརྫངས། དེ་སྐབས་སུ། ཐེལ་དུ། སྤྱན་སྔ་ནས་སྐུ་ཁམས་བསྟུང་ཟེར་ནས། རིན་ཆེན་གྲགས་སླེབ་བྱུང་བ་དེ་འབྲོག་ལ་སྣ་མེར། སློབ་དཔོན་གྲགས་ཤེར་འབོད་དུ་བཏང་། སྐུ་རིམ་སྤྱ་མགྱོགས་སུ་ཧ་འགྱེད་ཅིག་བྱེད་གྲབས་ཡོད་ཟེར་ནས། རིན་ཆེན་གྲགས་ཕར་ལ་སྔོན་མ་སོང་། སློབ་དཔོན་གྲགས་ཤེ་ཡང་སློབ་འགྲོགས་ལ་ཕར་ལ་བཏོང་། ལྷ་སར་འགྲོ་བ་ལ་གཟའ་སྐར་གྱི་གཏུགས་བྱུང་བས། དཔའ་ཤི་ཤེས་རྫོར་གྱིས་མགོ་བྱས་གཞིས་མ་ཛ་ཐུག་དང་བཅས་པ་བཏང་། སང་རང་རེ་བཀྲ་ཤིས་ལྡོངས་སུ་དགོངས་སླེབ་ཅིག་ཕྱིན༔ སང་ཐེལ་ལ་ཕྱིན་ནས་གྲོ་བར་གྱི་སྟེང་སུ། སྤྱན་སྔ་མཇལ་དུས། སྙུང་ཟུག་ཀྱང་སྔར་བས་ཆུང་དུ་སོང་། ཧ་འགྱེད་དེ་ཚར་འདུག མཇལ་མ་ཁང་དུ་ཕྱིད་ཕྱོན་

པ་ཐུགས་ལ་རྟགས། ང་ད་ལེན་འདེགས་མི་སྐྱོན་པར་ལྷ་སར་མར་མེ་སྒྱུར་བ་ལ་བྱོན། འདིར་སློབ་དཔོན་གྲགས་ཤེ་བཞག་པས་ཆོག ཕྱར་རང་རེ་སྐུ་མཆེད་ནང་མཚམས་སུ་དགེ་སྒྲུ་མཐོ་དམའ་ཅི་རིགས་སུ་བྱུང་ནའང་། ཁྱེད་ཀྱིས་ཀྱང་མ་ལེན། ངས་ཀྱང་མ་ལེན། བར་གྱི་མི་ངན་པ་མགའ་ཞིག་གིས་ལེན་པ་ཡིན་གསུང་ཞིང་། ཁྱེད་སྐུ་ཁམས་བཟང་རིང་ལ་འགྲོ་དགོས། སྔོ་འདི་ལ་ཁྱེད་ཁམས་བཟང་ན་དེ་ཁས་ཆོག གལ་ལྟེ་ངེད་ལ་ཁམས་བཟང་ངན་བྱུང་ན། གྲགས་པ་ཤེས་རབ་ཀྱིས་མགོ་བྱས། ཞལ་ན་ཡོད་པའི་བུ་ཚ་བོ་འདི་རྣམས་ཀྱིས་མགོ་འདོན། བྱ་བ་ལེགས་ཉེས་གང་མཛད། ཁྱེད་རང་མཁྱེན་པ་དེ་ཡིན་གསུང་བ་དང་། ཕྱག་རྫས་མེད་པའི་ཁེངས་སྐྱུང་ཅིག་གསུང་གིས་འདུག དེ་ལ་རང་རེས་ཞུས་པ་ལ། ཕྱར་དུ་རང་རེ་དཔོན་སློབ་བར་དུ། དགེ་སྒྲུ་བྱུང་བ་རྣམས་ངས་ཀྱང་མ་ལན། ཁྱེད་རང་གིས་ཀྱང་མ་ལེན་གསུང་པ། ཕྱར་ཡང་ལེན་ཅིག་གཉིས་གསུང་༑ སྐུ་ལ་ཉེ་བའི་ཉེ་གནས་རྒན་གཞོན་གྱི་ཁྲུལ་ནས། བྱ་བ་འཛོལ་བ་དང་ནོར་བ་ཅིག་འདུག་ནའང་། ཕྱར་ཡང་འཁོན་དུ་མ་བཟུང་༑ ད་དུང་ཡང་འཁོན་དུ་མི་འཛིན་པར་ཞུ། ལེན་པའི་ཉེ་གནས་མགའ་རེ་ནི་ཤི་འདུག མགའ་རེ་འདུག་སྟེ་ཤི་བ་དང་འདྲ་བར་འདུག༑ ཕྱག་རྫས་མེད་ཐུགས་དགོངས་མི་དགོས། ངའི་སྡེ་གཞོང་གོང་དཀར་གྱིས་མགོ་བྱས། གཞིས་ཁ་གོང་འོག བཟའ་པ་བུ་རྟ་བཅས་པ་ལ་ཡོད་པའི་ཟས་ནོར་རྣམས། ཁྱེད་བླམ་རིན་པོ་ཆེའི་ཡིན། རྟ་འགྱོད་དེས་མི་ཆོག ད་དུང་སྐུ་རིམ་མཛད་དགོས་པས། སྐུ་རིམ་གྱི་ཕྱོགས་སུ་སོང་བའི་ཕྱག་རྫས་རྣམས། ད་ཞག་སྐུ་ཁམས་དྭངས་པའི་དུས། སྐྱིན་པ་འཚབ་པ་ལགས་ཞུས། ངེད་ཀྱི་ཁམས་མི་སྐྱོན་ལ་ཆེ་བས། ཁྱེད་རང་ལྷ་སར་མར་མེ་འབུལ་བ་དང་། གསེར་ཡིག་པ་ལ་མཇལ་བ་ལ་བྱོན་གསུང་། དེ་ནས་གན་ཛ་རྒྱང་པ་བཏོན་ནས། ཞོ་ཕྱེད་མའི་འཕྱེད། སྐུ་རིམ་དུ་དམིགས་པ་བྱས། དེ་རྗེང་། སྐུ་ཁམས་ཟློལ་དགུགས་ལ་སྣེ་གདོང་དུ་ཕྱིན་པའི། ལྕགས་ཕྱི་ཟླ་བ་བཅུ་ཆོས་གསུམ་གྱི་ནམ་ཕྱེད་ལ། གསོལ་བ་མི་ཐེབས་པའི་གཏམ་ངན་དེ་བྱུང་། དེ་འབྲོག་ལ་དཔའ་ཤེ་དབང་ཕྱུག་དང་། གོང་དཀར་ན་དཔའ་ཤེ་ཚུལ་བཟངས། དཔེན་པའི་དྲུང་དུ་ཞུ་བ་བཏང་། དཔའ་

ཤེ་ཤེས་རབ་རྡོ་རྗེ་ལྷ་སར་མར་མེ་འབུལ་བ་ལ་བཏང་། གཞིས་མ་རྣམས་ཕྱིར་བཟློག གོང་དཀར་ནས་སྲུད་པ་གང་འདུག་ཁྱེར་ལ། དཔལ་རིན་ཆེན་ལ་ཤོག་ཟེར་བ་བཏང་། སྟེ་གདོང་དུའང་ཁ་ཏ་བྱས་ནས། གསེར། ཇ། མར་ཐུད་ལ་སོགས་སྲུད་པ་རྣམས་རྫོག་ཏུ་བཅུག་ནས། སྔོན་རྡོར་རིན་དང་། གྲགས་དབང་། སྲུན་སྟེའི་ཉེ་གནས་རྙིང་པ་ཡང་ཡིན་པས། ཉེ་གནས་གྲོགས་པོ་རྣམས་ལ་གྲོས་འདེབས་དང་། ཕྱག་རྫས་ཅི་འདུག་དེབ་གཏེར་ལ་འདེབས་པ་ལ་བཏང་ངེད་ཡང་སྒྲིད་ལ་ཐེལ་གྱི་ཁྲི་ཁང་དུ་སླེབ། རྩིས་མཁན་ཡང་ཁྲིད་ནས་རྩིས་བྱས་པས། རྩིས་དོག་པར་བྱུང་ནས། ཟླ་ངན་གྱི་དུ་གཅོང་ལ་སོགས་མི་ཉན། ཆོས་བརྒྱད་བར་དུ་གདུང་བསྐྱུལ་མི་བཏུབ། ཆོས་བརྒྱད་ལ་བསངས་རྫོལ་ནས། ཚ་ག་གསོལ་འདེབས་འཛུགས་དགོས། ཆོས་བཅུ་གཉིས་ལ་སྐུ་གདུང་ཞུགས་ལ་འབུལ་དགོས་ཟེར་བས། ཆོས་བརྒྱད་ལ་བསངས་རྫོལ། གསེར་ཞོ་ཕྱེད་མའི་ཚོགས་སུ་འགྱེད་བྱས། སྟེ་གདོང་ནས་གསེར་ཞོ་ཉིས་སྟོང་སུམ་བརྒྱ་ཁྱེར་ཡོངས་པ་ལ། ཞོ་བརྒྱ་མིན་པ་ཐམས་ཅད་འགྱེད་ལ་སོང་། དེ་རྗེང་། རང་རེས་ཀྱང་མདོན་དཀར་ཕྱིན། ཕྱག་རྫས་ཀྱང་གསེར་སིལ་མ་སྤྱོད་བདེ་བ་ཞོ་ལྔ་བཅུ་ཐམ་པ་ལས་མ་བྱུང་། དེ་མ་བསྐྱུལ། ཆོས་བརྒྱད་ནས་ཚ་ག་གསོལ་འདེབས་བཙུགས། གདུང་ཁང་གསར་སྙེངས་སུ་དྲངས་ནས་གསོལ་བ་བཏབ། ཆོས་བཅུ་གཉིས་ལ་ཚོགས་སུམ་སྟོན་བྱས། སྐུ་གདུང་བཞུ། མེ་ཏོག་གིས་ཆར་པ་དང་། ངོ་མཚར་བའི་ལྟས་དུ་མ་བྱུང་། ཁ་དོག་སྣ་ལྔའི་རིང་སྲེལ་བྱོན། ཆོས་བཅོ་ལྔའི་ཉིན་ཚ་ག་བ་རྣམས་བཛངས། ཉི་ཟླ་གཉིས་ཀྱིས་ཉིན་གཤེགས་རྫོངས་བསྒྲུབ་པ་ལ། སྟེ་གདོང་གོང་དཀར་ནས་གན་ཛ་གཞུང་ལམ་འདྲེས་པ་བདུན་བརྒྱ་བཏོན། སྤྱི་ཕྱིར་གསེར་སྲང་སྟོང་། ལྷག་ཙམ་དང་། མཛོ་ཧྲ་སུམ་བརྒྱ་ལྷག་ཙམ། བེར། བེར་ཐུལ་གོས་དར། སྣམ་སྦྲུག ཞྭ་ཡུག་ལ་སོགས་དངོས་པོ་ལ་ཕངས་པ་མེད་པར་བཏོན་ནས། གླིང་མཐའ་ལ་འགྱེད་པའི་མགོ་བཙུགས། གསེར་གྱིས་ཁྱིད་ཚད་ལ་ཞོ་རེ་མ། མ་ཁྱིད་པ་རྣམས་ལ་ཞོ་རེ་ཁྱུགས་ངོ་ཤེས་པའི་འགྱེད་བྱས། བླ་མ་དམ་པ་གདན་འདྲེན་གྱི་ཐུགས་རྩེར་གྱིས། དྷགས་པོ་ལ་བཞུགས་ནས་གདན་མ་འགྲོངས། སློབ་

དཔོན་ཆེན་པོ་ཀུན་རིན་པ། ཆུ་མིག་ནས་གདན་འདྲེན་བཏང་པས༔ གྲལ་དབུ་ལ་གདན་ཕེབས་ནས་འབུལ་འབྱེད་ཚར་བར་བྱས། དེ་སྐབས་སུ་དབེན་པའི་གསེར་ཡིག་པ་སྤྱི་རྗེ་གཉིས་སླེབ་པའང་། ཡར་མ་སླེབ་པའི་རྒྱུ་མཚན་གྱི་ཞུ་ཡིག་བསྐུར་ནས་བརྫངས། བླ་མཆོད་ཀྱི་སྤྱི་དྲོ། སློབ་དཔོན་གྲགས་ཤེ་ལ་ཆེ་འདོན་བྱེད་པའི་ཞུ་འབུལ་དང་། ཕོགས་བྱས། གྲོ་ལ་བླ་མཆོད་བྱས་ནས། རིན་པོ་ཆེའི་ཐོག་ཁར་བཏོན། ཐེལ་ཤོད་ཀུན་གྱིས་ཕྱག་བསྐོར་བྱས། དེ་རིང་རང་རེ་སྡེ་གདོང་དུ་ཕྱིན། བླ་བ་ཅིག་སྡེ་གདོང་དུ་མཚམས་བྱས་ནས་ཁམས་བཅོས། ཐེལ་དུ་སྐུ་འབུམ་གྱི་ས་དམིགས་བཙལ། ཀུན་གྱིས་གོར་བཙུག དེ་རྗེང་། དབེན་པས། དུ་ཐྲི་དང་། མགོ་ལུང་པ། དཔའ་ཤེ་ཚུལ་བཟངས་སྤྱགས་ནས། ཡར་ལུངས་སུ་དཔའ་ཤེ་སྟོན་ལ་སླེབ། རྗེང་ལ། དུ་ཐྲི་ཡང་གདན་འདྲེན་དུ་བཏང་པས་སླེབས། དབེན་པའི་བཅའ་རྟ་མཛད་པའི་ནང་ན། ཁ་ཟེར་ནས། ཁྱེད་ཀྱི་ཕོ་བོ་བླ་མ་རིན་པོ་ཆེ་ཞིང་བར་གཤེགས་པའི་དོན་ལ། གཤེགས་རྫོངས་ཀྱི་རིམ་པ་རྣམས་མ་ཚར་གྱི་བར་ལ། ངེད་ཀྱིས་ཀྱང་ཐེན་པ་ཡིན། དེ་ཡིན་ན།༑ རྒྱལ་པོའི་ལུང་གིས་བླ་མ་གདན་འདྲེན་པའི་དོ་དམ་ཁྱོད་ལ་གྱིས་གསུང་པའི་ལུང་གནང་ཕྱིན་ཡོད་པས། ཁྱེད་མགྱོགས་པར་ཐོན། ཁྱེད་མ་ཐོན་ན། ངེད་ཐམས་ཅད་ཁྱེད་ཀྱི་སར་ཡོངས་ལ་ཐག་བཅད་ཡོད་གསུང་པ་བྱུང་ཞིང་། དོན་གྱིས་ཀྱང་། དབེན་ཁྲིས་དབུ་མཛད། གསེར་ཡིག་པ་ས་སྐྱའི་བླ་མ་རྣམས་པས་གཙོ་མཛད། བཀའ་གྲོས་པ། སྟོན་ཕྱི་པི་པའི་མི་དཔོན་ཐམས་ཅད། ཆེ་གཉེན་ཐམས་ཅད། ཡར་ལུངས་སུ་འབྱོན་པ་ཐག་བཅད་ཅིང་། རང་རེ་ཡང་སྨྱུ་ངན་གྱིས་ནོན་པ་དང་། ཁམས་བདེ་རྒྱུ་མེད་ནའང་། ཡར་འགྲོ་བར་ཆས་ནས། བཟའ་པ་ཟན་གཞོན་ཐམས་ཅད་ལ་ཁ་ཏ་རིམ་པར་བྱས་ནས་དྲན་པས་ཟིན་མ་ཟིན་གྱི་སྐྱོན་མགའ་རེ་བྱུང་འདུག་པ། དོལ་དང་གོང་དཀར་དུ་ཁ་ཏ་བྱས་པས། དེ་རྗེང་། ཐམས་ཅད་ཀྱིས་རང་རེ་ལ་བསམ་ནས་ཁ་ཏ་ལས་མ་འགལ། དེ་རྗེང་ཕྱིན་པས་ཆུ་ཚན་ཁ་དང་། རིན་སྤུངས་ཡར་བཅད་དུ། རང་ཕྱོགས་ཛ་འདྲེན་རིམ་པར་སླེབ། དེ་ནས་ཞུ་འཕྲོག་ཏུ་སླེབ་པའི་ཉིན། དབེན་ཁྲི་པས་ཀྱང་ཕེབས། ཐུས་ཁྲུ་ཤང་ལེན་བྱས། དེའི་སང་། སློབ་

དཔོན་ཆེན་པོ་བསོད་བློ་བ་ཡང་ཕེབས། ཞུ་འཁྲིག་འཁྱམས་ཀྱི་གྱུང་ལ། སློབ་དཔོན་ཆེན་པོ་བསོད་བློ་བ་དང་། དབེན་ཕྲིའི་བཞུགས་ཁྲི་བཞུགས་གདན་འདྲ་འདྲ་བྱས། གཡས་ཕྱོགས་ལ་མཁན་ཆེན་སྟར་ཐང་པ་དང་། མཁན་ཆེན་བུ་སྟོན་པ། བླ་མ་རྒྱལ་སྲས་པོ་རྣམས་ཀྱིས་བཞུགས་གདན་བྱས། གཡོན་ཕྱོགས་ལ་བླ་མ་མཉམ་མེད་ཆེན་པོ་པ་དང་། བླ་མ་མངོན་དགའ་བ་ལ་སོགས་ཀྱི་བཞུགས་གདན་བྱས། ཀ་བ་གཡས་ཕྱོགས་ལ་རང་རེའི་བཞུགས་གདན་བྱས། གཡོན་ཕྱོགས་ལ་དཔོན་ཆེན་པ་དང་། སྟོན་ཤི་པི་པ་རྣམས་ཀྱིས་བཞུགས་གདན་བྱས། དབེན་པའི་སྐོར་དང་གཞན་འགྲོན་པོ་རྣམས་ལ་ཤ་ཏུ་གྲལ་བྱས་ཡོད་པའི་སྐབས་སུ། སློབ་དཔོན་ཆེན་པོ་ལ། དབེན་པས།

༈ གོང་མ་དང་། ཐལ་ཅེའི་ལུང་སྐྱེལ་གྱི་འདུག དེ་རྟིང་རང་རེས་ལངས་ནས། ལུང་ཟུང་ཞུ་བ་བྱེད་པ་ཁམས་ཀྱི་མ་ལྟོགས་པས། ཏོན་ལྡེར་ཅིག་བཏིང་ནས་ཞུས་པ་ལ། སྡར་ཏུ།

༈ གོང་མའི་ལུང་རིམ་པར་ཕྱིན་ནའང་། གོང་ན་བླ་མ་ཆེན་པོ་ཡང་བཞུགས། སློབ་དཔོན་ཆེན་པོ་ཆོས་ཀྱི་རྒྱལ་མཚན་པ་ཡང་བཞུགས། རང་རེ་ཡང་སྐད་མཛད་པ་བྱུང་བ་དེ་ཡིན། ད་བླ་མ་ཆེན་པོ་ནི་གསོལ་བ་མ་ཐེབས་པར་གཤེགས་འདུག སློབ་དཔོན་ཆོན་ཆོས་ཀྱི་རྒྱལ་མཚན་ཡང་། བྱང་ངོས་སུ་ཕྱིན་པའི་ལམ་དུ་གསོལ་མ་ཐེབས་པར་འདུག

༈ གོང་མའི་ལུང་ཞལ་གསལ། རང་རེ་ལ་ ཏི་ཤྲིའི་གོ་སར་མགྱོགས་པར་འབྱོན་གསུང་བ་ཡོད་འདུག་པས།

༈ གོང་མའི་ལུང་བཞིན། འབྱོན་གྱིས་གདན་ས་ཆེན་པོར་ཕྱིར་ཕྱག་དང་འབྱོན་པའི་གྲབས་མཛོད། ཁལ་ཧྭ་དང་ཟའུ་ཐྲིན་ཇོང་བ་བྱང་རྣམས་སུ་ལའང་ཁག་མི་འཛོག་པར་ང་རང་གིས་དོ་དམ་བྱེད། ཁྱེད་རང་།

༈ གོང་དུ་ཕྱིན་ནས་ཀྱང་། ངེད་ལ་ཐུགས་ལ་མ་འདོགས་ཟེར་བ་ཞུས། བླ་མ་མཉམ་མེད་པའི་གསུང་གིས། ཇེ་ཙམ་པའི་མོ་ལ་གཏོང་པ་ཐོས་པ་ཡིན་ཏེ། ཐུགས་ལ་མ

འདོགས་ཟེར་བ་ཉིད་ཀྱི་མིན་པ་མ་ཐོས་གསུང་ཡང་། ཁྱོད་སྭོན་ལྷི་པི་པ་རྣམས་སློབ་དཔོན་སྭི་ཏུ་དབང་ཆེན་པས། ངེད་རྣམས་ཀྱི་བུ་ལས་འགྲིམ་པ་མ་བྱུང་ཟེར་གྱི་ཡོད་པ་འདུག དེ་ལྟར་ཡིན་ན་ཁྱེད་རྣམས་ཀྱིས་དམ་ཁ་སྟག་མགོ། དབེན་པའི་ཕྱུག་ཏུ་ཕྱུལ། ང་རང་ཐེལ་རྩེ་ནག་པོས་སོག་ཡར་བཅད་འཇམ་མོ་འཚོས་པ་བྱ་བ་གང་དང་གང་། ཁག་མི་འཐོགས་པར་ངས་ཁག་འཁུར། དེ་བཞིན་མ་ཡིན་ན། ཁྱེད་སྭོན་ལྷི་པི་པ་རྣམས་ལ་འབབ་པའི་བྱ་བ། དབེན་པའི་ཞབས་ཏོག ལྷ་སྡེ་མི་སྡེ་ལ་མ་གནོད་པ་བྱེད་དགོས་ཟེར་བ་ལ་སོགས། ཡར་ཕྱིར་ཀུན་ལ་ཞིབ་ལ་རྒྱས་པར་ཞུས། དེ་ཧེང་། སློབ་དཔོན་ཆེན་པོ་པ་དང་། དབེན་པ་སྐུ་འཁོར་ཞུང་རགས་ཅིག སྟེང་གི་གུར་དུ་ཕྱིན། གསུང་གླིངས་ཐག་བཅད་པ་ལ། སང་། འཇའ་ས་སྒྲོགས་པ། ལུང་གནང་སྤྲིན་སྤྲོད་པ་ལ་ཐག་བཅད་ནས་དབེན་པ་མཆོར་ལ་ཕྱིན་པ་ལ། སྭོན་སི་པས་བསྐྱལ། རང་རེས་ཀྱང་འགག་བར་དུ་བསྐྱལ། སང་། འཇའ་ས་སྒྲོགས་པའི་ས་དམིགས་བརྩལ་དེར་ཁྲི་བརྩིགས་པ་ལ་སོགས་དོ་དམ་པ་བསྐོས། ནང་དུ་ལོག་ཕྱིན་པ་ལ། སློབ་དཔོན་ཆེན་པོ་པས་ཞབས་ཏ་བསྐུར་བྱུང་ནས་སློབ་དཔོན་ཆེན་པོ་དབང་ལ། ཁྱེད་རང་སྔར་ཕྱག་འཚལ་གྱི་ཨེ་ཡོད་གསུང་པ་བྱུང་། ས་སྐྱའི་གདུང་བརྒྱུད་རིན་པོ་ཆེ་ཡིན་པས་སྔར་ཕྱིན་བཙལ་ཟེར་བསྐུར། ངེད་ཀྱིས་མི་ཆོས་དགོས་ན་བྱེད་དུ་འཇུག་པས། ད་དུང་ཕྱག་བཙལ་ན་མཛེས་མོད་གསུང་། ད་དབང་དུ་སོང་ཙ་ན། ཁོང་གིས་གྲལ་མགོར་སྡོད་པའི་དབང་བྱུང་ན། ཕྱག་དང་ཞྭ་མི་ཐུབ་པས། ད་ཁོང་ལའང་ཕྱག་དང་ཞྭའི་གསུང་མི་འགྲོན་པར་ཞུ་ཞུས་ནས་སོང་།

༈ འཇའ་ས་བསྒྲུ། འཇའ་ས་གྲགས་གྲབས་བྱེད་པའི་སྐབས་སུ། དབང་ཡང་སློབ་པ་ལ་དར་ཁ་རྫེས། ཞྭ་ཕུད། དེ་ནས། འཇའ་ས་སྒྲགས། དེ་ཧེང་། དབང་གིས་འཇའ་ས་ཡང་སྒྲགས། དེར་ཚར་བ་དང་། དབེན་པས་གནང་སྤྲིན་སྤྲོད་པ་ལ། ཁྲི་ཐོག་ཏུ་འགྲོན། རང་རེས་ཀྱང་ཕྱིན་ནས། ཇ་ཕོར་དང་། བུ་རམ་སྟེར་མ་གང་ཞུས། ཀ་དན་གཙང་མ་ཅིག་གི་ལི་ཤང་ཕུལ་ནས། ཕྱག་བཙལ་བས། དབུ་ལྷ་འབུད་ཀྱིས་འདུག ད་དབུ་ཞྭ་མི་འབུད་པ་

ཞུ། བླ་མ་མ་ཏི་ཤྲཱི་ཡི་གོ་པ་ལ་བཞུགས་པ་ཡིན། ང་སྤྲིང་ཡུལ་དང་བགྲོ་སྤྱིལ་བཏོང་ནའང་ཐོང་། ཀོ་ལོང་མི་བྱེད་ཞུས་པས། དེ་ལ་ནན་ལྟར་མཉེས། འཇའ་ས་སྒྲུགས་པའི་ཉིན་ནས། བླ་མ་དཔོན་པས་གསུང་བྱོན་ནས། རང་རེའི་སྐྲ་བཞར། ཇ་ཐུག་བསྐོང་། སྐྱ་པོ་ཧ་རྗེའི་མོན་འཛོག་ཚུགས་གསུང་པས་གཟིམས་མལ་གསེར་སྐྱུ་མ་ཚར་བར་དུ། སྐྲ་མི་བཞར་ཞུས། ཇ་ཐུག་བསླང་། མོན་འཛོག་བཙུགས། དེ་ཧིང་ནང་དུ་གདན་དྲངས་ནས༔ ཞུ་འབུལ་གྱིས་ཕྱག་རྟེན་ལ། དངུལ་བྲེས་མགོ་བྱས་ཕུལ། དཔེན་པའི་སྐོར་ལ་ཤང་ལེན་མཆོད་པ་རེ་བསྒྲུབས། དབང་ལའམ་ལི་ཤང་ལ་ཧ་གཅིག་གིས་གཙོས་པའི་ཅིག་བྱས་ནས། དེ་རྗེས་སྟེང་གི་གུར་དུ་བྱོན་ནས་བཀའ་གྲོས་ཐག་བཅད་པ་ལ། བླ་ཆེན་པ་ས་སྐྱར་འབྱོན་པའི་ཕྱགས་ཕྱི་ལ། དཔེན་པ་ཡང་། འཇའ་ས་སྒྲིགས་པ་ལ། འབྱོན་པ། དེ་ཧིང་ཆོས་རྗེ་པའི་དྲུང་དུ། དཔེན་པ་ན་ནིང་། ཧྃ༔

༔ ཀེཧེ་དཔེན་ཤྲཱི་བྱོན་པའི་པ་ཚོགས་བར་དུ་འབྱོན་པ། བླ་ཆེན་པའི་ཕྱགས་ཕྱི་ལ། དཔེན་པའི་ཕྱགས་ཕྱི་ལ་མི་དཔོན་གཉིས་བཏང་ནས། དཔོན་ཆེན་སྟོན་ཕྱེ་པི་པ་ཁག་ཅན་བྱས་ནས། བླ་ཆེན་པའི་ཕྱགས་ཕྱི་བྱེད་པ་དཔའ་ཟེ་ཚུལ་བཟང་ཀྱིས་ཆུ་མིག་བར་དུ། ཞབས་ཏོག་བྱེད་པར་བྱས་ནས་ཆུ་མིག་དུ་དཔེན་པ་དགུག་པ། དཔེན་པ་ས་སྐྱ་ནས་ཕྱིར་འཁོར་བ་དང་ཕྱིར་ལ་དཔའ་ཤེ་ཚུལ་བཟངས་ཀྱིས་ཕྱགས་ཕྱི་ལ་བྱས་ནས་དབུས་ལ་འབྱོན་པ། དབུས་གཙང་ལ་ཁ་ཧ་ཟའུ་བྲིན་མི་བསྟུད་པར། ཁལ་ཧ་ཧིང་རྫོངས་མ་བྱས་ནས། བླ་མ་རང་ཧ་རང་མཛོ་ལ་བྱས་ནས་འབྱོན་པ་ཐག་བཅད་ནས། བླ་མ་དཔེན་པ་ཞག་ལྔ་ལ་ས་སྐྱར་ཐེགས་རང་རེ་ཞག་ཅིག་གིས་ཕྱིར་ཐོན་ནས། ག་ར་ཏ་ཤྲཱི་དང་། རྒྱ་གར་ལ་པཎྜི་ཏ་གདན་འདྲེན་པའི་གསེར་ཡིག་པ་རྫོང་བ་དང་། .... བྲེལ་བ་བཞུགས་ཚར་རྣམས་བཅད་ནས་བྱ་བཟངས་སུ་བཏེག བྱ་བཟངས་སུ་ཤངས་པའི་དཔོན་གཡོག་རྣམས་ལ་ཁ་ཏ་གཏེར་སྦྱིན་བྱས། རི་སྤུངས་སུ་བཅག་མལ་བྱས་ནས། ཆེན་པོ་འཕགས་དཔལ་བ་ལ་སོགས་བྱོན་དོན་སྦྱིད་རྣམས་བྱས་ནས་ཕྱིར་བཏེག་ཡར་ལུངས་ལ་མགྱོགས་པར་ཡོངས། ཐེལ་

དུ་གཟིམས་མལ་གསེར་སྐུའི་རབ་གནས་ཆོས་བཅུ་གཅིག་ལ་ཚར། བཅུ་གསུམ་ལ་རབ་ཏུ་གནས་པའི་དགའ་སྟོན་ཛ་འགྱེད་བཅས་པ་སྒྲུབས། དེ་སྐབས་སུ་ཆེན་པོ་རིན་བཟངས་པ་ལ། སླུ་མཁན་བསོད་ནམས་སེང་གེས་ད་ལེན་རབ་གནས་ཀྱི་སྟེངས་སུ། ངས་སླུ་ཅིག་ལེན་པ་ལ། གདན་སར་ཅིས་ཀྱང་འགྲོ་ཟེར་བ་བྱས་འདུག་པས། གདན་སར་ཕྱིན་པས་ཆོག སླུ་ལེན་མི་ལེན་ཞལ་ལྷ་ཞུས་ནས་བྱེད་པ་ཡིན་མོད་གསུངས་འདུག ཁོ་ཐེལ་དུ་བྱུང་ནས་ཁང་གསར་སྟེངས་སུ། ང་ལེན་སླུ་ཅིག་ལེན་ཟེར་བས། བསམ་བློ་བཏང་དུས། ཁོ་གྲོ་པ་སླུ་མཁན་རྣམས་ཀྱི་དོན་དུ། དགེ་སེམས་བྱེད་པ་འདུག་བསམ་ནས། སླུ་ཐེབས་ཅིག་ལེན་དུ་བཅུག དེ་རྗེས་སྐུ་འབྱུལ་གྱིས་ས་དམིགས་བཙལ་ནས། ས་དཔྱད་ང་མཁས་སྐུ་འབུམ་འདིར་རྩིག་ཟེར་བ་བྱས་ནས། རང་རེ་ཤོད་ལ་ཕྱིན་རྗེང་། ཁོང་མགའ་ཞིག་གིས་ཐུ་རུ་བྱས་ནས། སྐུ་འབུམ་བར་དུ་འཚོགས་ཡིག་གེ་བསྐུར། སྐད་རིངས་གཏོང་བ་ལ་སོགས་སྣ་ཚངས་བ་བྱས། རང་རེའི་བླ་མའི་སྐུ་འབུམ། སྔར་གྱི་བླ་མ་རྣམས་པའི་གྲལ་ལ་མི་སླེབ་པར། སྔར་སྐུ་མཆེད་འཛོལ་བའི་ཐུགས་ནད་བྱེད་པ་ཡིན་པ་འདྲ། སྐུ་འབུམ་མཐའ་ལ་བཞེངས་པ་འདི་འདྲ་བློས་མི་ལོངས། སྐུ་འབུམ་བླ་ཡེ་ཆེན་མོའི་ཆོས་ཁྲི་སྟུག་དུ་བཞེངས། བླ་གཡེ་ཆེ་མོ། བླ་གཡེ་གྱུ་གསུམ་དུ་སྤྱོས་ཀྱང་ཡོང་བྱ་བ་དང་། འགྲོན་ཁང་གཉའ་བར་བཞེངས་ཀྱང་ཡོང་། མཛོ་མོ་ར་བར་བཞེངས་ཀྱང་བྱ་བ་བྱུང་འདུག དེ་རྗེང་། སྤྱན་སྔ་ནས་གཙོ་མཛད། མཁན་སློབ་དང་བཅས་པ་བཀྲ་ཤིས་ལྗོངས་སུ་ཕྱིན། ངེད་ཀྱང་དེར་ཡོང་བར་བྱས་ནས། བཀྲ་ཤིས་ལྗོངས་སུ་འཛོམ་ཀྱང་། ཁོང་དཔོན་སློབ་ཚོག་དེ་ཁ་ལ་ཞེན་འདུག ཆོས་སྒོ་བ་ན་རེ། ངེད་རྣམས་སྐོར་བ་སྐོར་བ་ལ་ཁྲིད་ཅིག་ཡོང་བར་འདུག་ཟེར། ཁྱེད་རྣམས་ཀྱིས་ད་ལྷ་བཞུགས་པའི་སྐུ་འབུལ་རྣམས་ལ་སྐོར་བ་ཇི་ཙམ་བསྐོར་ཟེར་བར་བྱས་པས། མ་བསྐོར་ཟེར། དཔེ་དེ་དང་མཚུངས། སྐད་ལ་རྒྱུག་གིས་མི་ཉེན། བླ་གཡེར་ཡབ་སྲས་གོང་མ་སྤྱོན་པ་རྣམས་ཀྱིས་ཆོས་ཁྲིད་གསུངས་པའི་བླ་ཡེ་བྱིན་བརླབས་ཅན་ཡིན་པ་དང་། དེ་བྱས་ན་ས་བཙད་ཉམས་ཉེས་གདན་པ་འདིའི་དགེ་མདུན་ཚོགས་པ་འཐོར་འགྲོ་ངེས་ཤེས། སྔར་ཐང་པོ་ཆེའི་གསེར་

ཁང་ན༔ དགེ་མདུན་ལྔ་བརྒྱ་ཙམ་ཡོད་པ་ཡིན་པར་འདུག་པ། མཁན་པོ་གཤེགས་པ་དང་། ཉེ་གནས་གྲངས་རྣམས་ཀྱིས་ཕྱི་མིག་མ་བལྟས་པར། ངེད་ཀྱི་མཁན་པོའི་སྐུ་འབུམ། ངེད་རང་གི་ཆོས་ཁྲིའི་མདུན་དུ་རྩིག་བྱས་ནས་བརྩིགས་པས། ས་བཅད་ལ་རང་ས་རང་གིས་བཀག་པ་ཟེར་ནས། ས་བཅད་ཉམས་པས། ད་གསེར་ཁང་པ་ལ་དགེ་མདུན་བཙུར་མ་ཕོངས་པ་འདི་ཡིན། གཞན་ཡང་སྔེ་པ་རྣམས་ལ་དེ་འདྲའི་སྐྱོན་བྱུང་པ་མགའ་རེ་ཡོད། དེ་བས་ཟུར་ཁང་གི་བྲག་འདི་ཕབ་ནས་འདིར་བྱས་ན། སྐུ་འབུམ་ཅིག་སུ་ཤོམ་པར་འདུག་སྟེ། དེ་བྱས་ན་མི་ཉན་པའི་གཏན་ཚིགས། ཤར་དུ་མཆོད་རྟེན་བརྩིགས་ན་བཟློས་པ་འདུག་པ་དང་། ལོ་ཐོག་དུའང་འདུ་ཅིང་། བླ་ཡེ་མགོར་ད་ཇོ་བས། སྔོན་འབྲི་ཁུང་པའི་གྲྭ་པ་ཤེད་ཆེས་པས། སྒོམ་པ་ཤག་རིན་གྱིས་ས་མཁན་ལ་ངན་བསླབས་ནས་གྲྭ་པ་གནོན་པའི་ཕྱིར་དུ་བླ་ཡེ་མགོར། དཔོན་པོ་རིན་པོ་ཆེའི་སྐུ་འབུམ་བརྩིགས་པས། དགེ་མདུན་ལ་མནན་པ་སོང་ནས། གྲྭ་པ་ཤེད་ཆག་ཟེར་བ་ཡང་གླིང་། འགྲོན་ཁང་ཐོ་ཕྱི་དང་། མཛོ་མོ་ར་བ་སྒྲིལ་པོ་བཤིག་ནས་སྐུ་འབུམ་བརྩིགས་ཀྱང་། ས་དཔྱད་ཉམས་པ་དང་། གྲོག་མདུང་དེའང་འདུག་པས། ད་བཟོད་གདན་སར་བཞུགས་པའི་རིན་པོ་ཆེའི་བསླབ་ཚུགས་མི་ཐུབ་པའི་སྐྱོན་བྱུང་དགོས་ཡོད་པས། དེ་རྣམས་སུ་སྐུ་འབུམ་མི་ཉན། དཔུས་ཀྱིས་བྱེད་ཟེར་ན། ཁྱེད་རང་རྣམས་བླ་མ་ཡང་གཞོན་ཚོལ་སྟེ་དཔོན་ཡང་གཞན་ཚོལ། ངེད་དཔུན་ཁག་མེད་ཟེར་བ་ལབས། ཁྱེད་རྣམས་མཐོང་སྨོན་གྱི་དུད་མགོ་མེད་པ་འདི་བློ་མ་བདེ་བ་ཡོད་འདུག མཐོང་སྨོན་གྱི་དུད་མགོ་སུས་འཛིན་པ་དེས་ཟུང་། མཐོང་སྨོན་གྱི་ཡོང་སྒོའི་སྟེང་ནས། སྐུ་འབུམ་དང་། སྒོ་མངས་རྟེན་ཆུ་སྐྱུབ་པ་སྲོལ་ཡིན་པས། དེ་ལྟར་གྱིས་བྱས་ནས། དཔའ་ཤི་ཤེས་ཇོར་ལ་ལོན་སྐུར། སློབ་དཔོན་བརྩོན་འགྲུས་དཔལ་དང་བཅས་པས་བསྒྱུར་དུ་བཙུག ཧེང་ལ་ངེད་གོང་དཀར་དུ་དབེན་པའི་བསུ་བ་ལ་ཡོང་ནས་ཀྱང་། རིན་ཆེན་དཔལ་བཟློག་ནས་ནན་ཆགས་བསྐུར་བས། གང་གསུང་སྒྲུབ་པའི་ཐམས་ཅད་ཁ་ལྷམས་པའི་ཡིག་གེ་བཙུག རིན་ཆེན་གྲགས་ཀྱིས་ཀྱང་། ནང་སོའི་ཡོང་དགོས། ནང་སོའི་ཐོབ་ཟིན་གྱི་མེད། ཡ་དའི་

ཡོང་སློའི་སྟེངས་ནས། ནང་སོའི་ཐབ་འཛིན་དགོས་ཀྱི་ཡོད་ཟེར་བའི་བཤག་འབྱེད་མཛོས་མཛོས་བྱས་ནས། མཁན་སློབ་ཀྱིས་གཙོ་མཛད་ཐམས་ཅད་ཁ་འཚམས་པའི་ཞུ་བ་གོང་དཀར་དུ་སླེབ་ནས། སློ་མངས་རྟེན་ཆུས་མགོ་བྱས་གང་དང་གང་ལ། དྲུང་ནས་གང་མཛད་པ་ལ་མངོན་པར་བསྟོད་ཟེར་བའི་ཞུ་བ་ཕྱུང་བའི་དོན་ལ། འབབ་སྟོན་ས་དཔྱད་ལ་མཁས་ཟེར་བའི་རྩིས་མཁན་ཁྲིད་ནས་ཐེལ་དུ་ཕྱིན་ རིན་པོ་ཆེས་དབུ་མཛད་ཐམས་ཅད་འཛོམས་ནས་གླིངས། རིན་པོ་ཆེས་དགུང་ལོའི་འཁོར་ཀྱིས་ས་འགྲ་སར་འབྱོན་མི་ཉན་ཟེར་བས་མ་བྱོན། རང་རེས་ས་འགྲ་སར་ཕྱིན་ནས་སྐུ་འབུམ་རྩིག་པའི་ས་དམིགས་འདི་ག་ཡིན། དམིགས་གཞན་དུ་སྤོ་ས་མེད། འདི་ནས་ཕྱོགས་ཐམས་ཅད་དུ་འདོམ་པ་རེ་ཕར་བཤུག་ཚུར་བཤུག་བྱེད་ས་ཡོད་པས། འབབ་སྟོན་པས་ཀྱང་ས་དཔྱད་འདི་ལས་བཟང་བ་མི་འདུག་པས་འདི་ཁ་ལེགས་པ་ལ། སྟོར་འདོམ་པ་དེ་བསྐྱུད་ན་བཟང་ཟེར་བས། དེ་ལྟར་བྱས་ནས་ས་འགྲ་བ་ལ། ཐེལ་པ་ནང་པས་མགོ་བྱས། གྲྭ་ནང་ཐམས་ཅད་ཀྱིས་ས་ཁ་བཤུར་བཙུག་པའི་སྐབས་སུ། ཤིང་ཅིག་གིས་རྩ་བ་ལ། རིན་ཆེན་གྲགས་དང་། དཀོན་གཉེར་བའི་བཟའ་པ་ངན་པ་ཅིག་འཐབ་ཛེག་བྱུང་བ་ལ་དཀོན་གཉེར་བའི་བཟའ་པ་དེས། རིན་ཆེན་གྲགས་ཀྱི་ཐང་རིང་ལ་འཇུས་པས་བག་ཙམ་རལ་ཟེར། དེ་ཁ་ལ་དཀོན་གཉེར་བའི་མི་དེ་བཟུང་ནས་རྩ་ར་གང་བྱེད་སླབ་ལ། མ་བཟུང་འདུག དེ་ནུབ་ཁང་བསར་ཐེལ་དུ། ནང་པའི་བཟའ་པ་ཉེ་གནས་རྣམས་འཛོམ་པ་ལ་རིན་ཆེན་གྲགས་ཀྱིས་མོ་ལ་བཏང་ནས། ལ་ལས་ལྷ་གསོལ་གྱི་འདུག ལ་ལས་གླུ་ལེན་གྱི་འདུག སྤྱན་སྔ་བདེ་བར་གཤེགས་པའི་སྐུག་ཐམས་ཅད་བའི་སྟེང་དུ་བྱུང་། ད་དཀོན་གཉེར་བ་ལ་བརྡུང་ལན་བྱེད་པས་ཁྱེད་རྣམས་ངའི་གྲོགས་བྱེད་དམ་མི་བྱེད་བྱས་འདུག་པས། གྲོགས་བྱེད་པར་བྱས་ནས་སོང་མི་དེ་སྤྱིལ་པོར་འཚོལ་ཕྱིན་འདུག་ནའང་མ་བརྙེད་འདུག ནང་པའི་བཟའ་པས། དཀོན་གཉེར་ཁང་པ་ལ་རྡོ་ཕྱུར་ཕབ་འདུག དེ་རྣམས་ཀྱིས་སྐྱོན་ཡོན་གོ་ནའང་། བཟུང་རྟགས་རྩ་ར་བྱས་ན། སྐུ་འབུམ་གྱི་གེགས་སུ་འགྲོ་བ་འདུག་པ་དང་། སྤྱན་སྔ་བདེ་བར་གཤེགས་པའི་ཐུགས་དགོངས་མི་རྫོགས་པར་

འདུག་པས། རང་རིས་ཇུས་ནས་ཟླུམས་བྱེད་དུ་བཅུག ཚིག་དེ་མ་ཞུ་བའི་དོན་གྱིས། རང་རེ་དང་ཆེན་པོ་རིན་བཟངས་པས་ཐོག་བྱས་རྣམས་ཐེལ་ལ་ཕྱིན་ནས། སྤྱན་སྔ་བདེ་བར་གཤེགས་པས་ཆེན་པོ་རིན་བཟངས་པ་ལ་སྙིང་གཏམ་གསུངས་ནས། ང་ལ་བསྐུར་བ། ངེས་པར་ཞུས་པ་རྣམས་ཀྱི་རྒྱུ་མཚན། ཁང་གསར་སྟེངས་སུ་ཆེན་པོ་བ་ལ་བསྐུར་བུ་བཅུག་པ་དེ་ཡིན། ང་རང་གིས་ཚིག་ལབས་པ་ལ། སྤྱན་སྔ་བདེ་བར་གཤེགས་པ་དེ། སྐུ་དྲིན་ཅན་ཡིན་པའི་རྒྱུ་མཚན། སྤྱན་སྔ་ཞི་བར་གཤེགས་པ་མྱ་ངན་ལས་འདས་པའི་དུས་སུ། སློབ་དཔོན་རྒྱལ་མཚན་དཔལ་ནི་ དུལ་ཡོང་དགུང་ལོ་བཅོ་བརྒྱད་པ་ཅིག རིན་པོ་ཆེའི་གདན་སར་བྱོན་པས། བླ་མ་ཏི་སེ་བ་ལ་གདན་ས་མ་ཤོར་བས། མི་བརྒྱུད་ལ་སྐུ་དྲིན་ཆེ་བའི་དོན་དེ་ཡིན། གདན་ས་ལོ་ལྔ་བཅུ་རྩ་གཅིག་མཛད། བདེ་བར་གཤེགས་པའི་དུས་སུའང་། ཟླ་བ་ཅིག་གི་བར་དུ་མེ་ཏོག་གི་ཆར་པ། འཇའ་འོད་ལ་སོགས་ངོ་མཚར་བའི་བལྟས་དེ་ལྟ་བུར་བྱུང་། རང་རེ་ཚོའི་བླ་མ་དེ་སངས་རྒྱས་དངོས་ཡིན། དེའི་ཐུགས་དགོངས་རྫོགས་པར་བྱ་བའི་ཕྱིར་དུ། སྐུ་འབུམ། སྒོམ་པ། རྟེན་ཆ་བཞེངས་དགོངས་པ། ཁྱོད་ཚོའི་ཁ་མཚུལ་གྱིས་ནི་འགྲུབ་པ་དེ་མིན་པར་འདུག རང་རིས་མཐེལ་དུ་ཞུགས་ནས་དོ་དམ་བྱེད་བྱས་དུས། མི་འབབ་པ་ལ་མཚངས་པ་འདྲ་བ་ཅིག་ཏུ་གོ་འདུག གཟིམས་མལ་གསེར་སྐུ་དང་། ཚོགས་ཀྱི་སྐུ་སྟེར་ཞབས་སུམ་བྱོན་གྱི་བར་དུ། བླ་མ་དཔེན་པས་གཙོ་མཛད་ངོ་སུ་ཆེ་བས་སྐྲ་བཞོར་གསུང་ནའང་མ་བཞེར། བྱེས་ཐོག་ཏུའང་མྱ་ངན་ཅིང་བྱས། ཆེན་པོ་བས་དབུ་མཛད་བྱེད་ལ་ཕྱིན་པ་རྣམས་ལ་གསལ། ཁྱེད་ཉེ་གནས་རྣམས་ཀྱིས་སྐུ་གདུང་དྲོད་མ་ཡལ་བར། གཉེར་ཚངས་དུས་བཅོ་ཁུ་མཐུང་པ། ཤ་ཚལ་ཆེན་པོ་ཟ་བ་གསོལ་སུ་བཟང་བ་བྱས་སམ་མ་བྱས། ཕྱག་རྫས་ཀྱི་དངོས་པོ་རྣམས་ཀྱིས་རྐུ་བ་བཤུགས་པ་ཤ་མི་ཚ་བ་སྣ་ཚོགས་བྱས་འདུག་པ་ལ་ཡིག་སྐྱུར་དང་། རང་རེའི་རྣ་བར་འདམ་པོར་རིམ་པར་བྱུང་བ་ལ། ཁྱོད་ཐམས་ཅད་མདོན་དཀར་བྱས་ནས། ཁྱེད་ཚོ་ལ་དངོས་པོ་དགོས་ན་ང་ལ་སློངས། ངས་སྦྱིན་པས་ཆོག ཁྱོད་ཚོས་བླ་མ་རིན་པོ་ཆེའི་ཕྱག་རྫས་རྐུ་བ་འདི་མ་བྱེད། ཁྱོད་མགའ་རེས་ཡིག་སྐྱུར་དང་འདམ

པོ་འདི་མ་བྱེད། གཏམ་ངན་ལ་སོགས་བྱས་པ་དེ་ཡིན། དེ་རྗེང་། ཇ་སྐོལ་ལ་ཕྱིན་པ་ཚོས། ཚང་རག ཏ་རྒྱུག མདའ་འཕེན། གོས་གས་བཟང་པོ་གོན་པ༏ མྱ་ངན་གྱི་རྣམ་པ་ཅིག་ཀྱང་མེད་པ་བྱས་འདུག་པ། ཁྱོད་ཚོ་ངོ་མ་ཚ་བའམ། སྐྱོན་སྤྱ་བདེ་བར་གཤེགས་པའི་དུས་ནས་ཞག་ཉེར་དྲུག་གི་བར་དུ། ཟ་བའི་དང་ཁ་མེད། ཉིན་མོ་ཕྱོགས་ཀྱི་འཕྲེད་མོ་བྱུང་བའི་དུས་སུ། ཕོ་ཟོ་བྱས་ནས་ཇ་སྒྲུན་རེ་ཙམ་མཐུང་བ་དང་། གླིང་མོ་བྱས་མོད། ཉི་མ་ནུབ་ནས་ཉལ་བ་གཉིད་མེད། བླ་མ་ལ་གསོལ་བ་འདེབས་པ་ལ་ཆེ་མ་བན་ཕོ་བ་བཞིན་བཏོན་ནས། རྒྱལ་འཕོག་ཅི་བྱུང་། གསོལ་གཟིམས་བརྒྱ་རེས་ཕྲུན་བྱས་ནས། བུ་ཆུང་མཆོ་མཆོ་དགོས་པ་དྲུག་རེས་དང་། བཞི་རེས་ཕྲུན་བྱེད་དགོས་པ་བྱུང་བ་གསོལ་གཟིམས་རྣམས་ལ་གསལ། གཟིམས་མལ་གསེར་སྐུ་དང་སྐུ་ལྕེང་ཞབས་སུ་ཕྱིན་ནས། རིན་པོ་ཆེ་དང་མཁན་སློབ་གཙོ་མཛད་རྣམས་ཀྱིས། རབ་ཏུ་གནས་པའི་ཚོ་ག་མཛད། རང་རེ་ཚོའི་བླ་མ་རིན་པོ་ཆེ་ཡང་དགག་པ་ཆོས་ཀྱི་དབྱིངས་ནས་སྤྱན་དྲངས་ནས། གསེར་སྐུ་འདིར་ཐིམ་ནས། རང་རེ་ཚོ་མོས་གུས་བྱེད་པ་དང་ཕྱག་འཚལ་བའི་རྟེན་ཕྱིན། བཀྲ་ཤིས་བརྗོད། ཆོས་སྐྱོང་ལ་གཏོར་མ་བཏང་ནས། རབ་གནས་དགའ་སྟོན་ལ་གླུ་ལེན་པ་ངེད་མ་ནོར། ཁྱོད་ཚོའི་སྒྲ་རིང་པོ་བཞག་ནས། ཞེན་པ། མོས་གུས། ཕོ་རུས་སུ་སྒོམ་པར་འདུག་པས། སྒོ་མངས་ཞབས་སུ་མ་ཕྱིན་བར་སྒྲམ་བཞར་ཟེར་བ་ལབས་པས། དེའི་མཚན་ལ་སྒྲ་བཞར་བྱུང་བ་དེ་ཡིན། དེ་རྗེང་། དབེན་པའི་ཕྱག་ཕྱི་རང་རང་རེས་བྱས་ནས་འོལ་ཁར་ཕྱིན། ཡར་འཁོར་བ་དང་། བཟའ་པ་རྣམས་ལ་དེབ་གཏེར་བཙོས། བཙུ་འཕྲེད་སྟེབས་ནས་བྲག་བསྐོ་བ་ལ་བཏང་། བྲག་བསྐོ་དགོས་པ་རྣམས་ལེགས་པར་ཕེབས་པའི་སྐབས་སུ། བླ་ཆེན་པ་འཁྱོན་གྱི་ཡོད་ཟེར་བའི་སྐད་བྱུང་བས། ངེད་ལྷ་སར། བླ་ཆེན་པའི་ཞབས་རྟོག་སྒྲུབ་པ་ལ་འགྲོ་དགོས་པར་འདུག་པས། རིན་པོ་ཆེ་ལས་དབུ་མཛད་མཁན་སློབ། གྲ་ནང་། ལྷ་སྡེ་ཀུན་གྱིས་ཟླ་བ་ཅིག་གིས་བར་དུ། སྐུ་འབུམ་རྒྱབ་ཀྱི་བྲག་བསྐོ་བ་འདི་ཁག་ཁུར། ཁྱེད་ལྷ་སྡེ་ལ༏ བླ་མ་རྗོང་བའི་མཛོད་ཏ་སྤུ་ཅིག་གམ། མར་ཐུད་ཉ་ག་ཅིག་གམ། ཇ་ཤིང་བུ་ཅིག་གམ། གསེར་ར་ཕེ་ཅིག་གམ། སྣམ་

ཕྲུག་རྣལ་མ་ཅིག་ཀྱང་མི་འདོད་པས། ཁྱོད་རྣམས་ཀྱིས་ཐྲག་བསྐོ་བ་འདི་ཁག་ཁུར་བྱས་ནས། ངེད་ལྷ་ས་རྒྱང་ཐང་དུ་སྐྱར་བྱས། བླ་མ་དགེན་པའི་རྫོང་བ་བྱང་ཆས་ཁལ་ཧ་ཕོག་དང་བསྟེན་བསྐུར་གཟབས་ཤིང། དེར་ཚར་བའི་རྗེས་ལ་གྲུར་མོ་ཆེར། བླ་མ་དགེན་པ་གདན་དྲངས་བླ་མ་ཆེན་པོ་གུང་ལ་བཞུགས། དགེན་པ་ཚོ་དགེན་གྱི་སྐོར་བཅས་རྣམས་གཡས་ལ་བཞུགས། ཆེན་པོ་དཔལ་རྒྱལ་དང་ཆེན་པོ་དཔོན་ཤེ་གཡོན་ཕྱོགས་ལ་བཞུགས། ང་ཞུ་བ་པོ་ཡིན་པས་དཀྱིལ་དེར་ཡར་རྒྱུད་བྱས་ནས་བསྡད། ད་མགྱོགས་པར་ཕྱིན་ནས༑ སོག་ནས་སྤྱར་ཐང་ལྡན་གྱི་ཕུ་ལ་ཕྱིན། ཧོར་སེར་ལ་འཁྱོན་པར་འཐད་ཅིང། གོང་དུ་ལོ་གསར་ལ་ཕེབས་ན་ལེགས། གོང་དུ་མ་ཕེབས་ནས་ཀྱང། བླ་ཆེན་པ་ཁུ་དགེན་གྱི་ལུགས་བཞིན། རང་འདོད་དང་དགོས་བདག་ཕྱོགས་ཆ་བྱེད་བ་མི་འཐད་ཅིང། སྤྱིའི་བདག་པོ་དང། བླ་མ་མཛད་པ་ཞུ་ཞུས། དེ་ལྟར་བྱེད་གསུང། དེའི་འཕྲོས་ཞོར་ལ། ས་སྐྱའི་དཔོན་ཆེན་འདི་གལ་ཆེ་བར་འདུག་པས། དཔོན་ཆེན་དཔལ་འབུམ་ལ། ཁྱོད་ཀྱི་དམ་སྟག་དེའང་སྲིད་པར་བྱས། དཔོན་ཆེན་དཔལ་འབུམ་གྱིས་ཀྱང། བུ་ཁྱེད་ལ་འབུལ་བ། གང་གསུང་སྒྲུབ་པའི་མནའ་ཡིག་ཁྲིགས་བྱེད་པ། དེའི་ཁག་ངེད་ཀྱིས་འཁུར་བར་བྱེད་ན་གསུང། རང་རེས་ཞུས་པ་ལ། ཁྱེད་རང་བླམ་ཁུ་དཔོན། ས་སྐྱའི་གྲོས་དབང། སྟོན་ཕྱི་པི་ས་ཐམས་ཅད་ཁ་འཆམ་གྱི་བཅའ་ཚོ་ཆེན་མོ་བསླང་ཡོད་པ། དེ་དག་མི་འགལ་བ་དགོས་མོད། དཔལ་འབུམ་གྱིས་དཔོན་ཆེན་མི་ཐོབ་པའི་དོན། ས་སྐྱའི་ཉེ་གནས་བརྒྱུད་པ་ཅན་ཡང་མིན། རྩ་བ་དབང་བཙོན་གྱི་གསོལ་ཇ་བ་བྱས། འབྲི་ཁུང་པ་ལ་ཞེན་པ་སྙོམ་པའི་མི་ཡིན། བློ་ཕྱུགས་ཀྱང་དེ་ལྟར་གཏད་ཡོད། སྟོད་ཧོར་གྱི་བློན་པོས། ཤར་རྒྱལ་པོའི་ཆེང་སང་མི་ཉན། ས་སྐྱ་པའི་ཉེ་གནས་ཀྱིས། འབྲི་ཁུང་སྙོམ་པའི་སྙོམ་པ་མི་ཉན། དཔལ་འབུམ་གྱིས་དཔོན་ཆེན་མི་ཡོང། དེ་ལྟར་ཡིན་ན། ང་དང་དཔལ་འབུམ་འདོམས་ཞུས་པས། དེ་ཁྱེད་འདོམས་གསུང་ནས། དཔོན་ཆེན་གྱི་དམ་སྟག་ལ་གཏོད་ལེན་མི་ཡོང་པ་ཐག་ཆོད། དེའི་དཔང་པོ་དགེན་པས་གཙོ་མཛད་རྣམས་ཡོད། དབང་དང་སྟོན་ཕྱི་པིའི་མི་དཔོན། ས་སྐྱ་ནས་ཕྱིན་པའི་བླ་མ། ཆེ་

གཉེན་བཙུན་གསུམ་རྣམས་དང་། དབུས་ཀྱི་བླ་དཔོན་སྡེ་ཁག དེར་ཕྱོན་རྣམས་ལ་ཐོགས་དང་ཞབས་ཏོག་གཟབས་ནས་ཐམས་ཅད་མཉེས་ཐུབ་པར་བྱས། དེ་རྗེས། བླ་ཆེན་པ་དང་། ཆོས་རྗེ་པ་མི་མཇལ་བའི་ཐབས་མེད་གསུང་པས། ཆོས་རྗེ་མལ་གྲོ་ཕུར་འབྱོན་པའི་ཞུ་བ་བཏང་། རྒྱང་ཐང་ནས་སྐར་གྲོལ་ནས་རང་རེ་བྲག་དཀར་པོར་ཕྱིན། བླམ་དཔོན་པ་གུང་ཐང་པས་གདན་དྲངས། གུང་ཐང་ནས་ཡར་ལམ་བྲག་དཀར་པོ་ཕྱོན་པར་ཞུས། དཔེན་པ་འབྲིམ་ངོས་ལ་ཕྱོན། བླ་ཆེན་པ་སྟོ་ལ་ཕྱོན། རང་རེས་བསུ་བ་ལ་བ་ལམ་མདར་ཕྱིན། རིང་མོ་གཞིས་ཁར་རང་རེས་གྲོ་བྱས་ནང་དུ་ཞལ་ལྟ་ཞུས་པ་ལ་ཕྱིན་དུས། ཕན་ཚུན་གྱི་རྣམ་པ་རྣམས་འཛོམ་པར། ད་ཕྱིད་དང་གཞི་ཐུབ་བྱེད་ཐུབ་བྱེད། ཕྱར་གྱི་ཚོ་ངེད་རང་ལའང་གཞན་སྐྱོན་བྱུང་། ད་ཡིན་ན། ཁྱེད་ཀྱིས་གཞི་ཐུབ་པར་གྱིས་ལ། བླམ་དམ་པ་ཆོས་རྗེ་པ་དང་། སློབ་དཔོན་ཆེན་པོ་ཀུན་རིན་པ། སློབ་དཔོན་ས་དབང་། བདག་མོ་སྒྲོས་གཞོན་གྱིས་དབུ་མཛད། རིན་ཆེན་སྣང་པ་དང་དུས་མཆོད་པ་ལ་གཏོགས་པ་རྣམས་ཀྱི་ཆོས་སུ་འགྱུར་བ་དང་། གཞི་ཐུབ་པར་མཛོད། ཡང་ཁྱེད་ཀྱི་འདོད་བཞེས་གང་འདུག་སྒྲུབ་པ་དང་། བྱེས་ཐུབ་པ་བྱེད་གསུངས། རང་རེས་ཞུས་པ་ལ། ད་ལམ་ས་སྐྱ་ནས་བཏེག་ནས་མཛད་སྤྱོད་རྣམ་ཐར་འདི་ཚོ་ཡ་མཚན། གསུང་འདི་ཚོ་ཡང་བཟང་གྲགས་འཛམ་གྲགས་པས། སྐུ་ཚེ་ལ་བར་ཆད་ཡོང་བ་ཨེ་ཡིན་ན་བསམ་པ་ཡོང་མང་བར་འདུག ཡང་ན་ཁྱེད་རྣམས་པ་གཙང་ཕྱོགས་སུ་གཙང་མདུན་བྱས་ནས། འདམ་མ་སྒྲོལ་བར་དུ། སློབ་དཔོན་སྲི་ཏུའི་སེམས་དང་མ་འགལ་བར་བྱེད། གོང་དུ་སླེབ་པ་དང་། ངན་དང་གནོད་པ་ཅི་བྱེད་ངེད་ཤེ་བསམ་པའི་བཀའ་གྲོས་བྱས་པ་ཨེ་ཡིན་ཡོང་བསམ་འདུག་ཞུས། དེ་འདྲ་མིན། ད་བསམ་ངན་མེད། འདི་ལ་ཁ་ཞེ་ངོས་སྐྱོགས་ཡོད་ན། དཀོན་མཆོག་མཁའ་འགྲོ་སྤང་གསུང་།

༈ གོང་དུ་ཐེབས་ནས་མཛད་སྤྱོད་ཅི་མཛད་ལ་བལྟ་བ་ལགས་ཞུས། དེ་ལྟར་ཞལ་བཞེས་མ་འཛོལ་ན། རང་རེ་ཡང་གཞི་ཐུབ་པ་བྱས་ནས། སྐུ་རིམ་སྒྲུབ་པ་ཞབས་ཏོག་ཏུ་གང་འགྱུར་བྱེད་པར་ཞུ༏ ཡང་། གོང་དུ་ཐེབས་ནས། ངེད་ལ་ངན་དང་གནོད་པ་མཛད་

ན། ང་ཡང་འདིར་རང་རེ་ལ་གཏོགས་པ་རྣམས་བརྟུང་བ་ལགས་སོ་ཞུས༔ དེའི་དཔང་པོ་ལ་སློབ་དཔོན་རིན་བཟངས་དང་། ཆེན་པོ་དཔལ་རྒྱལ། རང་རེའི་རྗོར་རིན། དབང་ཕྱུག་རྣམས་ཡོད། ཐུག་དཀར་པོར་འབུལ་བ་བསྙེན་བཀུར་གཟབས་ནས། བླ་མ་དབེན་པ་འཕན་ཡུལ་མདར་སྐར་མཛད། ཆོས་རྗེ་པ་ཡང་མཐར་རྒྱས་སུ་ཕྱིན། བླ་མ་དབེན་པ་ཡང་མཐར་རྒྱས་སུ་ཕྱིན། ཁུ་དཔོན་ཡོན་མཆོད་རྣམས་ཞལ་མཇལ། དབང་དང་འདོད་ཆོས་རྣམས་ཞུས། སྙིངས་གི་གཟིམས་གུར་ནང་དུ། བླ་ཆེན་པ་དང་། ངེད་རང་དཔོན་སློབ་གཞི་ཐུབ་བྱས་ཐུབ་ཀྱི་མཐའ་བཅད། དེའི་དཔང་པོ་ལ་ཆེན་པོ་རྣམ་གཉིས་ཡོད། དེ་ནས་བླ་མ་དབེན་པ་ཐེགས། དེ་རྗེང་། ཆོས་རྗེ་པ་ཕྱིར་དྭགས་པོར་འབྱོན་དགོངས་པ་འདུག་པ། ཐུག་དཀར་པོར་གདན་དྲངས། དབང་ཞུས་ཤིང་། བླ་མ་རིན་པོ་ཆེ་བདེ་བར་གཤེགས་པའི་དྲུང་ནས། རྩ་བའི་བླ་མ་ཡིན། གཤེགས་རྫོངས་དུས་དུ་གྲལ་དབུ་ལ་གདན་ཨེ་འགྲོངས་བསམ་པ་ཡོད་ནའང་། དྲུང་ནས་གདན་འདྲེན་གྱི་རྩེར་པས་གདན་འདྲེན་ཐབས་མ་བྱུང་། ད་དོ་ཞག་ཕྱི་རྗེན་གྱི་སྐུ་འབུམ་བཞེངས་ཀྱི་ཡོད་པས། ཟླ་བ་བཅུ་པའི་ནང་དུ་གྲུབ་པར་བདོག་པས། དེའི་རབ་གནས་ཕྱུག་ནས་འཐོར་བ་ལ། དྲུང་ནས་ཅིས་ཀྱང་ཕེབས་པ་ཅིག་ཅེས་ཐུགས་ལ་འདོགས་པར་ཞུས། དྲུང་ནས་ཀྱང་ཞལ་གྱིས་བཞེས། ཆོས་རྗེ་པ་གསོལ་ནུར་རེ་ཕྱིན། རང་རེས་ཀྱང་ཡར་ལུངས་སུ་སླེབ་དུས་ཡང་སྐུ་འབུམ་གྱིས་ཐུག་བཀོ་བའི་གྲྭ་ནང་གི་ཁུལ་ནས། སློབ་དཔོན་བརྩོན་འགྲུས་དཔལ་གྱི་སྤྱིལ་པོ་ལ་ཇོ་ཆར་བྱས་འདུག དེའི་དོན་ཅི་ཡིན་དྲིས་པས། སློབ་དཔོན་བརྩོན་འགྲུས་དཔལ་གྱིས། རྗོར་རིན་གྱི་མགོ་བྱས་ཐུག་བཀོ་བ་ལ་བྱུང་པ་རྣམས། བཀྲ་ཤིས་སྡོངས་ནས་གློག ངེད་ཚོ་ཐུག་ཀོ་དགོས་བྱུང་པ། རྒྱ་གྱོལ་བ་འདིས་ལེན་པ་ཡིན། སྭི་ཏུ་པ་རང་གི་ཞལ་ལྔ་ལ། ལས་དཀའ་གང་དགོས་ངེད་རང་ཤོད་ནས་བྱེད་པས། ཁྱེད་རྣམས་ཉི་མ་སྲོས། ལྟད་མོ་སྟོས་གསུང་པ་ཡོད་པ་བྱས་འདུག དེ་ཐོས་པ་དང་ཐེལ་ལ་ཕྱིན། སྐྱོན་ཡོད་རྣམས་ངོ་དམིགས་དངོས། སློབ་དཔོན་གྱི་སྤྱིལ་པོ་ལ་ཇོ་ཆར་འབེབས་པའི་མི་དེ་རྩད་ཆོད་བྱས་རྒྱ་ཕུད་གྱིས་བྱས་པ་ཡིན་ནའང་། གྲྭ་ནང་ཀུན་གྱིས་ཚོད་ཁར་མ་ཆེས་

པའི་དོན་གྱིས། དེའི་སྐྱོན་བྱུང་། དེ་རྗེང་། སྐུ་འབུམ་མཆོད་ཁང་གི་འོག་ཐོག་གི་ཤིང་རྣམས། ཡར་འོན་གྱི་ལྷ་སྡེ་རྣམས་འདྲེན་དུ་བཙུག འགོ་ཐོག་ཁེལ། ཐིགས་ཁང་ཡང་ཐོག་པོར་འཁྱོལ། ཐིགས་ཁང་གི་ཤིང་བཟོ་རྣམས་ཀྱང་ཚར་བའི་སྐབས་སུ། འོལ་མདོ་སྟག་རྩེ་ལ་རྐུན་མ་བྱུང་། དེའི་རྩ་ར་ལ་བཟའ་པ་མི་སྡེ་རྣམས་འགྲོ་དགོས་པར་བྱུང་པས། ཐིགས་ཁང་འགེལ་བའི་ཤིང་ཆ་ལག་འཐོགས་ཟེར་བ་བྱུང་བས། ཐེལ་གྱི་མཁན་སློབ་ཀྱིས་དབུ་མཛད། ནང་ཆེ་ཆུང་། གྲྭ་པ་ལས་ཚན་ཀུན་གྱིས་ཐིགས་ཁང་གིས་ཤིང་རྣམས་ཟོར་ཡོང་བར་ཡོད་པས། འདྲེན་ཕྲོགས་ཀྱིས་ཟེར་བཏང་པས། རི་པ་ལས་ཚན་གྱི་ཁུལ་ནས། ཀྱང་ཚད་པ་བྱིད་ཀྱིས་ངེད་ཚོ་འུ་ལག་བསྐུལ་ཨ། བྱིད་ཚང་གི་བླ་མ་མ་འདས་པ་མ་འོངས་ད་ལྟ་བ་གསུམ་ཀའི་སྐུ་འབུམ་ཅིག་པའི་འུ་ལག་མི་ཐུབ། ངེད་རང་གི་བླ་མའི་སྐུ་འབུམ་ཡིན་ན། ངེད་རང་ཚོས་ཁ་ཉིང་ནས་ཚར་ཟེར་བ་ལ་སོགས་ཁ་ངན་བཏང་འདུག་པ་ཐོས་པས། སྟག་རྩེ་ཤོར་བ་ལས་ཞེ་སྡང་སྐྱེ་བར་བྱུང་། དེ་རྗེང་། ཐེལ་དུ་བད་ཕུར་དང་སྨན་བད་མ་ཏོག་ཀུན་ཚར། རབ་གནས་ཀྱིས་ཀྱང་དུས་གཏུགས་བྱུང་། ཆོས་རྗེ་པའི་གསུང་གིས། ཁམས་པའི་གྲྭ་པ་འདི་གཞན་དང་མི་འདྲ་ག་རྐུ་ཟང་ཟེར་བྱུང་ན་མི་ཉན་པས། ཞལ་ལྷ་འཐེམས་པོ་འཚལ་ལོ་གསུང་། དེ་རྗེས། རང་རེས་ཀྱང་ཐེལ་ལ་ཕྱིན་རིན་པོ་ཆེ་པས་དབུ་མཛད། མཁན་སློབ། ནང་ཆེ་ཆུང་། ཨ་ཁུ་ཚོ་པོ་གྲྭ་པ་ལས་ཚན་གྱི་མི་སྣ་ཚང་མ་མཐོང་སྔོན་དུ་བསགས། བུ་རམ་སྐམ་བཏང་གཉིས་ཀྱི་ཇ་ཐུར་དྲངས་ནས། རང་རེའི་བླ་མ་རིན་པོ་ཆེ་བདེ་བར་གཤེགས་པའི་རྩ་བའི་བླ་མ་དེ། བླ་མ་ཆོས་རྗེ་པ་འདི་པ་ཡིན་ཞིང་། སྐུ་འབུམ་རབ་གནས་ཀྱི་གཙོ་བོ་ལ། ཤར་རྒྱལ་པོས་གདན་ལ་འདྲོང་པའི་བླ་མ། རང་རེས་གདན་འགྲོངས་ཡོད་པས། རང་རེ་ཚོའི་བསོད་ནམས་ཡིན་ཞིང་། བླ་མ་ཁུ་དབོན། བླ་མ་རྒྱལ་སྲས་པ་རྣམས་ཀྱི་གཙོ་མཛད། བླ་མ་དགེ་བའི་བཤེས་གཉེན་ཕྱོགས་ནས་ཕྱིན་པའི་ཆེ་གཉེན་བཙུན་གསུམ་མང་པོ་འཚོགས་པར་འདུག་པས། ཐམས་ཅད་ཀྱི་བུ་ལོན་དང་འབྲེལ་ཇ་སྐྱག་པ་ཁ་མཆུ་གསར་རྙིང་རྩོད་པ་གཞིས་བྱིས་གང་དུའང་འཕྲོག་འཇོམས། འཐབས་རྩོད་གང་ཡང་། རབ་གནས་ཚར་ནས་

ཀྱང་ཞག་བདུན་མ་ལོན་བར་དུ་མེད་པར་དགོས་ཟེར་བའི་འགག་བསྡམས། དེ་ལྟར་བྱེད་པར་ཁས་བླངས། ཉི་ཤུ་དྲུག་ལ་ཆོས་རྗེ་པས་གཙོ་མཛད་ཕེབས། ཉི་ཤུ་བདུན་ལ་མདོ་སྨད་པ་རྣམས་ལ་ཤའི་གྲོ་བར་དྲངས། ཁ་ཏ་ནན་ཆག་བྱས། གཞན་ཡང་ནང་ཆེ་ཆུང་། རི་པ། གྲ་པ། ལས་ཚན་རྣམས་ལ། ཐམས་ཅད་དུས་སྐད་ལ་བསོག་པ་ནི། གྲལ་དགོས་བྱུང་བས། ཞེ་རེས་བྱས་ནས། ཟ་ཆུ་ཇ་ཞུར་འདྲེན་པའི་ཁྲིགས་བྱས། ཉི་ཤུ་དགུ་ལ་མདོ་སྨད་པ་རྣམས་ལ་ཇ་ཞུར་དྲངས། ཁྱེད་རྣམས་ཀྱི་ཕོ་སྐྱིད་འདོན་དགོས་པར་འདུག་གོ་བྱས་ནས་ཁ་ཏ་བྱས། ཁོང་རྣམས་ཀྱིས་ཀྱང་དེ་ལྟར་བྱེད་པ་ཁས་བླངས། ཉི་ཤུ་དགུ་དང་གནམ་གང་ལ། ས་ཆོག་དང་དཀྱིལ་འཁོར་བྲི་ཐིག་རྣམས་ཚར། ཆོས་གཅིག་ལ་རབ་གནས་ཀྱི་ཚོ་ག་དངོས་གཞི་ལ་ཟུག་པའི་ཉིན། མདོ་སྨད་པ་རྣམས་ཀྱིས་དཀྱིལ་འཁོར་ལྟ་བ་ཡིན་ཟེར་ནས་ཐོལ་རྡེག་བྱས་པས། སྐུ་པོ་འགའ་བསྲུངས་པ་རྣམས་ཀྱིས་བསྲུངས་པས། བྲ་ཧི་བ་ཅིག་གིས་མགོ་དུམ་ས་ཅིག་ཆག་འདུག ནད་གཡོ་བྱས། མདོ་སྨད་པ་རྣམས་ཀྱིས་སྐུ་འབུམ་དང་ལྷ་ཁང་ལ་རྫོ་ཅིག་གཉིས་རྒྱབ་ཟེར། ཤེས་རབ་བཀྲ་ཤིས་པ་གོང་དུ་བཏང་པ། རྣམ་ཀིརྟི་དཔེན་ཤྲིས། ལམ་དུ་གནོད་པ་ཆེན་པོ་སྐྱལ་ནས་དཀའ་ལས་སྒྲོངས་སྐྱིད་ཆེན་པོ་བྱུང་འདུག གོང་དུའང་རྣམ་ཀིརྟི་དཔེན་ཤྲི་དང་། རྒྱལ་མཚན་རིན་ཆེན། བླ་མ་ཆེན་པོ། མི་གཉེན་གྲགས་པ་སོགས་ཀྱིས། རང་རེ་ངོ་ལོག ས་སྐྱ་ལ་རྒྱབ། ལྷ་ཁང་མོ་བཤིགས་ནས་ཏ་ར་བྱས། ཆུ་མ་དཔེན་གྱི་ཁྲིམས་ར་བསྲུང་ཟེར་བ་ལ་སོགས་ཞུས་འདུག དེ་རྗེང་ཤེས་རབ་བཀྲ་ཤིས་པ་ཆོས་ཀྱང་། གང་དུ་སླེབ། བླ་མ་རྒྱལ་རིན་པ་དང་། པཎྜི་ཏ་ལ་སོགས་ལ་ཞུས་པས། ཁོང་རྣམ་གཉིས་ཀྱིས།

༈ གོང་མའི་དྲུང་དུ་ཞུས། མཇལ་འཕྲད་ལེགས། རང་རེ་ལ། གོང་མའི་ལུང་གནང་སྒྲིན་བཟང་པོ་གསོལ་རས་དང་བཅས་པ། ཤཱཀྱ་རིན་ཆེན་ལ་ཁྲི་དཔོན་བསྐོ་བའི། འཇའ་ས། དམ་སྟག མི་སྡེའི་ས་མིང་དང་། གོང་དཀར། རིན་སྤུངས་ཀྱིས་མགོ་བྱས། རང་རེའི་དབུས་གཙང་གི་གཞི་ཁ། ས་ཆ་དབང་རིས་དང་བཅས་པ་ཆུང་པའི། འཇའ་ས་བཟང་པོ། མི་སྡེ་ལ་ཕན་པའི་དུད་འཆག་དང་བཅས་པ་གྲུབ་ནས་སླེབ། ཡར་ལུངས་སུ

གཞོན་རྒྱལ་དུ་དཔེན་གྲོ་དང་། སྨོན་ལྷེ་པའི་རྒན་པ་དང་བཅས་པ་འཛོམ་པར། འཇའ་ས་བསྒྲགས། ལི་ཤང་བྱས། སྤར་གྱི་སྒྲོལ་ལ་ཐེལ་དུའང་དམ་སྒྲག་འཕྱུར་བ་དང་། འཇའ་ས་སྒྲོགས་པའི་ལུགས་འདུག་པ་བཞིན། ཐེལ་དུ་ཡོང་དུ་བཙུག དེག་འདུན་རྣམས་ཀྱིས་བསུབ་སེར་འཕྲེང་། དར་གདུགས་ལ་སོགས་གཟབས་ནས་ནས། ཆོས་གཉིས་ལ་འཇའ་ས་སྒྲགས། དེའི་ཉིན། སྐུ་འབུམ་ལའང་མི་རྟོག་འཁོར་བའི་དངོས་གཞི་འདུག་པས། དམ་སྒྲག་ལའང་ཕྱག་ནས་ཞུས། ཡང་དེའི་དགོངས། མདོ་སྨད་པ་རྣམས་ཀྱིས། ཕོལ་རྗེག་བྱས། སྐྱ་བོས་བསྐྱངས་འདུག་པས། ཅིག་གིས་མགོ་ཆགས་པ་ཡིན་ཟེར་ནས། མདོ་སྨད་པ་རྣམས་སྒྲག་མ་སྐང་དུ་འཚོགས༏ མར་ཚང་དཔོན་པོས་གཏམ་བཏང་ནས། སྐྱ་བོ་ལ་ལག་ལན་བྱེད་ཟེར་བ་བྱས་འདུག ཆོས་གསུམ་ལ་མངའ་དབུལ་བྱས། ཆོས་བཞི་ཉིན་དུས་མཆོད་དང་། རབ་གནས་དགའ་སྟོན་སྒྲགས་ནས། བླ་མ་ཆོས་རྗེ་པའི་དྲུང་ནས་ཁྲུ་དཔེན་པས་དབུ་མཛད། རིན་པོ་ཆེ་དང་༏ གཞན་ཡང་ཕྱོགས་ནས་ཕྱིན་པའི་བླ་མ་དགེ་བའི་བཤེས་གཉེན། ཆེ་གཉེན་བརྩོན་གསུམ། གཞི་བྱེས་ཐམས་ཅད་སྤྱན་དྲངས་ནས། ཚ་གྲོ། ཇ་བུ་རམ། འབུལ་རྣམ་བཞག་གཟབ་ནས། ཐམས་ཅད་མཉེས་ཐུབ་པར་བྱས། གྲལ་གྲོལ་བའི་སྐབས་སུ། མདོ་སྨད་པ་རྣམས་ཀྱིས་སྐྱ་བོ་ནམ་མཁའ་རྒྱལ་མཚན་ལ་བསོད་གྱི་རྒྱབ། སྐུ་འབུམ་ལྷ་ཁང་དང་། ཀུར་ལ་མདའ་རྗེ་མ་སྲིས་པར་རྒྱབ་པའི་དོན་ལ། རྩ་ར་བྱེད་དགོས་པ་བྱུང་ཞིང་། མདོ་སྨད་པ་བཟུང་པ་ཐམས་ཅད་རོལ་མོ་དང་བཅས་ནས་ཆུ་ལ་སྐྱུར་ཆོས་ཡིན་ནའང་། བླ་མ་ཆོས་རྗེ་པ་དང་། བླ་མ་རྒྱལ་སྲས་པས་སྤྱན་ཆབ་བཏོན་ནས། གསུང་ནན་ཅན་ཕྱིན་པས། མངོན་དགར་གཞི་འགྲོན་རྣམས་ལ་ངོ་མིག་དངོས། ངས་རིན་པོ་ཆེ་ལ་ཞྱིད་བྱས་པས། ཐེལ་པ་རྣམས། རིན་པོ་ཆེ་ལ་ཞྱིད་གསུང་པ་འདི་མི་མཐད་ཟེར། ང་ཕོ་བོར་སོང་བ་དང་། དྲིན་ཡུས་ཆེ་བས་ཁྲིད་ཟེར་བ་བྱས་པས་དང་མི་སྐྱོན། ཁྲིད་རྣམས་ཀྱི་བླ་མར་མི་འཁུར། མེར་མི་རྩེ། བརྟས་བཙོས་ཆེན་པོ་བྱེད་པ། འདི་སྐྱོན་ཆེན་པོ་ཡིན་ཟེར་བ་ལབས། བླ་མ་ཆོས་རྗེ་པ་དང་། རྒྱལ་སྲས་པའི་གསུང་མ་ཆོག་པས། མདོ་སྨད་པའི་ཁྲུང་རྩ་རྣམས་ལ་རྒྱ་ཕུད་བྱས།

གཞན་ཕྱིན་པོ་བཏང་། དེ་ནས་རང་རེས་སྣེ་གདོང་དུ་སླེབ་པ་དང་། ཐེལ་གྱི་ཆུ་གྲུང་པ་དང་། འགྲོན་པོ་གཞི་བྱས་ཀུན་ལ་ལབ་ཤེར་མངས་བས་གཟུགས་པོ་ལ་དུབ་ཀྱི་དབང་དུ་སོང་ནས། ཀོར་དཀར་སྤྱིལ་མོ་ཆེར་འཚམས་ལ་བསྡད། འདི་ཡར་བཅས༑ སྔར་ཕྱི་ལོ་ཟླ་བ་བདུན་ལ་དཔོན་སར་བསྡད་པ། ང་ལྟགས་མོ་སླང་ཟླ་བ་བཅུ་གཉིས་ཕར་བཅད་ལ། མི་ལོ་བཞི་བཅུ་འགྲོ་བར་འདུག་ཅིང་། དེའི་ནང་དུ། མི་ངའི་སྟེངས་སུ། མིག་གིས་མཐོང་། ཐོང་བས་གྲུབ། སྐྱིད་སྡུག་གི་འཕྲང་ལ་ཕྱིན་ནས་ཐོག་ཏུ་བྱུང་བ་རྣམས་བརྗེད། ཐོ་རགས་རེམས་ཡིག་གེ་ལ་བཀོད་པའི་དོན། རང་རེའི་མི་བརྒྱུད་གཡོག་འཁོར་དང་བཅས་པ། ད་ལྟ་ཡོད་པ་རྣམས་དང་། མ་འོངས་པའི་དུས་སུ་རིམ་པར་འབྱུང་བར་རྣམས་ཀྱིས་བསླབ་རྒྱུ་བསམ་བློ་བཏང་རྒྱུ་ཡིག་གེར་བཏབ་པ། ཚིག་སྣ་མངས་པ་ལྟ་བུར་ཡོད་ནའང་། ཕྱི་རབས་པ་རྣམས་ཀྱིས་གོ་སླ་བའི་ཆེད་དུ་བྲིས་པ་ཡིན་ཞིང་། སྔར་མི་ངས་གོ་ས་འདིར་བསྡད་ནས། ཀུན་དང་འགྲོགས་ཤེས་བྱས་ནའང་། ཁྲིམ་མཛེས་དབང་ཅན་ཚོས། ངའི་ལུས་སྲོག་དང་། བསྡེ་ལ་གནོད་པ་བསྐྱལ་བས་བསམ་བློ་བཏང་པའི་གྲུབ་རྟགས་མི་འདོན་ག་མེད་བྱུང་། སྔོན་གྱི་ལས་བསགས་པ་དང་། དཀོན་མཆོག་མཁའ་འགྲོའི་བྱིན་བརླབས་དང་༑ རང་རེས་བསམ་པ་བཟང་བའི་དོན་གྱིས། བཟང་པོ་ལ་ངན་པས་གནོད་པ་སྐྱེལ་གྱི་འདུག་ན། བཟང་པོའི་གྲོགས་བྱས་ནས་ངན་པ་ལ་རྩ་ར་བྱས་པས། གང་བསམ་འགྲུབ་པའང་བྱུང་། ཆེན་པོ་རྣམས་ཀྱིས་རང་རེ་མ་བསྐྱངས་པར། རང་རའི་དཔུང་ཤེ་མོང་གཅིག་པས་ཐབས་དང་མདུན་མ་བྱས་པས། ངན་པའི་གྲོགས་བྱས་ནས། དེ་རྣམས་ཀྱིས་སྟོབས་ཤུས་ལ་གནོད་པ་སྐྱེལ་བ་ཡང་ཡོད་མོད། མི་བསམ་མེད་ཚོད་ཆུང་རྣམས་ཀྱིས། རང་གི་ཕ་མེས་དང་སྡེ་སྲིད་ལ་མ་བསམ་པར་མི་ཐུབ་བཞིན་རང་རེ་ལ་བསྙོས་པས། དེ་མ་དེད་ན་ཁའི་རྩ་བར་སླེབ་བྱུང་། དེ་རྣམས་ལ་རྩ་ར་བརྡ་དེད་བྱས་པའི་ཁོར་ལ། སྡེ་ཚ་དབང་རིགས་བཟང་པོ། རང་རེའི་ལག་ཏུ་བྱུང་བས། ད་ལྟ་བདག་པ་འདི་ཡིན། སྔར་ཕྱིར་བྱ་བ་རང་རེའི་བྱ་བ་བརླབས་ཅན་འདི་རྣམས་ཐམས་ཅད། རང་རེསབསམ་བློ་ལེགས་པར་བཏོང་། གཞན་གྱིས་ཟེར་ཚད།

ལག་ལེན་ལ་ཐེབས་ཚད་ཡང་མ་བྱ་ས་པར། ཞིབ་ལ་བླངས་པས། མ་ནོར་བ་འདི་ཡིན། ཚོས་སྡེ་ཁྱད་པར་ཅན་དགོན་མཆོག་རྟེན་གསུམ་ནླབས་ཅན་བཞུགས་པའི་སྡེ་ལ་མ་རྒྱབ། སྡུགས་པ་. . . . . མཐུ་པོ་ཆེ་དང་འགྲས་ཡ་མ་བྱས། ཡུལ་གཞིས་ཀྱི་བདག་པོ། ཕ་མེས་བཟང་པོའི་བརྒྱུད་པ་ཡིན་ཡང་། བུ་ཚ་པོ་བཟང་པོ་མ་བྱུང་བར་ཡུལ་དོན་པ་དཀར་ལ་སོང་ནས་ཡུལ་གཞིས་མེས་འཁྲུག་པར་བྱུང་བ་རྣམས། ཡུལ་གཞིས་དང་སྲིད། སྐྱབས་མགོན་བྱས་ནས་བསྐྱངས། ངན་པ་གཞའ་རེངས་པ་རྣམས་མནན་པས། བསོད་ནམས་ཡར་འཕེལ་དུ་བྱུང་བ་འདི་ཡིན། མི་ངས་བྱ་བ་ཆེ་འབྲིང་ཆུང་གསུམ་གང་ཐད་གང་ལ་ཡང་། རང་གིས་བསམ་མནོས་བྱས་པའི་བྱ་བ་ཅིག་གིས་སྟེང་དུ་བཞག་ནས། ཐག་བཅད་པ་མ་གཏོགས་ཕྱི་མི་ལ་གྲོས་དྲིས་པའི་བྱ་བ་མེད་པས། ཕྱི་རབས་རྣམས་ཀྱིས་ངའི་དེབ་གཏེར་ལ་ཤར་བའི་གཞིས་ཁ་མི་སྡེ་ས་རས་འདི་རྣམས། རྟ་ལ་རྟའི་ལུང་བཞིན༑ རང་གི་ལུག་ཁྱུ་མིའི་གསེབ་ཏུ་འདྲེར་མི་འཇུག མིའི་ལུག་ཁྱུ་རང་གི་གསེབ་ཏུ་འདྲེར་མ་འཇུག་པར། གསུང་པ་ཡོད་པས་ཐམས་ཅད་ཀྱིས་གོ་དགོས། མ་འོངས་དུས་ན། རང་རེའི་བརྒྱུད་པ་བསོད་ནམས་མི་ཆེ་ཞིང་། སྐྱིད་ཆུང་པ་དེ་འདྲེའི་སར། དབང་འཛིན་མགོ་སྐོངས། ཆེ་ཡང་ངན་པ་དེ་འདྲ་བྱས། ཡང་། སྡེ་པ་གཞན་གྱི་སྡེ་བདག་སྐར་ངན་ལས་སྐྱེས་ཤིང་། བསོད་ནམས་མར་འགྲོ་ལ་སོང་བ་དེ་འདུས་རྐྱེན་ནས། ངེད་ཀྱི་བདག་པོ་ཞུ་མགོ་འབུལ་ལུས་འབུལ་བྱེད། འདི་འདྲ་བྱས་ན་ཐུབ་པར་ཡོད། འདི་བཞིན་བྱས་ན་བཟང་གྲགས་མང་པོ་ཡོང་ཟེར་བའི་སྲིད་ཚ་ཚ་བཏིང་ནས། དེ་འདྲ་ལ་འབྲུལ་ནས་དེའི་སྐབས་སུ་བཏང་ན། རིན་ཆེན་དཔལ་སྐར་ངན་ལ་སྐྱེས་པ་དེ་དང་། གཡའ་བཟངས་པ་ངན་པའི་རྒྱབ་མཚལ་པས་བྱས་པས། གྲ་ཐྲེ་འཁྱོང་རྒྱུས་ཤོར། ཁྲི་དཔོན་གཞོན་ནུ་སེང་གེ་ལུང་དང་འབྲེལ་བའི་ཁྲི་དཔོན་བསད་པའི་མི། གཞོན་ནུ་རྒྱལ་མཚན་དང་། བཟང་མོ་རིན་ཆེན་བསྐོངས་བའི་མི། གྲ་དགོན་པ་ཀླ་ནོར་རྣམས་ཀྱི་རྒྱབ་འབྲི་ཁུང་པ་བྱས་པས། འོན། འོལ་ཁ། རྗེ་ར་དང་བཅས་པ་ཤོར་བ་འདི་ཡིན་པས། ཕྱི་རབས་པ་ཚོས། ངའི་ལད་མོ་བྱས་ན། སྡུག་འཁྱོང་པའི་ཤུལ་དུ། ཞས་འཁྱོངས་པས་རྐྱེད་པ་

འབྱུང་པའི་གཏམ་བརྒྱུད་བཞིན་གོ་བར་གྱིས་ལ། མི་བྲོ་བ་མ་སྟོམ། མི་སླེབ་པ་མ་སློབ། མི་གོག་པ་མ་ཟ་ཞིང་། ཡང་སྔེ་གདོང་གོང་དཀར་གྱིས་མགོ་བྱས། གཞིས་ཁ་རྣམས་ཀྱི་ཐབས་འཛིན་པའི་གཏམ་བརྒྱུན་གཞིས་ཆུང་རྣམས་ལ། མི་ངེད་རྣམས་ཀྱིས་ཁམ་གོས་མ་བྱེད། ཁྱེད་ཨ་ཀྱ་དཔོན་གསུམ། དཔོན་སྐུ་རྣམས་ཀྱིས་ཧ་སྣ་འཕོགས་པ་ལ་བསླད་བྱས་པའི་གཞིས་ལ། དཔུས་འདོད་ལྷུག་བཙུགས་མ་བྱེད། དཔོན་ས་ན་ཡོད་པ་དེས་ཀྱང་སྟེགས་མི་ཉན། དེ་ལྟར་གཞིས་ཆུང་རྣམས་ཁམ་བསྒོས་བྱས་ན། གཞིས་ཁ་ཆེ་བ་ཚོའི་ཐབས་མི་ཟིན་པ་ཡིན། རང་རེའི་སྐྱེ་འདི་ལ་གཏོགས་པའི་འཁོར་རྣམས་ཀྱིས་ནང་ནས། ཚེ་གང་དུ་ཤེ་མོང་འདབས་ཏེ་སྐྱེ་ལ་བསམ་པ་དཔོན་རིགས་སྐྱེ་རིགས་གཞན་དུ་མ་ལྟོས་པ་དེ། མི་རབས་མི་རབས་སུ་རང་རེའི་བརྒྱུད་ནས་བརྒྱུད་དུ་སྐྱོང་དགོས་ཤིང་། ང་ལས་ཐོག་ཏུ་བསྟད་ནས་ཆེན་པོ་རིན་ཆེན་བཟང་པོ་བཙུན་ཆུང་ཅིག་ནང་། ཁོང་རང་སྐུ་མ་གཤེགས་ཀྱི་བར་དུ། རང་རེ་ལ་ཤེ་མོང་འདབས་ཤིང་། ལུས་སྲོག་འབེན་དུ་བཙུགས། དཔུང་པ་གཡས་པ་བྱས་པ་ཡིན་པས། བུ་ཚ་བརྒྱུད་རྣམས། རང་རེའི་སྐྱེ་འདི་སྐྱོང་རྒྱུ་ཡིན། མཁན་པོ་ཚུལ་དར་བ་དེ། ངའི་དགེ་ཚུལ་གྱི་མཁན་པོ་ཡིན། དེའི་འབྲེལ་ཚུལ་གྱིས་གཞོན་ནུ་བཟང་པོ། ལོ་གཉིས་ནས། རང་རེའི་རྩར་བསྟད་ནས་གཡོག་བྱས། གསོལ་ཇ་བྱེད་གཉེར་དེ་རབ་ཅིག་བྱུང་། གཞིའི་གཉེར་ཆུང་དེ་འབྲིང་ཅིག་བྱུང་། གཉེར་པ་ཆེ་བའི་གོ་ས་བྱས་ནས། ཡར་ལུངས་པའི་མི་ངན་རྣམས་ཀྱིས་ཆེ་གཏོར་བས། ཐ་མ་ཅིག་ལས་མ་བྱུང་ནའང་། བསམ་པ་ངན་པས་མ་བཟུང་མི་བཟང་། དངོས་པོ་ལ་ཟུར་སོག་མ་བྱས། འབར་སྟག་བརྟུངས་སྟག་ཅི་བྱས་ཀྱང་། ཡིད་མ་ཆད་པར་བྱས། དཔོན་ཆེན་རྒྱལ་བཟངས་ཀྱིས། ང་བརྩོན་ལ་བཟུང་བའི་སྐབས་སུ། བླ་མ་རིན་པོ་ཆེ་པས་དབུ་མཛད། ཐེལ་པའི་ཡང་ཉེ་གནས། དཔོན་སྐྱུ་གྲྭ་པ། ལས་ཚན་གང་གི་ཁྲུལ་ནས་ཀྱང་། སྔེ་གདོང་ཁང་པ་བསྲུངས་གྲོགས་ལ་བཙུར་ལོངས་པ་མ་བཏང་། སེམས་གསོ་དང་། དཔའ་བསྐྱོད་གྲོགས་གང་ཡང་མ་བྱས་ཤིང་། འབྲི་ཁུང་པ་དང་། རང་ཕྱོགས་པར་སློམ་པ་རེ་ཆེ་བ་རྣམས་སུས་ཀྱང་། ནང་དུ་ཁང་པ་བསྲུངས་གྲོགས་མི་བཙུར་ལོངས་པ་

མ་བཏང་། དཔའ་ཤེས་བསྐྱེད་གྲོགས་མ་བྱས་པའི་སྟེང་དུ། དགྲ་ཕྱོགས་པའི་རྟག་བསྐྱེད་གྲོགས་དང་། ནང་གི་ཚོ་ལ་ཉེན་སྟོན་པ་མ་གཏོགས། ཕན་པ་གང་ཡང་མ་བྱུང་འདུག་ནའང་། སྟར་ང་རང་གི་ཁ་ཏ་བྱས་པ་རྣམས་དྲན་པས་ཟིན་པར་བྱས་ནས། བློ་བརྟན་པོ་བྱས་སྡེ་གདོང་དགྲ་ལག་ཏུ་མ་ཤོར་བ་བྱུང་པས་ངའི་སྒྲོག་ཡང་ཐོན། དེ་ལ་རྟེན་ནས། སྡེ་འདི་ལ་ཟུག་ཆགས་མ་བྱུང་བས། ཁོ་ཡང་དྲིན་ཆེ་བར་ཡོད་པའི་དོན་འདི་ཡིན་པས། ད་རུང་ཚུར་བཅད་དུ་ང་ལ་ཇས་གཏོད་པ་འདི་ཡིན་པས། ཤེ་གསོན་གང་བྱུང་ཡང་ནང་ནས་བསྐུར་དགོས། ད་ལྟ་ཡང་གཞོན་ནུ་རྒྱལ་མཚན་གྱིས་མགོ་བྱས། ཕྱུན་སྐྱ་སེར་ཀུན་ལ་བློ་ཐུབ་དང་ནང་མི་འཚོལ་བའི་དོན་དེ་ཡིན། དཔལ་རིན་འདི་ལོ་བཅུ་གསུམ་ལོན་པ་ངའི་སར་ཡོངས་ནས། ཆང་པས་ལུས་ཐོག་པ་དང་། གཞིས་བྱེད་ཀུན་ཏུ་འབར་སྟག་བརྡུང་སྟག་ཅི་བྱས་ནའང་ཡི་ཆད་མ་བྱས་པར་ཤེ་མོང་འདབས། གསོལ་ཇ་ལོ་ཉེར་བཞི་བར་བྱས། བྱེས་གཉེར་ཡང་ལོ་སྙིལ་བྱས་ཤིང་། དངོས་པོས་ནང་ཁེངས། ཕྱི་ལུད། མི་སྨོན། རང་སྐྱིད་པ་འདི་ངའི་ཁ་ཏ་ལས་ཚིག་ཅིག་ཀྱང་མ་འགལ་བས་རི་སྤུངས་པ་དང་། གཙང་ཕྱོགས། སྟེའུ་བྲག་དཀར་ལ་སོགས་ཀྱང་འབྲེལ་ཆགས་སུ་ཟིན། ངེད་དཔོན་གཡོག་གཉིས་ཤི་བྲལ་ཡིན། གཡོག་དྲིན་ཅན་ཡིན་པས། དཔལ་རིན་གྱི་ཉེ་རིང་རྣམས་རང་རེའི་མི་བརྒྱུད་ཀྱིས་སྐྱོང་དགོས། གཉེར་པ་སངས་རྒྱས་གཞོན་ནུའི་མི་བརྒྱུད་འདི། སྔོན་དང་པོ་ནས། རང་རེ་རྩའི་བན་རྩ་བརྒྱུད་པ་ཅན་དུ་འདུག་ཅིང་། ང་སྡེ་གདོང་དུ་ཡོངས་དུས་ཁོ་ཡུལ་ནས་པོས་ནས། ལོ་བརྒྱད་བྱེས་གཉེར་བྱས། ཁོ་ཆང་ལ་དགའ་བས་གཟི་བ་དང་། བག་མེད་ཅི་བྱུང་ཡང་། ང་ལ་ཞླིག་ཁམ་བཏང་། མོས་གུས་དང་ཞེན་པ་ཆེ་བར་ཡོད་པས། འཕྱོས་ཕུའི་བརྒྱ་དཔོན་དང་། རྟེང་ལ་གཞིས་ཁའི་གཉེར་པ་བཅོལ་ཞིང་། ཁོ་རང་གི་བུ་གཉིས་པོ། རྡོར་རིན་སྤྱན་སྟར་ཕུལ། རྒྱལ་མཚན་བཟང་པོས་ལ་ཕུལ། རྟེང་ལ་མོན་གར་གཞིས་ཁའི་གཉེར་ལ་བསྐོས་དུས། ཆང་བཟང་བས་ཁྲིམས་དམག་གི་གདོང་ལོངས། གཞན་དང་མི་འདྲ་བར་ཡོད་པའི་དོན་གྱིས། རྒྱལ་མཚན་བཟང་པོའང་གཟིམས་གཡོག་གི་འཁྲིལ་ལ་བཞག་དུས། ན་སོ་

གཞོན་སྐྱོན་དང་། རྩར་ཡོང་བ་མཆིས་པས་ཐ་མ་ཙམ་ལས་མ་བྱུང་ནའང་། མནའ་དང་དམ་ཞག་ཁ་ཏ་དམ་སྔག་རིམ་པར་བྱས་པས། གཟིམས་གཡོག་དང་བྱེས་གཉེར་སྤྲགས་དུས་འཁྲིད་སྟོང་ཙམ་བྱུང་། རྗེང་ལ་གཞོན་ནུ་བཟང་པོས་གཉེར་གཏད་དུས། སྡེ་གདོང་གི་གཉེར་བཙོལ། ལྷེ་མིག་ཉ་ར་བཙོལ་ནས་ཀྱང་། བརྟུང་བ་འབབ་སྔག་རིམ་པར་དགོས་པ་བྱུང་ནའང་། བསླབ་པ་ལ་ལོ་རེ་བཞིན་ཡར་སྐྱིད་བྱུང་ནས། མཁར་ལན་གསོ་ནམ། བྱུང་སོང་གི་རྩིས་སྟོམ་པ། ནང་དུ་ཡོང་བའི་དངོས་པོ་རྣམས་ལམ་མ་ནོར་བའི་དོན་ལ། དངོས་པོས་ནང་ཁེངས། ཕྱི་ལུད་ཟེར་བའི་ཚུལ་དུ། ན་ཉིང་ད་ལོ་སྤྱོད་རྒྱུ་འདི་ཙམ་བྱུང་ཞིང་མདོར་ན་དཔལ་རིན་དང་། རྒྱལ་མཚན་བཟང་པོས། ང་མིན་པས་བསམ་རྒྱུ་མེད་པ་བྱས། ཁ་ཏ་ལས་མ་འགལ་; སྡེ་ལ་བསམས། བཙོལ་བ་བརྩོན་འགྲུས་ཆེན་པོ་བྱས། སོག་བཟང་པོ་བྱུང་བའི་དོན་ལ། དཔལ་ལྡན་ས་སྐྱ་མན། རྒྱ་ཡུལ་ཡར་སྤྱོད་དུ་ཐེས་ཟང་ཟིང་དངོས་པོའི་ལོངས་སུ་སྤྱོད་རྒྱུ། དེ་བཞིན་གཤེགས་པའི་སྐུ་གཟུགས་བཞེངས་པ། རིན་པོ་ཆེའི་བཀའ་འགྱུར་རོ་ལྟོག་ཞབས་སུ་ཕྱིན་པ་ཡར་བཅད། རྒྱ་མཚོ་ལས་འཆུ་བ་དང་། རི་བོ་ལ་སྤྱད་བ་ཞིན་བྱུང་བ་འདི་ཡིན་པས། ང་རང་གི་ཤ་ལ་བཅད་པའི་བུ་ཚ་བོ་འམ་ཚ་བོ་ལས་ལྷག་པ་ཀུན་གྱིས་གོ་དགོས། ཁྱོད་གཉིས་པོས་ཀྱང་ཆེ་གཏོར་མི་འགམ་པར། མ་ཤིའི་བར་དུ་སྤྱད་པ་ཚད་ཅིག་པ་འདི་ཁ་ལ་སྐྱོལ་དགོས། སྡེའི་བསྟན་བྱུས་ལ་བསམས་ནས། གོང་དུ་ཕྱིན། ལུང་ལག་སྟགས་བླངས་པ་འདིར་ཡང་བསྟན་བྱུས་ལ་བསམ་ནས། དམག་དཔོན། དཔའ་བོ། བལ་ཏུར་བྱས་པ། སཱུར་གྱི་གཞིས་ཁ་གོང་འོག་བཟུང་ནས་མཁར་ལན་དགྲ་བཟོ་བཙན་བཙོས་བྱས་པ། མི་སྡེའི་མགོ་དཔོན་དང་སྡུད་མདག་བྱེད་པ་རྣམས་ཀྱིས་ནང་པ་ལ་བསམ་ནས་ཤ་ཚ་མ་བཏང་ཞིང་། རང་འདོད་མ་བྱས་པར། དོ་དམ་ཏུས་ཤིང་བྱས་པ་རྣམས་ཀྱིས་མི་བརྒྱུད། རང་རེའི་མི་བརྒྱུད་དཔོན་ས་ན་ཡོད་པ་དེས་སྐྱོང་དགོས། སྡེ་གདོང་གོང་དཀར་གཉིས་པོ་འདིའི་བློ་སྙིང་ཟུང་འབྲེལ་ཡིན། འདི་གཉིས་ཀྱི་གཉེར་པ་གཉིས་ཀྱང་། དབང་མེས་ནས་མི་རབས་མི་རབས་སུ་གདན་ས་འདིའི་བྱ་འདབ་འོག ཐེམ་པ་རྩར་སྐྱེར་པའི་མི་མ་གཏོགས།

སྐྱ་ལོག་སྔོ་ལོག་དང་། སྔེ་མི་ཅིག་པའི་མི། མིའི་ཧོར་འདྲ་བྱས་པའི་མི་རིགས་ཕོ་སྨོ་མཐོ་ཞིང་བྱ་བ་ཁེར་ཡང་། འདི་གཉིས་ཀྱིས་གཉེར་མི་འོས། ཆུང་ཆུང་ནས་གསོལ་ཇ་གཟིམས་གཡོག་བྱས་ཤིང་། དཔོན་དེ་བརྟུང་སྟག བཏང་ཟླུངས་ཅི་བྱས་ཀྱང་ཡི་ཆད་འཁང་ར་མི་བྱེད། སྡུག་ཐེག་པའི་མི། བསམ་དུ་སྡེ་འདི་ལས་མེད་པའི་མི་ལ་བསྐོ་དགོས། སྡེ་གདོང་དུ་སྡོད་པའི་བྱ་ལས་པ་དེས། གདན་ས་ཐེལ་ལ་བསམ་དགོས། གོང་དུ་སྡོད་པའི་བྱ་ལས་པ་དེས། གདན་ས་ཐེལ་དང་སྡེ་གདོང་ལ་བསམ་དགོས། རིན་སྤུངས་དང་། བསམ་འགྲུབ་རྩེར། སྡེའུ་བྲག་དཀར་པོ་འོལ་མདོ་སྟག་རྩེ་རྣམས་སུ་སྡོད་པའི་གཉེར་པ་རྣམས་ཀྱང་། སྡེ་གདོང་གོང་དཀར་དུ་སྡོད་པའི་གཉེར་པའི་ཚུལ་འཛིན་དགོས། གཞིས་ཁ་ཆུང་བ་འདི་རྣམས་ཀྱིས་གཉེར་པ། རང་གི་མ་ནུས་པ་དང་། མ་ཕེར་བ། མི་ཁ་ཟ་བའི་སྐྱོན་བྱུང་ན། རང་གིས་ན་ཚོད་བཟུང་ནས་གཏོད་པ་འཐད། ནང་ནས་ཀྱང་ལེན་པར་འོས། བཟང་གཏོད་བྱས་པའི་གཉེར་པ་དེ། ཕོ་རང་གི་གང་ཡོང་གི་ལས་ཁ་འཚོལ་ཞིང་། སྐྱིད་པར་འཇོག་པར་འོས། ཕྱིར་ཀྱིས་ས་སྐྱ་པ་ཙམ་དང་འབྲལ་ཐབས་མེད། དགོས་ཀྱིས་བླ་མ་མཁས་བཙུན་པའི་སྐོར་དང་། རིན་ཆེན་སྒང་པའི་སྐུ་མཆེད་ཀྱི་སྐོར་དང་། བྲང་པོ་ཆེའི་སྐོར་རྣམས། རང་རེ་དང་དབྱེར་མེད་ཅིག་ཡིན་པས་འཁོན་ཐབས་མེད། བྱང་པ་དཔོན་ཆེན་པ་འདི་པ་རྩ་བ་དཔོན་ཆེན་ཡོན་བཙུན་པའི་བརྒྱུད་པར་སོང་། ཕ་ཇོ་རྗེ་མགོན་པོ་ནས། རང་རེ་དང་འཛོལ་པར་སོང་། བླ་མ་ཏི་ཤྲི་ཀུན་དགའ་རྒྱལ་མཚན་དང་རང་རེ་འཁོན་པའི་རྩ་བ་ཡིན་ཞིང་། ས་སྐྱའི་ཕུང་འདྲེ་ཐམས་ཅད་ཀྱི་མཐིལ་དུ་ཞུགས། བླ་མ་ཁང་གསར་བ་དང་། བླ་མ་ཀུན་སྤྱངས་པ་གཉིས་ཀ་བཀྲོངས་པའི་ངན་སློ་བྱས་འདུག་པས། དེ་གཉིས་ལ་ངན་བྱས་པའི་མི་ལ། རང་རེ་ཡང་བློ་གཏད་བྱེད་པ་དཀའ་བས་གོ་དགོས། མངའ་བདག་ཡབ་སྲས་རྣམས། རང་རེ་ལོ་བློ་གཏད་པ་ཡིན་པས་སྐྱོང་དགོས། ལ་སྟོད་ལྷོ་པ་འདི། དཔོན་ཆེན་གཞོན་ནུ་དབང་ཕྱུག དཔོན་ཆེན་འོད་ཟེར་སེང་གེ ཁྲི་དཔོན་དཀོན་མཆོག་སྐྱབས། བརྒྱུད་པ་དང་བཅས་པ་རང་རེ་དང་འབྲེལ་པ་ཅན་ཡིན་ཞིང་། འདི་པའི་མི་བརྒྱུད་གང་འདུག་རྣམས་ལ་ཕན་འདོགས་

དགོས། སྐུ་ཞང་པ་སྐོར་དང་རང་རེ་འབྲེལ་ཚུལ། སྟོན་འགྲོ་མགོན་ཕྱག་ན་དང་། མ་ཅིག་མཁའ་འགྲོ་འབུམ་འབྲེལ་བས། བླ་མ་བདག་ཉིད་ཆེན་པོ་རྒྱ་པ་ལ་འཁྲུངས་ས་ཡུལ་སྲས་དང་། རང་རེའི་སྤྱན་སྔ་ཞི་བར་གཤེགས་པ་གོང་མ་སྐུ་མཆེད། ཞྭ་ལུ་པའི་ཨ་མེས་ཆེན་པོ་ཚུན་ནས། རང་རེ་འབྲེལ་ཟབ་པ་ཡིན་པས། སྐུ་ཞང་ཡེ་ཤེས་ཀུན་དགའ་བ་འདི་པ། ཁོང་རང་ཐུགས་སྟ་མང་བས་འགྱུར་རྐྱེན་པ། ཤ་ཚ་བྱས་ནས། བསླབ་པ་ལ་མི་ཉན་པ་ཅིག་ལས་མི་འདུག་ནའང་། སྔར་གྱི་འབྲེལ་ལ་བསམ་ནས། རང་རེ་ཚང་གིས་ཕན་ཐོགས་ནའང་། གནོད་པ་སྐྱེལ་བའི་རིགས་མི་ཉན། ཤངས་པའི་སློབ་དཔོན་གྲགས་པ་རྒྱལ་མཚན་འདི་པ། དཔོན་ཆེན་པས། རང་རེ་ལ་མགོ་འབུལ་ལུས་འབུལ་བྱས། མི་རྐང་བཟང་འདུག་པ་མ་གཏོགས། ཤངས་པའི་ཡང་། དཔོན་སྐུ་གྲོས་དབང་འདི་རྣམས་ཤེད་ཆུངས་བློ་མངས་རང་རེ་ལའང་འབྱར་ལམ་རེག་པ་བྱེད། ཁྲིད་པར་མི་འགྲོ། བཞག་པར་མི་བསྟོད་པས། སྔར་ཡང་འདི་པའི་ཁྲུལ་ནས་ནོར་འཛོལ་མང་། ད་དུང་འདི་པའི་ཁྲུལ་ནས་ནོར་འཛོལ་བྱུང་དགོས་ཡོད། ཆེན་པོ་འཕགས་པ་ལ་འདི་པ། སྔར་མོ་ནས་རང་རེ་ལ་ཐུགས་དཀར་པོ་བཟུང་ཞིང་། ད་ལྟ་ཡར་སྤྱད་དུ་རང་ཕྱོགས་པ་རྐྱང་ཡིན་པས། ཁོང་གིས་སྐོར་ནས། འདྲ་མི་འདྲ་ཐན་ཐུན་བྱུང་སྲིད་ནའང་། རང་རེའི་མགའ་རེས་ཀྱང་ཁོང་གིས་ཐུགས་ལ་ཐོག་དུག་བྱུང་ཡོང་པས། དེ་ལ་ནི་སོ་སོ་ནས་སྐྱིད་འདོན་དགོས་ཤིང་། འཁོན་ཐབས་མེད་པས། མིའི་གཡེང་ཟེད་ལ་རང་ཕྱོགས་རྣམས་འཁྲུལ་མི་ཉན། སྣ་དཀར་རྩེ་པ་འདི། དཔོན་ཆེན་ཨ་ལེན་དང་། རྡོ་རྗེ་མགོན་པོ་དུ་དཔེན་ཤྭ་ཡབ་སྲས་དང་རང་རེ་འབྲེལ་ཟབ་ཡིན། ཀུན་དགའ་རྡོ་རྗེ་དེ་དཔེན་ཤྭ། རང་དབང་མ་ཐོབ་པའི་སྐྱོན་དུམ་པ་བྱུང་ནའང་། ཧེང་ལ་སྐུ་གཤེགས་ཁར་རང་རེ་ལ་སྙིང་སྡུག་ཤེས་བྱས། སློབ་དཔོན་བློ་གྲོས་རྒྱལ་མཚན་པ་འདི། རང་རེའི་སེམས་དང་ཁ་ཏ་ལས་སྤུ་ཙམ་ཡང་མ་འགལ་བས། རང་རེས་སྐྱོང་དགོས་པ་ཡིན། རིན་ཆེན་གྲགས་པ་ཡེ་ཤེས་དང་། སློབ་དཔོན་ཨ་ཙ་ར། བླ་མ་འཕགས་པའི་ཞབས་ལ་གཏུགས་པའི་དམ་ཚིག་པར་འདུག་པ་ལ་བསམས་ནས། དགེ་བཤེས་དུ་དཔེན་ཤྭ་འོད་ཟེར་བཟང་པོ།

འོད་ཟེར་རྒྱ་མཚོ། འོད་ཟེར་རྒྱལ་མཚན་རྣམས་དང་རང་རེ་རིམ་པར་འབྲེལ་ཟབ། ཁྱད་པར་འོད་ཟེར་རྒྱ་མཚོ་དང་། འོད་ཟེར་རྒྱལ་མཚན་ཆུང་བའི་དུས་ནས་རང་རེས་མགོ་བརྙན། འདས་པའི་དུས་ན། དངོས་པོ་བརྙན་ནས་ཕན་རིམ་པར་བཏགས། རང་རེའི་དྲིན་གྱིས་བསྐྱངས་པ་ཡིན་པས། འདིའི་བརྒྱུད་པ་རྣམས་གཞན་དང་མི་འདྲ་བར་རང་རེས་སྐྱོང་དགོས། གཞོན་རྒྱལ་དུ་དཔེན་ཤུ་འདི། སྔར་གིང་ལི་བྱེད་པའི་དུས་ན། བླ་མ་རིན་པོ་ཆེ་གྲགས་པ་དེ། དཔོན་རྐན་ཨའོ་དང་ཏུས་ཅིག དེའི་ཐུགས་ཞེན་ལ། རང་རེ་ཐུགས་དཀར་དེའི་མིག་སྟོས་ཀྱི་དུ་དཔེན་ཤུ་ཡང་རང་རེ་ཕྱོགས་དཀར་བས། ཕྱོགས་མཐུན། ཁོང་གིས་བཟང་བྱས་པ་ལ་བཟང་ལན་ལྷུག་གེ་མ་བཅོལ་པ་ཡེ་མེད། ཡིན་ནའང་། དུས་ཕྱིས་རང་རེ་མིང་གོ་ས་ཆེན་པོར་སླེབ་ནས་ཁོང་གིས་ཀྱང་སྔར་འགྲོགས་ལ་རྟེན་པའི་མིག་ཆེ་དང་། ཨ་ཁྱབ་རྟིང་འགྲགས། རང་རེའི་སེམས་ལ་ཕོག་དུག་མང་པོ་བྱས་ནའང་། རང་རེས་ནི་ཤེད་ལ་བཙོབ། ཁོང་གིས་མཐར་དེད་པའི་མི་རྣམས། རང་རེ་ལ་འཇུ་ཡིན་འདུག དེ་རྣམས་གང་ཟེར་ནི་མ་བྱས། ཁོང་རང་རྣམས་ནང་མཚམས་སུ་བསྟུན་ཤེས་རེ་བྱུང་ན་བསམ་པ་བྱས་ནའང་དུ་དཔེན་ཤུ་ནི་རིང་དུ་སོང་། བླ་ཆེན་བསོད་བློ་བ་དང་། དཔལ་འབུམ། ཁོང་རང་རྣམས་མདུན་མ་ཆད་ཁྲིགས་མགའ་རེ་ཡོད་པ་འདྲ་བས། ཁོང་རང་གིས་མཛད་སྤྱོད་དང་བསྟུན་པའི་འགྲོགས་ལུགས་བྱེད་དགོས། གཡའ་བཟངས་པ་འདི་རང་རེའི་གཏན་དགྲ་ཡིན་པས་འདུལ་དགོས་ཤིང་། མོན་ལུག་མགོ་སྟེངས་ས་རྩུན། གཡེ་ཉག་གཉལ་འདི། ད་ལྟ་རང་རེ་ལ་སྟབས་ཡོད་དུས་མ་བཏུལ་བར། ལ་ཆ་རངས་པ་ལུགས་སུ་བཏང་ན། ད་བཟོད་ཞོ་རུལ་གྱི་རྩབས་ཡོང་དགོས་ཡོད། འབྲི་ཁུང་པ་ཡང་། འོན་འོལ་ཁ། རྫོ་ར་གསུམ་པོ་ལ་མ་བརྩད་ན། རང་རེའི་འཛའ་ས་མའི་ནང་ན་རྩེ་ཁ་ཆུག་ཡོད་ནའང་། ཁོང་རང་ལ་འཇགས་སུ་བཅུག་ནས། འཐུན་པར་འགྲོགས་དགོས། མཚལ་པས་ཀྱང་གྲ་ཕྱི་འཁྱོངས་རྒྱས་ལ་མ་རྩད་ཅིང་། སེམས་ངན་མ་བཟུང་ན་གང་ཕན་བྱེད་དགོས། སྟག་ལུང་པ་འདི། བདེ་བར་གཤེགས་པའི་བུ་ཆེན། ཆོས་བརྒྱུད་འཛིན། དམ་ཚིག་གཙང་། རང་རེ་ལའང་སྔར་ཕྱི་ཐོག་

དྲུང་དུ་ཞིན་པ་མོས་གུས་ཕྱིན་ཅི་མ་ལོག་པས། འདི་ལ་གཏོག་ཚད་སྐྱོང་དགོས། བཀའ་གཏམ་བསྟམས་པ་ཡ་གཉིས་པོ་འདི། ཧོར་ཁྲིམས་མ་ཆགས་པའི་གོང་ནས་འབྲེལ་ཟབ་པ་དང་། ཧོར་ཁྲིམས་ཆགས་ནས་ཡང་སྟེ་སྲིད་གཅིག་པས། འགྲོགས་ལུགས་དགོས། དོར་བན་ཐུ་མན་དང་། དམག་འབྱམས་རྣམས། རང་རེའི་རིང་ལ་འབྲེལ་པ་ཡིན་པས། ཁོང་རང་རྣམས་ཀྱིས་མནོར་ན་སྐྱོང་དགོས། གཞན་དབུས་གཙང་ན་སྟོན་ཤེ་པའི་མི་དཔོན། སྟེ་ཆེ་ཆུང་རྣམས་དང་། ཕྱིས་པའི་གོས་འདྲ་བ་དང་འདྲ་བས། འཕྲུལ་ལ་དཔེས་ཀྱི་བྱེད་དགོས། མདོ་ཁམས་ཀྱི་ཆེ་གཉེན་བཙུན་གསུམ་རུས་ཆེན་བཞི་ལ་གཏོགས་པ་རྣམས་དང་འབྲེལ་ཟབ་པའི་རྒྱུ་མཚན་སྨྲོས་ན།

༈ འགྲོ་མགོན་རིན་པོ་ཆེ་བདེ་བར་གཤེགས་པ་དེ་ཉིད། འབྲུངས་ཡུལ་དབུས་སུ་འདུག་ཅིང་། མཁན་པོ་ཡན་ཐུབ་པའི་དྲུང་དུ་དགེ་ཚུལ་མཛད་ན། སྟོད་ལུངས་རྒྱ་མཁར་དུ་བྱོན། ཤེས་རབ་ཀྱི་ཕ་རོལ་དུ་ཕྱིན་པ་ལ་ནན་ཏན་མཛད། དེ་རྟིང་སྣེའུ་ཐོག་དུ་བྱོན། སློབ་དཔོན་ཆ་པའི་དྲུང་དུ་ཕར་ཚད་གཉིས་ལ་ནན་ཏན་མཛད་འདུག དེ་ནས་ཟོལ་ཕུར་ཛ་འདུལ་བ་འཛིན་པ་ཆེན་པོ་ལ་བསྙེན་པར་རྫོགས་པ་མཛད་ནས། གཙང་དུ་བྱོན་ས་སྐྱ་བླ་མ་པ་ཆེན་པོའི་དྲུང་དུ། བརྒྱུད་གསུམ་མན་ངག་དང་བཅས་པ་མ་ལུས་པར་ཞུས་པ་ནས་བཟུང་སྟེ། དབུས་གཙང་གི་བླ་མ་དགེ་བའི་བཤེས་གཉེན་མཁས་གྲུབ་རྣམས་ལ་གཏུགས་པའི་དོན་གྱིས། མཁས་པ་དང་གྲུབ་པ་མཉེས་པར་གྱུར་ནས། མདོ་ཁམས་ལུང་པའི་ཕྱུག་དྲུག་གི་ཆེ་གཉེན། སྟེ་བདག ཨ་ཁྲོ ཚ་པོ། བུ་སློབ་མཐའ་རྒྱས་སུ་གྱུར་ནས༏ ཀུན་དང་འབྲེལ་མི་ཟབ་པ་མི་འདུག དེའི་རྒྱུན་མཚན་ལ་བརྟེན་ནས། རིན་པོ་ཆེ་སྟོན་ཚུལ་གྱིས་འབྲི་ཁུང་དུ། སྤྱན་སྔ་རིན་པོ་ཆེའི་དྲུང་དུ་བྱོན་འདུག་ནའང་། སྐམ་ཐག་དང་ཚིག་རྩོད་ཅིག་བྱུང་འདུག་པ་ལ་རྟེན་ནས། སྐེ་ཐང་ཁར་དུ་བྱོན། བླ་མ་ཆོས་རྗེ་ཁྲུ་དཔོན་གཙང་ལ་ཡར་གཏོགས་སུ་ཆོས་གཞི་བསྐོར་བ་ལ་བྱོན་པ་དང་མཇལ་འདུག་པས། ཐུགས་ཕྱིར་འབྲིངས་ནས། ཆོས་རྗེ་པ་ཁྲུ་དཔོན་བྱང་ངོས་སུ་འབྱོན་དུས་གསོམ་མདོར་གདན་དྲངས། བྱང་ངོས་ལ་འབྱོན་པའི་བར་

གྱི་ཞབས་ཏོག་བྱས་འདུག དེ་རྗེང་། ༈ སེ་ཆེན་རྒྱལ་པོ་དང་། བླ་མ་འཕགས་པས་བདག་མཛད་པ་ལ་རྟེན་ནས། མདོ་ཁམས་སྒང་གིས་བདག་པར་གྱུར་ནས། རང་གི་ཉེ་རིང་དང་ཕྱོགས་ཆམ་བྱས།

༈ གོང་མ་ཡོན་མཆོད་ཀྱི་དགོངས་པ་བཞིན། སྤྱིའི་བདག་པོ་བྱས། ཁོང་རང་གོན་ཀྱོན་ལ། སློན་ཤི་པི་པ་དང་། ཁྲི་དཔོན་དང་སྟོང་དཔོན་ཙམ་ཡང་མ་བསྐོས་པར་གླིང་ཚང་གི་མགོ་བཏོན་ནས། གླིང་ལ་ཁྲི་དཔོན་དང་། སྟོང་དཔོན་བསྐོས། ཞ་ཤུད་གཉིས་ཀྱི་ཆགས་གདང་བྱུང་བ་ལ། ཤུད་དགེ་དགེ་འདུན་འབྲི་ཁུང་པའི་བན་དེ་ཡིན་པས། ཐུགས་གནག། ཤུད་ཚང་ལ་རྩ་ར་མཛད་ནས་རྗེས་མེད་ལ་གཏང་། ཞ་པ་མགོ་བཏོན། བདག་མཛད་འདུག གྲ་མ་རྫོང་ཡེ། མེང་འགོར་རྒྱལ་པོའི་དུས་སུ། ལྷ་ཁྲིས་སྐོར་ལ་བསྐོས་པས། རིན་པོ་ཆེ་སྟོན་ཚུལ་གྱིས་སྐྱུག་མཛད་ནས། འདི་བན་དེ་ཆོས་བརྒྱད་པ་ཡིན་པས་བློ་མི་ཐུབ་པས། འདི་མེད་པར་བྱས་ནས་ཁྱེད་རང་གིས་མི་དཔོན་ཅིག་བསྐོས་ན། ངེད་ཀྱིས་བདག་བྱེད་ཟེར་བའི་སྐོག་ཞུས་བཏང་པས་དེ་ལ་འབྲི་ཁུང་པ་འཁྲུལ་ནས། ཀྭ་མ་རྫོང་མིའི་རྒྱ་མ་བྱས་པས། རི་གཉའ་ཆད་ཀྱི་ཤ་བར་སོང་བས། དཔོན་གྲ་མ་ཡེ་གོང་ལ་བྲོས་པས། རྒྱ་ར་དགེ་བཤེས་གཉིས་མཆོད་པ་ཡིན་པས། དེས་ངན་བྱས་ནས་བསྐྱངས་འདུག དཔོན་རིན་ཆེན་བླ་མ་ཕྱི་གཞིས་སར་འདུག བན་དེ་བཙོ་བརྒྱད་པར་འདུག་པར། རོང་ལྷ་རྒྱལ་མཚན་བཟུང་འདུག་པ་ལ། ཁོ་རང་གི་མཆོད་ཟླ་ཡོན་ཆེན་ཨ་གེ་ཟེར་བ་དེ། རིན་པོ་ཆེ་སྟོན་ཚུལ་བའི་དྲུང་ན་ཡོད་འདུག་པས། བརྒྱུད་ནས་ཞུས་པས་བབས་བཙན་དུ་བཙུག བབས་རྗེ་ལ་ལྷ་ཁྲིས་སྐོར་སྟེར་ཟེར་བ་བྱུང་འདུག་ནའང་། དཔོན་རིན་ཆེན་བླ་མ་དེ་ཚོད་ཆེ་བས། མ་བླངས་པར་སར་མེ་རལ་གསུམ་བླངས་འདུག་པས། ད་ལྟ་ཡར་བཅད་དུས་གུགས་ཏུས་བཟུང་། རང་རེ་བུ་སློབ་ཀྱི་ཆང་གཞན་དང་མི་འདྲ་བ་འདི་ཡིན། སྐམ་ཀན་དེ། སྤྱན་སྔ་རིན་པོ་ཆེའི་བུ་ཀན་དུ་འདུག སྐམ་ཀན་རྗེང་མ་དེ་བཅུ་གཉིས་རིན་པོ་ཆེའི་བུ་ཀན་དུ་འདུག དེའི་དོན་གྱི་སྐམ་ཀན། གོང་མས་ཟོན་ལ་གནས་ཤིང་ཚུགས་ཟིན་པའི་དོན་གྱིས། རིན་པོ་ཆེ་སྟོན་ཚུལ་གྱིས་མགོ་སྐོར།

དམག་བྱུས་ཅི་བྱས་ཀྱང་སླུགས་མ་ཆེ་བས། ད་ལྷ་ཡར་བཅད་དུ་སྐམ་དགོས་ལུང་གཉིས་དང་། རང་རེའི་བླ་རབས་རིམ་པ་ལ་སླེབ་ནས་བུ་སློབ་འབྲེལ་མ་ཆད་པས། སྐམ་པ་གུ་རུ་འདི་གཉིས། རང་རེའི་བུ་སློབ་གཞན་དང་མི་འདྲ་བས། མིག་གི་འབྲས་བུ་ལྟར་སྐྱོང་དགོས། འཛར་དགོས་པ། བ་ཡེ་ཕྱུག་པ། རྟགས་སྣ་མདོ། རྫོང་འདི་རྣམས་རང་རེ་ལྷ་གཟིགས་ཀྱིས་བཏབ་པའི་དགོན་པ་ཡིན། ནག་ཤོད་ཕྱིན་ནས། མདོ་ཁམས་ཀྱི་ས་ཆ་འདི་རྣམས་ནའང་། བླམ་སྟེ་བདག ཆེ་གཉེན་རྣམས་དང་། རང་རེ་མ་འབྲེལ་བ་མི་འདུག་ཅིང་། རང་ཕྱོགས་འབྲེལ་ཟབ་རྒྱུད་དུ་འདུག མདོ་སྨད་ནའང་། ཡུལ་སྐྱོང་གི་དཔལ་ཤེ་རི་ སྦུག་པ་དེ། ཆོས་རྗེའི་སློབ་མར་འདུག ཡུལ་སྐྱོང་ཇོ་ སྲས་དེ། སྤྱན་སྔ་རིན་པོ་ཆེའི་སློབ་མར་འདུག ཡུལ་སྐྱོང་དོ་རྗེ་དབང་ཕྱུག་དེ། གདན་ས་འདིའི་སྐུ་གཤེགས་གོང་། ཡུལ་སྐྱོང་ཙམ་རང་རེའི་སློབ་མར་འདུག ཉང་ཇོ་སྲས་དེ། སྤྱན་སྔ་རིན་པོ་ཆེ་ལ་སླེབ་པའི་བུ་སློབ་དུ་འདུག་ནས་བཟུང་སྟེ། མྱང་ཚང་ཙམ་ཡང་རང་རེའི་སློབ་མར་འདུག དན་ཏིག་དང་། བྱང་ངོས་ནས། ཙུ་གུ་མེར། ཀ་པ་ར། སྐམ་ཚུ། མི་ཉག་སྐོར་ནའང་། བུ་སློབ་ཀྱི་འབྲེལ་རྒྱ་ཆེ། མི་ཉག་གི་ཡུལ་ན་སྤྱན་སྔ་རིན་པོ་ཆེའི་དུས་སུ། ཛའི་ཞིང་ཚན་ཅན་ཡོང་ཡོད་པར་འདུག་ཅིང་། རྒྱལ་བ་རིན་པོ་ཆེའི་དུས་ནའང་། མི་ཉག་གི་བུ་སློབ་ཚན་ཅན་ཡོད་པར་འདུག་པ། དེ་རྣམས་ཀྱིས་བརྒྱུད་པ་སྟེའུ་ཐོག་གི་གླིང་སྟོད་ན་ཡོད་པ་འདི་རྣམས་སུ་འདུག་པ། རང་རེའི་རྩའི་བུ་སློབ་དུ་འདུག གོན་གྱི་འདི་ཡང་། ཆོས་རྗེ་དམར་པ་དེ། དཔལ་ཕག་མོ་གྲུ་པའི་བུ་ཆེན་དུ་སོང་བས། རིན་པོ་ཆེ་སྟོན་ཚུལ་གྱིས་ཀྱང་རང་རེའི་གདན་པ་འདིའི་བུ་སློབ། མཐའ་རྒྱ་ན་ཡོད་པའི་སྐམ་པ་གུ་ར་རུ་མིན་པ་གཞན་རྣམས་ལ་བཏང་གཟུགས་མ་བྱས་འདུག དཔོན་ཆེན་འཛམ་རྒྱལ་གྱིས། རང་རེ་འདི་པ་མ་གཏོགས་ཤིང་། ཁ་ལྷ་བའི་བུ་སློབ་ཕྲིན་ལས་པ་དང་བཅས་པ་ལ་ཡང་དག་པར་ཐུགས་ལ་བཏགས་འདུག གླིང་ཚང་གི་དཔོན་ཆེན་ཤཱཀྱ་རྒྱལ་མཚན་དེ་ དགོངས་ པ་ མཐོ་ བས་ རང་ རེའི་ བུ་ སློབ་ རྣམས་ ལ་ བྱམས་ པས་ བསྐྱངས་ འདུག མཁན་པོ་སངས་ཡེ་དེ་སྤྱན་སྔ་ཞི་བར་གཤེགས་པ་ལ་བཀྲ་ཤིས་ལྡོངས་སུ་མཇལ་ནས་ཆོས་ཁྲིད་

རྫོགས་པར་ཞུས་པའི་བུ་སློབ་ཡང་དག་པར་འདུག་པས། རྣམ་རྒྱལ་ནས་ཁོང་རང་མ་གྲོངས་བར་དུ། གསེར་ཐོག་པ་ལ་སོ་རེ་བཞིན་ཛ་ཧ་ཟུང་རེའི་འབུལ་བ་ཡོང་གི་ཡོད་པ་དེ་ཡིན། དཔོན་ཆེན་རིན་ཆེན་སྐྱབས། དཔོན་ཆེན་ཀུན་དགའ། དཔོན་ཆེན་ཆོས་རིན་གྱིས་ཐོག་བྱས་དང་འབྲེལ་པ་ཅན་ཡིན་པའི་དོན་ལ། གླིང་ཚང་གི་མི་ངོ་བཅུ་གསུམ་གྱི་སྐོང་བུ། གདན་ཐེལ་ན་ཡོད་པ་དེ་ཡིན་པས་འབྲེལ་པ་མ་ཆད་པར་དགོས། ཨ་གྲོ་ཚང་འདི་ཡང་། དཔལ་ཕག་མོ་གྲུ་པའི་གདུང་ཆོས་ནས། རང་རེ་དང་འབྲེལ་པ་ཅན་ཡིན། དེར་གྲྭ་བོ་ཡང་། དཀར་ཆུང་དུ་དཔེན་ཤྭ་དང་། རྒྱལ་མཚན་གྲགས་དུ་དཔེན་ཤ་ནས་བཟུང་སྟེ། རང་རེ་གདན་ས་འདི་ལ་ཞབས་ཏོག་ནན་ལྷུར་ཆེ་བས་འབྲེལ་པ་མ་ཆད་པ་དགོས། ཁྲུང་པོའི་བླ་མ་གོང་མ་རྣམས་ཀྱིས། སྤྱན་སྔ་རིན་པོ་ཆེའི་ཞབས་ལ་གཏུགས་འདུག་ཅིང་། བླ་མ་ཁྲུང་ཀན་གྲགས་པ་རྒྱལ་མཚན་དེས། སྤྱན་སྔ་ཞི་བར་གཤེགས་པ་དང་དངོས་སུ་མཇལ་འབྲེལ་པ་ཟབ་པའི་དོན་གྱིས། ཡར་ཕྱིར་ཡིག་གེ་ཟམ་མ་ཆད་ཅིང་། རང་རེའི་ཕྱིན་ལས་པ་ཡར་ཕྱིར་འགྲིམ་པ་ཀུན་གྱི་ལམ་སྟེགས་བྱས། ཕན་ཐོགས་པར་བྱུང་འདུག་པ་ལ་རྟེན་ནས། ཁྲུང་པོ་བྱང་ཤེར་དང་རང་རེ་འབྲེལ་ཟབ་པར་ཡོད་ནའང་། ཕྱིས་དཔོན་ཆེན་དབང་བརྩོན་གྱིས། ཁྲུང་པོ་དམག་གྲོགས་ལ་བོས་ནས་མོན་མཁར་དུ་ཡོངས་བས། མོན་མཁར་དུ་ཁྲུང་པོའི་གཅེས་གཉིས་གསུམ་ཤི་བ་ཡིན་ཟེར་ནས། དེའི་ལེན་ལ་རང་རེའི་སྐྱམ་པ་དར་མ་རྒྱལ་མཚན་གྱིས་མགོ་བྱས། མདོ་སྨད་ཕྱིན་ལས་པ་ལ་རྒྱབ། ཧ་ནག་གི་མགོ་བྱས། མཛོ་ཧ་ཅན་དང་། གསེར་དངུལ་གོས་དར་ཚན་ཆེར་ཤོར་ནས་འདུག་པ་ལ། དེའི་ལེན་བྱས་ནས། སྟོད་ཀྱི་ཁྲུང་པོ་ཨ་དབང་དང་། ཡོག་ཐང་པ་ལ་སོགས་ལ་ཐེབས་པར་འདུག་ཏེ། བསམ་གློ་བཏང་དུས་མ་གོ་བའི་ལེན་བྱས་ན། རང་རེ་ཡང་མགོ་བར་འགྲོ་བ་དང་། མི་བརྒྱུད་ཆུ་བོའི་རྒྱུན་ལས་རིང་། བསམ་སྒོམ་མདུན་ལ་ལྷད་མེད་དཀའ་བསམ་ནས་གློད། བླ་མ་ཡོག་ཐང་པ་བགྲེས་པོ་མཛེས་བཅལ་ནས། ཡར་ཕྱིར་བརྒྱུད་པ་བྱས་ནས་འབྲེལ་མ་ཆད་པར་ད་ལྟ་བར་འབྲེལ་ཟབ་པ་འདི་ཡིན། ལྒགས་མོ་ཡང་འབྲེལ་ཟབ་པ་ཡོད་པས། འབྲེལ་མ་ཆད་པར་དགོས། ལྷ་

འཁྲུག་གཙང་ལ་གཏོགས་རོང་ལུང་པ་དང་བཅས་པའི་མི་སྡེ་གསར་དུ་བཅད་པ་འདི་རྣམས་ཡར་འོན་དང་འདྲ་བའི་ཉ་ར་སྐྱོང་ཐབ་བྱེད་དགོས། དེབ་ན་ཤར་བའི་མི་སྡེ་གསར་རྙིང་ཐམས་ཅད་ལ། ཟ་སྒྲོལ་ངན་པ་མི་འཛུགས་ཤིང་། སྔར་གྱི་ཟ་སྒྲོལ་འདུག་པ་རྣམས་ལ་བསྡུད་དང་བསྐྱལ་དགའ་བས་ཕྱེད་འཆག་བྱེད་དགོས༔ གྲ་དོལ་གཞུང་གསུམ་ལ་ཤ་ཚ་བྱེད་དགོས། ད་ཕྱིན་ཆད།

༈ སྤྱན་སྔ་རིན་པོ་ཆེའི་རྒྱུད་པས་ཐེལ་ཤོད་ན་ཡོད་པ་རྣམས་དང་༑ སྡེ་འདི་ལ་རྟས་གཏོད་ཅིང་ཕྱི་མིག་ལྟ་བ། སེམས་ལ་ཆོས་བྱ་རྒྱུ་དང་བྱེད་རྒྱུ་དྲན་པས་འཛིན་རྒྱུ་ལ་ཀུན་ཏུ་བཟང་པོའི་ནག་ཁྲིད། བདེ་བར་གཤེགས་པའི་གདན་ས་འདིར་བཞུགས་པའི་བླ་མ་དེ། ཡངས་པ་ནམ་མཁའ་དང་འདྲ་བ། ཟབ་པ་རྒྱ་མཚོ་དང་འདྲ་བ། མཁས་པ། བཙུན་པ། བཟང་པ། སྒྲུབ་པའི་རྒྱལ་མཚན་འཛིན་པ། ཀུན་ལ་ཉེ་རིང་མེད་པ། ཉི་མ་དང་འདྲ་བ་ཅིག་དགོས་ཤིང་། དབྱར་རྒྱུན་ཚོགས་ཆོས་གསུམ་པ་དང་། རི་ཆོས་ཟབ་ཆོས་ཀྱི་རིགས་རྣམས་དང་ཐུགས་བསྐྱེད་བསྔོ་བ་ཡོན་བཤད། བུ་སློབ་ཡོན་བདག་གིས་གང་ཞུས་གནང་བ་དང་། དབྱར་རྒྱུན་སྐུ་འཚམས་ཕྱི་ནང་ཀུན་དུ་མོས་པ་ཐོབ་པ་བྱེད་དགོས༔ བོང་བུ་ཆུས་ཁྱེར། བླ་མ་དཀོན་མཆོག་མཆོད་པའི་རིགས་ཀྱི་ས་ཞིང་འབུལ་བཞེས། སྐྱ་ཁབ་དགོས་བདག་དབང་ཆེ་མི་ཉན་དེའི་བཀའ་དང་འཁོར་ན་གནས་པ་རྣམས་ཀྱིས་ཀྱང་། བསླབ་གསུམ་རྒྱན་གྱིས་མཛེས་ཤིང་། ཞི་བ་དང་དུལ་བའི་ཚུལ་གྱིས་བརྒྱན་པ། ཉེ་རིང་ཕྱོགས་ཆ་མེད་ཅིང་། སྔོན་གྱི་བཀའ་སྲོལ་རྣམས་དྲན་པས་བཟུང་ནས། མ་ཉམས་པར་སྤེལ་དགོས་ཤིང་། དེའི་དཔེན་ངན་དང་། སྲོལ་དན་སྐྱུར་དགོས། རྟེས་ཐང་གི་ཆོས་གྲྭ་བཙུགས་པའི་དོན་འདི་ཡང་། སྔར། བདེ་བར་གཤེགས་པ་དུས་གསུམ་གྱི་སངས་རྒྱས་དེ་ཉིད། མཁས་པ་དང་གྲུབ་མཉེས་པ་ཅིག་ཡིན་པར་འདུག་པ་ལ། དུས་ཕྱིས་རང་རེ་སྒོམ་ཆེན་པ་ཚོས། མཁས་པ་གཙོ་བོར་མ་སྟོན་པའི་དོན་ལ༔ སྒོམ་ཆེན་པ་གླེན་པ་ཏི་ཐུག ཅི་ཡང་མི་ཤེས་ཟེར་བ་ཀུན་གྱིས་བརྙས་ཤིང་། ཆོས་ཀྱི་གོ་མ་ཆོད་ཅིང་། མིས་གོ་མ་ཆོད་པའི་སྐྱོན་ཡོངས་གི་འདུག་པས།

ཤཱཀྱ་རྒྱལ་མཚན་ལ་ལོ་དགུའི་སྐབས་སུ་དཔལ་རྟག་པ་གཉིས་བསླབས་པ་ལ་བཤད་གསར་བྱས། ལོ་བཅུ་སྐབས་སུ་རྣམ་འགྲེལ་ལ་བཤད་པ་བྱས། ལོ་བཅུ་གཅིག་སྐབས་སུ་ཕར་ཕྱིན་ལ་བཤད་པ་བྱས་། ན་སོ་འཕྲུས་པས་བཅུ་གཉིས་ལ་ངལ་གསོ། བཅུ་གསུམ་ལ་མངོན་པ་ལ་ནན་ཏན་བཤད་པ་བྱས། བཅོ་ལྔ་ལ་འདུལ་བ་མཉན་ནས། བཅུ་དྲུག་ལ་བཤད་པ་བྱས་ཤིང་། རང་རའི་བརྒྱུད་པ་འདི། རྒྱུད་སྡེ་བཞི་དང་། སྡེ་སྣོད་ལ་མཁས་པར་བསླབ་ཤིང་། བརྩོན་པའི་ཁྲིམས་བསྲུངས། ན་སོར་ཕྱིན་དུས་བསྒྲུབ་པའི་རྒྱལ་མཚན་འཛིན་པ་ཅིག་དགོས་པ་ཡིན་ཞིང་། ཁྱེད་རྗེས་ཐང་པས་ཀྱང་་། སྐྱ་ཁབ་དགོས་བདག དབང་ཆེ་ཤེ་མོང་འཚོང་མི་ཉན་ཞིང་། སྣ་གདོང་གི་དཔོན་གཉེར་གྱི་སེམས་དང་མ་འགལ་བ་དཔོན་སློབ་ཀུན་གྱིས་བྱེད་དགོས། རང་རེའི་བརྒྱུད་པ་འཕྲང་གཙང་བྱུང་བ་རྣམས་རྗེས་ཐང་དུ་བཞག་ནས་སློབ་གཉེར་བྱེད་དུ་འཇུག དེས་ཀྱང་། ཤཱཀྱ་རྒྱལ་མཚན་གྱིས་ཤེས་པའི་ཡོན་ཏན་རྣམས་སློབ་དགོས། ཡོན་ཏན་ཅན་བྱུང་ན་མངས་སྐྱོན་མེད། ཡོན་ཏན་མི་སློབ་པར། མི་འགྲོངས་བྱུང་ན། དཔོན་པའི་རྒྱུ་ནས་འབུལ་དགོས། དཔོན་ས་འདིར་བསྡད་ནས། སྣ་གདོང་གིས་མགོ་བྱས། ལྷ་སྡེ་མི་སྡེ་གཞིས་ཁ་གསར་རྙིང་རྣམས་ཀྱིས་བདག་པོ་བྱེད་པ་དེ་ཡང་། གཞོན་ནུ་ནས་རབ་ཏུ་བྱུང་ཞིང་། བུད་མེད་དང་མ་འབྲེལ་བ། བསླབ་པ་གཙང་ཞིང་ཆང་རྒ་བའི་ནས་མི་འཐུང་བ། ཕྱི་དྲོའི་ཁ་ཟས་མི་ཟ་བ་སྟོན་གྱི་ལེགས་བཤད་དང་། ཡིག་ཚང་རྙིང་པ་རྣམས་བལྟ་ཞིང་། ཤེས་ཆེ་བ་དང་། བསམ་པ་ཡོད་པའི་མི་རྒན་པ་རྣམས་ཀྱི་ངག་ལ་ཉན་པ། མིག་འཕྲུར་ལྟ་དང་། བག་མེད་སྤྱོད་པ་མི་བྱེད་པ། དལ་བའི་དུས་སུ་འཚམས་བཅད་ནས། ཡི་དམ་ལྷའི་བསྙེན་པ་གྲངས་ཚད་དུ་སྐྱེལ་དགོས། ཆོས་སྐྱོང་ལ་མཆོད་གཏོར་མ་ཆག་པར་བཏང་དགོས་ཤིང་། དེས་ཀྱང་རྗེར་མི་གཞན་ཆུང་རྣམས་བརྟེན་ནས། ཉིན་པར་ཁྲས་དང་རྒྱུན་རྗེ་བ་མི་ཉན་། མཚན་མོ་སྲུང་གཏོང་བ་དང་། བག་ཡངས་པའི་སྤྱོད་པ་མི་ཉེན། སྡེ་འདིའི་ཐོག་ཏུ་སྐྱ་ཁབ་དང་དགོས་བདག ཉེ་རིང་ཕྱོགས་ཆ། བུ་རྟ་མི་མངས་ཡི་འཆར་པའི་བྱ་བ་བྱེད་མི་ཉན། ནོར་བ་འདུག་ན། བསམ་ཡོད་ཤེས་ཆེ་བ་ཆོས་ལྡན་བསྐུལ་བ་ལ་མཉན་

ནས། ལམ་ནོར་བ་ལས་ཟློག་པ་ཟེར་བའི་ཚུལ་དུ། ཕོ་སྐྱེད་འདོན་དགོས། རང་རེས་བསམ་བློ་བཏོང་ཞིང་། རྒྱུས་ཐོག་ནས་དེབ་གཏེར་བྱུངས་འདི་ལས་འགལ་ན། རང་རེའི་བརྒྱུད་པ་མི་ངོ་སུ་ཡིན་ཡང་། ལོ་བཅུ་གཉིས་བར་དུ། དཔོན་ས་དེ་ནས་ཕུད་ལ་ཐེལ་དུ་སྤྱིལ་པོ་ཕལ་པ་ཅིག་ཏུ། དཔོན་གཡོག་ཅིག་གཉིས་བྱས་ནས་བསྡོད་དུ་ཆུག་ལ། དེ་ལ་སུས་ཀྱང་ཕྱག་མི་འཚལ། བཀུར་ཆ་མི་བྱེད་པར་ཕལ་པའི་ལམ་ལ་འཛོག་དགོས། དེ་རྗེང་། དཔོན་ས་འདིར། མི་ངོའི་གྲལ་ནས་བཅའ་ཁྲིམས་འདི་བས་མི་འགལ་ཞིང་། བསླབ་ཚུགས་བཟུང་ནས་མགོ་ཡང་མི་བྱེད་པ། ཐེལ་ཤོད་ཀུན་ཁ་བཙམས་ནས་བསྐོས་ཤིང་། དེ་ལ་ཀུན་གྱི་ཚོད་མར་ཁྱེར། དཔོན་ས་འདིར་བསྡོད་པ་དེས་ཀྱང་། ཕྱར་གྱི་སྐྱོན་ཡོན་རྣམས་གོ་བར་གྱིས་ལ། བྱ་བ་ངན་པ་རྣམས་སྤོངས། ཁོང་གི་གསོལ་ཇ་གཟིམས་གཡོག་ནང་མི་རྣམས་གང་གིས་ཀྱང་། ཁོ་ལ་ཆང་འདྲེན་པ་དང་ནག་མོ་འབོད་འཁྲུགས་ལ་སོགས་བྱེད་པ་བྱུང་ན་དཔོན་སྐུ་གཟའ་པ་བུ་ཧྲ་ཐམས་ཅད་འཛོམ་ནས། ཇོ་སྤུངས་བྱས་ནས་ཇན་གསོད་བྱེད་དགོས་ཤིང་། འདི་བཞིན་མ་བྱས་པར་ངོ་བསྲུངས་དང་། སོ་སོའི་ཉེ་བ་ཉེ་འཁོར་དང་། ཕོག་ཐུགས་བྱུང་དགོས་ནས། ཕྱི་ཐེན་བྱས་ན། སྟེ་སྲིད་ཉམས་འགྲོ་བས། དཔལ་ཡེ་ཤེས་མགོན་པོ་བཀའ་བསྲུངས་དང་བཅས་པས་ཆད་པ་ཆོད་དགོས། མི་ངེས་ཀྱང་། ལོ་བཅུ་བཞི་ལ་དཔལ་ལྡན་ས་སྐྱར་ཕྱིན་ནས། དགེ་བཤེས་ཆོས་ཤེ་ཆང་ནག་གིས་ཆོས་པ་དེ་དང་། འཇམ་ས་རྡོ་རྗེ་དཔལ། གཙང་པ་རིན་ཆེན་སེང་གེ་འདྲ་བའི་བུ་ཛྙ་ཆང་ནག་གིས་རྒྱལ་པ་དེ་ཆོ་དང་། ལྡན་དུ་བསྡད་པ་ཡིན་པ་ལ། ཡར་འགྲོ་དུས། ཕ་ཇན་ན་རེ། ཁྱེད་ས་སྐྱར་འགྲོ་ན། མར་ཡོང་དུས་ཆང་ནག་གི་སྐྱོན་མེད་པ་གྱིས་ལ་ཤོག ཟེ་ཐང་བྱ་བ་ཅིག་ཡོད་པར་འདུག་པས་དེར་མ་འགྲོ་ཟེར་བས། ཕའི་ཚིག་ལ་བརྟེན་ནས། ལོ་བཅོ་བརྒྱད་པ་ལ་འདིར་སླེབ། ཆང་དང་ནག་མོའི་སྐྱོན་མེད་པར་བྱས། ལོ་ཉི་ཤུ་བར་དུ་བསྙེན་པ་སྒྲུབ་པ་མཐར་སྐྱལ། ལོ་ཉི་ཤུ་སྟེངས་སུ་དཔོན་ས་འདིར་ཡོངས་ནས། ད་ལོ་དྲུག་བཅུ་ལ་སླེབ་འདུག་སྟེ། ཆང་སྨན་ཇ་ལ་ཡང་མཐུང་མ་མྱོང་། ནག་ཆགས་ཀྱི་སྐྱོན་མེད་པ་འདི། བླ་མ་རིན་པོ་ཆེ་པས་དབུ་མཛད། ཐེལ་ཤོད་ཀུན་གྱིས

བཀག་པ་མ་ཡིན་ཏེ། རྡོ་རྗེ་དཔལ་གྱིས་ཆང་ནག་སྤྱོངས་ནས། བཙུན་ཚུགས་བཟུང་བའི་དོན་ལ་བཟང་པོ་བྱུང་འདུག དེ་ཕྱིན་ནས་འདིའི་ཁྲི་དཔོན་ཆོས་ཆང་ནག་མོ་ལ་ལོངས་སྤྱོད་པས། མིའི་ཁ་ཉེན་ཁུར་དགོས་པ་དང་། བཟང་པོ་བྱུང་བར་འདུག ད་ལྟའང་ས་སྐྱ་ཕྱིན་ནས། ཆེ་གཉེན་བཙུན་གསུམ། སེ་དཔོན། ཆང་ནག་མོའི་དབང་དུ་སོང་བ་ཚོའི་སེ་སྲིད་ཉམས་པ་དང་། མགོ་ཐོན་མ་བྱུང་བར་འདུག་པའི་དོན་ལ། ཆང་ནག་སྤངས་ནས་བཙུན་ཚུགས་བཟུང་བ་འདི་ཡིན། ད་རང་རེའི་གོ་སར་སྡོད་པ་ཚོ་ཡང་། ངའི་བྱ་ལམ་བྱེད་སྤྱོད་ཚོ་དྲན་པས་བཟུང་ནས། ངའི་རྣམ་ཐར་འཛིན་དགོས་ཤིང་། སྐྱོན་འདུག་ན། ང་ལ་སྐྱོན་འདུག་ཀྱང་སྤང་རྒྱུ་ཡིན། ཡོན་ཏན་ང་ལས་ལྷག་པར་འདུག་ཡང་མི་ཡི་མཆོག་ཡིན། དཔོན་ང་གཡོག་གི་བར་ན་མི་ཁྱད་ལ་ཙམ་པ་འཛམ་རྒྱུབ་ཙམ་ལས་མི་འདུག་པས། དཔོན་གྱི་ཞིབ་ནས་གཉེར་ཟ་བའི་སྲོལ། སྔོན་དང་པོ་ནས་ཀྱང་མི་འདུག་པའི་རྒྱུ་མཚན། སྐར། ང་དཔོན་ལ་སྡོད། གཉེར་པ་ལ་སྟོན་པ་གཞོན་ནུ་འོད་ཡོད་པའི་དུས། གསོལ་ཞིབ་ནས་ཟ་བའི་སྲོལ་མི་འདུག་པས་ཁྱེར་རང་གཞོན་ནུ་བཟང་པོ་གསོལ་ཇ་ལ་ཡོད་དུས་གསལ་ཞིང་། རྒྱུས་ཡོད་ནའང་། ཁྱེད་གཞོན་ནུ་བཟང་པོ་མཉེར་པ་པའི་གོ་སར་བཀོས་དུས། ཇ་མ་སེང་གེ་རྡོ་རྗེས་ངོ་བསྲུངས་བྱས་ནས། ཀ་དྲུག་མའི་མཐིལ་དུ་གསོལ་ཞིབས་བྱེད་པས། རྟིང་ལ་བ་ལམ་སྐྱ་ཞུགས་སུ་སོང་ནས། ཀ་བཞིའི་སྟེངས་སུ། ངའི་མདུན་དུ་གསོལ་ཞིབས་དྲངས་བྱུང་བས། སྟོན་པ་གཞོན་ནུ་འོད་དང་། ཐེལ་ཤོད་ཀྱི་བཟའ་ཟན་རྣམས་མིག་ལུགས་དང་འཁོད་གཏམ་མང་། དེའི་དོན་ལ། ཕྱིས་སེང་གེ་རྡོ་རྗེ་ལ་རྟེད་ཚུང་ངེ་བ་ཅིག་ལ་སྐད་བྱས་ནས་ཨན་རྒྱབ། ལག་པ་ལ་ཀོ་ཐུམས་བྱས་པས། ཁྱེད་རང་དཔོན་སྐྱ་གཟའ་པ་ཟན་གཞོན་རྣམས་ཀྱིས། སེང་གེ་རྡོ་རྗེའི་ཞུ་བ་བྱས་པའི་དུས་སུ་ཁྱེད་སེང་གེ་རྡོ་རྗེས་ངའི་གསོལ་ཞིབ་ནས། གཞོན་ནུ་བཟང་པོ་ལ་ངོ་དགའ་བྱས་ནས་རང་སེམས་ཀྱི་གཏེར་བའི་རྒྱུ་མཚན་ཅི་ཡིན་བྱས་ནས། རྩ་ར་བྱས་པ་ལ་གཞོན་ནུ་བཟང་པོས། ང་གསོལ་ཞིབ་ནས་མི་བཏུབ་པར་འདུག་སླམ་པ་ཡང་མ་བྱས། སེང་གེ་རྡོ་རྗེའི་རྟེང་གི་ཇ་མ་ཆོས་ཀྱང་། སྐར་གྱི་གབ་ལེར་འདུག་པ་བསམ་པ་བྱས་

ནས། གསོལ་ཞིབས་ནས་བྱིན་པས། ཐེལ་དྭ། སྒྲུན་སྔའི་གསོལ་ཞིབ་ནས་ཉེ་གནས་ཚོས་ཟློས་པས། ཐེལ་དྭའང་གནོད་པ་ཆེན་པོར་གྱུར་འདུག དེའི་དོན་ལ། ན་ཞིང་ཕྱིའི། བདེ་ཡངས་ཚམས་སུ། ཐམས་ཅད་འཛོམ་པར་གསོལ་ཞིབ་ནས་མ་ཟ་བྱས་པའི་དོན་དེ་ཡིན། ད་ཕྱིས་ཀྱང་། འདིའི་གཉེར་བྱེད་པ་དེས་གསོལ་ཞིབས་ནས་ཟ་བ་མི་རིགས་པས་གོ་བ་ཡོང་ཞིང་། དཔོན་དང་གཉེར་པ་གཉིས་གཟིམས་ཁ་ཐད་དུ་བསྡད་ནས། གཡོག་པོའི་ཁ་འཛིན་བྱེད་རེས་བྱས་ན། ཐུགས་འཛོལ་བ་ཆེན་པོར་འགྲོ་བས། དེ་མི་ཉན། གཉེར་པ་དེས། ནང་གི་ལས་སྣ་འཛིན་པ་དང་། ཕྱི་སོའི་དཔོན་སྐྱ་དང་དགོས་འཕྲུན། དགོས་འཛའ་མི་ཉན། ཕྱི་སྐྱོངས་བྱེད་དགོས། འདིའི་གཉེར་པ་བྱེད་པ་དེའང་། གཞོན་ནུ་རབ་བྱུང་། ཆང་ནག་གི་སྐྱོན་མེད་ཅིང་། དངོས་པོ་ཟུར་སོག་མི་བྱེད། ཉེ་བ་དང་། དགོས་གཡོག དགོས་མི་མི་སྐྱོང་། ཟུར་ཐབས་མི་འཛིན་ལྷེ་མིག་དེ་བཟུང་རྟེང་། མ་ཤིའི་བར་དུ་ནང་སོར་ཚེ་འབྱིད་ཅིང་། དཔོན་རིགས་དང་། གཉེར་པ་དེས་ཀྱང་། བཅའ་ཁྲིམས་འདི་ལས་མ་འགལ་བའི་ལུགས་ལ། ན་བའི་རིམ་གྲོ། གསོ་སྐྱོང་། ཤི་བའི་དགེ་བ། ནང་སོའི་ནོར་ལ་མ་ཕམ་པར་ཁོང་རང་གི་སྐལ་བ་ཐོབ་ཐང་དུ་སྤྱོད་དགོས། དེའི་ཉེ་རིགས་དང་བརྒྱུད་པ་འདུག་ནའང་སྐྱོང་དགོས། དཔོན་སྐྱ་དང་སྡེ་སྲིད་ཀྱི་ཕོག་དུ་བྱ་བ་བཟང་པོ་འཚོལ་ཞིང་སྐྱོང་ཐལ་བྱེད་དགོས། གལ་ཏེ་གཉེར་པ་ལྡེ་མིག་འཛིན་མི་དེ་ལ་ཆང་དང་ནག་མོའི་སྐྱོན་བྱུང་ན། ནག་མོ་དེ་དང་སྐྱེས་པ་གཉིས་ཞག་བདུན་ལྕགས་སྒྲིལ་བྱས་ནས། ཟམ་གདོང་དུ་བཞག་རྟེང་ཆུ་ལ་སྐྱུར་དགོས། གསོལ་ཇ་གཟིམས་གཡོག་རྣམས་དང་ཡིག་མཁན་གྱི་དངོས་གཞི་དེ་གལ་ཆེ་བས། ཆང་དང་ནག་མོའི་སྐྱོན་མེད་པ་བསླབ་པ་གཙང་བ་དགོས་ཤིང་། འདི་རྣམས་ལའང་ཆང་དང་ནག་མོའི་སྐྱོན་བྱུང་ན་རྩ་ར་གོང་དང་འདྲ་ཞིང་། འདི་ཚོའི་ཁྲུལ་ནས་གཞིས་ཁ་གོང་འོག་གི་གི་གཉེར་དང་། ལྡེ་མིག་འཛིན་གླ་འཛིན་སྙིང་མི་རེ་བ་ཡིན་པས། མིག་ཡར་ལ་ལྟ་ཞིང་། བཟང་པོའི་སྤྱོད་པ་བྱེད་དགོས། ཚོམས་ཆེན་མོ་དང་། ཚམས་སུ་འགྲོན་པོ་ཆེ་གཉེན་ཟྫད་ཅན་ཡོད་པའི་དུས་སུ། ཡར་ཏུ་རྒན་གྲལ་གྱིས་དཔོན་སྐྱ་གཟའ་པ་རྣམས་ཀྱིས

ཀྱང་། ཀུ་རེ་དང་བཞད་གད་ཁ་སད་དང་། གྲལ་ཤུབ་བག་ཡོངས་པའི་རྣམས་པ་བྱེད་མི་ཉན། ལུད་པ་སྐྱུར་བ་དང་། རྐང་ལག་སྐྱོང་བ། སྒྲོ་གཉིས་དཔོན་རིགས་ལ་བརྙས་པའི་རྣམས་པ་མི་འཛོམས་པ་བྱེད་མི་ཉན། ཁྱེད་དཔོན་སྐུ་གཟའ་པ་རྒན་གཞོན་དང་། བསམ་པ་ལ་གནས་པ་ཚོས་ཀྱང་། གཉེར་པ་ལྷེ་མིག་འཛིན་པ་དེ་དང་། གསོལ་ཇ་གཟིམས་གཡོག་ཚོའི་སྐྱོན་འཛིན་གྲོགས་དང་། དྲན་བསྐུལ་བཟང་པོ་བྱེད་དགོས། མགོ་སྐོར་ནས་རང་འདོད་དང་། གཡོ་རྒྱུའི་བློ་བྲིད་བྱེད་མི་ཉན། ནང་གི་གཉེར་དང་། གསོལ་གཟིམས་བློ་འཛིན་བན་ཚུགས་འཛིན་པ་ཚོ། མི་ནག་པོའི་གྲོང་བསེབ་ཏུ་ཞག་ཉལ་མི་ཉན། གལ་ཏེ་འགྲོ་དགོས་འདུག་དགོས་བྱུང་ནའང་། ཁྲིམས་གྲོགས་ཁྲིད་ནས་འགྲོ་དགོས། སྣེ་གདོང་། གོང་དཀར་ལ་ཁ་ལྟ་བའི་གཟའ་པ་རྣམས། ནང་འཐུན་ཞིང་། ང་དང་ཁྱོད་མེད་པ་གལ་ཆེ་ཡར་མར་གྱི་ནང་སོའི་ལྷེ་མིག་འཛིན་པ་གཉིས་པོའི་སར། ཕ་མ་བཟང་པོའི་བུ་སྐྱེ་པས་ཁྱུང་བཙུན། མི་འཕེབ་ཡོད་པའི་བུ་ཚ་རྣམས་རིག་ཅན་ལ། ཆང་ནག་གི་སྐྱོན་མེད་ཅིང་། བྱ་བ་བཟང་པོ་སློབ་དགོས། ཆུང་ཆུང་གསོས་སྐྱོངས་བྱས་ནས། གཟུགས་པོ་ཆེད་དུ་ལོངས་བྱེས་ཕེར་བའི་དུས་སུ། དཔོན་སན་ཡོད་པ་དེའི་ཕྱི་ལ་གསོལ་གཟིམས་དང་། ལས་ཁ་གོང་འོས་ལ་བཞག་ནས། བྱེས་ལ་འགྲོ་རྒྱུ་ཡིན། གཅེས་ཕྲུག་གཞོན་པ་བྱེས་མ་ཕོར་བ་ཚོ། གཞིས་ལ་བཞག་ནས་གཟིམས་ཁང་ཚོ་ལ་ཕྱིས་བརྡར་དང་། བྱ་བ་གང་འོས་བཙོལ་ནས། གཉེར་པ་དེས་འདུན་རྒྱུ་ཡིན་ཞིང་། དཔོན་དེས་ཀྱང་གསེར་སྐམ་འཛུབ་མོ་ཤངས་བ་ཅིག་གམ། མཇོད་ལག་ངར་ཉོམས་པ་ཙམ་གཅིག་ཀྱང་མི་འཛིན་པར། ཅི་དང་ཅི་གཉེར་པ་ལ་བློ་གཏོད་པ་འབབ་པ་ཡིན། ཕྱི་སོ་ནས་བསྡུད་ཡོང་སྐོའི་རིགས་རྣམས་ལའང་། བཀྲལ་ཡིག་བཏུན་ནས་སྡུར་གྱི་དེབ་གཏོར་དང་། གཏན་འཁྲ་ཡོད་པའི་ལུགས་བཞིན་དོ་དམ་བྱེད་དགོས། ཚན་པ་ཚན་པར་འཆག་ཆ་གཏེར་བ་འོས་པ་རྣམས་ཀྱང་། གཏེར་བ་དེ། དཔོན་གྱིས་གཏེར་བ་འཐད་ཅིང་། སྦྱིན་པ་དེ། གཉེར་པ་ཡོད་དུས། གཉེར་པ་ལ་རྒྱུས་ཡོད་དུ་འཇུག གཉེར་པ་མེད་དུས་སུའང་། གཉེར་པ་དེས་སླེབ་པ་དང་། ཚན་པ་འདི་ལ་འཆག་ཆ་འདི་སྦྱིན་ཡོད་

ཟེར་ནས་ལབ་པ་འཐད་ཅིང་། དཔུས་སྨྱུར་ལེན་པ་དེ། གཉེར་པ་ཡོད་དུས་གཉེར་པས་ལེན་པ་འཐད། གཉེར་པ་མེད་དུས། དཔོན་ལ་དཔུས་སྨྱུར་གྱི་ཞུ་བ་བྱུང་ནའང་། ལེགས་པོར་བརྟགས་ནས། གཉེར་པས་བླངས་པ་དང་། གཉིས་ཉིས་འདབ་དུ་མ་སོང་བ་འཐད། ཡང་། བླ་མ་རྣམས་ཀྱིས་དུས་མཆོད་དང་། དཀོན་མཆོག་གི་ཞབས་ཏོག སྡེ་འདིའི་རྗེས་ལ་ཕན་པའི་བྱ་བ། ཡ་རབས་ཀྱི་རྣམ་ཐར་བཟང་པོ་འཛིན་པ། བུ་རྟ་དང་སྡེ་སྲིད་སྐྱོང་བ་ལ་དོ་དམ་བྱེད་པ་དེ་ལུགས་ཅན་ཡིན་ཞིང་། ཡང་། ནམ་བཞག་གཏན་གྱི་སྡེ་ལ་དགོས་པའི་བཀའ་རྒྱ་མའི་རིགས་ཚོ། ཡར་འཕེལ་དུ་ཡོང་བའི་ཐབས་དང་སྒྲུབ་ཡར། དཔོན་དང་གཉེར་པ་གཉིས་ཀས་བྱེད་དགོས། རང་གི་སྤྱོད་པ་བཟང་པོ། བསམ་པ་བཟང་པོ་ཚུགས་བཟང་པོ་བཟུང་ན། དུས་ཚོད་ལ་ཁག་འཛོག་མི་དགོས། གཞན་ལ་དུས་ཚོད་ངན་ཀྱང་། རང་རེ་ལ་དཔེ་ལྟ་བས་དུས་ཚོད་བཟང་བ་དང་། བདེ་བ་དང་། སྐྱིད་པ། དཔལ་འབྱོར་དང་ལོངས་སྤྱོད་ཆེ་བ་བྱུང་བ་མེད་པ་འདི་ཡིན། ཁོང་རང་གཞན་ཚོས། བསམ་པ་བཟང་པོ་མ་བཟུང་སྤྱོད་པ་ཅི་ངན། ཅི་སྐྱུག མིག་མཐུར་ལྟ། དཔེ་ངན་སྤྲོལ་ཅན་ཚོ་བཙུགས་པས། ཁོང་རང་ཚོའི་སྟེངས་སུ། དུས་ངན་ཇ་རི་ཉིལ་བ་ལྟར་བྱུང་བའི་འདི་ཡིན། ཡང་། རང་རེའི་བརྒྱུད་པ་སྤེལ་བ་དེ་ཡང་། ཁྱིམ་པ་མངས་པོ་ལ་ཡོན་ཏན་མེད་པས། ཁྱིམ་པ་རེ་རེ་རན་ནག་ཆགས་ཀྱང་ཅིག་གིས་ཚོག་པས་ཟུང་འབྲེལ་ལེན་མི་ཉན། བུ་ཚ་མ་བྱུང་ན་མི་ལེན་ཁ་མེད་ཡིན། ཡང་། ནག་མོ་ཆེ་མ་ཟིན་ནས། བུ་ཚ་རེ་རེ་ལས་མ་བྱུང་ནའང་། མི་ལེན་ཁ་མེད་ཡིན་ཞིང་། ནག་ཆགས་ལན་པ་དེ་ཡང་། ཕྱི་སོའི་སྡེ་པ་དང་ཆེ་གཉེན་བཙུན་གསུམ། མི་ཆེན་གྱི་བུ་སྲིང་མི་ལེན་པར། ར་རེའི་སྡེ་འདི་ཁའི་ཁྲུལ་གྱི་མི་ཁ་འཐོག་ཏུ་འདུ་བ། ཕ་མེས་བཟང་པོའི་བརྒྱུད་པ་ཡར་རབས་ཀྱི་བུ་སྲིང་ཡིན་པས། འདྲེ་གདོན་མི་གནོད་པ་ལེན་དགོས་ཤིང་། གཉེར་ལས་དཔོན་སྐུ་དབང་ཅན་གྱི་བུ་སྲིང་ལེན་མི་ཉན། དེའི་རྒྱུ་མཚན། རང་རེའི་བརྒྱུད་པ་ལ་བླངས་པའི་ནག་མོ་དེའི་ཕོ་བོ། ནུ་བོ་ཉེ་རིང་། གཡོག་འཁོར་རྣམས། རང་རེའི་གཉན་ཡ་ཡིན་པའི་གཏིང་སྙོམ་བྱས་པས། སྡེའི་ནང་དུ་འཁོན་འགྲས་དང་། ཕུང་

ཆ་རྐྱག་རྐྱེན་བྱེད་པ་ཡིན་པས། ཡུལ་གྱི་སྐྱེ་བོ་གྲྭ་མའི་བུ་སྲིད་དཀའ་བ་ཡིན་ཞིང་། ནག་མོ་ལེགས་པར་བརྟགས་ནས། གཞི་གྲུང་པ་དང་། སྐྱེ་གཟུགས་བཟང་བ་དགོས། བརྒྱུད་འཛིན་པ་དེའི་གཞིས་འགོལ་པར་རང་ཕོ་མོ་ལྷན་དུ་བཞག་ནས། རིགས་རིགས་མ་འཚོལ་བར་བྱེད་པ་དང་། ཕོ་མོ་གཉིས་ཁས་མི་ཁ་ཟ་བའི་སྤྱོད་པ་སྤངས་དགོས། བརྒྱུད་འཛིན་དེ་ལ་གཞི་ཅིག་དང་། སྲ་ཁ་ཅིག་ཙམ་གྱིས་ཆོག འགྱུར་པ་ལོངས་སྤྱོད་ཆེ་དྲག་པ་མི་དགོས། དེའི་དོན། ཁོང་རང་བརྒྱུད་པ་སྤེལ་བ་དེ་མིན་པ། གཞན་ཁོ་ལ་ཁག་མེད། བུ་འབྲང་གཙང་བྱུང་ན། སྣེ་གདོང་ནས་གསོ་བསྐྱངས་བྱེད་དགོས་པ་དེ་ཡིན། རང་རེའི་སྡེ་འདི་ལ་གཏོགས་པའི་དཔོན་སྐུ་གཟའ་པ་ཀན་གཞོན། དབང་འཛིན་བློ་ཐུབ་པ་རྣམས་ཀྱི་ཉེ་རིང་རིགས་ལ། སྡེ་དང་། ཁྲི་སྐོར་མི་གཅིག་པའི་མིས། བུ་སྲིད་སྐྱེར་ཟེར་བ་བྱུང་ཡང་ལེན་མི་ཉན། པར་ལ་ཡང་གཏེར་མི་ཉན། དེའི་དོན། སྡེ་འདིའི་མི་ངོའི་འོག་ནས་དབང་འཛིན་དྲག་པ་ཚོའི་གཉེན་ཕྱི་མི་དང་འབྲེལ་ན། ད་བཟོད་སྡེའི་ནང་དུ་དཀྲུག་ཤིང་དང་། ཕུང་རྩ་རྗེས་ཅན་ཡོང་། ནང་དུ་ཚོད་ལྟ་རྫི་ཉུལ་ཐམས་ཅད་འདི་ཚོའི་རོལ་ཁྲིད་ཡིན་པས་གོ་དགོས། ཡང་། ཁྱོད་ཚོའི་རྣམ་རྟོགས་ལ། ཁོང་རང་གི་དཔོན་མོ་མངའ་རིས་པ་དང་། འཚོལ་པ་ལ་སྐྱེར་བ་ཅི་ཡིན་བསམ་ན། རང་རེའི་ཚ་མོ་བྱིན་ཡང་མིང་ཆེས་པས། ཟློན་ཚུད་པ་ཡིན། ཁྱོད་ཚོའི་བུ་སྲིད་སུ་ལ་བྱིན། གྲངས་མངས་པས་རྩད་མི་ཚོད་པས། ཟློན་དཀའ་བ་ཡིན། ཁྱེད་རང་ཚོ་ལ་སྐྱིད་སྡུག་ཅི་བྱུང་ཡང་། ཡུལ་གྲོང་མིག་མཐོང་སྙན་ཐོས་ཀྱི་ས་ན་གཉན་ཡོད་ན་ཕན་ཐོགས་མེད། རང་རེའི་ས་ཆ་དབང་རིགས་ཐམས་ཅད་ལ་སྐྱེ་ཤིང་ལྡང་མ་སྐྱེ་ངེས་འབུམ་ཕྲག་གཉིས་རེ་ལོ་རེ་བཞིན་དམ་བཅའ་བྱས་ནས་འཛུགས་དགོས་ཤིང་། ལྡང་ཁྲིམས་པ་བསྒོས་ནས་རྩིས་ལེན་པ་དང་། ཞུ་ཐར་བྱེད་དགོས། འདིའི་ཡོན་ཏན་སྡེ་ལྷ་ཁང་གསོལ་བ་དང་། ལྷ་སྡེ་མི་སྡེའི་ཁང་པ་ཞིག་རལ་ལ་སོང་བ་གསོ་བ། གྲུ་ཤན་གསོ་བ་ལ་སོགས་མི་བྱེད་པའི་ཐབས་མེད་པས། མི་མཛད་པའི་གཏེར་ས་པ་ནས། བྱང་ཆུབ་ཀྱི་སེམས་བསྐྱེད་ལ། སྐྱེ་ཤིང་འཛུགས་པའི་དོ་དམ་བྱེད་དགོས། ཡུལ་དང་ལུང་པ་ཐམས་ཅད་སྐྱེ་ཤིང་ངན་དུ་སོང་

འདུག་པས། སྐལ་མི་བྱེད་པ་རྣམས་ཀྱང་ནམ་ཟླའི་དུས་དང་སྟུན་ནས། ཤིང་ལ་སློག་མི་བྱེད། ཟོ་བ་དང་ལག་ཆ་རྣོན་པོས་ས་མཚམས་ལ་བཅད་དེ། བཅད་པའི་ཤུལ་དེར་ཤིང་སྐྱེ་བའི་ཐབས་བྱེད་དགོས། རང་རེའི་གཟའ་པ་བསྟུད་མངག་བཞུགས་བྱེད་པ་རྣམས་དང་། རྩྭ་ཤིང་འུ་ལག་བསྐྱལ་མི་རྣམས་ཀྱིས་ཀྱང་། རོ་བས་ཁུར་ཐག་ལྷེ་བའི་རྣམ་པ་དང་། ཟ་འདོད་བྱུས་ཀྱི་ཡོང་བར་འདུག་པས། འདི་རྣམས་ལའང་། ས་ས་ནས་ཟ་འདོད་དང་། རྩེར་པ་མི་ཉན་ཞིང་ཁྲིམས་དམ་དགོས། རྒྱའི་ཡུལ་དུ་ཁྲིམས་མ་ལྷོགས་པའང་། གསེར་ཡིག་པ་དང་མངག་བཞུགས་པ་ཚོའི་ཟ་འདོད་ཀྱིས་ལེན། སྡོན་འབྲི་ཁུང་པའི་བསྟན་པ་སྨོམ་པ་ཤག་རིན་གྱིས་དུས་སུ་དར་ནའང་། དུས་ཕྱིས་བསྟན་པ་ཉམས་པ་དེ་ཟ་འདོད་དང་། ཁྲིམས་མེད་མངས་པ་དེས་ལན་པ་ཡིན། ས་སྐྱ་པའི་ཡང་བླ་མ་ལས་ཉེ་གནས་པས་དབང་ཆེ། དཔོན་ཆེ་ལས། དཔོན་སྐྱ་དབང་ཆེ། སྐྱེས་པ་བས་ནག་མོས་དབང་ཆེས་པས། ད་ས་སྐྱའི་བསྟན་པ་ཉམས་པ་འདི་ཡིན་པས། སྐྱོན་འདི་རྣམས་གོ་བར་གྱིས་ལ། རང་རེའི་སྡེ་འདི་མ་བདེ་བར་དང་། བཟང་བ། སྐྱིད་པ་འདོད་ན། ཐམས་ཅད་ཀྱིས་སྤྱོད་པ་ངན་པ་རྣམས་སྤོངས། མིག་མཐུར་མ་བྱེད། སྤྱོད་པ་དང་། དཔེ་ལུགས་བཟང་པོ་རྣམས་དྲན་པར་གྱིས། དེ་ལྟར་བྱས་ན། བདེ་བ་དང་། སྐྱིད་པ། བཟང་བ། དགེ་ཞིང་བཀྲ་ཤིས་ཁར་ཡོང་ངོ་། ༧༢༢། གྲགས་པ་དང་། གཞོན་ནུས་མགོ་བྱས། ང་ལ་སེམས་པ་རྣམས་ལ་དྲན་བསྐུལ་བ་ལ། ད་ལན་གྱི་ཁ་མཆུ་འདི། སྔོན་གྱི་ལས་དང་། མིས་ཚུར་བཀལ་བ་མ་ཧོགས་རང་ཕྱོགས་ནས་གནོད་ཁབ་རྩེ་གང་ཡང་མེད། འདི་ཕྱོགས། ངེད་བདེ་གྲོལ་བྱུང་ནས། དཔལ་རིན་ལ་ངག་ལོན་བསྐུར་བ་བྱུང་ན། འཛམ་ལྷོགས་འཐད་ཅིང་། དེའི་ལོན་རིམ་པས་འཆར། རང་ཕྱོགས་ཀྱི་བདག་པོ་རྣམས་ཀྱང་། ཐུགས་སྟོབས་ཆུང་ཞིང་། གཞན་ཕྱོགས་པ་རྣམས་སྟོབས་དང་ངན་གཡོ་ཆེ་བའི་དོན་གྱིས། རྒྱ་མ་བའི་སློབ་དཔོན་གཡོག་གཉིས་བཞིན། རྒྱན་དབང་དུ་སོང་ན། ཤེས་རབ་ཀྱིས་མགོ་གྱིས། བཟང་པོས་སྙིང་གྱིས། གཞན་ཆོས་ཡན་ལག་གིས་ཚུལ་གྱིས་ལ། སེང་གེའི་སྟེངས་ཡིད་བཞིན་གྱིས་ནོར་བུ་ཡིན་པས། དེ་དང་ཤེ་བྲལ་གྱིས།

ཕྱི་མི་སྐྱ་བོ་ནང་དུ་མ་འཇུག ཆ་རིའི་ནུབ་བྱུར་དེ་ཡར་ཐེན་ལ། རྡོ་རྗེ་དོན་གྲུབ་ཀྱིས་འཛིན་པའི་བྱུར་ལྟོག་དེ། འབོས་ཀྱི་ཕྱི་བྱུར་ལ་ཕུལ་ཞིང་། བྱང་ཕྱོགས་ཀྱི་ལོག་དེ་བྱང་སྒོའི་རྩིག་བྱུར་དང་དོད་སྙོམས། དེའི་ནང་དུ་བཟའ་པ་རྣམས་ཀྱི་སྐམ་ནོར་འཛོག་པའི་མིག་ཚེ་ཚེས། ཤར་ཕྱོགས་ཀྱི་ལྟོག་ཆུང་ནང་དུ་གྲོང་བསེབ་གྱི་རང་རེ་ལ་བློ་གཏད་པ་རྣམས་དང་། ཞོལ་པ་རྣམས་ཀྱི་སྤྱོད་པ་འཛོག་པའི་ཚི་ཚེས། ལྷོ་ཕྱོགས་ཀྱི་འགྲོན་ཁང་དེ་ཀ་བ་དྲུག་པོ་ཧི་ལྟར་ཡོད་པ་བཞིན། འོག་ཏུ་རྩིག་པ་བར་ཆ་ཐེན་ལ། རྩ་སོག་འཛོག་ས་གྱིས། སྟེང་དུ་སྤེལ་གསར་ཕྱི་མའི་མལ་དེ་གྱིས། སྟེང་དུ་གཡབས་སྒོར་ཕེག་གྱིས་ལ། ཀ་བཞིའི་ཐོག་དང་། ཀ་བཅུའི་མའི་ཐོག་ཏུ་འགྲོན་སྐྱོང་ས་གྱིས། ལྷང་ཆེན་ཡན་ལ་ད་ཕྱིན་བཅད་འགྲོན་སྐྱོང་ས་མ་བྱེད། ཁང་གསར་གྱི་སྟག་ལེབ་དང་། ལྷ་སྒོའི་སྤེལ་ལ་ད་ཕྱིན་རྩེ་ས་རེ་ཞིག སྒོ་ཛ་གྱིས་ལ། དང་པོ་ཉི་མ་ལ་བཞག བར་པ་གོང་པོ་རི། ཐ་མ་རི་རྩེ་དམར་ཐག་ཆོད་པ་ལ་བརྟུངས་ལ་འགྲུལ་ཐག་ཆོད། ཞོལ་གྱི་འབོབས་དང་། གཡུལ་ཁའི་རྒྱབ་རྩིགས་ཀྱི་བར་གྱིས་མཚམས་ལ། བྱང་གི་ལྷགས་རིའི་ལོགས་ཐེན་ཞིང་། ནུབ་ཀྱི་གཡུལ་མོ་ཆེའི་ནུབ་ཕྱོགས་ནས། དམ་ཁ་ཁང་པའི་ནུབ་ལོགས་ན་མར་ལྷགས་རིའི་ནུབ་ལོགས་ཐེན་པ་ནམ་ཁང་པའི་ཤར་ལོགས་དང་། བཙུན་ཆུང་གི་ཁང་པའི་ལོགས་སྙོམས་ལ། རང་རེའི་ཁྲི་སྒོར་གྱིས་སྐམ་ནོར་གྱི་མཛོད་ཤམ་པ་ཡིན་པས། ལྷགས་རིའི་རྐང་ལེན་གྱི་གཞི་ཞིང་མ་ཆུངས་པ་སྤྱངས་སུམ་གཉིས་བར་རྡོ་བརྩིགས་ཀྱང་དུ་གྱིས། འདོམ་ཕྱེད་དོ་ལས་མ་ཆུངས་པ་གྱིས། བྱུར་སྤེལ་བཞིན། སྒོ་ལྟོག་གཉིས་དང་དྲུག་དགོས། ཐམས་ཅད་ཀྱིས་འབུངས་ན་ཟླ་བ་བཞི་ལ་ཚར། ལྷགས་རི་འབོས་དང་བཅས་པ་འགྲུབ་ན། རྩེ་དང་སྦྲགས་པས་ལྷགས་མཁར་སྙི་མེད་ཡིན། བསྲུས་ཁང་རྩེའི་བོན་པོ་ཁང་པ་ཐུབ་པ་ལ། ནུབ་ཀྱི་རིའི་སུམ་གཉིས་ཡིན་ལ་ལྷགས་རི་ཐོན། ནུབ་ཀྱི་བང་འཚམས་སུ་ཆུ་འབོས་བྲུས་ན། བྲག་ཁང་དང་སྦྲགས་པས། བྱང་ཕྱོགས་རྩམ་གྱི་མཛོད་དང་། སྲོག་མཁར་ཐུབ། གདན་སའི་ལྷགས་རི་དེ་བཟང་། མཁར་ལས་མི་ལག་ཁིང་པ་ཡ་གསུམ་ལ། དབྱར་ནས་བྱང་ཕྱོགས་པ་རྣམས་ལ་འབབ། རྒྱ་རི། དྲུག་ཚོ། སྐྱ་ཧམ་ལ་སློངས་ཤིང་། དེ་མན་

འཁོན་ཆབ་ཐང་རྣམས་དང་། ཛ་ཡུལ་བའི་མི་འགྲིམ་དུ་མ་འཇུག་པར་རང་རེས་བཟུང་། ཕན་ཚུན་གྱི་མཁར་ལས་རྣམས། ད་ལོ་སོང་རེད་ལ་ཚར་བར་གྱིས། མིག་བརྡར་མ། ལག་དཔའ་བོ་ཟེར་བ་ཡིན་པས། སྙིང་སྟོབས་མ་ཆུང་། ཕན་ཚུན་གྱིས་རྩིགས་པ་ཐམས་ཅད་ཞིང་མ་ཆུང་༔ རྫོང་ལོན་པ་གལ་ཆེ། རྩེའི་སྔོ་བྱང་གི་འབོས་ཀྱང་འཕྲུལ་དུ་ཆོས། བྱང་གི་འབོས་ཞིང་མ་ཆུངས་པ་གཏིང་རིང་བ། ཁང་གསར་གྱི་ལྷག་ལེབ་ཀྱི་རྩིགས་པ་རྡོ་དཀར་པོའི་དཀྲིས་ཡོད་པ་མན་ལ། ཞ་མོང་ཞིང་མ་ཆུངས་པ། སྤྱིལ་ལེབ་ཀྱི་ཕྱོགས་གསུམ་ཐུམས་པ་ཆོས། བྱང་གི་འབོས་ཀྱི་ཕྱི་ཟུར་ལ། ཐག་འདོམ་བཅོ་ལྔ་འཇལ་བའི་སར། ལྷག་ཚང་བྱང་ལོགས་ལ་འདོམ་བརྒྱད་དམ་བཅུ་ཡོད་པ། ཤར་ནུབ་ལ་བཞི་རེ་ཡོད་པ། བྱང་ཕྱོགས་ཀྱི་དཀྱིལ་ལ་སྒོ་འདོམ་དོ་ཙམ་ཡོད་པའི་ནང་དུ། སྒོའི་ཤོར་སྐྱེ་བསྲུང་བའི་རྩིག་མཐའ་ཐེན་ཞིང་། མདའ་ཤུག་མདུང་བུག་ཆོས། ཤར་སྒོ་ནས་ཕྱིའི་རི་བརྒྱུད་ལ་འགྲོ་བ་ལ། མར་ལ་རྡོ་ཐོམ་བཅུ་ཙམ་གཅིག་གྱིས། དེའི་གོང་སྐག་ན་བཙན་ཏེ། ས་དཔྱད་ལ་གནོད། ལྷག་ཚང་གི་ཤར་ལོགས་ནུབ་ལོགས་ན་མར། པའི་བཤོར་གཏིང་རིངས་རེ་ཆོས། ལྷག་ཚང་གི་ནང་པ་རྫོང་རྡོ་བརྫངས་བགྱི། བྱང་ཕྱོགས་ལ་མདའ་བུག་ཉིས་བརྩེགས་ཕྱེད་གྱང་ཞིང་མ་ཆུངས་པ་ཅིག་གྱིས་དང་བཙན་པ་ཡིན། ཁ་ནིང་ཁོང་གྱིས་རྐྱུགས་བརྩུགས་པའི་ཐད་ཀའི་ཕ་བོང་དང་། བྲག་རྡོ་ཤར་ཕྱོགས་ལ་སྒྲིལ་ལ་ཐེར་བར་ཅིག་ཆོག རྒྱབ་ཀྱི་ལྷག་ཚང་ནང་ནས་བྱང་གི་མེ་ཚ་གཉིས་པོ་ཐུབ་པའི་འདོམ་དོ་གསུམ་གྱི་ཕྱི་ཟུར་ནས། རྡོ་བརྩིགས་བྱས་པའི་སྟེངས་སུ། གྱང་ཐྲེང་གཉིས་རེ་བཏང་བའི་བེ་ར་འཆད་དཀར་གྱི་དེ་འདྲ་དེ་གྱིས་དང་བཙན་པ་ཡིན། ཡང་། ནུབ་ཕྱོགས་ཀྱི་ཆུ་འབོབས་སྣ་མོ་དང་གདོང་སྡུན་པའི་སྔོ་བྱང་གི་རི་ཟུར་གཉིས་པོ་ལ། སྤྱིལ་རྩིག་ཞིང་འདོམ་ཕྱེད་གསུམ་རེ་ཡོད་པ། ཕྱི་འདོམ་བདུན་རེ། གྲུ་བཞིར་ཡོད་པ། རྨང་ལེན་ངེས་པ། ནུབ་ཕྱོགས་ནས་ཐོག་གསུམ་རེ་ཡོད་པ། སྣ་གདོང་ངོས་ནས་ཐོག་རེ་ཙམ་ཡོད་པ་བྱས། དེ་ནས་རྩིག་ཞིང་ཆུང་དུ་བཏང་ནས། ཀ་བཞི་གདོང་བསྐོར༔ ཐོག་གཉིས་པོ་ལ་འབབ་སྣ་སྐྱོན་པས་བདེ་དོག་བྱུང་དུས་བཅུ་སྐོར་བཞི་རེས་སྟོད་ས་ཡོད་པ་བྱུང་ན། ཁང་

གཉེར་བཞག་པ་དང་འགྲོན་པོ་བྱུང་དུས། སྟེང་གི་བཙན་ཁང་དུ་བཞག་པས་ཆོག་པ་ཡིན།
སྒོ་ཤར་དུ་གཏད་པའི་སྐོད་སྒོ་ཅིག་གྱིས། ཏ་ཛེ་སྟོད་པའི་སྤྱིལ་དེའང་ཆེ་འདོམ་གང་གྱིས།
ལྷ་བྱུང་གི་ལོགས་གཉིས་འཕྲས་པས་སློ་འཁྱོད་དུ་སོང་ངོ་། ད་སྤྱིལ་གཉིས་པོ་དེའང་ཚད་དང་
མ་འགལ་བ་གལ་ཆེ། ལྷ་ཕྱོགས་ཀྱི་རི་གདོང་གི་བྲག་ཁུགས་ཀྱི་རྒྱབ་དེ་ནས། ཞུབ་ཀྱི་ཏ་ལམ་
གྱི་འགྲམ་ཚུན། ལྷ་དང་ཞུབ་ནས་བསྐྱེད། དམའ་བ་རྣམས་ནས་ཐོག་གཉིས་རེ་རེ་གསོས་
ཤིང་མཉམས་ནས་གཡུལ་ཁ་ཆོས། གཡུལ་དེར་བྱས་ན་དགའ། ཆོས་ཁྲིའང་། ཤར་ཞུབ་ལྷ་
ཕྱོགས་ནས་དམའ་བ་རྣམས་རྩིག་པ་ཐེན་ཞིང་། ཕྱིར་བསྐྱེད་ནས་འབོས་བྲུས་པའི་ས་རོས་
བཀང་ནས། བདེ་བདེ་བཙོས་ནས་བཙན་པ་དང་དགའ། རྣམ་རྒྱལ་གྱིའང་། ལྷུགས་རིའི་
ནང་གི་མིག་ཚུང་རྣམ་འབུབས་པ་དང་། ལྟེ་བའི་ཡང་གསོར་ནམ་ལེགས་པོ་གྱིས་ལ་ཐེར་
འབོལ་ལ་གཞི་བླངས་པའི་ཐབ་ཆ་གདན་ཆ་སྐོར་བ་ཅིག་བསོགས་ཤིང་། དར་ཕྱིན་བཅད།
རང་ཕྱོགས་ཀྱི་ཆེ་གཉེན་བཙུན་གསུམ་གྱིས་མགྲོན་པོ་བྱུང་བའི་བཞུགས་ས་ཞབས་ཏོག་དེར་
གྱིས་ཤིག རྩེར་བཞུགས་པ་དང་། འགྲོན་སྐྱོངས་མ་བྱེད། རྩེའི་ལུགས་ཆེན་གྱི་ནང་དུ་།
གྲོང་གསེབ་པའི་བཟའ་བ་དཔོན་སྐུ་གང་གིའང་མཛོད། སྡོད་ས་མ་བྱེད། སྤར་བྱས་པ་ཡོད་
ནའང་། ལྷུགས་ཚུང་ནང་དུ་ཕྱིར་སྐྱོས། སྣ་མོ་གྲི་གུ་ལ་གགས་ཐུགས་བྱུང་ན། ཆུ་མཁར་
བརྩིགས་དགོས་འདུག་པས། ཆུ་མཁར་ལ་སོགས་བཙན་ཆ་རྣམས་ཞོར་ལ་འཆོས་ཚུག་ནས་
ཆུམ་ཐུངས་པ་སོགས། མི་གློ་ཐུབ་ཉི་ཤུ་ཙམ་རེ་ཞོག གྲོགས་པོ་ཁ་ཡན། གྲི་ཆོས་ཤུགས།
ཆུ་མཁྲར་མན་ལ་མགོ་དཔོན་གྲགས་དབང་བཀོས་ཤིང་། དེའི་གྲོགས་ལ་བཀྲ་ཤིས་རྡོ་རྗེ་
དང་། འབྲུག་རྒྱལ་སྤུན་རྣམས་ལ་ཚན་པ་རེའི་ཁག་འཁུར་འཆོས་དགོས། གྲིའི་ལས་ཕྱོགས་
སུ་ཞེན་པ་མི་འཐེན་པ་རྣམས། དམག་གིས་ཆོས་ལ། རང་ཕྱོགས་རྐྱང་དུ་ཡོང་བའི་མདུན་མ་
གྱིས། རིན་རྒྱལ་གྱི་ཁང་ཤིང་རྣམས། སྣར་མོ་གྲོངས། བུག་པ་ཅན་པ་འདི་གློ་ཐུབ་ཡོང་
པས། བུ་ཚུང་དེ་ཕྱོས་གོས་ཀྱིས་ལེགས་པོར་སྐྱོངས། གོས་སྤུས་གཙང་འདྲ་བ་ཆོས། ཡང་སྨུ
མདའ་བར་གསུམ་ན། ཁ་ནང་ལྷ། སྙིང་ཕྱིར་ལྷ་བྱེད་པ་རྣམས་ལ། དྲག་འཛུན་གྱི་རྩ་ར་

གྱིས། འདི་རིགས་ཀྱི་གྲོགས། རང་རེའི་བཟའ་པ་དཔོན་སྐྱ་རྣམས་ཀྱི་མ་བྱེད། བཀྲ་ཤིས་སྒང་། སྟག་མོ་བུ། སྤེལ་བཞི་རྣམས་ལ། འབྲས་མོའི་གཡང་རྩེ་ཐེངས་པར་གྱིས། གསོལ་ཇ་ཁང་པའི་སྟེང་གི་གཡབས་ཆུང་གི་ཞ་ལ། མཁན་པོའི་ཡུལ་ཕྱོགས་ཀྱི་ཁང་པ་དཀར་པོ་དང་། སྐྱིལ་གོག་གི་འཛོག་པ་ལ། ཁྲམ་ལ་ཡང་། ཆུང་གི་ཁང་པའི་གཡང་རྩེ་འཐད་ཅིང་། གཞན་མི་འགྲིམ་པ་མེད་པ་གལ་ཆེ། བུས་སྣ་ཡན་གྱིས་གྲུ་རྣམས་ལྷག་འཕྲེང་སྦྲུག་དུ་སོང་ལ། སྐྱི་པ་ཉག་ཆུང་གི་ཡུལ་དུ་ཕྱི་མི་མ་ཚུད་ཅིང་༑ ཅིག་མི་ཆགས་པ་བྱེད་པ་འཐད། ཁང་ཞིང་རྣམས་ཀྱིས་མདོ་མཁར་གྱི་གསེར་ནམ་བྱས་ན་ཡོད། ཚུལ་རྒྱལ་ སྟར་མལ་ལ་བསྐོས། དེའི་ཤར་ཕྱོགས་ཡན་གང་ཡེད་ལ། རྒན་ཚོའི་ཚངས་ན྄ྣ་དྲུག་ཡོད་ཅིང་། བཙན་དུག་གི་འབྲས་བུ་ཚང་དང་སུམ་སྤྲིལ་བྱས་ནས། ཕྱོགས་དེ་ཕྱོགས་ལ་སེར་མེད་བྱེད་པ་གལ་ཆེ། ལ་བཙས་མཁར་བརྩེགས་དེ་རང་རེས་བཟུང་ལ། ཁྲིམ་པོ་བ་དང་སྦྲེལ། ཕྱི་ནང་གི་ཁ་འཛུག་རྩེར་པ་མེད་པ་ཁྲིམས་དམ་པ་གལ་ཆེ། ཁྲིམ་པོ་བ་ལ་ནས་ཆུ་དུམ་པ་བྱིན་ལ། བཙན་ཆ་ཚོས། དགྲ་བཟོ་བྱེད་དུ་ཆུག ལྷ་བཙུན་ངའི་སྒྲིང་ཡིན་པས། ཁྱེད་དང་ཚོ་དང་སྐྱིད་སྡུག་མཉམ་སྤྱོད་གྱིས། ཁོ་ལ་ཕྱི་ནང་གིས་གནོད་པ་བྱུང་ན། རྒྱབ་ངོར་ལངས་གྱིས། རྒྱ་མ་ཁྲི་དཔོན་ལ་འབྲེལ་དེ་ཙམ་ཆགས་ཡོད་པས། གོང་འོག་གི་ཁྲལ་རྣམས་དེའི་ཚབ་ལ་སོང་། འབྲེལ་འཁོར་རྗེང་འཛུགས་གཞི་ལ་དཔེས་འཆད་ཁ་དཔོན་པོ་ཟིན་ན་བཟུང་། ཁོའི་མི་འཁོར་ས་མེད་པ་གྱིས། ཁོའི་པ་ཞིང་རྣམས་རང་རེས་དབང་བསོད་ནམས་དང་། དཔལ་ཤེལ་པ་ཐོང་ལ། ཁྱི་ཐོར་ཚངས་ལ་འཁོས་ཁ་དྲུག་ཡོད་པའི་བསྐུལ་མ་གྱིས། སྒོམ་པ་ལ་ཕྱུག་ཀྱི་སྣོ་གཏོད་ཤིང་གི་རང་འཐག་གིས་ཁ་ཕྱོགས་སུ་མ་འགྲོ་བའི་སྐུལ་མ་རིམ་པར་ཐོང་། གལ་ཏེ་ངེད་དཔོན་གཡོག་གཉིས་པོ་རྐྱེན་དབང་དུ་སོང་བ་མངོན་དགའི་ས་གཏོགས་པའི་ནང་དཔྱད། སྲུ་གཞིས་རྣམས་དང་། ཁོའི་ཡང་ཤུག་རས་མགོ་བྱས། ཞིང་དང་ནོར་ཟས་གང་འདུག མི་ཤི་ལྷ་གསོལ་སྐམ་བགོས་མ་བྱེད་པར། ཇོ་གདན་ཚོགས་པ་འདེགས་པ་དང་། སྨན་ལྷ་རྣམ་རྒྱལ་གཟུངས་བསྒྲུབ། སྒྲོལ་མཆོད། སྐག་ཊོ། དུར་ཀ་ནེའི་ཐུན། འབུམ་རྒྱུན་ལ་སོགས་ཡོང་སྒོ

ལ་དཔེས་པ། སྡུག་རིང་བ་མི་རབས་མ་ཆད་ཀྱི་བར། ལོ་དུས་ཟླ་དུས་ལ་གྲུབ་པར་གྱིས༔ ཕྱག་ན་རྡོ་རྗེ་ལ་བན་དེ་ཕྱུས་ཀྱང་། སེར་གཟུགས་ཀྱིས་ཕན་ཐོགས་པ་མི་ཡོང་ས་པས། རྡོ་རྗེ་རིན་ཆེན་གྱི་སྲིང་མོ་དེ་སྐྱེ་གཟུགས་འཐད་རབ་འདུག་ན་ཡོང་ལ། ས་མཐོན་ཐོགས། ཧ་གོད་མ་རྟེ་ཚངས་ཡོད་པ་ཅིག་གྱིས། མཛོ་ཐོ་མོ་གཉིས། བསླང་ར་ཕྱུགས༔ ཐབ་ཆ། གདན་ཆ། འཁྲིང་ཅིག་ཐོག ནས་ཁལ་ཉིས་བརྒྱ། མདོན་དགའི་སྟེང་ནས་ཕྱིན་ལ། དེ་ལ་བུ་བྱུང་ནས་ཅིག་བྱུང་ན་ཡང་དེས་ཆོག ཚ་བ་ནས་མ་བྱུང་ན་རང་རེའི་ཁོག་ནས། ཚ་བའི་མི་རློས་ཐུབ་པའི་བུད་མེད་ལེན་དགོས་པ་ཡིན། ནག་མོ་དེ་ལ་བུ་བྱུང་ན་ཚེས་མ་ཟིན་ན། ཕྱིས་བུ་མེད་མ་ལེན་པའི་ཡིག་ཁྲིགས་ཀྱིས། མ་ཁ་མི་གཅིག་པའི་བུ་ཚ་མང་པོ། སྣེ་པའི་ཕུང་ཚ་ཡིན་ཞིང་། ཕྱི་ནང་གོང་འོག་གི་དཔེ་ལ་ལྟོས། ཉེ་རུ་བའི་བུ་ཆེ་བ་དེ་ད་ལྟ། ཁུ་དཔོན་པའི་དྲུང་དུ་ཕུལ་ཅིང་། བྲིས་གློག་བསླབས་ནས་ས་སྐྱ་རིན་ཆེན་སྒང་དུ་སློབ་གཉེར་ལ་བཏང་ན། ཕུག་སུ་ངའི་ཚབ་ཁོ་ལ་འཚོལ་དགོས་པ་ཡིན། དེ་ལ་ནུ་བོ་འདུག་ན། དེར་བཙུན་པ་ཕྱས་ནས། སློབ་གཉེར་དང་སྐབས་འགྲོ་ལ་གནས་པ། ཆོས་འཐུན་ཅི་ཡང་ལྟོས་ཁ་ལ་མི་ཉན་ཅིང་། ནང་འཚམས་སུ་ཕུང་འཇུག་པའི་མི་ནོར་མི་ཉན་པ་བྱུང་ན། སྐྱང་ཡུལ་གྲས་རྣ་མར་སྤྱུགས། ཡང་བཀྲས་བསམ་ཕྱིད། བུ་ཆེ་བ་དེ། ཐེལ་དུ་བན་དེ་གྱིས་ལ། མདོན་དགའ་འམ། ཕྱིལ་པོ་འོག་མར་སྟོད་དུ་ཆུག་ལ་ལོ་ཅིག་བྲིས་གློག་མཁས་པར་སློབ་ལབས་དང་། སྣེ་གདོང་དུ་སྤྱོད་པ་ལེགས་པར་སློབ་པ་དང་། བློ་ཐུབ་རེ་བ་ཡིན། ན་ནིང་ད་ལོ་སྐྱིད་སྡུག་ལ་སླེབ་པའི་བུ་ཚ་བརྒྱད་རྣམས་སྐྱོང་བྲན་ལེགས་པོ་གྱིས། བུ་ཆུང་མགོན་པོ་རྒྱལ་མཚན་དེ། ངའི་བུ་དོད་ཡིན་པས་ལྟོ་གོས་ཀྱིས་སྐྱོང་། བྲིས་གློག་ལེགས་པོ་སློབས། ཁང་པ་དེའི་གནས་བརྟན་རེ་བ་ཡིན། ཉ་བས་ཟས་ཀྱིས་ཁ་བྲིད་ནས། ཉ་རྣམས་ཕུང་བར་བྱེད་ལ་ལྟོས། ཟེར་བ་ཡིན་པས། ཁ་ཟས་ལ་གཟབ་བས། ལོ་གསུམ་གྱི་བར་དུ་སྟོན་མོ་བསྟེན་བཀུར་ལ་མ་འགྲོ། ཁ་མཆུ་ལ་སོགས་ལབས་པའི་ས་དུས་ཕྱས་པར་མ་འགྲོ། སྤྱ་མཆི་ལ་རྒྱ་འགྲུལ་མ་མང་། ནག་ཆང་ལ་མིག་བལྟས་པའི་མི་ལ་ནང་ནོར་གྱི་བློ་ཐུབ་མ་འཚོས། རིན་རྒྱལ་ལ་བཀྲས་རྒྱལ་གྱི་ཚབ་ཚོལ་

ལ་རྩར་སྟོད་པའི་ཡིག་གེ། ཡིག་མཁན་གཞོན་ནུ་རྒྱལ་མཚན་ལ་ཆོལ། ཡིག་མཁན་གྱི་རྒན་པ་དེ། འཕྲུལ་པའི་སྲུས་པོ་ལ་ཆོལ། ཕྱི་ནང་གི་དེབ་གཏོར་ལ་འཕྲུལ་དུ་ཐེལ་རྩེས་གནོན་དགོས་པ་ཡིན། གཞན་བྱ་བ་བྱེད་པ་ཐམས་ཅད་རང་རེས་བསྐོས་པ་བཞིན་འཛགས་སུ་ཆུག ཆོས་སྒྲོངས་ནས་གསེར་པ་ཅིག་གཉིས་པོས་ནས་གད་པ་ཕུག་པ་ཕུག་ན། ཆུ་འཕོས་བྱུང་བའི་ཉེན་ཡོད་པས་བློ་མ་བསད། འཕྲུལ་ཁང་གསར་གྱི་ནང་དུ། ཁྲིན་པ་ཐག་འདོམ་ཉི་ཤུ་རྩ་ལྔ་འབུར་ཆུག་ལ་ཆུ་ཨེ་ཡོང་ལྟོས། ཁར་སོང་རྩས་ཆོད་གཡུལ་བར་གྱི་སྐབས་ནས། ཁྲིད་ཆོ་གཉིད་དུམ་པས་སད་འདུག་གི་ཟེར་བས་སེམས་དགའ་བར། ལར་ན་འཁོས་ཁ་ཡེ་མ་བྱུང་བས་ཡིད་ཆད། བླ་མ་ཡིན་པོ་ཆེ་པས་ཀྱང་། མིས་མི་དྲན་པ་ཚོ་ཁོང་གི་དགོངས། ད་ལོ་ཡང་། སྐོང་པོར་འཁྱོན་གསུང་ནས། ནག་ཆགས་ངན་པའི་ལད་མོ་བྱེད་ཀྱི་ཡོད་པ་འདྲ། ཁོང་རང་གང་དགོངས་མིན་པ; ཞུས་པས་ནི་མི་གསན། བསོད་ནམས་མཛད་ན་བསམ་ངན་སྐྱེ་ཟེར་བ་དེ་ཡིན་ཡོང་པས། ཁྱེད་རང་རྣམས་ལྟུང་འཕྲེང་ཡན། བརྒྱ་སྐོར་ཁོག་རྣམས་སུ། ཐུར་གྱི་བཅའ་ཁྲིགས་བྱེད་ཀྱི་ཡོད་པ་བཞིན་རང་ས་བཟུང་། ཐེལ་ཤོད་བར་གསུམ་ནས་ཁྲིམས་མེད་བྱེད་མི་བྱུང་ན། ཕྱི་སྨོན་བརྟུང་བརྟུང་གྱིས། ཁྲིམས་མེད་དང་ཐོབ་རྒྱལ་བྱེད་མི་ལ་རྩར་བྱས། འགལ་བ་མེད་འཕྲུལ་པའི་སློན་དོར་བ་དེ་ས་ཚ་གར་ཡང་འགྲིམ་མ་འཛུག སྐྱིལ་མོ་ཆེའི་དཔོན་རྐོད་དང་། གྲགས་བློའི་བུ། སླིང་སོལ་བ་ལས་ནག་པ་དེ། ངེད་དཔོན་སློབ་ཀྱི་བར་དུ་ཞུགས་མི་ཡིན་པས། ཁོང་གཉིས་ད་དུང་ཚོད་མི་འཛིན་ན། ཁང་པ་རྣམས་ས་གཏོལ་ནས་རྣམས་ཐབ་ཁར་རྒྱབ། འཛམ་པ་ཕ་བུ་ལ་ལྷུགས་ཐག་ཐོགས། སྣེ་གདོང་སྒོ་མདུན་དུ་ཉེན་མོ་ཐོགས། ནུབ་མོ་ཉ་ར་ལེགས་པོ་གྱིས་ལ། སྟུག་ཆེ་རིང་བ་གྱིས། ནོར་རྫས་རྣམས་ནང་དུ་ལོང་། ཡར་འབྲོག་པའི་རང་རེའི་སྲུར་ནོར་ཕྱུག་ལུག་ཤོར་བ་རྣམས་ཡར་འབྲོག་པ་རང་གིས་འཚབ་དགོས། འཁལ་སྣང་ཡང་དེ་དང་འདྲ། འོན་གྱིས་རྣམས་ཀྱང་། འོན་འབྲོག་རང་གིས་འཚབ་དགོས། རྗེ་སྐྲོང་ལ་འབྲི་བརྒྱ་ཐམ་པ་སློངས། བདེ་དལ་དུ་སྟེར་ལ་ཉེན་ན། སྲུ་རེ་ལ་འབྲི་གཡག་གཉིས་རེ་སློངས། མ་བྱུང་ན། ཏུས་སྣ་ནས་ཚོད་ལ། འོལ་

ཁལ་སྒྲ་གཉིས་ཡོང་བ་གྱིས། གཙུང་ཚོ་དང་། ཉག་པོ་རུ་བའི་ནོར་ལུགས་རྣམས་ཚུར་ལོན་པའི་རྩོལ་བ་བསྐྱེད།

༈ གོང་དུའང་། བྱ་བྲལ་བའི་རྐང་འཛོལ་བ་ཡན་ལོ་རེ་བཞིན་སླེབ་པར་གྱིས་ཤིང་། ལར་ན་དེ་ན་ཡོད་པའི་ཡར་ལུངས་འཕེལ་གྱི་གྲྭ་པ་ཚོའི་བན་དེ། ཇོ་གདན་ཡན་གྱི་ཁུལ་ནས། དབུས་གཙང་གིས་ས་ཆ་རྣམས་སུ། གྲྭ་སྐོར་ལ་སྐད་བཏང་པའི་སྐད་ཚུལ་བ། དབྱར་རྒྱུན། སྟོན་དཔྱིད་མེད་པར་བཞག་པས། སྐད་ཆ་ཐམས་ཅད་ཚོར་ཡོང་ཞིང་། ཟོན་སླབ་ཡིན་ཏེ། ཁྱོད་རྣམས་ཀྱིས་མི་འགྲུབ། འདུས་ཤེས་འཐུམས་པ་འདི་སྐྱོན་ཆེ་ཞིང་། ཉེས་འགྲོ། ཕྱོགས་གང་ནའང་འགོས་དང་། ཚོར་མས་བསྐོར་བ་མི་འདུག༏ དོན་ཡོང་བྲག་ལ་འཛོགས་ན། འཐད། མིས་ནི་ཐེལ་ཤོད་ཀྱི་སྐད་ཆ་ཐམས་ཅད། འདི་ངེས་ནས་ཡར་སང་སང་ཐོས་ཡོང་གི་འདུག བྱང་གི་དམག་འབྱམས་ཀྱི་ཁུལ་དུའང་། སྐད་ལན་བཞག་ན་བཟང་། ཕྱིར་གྱི་འགྲོགས་བཟང་རྣམས་དང་འབྲེལ་མ་བཅད་ན། ཁ་སྐད་སྐྱེལ་མི་རིམ་པས་འོང་དགའ། མངོན་དགའི་རྟེན་མཆོད་རྣམས་ཞོར་ལ་བསྟོན་འགྲུས་གྱིས། ལི་དེ་རྣམས་མ་འཕྱུར་བར་དམིགས་སུ་ཐེངས་པར་གྱིས། གཞལ་ཡས་ཁང་གི་ནུབ་ཕྱོགས་དེ་ལ་མཆོད་སྟེགས་བང་རིམ་གསུམ་པ་མ་དམས་པ་ཅིག་ཆོས། འབྲུག་གཅིག་པོ་དེ་ལ་གསེར་ཤོག་ཆོལ་ལ་ཐོང་། ཡང་། གལ་ཏེ་ཁྱེད་རྣམས་འདུན་པ་ལ། ཐེལ་ལ་དམག་རྒྱུག མངོན་དགའ་འཛོམས་ཟེར་བ་བྱུང་ན་ཉམ་ང་མི་དགོས༏ སྐྱུང་པ་རྣམས་ཚུར་ལེན་དགོས་པ་ཡིན། དེ་ལག་རྗེག་གནང་བྱས་ན། སླགས་རྙེད་ནས། ཡང་ཡང་ས་སྣ་ནས་འཛིན་ཕྱུག་ཧམས་ཆེས་འགྲོ་བས་བློ་མ་འཁྲུལ། སྐྱུན་ཐུ་བ་སྣེ་གདོང་དུ་བཞུགས་གསུང་ནའང་། མི་བཞུགས་པ་ཞུ་དགོས། ཁྱེད་རང་ཆོས་ཡུལ་བློས་མ་བཏང་ན་དགའ། ཁྱེད་དེ་ཕྱོགས་པ་ཚོའི་བློ་སྙིང་རྣམས་ལེགས་པར་མཐོང་ནས་གོ་བའི་དོན་ལ། ངའི་བདེ་གྲོལ་འདི་པས་བྱེད་པ་དཀའ་བ་དེར་འདུག ཕྱིར་ངས་བཙོན་དེ་ཙམ་གྱི་གོང་ནས་ཁང་པ་དེ་མ་ཤོར་བ་དགོས། ང་ལ་ལེགས་ཉེས་བྱུང་ན་ཁང་པ་དེའི་ནང་ནས་ལན་ལེན་དགོས་བྱས་པ། ད་ཐོག་དུ་བྱུང་བ་འདི་ཡིན། མགོ་བསྐོར་བྱས་པ་དེ།

དགྲས་ཐབས་བྱེད་པ་མིན་པ་དོན་ལ་ནང་འཚམས་ནས་བསླུ་བ་ཡིན། དེ་བཞིན་བྱེད་པ་བྱུང་ན། མཆོན་རྩེ་ནང་དུ་བསྡོལ། ཐེ་ཚོམ་མ་བྱེད། རང་རེ་ནང་འཚམས་རང་དུའང་མི་བསླུ་བའི། ང་ལ་ཕྱོགས་གཅིག་ཏུ་སེམས་པ་རྣམས་མནའ་བསྐོར་བྱས་ན་དགའ། ད་ཕྱིན་བཅད་ཁྱེད་རང་ཚོ་ཟས་དང་མགོ་བཏུམས་ཡོང་ངེས་པས། ཟོན་གལ་ཆེ། སྐམ་ནོར་དང་ཕྱུག་ལུག་གི་སྟེང་ན། རྟ་གོ་ཁྲབ་བསྒྲུབས་ལ། དེའི་སོ་ནམ་ལ་འབུང་དགོས་པ་ཡིན། ཁྱེད་རྣམས་ཀྱིས་དོན་དམ་པ་བློས་མ་བཏང་ན། མ་ཤི་བར་དུ་སྐད་ལེན་རིམ་པས་ཐོང་། ང་ཤི་ནའང་རུས་པ་རྩད་གཅོད་ཅིག་དང་། ལག་དུ་ལེན་པ་ཁྱེད་རྣམས་ལ་མི་འབབ་སམ། དཔང་རྒྱུང་བྱས་ནས་ཟླ་བ་གཉིས་གསུམ་སོང་། ཇ་བཟང་པ་རུང་ཁུག་དོ་གསུམ་སྐྱེལ་བ་དང་། སྐད་ལེན་བབ་སྟེ་མ་བྱུང་། གནས་པོ་ཡིད་བཞིན་ནོར་བུ་སྦྱུད་ཀྱི་འཕྲོ་མེད་ཅིག་འདུག་སྟེ། ཐར་བཟང་སོང་ཆུ་ཐོར་གང་ཀྱང་མེད། མི་ང་ལ་བྱེད་ལུགས་འདིར་སོང་ཙ་ན། དྲིན་ཅན་གྱི་མི་ལ་བཟང་ལེན་བྱུང་དགོས་མི་འདུག་བསམ་ནས་ཡིད་ཆད། བཟང་ལེན་མ་བྱས་ན་ང་ཤི་བའི་དུར་ནས་ཀྱང་མིག་གིས་ལྟ་བས། ལ་ཡོགས་མ་བྱུང་ཙམ་གྱིས། ངས་སྡོད་ལུགས་འདི་བྱས་ནས་མི་དང་ལོན་དེ་ཙམ་ཅིག་ཐེངས་པ་ཡིན་པ་ལ། ཁྱེད་དེར་ཡོད་རྣམས་ཀྱིས་རེ་རེ་ལ། ད། རེ་རེའི་ལོན་ཐེངས་པ་ཨེ་བྱུང་སོམས། ང་ལ་ཡིད་ཆེས་ན། ཐར་ཕྱིར་བསླུར་བའི་ཡིག་གེ་རིགས་རྣམས་བསོགས་ལ་ལྟོས། བློ་བསྐྱེད་ཡོང་བ་ཡིན། རང་རེའི་འཇའ་ས་བཀའ་ཤོག་ཡིག་རིགས་འཇའ་ཁུག ཡིག་སྒྲོམ། དེབ་གཏེར་དང་བཅས་པ། ཁོང་ཚང་གིས་ཁྱེར་བ་ལ་སེམས་ཁྲལ་མི་དགོས། ལག་རྟགས་དང་དེ་རྣམས་མ་བྱུང་གི་བར་ལ་ཁྲལ་ཆུ་བསྒྲུབ་དོན་མེད། བྱ་པ་གྲུ་ལ་རྫོག་པ་གཏད་ནས་བྱས་པས་ཆོག དེ་བས་སྐྱིད་པ་ཅི་ཡོད། ལྔང་ཁྲུ་འགའ་རེས། རྒྱལ་པོ་མགོན་གྱིས་ཚབ་ཏུ་དང་། མེ་ཏོག་ཁྲིམས་གཅོད་ལ་བསྐོས་ཟེར་བ་སྲིད་པས། བསམ་ཡས་མན་ལ་མ་གཏོང་ཡ། རྣ་མ་ཆུད་པ་གྱིས། ལུགས་ཁྱུའི་ཁྲིད་དུ་ལྕགས་ཁྱུར་ཤོར་བ་དང་འདྲ། བཙན་དུག་ཁོང་པར་ཆུད་པ་བཞིན་དུ་སྙིང་རུལ་དུ་འགྲོ་བ་ཡིན། རང་ཕྱོགས་རྒྱང་པ་ཟེར་བའི་མི་རྣམས། སྣད་སྐྱོད་ལ་སྟེན་ནས། དེ་ཕྱོགས་སུ་བསྐྱོ་བཞག་ལ་བྱུང་ཡང་དེའི་ཕྱི་

ལ་རྟག་འདྲེ་ཞུགས་ཡོང་བ་ཡིན་པས་གཏོང་མ་ལེན། རིན་ཆེན་གྲགས་སྡེ་གདོང་དུ་ཨེ་ཚུད་ལྟ་བ་ཡོད་པ་འདྲ་སྟེ། བྱིང་དུར་བྱེད; བྱི་བའི་ཁང་པ་སོང་བ་དང་འདྲ་ཞིང་། ནང་མི་རྣམས་འདེད་རེམ་པ་ཡོང་། ཕྱིའི་དགྲ་བས་ཡོད། གྲགས་རློ་བུ་དང་ཁོང་གཉིས་པོས; ངེད་དཔོན་སློབ་ཀྱི་བར་དུ། དཀྲུགས་ཤིང་མང་དུ་བྱས་པས་མ་རྫེད། ཐེལ་པས་ཀྱང་ཁྱོད་ཚོ་ལ་ཆག་བཞེས་ནས། སྐྱ་ཁག་འབུལ་བཞས་དང་། ཁ་མཆུ་སྣ་འཚོལ་མི་ཁ་ལ་རྒྱུག་གིན། སྔར་ཡང་། ངའི་སེམས་འཆད་པའི་རྐྱེན་མང་དུ་བྱས། ད་ང་མེད་པས་ཁྱེད་རྣམས་ལ་སླ་ཆོས་བྱས་ནས་སྔར་ལུགས་སུ་བྱུང་ན། ལེ་ལན་གྱིས་རྩ་བ་ལ་རྩ་ར་དྲག་འཛུན་རྩོམ་འགྱུར་ཐལ་བ་འདྲ་བ་རེ་གྱིས་དང་། དེ་རྟིང་ཆག་འཛོག་པ་ཡིན། གུས་པས་བཏུད་ནས་ཞུས་པས་ཐུགས་ལ་འདོགས་ཀྱིས་མེད་པ་ཁྱེད་རང་ཚོ་ལ་གསལ། བླ་མ་རྒྱལ་བ་རིན་པོ་ཆེའི་སྲོལ་བཞིན་ཐུགས་ལ་འདོགས་ཀྱི་འདུག་ན། རེ་ས་སྐྱབས་གནས་ཡིན་པས། འབུལ་བ་ཞབས་རྟོག གདན་ས་དེ་ལ་ཐས་གཏད་ནས་ལྷག་ཆད་རྩེ་དགོས་པ་ཡིན། མི་སྡེའི་ཁྲུལ་དུའང་ཟ་མ་ཤ་བྱེད་ལས་ལྷག་པ་དཔོན་སྐྱེས་ཀྱང་མི་ཟ་བ། ནང་ནས་ཐེལ་རྩེ་མེད་པར་ཟ་མ་འུ་ལག་མ་བསྐྱུལ། སྡུ་བས་ཀྱང་ཁྲིམས་དམ་པ། ཁ་མཆུ་ཞེ་བཞག་ལ་སོགས་རྣམས་བྱེད་དུ་མ་འཇུག ཁྲལ་དེ་ཞག་བཅུ་རེའི་ནང་དུ་སྐྱད་རེ་ལ་རྟེན་ནས་ཐལ་ཞུང་ངེ་བ་རེ་ནང་དུ་ལོན་དགོས་པ་ཡིན་ཞིང་། ཞིབ་མོར་བསགས་ནས་རྩིང་པོར་སྤྱོད་ཤེས་དགོས། ནང་དེར་ཡོད་ན་ཁྱེད་སྤྱིའི་ཡིན། ཁྱེད་རྐན་གཞོན་གང་གིས་ཀྱང་། ལོ་གསུམ་གྱི་བར་དུ་རང་འདོད་ཟུར་བསོག གཉེན་སྐྱོངས། གཡོ་རྒྱུ་མ་བྱེད། རེ་ས་ཞུགས་སྐྱོག་གིས་ཀྱང་སྣང་ལེང་ཁ་ལ་ཕྱིན། ག་རེ་གོ་སྤྱོ་ཡན་གྱི་བྱང་རྒྱུད་ལ་རྒྱབ་ནས། མདུན་མ་བྱུང་བ་མ་གཏོགས། ནག་ཤོད་དྲག་གསུམ་གྱི་ས་བཙན་པར་བསྡད་ནས་ཟུར་ཟུར་བྱས་ཀྱང་མདུན་མ་ད་དུང་བར་དུ་མ་བྱུང་པས་གོ་དགོས། རྩེར་ཡང་། བློ་གྲོས་དང་དཔའ་རྩལ་མེད་པའི་ཟ་འདྲེ་ཁ་ཡན་ཁྱུ་མངས་བསགས་མི་དགོས; གགས་ཐུག་དང་བདེ་དོག་བྱུང་ན། དེར་མི་འདུ་ཁ་མེད་ཡིན། དེའི་རྒྱུགས་དེས་ལོ་གཉིས་གསུམ་རེ་ལྷངས་པ་དགོས་པ་ཡིན། དལ་དུ་བསྡད་པས་ཅི་ཕན། ཤི་ན་ཁ་ཆེམས་ཚིག་ཡིན་པས།

ངའི་སྤྱ་རྟེང་གི་ཁ་ཏ་རྗེ་བཞག་ཡིག་རིགས་འདི་རྣམས་ལ་མི་ཉན་པར། བློ་ནོར་བྱེད་པ་བྱུང་ན། དཔལ་ཡེ་ཤེས་མགོན་པོ་ཆད་པ་ཆོད། ག་ལོའི་ལོགས་ཀྱི་གྲི་གུ་དེ། ཐུགས་བྱས་པ་ངོ་མཚར་ཆེ་སྟེ། མི་ལག་ཏུ་མ་འཚུགས་པ་ཁག་ཆེ། ལྷ་མགོ་གསུམ་པའི་གསང་ཆོག ཡིག་གེ་འདྲ་གཉིས་ཡོད། ཞལ་བཞུས་ལྷག་ཆད་མེད། སརྦ་མངྒ་ལམ། དགེའོ། ཞལ་གྲོ། བཀྲ་ཤིས།

༄༅། །གངས་ཅན་གཙུག་ལག་རིན་ཆེན་ཕྲེང་བ། །དེབ་བཅུ་དགུ་པ།

༄༅། །ཁ་རག་གཉོས་ཀྱི་གདུང་རབས་དང་ལྷ་རིགས་རྒྱངས་ཀྱི་རྣམ་ཐར་བཞུགས།

ཇུས་འགོད་པ།	རྡོ་སྲིས་ཚེ་རིང་རྡོ་རྗེ།
གཙོ་འགན་རྩོམ་སྒྲིག་པ།	རྡོ་སྲིས་ཚེ་རིང་རྡོ་རྗེ། དཔལ་ལྡན་ལྷུན་གྲུབ།
རྩོམ་སྒྲིག་འགན་འཁུར་བ།	སྒྲོལ་མ་འཚོ།
མཐུན་སྒྲིག་མཛེས་འཆོས།	སྐལ་བཟང་ནོར་བུ།
དཔེ་སྐྲུན་འགྲེམས་སྤེལ།	བོད་ལྗོངས་མི་དམངས་དཔེ་སྐྲུན་ཁང་། (ལྷ་ས་གླིང་སྐོར་བྱང་ལམ་སྒོ་ཨང་20པ)
པར་འདེབས།	བོད་ལྗོངས་ཤིན་ཧྭ་པར་འདེབས་བཟོ་གྲྭ།
དེབ་ཚད།	787 ×960 1/16
དཔར་ཤོག	26.75
ཡིག་གྲངས།	ཁྲི24.5
པར་གཞི།	2020ལོའི་ཟླ12པར་པར་གཞི1བསྒྲིགས།
པར་ཐེངས།	2020ལོའི་ཟླ12པར་པར་ཐེངས1བཏབ།
པར་གྲངས།	01 －2,000
དཔེ་རྟགས།	ISBN978 －7 －223 －05343 －3
རིན་གོང་།	སྒོར48.00